7년 연속

전체 수석

합격자 배출

도승하 감정평가 및 보상법규

2차 | 단원별 판례 및 기출분석

도승하 편저

동영상강의 www.pmg.co.kr

박문각

박문각 감정평가사

CONTENTS
이 책의 차례

GUIDE

제1부 행정법

PART 01 행정작용법

PART 02 행정구제

제2부 개별법

PART 01 토지보상법

CONTENTS
이 책의 차례

제1부 행정법	기출회차	문제번호	점수
제1편 행정작용			
제1장 행정입법			
법규명령 및 사실상 사도 판단기준	22	1-2	15
구체적 규범통제	22	1-3	15
법규명령 형식의 행정규칙 및 협의소익	20	3	25
실무기준 법적 성질(법령보충적 행정규칙)	26	1-1	20
법령보충적 행정규칙(표준지조사평가기준)	33	2-1	20
행정규칙의 대외적 구속력 인정 여부	28	2-1	15
제2장 행정행위 등			
사전결정	17	1	40
부관(위법성, 독립가쟁성, 독립취소가능성)	13	1	40
부관의 독립가쟁성	20	2-1	20
행정계획 변경요청	24	1-1	20
제3장 위법성 판단			
자격취소와 권리구제 가능성	14	4	20
사업인정 및 재결과 권리남용 금지	28	1-2	10
절차하자(협의결여) 및 원고적격	15	1	40
절차하자(사전통지와 거부)	27	1-1	20
절차하자(사전통지와 거부)	22	2-2	10
청문절차의 하자와 위법성 정도(무효확인소송)	17	2	30
청문절차의 하자	33	3	20
이유제시와 하자치유	15	2	30
하자치유(내용상 하자)	19	2-1	20
하자치유(절차상 하자)	19	2-2	20
하자치유	30	1-3	15
제4장 하자승계			
하자승계	13	3	20
하자승계	17	1-2	20
하자승계	21	2-2	20
하자승계	24	4	10
하자승계	27	3	20
하자승계	28	1-1	20
하자승계	32	2-2	20
하자승계	34	2-2	15
제2편 행정구제			
제1장 소송요건			
제1절 대상적격			
부작위에 대한 쟁송수단	16	1	40
재결신청청구권	32	1-1	15
변경처분과 소의 대상	32	3-1	10
원처분주의	25	1-2	20
원처분주의	11	1-1	30
원처분주의	34	1-2	20
제2절 원고적격			
절차하자(협의결여) 및 원고적격	15	1	40
원고적격 및 법령보충적 행정규칙 개공불복	14	1	40
원고적격	25	2	30
제3절 제소기간			
변경처분과 소의대상	30	1-1	15
변경처분 대상적격 및 제소기간	31	2-2	10
제소기간	32	2-1	10
제4절 협의의 소익			
법규명령 형식의 행정규칙 및 협의소익	24	3	20
법규명령 형식의 행정규칙 및 협의소익	27	4	10
법규명령 형식의 행정규칙 및 협의소익	16	2	30
제5절 집행정지			
집행정지	11	1-2	10
집행정지	23	3	20
집행정지(기각판결 시 취해야 하는 조치)	34	3	20
제2장 본안심사			
처분사유의 추가 · 변경	27	1-2	20
처분사유의 추가 · 변경	29	2-2	10
제3장 판결			
일부취소	32	3-2	10
제3자 소송참가와 형성력(제3자효)	25	2-2	15
기판력	22	2-1	20

제2부 개별법	기출회차	문제번호	점수
제1편 토지보상법			
제1장 사업의 준비			
피수용자의 법적 지위	2	1	50
공공적 사용수용	10	1–1	10
공공적 사용수용	19	3	20
잔여지수용청구권의 법적 성질 및 요건	32	1–3	15
공물의 수용가능성	31	1–3	15
제2장 사업인정			
사업인정 법적 성질	34	1–1	10
사업인정고시의 효과	23	4	10
사업인정 실효(제23조)와 손실보상	6	1	40
사업인정 전 후 협의 비교	8	3	20
사업인정 전 후 협의 비교	25	4	10
협의가 필수절차인지 및 협의성립 확인의 법적 효과	30	4	10
사업인정 설명 및 권리구제수단	1	1	50
사업인정 설명 및 권리구제수단	12	3	30
제3장 재결			
지상권 소멸절차	11	4	10
손실보상절차(재결전치주의)	26	3–2	10
재결전치주의	32	1–2	10
토지수용의 효과	5	1	50
무효인 재결과 취소인 재결의 구별	7	1	50
인도이전의무에 대한 실효성 확보수단	16	3	20
대집행 대상(협의 철거약정)	22	3	20
토지사용기간 만료 시의 법률관계	8	4	10
재결의 불복수단	3	1	50
보상금증감청구소송의 형태와 성질 등	10	1–2	30
확장수용 설명 및 청구거부에 대한 불복수단	10	3	20
행정규칙의 법적 성질 및 잔여지수용청구권 행사요건	21	1–1	20
확장수용 불복수단(이의신청 및 보증소)	21	1–2	20
잔여지 가격감소에 대한 권리구제방법	23	2–1	15
잔여지수용청구권 및 불복쟁송(기각재결)	23	2–2	15
보상재결에 대한 불복수단(이의신청 및 보증소)	22	1–1	20
보상금증감청구소송의 성질 및 특수성	26	1–2	20
재결불복(이의신청)	27	2–1	10
보상금증감청구소송의 성질 및 특수성	27	2–2	20
보상금증감청구소송(잔여지 가치하락)	30	2–2	20
보상금증감청구소송	31	1–1	15
보상금증감청구소송(기각재결에 대한 불복)	34	1–3	10
토지수용위원회, 부동산가격공시위원회, 보상협의회 비교	10	2	20
제4장 환매권			
환매권의 행사요건과 불속수단	19	1	40
환매요건	1	3	10
환매권의 목적물과 행사요건	13	2	20
환매권의 행사요건	23	1–1	25
환매대금 증액에 대한 대응수단	23	1–2	15
제2편 손실보상			
제1장 손실보상 기준			
정당보상과 보상기준	4	1	50
정당보상과 보상기준	9	1–1	20
개발이익 문제점과 개선안	9	1–2	20
존속보장과 가치보장	17	4	15
정당보상과 개발이익 배제	28	4	10
개발이익의 배제 및 포함	17	3	15
개발이익의 배제	3	2	20
공시지가기준법 정당성	12	1–1	10
보상선례 참작가부	12	1–2	10
정당보상과 보상기준	12	1–3	10
채권보상	3	3–1	10
보상액의 산정시기	2	3–1	10
손해전보(손실보상과 손해배상)	12	2	30
제2장 손실보상의 요건			
경계이론 및 분리이론	14	2	20
보상규정 없는 경우의 손실보상 논의	8	1	50
보상규정 없는 경우의 손실보상 논의	18	1–1	20
현금보상 외의 손실보상 완화 제도	18	1–2	20
손실보상청구요건(철거약정)	20	2–2	10
제3장 생활보상과 이주대책			
생활보상 약술	15	3	20
수몰민 보상	7	3	20
손실보상 내용	4	3	20
이주대책	3	3–2	10
이주대책의 이론적 및 헌법적 근거	20	1–1	5
이주대책 대상자 요건판단	20	1–2	20
이주대책 불복수단	20	1–3	20
이주대책 불복수단	28	2–2	15

제4장 현황평가원칙			
공법상 제한	31	1–2	10
공법상 제한	24	1–2	20
공법상 제한을 받는 토지	28	1–3	10
공법상 제한을 받는 토지	9	2	20
법규명령 및 사실상 사도 판단기준	22	1–2	15
사실상 사도 판단기준	33	1–2	10
제5장 영업손실 및 지장물 등			
영업보상요건	18	3–1	15
토지 및 지장물에 대한 손실보상 기준	18	3–2	15
어업손실보상	7	4	10
농업손실보상	1	4	10
지장물 보상기준(건축물)	26	2–1	10
자장물 보상평가기준	30	2–1	10
잔여지 손실과 공사비 보상(사업폐지 등)	26	3–1	10
잔여지 및 잔여건물 보상	13	4	20
제6장 주거이전비			
주거이전비 요건판단	26	2–2	20
주거이전비 불복수단	33	1–3	20
주거이전비 요건판단 등(포기각서)	29	1–1	30
제7장 간접손실			
간접손실	30	3	20
간접보상(영업손실_진출입로 단절)	29	1–2	10
간접보상의 근거 및 유형과 보상의 한계	11	3	20
간접침해	14	3	20
간접보상의 대상사업과 보상기준	2	3–2	10
제3편 부동산공시법			
제1장 표준지공시지가			
공시지가의 절차, 성질 및 효력	1	2	30
공시지가의 적용	3	3–3	10
제2장 개별공시지가			
개별공시지가의 법적 성질	4	2	30
개별공시지가의 절차상 하자에 대한 불복절차	5	2	30
개별공시지가 산정절차와 검증절차	29	3	20
개별공시지가 검증절차	7	2	20
정정처분의 위법성 판단	30	1–2	10
개별공시지가 정정사유	31	2–1	5
제3장 부동산가격공시위원회			
부동산가격공시위원회	6	3	30
중앙부동산가격공시위원회	29	4	10
제4장 표준지공시지가와 개별공시지가의 구별			
표준지공시지가와 개별공시지가의 비교	8	2	20
감정평가와 지가선정의 비교	9	4	20
제5장 이의신청의 법적 성질			
이의신청의 법적 성질	33	2–2	10
이의신청의 법적 성질	21	2–1	10
이의신청의 법적 성질 및 개별공시지가의 위법성 판단	34	2–1	15
제4편 감정평가법			
제1장 감정평가법인등의 법률관계와 업무			
감정평가법인등의 법률관계 및 법적 지위	9	3	20
사무소 개설 설명	34	4	10
감정평가업무의 범위	31	3	20
감정평가 근거기재 등	26	4	10
타당성조사	31	4	10
제2장 감정평가법인등의 의무와 징계처분 등			
감정평가법인등의 의무와 책임	2	2	30
감정평가법인등의 성실의무 및 의무이행 확보수단의 법적 성질 비교	18	2	30
감정평가법인등의 성실의무	32	4	10
제재적 처분절차 및 내용	11	2	30
징계절차	29	2–1	20
과징금, 벌금, 과태료 법적 성질 비교	21	3–1	20
과징금과 벌금의 중복부과 가능성	21	3–2	10
손해배상책임	12	4	10
손해배상책임요건	33	4	10
제3부 국가배상 및 도정법	**기출회차**	**문제번호**	**점수**
제1편 국가배상청구			
국가배상청구(위법성)	24	2–1	20
국가배상청구(인과관계)	24	2–2	10
국가배상청구(인과관계)	25	3	20
국가배상청구요건(인과관계)	31	2–3	15
제2편 도시 및 주거환경정비법			
조합설립인가 불복	25	1–1	20
매도청구와 재결의 쟁송절차 차이점	28	3–1	10
매도청구와 재결의 차이점	28	3–2	10
이전고시 이전 이후 재결취소가능성	33	1–1	10

제1부

행정법

제 1 편

행정작용법

Chapter 01 행정입법

기출문제

[손실보상] 손실보상기준 [제22회 제1문]

A군에 사는 甲은 국토의 계획 및 이용에 관한 법률에 따라 지정된 개발제한구역 내에 과수원을 경영하고 있다. 甲은 영농의 편의를 위해 동 과수원 토지 내에 작은 소로(小路)를 개설하고, 종종 이웃 주민의 통행에도 제공해 왔다. A군은 甲의 과수원 부지가 속한 일단의 토지에 폐기물처리장을 건설하고자 하는 乙을 폐기물관리법에 따라 폐기물처리장 건설사업자로 지정하면서 동 처리장건설사업실시계획을 승인하였다. 甲과 乙 간에 甲 토지에 대한 협의매수가 성립되지 않아 乙은 甲 토지에 대한 수용재결을 신청하고, 관할 지방토지수용위원회의 수용재결을 받았다. 동 수용재결에서는 "사실상의 사도(私道)의 부지는 인근 토지에 대한 평가액의 3분의 1 이내로 평가한다."라고 규정하고 있는 토지 등의 취득 및 보상에 관한 법률 시행규칙(이하 "토지보상법 시행규칙") 제26조 제1항 제2호의 규정에 따라, 甲의 토지를 인근 토지가에 비하여 3분의 1의 가격으로 평가하였다. 이 수용재결에 대하여 이의가 있는 甲은 적절한 권리구제수단을 강구하고자 한다. 다음의 물음에 답하시오.

(2) 甲이 제기한 쟁송에서 피고 측은 甲의 토지에 대한 보상액이 낮게 평가된 것은 토지보상법 시행규칙 제26조 제1항 제2호의 규정에 의한 것으로서 적법하다고 주장한다. 피고의 주장에 대해 법적으로 판단하시오. [15점]

(3) 甲은 토지보상법 시행규칙 제26조 제1항 제2호의 규정은 헌법 제23조상의 재산권 보장 및 정당보상원칙을 위배하여 위헌적인 것이라고 주장한다. 甲의 주장을 관철할 수 있는 법적 수단을 설명하시오. [15점]

설문 (2)의 해결

Ⅰ. 쟁점의 정리

Ⅱ. 토지보상법 시행규칙 제26조의 법적 성질(대외적 구속력 인정 여부)

1. 법규명령의 의의 및 필요성
2. 법규명령의 근거
3. 사안의 경우

Ⅲ. 과수원 내의 소로가 사실상 사도에 해당하는지 여부

1. 사실상 사도의 개념
2. 도로부지를 감가보상하는 이유(화체이론)
3. 사실상 사도의 판단기준
   (1) 토지보상법 시행규칙 제26조 제2항
   (2) 판례의 태도
4. 사안의 경우

Ⅳ. 사안의 해결(피고 乙 주장의 타당성)

쟁점해설

설문의 쟁점은 토지보상법 시행규칙, 즉 보상기준의 규범성이다. 따라서 토지보상법 시행규칙의 법적 성질을 밝히고, 이러한 기준에 대한 구제방법을 서술하면 될 것이다. 종전의 기출문제는 행정행위에 의하여 침해된 구제수단을 중심으로 묻는 문제가 많았으나, 제22회의 경우에는 행정행위의 기준에 대한 구제수단을 물었기에 체계적인 준비가 부족한 경우는 답안작성이 어려웠을 것이다. 법규명령에 대한 간접적 통제수단인 명령심사제도를 체계적으로 서술하면 무난할 것이다.

예시답안

[설문 2]의 해결

Ⅰ 쟁점의 정리

甲이 제기한 쟁송(이의신청 및 보상금증감청구소송)에서 사업시행자인 乙은 해당 보상액이 토지보상법 시행규칙 제26조 제1항 제2호에 따른 적정한 것임을 주장하고 있다. 법규명령은 행정주체와 국민 간의 관계를 규율하는 법규범으로서 일반적으로 대외적 구속력이 인정된다. 따라서 동 규정의 법적 성질이 법규명령이고 과수원 내의 소로(小路)가 사실상 사도에 해당한다면 乙의 주장은 타당하게 될 것이다.

Ⅱ 토지보상법 시행규칙 제26조의 법적 성질(대외적 구속력 인정 여부)

1. 법규명령의 의의 및 필요성

법규명령이라 함은 행정권이 제정하는 법규를 말한다. 실무에서는 통상 명령이라는 용어를 사용한다. 법규명령은 행정권이 제정하는 법인 점에서 행정입법이라고도 부른다.
의회가 모든 법규를 제정한다는 것이 현실적으로 어려울 뿐만 아니라, 구체적이고 전문적인 사항은 법률보다는 행정입법으로 정하는 것이 보다 능률적이며 행정입법은 법률보다 사회의 변화에 맞추어 보다 신속하게 개정될 수 있다. 행정입법은 이러한 현실적 필요에 의해 인정되게 되었다.

2. 법규명령의 근거

우리 헌법은 대부분의 국가에서와 같이 행정입법의 근거를 규정하고 있다. 헌법 제75조는 대통령령(위임명령과 집행명령)의 근거를, 제95조는 총리령과 부령(위임명령과 집행명령)의 근거를 규정하고 있다.

3. 사안의 경우

토지보상법 제70조 제6항에서는 "보상액 산정 및 평가방법은 국토교통부령으로 정한다."라고 규정하고 있으며 토지보상법 시행규칙 제1조에서는 "토지보상법 및 동법 시행령에서 위임된 사항과 그 시행에 관하여 필요한 사항을 규정함을 목적으로 한다."라고 규정하고 있다.
따라서 토지보상법 시행규칙 제26조는 보상액 산정 및 평가의 시행을 위한 하나의 기준을 제시하는 법규명령의 성격을 갖는다고 본다.

Ⅲ 과수원 내의 소로가 사실상 사도에 해당하는지 여부

1. 사실상 사도의 개념

토지보상법은 사도법상의 사도, 사실상의 사도, 그 외의 도로부지로 분류하여 그 평가기준을 달리 정하고 있다(규칙 제26조). 여기서 사도법상의 사도는 사도개설의 허가를 얻은 도로를 말하며, 사실상의 사도는 사도법에 의한 사도 외의 도로로서 토지소유자가 자기 토지의 이익증진을 위하여 스스로 개설한 도로로서 도시계획으로 결정된 도로가 아닌 것을 말하며 "그 외의 도로"란 사도법상 사도도 아니고 사실상의 사도도 아닌 모든 도로를 포함한다고 할 수 있다.

2. 도로부지를 감가보상하는 이유(화체이론)

도로의 평가를 함에 있어서 인근 토지보다 낮게 평가한다고 규정한 취지는 현실 이용상황이 도로로 되었기 때문에 이를 감가한다는 뜻이 아니고 도로의 가치가 그 도로로 인하여 보호되고 있는 토지의 효용이 증가됨으로써 보호되고 있는 토지에 가치가 화체되었기 때문에 그 평가액은 당연히 낮아야 한다는 이유를 배경으로 일반토지에 비해 감가보상되는 것이다. 즉, 인근 토지에 비하여 낮게 평가하는 이유는 도로 자체를 독립하여 그 값을 평가할 수는 없으나, 인근 토지의 값을 증가시키는 데에 기여하였으므로 인근 토지에 기여한 정도를 파악하여 도로의 값을 산출할 수 있다는 논리에 근거하고 있다.

3. 사실상 사도의 판단기준

(1) 토지보상법 시행규칙 제26조 제2항

동 규칙에서는 ① 도로개설 당시의 토지소유자가 자기 토지의 편익을 위하여 스스로 설치한 도로, ② 토지소유자가 그 의사에 의하여 타인의 통행을 제한할 수 없는 도로, ③「건축법」 제45조의 규정에 의하여 건축허가권자가 그 위치를 지정・공고한 도로, ④ 도로개설 당시의 토지소유자가 대지 또는 공장용지 등을 조성하기 위하여 설치한 도로를 사실상 사도로 규정하고 있다.

(2) **판례의 태도**

대법원은 '도로개설 당시의 토지소유자가 자기 토지의 편익을 위하여 스스로 설치한 도로'인지 여부는 인접 토지의 획지면적, 소유관계, 이용상태 등이나 개설경위, 목적, 주위환경 등에 의하여 객관적으로 판단하여야 하고, '토지소유자가 그 의사에 의하여 타인의 통행을 제한할 수 없는 도로'에는 법률상 소유권을 행사하여 통행을 제한할 수 없는 경우뿐만 아니라 사실상 통행을 제한하는 것이 곤란하다고 보이는 경우도 해당한다고 할 것이나, 적어도 도로로의 이용상황이 고착화되어 해당 토지의 표준적 이용상황으로 원상회복하는 것이 용이하지 않은 상태에 이르러야 할 것이어서 단순히 해당 토지가 불특정 다수인의 통행에 장기간 제공되어 왔고 이를 소유자가 용인하여 왔다는 사정만으로는 사실상의 도로에 해당한다고 할 수 없다고 판시한 바 있다(대판 2007.4.12, 2006두18492).

4. 사안의 경우

설문에서 甲은 영농의 편의를 위해서, 즉 자기 토지의 편익을 위하여 스스로 소로(小路)를 개설한 목적과 경위가 인정된다. 또한 이를 종종 이웃주민의 통행에도 제공해 온 점에 비추어 볼 때 해당 소로(小路)는 종전의 과수원용지로 원상회복하는 것이 용이하지 않은 상태라고 볼 수 있다. 따라서 이를 사실상 사도로 봄이 타당하다.

Ⅳ 사안의 해결(피고 乙 주장의 타당성)

토지보상법 시행규칙 제26조 제1항 제2호는 법규명령으로서 대외적 구속력이 인정되며, 甲의 소로(小路)는 동 규정상 사실상 사도에 해당한다. 따라서 동 규정에 따라 산정된 보상액은 정당하다고 볼 수 있으므로 피고 乙의 주장은 타당하다.

(설문 3)의 해결

Ⅰ 쟁점의 정리

설문은 토지보상법 시행규칙 제26조 제1항 제2호(법규명령)가 헌법 제23조상의 재산권 보장 및 정당보상원칙에 반하는지 여부, 즉 법규명령의 위헌 여부를 관철하기 위한 수단을 묻고 있다. 법규명령에 대한 사법적 통제수단으로는 행정입법 자체를 직접적으로 소의 대상으로 하는 헌법소원 및 항고소송의 직접적 통제수단과, 다른 구체적인 사건에 관한 재판에서 해당 행정입법의 위헌・위법 여부가 선결문제가 되는 경우 해당 행정입법의 위법 여부를 판단하는 간접적 통제수단이 있다. 설문에서는 간접적 통제수단을 중심으로 설명한다.

Ⅱ 간접적 통제(명령심사제도)

1. 의의와 근거

간접적 통제라 함은 다른 구체적인 사건에 관한 재판에서 행정입법의 위법 여부가 선결문제가 되는 경우 해당 행정입법의 위법 여부를 통제하는 것을 말한다. 간접적 통제는 헌법 제107조 제2항에 근거한다.

2. 통제의 대상

헌법은 '명령・규칙'이 헌법이나 법률에 위반되는지 여부가 재판에서 전제가 된 경우에 법원에 의한 통제의 대상이 된다고 규정하고 있다. 여기에서 '명령'이란 법규명령을 의미하며, 위임명령과 집행명령 모두 통제의 대상이 된다.

3. 통제의 주체

각급 법원이 통제하고, 대법원이 최종적인 심사권을 갖는다. 대법원이 최종적 심사권을 갖는다는 것은 대법원이 위헌・위법이라고 판단한 경우에는 해당 명령의 위헌 또는 위법이 확정되며 그 위헌 또는 위법이 명백하게 된다는 것을 의미한다.

4. 법규명령의 위헌 여부

법규명령은 포괄위임금지 및 수권법률의 위임한계 내에서 입법되어야 한다. 즉, 위임의 내용・목적 및 범위가 명확하고 구체적으로 한정되어야 하며 상위법령에 위반하여서는 안 된다.

5. 통제의 효력

법규명령이 위법하다는 대법원의 판결이 있는 경우에 해당 명령은 효력을 상실하는 것으로 보는 견해도 있으나, 현재의 일반적인 견해는 해당 행정입법이 일반적으로 효력을 상실하는 것으로 보지 않고 해당 사건에 한하여 적용되지 않는 것으로 보고 있다. 위법인 법령에 근거한 행정처분은 중대명백설에 의할 때 통상 취소할 수 있는 처분으로 보아야 한다. 왜냐하면 처분근거법령의 위헌・위법은 통상 중대한 하자이나 명백하지 않기 때문이다.

Ⅲ 사안의 해결(甲 주장의 관철수단)

甲은 보상금증액청구소송에서 토지보상법 시행규칙 제26조 제1항 제2호의 규정(사실상 사도의 판단기준)이 헌법 제23조에 위배된다는 주장을 할 수 있다.

甲이 이의신청에서 토지보상법 시행규칙 제26조 제1항 제2호의 규정(사실상 사도의 판단기준)이 헌법 제23조에 위배된다는 주장을 할 수 있는지에 관하여는 논란이 있는데, 실무는 부정적으로 보고 있다.

기출문제

[감정평가] 행정법 관련 CASE [제20회 제3문]

「감정평가 및 감정평가사에 관한 법률 시행령」 제29조 [별표 3](감정평가법인등의 설립인가의 취소와 업무의 정지에 관한 기준)는 재판규범성이 인정되는지의 여부를 설명하시오. 25점

Ⅰ. 개설

1. 부동산의 사회성 · 공공성

2. 감정평가법인등의 책임과 의무

3. 제재적 처분기준의 구속력 논의문제

Ⅱ. 시행령 제29조 [별표 3]의 법적 성질

1. 법규명령 형식의 행정규칙

2. 법적 성질

(1) 학설

(2) 판례

(3) 검토

(4) 사안의 경우

3. 재판규범성 인정 여부

[별표 3]은 대통령령 – 처분의 종류와 기준을 다양하게 유형화하여 구체적 사안의 개별성을 고려하고 있음.

Ⅲ. 가중처벌규정과 관련된 최근 판례의 태도

1. 종전 판례

2. 최근 판례

(1) 다수견해

(2) 소수견해

3. 검토

쟁점해설

법규명령 형식의 행정규칙 = (제재적 처분기준의 법적 성질)

1. 문제점

제재적 처분기준이 법규명령의 형식으로 제정되었으나 그 실질이 행정규칙의 내용을 갖는 경우, 이에 대한 대외적 구속력이 인정되는지가 문제된다.

2. 법적 성질

(1) 학설

① 규범의 형식과 법적 안정성을 중시하여 법규명령으로 보는 견해와, ② 규범의 실질과 구체적 타당성을 중시하여 행정규칙으로 보는 견해, ③ 상위법의 수권유무로 판단하는 수권여부기준설이 대립한다.

(2) 판례

대법원은 ① (구)식품위생법 시행규칙상 제재적 처분기준은 행정규칙으로 보며, ② (구)청소년보호법 시행령상 과징금처분기준을 법규명령으로 보면서 그 처분기준은 최고한도로 보아 구체적 타당성을 기한 사례가 있다.

(3) 검토

대통령령과 부령을 구분하는 판례의 태도는 합리적 이유가 없으므로 타당성이 결여된다. 또한 부령의 경우에도 법규명령의 형식을 갖는 이상 법제처의 심사에 의해 절차의 정당성을 확보하고, 공포를 통한 예측가능성이 보장된다는 점에서 부령인 경우도 법규성을 긍정함이 타당하다.

(4) 사안의 경우 = (감정평가법 시행령 제29조 [별표 3]의 경우 예시)

시행령 제29조에서 규정하고 있는 제재적 처분기준은 그 형식이 대통령령이며, 상위법률인 감정평가법의 처분기준을 각 사유마다 세분화하여 규정하여 개별사안에서 구체적 타당성을 기여하고 있다. 따라서 법규명령의 성질을 갖는 것으로 볼 수 있다.

26회 문제 01

「공익사업을 위한 토지 등의 취득 및 보상에 관한 법률」(이하 '공익사업법'이라 한다)에 따라 도로확장건설을 위해 사업인정을 받은 A는 해당 지역에 위치한 甲의 토지를 수용하고자 甲과 협의를 시도하였다. A는 甲과 보상액에 관한 협의가 이루어지지 않자 공익사업법상의 절차에 따라 관할 토지수용위원회에 재결을 신청하였다. 그런데 관할 토지수용위원회는 「감정평가에 관한 규칙(국토교통부령)」에 따른 '감정평가실무기준(국토교통부 고시)'과는 다르게 용도지역별 지가변동률이 아닌 이용상황별 지가변동률을 적용한 감정평가사의 감정결과를 채택하여 보상액을 결정하였다. 그 이유로 해당 토지는 이용상황이 지가변동률에 더 큰 영향을 미친다는 것을 들었다. 다음 물음에 답하시오. 40점

(1) 甲은 보상액 결정이 '감정평가실무기준(국토교통부 고시)'을 따르지 않았으므로 위법이라고 주장한다. 甲의 주장은 타당한가? 20점

(설문 1-1)의 해결
Ⅰ. 쟁점의 정리
Ⅱ. 감정평가실무기준의 법적 성질
1. 법령보충적 행정규칙의 의의 및 인정 여부
(1) 법령보충적 행정규칙의 의의
(2) 감정평가실무기준이 법령보충적 행정규칙인지 여부
1) 감정평가실무기준의 의의 및 근거규정
2) 사안의 경우
2. 법적 성질에 대한 견해의 대립(대외적 구속력 인정논의)
(1) 학설
1) 행정규칙설
2) 법규명령의 효력을 갖는 행정규칙설
3) 법규명령설
4) 수권여부기준설
(2) 판례
1) 일반적인 판례의 태도
2) 감정평가실무기준에 대한 판례의 태도
(3) 검토
3. 위법한 법령보충적 행정규칙의 효력
4. 사안의 경우
Ⅲ. 사안의 해결

예시답안

(설문 1-1)의 해결

Ⅰ 쟁점의 정리

설문은 토지수용위원회의 보상액 결정이 위법한지를 묻고 있다. 甲은 위법성 사유로서 '감정평가실무기준(국토교통부 고시)'을 따르지 않았음을 주장하고 있다. '감정평가실무기준'이 형식은 행

정규칙이지만 실질이 대외적 구속력을 갖는 법규명령이라면, 이와 다르게 이용상황별 지가변동률을 적용한 감정평가는 법령에 반하는 평가가 될 것이다. 이하에서 검토한다.

Ⅱ 감정평가실무기준의 법적 성질

1. 법령보충적 행정규칙의 의의 및 인정 여부

(1) 법령보충적 행정규칙의 의의

법령보충적 행정규칙이란 법률의 위임에 의해 법령을 보충하는 법규사항을 정하는 행정규칙을 말한다. 헌법 제75조 및 제95조와 관련하여 이러한 행정규칙의 인정 여부에 대하여 견해의 대립이 있으나 다수견해 및 판례는 법령의 수권을 받아 제정되는 것을 논거로 하여 긍정한다.

(2) 감정평가실무기준이 법령보충적 행정규칙인지 여부

1) 감정평가실무기준의 의의 및 근거규정

감정평가실무기준이란 감정평가사가 감정평가업무를 수행하면서 지켜야 할 세부적인 기준을 국토교통부장관이 정하여 고시한 것으로서, 「감정평가 및 감정평가사에 관한 법률(이하 '감정평가법')」 제3조 제3항 및 감정평가에 관한 규칙 제28조에 근거규정을 두고 있다.

2) 사안의 경우

감정평가실무기준은 감정평가를 수행함에 있어서 지켜야 할 세부적인 기준으로서 법령의 위임을 두고 있는 바, 이는 법령보충적 행정규칙이라 볼 수 있다.

2. 법적 성질에 대한 견해의 대립(대외적 구속력 인정논의)

(1) 학설

1) 행정규칙설

법규명령은 의회입법원칙의 예외이므로 법령보충적 행정규칙도 행정규칙에 불과하다고 한다.

2) 법규명령의 효력을 갖는 행정규칙설

법령보충적 행정규칙에 법규와 같은 효력(구속력)을 인정하더라도 행정규칙의 형식으로 제정되었으므로 법적 성질은 행정규칙으로 보는 것이 타당하다고 한다.

3) 법규명령설

해당 규칙이 법규와 같은 효력을 가지므로 법규명령으로 보아야 한다고 한다.

4) 수권여부기준설

법령에 근거가 있는 경우와 없는 경우로 구분하여, 법령의 수권이 있는 경우에 한해서 법규성을 가질 수 있다고 본다.

(2) 판례

1) 일반적인 판례의 태도

① 국세청장훈령인 재산세제사무처리규정은 상위법인 소득세법 시행령과 결합하여 법규성을 가진다고 판시한 바 있다. ② 토지가격비준표는 집행명령인 개별토지가격합동조사지침과 더불어 법령보충적 구실을 하는 법규적 성질을 가지고 있는 것으로 보아야 한다고 판시한 바 있다.

2) 감정평가실무기준에 대한 판례의 태도

감정평가에 관한 규칙에 따른 '감정평가실무기준'은 감정평가의 구체적 기준을 정함으로써 감정평가법인등이 감정평가를 수행할 때 이 기준을 준수하도록 권장하여 감정평가의 공정성과 신뢰성을 제고하는 것을 목적으로 하는 것이고, 한국감정평가업협회가 제정한 '토지보상평가지침'은 단지 한국감정평가업협회가 내부적으로 기준을 정한 것에 불과하여 어느 것도 일반 국민이나 법원을 기속하는 것이 아니라고 판시한 바 있다(대판 2014.6.12, 2013두4620).

(3) 검토

상위법령의 위임이 있는 경우에는 그와 결합하여 법령을 보충하므로 법규성을 인정하는 것이 행정현실상 타당하다고 판단된다. 다만, 일반적인 법규명령절차를 거치지 않기 때문에 '국민의 예측가능성'을 고려하여 고도의 전문적 영역에 한정되어 최소한도로 인정해야 할 것이다.

3. 위법한 법령보충적 행정규칙의 효력

판례는 법령보충적 행정규칙이 법령의 위임범위를 벗어난 경우에는 위법한 법규명령이 되는 것이 아니라 법규명령으로서의 대외적 구속력이 인정되지 않으므로 행정규칙에 불과한 것이 된다고 한다.

4. 사안의 경우

감정평가실무기준은 상위법령의 근거규정을 두고 있으며, 감정평가법인등은 감정평가를 행함에 있어서 법에서 규정된 절차와 방법을 따라야 할 의무가 있다고 할 것이다. 따라서 감정평가실무기준은 법령보충적 행정규칙으로서 대외적 구속력을 갖는다고 볼 것이다.

Ⅲ 사안의 해결

감정평가실무기준은 대외적 구속력이 인정되기에 이와 다르게 평가하는 것은 위법하므로 甲주장은 타당하다고 볼 수 있다. 그러나 감정평가실무기준의 내용으로 용도지역별 지가변동률을 적용하도록 규정된 것이 상위법령의 내용에 반하는 것으로 본다면 이는 단순 행정규칙으로서 대외적 구속력을 갖지 못할 것이다. 판례도 이러한 취지에서 보다 더 합리적인 방법을 적용할 수 있도록 감정평가실무기준의 대외적 구속력을 부정한 것이다.

채점평

문제 1

'감정평가실무기준'의 대외적 구속력 여부와 보상금증감청구소송의 본질에 관한 문제이다. '감정평가실무기준'과 관련하여서는 이른바 법령보충적 행정규칙의 대외적 구속력 여부에 관한 학설과 판례의 일반적인 입장을 설명하고, 더 나아가 '감정평가실무기준'에 관한 판례를 구체적으로 설명한 답안에 높은 점수를 부여하였다. 보상금증감청구소송의 본질과 관련하여서는 관련 법령, 학설, 판례를 충분히 설명하면 높은 점수를 부여하였다.

33회 문제 02

국토교통부장관은 표준지로 선정된 A토지의 2022.1.1. 기준 공시지가를 1㎡당 1,000만원으로 결정·공시하였다. 국토교통부장관은 A토지의 표준지공시지가를 산정함에 있어 부동산 가격공시에 관한 법률 및 같은 법 시행령이 정하는 '토지의 일반적인 조사사항' 이외에 국토교통부 훈령인 표준지공시지가 조사·평가 기준상 상업·업무용지 평가의 고려사항인 '배후지의 상태 및 고객의 질과 양', '영업의 종류 및 경쟁의 상태' 등을 추가적으로 고려하여 평가하였다. 甲은 X시에 상업용지인 B토지를 소유하고 있다. X시장은 A토지를 비교표준지로 선정하여 B토지에 대한 개별공시지가를 1㎡당 1,541만원으로 결정·공시 후 이를 甲에게 통지하였다. 甲은 국토교통부장관이 A토지의 표준지공시지가를 단순히 행정청 내부에서만 효력을 가지는 국토교통부 훈령 형식의 표준지공시지가 조사·평가 기준이 정하는 바에 따라 평가함으로써 결과적으로 부동산가격공시에 관한 법령이 직접 규정하지 않는 사항을 표준지공시지가 평가의 고려사항으로 삼은 것은 위법하다고 주장하고 있다. 다음 물음에 답하시오. [30점]

(1) 표준지공시지가 조사·평가 기준의 법적 성질에 비추어 甲 주장의 타당성 여부를 설명하시오. [20점]

참조조문

〈부동산 가격공시에 관한 법률〉

제11조(개별공시지가에 대한 이의신청)

① 개별공시지가에 이의가 있는 자는 그 결정·공시일부터 30일 이내에 서면으로 시장·군수 또는 구청장에게 이의를 신청할 수 있다.

〈부동산 가격공시에 관한 법률 시행령〉

제6조(표준지공시지가 조사·평가의 기준)

① 법 제3조 제4항에 따라 국토교통부장관이 표준지공시지가를 조사·평가하는 경우 참작하여야 하는 사항의 기준은 다음 각 호와 같다. <각 호 생략>

② 표준지에 건물 또는 그 밖의 정착물이 있거나 지상권 또는 그 밖의 토지의 사용·수익을 제한하는 권리가 설정되어 있을 때에는 그 정착물 또는 권리가 존재하지 아니하는 것으로 보고 표준지공시지가를 평가하여야 한다.

③ 제1항 및 제2항에서 규정한 사항 외에 표준지공시지가의 조사·평가에 필요한 세부기준은 국토교통부장관이 정한다.

〈표준지공시지가 조사·평가 기준〉

제23조(상업·업무용지)

상업·업무용지(공공용지를 제외한다)는 토지의 일반적인 조사사항 이외에 다음 각 호의 사항 등을 고려하여 평가하되, 인근지역 또는 동일수급권 안의 유사지역에 있는 토지의 거래사례 등 가격자료를 활용하여 거래사례비교법으로 평가한다. <단서 생략>
1. 배후지의 상태 및 고객의 질과 양
2. 영업의 종류 및 경쟁의 상태
3.~6. <생략>

(설문 2-1)의 해결
Ⅰ. 쟁점의 정리
Ⅱ. 표준지조사평가기준의 법적 성질
1. 법령보충적 행정규칙의 의의 및 인정 여부
2. 법적 성질에 대한 견해의 대립(대외적 구속력 인정논의)
(1) 학설
1) 행정규칙설
2) 법규명령의 효력을 갖는 행정규칙설
3) 법규명령설
4) 수권여부기준설
(2) 판례
(3) 검토
3. 위법한 법령보충적 행정규칙의 효력
4. 법령보충적 행정규칙의 사법적 통제
(1) 법원에 의한 통제
(2) 헌법재판소에 의한 통제
Ⅲ. 표준지조사평가기준의 법적 성질
1. 표준지조사평가기준의 의의
2. 법적 성질
Ⅳ. 사안의 해결

예시답안

(설문 2-1)의 해결

Ⅰ 쟁점의 정리

갑은 표준지조사평가기준에 의한 공시지가는 법령에 의한 것이 아니므로 위법하다고 주장한다. 표준지조사평가기준에 대한 법적 성질을 검토하여 갑 주장의 타당성 여부에 대해서 설명한다.

Ⅱ 표준지조사평가기준의 법적 성질

1. 법령보충적 행정규칙의 의의 및 인정 여부

법령보충적 행정규칙이란 법률의 위임에 의해 법령을 보충하는 법규사항을 정하는 행정규칙을 말한다. 헌법 제75조 및 제95조와 관련하여 이러한 행정규칙의 인정 여부에 대하여 견해의 대립이 있으나, 다수견해 및 판례는 법령의 수권을 받아 제정되는 것을 논거로 하여 긍정한다.

2. 법적 성질에 대한 견해의 대립(대외적 구속력 인정논의)

(1) 학설

1) 행정규칙설

법규명령은 의회입법원칙의 예외이므로 법령보충적 행정규칙도 행정규칙에 불과하다고 한다.

2) 법규명령의 효력을 갖는 행정규칙설

법령보충적 행정규칙에 법규와 같은 효력(구속력)을 인정하더라도 행정규칙의 형식으로 제정되었으므로 법적 성질은 행정규칙으로 보는 것이 타당하다고 한다.

3) 법규명령설

해당 규칙이 법규와 같은 효력을 가지므로 법규명령으로 보아야 한다고 한다.

4) 수권여부기준설

법령에 근거가 있는 경우와 없는 경우로 구분하여, 법령의 수권이 있는 경우에 한해서 법규성을 가질 수 있다고 본다.

(2) 판례

① 국세청장훈령인 재산세제사무처리규정은 상위법인 소득세법 시행령과 결합하여 법규성을 가진다고 판시한 바 있다. ② 토지가격비준표는 집행명령인 개별토지가격합동조사지침과 더불어 법령보충적 구실을 하는 법규적 성질을 가지고 있는 것으로 보아야 한다고 판시한 바 있다. ③ 감정평가에 관한 규칙에 따른 '감정평가실무기준'이나 한국감정평가사협회가 제정한 '토지보상평가지침'은 일반 국민을 기속하지 않는다고 판시한 바 있다(대판 2014.6.12, 2013두4620).

(3) 검토

상위법령의 위임이 있는 경우에는 그와 결합하여 법령을 보충하므로 법규성을 인정하는 것이 행정현실상 타당하다고 판단된다. 다만, 일반적인 법규명령절차를 거치지 않기 때문에 '국민의 예측가능성'을 고려하여 고도의 전문적 영역에 한정되어 최소한도로 인정해야 할 것이다.

3. 위법한 법령보충적 행정규칙의 효력

판례는 법령보충적 행정규칙이 법령의 위임범위를 벗어난 경우에는 위법한 법규명령이 되는 것이 아니라 법규명령으로서의 대외적 구속력이 인정되지 않으므로 행정규칙에 불과한 것이 된다고 한다.

4. 법령보충적 행정규칙의 사법적 통제

(1) 법원에 의한 통제

법령보충적 행정규칙은 법규명령의 효력을 가지므로 법규명령과 같이 재판에서 전제가 된 경우에는 법원이 간접적으로 통제하고, 처분성을 갖는 경우 직접 항고소송의 대상이 된다.

(2) 헌법재판소에 의한 통제

법령보충적 행정규칙이 명백히 처분이 아니고(헌법소원의 보충성 원칙) 직접적・구체적으로 국민의 권익을 침해하는 경우에는 헌법소원의 대상이 된다.

Ⅲ 표준지조사평가기준의 법적 성질

1. 표준지조사평가기준의 의의

표준지조사평가기준은 표준지공시지가의 공시를 위하여 표준지의 적정가격 조사・평가에 필요한 세부기준과 절차 등을 정한 기준을 말한다.

2. 법적 성질

표준지조사평가기준은 형식은 국토교통부의 훈령이다. 부동산공시법 제3조 제4항 및 시행령 제6조 제3항에 위임의 근거가 있다. 따라서 법령보충적 행정규칙이다.

Ⅳ 사안의 해결

표준지조사평가기준은 부동산공시법의 위임에 따라 규정된 법령보충적 행정규칙으로서 대외적 구속력이 인정된다. 따라서 이에 따른 평가는 법령 규정에 따른 평가이므로 갑 주장의 타당성은 인정되지 않는다.

28회 문제 02

도지사 A는 "X국가산업단지 내 국도대체우회도로 개설사업"(이하 '이 사건 개발사업'이라 함)의 실시계획을 승인 · 고시하고, 사업시행자로 B시장을 지정하였다. B시의 시장은 이 사건 개발사업을 시행함에 있어 사업시행으로 인하여 건물이 철거되는 이주대상자를 위한 이주대책을 수립하면서 훈령의 형식으로 'B시 이주민지원규정'을 마련하였다.
위 지원규정에서는 ① 이주대책대상자 선정과 관련하여, 「공익사업을 위한 토지 등의 취득 및 보상에 관한 법률」 및 그 시행령이 정하고 있는 이주대책대상자 요건 외에 '전세대원이 사업구역 내 주택 외 무주택'이라는 요건을 추가적으로 규정하는 한편, ② B시의 이주택지 지급 대상에 관하여, 과거 건축물양성화기준일 이전 건물의 거주자의 경우 소지가(조성되지 아니한 상태에서의 토지가격) 분양대상자로, 기준일 이후 건물의 거주자의 경우 일반우선 분양대상자로 구분하고 있는 바, 소지가 분양대상자의 경우 1세대당 상업용지 3평을 일반분양가로 추가 분양하도록 하고, 일반우선분양대상자의 경우 1세대 1필지 이주택지를 일반분양가로 우선분양할 수 있도록 하고 있다.
B시의 시장은 이주대책을 실시하면서 이 사건 개발사업 구역 내에 거주하는 甲과 乙에 대하여, 甲은 공익사업을 위한 토지 등의 취득 및 보상에 관한 법령이 정한 이주대책대상자에 해당됨에도 위 ①에서 정하는 요건을 이유로 이주대책대상자에서 배제하는 부적격 통보를 하였고, 소지가 분양대상자로 신청한 乙에 대해서는 위 지원규정을 적용하여 소지가 분양대상이 아닌 일반우선분양대상자로 선정하고, 이를 공고하였다. 다음 물음에 답하시오. 30점

(1) 甲은 'B시 이주민지원규정'에서 정한 추가적 요건을 이유로 자신을 이주대책대상자에서 배제한 것은 위법하다고 주장한다. 甲의 주장이 타당한지에 관하여 설명하시오. 15점

(설문 2-1)의 해결

Ⅰ. 쟁점의 정리

Ⅱ. 이주대책대상자의 요건

1. 의의 및 성격
2. 요건 및 내용

Ⅲ. 이주민지원규정의 대외적 구속력 인정 여부

1. 이주민지원규정의 법적 성질
2. 행정규칙의 대외적 구속력 인정 여부
   (1) 학설
   (2) 판례
   (3) 검토

Ⅳ. 사안의 해결

예시답안

(설문 2-1)의 해결

Ⅰ 쟁점의 정리

B시장은 법상 외 요건을 이유로(훈령 형식의 이주민지원규정에 따라) 甲을 이주대책대상자에서 배제하였다. 이주민지원규정의 법규성을 검토하여 B시장의 甲에 대한 이주대책대상자 제외행위가 위법한 것인지를 설명한다.

Ⅱ 이주대책대상자의 요건

1. 의의 및 성격

이주대책은 생활보호 차원의 시혜적인 조치로서 정책적 배려로 마련된 제도이다. 따라서 생활보상의 성격을 갖는다. 판례도 이주대책을 생활보상의 일환으로 보고 있다.

2. 요건 및 내용

공익사업에 필요한 주거용 건물을 제공함에 따라 생활의 근거를 상실하게 되는 자를 위하여 이주대책을 수립하며, 이주대책의 내용에는 이주정착지에 대한 도로・급수시설・배수시설 그 밖의 공공시설 등 해당 지역조건에 따른 생활기본시설이 포함되어야 한다. 특히 이주대책은 이주대책대상자 중 이주정착지에 이주를 희망하는 자가 10호 이상인 경우에 수립・실시하되, 다만 사업시행자가 택지개발촉진법 등에 의해 이주대책대상자에게 택지 또는 주택을 공급한 경우에는 이주대책을 수립・실시한 것으로 본다.

Ⅲ 이주민지원규정의 대외적 구속력 인정 여부

1. 이주민지원규정의 법적 성질

이주민지원규정은 "X국가산업단지 내 국도대체우회도로 개설사업"을 시행함에 따른 이주대책을 수립하기 위한 훈령 형식의 세부규정을 마련한 것이므로 이는 행정규칙의 성질을 갖는다고 할 것이다.

2. 행정규칙의 대외적 구속력 인정 여부

(1) 학설

① 법규성을 부정하는 비법규설, ② 행정권의 시원적인 입법권을 인정하여 법규성을 인정하는 법규설, ③ 평등의 원칙 및 자기구속법리를 매개로 법규성을 인정할 수 있다는 준법규설이 대립된다.

(2) 판례

훈령에 규정된 청문을 거치지 않은 것은 위법하다고 본 판례가 있으나 예외적인 사건으로 보이며 '일반적으로 행정규칙의 법규성을 인정하지 않는다.'

(3) 검토

행정규칙의 법규성을 인정하는 것은 법률의 법규창조력에 반하며, 평등의 원칙이나 자기구속법리를 매개로 하는 경우에도 규칙 자체에는 법규성이 없다고 보는 것이 타당하므로 비법규설이 타당하다.

Ⅳ 사안의 해결

행정규칙은 일반적으로 법규성을 갖지 않으므로, 토지보상법령상 요건이 충족되는지를 여부로 이주대책대상자를 결정해야 한다. 따라서 甲이 토지보상법령상 이주대책대상자에 해당됨에도 불구하고 이주민지원규정에 따라 甲을 이주대책대상자에서 배제한 것이라면 이러한 행위는 위법하다고 할 것이다.

채점평

문제 2

(설문 1)은 훈령 형식을 통한 이주대상자의 권리제한이 법적으로 허용되는지 여부를 묻는 문제입니다. 법치행정의 원리, 특히 법률유보의 원칙상 국민의 권리를 제한하기 위해서는 법률 내지 적어도 법규명령상의 근거가 필요합니다. 따라서 사례상 문제가 된 훈령 형식의 규정의 법적 성질이 무엇인지가 핵심적 쟁점입니다. 그럼에도 상당수의 답안이 쟁점에 대한 정확한 파악이 없이, 이주대책의 성격을 장황하게 기술하거나 막연히 재량을 근거로 답안을 작성한 경우도 있었습니다.

(설문 2)는 분양대상자의 유형 선정에 대해 불복하기 위한 소송유형을 묻는 문제로서, 이 역시 행정소송의 기본체계 및 관련 판례의 입장을 이해하고 있으면 답안을 작성하기 평이한 문제라고 보입니다. 행정상 법률관계에 대한 소송 유형의 결정을 위해서는 기본적으로 그 법률관계가 공법관계인지 사법관계인지, 공법관계라면 부대등한 관계로서 항고소송의 대상인지 대등관계로서 당사자소송의 대상인지가 판단되어야 합니다. 특히 이주대책과 관련한 수분양권의 문제를 처분으로 이해하고 있는 판례의 입장을 알고 있다면 크게 어렵지 않았을 문제라 생각합니다.

행정행위 등

기출문제

[사업인정] 사업인정 관련 CASE 문제 [제17회 제1문]

甲은 세계풍물 야외전시장을 포함하는 미술품 전시시설을 건립하고자 한다. 甲은 자신이 계획하고 있는 시설이 「공익사업을 위한 토지 등의 취득 및 보상에 관한 법률」(이하 "토지보상법"이라 한다) 제4조 제4호의 미술관에 해당하는지에 관하여 국토교통부장관에게 서면으로 질의하였다. 이에 대하여 국토교통부장관은 甲의 시설이 토지보상법 제4조 제4호에 열거된 미술관에 속한다고 서면으로 통보하였다. 그 후 甲은 국토교통부장관에게 사업인정을 신청하였다.

(1) 이 경우 국토교통부장관은 사업인정을 해주어야 하는가? 20점

(2) 국토교통부장관은 甲에게 사업인정을 해준 후 2006년 2월 1일 사업시행지 내의 토지 소유자인 乙 등에게 이를 통지하고 고시하였다. 이후 甲은 乙 등과 협의가 되지 않자 관할 토지수용위원회에 수용재결을 신청하였고, 2006년 8월 1일 관할 토지수용위원회는 乙 등 소유의 토지를 수용한다는 내용의 수용재결을 하였다. 관할 토지수용위원회의 재결서를 받은 乙은 상기 미술관의 건립으로 인하여 문화재적 가치가 있는 乙 등 조상 산소의 석물 · 사당의 상실이 예견됨에도 불구하고 이러한 고려가 전혀 없이 이루어진 위법한 사업인정이라고 주장하면서 위 수용재결에 대한 취소소송을 제기하였다. 乙은 권리구제를 받을 수 있는가? 20점

Ⅰ. 문제의 제기

Ⅱ. 관련 행정작용의 법적 성질

1. 사업인정
2. 수용재결

Ⅲ. 설문 (1)에 대하여

1. 문제점
2. 국토교통부장관의 서면통보의 법적 성질
   (1) 강학상 확약인지
   (2) 예비결정에 해당하는지
3. 설문의 해결
   (1) 예비결정의 법적 성질 및 효과
   (2) 사안의 경우

Ⅳ. 설문 (2)에 대하여

1. 문제점
2. 하자승계 논의의 전제조건 충족 여부
   (1) 전제조건
   (2) 사안의 경우
3. 하자승계 논의
4. 설문의 해결

쟁점해설

1. 설문 (1)의 경우 국토교통부장관의 회신의 법적 성질이 단계적 행정결정 중 사전결정인지를 검토하고 이에 대한 구속력 유무를 중심으로 사안을 포섭하면 무난할 것이다.
2. 설문 (2)의 경우 하자승계에 대한 요건과 판례를 설명한 후, 사업인정과 재결이 동일한 법률효과를 목적으로 하는지를 중심으로 사안을 포섭하면 무난할 것이다.

예시답안

I 문제의 제기

사안은 미술관 건립이라는 공익사업을 위한 공용수용의 절차로서 사업인정과 수용재결에 관한 것이다. 설문 (1)은 미술관 건립을 토지보상법상 공익사업이라는 서면통보를 한 국토교통부장관에게 사업인정을 해주어야 할 의무가 있는지를 묻는 것으로 이를 해결하기 위해서는 재량행위인 사업인정에 대하여 국토교통부장관의 재량을 제약하는 효과가 국토교통부장관의 서면통보에 있는지 검토하여야 한다.

설문 (2)는 불가쟁력이 발생한 사업인정단계의 하자에 대하여 수용재결단계에서 다툴 수 있는지, 이른바 '하자승계' 여부에 대한 것으로 이를 판단하기 위해서는 하자승계 논의의 전제조건 충족 여부 및 하자승계에 관한 학설과 판례를 검토하여 사안에 적용한다.

II 관련 행정작용의 법적 성질

1. 사업인정

(1) 의의

사업인정이란 국토교통부장관이 토지보상법 제4조의 공익사업을 토지 등을 수용, 사용할 수 있는 사업으로 결정하는 것을 말한다.

(2) 법적 성질

사업인정은 설권적 형성행위로서 재량행위에 해당하여 행정청이 행하는 권력적 단독행위로서 강학상 행정행위인 처분에 해당한다.

2. 수용재결

(1) 의의

수용재결이란 관할 토지수용위원회가 사업인정을 받은 사업의 사업시행자의 재결신청에 대하여 권리변동을 결정하는 수용의 종국적 결정을 말한다.

(2) 법적 성질

수용재결은 권리변동을 결정하는 수용재결부분과 보상금액을 결정하는 보상재결부분을 포괄하는 행정행위이자 처분으로서 형성적 행위이며 수용재결부분은 기속행위성 보상재결부분은 재량행위성을 가지고 있다.

Ⅲ 설문 (1)에 대하여

1. 문제점

국토교통부장관에게 사업인정을 해주어야 할 의무가 발생하기 위해서는 신뢰보호의 원칙 등에 의하여 재량이 '0'으로 수축하여야 하는바 국토교통부장관의 서면통보의 법적 성질이 문제가 된다.

2. 국토교통부장관의 서면통보의 법적 성질

(1) 강학상 확약인지

1) 확약의 의의

행정청이 행정행위에 대하여 작위, 부작위를 표시한 자기구속적 약속을 확약이라 하여 행정행위 이외까지 대상으로 한 확언과 구별된다.

2) 확약에 해당하는지

행정청은 행정행위에 대한 작위나 부작위를 의사로서 표시하지 않았으므로 서면통보는 확약에 해당하지 않는다.

(2) 예비결정에 해당하는지

1) 예비결정의 의의

예비결정이란 최종적인 행정결정을 내리기 전에(사전적 단계에서) 행정결정의 요건 중 일부의 심사에 대한 종국적 판단으로 내려지는 결정을 말한다.

2) 예비결정에 해당하는지

사업인정의 요건은 해당 사업이 토지보상법 제4조에 속하는지와 공익성이 있는지라 할 수 있으므로 미술관 건립이 공익사업에 해당한다는 서면통보는 예비결정에 해당한다고 할 수 있다.

3. 설문의 해결

(1) 예비결정의 법적 성질 및 효과

예비결정은 그 자체가 하나의 행정행위로서 예비결정된 사항에 있어서 후행결정에 대한 구속력을 갖는다. 그러나 판례는 "사전결정을 하였다 하여도 사업승인단계에서 사전결정에 기속되지 않고 다시 공·사익을 비교형량하여 그 승인 여부를 결정할 수 있다."고 보고 있다.

(2) **사안의 경우**

사안의 경우 예비결정에 해당하는 요건이 공・사익의 비교형량이 아니라, 토지보상법 제4조에 해당하는지에 대한 기계적 판단이므로 후행결정단계에서 예비결정에 기속되지 않고 광의의 비례의 원칙에 따라 국토교통부장관은 사업인정 여부를 판단하여야 한다.

Ⅳ 설문 (2)에 대하여

1. 문제점

설문은 사업인정의 하자를 주장하여 수용재결에 대하여 다툴 수 있는지 이른바 하자승계에 관한 것이다.

2. 하자승계 논의의 전제조건 충족 여부

(1) **전제조건**

하자승계 논의의 전제조건은 ① 양 행위가 처분성이 있을 것, ② 선행행위에 당연무효에 해당하지 않는 하자가 존재하여 후행행위에 하자가 없을 것, ③ 선행행위에 불가쟁력이 발생하여 다툴 수 없을 것이 있다.

(2) **사안의 경우**

1) 사업인정의 위법성

국토교통부장관이 사업인정을 함에 있어서 乙 등의 조상 산소의 사당상실에 대한 고려가 전혀 없었다면, 이는 중대명백설의 견지에서 볼 때 취소사유의 하자를 구성하는 것으로 볼 수 있다.

2) 그 외의 요건충족 여부

사업인정과 수용재결은 모두 처분성이 있으며, 사업인정에 대하여 취소소송의 제소기간이 도과하여 다툴 수 없다. 따라서 하자승계의 요건은 모두 충족된 것으로 본다.

3. 하자승계 논의

(1) **학설**

1) 전통적 견해

전통적 견해는 양 행위가 결합하여 하나의 행정목적을 추구하는 경우 하자가 승계되며, 양 행위가 별개의 효과를 발생하는 것을 목적으로 하는 경우 하자가 승계되지 않는다고 본다.

2) 구속력이론

구속력이론은 선행행위에 발생한 불가쟁력이 후행행위를 구속하여 하자가 승계되지 않게 되려면, 사물적 한계, 대인적 한계, 시간적 한계 이외에도 추가적 한계로 예측가능성, 수인가능성이 있어야 한다고 본다.

(2) **판례**

판례는 대체로 전통적 견해에 입각하여 보고 있다. 사업인정과 수용재결에 대해서도 별개의 효과발생을 목적으로 한다고 보아 하자승계를 부인하고 있다. 그러나 개별공시지가와 과세처분은 결합하여 하나의 목적을 추구하고 있지 않다고 보면서도 예측가능성, 수인가능성이 없다고 보아 하자승계를 인정하였다.

(3) **검토의견**

하자승계 논의는 법적 안정성 및 적법성 보장이라는 대립되는 가치를 조화시키는 문제이다. 법적 안정성을 위하여 하자승계를 전면적으로 부정하기보다는 당사자의 재판받을 권리가 존중되어야 할 특수한 경우에는 인정되어야 한다. 학설, 판례와 같이 ① 결합하여 하나의 법률효과를 추구하고 있는 경우이거나, ② 당사자에게 예측가능성, 수인가능성이 없는 경우에 인정되어야 한다.

4. 설문의 해결

(1) **결합하여 하나의 행정목적을 추구하는지**

판례는 사업인정과 수용재결의 하자승계를 부인하고 있으나, 사업인정, 수용재결은 공용수용이라는 하나의 행정목적을 추구하고 있다는 점을 고려하여 하자승계를 인정하여야 한다는 견해가 대두되고 있다.

(2) **당사자에게 예측가능성, 수인가능성이 없는지**

사업인정은 제3자효 행정행위로서 고시와 관련 당사자에게 통보하는 절차를 거쳐야 한다. 국토교통부장관은 乙 등에게 사업인정을 통지하여 고시하였으므로 당사자에게 예측가능성, 수인가능성이 없었다고 볼 수 없다.

(3) **하자승계 여부**

사업인정과 수용재결을 별개의 효과를 추구하는 것으로 보는 판례의 입장에 의하면 하자승계는 인정될 여지가 없으나, 사업인정과 수용재결이 결합하여 공용수용이라는 하나의 행정목적을 추구하고 있다고 보는 견해의 설득력도 매우 높다고 판단된다. 이러한 견해에 의하면 乙은 권리구제를 받을 수 있을 것이다.

기출문제

[사업인정] 사업인정 관련 CASE 문제 [제13회 제1문]

택지조성사업을 하고자 하는 사업시행자 甲은 국토교통부장관에게 사업인정을 신청하였다. 甲의 사업인정신청에 대해 국토교통부장관은 택지조성사업 면적의 50%를 택지 이외의 다른 목적을 가진 공공용지로 조성하여 기부채납할 것을 조건으로 사업인정을 하였다. 이에 甲은 해당 부관의 내용이 너무 과다하여 수익성을 도저히 맞출 수 없다고 판단하고 취소소송을 제기하려 한다. 어떠한 해결가능성이 존재하는지 검토하시오. 40점

Ⅰ. 쟁점의 정리

Ⅱ. 관련 행정작용의 검토

1. 사업인정의 법적 성질

2. 기부채납조건의 법적 성질

(1) 부관의 의의 및 종류

(2) 기부채납조건의 법적 성질

Ⅲ. 해당 부관의 위법성과 그 정도

1. 위법성 판단

(1) 부관의 부착가능성

(2) 부당결부금지원칙 위반 여부

1) 부당결부금지원칙의 의의

2) 사안의 경우

2. 위법성 정도

(1) 위법성 판단기준

(2) 사안의 경우

Ⅳ. 기부채납조건만의 독립가쟁성

1. 문제점

2. 학설

3. 판례

4. 검토

5. 사안의 경우

Ⅴ. 기부채납조건만의 독립취소가능성

1. 학설

(1) 부정설

(2) 긍정설

(3) 제한적 긍정설

2. 판례

3. 검토

4. 사안의 경우

Ⅵ. 사안의 해결

쟁점해설

1. 관련 행정작용의 검토

사업인정의 법적 성질이 재량행위임을 밝혀주는 것은 부관의 가능성과 관련하여 문제된다. 또한 기부채납은 강학상 부관이고 그중에서도 부담임을 밝힌다.

2. 해당 부관의 위법성

부관의 가능성과 관련하여 사업인정은 재량행위이므로 부관의 부착이 가능하다. 부관의 한계와 관련하여 택지조성면적의 50%를 택지 외 다른 목적의 공공용지로 조성하여 기부채납하라는 것은 비례원칙의 위반으로 위법하다. 그 위법성 정도는 취소사유로 보인다.

3. 부담의 독립쟁송가능성

부관의 독립쟁송가능성과 관련하여 관련 학설 및 판례를 검토하고 사안은 강학상 부담이고 처분성이 인정되므로 부담만의 진정일부취소소송이 가능하다.

4. 부담의 독립취소가능성

이에 대한 관련 학설 및 판례를 언급하고 결론을 내리면 된다.

예시답안

Ⅰ 쟁점의 정리

甲은 해당 부관의 내용이 너무 과다하여 수익성을 맞출 수 없다고 판단하고 있다. 따라서 해당 부관의 법적 성질이 부담인지를 살펴보고, 부담이라면 택지조성사업의 사업인정 효력은 남겨두고 기부채납의 부담만을 독립적으로 취소할 수 있는지 검토하여 설문을 해결한다.

Ⅱ 관련 행정작용의 검토

1. 사업인정의 법적 성질

사업인정이란 공익사업을 토지 등을 수용하거나 사용할 사업으로 결정하는 것을 말하며(토지보상법 제2조 제7호), 국토교통부장관이 사업과 관련된 제 이익과의 형량을 거쳐 수용권을 설정하는 재량행위이다(판례동지).

2. 기부채납조건의 법적 성질

(1) 부관의 의의 및 종류

부관이란 행정청의 주된 행정행위의 효과를 제한하거나 의무를 부과하기 위해 부가되는 종된 규율을 부관이라고 하며, ① 행정행위의 효력발생, 소멸 여부를 불확실한 사실의 발생에 결부시키는 조건, ② 행정행위의 효력발생 여부와는 관계없이 사인에게 작위・부작위・급부・수인의무를 부과하는 부담, ③ 그 외에도 기한, 철회권 유보 등이 있다.

(2) 기부채납조건의 법적 성질

기부채납조건의 성취 여부과 관계없이 해당 행정행위인 사업인정의 효력이 발생하는바, 기부채납조건은 부담의 성질을 갖는 것으로 볼 수 있다.

Ⅲ 해당 부관의 위법성과 그 정도

1. 위법성 판단

(1) 부관의 부착가능성(행정기본법 제17조 제1항 및 제2항)

행정청은 처분에 재량이 있는 경우에는 부관(조건, 기한, 부담, 철회권의 유보 등을 말한다)을 붙일 수 있다. 처분에 재량이 없는 경우에는 법률에 근거가 있는 경우에 부관을 붙일 수 있다. 〈사안의 경우〉 사업인정은 재량행위인바 부관부착이 가능하다.

(2) 부당결부금지원칙 위반 여부

1) 부당결부금지원칙의 의의(행정기본법 제13조)

부당결부금지의 원칙이라 함은 행정기관이 행정권을 행사함에 있어서 그것과 실질적인 관련이 없는 반대급부를 결부시켜서는 안 된다는 원칙을 말한다.

2) 사안의 경우

설문에서는 택지조성사업을 이유로 부관을 부착하여, 원인적 관련성은 인정되나 택지 이외의 다른 목적을 가진 공공용지로의 조성을 목적으로 하는바, 목적적 관련성이 인정되지 않는다. 따라서 동 기부채납조건은 부당결부금지의 원칙에 반하는 것으로 볼 수 있다.

2. 위법성 정도

(1) 위법성 판단기준

통설·판례는 행정행위의 하자가 내용상 중대하고, 외관상 명백한 경우에 무효인 하자가 되고, 이 두 요건 중 하나라도 충족하지 않는 경우에는 취소사유로 보는 중대명백설(또는 외관상 일견명백설)을 취하고 있다.

(2) 사안의 경우

설문상 기부채납조건은 해당 사업과 무관한 것이 외관상 명백하나, 택지조성사업의 사업인정의 실체적 내용을 구성하는 요건으로 보이지는 않는다. 따라서 취소사유로 판단된다.

Ⅳ 기부채납조건만의 독립가쟁성(및 소송의 형태)

1. 문제점

부관은 본 행정행위에 부과된 종된 규율이므로, 본 행정행위와 별도로 독립하여 소의 대상이 되는지에 대해 견해의 대립이 있다.

2. 학설

① 부담은 독립된 처분성이 있으므로 진정일부취소소송으로 다투고 기타 부관은 그것만의 취소를 구하는 소송은 인정할 수 없다는 견해, ② 부관의 분리가능성은 본안의 문제이므로 모든

부관이 독립하여 취소쟁송의 대상이 된다고 보는 견해가 있다. 부담은 진정 또는 부진정일부취소소송으로 부담 이외의 부관은 부진정일부취소소송이 가능하다고 본다. ③ 분리가능성을 기준으로 분리가능한 부담은 진정일부취소소송으로(부진정일부취소도 가능), 분리가능한 기타부관은 부진정일부취소소송만이 가능하다고 보는 견해가 있다.

3. 판례

대법원은 부담만은 진정일부취소소송으로 다툴 수 있도록 하되 기타부관에 대해서는 전체취소소송으로 다툴 수밖에 없다는 입장이다.

4. 검토

생각건대 판례의 태도는 기타부관에 대한 권리구제에 너무나 취약하고, 분리가능성을 기준으로 판단하는 것은 본안문제를 선취하는 결과를 갖는 문제점이 있다. 따라서 부담은 독립된 처분성으로 진정일부취소소송으로 다투고, 기타부관은 부진정일부취소소송을 인정하는 견해가 타당하다.

5. 사안의 경우

설문의 기부채납조건은 부담이므로 기부채납조건만의 독자적인 대상성이 인정된다. 따라서 진정일부취소소송의 형태로 부담만의 취소소송을 제기할 수 있을 것이다.

V 기부채납조건만의 독립취소가능성(재량행위에 대한 부관의 독립취소가능성)

1. 학설

(1) 부정설

부관만의 취소를 인정하는 것은 부관이 없었더라면 행정청은 행정행위를 하지 않았을 것이라고 해석되므로 부관만의 취소는 인정될 수 없다는 견해가 있다(김동희).

(2) 긍정설

부관만이 취소되면 주된 행정행위가 위법하게 되는 경우 처분청은 주된 행정행위를 직권으로 취소하거나 적법한 부관을 다시 부가하여 부관부 행정행위 전체를 적법하게 할 수 있으므로 모든 부관에 있어 부관이 위법한 경우에는 부관만의 취소가 가능하다고 본다.

(3) 제한적 긍정설

부관이 주된 행정행위의 본질적 부분인지(행정청이 부관 없이는 해당 행정행위를 하지 않았을 것이라고 해석되는지) 여부에 따라서 재량행위에 대한 부관의 독립취소가능 여부를 판단하여야 한다는 견해이다.

2. 판례

판례는 부관이 본질적인 부분인 경우 독립쟁송가능성 자체를 인정하지 않으므로 독립취소가능성의 문제는 제기되지 않는다. 판례에 의하면 독립쟁송가능성이 인정되는 경우(부담의 경우) 항상 독립취소가 가능하다.

3. 검토

국민의 권익구제와 행정목적의 실현을 적절히 조절하는 제한적 긍정설이 타당하다. 부관이 본질적임에도 부관만의 취소를 인정하는 것은 행정청의 의사에 반하여 부관 없는 행정행위를 강요하는 것이 되므로 긍정설은 타당하지 않다.

4. 사안의 경우

설문상 기부채납조건은 해당 행정행위인 택지조성사업인정과 목적을 달리하고 있다. 따라서 기부채납조건은 사업인정의 본질적인 부분을 구성한다고 보기 어려우므로 이에 대한 독립취소가 가능할 것으로 판단된다.

Ⅵ 사안의 해결

국토교통부장관이 택지조성사업에 부착한 기부채납조건은 부관 중 부담에 해당하며, 이는 택지 이외의 목적을 갖고 있으므로 부당결부금지의 원칙에 반하는 것으로 볼 수 있다. 따라서 甲은 부담만을 독자적인 소의 대상으로 하여 취소소송을 제기하고 이에 대한 인용판결을 받을 수 있을 것이다.

기출문제

[손실보상] 손실보상기준 [제20회 제2문]

甲은 하천부지에 임시창고를 설치하기 위하여 관할청에 하천점용허가를 신청하였다. 이에 관할청은 허가기간 만료 시에 위 창고건물을 철거하여 원상복구할 것을 조건으로 이를 허가하였다. 다음 물음에 답하시오. 30점

(1) **甲은 위 조건에 대하여 취소소송으로 다툴 수 있는지 검토하시오.** 20점

설문 (1)의 해결

Ⅰ. 쟁점의 정리
- 1. 원상복구조건이 부담인지
- 2. 원상복구조건에 대한 취소소송 가능 여부

Ⅱ. 원상복구조건의 법적 성질
- 1. 부관의 의의 및 종류
- 2. 조건과 부담의 구별기준
- 3. 원상복구 조건의 법적 성질

Ⅲ. 원상복구조건만의 취소소송 가능 여부
- 1. 문제점
- 2. 부관만의 독립쟁송 가능 여부
  - (1) 학설
  - (2) 판례
  - (3) 검토
- 3. 원상복구조건만의 취소소송 가능 여부
  부담인바 원상복구 조건만의 취소소송 가능

쟁점해설

설문 (1)에서는 창고건물을 철거하고 원상복구하는 조건이 부담인지 조건인지를 판단하여 이 조건이 부담이라면 부담만의 취소소송이 가능한지가 쟁점이다.
이 당시 실제 시험장에서 많은 수험생들이 인용가능성과 관련하여 부담만을 독립적으로 취소할 수 있는지를 쓸지 말지를 고민했다고 한다. 본 문제에서는 취소소송으로 다툴 수 있는지까지만 물어보았고, 배점이 20점이므로 부담만의 독립가쟁성 가능 여부까지만 쓰는 것이 적절하다고 생각된다. 물론 독립취소가능성도 간략하게 2~3줄 정도 쓰는 것은 무방하다고 판단된다.

24회 문제 01

甲은 S시에 600㎡의 토지를 소유하고 있다. S시장 乙은 2002년 5월 「국토의 계획 및 이용에 관한 법률」에 의거하여 수립한 도시관리계획으로 甲의 토지가 포함된 일대에 대하여 공원구역으로 지정하였다가 2006년 5월 민원에 따라 甲의 토지를 주거지역으로 변경 지정하였다. 乙은 2010년 3월 정부의 녹색도시조성 시책에 부응하여 도시근린공원을 조성하고자 甲의 토지에 대하여 녹지지역으로 재지정하였다. 다음 물음에 답하시오. 40점

(1) 甲은 乙이 2010년 3월 그의 토지에 대하여 녹지지역으로 재지정한 것은 신뢰보호의 원칙에 위배될 뿐만 아니라 해당 토지 일대의 이용상황을 고려하지 아니한 결정이었다고 주장하며, 녹지지역 지정을 해제할 것을 요구하고자 한다. 甲의 주장이 법적으로 관철될 수 있는가에 대하여 논하시오. 20점

(설문 1-1)의 해결 : 1안 답안*

Ⅰ. 쟁점의 정리

Ⅱ. 녹지지역 지정이 신뢰보호원칙에 반하는지 여부
  1. 녹지지역 지정행위의 법적 성질
  2. 신뢰보호원칙의 의의 및 요건 등
    (1) 의의 및 근거(효력)
    (2) 요건
    (3) 한계(공익과의 형량, 판례는 소극적 요건으로 본다)
  3. 사안의 경우

Ⅲ. 녹지지역 재지정과 계획재량의 하자 유무
  1. 계획재량의 의의
  2. 재량과의 구분
  3. 형량명령(계획재량에 대한 사법적 통제)
    (1) 의의
    (2) 형량하자
  4. 사안의 경우

Ⅳ. 甲에게 계획보장청구권이 인정되는지 여부
  1. 계획보장청구권의 의의
  2. 계획보장청구권의 근거
  3. 계획보장청구권의 인정요건
  4. 관련 판례의 태도
  5. 사안의 경우

Ⅴ. 사안의 해결(도시계획의 변경으로 인한 권리구제 방안)

(설문 1-1)의 해결 : 2안 답안

Ⅰ. 쟁점의 정리

Ⅱ. 甲에게 계획보장청구권(계획변경청구권)이 인정될 수 있는지 여부

1. **계획보장청구권의 의의**
2. **계획보장청구권의 근거**
3. **계획보장청구권 인정 여부에 대한 학설**
   (1) 적극설
   (2) 소극설
   (3) 검토
4. **관련 판례의 입장**
   (1) 원칙적 부정
   (2) 예외적으로 계획변경청구권을 인정한 판례
5. **사안의 경우**

Ⅲ. 사안의 해결(및 권리구제수단 등)

예시답안

[설문 1-1]의 해결 : 1안 답안

Ⅰ 쟁점의 정리

설문에서 甲은 녹지지역 지정을 해제할 것을 요구하고자 한다. 녹지지역 지정의 해제요구는 도시계획의 변경신청 및 변경청구를 의미하므로 甲에게 이러한 신청권이 인정되는지가 문제된다. 설문의 해결을 위하여 甲의 주장대로 녹지지역의 재지정이 신뢰보호원칙에 반하는지와 계획재량권 행사의 정당성을 살펴보고, 甲에게 계획보장청구권이 인정될 수 있는지를 검토한다.

Ⅱ 녹지지역 지정이 신뢰보호원칙에 반하는지 여부

1. 녹지지역 지정행위의 법적 성질

녹지지역은 자연환경・농지 및 산림의 보호와 도시의 무질서한 확산을 방지하기 위하여 녹지의 보전이 필요한 지역으로서 도시관리계획으로 결정・고시된 지역을 말하며, 도시관리계획은 특별시・광역시・시 또는 군의 개발・정비 및 보전을 위하여 수립하는 공간구조와 발전방향에 대한 행정계획을 말한다.

2. 신뢰보호원칙의 의의 및 요건 등

(1) **의의 및 근거**(효력)

행정법상의 신뢰보호의 원칙이라 함은 행정기관의 어떠한 적극적 또는 소극적 언동에 대해 국민이 신뢰를 갖고 행위를 한 경우 그 국민의 신뢰가 보호가치 있는 경우에 그 신뢰를 보호하여 주어야 한다는 원칙을 말한다. 행정기본법 제12조, 행정절차법 제4조 제2항 및 국세법 제18조 제3항에 실정법상 근거를 두고 있다. 신뢰보호의 원칙에 반하는 행정권 행사는 위법하다.

(2) 요건

① 행정청이 개인에 대하여 신뢰의 대상이 되는 공적인 견해표명을 하여야 하고, ② 행정청의 견해표명이 정당하다고 신뢰한 데에 대하여 그 개인에게 귀책사유가 없어야 하며, ③ 그 개인이 그 견해표명을 신뢰하고 이에 상응하는 어떠한 행위를 하였어야 하고, ④ 행정청이 위 견해표명에 반하는 처분을 함으로써 그 견해표명을 신뢰한 개인의 이익이 침해되는 결과가 초래되어야 한다.

(3) 한계(공익과의 형량, 판례는 소극적 요건으로 본다)

신뢰보호의 원칙은 법적 안정성을 위한 것이지만, 법치국가원리의 또 하나의 내용인 행정의 법률적합성의 원리와 충돌되는 문제점을 갖는다. 결국 양자의 충돌은 법적 안정성(사익보호)과 법률적합성(공익상 요청)의 비교형량에 의해 문제를 해결해야 한다(비교형량설).
또한 신뢰보호의 이익과 공익 또는 제3자의 이익이 상호 충돌하는 경우에는 이들 상호 간에 이익형량을 하여야 한다.

3. 사안의 경우

설문상 甲의 토지를 주거지역으로 변경지정한 행위를 공적 견해표명으로 볼 수 있는지가 문제되는데, 판례는 "용도지역을 결정한 것만으로는 용도지역을 종래와 같이 유지하거나 변경하지 않겠다는 취지의 공적인 견해표명을 한 것이라고 볼 수 없다."라고 판시한 바 있다. 이러한 판례의 태도에 따를 때, 신뢰보호의 요건은 충족되지 않는다.

Ⅲ 녹지지역 재지정과 계획재량의 하자 유무

1. 계획재량의 의의

행정계획을 수립, 변경함에 있어서 계획청에게 인정되는 재량을 말한다. 계획재량은 행정목표의 설정이나 행정목표를 효과적으로 달성할 수 있는 수단의 선택 및 조정에 있어서 인정된다.

2. 재량과의 구분

① 계획재량은 목적과 수단의 규범구조이므로 요건과 효과인 재량과 상이하고 형량명령이론이 존재하므로 구분되어야 한다는 견해(질적차이 긍정설)와 ② 재량의 범위인 양적 차이만 있고 형량명령은 비례원칙이 행정계획분야에 적용된 것이라는 견해(질적차이 부정설)가 있다. ③ 생각건대 규범구조상 계획재량은 목적프로그램에서, 행정재량은 조건프로그램에서 문제되며 전자는 절차적 통제가 중심적이나, 후자는 실체적 통제도 중요한 문제가 되므로 양자의 적용범위를 구분하는 것이 합당하다. 그러나 다 같이 행정청에게 선택의 자유를 인정하는 것이므로 질적인 면에서 차이가 있다고 보는 것은 타당하지 않다.

3. 형량명령(계획재량에 대한 사법적 통제)

(1) 의의

형량명령이란 행정계획을 수립함에 있어서 관련된 이익을 정당하게 형량하여야 한다는 원칙을 말한다.

(2) 형량하자

판례는 행정주체가 행정계획을 입안, 결정함에 있어서 ① 이익형량을 전혀 행사하지 아니하거나(형량의 해태), ② 이익형량의 고려대상에 마땅히 포함시켜야 할 사항을 누락한 경우(형량의 흠결) ③ 또는 이익형량을 하였으나 정당성과 객관성이 결여된 경우에는(형량의 오형량) 그 행정계획결정은 형량에 하자가 있어서 위법하게 된다고 판시한 바 있다.

4. 사안의 경우

설문상 용도지역의 지정 및 변경에 대한 제 요인이 설시되지 않은 바, S시가 용도지역 지정 및 변경 시에 관계된 제 이익을 종합적으로 고려하지 못한 경우라면 해당 행정계획결정은 위법하다고 볼 수 있을 것이나, 그렇지 않은 경우라면 해당 계획은 정당한 결정이라고 볼 수 있을 것이다.

Ⅳ 甲에게 계획보장청구권이 인정되는지 여부

1. 계획보장청구권의 의의

행정계획에 대한 이해관계인의 신뢰보호를 위해 이해관계인에게 인정되는 행정주체에 대한 권리를 총칭하여 계획보장청구권이라고 한다. 계획보장청구권은 특정행위청구권, 즉 계획존속청구권, 계획이행청구권, 계획변경청구권 등의 상위개념으로 정의하는 것이 일반적이다.

2. 계획보장청구권의 근거

계획보장청구권을 인정하는 법령의 규정이 있는 경우에는 법령에 근거하여 계획보장청구권을 인정할 수 있을 것이며, 계획보장청구권의 이론적 근거로는 계약의 법리, 법적 안정성, 신뢰보호의 원칙, 재산권 보장 등이 주장되고 있다.

3. 계획보장청구권의 인정요건

계획보장청구권은 개인적 공권의 일종인 바, 그 성립요건으로는 ① 공법상 법규가 국가 또는 그 밖의 행정주체에 행정의무를 부과할 것, ② 관련법규가 오로지 공익실현을 목표로 하는 것이 아니라 적어도 개인의 이익의 만족도에도 기여하도록 정해질 것이 요구된다.

4. 관련 판례의 태도

대법원은 "구 국토이용관리법상 주민이 국토이용계획의 변경에 대하여 신청을 할 수 있다는 규정이 없을 뿐만 아니라, 국토건설종합계획의 효율적인 추진과 국토이용질서를 확립하기 위한 국토이용계획은 장기성, 종합성이 요구되는 행정계획이어서 원칙적으로는 그 계획이 일단 확정된 후에 어떤 사정의 변동이 있다고 하여 그러한 사유만으로는 지역주민이나 일반 이해관계인에게 일일이 그 계획의 변경을 신청할 권리를 인정하여 줄 수는 없다."라고 판시한 바 있다(대판 2003.9.23, 2001두10936).

5. 사안의 경우

설문상 도시관리계획(녹지지역 지정)을 입안・결정하는 것은 행정청의 의무로 판단되나, 도시관리계획이 사익을 위한 것이라는 취지의 규정을 찾아볼 수 없을 뿐만 아니라, 도시관리계획은 해석상 공익실현을 위한 것이지 사익을 위한 것으로 보기는 어렵다. 따라서 甲에게는 계획보장청구권(신청권)이 인정되지 않는다고 볼 것이다.

Ⓥ 사안의 해결(도시계획의 변경으로 인한 권리구제 방안)

S시장의 도시관리계획변경결정은 신뢰보호원칙상 선행조치로 볼 수 없으며, 설문상 특별한 형량하자도 보이지 않는다. 또한 甲이 녹지지역 지정을 해제할 것을 요구하려면 甲에게 개인적 공권, 즉 계획변경청구권이 인정되어야 하나, 국토계획법의 관련규정에서 공권성립요건 중 사익보호성을 도출해 낼 수 없기에 甲에게 계획보장청구권을 인정할 수 없을 것이다.
다만, 적법한 도시계획의 변경으로 인하여 특별한 희생이 발생하였다면 甲은 손실보상을 청구할 수 있을 것이다. 그런데, 통상 계획의 변경으로 인한 손실에 대하여 법률에 보상규정을 두고 있지 않은 경우가 많으므로 이 경우 보상규정이 결여된 손실보상의 문제가 되고, 이는 헌법 제23조 제3항에 대한 논의로 해결해야 할 것이다.

(설문 1-1)의 해결 : 2안 답안

Ⓘ 쟁점의 정리

설문에서 甲이 녹지지역 지정을 해제할 것을 요구하기 위해서는 甲에게 계획보장청구권(계획변경신청권)이 인정되어야 한다. 계획보장청구권은 일반적으로 행정계획의 변경이나 폐지가 이루어질 경우에 그 계획의 존속에 대한 신뢰가 법적으로 보호될 정도의 경우에 주장될 수 있는 권리를 말한다. 행정계획이 변경 또는 폐지된다면 국민은 불이익을 받게 되는데 이를 당사자가 감수하도록 하는 것은 신뢰보호의 원칙에 반하는 결과를 가져오게 되기 때문에 행정계획의 변경 또는 폐지에 있어서 행정계획을 신뢰함으로써 받게 되는 불이익을 구제해 줄 필요성에서 계획보장청구권이론이 형성된 것이다. 이러한 계획보장청구권은 법치국가의 원리의 하나인 신뢰보호의 원칙의 구체적인 실현을 담보하는 권리라 할 수 있으며, 계획보장청구권의 내용에 관하여는 계획존속청구권, 계획이행청구권, 손실보상청구권 등이 있다.

Ⅱ 甲에게 계획보장청구권(계획변경청구권)이 인정될 수 있는지 여부

1. 계획보장청구권의 의의

행정계획에 대한 이해관계인의 신뢰보호를 위해 이해관계인에게 인정되는 행정주체에 대한 권리를 총칭하여 계획보장청구권이라고 한다. 계획보장청구권은 특정행위청구권, 즉 계획존속청구권, 계획이행청구권, 계획변경청구권 등의 상위개념으로 정의하는 것이 일반적이다.

2. 계획보장청구권의 근거

계획보장청구권을 인정하는 법령의 규정이 있는 경우에는 법령에 근거하여 계획보장청구권을 인정할 수 있을 것이며, 계획보장청구권의 이론적 근거로는 계약의 법리, 법적 안정성, 신뢰보호의 원칙, 재산권 보장 등이 주장되고 있다.

3. 계획보장청구권 인정 여부에 대한 학설

(1) 적극설

일설은 도시계획변경에 관한 신청권을 부인하게 되면 도시계획변경거부의 처분성을 인정할 수 없어 취소소송의 제기가 불가능하게 되므로, 도시계획변경 거부결정의 위법성 여부에 대한 재판청구권을 보장할 필요가 있다고 보고 있다. 또 다른 견해는 국토이용법상 '도시계획입안 제안권'을 근거로 법규상 또는 조리상 신청권 등을 통해 도시계획변경거부의 처분성을 인정할 수 있다고 본다. 그리고 도시계획변경신청거부에 의해 제3자의 기본권이 침해받게 되는 경우에 예외적으로 도시계획변경거부를 인정할 수 있다거나, 그 밖에 장기미집행 도시계획시설의 경우에 대해서 신청권을 인정할 수 있다는 견해도 있다. 적극설의 주요 논거는 당사자의 권리구제를 위해 도시계획변경신청권을 인정하자는 것으로 압축될 수 있다.

(2) 소극설

소극설은 도시계획수립 및 변경에 있어서 일반적으로 계획행정청에 광범위한 형성의 자유가 보장되어 있으므로, 계획수립청구권 및 계획변경신청권을 허용할 수 없다고 보고 있다. 소극설이 다수설이다.

(3) 검토

개별법령에서 특별규정을 두고 있거나, 특별한 사정이 없는 한, 변화하는 행정의 탄력적 운용 측면에서 이러한 권리들은 인정되기 어려울 것이다. 그러나 예외적으로 법규상 또는 조리상 계획변경신청권이 인정되는 경우에는 해당 계획의 변경을 청구할 수 있을 것이다.

4. 관련 판례의 입장

(1) 원칙적 부정

대법원은 소극설의 입장에 서서 원칙적으로 국민에 행정계획의 변경신청권을 인정하지 않고, 도시계획변경신청에 대한 거부행위도 행정처분으로 보고 있지 않다. 즉, 판례는 행정계획이 일단 확정된 후에는 일정한 사정변동이 있다고 하여 지역주민에게 일일이 그 계획의 변경 또는 폐지를 청구할 권리를 인정해 줄 수 없다고 하여, 행정계획의 변경신청권을 원칙적으로 부인하고 있다. 특히 국토이용계획변경신청불허처분취소사건에서 대법원은 "구 국토이용관리법상 주민이 국토이용계획의 변경에 대하여 신청을 할 수 있다는 규정이 없을 뿐만 아니라, 국토건설종합계획의 효율적인 추진과 국토이용질서를 확립하기 위한 국토이용계획은 장기성, 종합성이 요구되는 행정계획이어서 원칙적으로는 그 계획이 일단 확정된 후에 어떤 사정의 변동이 있다고 하여 그러한 사유만으로는 지역주민이나 일반 이해관계인에게 일일이 그 계획의 변경을 신청할 권리를 인정하여 줄 수는 없다."라고 판시한 바 있다(대판 2003.9.23, 2001두10936).

(2) 예외적으로 계획변경청구권을 인정한 판례

판례는 원칙적으로 국토이용계획의 변경을 신청할 권리를 인정할 수 없다고 보면서도, 장래 일정한 기간 내에 관계 법령이 정하는 시설 등을 갖추어 일정한 행정처분을 구하는 신청을 할 수 있는 법률상 지위에 있는 자가 한 국토이용계획변경신청이 거부되는 것은 실질적으로 해당 행정처분 자체를 거부하는 결과가 된다고 보고, 이러한 경우에는 예외적으로 그 신청인에게 국토이용계획변경신청권을 인정하고 있다. 한편, 대법원은 문화재보호구역의 지정해제신청에 대한 거부회신에 대해 처분성을 인정한 바 있다.

5. 사안의 경우

도시계획수립 및 변경에 있어서 일반적으로 계획행정청에 광범위한 형성의 자유가 보장되어 있으므로, 甲에게 계획수립청구권 및 계획변경신청권을 허용할 수는 없을 것이다.
계획행정청은 도시계획결정을 함에 있어서 광범위한 형성의 자유를 가질 뿐만 아니라, 관련된 공・사익을 제 형량하여야 한다. 이러한 계획의 특성으로 인해 계획재량의 사법적 통제에는 어려움이 따른다. 따라서 행정청이 형량을 함에 있어서 형량 그 자체를 전혀 행하지 않았거나(형량의 불행사), 형량을 해야 할 관련된 제 이익의 요소 중 일부를 누락하였거나(형량의 흠결), 또는 그러한 제 이익의 형량을 잘못한 경우(오형량), 그리고 형량의 결과가 비례원칙에 위반되는 경우(형량의 불비례)에는 형량에 하자가 있는 경우에 형량의 하자를 인정할 수 있고, 해당 도시계획결정은 위법하게 된다.

III 사안의 해결(및 권리구제수단 등)

녹지지역 지정행위인 도시관리계획은 특별시・광역시・시 또는 군의 개발・정비 및 보전을 위하여 수립하는 공간구조와 발전방향에 대한 행정계획이며, 이러한 계획에는 광범위한 형성의 자유가 인정된다. 따라서 甲에게는 해당 녹지지역의 지정을 변경 및 해제할 신청권은 허용되지 않는다고 볼 것이다.

다만, 적법한 도시계획의 변경으로 인하여 특별한 희생이 발생하였다면 甲은 손실보상을 청구할 수 있을 것이다. 그런데, 통상 계획의 변경으로 인한 손실에 대하여 법률에 보상규정을 두고 있지 않은 경우가 많으므로 이 경우 보상규정이 결여된 손실보상의 문제가 되고, 이는 헌법 제23조 제3항에 대한 논의로 해결해야 할 것이다.

채점평

문제 1

문제 1은 행정계획을 전제로 하여 발생될 수 있는 분쟁을 해결하는 문제로서 행정계획의 변경청구권을 묻는 제1문과 계획 제한된 토지의 평가를 묻는 제2문으로 구성되어 있다.

제1문은 녹지지정의 해제는 도시관리계획이라는 수단을 통하여 행하여야 하기 때문에 녹지지정의 해제청구는 도시계획의 변경신청 또는 변경청구를 의미하는 점을 서술하여야 한다. 행정계획의 변경신청 가능성과 행정계획변경청구권의 인정여부를 묻는 문제로 난이도가 그리 높지 않은 문제라 할 수 있다. 그러나 상당수의 수험생들이 문제의 취지나 출제의도를 정확하게 파악하지 못하여 녹지지역재지정처분의 취소청구소송으로 이해하여 답안을 작성하였기 때문에 중요한 논점을 언급하지 못하였다. 이는 모두 행정법의 기초지식과 기본 법리에 대한 이해부족을 단적으로 드러낸 것이라 할 수 있는 만큼, 보다 성의 있고 내실 있는 기본기 확립이 필요할 것으로 보인다.

제2문은 계획 제한된 토지의 평가에 관한 문제로 상당수의 수험생들이 예상할 수 있었던 문제로 일반적 계획 제한된 토지에 대한 평가와 특정 공익사업의 시행을 목적으로 가해진 제한된 토지의 평가를 구분하여 설명하였다면 별다른 어려움 없이 해결할 수 있었던 문제이다.

Chapter

03 위법성 판단

기출문제

[감정평가] 행정법 관련 CASE [제14회 제4문]

감정평가사 A가 그 자격증을 자격이 없는 사람에게 양도 또는 대여한 것에 대하여 국토교통부장관은 감정평가 및 감정평가사에 관한 법률 위반을 이유로 그 자격을 취소하였다. 그에 대하여 구제받을 수 있는지를 설명하시오. 20점

Ⅰ. 문제의 제기

Ⅱ. 자격취소의 법적 성질

1. 강학상 철회인지
2. 재량행위성 여부

Ⅲ. A의 권리구제 가능성

1. 문제점
2. 재량권 행사의 한계
   평등의 원칙 위반, 비례의 원칙 위반 등
3. 권리구제수단
   행정심판, 행정소송, 손해배상 등

쟁점해설

1. 자격취소의 법적 성질

강학상 직권취소(성립상 하자를 이유로 한 취소)와, 후발적 사유로 인한 취소인 강학상 철회는 재량행위로 본다.

> 어느 행정행위가 기속행위인지 재량행위인지 나아가 재량행위라 할지라도 기속재량행위인지 또는 자유재량에 속하는 것인지의 여부는 일률적으로 규정지을 수 없고, 당해 처분의 근거가 된 규정의 형식이나 체제 또는 문언에 따라 개별적으로 판단하여야 한다(대판 1998.4.28, 97누21086).

2. 재량행위인 경우 권리구제

(1) 재량권의 한계

행정청에 재량권이 부여된 경우에는 재량권은 무한정한 것은 아니며 일정한 법적 한계가 있다. 재량권이 이 법적 한계를 넘은 경우에는 그 재량권의 행사는 위법한 것이 된다. 재량권의 한계는 재량권의 일탈 또는 남용을 말한다.

(2) 재량권의 한계를 넘는 재량권 행사

① 법규정 위반, ② 사실오인, ③ 평등원칙 위반, ④ 비례원칙 위반, ⑤ 절차 위반, ⑥ 재량권의 불행사 또는 재량의 해태, ⑦ 목적 위반

(3) 권리구제

재량권의 행사가 한계를 넘지 않으면 재량행위는 위법한 행위가 되지 않고 법원에 의한 통제의 대상이 되지 않는다. 그러나 재량권의 한계를 넘어 위법하게 되는 재량처분은 위법성 정도에 따라서 취소소송 및 무효등확인소송을 제기할 수 있다. 재량권의 한계를 넘지 않았지만 재량권 행사를 그르친 경우 해당 재량행위는 부당한 행위가 된다. 부당한 재량행위는 취소소송의 대상은 되지 않지만 행정심판에 의해 취소될 수 있다.

재량권의 일탈 또는 남용으로 손해를 입은 국민은 국가배상을 청구할 수 있다. 다만 이 경우에 공무원의 과실을 별도로 입증하여야 국가배상책임이 인정된다.

28회 문제 01

甲은 A시의 관할구역 내 X토지를 소유하고 있다. A시는 그동안 조선업의 지속적인 발전으로 다수의 인구가 거주하였으나 최근 세계적인 불황으로 인구가 급격하게 감소하고 있다. 국토교통부장관은 A시를 국제관광 특구로 발전시킬 목적으로 「기업도시개발 특별법」이 정하는 바에 따라 X토지가 포함된 일단의 토지를 기업도시개발구역으로 지정하고, 개발사업시행자인 乙이 작성한 기업도시개발계획(동법 제14조 제2항에 따른 X토지 그 밖의 수용 대상이 되는 토지의 세부목록 포함. 이하 같다)을 승인・고시하였다. 乙은 협의취득에 관한 제반 절차를 준수하여 X토지에 대한 수용재결을 신청하였고 중앙토지수용위원회는 그 신청에 따른 수용재결을 하였다. 다음 물음에 답하시오. 40점

(2) 甲은 수용재결 취소소송을 제기하면서, 乙이 기업도시개발계획승인 이후에 재정상황이 악화되어 수용재결 당시에 이르러 기업도시개발사업을 수행할 능력을 상실한 상태가 되었음에도 불구하고 수용재결을 한 위법이 있다고 주장한다. 甲의 소송상 청구가 인용될 수 있는 가능성에 관하여 설명하시오(단, 소송요건은 충족된 것으로 본다). 10점

(설문 1-2)의 해결

Ⅰ. 쟁점의 정리

Ⅱ. 사업인정의 요건과 재결의 취지 및 효과

1. 사업인정의 의의(토지보상법 제2조 제7호) 및 법적 성질
2. 사업인정의 요건
3. 재결의 취지 및 효과

Ⅲ. 사안의 경우(수용재결의 위법성 판단)

1. 권리남용금지의 원칙(행정기본법 제11조 제2항)
2. 사안의 경우

예시답안

(설문 1-2)의 해결

Ⅰ 쟁점의 정리

기업도시개발계획승인 이후 재정악화로 수행능력이 결여된 상태에서 수용재결이 있는 경우, 수용권 남용의 위법성이 인정되어 인용될 수 있는지를 설명한다.

Ⅱ 사업인정의 요건과 재결의 취지 및 효과

1. 사업인정의 의의(토지보상법 제2조 제7호) 및 법적 성질

사업인정이란 공익사업을 토지 등을 수용 또는 사용할 사업으로 결정하는 것으로써 수용권이 설정되는 형성처분이다.

2. 사업인정의 요건

국토교통부장관은 해당 사업이 토지보상법 제4조 사업에 해당하는지 여부와 공익성이 인정되는지 및 사업시행 의사와 능력이 인정되는지를 판단하여, 관계기관 및 중앙토지수용위원회와 협의하고 이해관계인의 의견청취를 거쳐야 한다.

3. 재결의 취지 및 효과

① 수용재결이란 사업시행자에게 부여된 수용권의 구체적인 내용을 결정하고 그 실행을 완성시키는 형성적 행위로서 수용의 최종단계에서 공・사익의 조화를 도모하여 수용목적을 달성함에 제도적 의미가 인정된다. ② 재결은 사업시행자로 하여금 토지 또는 토지의 사용권을 취득하도록 하고 사업시행자가 지급하여야 하는 손실보상액을 정하는 결정을 말한다.

Ⅲ 사안의 경우(수용재결의 위법성 판단)

1. 권리남용금지의 원칙(행정기본법 제11조 제2항)

권리남용금지의 원칙은 민법의 일반원칙이지만 행정법을 포함한 모든 법의 일반원칙이다. 행정법상 권리의 남용이란 행정기관의 권리가 법상 정해진 공익목적에 반하여 행사되는 것을 말한다. 이에 권한의 남용을 포함한다.

2. 사안의 경우

설문상 사업시행자의 시공능력이 상실됨으로 인하여 공익사업 시행을 통한 공익실현이 현실적으로 불가능한 것으로 볼 수 있으며, 이 경우 피수용자에 대한 과도한 재산권 침해의 결과만이 남는다고 볼 수 있다. 따라서 이러한 재결은 수용권의 공익목적에 반하는 수용권의 남용에 해당하여 허용되지 않는다고 볼 수 있다. 이 경우 국토교통부장관은 사정변경을 이유로 사업인정을 철회하여 피수용자의 사유재산을 보호할 수 있을 것이다.

기출문제

[사업인정] 사업인정 관련 CASE 문제 [제15회 제1문]

사업시행자 X는 A시 지역에 공익사업을 시행하기 위하여 사업인정을 신청하였고 이에 국토교통부장관으로부터 사업인정을 받았다. 한편 이 공익사업의 시행에 부정적이던 토지소유자 Y는 국토교통부장관이 사업인정 시 「공익사업을 위한 토지 등의 취득 및 보상에 관한 법률」 제21조에 의거 관계 도지사와 협의를 거쳐야 함에도 이를 거치지 않은 사실을 알게 되었다. Y는 이러한 협의를 결한 사업인정의 위법성을 이유로 관할 법원에 사업인정의 취소소송을 제기하였다. Y의 주장은 인용가능한가? 40점

Ⅰ. 쟁점의 정리

Ⅱ. 관련 행정작용의 검토

1. 사업인정의 의의 및 법적 성질

2. 토지보상법 제21조 협의규정

Ⅲ. 협의결여의 위법성

1. 협의결여가 절차상 하자인지

(1) 사업인정의 절차

(2) 절차상 하자인지

→ 관계기관의 협의에 구속되지 않음을 강조

2. 협의결여의 독자적 위법성 인정 여부

(1) 학설

(2) 판례

(3) 검토

(4) 사안의 경우

3. 협의결여 절차하자의 정도

(1) 판단기준

(2) 사안의 경우

4. 하자의 치유 여부

Ⅳ. Y가 제기한 취소소송의 인용가능성

1. 소제기의 적법성

(1) 문제점

(2) 원고적격의 인정 여부

1) 원고적격의 의의 및 취지

2) 법률상 이익의 의미

3) 법률상 이익의 범위

4) 사안의 경우

(3) 소제기의 적법성

2. Y가 제기한 취소소송의 인용가능성

Ⅴ. 사안의 해결(사정판결의 가능성)

쟁점해설

1. 원고적격

이 공익사업에 부정적이던 토지소유자 Y의 정체가 불분명하므로 이를 구분하여 언급하는 것이 좋다. 일단 Y가 피수용자라면 원고적격 인정에 큰 무리가 없으나 제3자라면 원고적격이 인정될 수 있고 없을 수도 있다. 관련 학설과 판례의 검토가 필요하다.

2. 도지사와 협의를 결한 흠

도지사와 협의를 거쳐야 함에도 이를 거치지 않은 하자에 대하여 이를 주체의 하자로 볼 수도 있고 절차의 하자로 볼 수도 있다.

주체의 하자로 보는 경우는 국토교통부장관이 도지사의 의견에 구속되는 경우이고 절차의 하자로 보는 경우에는 국토교통부장관이 도지사의 의견에 구속되지 않는 경우를 말한다.

3. 위법성의 정도

주체의 하자로 보는 경우 현실적으로 사업인정을 무효로 볼 가능성이 많고 절차의 하자로 보는 경우에는 절차하자의 독자적 위법성 논의와 더불어 그 위법성 정도에 대하여 대체로 취소사유로 보는 견해가 다수이므로 취소로 볼 여지가 더 많아진다.

4. 사정판결의 가능성

문제에서 명시적으로 언급되고 있지는 않지만 사업인정과 관련하여서는 사정판결이 항상 문제될 수 있다. 그 이유는 비록 사업인정이 위법하여 취소소송을 제기한 경우에도 이에 대한 별도의 집행정지신청이 없다면 사업시행자는 재결을 받아 공사를 시행할 수 있으므로 나중에 본안에서 사업인정이 위법하다고 밝혀지는 경우에도 이미 사업이 완료되거나 상당히 진행될 가능성이 많다. 이 경우 법원은 사정판결을 통해 원고의 청구를 기각할 수 있기 때문이다.

다만 본 문제처럼 사정판결문제를 명시적으로 묻지 않고 있으므로 그 내용은 간단하게 언급하는 것이 더 바람직해 보인다.

예시답안

Ⅰ 쟁점의 정리

설문에서 토지소유자 Y는 협의를 결한 사업인정의 위법을 주장하고 있다. 이의 해결을 위하여 토지보상법 제21조의 협의규정을 살펴보고 이러한 협의규정위반(절차하자)이 독자적인 위법성 사유로 인정될 수 있는지를 검토한다. 또한 토지소유자 Y가 취소소송을 제기한 바 소송요건 중 원고적격이 인정되는지를 중심으로 검토하여 설문을 해결한다.

Ⅱ 관련 행정작용의 검토

1. 사업인정의 의의 및 법적 성질

사업인정이란 공익사업을 토지 등을 수용 또는 사용할 사업으로 결정하는 것을 말하며(제2조 제7호), 국토교통부장관이 사업과 관련된 제 이익과의 형량을 거쳐 수용권을 설정하는 재량행위이다(판례동지). 또한 사업시행자에게는 수용권을 설정하나 토지소유자에게는 재산권 침해를 발생시키는 제3자효 행정행위이다.

2. 토지보상법 제21조 협의규정

국토교통부장관은 사업인정을 하려면 관계 중앙행정기관의 장 및 특별시장・광역시장・도지사・특별자치도지사 및 중앙토지수용위원회와 협의하여야 하며, 대통령령으로 정하는 바에 따라 미리 사업인정에 이해관계가 있는 자의 의견을 들어야 한다고 규정하고 있다.

Ⅲ 협의결여의 위법성

1. 협의결여가 절차상 하자인지

(1) 사업인정의 절차

국토교통부장관이 사업인정을 발령하기 위해서는 '해당 사업이 타인의 토지 등을 수용할 만한 공익이 있는지'를 관계 제 이익을 종합・고려하여 판단하여야 하며, 이 과정에서 토지보상법 제21조의 관계기관과의 협의 및 이해관계인의 의견청취도 거쳐야 한다.

(2) 절차상 하자인지

국토교통부장관은 공익판단을 위한 제 절차로서 토지보상법 제21조 규정을 준수하여야 한다. 따라서 이를 거치지 않은 경우라면 절차상 하자를 구성한다고 볼 수 있다.

2. 협의결여(절차하자)의 독자적 위법성 인정 여부

(1) 학설

① 적법절차 보장 관점에서 독자적 위법사유가 되며, 특히 행정소송법 제30조 제3항에서 절차하자로 인한 취소의 경우에도 기속력을 인정한다는 점을 논거로 하는 긍정설과 ② 절차는 수단에 불과하며, 적법한 절차를 거친 동일한 처분을 다시 받게 되어 행정경제상 불합리하다는 점을 논거로 하는 부정설이 대립한다. ③ 또한 기속, 재량을 구분하는 절충설이 있다.

(2) 판례

대법원은 ① 기속행위인 과세처분에서 이유부기 하자를, ② 재량행위인 영업정지처분에서 청문절차를 결여한 것은 절차적 하자를 구성한다고 판시한 바 있다.

(3) 검토

생각건대 내용상 하자만큼 절차적 적법성을 지키는 것이 필요하며, 현행 행정소송법 제30조 제3항에서 절차하자로 인한 취소의 경우에도 기속력을 준용하고 있으므로 독자적 위법사유가 된다고 보는 긍정설이 타당하다.

(4) 사안의 경우

통설 및 판례의 태도에 따를 경우, 국토교통부장관이 도지사와의 협의를 거치지 않은 절차상 하자는 사업인정의 독자적 위법성 사유로 인정된다.

3. 협의결여 절차하자의 정도

(1) 판단기준

통설・판례는 행정행위의 하자가 내용상 중대하고, 외관상 명백한 경우에 무효인 하자가 되고, 이 두 요건 중 하나라도 충족하지 않는 경우에는 취소사유로 보는 중대명백설(또는 외관상 일견명백설)을 취하고 있다.

(2) 사안의 경우

설문상 도지사와의 협의를 거치지 않은 것은 외관상 명백하나, 도지사와의 협의 내용은 해당 사업의 공익성 등을 판단하기 위한 하나의 자료수집 행위로 볼 수 있다. 따라서 해당 사업인정의 본질적 요건은 아닌 것으로 볼 수 있으므로, 협의결여는 취소사유의 하자를 구성하는 것으로 판단된다.

4. 하자의 치유 여부

하자의 치유란 행정행위의 성립 당시 하자를 사후에 보완하여 그 행위의 효력을 유지시키는 것을 말하는데, 설문상 협의결여의 하자를 보완하는 행위는 보이지 않는다.

Ⅳ Y가 제기한 취소소송의 인용가능성

1. 소제기의 적법성

(1) 문제점

본안심사를 받기 위해서는 대상적격, 원고적격, 제소기간, 재판관할, 행정심판 임의주의 등의 소송요건을 갖추어야 한다. 설문에서는 토지소유자 Y에게 원고적격이 인정되는지를 중심으로 소송요건을 검토한다.

(2) 원고적격의 인정 여부

1) 원고적격의 의의 및 취지

원고적격이란 본안판결을 받을 수 있는 자격으로, 행정소송법 제12조에서는 "취소소송은 처분 등의 취소를 구할 법률상 이익이 있는 자가 제기할 수 있다."라고 규정하고 있다. 이는 소를 제기할 수 있는 자를 규정하여 남소방지를 도모함에 취지가 인정된다.

2) 법률상 이익의 의미

통설 및 판례는 법률상 보호되는 이익이라 함은 해당 처분의 근거법규 및 관련법규에 의하여 보호되는 개별적・직접적・구체적 이익이 있는 경우를 말하고, 공익보호의 결과로 국민 일반이 공통적으로 가지는 일반적・간접적・추상적 이익이 생기는 경우에는 법률상 보호되는 이익이 있다고 할 수 없다고 본다.

3) 법률상 이익의 범위

판례는 처분의 근거법규 및 관계법규(취지포함)에 의해 개별적으로 보호되는 직접적이고 구체적인 개인적 이익을 법률상 이익으로 보고 있다. 처분의 근거법규라는 개념 속에 처분의 관계법규를 포함시켜 사용하기도 하며, 법률상 이익의 범위를 점차 넓혀가는 경향이 있다. 이에 헌법상 구체적인 기본권과 절차규정에 의해 보호될 수 있는 이익도 법률상 이익의 범위에 포함된다고 보는 것이 국민의 권리구제에 유리하다고 판단된다.

4) 사안의 경우

설문에서 토지소유자 Y가 피수용자인지, 인근 토지소유자인지는 명확하지 않다. 피수용자라면 자신의 재산권 침해를 이유로 원고적격이 인정될 것이고, 인근 토지소유자라면 자신의 권리침해를 입증함으로써 원고적격을 인정받을 수 있을 것이다.

(3) **소제기의 적법성**(그 외 요건 충족 여부)

사업인정은 수용권을 설정하는 처분으로 대상적격이 인정되며, 설문상 제소기간 등의 제 요건은 문제되지 않는 것으로 보인다. 따라서 토지소유자 Y가 제기한 취소소송은 적법하게 제기된 것으로 판단된다.

2. Y가 제기한 취소소송의 인용가능성

해당 사업인정에는 관계도지사와의 협의를 거치지 않은 절차상 하자가 존재하며, 통설 및 판례의 태도에 의할 때, 이에 대한 독자적 위법성이 인정된다. 따라서 적법한 소송요건을 갖춘 경우라면 인용판결을 받을 수 있을 것이다.

Ⅴ 사안의 해결(사정판결의 가능성)

토지소유자 Y는 사업인정을 대상으로 취소소송을 제기할 법률상 이익이 인정되는 경우에 한하여 적법하게 사업인정의 취소소송을 제기할 수 있고, 절차상 하자 있는 사업인정에 대한 인용판결을 받을 수 있을 것이다. 다만, 해당 사업을 취소하는 것이 공익에 중대한 영향을 미치는 경우에는 법원이 당사자의 신청 또는 직권으로 사정판결을 내릴 수 있을 것이다.

27회 문제 01

「공익사업을 위한 토지 등의 취득 및 보상에 관한 법률」(이하 '토지보상법'이라 함)의 적용을 받는 공익사업으로 인하여 甲은 사업시행자인 한국철도시설공단 乙에게 협의절차를 통해 자신이 거주하고 있던 주거용 건축물을 제공하여 생활의 근거를 상실하게 되었다고 주장하면서 토지보상법 제78조 제1항에 따른 이주대책의 수립을 신청하였다. 이에 대해 乙은 "위 공익사업은 선형사업으로서 철도건설에 꼭 필요한 최소한의 토지만 보상하므로 사실상 이주택지공급이 불가능하고 이주대책대상자 중 이주정착지에 이주를 희망하는 자의 가구수가 7호(戶)에 그치는 등 위 공익사업은 토지보상법 시행령 제40조 제2항에서 규정하고 있는 이주대책을 수립하여야 하는 사유에 해당되지 아니한다."는 이유를 들어 甲의 신청을 거부하였다. 다음 물음에 답하시오. [40점]

(1) 乙이 甲에 대한 거부처분을 하기에 앞서 행정절차법상 사전통지와 이유제시를 하지 아니한 경우 그 거부처분은 위법한가? [20점]

참조조문

〈공익사업을 위한 토지 등의 취득 및 보상에 관한 법률〉

제78조(이주대책의 수립 등)

① 사업시행자는 공익사업의 시행으로 인하여 주거용 건축물을 제공함에 따라 생활의 근거를 상실하게 되는 자(이하 "이주대책대상자"라 한다)를 위하여 대통령령으로 정하는 바에 따라 이주대책을 수립·실시하거나 이주정착금을 지급하여야 한다.

② <이하 생략>

〈공익사업을 위한 토지 등의 취득 및 보상에 관한 법률 시행령〉

제40조(이주대책의 수립·실시)

① <생략>

② 이주대책은 국토교통부령으로 정하는 부득이한 사유가 있는 경우를 제외하고는 이주대책대상자 중 이주정착지에 이주를 희망하는 자의 가구 수가 10호(戶) 이상인 경우에 수립·실시한다. <이하 생략>

제41조(이주정착금의 지급)

사업시행자는 법 제78조 제1항에 따라 다음 각 호의 어느 하나에 해당하는 경우에는 이주대책대상자에게 국토교통부령으로 정하는 바에 따라 이주정착금을 지급해야 한다.

1. 이주대책을 수립·실시하지 아니하는 경우
2. 이주대책대상자가 이주정착지가 아닌 다른 지역으로 이주하려는 경우
3. 이주대책대상자가 공익사업을 위한 관계 법령에 따른 고시 등이 있은 날의 1년 전부터 계약체결일 또는 수용재결일까지 계속하여 해당 건축물에 거주하지 않은 경우
4. 이주대책대상자가 공익사업을 위한 관계 법령에 따른 고시 등이 있은 날 당시 다음 각 목의 어느 하나에 해당하는 기관·업체에 소속(다른 기관·업체에 소속된 사람이 파견 등으로 각 목의 기관·업체에

서 근무하는 경우를 포함한다)되어 있거나 퇴직한 날부터 3년이 경과하지 않은 경우
가. 국토교통부
나. 사업시행자
다. 법 제21조 제2항에 따라 협의하거나 의견을 들어야 하는 공익사업의 허가·인가·승인 등 기관
라. 공익사업을 위한 관계 법령에 따른 고시 등이 있기 전에 관계 법령에 따라 실시한 협의, 의견청취 등의 대상자였던 중앙행정기관, 지방자치단체, 「공공기관의 운영에 관한 법률」 제4조에 따른 공공기관 및 「지방공기업법」에 따른 지방공기업

〈행정절차법〉

제21조(처분의 사전 통지)

① 행정청은 당사자에게 의무를 부과하거나 권익을 제한하는 처분을 하는 경우에는 미리 다음 각 호의 사항을 당사자 등에게 통지하여야 한다.
1. 처분의 제목
2. 당사자의 성명 또는 명칭과 주소
3. 처분하려는 원인이 되는 사실과 처분의 내용 및 법적 근거
4. 제3호에 대하여 의견을 제출할 수 있다는 뜻과 의견을 제출하지 아니하는 경우의 처리방법
5. 의견제출기관의 명칭과 주소
6. 의견제출기한
7. 그 밖에 필요한 사항

제23조(처분의 이유 제시)

① 행정청은 처분을 할 때에는 다음 각 호의 어느 하나에 해당하는 경우를 제외하고는 당사자에게 그 근거와 이유를 제시하여야 한다.
1. 신청 내용을 모두 그대로 인정하는 처분인 경우
2. 단순·반복적인 처분 또는 경미한 처분으로서 당사자가 그 이유를 명백히 알 수 있는 경우
3. 긴급히 처분을 할 필요가 있는 경우

② 행정청은 제1항 제2호 및 제3호의 경우에 처분 후 당사자가 요청하는 경우에는 그 근거와 이유를 제시하여야 한다.

(설문 1-1)의 해결**

Ⅰ. 쟁점의 정리

Ⅱ. 거부처분이 사전통지의 대상인지 여부

1. 사전통지의 의의 및 취지

2. 생략사유(필수적 절차인지)

3. 사전통지의 대상자

4. 거부가 사전통지의 대상인지 여부

(1) 학설

(2) 판례

(3) 검토

Ⅲ. 사안의 해결

예시답안

(설문 1-1)의 해결

Ⅰ 쟁점의 정리

설문은 거부처분 전에 행정절차법상 사전통지와 이유제시를 하지 아니한 경우 적법성을 묻고 있는 바, 거부처분이 행정절차법 제21조 사전통지의 대상인 "의무를 부과하거나 권익을 제한하는" 처분에 해당하는지를 검토한다.

Ⅱ 거부처분이 사전통지의 대상인지 여부

1. 사전통지의 의의 및 취지

행정절차법 제21조에서는 권리를 제한하거나, 의무를 부과하는 처분을 할 때에는 사전통지(처분내용, 의견제출을 할 수 있다는 사실)를 하도록 규정하고 있다. 이는 절차참여를 위한 필수규정이다.

2. 생략사유(필수적 절차인지)

① 공공복리를 위해 긴급한 처분을 할 필요가 있는 경우, ② 처분성질상 의견청취가 현저히 곤란하거나 명백히 불필요한 경우, ③ 법령상 일정처분을 하여야 함이 객관적으로 증명된 경우에는 생략할 수 있다.

3. 사전통지의 대상자

처분의 직접 상대방만을 말하고 이해관계에 있는 제3자는 해당되지 않는다. 제3자도 의견진술 기회를 줄 필요가 있으므로 입법적 해결이 필요하다.

4. 거부가 사전통지의 대상인지 여부

(1) 학설

① 신청의 거부는 신청의 기대이익제한이라는 긍정설(허가의 거부는 영업의 자유의 제한에 해당한다고 한다)과 ② 신청만으로는 권익이 생기지 않았으므로 권익을 제한하는 것이 아니라는 부정설이 있다. 또한 신청 자체로 이미 의견진술의 기회를 준 것으로 볼 수 있으므로 의견진술의 기회를 줄 필요가 없다고 한다. ③ 이에 인·허가에 부가된 갱신기간의 경우는 권익을 제한하는 것으로 보아 긍정하는 제한적 긍정설이 있다.

(2) 판례

판례는 신청에 따른 처분이 이루어지지 않은 경우에는 아직 당사자에게 권익이 부여되지 않았으므로, 거부처분은 권익을 제한하는 처분이 아니라고 한다(대판 2003.11.28, 2003두674).

(3) **검토**

인・허가의 갱신 등처럼 기존 권익의 유지가 아닌 한, 신청의 거부는 권익제한이 아니라고 판단된다. 인・허가의 갱신의 경우는 갱신에 의해 종전의 허가효과가 유지되는바, 이는 권익제한에 해당된다고 볼 수 있으므로 사전통지 결여는 위법하다고 볼 수 있다.

Ⅲ 사안의 해결

설문상 甲에게는 거부처분 이전에 성립된 법률관계가 없으므로, 해당 거부처분으로 특정권익이 제한되거나 의무가 부과된 것으로 보이지 않는다. 따라서 乙이 甲에 대한 이주대책수립신청을 거부처분한 것에 대한 절차상 하자는 없는 것으로 판단된다.

채점평

문제 1

물음 1은 이주대책 수립 신청거부처분을 하기에 앞서 사전통지와 이유 제시를 거치지 않은 경우 그 법적 효과를 묻는 문제이다. 불필요하게 이주대책에 대하여 장황하게 작성하거나 실체적 위법성을 기술한 논점 이탈의 답안보다는 거부처분의 절차적 하자에 초점을 맞추어 사전통지와 이유 제시로 구분하여 학설과 판례를 정확히 언급할 필요가 있다. 물음 2는 처분 사유의 추가・변경의 허용성에 관한 문제로서, 이에 관한 판례와 학설을 적절히 언급하고, 허용범위 및 한계를 작성함과 아울러 기본적 사실관계의 동일성을 기준으로 사안 포섭을 제대로 하는 것이 중요하다.

채점평을 보면 거부처분을 하기에 앞서 사전통지와 이유제시를 그치지 않은 경우 그 법적 효과를 묻는 문제이며 사전통지와 이유 제시로 구분하여 학설과 판례를 정확히 언급할 필요가 있다고 평하고 있다. 그러나 이유제시는 처분 시에 행하는 것이기에 사전에 하는 것은 아니라고 볼 것이다. 사전통지의 대상이 처분의 이유이고 이러한 이유에 의견이 있다면 제출하라는 것이므로 이러한 의미에서 이유제시를 논하라고 하는 것으로 보이나 이유제시와 관련된 판례는 처분 시에 구체적으로 이유를 적시했는지 또는 이유제시가 생략된 경우의 판례이므로 해당 문제의 정확한 쟁점 포인트를 파악하는 것은 쉽지 않을 것으로 보인다.

기출문제

[감정평가] 행정법 관련 CASE [제22회 제2문]

다음 각각의 사례에 대하여 답하시오. 30점

(2) 감정평가법인등 乙은 국토교통부장관에게 감정평가사 갱신등록을 신청하였으나 거부당하였다. 그런데 乙은 갱신등록거부처분에 앞서 거부사유와 법적 근거, 의견제출의 가능성 등을 통지받지 못하였다. 위 갱신등록 거부처분의 위법성 여부를 검토하시오. 10점

설문 (2)의 해결

Ⅰ. 쟁점의 정리

Ⅱ. 거부처분이 사전통지의 대상인지 여부

1. 의견제출절차의 개념 및 근거규정
2. 거부처분이 사전통지 및 의견제출절차의 대상이 되는지 여부
   (1) 적극설
   (2) 소극설
   (3) 판례
3. 검토

Ⅲ. 절차의 하자의 독자적 취소사유성

1. 문제점
2. 소극설
3. 적극설
4. 절충설
5. 판례의 태도
6. 검토

Ⅳ. 사안의 해결

쟁점해설

설문 (2)의 쟁점은 거부처분이 사전통지의 대상이 되는가이다. 행정절차법 제21조에서는 '권익을 제한'하는 처분을 하는 경우에는 처분에 대한 불복방법 등을 사전에 통지하도록 규정하고 있는데, 거부처분을 '권익을 제한'하는 행위로 볼 수 있는지에 대한 학설과 판례의 태도를 중심으로 서술하면 무난할 것이다.

예시답안

(설문 2)의 해결

Ⅰ 쟁점의 정리

갱신등록거부처분에 앞서 거부사유와 법적 근거 및 의견제출의 가능성 등을 통지하지 않은 국토교통부장관의 거부처분이 절차상 하자를 구성하는지가 문제된다. 설문의 해결을 위하여 거부처분이 사전통지 및 의견제출절차의 대상인지를 검토한다.

Ⅱ 거부처분이 사전통지의 대상인지 여부

1. 의견제출절차의 개념 및 근거규정

의견제출절차란 “행정청이 어떠한 행정작용을 하기에 앞서 당사자 등이 의견을 제시하는 절차로서 청문이나 공청회에 해당하지 아니하는 절차”를 말한다. 사전통지는 의견제출의 전치절차이다. 행정절차법은 권익을 제한하는 경우에 대해서 사전통지(제21조)와 의견청취(제22조)를 하도록 규정하고 있다.

2. 거부처분이 사전통지 및 의견제출절차의 대상이 되는지 여부

(1) 적극설

당사자가 신청을 한 경우, 신청에 따라 긍정적인 처분이 이루어질 것을 기대하며 거부처분을 기대하지는 아니하고 있으므로 거부처분의 경우에도 사전통지 및 의견진술의 기회가 필요하다고 한다.

(2) 소극설

신청에 대한 거부처분은 그것이 불이익처분을 받는 상대방의 신청에 의한 것이므로 성질상 이미 의견진술의 기회를 준 것으로 볼 수 있으므로 의견진술의 기회를 줄 필요가 없다고 한다.

(3) 판례

신청에 따른 처분이 이루어지지 아니한 경우에는 아직 당사자에게 권익이 부과되지 아니하였으므로 특별한 사정이 없는 한 신청에 대한 거부처분이라고 하더라도 직접 당사자의 권익을 제한하는 것은 아니어서 사전통지대상이 된다고 할 수 없다고 판시한 바 있다(대판 2003.11.28, 2003두674).

3. 검토

거부처분을 권익을 제한하거나 의무를 부과하는 처분으로 볼 수 없고, 거부처분의 전제가 되는 신청을 통하여 의견제출의 기회를 준 것으로 볼 수 있으므로 소극설이 타당하다. 다만, 인・허가의 갱신과 관련된 거부는 종전에 발부된 인・허가의 권익을 제한하는 처분으로 보아 사전통지와 의견진술의 기회부여의 대상이 된다고 보아야 한다.

Ⅲ 절차의 하자의 독자적 취소사유성

1. 문제점

절차의 하자란 행정행위가 행해지기 전에 거쳐야 하는 절차 중 하나를 거치지 않았거나, 거쳤으나 절차상 하자가 있는 것을 말한다. 행정처분에 절차상 위법이 있는 경우에 절차상 위법이 당해 행정처분의 독립된 위법사유(취소 또는 무효사유)가 되는가, 달리 말하면 법원은 취소소송의 대상이 된 처분이 절차상 위법한 경우 당해 처분의 실체법상의 위법 여부를 따지지 않고 또는 실체법상 적법함에도 불구하고 절차상의 위법만을 이유로 취소 또는 무효확인할 수 있는지가 문제된다.

2. 소극설

소극설은 법원이 절차상 하자를 이유로 취소하더라도 행정청은 절차의 하자를 치유하여 동일한 내용의 처분을 다시 할 수 있으므로 절차상의 하자만을 이유로 취소하는 것은 행정상 및 소송상 경제에 반한다고 한다.

3. 적극설

행정소송법상 취소판결 등의 기속력이 절차의 위법을 이유로 취소되는 경우에 준용되고(행정소송법 제30조 제3항), 소극설을 취하는 경우에는 절차적 규제가 유명무실해질 우려가 있다. 따라서 행정절차의 실효성을 보장하기 위하여는 절차상의 하자를 독립된 취소사유로 보아야 한다고 한다.

4. 절충설

절차의 하자가 독립된 무효 또는 취소사유가 될 수 있는가에 관하여 경우에 따라서 독립된 취소사유로 보거나 보지 않는 절충적 견해가 있다.

5. 판례의 태도

대법원은 기속행위인 과세처분에서 이유부기하자를, 재량행위인 영업정지처분에서 청문절차를 결여한 것은 절차적 하자를 구성한다고 판시한 바 있다.

6. 검토

현행 행정소송법이 절차의 위법을 이유로 한 취소판결을 인정하고 있으므로 현행법상 소극설은 타당하지 않다. 또한 행정기관의 절차경시의 사고가 강한 현재의 상황하에서 절차의 하자를 독립된 취소사유로 봄으로써 절차중시행정을 유도하는 것이 타당하므로 적극설이 타당하다.

Ⅳ 사안의 해결

감정평가법인등 乙의 갱신등록 신청에 대한 국토교통부장관의 거부는 종전에 발부된 자격증등록의 효과를 제한하는 처분으로 볼 수 있다. 또한 절차의 하자를 독자적 취소사유로 보는 것이 타당하므로 거부사유와 법적 근거 및 의견제출의 가능성 등을 통지하지 않은 국토교통부장관의 거부처분은 위법하다.

기출문제

[감정평가] 행정법 관련 CASE [제17회 제2문]

감정평가업자 甲은 「감정평가 및 감정평가사에 관한 법률」 제25조의 성실의무 위반을 이유로 같은 법 제32조 제1항 제11호에 의하여 2006년 2월 1일 국토교통부장관으로부터 등록취소처분을 통보받았다. 이에 甲은 국토교통부장관이 등록취소 시 같은 법 제45조에 의한 청문을 실시하지 않은 것을 이유로 2006년 8월 1일 등록취소처분에 대한 무효확인소송을 제기하였다. 甲의 소송은 인용될 수 있는가? 30점

Ⅰ. 논점의 정리
Ⅱ. 무효확인소송의 소송요건 검토
  1. 문제점
  2. 등록취소의 처분성
  3. 제소기간 여부
  4. 기타의 요건 검토
Ⅲ. 무효확인소송의 본안요건 검토
  1. 문제점
  2. 청문절차 흠결이 절차상 하자인지
  3. 청문절차 흠결의 독자적 위법성 논의
    (1) 문제점
    (2) 학설 및 판례
    (3) 검토 및 사안의 경우
  4. 청문절차 흠결의 위법성 정도
    (1) 무효와 취소의 구별기준
    (2) 사안의 경우(취소사유)
Ⅳ. 사안의 해결(관련 문제 : 취소소송으로의 소변경 가능성)

쟁점해설

Ⅰ 청문

1. 청문의 의의 및 취지

청문은 행정청이 어떤 처분을 하기에 앞서 처분의 상대방 등의 의견을 직접 듣고 증거를 조사하는 절차를 말한다. 이는 어떠한 처분에 앞서 자기 방어의 기회를 주어 사전적 권리구제를 가능하게 함에 취지가 인정된다.

2. 필수적 절차 여부

청문에 대한 명문규정이 있거나 행정청이 필요하다고 인정하는 경우에만 필수적 규정이고, 행정절차법 제21조 제4항(사전통지 생략사유) 및 당사자의 포기의사가 있는 경우는 생략가능하다.

3. 관련 판례

(1) 청문서 도달기간을 준수하지 않은 청문의 효력

① 의견진술 통지기간의 불준수로 의견진술 준비기간이 법정기간보다 조금 모자라지만 자기 방어를 위한 준비에 곤란한 점이 없었다면 의견진술 통지기간의 불준수의 하자는 치유된다고 보아야 한다.

② 대법원은 청문서 도달기간을 지키지 않았다면 이는 청문의 절차적 요건을 준수하지 아니한 것이므로 이를 바탕으로 한 행정처분은 위법하다고 판시하였다. 다만 청문서 도달기간을 다소 어겼다 하더라도 당사자가 이의를 제기하지 아니하고 스스로 청문기일에 출석하여 충분한 방어기회를 가졌다면 청문서 도달기간을 준수하지 않은 하자는 치유되었다고 봄이 상당하다고 판시하였다(자기 방어가 충분하지 않았다면 청문을 거쳤어도 위법하다).

(2) 협의에 의한 청문배제 가능성

1) 학설

① 계약자유의 원칙에 따라 협약은 유효하다는 긍정설과 ② 청문취지상 이를 배제하는 협약은 위법이라는 부정설이 대립된다.

2) 판례

행정청이 당사자와 사이에 관계법령 및 행정절차법에 규정된 청문의 실시 등 의견청취 절차를 배제하는 협약을 체결하였다 하여도 청문을 실시하지 않아도 되는 예외적인 경우에 해당한다고 할 수 없다고 하였다.

3) 검토

적법절차원리 준수 및 절차취지를 고려할 때 판례가 타당하다.

4. 사안의 경우

사안에서 청문을 실시하지 않아도 되는 예외적 사유에 해당하는지를 검토하고, 청문을 실시하여야 한다면 청문서 도달일을 준수하였는지, 협의에 의하여 배제하였는지 등을 검토하여 구체적인 사실관계를 바탕으로 사안포섭을 하면 된다.

II 취소사유를 무효등확인소송으로 제기한 경우의 판결

1. 소변경필요설

무효확인청구는 취소청구를 포함한다고 보지만 법원은 석명권을 행사하여 무효확인소송을 취소소송으로 변경하도록 한 후 취소소송의 소송요건을 충족한 경우 취소판결을 하여야 한다고 보는 견해이다.

2. 취소소송포함설

무효확인청구에는 취소청구를 포함한다고 보고, 법원은 취소소송요건을 충족한 경우 취소판결을 하여야 한다는 견해이다.

3. 판례

"일반적으로 행정처분의 무효확인을 구하는 소에는 원고가 그 처분의 취소를 구하지 아니한다고 밝히지 아니한 이상 그 처분이 만약 당연무효가 아니라면 그 취소를 구하는 취지도 포함되어 있는 것으로 보아야 하므로 계쟁처분의 무효확인청구에 그 취소를 구하는 취지도 포함된 것으로 보아 계쟁처분에 취소사유가 있는지 여부에 관하여 심리판단하여야 한다(대판 1994.12.23, 94누477)"라고 판시한 바 있다.

4. 결어

소송상 청구는 원고가 하며 법원은 원고의 청구에 대해서만 심판해야 하므로 법원이 일방적으로 변경할 수 없다. 따라서 법원은 석명권을 행사하여 취소소송으로 변경하도록 한 후 취소판결을 하여야 하는 것으로 보는 소변경필요설이 타당하다.

33회 문제 03

감정평가사 甲은 A감정평가법인(이하 'A법인'이라 함)에 형식적으로만 적을 두었을 뿐 A법인에서 감정평가사 본연의 업무를 전혀 수행하지 않았고 그 법인의 운영에도 관여하지 않았다. 이에 대해 국토교통부장관은 감정평가관리 · 징계위원회의 의결에 따라 사전통지를 거쳐 감정평가사 자격취소처분을 하였다. 처분사유는 '甲이 A법인에 소속만 유지할 뿐 실질적으로 감정평가업무에 관여하지 아니하는 방법으로 감정평가사의 자격증을 대여하였다.'는 것이었고, 그 법적 근거로 감정평가 및 감정평가사에 관한 법률(이하 '감정평가법'이라 함) 제27조 제1항, 제39조 제1항 단서 및 제2항 제1호가 제시되었다. 甲은 사전통지서에 기재된 의견제출 기한 내에 청문을 신청하였으나 국토교통부장관은 '감정평가법 제13조 제1항 제1호에 따라 감정평가사 자격취소를 하려면 청문을 실시하여야 한다는 규정이 있지만, 명의대여를 이유로 하는 감정평가사 자격취소의 경우에는 청문을 실시하여야 한다는 규정이 없을 뿐 아니라 청문을 실시할 필요도 없다.'는 이유로 청문을 실시하지 않았다. 甲에 대한 감정평가사 자격취소처분이 적법한지 설명하시오. 20점

참조조문

〈감정평가 및 감정평가사에 관한 법률〉

제13조(자격의 취소)

① 국토교통부장관은 감정평가사가 다음 각 호의 어느 하나에 해당하는 경우에는 그 자격을 취소하여야 한다.
  1. 부정한 방법으로 감정평가사의 자격을 받은 경우
  2. 제39조 제2항 제1호에 해당하는 징계를 받은 경우

제27조(명의대여 등의 금지)

① 감정평가사 또는 감정평가법인등은 다른 사람에게 자기의 성명 또는 상호를 사용하여 제10조에 따른 업무를 수행하게 하거나 자격증 · 등록증 또는 인가증을 양도 · 대여하거나 이를 부당하게 행사하여서는 아니 된다.

제39조(징계)

① 국토교통부장관은 감정평가사가 다음 각 호의 어느 하나에 해당하는 경우에는 제40조에 따른 감정평가관리 · 징계위원회의 의결에 따라 제2항 각 호의 어느 하나에 해당하는 징계를 할 수 있다. 다만, 제2항 제1호에 따른 징계는 제11호, 제12호를 위반한 경우 및 제27조를 위반하여 다른 사람에게 자격증 · 등록증 또는 인가증을 양도 또는 대여한 경우에만 할 수 있다.
  9. 제25조, 제26조 또는 제27조를 위반한 경우

② 감정평가사에 대한 징계의 종류는 다음과 같다.
  1. 자격의 취소
  2. 등록의 취소

3. 2년 이하의 업무정지
4. 견책

제45조(청문)

국토교통부장관은 다음 각 호의 어느 하나에 해당하는 처분을 하려는 경우에는 청문을 실시하여야 한다.
1. 제13조 제1항 제1호에 따른 감정평가사 자격의 취소
2. 제32조 제1항에 따른 감정평가법인의 설립인가 취소

예시답안

(설문 3)의 해결

Ⅰ 쟁점의 정리

자격취소처분에 대한 청문이 실시되지 않은 경우 절차상 하자가 인정되는지를 검토하여 갑에 대한 감정평가사 자격취소처분이 적법한지 설명한다.

Ⅱ 자격취소처분의 절차

1. 자격취소의 개념 및 종류

감정평가사의 자격취소란 국토교통부장관이 감정평가사에게 부여한 자격의 효력을 상실시키는 행위를 말한다. 감정평가법 제13조 및 제39조에서 규정하고 있는, 부정한 방법으로 감정평가사의 자격을 얻은 경우, 실형 및 업무정지처분(1년 이상)을 2회 이상 받은 경우 및 감정평가사의 자격증·등록증 또는 인가증을 다른 사람에게 양도 또는 대여한 경우에 해당하여야 한다.

2. 절차

자격증을 명의대여한 것을 이유로 자격취소를 하는 경우에는 징계위원회의 의결을 거쳐야 한다. 당사자는 징계위원회에 출석하여 구술 또는 서면으로 자기에게 유리한 사실을 진술하거나 필요한 증거를 제출할 수 있다.

III 자격취소처분이 청문대상인지 여부

행정처분을 함에 있어서 이해관계인에게 의견진술의 기회를 주는 것은 행정절차의 핵심적 요소이다. 행정절차법은 법 제22조에서 의견청취라는 이름하에 의견제출, 청문, 공청회를 규정하고 있다.

1. 청문절차

청문이라 함은 당사자 등의 의견을 들을 뿐만 아니라 증거를 조사하는 등 재판에 준하는 절차를 거쳐 행하는 의견진술절차를 말한다.

2. 인정범위

행정청이 처분을 할 때 ① 인허가 등의 취소, 신분·자격의 박탈, 법인이나 조합 등의 설립허가의 취소 시 및 다른 법령 등에서 청문을 하도록 규정하고 있는 경우(의무적 청문), ② 행정청이 필요하다고 인정하는 경우(임의적 청문)에는 청문을 한다(행정절차법 제22조 제1항).

다만, ① 긴급히 처분을 할 필요가 있는 경우, ② 의견청취가 곤란하거나 불필요한 이유가 있는 경우 등 및 ③ 당사자가 의견진술의 기회를 포기한다는 뜻을 명백히 표시한 경우에는 의견청취를 아니할 수 있다(행정절차법 제22조 제4항).

3. 감정평가법상 관련 규정 검토

감정평가법 제45조에서는 국토교통부장관은 부정한 방법에 의해 자격을 취득한 경우 및 감정평가법인의 설립인가를 취소하는 경우에는 청문을 실시해야 한다고 규정하고 있다.

또한 감정평가법 시행령 제41조에서는 감정평가사는 감정평가관리·징계위원회에 출석하여 구술 또는 서면으로 자기에게 유리한 사실을 진술하거나 필요한 증거를 제출할 수 있다고 규정하고 있다.

4. 자격취소처분이 청문대상인지 여부

감정평가사에 대한 자격취소가 이루어지는 경우 당사자는 징계위원회에 출석하여 자기에게 유리한 사실을 진술하거나 필요한 증거를 제출할 수 있으며, 이러한 의견진술은 충분한 자기방어의 기회를 주는 것으로 볼 수 있다. 따라서 징계위원회에 출석하여 충분한 자기방어의 기회를 갖은 경우라면 청문을 생략할 수 있은 경우에 해당된다고 볼 것이다.

Ⅳ 청문절차하자의 독자성 인정여부

1. 개설

감정평가사 자격취소처분을 함에 있어서 청문절차를 흠결한 하자는 절차상 위법에 해당한다. 절차위법으로 인하여 해당 자격취소처분의 효력을 전혀 인정할 수 없어 무효로 되는지, 아니면 절차위법으로 인하여 해당 자격취소처분의 효력은 일단 인정하되 사후적으로 취소할 수 있는 행위로 만드는지가 문제된다.

2. 청문절차를 흠결한 하자가 무효사유인지 취소사유인지 여부

해당 절차가 당사자의 이해관계에 중대한 영향을 미치는 경우 무효사유로 보며, 해당 절차가 행정의 적정・원활한 수행을 목적으로 한 경우에는 취소사유로 본다. 판례는 일반적으로 취소사유로 본다.

3. 청문절차를 흠결한 하자가 독자적 취소사유가 될 수 있는지 여부

(1) 학설

재량행위의 경우에는 관계행정청의 새로운 심사에 의하여 다른 처분을 할 가능성이 충분히 있으므로 청문절차의 하자가 독자적 취소사유가 된다는 것이 일반적 견해이다. 기속행위의 경우에는 행정경제를 강조하는 소극설과 행정절차의 기능을 중요시하는 적극설이 대립된다.

(2) 판례

판례는 청문절차를 거치지 아니한 경우 또는 거쳤다 하여도 그 절차적 요건을 제대로 갖추지 아니한 경우, 그 처분은 위법하여 취소를 면할 수 없다고 하였다.

(3) 검토

재량행위의 경우에는 독자적인 취소사유가 됨에는 다툼이 없고, 기속행위에 대해서는 의견이 나눠지지만 적법절차의 중요성, 행정절차의 기능 등을 고려할 때, 기속행위의 경우에도 독자적인 위법사유가 된다고 봄이 타당하다.

Ⅴ 사안의 해결

감정평가법상 감정평가사에 대한 자격취소의 경우 징계위원회의 의결을 거치게 되어 있고, 당사자는 징계위원회에 출석하여 충분한 자기방어의 기회를 가질 수 있으므로 이는 청문생략사유에 해당된다고 볼 수 있다. 설문에 설시되지 않았지만 갑이 징계위원회에 출석하여 의견진술을 충분히 한 경우라면 갑에 대한 감정평가사 자격취소처분은 적법하다. 만약 당사자의 귀책사유 없이 징계위원회에 출석하지 못하여 의견진술의 기회를 갖지 못하였다면 청문생략사유로 보기 어려우므로 절차하자가 인정되어 갑에 대한 자격취소처분은 위법하다고 볼 것이다.

기출문제

[감정평가] 행정법 관련 CASE [제15회 제2문]

국토교통부장관이 「감정평가 및 감정평가사에 관한 법률」(이하 "감정평가법"이라 한다)을 위반한 감정평가법인에게 업무정지 3월의 처분을 행하였다. 이에 대응하여 해당 법인은 위 처분에는 이유가 제시되어 있지 않아 위법하다고 하면서 업무정지처분취소소송을 제기하였다. 그러나 국토교통부장관은 (1) 감정평가 및 감정평가사에 관한 법률에 청문규정만 있을 뿐 이유제시에 관한 규정이 없고, (2) 취소소송심리 도중에 이유를 제시한 바 있으므로 그 흠은 치유 내지 보완되었다고 주장한다. 이 경우 국토교통부장관의 주장에 관하여 검토하시오. 30점

Ⅰ. 쟁점의 정리
Ⅱ. 국토교통부장관의 주장 (1)의 타당성
1. 이유 제시의 의의 및 필요성
2. 이유 제시의 내용
3. 이유 제시를 결여한 것이 절차상 하자인지
(1) 필수적 절차인지(생략사유)
(2) 사안의 경우
4. 절차상 하자의 독자성 인정 여부 및 정도
5. 국토교통부장관의 주장의 타당성
Ⅲ. 국토교통부장관의 주장 (2)의 타당성
1. 하자치유의 의의 및 필요성
2. 하자치유의 인정 여부
3. 하자치유의 인정범위
4. 하자치유의 인정시기
5. 국토교통부장관 주장의 타당성
Ⅳ. 사례의 해결

쟁점해설

Ⅰ 이유 제시(행정절차법 제23조)

1. 의의 및 필요성

이유 제시란 행정청이 처분을 하는 경우에 그 근거와 이유를 제시함을 말하고 모든 처분을 대상으로 한다. ① 이는 행정결정의 신중성 및 공정성을 도모하고, ② 행정쟁송 제기 여부의 판단 및 쟁송준비의 편의제공 목적에 취지가 인정된다.

2. 필수적 절차인지

① 당사자의 신청대로 인정하는 경우, ② 단순·반복적인 처분 및 경미한 처분으로 당사자가 그 이유를 명백히 알 수 있는 경우, ③ 긴급히 처분을 할 필요가 있는 경우를 제외하고는 반드시 거쳐야 하는 필수적 절차이다.

3. 이유 제시의 정도와 하자

판례는 '처분의 근거와 이유를 상대방이 이해할 수 있을 정도로 구체적으로 서면으로 하되, 이를 전혀 안 하거나 구체적이지 않은 경우 위법하게 된다.'고 한다.

이유 제시가 전혀 없거나 없는 것과 같이 불충분한 경우는 무효로 보고 불충분한 경우는 취소로 보아야 할 것이나 판례는 이유 제시 누락도 취소로 본다.

4. 이유 제시의 시기

이유 제시는 처분과 동시에 행하여야 한다. 행정청이 처분을 할 때에는 당사자에게 그 처분에 관하여 행정심판 및 행정소송을 제기할 수 있는지 여부, 그 밖에 불복을 할 수 있는지 여부, 청구절차 및 청구기간, 그 밖에 필요한 사항을 알려야 한다(행정절차법 제26조 고지).

Ⅱ 절차상 하자의 치유

1. 절차상 하자의 치유의 의의

절차상 하자의 치유란 행정행위가 발령 당시에 절차요건에 흠결이 있는 경우에 그 흠결을 사후에 보완하면, 발령 당시의 하자에도 불구하고 그 행위의 효과를 다툴 수 없도록 유지하는 것을 말한다.

2. 인정여부 및 치유시기

① 통설과 판례는 국민의 방어권 보장은 침해하지 않는 범위 내에서 제한적으로만 절차상 하자의 치유를 인정하여야 한다는 태도이다. ② 하자의 치유시기와 관련하여 다수설과 판례는 쟁송제기 이전까지만 치유가 가능하다고 한다.

기출문제

[공시지가] 토지가격비준표 [제19회 제2문]

토지에 대한 개별공시지가결정을 다투려고 하는 경우 다음 각각의 사안에 대하여 논술하시오. 40점

(1) **甲은 A시장이 자신의 소유 토지에 대한 개별공시지가를 결정함에 있어서 부동산 가격공시에 관한 법률 제10조 제4항에 의하여 국토교통부장관이 작성한 토지가격비준표를 고려하지 않았다고 주장한다. 이에 A시장은 토지가격비준표를 고려하지 않은 것은 사실이나, 같은 법 제10조 제5항의 규정에 따른 산정지가검증이 적정하게 행해졌으므로, 甲소유의 토지에 대한 개별공시지가결정은 적법하다고 주장한다. A시장 주장의 타당성에 대하여 검토하시오.** 20점

(2) **乙은 A시장이 자신의 소유 토지에 대한 개별공시지가를 결정함에 있어서 (구)부동산 가격공시에 관한 법률 제11조 제4항에 의하여 받아야 하는 산정지가검증을 거치지 않았다는 이유로 개별공시지가결정이 위법하다고 주장하였다. A시장은 乙의 주장이 있자 산정지가검증을 보완하였다. 乙이 검증절차의 위법을 이유로 개별공시지가결정을 다투는 소송을 제기하려는 경우 그 방법 및 인용가능성은?** 20점

Ⅰ. 쟁점의 정리

Ⅱ. 하자치유의 개관

1. 의의 및 취지

2. 인정 여부

(1) 학설 (2) 판례 (3) 검토

3. 인정범위

4. 인정시기(시적 한계)

(1) 학설 (2) 판례 (3) 검토

5. 하자치유의 효과

Ⅲ. 설문 (1) A시장 주장의 타당성

1. 개별공시지가 산정의 내용

(1) 개별공시지가의 의의 및 취지

(2) 법적 성질

(3) 개별공시지가의 결정절차

2. 개별공시지가 산정의 위법성 정도

(1) 비준표의 의의 및 성질

(2) 비준표의 대외적 구속력 논의

(3) 비준표 활용상 하자에 대한 판례의 태도

(4) 사안의 경우(위법성 정도)

3. A시장 주장의 타당성

Ⅳ. 설문 (2) 소송의 제기방법 및 인용가능성

1. 개별공시지가결정의 위법성 정도

(1) 지가산정검증을 거치지 않은 것이 절차상 하자인지

(2) 지가산정검증을 거치지 않은 절차상 하자의 독자적 위법성 인정 여부

1) 문제점 2) 학설

3) 판례 4) 검토

5) 사안의 경우

(3) 절차상 하자의 정도

2. 소송의 제기방법

3. 인용가능성

Ⅴ. 사안의 해결

쟁점해설

[제2문]은 개별공시지가 산정과 관련된 하자치유의 가능성과 관련된 문제이다.
따라서 하자치유에 대한 일반론을 적시한 후, 설문 (1)과 설문 (2)의 하자의 유형을 구분하여 판례의 태도를 기준으로 구체적으로 포섭하는 문제로 볼 수 있다.

비준표를 적용하지 않은 것은 내용상 하자로 보고, 산정지가검증절차를 거치지 않은 것은 절차상 하자로 보아 내용상 하자와 절차상 하자에 대한 하자치유 논리를 전체적으로 물어보았다.

예시답안

I 쟁점의 정리

설문은 개별공시지가를 결정함에 있어서 발생된 하자가 치유될 수 있는지와 관련된 사안이다. 설문의 해결을 위하여 하자치유에 대한 일반법리를 살펴본 후, 이를 적용하여 설문을 검토한다.

II 하자치유의 개관

1. 의의 및 취지

하자의 치유란 행정행위의 성립 당시 하자를 사후에 보완하여 그 행위의 효력을 유지시키는 것을 말한다. 이는 행정행위의 무용한 반복을 피하는 소송경제와 권리구제요청의 조화문제이다.

2. 인정 여부

(1) 학설

① 행정의 능률성 측면에서 긍정하는 견해와, ② 행정결정의 신중성 확보 및 사인의 신뢰보호 측면에서 부정하는 견해, ③ 원고의 공격방어권을 침해하지 않는 범위에서 제한적으로 긍정하는 견해가 있다.

(2) 판례

행정행위의 무용한 반복을 피하고 당사자의 법적 안정성을 위해서, 국민의 권리나 이익을 침해하지 않는 범위 내에서 구체적 사정에 따라 합목적적으로 인정해야 한다고 판시한 바 있다(대판 2002.7.9, 2001두10684).

(3) 검토

하자의 치유는 하자의 종류에 따라서, 하자의 치유를 인정함으로써 달성되는 이익과 그로 인하여 발생하는 불이익을 비교형량하여 개별적으로 결정하여야 한다.

3. 인정범위

판례는 절차, 형식상의 하자 중 취소사유만 인정한다. 이에 대해 내용상 하자에도 적용된다는 견해도 있다. 또한 하자치유는 행정행위의 존재를 전제로 하여 그 흠을 치유하여 흠이 없는 행정행위로 하는 것이므로 무효인 행정행위의 치유는 인정될 수 없다는 부정설이 통설이며 판례의 입장이다.

4. 인정시기(시적 한계)

(1) 학설

① 하자치유는 쟁송제기 전까지 가능하다는 견해와, ② 행정심판은 행정의 내부통제인바 행정소송제기 전까지 가능하다는 견해, ③ 소송경제를 위하여 판결 시까지 가능하다는 견해가 있다.

(2) 판례

판례는 이유제시의 하자를 치유하려면 늦어도 처분에 대한 불복 여부의 결정 및 불복신청에 편의를 줄 수 있는 상당한 기간 내에 하여야 한다고 하고 있다(대판 1983.7.26, 82누420).

(3) 검토

하자의 치유의 기능(행정경제 및 법적 안정성)을 고려하고 절차상 하자 있는 행위의 실효성 통제를 위해서 쟁송제기 이전까지 가능하다고 본다.

5. 하자치유의 효과

행정행위의 하자가 치유되면 해당 행정행위는 처분 시부터 하자가 없는 적법한 행정행위로 효력을 발생하게 된다.

Ⅲ 설문 (1) A시장 주장의 타당성

1. 개별공시지가 산정의 내용

(1) 개별공시지가의 의의 및 취지

개별공시지가란 시・군・구청장이 공시지가를 기준으로 산정한 개별토지의 단위당 가격을 말한다. 이는 조세 및 개발부담금 산정의 기준이 되어 행정의 효율성 제고를 도모함에 제도적 취지가 인정된다(부동산공시법 제10조).

(2) 법적 성질

개별공시지가는 과세산정에 직접적인 구속력을 갖고, 인적 범위의 특정성과 상관없는 물적 행정행위로서 일반처분에 해당하는바, 처분성이 인정된다고 본다. 따라서 조기에 법률관계를 확정하여 법적 안정성을 도모할 필요가 있다.

(3) 개별공시지가의 결정절차

시・군・구청장은 해당 토지와 유사하다고 인정되는 하나 또는 둘 이상의 표준지공시지가를 기준으로 비준표를 사용하여 지가를 산정하고 그 타당성에 대하여 감정평가법인등의 검증을 받아야 한다. 그 후, 시・군・구부동산가격공시위원회의 심의를 거쳐 결정・공시하게 된다.

2. 개별공시지가 산정의 위법성 정도

(1) 비준표의 의의 및 성질

토지가격비준표는 표준지와 개별토지의 지가형성요인에 관한 표준적인 비교표로서, 행정목적을 위한 지가산정 시, 비용절감 및 전문성을 보완함에 제도적 취지가 인정된다. 또한 부동산공시법의 위임에 따라 법령내용을 보충하는 행정규칙의 성질을 갖는다.

(2) 비준표의 대외적 구속력 논의

판례는 토지가격비준표는 집행명령인 개별토지가격합동조사지침과 더불어 법령보충적 구실을 하는 법규적 성질을 가지고 있는 것으로 보아야 한다고 판시한 바 있다. 이처럼 법령의 위임에 따라 법령내용을 보충하는 경우에는 대외적 구속력이 인정된다고 보아야 할 것이다.

(3) 비준표 활용상 하자에 대한 판례의 태도

판례는 비교표준지와 개별토지의 특성을 비교하여 비준표상의 가격배율을 모두 적용하여야 하며, 이를 일부만 적용한 것은 위법하다고 판시하였다. 즉, 비준표상의 내용을 준수하지 않은 경우는 위법하다고 보고 있다.

(4) 사안의 경우(위법성 정도)

설문상 A시장이 개별공시지가를 산정함에 있어서 비준표를 고려하지 않은 것은 내용상 하자를 구성한다. 이는 중요 법률내용에 반하는 것이기는 하나, 일반인의 견지에서 외관상 명백하지 않으므로 취소사유로 볼 수 있다.

3. A시장 주장의 타당성

A시장이 비준표를 고려하지 않은 것은 개별공시지가 결정과정상 내용상 하자에 해당된다. 따라서 내용상 하자는 하자치유의 대상이 아니라고 보는 견해에 따르면, 산정지가검증이 적정하게 행해졌다 하더라도 비준표를 적용하지 않은 내용상 하자의 치유는 인정될 수 없다. 따라서 A시장의 주장은 타당하지 못하게 된다.

Ⅳ 설문 (2) 소송의 제기방법 및 인용가능성

1. 개별공시지가결정의 위법성 정도

(1) 지가산정검증을 거치지 않은 것이 절차상 하자인지

부동산공시법 제10조 제5항에서는 개별공시지가를 산정한 후, 감정평가법인등에게 검증을 받도록 규정하고 있다. 따라서 검증을 거치지 않은 경우에는 부동산공시법상 제 절차를 준수하지 않은 절차상 하자가 존재하게 된다.

(2) 지가산정검증을 거치지 않은 절차상 하자의 독자적 위법성 인정 여부

1) 문제점

법원이 해당 처분의 실체법상의 위법 여부를 따지지 않고 또는 실체법상 적법함에도 불구하고 절차상의 위법만을 이유로 취소 또는 무효확인을 할 수 있는지가 문제된다.

2) 학설

① 적법절차 보장 관점에서 독자적 위법사유가 되며, 특히 행정소송법 제30조 제3항에서 절차하자로 인한 취소의 경우에도 기속력을 인정한다는 점을 논거로 하는 긍정설과 ② 절차는 수단에 불과하며, 적법한 절차를 거친 동일한 처분을 다시 받게 되어 행정경제상 불합리하다는 점을 논거로 하는 부정설이 대립한다. ③ 또한 기속, 재량을 구분하는 절충설이 있다.

3) 판례

대법원은 ① 기속행위인 과세처분에서 이유부기하자를, ② 재량행위인 영업정지처분에서 청문절차를 결여한 것은 절차적 하자를 구성한다고 판시한 바 있다.

4) 검토

내용상 하자만큼 절차적 적법성을 지키는 것이 필요하며, 현행 행정소송법 제30조 제3항에서 절차하자로 인한 취소의 경우에도 기속력을 준용하고 있으므로 독자적 위법사유가 된다고 보는 긍정설이 타당하다.

5) 사안의 경우

절차상 하자의 독자적 위법성이 인정되므로, 검증절차를 거치지 않은 A시장의 개별공시지가 결정은 위법하게 된다.

(3) 절차상 하자의 정도

검증제도의 취지는 시・군・구청장에 의해 산정되는 개별공시지가의 적정성을 검토함에 있으므로 이를 결여한 것은 중요 법률내용에 반하는 것으로 볼 수 있으나, 일반인의 견지에서 명백하지 않으므로 취소사유로 볼 수 있다.

2. 소송의 제기방법

행정소송법에서는 행정심판 임의주의를 규정하고 있으므로, 이에 따를 때 乙은 부동산공시법상 이의신청이나 행정심판을 거치지 않고도 개별공시지가 취소소송을 제기할 수 있으며, 이의신청이나 행정심판을 거쳐 개별공시지가 취소소송을 제기할 수도 있다.

3. 인용가능성

하자의 치유시기와 관련하여 쟁송제기 이전까지만 가능하다는 견해에 따를 경우, 乙이 행정쟁송을 제기하기 이전에 A시장이 검증절차를 보완하였으므로 하자의 치유가 인정될 수 있다. 따라서 乙의 주장은 기각될 것이다.

Ⅴ 사안의 해결

1. 설문 (1)에서 비준표를 적용하지 않은 것은 개별공시지가 산정의 내용상 하자를 구성하여 산정지가검증이 적정하게 행해졌다고 하더라도 치유될 수 없으므로 A시장의 주장은 타당하지 못하게 된다.
2. 설문 (2)에서 산정지가검증을 거치지 않은 절차상 하자는 乙의 행정쟁송 이전에 보완되었는바, 乙이 개별공시지가 취소소송을 제기하더라도 乙의 주장은 인용될 수 없을 것이다.

30회 문제 01

관할 A시장은 「부동산 가격공시에 관한 법률」에 따라 甲소유의 토지에 대해 공시기준일을 2018.1.1.로 한 개별공시지가를 2018.6.28. 결정・공시하고('당초 공시지가') 甲에게 개별 통지하였으나, 이는 토지가격비준표의 적용에 오류가 있는 것이었다. 이후 甲소유의 토지를 포함한 지역 일대에 개발 사업이 시행되면서 관련법에 의한 부담금 부과의 대상이 된 甲의 토지에 대해 A시장은 2018.8.3. 당초 공시지가에 근거하여 甲에게 부담금을 부과하였다. 한편 甲소유 토지에 대한 당초 공시지가에 이의가 있는 인근 주민 乙은 이의신청기간이 도과한 2018.8.10. A시장에게 이의를 신청하였고, A시장은 甲소유 토지에 대한 당초 공시지가를 결정할 때 토지가격비준표의 적용에 오류가 있었음을 이유로 「부동산 가격공시에 관한 법률」 제12조 및 같은 법 시행령 제23조 제1항에 따라 개별공시지가를 감액하는 정정을 하였고, 정정된 공시지가는 2018.9.7. 甲에게 통지되었다. 다음 물음에 답하시오(아래 설문은 각각 별개의 독립된 상황임). 40점

(3) 만약 A시장이 당초 공시지가에 근거하여 甲에게 부담금을 부과한 것이 위법한 것이더라도, 이후 A시장이 토지가격비준표를 제대로 적용하여 정정한 개별공시지가가 당초 공시지가와 동일하게 산정되었다면, 甲에 대한 부담금 부과의 하자는 치유되는가? 15점

(설문 1-3)의 해결

Ⅰ. 쟁점의 정리

Ⅱ. 하자치유의 인정논의

1. 의의 및 취지

2. 인정 여부

(1) 학설

(2) 판례

(3) 검토

3. 인정범위

4. 인정시기(시적 한계)

(1) 학설

(2) 판례

(3) 검토

5. 하자치유의 효과

Ⅲ. 사안의 해결

예시답안

[설문 1-3]의 해결

I 쟁점의 정리

설문에서는 위법한 개별공시지가에 기해 부담금이 부과되었는데, 이후 정정된 개별공시지가가 종전 개별공시지가와 동일하게 산정되었다면 위법한 개별공시지가에 기한 부담금 부과처분의 하자가 치유되는지를 묻고 있다. 하자치유의 일반이론을 검토하여 사안을 해결한다.

II 하자치유의 인정논의

1. 의의 및 취지

하자의 치유란 행정행위의 성립 당시 하자를 사후에 보완하여 그 행위의 효력을 유지시키는 것을 말한다. 이는 행정행위의 무용한 반복을 피하는 소송경제와 권리구제요청의 조화문제이다.

2. 인정 여부

(1) 학설

① 행정의 능률성 측면에서 긍정하는 견해와, ② 행정결정의 신중성 확보 및 사인의 신뢰보호 측면에서 부정하는 견해 및 ③ 원고의 공격방어권을 침해하지 않는 범위에서 제한적으로 긍정하는 견해가 있다.

(2) 판례

행정행위의 무용한 반복을 피하고 당사자의 법적 안정성을 위해서, 국민의 권리나 이익을 침해하지 않는 범위 내에서 구체적 사정에 따라 합목적적으로 인정해야 한다고 판시한 바 있다(대판 2002.7.9, 2001두10684).

(3) 검토

하자의 치유는 하자의 종류에 따라서, 하자의 치유를 인정함으로써 달성되는 이익과 그로 인하여 발생하는 불이익을 비교형량하여 개별적으로 결정하여야 한다.

3. 인정범위

판례는 절차, 형식상의 하자 중 취소사유만 인정한다. 이에 대해 내용상 하자에도 적용된다는 견해도 있다. 또한 하자치유는 행정행위의 존재를 전제로 하여 그 흠을 치유하여 흠이 없는 행정행위로 하는 것이므로 무효인 행정행위의 치유는 인정될 수 없다는 부정설이 통설이며 판례의 입장이다(대판 1997.5.28, 96누5308)(이에 대하여 무효와 취소의 구별의 상대화를 전제로 무효인 행정행위의 치유도 인정할 수 있다고 보는 견해가 있다).

4. 인정시기(시적 한계)

(1) 학설

① 이유제시는 상대방에게 쟁송의 제기에 편의를 제공하기 위하여 인정되는 것이기 때문에 쟁송제기 전까지 가능하다는 견해와, ② 행정심판은 행정의 내부통제인바 행정소송제기 전까지 가능하다는 견해, ③ 소송경제를 위하여 판결 시까지 가능하다는 견해가 있다.

(2) 판례

판례는 이유제시의 하자를 치유하려면 늦어도 처분에 대한 불복 여부의 결정 및 불복신청에 편의를 줄 수 있는 상당한 기간 내에 하여야 한다고 하고 있다(대판 1983.7.26, 82누420).

(3) 검토

이유제시제도의 기능(공정한 행정의 보장과 행정불복에의 편의제공)과 하자의 치유의 기능(행정경제 및 법적 안정성)을 조화시켜야 하고, 절차상 하자 있는 행위의 실효성 통제를 위해서 쟁송제기 이전까지 가능하다고 본다.

5. 하자치유의 효과

행정행위의 하자가 치유되면 해당 행정행위는 처분 시부터 하자가 없는 적법한 행정행위로 효력을 발생하게 된다.

III 사안의 해결

정정된 공시지가는 당초 공시일로 소급하여 효력이 발생된다. 이미 부과된 부담금은 위법한 개별공시지가에 기하여 산출된바, 개별공시지가가 정정된다고 하여도 이미 부과된 부담금의 기초가 된 개별공시지가까지 변경되어 부담금이 재산출된다고까지는 볼 수 없다. 따라서 그 하자가 치유된다고 볼 수 없을 것이다.

Chapter

04 하자승계

기출문제

[공시지가] 하자승계 [제13회 제3문]

甲시장은 개별공시지가를 乙에게 개별통지하였으나, 乙은 행정소송 제기기간이 경과하도록 이를 다투지 않았다. 후속 행정행위를 발령받은 후에 개별공시지가의 위법성을 이유로 후속 행정행위를 다투고자 하는 경우, 이미 다툴 수 있다고 인정한 바 있는 대판 1994.1.25, 93누8542 판결과 대비하여 그 가능성 여부를 설명하시오. 20점

Ⅰ. 쟁점의 정리

Ⅱ. 관련 판례 검토

1. **통지를 한 경우 판례**
2. **통지를 하지 않은 경우 판례**

Ⅲ. 하자승계의 가능성

1. **예측가능성**
2. **수인가능성**

Ⅳ. 결어

쟁점해설

이 문제는 일반적인 하자승계문제와 약간 다르게 학설 및 판례 검토가 아니라 두 개의 판례를 비교하는 것이 핵심이다. 즉, 개별통지한 경우에는 예측가능성, 수인가능성이 있으므로 하자승계를 부정하지만 개별통지하지 않은 경우에는 예측가능성, 수인가능성이 없어 하자승계를 긍정한 부분을 중심으로 설명하면 된다.

기출문제

[사업인정] 사업인정 관련 CASE 문제 [제17회 제1문]

甲은 세계풍물 야외전시장을 포함하는 미술품 전시시설을 건립하고자 한다. 甲은 자신이 계획하고 있는 시설이 「공익사업을 위한 토지 등의 취득 및 보상에 관한 법률」(이하 "토지보상법"이라 한다) 제4조 제4호의 미술관에 해당하는지에 관하여 국토교통부장관에게 서면으로 질의하였다. 이에 대하여 국토교통부장관은 甲의 시설이 토지보상법 제4조 제4호에 열거된 미술관에 속한다고 서면으로 통보하였다. 그 후 甲은 국토교통부장관에게 사업인정을 신청하였다.

(2) **국토교통부장관은 甲에게 사업인정을 해준 후 2006년 2월 1일 사업시행지 내의 토지 소유자인 乙 등에게 이를 통지하고 고시하였다. 이후 甲은 乙 등과 협의가 되지 않자 관할 토지수용위원회에 수용재결을 신청하였고, 2006년 8월 1일 관할 토지수용위원회는 乙 등 소유의 토지를 수용한다는 내용의 수용재결을 하였다. 관할 토지수용위원회의 재결서를 받은 乙은 상기 미술관의 건립으로 인하여 문화재적 가치가 있는 乙 등 조상 산소의 석물 · 사당의 상실이 예견됨에도 불구하고 이러한 고려가 전혀 없이 이루어진 위법한 사업인정이라고 주장하면서 위 수용재결에 대한 취소소송을 제기하였다. 乙은 권리구제를 받을 수 있는가?** 20점

Ⅰ. 설문 (2)에 대하여

1. **문제점**
2. **하자승계 논의의 전제조건 충족 여부**
   (1) 전제조건
   (2) 사안의 경우
3. **하자승계 논의**
   (1) 학설 / (2) 판례 / (3) 검토의견
4. **설문의 해결**
   (1) 결합하여 하나의 행정목적을 추구하는지
   (2) 당사자에게 예측가능성, 수인가능성이 없는지
   (3) 하자승계 여부

쟁점해설

설문 (2)의 경우 하자승계에 대한 요건과 판례를 설명한 후, 사업인정과 재결이 동일한 법률효과를 목적으로 하는지를 중심으로 사안을 포섭하면 무난할 것이다.

예시답안

I 설문 (2)에 대하여

1. 문제점

설문은 사업인정의 하자를 주장하여 수용재결에 대하여 다툴 수 있는지 이른바 하자승계에 관한 것이다.

2. 하자승계 논의의 전제조건 충족 여부

(1) 전제조건

하자승계 논의의 전제조건은 ① 양 행위가 처분성이 있을 것, ② 선행행위에 당연무효에 해당하지 않는 하자가 존재하여 후행행위에 하자가 없을 것, ③ 선행행위에 불가쟁력이 발생하여 다툴 수 없을 것이 있다.

(2) 사안의 경우

1) 사업인정의 위법성

국토교통부장관이 사업인정을 함에 있어서 乙 등의 조상 산소의 사당상실에 대한 고려가 전혀 없었다면, 이는 중대명백설의 견지에서 볼 때 취소사유의 하자를 구성하는 것으로 볼 수 있다.

2) 그 외의 요건충족 여부

사업인정과 수용재결은 모두 처분성이 있으며, 사업인정에 대하여 취소소송의 제소기간이 도과하여 다툴 수 없다. 따라서 하자승계의 요건은 모두 충족된 것으로 본다.

3. 하자승계 논의

(1) 학설

1) 전통적 견해

전통적 견해는 양 행위가 결합하여 하나의 행정목적을 추구하는 경우 하자가 승계되며, 양 행위가 별개의 효과를 발생하는 것을 목적으로 하는 경우 하자가 승계되지 않는다고 본다.

2) 구속력이론

구속력이론은 선행행위에 발생한 불가쟁력이 후행행위를 구속하여 하자가 승계되지 않게 되려면, 사물적 한계, 대인적 한계, 시간적 한계 이외에도 추가적 한계로 예측가능성, 수인가능성이 있어야 한다고 본다.

(2) 판례

판례는 대체로 전통적 견해에 입각하여 보고 있다. 사업인정과 수용재결에 대해서도 별개의 효과발생을 목적으로 한다고 보아 하자승계를 부인하고 있다. 그러나 개별공시지가와 과세처분은 결합하여 하나의 목적을 추구하고 있지 않다고 보면서도 예측가능성, 수인가능성이 없다고 보아 하자승계를 인정하였다.

(3) **검토의견**

하자승계 논의는 법적 안정성 및 적법성 보장이라는 대립되는 가치를 조화시키는 문제이다. 법적 안정성을 위하여 하자승계를 전면적으로 부정하기보다는 당사자의 재판받을 권리가 존중되어야 할 특수한 경우에는 인정되어야 한다. 학설, 판례와 같이 ① 결합하여 하나의 법률효과를 추구하고 있는 경우이거나, ② 당사자에게 예측가능성, 수인가능성이 없는 경우에 인정되어야 한다.

4. 설문의 해결

(1) **결합하여 하나의 행정목적을 추구하는지**

판례는 사업인정과 수용재결의 하자승계를 부인하고 있으나, 사업인정, 수용재결은 공용수용이라는 하나의 행정목적을 추구하고 있다는 점을 고려하여 하자승계를 인정하여야 한다는 견해가 대두되고 있다.

(2) **당사자에게 예측가능성, 수인가능성이 없는지**

사업인정은 제3자효 행정행위로서 고시와 관련 당사자에게 통보하는 절차를 거쳐야 한다. 국토교통부장관은 乙 등에게 사업인정을 통지하여 고시하였으므로 당사자에게 예측가능성, 수인가능성이 없었다고 볼 수 없다.

(3) **하자승계 여부**

사업인정과 수용재결을 별개의 효과를 추구하는 것으로 보는 판례의 입장에 의하면 하자승계는 인정될 여지가 없으나, 사업인정과 수용재결이 결합하여 공용수용이라는 하나의 행정목적을 추구하고 있다고 보는 견해의 설득력도 매우 높다고 판단된다. 이러한 견해에 의하면 乙은 권리구제를 받을 수 있을 것이다.

기출문제

[공시지가] 하자승계 [제21회 제2문]

뉴타운 개발이 한창인 A지역 인근에 주택을 소유한 P는 자신의 주택에 대하여 전년도 대비 현저히 상승한 개별공시지가를 확인하고 향후 부과될 관련 세금의 상승 등을 우려하여 부동산공시법 제11조에 따른 이의신청을 하였으나 기각되었다. 이에 P는 확정된 개별공시지가에 대하여 다시 행정심판을 제기하였으나 행정심판위원회는 그 청구를 받아들이지 않았다. 그 후 P는 자신이 소유한 주택에 대하여 전년도보다 높은 재산세(부동산보유세)를 부과받게 되었다.

(2) P가 소유 주택에 대하여 확정된 개별공시지가가 위법함을 이유로, 그 개별공시지가를 기초로 부과된 재산세에 대한 취소청구소송을 제기할 수 있는지에 대하여 논술하시오. 20점

설문 (2)의 해결

Ⅰ. 쟁점의 정리

Ⅱ. 하자승계의 개관

1. 의의 및 논의 배경

2. 전제요건

3. 하자승계의 해결논의

(1) 학설

(2) 판례

(3) 검토

Ⅲ. 사안의 해결

1. 하자승계의 요건충족 여부

(1) 선·후행위는 처분일 것

(2) 선행행위에의 취소사유의 위법성

(3) 후행행위의 적법성

(4) 선행행위에 불가쟁력이 발생할 것

2. 하자승계 인정 여부

(1) 별개의 효과인지

(2) 예측가능성

(3) 수인한도성

3. 사안의 해결

쟁점해설

설문 (2)에서는 하자승계가 논점이다. 하자승계의 쟁점은 하자승계를 인정한 판례의 요지이다. 따라서 예측가능성과 수인한도성의 구체적인 포섭이 쟁점이다. 이러한 내용을 문제에서 제시한 사실관계를 바탕으로 포섭하였다면 무난한 점수를 획득하였을 것이다.

예시답안

(설문 2)의 해결

I 쟁점의 정리

P가 개별공시지가의 위법함을 이유로 재산세에 대한 취소소송을 제기할 수 있는지에 대하여 묻고 있다. 개별공시지가와 과세처분 간의 하자승계와 관련된 판례의 태도에 따라 "예측가능성"과 "수인가능성"의 측면에서 사안을 논술하고자 한다.

II 하자승계의 개관

1. 의의 및 논의 배경

하자승계란 둘 이상의 행정행위가 일련하여 동일한 법률효과를 목적으로 하는 경우에 선행행위의 하자를 이유로 후행행위를 다툴 수 있는지의 문제를 말한다. 이는 법적 안정성의 요청(불가쟁력)과 국민의 권리구제의 조화문제이다.

2. 전제요건

① 선·후행행위는 처분일 것, ② 선행행위에의 취소사유의 위법성, ③ 후행행위의 적법성, ④ 선행행위에 불가쟁력이 발생할 것을 요건으로 한다.

3. 하자승계의 해결논의

(1) 학설

1) 전통적 견해(하자승계론)

선·후행행위가 〈일련의 절차〉를 구성하면서 동일한 법률효과 즉, 〈하나의 효과〉를 목적으로 하는 경우에는 하자승계를 인정한다.

2) 새로운 견해(구속력론)

선행행위의 불가쟁력이 대물적(목적), 대인적(수범자), 시간적(사실, 법률관계의 동일성) 한계와 예측가능성·수인가능성 한도 내에서는 후행행위를 구속하므로 하자승계가 부정된다.

(2) 판례

개별공시지가와 과세처분의 경우, 별개의 법률효과를 목적으로 하지만 개별공시지가가 개별통지되지 않은 경우에는 하자승계를 인정한 바 있으나, 개별공시지가에 대해서 불복할 수 있었음에도 이를 하지 않은 경우에는 부정한 바 있다.

(3) **검토**

전통적 견해는 형식을 강조하여 구체적 타당성을 확보하지 못하는 경우가 있을 수 있으므로, 판례의 태도에 따라 전통적 견해의 형식적 기준을 원칙으로 하되 개별사안에서 예측가능성·수인가능성을 판단하여 구체적 타당성을 기함이 타당하다.

III 사안의 해결

1. 하자승계의 요건충족 여부

(1) **선·후행행위는 처분일 것**

개별공시지가는 과세산정에 직접적인 구속력을 갖고, 인적 범위의 특정성과 상관없는 물적 행정행위로서 일반처분에 해당하는 바 처분성이 인정된다. 또한 재산세부과도 납세의무를 부과하므로 처분성이 인정된다.

(2) **선행행위에의 취소사유의 위법성**

설문상 P가 주장하는 바를 전제로 하므로, 특별히 문제되지 않는 것으로 본다.

(3) **후행행위의 적법성**

설문상 재산세부과는 적법한 것으로 본다.

(4) **선행행위에 불가쟁력이 발생할 것**

설문상 개별공시지가에 대하여 이의신청을 제기하였으나 기각되었다. 이후 행정소송을 제기할 수 있었으나 이에 대한 사실관계가 적시되지 않았으므로 행정소송을 제기하지 않아서 불가쟁력이 발생한 것으로 보고 사안을 해결하고자 한다.

2. 하자승계 인정 여부

(1) **별개의 효과인지**

개별공시지가는 개별지가 산정목적이고, 과세처분은 금전납부 부과의무의 상이한 목적을 갖는다.

(2) **예측가능성**

일반적으로 토지소유자, 이해관계인에게 개별고지되도록 되어 있는 것이 아니어서 개별공시지가 결정내용을 알고 있다고 전제하기 곤란하고 결정된 개별공시지가가 자신에게 유리할지 불리할지 쉽사리 예견할 수 없으므로 예측가능성이 결여된다.

〈사안에서는〉 P가 처음부터 향후 부과될 관련 세금의 상승 등을 우려하고 있으므로 전년도보다 높은 재산세를 부과받을 것을 예측할 수 있다고 판단된다.

(3) 수인한도성

판례는 '소유자 등으로 하여금 장차 과세처분이 이루어질 것에 대비하여 항상 토지가격을 주시하고 개별공시지가 결정이 잘못된 경우에 정해진 시정절차를 통해서 시정하도록 요구하는 것은 부당하게 높은 주의의무를 지우는 것으로 볼 수 있다.'고 판시한 바 있으나, 〈사안에서는〉 P당사자의 부주의로 소송을 제기하지 않은 경우라면 이는 P가 수인하여야 할 범위 내의 것이라고 판단된다.

3. 사안의 해결

P는 당초부터 전년도 대비 현저히 상승한 개별공시지가로 인해서 관련 세금이 높게 부과될 것을 염려하였고, 확정된 개별공시지가의 위법함을 행정소송으로 다툴 수 있었을 것이다. 또한 P가 자신의 부주의로 개별공시지가의 위법함을 다투지 않은 경우라면, 그로 인한 재산세부과는 P가 감수해야 할 수인한도성이 인정된다고 볼 수 있다. 따라서 P는 확정된 개별공시지가가 위법함을 이유로, 그 개별공시지가를 기초로 부과된 재산세에 대한 취소청구소송을 제기할 수 없다고 판단된다.

24회 문제 04

「공익사업을 위한 토지 등의 취득 및 보상에 관한 법률」상 보상금증액청구소송을 하면서 해당 재결에 대한 선행처분으로서 수용대상 토지가격 산정의 기초가 된 표준지공시가격결정이 위법함을 독립한 사유로 다툴 수 있는가에 관하여 논하시오. 10점

예시답안

(설문 4)의 해결

Ⅰ 쟁점의 정리

설문은 보상금증액청구소송을 하면서 해당 재결에 대한 선행처분으로서 수용대상 토지가격 산정의 기초가 된 표준지공시가격결정이 위법함을 독립한 사유로 다툴 수 있는지를 묻고 있다. 이의 해결을 위하여 하자승계를 검토한다.

Ⅱ 하자승계의 인정 논의

1. 하자승계의 의의 및 취지

하자승계문제란 행정행위가 일련의 단계적 절차를 거치는 경우에 선행행위의 위법을 후행행위의 단계에서 주장할 수 있는가의 문제이다. 이와 같은 하자승계의 문제는 법적 안정성의 요청(불가쟁력)과 행정의 법률 적합성의 요청(재판받을 권리)과의 조화의 문제이다.

2. 하자승계의 전제요건

① 두 행정작용이 모두 처분에 해당하여야 하고, ② 선행행위에 취소사유의 하자가 있고, 후행행위는 적법하여야 하고, ③ 선행행위에 불가쟁력이 발생하여야 한다. 사안에서 표준지공시지가결정과 재결은 모두 처분이며, 그 밖의 제 요건은 문제되지 않는 것으로 보인다.

3. 하자승계의 판단기준

(1) 학설

1) 전통적 하자승계론

선행처분과 후행처분이 결합하여 하나의 법효과를 완성하는 경우에 하자가 승계된다고 본다.

2) 선행행위의 구속력이론

2 이상의 행정행위가 동일한 법적 효과를 추구하고 있는 경우에는 선행행위는 일정한 조건하에서 판결의 기판력에 준하는 효력을 가지므로 후행행위에 대하여 구속력을 가지

게 된다고 한다. 그리고 이러한 구속력이 미치는 한도 내에서는 후행행위에 대하여 선행행위의 효과(내용상 구속력)와 다른 주장을 할 수 없다고 한다.

(2) 판례

판례는 기본적으로 전통적 하자승계론에 입각하여 하자승계 여부를 검토하되, 개별·구체적으로 타당성 없는 결과를 방지하기 위하여 일반적 법원리(예측가능성, 수인한도성)를 도입하여 조화로운 판단을 하고 있다. 또한 판례는 표준지공시지가와 수용재결 사이에서의 하자승계를 인정한 바 있다(대판 2008.8.21, 2007두13845).

(3) 검토

전통적 하자승계론에 입각하여 하자승계 여부를 판단하되 그에 따른 결론이 개별·구체적으로 보아 타당하지 못한 경우에는 다수의 신뢰이익과 처분상대방의 재판받을 권리 및 재산권에 대한 권익을 비교형량하여 결정하는 것이 타당할 것이다.

Ⅲ 사안의 해결

1. 동일한 법효과를 목적으로 하는지 여부

사안에서 표준지공시지가와 재결은 서로 다른 법효과를 목적으로 하는 행정처분이다. 따라서 전통적 하자승계론에 입각하여 볼 때 하자승계는 인정되지 아니한다.

2. 예측 및 수인가능성 인정 여부

표준지공시지가는 이를 인근 토지의 소유자나 기타 이해관계인에게 개별적으로 고지하도록 되어 있는 것이 아니어서 인근 토지의 소유자 등이 표준지공시지가결정 내용을 알고 있었다고 전제하기가 곤란할 뿐만 아니라, 결정된 표준지공시지가가 공시될 당시 보상금 산정의 기준이 되는 표준지의 인근 토지를 함께 공시하는 것이 아니어서 인근 토지소유자는 보상금 산정의 기준이 되는 표준지가 어느 토지인지를 알 수 없으므로, 인근 토지소유자가 표준지의 공시지가가 확정되기 전에 이를 다투는 것은 불가능하다. 또한 인근 토지소유자 등으로 하여금 결정된 표준지공시지가를 기초로 하여 장차 토지보상 등이 이루어질 것에 대비하여 항상 토지의 가격을 주시하고 표준지공시지가결정이 잘못된 경우 정해진 시정절차를 통하여 이를 시정하도록 요구하는 것은 부당하게 높은 주의의무를 지우는 것으로 볼 수 있다.

3. 하자승계의 인정 여부

위법한 표준지공시지가결정에 대하여 그 정해진 시정절차를 통하여 시정하도록 요구하지 않았다는 이유로 위법한 표준지공시지가를 기초로 한 수용재결 등 후행 행정처분에서 표준지공시지가결정의 위법을 주장할 수 없도록 하는 것은 수인한도를 넘는 불이익을 강요하는 것으로서 국민의 재산권과 재판받을 권리를 보장한 헌법의 이념에도 부합하는 것이 아니다. 따라서 표준지공시지가결정이 위법한 경우에는 그 자체를 행정소송의 대상이 되는 행정처분으로 보아 그 위법 여부를 다툴 수 있음은 물론, 수용보상금의 증액을 구하는 소송에서도 선행처분으로서 그 수용대상 토지가격 산정의 기초가 된 비교표준지공시지가결정의 위법을 독립한 사유로 주장할 수 있다고 사료된다.

채점평

문제 4

문제 4는 하자의 승계를 묻는 것으로 수험생들이 충분히 예상할 수 있었던 문제로 대법원의 판결이 나와 있는 상황이므로 이 문제의 쟁점과 관련 판례를 알고 있다면 어려움 없이 해결할 수 있는 문제라 할 것이다. 다만, 제한된 시간으로 인하여 답안의 구성이 잘못되었거나 목차만으로 구성된 답안지 등도 있었으며 소의 병합이나 청구의 변경 등을 중점적으로 서술한 답안지도 있었다. 시험에서는 문제당 배점을 고려하여 주어진 시간을 잘 분배하는 것이 필요한 것으로 보인다.

27회 문제 03

국방부장관은 국방·군사에 관한 사업을 위하여 국토교통부장관으로부터 甲 소유의 토지를 포함한 200필지의 토지 600,000㎡에 관하여 「공익사업을 위한 토지 등의 취득 및 보상에 관한 법률」 제20조에 따른 사업인정을 받았다. 그러나 국토교통부장관은 사업인정을 하면서 동법 제21조에 규정된 이해관계인의 의견을 청취하는 절차를 거치지 않았다. 한편, 국방부장관은 甲과 손실보상 등에 관하여 협의하였으나 협의가 성립되지 않았다. 국방부장관은 재결을 신청하였고 중앙토지수용위원회는 수용재결을 하였다. 甲은 수용재결에 대한 취소소송에서 사업인정의 절차상 하자를 이유로 수용재결의 위법성을 주장할 수 있는가? (단, 국토교통부장관의 사업인정에 대한 취소소송의 제소기간은 도과하였음) 20점

(설문 3)의 해결
Ⅰ. 쟁점의 정리
Ⅱ. 하자승계의 인정논의
1. 의의 및 논의 배경
2. 전제요건
3. 하자승계의 해결논의
(1) 학설
1) 전통적 견해(하자승계론)
2) 새로운 견해(구속력론)
(2) 판례
(3) 검토
Ⅲ. 사안의 해결
1. 관련 판례
(1) 하자승계의 부정판례
(2) 하자승계의 인정판례
2. 사안의 해결

예시답안

(설문 3)의 해결

Ⅰ 쟁점의 정리

설문은 쟁송기간이 도과된 사업인정의 하자를 이유로 수용재결의 위법성을 주장하고자 한다. 이는 선행처분의 위법사유가 후행처분의 위법사유로 인정될 수 있는지의 하자승계 논의이므로 이하에서 검토한다.

Ⅱ 하자승계의 인정논의

1. 의의 및 논의 배경

하자승계란 둘 이상의 행정행위가 일련하여 동일한 법률효과를 목적으로 하는 경우에 선행행위

의 하자를 이유로 후행행위를 다툴 수 있는지의 문제를 말한다. 이는 법적 안정성의 요청(불가쟁력)과 국민의 권리구제의 조화문제이다.

2. 전제요건

① 선, 후행행위는 처분일 것, ② 선행행위에의 취소사유의 위법성, ③ 후행행위의 적법성, ④ 선행행위에 불가쟁력이 발생할 것(제소기간 도과, 항소 포기, 판결에 의한 확정 등)

3. 하자승계의 해결논의

(1) 학설

1) 전통적 견해(하자승계론)

선, 후행행위가 일련의 절차를 구성하면서 동일한 법률효과 즉, 하나의 효과를 목적으로 하는 경우에는 하자승계를 인정한다.

2) 새로운 견해(구속력론)

선행행위의 불가쟁력이 대물적(목적), 대인적(수범자), 시간적(사실, 법률관계의 동일성) 한계와 예측가능성, 수인가능성 한도 내에서는 후행행위를 구속하므로 하자승계가 부정된다.

(2) 판례

판례는 형식적 기준을 적용하여 판단하는 듯하나 별개의 법률효과를 목적으로 하는 경우에도 예측, 수인가능성이 없는 경우에 한하여 하자승계를 긍정하여 개별사안의 구체적 타당성을 고려하고 있다.

(3) 검토

전통적 견해는 형식을 강조하여 구체적 타당성을 확보하지 못하는 경우가 있을 수 있고, 새로운 견해는 ① 구속력을 판결의 기판력에서 차용하고, ② 대물적 한계를 너무 넓게 인정하며, ③ 추가적 한계는 특유의 논리가 아니라는 비판이 제기된다. 따라서 전통적 견해의 형식적 기준을 원칙으로 하되 개별사안에서 예측가능성, 수인가능성을 판단하여 구체적 타당성을 기함이 타당하다.

Ⅲ 사안의 해결

1. 관련 판례

(1) 하자승계의 부정판례

판례는 "사업시행자가 택지개발계획을 승인함에 있어서 이해관계자의 의견을 듣지 아니하였거나, 토지소유자에 대한 통지를 하지 아니한 하자는 중대하고 명백한 것이 아니므로 사업인정 자체가 당연무효라고 할 수 없고, 이러한 하자는 수용재결의 선행처분인 사업인정

단계에서 다투어야 할 것이므로 쟁송기간이 도과한 이후에 위와 같은 하자를 이유로 수용재결의 취소를 구할 수 없다(대판 1993.6.29, 91누2342)"라고 판시한 바 있다.

(2) **하자승계의 인정판례**

판례는 "실시계획의 인가요건을 갖추지 못한 인가처분은 공공성을 가지는 도시계획시설사업의 시행을 위하여 필요한 수용 등의 특별한 권한을 부여하는 데 정당성을 갖추지 못한 것으로서 법규의 중요한 부분을 위반한 중대한 하자가 있다고 할 것이므로, 이러한 인가처분은 그 하자가 중대・명백하여 당연무효이고, 당연무효인 인가처분에 기초한 수용재결도 무효라고 판단한 것은 정당하다."라고 하여 하자승계에 관한 법리를 긍정하고 있다(대판 2015.3.20, 2011두3746).

2. 사안의 해결

설문상 토지보상법 제21조에 규정된 이해관계인의 의견청취 결여는 절차상 하자로서 취소사유라고 판단된다. 따라서 판례의 태도에 따를 때, 사업인정의 하자를 재결의 위법성 사유로 주장할 수 없을 것이다.

채점평

문제 3

이 문제는 선행 행정행위인 사업인정에 대한 절차상 하자가 후행 행정행위인 수용재결에 승계되는지 여부에 관한 문제이다. 설문의 사실관계로부터 하자 승계의 논점을 도출하는지 여부를 중점적으로 보았고, 하자 승계에 관한 학설, 판례 등 기본 쟁점을 빠짐없이 골고루 서술하는 것이 중요하다.

총평

상당수의 응시생이 제시된 사례형 문제에 대하여 사실관계를 정확히 분석한 후 쟁점별로 충실하게 서술한 우수한 답안도 많았지만, 설문을 정확하게 이해하지 못하고 논점을 벗어나 작성하거나 학설과 판례를 충분히 숙지하고 있지 못한 채 핵심에서 벗어나서 작성한 답안이 적지 않았다. 따라서 기본기에 충실한 법적인 문제해결능력을 갖추기 위해서는 최신 판례와 이론을 중심으로 행정법과 보상법규를 체계적으로 공부할 것을 권장한다. 참고적으로 이번 시험에 처음으로 일부 문제에 참조 조문을 제시하였는 바, 답안의 작성 과정에서 참고 및 활용이 요망된다.

28회 문제 01

甲은 A시의 관할구역 내 X토지를 소유하고 있다. A시는 그동안 조선업의 지속적인 발전으로 다수의 인구가 거주하였으나 최근 세계적인 불황으로 인구가 급격하게 감소하고 있다. 국토교통부장관은 A시를 국제관광 특구로 발전시킬 목적으로 「기업도시개발 특별법」이 정하는 바에 따라 X토지가 포함된 일단의 토지를 기업도시개발구역으로 지정하고, 개발사업시행자인 乙이 작성한 기업도시개발계획(동법 제14조 제2항에 따른 X토지 그 밖의 수용 대상이 되는 토지의 세부목록 포함. 이하 같다)을 승인·고시하였다. 乙은 협의취득에 관한 제반 절차를 준수하여 X토지에 대한 수용재결을 신청하였고 중앙토지수용위원회는 그 신청에 따른 수용재결을 하였다. 다음 물음에 답하시오. 40점

(1) 甲은 기업도시개발계획승인에 대한 취소소송의 제소기간이 도과한 상태에서, 「공익사업을 위한 토지 등의 취득 및 보상에 관한 법률」 제21조 제2항에 따른 중앙토지수용위원회 및 이해관계자의 의견청취절차를 전혀 시행하지 않은 채 기업도시개발계획승인이 발급된 것이 위법함을 이유로 수용재결 취소소송을 제기하려고 한다. 甲의 소송상 청구가 인용될 수 있는 가능성에 관하여 설명하시오(단, 소송요건은 충족된 것으로 본다). 20점

(설문 2-2)의 해결

Ⅰ. 쟁점의 정리

Ⅱ. 하자승계의 인정 여부

1. 의의 및 논의 배경
2. 전제요건
3. 하자승계 해결논의
   (1) 학설
   (2) 판례
   (3) 검토

Ⅲ. 사안의 경우(하자승계의 인정 여부)

예시답안

(설문 1-1)의 해결

Ⅰ 쟁점의 정리

甲은 기업도시개발계획승인에 대한 절차상 하자를 이유로 수용재결의 취소를 구하려 한다. 기업도시개발계획승인의 하자가 수용재결처분에 승계되는지를 검토하여 인용가능성에 관하여 설명한다.

Ⅱ 기업도시개발계획승인의 절차상 하자 유무

1. 의견청취 결여가 절차상 하자인지 여부

기업도시개발특별법 제11조 및 토지보상법 제21조 제2항에 따라 사업시행자는 중앙토지수용위원회와 협의하여야 하며 이해관계자의 의견을 청취해야 함에도 불구하고, 이를 시행하지 않았다면 이는 절차상 하자에 해당된다.

2. 절차상 하자의 독자적 위법성 인정 여부 및 하자의 정도

행정소송법 제30조 제3항 및 절차규정의 취지에 비추어 절차상 하자의 독자성을 인정하는 것이 판례의 태도이며, 절차규정은 법률에 명확히 규정된바, 이에 대한 시행 여부는 외관상 명백하므로 이를 결여한 경우에는 취소사유의 하자를 구성한다고 볼 것이다.

Ⅲ 하자승계의 인정논의

1. 의의 및 논의 배경

하자승계란 둘 이상의 행정행위가 일련하여 동일한 법률효과를 목적으로 하는 경우에 선행행위의 하자를 이유로 후행행위를 다툴 수 있는지의 문제를 말한다. 이는 법적 안정성의 요청(불가쟁력)과 국민의 권리구제의 조화문제이다.

2. 전제요건

① 선, 후행행위는 처분일 것, ② 선행행위에의 취소사유의 위법성, ③ 후행행위의 적법성, ④ 선행행위에 불가쟁력이 발생할 것(제소기간 도과, 항소 포기, 판결에 의한 확정 등)을 요건으로 한다.

3. 하자승계의 해결논의

(1) 학설

1) 전통적 견해(하자승계론)

선, 후행행위가 일련의 절차를 구성하면서 동일한 법률효과, 즉 하나의 효과를 목적으로 하는 경우에는 하자승계를 인정한다.

2) 새로운 견해(구속력론)

선행행위의 불가쟁력이 대물적(목적), 대인적(수범자), 시간적(사실, 법률관계의 동일성) 한계와 예측가능성, 수인가능성 한도 내에서는 후행행위를 구속하므로 하자승계가 부정된다.

(2) 판례

① 판례는 형식적 기준을 적용하여 판단하는 듯하나 별개의 법률효과를 목적으로 하는 경우에도 예측가능성, 수인가능성이 없는 경우에 한하여 하자승계를 긍정하여 개별사안의 구체적 타당성을 고려하고 있다.

② 판례는 사업인정처분 자체의 위법은 사업인정단계에서 다투어야 하고 이미 그 쟁송기간이 도과한 수용재결단계에서는 사업인정처분이 당연무효라고 볼 만한 특단의 사정이 없는 한 그 위법을 이유로 재결의 취소를 구할 수는 없다는 입장이다(대판 1992.3.13, 91누4324).

(3) 검토

전통적 견해의 형식적 기준을 원칙으로 하되 개별사안에서 예측가능성, 수인가능성을 판단하여 구체적 타당성을 기함이 타당하다.

Ⅳ 사안의 해결

기업도시개발계획승인은 수용권 설정행위이며, 수용재결은 수용절차를 통한 소유권 취득을 목적으로 하는 바, 각 행위는 별개의 목적을 갖는다고 볼 것이다. 따라서 기업도시개발계획승인의 하자를 이유로 수용재결의 취소를 구하지 못할 것이다.

채점평

문제 1

「공익사업을 위한 토지 등의 및 보상에 관한 법률」에 따른 의제사업인정을 위한 의견청취절차의 위반과 그에 후속하는 수용재결에 관한 문제입니다. (설문 1)에서는 이에 관한 학설과 판례를 충실하게 설명하면서 사안에 적합한 결론을 도출한 우수한 답안도 있었지만 기본적인 법리에 대한 이해가 부족하거나 논리적인 전개가 아쉬운 답안도 적지 않았습니다. (설문 2)는 의제사업인정 이후에 중대한 사정변경이 생겼음에도 불구하고 이에 대한 고려 없이 수용재결을 한 것에 위법이 있는지 여부를 쟁점으로 논리적이고 차별화된 답안의 구성이 필요한 것으로 보입니다. (설문 3)은 해당 공익사업의 시행을 직접 목적으로 용도지역을 변경하지 않은 경우에 해당 공익사업의 시행이 아니었다면 용도지역이 변경되었을 것이 객관적으로 명백하다면 용도지역이 변경된 것으로 평가되어야 한다는 판례를 기반으로 한 설문입니다. 이러한 문제에 대하여 법령해석, 판례해설, 계획재량까지 훌륭하게 설명한 답안도 있었지만 설문의 취지를 전혀 이해하지 못한 답안도 있었습니다.

32회 문제 02

甲은 A시에 토지를 소유하고 있다. A시장은 甲의 토지 등의 비교표준지로 A시 소재 일정 토지(2020.1.1. 기준 공시지가는 1㎡당 1,000만원이다)를 선정하고, 甲의 토지 등과 비교표준지의 토지가격비준표상 총 가격배율을 1.00으로 조사함에 따라 甲의 토지의 가격을 1㎡당 1,000만원으로 산정하였다. A시장으로부터 산정된 가격의 검증을 의뢰받은 감정평가사 乙은 甲의 토지가 비교표준지와 비교하여 환경조건, 획지조건 및 기타조건에 열세에 있고, 특히 기타조건과 관련하여 비교표준지는 개발을 위한 거래가 이어지고 있으나, 甲의 토지 등은 개발 움직임이 없다는 점을 '장래의 동향'으로 반영하여 91%의 비율로 열세에 있다고 보아, 비교표준지의 공시지가를 약 83.9%의 비율로 감액한 1㎡당 839만원을 개별공시지가로 정함이 적정하다는 검증의견을 제시하였다. A시장은 A시 부동산가격공시위원회의 심의를 거쳐 이 검증의견을 그대로 받아들여 2020.5.20. 甲의 토지의 개별공시지가를 1㎡당 839만원으로 결정·공시하고, 甲에게 개별통지하였다. 甲은 토지가격비준표에 제시된 토지특성에 기초한 가격배율을 무시하고 乙이 감정평가방식에 따라 독자적으로 지가를 산정하여 제시한 검증의견을 그대로 반영하여 개별공시지가를 결정한 것은 위법하다고 보아, 「부동산 가격공시에 관한 법률」 제11조에 따라 2020.6.15. 이의신청을 제기하였고, 2020.7.10. 이의를 기각하는 내용의 이의신청결과가 甲에게 통지되었다. 다음 물음에 답하시오(아래의 물음은 각 별개의 상황임). 30점

(2) 甲이 개별공시지가결정에 대해 다투지 않은 채 제소기간이 도과하였고, 이후 甲의 토지에 대해 수용재결이 있었다. 甲이 보상금의 증액을 구하는 소송에서 개별공시지가 결정의 위법을 주장하는 경우, 甲의 주장은 인용될 수 있는가? 20점

(설문 2-2)의 해결

Ⅰ. 쟁정의 정리

Ⅱ. 하자승계의 인정 여부

1. 의의 및 논의 배경

2. 전제요건

3. 하자승계 해결논의

(1) 학설

(2) 판례

(3) 검토

Ⅲ. 사안의 경우(하자승계의 인정 여부)

예시답안

[설문 2-2]의 해결

Ⅰ 쟁점의 정리

설문은 개별공시지가결정에 대한 제소기간이 도과된 경우 보상금의 증액을 구하는 소송에서 개별공시지가의 위법을 주장할 수 있는지, 즉 하자승계에 대한 문제이다. 하자승계에 대한 제 요건을 검토하여 사안을 해결한다.

Ⅱ 하자승계의 인정 여부

1. 의의 및 논의 배경

하자승계란 둘 이상의 행정행위가 일련하여 동일한 법률효과를 목적으로 하는 경우에 선행행위의 하자를 이유로 후행행위를 다툴 수 있는지의 문제를 말한다. 이는 법적 안정성의 요청(불가쟁력)과 국민의 권리구제의 조화문제이다.

2. 전제요건

① 선, 후행행위는 처분일 것, ② 선행행위에의 취소사유의 위법성, ③ 후행행위의 적법성, ④ 선행행위에 불가쟁력이 발생할 것(제소기간 경과, 항소 포기, 판결에 의한 확정 등)을 요건으로 한다.

3. 하자승계 해결논의

(1) **학설**

1) 전통적 견해(하자승계론)

선, 후행행위가 일련의 절차를 구성하면서 동일한 법률효과, 즉 하나의 효과를 목적으로 하는 경우에는 하자승계를 인정한다.

2) 새로운 견해(구속력이론)

선행행위의 불가쟁력이 대물적(목적), 대인적(수범자), 시간적(사실, 법률관계의 동일성) 한계와 예측가능성, 수인가능성 한도 내에서는 후행행위를 구속하므로 하자승계가 부정된다.

(2) 판례

판례는 형식적 기준을 적용하여 판단하는 듯하나 별개의 법률효과를 목적으로 하는 경우에도 예측가능성, 수인가능성이 없는 경우에 한하여 하자승계를 긍정하여 개별사안의 구체적 타당성을 고려하고 있다.

(3) 검토

전통적 견해는 형식을 강조하여 구체적 타당성을 확보하지 못하는 경우가 있을 수 있고, 새로운 견해는 ① 구속력을 판결의 기판력에서 차용하고, ② 추가적 한계는 특유의 논리가 아니라는 비판이 제기된다. 따라서 전통적 견해의 형식적 기준을 원칙으로 하되 개별사안에서 예측가능성, 수인가능성을 판단하여 구체적 타당성을 기함이 타당하다.

Ⅲ 사안의 경우(하자승계의 인정 여부)

개별공시지가 결정행위는 조세 및 부담금 부과의 기준이 되나, 수용재결은 공익의 실현을 위해 설정된 수용권을 실행하는 목적을 갖는다고 본다. 양 행위는 목적의 동일성이 부정되며 개별공시지가를 그 자체가 표준지가 아닌 이상 보상가격에 영향을 미치는 경우가 없다고 할 것이므로 예측가능성 및 수인가능성의 판단과 무관한 것으로 보인다. 따라서 갑의 주장은 인용되지 못할 것이다.

34회 문제 02

甲지적공부상 지목이 전인 갑 소유의 토지('이 사건 토지'라 함)는 면적이 2,000㎡이고, 이 중 330㎡ 토지에 주택이 건축되어 있고 나머지 부분은 밭으로 사용되고 있다. 그럼에도 불구하고 A도 B시의 시장(이하 'B시장'이라 함)은 지목이 대인 1개의 표준지의 공시지가를 기준으로 토지가격비준표를 사용하여 2022.5.31. 이 사전 토지에 대하여 개별공시지가를 결정, 공시하였다. B시장은 이 사건 토지에 대한 개별공시지가와 이의신청 절차를 갑에게 통지하였다. 다음 물음에 답하시오(단, 각 물음은 상호 독립적임). 30점

(2) 甲은 개별공시지가결정에 대하여 부동산 가격공시에 관한 법령에 따른 이의신청이나 행정심판법에 따른 행정심판과 행정소송법에 따른 행정소송을 제기하지 않았다. 그 후 B시장은 2022.9.15. 이 사건 토지에 대한 개별공시지가를 시가표준액으로 하여 재산세를 부과, 처분하였다. 이에 甲은 2022.12.5. 이 사건 토지에 대한 개별공시지가결정의 하자를 이유로 재산세부과처분에 대하여 취소소송을 제기하였다. 甲의 청구가 인용될 수 있는지 여부에 관하여 설명하시오. 15점

(설문 2-2)의 해결

Ⅰ. 쟁점의 정리

Ⅱ. 하자승계 인정논의

  1. 의의 및 논의 배경

  2. 전제요건

  3. 하자승계의 해결논의

    (1) 학설

      1) 전통적 견해(하자승계론)

      2) 새로운 견해(구속력론)

    (2) 판례

    (3) 검토

Ⅲ. 사안의 경우

예시답안

(설문 2-2)의 해결

Ⅰ 쟁점의 정리

갑이 개별공시지가결정의 하자를 이유로 재산세부과처분에 대한 취소소송을 제기할 수 있는지가 문제되므로 개별공시지가결정의 하자가 재산세부과처분에 승계되는지를 검토한다.

Ⅱ 하자승계 인정논의

1. 의의 및 논의 배경

하자승계란 둘 이상의 행정행위가 일련하여 동일한 법률효과를 목적으로 하는 경우에 선행행위의 하자를 이유로 후행행위를 다툴 수 있는지의 문제를 말한다. 이는 법적 안정성의 요청(불가쟁력)과 국민의 권리구제의 조화문제이다.

2. 전제요건

① 선, 후행행위는 처분일 것, ② 선행행위의 취소사유의 위법성(무효사유인 경우에는 당연승계된다), ③ 후행행위의 적법성, ④ 선행행위에 불가쟁력이 발생할 것(제소기간 경과, 항소 포기, 판결에 의한 확정 등)을 요건으로 한다.

3. 하자승계의 해결논의

(1) 학설

1) 전통적 견해(하자승계론)

선, 후행행위가 일련의 절차를 구성하면서 동일한 법률효과, 즉 하나의 효과를 목적으로 하는 경우에는 하자승계를 인정한다.

2) 새로운 견해(구속력론)

선행행위의 불가쟁력이 대물적(목적), 대인적(수범자), 시간적(사실, 법률관계의 동일성) 한계와 예측가능성, 수인가능성 한도 내에서는 후행행위를 구속하므로 하자승계가 부정된다.

(2) 판례

1) 판례는 형식적 기준을 적용하여 판단하는 듯하나 별개의 법률효과를 목적으로 하는 경우에도 예측가능성, 수인가능성이 없는 경우에 한하여 하자승계를 긍정하여 개별사안의 구체적 타당성을 고려하고 있다.

2) ① 개별공시지가와 과세처분의 경우, 개별공시지가가 개별통지되지 않은 경우에는 하자승계를 인정한 바 있다. ② 표준지공시지가와 재결에서는 별개의 효과를 목적으로 하는 경우에도 선행행위의 위법성을 다투지 못하게 하는 것이 수인한도를 넘는 불이익을 강요하는 것이 되는 경우에 한하여 하자승계를 긍정한 바 있다(대판 2008.8.21, 2007두13845). ③ 표준지로 선정된 토지의 표준지공시지가에 대한 불복방법 및 그러한 절차를 밟지 않은 채 토지 등에 관한 재산세 등 부과처분의 취소를 구하는 소송에서 표준지공시지가결정의 위법성을 다투는 것은 허용되지 않는다고 판시한 바 있다(대판 2022.5.13, 2018두50147).

(3) 검토

전통적 견해의 형식적 기준을 원칙으로 하되 개별사안의 예측·수인가능성을 판단하여 구체적 타당성을 기함이 타당하다.

III 사안의 경우

개별공시지가는 개별지의 가격을 공시하여 각종 정책 자료로 활용되는 기준이 되는 역할을 담당하나, 조세처분은 국민의 납세의무를 실현하여 국가 재정의 근간이 되는 것으로서 양자는 그 목적을 달리한다고 볼 것이다. 또한, 개별공시가에 대한 이의신청 절차가 갑에게 통지되었으므로 갑은 이의신청, 행정심판 및 행정소송을 통해 그 위법을 시정할 수 있었을 것이다. 따라서 이러한 불복절차를 거칠 수 있었음에도 이를 거치지 않은 경우에는 예측가능성 및 수인한도성은 인정되지 않을 것이므로 하자승계는 부정될 것이다. 따라서 갑은 개별공시지가결정의 하자를 이유로 재산세부과처분에 대하여 취소소송을 제기할 수 없을 것이다(위법성을 인정받을 수 없을 것이다).

제2편

행정구제

Chapter 01

소송요건

제1절 대상적격

기출문제

[재결] 재결과 권리구제 [제16회 제1문]

공익사업시행자인 甲은 사업인정을 받은 후에 토지소유자 乙과 협의절차를 거쳤으나, 협의가 성립되지 아니하여 중앙토지수용위원회에 재결을 신청하였다. 그러나 丙이 乙명의의 토지에 대한 명의신탁을 이유로 재결신청에 대해 이의를 제기하자, 중앙토지수용위원회는 상당한 기간이 경과한 후에도 재결처분을 하지 않고 있다. 甲이 취할 수 있는 행정쟁송수단에 대해 설명하시오. 40점

Ⅰ. 문제의 제기
Ⅱ. 관련 행정작용의 검토
  1. 재결의 의의 및 취지
  2. 재결의 법적 성질
Ⅲ. 부작위 해당 여부 등의 검토
  1. 문제점
  2. 부작위의 해당 여부
    (1) 신청 및 신청권
    (2) 법률상 의무
    (3) 상당한 기간과 처분의 부존재
    (4) 사안의 경우
  3. 기타 요건의 검토
  4. 사안의 적용
Ⅳ. 행정쟁송의 검토
  1. 의무이행심판
  2. 부작위위법확인소송
  3. 의무이행소송의 제기가능성
Ⅴ. 사안의 해결

쟁점해설

1. 설문의 쟁점은 중앙토지수용위원회가 상당한 기간이 경과한 후에도 재결처분을 하지 않고 있는 것이 부작위의 개념에 포섭되는가이다. 설문에서 언급되고 있는 '명의신탁'은 사안해결에 무관하므로 이의 의미해석에 지나치게 시간을 뺏겨서는 안 될 것이다.
2. 설문의 물음이 '쟁송수단'이므로 각 쟁송수단을 개념중심으로 설명하되, 현행 법체계하에서의 문제점과 입법적 개선안을 간략히 서술하면 무난할 것이다.

예시답안

Ⅰ 문제의 제기

사안은 사업인정을 받은 사업시행자 甲이 협의 불성립을 이유로 중앙토지수용위원회에 재결을 신청하였으나, 丙이 재결신청에 대해 이의를 신청하자 중앙토지수용위원회가 상당한 기간이 경과한 후에도 재결처분을 하지 않고 있다. 이에 사업시행자 甲이 취할 수 있는 행정쟁송수단이 문제된다.

토지보상법상의 재결처분이 없었으므로 행정심판법 및 행정소송법이 적용될 것이므로 관련 행정작용으로서 재결을 검토하고 중앙토지수용위원회가 재결처분을 하지 않은 것이 부작위에 해당하는지 여부와 부작위에 해당된다면 행정쟁송수단으로서 의무이행심판과 부작위위법확인소송 및 의무이행소송을 검토하기로 한다.

Ⅱ 관련 행정작용의 검토

1. 재결의 의의 및 취지

재결이란 협의의 불성립 또는 불능의 경우 토지수용위원회가 사업시행자에게 부여된 수용권의 구체적 내용을 결정하고 실행을 완성하는 형성적 행정행위이다. 이는 공공복리의 실현을 위한 수용목적을 달성하고 엄격한 형식과 절차에 의해 공용수용의 최종단계에서 공・사익의 조화를 기하기 위한 행위이다.

2. 재결의 법적 성질

재결신청은 형식적 요건을 충족하면 구체적으로 일정한 법률효과의 발생을 목적으로 하는 수용재결을 반드시 해야 하는 기속・형성행위이며 양 당사자의 이해관계를 독립된 행정기관인 토지수용위원회가 판단・조정하는 점에서 준사법적인 성격을 갖는다. 또한 제3자효행위이며 보상액에 대하여는 증액재결을 할 수 있다.

Ⅲ 부작위 해당 여부 등의 검토

1. 문제점

부작위란 행정청이 당사자의 신청에 대하여 상당한 기간 내에 일정한 처분을 하여야 할 법률상 의무가 있음에도 불구하고 이를 하지 아니하는 것을 말한다. 사안의 경우 행정심판법 및 행정소송법에 의거하여 행정쟁송을 제기하기 위해서는 재결처분을 하지 않은 것이 부작위에 해당하는지 여부 및 기타 요건에 대한 검토가 필요하다.

2. 부작위의 해당 여부

부작위가 되기 위해서는 당사자의 신청이 있고, 행정청이 일정한 처분을 하여야 할 법률상 의무가 있으며, 상당한 기간이 경과되고 처분이 부존재하여야 한다.

(1) 신청 및 신청권

판례 및 다수설은 '당사자의 신청'이란 법규상 · 조리상 응답신청권을 의미하는 것으로 개인적 공권과는 다른 일반적 · 추상적 응답요구권을 말한다. 일부 견해는 신청한 사실만으로 충분하다고 본다. 생각건대 신청권의 존부는 단순한 응답받을 추상적 권리로 파악함이 타당하다 생각된다.

(2) 법률상 의무

판례 및 다수설은 행정청에게 기속 · 재량행위인지 여부와 상관없이 응답을 하여야 할 법률상 의무가 있어야 한다고 보며, 응답신청권이 있는 경우에는 당연히 응답의무가 존재하게 된다. 일부 견해는 통상의 기속행위인 경우 의무가 존재하고, 재량의 경우에도 재량이 0으로 수축된 경우나 무하자재량행사청구권이 인정되는 경우에 의무가 존재한다고 본다.

(3) 상당한 기간과 처분의 부존재

부작위가 상당한 기간이 경과하여야 한다. 상당한지 여부는 사회통념에 따르며 처분으로 볼만한 외관이 존재하지 않아야 한다. 무응답 자체가 간주거부에 해당되는 경우에는 부작위에 해당하지 않는다.

(4) 사안의 경우

사안에서 재결은 처분에 해당되며 '토지보상법 제28조' 재결신청권에 의해 법규상 신청권이 인정되며, 기속행위로서 응답을 하여야 할 법률상 의무가 있다고 볼 것이다. 또한 설문상 상당한 기간이 경과되었고 처분으로 볼만한 외관이 존재하지 않으므로 부작위에 해당된다고 볼 것이다.

3. 기타 요건의 검토

부작위에 대한 행정쟁송을 제기하기 위해서는 기타 요건의 검토가 필요한바, 행정청의 부작위에 대하여 일정한 처분을 구할 법률상 이익이 있는 자이며, 부작위가 계속되는 한 제기기간의 제한은 없다고 할 것이다.

4. 사안의 적용

사안에서 사업시행자 甲에게 토지보상법 제28조에 의한 재결신청권이 인정되고, 재결은 기속행위이므로 중앙토지수용위원회는 재결신청에 응답할 법률상 의무가 있으므로 처분의 부작위에 해당된다고 할 것이다. 기타 요건은 충족되었다 볼 것이므로 사업시행자 甲은 행정심판법에 의한 의무이행심판, 행정소송법에 의한 부작위위법확인소송 및 무명항고소송으로서 의무이행소송의 제기를 고려할 수 있는바, 이하 검토하기로 한다.

Ⅳ 행정쟁송의 검토

1. 의무이행심판

의무이행심판이란 위법 또는 부당한 거부처분이나 부작위로 인하여 권익의 침해를 당한 자의 청구에 의하여 일정한 처분을 하도록 하는 심판을 말한다. 사업시행자 甲은 의무이행심판을 제기할 수 있다.

2. 부작위위법확인소송

부작위위법확인소송은 행정청이 당사자의 신청에 대하여 상당한 기간 내에 일정한 처분을 하여야 할 법률상 의무가 있음에도 불구하고 이를 하지 아니하는 경우 부작위의 위법성을 확인하는 소송이다. 제소기간의 제한은 있을 수 없고 행정심판은 취소소송과 마찬가지로 임의적 전치주의가 적용된다.

3. 의무이행소송의 제기가능성

의무이행소송이란 당사자의 행정행위 신청에 대하여 행정청이 거부·부작위로 대응하는 경우, 법원의 판결에 의하여 행정청으로 하여금 일정한 행위를 하도록 청구하는 소송을 말한다. 이는 행정청의 부작위에 대한 가장 강력한 수단이지만 현행법상 명문의 규정이 없어서 인정가능성이 문제된다.

부정설은 권력분립의 원칙에 반하고 행정소송법 제4조의 항고소송의 유형을 제한적 해석하여 인정될 수 없다고 보며, 긍정설은 당사자 권리보호 측면에서 권력분립의 원칙에 반하지 않으며 제4조의 유형을 예시적으로 이해하여 인정하고자 한다. 판례는 행정소송법 제4조를 제한적으로 해석하여 의무이행소송을 일관되게 인정하고 있지 않다. 생각건대 국민의 효율적 권리구제를 고려할 때 권력분립의 원칙에 모순된다고 볼 수는 없으나, 행정소송법 제4조는 제한적으로 이해되어야 할 것인바, 결국 의무이행소송은 그 필요성은 인정되지만, 법률의 개정을 통해서만 인정될 수 있을 것으로 판단된다.

Ⅴ 사안의 해결

사안은 사업시행자 甲의 재결신청에 대하여 중앙토지수용위원회가 재결처분을 하지 아니하고 있는 경우로서, 사업시행자 甲에게 토지보상법 제28조의 재결신청권이 인정되고 중앙토지수용위원회는 재결신청에 대한 응답의무를 가지므로 행정쟁송의 대상인 부작위에 해당된다고 볼 것이다. 따라서 사업시행자 甲은 의무이행심판, 부작위위법확인소송을 제기할 수 있을 것이며, 무명항고소송으로 의무이행소송의 가능성이 문제되나 현행 행정소송법하에서는 법률의 개정을 통해서만이 인정될 수 있을 것이다. 다만 최근 행정소송법 개정안에서 권익보호의 장점과 입법적 미비를 반영하여 소송유형의 다양화 측면에서 의무이행소송을 명문화하고 있어 긍정적으로 판단된다고 할 것이다.

32회 문제 01

국토교통부장관은 2013.11.18. 사업시행자를 'A공사'로, 사업시행지를 'X시 일대 8,958,000㎡'로, 사업시행기간을 '2013.11.부터 2017.12.까지'로 하는 '◇◇공구사업'에 대해서 「공익사업을 위한 토지 등의 취득 및 보상에 관한 법률」에 따른 사업인정을 고시하였고, 사업시행기간은 이후 '2020.12.까지'로 연장되었다. 甲은 ㉮토지 78,373㎡와 ㉯토지 2,334㎡를 소유하고 있는데, ㉮토지의 전부와 ㉯토지의 일부가 사업시행지에 포함되어 있다. 종래 甲은 ㉮토지에서 하우스 딸기농사를 지어 왔고, ㉯토지에서는 농작물직거래판매장을 운영하여 왔다. 甲과 A공사는 사업시행지 내의 토지에 대해 「공익사업을 위한 토지 등의 취득 및 보상에 관한 법률」에 따른 협의 매수를 하기 위한 협의를 시작하였다. 다음 물음에 답하시오(아래의 물음은 각 별개의 상황임). 40점

(1) 협의 과정에서 일부 지장물에 관하여 협의가 이루어지지 않아 甲이 A공사에게 재결신청을 청구했으나 A공사가 재결신청을 하지 않는 경우, 甲의 불복방법에 관하여 검토하시오. 15점

(설문 1-1)의 해결

Ⅰ. 쟁점의 정리

Ⅱ. 재결신청청구제도(토지보상법 제30조)

1. **의의 및 취지**
2. **성립요건**
3. **재결신청청구의 효과**

Ⅲ. 사업시행자가 재결신청을 하지 않는 경우가 부작위인지 여부

1. **부작위의 개념 및 구별개념**
   (1) 부작위의 개념 및 구별개념
   (2) 부작위의 개념요소
2. **재결전치주의**
3. **사안의 경우**

Ⅳ. 사안의 해결(불복방법)

1. **행정쟁송 가부**
2. **민사소송 가능 여부**
3. **지연가산금에 대한 다툼**

예시답안

(설문 1-1)의 해결

Ⅰ 쟁점의 정리

설문은 사업시행자가 재결신청청구가 있었음에도 재결신청을 하지 않는 경우에 있어서 갑에 대한 불복방법을 묻고 있다. 설문의 해결을 위해서 재결신청의무 불이행에 대한 지연가산금제도 및 사업시행자가 재결신청을 하지 않은 행위가 부작위에 해당하는지를 중심으로 검토한다.

Ⅱ 재결신청청구제도(토지보상법 제30조)

1. 의의 및 취지

재결신청청구권은 사업인정 후 협의가 성립되지 않은 경우 피수용자가 사업시행자에게 서면으로 재결신청을 조속히 할 것을 청구하는 권리이다. 이는 피수용자에게는 재결신청권을 부여하지 않았으므로 ① 수용법률관계의 조속한 안정과 ② 재결신청지연으로 인한 피수용자의 불이익을 배제하기 위한 것으로 사업시행자와의 형평의 원리에 입각한 제도이다.

2. 성립요건

토지소유자 등은 사업시행자에게 협의기간 만료일부터 재결신청을 할 수 있는 기간만료일까지 재결을 신청(엄격한 형식을 요하지 않는 서면으로)할 것을 청구할 수 있지만, ① 협의불성립 또는 불능 시, ② 사업인정 후 상당기간이 지나도록 사업시행자의 협의통지가 없는 경우, ③ 협의불성립이 명백한 경우에는 협의기간이 종료되지 않았더라도 재결신청청구가 가능하다고 본다.

3. 재결신청청구의 효과

재결신청의 청구를 받은 사업시행자는 재결신청청구가 있는 날부터 60일 이내에 관할 토지수용위원회에 재결을 신청하여야 한다. 60일을 경과하여 신청한 경우에는 지연가산금을 지급해야 한다.

Ⅲ 사업시행자가 재결신청을 하지 않는 경우가 부작위인지 여부

1. 부작위의 개념 및 구별개념

(1) 부작위의 개념 및 구별개념

부작위란 행정청이 당사자의 신청에 대하여 상당한 기간 내에 일정한 처분을 해야 할 법률상 의무가 있음에도 이를 행하지 않는 것을 말하며(행정소송법 제2조 제1항 제2호), 명확한 거절의 의사인 거부와 구별된다.

(2) 부작위의 개념요소

행정쟁송법상 부작위가 되기 위해서는 부작위가 당사자의 신청이 있을 것, 상당한 기간이 경과할 것, 아무런 처분을 하고 있지 않을 것이 요건이 된다. 판례는 신청과 관련하여 응답요구권의 의미인 형식적 신청권을 요구하고 있다.

2. 재결전치주의

토지보상법상 피수용자의 손실보상은 협의와 재결절차를 거쳐 행정쟁송을 통해서 다투게 된다. 이처럼 손실보상이 쟁송을 통해서 최종적으로 확정되기 위해서는 반드시 재결절차를 거쳐야 하고, 이를 재결전치주의라고 한다.

토지보상법에서는 사업시행자에게만 재결신청청구권을 인정하고 있으므로 사업시행자의 재결신청이 없게 되면 피수용자의 입장에서는 조속한 법률관계의 확정이 어렵게 된다. 이러한 불이익을 방지하기 위해서 재결신청의무에 대한 지연가산금제도 등을 두고 있다.

3. 사안의 경우

사업시행자가 협의가 성립되지 않아서 재결신청청구가 있었음에도 재결신청을 하지 않는다면 피수용자 입장에서는 권리구제의 길이 막히게 되는 경우도 있다. 협의가 불성립되어 재결신청청구에 대한 의무가 있음에도 불구하고 재결신청을 하지 않는다면 행정쟁송의 대상인 부작위에 해당될 수도 있을 것이다.

Ⅳ 사안의 해결(불복방법)

1. 행정쟁송 가부

토지수용과 관련하여 사업시행자가 손실보상의 대상이 아니라고 보아 지장물에 대한 보상협의절차를 진행하지 아니하거나 거부하는 경우라면, 토지소유자의 입장에서는 보상의 길을 구할 방법이 없게 되는 것이므로 이에 대한 거부나 부작위 시에는 행정쟁송을 제기할 수 있을 것이다.

2. 민사소송 가능 여부

판례는 가산금제도 및 사업인정의 실효규정과 그에 따른 손실보상규정을 이유로 민사소송 등에 의한 방법으로 그 이행을 청구할 수 없다고 한다(대판 1997.11.14, 97다13016).

3. 지연가산금에 대한 다툼

판례는 지연가산금은 수용보상금과 함께 재결로 정하도록 규정하고 있으므로 지연가산금에 대한 불복은 보상금증액에 관한 소에 의하여야 한다고 한다.

불복방법에 대해서 묻고 있다.
불복방법을 설명하는 문제인지 아니면 불복방법을 특정하기 위해서 사업시행자의 행위의 법적 성질을 밝히는 것인지에 따라 답안이 달라질 수 있다.
예시답안은 개별법 시험임에 입각하여 행위의 성질을 중심으로 답안을 작성하였다.

32회 문제 03

감정평가사 甲과 乙은 「감정평가 및 감정평가사에 관한 법률」에 따른 감정평가준칙을 위반하여 감정평가를 하였음을 이유로 업무정지처분을 받게 되었으나, 국토교통부장관은 그 업무정지처분이 「부동산 가격공시에 관한 법률」에 따른 표준지공시지가 공시 등의 업무를 정상적으로 수행하는 데에 지장을 초래할 우려가 있음을 들어, 2021.4.1. 甲과 乙에게 업무정지처분을 갈음하여 각 3천만원의 과징금을 부과하였다. 다음 물음에 답하시오. 20점

(1) 甲은 부과된 과징금이 지나치게 과중하다는 이유로 국토교통부장관에게 이의신청을 하였고, 이에 대해서 국토교통부장관은 2020.4.30. 갑에 대하여 과징금을 2천만원으로 감액하는 결정을 하였다. 甲은 감액된 2천만원의 과징금도 과중하다고 생각하여 과징금부과처분의 취소를 구하는 소를 제기하고자 한다. 이 경우 甲이 취소를 구하여야 하는 대상은 무엇인지 검토하시오. 10점

(설문 3-1)의 해결
Ⅰ. 쟁점의 정리
Ⅱ. 처분이 변경된 경우의 소의 대상
1. 학설
(1) 변경된 원처분설
(2) 변경처분설
2. 판례
(1) 감액처분의 경우
(2) 증액처분의 경우
3. 검토
Ⅲ. 사안의 해결

예시답안

(설문 3-1)의 해결

Ⅰ 쟁점의 정리

2021.4.1.에 부과된 3천만원의 과징금이 2021.4.30.에 2천만원으로 감액결정된 경우, 무엇을 소의 대상으로 해야 하는지가 문제된다.

Ⅱ 처분이 변경된 경우의 소의 대상

1. 학설

(1) 변경된 원처분설

당초처분의 내용을 변경하는 변경처분이나 행정심판에 의한 변경재결이 있는 경우에는 원처분주의에 따라서 일부취소되고 남은 원처분이 소의 대상이 된다는 견해이다.

(2) 변경처분설

변경처분 및 변경재결은 원처분을 대체하는 새로운 처분이므로 변경처분 및 변경재결이 소의 대상이 된다는 견해이다.

2. 판례

(1) 감액처분의 경우

판례는 행정청이 금전부과처분을 한 후 감액처분을 한 경우에는 감액처분은 일부취소처분의 성질을 가지므로 감액처분이 항고소송의 대상이 되는 것이 아니며 처음의 부과처분 중 감액처분에 의하여 취소되지 않고 남은 부분이 항고소송의 대상이 된다고 한다(대판 2008.2.15, 2006두3957).

(2) 증액처분의 경우

판례는 증액경정처분에 대하여 증액처분의 경우에는 당초의 처분은 증액처분에 흡수되어 소멸되므로(흡수설) 증액처분이 항고소송의 대상이 된다고 한다(대판 2011.4.14, 2008두22280; 대판 2010.6.24, 2007두16493).

3. 검토

변경처분이 당초처분을 취소하고 행해지는 새로운 처분이면 변경처분을 대상으로 항고소송을 제기하여야 하고, 변경처분이 당초처분의 효력 중 일부만을 취소하는 데 그치며 새로운 처분이 아닌 경우에는 당초처분을 대상으로 항고소송을 제기하여야 할 것이다.

Ⅲ 사안의 해결

과징금이 2021.4.30. 2천만원으로 감경된 경우, 이는 당초 과징금 3천만원을 대체하는 새로운 처분이 아니므로 처음의 부과처분 중 감액처분에 의하여 취소되지 않고 남은 부분인 과징금 2천만원이 소의 대상이 될 것이다.

25회 문제 01

S시의 시장 A는 K구의 D지역(주거지역)을 「도시 및 주거환경정비법」(이하 "도정법"이라 함)상 정비구역으로 지정·고시하였다. 그러자 이 지역의 주민들은 조합을 설립하여 주택재개발사업을 추진하기 위해 도정법에서 정한 절차에 따라 조합설립추진위원회를 구성하였고, 동 추진위원회는 도정법 제16조의 규정에 의거하여 D지역의 일정한 토지등소유자의 동의, 정관, 공사비 등 정비사업에 드는 비용과 관련된 자료 등을 첨부하여 A로부터 X조합설립인가를 받아 등기하였다. X조합은 조합총회를 개최하고 법 소정의 소유자 동의 등을 얻어 지정개발자로서 Y를 사업시행자로 지정하였다. 다음 물음에 답하시오. 40점

(2) Y는 정비사업을 실시함에 있어 이 사업에 반대하는 토지등소유자 乙 등의 토지와 주택을 취득하기 위하여 「공익사업을 위한 토지 등의 취득 및 보상에 관한 법률」에 의거한 乙 등과 협의가 성립되지 않아 지방토지수용위원회의 수용재결을 거쳤는데, 이 수용재결에 불복하여 Y가 중앙토지수용위원회에 이의재결을 신청하여 인용재결을 받았다. 이 경우 乙 등이 이 재결에 대해 항고소송을 제기한다면 소송의 대상은 무엇인가? 20점

(설문 1-2)의 해결

Ⅰ. 쟁점의 정리

Ⅱ. 원처분주의와 재결주의

1. **원처분주의와 재결주의**
   (1) 의의
   (2) 현행법의 태도
2. **재결이 취소소송의 대상이 되는 경우**
3. **원처분주의의 위반효과(재결의 고유한 위법 없이 소를 제기한 경우)**

Ⅲ. 재결 자체의 고유한 위법을 다투는 것인지 여부

1. **학설의 대립**
2. **판례의 태도**
3. **검토**

Ⅳ. 사안의 해결

예시답안

(설문 1-2)의 해결

Ⅰ 쟁점의 정리

토지보상법 제83조에서는 수용재결에 대한 이의신청을 규정하고 있으며, 이는 특별법상 행정심판의 성격을 갖는다. 乙 등이 이러한 이의신청의 재결에 대하여 소를 제기하는 경우 소의

대상이 수용재결인지 이의재결인지가 문제되는데, 현행 행정소송법 및 토지보상법의 태도가 ① 원처분주의인지, ② 원처분주의라면 이의재결을 다투는 것이 재결 자체의 고유한 하자를 다투는 것인지를 검토하여 설문을 해결한다.

Ⅱ 원처분주의와 재결주의

1. 원처분주의와 재결주의

(1) 의의

"원처분주의"란 원처분의 위법은 원처분에 대한 항고소송에서만 주장할 수 있고, 재결에 대한 항고소송에서는 재결 자체의 고유한 하자에 대해서만 주장할 수 있는 제도를 말한다. "재결주의"는 재결만이 행정소송의 대상이 되며, 원처분의 위법사유도 아울러 주장할 수 있는 원칙을 의미한다.

(2) 현행법의 태도

현행 행정소송법 제19조는 "취소소송의 대상은 처분 등을 대상으로 한다. 다만, 재결취소소송의 경우에는 재결 자체에 고유한 위법이 있음을 이유로 하는 경우에 한한다."라고 하여 원처분주의를 채택하고 있다. 또한 토지보상법 제85조에서도 "제34조에 따른 재결에 불복할 때에는 소를 제기할 수 있다."라고 규정하여 원처분주의를 채택하고 있다.

2. 재결이 취소소송의 대상이 되는 경우

재결이 취소소송의 대상이 되는 경우는 재결 자체에 고유한 위법이 있는 경우에 한하는 바, ① 주체상 하자로는 권한 없는 기관의 재결, ② 절차상 하자로는 심판절차를 준수하지 않은 경우 등, ③ 형식상 하자로는 서면으로 하지 않거나, 중요기재사항을 누락한 경우, ④ 내용상 하자의 경우 견해대립이 있으나 판례는 '내용의 위법은 위법·부당하게 인용재결을 한 경우에 해당한다.'고 판시하여 내용상 하자를 재결고유의 하자로 인정하고 있다.

3. 원처분주의의 위반효과(재결의 고유한 위법 없이 소를 제기한 경우)

고유한 위법 없이 소송을 제기한 경우에는 각하판결을 해야 한다는 견해(행정소송법 제19조 단서를 소극적 소송요건으로 보는 견해)가 있으나, 다수·판례는 재결 자체의 위법 여부는 본안사항이므로 기각판결을 해야 한다고 본다.

Ⅲ 재결 자체의 고유한 위법을 다투는 것인지 여부

1. 학설의 대립

① 이 경우를 재결 자체에 고유한 위법이 있는 경우로 보아 행정소송법 제19조 단서에 의해 재결이 소의 대상이 되는 것이라고 보는 견해가 있는 반면, ② 해당 인용재결은 제3자와의 관

계에서는 별도의 처분이 되는 것이므로 이 경우는 행정소송법 제19조 본문에 의해 처분이 소의 대상이 되는 것이라고 보는 견해가 있다.

2. 판례의 태도

판례는 "인용재결은 원처분과 내용을 달리 하는 것이므로 그 인용재결의 취소를 구하는 것은 원처분에는 없는 재결에 고유한 하자를 주장하는 셈이어서 당연히 항고소송의 대상이 된다(대판 1997.12.23, 96누10911)"라고 판시하여 재결의 고유한 하자로 본다.

3. 검토

원처분의 상대방인 제3자는 인용재결로 인해서 비로소 권익을 침해받게 되므로 인용재결은 형식상 재결이나 실질적으로 제3자에게는 최초의 처분으로서의 성질을 갖게 된다. 따라서 행정소송법 제19조 본문에 의해 인용재결의 취소를 구하는 것으로 해석함이 타당하다고 본다.

Ⅳ 사안의 해결

현행 행정소송법 및 토지보상법의 태도인 원처분주의하에서 乙은 이의재결에 대해 항고소송을 제기하여야 할 것이다. 그 법리구성은 행정소송법 제19조 단서에 의한 인용재결 자체의 고유한 하자로 인한 것이 아니라, 본 사안에서 인용재결은 乙에 있어서 최초의 처분으로서 성격을 지니기에 제19조 본문에 의거하여 항고소송을 제기할 수 있다고 보는 것이 올바른 해석이라고 본다.

채점평

문제 1

문제 1은 감정평가실무상 감정, 재감정의 업무수행에서 흔하게 접하게 되는 “도시 및 주거환경정비법” (이하 ‘도정법’이라 함)과 관련하여 조합설립인가의 법적 성질과 그 쟁송형태, 그리고 현행 “공익사업을 위한 토지 등의 취득 및 보상에 관한 법률”(이하 ‘공익사업법’이라 함)상 수용재결의 단계를 거쳐 이의재결이 인용된 경우 항고소송의 대상이 무엇인지, 두 가지 쟁점을 병렬적으로 묻고 있다.

〈제1문〉은 종래까지 (구)주택건설촉진법・도시개발법 등에 따른 조합설립행위에 대한 인가를 강학상 인가로 보아온 판례의 입장과 학설, 그리고 2009년 대법원 전원합의체에 의해 도정법상 조합설립행위에 대한 인가를 강학상 특허로 본 판례와 학설을 이해하고, 이에 따라 쟁송형태가 어떻게 되는지를 논증하는 것이 질문의 핵심이다. 변경 전의 판례와 학설에 의하면 인가의 기본행위와의 관계에서 보충성과 유효요건이란 점에서 기본행위인 조합설립행위라는 민사관계에 하자가 있으므로 민사소송의 형식을 취하게 되나(다른 견해도 있음), 변경 후의 판례에 따라 조합설립인가를 특허로 보게 되면 조합설립행위는 설립인가(특허)의 성립요건이므로 이에 대한 하자에 관한 쟁송형태는 당연히 항고쟁송(항고소송)이어야 한다. 이 문제에서 쟁송형태에 관해 어떠한 결론을 낼지는 조합설립인가의 법적 성질을 어떻게 파악하는지에 따라 다르므로 평가의 중심은 판례와 학설에 따른 논증의 정도와 논리적 체계성이다. 수험생들의 대다수는 〈제1문〉의 출제의도와 질문을 잘 파악하고 있고 답안지의 양적 안배에서도 충분히 기술하고 있음에도 주어진 질문에 답하는 논증의 수준은 크게 높지 않았다.

〈제2문〉은 행정소송법 제19조의 원처분주의 원칙이 공익사업법상 수용재결과 이의재결에 어떻게 적용되는지 기본적인 쟁점에 관한 질문이다. 이 문제에 대해서는 행정소송법상 원처분주의와 재결주의의 명확한 이해, 제3자효 행정행위의 인용재결이 행정소송법 제19조 단서의 재결 자체의 고유한 위법에 해당되는지 여부, 현행 공익사업법 제85조에 의할 때 이의 인용재결이 있은 경우에 무엇이 항고소송의 대상이 되는지 여부가 질문의 핵심이다. 〈제2문〉도 〈제1문〉과 마찬가지로 대부분의 수험생들이 무엇을 질문하는지 알고 있었다. 그러나 원처분주의와 재결주의에 대한 정확한 개념 정의가 부정확한 경우도 많았다. 특히, 이 문제와 같이 평이한 쟁점의 경우 법률, 판례, 학설에 의한 입체적이고 유기적인 논증을 통해 질문에 알찬 답안을 법리적으로 기술하여야 함에도 불구하고 상당수 수험생들은 이런 점을 소홀히 하여 피상적이거나 중요 판례를 제외하고 기술하는 등 논증의 치밀성과 체계성이 떨어지는 답안도 상당수 있었다. 결국, 이 문제에서도 기본기가 충실하고 이해 위주로 공부한 수험생들이 후한 점수를 받았다고 본다.

기출문제

[재결] 수용의 효과 [제11회 제1문]

토지소유자인 甲은 중앙토지수용위원회의 수용재결에 불복하여 이의신청을 제기하였으나 기각되었다. 이에 따라 甲은 행정소송으로서 취소소송을 제기하고자 한다.

(1) 이때 甲은 무엇을 대상으로 하여 행정소송을 제기할 수 있는가와 관련하여 판례의 태도를 설명하고 이를 논평하시오. 30점

Ⅰ. 문제의 제기

Ⅱ. 원처분주의와 재결주의(설문 1)

1. **일반론**
2. **판례의 태도**
3. **판례의 태도에 대한 논평**

Ⅲ. 문제의 해결

쟁점해설

1. 논점

설문에 의하면 중앙토지수용위원회의 수용재결에 불복하여 행정소송으로서 취소소송을 제기하고 그 소송은 수용재결의 불복인 취소소송이므로 손실보상재결의 불복인 당사자소송이 아닌 점이 분명하다. 따라서 행정소송을 제기하는 경우 그 대상을 중앙토지수용위원회의 수용재결로 할 것인가, 이의재결을 할 것인가, 토지수용법(현 토지보상법)의 규정내용과 판례의 태도는 어떠한가, 행정소송의 제기가 수용효력에 미치는 영향은 어떠한가 하는 점이 논점이 될 수 있다.

2. 답안의 요지

답안은 취소소송의 대상을 수용재결로 할 것인가, 이의재결로 할 것인가에 대하여 학설과 판례의 태도를 설명하고 행정소송의 제기로 인한 수용재결의 효력에 대하여도 언급하고 있다. 학설은 수용재결을 취소소송의 대상으로 하여야 한다는 원칙을 원처분주의, 이의재결을 취소소송의 대상으로 하여야 한다는 원칙을 재결주의라 하고, 판례는 재결주의의 입장임을 설명하고 있다. 그리고 행정소송법과 토지보상법의 규정 예를 들어 집행부정지 원칙과 이에 대한 예외규정도 언급하고 있다.

3. 강평

1) 행정소송 대상

설문은 수용재결에 불복하여 이의신청을 제기하였으나 기각되어 이에 대한 행정소송으로서 취소소송을 제기하고자 하는 것이므로 이 경우 취소소송을 원재결인 수용재결을 대상으로 하여야 하는가, 아니면 이의신청을 기각한 이의재결을 대상으로 하여야 하는가 하는 점이 문제이다.

행정소송법은 원처분주의를 취하고 있으나 (구)토지수용법 제75조의2 제1항 본문은 중앙토지수용위원회의 이의재결에 대하여 행정소송을 제기할 수 있도록 특별히 규정하고 있다. 그리고 대법원 판례는 수용재결 자체가 당연무효가 아닌 한 중앙토지수용위원회의 이의재결을 행정소송 대상으로 하여야 하고, 행정소송에서는 이의재결 자체의 고유한 위법뿐만 아니라 이의신청사유로 삼지 않은 수용재결의 하자도 주장할 수 있다고 하여 재결주의를 취하고, 불고불리의 원칙에 대한 예외도 인정하고 있다.

따라서 설문의 행정소송 대상에 대하여는 원처분주의와 재결주의에 관한 학설을 언급하고 판례의 태도와 학설의 비교 검토, (구)토지수용법 제75조의2 제1항의 해석과 재결주의의 문제점(재결부존재의 경우 등)을 중심으로 한 주관적 입장의 논평을 하면 될 것이다.

34회 문제 01

A대도시의 시장은 국토의 계획 및 이용에 관한 법률에 따른 도시관리계획으로 관할구역 내 oo동 일대 90,000㎡ 토지에 공영주차장과 자동차정류장을 설치하는 도시계획시설사업결정을 한 후 지방공기업법에 따른 A대도시 X지방공사(이하 'X공사'라 함)를 도시계획시설사업의 시행자로 지정하고, X공사가 작성한 실시계획에 대해 실시계획인가를 하고 이를 고시하였다. 이에 따라 공익사업을 위한 토지 등의 취득 및 보상에 관한 법률(이하 '토지보상법'이라 함)에 의해 사업인정 및 고시가 이루어졌다. 한편, X공사는 사업대상구역 내에 위치한 20,000㎡ 토지를 소유한 甲과 토지수용을 위한 협의를 진행하였으나 협의가 성립되지 아니하여 관할 지방 토지수용위원회에 토지수용의 재결을 신청하였다. 다음 물음에 답하시오(단, 각 물음은 상호독립적임). [40점]

(2) 甲은 수용 자체가 위법이라고 주장하면서 관할 지방토지수용위원회의 수용재결과 중앙토지수용위원회의 이의재결을 거친 후 취소소송을 제기하였다. 취소소송의 대상적격과 피고적격에 관하여 설명하시오. [20점]

예시답안

(설문 1-2)의 해결

Ⅰ 쟁점의 정리

사안의 경우 원처분주의에 입각할 때 과연 소송의 대상은 무엇이며, 피고는 누구인지가 문제된다. 그리고 행정소송법 제19조 단서의 고유한 위법이 없음에도 재결을 대상으로 취소소송을 제기한 경우 법원은 청구기각을 하여야 하는가, 아니면 소각하를 하여야 하는가의 문제이다.

II 원처분주의와 재결주의

1. 의의 및 취지

"원처분주의"란 원처분의 위법은 원처분에 대한 항고소송에서만 주장할 수 있고, 재결에 대한 항고소송에서는 재결 자체의 고유한 하자에 대해서만 주장할 수 있는 제도를 말한다. "재결주의"는 재결만이 행정소송의 대상이 되며, 원처분의 위법사유도 아울러 주장할 수 있는 원칙을 의미한다.

2. 현행법의 태도

(1) 행정소송법 제19조

현행 행정소송법 제19조는 "취소소송의 대상은 처분 등을 대상으로 한다. 다만, 재결취소소송의 경우에는 재결 자체에 고유한 위법이 있음을 이유로 하는 경우에 한한다."라고 하여 원처분주의를 채택하고 있다.

(2) 토지보상법의 재결주의 채택 여부

기존의 판례는 구 토지수용법 제75조의2의 "이의신청의 재결에 대해 불복이 있을 때"라는 문언의 해석을 통해 재결주의의 입장을 취한 바 있으나, 토지보상법 제85조는 이의신청 임의주의로 변경하였고, 이에 행정소송법의 일반원칙인 원처분주의를 따름은 논리・필연적이다.

3. 재결고유의 하자유형(재결이 취소소송의 대상이 되는 경우)

재결이 취소소송의 대상이 되는 경우는 재결 자체에 고유한 위법이 있는 경우에 한하는 바, ① 주체상 하자로는 권한 없는 기관의 재결, ② 절차상 하자로는 심판절차를 준수하지 않은 경우 등, ③ 형식상 하자로는 서면으로 하지 않거나, 중요기재사항을 누락한 경우, ④ 내용상 하자의 경우 견해대립이 있으나 판례는 '내용의 위법은 위법 부당하게 인용재결을 한 경우에 해당한다'고 판시하여 내용상 하자를 재결고유의 하자로 인정하고 있다.

4. 원처분주의의 위반효과(재결의 고유한 위법 없이 소를 제기한 경우)

고유한 위법 없이 소송을 제기한 경우에는 각하판결을 해야 한다는 견해(제19조 단서를 소극적 소송요건으로 보는 견해)가 있으나, 다수・판례는 재결 자체의 위법 여부는 본안사항이므로 기각판결을 해야 한다고 본다.

Ⅲ 피고적격

1. 취소소송의 피고적격(행정소송법 제13조)

취소소송은 다른 법률에 특별한 규정이 없는 한 그 처분 등을 행한 행정청을 피고로 한다. 다만, 처분 등이 있은 뒤에 그 처분 등에 관계되는 권한이 다른 행정청에 승계된 때에는 이를 승계한 행정청을 피고로 한다.

2. 피고 경정(행정소송법 제14조)

원고가 피고를 잘못 지정한 때에는 법원은 원고의 신청에 의하여 결정으로써 피고의 경정을 허가할 수 있다. 결정이 있은 때에는 새로운 피고에 대한 소송은 처음에 소를 제기한 때에 제기된 것으로 본다.

Ⅳ 사안의 해결(소의 대상과 피고)

이의재결 고유의 하자가 있는 경우에는 이의지결을 대상으로 중앙토지수용위원회를 피고로 취소소송을 제기해야 한다.

이의재결 고유의 하자가 없는 경우에는 취소소송의 대상은 수용재결이며 지방토지수용위원회가 피고가 될 것이다.

제2절 원고적격

 기출문제

[사업인정] 사업인정 관련 CASE 문제 [제15회 제1문]

사업시행자 X는 A시 지역에 공익사업을 시행하기 위하여 사업인정을 신청하였고 이에 국토교통부장관으로부터 사업인정을 받았다. 한편 이 공익사업의 시행에 부정적이던 토지소유자 Y는 국토교통부장관이 사업인정 시 「공익사업을 위한 토지 등의 취득 및 보상에 관한 법률」 제21조에 의거 관계 도지사와 협의를 거쳐야 함에도 이를 거치지 않은 사실을 알게 되었다. Y는 이러한 협의를 결한 사업인정의 위법성을 이유로 관할 법원에 사업인정의 취소소송을 제기하였다. Y의 주장은 인용가능한가? 40점

Ⅰ. 쟁점의 정리

Ⅱ. 관련 행정작용의 검토

1. 사업인정의 의의 및 법적 성질

2. 토지보상법 제21조 협의규정

Ⅲ. 협의결여의 위법성

1. 협의결여가 절차상 하자인지

(1) 사업인정의 절차

(2) 절차상 하자인지

→ 관계기관의 협의에 구속되지 않음을 강조

2. 협의결여의 독자적 위법성 인정 여부

(1) 학설

(2) 판례

(3) 검토

(4) 사안의 경우

3. 협의결여 절차하자의 정도

(1) 판단기준

(2) 사안의 경우

4. 하자의 치유 여부

Ⅳ. Y가 제기한 취소소송의 인용가능성

1. 소제기의 적법성

(1) 문제점

(2) 원고적격의 인정 여부

1) 원고적격의 의의 및 취지

2) 법률상 이익의 의미

3) 법률상 이익의 범위

4) 사안의 경우

(3) 소제기의 적법성(그 외 요건 충족 여부)

2. Y가 제기한 취소소송의 인용가능성

Ⅴ. 사안의 해결(사정판결의 가능성)

쟁점해설

1. 원고적격

이 공익사업에 부정적이던 토지소유자 Y의 정체가 불분명하므로 이를 구분하여 언급하는 것이 좋다. 일단 Y가 피수용자라면 원고적격 인정에 큰 무리가 없으나 제3자라면 원고적격이 인정될 수 있고 없을 수도 있다. 관련 학설과 판례의 검토가 필요하다.

2. 도지사와 협의를 결한 흠

도지사와 협의를 거쳐야 함에도 이를 거치지 않은 하자에 대하여 이를 주체의 하자로 볼 수도 있고 절차의 하자로 볼 수도 있다.

주체의 하자로 보는 경우는 국토교통부장관이 도지사의 의견에 구속되는 경우이고 절차의 하자로 보는 경우에는 국토교통부장관이 도지사의 의견에 구속되지 않는 경우를 말한다.

3. 위법성의 정도

주체의 하자로 보는 경우 현실적으로 사업인정을 무효로 볼 가능성이 많고 절차의 하자로 보는 경우에는 절차하자의 독자적 위법성 논의와 더불어 그 위법성 정도에 대하여 대체로 취소사유로 보는 견해가 다수이므로 취소로 볼 여지가 더 많아진다.

4. 사정판결의 가능성

문제에서 명시적으로 언급되고 있지는 않지만 사업인정과 관련하여서는 사정판결이 항상 문제될 수 있다. 그 이유는 비록 사업인정이 위법하여 취소소송을 제기한 경우에도 이에 대한 별도의 집행정지신청이 없다면 사업시행자는 재결을 받아 공사를 시행할 수 있으므로 나중에 본안에서 사업인정이 위법하다고 밝혀지는 경우에도 이미 사업이 완료되거나 상당히 진행될 가능성이 많다. 이 경우 법원은 사정판결을 통해 원고의 청구를 기각할 수 있기 때문이다.

다만 본 문제처럼 사정판결문제를 명시적으로 묻지 않고 있으므로 그 내용은 간단하게 언급하는 것이 더 바람직해 보인다.

예시답안

Ⅰ 쟁점의 정리

설문에서 토지소유자 Y는 협의를 결한 사업인정의 위법을 주장하고 있다. 이의 해결을 위하여 토지보상법 제21조의 협의규정을 살펴보고 이러한 협의규정위반(절차하자)이 독자적인 위법성 사유로 인정될 수 있는지를 검토한다. 또한 토지소유자 Y가 취소소송을 제기한 바 소송요건 중 원고적격이 인정되는지를 중심으로 검토하여 설문을 해결한다.

Ⅱ 관련 행정작용의 검토

1. 사업인정의 의의 및 법적 성질

사업인정이란 공익사업을 토지 등을 수용 또는 사용할 사업으로 결정하는 것을 말하며(제2조 제7호), 국토교통부장관이 사업과 관련된 제 이익과의 형량을 거쳐 수용권을 설정하는 재량행위이다

(판례동지). 또한 사업시행자에게는 수용권을 설정하나 토지소유자에게는 재산권 침해를 발생시키는 제3자효 행정행위이다.

2. 토지보상법 제21조 협의규정

국토교통부장관은 사업인정을 하려면 관계 중앙행정기관의 장 및 특별시장・광역시장・도지사・특별자치도지사 및 중앙토지수용위원회와 협의하여야 하며, 대통령령으로 정하는 바에 따라 미리 사업인정에 이해관계가 있는 자의 의견을 들어야 한다고 규정하고 있다.

III 협의결여의 위법성

1. 협의결여가 절차상 하자인지

(1) 사업인정의 절차

국토교통부장관이 사업인정을 발령하기 위해서는 '해당 사업이 타인의 토지 등을 수용할 만한 공익이 있는지'를 관계 제 이익을 종합・고려하여 판단하여야 하며, 이 과정에서 토지보상법 제21조의 관계기관과의 협의 및 이해관계인의 의견청취도 거쳐야 한다.

(2) 절차상 하자인지

국토교통부장관은 공익판단을 위한 제 절차로서 토지보상법 제21조 규정을 준수하여야 한다. 따라서 이를 거치지 않은 경우라면 절차상 하자를 구성한다고 볼 수 있다.

2. 협의결여(절차하자)의 독자적 위법성 인정 여부

(1) 학설

① 적법절차 보장 관점에서 독자적 위법사유가 되며, 특히 행정소송법 제30조 제3항에서 절차하자로 인한 취소의 경우에도 기속력을 인정한다는 점을 논거로 하는 긍정설과 ② 절차는 수단에 불과하며, 적법한 절차를 거친 동일한 처분을 다시 받게 되어 행정경제상 불합리하다는 점을 논거로 하는 부정설이 대립한다. ③ 또한 기속, 재량을 구분하는 절충설이 있다.

(2) 판례

대법원은 ① 기속행위인 과세처분에서 이유부기 하자를, ② 재량행위인 영업정지처분에서 청문절차를 결여한 것은 절차적 하자를 구성한다고 판시한 바 있다.

(3) 검토

생각건대 내용상 하자만큼 절차적 적법성을 지키는 것이 필요하며, 현행 행정소송법 제30조 제3항에서 절차하자로 인한 취소의 경우에도 기속력을 준용하고 있으므로 독자적 위법사유가 된다고 보는 긍정설이 타당하다.

(4) 사안의 경우

통설 및 판례의 태도에 따를 경우, 국토교통부장관이 도지사와의 협의를 거치지 않은 절차상 하자는 사업인정의 독자적 위법성 사유로 인정된다.

3. 협의결여 절차하자의 정도

(1) 판단기준

통설・판례는 행정행위의 하자가 내용상 중대하고, 외관상 명백한 경우에 무효인 하자가 되고, 이 두 요건 중 하나라도 충족하지 않는 경우에는 취소사유로 보는 중대명백설(또는 외관상 일견명백설)을 취하고 있다.

(2) 사안의 경우

설문상 도지사와의 협의를 거치지 않은 것은 외관상 명백하나, 도지사와의 협의 내용은 해당 사업의 공익성 등을 판단하기 위한 하나의 자료수집 행위로 볼 수 있다. 따라서 해당 사업인정의 본질적 요건은 아닌 것으로 볼 수 있으므로, 협의결여는 취소사유의 하자를 구성하는 것으로 판단된다.

4. 하자의 치유 여부

하자의 치유란 행정행위의 성립 당시 하자를 사후에 보완하여 그 행위의 효력을 유지시키는 것을 말하는데, 설문상 협의결여의 하자를 보완하는 행위는 보이지 않는다.

Ⅳ Y가 제기한 취소소송의 인용가능성

1. 소제기의 적법성

(1) 문제점

본안심사를 받기 위해서는 대상적격, 원고적격, 제소기간, 재판관할, 행정심판 임의주의 등의 소송요건을 갖추어야 한다. 설문에서는 토지소유자 Y에게 원고적격이 인정되는지를 중심으로 소송요건을 검토한다.

(2) 원고적격의 인정 여부

1) 원고적격의 의의 및 취지

원고적격이란 본안판결을 받을 수 있는 자격으로, 행정소송법 제12조에서는 "취소소송은 처분 등의 취소를 구할 법률상 이익이 있는 자가 제기할 수 있다."라고 규정하고 있다. 이는 소를 제기할 수 있는 자를 규정하여 남소방지를 도모함에 취지가 인정된다.

2) 법률상 이익의 의미

통설 및 판례는 법률상 보호되는 이익이라 함은 해당 처분의 근거법규 및 관련법규에 의하여 보호되는 개별적・직접적・구체적 이익이 있는 경우를 말하고, 공익보호의 결과로 국민 일반이 공통적으로 가지는 일반적・간접적・추상적 이익이 생기는 경우에는 법률상 보호되는 이익이 있다고 할 수 없다고 본다.

3) 법률상 이익의 범위

판례는 처분의 근거법규 및 관계법규(취지포함)에 의해 개별적으로 보호되는 직접적이고 구체적인 개인적 이익을 법률상 이익으로 보고 있다. 처분의 근거법규라는 개념 속에 처분의 관계법규를 포함시켜 사용하기도 하며, 법률상 이익의 범위를 점차 넓혀가는 경향이 있다. 이에 헌법상 구체적인 기본권과 절차규정에 의해 보호될 수 있는 이익도 법률상 이익의 범위에 포함된다고 보는 것이 국민의 권리구제에 유리하다고 판단된다.

4) 사안의 경우

설문에서 토지소유자 Y가 피수용자인지, 인근 토지소유자인지는 명확하지 않다. 피수용자라면 자신의 재산권 침해를 이유로 원고적격이 인정될 것이고, 인근 토지소유자라면 자신의 권리침해를 입증함으로써 원고적격을 인정받을 수 있을 것이다.

(3) **소제기의 적법성**(그 외 요건 충족 여부)

사업인정은 수용권을 설정하는 처분으로 대상적격이 인정되며, 설문상 제소기간 등의 제요건은 문제되지 않는 것으로 보인다. 따라서 토지소유자 Y가 제기한 취소소송은 적법하게 제기된 것으로 판단된다.

2. Y가 제기한 취소소송의 인용가능성

해당 사업인정에는 관계도지사와의 협의를 거치지 않은 절차상 하자가 존재하며, 통설 및 판례의 태도에 의할 때, 이에 대한 독자적 위법성이 인정된다. 따라서 적법한 소송요건을 갖춘 경우라면 인용판결을 받을 수 있을 것이다.

V 사안의 해결(사정판결의 가능성)

토지소유자 Y는 사업인정을 대상으로 취소소송을 제기할 법률상 이익이 인정되는 경우에 한하여 적법하게 사업인정의 취소소송을 제기할 수 있고, 절차상 하자 있는 사업인정에 대한 인용판결을 받을 수 있을 것이다. 다만, 해당 사업을 취소하는 것이 공익에 중대한 영향을 미치는 경우에는 법원이 당사자의 신청 또는 직권으로 사정판결을 내릴 수 있을 것이다.

기출문제

[공시지가] 표준지 선정 및 관리지침 [제14회 제1문]

서울시는 甲과 乙이 소유하고 있는 토지가 속한 동작구 일대에 공원을 조성하기 위하여 甲과 乙의 토지를 수용하려고 한다. 한편 乙의 토지가 표준지로 선정되어 표준지공시지가가 공시되었는데, 乙의 토지 인근에 토지를 보유하고 있는 甲은 乙의 토지의 표준지공시지가 산정이 국토교통부훈령인 표준지의 선정 및 관리지침에 위배되었다는 것을 알게 되었다. 이를 이유로 甲이 법적으로 다툴 수 있는지 논하라. 40점

Ⅰ. 문제의 제기

Ⅱ. 표준지공시지가의 법적 성질
1. 표준지공시지가의 의의
2. 학설
3. 판례
4. 검토

Ⅲ. 甲이 다툴 수 있는지 여부(원고적격성 여부)
1. 문제의 소재
2. 학설 검토
3. 판례 및 소결
4. 사안의 해결

Ⅳ. 표준지공시지가의 위법성 검토
1. 문제의 소재
2. 법령보충적 행정규칙의 의의 및 인정 여부
3. 법적 성질에 대한 견해의 대립(대외적 구속력 인정 논의)
4. 판례
5. 검토

Ⅴ. 불복수단
1. 이의신청
2. 행정쟁송

Ⅵ. 사안의 해결

쟁점해설

사안과 관련한 쟁점은 먼저 표준지공시지가의 위법을 주장하면 당사자는 부동산공시법 제7조에 의거하여 이의신청을 할 수 있다. 이 경우 표준지공시지가의 처분성 여부와 무관하게 이의신청을 제기할 수 있다. 그리고 취소소송 제기와 관련하여 먼저 대상적격으로 표준지공시지가의 처분성 여부를 논하고 표준지 인근 토지소유자의 원고적격 논의를 행한 후 행정규칙 위반을 이유로 위법성을 주장할 수 있는지 여부를 검토한다. 구체적으로 해당 훈령이 보통의 행정규칙이라면 위법을 주장하기 힘들지만 법령보충적 행정규칙 내지 규범구체화 행정규칙이라면 그 위법성을 주장할 수 있다.

25회 문제 02

甲은 A시의 시외로 나가는 일반도로에 접한 자신 소유의 X토지에 교통로를 개설하고 대형음식점을 운영하고 있다. A시에서는 X토지와 이에 접하여 연결된 Y · W토지의 소유권을 취득하여 혼잡한 교통량을 분산할 목적으로 「국토의 계획 및 이용에 관한 법률」에 의거하여 우회도로를 설치한다는 방침을 결정하고, A시의 시장은 X · Y · W토지의 개별공시지가 및 이 개별공시지가 산정의 기초가 된 P토지의 표준지공시지가와 도매물가상승률 등을 반영하여 산정한 보상기준가격을 내부적으로 결정하고 예산확보를 위해 중앙부처와 협의 중이다. 다음 물음에 답하시오. 30점

(1) 甲은 보상이 있을 것을 예상하여 더 많은 보상금을 받기 위해 「부동산 가격공시에 관한 법률」에 의거하여 감정평가사를 통해 산정된 P토지의 표준지공시지가에 불복하여 취소소송을 제기하려고 한다. 이 경우 甲에게 법률상 이익이 있는지 여부를 검토하시오. 15점

(2) 위 취소소송에 P토지의 소유자인 丙이 소송에 참가할 수 있는지 여부와 甲이 확정 인용판결을 받았다면 이 판결의 효력은 Y · W토지의 소유자인 乙에게도 미치는지에 대하여 설명하시오. 15점

(설문 2-1)의 해결

Ⅰ. 쟁점의 정리

Ⅱ. 원고적격과 법률상 이익

1. 의의
2. 법률상 이익의 의미
   (1) 학설
   (2) 판례
   (3) 검토
3. 법률의 범위

Ⅲ. 사안의 해결

1. 관련규정의 검토
   (1) 토지보상법 제70조
   (2) 부동산공시법 제7조 및 동법 시행령 제12조
2. 사안의 해결

(설문 2-2)의 해결

Ⅰ. 쟁점의 정리

Ⅱ. 제3자의 소송참가

1. 의의(행정소송법 제16조)
2. 참가의 요건
3. 참가의 절차
4. 관련 문제(제3자의 재심청구 : 행정소송법 제31조)

Ⅲ. 취소판결의 제3자효(형성력)

1. 의의 및 취지(행정소송법 제29조 제1항)
2. 제3자효(대세효)
   (1) 의의
   (2) 취소판결의 제3자효의 내용(제3자의 범위)
   (3) 일반처분의 취소의 제3자효
      1) 상대적 효력설(부정설)
      2) 절대적 효력설(긍정설)
      3) 결어
3. 관련 문제(제3자 보호)

Ⅳ. 사안의 해결

예시답안

(설문 2-1)의 해결

Ⅰ 쟁점의 정리

행정소송법 제12조에서는 "법률상 이익 있는 자"가 취소소송을 제기할 수 있다고 규정하고 있다. 표준지공시지가는 인근 토지의 보상액 산정의 기준이 되므로, 甲이 더 많은 보상금을 받을 수 있는 법률상 이익이 인정되는지를 관련 규정을 검토하여 해결한다.

Ⅱ 원고적격과 법률상 이익

1. 의의

원고적격이란 본안판결을 받을 수 있는 자격을 말한다. 행정소송법 제12조에서는 '법률상 이익 있는 자'로 규정하고 있다.

2. 법률상 이익의 의미

(1) 학설

① 침해된 권리회복이라는 권리구제설, ② 근거법상 보호되는 이익구제인 법률상 보호이익설, ③ 소송법상 보호가치 있는 이익구제라는 견해, ④ 행정의 적법성 통제라는 적법성 보장설의 견해가 있다.

(2) 판례

해당 처분의 근거, 관련법규에 의해 보호되는 개별적·직접적 구체적인 이익을 의미하며, 사실상이며 간접적인 이익은 법률상 보호이익이 아니라고 판시한 바 있다.

(3) 검토

권리구제설은 원고의 범위를 제한하고, 소송법상 보호가치 있는 이익구제설은 보호가치 있는 이익의 객관적 기준이 결여되는 문제가 있다. 또한 적법성 보장설은 객관소송화의 우려가 있다. 따라서 취소소송을 주관적, 형성소송으로 보면 법률상 보호이익설이 타당하다.

3. 법률의 범위

① 근거 법률은 물론 관련법규까지 포함하는 견해와, 헌법상 기본권 및 민법상 일반원칙까지 포함하는 견해가 있으며, ② 대법원은 관계법규와 절차법규정의 취지도 고려하는 등 보호규범의 범위를 확대하는 경향을 보인다.

Ⅲ 사안의 해결

1. 관련규정의 검토

(1) 토지보상법 제70조

동법 제1항에서는 “취득하는 토지에 대하여는 공시지가를 기준으로 하여 보상하되, 그 공시기준일부터 가격시점까지의 관계 법령에 따른 그 토지의 이용계획, 해당 공익사업으로 인한 지가의 영향을 받지 아니하는 지역의 대통령령으로 정하는 지가변동률, 생산자물가상승률과 그 밖에 그 토지의 위치・형상・환경・이용상황 등을 고려하여 평가한 적정가격으로 보상하여야 한다.”라고 규정하고 있다.

(2) 부동산공시법 제7조 및 동법 시행령 제12조

부동산공시법 제7조 및 동법 시행령 제12조에서는 표준지공시지가에 대한 이의신청을 규정하고 있으며, 이의신청을 할 수 있는 자를 소유자로 한정하고 있지 않다.

2. 사안의 해결

헌법 제23조에 의하여 모든 국민은 정당한 보상을 받을 권리가 보장된다. P토지의 공시지가가 甲 토지의 보상금 산정의 기초가 되므로, P토지의 공시지가는 甲의 재산권에 영향을 미친다고 볼 수 있다. 따라서 토지보상법 및 부동산공시법 등의 관련 규정을 중심으로 검토해 볼 때, 甲은 ‘정당한 보상을 받을 권리실현’을 위한 법률상 이익이 인정된다고 판단된다.

[설문 2-2]의 해결

Ⅰ 쟁점의 정리

甲이 P토지의 공시지가를 대상으로 취소소송을 제기하는 경우 P토지의 소유자인 丙이 자신의 권리보호를 위하여 소송에 참가할 수 있는지와, 동 취소소송에서 인용판결을 받는다면 소송당사자가 아닌 乙에게도 판결의 효력이 미치는지를 검토한다.

Ⅱ 제3자의 소송참가

1. 의의(행정소송법 제16조)

제3자의 소송참가라 함은 소송의 결과에 의하여 권리 또는 이익의 침해를 받을 제3자가 있는 경우에 당사자 또는 제3자의 신청 또는 직권에 의하여 그 제3자를 소송에 참가시키는 제도를 말하며, 제3자의 권익을 보호하기 위하여 인정된 제도이다.

2. 참가의 요건

① 타인 간의 취소소송 등이 계속되고 있을 것, ② 소송의 결과에 의해 권리 또는 이익의 침해를 받을 제3자(소송당사자 이외의 자)일 것을 요건으로 한다.

3. 참가의 절차

제3자의 소송참가는 당사자 또는 제3자의 신청 또는 직권에 의하여 결정으로써 행한다(제16조 제1항). 법원이 제3자의 소송참가를 결정하고자 할 때에는 미리 당사자 및 제3자의 의견을 들어야 한다(제16조 제2항). 소송참가 신청을 한 제3자는 그 신청을 각하한 결정에 대하여 즉시항고할 수 있다(제16조 제3항).

4. 관련 문제(제3자의 재심청구 : 행정소송법 제31조)

처분 등을 취소하는 판결에 의하여 권리 또는 이익의 침해를 받은 제3자가 자기에게 책임 없는 사유로 소송에 참가하지 못함으로써 판결의 결과에 영향을 미칠 공격 또는 방어방법을 제출하지 못한 때에는 이를 이유로 확정된 종국판결에 대하여 재심의 청구를 하는 것을 말한다.

Ⅲ 취소판결의 제3자효(형성력)

1. 의의 및 취지(행정소송법 제29조 제1항)

계쟁처분 또는 재결의 취소판결이 확정된 때에는 해당 처분 또는 재결은 처분청의 취소를 기다릴 것 없이 당연히 효력을 상실하는데, 이를 형성력이라 한다. 형성력은 위법상태를 시정하여 원상을 회복하는 소송이라는 취소소송의 목적을 달성하도록 하기 위하여 인정되는 효력이다.

2. 제3자효(대세효)

(1) 의의

취소판결의 취소의 효력은 소송에 관여하지 않은 제3자에 대하여도 미치는데 이를 취소의 대세적 효력이라 한다. 행정소송법 제29조 제1항은 이를 명문으로 규정하고 있다.

(2) 취소판결의 제3자효의 내용(제3자의 범위)

취소판결의 형성력은 제3자에 대하여도 발생하며 제3자는 취소판결의 효력에 대항할 수 없다. 행정상 법률관계를 통일적으로 규율하고자 하는 대세효 인정의 취지에 비추어 취소판결의 효력이 미치는 제3자는 모든 제3자를 의미하는 것으로 보는 것이 타당하며 이것이 일반적 견해이다.

(3) 일반처분의 취소의 제3자효

일반처분은 불특정 다수인을 상대방으로 하여 불특정 다수인에게 효과를 미치는 행정행위를 말한다. 일반처분의 취소의 소급적 효과가 소송을 제기하지 않은 자에게도 미치는가 하는 것인데, 이에 관하여 견해가 대립되고 있다.

1) 상대적 효력설(부정설)

취소소송은 주관적 소송으로서, 그 효력은 원칙적으로 당사자 사이에서만 미치는 것이므로 명시적 규정이 없는 데도 불구하고, 제3자가 그 효력을 적극적으로 향수할 수 있다고 인정하는 데에는 무리가 있다고 본다.

2) 절대적 효력설(긍정설)

일반처분이 불특정 다수인을 대상으로 하는 처분이라는 점, 공법관계의 획일성이 강하게 요청된다는 점 등에 비추어 원칙적으로 제3자의 범위를 한정할 이유는 없다고 한다.

3) 결어

행정소송법 제29조의 입법취지에 비추어 볼 때, 일반처분의 경우에도 제3자의 범위를 한정할 이유는 없다고 판단된다.

3. 관련 문제(제3자 보호)

취소판결의 효력이 제3자에게도 미침으로 인하여 제3자가 불측의 손해를 입을 수 있으므로 행정소송법은 제3자의 권리를 보호하기 위하여 제3자의 소송참가제도(제16조)와 제3자의 재심청구제도(제31조)를 인정하고 있다.

Ⅳ 사안의 해결

1. 丙은 자신의 P토지의 공시지가가 올라간다면 이는 가감조정 없이 과세의 기준이 되므로 소송의 결과에 따라 권리 또는 이익의 침해를 받을 수 있다. 따라서 甲이 제기한 취소소송에 참가하여 권익보호를 주장할 수 있을 것이다.
2. 甲이 제기한 취소소송의 인용판결이 있게 되면 동 소송에 참가하지 않은 제3자도 판결의 내용에 구속된다. 따라서 乙은 甲이 제기한 취소소송에 참가하여 권익보호를 위한 주장을 할 수 있으며, 만약 소송에 참가하지 못한다면 재심청구를 통해 권익보호를 실현할 수 있을 것이다.

채점평

문제 2

문제 2는 표준지공시지가 불복과 관련된 행정소송의 가능성에 관한 것으로 물음은 2가지이다. 제1문은 표준공시지가에 불복하여 취소소송을 제기할 수 있는지, 즉 법률상 이익이 있는지 여부를 검토하는 것이고, 제2문은 제3자의 소송 참가 가능성과 판결의 효력에 대해 검토하는 것이다. 제1문의 경우에는 최근 중앙행정심판위의 재결도 있었지만, 표준지공시지가에 대한 취소소송의 법률상 이익 여부를 묻는 문제로 난이도가 그리 높지 않은 문제라고 할 수 있다. 상당수의 수험생들도 논점을 명확히 인식하고 있었으며, 관련 학설과 판례를 중심으로 답안을 작성하였다. 다만, 수험생들이 학설에 대한 정확한 이해와 판례에 대한 충분한 분석은 부족해 보였다.

제2문은 제3자의 소송참가와 제3자에 대한 취소소송의 효력에 대해 정확히 알고 있는지 묻는 문제이다. 제1문과 마찬가지로 상당수의 수험생들이 충분히 예상할 수 있었던 문제였던 것으로 생각되며 평이한 문제라고 생각한다. 그런데 이 문제 또한 논리전개에 있어서 미흡한 부분이 많았다고 생각한다.

결론적으로 문제 2는 다수의 학생들이 비교적 쉽게 논점을 파악하기는 하였으나, 답안 작성에서는 미흡한 부분이 많았다. 향후 법학과 관련하여 공부를 할 때에는 정확한 이해를 바탕으로 쟁점별 정리하는 훈련을 해야 할 것으로 보인다.

제3절 제소기간

30회 문제 01

관할 A시장은 「부동산 가격공시에 관한 법률」에 따라 甲소유의 토지에 대해 공시기준일을 2018.1.1.로 한 개별공시지가를 2018.6.28. 결정·공시하고('당초 공시지가') 甲에게 개별 통지하였으나, 이는 토지가격비준표의 적용에 오류가 있는 것이었다. 이후 甲소유의 토지를 포함한 지역 일대에 개발 사업이 시행되면서 관련법에 의한 부담금 부과의 대상이 된 甲의 토지에 대해 A시장은 2018.8.3. 당초 공시지가에 근거하여 甲에게 부담금을 부과하였다. 한편 甲소유 토지에 대한 당초 공시지가에 이의가 있는 인근 주민 乙은 이의신청기간이 도과한 2018.8.10. A시장에게 이의를 신청하였고, A시장은 甲소유 토지에 대한 당초 공시지가를 결정할 때 토지가격비준표의 적용에 오류가 있었음을 이유로 「부동산 가격공시에 관한 법률」 제12조 및 같은 법 시행령 제23조 제1항에 따라 개별공시지가를 감액하는 정정을 하였고, 정정된 공시지가는 2018.9.7. 甲에게 통지되었다. 다음 물음에 답하시오(아래 설문은 각각 별개의 독립된 상황임). 40점

(1) 甲은 정정된 공시지가에 대해 2018.10.22. 취소소송을 제기하였다. 甲의 소송은 적법한가? 15점

(설문 1-1)의 해결**

Ⅰ. 쟁점의 정리

Ⅱ. 취소소송 제기의 적법성 판단

1. 정정처분이 있는 경우 소의 대상

(1) 개별공시지가의 의의 및 법적 성질

(2) 정정처분이 있는 경우 소의 대상

1) 학설

가. 변경된 원처분이 소의 대상이 된다는 견해

나. 새로운 처분이 소의 대상이 된다는 견해

2) 판례

3) 검토

(3) 사안의 경우

2. 정정처분이 있는 경우 제소기간

(1) 제소기간의 의의 및 취지(행정소송법 제20조)

(2) 사안의 경우

3. 원고적격 등 그 외 소송요건

Ⅲ. 사안의 해결

예시답안

(설문 1-1)의 해결

I 쟁점의 정리

설문은 甲이 제기한 정정된 공시지가 취소소송에 대한 적법 여부를 묻고 있다. 정정처분이 있는 경우 소의 대상과 제소기간을 중심으로 소송요건을 검토하여 사안을 해결한다.

II 취소소송 제기의 적법성 판단

소송요건이라 함은 본안심리를 하기 위하여 갖추어야 하는 요건을 말한다. 소송요건으로는 관할권, 제소기간, 처분성, 원고적격, 소의 이익, 전심절차, 당사자능력, 중복소송이 아닐 것, 기판력에 반하지 않을 것 등이 있다.

1. 정정처분이 있는 경우 소의 대상

(1) 개별공시지가의 의의 및 법적 성질

개별공시지가란 시・군・구청장이 공시지가를 기준으로 산정한 개별토지의 단위당 가격을 말하며, 판례는 "개별토지가격결정은 관계법령에 의한 토지초과이득세 또는 개발부담금 산정의 기준이 되어 국민의 권리나 의무 또는 법률상 이익에 직접적으로 관계되는 것으로서 항고소송의 대상이 되는 행정처분에 해당한다(대판 1993.1.15, 92누12407)"라고 하여 처분성을 인정하고 있다.

(2) 정정처분이 있는 경우 소의 대상

1) 학설

가. 변경된 원처분이 소의 대상이 된다는 견해

변경처분도 실질적으로 일부취소로 보고 후속 변경처분에 의해 당초부터 유리하게 변경되어 존속하는 감경된 처분을 대상으로 취소소송을 제기하여야 한다는 견해이다.

나. 새로운 처분이 소의 대상이 된다는 견해

직권에 의한 적극적 변경은 당초처분을 대체하는 새로운 처분으로 보고(특히 재량행위의 경우 처분청은 새로이 재량권을 행사하고 있다) 적극적 변경처분을 대상으로 취소소송을 제기하는 것이 타당하다는 견해이다.

2) 판례

판례는 행정청이 금전부과처분을 한 후 감액처분을 한 경우에는 감액처분은 일부취소처분의 성질을 가지므로 감액처분이 항고소송의 대상이 되는 것이 아니며 처음의 부과처분 중 감액처분에 의하여 취소되지 않고 남은 부분이 항고소송의 대상이 된다고 한다(대판

2008.2.15, 2006두3957). 단, 감액처분의 경우에도 처분사유가 바뀐 경우에는 감액처분을 새로운 처분으로 보고 당초처분은 취소된 것으로 보아야 할 것이다.

3) 검토

정정처분이 당초처분을 취소하고 행해지는 새로운 처분이면 정정처분을 대상으로 항고소송을 제기하여야 하고, 정정처분이 당초처분의 효력 중 일부만을 취소하는 데 그치며 새로운 처분이 아닌 경우에는 당초처분을 대상으로 항고소송을 제기하여야 할 것이다.

(3) **사안의 경우**

설문에서 정정처분의 내용은 기존 공시가격을 감액하는 내용이므로 이는 감액정정처분으로 볼 것이다. 따라서 당초부터 유리하게 변경된 당초처분이 소의 대상이 될 것이다.

2. 정정처분이 있는 경우 제소기간

(1) **제소기간의 의의 및 취지**(행정소송법 제20조)

제소기간이란 소송을 제기할 수 있는 시간적 간격을 의미하며 제소기간 경과 시 "불가쟁력"이 발생하여 소를 제기할 수 없다. 행정소송법 제20조에서는 처분이 있은 날로부터 1년, 안 날로부터 90일 이내에 소송을 제기해야 한다고 규정하고 있다. 제소기간은 행정의 안정성과 국민의 권리구제를 조화하는 입법정책과 관련된 문제이다.

(2) **사안의 경우**

소의 대상이 변경된 원처분으로서의 정정된 공시지가이므로 제소기간도 이를 기준으로 하여 2018.6.28.부터 기산될 것이다. 소송 제기일이 2018.10.22.이므로 제소기간이 도과되었다.

3. 원고적격 등 그 외 소송요건

甲은 해당 토지소유자로서 원고적격이 인정되고, A시장을 피고로 하여 A시 및 토지소재지 관할 법원에 취소소송을 제기할 수 있다.

Ⅲ 사안의 해결

정정된 공시지가는 당초 공시일에 소급하여 그 효력이 발생되므로, 甲은 정정된 공시지가를 대상으로 당초 공시지가 통지일인 2018.6.28.부터 90일 내에 취소소송을 제기할 수 있다. 그러나 甲은 90일의 제소기간을 넘겨 2018.10.22.에 취소소송을 제기한 바 甲이 제기한 취소소송은 소송요건을 갖추지 못하여 각하될 것이다.

31회 문제 02

A시의 시장 甲은 2018.5.31. 乙·丙 공동소유의 토지 5,729㎡(이하 '이 사건 토지'라고 한다)에 대하여 2018.1.1. 기준 개별공시지가를 ㎡당 2,780,000원으로 결정·고시하였다. 乙은 2018.6.19. 甲에게 「부동산 가격공시에 관한 법률」 제11조에 따라 이 사건 토지의 개별공시지가를 ㎡당 1,126,850원으로 하향 조정해 줄 것을 내용으로 하는 이의신청을 하였다. 이에 대하여 甲은 이 사건 토지의 개별공시지가결정 시 표준지 선정에 문제가 있음을 발견하고, A시 부동산가격공시위원회의 심리를 거쳐 2018.7.1. 위 개별공시지가를 ㎡당 2,380,000원으로 정정하여 결정·고시하였고, 동 결정서는 당일 乙에게 송달되었다. 丙은 2018.6.20. 위 이의신청과는 별개로 이 사건 토지의 개별공시지가를 ㎡당 1,790,316원으로 수정해 달라는 취지의 행정심판을 청구하였고, B행정심판위원회는 2018.8.27. 이 사건 토지의 개별공시지가를 ㎡당 2,000,000원으로 하는 변경재결을 하였고, 동 재결서 정본은 2018.8.30. 丙에게 송달되었다. 다음 물음에 답하시오. [30점]

(2) 위 사례에서 乙과 丙이 취소소송을 제기하려고 할 때, 소의 대상과 제소기간의 기산일에 관하여 각각 설명하시오. [10점]

(설문 2-2)의 해결

Ⅰ. 쟁점의 정리

Ⅱ. 대상적격 및 제소기간

1. 변경처분 및 변경재결이 있는 경우의 소의 대상

(1) 학설

1) 변경된 원처분설

2) 변경처분설

(2) 판례

(3) 검토

2. 제소기간

(1) 제소기간의 의의 및 취지(행정소송법 제20조)

(2) 행정심판을 거친 경우

(3) 행정심판을 거치지 않은 경우

Ⅲ. 사안의 해결

1. 乙의 경우

2. 丙의 경우

예시답안

[설문 2-2]의 해결

Ⅰ 쟁점의 정리

개별공시지가에 대한 이의신청결정서를 송달받은 경우와 행정심판을 거쳐 변경재결을 받은 경우, 각 경우에 있어서 소의 대상과 제소기간을 설명한다.

Ⅱ 대상적격 및 제소기간

1. 변경처분 및 변경재결이 있는 경우의 소의 대상

(1) 학설

1) 변경된 원처분설

당초처분의 내용을 변경하는 변경처분이나 행정심판에 의한 변경재결이 있는 경우에는 원처분주의에 따라서 일부취소되고 남은 원처분이 소의 대상이 된다는 견해이다.

2) 변경처분설

변경처분 및 변경재결은 원처분을 대체하는 새로운 처분이므로 변경처분 및 변경재결이 소의 대상이 된다는 견해이다.

(2) 판례

판례는 일부취소로 인하여 감경되고 남은 원처분을 상대로 원처분청을 피고로 하여 소송을 제기하여야 하는 것으로 보고 있다(대판 1997.11.14, 97누7325).

(3) 검토

변경처분 및 변경재결은 일부취소의 내용을 갖는 바, 취소되고 남은 원처분을 소의 대상으로 보는 것이 타당하다.

2. 제소기간

(1) 제소기간의 의의 및 취지(행정소송법 제20조)

제소기간이란 소송을 제기할 수 있는 시간적 간격을 의미하며 제소기간 경과 시 "불가쟁력"이 발생하여 소를 제기할 수 없다. 행정소송법 제20조에서는 처분이 있은 날로부터 1년, 안 날로부터 90일 이내에 소송을 제기해야 한다고 규정하고 있다. 제소기간은 행정의 안정성과 국민의 권리구제를 조화하는 입법정책과 관련된 문제이다.

(2) 행정심판을 거친 경우

행정심판을 거쳐 취소소송을 제기하는 경우 취소소송은 재결서를 받은 날부터 90일 이내에 제기하여야 한다. 재결서의 정본을 송달받지 못한 경우에는 재결이 있은 날부터 1년이 경과하면 취소소송을 제기하지 못하나, 정당한 사유가 있는 때에는 그러하지 아니하다.

(3) 행정심판을 거치지 않은 경우

행정심판을 거치지 않고 직접 취소소송을 제기하는 경우 취소소송은 처분 등이 있음을 안 날부터 90일 이내에 제기하여야 하고, 처분 등이 있은 날부터 1년을 경과하면 이를 제기하지 못한다. 다만, 정당한 사유가 있는 때에는 그러하지 아니하다.

III 사안의 해결

1. 乙의 경우

乙은 7.1 변경고시된 2,380,000원을 대상으로 2018.5.31.부터(설문상 통지내용이 설시되지 않은 바, 최소한 이의신청일인 6.19.을 안 날로 볼 수 있다) 90일 이내에 행정소송을 제기할 수 있을 것이다(이 경우, 변경고시 내용은 乙이 주장한 1,126,850원보다 높은바, 乙은 결정서 통지일인 7.1부터 90일 이내에 행정소송을 제기할 수 있는 것으로 보아 乙의 권리보호를 두텁게 할 필요성도 인정된다고 본다).

2. 丙의 경우

丙은 행정심판을 거쳤기에 2,000,000원으로 변경된 원처분을 대상으로 변경재결서 송달일인 2018.8.30.부터 90일 이내에 행정소송을 제기할 수 있을 것이다.

32회 문제 02

甲은 A시에 토지를 소유하고 있다. A시장은 甲의 토지 등의 비교표준지로 A시 소재 일정 토지(2020.1.1. 기준 공시지가는 1㎡당 1,000만원이다)를 선정하고, 甲의 토지 등과 비교표준지의 토지가격비준표상 총 가격배율을 1.00으로 조사함에 따라 甲의 토지의 가격을 1㎡당 1,000만원으로 산정하였다. A시장으로부터 산정된 가격의 검증을 의뢰받은 감정평가사 乙은 甲의 토지가 비교표준지와 비교하여 환경조건, 획지조건 및 기타조건에 열세에 있고, 특히 기타조건과 관련하여 비교표준지는 개발을 위한 거래가 이어지고 있으나, 甲의 토지 등은 개발 움직임이 없다는 점을 '장래의 동향'으로 반영하여 91%의 비율로 열세에 있다고 보아, 비교표준지의 공시지가를 약 83.9%의 비율로 감액한 1㎡당 839만원을 개별공시지가로 정함이 적정하다는 검증의견을 제시하였다. A시장은 A시 부동산가격공시위원회의 심의를 거쳐 이 검증의견을 그대로 받아들여 2020.5.20. 甲의 토지의 개별공시지가를 1㎡당 839만원으로 결정ㆍ공시하고, 甲에게 개별통지하였다. 甲은 토지가격비준표에 제시된 토지특성에 기초한 가격배율을 무시하고 乙이 감정평가방식에 따라 독자적으로 지가를 산정하여 제시한 검증의견을 그대로 반영하여 개별공시지가를 결정한 것은 위법하다고 보아, 「부동산 가격공시에 관한 법률」 제11조에 따라 2020.6.15. 이의신청을 제기하였고, 2020.7.10. 이의를 기각하는 내용의 이의신청결과가 甲에게 통지되었다. 다음 물음에 답하시오(아래의 물음은 각 별개의 상황임). 30점

(1) 甲은 2020.9.10. 개별공시지가결정에 대해 취소소송을 제기하였다. 甲이 제기한 취소소송은 제소기간을 준수하였는가? 10점

(설문 2-1)의 해결

Ⅰ. 쟁점의 정리

Ⅱ. 취소소송에서의 제소기간

1. 의의 및 취지
2. 행정심판을 거친 경우(행정소송법 제20조)
3. 행정심판을 거치지 않은 경우(행정소송법 제20조)
4. 이의신청을 거친 경우
5. 소 제기기간 준수 여부의 기준시점

Ⅲ. 사안의 해결

예시답안

(설문 2-1)의 해결

Ⅰ 쟁점의 정리

갑은 개별공시지가결정에 대한 취소소송을 제기하였는데, 취소소송을 제기할 수 있는 제소기간의 기산일이 개별공시지가 결정공시일인지 아니면 이의신청에 대한 통지일인지를 검토한다.

Ⅱ 취소소송에서의 제소기간

1. 의의 및 취지

제소기간이란 소송을 제기할 수 있는 시간적 간격을 의미하며 제소기간 경과 시 "불가쟁력"이 발생하여 소를 제기할 수 없다. 행정소송법 제20조에서는 처분이 있은 날로부터 1년, 안 날로부터 90일 이내에 소송을 제기해야 한다고 규정하고 있다. 제소기간은 행정의 안정성과 국민의 권리구제를 조화하는 입법정책과 관련된 문제이다(초일불산입).

2. 행정심판을 거친 경우(행정소송법 제20조)

행정심판을 거쳐 취소소송을 제기하는 경우 취소소송은 재결서의 정본을 송달받은 날로부터 90일 이내(제척기간)에 제기하여야 한다. 재결서의 정본을 송달받지 못한 경우에는 재결이 있은 날로부터 1년이 경과하면 취소소송을 제기하지 못하나, 정당한 사유가 있는 때에는 그러하지 아니하다(행정소송법 제20조 제2항).

3. 행정심판을 거치지 않은 경우(행정소송법 제20조)

행정심판을 거치지 않고 직접 취소소송을 제기하는 경우 취소소송은 처분 등이 있음을 안 날로부터 90일 이내에 제기하여야 하고, 처분 등이 있은 날로부터 1년을 경과하면 이를 제기하지 못한다. 다만, 정당한 사유가 있는 때에는 그러하지 아니하다.

4. 이의신청을 거친 경우

행정기본법 제36조 제4항에서는 '이의신청에 대한 결과를 통지받은 후 행정심판 또는 행정소송을 제기하려는 자는 그 결과를 통지받은 날로부터 90일 이내에 행정심판 또는 행정소송을 제기할 수 있다.'고 규정하고 있으며, 표준지공시지가와 관련된 행정법원 판례(2020.11.10, 2019구합71448, 2020.9.24, 2019구합70544)에서는 이의신청에 대한 결과통지일로부터 90일 이내에 행정소송을 제기할 수 있는 것으로 판시하고 있다.

5. 소 제기기간 준수 여부의 기준시점

소 제기기간 준수 여부는 원칙상 소제기 시를 기준으로 한다.

Ⅲ 사안의 해결

행정기본법 및 공시지가와 관련된 판례의 태도에 비추어 볼 때, 이의신청 결정 통지일로부터 제소기간을 기산하는 것이 타당하므로 7월 10일부터(초일불산입) 90일 이내인 9월 10일 취소소송을 제기하였으므로 제소기간은 준수되었다.

제4절 협의의 소익

24회 문제 03

乙은 감정평가사 甲이 감정평가업무를 행하면서 고의로 잘못된 평가를 하였다는 것을 이유로, 「감정평가 및 감정평가사에 관한 법률」 제32조 제1항 제11호 및 동법 시행령 제29조 [별표 3]에 따라 6개월의 업무정지처분을 하였고, 乙은 이에 불복하여 취소소송을 제기하였다. 소송의 계속 중에 6개월의 업무정지기간이 만료하였다. 甲은 위 취소소송을 계속할 이익이 인정되는가? 20점

(설문 3)의 해결

Ⅰ. 쟁점의 정리

Ⅱ. 제재적 처분기준의 법적 성질

1. 문제점
2. 법적 성질
   (1) 학설
   (2) 판례
   (3) 검토
   (4) 사안의 경우

Ⅲ. 처분의 효력이 소멸한 경우의 협의소익 인정 여부

1. 문제소재
2. 협의의 소익의 의의 및 취지
3. 행정소송법 제12조 제2문의 회복되는 법률상 이익의 의미
   (1) 학설
   (2) 판례
   (3) 검토
4. 가중처벌과 관련된 제재적 처분기준에 관한 판례
   (1) 종전 판례
   (2) 최근 판례
      1) 다수견해
      2) 소수견해
   (3) 검토
5. 사안의 경우

Ⅳ. 사안의 해결

예시답안

(설문 3)의 해결

Ⅰ 쟁점의 정리

설문은 업무정지취소소송 중 업무정지기간이 만료된 경우 해당 취소소송을 계속할 소의 이익이 있는지를 묻고 있다. 6개월의 업무정지처분의 효력이 소멸한 이후에 가중처벌의 불이익을 제거하기 위하여 취소소송을 계속할 소의 이익이 있는지를 묻는 것이므로 ① 해당 제재적 처분기준인 감정평가법 시행령 제29조 [별표 3]의 법적 성질이 법규성을 갖는지를 살펴보고 ② 처분의

효력이 소멸했음에도 甲에게 취소소송의 본안판결을 받을 현실적 필요성이 인정되는지를 협의의 소익과 관련하여 검토한다.

Ⅱ 제재적 처분기준의 법적 성질

1. 문제점

제재적 처분기준이 법규명령의 형식으로 제정되었으나 그 실질이 행정규칙의 내용을 갖는 경우, 대외적 구속력이 문제된다.

2. 법적 성질

(1) 학설

① 규범의 형식과 법적 안정성을 중시하여 법규명령으로 보는 견해, ② 규범의 실질과 구체적 타당성을 중시하여 행정규칙으로 보는 견해, ③ 상위법의 수권유무로 판단하는 수권여부기준설이 대립한다.

(2) 판례

대법원은 ① (구)식품위생법 시행규칙상 제재적 처분기준은 행정규칙으로 보며, ② (구)청소년보호법 시행령상 과징금처분기준을 법규명령으로 보면서 그 처분기준은 최고한도로 보아 구체적 타당성을 기한 사례가 있다.

(3) 검토

대통령령과 부령을 구분하는 판례의 태도는 합리적 이유가 없으므로 타당성이 결여된다. 또한 부령의 경우에도 법규명령의 형식을 갖는 이상 법제처의 심사에 의해 절차의 정당성을 확보하고, 공포를 통한 예측가능성이 보장된다는 점에서 부령인 경우도 법규성을 긍정함이 타당하다.

국민의 시각에서 형식에 따라 대외적 구속력을 예측하는 것이 일반적일 것이므로 법규명령으로 봄이 타당하다.

(4) 사안의 경우

감정평가법 시행령 제29조 [별표 3]은 형식이 대통령령이며 상위법률인 감정평가법의 처분기준을 각 사유마다 세분화하여 규정하였으며 가감규정을 두어 개별사안에서 구체적 타당성을 기여하고 있다. 따라서 법규명령의 성질을 갖는 것으로 볼 수 있다.

III 처분의 효력이 소멸한 경우의 협의소익 인정 여부

1. 문제소재

처분 등의 효력이 소멸한 경우에는 원칙적으로 소의 이익이 없으나, 예외적으로 권리보호를 위해 소의 이익이 인정될 수 있는바 이하 검토한다.

2. 협의의 소익의 의의 및 취지

협의의 소익은 본안판결을 받을 현실적 필요성을 의미한다(행정소송법 제12조 제2문). 협의의 소익은 원고적격과 함께 소송요건이 되며 이는 남소방지와 충실한 본안심사를 통해 소송경제를 도모함에 취지가 인정된다. 동 규정을 원고적격으로 보는 견해가 있으나 통상 협의의 소익규정으로 본다.

3. 행정소송법 제12조 제2문의 회복되는 법률상 이익의 의미

(1) 학설

① 〈소극설〉은 제12조 전문의 법률상 이익과 동일하다고 본다. ② 〈적극설〉은 이에 명예, 신용 등 이익도 포함된다. ③ 〈정당한 이익설〉은 경제, 사회, 문화적 이익까지 포함한다고 본다.

(2) 판례

처분의 근거법률에 의해 보호되는 직접적이고 구체적인 이익을 말하며, 간접적이고 사실적인 이익은 해당하지 않는다고 한다.

(3) 검토

구체적 사안별로 권리보호의 현실적 필요성이 있는지를 검토함이 타당하다. 따라서 명예, 신용의 이익도 경우에 따라서는 소의 이익이 인정될 수 있을 것이다.

4. 가중처벌과 관련된 제재적 처분기준에 관한 판례

(1) 종전 판례

제재적 처분기준이 대통령령 형식인 경우에는 소의 이익이 있다고 보았으나 부령 형식의 경우에는 소의 이익이 없다고 보았다.

(2) 최근 판례

1) 다수견해

① 법규명령 여부와 상관없이 행정청은 처분기준을 준수할 의무가 있으므로, 상대방이 장래에 받을 수 있는 가중처벌규정은 구체적이고 현실적인 것이므로 “그 불이익을 제거할 필요가 있다.”고 하여 제재적 처분이 부령 형식이라도 협의의 소익을 인정한다. 또한 ② 후에 동일내용을 다투는 경우 이중의 노력과 비용이 소모되고, ③ 시간의 경과로 인한 증거자료의 일실의 문제가 발생할 수 있는 측면에서도 협의의 소익을 인정한다.

2) 소수견해

제재적 처분기준을 정한 부령인 시행규칙은 헌법 제95조에 의한 위임명령이므로 이의 법규성을 인정하는 이론적 기초 위에서 그 법률상 이익을 긍정함이 더욱 합당하다고 한다.

(3) **검토**

부령 형식으로 제정된 경우에도 법규성을 인정하는 논리적 기초 위에서 가중처벌에 따른 불이익의 위험을 제거함이 타당하다고 판단된다.

5. 사안의 경우

甲에 대한 6개월의 업무정지처분의 효력은 기간의 도과로 효력이 소멸하였지만, 후에 甲이 업무정지사유에 해당하게 되면 제재적 처분기준의 법적 성질을 어느 것으로 보더라도 가중처벌을 받을 위험이 존재한다. 따라서 甲은 이러한 가중처벌의 위험을 제거할 현실적인 필요성이 인정된다.

Ⅳ 사안의 해결

감정평가법 시행령 제29조 [별표 3]의 제재적 처분기준은 법규명령으로써 대외적 구속력이 인정되므로 甲이 2회 이상의 법규위반을 하게 되면 가중처벌을 받을 위험이 존재하게 된다. 따라서 업무정지처분의 효력은 소멸하였지만 가중처벌을 받을 현실적인 위험을 제거하기 위하여 甲에게 협의의 소익이 인정된다.

채점평

문제 3

제재처분의 기간이 경과한 경우 취소소송을 계속할 이익이 있는지에 관하여는 전형적인 소송법상의 주요 쟁점으로 다루어지기 때문에 예상대로 상당수의 답안들이 협의의 소익을 주제로 하여 매우 잘 정리된 목차와 내용들을 기술하였다. 우선 제재처분의 기준을 정하고 있는 대통령령의 법적 성질이 어떠한지를 검토한 후 협의의 소익에 관한 일반적인 내용 및 제재처분의 기준에 관하여 장차 동일한 위반행위에 대한 가중처벌에 관한 규정이 존재하는 경우, 법률의 형식과 행정규칙의 형식으로 규정되어 있는 경우, 협의의 소익을 인정할 것인지에 관한 대법원 전원합의체 판결 전후를 비교하여 검토하는 형식의 답안이 많았으며, 매우 평이하고 무난한 문제였기 때문에 이미 대다수의 수험생들이 예상문제로 많은 연습을 하였을 것으로 생각된다.

27회 문제 04

국토교통부장관은 감정평가업자 甲이 「감정평가 및 감정평가사에 관한 법률」(이하 '감정평가법'이라 함) 제10조에 따른 업무범위를 위반하여 업무를 행하였다는 이유로 甲에게 3개월 업무정지처분을 하였다. 甲은 이러한 처분에 불복하여 취소소송을 제기하였으나 소송계속 중 3개월의 정지기간이 경과되었다. 감정평가법 제32조 제1항에 근거하여 제정된 감정평가법 시행령 제29조 [별표 3] '감정평가법인등의 설립인가의 취소와 업무의 정지에 관한 기준'에 따르면, 위 위반행위의 경우 위반횟수에 따라 가중처분을 하도록 규정하고 있다(1차 위반 시 업무정지 3개월, 2차 위반 시 업무정지 6개월, 3차 위반 시 업무정지 1년). 甲은 업무정지처분의 취소를 구할 법률상 이익이 있는가? 10점

예시답안

(설문 4)의 해결

Ⅰ 쟁점의 정리

甲은 감정평가법 제10조에 따른 업무범위 위반을 이유로 3개월의 업무정치처분을 받았다. 이러한 처분에 불복하여 취소소송을 제기하였으나 소송계속 중 3개월의 정지기간이 경과되었다. 원칙적으로 기간의 도과로 인하여 협의의 소익이 부정될 것이나, 예외적으로 가중처벌규정이 있는 경우에 협의의 소익이 인정될 수 있는지를 검토한다.

Ⅱ 가중처벌규정과 협의의 소익

1. 협의의 소익의 의의 및 취지

협의의 소익은 본안판결을 받을 현실적 필요성을 의미한다(행정소송법 제12조 제2문). 협의의 소익은 원고적격과 함께 소송요건이 되며 이는 남소방지와 충실한 본안심사를 통해 소송경제를 도모함에 취지가 인정된다.

2. 취소소송에서의 협의의 소익(처분의 효력이 소멸한 경우)

처분의 효력기간의 경과 등으로 그 행정처분의 효력이 상실된 경우에도 해당 처분을 취소할 현실적 이익이 있는 경우(그 처분이 외형상 잔존함으로 인하여 어떠한 법률상 이익이 침해되고 있다고 볼 만한 특별한 사정이 있는 경우)에는 그 처분의 취소를 구할 소의 이익이 있다.

3. 가중처벌과 관련된 제재적 처분기준이 있는 경우의 협의의 소익

종전 판례는 제재적 처분기준이 대통령령 형식인 경우에만 소의 이익이 있다고 보았으나 최근 판례는 법규명령 여부와 상관없이 행정청은 처분기준을 준수할 의무가 있으므로, 상대방이 장래에 받을 수 있는 가중처벌규정은 구체적이고 현실적인 것이므로 "그 불이익을 제거할 필요가 있다."라고 하여 제재적 처분이 부령 형식이라도 협의소익을 인정하고 있다.

Ⅲ 사안의 해결

甲은 소송 중에 업무정지기간이 경과되었다 하더라도 장차 가중처벌을 받을 불이익을 제거할 현실적 필요성이 인정되므로, 업무정지처분의 취소를 구할 법률상 이익이 인정된다.

채점평

문제 4

이 문제는 영업정지처분의 정지기간이 도과된 후에 취소를 구할 법률상 이익이 인정되는지 여부를 묻는 문제이다. 행정소송법 제12조 후단을 언급하면서 협의의 소의 이익에 관한 대법원 판례의 태도를 기술하면 무난하다고 본다. 제재적 처분 기준의 법적 성질을 법령보충적 행정규칙으로 잘못 이해하고 작성한 부실한 답안도 있었다. 그러나 제재적 처분 기준을 대통령령의 형식으로 명확히 알고 있는 전제에서 제재적 처분의 전력이 장래의 행정처분의 가중요건으로 법령에 규정되어 있는 경우에 협의의 소의 이익이 인정된다고 서술하는 답안 기술이 요망된다.

기출문제

[감정평가] 행정법 관련 CASE [제16회 제2문]

감정평가사 甲은 감정평가를 함에 있어 감정평가준칙을 준수하지 아니하였음을 이유로 국토교통부장관으로부터 2개월의 업무정지처분을 받았다. 이에 甲은 처분의 효력발생일로부터 2개월이 경과한 후 제소기간 내에 국토교통부장관을 상대로 업무정지처분 취소소송을 제기하였다. 甲에게 소의 이익이 있는지의 여부를 판례의 태도에 비추어 설명하시오(「감정평가 및 감정평가사에 관한 법률 시행령」 제29조 [별표 3]은 업무정지처분을 받은 감정평가사가 1년 이내에 다시 업무정지의 사유에 해당하는 위반행위를 한 때에는 가중하여 제재처분을 할 수 있도록 규정하고 있다). 30점

Ⅰ. 쟁점의 정리

Ⅱ. 협의의 소익의 개관(권리보호의 필요)

1. 협의의 소익의 의의 및 취지
2. 원고적격과의 구별
3. 행정소송법 제12조 제2문의 회복되는 법률상 이익의 의미
4. 취소소송에서의 협의의 소익

Ⅲ. 가중처벌의 가능성을 규정한 관련법규의 법적 성질

1. 문제점
2. 법적 성질
   (1) 학설 / (2) 판례
   (3) 검토 / (4) 사안의 경우

Ⅳ. 가중처벌과 관련된 제재적 처분기준에 관한 판례

1. 종전 판례의 태도
2. 최근 판례의 태도
   (1) 다수견해 / (2) 소수견해
3. 검토

Ⅴ. 甲에게 소익이 있는지 여부(사안의 해결)

쟁점해설

이 문제는 종전 법규명령 형식의 행정규칙에 가중처벌규정을 둔 경우 판례가 시행령 형식인 경우에는 이를 법규명령으로 보고 협의의 소익을 인정하고, 시행규칙으로 규정한 경우 협의의 소익을 부정하는 태도를 취하였고 이에 대한 학설의 비판이 있었다.

그러나 최근 대법원은 판례(대판 2006.6.22, 2003두1684 全合)를 변경하여 협의의 소익 유무를 가중법규의 법적 성질이 법규명령이냐 행정규칙이냐라는 형식적 기준에 의하여 판단하지 않고 구체적인 사안별로 관계법령의 취지를 살펴서 현실적으로 권리보호의 필요성이 있느냐를 기준으로 판단하고 있다.

1. 종전 판례

가중요건을 정한 시행규칙이 행정규칙이므로 구속력이 없고 따라서 가중적인 제재처분을 받을 불이익은 직접적·구체적 현실적인 것이 아니고, 가중처벌의 위법 여부는 당해 시행규칙이 아니라 처분의 근거법률에 비추어 판단되는 것이므로 당초의 제재처분의 위법 여부는 당초의 제재처분을 가중사유로 고려한 후의 제재처분의 위법 여부를 다투는 경우에 다툴 수 있다(대판 1995.10.17, 94누14148 全合).

2. 변경된 판례(대판 2006.6.22, 2003두1684 全合) 영업정지처분취소

제재적 행정처분의 가중사유나 전제요건에 관한 규정이 행정규칙의 형식으로 되어 있다고 하더라도, 그러한 규칙이 법령에 근거를 두고 있는 이상 관할 행정청이나 담당공무원은 이를 준수할 의무가 있으므로 이들이 그 규칙에 정해진 바에 따라 행정작용을 할 것이 당연히 예견되어 후행처분의 위험은 구체적이고 현실적인 것이고, 선행 제재처분의 취소를 구하여 가중 제재처분을 막는 것이 보다 실효적인 권리구제이므로 소의 이익을 인정하여야 한다고 본다.

> 제재적 행정처분의 가중사유나 전제요건에 관한 규정이 법령이 아니라 규칙의 형식으로 되어 있다고 하더라도, 그러한 규칙이 법령에 근거를 두고 있는 이상 그 법적 성질이 대외적 일반적 구속력을 갖는 법규명령인지 여부와는 상관없이, 관할 행정청이나 담당공무원은 이를 준수할 의무가 있으므로 … 선행처분을 받은 상대방이 그 처분의 존재로 인하여 장래에 받을 불이익, 즉 후행처분의 위험은 구체적이고 현실적인 것이므로, 상대방에게는 선행처분의 취소소송을 통하여 그 불이익을 제거할 필요가 있다. … 비록 그 처분에서 정한 제재기간이 경과하였다 하더라도 그 처분의 취소소송을 통하여 그러한 불이익을 제거할 권리보호의 필요성이 충분히 인정된다고 할 것이므로, 선행처분의 취소소송을 구할 법률상 이익이 있다고 보아야 한다.

> **전원합의체 판결의 별개의견**
>
> 이 견해는 부령 형식의 행정규칙의 법규성을 인정하면서 이 경우에 가중된 제재처분을 받을 불이익을 제거하기 위하여 정지기간이 지난 정지처분의 취소를 구할 이익이 있다고 한다.

예시답안

Ⅰ 쟁점의 정리

취소소송이란 위법한 행정처분의 취소나 변경을 구하는 형성소송이므로, 처분의 효력이 소멸한 경우에는 원칙적으로 소의 이익이 부정될 것이지만 행정소송법 제12조 후문에서는 '처분등의 효력이 소멸한 경우에도 취소소송을 제기할 수 있다.'고 규정하고 있다. 설문에서는 甲이 '장래에 가중처벌을 받을 수 있다는 위험'이 있음을 이유로, 효력이 소멸한 업무정지처분을 대상으로 취소소송을 제기할 수 있는지를 관련 판례의 태도에 비추어 설명하고자 한다.

Ⅱ 협의의 소익의 개관(권리보호의 필요)

1. 협의의 소익의 의의 및 취지

협의의 소익은 본안판결을 받을 현실적 필요성을 의미한다(행정소송법 제12조 제2문). 협의의 소익은 원고적격과 함께 소송요건이 되며 이는 남소방지와 충실한 본안심사를 통해 소송경제를 도모함에 취지가 인정된다.

2. 원고적격과의 구별

동 규정을 원고적격으로 보는 견해가 있으나 통상 협의의 소익규정으로 보며, 개정안에서는 별도로 규정하고 있다.

3. 행정소송법 제12조 제2문의 회복되는 법률상 이익의 의미

행정소송법 제12조 후문의 법률상 이익은 취소를 통하여 구제되는 기본적인 법률상 이익뿐만이 아니라 부수적인 이익도 포함된다고 보는 것이 다수견해이나, 판례는 처분의 근거 법률에 의해 보호되는 직접적이고 구체적인 이익을 말한다고 한다. 구체적 사안별로 권리보호의 현실적 필요성이 있는지를 검토함이 타당하므로 명예, 신용의 이익도 경우에 따라서는 소의 이익이 인정될 수 있을 것이다.

4. 취소소송에서의 협의의 소익

① 처분의 효력이 소멸한 경우(처분이 외형상 잔존함으로 인하여 어떠한 법률상 이익이 침해되고 있다고 볼 만한 특별한 사정이 있는 경우에는 그 처분의 취소를 구할 소의 이익이 있다), ② 원상회복이 불가능한 경우, ③ 처분 후의 사정에 의해 이익침해가 해소된 경우, ④ 보다 간이한 구제방법이 있는 경우에는 소의 이익이 없는 것으로 보아야 한다.

III 가중처벌의 가능성을 규정한 관련법규의 법적 성질

1. 문제점

가중처벌의 기준은 법규명령의 형식으로 제정되었으나 그 실질이 행정규칙의 내용을 갖는 경우이므로, 이에 대한 대외적 구속력이 인정되는지가 문제된다.

2. 법적 성질

(1) 학설

① 규범의 형식과 법적 안정성을 중시하여 법규명령으로 보는 견해와, ② 규범의 실질과 구체적 타당성을 중시하여 행정규칙으로 보는 견해, ③ 상위법의 수권유무로 판단하는 수권여부기준설이 대립한다.

(2) 판례

대법원은 ① (구)식품위생법 시행규칙상 제재적 처분기준은 행정규칙으로 보며, ② (구)청소년보호법 시행령상 과징금처분기준을 법규명령으로 보면서 그 처분기준은 최고한도로 보아 구체적 타당성을 기한 사례가 있다.

(3) 검토

대통령령과 부령을 구분하는 판례의 태도는 합리적 이유가 없으므로 타당성이 결여된다. 또한 부령의 경우에도 법규명령의 형식을 갖는 이상 법제처의 심사에 의해 절차의 정당성을 확보하고, 공포를 통한 예측가능성이 보장된다는 점에서 부령인 경우도 법규성을 긍정함이 타당하다.

(4) **사안의 경우**

시행령 제29조에서 규정하고 있는 제재적 처분기준(별표 3)은 그 형식이 대통령령이며, 상위법률인 감정평가법의 처분기준을 각 사유마다 세분화하여 규정하여 개별사안에서 구체적 타당성을 기여하고 있다. 따라서 법규명령의 성질을 갖는 것으로 볼 수 있다.

Ⅳ 가중처벌과 관련된 제재적 처분기준에 관한 판례

1. 종전 판례의 태도

제재적 처분기준이 대통령령 형식인 경우에는 소의 이익이 있다고 보았으나 부령 형식의 경우에는 소의 이익이 없다고 보았다.

2. 최근 판례의 태도

(1) **다수견해**

① 법규명령 여부와 상관없이 행정청은 처분기준을 준수할 의무가 있으므로, 상대방이 장래에 받을 수 있는 가중처벌규정은 구체적이고 현실적인 것이므로 "그 불이익을 제거할 필요가 있다."고 하여 제재적 처분이 부령 형식이라도 협의의 소익을 인정한다. 또한 ② 후에 동일내용을 다투는 경우 이중의 노력과 비용이 소모되고, ③ 시간의 경과로 인한 증거자료의 일실의 문제가 발생할 수 있는 측면에서도 협의의 소익을 인정한다.

(2) **소수견해**

제재적 처분기준을 정한 부령인 시행규칙은 헌법 제95조에 의한 위임명령이므로 이의 법규성을 인정하는 이론적 기초 위에서 그 법률상 이익을 긍정함이 더욱 합당하다고 한다.

3. 검토

부령 형식으로 제정된 경우에도 법규성을 인정하는 논리적 기초 위에서 가중처벌에 따른 불이익의 위험을 제거함이 타당하다고 판단된다.

Ⅴ 甲에게 소익이 있는지 여부(사안의 해결)

설문에서는 업무정지처분의 이력이 남아있으므로, 만약 甲이 감정평가준칙을 준수하지 않는다면 이는 가중처벌의 사유가 된다. 이러한 가중처벌을 규정한 제재적 처분기준의 대외적 구속력이 인정되므로, 甲은 효력이 소멸한 업무정지처분에 대한 취소를 구하여 (장래에) 가중처벌을 받을 수 있는 불이익한 상태를 제거할 현실적인 필요성이 인정된다고 볼 수 있다.

제5절 집행정지

 기출문제

[재결] 수용의 효과 [제11회 제1문]

토지소유자인 甲은 중앙토지수용위원회의 수용재결에 불복하여 이의신청을 제기하였으나 기각되었다. 이에 따라 甲은 행정소송으로서 취소소송을 제기하고자 한다.

(2) **甲이 행정소송을 제기하는 경우에 이것이 토지에 대한 수용효력에 영향을 미치는가를 설명하시오.** 10점

Ⅰ. 문제의 제기

Ⅱ. 집행정지의 문제(설문 2)

1. **집행부정지의 원칙**
2. **설문 (2)의 수용효력에의 영향**

Ⅲ. 문제의 해결

쟁점해설

1. 논점

설문에 의하면 중앙토지수용위원회의 수용재결에 불복하여 행정소송으로서 취소소송을 제기하고 그 소송은 수용재결의 불복인 취소소송이므로 손실보상재결의 불복인 당사자소송이 아닌 점이 분명하다. 따라서 행정소송을 제기하는 경우 그 대상을 중앙토지수용위원회의 수용재결로 할 것인가, 이의재결을 할 것인가, 토지수용법(현 토지보상법)의 규정내용과 판례의 태도는 어떠한가, 행정소송의 제기가 수용효력에 미치는 영향은 어떠한가 하는 점이 논점이 될 수 있다.

2. 답안의 요지

답안은 취소소송의 대상을 수용재결로 할 것인가, 이의재결로 할 것인가에 대하여 학설과 판례의 태도를 설명하고 행정소송의 제기로 인한 수용재결의 효력에 대하여도 언급하고 있다. 학설은 수용재결을 취소소송의 대상으로 하여야 한다는 원칙을 원처분주의, 이의재결을 취소소송의 대상으로 하여야 한다는 원칙을 재결주의라 하고, 판례는 재결주의의 입장임을 설명하고 있다. 그리고 행정소송법과 토지보상법의 규정 예를 들어 집행부정지 원칙과 이에 대한 예외규정도 언급하고 있다.

3. 강평

(2) 행정소송제기가 수용효력에 미치는 영향

토지보상법은 토지수용위원회의 시심적 재결이 있게 되면 그 재결의 집행부정지 효력을 규정하고 있다. 다시 말하면 토지수용위원회의 시심적 재결로서 수용의 효력은 발생하고 행정대집행도 가능하며, 이에 대한 집행정지는 인정하지 않는다는 것이다.

그러나 행정소송법은 집행부정지 원칙과 집행정지의 예외규정을 두고 있는 결과 토지보상법과의 관계에 의문이 생기게 된다. 행정소송법의 이러한 규정에도 불구하고 토지보상법 기타 개별법에서 집행부정지 효력을 특별히 규정하는 것은 개별법의 목적을 달성하기 위한 필요성에 기인한다고 할 수도 있다.

따라서 이의재결에 대한 행정소송이 토지수용효력에 미치는 영향은 공공사업의 원활한 시행 및 집행정지의 남용방지라는 토지보상법의 특수한 목적과 재산권 보호와의 관계를 서로 관련시켜 설명하면 될 것이다.

23회 문제 03

20년 이상 감정평가업에 종사하고 있는 감정평가사 甲은 2년 전에 국토교통부장관 乙의 인가를 받아 50명 이상의 종업원을 고용하는 감정평가법인을 설립하였다. 그 후 乙은 甲이 정관을 거짓으로 작성하는 등 부정한 방법으로 감정평가법인의 설립인가를 받았다는 이유로 「감정평가 및 감정평가사에 관한 법률」 제32조 제1항 제13호에 따라 설립인가를 취소하였다. 甲은 乙의 인가취소가 잘못된 사실관계에 기초한 위법한 처분이라는 이유로 취소소송을 제기하면서 집행정지신청을 하였다. 甲의 집행정지신청의 인용여부를 논하시오. 20점

(설문 3)의 해결

Ⅰ. 쟁점의 정리

Ⅱ. 집행정지의 요건 및 절차 등

1. 의의(집행부정지 원칙과 예외적인 집행정지) 및 근거(행정소송법 제23조 제1항 및 제2항)

2. 요건

(1) 신청요건(형식적 요건 : 미충족 시 각하결정)

1) 정지대상인 처분 등이 존재할 것

2) 적법한 본안소송이 계속 중일 것

3) 신청인적격 및 신청이익

(2) 본안요건(실체적 요건 : 기각결정 또는 인용결정(집행정지결정))

1) 회복하기 어려운 손해

2) 긴급한 필요의 존재

3) 공공복리에 중대한 영향이 없을 것

4) 본안청구가 이유 없음이 명백하지 아니할 것

3. 절차

4. 내용

Ⅲ. 사안의 해결

예시답안

(설문 3)의 해결

Ⅰ 쟁점의 정리

설문에서 甲은 인가취소에 대한 취소소송을 제기하면서 집행정지를 신청하였다. 甲의 집행정지 신청이 인용되기 위해서는 집행정지요건을 모두 충족해야 하는바, 이하에서 검토한다.

Ⅱ 집행정지의 요건 및 절차 등

1. 의의(집행부정지 원칙과 예외적인 집행정지) 및 근거(행정소송법 제23조 제1항 및 제2항)

집행부정지 원칙은 취소소송의 제기는 처분 등의 효력이나 그 집행 또는 절차의 속행에 영향을 주지 아니함을 말한다. 단, 처분이 진행되는 등의 사정으로 회복되기 어려운 손해가 발생할 경우 예외적으로 집행정지를 인정한다.

2. 요건

(1) 신청요건(형식적 요건 : 미충족 시 각하결정)

1) 정지대상인 처분 등이 존재할 것

행정소송법상 집행정지는 종전의 상태, 즉 원상을 회복하여 유지시키는 소극적인 것이므로 침해적 처분을 대상으로 한다.

2) 적법한 본안소송이 계속 중일 것

행정소송법상의 집행정지는 민사소송에서의 가처분과는 달리 적법한 본안소송이 계속 중일 것을 요하며, 계속된 본안소송은 소송요건을 갖춘 적법한 것이어야 한다.

3) 신청인적격 및 신청이익

집행정지를 신청할 수 있는 자는 본안소송의 당사자이다. 신청인은 '법률상 이익'이 있는 자이어야 한다. 또한 집행정지결정의 현실적 필요성이 있어야 한다.

(2) 본안요건(실체적 요건 : 기각결정 또는 인용결정(집행정지결정))

1) 회복하기 어려운 손해

판례는 금전보상이 불가능하거나 사회통념상 참고 견디기가 현저히 곤란한 유・무형의 손해(적소는 요건 아님)와 중대한 경영상의 위기(아람마트 사건)를 회복하기 어려운 손해로 보고 있다. 이에 대한 소명책임은 신청인에게 있다.

2) 긴급한 필요의 존재

회복하기 어려운 손해의 발생이 절박하여 손해를 회피하기 위하여 본안판결을 기다릴 여유가 없을 것을 말한다(대결 1994.1.17, 93두79).

3) 공공복리에 중대한 영향이 없을 것

처분의 집행에 의해 신청인이 입을 손해와 집행정지에 의해 영향을 받을 공공복리 간 이익형량을 하여 공공복리에 중대한 영향을 미칠 우려가 없어야 한다(대결 1999.12.20, 99무42).

4) 본안청구가 이유 없음이 명백하지 아니할 것

집행정지는 인용판결의 실효성을 확보하기 위하여 인정되는 것이며 행정의 원활한 수행을 보장하며 집행정지신청의 남용을 방지할 필요도 있으므로 본안청구가 이유 없음이 명백하지 아니할 것을 집행정지의 소극적 요건으로 하는 것이 타당하다는 것이 일반적 견해이며 판례도 이러한 입장을 취하고 있다(대결 1992.8.7, 92두30).

3. 절차

본안이 계속된 법원에 당사자의 신청 또는 직권에 의하여 처분 등의 효력이나 그 집행 또는 절차의 속행의 전부 또는 일부의 정지를 결정할 수 있다.

4. 내용

① 처분의 효력을 존재하지 않는 상태에 놓이게 하는 처분의 효력정지, ② 처분의 집행을 정지하는 집행정지, ③ 여러 단계의 절차를 통하여 행정목적이 달성되는 경우에 절차의 속행을 정지하는 절차속행의 정지를 내용으로 한다.

Ⅲ 사안의 해결

설문상 인가취소는 감정평가업무를 더 이상 수행하지 못하도록 하는 처분이며, 이에 대한 취소소송은 적법하게 계속 중인 것으로 보인다. 취소소송의 인용판결이 있을 때까지 업무수행을 하지 못하여 발생한 손실은 금전적으로 배상이 가능할 것으로 보이나, 甲 법인의 명예나 주요 거래처와의 신뢰악화 등의 중대한 경영상의 위험은 회복되기 어려운 손해로 예상된다. 따라서 법원은 집행정지 결정을 해야 할 것이며 국토교통부장관은 이에 대하여 즉시항고할 수 있다(행정소송법 제23조 제5항).

34회 문제 03

A감정평가법인(이하 'A법인'이라 함)에 근무하는 B감정평가사(이하 'B'라 함)는 2020.4.경 갑 소유의 토지 (이하 '갑 토지'라 함)를 감정평가하면서 甲 토지와 이용가치가 비슷하다고 인정되는 부동산 가격공시에 관한 법률에 따른 표준지공시지가를 기준으로 감정평가를 하지도 않았고 적정한 실거래가보다 3배 이상 차이가 나는 금액으로 甲 토지를 감정평가하였다. 그러나 그 사실은 3년여가 지난 후 발견되었고 이에 따라 국토교통부장관은 감정평가관리・징계위원회(이하 '위원회'라 함)에 징계의결을 요구하였으며 위원회는 3개월의 업무정지를 의결하였고, 국토교통부장관은 위원회의 의결에 따라 2023.7.10. B에 대해서 3개월의 업무정지처분(2023.8.1.부터)을 결정하였으며 A법인과 B에게 2023.7.10. 위 징계사실을 통보하였다. 이에 B는 위 징계가 위법하다는 이유로 2023.7.14. 취소소송을 제기하면서 집행정지를 신청하였다. 집행정지의 인용가능성과 본안에서 B의 청구가 기각되는 경우 징계의 효력과 국토교통부장관이 취해야 할 조치에 관하여 설명하시오. 20점

Ⅰ. 쟁점의 정리

Ⅱ. 집행정지 결정의 인용여부

1. 의의(집행부정지원칙과 예외적인 집행정지) 및 근거(행정소송법 제23조 제1항 및 제2항)

2. 요건 및 절차

(1) 신청요건(형식적 요건 : 미충족 시 각하결정)

1) 정지대상인 처분 등이 존재할 것

2) 적법한 본안소송이 계속 중일 것

3) 신청인적격 및 신청이익

(2) 본안요건(실체적 요건 : 기각결정 또는 인용결정(집행정지결정))

1) 회복하기 어려운 손해

2) 긴급한 필요의 존재

3) 공공복리에 중대한 영향이 없을 것

4) 본안청구가 이유 없음이 명백하지 아니할 것

3. 효력 및 시기

4. 집행정지 인용여부

Ⅲ. 본안청구가 기각되는 경우 징계처분의 효력과 국토교통부장관의 조치

1. 징계처분의 효력

2. 국토교통부장관이 취해야 할 조치

(1) 업무정지처분의 재집행(2020두34070)

(2) 징계처분의 공고

Ⅳ. 사안의 해결

예시답안

Ⅰ 쟁점의 정리

감정평가사 B에 대한 징계처분의 취소소송에서 집행정지가 인용될 수 있는지를 집행정지의 본안요건검토를 검토하여 해결한다. 만약 본안에서 B의 청구가 기각되는 경우에는 징계의 효력이 유지될 수 있도록 국토교통부장관은 적절한 조치를 취해야 할 것이므로 이러한 조치에 대해서 설명한다.

Ⅱ 집행정지 결정의 인용여부

1. 의의(집행부정지원칙과 예외적인 집행정지) 및 근거(행정소송법 제23조 제1항 및 제2항)

집행부정지 원칙은 취소소송의 제기는 처분 등의 효력이나 그 집행 또는 절차의 속행에 영향을 주지 아니함을 말한다. 단, 처분이 진행되는 등의 사정으로 회복되기 어려운 손해가 발생할 경우 예외적으로 집행정지를 인정한다.

2. 요건 및 절차

본안이 계속된 법원에 당사자의 신청 또는 직권에 의하여 처분 등의 효력이나 그 집행 또는 절차의 속행의 전부 또는 일부의 정지를 결정할 수 있다.

(1) 신청요건(형식적 요건 : 미충족 시 각하결정)

1) 정지대상인 처분 등이 존재할 것

행정소송법상 집행정지는 종전의 상태, 즉 원상을 회복하여 유지시키는 소극적인 것이므로 침해적 처분을 대상으로 한다. 거부처분에 대하여 집행정지가 가능한지에 관하여 견해의 대립이 있다.

2) 적법한 본안소송이 계속 중일 것

행정소송법상의 집행정지는 민사소송에서의 가처분과는 달리 적법한 본안소송이 계속 중일 것을 요하며, 계속된 본안소송은 소송요건을 갖춘 적법한 것이어야 한다.

3) 신청인적격 및 신청이익

집행정지를 신청할 수 있는 자는 본안소송의 당사자이다. 신청인은 '법률상 이익'이 있는 자이어야 한다. 집행정지신청요건인 법률상 이익은 항고소송의 요건인 '법률상 이익'과 동일하다. 또한 집행정지결정의 현실적 필요성이 있어야 한다.

(2) 본안요건(실체적 요건 : 기각결정 또는 인용결정(집행정지결정))

1) 회복하기 어려운 손해

판례는 금전보상이 불가능하거나 사회통념상 참고 견디기가 현저히 곤란한 유・무형의 손해(적소는 요건 아님)와 중대한 경영상의 위기를(아람마트 사건) 회복하기 어려운 손해로 보고 있다. 이에 대한 소명책임은 신청인에게 있다.

2) 긴급한 필요의 존재

회복하기 어려운 손해의 발생이 절박하여 손해를 회피하기 위하여 본안판결을 기다릴 여유가 없을 것을 말한다(대결 1994.1.17, 93두79).

3) 공공복리에 중대한 영향이 없을 것

처분의 집행에 의해 신청인이 입을 손해와 집행정지에 의해 영향을 받을 공공복리 간 이익형량을 하여 공공복리에 중대한 영향을 미칠 우려가 없어야 한다(대결 1999.12.20, 99무42).

4) 본안청구가 이유 없음이 명백하지 아니할 것

집행정지는 인용판결의 실효성을 확보하기 위하여 인정되는 것이며 행정의 원활한 수행을 보장하며 집행정지신청의 남용을 방지할 필요도 있으므로 본안청구가 이유 없음이 명백하지 아니할 것을 집행정지의 소극적 요건으로 하는 것이 타당하다는 것이 일반적 견해이며 판례도 이러한 입장을 취하고 있다(대결 1992.8.7, 92두30).

3. 효력 및 시기

① 처분의 효력을 잠정적으로 소멸시키는 형성력, ② 행정청은 동일한 처분을 할 수 없는 기속력(행정소송법 제30조 제1항 준용), ③ 판결주문에 정해진 시점까지 존속하는 시적효력이 있다. 집행정지간은 법원이 시기와 종기를 자유롭게 정할 수 있는데, 종기의 정함이 없으면 본안판결 확정시까지 정지의 효력이 존속한다(대결 1962.3.2, 62두1).

4. 집행정지 인용여부

소송 중에 감정평가사 B에 대한 징계처분의 효력이 유지되어 감정평가업무를 수행할 수 없다면 징계처분으로 인하여 전문인으로서의 대외적인 신뢰도를 잃게 되고 감정평가협회 업무배정에서 제외될 수 있으며 법원감정인의 지위 역시 박탈될 수 있으며 이러한 불이익은 회복되기 어려운 손해로 판단된다. 따라서 집행정지는 인용될 것이다.

Ⅲ 본안청구가 기각되는 경우 징계처분의 효력과 국토교통부장관의 조치

1. 징계처분의 효력

법원은 집행정지 기간을 자유롭게 정할 수 있으며 종기의 정함이 없으면 본안판결 확정 시까지 정지의 효력이 존속되는 것으로 보므로 기각판결에 의해서 집행정지의 효력은 소멸된다(실효). 따라서 징계처분의 효력이 다시 발생되는 것으로 보아야 할 것이다. 다만, 업무정지처분의 경우 기 시기와 종기가 업무정지처분을 행함에 있어 명시될 것이므로 이러한 경우 국토교통부장관은 업무정지처분의 효력이 유지될 수 있도록 필요한 조치를 취해야 할 것이다.

2. 국토교통부장관이 취해야 할 조치

(1) 업무정지처분의 재집행(대판 2020.9.3, 2020두34070)

국토교통부장관은 당초 집행정지결정이 없었던 경우와 동등한 수준으로 해당 제재처분이 집행되도록 필요한 조치를 취하여야 한다. 따라서 새로이 업무정지 기간을 정하여 업무정지처분의 효력이 유지될 수 있도록 제재처분을 다시 집행해야 할 것이다.

(2) 징계처분의 공고

국토교통부장관은 지체 없이 그 구체적인 사유를 해당 감정평가사, 감정평가법인등 및 협회에 각각 알리고, 그 내용을 관보 또는 인터넷 홈페이지 등에 게시 또는 공고하여야 한다.

Ⅳ 사안의 해결

감정평가사 B는 회복되기 어려운 손해를 예방하기(대외적 신뢰도 보호 및 업무배정 기회박탈을 예방 등) 위하여 집행정지를 신청하여 인용될 수 있으나, 본안에서 청구가 기각되는 경우에는 국토교통부장관은 업무정지기간을 다시 정하여 B에게 재집행하고 그 내용을 관보 또는 인터넷 홈페이지 등에 게시 또는 공고해야 한다.

본안심사

27회 문제 01

「공익사업을 위한 토지 등의 취득 및 보상에 관한 법률」(이하 '토지보상법'이라 함)의 적용을 받는 공익사업으로 인하여 甲은 사업시행자인 한국철도시설공단 乙에게 협의절차를 통해 자신이 거주하고 있던 주거용 건축물을 제공하여 생활의 근거를 상실하게 되었다고 주장하면서 토지보상법 제78조 제1항에 따른 이주대책의 수립을 신청하였다. 이에 대해 乙은 "위 공익사업은 선형사업으로서 철도건설에 꼭 필요한 최소한의 토지만 보상하므로 사실상 이주택지공급이 불가능하고 이주대책대상자 중 이주정착지에 이주를 희망하는 자의 가구수가 7호(戶)에 그치는 등 위 공익사업은 토지보상법 시행령 제40조 제2항에서 규정하고 있는 이주대책을 수립하여야 하는 사유에 해당되지 아니한다."는 이유를 들어 甲의 신청을 거부하였다. 다음 물음에 답하시오. 40점

(2) 만약 甲이 거부처분 취소소송을 제기하였다면, 乙은 그 소송 계속 중에 처분의 적법성을 유지하기 위해 "甲은 주거용 건축물에 계약체결일까지 계속하여 거주하고 있지 아니하였을 뿐만 아니라 이주정착지로의 이주를 포기하고 이주정착금을 받은 자에 해당하므로 토지보상법 시행령 제40조 제2항에 따라 이주대책을 수립할 필요가 없다."는 사유를 추가·변경할 수 있는가? 20점

참조조문

〈공익사업을 위한 토지 등의 취득 및 보상에 관한 법률〉

제78조(이주대책의 수립 등)

① 사업시행자는 공익사업의 시행으로 인하여 주거용 건축물을 제공함에 따라 생활의 근거를 상실하게 되는 자(이하 "이주대책대상자"라 한다)를 위하여 대통령령으로 정하는 바에 따라 이주대책을 수립·실시하거나 이주정착금을 지급하여야 한다.

② <이하 생략>

〈공익사업을 위한 토지 등의 취득 및 보상에 관한 법률 시행령〉

제40조(이주대책의 수립·실시)

① <생략>

② 이주대책은 국토교통부령으로 정하는 부득이한 사유가 있는 경우를 제외하고는 이주대책대상자 중 이주정착지에 이주를 희망하는 자의 가구 수가 10호(戶) 이상인 경우에 수립·실시한다. <이하 생략>

제41조(이주정착금의 지급)
사업시행자는 법 제78조 제1항에 따라 다음 각 호의 어느 하나에 해당하는 경우에는 이주대책대상자에게 국토교통부령으로 정하는 바에 따라 이주정착금을 지급해야 한다.
1. 이주대책을 수립·실시하지 아니하는 경우
2. 이주대책대상자가 이주정착지가 아닌 다른 지역으로 이주하려는 경우
3. 이주대책대상자가 공익사업을 위한 관계 법령에 따른 고시 등이 있은 날의 1년 전부터 계약체결일 또는 수용재결일까지 계속하여 해당 건축물에 거주하지 않은 경우
4. 이주대책대상자가 공익사업을 위한 관계 법령에 따른 고시 등이 있은 날 당시 다음 각 목의 어느 하나에 해당하는 기관·업체에 소속(다른 기관·업체에 소속된 사람이 파견 등으로 각 목의 기관·업체에서 근무하는 경우를 포함한다)되어 있거나 퇴직한 날부터 3년이 경과하지 않은 경우
   가. 국토교통부
   나. 사업시행자
   다. 법 제21조 제2항에 따라 협의하거나 의견을 들어야 하는 공익사업의 허가·인가·승인 등 기관
   라. 공익사업을 위한 관계 법령에 따른 고시 등이 있기 전에 관계 법령에 따라 실시한 협의, 의견청취 등의 대상자였던 중앙행정기관, 지방자치단체, 「공공기관의 운영에 관한 법률」 제4조에 따른 공공기관 및 「지방공기업법」에 따른 지방공기업

〈행정절차법〉
제21조(처분의 사전 통지)
① 행정청은 당사자에게 의무를 부과하거나 권익을 제한하는 처분을 하는 경우에는 미리 다음 각 호의 사항을 당사자 등에게 통지하여야 한다.
   1. 처분의 제목
   2. 당사자의 성명 또는 명칭과 주소
   3. 처분하려는 원인이 되는 사실과 처분의 내용 및 법적 근거
   4. 제3호에 대하여 의견을 제출할 수 있다는 뜻과 의견을 제출하지 아니하는 경우의 처리방법
   5. 의견제출기관의 명칭과 주소
   6. 의견제출기한
   7. 그 밖에 필요한 사항

제23조(처분의 이유 제시)
① 행정청은 처분을 할 때에는 다음 각 호의 어느 하나에 해당하는 경우를 제외하고는 당사자에게 그 근거와 이유를 제시하여야 한다.
   1. 신청 내용을 모두 그대로 인정하는 처분인 경우
   2. 단순·반복적인 처분 또는 경미한 처분으로서 당사자가 그 이유를 명백히 알 수 있는 경우
   3. 긴급히 처분을 할 필요가 있는 경우
② 행정청은 제1항 제2호 및 제3호의 경우에 처분 후 당사자가 요청하는 경우에는 그 근거와 이유를 제시하여야 한다.

예시답안

(설문 1-2)의 해결

Ⅰ 쟁점의 정리

설문은 취소소송 계속 중에 처분의 적법성을 유지하기 위하여 처분 당시에 제시되지 않았던 사유를 추가·변경할 수 있는지가 문제된다. 새로이 추가·변경하는 사유가 당초 처분사유와 기본적 사실관계의 동일성이 인정되는지를 검토하여 설문을 해결한다.

Ⅱ 처분사유의 추가·변경 인정논의

1. 의의 및 구별개념

처분 당시에 존재하였으나 처분의 근거로 제시하지 않았던 법적 또는 사실적 사유를 소송계속 중에 추가 또는 변경하는 것을 말한다. 처분 당시에 존재하는 사유를 추가하거나 변경한다는 점에서 처분 시의 하자를 사후에 보완하는 하자치유와 구별된다.

2. 소송물과 처분사유의 추가·변경

소송물을 개개의 위법성 사유로 보면 처분사유의 추가·변경은 소송물의 추가·변경이 되므로 원칙적으로 불가하다. 따라서 처분사유의 추가·변경은 소송물(위법성일반)의 범위 내에서 논의되어야 한다.

3. 인정 여부

(1) 학설

① 국민의 공격·방어권 침해를 이유로 부정하는 견해와 ② 소송경제 측면에서 긍정하는 견해, ③ 처분의 상대보호와 소송경제의 요청을 고려할 때 제한적으로 긍정하는 견해, ④ 행정행위 및 행정쟁송의 유형 등에 따라 개별적으로 판단해야 한다는 견해가 있다.

(2) 판례

실질적 법치주의와 행정처분의 상대방인 국민의 신뢰보호견지에서 기본적 사실관계의 동일성이 인정되는 경우에 제한적으로 긍정하고 있다(대판 2003.12.11, 2001두8827).

(3) 검토

처분사유의 추가・변경은 소송경제 및 분쟁의 일회적 해결을 위한 것이므로 권리보호와 소송경제를 고려하여 제한적으로 인정하는 판례의 태도가 타당하다.

4. 인정기준

(1) 처분 당시 객관적으로 존재하였던 사실일 것

위법판단의 기준 시에 관하여 처분시설을 취하는 경우 위법성 판단은 처분 시를 기준으로 하므로 추가사유나 변경사유는 처분 시에 객관적으로 존재하던 사유이어야 한다. 처분 이후에 발생한 새로운 사실적・법적 사유를 추가・변경할 수는 없다. 단, 판결시설 또는 절충설을 취하는 경우에는 피고인 처분청은 소송계속 중 처분 이후의 사실적・법적 상황을 주장할 수 있게 된다.

(2) 기본적 사실관계의 동일성이 유지될 것

통설 및 판례는 ① 법률적 평가 이전의 사회적 사실관계의 동일성을 기준으로 하여, ② 시간적, 장소적 근접성, ③ 행위의 태양, 결과 등을 종합적으로 고려해서 판단하여야 한다고 본다(대판 2007.7.27, 2006두9641).

(3) 재량행위의 경우

① 재량행위의 경우에 고려사항의 변경은 새로운 처분을 의미하는 것이라는 견해가 있으나, ② 재량행위에서 처분이유를 사후에 변경하는 경우에도, 분쟁대상인 행정행위가 본질적으로 변경되지 않음을 전제로 하는 것이므로 재량행위에서도 인정함이 타당하다.

5. 법원의 판단

처분사유의 추가・변경이 인정되면 법원은 변경된 사유를 기준으로 본안심사를 하고 그렇지 않은 경우에는 당초사유를 기준해야 한다.

Ⅲ 사안의 해결

판례는 "처분청이 처분 당시에 적시한 구체적 사실을 변경하지 아니하는 범위 내에서 단지 그 처분의 근거법령만을 추가・변경하거나 당초의 처분사유를 구체적으로 표시하는 것에 불과한 경우에는 새로운 처분사유를 추가하거나 변경하는 것이라고 볼 수 없다."라고 판시한 바 있다. "甲은 이주정착금을 받은 자로서 시행령 제40조 제2항에 따른 대상자가 아니다."라는 사유는 시행령 제40조 제2항의 적용사항을 구체적으로 표시한 것으로 보아야 한다. 따라서 乙 소송

중에 처분사유를 추가·변경할 수 있으며, 법원도 새로운 처분사유를 근거로 본안심리를 진행하여야 할 것이다.

채점평

문제 1

물음 1은 이주대책 수립 신청거부처분을 하기에 앞서 사전통지와 이유 제시를 거치지 않은 경우 그 법적 효과를 묻는 문제이다. 불필요하게 이주대책에 대하여 장황하게 작성하거나 실체적 위법성을 기술한 논점 이탈의 답안보다는 거부처분의 절차적 하자에 초점을 맞추어 사전통지와 이유 제시로 구분하여 학설과 판례를 정확히 언급할 필요가 있다. 물음 2는 처분 사유의 추가·변경의 허용성에 관한 문제로서, 이에 관한 판례와 학설을 적절히 언급하고, 허용범위 및 한계를 작성함과 아울러 기본적 사실관계의 동일성을 기준으로 사안 포섭을 제대로 하는 것이 중요하다.

29회 문제 02

甲은 2014.3.경 감정평가사 자격을 취득한 후, 2015.9.2.부터 2017.8.3.까지 '乙 감정평가법인'의 소속 감정평가사였다. 또한 甲은 2015.7.7.부터 2017.4.30.까지 '수산업협동조합 중앙회(이하 '수협'이라 함)'에서 상근계약직으로 근무하였다. 관할 행정청인 국토교통부장관 A는 甲이 위와 같이 수협에 근무하면서 일정기간 동안 동시에 乙 감정평가법인에 등록하여 소속을 유지하는 방법으로 감정평가사 자격증을 대여하거나 부당하게 행사했다고 봄이 상당하여, 「감정평가 및 감정평가사에 관한 법률」(이하 '감정평가법'이라 함) 제27조가 규정하는 명의대여 등의 금지 또는 자격증 부당행사 금지를 위반하였다는 것을 이유로 징계처분을 내리고자 한다. 다음 물음에 답하시오. 30점

(2) 위 징계절차를 거쳐 국토교통부장관 A는 甲에 대하여 3개월간의 업무정지 징계처분을 하였고, 甲은 해당 처분이 위법하다고 보고 관할법원에 취소소송을 제기하였다. 이 취소소송의 계속 중 국토교통부장관 A는 해당 징계처분의 사유로 감정평가법 제27조의 위반사유 이외에, 징계처분 당시 甲이 국토교통부장관에게 등록을 하지 아니하고 감정평가업무를 수행하였다는 동법 제17조의 위반사유를 추가하는 것이 허용되는가? 10점

(설문 2-2)의 해결 : 처분사유의 추가·변경

Ⅰ. 쟁점의 정리

Ⅱ. 처분사유의 추가·변경

1. **처분사유의 추가·변경의 의의 및 구별개념**
2. **소송물과 처분사유의 추가·변경**
3. **인정 여부**
   (1) 학설
   (2) 판례
   (3) 검토
4. **인정범위**
   (1) 처분 당시 객관적으로 존재하였던 사실일 것
   (2) 기본적 사실관계의 동일성이 유지될 것
   (3) 재량행위의 경우
5. **법원의 판단**

Ⅲ. 사안의 해결

예시답안

(설문 2-2)의 해결 : 처분사유의 추가·변경

Ⅰ 쟁점의 정리

甲에 대한 업무정지처분에 대한 취소소송 중 국토교통부장관이 처분사유를 추가·변경하는 것이 가능한지가 문제된다. 처분사유의 추가·변경의 인정 여부 및 인정 범위에 대해서 검토하여 사안을 해결한다.

Ⅱ 처분사유의 추가·변경

1. 처분사유의 추가·변경의 의의 및 구별개념

처분 시에 존재하였으나 처분의 근거로 제시하지 않았던 법적 또는 사실적 사유를 소송계속 중에 추가 또는 변경하는 것을 말한다. 처분 당시에 존재하는 사유를 추가·변경하는 점에서 처분 시의 하자를 사후에 보완하는 하자치유와 구별된다.

2. 소송물과 처분사유의 추가·변경

소송물을 개개의 위법성 사유로 보면 처분사유의 추가·변경은 소송물의 추가·변경이므로 원칙적으로 불가하다. 따라서 처분사유의 추가·변경은 위법성 일반의 소송물 범위 내에서 논의되어야 한다.

3. 인정 여부

(1) 학설

① 국민의 공격방어권의 침해를 이유로 부정하는 견해와 ② 소송경제 측면에서 긍정하는 견해, ③ 처분의 상대보호와 소송경제의 요청을 고려할 때 제한적으로 긍정하는 견해, ④ 행정행위, 행정쟁송의 유형 등에 따라 개별적으로 판단하는 견해가 있다.

(2) 판례

실질적 법치주의와 행정처분의 상대방인 국민의 신뢰보호견지에서 기본적 사실관계의 동일성이 인정되는 경우에 제한적으로 긍정하고 있다.

(3) 검토

국민의 권리보호의 필요성과 소송경제를 도모하기 위하여 판례의 태도에 따라 기본적 사실관계의 동일성이 인정되는 경우에 한하여 긍정함이 타당하다.

4. 인정범위

(1) 처분 당시 객관적으로 존재하였던 사실일 것

통설 및 판례는 처분 시를 기준으로 위법성을 판단하고 있으므로 이에 따를 때 처분 시에 객관적으로 존재하였던 사유만이 처분사유의 추가·변경의 대상이 된다. 처분 후에 발생한 사실관계나 법률관계는 대상이 되지 않는다.

(2) 기본적 사실관계의 동일성이 유지될 것

통설 및 판례는 ① 법률적 평가 이전의 사회적 사실관계의 동일성을 기준하여, ② 시간적·장소적 근접성, ③ 행위의 태양·결과 등을 종합 고려하여 판단하여야 한다고 본다.

(3) 재량행위의 경우

① 재량행위의 경우 고려사항의 변경은 새로운 처분을 의미하는 것이라는 견해가 있으나, ② 재량행위에서 처분이유의 사후 변경도 분쟁대상인 행정행위가 본질적으로 변경되지 않음을 전제로 하는 것이므로 재량행위에서도 인정함이 타당하다.

5. 법원의 판단

긍정 시 법원은 변경된 사유를 기준으로 본안심사를 하고 그렇지 않은 경우에는 당초사유를 기준해야 한다. 처분사유의 추가・변경이 허용되어 처분의 적법성이 인정되는 경우에는 소를 취하할 기회를 부여하여야 하며, 소송비용의 일부를 피고가 부담하는 것으로 보아야 한다.

Ⅲ 사안의 해결

국토교통부장관이 추가하려는 감정평가법 제17조 등록제도는 감정평가사 자격 취득 이후에 업무를 수행하기에 부적절한 사람을 감정평가업무에서 배제시키기 위한 목적으로 효율적인 자격제도의 관리를 목적으로 한다고 볼 수 있다. 감정평가법 제27조 명의대여 등의 금지규정은 감정평가사 자격증을 감정평가법상 목적 이외의 용도로 사용하는 것을 방지하고 자격증 소지자로 하여금 감정평가업무를 수행하게 하여 올바른 감정평가를 도모함에 목적이 있다고 볼 수 있다. 양 규정은 감정평가제도 확립과 공정한 감정평가를 위한 것으로서 기초적 사실관계의 동일성이 인정된다고 할 것이다. 따라서 국토교통부장관은 소송 중에 감정평가법 제17조의 위반사유를 추가할 수 있을 것이다.

채점평

문제 2

(물음 1)은 징계권자가 국토교통부장관이고 징계발의는 국토교통부장관의 직권으로 또는 협회의 요청에 의하여 하고, 감정평가관리・징계위원회의 의결에 따라 국토교통부장관이 징계를 하는 절차이다. 그러나 의외로 감정평가관리・징계위원회의 심의・의결의 성격에만 중점을 두고 전반적인 절차를 도외시하거나, 불이익처분에 대한 행정절차에만 집중한 답안도 많았다.

(물음 2)는 처분사유의 추가・변경에 관한 문제로서 최근 여러 시험에서 가장 많은 출제빈도를 나타내는 문제였다. 인정을 할 것인가에 관한 학설, 인정한다면 어떤 요건하에 인정될 수 있을 것인가를 설명하고 문제의 사안이 그 요건을 충족하는지를 설명하는 것이 핵심사항이다.

Chapter

03 판결

32회 문제 03

감정평가사 甲과 乙은 「감정평가 및 감정평가사에 관한 법률」에 따른 감정평가준칙을 위반하여 감정평가를 하였음을 이유로 업무정지처분을 받게 되었으나, 국토교통부장관은 그 업무정지처분이 「부동산 가격공시에 관한 법률」에 따른 표준지공시지가 공시 등의 업무를 정상적으로 수행하는 데에 지장을 초래할 우려가 있음을 들어, 2021.4.1. 甲과 乙에게 업무정지처분을 갈음하여 각 3천만원의 과징금을 부과하였다. 다음 물음에 답하시오. [20점]

(2) 乙은 2021.6.1. 자신에 대한 3천만원의 과징금부과처분의 취소를 구하는 소를 제기하였다. 이에 대한 심리 결과 법원이 적정한 과징금 액수는 1천 5백만원이라고 판단하였을 때, 법원이 내릴 수 있는 판결의 내용에 관하여 검토하시오. [10점]

(설문 3-2)의 해결

Ⅰ. 쟁점의 정리

Ⅱ. 행정소송법 제4조 제1호의 '변경'의 의미

1. 견해의 대립

2. 판례의 태도

3. 검토

Ⅲ. 일부취소판결의 가능성(특정성 및 분리가능성)

1. 일부취소판결의 허용기준

2. 재량행위의 경우

Ⅳ. 사안의 해결

예시답안

(설문 3-2)의 해결

Ⅰ 쟁점의 정리

취소소송은 위법한 처분 등의 전부 또는 변경하는 소송인데(행정소송법 제4조), '변경'의 의미가 소극적 변경으로서 일부취소만을 의미하는 것인지 아니면 적극적 변경도 포함하는 것인지에 관련하여 문제된다.

설문의 해결을 위하여 '변경'의 의미를 살펴보고 '변경'이 일부취소판결의 근거가 된다면 재량행위인 경우에도 적용될 수 있는지를 검토한다.

Ⅱ 행정소송법 제4조 제1호의 '변경'의 의미

1. 견해의 대립

① 권력분립의 원칙을 형식적으로 이해하는 관점에서 취소소송에서의 '변경'을 소극적 변경으로서의 일부취소로 보는 것이 타당하다는 견해와 ② 권력분립의 원칙을 실질적으로 이해하면 법원이 위법한 처분을 취소하고 새로운 처분을 내용으로 하는 판결을 하는 것도 가능하다고 보는 견해가 있다.

2. 판례의 태도

판례는 현행 행정소송법상 이행형성소송을 인정하지 않으므로 '변경'의 의미를 소극적 변경, 즉 일부취소를 의미하는 것으로 보고 있다.

3. 검토

적극적 변경판결은 법원이 처분권한을 행사하는 것과 같은 결과를 가져오므로 명문의 규정이 없는 한 소극적 변경인 일부취소를 의미한다고 보는 것이 타당하다.

Ⅲ 일부취소판결의 가능성(특정성 및 분리가능성)

1. 일부취소판결의 허용기준

외형상 하나의 행정처분이라 하더라도 가분성이 있거나 그 처분대상의 일부가 특정될 수 있어야만 그 일부만의 취소도 가능하다고 본다.

2. 재량행위의 경우

재량행위인 경우에 행정처분의 일부를 취소하는 것은 행정청의 재량권을 침해하는 것이 될 수 있다. 이러한 경우에는 인정될 수 없다고 할 것이다.

Ⅳ 사안의 해결

과징금 부과는 감정평가법 제41조에서는 '할 수 있다'고 규정하고 있으므로 재량행위이며, 사안의 과징금 부과처분은 금전상의 급부를 명하는 급부하명으로서 처분에 해당한다.
과징금 부과기준의 한도범위 내에서는 위반행위의 횟수, 내용 등을 고려하여 그 정당성을 판단해야 하는데 이러한 사항은 행정청의 권한이다. 따라서 처분청의 재량권을 존중하는 차원에서 법원은 일부취소를 할 수 없고, 전부취소를 한 다음 처분청이 재량권을 행사하여 다시 적정한 처분을 하도록 하여야 할 것이다.

25회 문제 02

甲은 A시의 시외로 나가는 일반도로에 접한 자신 소유의 X토지에 교통로를 개설하고 대형음식점을 운영하고 있다. A시에서는 X토지와 이에 접하여 연결된 Y·W토지의 소유권을 취득하여 혼잡한 교통량을 분산할 목적으로 「국토의 계획 및 이용에 관한 법률」에 의거하여 우회도로를 설치한다는 방침을 결정하고, A시의 시장은 X·Y·W토지의 개별공시지가 및 이 개별공시지가 산정의 기초가 된 P토지의 표준지공시지가와 도매물가상승률 등을 반영하여 산정한 보상기준가격을 내부적으로 결정하고 예산확보를 위해 중앙부처와 협의 중이다. 다음 물음에 답하시오. 30점

(2) 위 취소소송에 P토지의 소유자인 丙이 소송에 참가할 수 있는지 여부와 甲이 확정 인용판결을 받았다면 이 판결의 효력은 Y·W토지의 소유자인 乙에게도 미치는지에 대하여 설명하시오. 15점

(설문 2-2)의 해결

Ⅰ. 쟁점의 정리

Ⅱ. 제3자의 소송참가

1. 의의(행정소송법 제16조)
2. 참가의 요건
3. 참가의 절차
4. 관련 문제(제3자의 재심청구 : 행정소송법 제31조)

Ⅲ. 취소판결의 제3자효(형성력)

1. 의의 및 취지(행정소송법 제29조 제1항)
2. 제3자효(대세효)
   (1) 의의
   (2) 취소판결의 제3자효의 내용(제3자의 범위)
   (3) 일반처분의 취소의 제3자효
      1) 상대적 효력설(부정설)
      2) 절대적 효력설(긍정설)
      3) 결어
3. 관련 문제(제3자 보호)

Ⅳ. 사안의 해결

예시답안

(설문 2-2)의 해결

Ⅰ 쟁점의 정리

甲이 P토지의 공시지가를 대상으로 취소소송을 제기하는 경우 P토지의 소유자인 丙이 자신의 권리보호를 위하여 소송에 참가할 수 있는지와, 동 취소소송에서 인용판결을 받는다면 소송당사자가 아닌 乙에게도 판결의 효력이 미치는지를 검토한다.

Ⅱ 제3자의 소송참가

1. 의의(행정소송법 제16조)

제3자의 소송참가라 함은 소송의 결과에 의하여 권리 또는 이익의 침해를 받을 제3자가 있는 경우에 당사자 또는 제3자의 신청 또는 직권에 의하여 그 제3자를 소송에 참가시키는 제도를 말하며, 제3자의 권익을 보호하기 위하여 인정된 제도이다.

2. 참가의 요건

① 타인 간의 취소소송 등이 계속되고 있을 것, ② 소송의 결과에 의해 권리 또는 이익의 침해를 받을 제3자(소송당사자 이외의 자)일 것을 요건으로 한다.

3. 참가의 절차

제3자의 소송참가는 당사자 또는 제3자의 신청 또는 직권에 의하여 결정으로써 행한다(제16조 제1항). 법원이 제3자의 소송참가를 결정하고자 할 때에는 미리 당사자 및 제3자의 의견을 들어야 한다(제16조 제2항). 소송참가 신청을 한 제3자는 그 신청을 각하한 결정에 대하여 즉시항고할 수 있다(제16조 제3항).

4. 관련 문제(제3자의 재심청구 : 행정소송법 제31조)

처분 등을 취소하는 판결에 의하여 권리 또는 이익의 침해를 받은 제3자가 자기에게 책임 없는 사유로 소송에 참가하지 못함으로써 판결의 결과에 영향을 미칠 공격 또는 방어방법을 제출하지 못한 때에는 이를 이유로 확정된 종국판결에 대하여 재심의 청구를 하는 것을 말한다.

Ⅲ 취소판결의 제3자효(형성력)

1. 의의 및 취지(행정소송법 제29조 제1항)

계쟁처분 또는 재결의 취소판결이 확정된 때에는 해당 처분 또는 재결은 처분청의 취소를 기다릴 것 없이 당연히 효력을 상실하는데, 이를 형성력이라 한다. 형성력은 위법상태를 시정하여 원상을 회복하는 소송이라는 취소소송의 목적을 달성하도록 하기 위하여 인정되는 효력이다.

2. 제3자효(대세효)

(1) 의의

취소판결의 취소의 효력은 소송에 관여하지 않은 제3자에 대하여도 미치는데 이를 취소의 대세적 효력이라 한다. 행정소송법 제29조 제1항은 이를 명문으로 규정하고 있다.

(2) 취소판결의 제3자효의 내용(제3자의 범위)

취소판결의 형성력은 제3자에 대하여도 발생하며 제3자는 취소판결의 효력에 대항할 수 없다. 행정상 법률관계를 통일적으로 규율하고자 하는 대세효 인정의 취지에 비추어 취소판결의 효력이 미치는 제3자는 모든 제3자를 의미하는 것으로 보는 것이 타당하며 이것이 일반적 견해이다.

(3) 일반처분의 취소의 제3자효

일반처분은 불특정 다수인을 상대방으로 하여 불특정 다수인에게 효과를 미치는 행정행위를 말한다. 일반처분의 취소의 소급적 효과가 소송을 제기하지 않은 자에게도 미치는가 하는 것인데, 이에 관하여 견해가 대립되고 있다.

1) 상대적 효력설(부정설)

취소소송은 주관적 소송으로서, 그 효력은 원칙적으로 당사자 사이에서만 미치는 것이므로 명시적 규정이 없는 데도 불구하고, 제3자가 그 효력을 적극적으로 향수할 수 있다고 인정하는 데에는 무리가 있다고 본다.

2) 절대적 효력설(긍정설)

일반처분이 불특정 다수인을 대상으로 하는 처분이라는 점, 공법관계의 획일성이 강하게 요청된다는 점 등에 비추어 원칙적으로 제3자의 범위를 한정할 이유는 없다고 한다.

3) 결어

행정소송법 제29조의 입법취지에 비추어 볼 때, 일반처분의 경우에도 제3자의 범위를 한정할 이유는 없다고 판단된다.

3. 관련 문제(제3자 보호)

취소판결의 효력이 제3자에게도 미침으로 인하여 제3자가 불측의 손해를 입을 수 있으므로 행정소송법은 제3자의 권리를 보호하기 위하여 제3자의 소송참가제도(제16조)와 제3자의 재심청구제도(제31조)를 인정하고 있다.

Ⅳ 사안의 해결

1. 丙은 자신의 P토지의 공시지가가 올라간다면 이는 가감조정 없이 과세의 기준이 되므로 소송의 결과에 따라 권리 또는 이익의 침해를 받을 수 있다. 따라서 甲이 제기한 취소소송에 참가하여 권익보호를 주장할 수 있을 것이다.
2. 甲이 제기한 취소소송의 인용판결이 있게 되면 동 소송에 참가하지 않은 제3자도 판결의 내용에 구속된다. 따라서 乙은 甲이 제기한 취소소송에 참가하여 권익보호를 위한 주장을 할 수 있으며, 만약 소송에 참가하지 못한다면 재심청구를 통해 권익보호를 실현할 수 있을 것이다.

채점평

문제 2

문제 2는 표준지공시지가 불복과 관련된 행정소송의 가능성에 관한 것으로 물음은 2가지이다. 제1문은 표준공시지가에 불복하여 취소소송을 제기할 수 있는지, 즉 법률상 이익이 있는지 여부를 검토하는 것이고, 제2문은 제3자의 소송 참가 가능성과 판결의 효력에 대해 검토하는 것이다. 제1문의 경우에는 최근 중앙행정심판위의 재결도 있었지만, 표준지공시지가에 대한 취소소송의 법률상 이익 여부를 묻는 문제로 난이도가 그리 높지 않은 문제라고 할 수 있다. 상당수의 수험생들도 논점을 명확히 인식하고 있었으며, 관련 학설과 판례를 중심으로 답안을 작성하였다. 다만, 수험생들이 학설에 대한 정확한 이해와 판례에 대한 충분한 분석은 부족해 보였다.

제2문은 제3자의 소송참가와 제3자에 대한 취소소송의 효력에 대해 정확히 알고 있는지 묻는 문제이다. 제1문과 마찬가지로 상당수의 수험생들이 충분히 예상할 수 있었던 문제였던 것으로 생각되며 평이한 문제라고 생각한다. 그런데 이 문제 또한 논리전개에 있어서 미흡한 부분이 많았다고 생각한다.

결론적으로 문제 2는 다수의 학생들이 비교적 쉽게 논점을 파악하기는 하였으나, 답안 작성에서는 미흡한 부분이 많았다. 향후 법학과 관련하여 공부를 할 때에는 정확한 이해를 바탕으로 쟁점별 정리하는 훈련을 해야 할 것으로 보인다.

기출문제

[감정평가] 행정법 관련 CASE [제22회 제2문]

다음 각각의 사례에 대하여 답하시오. 30점

(1) 국토교통부장관은 감정평가법인등 甲에 대하여 법령상 의무 위반을 이유로 6개월의 업무정지처분을 하였다. 甲은 업무정지처분 취소소송을 제기하였으나 기각되었고 동 기각판결은 확정되었다. 이에 甲은 위 처분의 위법을 계속 주장하면서 이로 인한 재산상 손해에 대해 국가배상청구소송을 제기하였다. 이 경우 업무정지처분 취소소송의 위법성 판단과 국가배상청구소송의 위법성 판단의 관계를 설명하시오. 20점

설문 (1)의 해결

Ⅰ. 개설

Ⅱ. 양 소송에서의 위법성 개념

1. 업무정지처분 취소소송에서의 위법성 개념
2. 국가배상청구소송에서의 위법성 개념
   (1) 견해의 대립
      1) 결과불법설
      2) 협의의 행위위법설
      3) 광의의 행위위법설
      4) 상대적 위법성설
   (2) 판례
   (3) 결어(광의의 행위위법설)

Ⅲ. 양 소송의 위법성 판단의 관계

1. 문제점
2. 기판력의 의의 및 범위
3. 기판력 부정설
4. 인용판결과 기각판결 구별설
5. 기판력 긍정설
6. 검토(개별적 판단설)

Ⅳ. 관련 문제(국가배상소송의 기판력이 발생한 후의 취소소송)

쟁점해설

설문 (1)의 쟁점은 취소판결이 확정된 경우, 이의 내용에 후소법원이 기속되는가의 문제인 기판력이다. 따라서 각 소송에서의 위법성 개념을 설명하고 이에 기초하여 기판력이 인정되는지를 포섭하면 될 것이다.

예시답안

(설문 1)의 해결

I 개설

설문에서 甲은 국토교통부장관의 6개월의 업무정지처분에 대하여 업무정지처분 취소소송을 제기하였으나 기각되어 동 판결이 확정되었다. 따라서 甲은 더 이상 업무정지처분에 대하여 항고소송을 제기할 수 없을 것이나, 이와 별도로 국가배상을 청구할 수는 있을 것이다.
이 경우 국가배상청구소송의 위법성 판단과정에서 업무정지처분 취소소송의 확정판결의 기판력이 미치는지가 문제된다. 논의의 전제로서 양 소송의 위법성 개념을 살펴본다.

II 양 소송에서의 위법성 개념

1. 업무정지처분 취소소송에서의 위법성 개념

취소소송은 위법한 처분으로 침해당한 법률상 이익을 보호하는 기능을 갖는데, 이때의 위법이란 외부효를 갖는 법규위반을 의미한다. 행정처분의 위법 여부는 공무원의 고의나 과실과는 관계없이 객관적으로 판단되어야 한다.

2. 국가배상청구소송에서의 위법성 개념

(1) 견해의 대립

1) 결과불법설

결과불법설은 국가배상법상의 위법을 가해행위의 결과인 손해가 결과적으로 시민법상의 원리에 비추어 수인되어야 할 것인가의 여부가 그 기준이 된다고 한다.

2) 협의의 행위위법설

협의의 행위위법설은 국가배상법상의 위법성을 항고소송에서의 위법성과 같이 공권력 행사 자체의 '법' 위반으로 이해한다.

3) 광의의 행위위법설

광의의 행위위법설은 국가배상법상의 위법을 행위 자체의 법에의 위반뿐만 아니라, 행위의 태양(방법)의 위법, 즉 명문의 규정이 없더라도 공권력 행사의 근거법규(특히 권한근거규정), 관계법규 및 조리를 종합적으로 고려할 때 인정되는 공무원의 '직무상의 손해방지의무(안전관리의무)'의 위반을 포함하는 개념으로 이해하는 견해이다.

4) 상대적 위법성설

상대적 위법성설은 국가배상법상의 위법성을 행위의 적법, 위법뿐만 아니라, 피침해 이익의 성격과 침해의 정도 및 가해행위의 태양 등을 종합적으로 고려하여 행위가 객관적으로 정당성을 결여한 경우를 의미한다고 보는 견해이다. 상대적 위법성설은 피해자와의 관계에서 상대적으로 위법성을 인정한다.

(2) 판례

판례는 원칙상 행위위법설을 취하고 있는 것으로 보인다. 즉, 원칙상 가해직무행위의 법에의 위반을 위법으로 보고 있다. 다만, 최근 판례 중 상대적 위법성설을 지지한 것으로 보이는 판결이 있다.

(3) 결어(광의의 행위위법설)

① 법률에 의한 행정의 원리의 실질적 내용을 이루는 인권보장의 측면에서 볼 때 공무원에게 직무상의 일반적 손해방지의무를 인정하는 것이 타당하므로 ② 국가배상에 있어서는 행위 자체의 관계법령에의 위반뿐만 아니라 행위의 태양의 위법, 즉 피침해 이익과 관련하여 요구되는 공무원의 '직무상 손해방지의무 위반'으로서의 위법도 국가배상법상 위법이 된다고 보는 것이 타당하다.

III 양 소송의 위법성 판단의 관계

1. 문제점

취소소송판결의 국가배상소송에 대한 기판력은 국가배상법상의 위법과 항고소송의 위법의 이동에 좌우된다. 즉, 국가배상법상의 위법과 항고소송의 위법이 동일하다면 취소소송판결의 기판력은 국가배상소송에 미치고, 동일하지 않다면 취소소송판결의 기판력이 국가배상소송에 미치지 않는다고 보아야 한다.

2. 기판력의 의의 및 범위

기판력은 일단 재판이 확정된 때에는 소송당사자는 동일한 소송물에 대하여는 다시 소를 제기할 수 없고 설령 제기되어도 상대방은 기판사항이라는 항변을 할 수 있으며 법원도 일사부재리의 원칙에 따라 확정판결과 내용적으로 모순되는 판단을 하지 못하는 효력을 말한다. 일반적으로 기판력은 판결의 주문에 포함된 것에 한하여 인정된다.

3. 기판력 부정설

결과불법설 또는 상대적 위법성설에 따르는 경우에는 국가배상소송에서의 위법은 항고소송에서의 위법에 대하여 독자적인 개념이 된다. 따라서 취소소송 판결의 기판력이 당연히 국가배상소송에 미치게 되는 것은 아니라고 본다.

4. 인용판결과 기각판결 구별설

국가배상법상의 위법을 항고소송의 위법보다 넓은 개념(광의의 행위위법설)으로 본다면 취소소송 판결 중 인용판결의 기판력은 국가배상소송에 미치지만 기각판결의 기판력은 국가배상소송에 미치지 않는다.

5. 기판력 긍정설

협의의 행위위법설을 따르는 경우에는 국가배상법상의 위법성을 항고소송에서의 위법과 달리 볼 아무런 근거가 없고, 따라서 취소소송 판결의 기판력은 당연히 국가배상소송에 미친다고 본다.

6. 검토(개별적 판단설)

광의의 행위위법설을 따르는 경우에는 국가배상소송에서 행위자체의 위법이 문제된 경우에는 항고소송의 판결의 기판력이 당연히 미치지만, 공무원의 직무상 손해방지의무 위반으로서의 위법, 즉 행위의 태양의 위법이 문제되는 경우에는 항고소송상의 위법과 판단의 대상과 내용을 달리 하므로 항고소송판결의 기판력이 이 경우에는 미치지 않는다.

Ⅳ 관련 문제(국가배상소송의 기판력이 발생한 후의 취소소송)

국가배상청구소송의 기판력은 취소소송에 영향을 미치지 아니한다. 왜냐하면 국가배상청구소송은 국가배상청구권의 존부를 소송물로 한 것이지 위법 여부를 소송물로 한 것은 아니기 때문이다. 국가배상소송에 있어서의 위법성의 판단은 판결이유 중의 판단이고, 판결이유 중의 판단에는 기판력이 미치지 않기 때문이다.

박문각 감정평가사

제2부
개별법

제 1 편

토지보상법

Chapter 01

사업의 준비

제1절 판례분석

01 공공적 사용수용 및 공용수용의 주체

I 공공적 사용수용(사인에게 사용수용이 인정될 수 있는지 여부)

어떤 사업이 공익사업인가의 여부는 그 사업 자체의 성질로 보아 그 사업의 공공성과 독점성을 인정할 수 있는가의 여부로써 정할 것이고, 그 사업주체에 따라 정할 성질이 아니다(대판 1971.10.22, 71다1716).

> 공익사업의 시행자가 국가, 지방자치단체, 공공단체 및 공무수탁사인의 경우에는 행정주체이므로 공공적 사용수용이 문제되지 않는다. 또한, 사기업 또는 사인인 경우에도 법령에 의해 지정되는 경우가 일반적이므로 이 경우도 공공적 사용수용은 문제되지 않을 것이다.

II 공용수용의 당사자(공용수용의 주체와 객체)

1. 공익사업을 위한 토지 등의 취득 및 보상에 관한 법률의 보상 대상인 '기타 토지에 정착한 물건에 대한 소유권 그 밖의 권리를 가진 관계인'의 범위

공익사업을 위한 토지 등의 취득 및 보상에 관한 법률의 보상 대상이 되는 '기타 토지에 정착한 물건에 대한 소유권 그 밖의 권리를 가진 관계인'에는 독립하여 거래의 객체가 되는 정착물에 대한 소유권 등을 가진 자뿐 아니라, 당해 토지와 일체를 이루는 토지의 구성부분이 되었다고 보기 어렵고 거래관념상 토지와 별도로 취득 또는 사용의 대상이 되는 정착물에 대한 소유권이나 수거・철거권 등 실질적 처분권을 가진 자도 포함된다(대판 2009.2.12, 2008다76112).

사업시행자가 지장물의 소유권을 취득하거나 지장물의 소유자에 대하여 철거 및 토지의 인도를 요구할 수는 없고 단지 자신의 비용으로 이를 직접 제거할 수 있을 권한과 부담을 가질 뿐인지 여부(원칙적 적극) 및 이 경우 지장물의 소유자는 사업시행자의 지장물 제거와 그 과정에서 발생하는 물건의 가치 상실을 수인하여야 할 지위에 있는지 여부(원칙적 적극) / 공익사업법상 입목, 건물을 제외한 '기타 토지에 정착한 물건'은 토지의 부합물임을 원칙으로 한다(대판 2019.4.11, 2018다277419).

> 실질적인 처분권 유무가 핵심임.

철도건설사업 시행자인 갑 공단이 을 소유의 건물 등 지장물에 관하여 중앙토지수용위원회의 수용재결에 따라 건물 등의 가격 및 이전보상금을 공탁한 다음 을이 공탁금을 출급하자 위 건물의 일부를 철거하였고, 을은 위 건물 중 철거되지 않은 나머지 부분을 계속 사용하고 있었는데, 그 후 병 재개발정비사업조합이 위 건물을 다시 수용하면서 수용보상금 중 위 건물 등에 관한 설치이전비용 상당액을 병 조합과 을 사이에 성립한 조정에 따라 피공탁자를 갑 공단 또는 을로 하여 채권자불확지 공탁을 한 사안에서, 갑 공단은 수용재결에 따라 위 건물에 관한 이전보상금을 지급함으로써 위 건물을 철거·제거할 권한을 가지게 되었으므로 공익사업을 위한 토지 등의 취득 및 보상에 관한 법률상 보상 대상이 되는 '기타 토지에 정착한 물건에 대한 소유권 그 밖의 권리를 가진 관계인'에 해당하고, 을은 갑 공단으로부터 공익사업의 시행을 위하여 지장물 가격보상을 받음으로써 사업시행자인 갑 공단의 위 건물 철거·제거를 수인할 지위에 있을 뿐이므로, 병 조합에 대한 지장물 보상청구권은 을이 아니라 위 건물에 대한 가격보상 완료 후 이를 인도받아 철거할 권리를 보유한 갑 공단에 귀속된다고 보아야 하는데도, 위 건물의 소유권이 을에게 있다는 이유만으로 공탁금출급청구권이 을에게 귀속된다고 본 원심판단에는 법리오해의 잘못이 있다고 한 사례

2. 장래의 권리자(권리와 의무의 승계)(대판 1994.11.11, 93누19375)

사업인정은 그 후 일정한 절차를 거칠 것을 조건으로 하여 일정한 내용의 수용권을 설정해 주는 행정처분의 성격을 띠는 것으로서 그 사업인정을 받음으로써 수용할 목적물의 범위가 확정되고 수용권으로 하여금 목적물에 관한 현재 및 장래의 권리자에게 대항할 수 있는 일종의 공법상의 권리로서의 효력을 발생시킨다.

> 현재 및 장래의 권리자에게 대항할 수 있는 효력이 발생함. 장래의 권리자란, 토지보상법 제5조에 따라 권리·의무가 승계된 자가 될 것임.

3. 가등기권리자가 관계자인지(대판 1973.2.26, 72다2401)

"부동산에 대한 수용절차개시 이전에 종전 소유자로부터 동 부동산을 매수하여 그 주장과 같은 가처분등기를 경료하였다 하더라도, 가처분등기는 토지소유자에 대하여 임의처분을 금지함에 그치고 그로써 소유권 취득의 효력까지 주장할 수 없을 뿐만 아니라, 이러한 가처분권리자는 토지수용법 제4조 제3항에서 말하는 관계인으로 해석할 수 없다."

4. 국토교통부장관(대판 1971.10.22, 71다1716)

정부방침아래 교통부장관이 토지수용법 제3조 소정의 문화시설에 해당하는 공익사업으로 인정하고 스스로 기업자가 되어 토지수용의 재결신청에 의하여 한 수용재결을 적법유효한 것이라고 한 사례

III 담보권자의 물상대위

1. 기업자의 불법행위(대판 2011.7.28, 2009다35842)

기업자의 잘못으로 무효인 토지수용재결이 이루어졌으나 수용재결의 적법성을 믿은 저당권자가 수용절차에서 물상대위권을 행사하였는데, 기업자가 상당한 시간이 경과한 후 재차 수용절차를 진행하면서 저당권자에게 협의나 통지를 하지 않고 최초 수용재결의 무효사실이나 무효원인 사실도 알리지 않음으로써 저당권자로 하여금 적법한 물상대위권을 행사할 기회를 상실하게 한 경우, 기업자의 불법행위 책임이 성립할 수 있는지 여부(적극)

2. 물상대위권 불행사 : 수용토지에 관한 저당권자가 물상대위권을 행사할 수 있는 충분한 시간적 간격을 두고 토지수용 사실을 알았던 경우, 기업자의 저당권자에 대한 토지수용 법령에 의한 협의나 통지의 해태와 저당권자의 물상대위권 상실 사이의 인과관계를 인정할 수 있는지 여부(대판 2017.12.28, 2017다270565, 대판 2003.4.25, 2001다78553)

공익사업을 위한 토지 등의 취득 및 보상에 관한 법률(이하 '토지보상법'이라고 한다) 제26조 제1항, 제16조 및 같은 법 시행령 제8조 제1항에 의하면, 사업인정을 받은 사업시행자는 토지 등에 대한 보상에 관하여 토지소유자 및 관계인과 성실하게 협의하여야 하고, 그 협의를 하려는 경우에는 보상협의요청서에 협의기간 · 협의장소 및 협의방법, 보상의 시기 · 방법 · 절차 및 금액, 계약체결에 필요한 구비서류를 적어 토지소유자 및 관계인에게 통지하여야 한다고 규정하고 있으므로, 사업시행자가 수용할 토지의 저당권자에게 위 규정에 의한 협의나 통지를 하지 않았다면 위법하다. / 그러나 사업시행자와 토지소유자 사이에 협의가 이루어지지 않아 토지가 수용되고 나아가 보상금을 지급하거나 공탁하기에 이른 경우에는 토지의 저당권자는 보상금이 지급되거나 공탁금이 출급되어 토지소유자의 일반재산에 혼입되기 전까지 토지보상법 제47조의 규정에 따른 물상대위권을 행사하여 위 보상금이나 공탁금출급청구권 등을 압류함으로써 우선변제를 받을 수 있다. / 그러므로 토지의 저당권자가 어떠한 경위로든 보상금이 토지소유자에게 지급되거나 공탁금이 토지소유자에 의하여 출급되어 일반재산에 혼입되기 전에 물상대위권을 행사할 수 있는 충분한 시간적 간격을 두고 토지가 수용된 사실을 알게 되었음에도 불구하고 물상대위권을 행사하여 토지소유자의 보상금이나 공탁금 출급청구권을 압류하지 않음으로써 우선변제를 받을 수 없게 된 경우에는 저당권자가 보상금으로부터 우선변제를 받지 못한 것이 사업시행자가 위와 같은 협의나 통지를 하지 아니한 데에 원인이 있는 것이라고 할 수 없다.

3. 지급전 압류(대결 1992.7.10, 92마380)

담보물권의 목적물이 수용되었을 경우 보상금에 대하여 당해 담보물권을 행사하기 위한 요건으로서 그 지불 전에 압류할 것을 요구하는 이유는, 보상금이 소유자의 일반재산에 혼입되기 전까지, 즉 특정성이 유지 보전되고 있는 한도 안에서 우선변제권을 인정하고자 함에 있다.

4. 공시송달의 하자

① 중앙토지수용위원회가 수용대상토지의 관계인인 갑의 주소로 송달한 재결서 정본이 반송되자 갑의 실제 주소를 파악하기 위한 기본적인 조치도 없이 곧바로 공시송달의 방법으로 재결서 정본을 송달한 사안에서, 갑이 수용대상토지의 수용보상금 중 일부에 대하여 물상대위권을 행사할 수 있는 기회를 잃게 됨으로써 피담보채권을 우선변제받지 못하는 손해를 입었다고 보아 국가배상책임을 인정한 원심판단을 수긍한 사례(대판 2014.12.11, 2014다200237)

② 토지수용법 제7조, 같은법 시행령 제6조 제1항, 제2항, 제7조 제1항, 민사소송법 제170조 등의 각 규정에 의하면, 토지수용법상의 재결서는 송달받을 자의 주소, 거소 기타 송달할 장소를 알 수 없을 때에 한하여 공시송달할 수 있는바, 여기에서 주소, 거소, 기타 송달할 장소를 알 수 없을 때라 함은 주민등록표에 의하여 이를 조사하는 등 통상의 조사방법에 의하여 그 송달장소를 탐색하여도 이를 확인할 수 없을 때를 말한다(대판 1993.12.14, 93누9422).

5. 공익사업을 위한 토지 등의 취득 및 보상에 관한 법률에 의하여 토지가 수용됨에 따라 기존의 가압류의 효력이 소멸한 경우, 가압류 집행 후 토지의 소유권을 취득한 제3취득자가 보상금을 전액 수령하는 것이 부당이득에 해당하는지 여부(소극)(대판 2009.9.10, 2006다61536)

'공익사업을 위한 토지 등의 취득 및 보상에 관한 법률' 제45조 제1항에 의하면, 토지 수용의 경우 사업시행자는 수용의 개시일에 토지의 소유권을 취득하고 그 토지에 관한 다른 권리는 소멸하는 것인바, 수용되는 토지에 대하여 가압류가 집행되어 있더라도 토지 수용으로 사업시행자가 그 소유권을 원시취득하게 됨에 따라 그 토지 가압류의 효력은 절대적으로 소멸하는 것이고, 이 경우 법률에 특별한 규정이 없는 이상 토지에 대한 가압류가 그 수용보상금채권에 당연히 전이되어 효력이 미치게 된다거나 수용보상금채권에 대하여도 토지 가압류의 처분금지적 효력이 미친다고 볼 수는 없으며, 또 가압류는 담보물권과는 달리 목적물의 교환가치를 지배하는 권리가 아니고, 담보물권의 경우에 인정되는 물상대위의 법리가 여기에 적용된다고 볼 수도 없다. 그러므로 토지에 대하여 가압류가 집행된 후에 제3자가 그 토지의 소유권을 취득함으로써 가압류의 처분금지 효력을 받고 있던 중 그 토지가 공익사업법에 따라 수용됨으로 인하여 기존 가압류의 효력이 소멸되는 한편 제3취득자인 토지소유자는 위 가압류의 부담에서 벗어나 토지수용보상금을 온전히 지급받게 되었다고 하더라도, 이는 위 법에 따른 토지 수용의 효과일 뿐이지 이를 두고 법률상 원인 없는 부당이득이라고 할 것은 아니다.

6. 수용되는 토지에 대하여 가압류가 집행되어 있는 경우, 토지수용에 따른 가압류의 효력 및 수용 전 토지에 대한 가압류채권자가 다시 수용보상금채권에 대하여 가압류를 하더라도 수용 전 토지에 관하여 주장할 수 있었던 사유를 수용보상금채권에 대한 배당절차에서까지 주장할 수 있는지 여부(소극)(대판 2004.4.16, 2003다64206)

구 토지수용법(2002.2.4. 법률 제6656호 공익사업을 위한 토지 등의 취득 및 보상에 관한 법률 부칙 제2조로 폐지) 제67조 제1항에 의하면, 기업자는 토지를 수용한 날에 그 소유권을 취득하고 그 토지에 관한 다른 권리는 소멸하는 것인바, 수용되는 토지에 대하여 가압류가 집행되어 있더라도 토지수용으로 기업자가 그 소유권을 원시취득하게 됨에 따라 그 토지 가압류의 효력은 소멸하는 것이고, 이 경우에 그 토지 가압류가 수용보상금채권에 당연히 전이되어 그 효력이 미치게 된다고는 할 수 없으므로, 수용 전 토지에 대한 가압류채권자가 다시 수용보상금채권에 대하여 가압류를 하였다고 하더라도, 수용 전 토지에 대하여 위 토지 가압류 이후 저당권을 취득하였다가 위 수용보상금채권에 대하여 물상대위에 따른 압류를 한 자에 대하여는, 수용 전 토지에 관하여 주장할 수 있었던 사유를 수용보상금채권에 대한 배당절차에서까지 주장할 수는 없다고 보아야 한다.

7. 체납처분에 의한 압류가 집행되어 있는 토지가 수용될 경우 압류의 효력 및 수용 전 토지에 대하여 압류를 한 체납처분청이 다시 수용보상금에 대하여 체납처분에 의한 압류를 한 경우, 수용 전 토지에 대한 체납처분에 의한 우선권이 수용보상금채권에 대한 배당절차에서 종전 순위대로 유지되는지 여부(소극)(대판 2003.7.11, 2001다83777)

구 토지수용법(2002.2.4. 법률 제6656호로 폐지되기 전의 것) 제67조 제1항에 의하면, 기업자는 토지를 수용한 날에 그 소유권을 취득하며 그 토지에 관한 다른 권리는 소멸하는 것인바, 수용되는 토지에 대하여 체납처분에 의한 압류가 집행되어 있어도 토지의 수용으로 기업자가 그 소유권을 원시취득함으로써 그 압류의 효력은 소멸되는 것이고, 토지에 대한 압류가 그 수용보상금청구권에 당연히 전이되어 그 효력이 미치게 된다고는 볼 수 없다고 할 것이므로, 수용 전 토지에 대하여 체납처분으로 압류를 한 체납처분청이 다시 수용보상금에 대하여 체납처분에 의한 압류를 하였다고 하여 물상대위의 법리에 의하여 수용 전 토지에 대한 체납처분에 의한 우선권이 수용보상금채권에 대한 배당절차에서 종전 순위대로 유지된다고 볼 수도 없다.

8. 저당권자가 물상대위권에 기하여 수용재결로 인한 손실보상금청구권을 추급할 수 있는 시한(대판 2000.6.23, 98다31899)

물상대위권자의 압류 전에 양도 또는 전부명령 등에 의하여 보상금 채권이 타인에게 이전된 경우라도 보상금이 직접 지급되거나 보상금지급청구권에 관한 강제집행절차에 있어서 배당요구의 종기에 이르기 전에는 여전히 그 청구권에 대한 추급이 가능하다.

9. 부산지법 2008.11.13, 2007가단145338

근저당권이 설정된 토지가 수용되어 보상금이 지급되는 경우 근저당권자는 보상금을 그 지급 전에 압류하지 아니하면 담보권을 상실하게 되는바, 공익사업을 위한 토지 등의 취득 및 보상에 관한 법률이 사업시행자로 하여금 관계인과 협의하거나 그 협의를 위한 통지를 하도록 규정한 취지는 비자발적으로 담보권을 상실하게 될 저당권자 등의 관계인으로 하여금 당해 협의절차에 참여하여 자신의 권리를 스스로 행사할 수 있는 기회를 부여함으로써 그와 같은 토지수용으로 인하여 불측의 손해를 입지 아니하도록 예방할 뿐만 아니라, 협의가 성립하지 아니하여 수용재결로 나아가는 경우 물상대위권을 행사할 수 있는 기회를 제공함으로써 법률상 당연히 인정되는 물상대위권 행사의 실효성을 보장하기 위한 것이다.

02 공용수용의 목적물

I 목적물 및 목적물의 범위

1. 흙, 돌, 모래, 자갈이 보상대상이 되기 위한 요건(대판 2014.4.24, 2012두16534)

'흙·돌·모래 또는 자갈이 당해 토지와 별도로 취득 또는 사용의 대상이 되는 경우'란 흙·돌·모래 또는 자갈이 속한 수용대상토지에 관하여 토지의 형질변경 또는 채석·채취를 적법하게 할 수 있는 행정적 조치가 있거나 그것이 가능하고 구체적으로 토지의 가격에 영향을 미치고 있음이 객관적으로 인정되어 토지와는 별도의 경제적 가치가 있다고 평가되는 경우 등을 의미한다.

2. 물의 사용에 관한 권리(대판 2018.12.27, 2014두11601)

하천법 제50조에 따른 하천수 사용권이 공익사업을 위한 토지 등의 취득 및 보상에 관한 법률 제76조 제1항에서 손실보상의 대상으로 규정하고 있는 '물의 사용에 관한 권리'에 해당하는지 여부(적극) 물건 또는 권리 등에 대한 손실보상액 산정의 기준이나 방법에 관하여 구체적으로 정하고 있는 법령의 규정이 없는 경우, 그 성질상 유사한 물건 또는 권리 등에 대한 관련 법령상의 손실보상액 산정의 기준이나 방법에 관한 규정을 유추적용할 수 있는지 여부(적극)

3. 지하수에 대한 이용권(대판 2005.7.29, 2003두2311)

'먹는샘물'(생수) 제조에 사용되던 지하수에 대한 이용권이 구 토지수용법 제2조 제2항 제3호에서 수용대상으로 규정한 '물의 사용에 관한 권리'에 해당하지 않는다.

4. 수목소유권 공탁금 출급권(대판 2021.8.19, 2020다266375)

[판시사항]

[1] 토지 위에 식재된 입목은 토지에 부합하는지 여부(원칙적 적극)

[2] 토지 위에 식재된 입목에 대하여 토지와 독립하여 소유권을 취득하려면 명인방법을 실시해야 하는지 여부(적극) 및 이는 토지와 분리하여 입목을 처분하는 경우뿐만 아니라 입목의 소유권을 유보한 채 입목이 식재된 토지의 소유권을 이전하는 경우에도 마찬가지인지 여부(적극)

[판결요지]

[1] 부동산의 소유자는 그 부동산에 부합한 물건의 소유권을 취득하지만, 타인의 권원에 의하여 부속된 것은 그러하지 아니하다(민법 제256조). 토지 위에 식재된 입목은 토지의 구성부분으로 토지의 일부일 뿐 독립한 물건으로 볼 수 없으므로 특별한 사정이 없는 한 토지에 부합하고, 토지의 소유자는 식재된 입목의 소유권을 취득한다.

[2] 토지 위에 식재된 입목을 그 토지와 독립하여 거래의 객체로 하기 위해서는 '입목에 관한 법률'에 따라 입목을 등기하거나 명인방법을 갖추어야 한다. 물권변동에 관한 성립요건주의를 채택하고 있는 민법에서 명인방법은 부동산의 등기 또는 동산의 인도와 같이 입목에 대하여 물권변

동의 성립요건 또는 효력발생요건에 해당하므로 식재된 입목에 대하여 명인방법을 실시해야 그 토지와 독립하여 소유권을 취득한다. 이는 토지와 분리하여 입목을 처분하는 경우뿐만 아니라, 입목의 소유권을 유보한 채 입목이 식재된 토지의 소유권을 이전하는 경우에도 마찬가지이다.

Ⅱ 목적물의 제한(수용제도본질상 제한)

공용수용은 공익사업을 위하여 타인의 특정한 재산권을 법률의 힘에 의하여 강제적으로 취득하는 것이므로 수용할 목적물의 범위는 원칙적으로 사업을 위하여 필요한 최소한도에 그쳐야 하므로 그 한도를 넘는 부분은 수용대상이 아니므로 그 부분에 대한 수용은 위법하고, 초과수용된 부분이 적법한 수용대상과 불가분적 관계에 있는 경우에는 그에 대한 이의재결 전부를 취소할 수밖에 없다(대판 1994.1.11, 93누8108).

공용수용은 공익사업을 위하여 타인의 특정한 재산권을 법률의 힘에 의하여 강제적으로 취득하는 것이므로 수용할 목적물의 범위는 원칙적으로 사업을 위하여 필요한 최소한도에 그쳐야 한다(대판 1987.9.8, 87누395).

Ⅲ 확장수용의 법적 성질 및 행사기간

토지수용법에 의한 잔여지수용청구권은 그 요건을 구비한 때에는 토지수용위원회의 특별한 조치를 기다릴 것 없이 청구에 의하여 수용의 효과가 발생하는 형성권적 성질을 가지고, 그 행사기간은 제척기간으로서, 토지소유자가 그 행사기간 내에 잔여지수용청구권을 행사하지 아니하면 그 권리가 소멸된다(대판 2001.9.4, 99두11080).

> 형성권적 성질을 갖는다는 의미는 요건을 구비한 잔여지수용청구가 있으면 토지수용위원회는 반드시 이를 수용해야 한다는 취지에 불과하고 토지수용위원회가 그 요건의 구비여부를 심사할 수 없다는 취지는 아니라고 할 것이다.

Ⅳ 잔여지수용(제74조)

1. 일단의 토지의 의미

1필지의 토지만을 가리키는 것이 아니라 일반적인 이용 방법에 의한 객관적인 상황이 동일한 수필지의 토지를 포함한다(대판 2017.9.21, 2017두30252).

> 토지보상법 제74조에서는 동일소유자일 것을 요구하고 있다.

1필지의 토지 중 수용부분이 획지조건이나 환경조건에서 잔여지 부분보다 훨씬 우세하기는 하나 양자가 물리적 연속성을 갖추고 있을 뿐만 아니라 실제이용상황도 모두 장기간 방치된 잡종지 상태로서 별다른 차이가 없는 경우, 위 전체 토지가 수용재결 시점에 있어서의 객관적인 현황 내지 이용상황을 기준으로 할 때 동일한 목적에 제공되고 있었던 일체의 토지라고 할 것이므로 잔여지 손실보상의 대상이 되는 토지수용법 제47조 소정의 '일단의 토지'에 해당한다고 한 사례(대판 2002.3.15, 2000두1362)

2. 용도상 불가분의 의미

'용도상 불가분의 관계에 있는 경우'라 함은 일단의 토지로 이용되고 있는 상황이 사회적·경제적·행정적 측면에서 합리적이고 당해 토지의 가치형성적 측면에서도 타당하다고 인정되는 관계에 있는 경우를 말한다(대판 2005.5.26, 2005두1428).

> 용도상 불가분의 관계를 판단함에 있어서, 동상 건축물대장상의 관련지번(일단지)유무를 활용하고 있다.

3. 용도상 불가분의 관계판단과 일시적인 이용상황(대판 2017.3.22, 2016두940)

2개 이상의 토지가 용도상 불가분의 관계에 있는지 여부를 판단하는 데 일시적인 이용상황 등을 고려해서는 안 된다.

원래 1필지였던 토지가 지하 부분의 구분지상권 설정을 위해 여러 필지로 분할되었다고 하더라도, 지상 부분에서는 그러한 토지분할이나 지하 부분의 구분지상권 설정에 별다른 영향을 받지 않고 토지분할 전과 같이 마치 하나의 필지처럼 계속 관리·이용되었다면, 토지분할 전에는 1필지였으나 여러 필지로 분할된 토지들은 그 1필지 중 일부가 다른 용도로 사용되고 있었다는 등의 특별한 사정이 없는 한 용도상 불가분의 관계에 있다고 보는 것이 사회적·경제적·행정적·가치형성적 측면에서 타당하다.

4. 잔여지 수용청구권 행사기간의 법적 성질 및 잔여지 수용청구 의사표시의 상대방

구 '공익사업을 위한 토지 등의 취득 및 보상에 관한 법률'(2007.10.17. 법률 제8665호로 개정되기 전의 것) 제74조 제1항에 의하면, 잔여지 수용청구는 사업시행자와 사이에 매수에 관한 협의가 성립되지 아니한 경우 일단의 토지의 일부에 대한 관할 토지수용위원회의 수용재결이 있기 전까지 관할 토지수용위원회에 하여야 하고, 잔여지 수용청구권의 행사기간은 제척기간으로서, 토지소유자가 그 행사기간 내에 잔여지 수용청구권을 행사하지 아니하면 그 권리가 소멸한다. 또한 위 조항의 문언 내용 등에 비추어 볼 때, 잔여지 수용청구의 의사표시를 수령할 권한을 부여하였다고 인정할 만한 사정이 없는 한, 사업시행자에게 한 잔여지 매수청구의 의사표시를 관할 토지수용위원회에 한 잔여지 수용청구의 의사표시로 볼 수는 없다(대판 2010.8.19, 2008두822).

> 만약, 사업시행자가 수용청구를 받아드릴 수 있는 권한을 위임·위탁받은 경우라면 사업시행자에게 한 잔여지 매수청구도 인정될 수 있다.

현행규정은 공사완료일까지 잔여지수용청구를 할 수 있는 것으로 규정하고 있다.

5. 종래목적 및 사용하는 것이 현저히 곤란한 때(대판 2017.9.21, 2017두30252, 대판 2012.9.13, 2010두29277, 대판 2005.1.28, 2002두4679)

'종래의 목적'이라 함은 수용재결 당시에 당해 잔여지가 현실적으로 사용되고 있는 구체적인 용도를 의미하고, '사용하는 것이 현저히 곤란한 때'라고 함은 물리적으로 사용하는 것이 곤란하게 된 경우는 물론 사회적, 경제적으로 사용하는 것이 곤란하게 된 경우, 즉 절대적으로 이용 불가능한 경우만이 아니라 이용은 가능하나 많은 비용이 소요되는 경우를 포함한다고 할 것이다.

지방자치단체가 기업자로서 관할 토지수용위원회에 토지의 취득을 위한 재결신청을 하고 그 장이 관할 토지수용위원회로부터 법 제36조, 법 시행령 제17조 제3항에 의하여 재결신청서 및 관계 서류의 사본의 공고 및 열람의 의뢰에 따라 이를 공고 및 열람에 제공함에 있어서 토지소유자 및 관계인이나 기타 손실보상에 관하여 이해관계가 있는 자는 법 시행령 제17조 제3항의 열람기간 내에 '의견이 있을 경우에는 당해 지방자치단체 또는 관할 토지수용위원회에 의견을 제출하여 줄 것을 통지'한 경우 토지소유자가 당해 지방자치단체에 대하여 한 잔여지수용청구의 의사표시는 관할 토지수용위원회에 대하여 한 잔여지수용청구의 의사표시로 보아야 한다.

사업시행자가 토지수용위원회의 의뢰에 따라 잔여지수용청구 등에 관한 의견제출을 받는 경우라면, 당해 사업시행자에게 한 잔여지수용청구는 관할 토지수용위원회에 대하여 한 의사표시로 볼 수 있다.

토지수용위원회가 사업시행자에게 잔여지 수용청구의 의사표시를 수령할 권한을 부여하였다고 인정할 만한 사정이 없는 한, 사업시행자에게 한 잔여지 매수청구의 의사표시를 관할 토지수용위원회에 한 잔여지 수용청구의 의사표시로 볼 수는 없다(대판 2010.8.19, 2008두822)는 판례와 대비되므로 그 요지를 정확히 구별하여야 한다.

6. 잔여지수용청구 요건판단 사례

(1) 대판 1994.11.8, 93누21682

토지(1,024㎡)가 수용됨으로 인하여 잔여지(669㎡)는 폭 3 내지 5m, 길이 70 내지 80m의 길쭉한 부정형의 토지로서 맹지가 되었으며 수용토지에 변전소가 설치되어 고압전류가 흐르리라는 것이 예상되더라도, 그 잔여지가 도시계획상 자연녹지지역에 속하는 공원용지이며 지목이 전이라면, 잔여지가 수용으로 인하여 토지의 가격이 감소되기는 하였지만 잔여지를 본래의 목적인 농경지 상태대로 사용하는 것이 현저히 곤란하다고 보기는 어렵다고 할 것이므로 이의재결 중 잔여지수용청구를 기각한 부분은 적법하다고 본 사례

전, 답의 경우는 농사가 주된 목적이므로 농기계의 회전만 가능하다면 종래의 목적으로 이용할 수 있다고 보는 것이 일반적이다. 따라서 물리적으로 전, 답의 경우는 통상 종래의 목적대로 이용불가한 경우가 많지 않다. 다만, 종래의 목적대로 이용가능한지 여부는 물리적 측면만으로 판단할 것은 아니므로, 잔여지의 면적이 현저히 적은 경우로서 경제적 타당성이 인정되지 않는 경우도 종래의 목적대로 이용불가한 경우로 볼 수 있을 것이다.

(2) 대판 1990.12.26, 90누1076

주택신축을 준비 중이던 토지의 일부분에 대한 토지수용으로 인하여 나머지 토지 위에는 주택을 건축할 수 없게 되었다면, 비록 위 나머지 토지부분의 현실적 이용상황이 전이라고 하더라도, 종래의 목적에 사용하는 것이 현저히 곤란한 때에 해당한다고 할 것이나, 잔여지 중 일부가 녹지지역내의 시설녹지로서 이미 도시계획법 제4조, 제12조에 의하여 건축 등의 행위가 제한되고 있는 토지라면 위 토지수용으로 인하여 이를 종래의 목적에 사용하는 것이 현저히 곤란한 때에 해당한다고는 보여지지 아니하므로 이 부분 토지에 대해서는 잔여지수용청구를 할 수 없다.

종래의 목적을 수용당시의 계획된 상태대로의 이용상황으로 판단하였다. 나머지 토지만으로 주택건축이 가능하다면 종래의 목적대로 이용할 수 있는 것으로 보아야 한다. 다만, 이 경우 당초 계획보다 건축면적을 축소하여야 할 것인데, 종래 목적의 이용을 '동일 용도로의 이용가능성'을 기준하여 판단한다면 종래목적대로 이용가능한 경우로 판단할 수 있지만 '종래 이용계획'을 기준하여 판단한다면 종래목적대로 이용가능하지 않은 경우라고 판단할 수도 있을 것이다.

7. 기타

① 잔여지의 수용을 청구하기 위하여 늦어도 수용재결 이전까지 일단의 토지에 대한 소유권을 취득하여야 하는 것이고, 수용재결 이후에 그 소유권을 취득한 자는 이를 청구할 수 없다(대판 1992.11.27, 91누10688).

② 잔여지가 공유지인 경우도 각 공유자는 그 소유지분에 대하여 각별로 잔여지수용청구를 할 수 있다(대판 2001.9.4, 2001다16333).

③ 그 행사기간은 제척기간으로서 토지소유자가 그 행사기간 내에 잔여지수용청구권을 행사하지 않으면 그 권리가 소멸한다(대판 2001.9.4, 99두11080).

④ 토지수용법 제45조 제2항의 규정에 의하면 토지를 수용함으로 인한 보상은 수용의 대상이 되는 물건별로 하는 것이 아니라 피보상자의 개인별로 행하여지는 것이므로, 피보상자는 수용대상 물건 중 일부에 대하여만 불복이 있는 경우에는 그 부분에 대하여만 불복의 사유를 주장하여 행정소송을 제기할 수 있다고 할 것이나, 행정소송의 대상이 된 물건 중 일부 항목에 관한 보상액이 과소하고 다른 항목의 보상액은 과다한 경우에는 그 항목 상호간의 유용을 허용하여 과다 부분과 과소 부분을 합산하여 보상금의 합계액을 결정하여야 한다(대판 1998.1.20, 96누12597).

V 확장수용 청구거부 시 권리구제

1. 행정소송형태 및 보상금증감청구소송의 피고

① 잔여지수용청구권은 토지소유자에게 손실보상책의 일환으로 부여된 권리여서 이는 수용할 토지의 범위와 그 보상액을 결정할 수 있는 토지수용위원회에 대하여 토지수용의 보상가액을 다투는 방법에 의하여도 행사할 수 있다(대판 1995.9.15, 93누20627).

② 구 '공익사업을 위한 토지 등의 취득 및 보상에 관한 법률'(2007.10.17.법률 제8665호로 개정되기 전의 것) 제74조 제1항에 규정되어 있는 잔여지 수용청구권은 손실보상의 일환으로 토지소유자에게 부여되는 권리로서 그 요건을 구비한 때에는 잔여지를 수용하는 토지수용위원회의 재결이 없더라도 그 청구에 의하여 수용의 효과가 발생하는 형성권적 성질을 가지므로, 잔여지 수용청구를 받아들이지 않은 토지수용위원회의 재결에 대하여 토지소유자가 불복하여 제기하는 소송은 위 법 제85조 제2항에 규정되어 있는 '보상금의 증감에 관한 소송'에 해당하여 사업시행자를 피고로 하여야 한다(대판 2010.8.29, 2008두822, 대판 2015.4.9, 2014두46669).

형성권적 성질을 갖는다는 의미는 요건을 구비한 잔여지수용청구가 있으면 토지수용위원회는 반드시 이를 수용해야 한다는 취지에 불과하고 토지수용위원회가 그 요건의 구비여부를 심사할 수 없다는 취지는 아니라고 할 것이다.

확장수용에 대한 거부를 다투기 위해서는 보상금증감청구소송을 제기하여야 한다.

2. 잔여지에 대한 권리구제(소송의 성질 및 그 상대방)

구 '공익사업을 위한 토지 등의 취득 및 보상에 관한 법률'(2007.10.17. 법률 제8665호로 개정되기 전의 것) 제74조 제1항에 규정되어 있는 잔여지 수용청구권은 손실보상의 일환으로 토지소유자에게 부여되는 권리로서 그 요건을 구비한 때에는 잔여지를 수용하는 토지수용위원회의 재결이 없더라도 그 청구에 의하여 수용의 효과가 발생하는 형성권적 성질을 가지므로, 잔여지 수용청구를 받아들이지 않은 토지수용위원회의 재결에 대하여 토지소유자가 불복하여 제기하는 소송은 위 법 제85조 제2항에 규정되어 있는 '보상금의 증감에 관한 소송'에 해당하여 사업시행자를 피고로 하여야 한다(대판 2010.8.19, 2008두822).

3. 민사소송 가능 여부

판례 수용재결 및 이의재결에 불복이 있으면 재결청과 기업자를 공동피고로 하여 그 이의재결의 취소 및 보상금의 증액을 구하는 행정소송을 제기하여야 하며 곧바로 기업자를 상대로 하여 민사소송으로 잔여지에 대한 보상금의 지급을 구할 수는 없다(대판 2001.6.1, 2001다16333).

잔여지 수용청구에 대한 거부재결은 거부처분이다. 따라서 항고소송으로서 거부처분취소소송을 제기하면 될 것이나, 이는 수용가부만을 결정하는 것이므로 이에 따른 보상금결정은 추가로 진행되어야 할 것이다. 따라서 수용가부가 결정된다 하더라도 결국 다시금 보상금에 대한 불복을 진행하여야 하므로 소송경제상 보상금증감청구소송을 통하여 일회적인 권리구제가 가능하도록 하는 것이 합당하다.

4. 공익사업을 위한 토지 등의 취득 및 보상에 관한 법률 제73조 제1항에 따른 잔여지 손실보상금에 대한 지연손해금 지급의무의 발생시기(대판 2018.3.13, 2017두68370)

공익사업을 위한 토지 등의 취득 및 보상에 관한 법률이 잔여지 손실보상금 지급의무의 이행기를 정하지 않았고, 그 이행기를 편입토지의 권리변동일이라고 해석하여야 할 체계적, 목적론적 근거를 찾기도 어려우므로, 잔여지 손실보상금 지급의무는 이행기의 정함이 없는 채무로 보는 것이 타당하다. 따라서 잔여지 손실보상금 지급의무의 경우 잔여지의 손실이 현실적으로 발생한 이후로서 잔여지 소유자가 사업시행자에게 이행청구를 한 다음 날부터 그 지연손해금 지급의무가 발생한다(민법 제387조 제2항 참조).

VI 잔여지 가치하락

1. 보상청구 방법 및 절차(대판 2008.7.10, 2006두19495, 대판 2012.11.29, 2011두22587, 대판 2014.9.25, 2012두24092)

토지소유자가 구 공익사업을 위한 토지 등의 취득 및 보상에 관한 법률 제34조, 제50조 등에 정한 재결절차를 거치지 않고 곧바로 사업시행자를 상대로 같은 법 제73조에 따른 잔여지 가격감소 등으로 인한 손실보상을 청구할 수 있는지 여부(소극) : 공익사업법 제34조, 제50조, 제61조, 제73조, 제83조 내지 제85조의 규정 내용 및 입법 취지 등을 종합하여 보면, 토지소유자가 사업시행자로부터 공익사업법 제73조에 따른 잔여지 가격감소 등으로 인한 손실보상을 받기 위해서는 공익사업법 제34조, 제50조 등에 규정된 재결절차를 거친 다음 그 재결에 대하여 불복이 있는 때에 비로소 공익사업법 제83조 내지 제85조에 따라 권리구제를 받을 수 있을 뿐, 이러한 재결절차를 거치지 않은 채 곧바로 사업시행자를 상대로 손실보상을 청구하는 것은 허용되지 않는다고 봄이 상당하다.

토지보상법상 잔여지 감가보상청구에 대해서는 제73조에서 규정하고 있으므로, 사업시행자와의 협의 및 재결을 통하여야 한다. 이러한 절차를 거쳐야 하며, 사업시행자를 상대로 곧바로 손실보상을 청구할 수 없다. 이는 잔여지 수용청구와는 별도의 절차이므로 잔여지 수용청구에 대한 재결이 있었다 하더라도 별도의 감가보상청구 및 재결을 거쳐야 한다.

2. 논리적으로 양립할 수 없는 수 개 청구의 선택적 병합이 허용되는지 여부(소극) / 공익사업을 위한 토지 등의 취득 및 보상에 관한 법률 제74조에 따른 잔여지 수용청구와 제73조에 따른 잔여지의 가격감소로 인한 손실보상청구의 선택적 병합이 허용되는지 여부(소극)(대판 2014.4.24, 2012두6773)

3. 잔여지의 가치손실보상 범위

구 공익사업을 위한 토지 등의 취득 및 보상에 관한 법률(2007.10.17. 법률 제8665호로 개정되기 전의 것, 이하 '공익사업법'이라 한다) 제73조에 의하면, 동일한 토지소유자에 속하는 일단의 토지의 일부가 취득 또는 사용됨으로 인하여 잔여지의 가격이 감소하거나 그 밖의 손실이 있는 때 등에는 토지소유자는 그로 인한 잔여지 손실보상청구를 할 수 있고, 이 경우 보상하여야 할 손실에는 토지 일부의 취득 또는 사용으로 인하여 그 획지조건이나 접근조건 등의 가격형성요인이 변동됨에 따라 발생하는 손실뿐만 아니라 그 취득 또는 사용 목적 사업의 시행으로 설치되는 시설의 형태·구조·사용 등에 기인하여 발생하는 손실과 수용재결 당시의 현실적 이용상황의 변경 외 장래의 이용가능성이나 거래의 용이성 등에 의한 사용가치 및 교환가치상의 하락 모두가 포함된다(대판 2011.2.24, 2010두23149).

전원개발에 관한 특례법상의 전원개발사업자가 위 특례법 제6조의2의 규정에 따라 타인 소유의 토지 일부를 전선로 지지(支持) 철탑의 부지로 수용함과 아울러 전기사업법 제57조 제1항의 규정에 기하여 그 잔여지의 지상 공간에 전선을 가설(架設)함으로써 그 잔여지의 가격이 감소하는 데 따른 손실도 위와 같은 토지수용법 제47조 소정의 잔여지 보상의 대상에 해당한다(대판 2000.12.22, 99두10315).

> 잔여지 감가는 형상 및 도로조건에서의 감가요인이 대부분이다. 형상 및 도로의 열세에 따른 항목 외에도 장래의 이용가능성이나 거래의 용이성 등에 의한 사용가치 및 교환가치상의 하락을 모두 고려해야 할 것이다.

4. 잔여지 가치손실보상 청구요건

토지수용법 제47조는 잔여지 보상에 관하여 규정하면서 동일한 소유자에 속한 일단의 토지의 일부 수용이라는 요건 외에 잔여지 가격의 감소만을 들고 있으므로, 일단의 토지를 일부 수용함으로써 잔여지의 가격이 감소되었다고 인정되는 한, 같은 법 제48조가 정하고 있는 잔여지 수용청구에서와는 달리 잔여지를 종래의 목적에 사용하는 것이 현저히 곤란한 사정이 인정되지 않는 경우에도 그에 대한 손실보상을 부정할 근거가 없다(대판 1999.5.14, 97누4623).

> 잔여지 감가보상의 요건은 '종래의 목적대로 현저히 이용 곤란할 것'을 요하지 않는다. 따라서 매수청구 요건을 갖춘 경우라면 소유자의 선택에 따라서 매수청구도 가능하고 감가보상청구도 가능할 것이다. 매수청구를 신청하면서 감가보상청구를 예비적으로 병합시키는 것도 가능하다.

동일한 토지소유자에 속하는 일단의 토지의 일부가 수용됨으로 인하여 잔여지의 가격이 감소하거나 기타의 손실이 있을 때에는 토지소유자는 그로 인한 잔여지 손실보상청구를 할 수 있고, 이러한 손실보상은 달리 특별한 사정이 없는 한 일반원칙에 따라 수용재결 시를 기준으로 하여 산정하여야 할 것인바, 이 경우 보상하여야 할 손실은 수용재결 당시의 현실적 이용상황의 변경뿐만 아니라 장래의 이용가능성이나 거래의 용이성 등에 의한 사용가치 및 교환가치상의 하락 모두를 포함한다(대판 1998.9.8, 97누10680).

5. 잔여지를 뺀 수용재결처분이 위법하다는 것을 이유로 한 이의재결 취소청구의 소를 잔여지의 가격감소로 인한 손실보상청구의 소로 변경한 경우, 제소기간 준수 여부의 기준시 (= 이의재결 취소청구소송 제기 시)(대판 1999.10.12, 99두7517)

동일한 토지소유자에 속하는 일단의 토지의 일부가 수용됨으로 인하여 잔여지의 가격이 감소된 경우에, 토지소유자가 잔여지를 포함시키지 않은 수용재결처분이 위법하다고 주장하면서 그 취소를 구하는 이의신청을 하여 이의신청을 기각하는 이의재결을 받은 뒤, 중앙토지수용위원회를 상대로 이의재결의 취소를 청구하는 소송을 제기, 그 소가 진행되던 도중에 기업자를 피고로 추가하여 이의재결 취소청구의 소를 잔여지의 가격감소로 인한 손실보상청구의 소로 변경하였다면, 이의재결 취소청구의 소가 당초에 제소기간을 준수하여 적법하게 제기된 이상, 뒤의 소변경은 제소기간이 경과된 후에 이루어졌어도 부적법하지 아니하다.

6. 재결신청 기간 또는 제소기간 도과 여부 서울행정법원 2016.7.29, 2015구합67885[잔여지가치하락손실보상금청구]

토지보상법 제73조 제1항은 '사업시행자는 동일한 소유자에게 속하는 일단의 토지의 일부가 취득되거나 사용됨으로 인하여 잔여지의 가격이 감소할 때에는 그 손실을 보상하여야 한다'고 규정하면서, 제2항에서 '제1항 본문에 따른 손실의 보상은 해당 사업의 공사완료일부터 1년이 지난 후에는 청구할 수 없다'고 규정하고 있다. 그리고 토지보상법 제73조 제4항은 '제1항에 따른 손실의 보상에 관하여는 제9조 제6항 및 제7항을 준용한다'고 규정하고 있는데, 토지보상법 제9조는 제1항에서 '사업시행자는 공익사업을 준비하기 위하여 타인이 점유하는 토지에 출입하여 측량하거나 조사할 수 있다'고 규정하면서 제4항에서 '사업시행자는 제1항에 따라 타인이 점유하는 토지에 출입하여 측량・조사함으로써 발생하는 손실을 보상하여야 한다', 제5항에서 제4항에 따른 손실의 보상은 손실이 있음을 안 날부터 1년이 지났거나 손실이 발생한 날부터 3년이 지난 후에는 청구할 수 없다', 제6항에서 '제4항에 따른 손실의 보상은 사업시행자와 손실을 입은 자가 협의하여 결정한다', 제7항에서 제5항에 따른 협의가 성립되지 아니하면 사업시행자나 손실을 입은 자는 관할토지수용위원회에 재결을 신청할 수 있다'고 규정하고 있다.

이와 같은 토지보상법 규정의 문언내용 및 체계에 비추어 보면, 토지보상법 제73조 제2항에서 규정한 '청구'란 사업시행자에 대한 손실보상 청구를 의미하는 것으로 해석함이 타당하고, 이를 관할 토지수용위원회에 대한 재결신청 또는 사업시행자를 상대로 손실보상을 구하는 소의 제기를 의미하는 것으로 해석할 수는 없다. 그 이유는 다음과 같다.

Ⅶ 잔여건축물의 가격감소

1. 잔여건축물의 가격감소 및 부가가치세가 손실보상 대상인지

[1] 건축물 소유자가 공익사업을 위한 토지 등의 취득 및 보상에 관한 법률 제34조, 제50조 등에 규정된 재결절차를 거치지 않은 채 곧바로 사업시행자를 상대로 같은 법 제75조의2 제1항에 따른 잔여 건축물 가격감소 등으로 인한 손실보상을 청구할 수 있는지 여부(소극) 및 이는 수용대상 건축물에 대하여 재결절차를 거친 경우에도 마찬가지인지 여부(적극) : 공익사업을 위한 토지 등의 취득 및 보상에 관한 법률(이하 '토지보상법'이라 한다) 제75조의2 제1항, 제34조, 제50조, 제61조, 제83조 내지 제85조의 내용 및 입법 취지 등을 종합하면, 건축물 소유자가 사업시행자로부터 토지보상법 제75조의2 제1항에 따른 잔여 건축물 가격감소 등으로 인한 손실보상을 받기 위해서는 토지보상법 제34조, 제50조 등에 규정된 재결절차를 거친 다음 재결에 대하여 불복이 있는 때에 비로소 토지보상법 제83조 내지 제85조에 따라 권리구제를 받을 수 있을 뿐, 재결절차를 거치지 않은 채 곧바로 사업시행자를 상대로 손실보상을 청구하는 것은 허용되지 않고, 이는 수용대상 건축물에 대하여 재결절차를 거친 경우에도 마찬가지이다(대판 2015.11.12, 2015두2963).

[2] 피수용자가 부가가치세법상의 납세의무자인 사업자로서 손실보상금으로 수용된 건축물 등을 다시 신축하는 것이 자기의 사업을 위하여 사용될 재화 또는 용역을 공급받는 경우에 해당하는 경우, 사업시행자에게 건축비 등에 포함된 부가가치세 상당을 손실보상으로 구할 수 있는지 여부(원칙적 소극) : 피수용자가 부가가치세법상의 납세의무자인 사업자로서 손실보상금으로 수용된 건축물 등을 다시 신축하는 것이 자기의 사업을 위하여 사용될 재화 또는 용역을 공급받는 경우에 해당하면 건축비 등에 포함된 부가가치세는 부가가치세법 제38조 제1항 제1호에서 정한 매입세액에 해당하여 피수용자가 자기의 매출세액에서 공제받거나 환급받을 수 있으므로 위 부가가치세는 실질적으로는 피수용자가 부담하지 않게 된다. 따라서 이러한 경우에는 다른 특별한 사정이 없는 한 피수용자가 사업시행자에게 위 부가가치세 상당을 손실보상으로 구할 수는 없다.

2. 건물의 잔여부분을 보수하여 사용할 수 있는 경우(대판 2000.10.27, 2000두5104)

건물의 잔여 부분을 종래의 목적대로 사용 기능을 유지함으로써 그 유용성의 동일성을 유지하는데 통상 필요하다고 볼 수 있는 공사를 하는데 소요되는 비용을 말한다고 할 것이다.

Ⅷ 기타(서울고등법원 2015.6.12, 2013누9214)

[주문]

1. 제1심 판결을 다음과 같이 변경한다.
   가. 이 사건 소 중 [별지 1] 목록 순번 7번 중장비차고에 관한 손실보상금 청구부분의 소를 각하한다.
   나. 피고는 원고에게 2,974,626,191원 및 이에 대하여 2011.5.14.부터 2015.6.12.까지는 연 5%의, 그 다음날부터 갚는 날까지는 연 20%의 각 비율로 계산한 돈을 지급하라.

다. 원고의 나머지 청구를 기각한다.

2. 소송총비용 중 4/5는 원고가, 나머지는 피고가 각 부담한다.
3. 제1의 나항은 가집행할 수 있다.

[청구취지 및 항소취지]

1. 청구취지

피고는 원고에게 11,188,891,062원 및 이 중 10,000,000,000원에 대하여는 이 사건 소장 부본 송달 다음날부터 이 판결 선고일까지는 연 5%의, 그 다음날부터 갚는 날까지는 연 20%의 각 비율로 계산한 돈을, 1,188,891,062원에 대하여는 이 사건 청구취지 변경신청서 송달 다음날부터 갚는 날까지 연 20%의 비율로 계산한 돈을 주1) 지급하라.

2. 항소취지

가. 원고

제1심 판결 중 아래에서 지급을 명하는 금원에 해당하는 원고 패소부분을 취소한다.
피고는 원고에게 4,576,597,739원 및 그중 3,387,706,677원에 대하여는 이 사건 소장 부본 송달 다음날부터 제1심 판결 선고일까지는 연 5%의, 그 다음날부터 갚는 날까지는 연 20%의 각 비율로 계산한 돈을, 1,188,891,062원에 대하여는 이 사건 청구취지 변경신청서 송달 다음날부터 갚는 날까지 연 20%의 비율로 계산한 돈을 지급하라.

나. 피고

제1심 판결 중 피고 패소부분을 취소한다. 위 취소부분에 대한 원고의 청구를 기각한다.

[이유]

1. 기초사실

다음 각 사실은 당사자 사이에 다툼이 없거나, 갑 1호증의 1 내지 5, 갑 2호증의 1, 2, 3, 갑 5호증의 1 내지 6, 갑 6호증의 1, 2, 갑 10호증의 1 내지 4, 을 1호증의 1, 2, 을 2호증의 1, 2, 을 5호증의 각 기재에 변론 전체의 취지를 종합하여 인정할 수 있다.

가. 재결의 경위

① 사업인정 및 고시
- 사업명 : 화성동탄2지구 택지개발사업 〈23차〉(이하 '이 사건 사업'이라 한다)
- 고시 : 2008.7.11. 국토해양부 고시 제2008-308호
- 사업시행자 : 피고, 경기도시공사

② 중앙토지수용위원회의 2010.11.19.자 수용재결(이하 '이 사건 수용재결'이라 한다)
- 보상대상 : 원고가 화성시 (주소 1 생략) 토지 일대에서 운영하는 '○○○○○○클럽' 골프장(이하 '이 사건 골프장'이라 한다)의 지장물 중 [별지 1] 목록 순번 1 내지 6, 8 내지 20 기재 각 지장물
- 보상금 : 4,479,740,360원

– 수용개시일 : 2011.1.12.
– 감정평가법인 : 주식회사 대화감정평가법인, 한국감정원

③ 중앙토지수용위원회의 2011.4.1.자 이의재결(이하 '이 사건 이의재결'이라 한다)
– 보상대상 : [별지 1] 목록 순번 1 내지 6, 8 내지 20 기재 각 지장물
– 보상금 : 4,505,599,500원(원고는 위 각 지장물을 새로 설치하는 공사비 상당액을 보상액으로 평가해 달라고 요청하였으나, 중앙토지수용위원회는 위 각 지장물의 가격 범위 내에서 이전비로 평가한 금액을 보상금으로 정하였다)
– 감정평가법인 : 주식회사 나라감정평가법인, 주식회사 미래새한감정평가법인(이하 '재결감정인'이라 하고, 그 감정결과를 '재결감정'이라 한다)

나. 관련 사건의 경과

1) 화성시 동탄면 (주소 2 생략) 토지 지상 '오수처리장 및 오수처리시설' 사건

① 중앙토지수용위원회는 2012.6.22. 이 사건 골프장의 지장물 중 화성시 동탄면 (주소 2 생략) 토지 지상에 있는 '오수처리장 및 오수처리시설'에 관하여, 보상금 125,370,000원, 수용개시일 2012.8.16.로 하는 수용재결을 하였다[재결감정인은 구 공익사업을 위한 토지 등의 취득 및 보상에 관한 법률(2013.3.23. 법률 제11690호로 개정되기 전의 것, 이하 '토지보상법'이라 한다) 제75조 제1항에 따라, 지장물의 이전이 가능하다고 판단하여 그 보상금을 이전에 필요한 비용으로 산정하였다].

② 이에 대하여 원고는, 위 '오수처리장 및 오수처리시설'은 이 사건 골프장을 유지・운영하는 데 필수적인 시설물로서 위 시설물이 수용됨으로 인하여 이 사건 골프장의 잔여시설이 종전과 동일하게 유지・운영될 수 없게 되므로, 이에 대한 보상금은 토지보상법 제75조 제1항에 의한 통상의 지장물 보상과 달리, 토지보상법 제73조 제1항 또는 제75조의2 제1항 규정을 적용 또는 유추적용하여 이 사건 골프장 내에 그 대체시설물을 설치하는 비용으로 인정되어야 한다고 주장하며, 위 '오수처리장 및 오수처리시설'의 대체시설 설치비에서 그 수용재결 보상금의 차액을 추가로 청구하는 소를 수원지방법원 2012구합11523호로 제기하였다.

③ 수원지방법원은 위 시설물이 이 사건 골프장의 나머지 부분과 용도상 불가분의 관계에 있다고 보고, 잔여 건축물의 손실에 대한 보상 등을 정한 토지보상법 제75조의2 제1항을 유추적용하여 원고의 청구(403,447,158원 및 지연손해금)를 인용하는 판결을 선고하였다.

④ 이에 대해 피고가 서울고등법원 2013누9757호로 항소하였다. 위 법원은 2015.6.2. 위 '오수처리장 및 오수처리시설' 자체의 수용으로 인한 손실보상에 대하여는 토지보상법 제75조 제1항이 적용될 뿐, 토지보상법 제73조 제1항 또는 제75조의2 제1항이 적용되거나 유추적용될 여지가 없다는 이유로, 위 ③항의 판결을 취소하고 원고의 청구를 기각하는 판결을 선고하였다.

2) 홀편입시설 등 사건

① 중앙토지수용위원회는 2011.9.2. 이 사건 골프장 중 화성시 동탄면 (주소 3 생략), (주소 4 생략), (주소 5 생략), (주소 6 생략), (주소 7 생략), (주소 8 생략), (주소 9 생략) 각 토지 지상 지장물[홀편입시설(기평가시설 제외) 그린 외]의 수용으로 인한 잔여 골프코스의 변경에 따른 보수 및 공사비에 대하여 보상금 576,000,000원, 수용개시일 2011.10.26.로 하는 수용재결을 하였다.

② 원고는 위 지장물의 수용으로 인하여 직접적으로 편입지에 포함되는 홀뿐만 아니라, '홀 사이의 간격 유지 및 타구사고의 위험 예방 등을 위하여 불가피하게 이동 배치되어야 하는 다른 홀 등 총 9개 홀에 대한 변경공사비'와 '홀 변경 공사로 그 공사기간 동안 당해 홀을 이용하지 못하여 발생하는 영업 손실' 및 '원고가 이전에 추진하였다가 이 사건 사업으로 인하여 무산된 콘도사업에 투입된 인・허가비용'이 각 보상금으로 산정되어야 한다는 이유로 이의재결을 신청하였다. 중앙토지수용위원회는 이의재결에서 산지전용에 따른 원상복구비예치금 보험료 1,219,000원을 추가로 인정하여, 합계 577,819,100원을 인정하였다.

③ 원고는 이에 대하여 수원지방법원 2012구합2499호로 추가손실보상금의 지급을 구하는 소를 제기하였다. 위 법원은 2014.8.14. '이 사건 골프장 서 8, 9홀의 변경공사에 따른 손실보상금' 및 '위 콘도사업에 투입된 인・허가비용의 손실보상금' 청구 부분은 토지보상법에서 정한 재결절차를 거치지 않고 직접 피고에 대하여 보상금의 지급을 구하고 있으므로 소가 부적법하다고 판단하였고, 나머지 청구 부분은 일부 인용하는 판결을 선고하였다.

④ 이에 대하여 원고와 피고 모두 항소하여 서울고등법원 2014누7321호로 소송계속 중이다.

다. 이 사건 골프장의 현황 등

① 원고가 운영하는 이 사건 골프장은 1972.11.1. 개장하였고, 전체 부지 1,602,766㎡에 동・서로 각 18홀의 골프코스가 조성되어 있다.

② 위 골프장 부지 중 44필지 116,325㎡가 이 사건 사업 부지로 편입되었으나, 이 사건 골프장은 계속 운영되고 있다.

2. 원고의 주장

이 사건 수용재결 및 이의재결에서는 [별지 1] 목록 기재 각 지장물에 대한 보상금을 토지보상법 제75조 제1항에 따라 위 각 지장물의 가격 범위 내에서 이전비로 평가・보상하였다.

그러나 위 각 지장물은 이 사건 골프장을 유지・운영하는 데 필수적인 시설물로서 위 각 지장물이 수용됨으로 인하여 이 사건 골프장의 잔여시설(이하 '이 사건 잔여시설'이라 한다)이 종전과 동일하게 유지・운영될 수 없게 되므로, 이로 인한 손실은 토지보상법 제73조 제1항 또는 제75조의2 제1항을 적용 또는 유추적용하여 위 각 지장물에 대한 대체시설 설치에 직접 소요되는 공사비 및 그 설치에 수반되는 부대비용(이하 '대체시설 설치비 등'이라 한다)을 새로 설치하는 공사에 소용되는 비용으로 평가・보상되어야 한다.

따라서 피고는 원고에게 위 각 지장물의 대체시설 설치비 등 15,694,490,562원과 이의재결 보상금 4,505,599,500원의 차액인 11,188,891,062원을 추가로 지급할 의무가 있다.

3. 관계 법령

[별지 2] '관계 법령' 기재와 같다.

4. [별지 1] 목록 순번 7번 중장비차고 부분에 대한 판단

가. 직권으로 이 사건 소 중 [별지 1] 목록 순번 7번 중장비차고에 관한 부분의 적법 여부에 관하여 본다.

나. 관련 법리 등

토지보상법 제9조 제6항 및 제7항, 제26조, 제28조, 제30조, 제34조, 제50조, 제61조, 제75조, 제75조의2, 제83조 내지 제85조에 의하면, 수용되는 지장물의 소유자가 사업시행자로부터 잔여 지장물의 손실보상금을 지급받기 위해서는 사업시행자와 협의 절차를 거쳐야 하고, 협의가 성립되지 아니하면 사업시행자나 지장물 소유자는 관할 토지수용위원회에 재결을 신청하여 재결절차(수용재결)를 거쳐야 하며, 사업시행자, 토지소유자, 관계인이 수용재결에 대하여 이의가 있을 때에는 재결서를 받은 날부터 60일 이내에 행정소송을 제기하거나 중앙토지수용위원회에 이의신청을 할 수 있고, 이의재결에 대하여도 불복이 있을 때에는 재결서를 받은 날부터 30일 이내에 행정소송을 제기할 수 있다고 규정하고 있는바, 위 각 규정의 내용을 종합하여 보면, 지장물 소유자는 재결절차를 거친 다음 행정소송을 제기할 수 있을 뿐, 수용재결이나 이에 이은 이의재결절차를 거침이 없이 곧바로 사업시행자를 상대로 하여 행정소송의 방법으로 손실보상금의 지급을 구할 수는 없다.

다. 판단

위 나.항의 법리를 기초로 살피건대, 갑 2호증의 2, 갑 6호증의 1, 2의 각 기재에 변론 전체의 취지를 종합하면, [별지 1] 목록 순번 7번 중장비차고 부분은 이 사건 수용재결 및 이의재결의 보상대상이 아니었던 사실이 인정되므로, 원고가 이에 대한 재결절차를 거치지 않고 곧바로 사업시행자인 피고를 상대로 보상금의 지급을 구하는 이 부분 소는 부적법하다([별지 1] 목록 순번 21 내지 23번 부분의 경우에도 재결 절차를 거친 것인지에 관해 의문이 있을 수 있으나, 이 사건 수용재결 및 이의재결을 거친 [별지 1] 목록 순번 1 내지 6, 8 내지 20 기재 각 지장물의 손실보상액 증액을 구하는 취지로 이해할 수 있다).

5. [별지 1] 목록 순번 1 내지 6, 8 내지 20 기재 각 지장물(이하 통틀어 '이 사건 지장물'이라 한다) 부분에 대한 판단

가. 본안전 항변에 대한 판단

피고는, 원고가 이 사건 지장물에 대한 보상액 인상을 청구하는 것은 가능하지만, 이와 별개로 이 사건 잔여시설에 대한 보상금을 청구하는 것이라면, 이는 수용재결이나 이에 이은 이의재결 절차를 거침이 없이 곧바로 사업시행자인 피고를 상대로 하여 행정소송을 제기한 것으로서 부적법하다는 취지로 항변한다.

살피건대, 원고가 이 사건 잔여시설에 대한 손실보상을 청구하기 위해서는 이 사건 지장물과는 별도로 토지보상법 제34조, 제50조 등이 규정한 바에 따라 재결절차를 거쳐야만 하는 것은 옳다(대판 2014.9.25, 2012두24092 등 참조). 그러나 원고의 주장 취지는, 이 사건 수용재결 및 이의재결을 거친 이 사건 지장물의 경우, 골프장 운영에 필수적인 시설이라는 특수성을 고려하여 그 손실보상액은 '이전에 필요한 비용' 혹은 '원가법에 따른 가액'에 머물러서는 안 되고 대체시설 설치비 등으로 인상되어야 한다는 것으로 이해되므로, 결국 원고가 이 사건 잔여시설에 대한 보상금을 청구하는 것이라 하기는 어렵고, 따라서 피고의 위 항변은 이유 없다.

나. 본안에 대한 판단

1) 토지보상법 제73조 제1항에 근거하여 보상을 청구할 수 있는지에 대한 판단

토지보상법 제73조 제1항은 잔여지에 생긴 손실의 보상을 정하고 있을 뿐이고, 지장물에 속하는 잔여 건축물의 손실보상 등에 관하여는 아래에서 보는 바와 같이 토지보상법 제75조의2에서 따로 규정하고 있으므로, 토지보상법 제73조 제1항은 이 사건 지장물에 대한 손실보상의 근거 규정이 될 수 없고, 따라서 원고의 이 부분 주장은 이유 없다.

2) 토지보상법 제75조의2 제1항에 근거하여 대체시설 설치비 등 보상을 청구할 수 있는지에 대한 판단

가) 이 사건의 쟁점

토지보상법 제75조 제1항은 건축물·입목·공작물과 그 밖에 토지에 정착한 물건, 즉 이른바 지장물이 공익사업에 편입됨으로 인하여 발생한 손실을 기본적으로 동일한 기준에 의하여 보상하도록 규정하고 있고, 나아가 지장물 중 건축물에 대하여 토지보상법 제75조의2 제1항은 동일한 소유자에게 속하는 일단의 건축물 중 일부가 공익사업에 편입됨으로 인하여 잔여 건축물의 가격이 감소하거나 그 밖의 손실이 있을 때에는 그 손실도 보상하도록 규정하고 있으나, 건축물 이외의 다른 지장물에 대하여는 토지보상법이 토지보상법 제75조의2 제1항과 같은 취지의 규정이나 토지보상법 제75조의2 제1항을 준용하는 규정을 별도로 두고 있지 아니하다.

결국 이 사건의 쟁점은, 이 사건 지장물이 이 사건 잔여시설과 용도상 불가분의 관계에 있어 일단의 지장물을 구성하므로, 이 사건 지장물이 이 사건 사업에 편입됨으로 인하여 이 사건 잔여시설에 손실이 생길 경우에는 토지보상법 제75조의2 제1항을 준용하거나 유추적용하여 대체시설 설치비 등 보상을 청구할 수 있는지 여부라 할 것이다.

나) 판단

관련 법령을 종합하여 알 수 있는 다음과 같은 사정을 종합하면, 이 사건 지장물에 대한 손실보상에 있어 토지보상법 제75조의2 제1항을 준용하거나 유추적용하여 대체시설 설치비 등을 보상가로 인정할 수는 없다 할 것이므로, 원고의 이 부분 주장 역시 이유 없다.

① 헌법 제23조 제3항은 공공필요에 의한 재산권의 수용·사용 또는 제한 및 그에

대한 보상은 '법률로써' 하도록 규정함으로써 수용에 대한 보상을 법률의 규정에 따라 행하도록 명시하고 있으므로, 특별한 사정이 없는 한 법률에 관련 보상 규정이 존재하지 않는다는 이유만으로 손쉽게 다른 규정을 준용하거나 유추적용할 수는 없다.

② 토지보상법 제75조 제1항 본문은 "건축물・입목・공작물과 그 밖에 토지에 정착한 물건(이하 "건축물 등"이라 한다)에 대하여는 이전에 필요한 비용(이하 "이전비"라 한다)으로 보상하여야 한다."라고 규정하여 이전비 보상원칙을 채택하면서, 다만 단서 및 각 호에서 예외적으로 건축물 등의 이전이 어렵거나 그 이전으로 인하여 건축물 등을 종래의 목적대로 사용할 수 없게 된 경우 등에는 '물건의 가격'으로 보상하도록 하고 있다. 토지보상법 제75조 제1항, 구 공익사업을 위한 토지 등의 취득 및 보상에 관한 법률 시행규칙(2013.3.23. 국토교통부령 제1호로 개정되기 전의 것, 이하 '토지보상법 시행규칙'이라 한다) 제2조 제9호, 제33조 제2항은, 예외적으로 가격에 따라 지장물을 보상하는 경우에도 그 지장물의 대체시설을 시공하는데 드는 비용 전부를 보상하는 것이 아니라, 원가법에 따라 감가상각을 적용한 당해 지장물의 현재 가격을 보상하도록 하고 있다. 만일 대체시설을 시공하는 비용 전부를 보상하게 된다면 기존의 낡은 시설물을 신규 시설로 교체하게 되어, 피수용자가 헌법 제23조 제3항이 규정한 '정당한 보상'을 초과하는 보상을 받게 된다.

③ 토지보상법 시행규칙 제20조는 "취득할 토지에 건축물・입목・공작물 그 밖에 토지에 정착한 물건(이하 '건축물 등'이라 한다)이 있는 경우에는 토지와 그 건축물 등을 각각 평가하여야 한다. 다만, 건축물 등이 토지와 함께 거래되는 사례나 관행이 있는 경우에는 그 건축물 등과 토지를 일괄하여 평가하여야 하며, 이 경우 보상평가서에 그 내용을 기재하여야 한다."라고 규정하여 구분평가의 원칙을 도입하고 있다. 따라서 원칙적으로 토지보상법상 보상금을 산정함에 있어서는 수용대상이 된 물건을 각각 구별하여 평가해서 보상금을 산정하여야 하고, 수용대상이 아닌 물건을 수용대상 물건의 손실보상금 산정 시 고려하여 보상금을 증액할 수는 없다.

④ 원고는 이 사건 지장물의 수용으로 인하여 이 사건 잔여시설이 종전과 동일한 기능을 유지할 수 없는 특수한 사정을 감안하여 대체시설 설치비 등에 대한 보상이 이루어져야 한다고 주장한다. 그러나 이 사건 지장물을 이 사건 골프장 내에 이전・설치함으로써 이 사건 잔여시설은 종전과 동일한 기능을 유지할 수 있다고 보아야 하고, 따라서 이 사건 지장물을 대체하는 시설의 설치비용은 실질적으로 이 사건 지장물에 대한 이전비와 같은 개념의 비용이라고 할 것이므로, 이 사건 지장물에 대한 이전비에 추가하여 대체시설 설치비 등을 보상하는 것은 과잉배상이 될 수 있다.

⑤ 토지보상법 제75조의2 제1항조차도 잔여 건축물의 손실에 대한 보상에 관하여, 잔여 건축물의 경제적 가치 감소분을 보상하거나, 잔여 건축물의 보수비를 보상

하도록 규정하고 있을 뿐, 대체시설 설치비 등 보상을 규정하고 있지는 않다.

⑥ 토지보상법 시행규칙 제35조 제2항은 '잔여 건축물에 대한 평가'에 관하여 "동일한 건축물소유자에 속하는 일단의 건축물의 일부가 취득 또는 사용됨으로 인하여 잔여 건축물에 보수가 필요한 경우의 보수비는 건축물의 잔여 부분을 종래의 목적대로 사용할 수 있도록 그 유용성을 동일하게 유지하는데 통상 필요하다고 볼 수 있는 공사에 사용되는 비용(건축법 등 관계법령에 의하여 요구되는 시설의 개선에 필요한 비용은 포함하지 아니한다)으로 평가한다."라고 규정하고 있으므로, 위 보수비는 '잔여건축물 자체에 보수가 필요한 경우'를 전제로 한 것이어서, 원고가 주장하는 이 사건 지장물의 대체시설 설치비 등은 위 보수비에 포함될 수 없다.

3) 정당한 보상액

가) 위 2)나)항에서 살핀 바와 같이 이 사건 지장물의 대체시설 설치비 등을 이 사건 지장물에 대한 보상금으로 인정할 수는 없으므로, 피고는 원고에게 토지보상법 제75조 제1항에 따라 이 사건 지장물 이전에 필요한 비용을 보상하여야 하고, 다만 예외적으로 이 사건 지장물의 이전이 어렵거나 그 이전으로 인하여 이 사건 지장물을 종래의 목적대로 사용할 수 없게 된 경우에는 물건의 가격으로 보상하여야 한다. 한편 물건의 가격으로 보상을 하는 경우에도 원가법에 따라 감가상각을 적용한 이 사건 지장물의 가격시점 현재 가격이 보상금액이 된다.

나) [별지 1] 목록 순번 1, 2, 10, 15 내지 20 기재 지장물

이 부분 각 지장물의 정당한 보상액에 관하여 살피건대, 이 법원의 입증 촉구에도 불구하고 원고는 토지보상법 제75조 제1항에 따른 이 부분 각 지장물에 대한 보상액이 재결감정액을 초과함에 관하여 입증하지 아니하였고, 달리 이 부분 각 지장물에 대한 정당한 보상액이 재결감정액을 초과한다고 인정할 증거가 없다. 따라서 이 부분 각 지장물의 보상액은 재결감정액([별지 1] 목록 각 이의재결액)으로 인정함이 상당하고, 이 금액의 합계는 1,605,115,000원(= 32,500,000원 + 115,000,000원 + 107,500,000원 + 624,500,000원 + 11,700,000원 + 1,215,000원 + 200,000원 + 37,000,000원 + 385,000,000원 + 40,500,000원 + 250,000,000원)이다.

다) [별지 1] 목록 순번 3 내지 6, 8, 9, 11 내지 14 기재 지장물

이 부분 각 지장물의 정당한 보상액에 관하여 살펴본다.

재결감정인은 이 부분 각 지장물을 평가함에 있어 구조, 규격, 사용자재 및 시공정도, 이용 및 관리상태, 이전가능성과 그 난이도, 내구연한, 유용성 기타 가격형성상의 제요인을 종합적으로 고려하여 지장물의 가격 범위 내에서 이전비로 평가하되, 이전함으로 인하여 종래의 목적대로 이용 또는 사용할 수 없는 경우, 이전이 현저히 곤란한 경우, 이전비가 지장물의 가격을 넘는 경우에는 지장물의 가격으로 평가하였다.

이 법원의 감정인 소외인(이하 '이 법원 감정인'이라 한다)에 대한 보완감정결과(이하 '이 법원 감정'이라 한다)에 의하면, 이 법원 감정인 역시 재결감정인과 같은 방식으로 감정

평가를 하되, ① 이 부분 각 지장물은 모두 건축물이기 때문에 시설 자체를 이동하여 사용할 수 없다고 판단하였고, ② 이 부분 각 지장물을 원가법(가격시점에서 평가대상 물건을 재생산 또는 재취득함에 소요되는 재조달원가에 감가수정을 하여 평가대상 물건이 가지는 평가시점의 가격을 산정하는 방법)으로 감정하였으며, ③ 이 부분 각 지장물은 이 사건 골프장 시설의 일부로서 유사한 거래사례가 많은 시설물이 아니어서 거래사례비교법을 적용할 수 없다고 판단하였고, ④ 재조달원가의 적용, 원가법에 의한 정액법의 산식 적용, 기준 내용연수와 잔가율 및 경과연수를 적용한 근거를 구체적으로 자세히 밝히고 있다.

재결감정인과 이 법원 감정인은 각자 전문적인 지식과 경험을 활용하여 토지보상법 제75조, 같은 법 시행규칙 제33조, 제36조에 따라 이 부분 각 지장물의 개별적인 이전비와 취득가를 평가·비교한 뒤 더 적은 가액을 감정평가액으로 정하였고, 그 각 판단에 어떠한 오류가 있음을 인정할 자료는 없다.

다만, 재결감정인이 개략적인 감정의 방법과 결과만 제시한 데 비하여, 이 법원 감정인은 이 부분 각 지장물에 대한 재조달원가의 적용, 원가법에 의한 정액법의 산식 적용, 기준 내용연수와 잔가율 및 경과연수를 적용한 근거를 구체적으로 자세히 밝히고 있어 신뢰할 수 있으므로, 이 법원은 이 법원 감정을 채택하기로 한다.

이 법원 감정인이 이 부분 각 지장물에 대하여 원가법에 따라 감가상각을 적용한 평가금액은 [별지 1] 목록 각 '이 법원 감정액'과 같고, 그 각 금액의 합계는 5,875,110,691원(= 3,448,545,141원 + 1,474,988,176원 + 494,854,912원 + 34,390,181원 + 89,148,178원 + 66,465,822원 + 100,638,481원 + 166,079,800원)이다.

4) 소결

따라서 피고는 원고에게 이 사건 지장물의 정당한 보상금액 7,480,225,691원(= 1,605,115,000원 + 5,875,110,691원)에서 이의재결에서 정한 이 사건 지장물의 보상액 4,505,599,500원을 제외한 나머지 2,974,626,191원(= 7,480,225,691원 − 4,505,599,500원) 및 이에 대하여 원고가 구하는 바에 따라 이 사건 소장 부본 송달 다음날인 2011.5.14.부터 피고가 이 사건 이행의무의 존부나 범위에 관하여 항쟁함이 상당하다고 인정되는 이 판결 선고일인 2015.6.12.까지는 민법이 정한 연 5%의, 그 다음날부터 다 갚는 날까지는 소송촉진 등에 관한 특례법에서 정한 연 20%의 각 비율로 계산한 지연손해금을 지급할 의무가 있다.

6. 결론

그렇다면 이 사건 소 중 [별지 1] 목록 순번 7번 중장비차고에 관한 손실보상금 청구부분의 소는 부적법하므로 이를 각하하고, 원고의 나머지 청구는 위 인정범위 내에서 이유 있으므로 이를 일부 인용하여야 할 것인바, 제1심 판결은 이와 결론을 달리하여 부당하므로, 피고의 항소를 일부 받아들여 제1심 판결을 위와 같이 변경한다.

03 공물의 수용가능성

1. 목적물의 제한(수용제도본질상 제한 : 대판 1994.1.11, 93누8108)

공용수용은 공익사업을 위하여 타인의 특정한 재산권을 법률의 힘에 의하여 강제적으로 취득하는 것이므로 수용할 목적물의 범위는 원칙적으로 사업을 위하여 필요한 최소한도에 그쳐야 하므로 그 한도를 넘는 부분은 수용대상이 아니므로 그 부분에 대한 수용은 위법하고, 초과수용된 부분이 적법한 수용대상과 불가분적 관계에 있는 경우에는 그에 대한 이의재결 전부를 취소할 수밖에 없다.

헌법 제37조 제2항 비례원칙이 적용된다.

2. 지방문화재가 수용의 대상이 되는지 여부(대판 1996.4.26, 95누13241)

토지수용법은 제5조의 규정에 의한 제한 이외에는 수용의 대상이 되는 토지에 관하여 아무런 제한을 하지 아니하고 있을 뿐만 아니라, 토지수용법 제5조, 구 문화재보호법 제20조 제4호, 제58조 제1항, 부칙 제3조 제2항 등의 규정을 종합하면 구 문화재보호법 제54조의2 제1항에 의하여 지방문화재로 지정된 토지가 수용의 대상이 될 수 없다고 볼 수는 없다.

지방문화재의 경우 수용대상이 될 수 없다는 명문의 규정이 없기에, 수용이 가능하다는 판례이다.

3. 구 토지수용법 제5조(현행 제19조)의 의미해석(헌재 2000.10.25, 2000헌바32)

토지수용법 제5조는 이른바 공익 또는 수용권의 충돌 문제를 해결하기 위한 것으로서, 수용적격사업이 경합하여 충돌하는 공익의 조정을 목적으로 한 규정이다. 즉, 현재 공익사업에 이용되고 있는 토지는 가능하면 그 용도를 유지하도록 하기 위하여 수용의 목적물이 될 수 없도록 하는 것이 그 공익사업의 목적을 달성하기 위하여 합리적이라는 이유로, 보다 더 중요한 공익사업을 위하여 특별한 필요가 있는 경우에 한하여 예외적으로 수용의 목적물이 될 수 있다고 규정한 것이고, 토지 등을 수용할 수 있는 요건 또는 그 한계를 정한 것이 아니다.

토지보상법 제19조 제2항의 취지이다.

4. 기존 공익이 큰 경우(대판 2018.11.29, 2018두51904)

공익사업의 시행자가 구 국유림의 경영 및 관리에 관한 법률이 정한 요존국유림을 철도사업 등 공익사업을 위한 토지 등의 취득 및 보상에 관한 법률에 의한 공익사업에 사용할 필요가 있는 경우, 구 국유림의 경영 및 관리에 관한 법률에서 정하는 절차와 방법에 따르지 아니한 채, 공익사업을 위한 토지 등의 취득 및 보상에 관한 법률에 따른 재결을 통해 요존국유림의 소유권이나 사용권을 취득할 수 있는지 여부(소극) / 불요존국유림의 경우, 구 국유림의 경영 및 관리에 관한 법률에서 정하는 절차와 방법에 따라 소유권이나 사용권을 취득하려는 조치를 우선적으로 취하지 아니한 채, 공익사업을 위한 토지 등의 취득 및 보상에 관한 법률에 따른 재결을 통해 불요존국유림의 소유권이나 사용권을 취득할 수 있는지 여부(소극)

(1) 요존국유림

철도사업 등 토지보상법에 의한 공익사업에 요존국유림을 사용할 필요가 있는 경우에도, 그러한 사용이 요존국유림의 보존목적의 수행에 필요하거나 장애가 되지 않는 범위에서는 요존국유림에 대한 '사용허가'를 받아야 하고, 그러한 사용이 요존국유림의 보존목적에 장애를 초래하는 경우에는 요존국유림을 철도사업 등 토지보상법에 의한 공익사업에 사용하여야 할 필요가 그 요존국유림을 보존할 필요보다 우월한 경우에 한하여 해당 요존국유림을 불요존국유림으로 재구분한 다음 이를 매각 또는 교환하는 절차를 밟아야 한다. 국유림법은 이와 별개로 요존국유림에 대한 임의적 처분이 가능함을 전제로 하는 규정이나 그에 대한 사용재결을 허용하는 규정을 두고 있지 않다.

국유재산법 역시, 공유 또는 사유재산과 교환하여 그 교환받은 재산을 행정재산으로 관리하려는 경우이거나 대통령령으로 정하는 행정재산을 직접 공용이나 공공용으로 사용하기 위하여 필요로 하는 지방자치단체에 양여하는 경우 외에는 행정재산을 처분하지 못하도록 규정하고 있다(제27조 제1항). 나아가 국유재산법은 행정재산 중 보존용 재산은 보존목적의 수행에 필요한 범위에서만 관리청이 행정재산의 사용허가를 할 수 있고(제30조 제1항), 행정 목적으로 사용되지 않게 된 경우에는 지체 없이 그 용도를 폐지하도록 규정하고 있을 뿐이다(제40조 제1항 제1호).
한편 토지보상법은 공익사업에 토지 등이 필요한 경우 사업시행자가 먼저 토지 등에 대한 보상에 관하여 토지소유자 등과 협의 절차를 진행하여야 하고(제16조, 제26조), 협의가 성립되지 아니하거나 협의를 할 수 없을 때에 한하여 사업시행자가 관할 토지수용위원회에 재결을 신청할 수 있다고 규정하고 있다(제28조 제1항). 이는 토지소유자 등에게 해당 토지 등을 임의로 처분할 수 있는 권한이 있음을 전제로 하는 것이다. 그러나 국유림법상 요존국유림은 국유림법에서 정하는 절차와 방법에 따라서만 관리・사용할 수 있을 뿐이고, 불요존국유림으로 재구분되지 않는 이상 관리청이 임의로 처분하지 못하는 것이기 때문에, 토지보상법상 협의 또는 재결의 대상이 될 수 없다.

따라서 공익사업의 시행자가 요존국유림을 그 사업에 사용할 필요가 있는 경우에 국유림법에서 정하는 절차와 방법에 따르지 않고, 이와 별개로 토지보상법에 의한 재결로써 요존국유림의 소유권 또는 사용권을 취득할 수는 없다고 봄이 타당하다.

(2) 불요존국유림

공익사업의 시행자가 불요존국유림을 철도사업 등 토지보상법에 의한 공익사업에 사용할 필요가 있는 경우에도, 국유림법에서 정하는 절차와 방법에 따라 소유권이나 사용권을 취득하려는 조치를 우선적으로 취하지 아니한 채 토지보상법에 의한 재결을 통해 불요존국유림의 소유권이나 사용권을 취득할 수 없다고 보아야 한다. 그 이유는 다음과 같다.

1) 불요존국유림은 국유림으로 보존하여야 할 필요가 크지 않고 국유재산법상 '일반재산'에 해당하므로, 산림청장은 토지보상법에 의한 공익사업 등에 사용하게 되는 경우에는 대통령령에서 정한 기준에 따라 매각・교환・대부할 수 있다(국유재산법 제7조 제1항, 국유림법 제20조 제1항 제1호, 제2항, 제21조 제1항).
2) 국유의 일반재산을 매각・교환・대부하는 계약은 국가가 사경제 주체의 지위에서 하는 '사법상 계약'에 해당한다(대판 2000.2.11, 99다61675 등 참조). 따라서 사업시행자가 불요존국유림에 관하여 산림청장에게 국유림법에 따른 매각・교환・대부계약의 체결을 신청하는 것은 토지보상법상 재결신청의 전제가 되는 '협의절차'의 실질을 갖는다. 따라서 사업시행자가 위와 같은 매각・교환・대부계약 체결을 신청함 없이 곧바로 재결을 신청하였다면, 사업시행자의 재결신청은 위법하고 그에 따른 재결도 위법하다고 보아야 한다(대판 1993.8.13, 93누2148 등 참조).
3) 따라서 공익사업의 시행자가 불요존국유림을 그 사업에 사용할 필요가 있는 경우에는 우선 국유림법에서 정하는 요건을 갖추어 매각・교환・대부계약의 체결을 적법하게 신청하여야 하고, 그럼에도 산림청장이 위법하게 그 계약체결을 거부하는 경우에 한하여 예외적으로 토지보상법에 따른 재결신청을 할 수 있을 따름이다.

5. 용도폐지 되지 않은 국유재산을 매각한 경우 그 효력(대판 1992.7.14, 92다12971)

세무서장이 용도폐지도 되지 않은 국유재산을 잡종재산으로 오인하여 매각한 경우 그 매도행위의 효력 유무(소극)

6. 용도폐지 전의 국가행정재산에 관하여 지방국세청과의 사이에 성립된 수용협의의 효력(대판 1995.1.24, 94다21221)

국가 명의의 소유권이전등기(관리청 철도청)가 경료되어 있는 토지가 철도계획선 용지로서 국가행정재산이었다가 용도폐지한 잡종재산이라면, 지방국세청이 국가 소유인 그 토지에 관하여 용도폐지도 되기 전에 수용협의를 하고 보상금을 수령할 권한이 있다고 보기는 어려우므로, 다른 특별한 사정이 없는 한 그 지방국세청과 사이에 성립된 수용협의는 무효라고 하지 않을 수 없다.

제2절 기출분석

기출문제

[재결] 기타 [제2회 제1문]

피수용자의 법적 지위에 관하여 설명하시오. 50점

Ⅰ. 서론

Ⅱ. 피수용자의 의의
토지보상법 제2조 토지소유자와 관계인

Ⅲ. 피수용자의 권리
1. 사업인정을 위한 열람 시 의견제출권
2. 사업인정 실효에 따른 손실보상청구권
3. 재결신청청구권
4. 확장수용청구권
5. 환매권
6. 수용사용에 따른 손실보상청구권

Ⅳ. 피수용자의 의무
1. 타인토지 출입 시 수인의무
2. 토지 등의 보존의무
3. 인도 · 이전의무

Ⅴ. 피수용자의 변동

Ⅵ. 피수용자의 권리구제
1. 사전적 권리구제(의견진술권, 문서열람권)
2. 사후적 권리구제
(1) 이의신청
(2) 취소소송
(3) 보상금증감청구소송

쟁점해설

① 시험답안에서 반드시 지켜야 하는 것은 출제된 문제의 논급에 충실하여야 하는 점이다. 따라서 답안에서는 일단 공용수용의 당사자로서 피수용자의 지위를 정리하고 그 내용으로서 피수용자의 권리와 의무를 중심으로 설명하는 것이 바람직하다. 그러므로 목차 구성은 1. 서언, 2. 피수용자의 권리, 3. 피수용자의 의무, 4. 피수용자의 권리구제, 5. 기타 관련논점, 6. 결어 등으로 하는 것으로 족하다.

② 서언에서는 피수용자의 의의, 법적 지위가 보장되어야 하는 이유와 그 내용 및 수용제도에 있어서의 최근의 이론적 동향을 간략하게 지적하는 것으로 족하다.
수용개념의 변화와 보상개념의 변화에 관한 논점은 피수용자의 권리에 대하여 그 의의 및 내용을 중심으로 구체적인 설명이 필요하다.

③ 피수용자의 권리구제에 관하여 절차적 구제와 실체적 구제를 구분하여 현행 행정쟁송제도를 중심으로 언급하는 것이 바람직하다.
절차적 측면에서는 수용의 보통절차에 있어서 피수용자의 참여에 관한 규정을 중심으로 그 당부와 절차하자문제와 그에 대한 구제를 논점으로 언급할 필요가 있으며, 실체적 측면에서는 하자 있는 사업인정에 대한 구제 및 재결에 대한 불복절차와 보상액 불복에 대한 쟁송법리를 논점으로 하여 언급하는 것이 바람직하다.

기출문제

[사업인정] 공공적 사용수용 [제10회 제1문]

식량자원화 시대에 즈음하여, A회사는 비료공장을 건설하고자 공장부지를 매입하려고 하였으나, 여의치 않아 국토교통부장관에게 신청하여 사업인정을 받았다. 그 후 토지보상법상의 협의가 성립되지 못하였고, 중앙토지수용위원회의 재결에 의하여 수용이 행하여졌다. 피수용자인 甲은 사기업을 위한 당해 토지의 수용은 위법하다고 주장하고, 비록 적법하다고 하더라도 보상금이 충분하지 못하다는 이유로 이의신청을 하였지만, 중앙토지수용위원회는 기각재결을 하였다. 이에 甲은 행정소송을 제기하고자 한다.

(1) 사기업인 A회사의 비료공장 건설사업에 대한 사업인정의 적법 여부 및 그것이 위법하다고 인정되는 경우의 권익구제방법을 논술하시오. 10점

1. 사기업을 위한 수용의 인정 여부
2. 사용수용의 법적 근거
3. 사용수용의 인정기준 및 범위
4. 사용수용이 위법한 경우 권리구제방법
5. 결

교수강평 [박수혁 교수님]

구체적 논점은 사(私)기업인 A회사의 비료공장 건설사업에 대한 사업인정의 적법 여부 및 그것이 위법하다고 인정되는 경우의 권익구제방법을 논술하는 것이다. 즉, 구체적 논점의 핵심적인 내용은 사기업의 비료공장 건설을 위한 사업인정과 그 수용의 가능성이고, 그 밖에 그것이 위법인 경우의 권리구제방법이다. 따라서 이러한 큰 논점을 제일 먼저 문제의 제기 부분에 제시하는 것이 바람직하다.

① 상당수의 응시생들이 사기업의 비료공장 건설을 위한 사업인정과 그 사기업의 수용의 가능성이라는 두 가지 큰 논점 중에서 사기업의 비료공장 건설을 위한 사업인정의 위법성만 언급하고, 다른 논점인 사기업의 수용의 가능성의 논점에 대해서는 거의 언급을 하지 않는 결정적인 실수를 범한 경우가 많았다.

② 모름지기 법규적 논술에는 법적 근거의 제시가 필수적이고, 이 경우 국법질서 중 최고의 실정법인 헌법적 근거의 제시도 당연히 포함되어야 한다. 그러나 토지보상법 제4조만 언급하고, 헌법 제23조 제3항이나 특허법, 실용신안법, 디자인보호법, 상표법 등 많은 개별 근거법의 근거규정에 대한 언급을 빼먹은 경우가 너무 많아서 아쉬웠다.

③ 그러나 바람직하게도 많은 수험생들이 사업인정의 법적 성질과 인정기준이나 범위에 관하여는 비교적 충실한 언급을 하였다. 예컨대, 사업인정은 해당 사업이 공용・수용 가능한 사업인가를 판단하는 행정작용으로서 국토교통부장관이 사업인정 시 공공성을 판단하여야 한다. 공공성은 대표적 불확정 개념으로서 구체적・개별적 사안에 따라 공익과 사익의 관계이익의 비교・형량 하에 행하여야 하며, 그때 기준이 광의의 비례원칙이다.
공공성은 종래 소극적으로 인정하였으나 행정기능의 강화, 복리행정수요의 증대로 사인에 의한 수용(私用收用)도 인정하며, 이는 토지보상법 제4조 제5호 내지 제7호 사업을 의미한다. 본 사안은 (구)토지수용법 제3조 제6호에 규정된 사업으로 국토교통부장관의 사업인정은 적법하다. 또한 사업인정의 법적 성질에 대한 견해로는 확인행위설과 설권적 형성행위설이 있다. 통설・판례의 입장은 사업시행자에게 일정한 절차를 거칠 것을 조건으로 수용권을 설정하는 설권적 형성행위로 보며 어느 견해를 취하더라도 처분성이 인정되므로 위법 시 행정쟁송의 대상이 된다.

④ **위법한 사업인정에 대한 권리구제방법** : 사업인정에 대한 불복절차가 현행 토지보상법에 규정되어 있지 않으므로 일반 행정심판법 및 행정소송법에 의해서 권리구제가 가능하며 현행 행정소송법이 원처분주의와 행정심판 임의주의를 취하므로 행정심판을 거치지 않고 행정소송의 제기가 가능하다.

⑤ **결론** : 오늘날 공익사업의 증대와 공익상의 필요에 따라 이른바 사용수용(私用收用)이 인정되고 있다. 토지보상법과 특별법은 주체를 구분하지 않고 토지보상법 제4조의 공익사업에 해당되고 사업인정을 받게 되면 기업자가 비록 사적주체에 해당할지라도 수용권을 부여하고 있다.

기출문제

[사업인정] 공공적 사용수용 [제19회 제3문]

사적(私的) 공용수용의 의의 및 요건에 대하여 설명하시오. 20점

Ⅰ. 서설(수용의 확대화 경향)
Ⅱ. 사적 공용수용(공공적 사용수용)의 의의
  1. 의의 및 종류
  2. 사적 공용수용의 필요성
  3. 사적 공용수용의 법적 성질
Ⅲ. 사적 공용수용(공공적 사용수용)의 요건
  1. 개설
  2. 공공성
    (1) 의의
    (2) 판단기준
    (3) 관련 판례
  3. 법적 근거
  4. 손실보상규정
  5. 공공성의 계속적 확보방안
Ⅳ. 결(문제점과 개선방안)

쟁점해설

사적 공용수용에 있어서는 공공성과 공공성의 계속적 확보방안이 핵심 쟁점이다. 따라서 사적 공용수용의 의의에서는 사적 공용수용도 본질이 공용수용임을 밝혀주고 요건에 대한 검토로 자연스럽게 넘어갈 수 있도록 답안을 작성한다. 요건부분에서는 공공성이 핵심이므로 이에 대한 개념과 판단기준을 적시하고 이에 대한 계속적 확보방안을 간략히 적음으로 마무리를 한다.

32회 문제 01

국토교통부장관은 2013.11.18. 사업시행자를 'A공사'로, 사업시행지를 'X시 일대 8,958,000㎡'로, 사업시행기간을 '2013.11.부터 2017.12.까지'로 하는 '◇◇공구사업'에 대해서 「공익사업을 위한 토지 등의 취득 및 보상에 관한 법률」에 따른 사업인정을 고시하였고, 사업시행기간은 이후 '2020.12.까지'로 연장되었다. 甲은 ㉮토지 78,373㎡와 ㉯토지 2,334㎡를 소유하고 있는데, ㉮토지의 전부와 ㉯토지의 일부가 사업시행지에 포함되어 있다. 종래 甲은 ㉮토지에서 하우스 딸기농사를 지어 왔고, ㉯토지에서는 농작물직거래판매장을 운영하여 왔다. 甲과 A공사는 사업시행지 내의 토지에 대해 「공익사업을 위한 토지 등의 취득 및 보상에 관한 법률」에 따른 협의 매수를 하기 위한 협의를 시작하였다.

(3) 협의가 성립되지 않아 사업시행지 내의 ㉯토지가 수용되었다. 그 후 甲은 ㉯토지의 잔여지에 대해서 2020.11.12. 잔여지수용청구를 하였다. 잔여지수용청구권의 법적 성질과 甲의 잔여지수용청구가 인정될 수 있는지를 검토하시오. 15점

(설문 1-3)의 해결

Ⅰ. 쟁점의 정리

Ⅱ. 잔여지수용청구권의 법적 성질 및 요건

1. 잔여지수용청구의 의의 및 취지(토지보상법 제74조)
2. 잔여지수용청구권의 법적 성질
   (1) 학설
      1) 사법상 매매설
      2) 공용수용설
      3) 공법상 특별행위설
   (2) 판례
   (3) 검토
3. 잔여지수용청구권의 행사요건
   (1) 수용청구의 요건
   (2) 종래의 목적 및 사용하는 것이 현저히 곤란한 때
4. 잔여지수용청구권의 행사절차(토지보상법 제74조 제1항)

Ⅲ. 사안의 해결

예시답안

[설문 1-3]의 해결

I 쟁점의 정리

설문의 해결을 위해서 잔여지수용청구권의 법적 성질과 요건을 설명하고, 갑의 잔여지수용청구가 인정될 수 있는지를 검토한다.

II 잔여지수용청구권의 법적 성질 및 요건

1. 잔여지수용청구의 의의 및 취지(토지보상법 제74조)

잔여지수용이란 일단의 토지의 잔여지를 매수 또는 수용청구하는 것을 말한다. 이는 손실보상책의 일환으로 부여된 것으로서 피수용자의 권리보호에 취지가 인정된다.

2. 잔여지수용청구권의 법적 성질

(1) 학설

1) 사법상 매매설

확장수용은 피수용자의 청구에 의하여 사업시행자가 피수용자의 재산권을 취득하는 것이므로 사업시행자의 재산권 취득은 피수용자와의 합의에 의하여 이루어지는 사법상의 매매행위라고 한다.

2) 공용수용설

확장수용은 공용수용에 있어서 하나의 특수한 예이기는 하나, 그 본질에 있어서는 일반의 공용수용과 다른 점이 없으므로 공용수용으로 본다.

3) 공법상 특별행위설

확장수용은 해당 공익사업의 시행에 있어서 필요한 최소한도를 넘어서 행하여지고 피수용자의 청구에 의하여 이루어지는 점에 비추어 볼 때, 이는 수용이 아닌 일종의 특별한 공법행위라고 한다.

(2) 판례

판례는 잔여지수용청구 요건을 충족한 경우, 토지수용위원회의 조치를 기다릴 것 없이 수용의 효과가 발생하는 형성권으로 보고 있다. 또한 잔여지수용청구권의 행사기간은 제척기간으로서, 토지소유자가 그 행사기간 내에 잔여지수용청구권을 행사하지 아니하면 그 권리는 소멸한다고 판시한 바 있다(대판 2001.9.4, 99두11080).

(3) 검토

확장수용을 공용수용으로 보는 것이 타당하므로 "공권"으로 봄이 타당하며, 잔여지수용청구권은 요건만 구비하면 효과가 발생하는 형성권적 성격을 갖는다.

3. 잔여지수용청구권의 행사요건

(1) 수용청구의 요건

토지보상법 제74조에서는 ① 동일한 소유자의 토지일 것, ② 일단의 토지 중 일부가 편입될 것, ③ 잔여지를 종래의 목적으로 이용하는 것이 현저히 곤란할 것을 요건으로 규정하고 있다.

(2) 종래의 목적 및 사용하는 것이 현저히 곤란한 때

'종래의 목적'은 수용재결 당시에 그 잔여지가 현실적으로 사용되고 있는 구체적인 용도를 의미하고, '사용하는 것이 현저히 곤란한 때'라고 함은 물리적으로 사용하는 것이 곤란하게 된 경우는 물론 사회적·경제적으로 사용하는 것이 곤란하게 된 경우, 즉 절대적으로 이용 불가능한 경우만이 아니라 이용은 가능하나 많은 비용이 소요되는 경우를 포함한다고 할 것이다(대판 2017.9.21, 2017두30252).

4. 잔여지수용청구권의 행사절차(토지보상법 제74조 제1항)

잔여지를 종래의 목적에 사용하는 것이 현저히 곤란할 때에는 해당 토지소유자는 사업시행자에게 잔여지를 매수하여 줄 것을 청구할 수 있으며, 사업인정 이후에는 사업완료일 전까지 관할 토지수용위원회에 수용을 청구할 수 있다.

Ⅲ 사안의 해결

잔여지수용청구기한은 사업완료일까지이며, 설문상 공사완료 전에 잔여지수용청구를 하였다. 따라서 나토지의 일부인 잔여지가 종래 목적인 농작물직거래판매장을 운용하는 것이 불가능하는 등 공부상 지목대로의 이용이 불가하거나 현저히 곤란한 경우라면 잔여지수용청구권을 행사하여 권리구제를 받을 수 있을 것이다.

31회 문제 01

A 시장 甲은 1990년에 「자연공원법」에 의하여 A 시내 산지 일대 5㎢를 'X시립공원'으로 지정 · 고시한 다음, 1992년 X시립공원 구역을 구분하여 용도지구를 지정하는 내용의 'X 시립공권 기본계획'을 결정 · 공고하였다. 甲은 2017년에 X시립공원 구역 내 10,000㎡ 부분에 다목적 광장 및 휴양관(이하 '이 사건 시설'이라 한다)을 설치하는 내용의 'X시립공원 공원계획'을 결정 · 고시한 다음, 2018년에 甲이 사업시행자가 되어 이 사건 시설에 잔디광장, 휴양관, 도로, 주차장을 설치하는 내용의 'X시립공원 공원사업'(이하 '이 사건 시설 조성사업'이라 한다) 시행계획을 결정 · 고시하였다. 甲은 이 사건 시설 조성사업의 시행을 위하여 그 사업구역 내에 위치한 토지(이하 '이 사건 B토지'라 한다)를 소유한 乙과 손실보상에 관한 협의를 진행하였으나 협의가 성립되지 않자 수용재결을 신청하였다. 관할 지방토지수용위원회의 수용재결 및 중앙토지수용위원회의 이의재결에 모두 이 사건 B토지의 손실보상금은 1990년의 X시립공원 지정 및 1992년의 X시립공원 용도지구 지정에 따른 계획제한을 받는 상태대로 감정평가한 금액을 기초로 산정되었다.

(3) 한편, 丙이 소유하고 있는 토지(이하 '이 사건 C토지'라 한다)는 구 「문화재보호법」상 보호구역으로 지정된 토지로서 이 사건 시설 조성사업의 시행을 위한 사업구역 내에 위치하고 있다. 甲은 공물인 이 사건 토지 C토지를 이 사건 시설 조성 사업의 시행을 위하여 수용할 수 있는가? 15점

(설문 1-3)의 해결

Ⅰ. 쟁점의 정리

Ⅱ. 공물이 수용대상인지 여부

1. 학설

(1) 긍정설

(2) 부정설

2. 판례

3. 검토

Ⅲ. 특별한 필요판단

1. 비례원칙 의의 및 근거

2. 비례원칙의 요건

Ⅳ. 사안의 해결

예시답안

[설문 1-3]의 해결

Ⅰ 쟁점의 정리

甲이 공물인 C토지를 수용할 수 있는지가 문제된다. 공물이란 국가, 지방자치단체 등의 행정주체에 의하여 직접 행정목적에 공용된 개개의 유체물을 말한다. 토지보상법 제19조 제2항에서는 특별한 필요가 있는 경우에는 수용할 수 있다고 규정하고 있는바, 이하 검토한다.

Ⅱ 공물이 수용대상인지 여부

1. 학설

(1) 긍정설

공물을 사용하고 있는 기존의 사업의 공익성보다 해당 공물을 수용하고자 하는 사업의 공익성이 큰 경우에 해당 공물에 대한 수용이 가능해지며, '공익사업에 수용되거나 사용되고 있는 토지 등'에는 공물도 포함된다고 한다. 따라서 용도폐지 선행 없이도 가능하다고 본다.

(2) 부정설

공물은 이미 공적 목적에 제공되고 있기 때문에, 먼저 공용폐지가 되지 않는 한 수용의 대상이 될 수 없다고 한다. 또한 토지보상법 제19조 제2항에서 말하는 특별한 경우란 명문의 규정이 있는 경우라고 한다.

2. 판례

① (구)토지보상법 제5조의 제한 이외의 토지에 관하여는 아무런 제한을 하지 않으므로 지방문화재로 지정된 토지와 관련하여 수용의 대상이 된다고 판시한 바 있다.

② 공익사업의 시행자가 요존국유림을 그 사업에 사용할 필요가 있는 경우에 국유림법 등에서 정하는 절차와 방법에 따르지 않고, 이와 별개로 토지보상법에 의한 재결로써 요존국유림의 소유권 또는 사용권을 취득할 수는 없다고 봄이 타당하다.

3. 검토

공물의 수용가능성을 일률적으로 부정하는 것은 실정법 제19조 제2항의 해석상 타당하지 않으므로 공물이라 하더라도 '특별한 필요시'가 인정되는 경우에는 수용이 가능하다고 하여야 할 것이다. 실무상 용도폐지 선행 후 협의계약에 의한 소유권 이전이 행해지고 있다.

Ⅲ 특별한 필요판단

1. 비례원칙 의의 및 근거

비례의 원칙이란 행정작용에 있어서 행정목적과 행정수단 사이에는 합리적인 비례관계가 있어야 한다는 원칙을 말한다. 헌법 제37조 제2항 및 법치국가원칙으로부터 도출되는 법원칙이므로 헌법적 효력을 가지며, 이에 반하는 행정권 행사는 위법하다.

2. 비례원칙의 요건

① 적합성의 원칙이란 행정은 추구하는 행정목적의 달성에 적합한 수단을 선택하여야 한다는 원칙을 말한다. ② 필요성의 원칙이란 적합한 수단이 여러 가지인 경우에 국민의 권리를 최소한으로 침해하는 수단을 선택하여야 한다는 원칙을 말한다. ③ 협의의 비례원칙이란 행정조치를 취함에 따른 불이익이 그것에 의해 달성되는 이익보다 심히 큰 경우에는 그 행정조치를 취해서는 안 된다는 원칙을 말하며, 각 원칙은 단계구조를 이룬다.

Ⅳ 사안의 해결

공원사업은 자연생태계와 자연 및 문화경관 등을 보전하고 지속가능한 이용을 도모함을 목적으로 하므로 구 문화재보호법상 보호 이익보다 공・사익 보호의 목적이 큰 경우라면 C토지도 수용이 가능하다 할 것이다.

Chapter 02

사업인정

제1절 판례분석

01 사업인정

I 사업인정 전 협의

1. 사업인정 전 협의의 법적 성질

공공용지의 취득 및 손실보상에 관한 특례법에 의한 협의취득 또는 보상합의는 공공기관이 사경제 주체로서 행하는 사법상 매매 내지 사법상 계약의 실질을 가지는 것으로서, 당사자 간의 합의로 같은 법 소정의 손실보상의 기준에 의하지 아니한 매매대금을 정할 수도 있으며, 또한 같은 법이 정하는 기준에 따르지 아니하고 손실보상액에 관한 합의를 하였다고 하더라도 그 합의가 착오 등을 이유로 취소되지 않는 한 유효하다(대판 1998.5.22, 98다2242).

> 이는 (구)공공용지의 취득 및 손실보상에 관한 특례법(이하 '공특법')상 협의 내용이다. 민법만으로 공익사업을 위한 협의취득에 대한 매매를 진행시키기에는 어려움이 많았기에 이에 대한 특례를 규정함으로써 원만한 협의를 도모하고자 하였다. 따라서 토지보상법 제16조 협의는 사법상 계약의 성질을 갖는 것으로 본다.

2. 협의취득과 정당보상(협의취득의 효력발생요건)(대판 2000.8.22, 98다60422)

대법원은 사법상 매매인바 손실보상기준에 의하지 않은 매매대금을 정할 수 있다고 한다. 그러나 보상법 제1조는 재산권의 적정한 보호를 도모함을 목적으로 하는바 협의취득에도 정당보상이 이루어져야 한다고 본다.

3. 매매계약의 해석방법(대판 2012.2.23, 2010다91206)

당사자 사이에 계약의 해석을 둘러싸고 이견이 있어 처분문서에 나타난 당사자의 의사해석이 문제되는 경우에는 그 문언의 내용, 그러한 약정이 이루어진 동기와 경위, 그 약정에 의하여 달성하려는 목적, 당사자의 진정한 의사 등을 종합적으로 고찰하여 논리와 경험칙에 따라 합리적으로 해석하여야 한다. 다만 공익사업법은 공익사업의 효율적인 수행을 통하여 공공복리의 증진과 재산권의 적정한 보호를 도모하는 것을 목적으로 하고 협의취득의 배후에는 수용에 의한 강제취득 방법이 남아 있어 토지 등의 소유자로서는 협의에 불응하면 바로 수용을 당하게 된다는 심리적 강박감이 자리 잡을 수밖에 없으며 협의취득 과정에는 여러 가지 공법적 규제가 있는 등 공익적 특성을 고려하여야 한다.

원심은 판시와 같은 사정을 종합하여, 이 사건 특약을 적용할 수 있으려면 종전의 감정평가액과 새로운 감정평가액 사이에 차이가 있음에 그치지 않고 종전의 감정평가가 관계 법령 또는 통상적 평가지침에 따르지 않거나 대상 토지의 현황과 특성을 제대로 반영하지 아니하여 부당한 평가액을 도출하였고 이것이 당사자 쌍방 또는 일방(그 의뢰를 받은 감정평가업자를 포함한다)의 고의, 과실 또는 착오에 기인되었음이 밝혀져야 한다고 판단하고, 나아가 여수지구 내 집단취락에 대하여 우선해제에 관한 공고가 있기 이전에 국민임대주택예정지 지정이 이루어짐으로써 외형적으로는 집단취락이 아닌 국민임대주택예정지임을 이유로 개발제한구역에서 해제되기는 하였으나, 국민임대주택예정지로 지정되지 않았다면 조만간 개발제한구역이 해제되었을 것이 확실시된다는 사정에다가 판시와 같은 우선해제의 당위성, 성남시의 우선해제절차 지연 이유와 그 이후의 추진 경위, 여수지구에 대한 국민임대주택예정지 지정 시기의 부적절성, 정부가 밝힌 국민임대주택단지 예정지에 대한 보상원칙, 피고 측의 감정평가의뢰 과정에서의 미비점 등의 제반 사정을 종합적으로 고려하면, 이 사건 집단취락 우선해제예정지가 해제를 위한 공람공고 등의 절차를 거치지 않았다고 하더라도 공람공고를 거친 경우에 준하여 취급함이 타당하므로 개발제한구역이 해제된 것으로 보고 감정평가를 함이 상당함에도 불구하고 매매대금 책정의 기초가 된 감정평가는 개발제한구역이 해제되지 아니한 상태를 기준으로 이루어졌으므로, 위와 같은 평가원칙을 그르친 중대한 하자가 있고, 이는 피고 또는 그 의뢰를 받은 감정평가업자의 고의, 과실, 착오평가에 기인한 것이라고 판단하였다. 앞서 본 법리와 원심이 인정한 사실관계에 비추어 보면, 원심의 위와 같은 판단은 정당한 것으로 수긍할 수 있고 거기에 공익사업법령의 보상액 산정에 관한 법리오해나 이 사건 특약의 해석에 관한 법리오해 등의 위법이 없다.

4. 감정평가기관의 용도지역 인정의 착오로 정당한 가격보다 과다하게 감정평가된 금액을 기준으로 협의매수한 사업시행자는 계약내용의 중요부분에 관한 착오를 이유로 공익사업용지의 매수계약을 취소할 수 있다(대판 1998.2.10, 97다44737).

5. 보상협의에 관한 통지의 방법(대판 1994.4.15, 93누18594)

[판시사항]

가. 등기부상 주소가 실제와 달라 보상협의절차를 거치지 못하고 한 수용재결이 당연무효인지 여부
나. 보상협의에 관한 통지의 방법
다. 기업자가 피수용자의 등기부상 주소를 표시하여 한 공탁의 효력

[판결요지]

가. 기업자가 과실 없이 토지소유자의 등기부상 주소와 실제 주소가 다른 사실을 알지 못하거나 과실로 이를 알지 못하여 등기부상 주소로 보상협의에 관한 통지를 한 결과 보상협의절차를 거치지 못하였다 하더라도 그러한 사유만으로는 수용재결이 당연무효이거나 부존재하는 것으로 볼 수 없다.

나. 토지수용법 시행령 제6조 제1항, 제5조는 송달방법과 통지방법을 다르게 규정하는 한편 토지수용법은 수용재결서 및 이의재결서에 관해서만 송달이라는 용어를 사용하고 기타 서류에 관해서는 통지라는 용어를 사용하고 있으므로, 보상협의에 관한 통지는 반드시 등기우편으로 하여야 하는 것은 아니다.

다. 보상금을 수령할 자의 등기부상 주소만 나타나 있고 그 등기부상 주소와 실제 주소가 일치하지 않는다고 볼만한 자료가 없거나 또는 실제 주소를 확인하는 것이 용이하지 않다고 인정되는 경우 기업자는 피공탁자의 등기부상 주소를 표시하여 유효한 공탁을 할 수 있다.

II 사업인정의 법적 성질

1. 처분성(형성처분)

사업인정은 그 후 일정한 절차를 거칠 것을 조건으로 하여 일정한 내용의 수용권을 설정해 주는 행정처분의 성격을 띠는 것으로서 그 사업인정을 받음으로써 수용할 목적물의 범위가 확정되고 수용권으로 하여금 목적물에 관한 현재 및 장래의 권리자에게 대항할 수 있는 일종의 공법상의 권리로서의 효력을 발생시킨다(대판 1994.11.11, 93누19375).

사업시행자 수용권설의 입장이다.

사업인정은 수용권을 설정해 주는 행정처분으로서, 이에 따라 수용할 목적물의 범위가 확정되고, 수용권자가 목적물에 대한 현재 및 장래의 권리자에게 대항할 수 있는 공법상 권한이 생긴다(대판 2019.12.12, 2019두47629).

토지이용규제 기본법(이하 '토지이용규제법'이라 한다)의 입법 취지에 비추어 보면, 토지이용규제법 제3조, 제8조는 개별 법령에 따른 '지역・지구 등' 지정과 관련하여 개별 법령에 지형도면 작성・고시절차가 규정되어 있지 않은 경우에도 관계 행정청으로 하여금 기본법인 토지이용규제법 제8조에 따라 지형도면을 작성하여 고시할 의무를 부과하기 위함이지, 이미 개별 법령에서 '지역・지구 등'의 지정과 관련하여 지형도면을 작성하여 고시하는 절차를 완비해 놓은 경우에 대해서까지 토지이용규제법 제8조에서 정한 '지역・지구 등' 지정의 효력발생시기나 지형도면 작성・고시방법을 따르도록 하려는 것은 아니다. 따라서 이미 개별 법령에서 '지역・지구 등'의 지정과 관련하여 지형도면을 작성하여 고시하는 절차를 완비해 놓은 경우에는 '지역・지구 등' 지정의 효력발생시기나 지형도면 작성・고시방법은 개별 법령의 규정에 따라 판단하여야 한다.

산업입지 및 개발에 관한 법률(이하 '산업입지법'이라 한다)은 산업단지와 관련하여 지형도면을 작성하여 고시하도록 하면서도, 이를 산업단지지정권자가 산업단지 지정・고시를 하는 때가 아니라 그 후 사업시행자의 산업단지개발실시계획을 승인・고시하는 때에 하도록 규정하고 있다. 이는 입법자가 산업단지개발사업의 특수성을 고려하여 지형도면의 작성・고시 시점을 특별히 정한 것이므로, 산업단지 지정의 효력은 산업입지법 제7조의4에 따라 산업단지 지정 고시를 한 때에 발생한다고 보아야 하며, 토지이용규제법 제8조 제3항에 따라 실시계획 승인 고시를 하면서 지형도면을 고시한 때에 비로소 발생한다고 볼 것은 아니다.

손실보상의 대상인지 여부는 토지소유자와 관계인, 일반인이 특정한 지역에서 공익사업이 시행되리라는 점을 알았을 때를 기준으로 판단하여야 하는데, 산업입지법에 따른 산업단지개발사업의 경우 "수용·사용할 토지·건축물 또는 그 밖의 물건이나 권리가 있는 경우에는 그 세부 목록"이 포함된 산업단지개발계획을 수립하여 산업단지를 지정·고시한 때에 토지소유자와 관계인, 일반인이 특정한 지역에서 해당 산업단지개발사업이 시행되리라는 점을 알게 되므로 산업단지 지정 고시일을 손실보상 여부 판단의 기준시점으로 보아야 하고, 그 후 실시계획 승인 고시를 하면서 지형도면을 고시한 때를 기준으로 판단하여서는 아니 된다.

2. 재량행위성

당해 사업이 비록 토지를 수용할 수 있는 사업에 해당된다 하더라도 행정청으로서는 그 사업이 공용수용을 할 만한 공익성이 있는지의 여부를 모든 사정을 참작하여 구체적으로 판단하여야 하는 것이므로 사업인정의 여부는 행정청의 재량에 속한다(대판 1992.11.13, 92누596).

3. 제3자효 행정행위

당해 사업이 외형상 토지 등을 수용 또는 사용할 수 있는 사업에 해당된다 하더라도 행정주체로서는 그 사업이 공용수용을 할 만한 공익성이 있는지의 여부와 공익성이 있는 경우에도 그 사업의 내용과 방법에 대하여 사업인정처분에 관련된 자들의 이익을 공익과 사익 간에서는 물론, 공익 상호간 및 사익상호간에도 정당하게 비교·교량하여야 하고, 그 비교 교량은 비례의 원칙에 적합하도록 하여야 한다(대판 2005.4.29, 2004두14670).

III 사업인정의 요건

1. 공공성 판단

해당 사업이 외형상 토지 등을 수용 또는 사용할 수 있는 사업에 해당한다고 하더라도 사업인정기관으로서는 그 사업이 공용수용을 할 만한 공익성이 있는지의 여부와 공익성이 있는 경우에도 그 사업의 내용과 방법에 관하여 사업인정에 관련된 자들의 이익을 공익과 사익 사이에서는 물론, 공익 상호간 및 사익 상호간에도 정당하게 비교·교량하여야 하고, 그 비교·교량은 비례의 원칙에 적합하도록 하여야 한다(대판 2011.1.27, 2009두1051).

사업인정기관으로서는 그 사업이 공용수용을 할 만한 공익성이 있는지의 여부를 그 사업의 내용과 방법에 관하여 사업인정에 관련된 자들의 이익을 공익과 사익 사이에서는 물론, 공익 상호간 및 사익 상호간에도 정당하게 비교·교량하여야 하고 그 비교·교량은 비례의 원칙에 적합하도록 하여야 한다(대판 2005.4.29, 2004두14670).

2. 공익사업의 필요성 입증책임(=사업시행자)(대판 2005.11.10, 2003두7507)

공용수용은 공익사업을 위하여 특정의 재산권을 법률에 의하여 강제적으로 취득하는 것을 내용으로 하므로 그 공익사업을 위한 필요가 있어야 하고, 그 필요가 있는지에 대하여는 수용에 따른 상대방의 재산권침해를 정당화할 만한 공익의 존재가 쌍방의 이익의 비교형량의 결과로 입증되어야 하며, 그 입증책임은 사업시행자에게 있다.

기록에 의하면, 경원선 의정부–동안 간 복선전철 건설사업(이하 '이 사건 건설사업'이라 한다)은 선로와 정거장 및 역사 등을 건설하는 구 공공철도건설 촉진법(2002.2.4. 법률 제6656호로 개정되기 전의 것, 이하 같다) 제2조 제2호, 제3조 제1항 제2호 소정의 공공철도의 건설・개량사업으로서 구 토지수용법(2002.2.4. 법률 제6656호로 폐지되기 전의 것, 이하 같다) 제3조 제2호의 법률에 의하여 시설하는 철도사업인 공익사업에 해당하므로 사업시행자는 구 공공철도건설 촉진법 제5조 제1항, 구 토지수용법 제2조 제1항에 의하여 그 사업지 내의 토지를 수용할 수 있는 점, 이 사건 의정부북부정거장의 교통량과 교통환경 등에 비추어 의정부북부역사 앞에 보행광장과 택시베이(Taxi-bay)를 설치할 필요성이 있는 점, 그런데 이 사건 건설사업은 기존 경원선과 교외선 부지를 모두 선로의 부지로 사용하는 것을 내용으로 하는 점, 기존 출입구가 있는 역사 동쪽 부분은 기존 도로가 좁을 뿐 아니라 상가가 밀집하여 있는 반면 역사 서쪽 부분의 이 사건 토지는 밭으로 경작되고 있고 주택가의 이면도로에 접해 있으므로 수용에 따른 사회적 비용이 적게 소요될 뿐 아니라, 이 사건 토지 부분에 보행광장과 택시베이를 별도로 설치하게 되면 역사에 진출입하는 교통량을 분산시킴으로써 교통환경을 개선할 수 있는 점 등을 알 수 있는바, 사정이 이와 같다면, 의정부북부역사 동쪽에 주출입문을 설치하는 것보다는 서쪽에 주출입문을 설치하고 그 앞에 위치한 이 사건 토지에 보행광장과 택시베이를 설치하는 것이 이 사건 건설사업의 목적을 달성하기 위한 유효・적절하고 또한 가능한 한 최소침해를 가져오는 방법이라고 할 것이다.

의정부북부역사의 주출입구 방향이 잘못 결정되었다는 원고의 주장은 결국 이 사건 토지를 수용할 필요성이 없다는 취지의 주장에 다름 아니고, 원심이 이 사건 토지가 의정부북부역사의 주출입구 전면부지로서 보행광장 및 택시베이 등 교통편의시설 설치를 위하여 수용할 필요가 있다고 판단하였으므로 원고의 주장에 대한 판단누락은 없다고 할 것이고, 나아가 원심의 이러한 판단에 경험칙 및 논리칙에 위반되는 채증법칙 위배 등의 위법이 있다고도 할 수 없다.

공용수용은 공익사업을 위하여 타인의 특정한 재산권을 법률의 힘에 의하여 강제적으로 취득하는 것이므로 수용할 목적물의 범위는 원칙적으로 사업을 위하여 필요한 최소한도에 그쳐야 한다(대판 1987.9.8, 87누395, 대판 1994.1.11, 93누8108 등 참조).

기록에 의하면, 의정부북부역사의 교통량과 교통환경에 적합한 보행광장과 택시베이를 설치하기 위해서는 이 사건 토지의 면적 정도의 토지가 필요한 점, 피고 한국철도시설공단은 원고 소유의 의정부시 (주소 1 생략) 전 354㎡를 분할하여 (주소 2 생략) 전 275㎡만을 수용하고 나머지 79㎡는 수용하지 아니한 점 등을 알 수 있는바, 사정이 이와 같다면, 이 사건 토지는 이 사건 보행광장과 택시베이를 설치하기 위하여 필요한 최소한의 면적이라고 할 것이므로 이 사건 토지 전부를 수용한 것이 비례의 원칙 내지 과잉금지의 원칙에 위배된다고 할 수 없다.

원심판결의 설시에 다소 부족한 점이 있지만, 이 사건 토지 전부를 수용한 것이 비례의 원칙이나 과잉금지의 원칙에 위배된다고도 할 수 없다고 한 결론은 정당한 것으로 옳고, 거기에 상고이유의 주장과 같은 위법이 없다.

3. 사업시행자의 의사와 능력

해당 사업이 외형상 토지 등을 수용 또는 사용할 수 있는 사업에 해당한다고 하더라도 사업인정기관으로서는 그 사업이 공용수용을 할 만한 공익성이 있는지의 여부와 공익성이 있는 경우에도 그 사업의 내용과 방법에 관하여 사업인정에 관련된 자들의 이익을 공익과 사익 사이에서는 물론, 공익 상호간 및 사익 상호간에도 정당하게 비교·교량하여야 하고, 그 비교·교량은 비례의 원칙에 적합하도록 하여야 한다. 그뿐만 아니라 해당 공익사업을 수행하여 공익을 실현할 의사나 능력이 없는 자에게 타인의 재산권을 공권력적·강제적으로 박탈할 수 있는 수용권을 설정하여 줄 수는 없으므로, 사업시행자에게 해당 공익사업을 수행할 의사와 능력이 있어야 한다는 것도 사업인정의 한 요건이라고 보아야 한다(대판 2019.2.28, 2017두71031, 대판 2011.1.27, 2009두1051).

Ⅳ 사업인정의 효력

1. 사업인정의 효력(대판 1994.11.11, 93누19375)

토지수용법 제14조의 규정에 의한 사업인정은 그 후 일정한 절차를 거칠 것을 조건으로 하여 일정한 내용의 수용권을 설정해 주는 행정처분의 성격을 띠는 것으로서 그 사업인정을 받음으로써 수용할 목적물의 범위가 확정되고 수용권으로 하여금 목적물에 관한 현재 및 장래의 권리자에게 대항할 수 있는 일종의 공법상의 권리로서의 효력을 발생시킨다.

> 수용권이 설정되는 특허이다. 수용권은 권리이다. 따라서 사업시행자에게는 수용권 설정되고, 토지소유자 등에게는 행위제한이 가해진다.

사업인정은 수용권을 설정해 주는 행정처분으로서, 이에 따라 수용할 목적물의 범위가 확정되고, 수용권자가 목적물에 대한 현재 및 장래의 권리자에게 대항할 수 있는 공법상 권한이 생긴다(대판 2019.12.12, 2019두47629).

2. 사업인정 고시 전에 건축허가를 득한 경우, 사업인정 고시 후 다시 허가를 득해야 하는지 여부(대판 2014.11.13, 2013두19738·19745)

건축법상 건축허가를 받았으나 허가받은 건축행위에 착수하지 않고 있는 사이에 구 공익사업을 위한 토지 등의 취득 및 보상에 관한 법률상 사업인정고시가 된 경우, 고시된 토지에 건축물을 건축하려는 자는 구 공익사업을 위한 토지 등의 취득 및 보상에 관한 법률 제25조에 정한 허가를 따로 받아야 하는지 여부(적극) 및 그 허가 없이 건축된 건축물에 관하여 손실보상을 청구할 수 있는지 여부(소극)

이 경우, 사업인정 전에 득한 건축허가와 관련된 비용은 토지보상법 시행규칙 제57조(사업폐지 등에 대한 보상)에 의하여 손실보상을 청구할 수 있을 것이다.

사업실시계획인가・고시에 포함된 일부 토지에 대하여 도시계획사업의 시행기간 내에 수용재결신청을 하지 아니한 경우, 위 실시계획의 일부 폐지나 변경이 없더라도 그 부분 토지에 대한 실시계획인가의 효력이 상실되는지 여부(적극)(대판 1997.12.26, 97누2191)

V 제3자 입장에서의 권리구제

① 토지수용법상의 사업인정의 고시가 있으면 그 이해관계인은 그 위법을 다툴 법률상 이익이 있어 그 취소를 구할 소송요건을 구비하고 있다(대판 1973.7.30, 72누137).

② 환경영향평가 대상지역도 아닌데다가 공유수면 매립면허처분 등으로 인하여 그 처분 전과 비교하여 수인한도를 넘는 환경피해를 받거나 받을 우려가 있다는 점을 입증하지 못한 제3자는 헌법상 환경권을 근거로 원고적격을 인정할 수 없다(대판 2006.3.16, 2006두330 숲숌).

VI 사업인정과 재결의 하자승계(사업인정의 절차상 하자논의 포함)

① 구 토지수용법 제16조 제1항에서는 건설부장관이 사업인정을 하는 때에는 지체없이 그 뜻을 기업자, 토지소유자, 관계인 및 관계도지사에게 통보하고 기업자의 성명 또는 명칭, 사업의 종류, 기업지 및 수용 또는 사용할 토지의 세목을 관보에 공시하여야 한다고 규정하고 있는바, 가령 건설부장관이 위와 같은 절차를 누락한 경우 이는 절차상의 위법으로서 수용재결 단계 전의 사업인정 단계에서 다툴 수 있는 취소사유에 해당하기는 하나, 더 나아가 그 사업인정 자체를 무효로 할 중대하고 명백한 하자라고 보기는 어렵고, 따라서 이러한 위법을 들어 수용재결처분의 취소를 구하거나 무효확인을 구할 수는 없다(대판 2000.10.13, 2000두5142).

② 도시계획사업허가의 공고시에 토지세목의 고시를 누락한 것은 절차상의 위법으로서 취소사유에 불과하고 그 하자가 중대하고 명백하여 사업인정 자체가 무효라고는 할 수 없으므로 이러한 위법을 선행처분인 사업인정단계에서 다투지 아니하였다면 그 쟁송기간이 이미 도과한 후인 수용재결단계에 있어서는 그 처분의 불가쟁력에 의하여 위 도시계획사업허가의 위와 같은 위법 부당함을 들어 수용재결처분의 취소를 구할 수는 없다(대판 1988.12.27, 87누1141).

③ 도시계획사업허가의 공고시에 토지세목의 고시를 누락하거나 사업인정을 함에 있어 수용 또는 사용할 토지의 세목을 공시하는 절차를 누락한 경우, 이를 이유로 수용재결처분의 취소를 구하거나 무효확인을 구할 수 있는지 여부(소극)(대판 2009.11.26, 2009두11607)

④ 택지개발촉진법 제12조 제2항에 의하면 택지개발계획의 승인・고시가 있은 때에는 토지수용법 제14조 및 제16조의 규정에 의한 사업인정 및 사업인정의 고시가 있은 것으로 보도록 규정되어 있는바, 이와 같은 택지개발계획의 승인은 당해 사업이 택지개발촉진법상의 택지개발사업에 해당함을 인정하여 시행자가 그 후 일정한 절차를 거칠 것을 조건으로 하여 일정한 내용의 수용권

을 설정해주는 행정처분의 성격을 갖는 것이고, 그 승인고시의 효과는 수용할 목적물의 범위를 확정하고 수용권으로 하여금 목적물에 관한 현재 및 장래의 권리자에게 대항할 수 있는 일종의 공법상 권리로서의 효력을 발생시킨다고 할 것이므로 토지소유자로서는 선행처분인 건설부장관의 택지개발계획 승인단계에서 그 제척사유를 들어 쟁송하여야 하고, 그 제소기간이 도과한 후 수용재결이나 이의재결 단계에 있어서는 위 택지개발계획 승인처분에 명백하고 중대한 하자가 있어 당연무효라고 볼 특단의 사정이 없는 이상 그 위법 부당함을 이유로 재결의 취소를 구할 수는 없다(대판 1996.4.26, 95누13241).

⑤ 건설부장관이 택지개발계획을 승인함에 있어서 토지수용법 제15조에 의한 이해관계자의 의견을 듣지 아니하였거나, 같은 법 제16조 제1항 소정의 토지소유자에 대한 통지를 하지 아니한 하자는 중대하고 명백한 것이 아니므로 사업인정 자체가 당연무효라고 할 수 없고, 이러한 하자는 수용재결의 선행처분인 사업인정단계에서 다투어야 할 것이므로 쟁송기간이 도과한 이후에 위와 같은 하자를 이유로 수용재결의 취소를 구할 수 없다(대판 1993.6.29, 91누2342).

⑥ 구 국토의 계획 및 이용에 관한 법률(2005.12.7. 법률 제7707호로 개정되기 전의 것) 제88조 제2항, 제95조, 제96조의 규정 내용에다가 도시계획시설사업은 도시 형성이나 주민 생활에 필수적인 기반시설 중 도시관리계획으로 체계적인 배치가 결정된 시설을 설치하는 사업으로서 공공복리와 밀접한 관련이 있는 점, 도시계획시설사업에 관한 실시계획의 인가처분은 특정 도시계획시설사업을 현실적으로 실현하기 위한 것으로서 사업에 필요한 토지 등의 수용 및 사용권 부여의 요건이 되는 점 등을 종합하면, 실시계획의 인가 요건을 갖추지 못한 인가처분은 공공성을 가지는 도시계획시설사업의 시행을 위하여 필요한 수용 등의 특별한 권한을 부여하는 데 정당성을 갖추지 못한 것으로서 법규의 중요한 부분을 위반한 중대한 하자가 있다(대판 2015.3.20, 2011두3746).

원심이 같은 취지에서 이 사건 인가처분은 그 하자가 중대·명백하여 당연무효이고, 당연무효인 이 사건 인가처분에 기초한 이 사건 수용재결도 무효라고 판단한 것은 정당하고, 거기에 하자 있는 행정처분이 당연무효가 되기 위한 요건 및 선행처분의 하자의 승계에 관한 법리를 오해하는 등의 위법이 없다.

상고를 모두 기각하고 상고비용 중 보조참가로 인한 부분은 피고 제주특별자치도 지방토지수용위원회의 보조참가인이, 나머지는 피고 제주특별자치도 지방토지수용위원회가 각 부담하기로 하여, 관여 대법관의 일치된 의견으로 주문과 같이 판결한다.

판례는 사업인정과 재결의 하자승계를 부정하고 있다. 그러나 사업인정의 하자가 당연무효라면 무효인 사업인정 처분에 기초한 수용재결은 무효라고 본다. 하자승계 법리와 선행처분의 하자가 취소사유인 경우의 하자승계 요건을 구분하여야 할 것이다.

관련쟁점으로 관계행정청의 소송참가(행정소송법 제17조)를 생각해 볼 수 있다. 보조참가인으로서 피참가인과 반대되는 주장을 할 수 없다.

⑦ 구 토지수용법(2002.2.4. 법률 제6656호 공익사업을 위한 토지 등의 취득 및 보상에 관한 법률 부칙 제2조로 폐지)은 수용・사용의 일차 단계인 사업인정에 속하는 부분은 사업의 공익성 판단으로 사업인정기관에 일임하고 그 이후의 구체적인 수용・사용의 결정은 토지수용위원회에 맡기고 있는바, 이와 같은 토지수용절차의 2분화 및 사업인정의 성격과 토지수용위원회의 재결사항을 열거하고 있는 같은 법 제29조 제2항의 규정 내용에 비추어 볼 때, 토지수용위원회는 행정쟁송에 의하여 사업인정이 취소되지 않는 한 그 기능상 사업인정 자체를 무의미하게 하는, 즉 사업의 시행이 불가능하게 되는 것과 같은 재결을 행할 수는 없다(대판 2007.1.11, 2004두8538).

Ⅶ 사업인정의 하자

1. 내용상 하자(비례원칙)

공용수용은 헌법상의 재산권 보장의 요청상 불가피한 최소한에 그쳐야 한다는 헌법 제23조의 근본취지에 비추어 볼 때, 사업시행자가 사업인정을 받은 후 그 사업이 공용수용을 할 만한 공익성을 상실하거나 사업인정에 관련된 자들의 이익이 현저히 비례의 원칙에 어긋나게 된 경우 또는 사업시행자가 해당 공익사업을 수행할 의사나 능력을 상실하였음에도 여전히 그 사업인정에 기하여 수용권을 행사하는 것은 수용권의 공익목적에 반하는 수용권의 남용에 해당하여 허용되지 않는다(대판 2011.1.27, 2009두1051).

2. 절차상 하자(의견청취 등)

① 건설부장관이 택지개발예정지구를 지정함에 있어 미리 관계중앙행정기관의 장과 협의를 하라고 규정한 의미는 그의 자문을 구하라는 것이지 그 의견을 따라 처분을 하라는 의미는 아니라 할 것이므로 이러한 협의를 거치지 아니하였다고 하더라도 이는 위 지정처분을 취소할 수 있는 원인이 되는 하자 정도에 불과하고 위 지정처분이 당연무효가 되는 하자에 해당하는 것은 아니다(대판 2000.10.13, 99두653).

② 국방, 군사시설 사업에 관한 법률 및 구 산림법에서 보전임지를 다른 용도로 이용하기 위한 사업에 대하여 승인 등 처분을 하기 전에 미리 산림청장과 협의를 하라고 규정한 의미는 그의 자문을 구하라는 것이지 그 의견을 따라 처분을 하라는 의미는 아니라 할 것이므로, 이러한 협의를 거치지 아니하였다고 하더라도 이는 당해 승인처분을 취소할 수 있는 원인이 되는 하자 정도에 불과하고 그 승인처분이 당연무효가 되는 하자에 해당하는 것은 아니라고 봄이 상당하다(대판 2006.6.30, 2005두14363).

사업인정의 절차상 하자는 사업인정의 실체적 요건판단의 한 요소일 뿐이므로 당연무효사유로 보기에는 어려울 것이다. 다만, 사업인정의 절차상 하자가 공익판단의 실체적 내용에 큰 영향을 미치는 경우라면 당연무효사유라고 주장할 수 있을 것이다.

Ⅷ 이미 시행된 사업의 유지를 위한 사업인정의 가능여부(대판 2005.4.29, 2004두14670)

[판시사항]

[1] 전기사업자가 전선로를 설치하기 위하여 다른 사람의 토지 위의 공중사용을 할 필요가 있는 경우, 전기사업법상의 공중사용이 아닌 공익사업을 위한 토지등의 취득 및 보상에 관한 법률상의 공중사용을 대상으로 한 사업인정처분을 할 수 있는지 여부(적극)

[2] 공익사업을 위한 토지등의 취득 및 보상에 관한 법률 제20조에 의한 사업인정처분이 이미 시행된 공익사업의 유지를 위한 것이라는 이유만으로 당연히 위법한 것인지 여부(소극)

[3] 전기사업법 제89조의 규정에 의한 '현재의 사용방법을 방해하지 아니하는 범위 안'이라는 요건은 공익사업을 위한 토지등의 취득 및 보상에 관한 법률의 규정에 의한 토지 위의 공중의 사용에 대한 사업인정처분의 요건이 되는지 여부(소극)

[4] 행정주체가 공익사업을 위한 토지등의 취득 및 보상에 관한 법률의 규정에 의한 사업인정처분을 함에 있어서의 결정 기준

[판결요지]

[1] 전기사업자가 전선로를 설치하기 위하여 다른 사람의 토지 위의 공중사용을 할 필요가 있을 때에는 전기사업법 제89조에 의할 수 있음은 물론 공익사업을 위한 토지등의 취득 및 보상에 관한 법률의 규정에 의할 수도 있다고 할 것이고, 공익사업을 위한 토지등의 취득 및 보상에 관한 법률 제3조, 제4조, 제19조, 제20조, 제71조 제2항의 각 규정을 종합하면, 전선로의 설치・유지를 위한 다른 사람의 토지 위의 공중의 사용권도 공익사업을 위한 토지등의 취득 및 보상에 관한 법률의 규정에 의한 수용 또는 사용의 대상이 될 수 있으므로, 전기사업법 제89조의 규정에도 불구하고 공익사업을 위한 토지등의 취득 및 보상에 관한 법률 소정의 규정에 의하여 공익사업인 전기사업의 일환으로서 전선로의 설치를 위하여 다른 사람의 토지 위의 공중의 사용을 대상으로 한 사업인정처분을 할 수 있다.

[2] 공익사업을 위한 토지등의 취득 및 보상에 관한 법률 제20조는 공익사업의 수행을 위하여 필요한 때, 즉 공공의 필요가 있을 때 사업인정처분을 할 수 있다고 되어 있을 뿐 장래에 시행할 공익사업만을 대상으로 한정한다거나 이미 시행된 공익사업의 유지를 그 대상에서 제외하고 있지 않은 점, 당해 공익사업이 적법한 절차를 거치지 아니한 채 시행되었다 하여 그 시행된 공익사업의 결과를 원상회복한 후 다시 사업인정처분을 거쳐 같은 공익사업을 시행하도록 하는 것은 해당 토지 소유자에게 비슷한 영향을 미치면서도 사회적으로 불필요한 비용이 소요되고, 그 과정에서 당해 사업에 의하여 제공되었던 공익적 기능이 저해되는 사태를 초래하게 되어 사회・경제적인 측면에서 반드시 합리적이라고 할 수 없으며, 이미 시행된 공익사업의 유지를 위한 사업인정처분의 허용 여부는 사업인정처분의 요건인 공공의 필요, 즉 공익사업의 시행으로 인한 공익과 재산권 보장에 의한 사익 사이의 이익형량을 통한 재량권의 한계문제로서 통제될 수 있는 점 등에 비추어 보면, 사업인정처분이 이미 실행된 공익사업의 유지를 위한 것이라는 이유만으로 당연히 위법하다고 할 수 없다.

[3] 토지 위의 공중의 사용에 관한 전기사업법 제89조는 공익사업을 위한 토지등의 취득 및 보상에 관한 법률의 특례를 규정한 것으로서 그 사용에 관한 절차와 요건 및 사용의 허가권자가 공익사업을 위한 토지등의 취득 및 보상에 관한 법률의 규정에 의한 그것과 다르고, 공익사업을 위한 토지등의 취득 및 보상에 관한 법률의 규정에 의한 사업인정처분의 요건에 이미 설치된 송전선로가 전기사업법 제89조에서 규정하고 있는 '현재의 사용방법을 방해하지 아니하는 범위 안'이라는 요건까지 충족하여야 한다고 볼 아무런 법령상의 근거가 없으므로 전기사업법 제89조의 규정에 의한 '현재의 사용방법을 방해하지 아니하는 범위 안'이라는 요건은 공익사업을 위한 토지 등의 취득 및 보상에 관한 법률의 규정에 의한 토지 위의 공중의 사용에 대한 사업인정처분의 요건이 된다고 할 수 없다.

02 사업인정 의제

1. 사업인정의제시 벌칙규정 준용 여부(대판 2015.8.13, 2015도445)

구 산업입지 및 개발에 관한 법률 제51조 제2항 제1호, 제12조 제1항 전단에서 규정한 '허가 없이 물건을 쌓아놓는 행위'에 관하여 공익사업을 위한 토지 등의 취득 및 보상에 관한 법률상 물건의 부가·증치행위에 대한 처벌규정인 제96조, 제25조 제2항 전단이 준용되는지 여부(소극)

나아가 구 산업입지법(2015.1.6. 법률 제12980호로 개정되기 전의 것)은 제10조 제1항에 따라 산업단지의 지정 또는 변경에 관한 주민 등의 의견청취를 위한 공고가 있는 지역 및 산업단지 안에서 물건을 쌓아놓는 행위 등 대통령령이 정하는 행위를 하려는 자는 관할관청의 허가를 받아야 하고(제12조 제1항 전단), 제12조 제1항을 위반한 자는 6개월 이하의 징역 또는 1천만원 이하의 벌금에 처하도록 규정하고 있다(제51조 제2항 제1호).

토지보상법 제25조 제2항 전단이 사업인정고시가 된 후에 고시된 토지에 물건의 부가(附加)·증치(增置) 등을 하려는 자는 관할관청의 허가를 받도록 규정하고, 제96조가 제25조 제2항 전단을 위반한 자를 1년 이하의 징역 또는 500만원 이하의 벌금에 처하도록 규정하고 있음에도, 구 산업입지법(2015.1.6. 법률 제12980호로 개정되기 전의 것)은 위와 같이 제51조 제2항 제1호, 제12조 제1항 전단에서 허가 없이 물건을 쌓아놓는 행위를 처벌하는 별도 규정을 두고 있으므로, 이에 관하여는 토지보상법상 물건의 부가·증치행위에 대한 처벌규정인 제96조, 제25조 제2항 전단이 준용된다고 볼 수 없다.

> 산업입지법에 벌칙규정이 있으므로 토지보상법상 벌칙규정은 준용되지 않는다. 형사법원과 선결문제의 구성이 가능하므로 준용규정의 의미에 대한 법 적용례로 활용가능할 것임.

2. 사업인정의제 관련(헌재 2011.11.24, 2010헌바231)

[판시사항]

[1] 도로구역의 결정 또는 변경과 도로구역의 결정 또는 변경고시에 대하여 공익사업법상의 사업인정을 의제하고 있는 구 도로법(2004.1.20. 법률 제7103호로 개정되고, 2008.3.21. 법률 제8976호로 개정되기 전의 것) 제49조의2 제2항 전단(이하 '이 사건 사업인정 의제조항'이라 한다)이 적법절차원칙에 위배되는지 여부(소극)

[2] 이 사건 사업인정 의제조항이 재산권을 침해하는지 여부(소극)

[3] 사업인정의 실효기간 및 수용재결의 신청기간에 관한 공익사업법 제23조 제1항 및 제28조 제1항의 규정에 불구하고 도로공사의 사업시행기간 내에 수용재결의 신청을 할 수 있도록 규정하고 있는 위 구 도로법 제49조의2 제2항 후단(이하 '이사건 재결신청 기간조항'이라 한다)이 재산권을 침해하는지 여부(소극)

[4] 이 사건 재결신청 기간조항이 평등권을 침해하는지 여부(소극)

[재판요지]

[1] 사전에 이해당사자의 의견을 청취하는 절차를 통해 민원을 수용하여 도로구역을 변경하는 경우 또 다른 이해당사자로부터 민원이 발생할 수 있어 타당성 조사를 거쳐 도로구역이 결정되면 관련 이해당사자의 의견진술만으로 도로구역이 변경될 가능성이 적고, 도로구역의 결정 또는 변경처분 절차에 있어 처분의 내용이 미리 알려지는 경우 부동산 투기 등 공익을 현저히 해하는 행위가 유발될 우려가 없지 아니하여 사전에 의견을 청취하는 절차를 이행함으로써 이해당사자가 누리는 이익에 비하여 사회적 비용이 상당하며, 도로의 관리청은 도로구역을 결정 또는 변경한 때에는 설계도서·자금계획·사업시행기간 기타 대통령령이 정하는 사항을 명시하여 건설교통부령이 정하는 바에 따라 이를 고시하고 그 도면을 일반인이 열람할 수 있도록 하여 이해당사자로 하여금 사후적으로라도 의견 및 자료를 제출할 수 있도록 하고 있는 점 등을 고려하면, 이 사건 사업인정 의제조항이 도로구역의 결정 또는 변경과 고시에 있어 사전에 이해당사자의 의견을 청취하는 절차를 두지 않았다 하여 반드시 적법절차를 위배하였다고 할 수 없다.

[2] 앞서 적법절차원칙 위배 여부에 관한 판단에서 본 바와 같이, 도로구역 결정에 있어 요구되는 절차는 사업인정 절차를 거치지 않고서도 공공필요에 대한 판단을 할 수 있는 적절한 절차라 할 것이어서, 이 사건 사업인정 의제조항이 헌법 제23조 제3항에 위반되어 재산권을 침해한다고 할 수 없다.

[3] 공익사업법 제70조 제1항에서 토지수용으로 인한 손실보상액의 산정은 공시지가를 기준으로 하되 개발이익을 배제하고, 인근 토지의 가격변동률과 생산자물가상승률 등을 고려하여 공시기준일부터 재결 시까지의 시점보정을 하도록 규정하여 공시기준일 이후 수용 시까지 시가변동을 반영하는 적정한 방법을 채택하고 있고, 재결신청기간이 무제한 확대되는 것이 아니라 도로공사의 사업시행기간 내로 정해져 있으며, 도로공사는 장기간에 걸쳐 이루어지고 도로구역에 대한 보상금이 많이 소요되는 것이 통상적이므로 공익사업법이 정하는 바대로 사업인정 고시일로

부터 1년 이내에 재결신청을 하지 않으면 사업인정이 실효되도록 한다면 도로공사가 원활하게 진행되기 어려운 측면이 있는 점 등에 비추어 보면, 이 사건 재결신청 기간조항은 재산권을 침해한다고 할 수 없다.

[4] 이 사건 재결신청 기간조항은 장기간에 걸쳐 사업이 진행되고 사업비가 많이 드는 도로건설공사의 특성을 고려하여 재결신청기간을 사업시행기간 내로 확장하여 도로건설공사의 원활한 진행을 도모하기 위한 것으로, 이로 인하여 이 사건 재결신청 기간조항이 적용되는 도로구역 내 토지피수용자와 공익사업법이 적용되어 사업인정일부터 1년 이내에 수용재결을 신청하여야 하는 일반적인 수용재결에 있어서의 피수용자 사이에 차별이 발생하는 데는 합리적인 이유가 있다 할 것이므로, 이를 두고 평등권을 침해한다고 할 수 없다.

> 도로법상 도로구역이 결정·고시되면 사업인정이 있는 것으로 의제된다. 이 경우 토지보상법상 의견청취규정이 적용되지 않는데, 사업인정 의제효과로서 토지보상법상 절차는 거치지 않아도 된다는 것이 판례의 태도이다. 또한 도로법의 목적을 고려할 때, 공사기간 완료 전까지 재결신청기간을 허용하고 있는 것에 대한 합리적 차별성이 인정된다고 할 것이다.

03 조서작성

I 조서의 효력과 목적

토지조서는 재결절차의 개시 전에 기업자로 하여금 미리 토지에 대하여 필요한 사항을 확인하게 하고, 또한 토지소유자와 관계인에게도 이를 확인하게 하여 토지의 상황을 명백히 함으로써 조서에 개재된 사항에 대하여는 일응 진실성의 추정을 인정하여(토지수용법 제24조), 토지의 상황에 관한 당사자 사이의 차후 분쟁을 예방하며 토지수용위원회의 심리와 재결 등의 절차를 용이하게 하고 신속·원활을 기하려는데 그 작성의 목적이 있는 것이다(대판 1993.9.10, 93누5543).

II 하자 있는 조서가 재결에 미치는 효력(= 조서의 하자가 재결의 독자적 위법사유인지)

(1) 토지수용을 함에 있어 토지소유자 등에게 입회를 요구하지 아니하고 작성한 토지조서는 절차상의 하자를 지니게 되는 것으로서 토지조서로서의 효력이 부인되어 조서의 기재에 대한 증명력에 관하여 추정력이 인정되지 아니하는 것일 뿐, 토지조서의 작성에 하자가 있다 하여 그것이 곧 수용재결이나 그에 대한 이의재결의 효력에 영향을 미치는 것은 아니라 할 것이므로 토지조서에 실제 현황에 관한 기재가 되어 있지 아니하다거나 실측평면도가 첨부되어 있지 아니하다

거나 토지소유자의 입회나 서명날인이 없었다든지 하는 사유만으로는 이의재결이 위법하다 하여 그 취소를 구할 사유로 삼을 수 없다(대판 1993.9.10, 93누5543, 대판 1993.8.13, 93누2148) : 원지적도가 없는 상태에서 토지조서 및 물건조서를 작성하였다거나, 건설부장관이 토지수용법 제16조의 규정에 따라 토지수용사업승인을 한 후 그 뜻을 토지소유자 등에게 통지하지 아니하였다거나, 기업자가 토지소유자와 협의를 거치지 아니한 채 토지의 수용을 위한 재결을 신청하였다는 등의 하자들 역시 절차상 위법으로서 이의재결의 취소를 구할 수 있는 사유가 될지언정 당연무효의 사유라고 할 수는 없다.

통상 조서작성상의 절차상 하자는 수용목적물의 실체적 내용을 변경시킬 수 없다. 수용재결은 수용목적물의 실체법상 권리이전이 목적이기에 실체적 내용이 맞다면 수용자체의 하자는 없는 것으로 보아야 할 것이다.

(2) **기업자가 토지조서 및 물건조서의 작성에 있어서 토지소유자를 입회시켜서 이에 서명날인하게 하지 아니하거나 토지소유자에게 협의요청을 하지 아니하거나 협의경위서를 작성함에 있어서 토지소유자의 서명날인을 받지 아니한 하자가 수용재결 및 이의재결의 당연무효 사유인지 여부(소극)**(대판 2005.9.30, 2003두12349)

기업자가 토지조서나 물건조서를 작성함에 있어 소유자들의 입회와 서명날인이 있었는지의 여부는 그 기재의 증명력에 관한 문제이어서 입회나 서명날인이 없었다는 사유만으로는 중앙토지수용위원회의 이의재결이 위법하다 하여 그 취소의 사유로 삼을 수는 없다(대판 1990.1.23, 87누947).

(3) 대판 2005.9.30, 2003두12349・12356

[판시사항]

[1] 토지수용위원회의 수용재결 및 이의재결 중 지장물에 대한 부분만이 무효인 경우, 토지에 대한 수용재결 및 이의재결까지 무효로 된다고 할 수 없다고 한 원심의 판단을 수긍한 사례

[2] 기업자가 토지조서 및 물건조서의 작성에 있어서 토지소유자를 입회시켜서 이에 서명날인하게 하지 아니하거나 토지소유자에게 협의요청을 하지 아니하거나 협의경위서를 작성함에 있어서 토지소유자의 서명날인을 받지 아니한 하자가 수용재결 및 이의재결의 당연무효 사유인지 여부(소극)

[이유]

1. 주위적 청구에 대하여

가. 원심은 그 채용 증거들을 종합하여 판시와 같은 사실들을 인정한 다음, 그 판시와 같은 이유를 들어 이 사건 토지와 인접토지의 지상에 있는 별지 제2목록 수용재결내역 기재의 각 지장물(이하 '이 사건 각 지장물'이라고 한다)에 대한 피고 경상북도지방토지수용위원회(이하 '피고지토위'라고 한다)의 수용재결은 그 수용의 시기까지 보상금을 지불 또는 공탁하지 아니한 것이 되어 그 효력을 상실하였고, 위와 같이 실효된 수용재결을

유효한 재결로 보고서 한 위 각 지장물에 대한 피고 중앙토지수용위원회의 이의재결 또한 당연무효라고 할 것이나, 이 사건 수용재결은 이 사건 토지와 별지 제2목록 순번 (1) 지장물 및 같은 목록 순번 (2) 지장물로 나누어 피수용자를 달리하고 보상금의 액수도 별도로 정하고 있으며, 그 보상금의 공탁 또한 위와 같이 나누어 별개로 행하여진 점, 이 사건 각 지장물에 대한 수용재결이 실효된 것은 그 보상금의 공탁이 적법하지 않았기 때문이고, 이 사건 토지에 대한 보상금의 공탁은 구 토지수용법(2002.2.4. 법률 제6656호로 폐지되기 전의 것, 이하 '토지수용법'이라고 한다) 제61조 제2항 제1호에서 정한 요건을 구비한 것으로서 적법한 점, 이 사건 수용재결 및 이의재결 중 이 사건 각 지장물에 대한 부분만을 무효로 한다고 하여 이 사건 토지부분에 대한 효력이 불분명하게 된다고 할 수도 없는 점 등을 종합하면, 이 사건 각 지장물에 대한 수용재결 및 이의재결이 무효라고 하여 이 사건 토지에 대한 수용재결 및 이의재결까지 무효로 된다고 할 수는 없다는 취지로 판단하였다.

기록에 비추어 보면, 원심의 위와 같은 판단은 정당한 것으로 수긍이 가고, 거기에 상고이유에서 주장하는 바와 같은 수용재결 및 이의재결의 일부무효 등에 관한 법리를 오해한 위법이 있다고 할 수 없다.

나. 기업자가 토지수용법 제23조 소정의 토지조서 및 물건조서를 작성함에 있어서 토지소유자를 입회시켜서 이에 서명날인을 하게 하지 아니하였다 하더라도 그러한 사유만으로는 그 토지에 대한 수용재결 및 이의재결까지 무효가 된다고 할 수 없고, 기업자가 토지소유자에게 성의 있고 진실하게 설명하여 이해할 수 있도록 협의요청을 하지 아니하였다거나, 협의경위서를 작성함에 있어서 토지소유자의 서명날인을 받지 아니하였다는 하자 역시 절차상의 위법으로서 수용재결 및 이의재결에 대한 당연무효의 사유가 된다고 할 수도 없으므로(대판 1993.8.13, 93누2148 참조), 이 점에 관한 상고이유의 주장도 이유 없다.

2. 예비적 청구에 대하여

원심은, 그 채용 증거들을 종합하여 그 판시와 같은 사실들을 인정한 다음, 이 사건 이의재결시의 감정평가법인들은 이 사건 토지에 대한 감정평가를 함에 있어서 이 사건 토지는 그 공부상 지목이 하천이지만, 토지의 현황은 대지와 과수원으로 보고 감정하였으므로, 원고가 주장하는 바와 같은 이 사건 토지의 지목이 불법으로 변경되었다는 사정은 그 사실 여부를 떠나 위 감정평가의 위법 여부를 판단함에 있어 영향을 미치지 않는다는 이유로 원고의 주장을 배척하였다.

기록에 비추어 살펴보면, 원심에서의 증거취사와 사실인정 및 판단은 정당한 것으로 수긍이 가고, 거기에 상고이유에서 주장하는 바와 같은 채증법칙을 위배하여 사실을 오인하였거나 필요한 심리를 다하지 아니한 위법이 있다고 할 수 없다.

Ⅲ 조서의 구속력

토지수용법 제25조가 정하는 협의는 기업자와 토지소유자 및 관계인 사이에 동법 시행령 제15조의2의 규정에 의한 수용에 관한 협의가 있음으로써 족하고 달리 특별한 요식절차를 밟아야 하는 것은 아니고 설사 기업자의 과실로 토지수용에 관한 협의에 토지소유자나 관계인의 참여 없이 수용재결을 하여 위법이라고 하여도 그와 같은 사유만으로써는 그 재결처분이 당연무효라고는 할 수 없다(대판 1984.1.31, 83누355).

조서작성의 하자로 인하여 진실의 추정력은 발생되지 않지만, 목적물의 실체적 내용이 맞는 경우, 이를 기초로 재결이 이루어지므로 조서작성 상의 하자는 재결의 당연무효사유가 될 수 없다. 조서가 재결청을 구속한다거나, 유일한 심리자료가 아니기 때문이다.

04 사업인정 후 협의

Ⅰ 사업인정 후 협의의 법적 성질

도시계획사업의 시행자가 그 사업에 필요한 토지를 협의 취득하는 행위는 사경제주체로서 행하는 사법상의 법률행위에 지나지 않으며 공권력의 주체로서 우월한 지위에서 행하는 공법상의 행정처분이 아니므로 행정소송의 대상이 되지 않는다(대판 1992.10.27, 91누3871).

Ⅱ 협의성립의 효과

토지수용법 제25조 제1항에 의한 협의단계에서 기업자와 토지소유자 사이에 협의가 성립되어 그를 원인으로 기업자 앞으로 소유권이전등기가 경료되었다 하더라도 그 협의에 대하여 같은 법 제25조의2 제1항에 의한 토지수용위원회의 확인을 받지 아니한 이상, 재결에 의한 수용의 경우와는 달리 그 토지를 원시취득한 것으로 볼 수 없고, 원래의 소유자로부터 승계취득한 것이라고 볼 수밖에 없다 할 것인바, 수용재결처분은 그 후의 토지승계인들에 대하여도 효력이 미치는 것이므로, 수용재결처분이 있은 뒤, 다른 개발사업을 위하여 토지수용위원회의 확인절차를 거치지 않은 수용협의와 그에 기한 소유권이전등기로 소유권을 승계취득한 자가 있다 하더라도 수용재결처분은 하등 영향을 받지 아니한다(대판 1994.6.28, 94누2732).

> 협의취득은 계약에 의한 취득이므로 승계취득이 된다. 관계인들의 권리가 그대로 존속된다. 이에 수용재결취득(원시취득)은 지상권, 저당권 등 관계인들의 권리가 모두 소멸되고 소유권 자체만 취득된다.

협의성립에 관하여 관할 토지수용위원회의 확인을 받지 아니한 경우에 기업자가 토지소유권을 취득하기 위하여는 법률행위로 인한 부동산물권변동의 일반원칙에 따라 소유권이전등기를 마쳐야 하고, 소유권이전등기를 마치지 아니하고도 토지소유권을 원시취득하는 것은 아니다(대판 1997.7.8, 96다53826).

토지수용에 있어서 기업자와 토지소유자의 협의성립에 대한 관할 토지수용위원회의 확인을 받지 아니한 것이면 그 토지를 원시적으로 취득한 것으로는 볼 수 없고 원래의 소유자로부터 승계취득을 한 것이라고 해석할 수밖에 없다(대판 1978.11.14, 78다1528).

Ⅲ 협의 및 협의통지를 결한 재결의 효력

기업자의 과실 없이 토지소유자 및 관계인을 알 수 없는 때에는 그들과 협의를 하지 아니하고, 그들의 성명 및 주소를 재결신청서에 기재하지 아니하여 그들로 하여금 수용절차에 참가케 아니한 채 재결에 이르렀다 하여 위법이라고 할 수 없고, 가사 기업자의 과실로 인하여 토지소유자나 관계인을 알지 못하여 그들로 하여금 참가케 하지 아니하고 수용재결을 하여 그 절차가 위법이라 하여도 그것이 그 사유만 가지고는 당연 무효라고 할 수 없으므로 수용재결의 상대방인 토지소유자가 사망자라는 이유만으로는 그 수용재결이 당연 무효라고 할 수 없다(대판 1971.5.24, 70다1459).

> 협의를 결한 경우라 하더라도, 수용목적물의 실체적 내용이 달라지지 아니하고, 당해 사업의 공익성 자체에 영향을 주는 것은 아니므로 당연 무효라고 할 수 없다.

통지절차는 기업자와 토지소유자와의 사이에 효율적이고 실질적인 협의가 이루어질 수 있도록 하기 위한 사전준비절차에 지나지 아니하는 것으로서 그 통지에 특별한 요식절차가 필요한 것도 아니므로 사업인정의 고시 후 토지소유자의 권리보호를 위하여 필요한 상당한 기간 동안 기업자와 토지소유자 사이에 토지의 취득조건 등에 관하여 실질적인 협의가 진행된 이상, 협의에 앞서 기업자가 토지소유자에게 위 시행령이 정하는 사항들을 구체적으로 통지한 바가 없다고 하여 그 협의절차에 위법이 있다고 할 수 없으므로 이를 들어 수용재결의 취소를 구하는 사유로 삼을 수 없다(대판 1993.11.26, 93누17669).

Ⅳ 협의가 성립하였으나 이행의 불능 및 불행이 있는 경우

1. 위험부담이전문제

댐 건설로 인한 수몰지역내의 토지를 매수하고 지상임목에 대하여 적절한 보상을 하기로 특약하였다면 보상금이 지급되기 전에 그 입목이 홍수로 멸실되었다고 하더라도 매수 또는 보상하기로 한 자는 이행불능을 이유로 위 보상약정을 해제할 수 없다(대판 1977.12.27, 76다1472).

> 원칙적으로 민법상 채무자가 위험부담을 갖는다. 수용재결이 있다 하더라도 보상금을 지급하고 수용등기를 하기 전까지는 피수용자가 위험부담을 갖는다고 보아야 할 것이다. 수용재결과 동시에 소유권이 이전됨이 합당하므로, 이 시점부터 사업시행자가 위험부담을 지는 것이 이론상 타당하다. 그러나 소유권 이전과 관련된 절차이행의 기간이 필요하여 수용개시일을 별도로 지정하게 되므로, 동 기간에 대한 위험을 사업시행자에게 부담시키는 명문의 규정을 두게 되었다. 이러한 규정은 토지보상법의 취지에 비추어 재결 전 협의단계에도 적용된다고 보는 것이 판례의 태도이다.

2. 대행, 대집행 준용 여부

행정대집행법상 대집행의 대상이 되는 대체적 작위의무는 공법상 의무이어야 할 것인데, 구 공공용지의 취득 및 손실보상에 관한 특례법에 따른 토지 등의 협의취득은 공공사업에 필요한 토지 등을 그 소유자와의 협의에 의하여 취득하는 것으로서 공공기관이 사경제주체로서 행하는 사법상 매매 내지 사법상 계약의 실질을 가지는 것이므로, 그 협의취득 시 건물소유자가 매매대상 건물에 대한 철거의무를 부담하겠다는 취지의 약정을 하였다고 하더라도 이러한 철거의무는 공법상의 의무가 될 수 없고, 이 경우에도 행정대집행법을 준용하여 대집행을 허용하는 별도의 규정이 없는 한 위와 같은 철거의무는 행정대집행법에 의한 대집행의 대상이 되지 않는다(대판 2006.10.13, 2006두7096).

> 판례는 협의에 의한 취득은 사법상 매매계약으로 보고 있다. 따라서 공법상 대행, 대집행이 적용될 여지는 없다고 본다. 공법상 계약관계로 보더라도 당사자소송으로서 계약의 이행을 구해야 할 것이지, 토지보상법상 대집행을 신청할 수는 없을 것이다.

1-1 위험부담(대판 2001.1.16, 98다58511)

[판시사항]

[1] 토지수용법 제63조에 의한 토지소유자의 토지 등 인도의무에 목적물에 대한 하자담보책임이 포함되는지 여부(소극)

[2] 토지수용법 제63조의 규정에 의하여 수용 대상 토지에 있는 물건에 관하여 권리를 가진 자가 기업자에게 이전할 의무를 부담하는 물건의 의미

[3] 제3자가 무단으로 폐기물을 매립하여 놓은 상태의 토지를 수용한 경우, 위 폐기물은 토지의 토사와 물리적으로 분리할 수 없을 정도로 혼합되어 있어 독립된 물건이 아니며 토지수용법 제49

조 제1항의 이전료를 지급하고 이전시켜야 되는 물건도 아니어서 토지소유자는 폐기물의 이전 의무가 있다고 볼 수 없다고 한 원심의 판단을 수긍한 사례

[4] 수용재결이 있은 후에 수용 대상 토지에 숨은 하자가 발견되었으나 기업자가 불복절차를 취하지 않음으로써 그 재결에 대하여 더 이상 다툴 수 없게 된 경우, 기업자가 민사소송절차로 토지소유자에게 부당이득의 반환을 구할 수 있는지 여부(소극)

[판결요지]

[1] 토지수용법에 의한 수용재결의 효과로서 수용에 의한 기업자의 토지소유권취득은 토지소유자와 수용자와의 법률행위에 의하여 승계취득하는 것이 아니라, 법률의 규정에 의하여 원시취득하는 것이므로, 토지소유자가 토지수용법 제63조의 규정에 의하여 부담하는 토지의 인도의무에는 수용목적물에 숨은 하자가 있는 경우에도 하자담보책임이 포함되지 아니하여 토지소유자는 수용시기까지 수용 대상 토지를 현존 상태 그대로 기업자에게 인도할 의무가 있을 뿐이다.

[2] 토지수용법 제63조의 규정에 의하여 수용 대상 토지에 있는 물건에 관하여 권리를 가진 자가 기업자에게 이전할 의무를 부담하는 물건은 같은 법 제49조 제1항에 의하여 이전료를 보상하고 이전시켜야 할 물건을 말한다.

[3] 제3자가 무단으로 폐기물을 매립하여 놓은 상태의 토지를 수용한 경우, 위 폐기물은 토지의 토사와 물리적으로 분리할 수 없을 정도로 혼합되어 있어 독립된 물건이 아니며 토지수용법 제49조 제1항의 이전료를 지급하고 이전시켜야 되는 물건도 아니어서 토지소유자는 폐기물의 이전 의무가 있다고 볼 수 없다고 한 원심의 판단을 수긍한 사례

[4] 수용재결이 있은 후에 수용 대상 토지에 숨은 하자가 발견되는 때에는 불복기간이 경과되지 아니한 경우라면 공평의 견지에서 기업자는 그 하자를 이유로 재결에 대한 이의를 거쳐 손실보상금의 감액을 내세워 행정소송을 제기할 수 있다고 보는 것이 상당하나, 이러한 불복절차를 취하지 않음으로써 그 재결에 대하여 더 이상 다툴 수 없게 된 경우에는 기업자는 그 재결이 당연무효이거나 취소되지 않는 한 재결에서 정한 손실보상금의 산정에 있어서 위 하자가 반영되지 않았다는 이유로 민사소송절차로 토지소유자에게 부당이득의 반환을 구할 수는 없다.

2. 대행, 대집행 준용 여부

행정대집행법상 대집행의 대상이 되는 대체적 작위의무는 공법상 의무이어야 할 것인데, 협의취득은 공공사업에 필요한 토지 등을 그 소유자와의 협의에 의하여 취득하는 것으로서 공공기관이 사경제주체로서 행하는 사법상 매매 내지 사법상 계약의 실질을 가지는 것이므로, 그 협의취득 시 건물소유자가 매매대상 건물에 대한 철거의무를 부담하겠다는 취지의 약정을 하였다고 하더라도 이러한 철거의무는 공법상의 의무가 될 수 없고, 이 경우에도 행정대집행법을 준용하여 대집행을 허용하는 별도의 규정이 없는 한 위와 같은 철거의무는 행정대집행법에 의한 대집행의 대상이 되지 않는다(대판 2006.10.13, 2006두7096).

판례는 협의에 의한 취득은 사법상 매매계약으로 보고 있다. 따라서 공법상 대행, 대집행이 적용될 여지는 없다고 본다. 공법상 계약관계로 보더라도 당사자소송으로서 계약의 이행을 구해야 할 것이지, 토지보상법상 대집행을 신청할 수는 없을 것이다.

V 합의로 산정된 보상금의 정당성 여부

1. 합의가 성립한 경우 보상금 추가 요구 가능여부(대판 2013.8.22, 2012다3517 [부당이득반환])

공익사업을 위한 토지 등의 취득 및 보상에 관한 법률(이하 '공익사업법'이라고 한다)에 의한 보상합의는 공공기관이 사경제주체로서 행하는 사법상 계약의 실질을 가지는 것으로서, 당사자 간의 합의로 같은 법 소정의 손실보상의 기준에 의하지 아니한 손실보상금을 정할 수 있으며, 이와 같이 같은 법이 정하는 기준에 따르지 아니하고 손실보상액에 관한 합의를 하였다고 하더라도 그 합의가 착오 등을 이유로 적법하게 취소되지 않는 한 유효하다. 따라서 공익사업법에 의한 보상을 하면서 손실보상금에 관한 당사자 간의 합의가 성립하면 그 합의 내용대로 구속력이 있고, 손실보상금에 관한 합의 내용이 공익사업법에서 정하는 손실보상 기준에 맞지 않는다고 하더라도 합의가 적법하게 취소되는 등의 특별한 사정이 없는 한 추가로 공익사업법상 기준에 따른 손실보상금 청구를 할 수는 없다.

합의는 계약이므로 계약대로의 효과가 발생한다.

2. 착오(대판 2014.4.24, 2013다218620 [협의수용대금등][미간행])

한국토지주택공사가 갑 등 소유의 토지에 관하여 협의매수를 추진하면서 갑 등에게 토지가 철탑 및 고압송전선으로 사용에 제한을 받고 있는 상태대로 평가된 감정평가금액을 협의매수금액으로 제시하였고 갑 등이 이를 받아들여 협의취득계약을 체결한 사안에서, 갑 등과 공사 쌍방이 감정평가가 적법하다는 착오에 빠졌다거나, 감정평가가 위법하다는 사실을 알았다면 감액되지 않은 금액을 협의매매대금으로 정하였을 것임이 명백하다고 단정할 수 없다고 한 사례

사실관계는 이러하다.
"원고들과 피고가 이 사건 협의취득계약을 체결하면서 매매대금이 착오평가 등으로 과다 또는 과소하게 책정되어 지급되었을 때에는 과부족금액을 추가로 청구하거나 반환하여야 한다는 취지의 약정을 하지 않은 점, 공익사업법에 따른 손실보상의 협의는 공공기관이 사경제주체로서 행하는 사법상 계약의 실질을 가지는 것으로서, 당사자 간의 합의로 공익사업법 소정의 손실보상의 요건을 완화하는 약정을 하거나 공익사업법 소정의 손실보상의 기준에 구애받지 아니하고 매매대금을 정할 수 있는 점(대판 2000.9.8, 99다26924 등 참조), 수용절차에 의한 취득과 달리 협의취득의 경우에는 감정평가의 적법 여부는 그다지 중요하지 않고, 토지소유자들도 피고가 제시하는 매매가격을 보고 매매계약체결 여부를 결정하는 점 등을 고려할

때, 피고가 이 사건 각 토지에 관하여 협의매수를 추진하면서 원고들에게 한국감정평가업협회의 내부기준인 구 토지보상평가지침(2003.2.14.자로 개정된 것) 제46조의2 제1항에 따라 이 사건 각 토지가 철탑 및 고압송전선으로 그 사용에 제한을 받고 있는 상태대로 평가된 감정평가금액을 협의매수금액으로 제시하였고, 원고들이 이를 받아들여 협의취득계약을 체결한 것을 가리켜 원고들과 피고 쌍방이 위 감정평가가 적법하다는 착오에 빠져 위 감정평가금액을 협의매매대금으로 정하였다거나, 만약 원고들과 피고 쌍방이 위 감정평가가 위법하다는 사실을 알았다면 감액되지 않은 금액을 협의매매대금으로 정하였을 것임이 명백하다고 단정할 수 없다."

토지보상평가지침에서는 선하지의 경우 제한받는 상태대로 보상평가 받도록 규정하고 있으나, 이는 토지보상법상 나지상정 평가에 부합되지 않는 내용이다(현재는 제한받지 않는 상태로 평가하도록 개정되었음). 그러나 제한받는 상태대로의 보상액으로 협의한 이상, 제한받는 상태대로의 보상액이 후에 정당보상에 미치지 않는 경우라면 그 차액만큼을 더 받아야 한다는 등의 의사표시가 없었기에 중대한 의사표시상의 하자라고 볼 수 없다는 것이 판례의 태도이다.

VI 수용재결 후 임의계약이 가능한지 여부

공익사업을 위한 토지 등의 취득 및 보상에 관한 법률(이하 '토지보상법'이라 한다)은 사업시행자로 하여금 우선 협의취득 절차를 거치도록 하고, 협의가 성립되지 않거나 협의를 할 수 없을 때에 수용재결취득 절차를 밟도록 예정하고 있기는 하다. 그렇지만 일단 토지수용위원회가 수용재결을 하였더라도 사업시행자로서는 수용 또는 사용의 개시일까지 토지수용위원회가 재결한 보상금을 지급 또는 공탁하지 아니함으로써 재결의 효력을 상실시킬 수 있는 점, 토지소유자 등은 수용재결에 대하여 이의를 신청하거나 행정소송을 제기하여 보상금의 적정 여부를 다툴 수 있는데, 그 절차에서 사업시행자와 보상금액에 관하여 임의로 합의할 수 있는 점, 공익사업의 효율적인 수행을 통하여 공공복리를 증진시키고, 재산권을 적정하게 보호하려는 토지보상법의 입법 목적(제1조)에 비추어 보더라도 수용재결이 있은 후에 사법상 계약의 실질을 가지는 협의취득 절차를 금지해야 할 별다른 필요성을 찾기 어려운 점 등을 종합해 보면, 토지수용위원회의 수용재결이 있은 후라고 하더라도 토지소유자 등과 사업시행자가 다시 협의하여 토지 등의 취득이나 사용 및 그에 대한 보상에 관하여 임의로 계약을 체결할 수 있다고 보아야 한다(대판 2017.4.13, 2016두64241).

VII 기타

사업인정 이전에 관련 절차를 거쳤으나 협의가 성립되지 아니한 경우 토지조서 및 물건조서의 내용에 변동이 없는 때에는 다시 협의 등 절차를 거치지 않도록 규정한 '공익사업을 위한 토지 등의 취득 및 보상에 관한 법률'(이하 '공익사업법'이라 한다) 제26조 제2항이 청구인의 재산권을 침해하는지 여부(헌재 2007.11.29, 2006헌바79)

공익사업법 제26조 제2항은 공익사업을 신속하게 추진하기 위하여 이미 거쳤던 절차를 반복하지 않도록 한 것으로서 토지조서 등에 변동이 있는 경우에는 다시 협의 등의 절차를 거쳐야 하므로 재산권을 침해하지 않는다. 위 법률조항의 입법목적은 협의가 성립되지 않아 협의취득을 하지 못하고, 공용수용의 절차에 들어가 사업인정을 받았다면, 토지조서와 물건조서에 변동사항이 없는 경우에는 협의의 가능성이 없으므로 다시 협의 등의 절차를 거치는 것이 무의미하고, 이미 거쳤던 절차를 반복하지 않게 함으로써 공익사업을 신속하게 추진하고자 함에 있다 할 것이므로 그 입법목적의 정당성 및 방법의 적절성이 인정된다. 또한 토지조서와 물건조서에 변동이 있는 경우에는 사업인정 전에 협의 등의 절차를 거쳤다고 하더라도 다시 절차를 거쳐야 하며, 토지소유자 등이 원하는 경우에도 역시 절차를 생략할 수 없으므로 피해의 최소성원칙에도 반하지 않고, 신속한 공익사업의 추진, 무의미한 절차의 반복 방지라는 공익은 협의를 반복함으로써 얻는 사익보다 중대하다 할 것이므로 법익균형성 요건도 충족한다. 따라서 위 조항이 청구인의 재산권을 침해한다고 볼 수 없다.

05 협의성립확인

공익사업을 위한 토지 등의 취득 및 보상에 관한 법률 제29조 제3항에 따른 협의 성립의 확인 신청에 필요한 동의의 주체인 토지소유자는 협의 대상이 되는 '토지의 진정한 소유자'를 의미하는지 여부(적극) / 사업시행자가 진정한 토지소유자의 동의를 받지 못한 채 등기부상 소유명의자의 동의만을 얻은 후 관련 사항에 대한 공증을 받아 위 제29조 제3항에 따라 협의 성립의 확인을 신청하였으나 토지수용위원회가 신청을 수리한 경우, 수리 행위가 위법한지 여부(원칙적 적극) / 이와 같은 동의에 흠결이 있는 경우 진정한 토지소유자 확정에서 사업시행자의 과실 유무를 불문하고 수리 행위가 위법한지 여부(적극) 및 이때 진정한 토지소유자가 수리 행위의 위법함을 이유로 항고소송으로 취소를 구할 수 있는지 여부(적극)(대판 2018.12.13, 2016두51719)

제2절 기출분석

34회 문제 01

A대도시의 시장은 국토의 계획 및 이용에 관한 법률에 따른 도시관리계획으로 관할구역 내 oo동 일대 90,000㎡ 토지에 공영주차장과 자동차정류장을 설치하는 도시계획시설사업결정을 한 후 지방공기업법에 따른 A대도시 X지방공사(이하 'X공사'라 함)를 도시계획시설사업의 시행자로 지정하고, X공사가 작성한 실시계획에 대해 실시계획인가를 하고 이를 고시하였다. 이에 따라 공익사업을 위한 토지 등의 취득 및 보상에 관한 법률(이하 '토지보상법'이라 함)에 의해 사업인정 및 고시가 이루어졌다. 한편, X공사는 사업대상구역 내에 위치한 20,000㎡ 토지를 소유한 甲과 토지수용을 위한 협의를 진행하였으나 협의가 성립되지 아니하여 관할 지방 토지수용위원회에 토지수용의 재결을 신청하였다. 다음 물음에 답하시오(단, 각 물음은 상호독립적임). 40점

(1) **토지보상법의 사업인정과 사업인정고시의 법적 성질에 관하여 설명하시오.** 10점

(설문 1)의 해결

Ⅰ. 개설(사업인정의 의의 및 취지)

Ⅱ. 사업인정의 법적 성질

1. **처분성(형성행위)**
2. **재량행위성**
3. **제3자효 행정행위**

Ⅲ. 사업인정 고시의 법적 성질

1. **고시의 의의**
2. **견해의 대립**
   (1) 일반처분의 성질을 갖는다는 견해
   (2) 특정사실을 알리는 준법률행위로서 통지라는 견해
   (3) 특허로 보는 견해
3. **검토**

예시답안

(설문 1)의 해결

Ⅰ 개설(사업인정의 의의 및 취지)

사업인정이란 공익사업을 토지 등을 수용 또는 사용할 사업으로 결정하는 것을 말하며(제2조 제7호), ① 사업 전의 공익성 판단, ② 사전적 권리구제(의견청취, 절차참여), ③ 수용행정의 적정화, ④ 피수용자의 권리보호에 취지가 있다.

Ⅱ 사업인정의 법적 성질

1. 처분성(형성행위)

국토교통부장관이 토지보상법 제20조에 따라서 사업인정을 함으로써 수용권이 설정되므로 이는 국민의 권리에 영향을 미치는 처분이다. 판례는 일정한 절차를 거칠 것을 조건으로 수용권을 설정하는 형성행위라고 판시한 바 있다(대판 2019.12.12, 2019두47629).

2. 재량행위성

토지보상법 제20조의 규정상 '… 받아야 한다'고 하여 불명확하나, 국토교통부장관이 사업인정 시에 이해관계인의 의견청취를 거치고 사업과 관련된 제 이익과의 형량을 거치는바 재량행위이다. 판례는 '사업의 공익성 여부를 모든 사항을 참작하여 구체적으로 판단해야 하므로 행정청의 재량에 속한다.'고 판시한 바 있다(대판 2019.2.28, 2017두71031, 대판 1992.11.13, 92누596). 공익사업을 위한 필요에 대한 증명책임은 사업시행자에게 있다(대판 2005.11.10, 2003두7507).

3. 제3자효 행정행위

사업시행자와 토지소유자에게 수익적, 침익적 효과를 동시에 발생시키는 바 제3자효 행정행위이다(대판 2005.4.29, 2004두14670).

Ⅲ 사업인정 고시의 법적 성질

1. 고시의 의의

고시는 기본적으로 대통령령인 「행정업무의 효율적 운영에 관한 규정)」이 규정하는 바와 같이 일정한 사실을 일반 국민들에게 알린다는 의미의 통지나 공고의 의미를 내포하고 있다.
현행 법령에서 사용되고 있는 '고시'라는 용어는 경우에 따라서 단순한 통지수단 및 일반처분으로서 의미 또는 행정입법의 의미로 사용되며, 일반적으로 행정입법과 관련하여 그 법적 성질이 논의되는 고시는 행정청의 행위기준이 된다는 점에서, 일정한 사항을 일반인에게 알리는 통지수단으로서 고시 및 일반처분의 성질을 갖는 고시와 의미가 다름을 알 수 있다.

사업인정고시는 해당 공익사업에 대한 기본내용인 사업시행자의 성명이나 명칭, 사업의 종류, 사업지역 및 수용하거나 사용할 토지의 세목 등을 불특정 다수인에게 알리는 행위이다.

2. 견해의 대립

(1) 일반처분의 성질을 갖는다는 견해

고시 중에는 물건이나 지역의 성질 및 상태를 규율함으로써 사람의 권리와 의무를 변동(발생, 변동소멸 등)시키는 법적효과를 인정한 경우가 있다. 고시가 일반적·구체적 성질을 가질 때에는 '일반처분'에 해당하며 고시의 내용이 어떤 물건의 성질 또는 상태를 규율하는 내용을 담고 있을 때에는 물적 행정행위라고 보아야 한다. 예컨대 "대기환경보전법에 의한 대기환경규제지역지정 고시" 및 "도로법에 의한 도로구역결정의 고시", "구 청소년보호법에 의한 청소년유해매체물 결정 및 고시" 등이 있다

(2) 특정사실을 알리는 준법률행위로서 통지라는 견해

통지행위라 함은 특정인 또는 불특정 다수인에게 특정한 사실을 알리는 행정행위를 말한다. 통지행위는 그 자체가 일정한 법률효과를 발생시키는 행정행위이다. 사업인정 고시로 인해 수용권이 설정되고 토지등의 보전의무가 발생하는 등 일정한 법률상 효과가 발생하게 된다.

(3) 특허로 보는 견해

사업인정은 수용할 수 있는 사업으로 결정하는 것이며 그 효력발생은 사업인정 고시일로부터 발생된다. 따라서 사업인정과 사업인정고시를 통일적으로 파악하여 특허로 보는 견해가 있다.

3. 검토

사업인정 고시는 사업인정의 효력발생요건으로서 사업인정과 결합하여 사업인정의 효력을 발생시키기 위한 절차 및 형식요건으로서 사업인정과 결합하여 원활한 공익사업의 시행을 가능케 하는 특허의 성질을 갖는다고 볼 것이다.

23회 문제 04

「공익사업을 위한 토지 등의 취득 및 보상에 관한 법률」상 사업인정고시의 효과에 대하여 설명하시오. 10점

예시답안

(설문 4)의 해결

Ⅰ 사업인정의 의의 및 취지 등

사업인정이란 공익사업을 토지 등을 수용 또는 사용할 사업으로 결정하는 것을 말하며(제2조 제7호), ① 사업 전의 공익성 판단, ② 사전적 권리구제(의견청취, 절차참여), ③ 수용행정의 적정화, ④ 피수용자의 권리보호에 취지가 있다.

Ⅱ 사업인정 고시의 효과(① 대상확정, ② 관계인확정, ③ 보전의무, ④ 측량조사권, ⑤ 수용권설정)

1. 개설

사업인정은 사업인정의 고시일부터 효력이 발생하며, 사업인정도 행정행위인바 공정력・구속력・존속력 등 일반행정행위의 효력이 발생한다.

2. 사업시행자

(1) 수용권 설정 및 토지・물건조사권(제27조)

사업시행자는 일정한 절차를 거칠 것을 조건으로 목적물을 수용할 수 있는 권한이 부여되며, 해당 토지나 물건에 출입하여 측량하거나 조사할 수 있다.

(2) 협의성립확인 신청권(제29조)

사업시행자와 토지소유자 및 관계인 간에 협의가 성립되었을 때에는 사업시행자는 토지소유자 및 관계인의 동의를 받아 관할 토지수용위원회에 협의 성립의 확인을 신청할 수 있다.

(3) 재결신청권(제28조)

협의가 성립되지 아니하거나 협의를 할 수 없을 때에는 사업시행자는 사업인정고시가 된 날부터 1년 이내에 관할 토지수용위원회에 재결을 신청할 수 있다.

3. 토지소유자

(1) 토지 등의 보전의무(제25조)

사업인정고시가 된 후에는 누구든지 고시된 토지에 대하여 사업에 지장을 줄 우려가 있는 형질의 변경이나 물건을 손괴하거나 수거하는 행위를 하지 못한다.

(2) **재결신청청구권**(제30조)

사업인정고시가 된 후 협의가 성립되지 아니하였을 때에는 토지소유자와 관계인은 대통령령으로 정하는 바에 따라 서면으로 사업시행자에게 재결을 신청할 것을 청구할 수 있다.

(3) **관계인의 범위 확정**(제2조)

"관계인"이란 사업시행자가 취득하거나 사용할 토지에 관하여 지상권·지역권·전세권·저당권·사용대차 또는 임대차에 따른 권리 또는 그 밖에 토지에 관한 소유권 외의 권리를 가진 자나 그 토지에 있는 물건에 관하여 소유권이나 그 밖의 권리를 가진 자를 말한다. 사업인정의 고시가 된 후에 권리를 취득한 자는 기존의 권리를 승계한 자를 제외하고는 관계인에 포함되지 아니한다.

4. 기타(손실보상액 고정의 효과)

토지보상법 제70조 제4항에서는 보상액 산정의 기준이 되는 공시지가의 적용시점을 규정하고 있는바, 이에 따라 손실보상액이 고정되는 효과를 가져오게 된다.

III 관련 문제(사업인정의 효력소멸)

사업인정의 효력은 ① 수용절차 종결(협의, 화해, 재결), ② 하자 있는 사업인정의 소멸(취소, 무효), ③ 하자 없는 사업인정의 소멸(철회, 실효)로 효력이 소멸된다. ③은 공공성의 계속적 담보를 통한 제도이다. 실효 및 사업의 폐지·변경으로 인한 손실은 보상해야 하며 실효 여부에 다툼이 있으면 실효확인소송을 제기할 수 있다.

기출문제

[사업인정] 사업인정의 실효와 손실보상 [제6회 제1문]

「공익사업을 위한 토지 등의 취득 및 보상에 관한 법률」(이하 "토지보상법"이라 한다) 제23조에 의한 사업인정의 실효가 있는 경우, 이로 인하여 불이익을 받게 되는 피수용자에게 손실보상청구권이 있는지의 여부를 논술하시오. 40점

Ⅰ. 서설
Ⅱ. 관련 행정작용의 법적 성질
  1. 사업인정의 의의
  2. 사업인정의 법적 성질
  3. 재결신청
Ⅲ. 사업인정의 실효 및 손실보상
  1. 문제점
  2. 사업인정의 실효
  3. 사업인정의 실효에 대한 손실보상
Ⅳ. 피수용자에게 손실보상청구권이 성립하는지 여부
  1. 손실보상청구권의 의의
  2. 손실보상청구권의 법적 성질
  3. 손실보상청구권의 요건 검토
  4. 손실보상청구권의 존재 여부
Ⅴ. 결(손실보상의 절차 및 구제수단)
  1. 손실보상의 절차(협의 및 재결)
  2. 손실보상에 대한 구제수단(이의신청 및 보상금증감청구소송)

교수강평 [서울시립대학교 박수혁 교수님]

① 좋은 답안을 쓰기 위한 지름길은 무엇보다도 출제자의 의도 및 논점을 파악하는 것이다. 이 문제의 경우 그 출제의도를 파악하기에 다소 어려움이 따를 수도 있을 것이다. 무엇보다도 토지수용에 있어서의 손실보상청구권 일반에 대한 언급과 아울러 사업인정의 실효에 따른 손실에 대한 보상을 묻는다고 생각하면 될 것이다.

② 이 문제의 논점은 사업인정의 실효와 손실보상청구권의 성립요건이다.

쟁점해설

1. 주요논점

① 사업인정의 실효에 따른 손실보상

② 손실보상청구권의 성립요건

2. 관련 행정작용의 검토

사업인정의 의의 및 법적 성질을 검토하고 나서 사업인정의 실효를 언급하기 위한 단계로 토지보상법 제23조의 내용, 즉 재결신청에 대해 검토한다.

제23조(사업인정의 실효)

① 사업시행자가 제22조 제1항의 규정에 따른 사업인정의 고시(이하 "사업인정고시"라 한다)가 된 날부터 1년 이내에 제28조 제1항에 따른 재결신청을 하지 아니한 경우에는 사업인정고시가 된 날부터 1년이 되는 날의 다음 날에 사업인정은 그 효력을 상실한다.

3. 사업인정의 실효 및 손실보상

사업인정 실효 시 손실보상은 법 제23조 제2항에 근거규정이 있으며 구체적인 내용은 법 제9조 제5항 내지 제7항까지의 규정을 준용한다.

② 사업시행자는 제1항에 따라 사업인정이 실효됨으로 인하여 토지소유자나 관계인이 입은 손실을 보상하여야 한다.

③ 제2항에 따른 손실보상에 관하여는 제9조 제5항부터 제7항까지의 규정을 준용한다.

제9조(사업 준비를 위한 출입의 허가 등)

① 사업시행자는 공익사업을 준비하기 위하여 타인이 점유하는 토지에 출입하여 측량하거나 조사할 수 있다.

④ 사업시행자는 제1항에 따라 타인이 점유하는 토지에 출입하여 측량・조사함으로써 발생하는 손실을 보상하여야 한다.

⑤ 제4항에 따른 손실의 보상은 손실이 있음을 안 날부터 1년이 지났거나 손실이 발생한 날부터 3년이 지난 후에는 청구할 수 없다.

⑥ 제4항에 따른 손실의 보상은 사업시행자와 손실을 입은 자가 협의하여 결정한다.

⑦ 제6항에 따른 협의가 성립되지 아니하면 사업시행자나 손실을 입은 자는 대통령령으로 정하는 바에 따라 제51조에 따른 관할 토지수용위원회(이하 "관할 토지수용위원회"라 한다)에 재결을 신청할 수 있다.

4. 손실보상청구권 존부

손실보상청구권의 의의 및 법적 성질(최근 하천법 판례를 통해 공권으로 봄)을 검토하고 난 후 손실보상요건 검토를 통해 그 존부를 밝힌다.

사업인정의 실효로 인한 손실의 내용을 구체적으로 예시하면서 공공성, 보상규정, 특별한 희생 등의 요건충족으로 논리를 전개한다면 더 바람직하다.

즉, 사업인정의 실효로 인해 피수용자들이 받는 손실 등을 구체적으로 예시하면 더 좋을 것이다. 사업인정의 효과로서 토지의 형질변경 등의 제한(토지 등의 보존의무)이 있는 바 이로 인한 피수용자의 특별한 희생이 발생함을 밝히는 것이 출제자의 의도에 부합한다.

기출문제

[재결] 기타 [제8회 제3문]

(구)토지수용법상의 협의와 (구)공공용지의 취득 및 손실보상에 관한 특례법(공특법)상의 협의를 비교하시오. 20점

쟁점해설

토지보상법 제16조 및 제26조에서는 사업인정 전과 사업인정 후의 협의규정을 두고 있다. 양 규정의 조문을 적시하고 법적 성질, 절차적 차이, 내용상 차이 및 효과상 차이 등을 중심으로 서술하면 무난할 것이다.

예시답안

Ⅰ 서설

협의란 사업시행자와 피수용자가 목적물에 대한 권리취득 및 소멸 등을 위하여 행하는 합의를 말한다. 이는 최소침해행위의 실현 및 사업의 원활한 시행에 취지가 인정된다.

Ⅱ 공통점

1. 제도적 취지

① 임의적 합의를 통한 최소침해원칙을 실현하고, ② 신속한 사업수행을 도모함에 취지가 인정된다.

2. 협의의 내용(토지보상법 제50조 제1항의 재결내용 준용)

① 수용하거나 사용할 토지의 구역 및 사용방법, ② 손실보상, ③ 수용 또는 사용의 개시일과 기간, ④ 그 밖에 이 법 및 다른 법률에서 규정한 사항 등을 협의내용으로 한다.

Ⅲ 차이점(① 사업인정 전 협의, ② 사업인정 후 협의)

1. 법적 성질

① 사업인정 전 협의의 경우 판례 및 다수설은 사법상 매매로 보며, ② 사업인정 후 협의의 경우 판례는 사법상 매매로 보나, 다수는 공법상 계약으로 본다.

2. 절차적 차이

① 사업인정 전 협의는 임의적 절차이나, ② 사업인정 후 협의는 원칙적으로 필수이지만 사업인정 전에 협의를 거쳤으며 협의내용에 변동이 없는 경우에는 생략이 가능하다.

3. 내용상 차이

① 사업인정 전 협의의 경우에는 협의성립확인제도가 없으나, ② 사업인정 후 협의의 경우에는 협의성립확인제도가 있다.

4. 효과상 차이

(1) 성립 시 취득효과

① 사업인정 전의 경우에는 사법상 매매이므로 승계취득의 효과가 발생하나, ② 사업인정 후 협의에 의한 취득은 협의성립 확인을 받은 경우에는 원시취득의 효과가 발생한다.

(2) 불성립 시

① 사업인정 전 협의가 불성립한 경우에는 국토교통부장관에게 사업인정을 신청할 수 있으나 ② 사업인정 후 협의가 불성립한 경우에는 관할 토지수용위원회에 재결을 신청할 수 있다.

5. 권리구제의 차이

① 사업인정 전 협의의 법적 성질을 사법상 매매로 보면 민사소송에 의한 구제를 도모할 수 있으며, ② 사업인정 후 협의의 법적 성질을 사법상 매매로 보는 판례의 태도에 따르면 민사소송으로 권리구제를 도모해야 하나, 공법상 계약으로 보는 견해에 따르면 공법상 당사자소송으로 권리구제를 도모할 수 있을 것이다.

Ⅳ 양자의 관계

1. 양자의 절차상 관계

사업인정 전 협의내용이 사업인정 후 협의의 내용을 구속하는 것은 아니므로, 사업인정 전의 협의 당시에 요구하지 않은 사실에 대해서도 요구할 수 있다.

2. 생략가능성

사업인정 전 협의내용에 변동이 없고, 당사자가 협의요구를 안 하면 사업인정 후 협의는 생략이 가능하다.

25회 문제 04

「공익사업을 위한 토지 등의 취득 및 보상에 관한 법률」상 사업인정 전 협의와 사업인정 후 협의의 차이점에 대하여 설명하시오. 10점

예시답안

(설문 4)의 해결

Ⅰ 서설

협의란 사업시행자와 피수용자가 목적물에 대한 권리취득 및 소멸 등을 위하여 행하는 합의를 말한다. 이는 최소침해행위의 실현 및 사업의 원활한 시행에 취지가 인정된다.

Ⅱ 공통점

1. 제도적 취지

① 임의적 합의를 통한 최소침해원칙을 구현하고, ② 신속한 사업수행을 도모함에 취지가 인정된다.

2. 협의의 내용(토지보상법 제50조 재결내용 준용)

① 수용하거나 사용할 토지의 구역 및 사용방법, ② 손실의 보상, ③ 수용 또는 사용의 개시일과 기간, ④ 그 밖에 이 법 및 다른 법률에서 규정한 사항 등을 협의내용으로 한다.

Ⅲ 차이점(① 사업인정 전 협의, ② 사업인정 후 협의)

1. 법적 성질

① 사업인정 전 협의의 경우 판례 및 다수설은 사법상 매매로 보며, ② 사업인정 후 협의의 경우 판례는 사법상 매매로 보나, 다수는 공법상 계약으로 본다.

2. 절차적 차이

① 사업인정 전 협의는 임의적 절차이나, ② 사업인정 후 협의는 원칙적으로 필수이지만 사업인정 전에 협의를 거쳤으며 협의내용에 변동이 없는 경우에는 생략이 가능하다.

3. 내용상 차이

① 사업인정 전 협의의 경우에는 협의성립확인제도가 없으나, ② 사업인정 후 협의의 경우에는 협의성립확인제도가 있다.

4. 효과상 차이

(1) 성립 시 취득효과

① 사업인정 전의 경우에는 사법상 매매이므로 승계취득의 효과가 발생하나, ② 사업인정 후 협의성립확인에 의한 취득은 원시취득의 효과가 발생한다.

(2) 불성립 시

① 사업인정 전 협의가 불성립한 경우에는 국토교통부장관에게 사업인정을 신청할 수 있으나, ② 사업인정 후 협의가 불성립한 경우에는 관할 토지수용위원회에 재결을 신청할 수 있다.

5. 권리구제의 차이

① 사업인정 전 협의의 법적 성질을 사법상 매매로 보면 민사소송에 의한 구제를 도모할 수 있으며, ② 사업인정 후 협의의 법적 성질을 사법상 매매로 보는 판례의 태도에 따르면 민사소송으로 권리구제를 도모해야 하나, 공법상 계약으로 보는 견해에 따르면 공법상 당사자소송으로 권리구제를 도모할 수 있을 것이다.

Ⅳ 양자의 관계

1. 양자의 절차상 관계

사업인정 전 협의내용이 사업인정 후 협의의 내용을 구속하는 것은 아니므로, 사업인정 전의 협의당시에 요구하지 않은 사실에 대해서도 요구할 수 있다.

2. 생략가능성

사업인정 전 협의내용의 변동이 없고, 당사자가 협의요구를 안 하면 사업인정 후 협의는 생략이 가능하다.

채점평

문제 4

문제 4는 공익사업을 위한 토지 등의 취득방법이 최근 실무에서 협의에 의한 경우가 많다는 점에 착안하여 공익사업법상 사업인정 전후 협의의 차이점을 묻는 것으로 관련법조와 학설, 판례를 토대로 사업인정 전후 협의의 차이점을 어느 정도 논증하는지가 핵심이다. 예상대로 대다수 수험생들이 이 문제의 답안을 기술하였으나, 공익사업법을 중심으로 한 논증의 정도는 수험생에 따라 상당히 달랐다.

30회 문제 04

「공익사업을 위한 토지 등의 취득 및 보상에 관한 법률」 제26조는 수용재결 신청 전에 사업시행자로 하여금 수용대상 토지에 관하여 권리를 취득하거나 소멸시키기 위하여 토지 소유자 및 관계인과 교섭하도록 하는 협의제도를 규정하고 있다. 이에 따른 협의가 수용재결 신청 전의 필요적 전치절차인지 여부와 관할 토지수용위원회에 의한 협의성립의 확인의 법적 효과를 설명하시오. 10점

예시답안

(설문 4)의 해결

I 협의가 수용재결 신청 전의 필요적 전치절차인지 여부

1. 협의의 의의 및 취지

협의란 사업인정 후 토지 등의 권리취득 등에 대한 양 당사자의 의사의 합치로서 ① 최소침해요청과 ② 사업의 원활한 진행, ③ 피수용자의 의견존중에 취지가 있다.

2. 필수적 절차인지

사업인정 전·후 절차중복을 피하기 위해서 토지보상법 제26조 제2항에서는 사업인정 전 협의를 거치고 조서변동이 없을 시에 생략할 수 있다고 규정하고 있다. 토지조서와 물건조서에 변동사항이 없는 경우에는 협의의 가능성이 없으므로 다시 협의 등의 절차를 거치는 것이 무의미하고, 이미 거쳤던 절차를 반복하지 않게 함으로써 공익사업을 신속하게 추진하고자 함에 있다 할 것이므로 그 입법목적의 정당성 및 방법의 적절성이 인정된다(헌재 2007.11.29, 2006헌바79).

II 협의성립확인의 법적 효과

1. 의의 및 취지(토지보상법 제29조)

협의성립확인이란, 협의가 성립한 경우 사업시행자가 수용재결의 신청기간 이내에 해당 토지소유자 및 관계인의 동의를 얻어 관할 토지수용위원회의 확인을 받는 것을 말한다. 이는 ① 계약불이행에 따른 위험을 방지하고, ② 공익사업의 원활한 진행을 도모함에 취지가 인정된다.

2. 협의성립확인의 법적 효과

(1) 재결효력(토지보상법 제29조 제4항)

사업시행자는 보상금의 지급 또는 공탁을 조건으로 수용목적물을 원시취득하고 피수용자의

의무불이행 시 대행·대집행을 신청할 수 있으며 위험부담이 이전된다. 피수용자는 목적물의 인도·이전의무와 손실보상청구권, 환매권이 발생하게 된다. 또한 계약에 의한 승계취득을 재결에 의한 원시취득으로 전환시키게 된다.

(2) **차단효 발생**(토지보상법 제29조 제4항)

협의성립확인이 있으면 사업시행자·토지소유자 및 관계인은 그 확인된 협의의 성립이나 내용에 대하여 다툴 수 없는 확정력이 발생한다. 협의성립확인을 받은 후에도 협의에서 정한 보상일까지 보상금을 지급하지 않으면 재결의 실효규정이 적용되어서 확인행위의 효력은 상실된다고 보아야 할 것이다.

(3) **불가변력**

협의성립확인은 관할 토지수용위원회가 공권적으로 확인하는 행위로서 법원의 판결과 유사한 준사법작용으로 볼 수 있다. 따라서 다수견해 및 판례는 확인행위에는 불가변력이 발생한다고 보나 소수견해는 부정한다.

(4) **확인의 실효**

협의성립확인을 받은 후에도 협의에서 정한 보상일까지 보상금을 지급하지 않으면 재결의 실효규정(토지보상법 제42조)이 적용되어서 확인행위의 효력은 상실된다고 보아야 할 것이다.

기출문제

[사업인정] 사업인정과 권리구제 [제1회 제1문]

토지보상법상 사업인정을 설명하고 권리구제에 대해 언급하시오. 50점

Ⅰ. 의의 및 취지

Ⅱ. 법적 성질
   1. 처분성
   2. 재량행위성
   3. 제3자효 행정행위

Ⅲ. 사업인정의 요건
   1. 주체상 요건
   2. 내용상 요건
   3. 절차상 요건
   4. 형식상 요건

Ⅳ. 사업인정의 효력
   1. 사업시행자
   2. 토지소유자

Ⅴ. 사업인정의 효력소멸
   1. 사업인정의 효력이 소멸되는 경우
   2. 효력소멸에 대한 권리구제

Ⅵ. 사업인정과 권리구제
   1. 개설
   2. 사업시행자 입장에서의 권리구제
      (1) 사업인정신청 후 거부 시 권리구제
      (2) 사업인정신청 후 부작위 시 권리구제
      (3) 부관부 사업인정에 대한 권리구제
      (4) 예방적 금지소송의 가능 여부
   3. 피수용자 입장에서의 권리구제
      (1) 사전적 권리구제
      (2) 사후적 권리구제
         1) 사업인정이 적법할 때의 권리구제
         2) 사업인정이 위법한 경우
            가. 행정쟁송
            나. 손해배상 등
   4. 제3자 입장에서의 권리구제

Ⅶ. 결(사업인정과 재결의 관계)
   1. 사업인정의 구속력
   2. 하자승계

교수강평 [김남진, 김철용 교수님]

① 크게 서언, 사업인정의 의의와 법적 성질, 사업인정기관・절차・고시・효력발생시기, 사업인정고시의 실효 및 사업인정의 실효, 사업인정에 대한 권리구제의 다섯 부문으로 나누어질 것이다. 여기서 주의하여야 할 점은 제1문이 결코 토지보상법상의 사업인정과 권리구제를 따로따로 설명하라는 문제는 아니라는 것이다. 사업인정을 설명하고 난 뒤 그 사업인정에 대한 권리구제에도 언급하라는 문제이다.

② 서언에서는 토지보상법 전반에 대한 간략한 설명과 거기에서의 사업인정의 위치 및 앞으로의 서술・순서 등을 기록하여야 할 것이다.

기출문제

[사업인정] 사업인정과 권리구제 [제12회 제3문]

토지보상법상 사업인정의 법적 성질과 권리구제에 대하여 논하시오. 30점

Ⅰ. 서설

Ⅱ. 사업인정의 법적 성질
1. 확인행위인지 형성행위인지 여부
2. 쟁송법상 처분
3. 재량행위성 인정
4. 복효적 행정행위

Ⅲ. 사업시행자 입장에서의 권리구제
1. 논점의 정리
2. 사업인정신청 후 거부 시 권리구제
3. 사업인정신청 후 부작위 시 권리구제
4. 부관부 사업인정에 대한 권리구제

Ⅳ. 피수용자 입장에서의 권리구제
1. 논점의 정리
2. 사업인정 전 권리구제
3. 사업인정 후 권리구제
(1) 사업인정이 적법했을 때 권리구제
(2) 사업인정이 위법했을 때 권리구제

Ⅴ. 제3자 입장에서의 권리구제
1. 제3자와 원고적격
2. 사업인정 전 권리구제
3. 사업인정 후 권리구제

Ⅵ. 결론

쟁점해설

1. 누구의 입장에서의 권리구제인가?

사업인정과 관련된 이해관계인은 비단 피수용자만 있는 것도 아니고 사업시행자도 있으며 제3자도 있으므로 누구의 입장에서의 권리구제인지를 먼저 밝혀주고 나서 권리구제를 언급하는 것이 바람직하다.

2. 어느 시점에서의 권리구제인가?

본 문제에서 사업인정 전 권리구제인지, 사업인정 후 권리구제인지에 대한 언급이 없으므로 그 시점을 구분하여 개별 시점에서의 권리구제를 언급해주는 것이 더 좋아 보인다.

3. 사업인정의 적법·위법 여부

본 문제에서 사업인정이 위법한지 적법한지에 대한 명확한 언급이 없으므로 사업인정이 적법할 때와 위법할 때의 권리구제를 구분하여 언급하면 더 좋을 것 같다. 참고로 사업인정이 적법할 때 권리구제는 손실보상이 될 것이다.

4. 구체적 내용

(1) 사업시행자 입장에서의 권리구제

① 사업인정신청 후 거부 시에는 의무이행심판 및 거부처분취소소송이 있으며 입법론으로는 의무이행소송이 있다. 다만 이에 대한 집행정지신청은 신청의 이익이 없어 일반적으로 인정되지 못한다.

② 사업인정신청 후 부작위 시에는 의무이행심판 및 부작위위법확인소송이 있으며, 입법론으로 의무이행소송이 있다는 것을 언급하면 된다.

(2) 피수용자의 입장에서의 권리구제

① **사전적 권리구제** : 사전적 권리구제는 의견제출 및 예방적 부작위청구소송(입법론)이 있다.

② **사후적 권리구제** : 먼저 사업인정이 적법할 때는 손실보상이 있고, 사업인정이 위법할 경우에는 항고심판, 항고소송, 집행정지, 손해배상, 결과제거청구 등이 있다.

(3) 제3자 입장에서의 권리구제

먼저 제3자 중에서 원고적격이 인정되는 제3자만이 항고쟁송상의 권리구제의 주체가 될 수 있으므로 이에 대한 사전 언급이 있어야 한다.

또한 원고적격이 인정되는 제3자의 경우 피수용자와 유사한 지위를 갖는다. 다만 사업인정이 적법할 때 손실보상은 주로 간접손실보상이 되는 것이 차이점이라 하겠다.

Chapter

03 재결

제1절 판례분석

01 재결신청청구권

Ⅰ 재결신청청구권의 취지

토지수용법이 제25조의3의 각 항으로 토지소유자 및 관계인에게 재결 신청의 청구권을 부여한 이유는, 시행자는 사업인정의 고시 후 1년 이내(재개발사업은 그 사업의 시행기간 내)에는 언제든지 재결을 신청할 수 있는 반면에 토지소유자 및 관계인은 재결신청권이 없으므로, 수용을 둘러싼 법률관계의 조속한 확정을 바라는 토지소유자 및 관계인의 이익을 보호하고 수용당사자 간의 공평을 기하기 위한 것이다(대판 1997.10.24, 97다31175).

Ⅱ 사업시행자에게만 재결신청권을 부여한 타당성

토지수용법이 토지소유자 등에게 재결신청의 청구권을 부여한 이유는, 협의가 성립되지 아니한 경우 시행자는 사업인정의 고시 후 1년 이내(도시계획사업은 그 사업의 시행기간 내)에는 언제든지 재결을 신청할 수 있는 반면 토지소유자는 재결신청권이 없으므로, 수용을 둘러싼 법률관계의 조속한 확정을 바라는 토지소유자 등의 이익을 보호함과 동시에 수용당사자 간의 공평을 기하기 위한 것이라고 해석되는 점, 같은 법 제25조의3 제3항의 가산금 제도의 취지는 위 청구권의 실효를 확보하자는 것이라고 해석되는 점(대판 1993.8.27, 93누9064)

Ⅲ 성립요건

1. 당사자 및 청구형식

재결신청의 청구는 엄격한 형식을 요하지 아니하는 서면행위이고, 따라서 토지소유자 등이 서면에 의하여 재결청구의 의사를 명백히 표시한 이상 같은 법 시행령 제16조의2 제1항 각호의 사항 중 일부를 누락하였다고 하더라도 위 청구의 효력을 부인할 것은 아니고, 또한 기업자를 대신하여 협의절차의 업무를 대행하고 있는 자가 따로 있는 경우에는 특별한 사정이 없는 한 재결신청의 청구서를 그 업무대행자에게도 제출할 수 있다(대판 1995.10.13, 94누7232).

2. 청구기간

① 수용에 관한 협의기간이 정하여져 있더라도 협의의 성립가능성 없음이 명백해졌을 때와 같은 경우에는 군이 협의기간이 종료될 때까지 기다리게 하여야 할 필요성도 없는 것이므로 협의기간 종료 전이라도 기업자나 그 업무대행자에 대하여 재결신청의 청구를 할 수 있는 것으로 보아야 하며, 다만 그와 같은 경우 토지수용법 제25조의3 제2항에 의한 2월의 기간은 협의기간 만료일로부터 기산하여야 한다(대판 1993.7.13, 93누2902).

② 도시계획사업 시행자가 사업실시계획인가 고시 후 상당기간이 경과하도록 협의대상 토지소유자에게 협의기간을 통지하지 않았다면 토지소유자로서는 토지수용법 제25조의3 제1항에 따라 재결신청의 청구를 할 수 있다고 판시한 바 있다(대판 1993.8.27, 93누9064).

③ 사업시행자가 보상협의요청서에 기재한 협의기간이 종료하기 전에 토지소유자 및 관계인이 재결신청의 청구를 하였으나 사업시행자가 협의기간이 종료하기 전에 협의기간을 연장한 경우, 구 공익사업을 위한 토지 등의 취득 및 보상에 관한 법률 제30조 제2항에서 정한 60일 기간의 기산 시기(=당초의 협의기간 만료일)(대판 2012.12.27, 2010두9457)

> 사업자가 임의로 협의기간을 연장하는 것은 재결신청청구권의 제도적 취지에 부합하지 않는다.

3. 재결신청의무 유무의 판단시기

편입토지 보상, 지장물 보상, 영업·농업 보상에 관하여 토지소유자나 관계인이 사업시행자에게 재결신청을 청구했음에도 사업시행자가 재결신청을 하지 않을 경우, 토지소유자나 관계인의 불복 방법 및 이때 사업시행자에게 재결신청을 할 의무가 있는지가 소송요건 심사단계에서 고려할 요소인지 여부(소극)(대판 2019.8.29, 2018두57865)

> 재결신청의무가 있는지는 본안판단 사항이다.

Ⅳ 권리구제

1. 사업시행자가 재결신청을 거부하거나 부작위 시 소송을 통한 이행가능성(적극)

> 재결신청청구거부의 처분성 유무 및 재결신청청구에 대한 부작위 위법 확인

(1) 1심 : 대전지방법원 2010.9.1, 2010구합568 [보상제외처분취소등]

[주문]

1. 피고가 2010.1.6. 원고들에 대하여 한 원고들 소유의 별지 목록 물건평가조서상 일련번호 7 내지 10 기재 지장물에 관한 재결신청거부처분을 취소한다.

2. 피고가 원고 1 소유의 별지 목록 물건평가조서상 일련번호 17 내지 19 기재 지장물에 대하여 중앙토지수용위원회에 재결신청을 하지 않은 것은 위법임을 확인한다.

(2) 2심 : 대전고등법원 2010.12.23, 2010누2096 [보상제외처분취소등]

[주문]

1. 피고의 항소를 기각한다.

(3) 3심 : 대판 2011.7.14, 2011두2309 [보상제외처분취소등]

[판시사항]

[1] 공익사업을 위한 토지 등의 취득 및 보상에 관한 법률 제30조 제1항에서 정한 '협의가 성립되지 아니한 때'에, 토지소유자 등이 손실보상대상에 해당한다고 주장하며 보상을 요구하는데도 사업시행자가 손실보상대상에 해당하지 않는다며 보상대상에서 이를 제외한 채 협의를 하지 않아 결국 협의가 성립하지 않은 경우도 포함되는지 여부(적극)

[2] 도로건설 사업구역에 포함된 토지의 소유자가 토지상의 지장물에 대하여 재결신청을 청구하였으나, 그중 일부에 대해서는 사업시행자가 손실보상대상에 해당하지 않아 재결신청대상이 아니라는 이유로 수용재결 신청을 거부하면서 보상협의를 하지 않은 사안에서, 위 처분이 위법하다고 본 원심판단을 수긍한 사례

[판결요지]

[1] 공익사업을 위한 토지 등의 취득 및 보상에 관한 법률(이하 '공익사업법'이라 한다) 제30조 제1항은 재결신청을 청구할 수 있는 경우를 사업시행자와 토지소유자 및 관계인 사이에 '협의가 성립하지 아니한 때'로 정하고 있을 뿐 손실보상대상에 관한 이견으로 협의가 성립하지 아니한 경우를 제외하는 등 그 사유를 제한하고 있지 않은 점, 위 조항이 토지소유자 등에게 재결신청청구권을 부여한 취지는 공익사업에 필요한 토지 등을 수용에 의하여 취득하거나 사용할 때 손실보상에 관한 법률관계를 조속히 확정함으로써 공익사업을 효율적으로 수행하고 토지소유자 등의 재산권을 적정하게 보호하기 위한 것인데, 손실보상대상에 관한 이견으로 손실보상협의가 성립하지 아니한 경우에도 재결을 통해 손실보상에 관한 법률관계를 조속히 확정할 필요가 있는 점 등에 비추어 볼 때, '협의가 성립되지 아니한 때'에는 사업시행자가 토지소유자 등과 공익사업법 제26조에서 정한 협의절차를 거쳤으나 보상액 등에 관하여 협의가 성립하지 아니한 경우는 물론 토지소유자 등이 손실보상대상에 해당한다고 주장하며 보상을 요구하는데도 사업시행자가 손실보상대상에 해당하지 아니한다며 보상대상에서 이를 제외한 채 협의를 하지 않아 결국 협의가 성립하지 않은 경우도 포함된다고 보아야 한다.

[2] 아산~천안 간 도로건설 사업구역에 포함된 토지의 소유자가 토지상의 지장물에 대하여 재결신청을 청구하였으나, 그중 일부에 대해서는 사업시행자가 손실보상대상에 해당하지 않아 재결신청대상이 아니라는 이유로 수용재결 신청을 거부하면서 보상협의를 하지 않은 사안에서, 사업시행자가 수용재결 신청을 거부하거나 보상협의를 하지 않으면서도 아무런 조치를

취하지 않은 것은 공익사업을 위한 토지 등의 취득 및 보상에 관한 법률에서 정한 재결신청청구 제도의 취지에 반하여 위법하다고 본 원심판단을 수긍한 사례

2. 재결신청청구 거부처분의 처분성 부정(대판 2014.7.10, 2012두22966)

[1] 행정청이 국민의 신청에 대하여 한 거부행위가 항고소송의 대상이 되는 행정처분으로 되려면, 행정청의 행위를 요구할 법규상 또는 조리상의 신청권이 국민에게 있어야 하고, 이러한 신청권의 근거 없이 한 국민의 신청을 행정청이 받아들이지 아니한 경우에는 거부로 인하여 신청인의 권리나 법적 이익에 어떤 영향을 주는 것이 아니므로 이를 항고소송의 대상이 되는 행정처분이라 할 수 없다.

[2] 문화재구역 내 토지소유자 갑이 문화재청장에게 구 공익사업을 위한 토지 등의 취득 및 보상에 관한 법률(2011.8.4. 법률 제11017호로 개정되기 전의 것, 이하 '구 공익사업법'이라 한다) 제30조 제1항에 의한 재결신청 청구를 하였으나, 문화재청장은 구 공익사업법 제30조 제2항에 따른 관할 토지수용위원회에 대한 재결신청 의무를 부담하지 않는다는 이유로 거부 회신을 받은 사안에서, 구 문화재보호법 제83조 제2항 및 구 공익사업법 제30조 제1항은 문화재청장이 문화재의 보존·관리를 위하여 필요하다고 인정하여 지정문화재나 보호구역에 있는 토지 등을 구 공익사업법에 따라 수용하거나 사용하는 경우에 비로소 적용되는데, 문화재청장이 토지조서 및 물건조서를 작성하는 등 위 토지에 대하여 구 공익사업법에 따른 수용절차를 개시한 바 없으므로, 갑에게 문화재청장으로 하여금 관할 토지수용위원회에 재결을 신청할 것을 청구할 법규상의 신청권이 인정된다고 할 수 없어, 위 회신은 항고소송의 대상이 되는 거부처분에 해당하지 않는다고 한 사례

> 토지보상법 제30조에서는 재결신청청구권이 인정되지만, 사안은 재결신청을 청구할 신청권이 인정되지 않는다. 따라서 상기 "1" 판례와 기본적인 사실관계가 다름을 숙지하여야 할 것이다.

3. 민사소송 가능 여부

토지수용법이 토지소유자 등에게 재결신청의 청구권을 부여한 이유는 협의가 성립되지 아니하는 경우 기업자는 사업인정의 고시가 있은 날로부터 1년 이내(전원개발사업은 그 사업의 시행기간 내)에는 언제든지 재결신청을 할 수 있는 반면에, 토지소유자는 재결신청권이 없으므로, 수용을 둘러싼 법률관계의 조속한 확정을 바라는 토지소유자 등의 이익을 보호함과 동시에 수용당사자 사이의 공평을 기하기 위한 것이라고 해석되는 점, 위 청구권의 실효를 확보하기 위하여 가산금 제도를 두어 간접적으로 이를 강제하고 있는 점(토지수용법 제25조의3 제3항), 기업자가 위 신청기간 내에 재결신청을 하지 아니한 때에는 사업인정은 그 기간만료일의 익일부터 당연히 효력을 상실하고, 그로 인하여 토지소유자 등이 입은 손실을 보상하여야 하는 점(같은 법 제17조, 제55조 제1항) 등을 종합해 보면, 기업자가 토지소유자 등의 재결신청의 청구를 거부한다고 하여 이를 이유로 민사소송의 방법으로 그 절차 이행을 구할 수는 없다(대판 1997.11.14, 97다13016).

4. 재결신청청구 신청기한[대판 2019.8.29, 2018두57865]

한국수자원공사법에 의하면, 한국수자원공사는 수자원을 종합적으로 개발·관리하여 생활용수 등의 공급을 원활하게 하고 수질을 개선함으로써 국민생활의 향상과 공공복리의 증진에 이바지함을 목적으로 설립된 공법인으로서(제1조, 제2조), 사업을 수행하기 위하여 필요한 경우에는 토지보상법 제3조에 따른 토지 등을 수용 또는 사용할 수 있고, 토지 등의 수용 또는 사용에 관하여 한국수자원공사법에 특별한 규정이 있는 경우 외에는 토지보상법을 적용한다(제24조 제1항, 제7항). 한국수자원공사법 제10조에 따른 실시계획의 승인·고시가 있으면 토지보상법 제20조 제1항 및 제22조에 따른 사업인정 및 사업인정의 고시가 있은 것으로 보고, 이 경우 재결신청은 토지보상법 제23조 제1항 및 제28조 제1항에도 불구하고 실시계획을 승인할 때 정한 사업의 시행기간 내에 하여야 한다(제24조 제2항).

위와 같은 관련 규정들의 내용과 체계, 입법 취지 등을 종합하면, 한국수자원공사가 한국수자원공사법에 따른 사업을 수행하기 위하여 토지 등을 수용 또는 사용하고자 하는 경우에 재결신청은 실시계획을 승인할 때 정한 사업의 시행기간 내에 하여야 하므로, 토지소유자나 관계인이 토지보상법 제30조에 의하여 한국수자원공사에 하는 재결신청의 청구도 위 사업시행기간 내에 하여야 한다고 봄이 타당하다(대판 1996.4.23, 95누15551 참조).

원심이 인용한 제1심판결 이유에 의하면, 국토해양부장관이 피고에 대하여 이 사건 사업의 실시계획을 승인·고시하였고 이후 연장된 이 사건 사업의 시행기간은 '2012.12.까지'임을 알 수 있으므로, 원고의 피고에 대한 재결신청 청구는 실시계획 승인권자가 정한 사업시행기간인 2012.12.31.까지는 하여야 한다. 그러나 원고가 2017.10.11.에 이르러서야 피고에게 이 사건 각 토지의 농업손실을 보상받기 위하여 재결신청 청구를 하였으므로, 원고의 재결신청 청구는 부적법하며, 피고가 2018.1.5. 원고에 대하여 '이미 사업시행기간이 만료되었다.'라는 이유로 이 사건 거부처분을 한 것은 적법하다고 보아야 한다.

5. 지연가산금에 대한 다툼

(1) 지연가산금에 대한 다툼 수단

토지수용법 제25조의3 제3항이 정한 지연가산금은 수용보상금에 대한 법정 지연손해금의 성격을 갖는 것이므로 이에 대한 불복은 수용보상금에 대한 불복절차에 의함이 상당할 뿐 아니라, 토지수용법 시행령 제16조의3은 "법 제25조의3 제3항의 규정에 의하여 가산하여 지급할 금액은 관할 토지수용위원회가 재결서에 기재하여야 하며, 기업자는 수용 시기까지 보상금과 함께 이를 지급하여야 한다."라고 하여 지연가산금은 수용보상금과 함께 수용재결로 정하도록 규정하고 있으므로, 지연가산금에 대한 불복은 수용보상금의 증액에 관한 소에 의하여야 한다(대판 1997.10.24, 97다31175).

(2) 가산금 산정 기산일

수용재결에서 인정된 가산금에 관하여 재결서 정본을 받은 날부터 판결일까지의 기간에 대하여 소송촉진 등에 관한 특례법 제3조에 따른 법정이율을 적용하여 산정한 가산금을 지급할 의무가 있다고 본 원심판단을 수긍한 사례(대판 2019.1.17, 2018두54675)

(3) 재결실효 후 재신청의 경우

재결실효 후 60일 내에 재결신청을 하지 않았으나 재결신청을 지연하였다고 볼 수 없는 특별한 사정이 있는 경우, 해당 기간 지연가산금이 발생하는지 여부(소극) 및 재결실효 후 토지소유자 등과 사업시행자가 보상협의절차를 다시 하기로 합의한 데 따라 협의가 진행된 기간이 그 경우에 속하는지 여부(적극)(대판 2017.4.7, 2016두63361)

(4) 손실보상금(대판 2020.8.20, 2019두34630)

[1] 공익사업을 위한 토지 등의 취득 및 보상에 관한 법률 제30조 제3항에 따른 재결신청 지연가산금의 성격 및 토지소유자 등이 적법하게 재결신청청구를 하였다고 볼 수 없거나 사업시행자가 재결신청을 지연하였다고 볼 수 없는 특별한 사정이 있는 경우, 그 해당 기간 지연가산금이 발생하는지 여부(소극)

[2] 상대방이 부당하게 등기취급 우편물의 수취를 거부함으로써 우편물의 내용을 알 수 있는 객관적 상태의 형성을 방해한 경우, 그러한 상태가 형성되지 아니하였다는 사정만으로 발송인의 의사표시 효력을 부정할 수 있는지 여부(소극) 및 이 경우 의사표시의 효력 발생시기(=수취거부 시) / 우편물의 수취 거부가 신의성실의 원칙에 반하는지 판단하는 방법 및 우편물의 수취를 거부한 것에 정당한 사유가 있는지에 관한 증명책임의 소재(=수취거부를 한 상대방)

(원심은, 피고가 이 사건 각 우편물에 원고의 재결신청청구서가 포함되어 있는 사실을 알지 못한 채 수취를 거부하고 반송한 이상, 원고의 재결신청청구서가 피고가 알 수 있는 객관적 상태에 놓여 있다고 보기 어렵다고 판단하였다. 이러한 원심판단에는 우편물의 도달에 관한 법리를 오해하여 판결에 영향을 미친 잘못이 있다. 이를 지적하는 취지의 상고이유 주장은 이유 있다)

(5) 토지수용기업자가 토지소유자의 재결신청청구를 처음 받은 때로부터는 2개월이 지났으나 수용사업시행권한이 부여된 후 다시 재결신청청구를 받은 때로부터는 2개월 내에 재결신청을 한 경우, 토지수용법 제25조의3 제3항에 의한 지체보상금이 인정되는지 여부(소극)(대판 1991.10.25, 90누9964)

토지수용기업자의 협의 요청과 이에 따른 토지소유자의 재결신청청구가 있었으나 당시는 기업자에게 아직 수용사업시행권한이 부여되지 아니한 상태였고, 기업자가 수용사업시행권한을 부여받은 뒤에 다시 협의 요청을 하여 협의가 성립되지 아니하자 비로소 재결신청을 하게 된 것이라면 당초의 토지소유자의 재결신청청구를 받은 때로부터 2개월이 지난 후에 기업자의 재결신청이 있게 되었다 하여도 토지소유자에게 토지수용법 제25조의3 제3항에 의한 지체보상금은 인정될 수 없다.

V 기타

1. 도시정비법 적용 여부 : 손실보상금(대판 2015.12.23, 2015두50535)

[1] 공익사업을 위한 수용에 선행하는 협의 및 사전절차를 정한 구 공익사업을 위한 토지 등의 취득 및 보상에 관한 법률 제14조, 제15조, 제16조, 제68조 등이 구 도시 및 주거환경정비법상 현금청산대상자인 토지 등 소유자에 대하여 준용되는지 여부(소극) 및 구 도시 및 주거환경정비법상 주택재개발사업에서 토지 등 소유자가 현금청산대상자가 되었는데 현금청산기간 내에 협의가 성립되지 않은 경우, 구 공익사업을 위한 토지 등의 취득 및 보상에 관한 법률상 손실보상에 관한 협의를 거칠 필요 없이 사업시행자에게 수용재결을 청구할 수 있는지 여부(적극)

[2] 구 도시 및 주거환경정비법상 현금청산대상자인 토지 등 소유자가 현금청산기간 만료 전에 재결신청을 청구하였으나 협의가 성립될 가능성이 없다고 볼 명백한 사정이 있는 경우, 재결신청 청구가 유효한지 여부(적극) / 현금청산기간 만료 전에 유효한 재결신청 청구가 있었으나 사업시행자가 현금청산기간 만료일로부터 60일 이내에 수용재결신청을 하지 않은 경우, 지연기간에 대하여 구 공익사업을 위한 토지 등의 취득 및 보상에 관한 법률 제30조 제3항에 따른 가산금을 지급하여야 하는지 여부(적극)

02 재결

I 법적 성질

1. 형성적 행위인지

토지수용에 관한 토지수용위원회의 수용재결은 구체적으로 일정한 법률효과의 발생을 목적으로 하는 점에서 일반의 행정처분과 다를 바 없으므로 수용재결처분이 무효인 경우에는 재결 자체에 대한 무효확인을 소구할 수 있다(대판 1993.4.27, 92누15789).

2. 기속행위인지 여부

토지수용법은 수용・사용의 일차단계인 사업인정에 속하는 부분은 사업의 공익성 판단으로 사업인정기관에 일임하고, 그 이후의 구체적인 수용・사용의 결정은 토지수용위원회에 맡기고 있는바, 이와 같은 토지수용절차의 2분화 및 사업인정의 성격과 토지수용위원회의 재결사항을 열거하고 있는 같은 법 제29조 제2항의 규정 내용에 비추어 볼 때, 토지수용위원회는 행정쟁송에 의하여 사업인정이 취소되지 않는 한 그 기능상 사업인정 자체를 무의미하게 하는, 즉 사업의 시행이 불가능하게 되는 것과 같은 재결을 행할 수는 없다(대판 1994.11.11, 93누19375).

II 재결신청의 요건

1. 협의불성립

사업시행자와 토지소유자 및 관계인 사이의 협의 불성립은 재결신청의 요건이다. ① 사업시행자와 토지소유자 및 관계인과 적극적으로 협의가 이루어지지 아니한 경우는 물론이고, ② 사업시행자의 과실없이 토지소유자 등을 알 수 없는 때, ③ 또는 토지소유자 등은 알더라도 주소를 알 수 없는 때에는 그들과 협의를 하지 아니하고 재결을 신청할 수 있다(대판 1971.5.24, 70다1459).

2. 협의불성립의 의미 - 보상대상이 아니라고 하여 협의자체를 하지 않은 경우 포함

공익사업을 위한 토지 등의 취득 및 보상에 관한 법률(이하 '공익사업법'이라 한다) 제30조 제1항은 재결신청을 청구할 수 있는 경우를 사업시행자와 토지소유자 및 관계인 사이에 '협의가 성립하지 아니한 때'로 정하고 있을 뿐 손실보상대상에 관한 이견으로 협의가 성립하지 아니한 경우를 제외하는 등 그 사유를 제한하고 있지 않은 점, 위 조항이 토지소유자 등에게 재결신청청구권을 부여한 취지는 공익사업에 필요한 토지 등을 수용에 의하여 취득하거나 사용할 때 손실보상에 관한 법률관계를 조속히 확정함으로써 공익사업을 효율적으로 수행하고 토지소유자 등의 재산권을 적정하게 보호하기 위한 것인데, 손실보상대상에 관한 이견으로 손실보상협의가 성립하지 아니한 경우에도 재결을 통해 손실보상에 관한 법률관계를 조속히 확정할 필요가 있는 점 등에 비추어 볼 때, '협의가 성립되지 아니한 때'에는 사업시행자가 토지소유자 등과 공익사업법 제26조에서 정한 협의절차를 거쳤으나 보상액 등에 관하여 협의가 성립하지 아니한 경우는 물론 토지소유자 등이 손실보상대상에 해당한다고 주장하며 보상을 요구하는데도 사업시행자가 손실보상대상에 해당하지 아니한다며 보상대상에서 이를 제외한 채 협의를 하지 않아 결국 협의가 성립하지 않은 경우도 포함된다고 보아야 한다(대판 2011.7.14, 2011두2309 [보상제외처분취소등]).

3. 재결신청기간과 재결기한(대판 2007.1.11, 2004두8538)

[판시사항]

[1] 위법한 처분을 취소해도 원상회복이 불가능한 경우, 그 취소를 구할 소의 이익이 있는지 여부(소극)

[2] 도시계획시설사업의 시행자가 실시계획에서 정한 사업시행기간 내에 토지에 대한 수용재결 신청을 한 경우, 토지수용위원회가 사업시행기간이 경과한 이후에도 위 신청에 따른 수용재결을 할 수 있는지 여부(적극)

[3] 도시계획시설사업의 시행자가 실시계획에서 정한 사업시행기간 내에 토지에 대한 수용재결 신청을 하였으나 그 신청을 기각하는 내용의 이의재결이 이루어져 그 취소를 구하던 중 사업시행기간이 경과한 경우, 이의재결의 취소를 구할 소의 이익이 있는지 여부(적극)

[4] 토지수용위원회가 그 사업인정이 취소되지 아니한 사업의 시행을 불가능하게 하는 내용의 재결을 행할 수 있는지 여부(소극)

[판결요지]

[1] 위법한 행정처분의 취소를 구하는 소는 위법한 처분에 의하여 발생한 위법상태를 배제하여 원상으로 회복시키고 그 처분으로 침해되거나 방해받은 권리와 이익을 보호・구제하고자 하는 소송이므로, 비록 그 위법한 처분을 취소한다고 하더라도 원상회복이 불가능한 경우에는 그 취소를 구할 이익이 없다.

[2] 구 도시계획법(2002.2.4. 법률 제6655호 국토의 계획 및 이용에 관한 법률 부칙 제2조로 폐지) 제68조, 구 토지수용법(2002.2.4. 법률 제6656호 공익사업을 위한 토지 등의 취득 및 보상에 관한 법률 부칙 제2조로 폐지) 제17조 등 관계 규정을 종합하면, 도시계획시설사업의 시행자는 늦어도 인가・고시된 도시계획시설사업 실시계획에서 정한 사업시행기간 내에 사법상의 계약에 의하여 도시계획시설사업에 필요한 타인 소유의 토지를 양수하거나 수용재결의 신청을 하여야 하고, 도시계획시설사업의 시행자가 그 사업시행기간 내에 토지에 대한 수용재결 신청을 하였다면 그 신청은 사업시행기간이 경과하였다 하더라도 여전히 유효하므로, 토지수용위원회는 사업시행기간이 경과한 이후에도 위 신청에 따른 수용재결을 할 수 있다.

[3] 도시계획시설사업의 시행자가 도시계획시설사업의 실시계획에서 정한 사업시행기간 내에 토지에 대한 수용재결 신청을 하였다면, 그 신청을 기각하는 내용의 이의재결의 취소를 구하던 중 그 사업시행기간이 경과하였다 하더라도, 이의재결이 취소되면 도시계획시설사업 시행자의 신청에 따른 수용재결이 이루어질 수 있어 원상회복이 가능하므로 위 사업시행자로서는 이의재결의 취소를 구할 소의 이익이 있다.

[4] 구 토지수용법(2002.2.4. 법률 제6656호 공익사업을 위한 토지 등의 취득 및 보상에 관한 법률 부칙 제2조로 폐지)은 수용・사용의 일차 단계인 사업인정에 속하는 부분은 사업의 공익성 판단으로 사업인정기관에 일임하고 그 이후의 구체적인 수용・사용의 결정은 토지수용위원회에 맡기고 있는바, 이와 같은 토지수용절차의 2분화 및 사업인정의 성격과 토지수용위원회의 재결사항을 열거하고 있는 같은 법 제29조 제2항의 규정 내용에 비추어 볼 때, 토지수용위원회는 행정쟁송에 의하여 사업인정이 취소되지 않는 한 그 기능상 사업인정 자체를 무의미하게 하는, 즉 사업의 시행이 불가능하게 되는 것과 같은 재결을 행할 수는 없다.

III 재결의 효력 및 범위

1. 원시취득

① 도시계획법 및 토지수용법에 의한 토지수용은 기업자가 과실 없이 피수용자를 확정하지 못할 때는 형식상의 권리자를 그 피수용자로 확정하더라도 적법하고 수용의 효과는 수용목적물의 소유자가 누구임을 막론하고 이미 가졌던 소유권이 소멸함과 동시에 기업자가 완전하고 확실하게 그 권리를 취득한다(대판 1971.6.22, 71다873).

② 기업자가 과실 없이 진정한 토지소유자를 알지 못하여 형식상의 권리자인 등기부상 소유명의자를 그 피수용자로 확정하더라도 적법하고, 그 수용의 효과로서 수용 목적물의 소유자가 누구임

을 막론하고 이미 가졌던 소유권이 소멸함과 동시에 기업자는 완전하고 확실하게 그 권리를 원시취득한다(대판 1995.12.22, 94다40765).

2. 원시취득과 평등의 원칙(대판 2000.7.4, 98다62961)

공공필요에 의한 토지수용에 있어서 수용자가 취득하는 소유권이 담보물권 기타 모든 법적인 제한이 소멸된 완전한 소유권이어야 하는 것은 공익목적을 달성하기 위하여 불가피한 것으로 합리적인 조치라고 할 것이고, 토지수용법 제67조 제1항에 의하여 토지수용으로 인하여 그 토지에 대한 가압류집행의 효력이 상실된다고 하더라도 토지수용 후 그 보상금에 대하여 다시 보전절차를 취할 수 있으므로, 그러한 보전절차를 취하지 아니한 사람과 보전절차를 취한 사람을 동일하게 취급하지 아니한다고 하여 위 규정이 헌법상의 평등권을 침해하는 것이라고 할 수는 없다.

3. 재결의 범위(대판 1994.11.11, 93누19375)

토지수용법은 수용・사용의 일차 단계인 사업인정에 속하는 부분은 사업의 공익성 판단으로 사업인정기관에 일임하고, 그 이후의 구체적인 수용・사용의 결정은 토지수용위원회에 맡기고 있는바, 이와 같은 토지수용절차의 2분화 및 사업인정의 성격과 토지수용위원회의 재결사항을 열거하고 있는 같은 법 제29조 제2항의 규정 내용에 비추어 볼 때, 토지수용위원회는 행정쟁송에 의하여 사업인정이 취소되지 않는 한 그 기능상 사업인정 자체를 무의미하게 하는, 즉 사업의 시행이 불가능하게 되는 것과 같은 재결을 행할 수는 없다.

4. 재결서의 구체성(대판 2019.6.13, 2018두42641)

관할 토지수용위원회가 토지에 관하여 사용재결을 하는 경우, 재결서에 사용할 토지의 위치와 면적, 권리자, 손실보상액, 사용 개시일 외에 사용방법, 사용기간을 구체적으로 특정하여야 하는지 여부(적극)

공익사업을 위한 토지 등의 취득 및 보상에 관한 법령이 재결을 서면으로 하도록 하고, '사용할 토지의 구역, 사용의 방법과 기간'을 재결사항의 하나로 규정한 취지는, 재결에 의하여 설정되는 사용권의 내용을 구체적으로 특정함으로써 재결 내용의 명확성을 확보하고 재결로 인하여 제한받는 권리의 구체적인 내용이나 범위 등에 관한 다툼을 방지하기 위한 것이다. 따라서 관할 토지수용위원회가 토지에 관하여 사용재결을 하는 경우에는 재결서에 사용할 토지의 위치와 면적, 권리자, 손실보상액, 사용 개시일 외에도 사용방법, 사용기간을 구체적으로 특정하여야 한다.

지방토지수용위원회가 갑 소유의 토지 중 일부는 수용하고 일부는 사용하는 재결을 하면서 재결서에는 수용대상토지 외에 사용대상 토지에 관해서도 '수용'한다고만 기재한 사안에서, 사용대상 토지에 관하여는 공익사업을 위한 토지 등의 취득 및 보상에 관한 법률(이하 '토지보상법'이라 한다)에 따라 사업시행자에게 사용권을 부여함으로써 송전선의 선하부지로 사용할 수 있도록 하기 위한 절차가 진행되어 온 점, 재결서의 주문과 이유에는 재결에 의하여 지방토지수용위원회에 설정하여 주고자 하는 사용권이 '구분지상권'이라거나 사용권이 설정될 토지의 구역 및 사용방법, 사용기간 등을 특정할 수 있는 내용이 전혀 기재되어 있지 않아 재결서만으로는 토지소유자인 갑이 자신의 토지 중 어느 부분에 어떠한 내용의 사용제한을 언제까지 받아야 하는지를 특정할 수 없고, 재결로 인하여 토지소유자인 갑이 제한받는 권리의 구체적인 내용이나 범위 등을 알 수 없어 이에 관한 다툼을 방지하기도 어려운 점 등을 종합하면, 위 재결 중 사용대상 토지에 관한 부분은 토지보상법 제50조 제1항에서 정한 사용재결의 기재사항에 관한 요건을 갖추지 못한 흠이 있음에도 사용재결로서 적법하다고 본 원심판단에 법리를 오해한 잘못이 있다고 한 사례

Ⅳ 재결서 송달

토지수용법상의 재결서는 그 송달을 받을 자의 주소, 거소, 영업소 또는 사무소에 송달하되, 교부 또는 등기우편에 의함을 원칙으로 하고, 다만 주소, 거소 기타 송달할 장소를 알 수 없을 때에 한하여 공시송달을 할 수 있는 바, 여기에서 주소, 거소, 기타 송달할 장소를 알 수 없을 때라 함은 주민등록표에 의하여 이를 조사하는 등 통상의 조사방법에 의하여 그 송달장소를 탐색하여도 이를 확인할 수 없을 때를 말한다고 풀이함이 상당하다(대판 1993.12.14, 93누9422).

Ⅴ 재결의 하자

1. 수용재결에 의하여 수용의 효력이 발생하기 전에 기업자가 수용대상토지를 권원 없이 점용한 것이 수용재결의 효력에 미치는 영향(대판 1992.3.10, 91누5419)

수용재결에 의하여 수용의 효력이 발생하기도 전에 기업자가 수용대상토지를 권원 없이 점용한 사실이 있다 하여도 그로 인하여 기업자에게 손해배상이나 손실보상의 책임이 발생함은 별론으로 하고 수용재결의 효력에는 아무런 영향이 없다.

2. 기업자가 과실 없이 등기부상 소유명의자를 피수용자로 하여 한 토지수용의 효력(유효)(대판 1993.11.12, 93다34756) 및 기업자의 과실로 실체적 소유권자의 참여 없이 이루어진 수용재결이 당연무효인지 여부(소극)(대판 1991.11.12, 91다27617)

토지수용의 경우 기업자가 과실 없이 진정한 토지소유자를 알지 못하여 등기부상 소유명의자를 토지소유자로 보고 그를 피수용자로 하여 매수협의에 따른 수용절차를 마쳤다면, 그 수용의 효과를 부인할 수 없게 되어 수용목적물의 소유자가 누구임을 막론하고 이미 가지고 있던 소유권은 소멸함과 동시에 기업자가 완전하고 확실하게 그 권리를 취득하게 된다. / 기업자나 중앙토지수용위원회가 수용토지의 소유자가 따로 있음을 알 수 있음에도 과실로 인하여 타인의 소유로 다루고 실체적 소유권자의 참여 없이 수용절차가 이루어진 것은 위법이라 하더라도 그 사유만으로 이미 이루어진 수용재결이 당연무효라고는 할 수 없다.

3. 사업시행자의 과실로 소유자를 알지 못하고, 그 참여 없이 수용절차가 이루어진 것은 위법하나 그 사유만으로 당해 수용재결이 당연무효라고는 할 수 없다(대판 1974.12.24, 73다1645).

4. 수용권 남용(대판 2011.1.27, 2009두1051)

공용수용은 헌법상의 재산권 보장의 요청상 불가피한 최소한에 그쳐야 한다는 헌법 제23조의 근본취지에 비추어 볼 때, 사업시행자가 사업인정을 받은 후 그 사업이 공용수용을 할 만한 공익성을 상실하거나 사업인정에 관련된 자들의 이익이 현저히 비례의 원칙에 어긋나게 된 경우 또는 사업시행자가 해당 공익사업을 수행할 의사나 능력을 상실하였음에도 여전히 그 사업인정에 기하여 수용권을 행사하는 것은 수용권의 공익목적에 반하는 수용권의 남용에 해당하여 허용되지 않는다.

> 사업인정 당시에는 사업인정 요건을 갖추었으나, 사업인정 이후에 사업인정 요건이 결여된 경우이다. 이 경우는 재결규정의 취지해석을 통해서 수용권 남용이론을 도출해야 한다. 만약 사업인정 당시에 사업인정 요건을 갖추지 못한 경우라면 하자승계의 문제가 될 것이다.

VI 재결의 실효

1. 보상금 지급, 공탁을 안 한 경우

수용시기까지 보상금의 지급이나 적법한 공탁이 없었다면 수용재결은 토지수용법 제65조에서 말하는 기업자가 수용시기까지 재결보상금을 지급 또는 공탁하지 아니한 때에 해당하여 그 효력을 상실하였다고 할 것이고, 실효된 수용재결을 유효한 것으로 보고서 한 이의재결 또한 위법하여 당연무효라고 할 것이다(대판 1993.8.24, 92누9548).

토지수용법 제65조의 규정에 의하면 기업자가 수용시기까지 관할 토지수용위원회가 재결한 보상금을 지불 또는 공탁하지 아니하였을 때에는 그 재결은 효력을 상실하는 것이므로, 기업자가 수용시기 후에 보상금을 지급하더라도 그 토지의 소유권을 취득하는 것이 아니다(대판 1990.6.12, 89다카24346).

토지수용법상의 이의재결절차는 수용재결에 대한 불복절차이면서 수용재결과는 확정의 효력 등을 달리하는 별개의 절차이므로 기업자가 이의재결에서 증액된 보상금을 일정한 기한 내에 지급 또는 공탁하지 아니하였다 하더라도 그 때문에 이의재결 자체가 당연히 실효된다고는 할 수 없다(대판 2017.3.30, 2014두43387, 대판 1992.3.10, 91누8081, 대판 1989.6.27, 88누3956).

> 통상 이의재결에 의해서 증액되는 보상금은 미미하다고 할 것이다. 따라서 토지보상법상 토지취득의 취지에 비추어 볼 때, 이를 지급 또는 공탁하지 않았다고 해서 당해 재결을 실효시키는 것은 공익에 반하는 결과를 초래할 수 있을 것이다. 이에 대한 실효성으로 토지보상법 제86조(이의신청에 대한 재결의 효력)에서는 강제집행을 규정하고 있다. 또한, 이의재결에서 증액되는 보상금이 전체보상금에서 차지하는 비율은 크지 않다고 볼 것이다.

2. 재결의 실효와 재결신청 및 사업인정의 효력과의 관계

재결의 효력이 상실되면 재결신청 역시 그 효력을 상실하게 되는 것이므로 그로 인하여 토지수용법 제17조 소정의 사업인정의 고시가 있은 날로부터 1년 이내에 재결신청을 하지 않는 것으로 되었다면 사업인정도 역시 효력을 상실하여 결국 그 수용절차 일체가 백지상태로 환원된다(대판 1987.3.10, 84누158).

3. 이의재결과의 관계

지방토지수용위원회의 재결이 토지수용법 제64조에 의하여 실효되면 동 재결을 기초로 한 중앙토지수용위원회의 재결처분은 위법하지만 절대적 무효는 아니라 할 것이므로 이의취소 또는 무효 확인을 구할 이익이 있다(대판 1982.7.27, 82누75).

4. 보상금 미지급으로 인한 재결의 실효를 주장할 수 있는 자의 범위(대판 1995.9.15, 93다48458)

당해 재결이 무효로 되었다는 주장은 당해 토지나 물건 또는 보상금에 관하여 권리관계를 가지고 있는 사람이면 누구나 할 수 있는 것이고 기업자에 대하여 직접 보상금청구권을 가지는 자만 할 수 있다고 볼 수는 없다.

5. 토지를 수용당한 후 20년이 넘도록 수용재결의 실효를 주장하지 아니한 채 보상요구를 한 적도 있다가 수용보상금 중 극히 일부가 미지급되었음을 이유로 수용재결의 실효를 주장하는 것은 신의칙에 비추어 허용될 수 없다 한 사례(대판 1993.5.14, 92다51433)

수용토지를 고속도로 부지로 점유 사용해 온 국가가 수용보상금 중 일부를 지급하지 않았다고 하여 자주점유의 추정이 번복되거나 보상금 중 미지급액을 지급하겠다는 통지를 하였다고 하여 그때부터 자주점유가 타주점유로 전환되는지 여부(소극)

VII 재결의 불복

1. 이의신청(제83조)

(1) 이의신청 신청기간(1)

수용재결(원재결)에 대한 이의신청기간과 이의재결에 대한 행정소송제기기간을 그 일반법인 행정심판법 제18조 제1항의 행정심판청구기간(60일)과 행정소송법 제20조 제1항의 행정소송의 제소기간(60일)보다 짧게 규정한 것은 토지수용과 관련한 공공사업을 신속히 수행하여야 할 그 특수성과 전문성을 살리기 위한 필요에서 된 것으로 이해되므로 이를 행정심판법 제43조, 제42조에 어긋나거나 헌법 제27조에 어긋나는 위헌규정이라 할 수 없다(대판 1992.8.18, 91누9312).
: 현행 행정심판 및 행정소송법은 청구기간 및 제소기간을 각 90일로 규정하고 있다.

(2) 이의신청 신청기간(2)(헌재 1996.8.29, 93헌바63)

토지수용법(土地收用法) 제75조의2 제1항은 토지수용재결에 대한 이의신청이 있어 중앙토지수용위원회가 이의재결을 한 경우 다시 이에 대한 불복을 하려면, 재결서가 송달된 날로부터 1월 이내에 행정소송을 제기하여야 하도록 규정함으로써, 제소기간을 행정소송법상의 제소기간 60일보다 짧게 규정하고 있다. 그러나 토지수용에 관련된 공익사업은 국민경제에 중대한 영향을 미치는 경우가 대부분이므로 수용할 토지의 구역이나 손실보상을 둘러싼 분쟁 등 토지수용에 관한 법률관계를 신속하게 확정하는 것이 공익사업을 신속・원활하게 수행하기 위하여 매우 요긴하다. 또한 토지수용절차는 사업시행자가 토지수용에 따른 보상문제 등에 관하여 미리 소유자 등과 충분한 협의를 거치고, 그 뒤에 수용재결, 이의신청, 이의재결 등의 사전구제절차를 거치도록 되어 있어 이미 오랜 시간에 걸쳐 보상 등이 적정한지에 관하여 서로 다투어 온 당사자로서는 재결의 의미와 이에 대하여 불복할 것인지 여부에 관하여 생각할 충분한 시간이 주어진 바이므로 중앙토지수용위원회의 재결에 대하여 행정소송을 제기할 것인지 여부의 결정이나 제소에 따른 준비에 많은 시간이 필요한 경우가 아닌 점에 비추어 볼 때 위 제소기간 1개월은 결코 그 기간이 지나치게 짧아 국민의 재판청구권 행사를 불가능하게 하거나 현저히 곤란하게 한다고 말할 수 없다.

> 토지보상법상 이의신청은 특별법상 행정심판의 성격을 가지므로 일반 행정심판법에 없는 내용을 언급하여야 한다.

(3) 공유토지의 이의신청 효과

이의신청은 개별적으로 신청하는 것이므로, 이의신청이 공유물의 보존행위에 해당되지 않으므로 그 효력이 이의신청을 하지 아니한 다른 공유자에게까지 미치지 아니한다(대판 1992.6.9, 92누565).

(4) 송달

① 토지소유자가 수용재결에 불복하여 이의신청을 하자 중앙토지수용위원회가 이의신청을 기각하는 내용의 이의재결을 하여 그 이의재결서 정본이 위 소유자의 동거자에게 교부된 경우, 위 소유자가 출타 등의 사유로 그 송달사실을 뒤늦게 알았다는 사유만으로는 당사자가 책임질 수 없는 사유로 인하여 제소기간을 준수할 수 없었던 경우에 해당하지 않는다(대판 1998.7.24, 98두8049).

② 사망자를 송달받을 자로 하여 행하여진 수용재결서의 송달은 그 상속인들에 대한 송달로서의 효력을 인정할 수 없으므로 수용재결에 대한 이의신청기간은 사망자에 대한 수용재결서 정본 송달일로부터 진행된다고 할 수 없고, 그 상속인들을 송달받을 자로 하여 그들에 대하여 별도의 송달이 있은 날로부터 비로소 진행된다(대판 1994.4.26, 93누13360).

(5) 사업계획 변경과 이의재결의 위법성

당초의 수용사업계획이 변경되어 대상토지의 일부가 수용사업에 불필요하게 되었다 하여도 이는 수용의 대상이 축소된 결과로 인하여 손실보상의 범위가 축소된 것에 불과한 것으로서 이의재결 당시는 위 도시계획이 변경되지 아니한 상태이었다면, 행정처분의 위법 여부는 처분 당시를 기준으로 판단하는 것이므로, 이의재결 후에 도시계획이 변경되었다 하여 이의재결이 위법하게 되는 것은 아니다(대판 1991.9.10, 90누5153).

2. 행정소송

(1) 원처분주의

공익사업을 위한 토지 등의 취득 및 보상에 관한 법률 제85조 제1항 전문의 문언 내용과 같은 법 제83조, 제85조가 중앙토지수용위원회에 대한 이의신청을 임의적 절차로 규정하고 있는 점, 행정소송법 제19조 단서가 행정심판에 대한 재결은 재결 자체에 고유한 위법이 있음을 이유로 하는 경우에 한하여 취소소송의 대상으로 삼을 수 있도록 규정하고 있는 점 등을 종합하여 보면, 수용재결에 불복하여 취소소송을 제기하는 때에는 이의신청을 거친 경우에도 수용재결을 한 중앙토지수용위원회 또는 지방토지수용위원회를 피고로 하여 수용재결의 취소를 구하여야 하고, 다만 이의신청에 대한 재결 자체에 고유한 위법이 있음을 이유로 하는 경우에는 그 이의재결을 한 중앙토지수용위원회를 피고로 하여 이의재결의 취소를 구할 수 있다고 보아야 한다(대판 2010.1.28, 2008두1504).

> 원처분주의에 대한 판례이다. 재결고유의 하자로 인하여 재결이 항고소송의 대상이 되는 경우에는 중앙토지수용위원회를 피고로 한다.

(2) 이의재결을 거친 경우의 제소기간

이의신청에 대한 재결서의 정본이 송달되지 아니하였어도, 이의신청에 대한 재결이 있은 사실과 재결의 내용을 알 수 있었다면 행정소송의 제소기간이 진행되는지 여부(소극)(대판 1992.7.28, 91누12905)

중앙토지수용위원회의 재결에 대하여 이의를 신청한 수용대상토지의 소유자인 원고가, 다른 토지소유자인 제3자에 대한 재결서를 송달받음으로써 또 공탁된 보상금의 증액분을 수령함으로써 자신의 이의신청에 대한 재결이 있은 사실과 그 재결의 내용을 알 수 있었다고 하더라도, 그렇다고 하여 재결서(재결서의 정본)가 송달되지 아니하였음에도 불구하고 이의신청의 재결에 대한 행정소송의 제소기간이 진행된다고 볼 수는 없다.

3. 행정소송에서의 심리범위

(1) 위법성 주장

이의재결 자체의 고유한 위법 사유뿐 아니라 이의신청사유로 삼지 않은 수용재결의 하자도 주장할 수 있다(대판 1991.2.12, 90누288).

(2) 감정평가와 이의재결

① 1필지의 토지수용에 대하여 두 기관의 평가를 함께 참작하여 이의재결을 한 경우 한 기관의 평가가 위법한 이상 그 이의재결은 위법임을 면할 수 없다(대판 1995.11.24, 95누4513).

② 토지수용에 관한 이의재결의 기초가 된 감정평가가 손실보상액의 산정방법에 관한 원칙이나 기준을 잘못 선택하였기 때문에 위법한 것으로 판단되는 경우에는 그 이의재결에서 산정된

손실보상액이 관계법령에 따라 적법하게 산정된 손실보상액보다 오히려 비싸거나 같다는 등의 특별한 사정이 인정되지 않는 이상 법원은 적법한 평가방법에 따라 산정되는 적정한 손실보상액을 밝혀내어 이의재결에서 산정된 손실보상액과 대비하여 볼 필요 없이 그 이의재결이 손실보상액의 산정방법에 관한 원칙이나 기준을 잘못 선택하였다는 이유만으로 이를 취소할 수 있다(대판 1990.10.12, 90누3058).

③ 공익사업을 위한 토지 등의 취득 및 보상에 관한 법률 제85조 제2항에 정한 보상금 증감에 관한 소송에서 수용재결의 기초가 된 감정기관의 감정평가가 위법하고 그 후 법원이 선임한 감정인의 감정평가도 위법한 경우 법원의 심리 방법(대판 2008.9.25, 2008두9591) : 토지소유자 또는 관계인이 공익사업을 위한 토지 등의 취득 및 보상에 관한 법률 제85조 제2항의 규정에 의하여 사업시행자를 피고로 하여 제기하는 보상금의 증감에 관한 소송은 법원이 정당한 보상액을 심리하는 것을 전제로 하고 있으므로, 법원은 토지수용위원회 재결의 기초가 된 감정기관의 감정평가가 위법하다고 인정하는 경우에는 그 후 법원의 심리과정에서 선임된 감정인의 감정평가 역시 위법하다고 하더라도 곧바로 토지소유자 또는 관계인의 청구를 기각할 것이 아니라, 감정인 등에게 적법한 감정평가방법에 따른 재감정을 명하거나 사실조회를 하는 등의 방법으로 석명권을 행사하여 그 정당한 보상액을 심리한 다음, 이를 토지수용위원회 재결 시의 보상액과 비교하여 청구의 인용 여부를 결정하여야 한다.

④ 당사자가 원용하지 않은 감정결과의 증거능력(대판 1994.8.26, 94누2718) : 감정인의 감정결과는 당사자가 이를 증거로 원용하지 않는 경우에도 법원으로서는 증거로 할 수 있다.

⑤ 보상금 증감에 관한 소송에서 동일한 사실에 관하여 상반되는 여러 개의 감정평가가 있는 경우, 법원이 각 감정평가 중 어느 하나를 채용하거나 하나의 감정평가 중 일부만에 의거하여 사실을 인정하는 것이 위법한지 여부(원칙적 소극) / 손실보상금 산정을 위한 감정평가가 위법한 경우 법원이 감정내용 중 위법하지 않은 부분을 추출하여 판결에 참작할 수 있는지 여부(적극)(대판 2014.12.11, 2012두1570)

> 감정평가보고서에는 보상금액이 어떠한 과정을 통해서 도출되는지를 객관적이고 구체적으로 기재하게 되어 있다. 따라서 감정평가사는 이용상황이 특별하거나 통상의 개별적 요인이 아닌 경우에도 합리적인 논리나 경험의 법칙을 바탕으로 논리적인 평가를 하여야 한다. 일반적으로 토지보상법 및 동법 시행규칙 상의 기준과 방법을 적용하는데 모든 부동산의 개별성을 일일이 구체화하기 어려운 문제가 있기에 대원칙과 방법을 기준으로 규정되고 있다. 따라서 동 규정에서 구체화되어 있지 않은 사항들에 대해서는 감정평가사의 전문지식과 경험에 의한 판단이 중요한 요인이 된다. 판례도 이러한 전문가의 경험의 법칙을 인정하는 것으로 볼 것이다.

4. 보상금증감청구소송의 성질

해당 소송을 이의재결에서 정한 보상금이 증액, 변경될 것을 전제로 하여 기업자를 상대로 보상금의 지급을 구하는 확인급부소송으로 보고 있다.

4-1. 보증소 성질 및 제3자 원고적격[대판(전) 2022.11.24, 2018두67]

[판시사항]

공익사업을 위한 토지 등의 취득 및 보상에 관한 법률에 따른 토지소유자 또는 관계인의 사업시행자에 대한 손실보상금 채권에 관하여 압류 및 추심명령이 있는 경우, 채무자인 토지소유자 등이 보상금의 증액을 구하는 소를 제기하고 그 소송을 수행할 당사자적격을 상실하는지 여부(소극)

[판결요지]

공익사업을 위한 토지 등의 취득 및 보상에 관한 법률(이하 '토지보상법'이라 한다) 제85조 제2항에 따른 보상금의 증액을 구하는 소(이하 '보상금 증액 청구의 소'라 한다)의 성질, 토지보상법상 손실보상금 채권의 존부 및 범위를 확정하는 절차 등을 종합하면, 토지보상법에 따른 토지소유자 또는 관계인(이하 '토지소유자 등'이라 한다)의 사업시행자에 대한 손실보상금 채권에 관하여 압류 및 추심명령이 있더라도, 추심채권자가 보상금 증액 청구의 소를 제기할 수 없고, 채무자인 토지소유자 등이 보상금 증액 청구의 소를 제기하고 그 소송을 수행할 당사자적격을 상실하지 않는다고 보아야 한다. 그 상세한 이유는 다음과 같다.

① 토지보상법 제85조 제2항은 토지소유자 등이 보상금 증액 청구의 소를 제기할 때에는 사업시행자를 피고로 한다고 규정하고 있다. 위 규정에 따른 보상금 증액 청구의 소는 토지소유자 등이 사업시행자를 상대로 제기하는 당사자소송의 형식을 취하고 있지만, 토지수용위원회의 재결 중 보상금 산정에 관한 부분에 불복하여 그 증액을 구하는 소이므로 실질적으로는 재결을 다투는 항고소송의 성질을 가진다.
   행정소송법 제12조 전문은 "취소소송은 처분 등의 취소를 구할 법률상 이익이 있는 자가 제기할 수 있다."라고 규정하고 있다. 앞서 본 바와 같이 보상금 증액 청구의 소는 항고소송의 성질을 가지므로, 토지소유자 등에 대하여 금전채권을 가지고 있는 제3자는 재결에 대하여 간접적이거나 사실적·경제적 이해관계를 가질 뿐 재결을 다툴 법률상의 이익이 있다고 할 수 없어 직접 또는 토지소유자 등을 대위하여 보상금 증액 청구의 소를 제기할 수 없고, 토지소유자 등의 손실보상금 채권에 관하여 압류 및 추심명령이 있더라도 추심채권자가 재결을 다툴 지위까지 취득하였다고 볼 수는 없다.

② 토지보상법 등 관계 법령에 따라 토지수용위원회의 재결을 거쳐 이루어지는 손실보상금 채권은 관계 법령상 손실보상의 요건에 해당한다는 것만으로 바로 존부 및 범위가 확정된다고 볼 수 없다. 토지소유자 등이 사업시행자로부터 손실보상을 받기 위해서는 사업시행자와 협의가 이루어지지 않으면 토지보상법 제34조, 제50조 등에 규정된 재결절차를 거친 뒤에 그 재결에 대하여 불복이 있는 때에 비로소 토지보상법 제83조 내지 제85조에 따라 이의신청 또는 행정소송을 제기할 수 있을 뿐이고, 이러한 절차를 거치지 않은 채 곧바로 사업시행자를 상대로 손실보상을 청구하는 것은 허용되지 않는다.
   이와 같이 손실보상금 채권은 토지보상법에서 정한 절차로서 관할 토지수용위원회의 재결 또는 행정소송 절차를 거쳐야 비로소 구체적인 권리의 존부 및 범위가 확정된다. 아울러 토지보상법

령은 토지소유자 등으로 하여금 위와 같은 손실보상금 채권의 확정을 위한 절차를 진행하도록 정하고 있다. 따라서 사업인정고시 이후 위와 같은 절차를 거쳐 장래 확정될 손실보상금 채권에 관하여 채권자가 압류 및 추심명령을 받을 수는 있지만, 그 압류 및 추심명령이 있다고 하여 추심채권자가 위와 같은 손실보상금 채권의 확정을 위한 절차에 참여할 자격까지 취득한다고 볼 수는 없다.

③ 요컨대, 토지소유자 등이 토지보상법 제85조 제2항에 따라 보상금 증액 청구의 소를 제기한 경우, 그 손실보상금 채권에 관하여 압류 및 추심명령이 있다고 하더라도 추심채권자가 그 절차에 참여할 자격을 취득하는 것은 아니므로, 보상금 증액 청구의 소를 제기한 토지소유자 등의 지위에 영향을 미친다고 볼 수 없다. 따라서 보상금 증액 청구의 소의 청구채권에 관하여 압류 및 추심명령이 있더라도 토지소유자 등이 그 소송을 수행할 당사자적격을 상실한다고 볼 것은 아니다.

5. 보상금증감청구소송의 심리범위

(1) 보상항목 간 유용(대판 2018.5.15, 2017두41221)

[판시사항]

[1] 공익사업을 위한 토지 등의 취득 및 보상에 관한 법률상 피보상자 또는 사업시행자가 여러 보상항목들 중 일부에 대해서만 개별적으로 불복의 사유를 주장하여 행정소송을 제기할 수 있는지 여부(적극) 및 이러한 보상금 증감 소송에서 법원의 심판 범위 / 법원이 구체적인 불복신청이 있는 보상항목들에 관해서 감정을 실시하는 등 심리한 결과, 재결에서 정한 보상금액이 일부 보상항목의 경우 과소하고 다른 보상항목의 경우 과다한 것으로 판명된 경우, 보상항목 상호 간의 유용을 허용하여 정당한 보상금을 결정할 수 있는지 여부(적극)

[2] 피보상자가 여러 보상항목들에 관해 불복하여 보상금 증액 청구소송을 제기하였으나, 그중 일부 보상항목에 관해 법원감정액이 재결감정액보다 적게 나온 경우, 피보상자는 해당 보상항목에 관해 불복신청이 이유 없음을 자인하는 진술을 하거나 불복신청을 철회함으로써 해당 보상항목을 법원의 심판범위에서 제외하여 달라는 소송상 의사표시를 할 수 있는지 여부(적극) / 사업시행자가 피보상자의 보상금 증액 청구소송을 통해 감액청구권을 실현하려는 기대에서 제소기간 내에 별도의 보상금 감액 청구소송을 제기하지 않았는데 피보상자가 위와 같은 의사표시를 하는 경우, 사업시행자는 법원 감정 결과를 적용하여 과다 부분과 과소 부분을 합산하여 처음 불복신청된 보상항목들 전부에 관하여 정당한 보상금액을 산정하여 달라는 소송상 의사표시를 할 수 있는지 여부(적극) / 이러한 법리는 정반대 상황의 경우에도 마찬가지로 적용되는지 여부(적극)

[판결요지]

[1] 하나의 재결에서 피보상자별로 여러 가지의 토지, 물건, 권리 또는 영업(이처럼 손실보상 대상에 해당하는지, 나아가 그 보상금액이 얼마인지를 심리·판단하는 기초 단위를 이하 '보상항목'이라고 한다)의 손실에 관하여 심리·판단이 이루어졌을 때, 피보상자 또는 사업시행자가 반드시 재결 전부에 관하여 불복하여야 하는 것은 아니며, 여러 보상항목들 중

일부에 관해서만 불복하는 경우에는 그 부분에 관해서만 개별적으로 불복의 사유를 주장하여 행정소송을 제기할 수 있다. 이러한 보상금 증감 소송에서 법원의 심판범위는 하나의 재결 내에서 소송당사자가 구체적으로 불복신청을 한 보상항목들로 제한된다.

법원이 구체적인 불복신청이 있는 보상항목들에 관해서 감정을 실시하는 등 심리한 결과, 재결에서 정한 보상금액이 일부 보상항목의 경우 과소하고 다른 보상항목의 경우 과다한 것으로 판명되었다면, 법원은 보상항목 상호 간의 유용을 허용하여 항목별로 과다 부분과 과소 부분을 합산하여 보상금의 합계액을 정당한 보상금으로 결정할 수 있다.

[2] 피보상자가 당초 여러 보상항목들에 관해 불복하여 보상금 증액 청구소송을 제기하였으나, 그중 일부 보상항목에 관해 법원에서 실시한 감정 결과 그 평가액이 재결에서 정한 보상금액보다 적게 나온 경우에는, 피보상자는 해당 보상항목에 관해 불복신청이 이유 없음을 자인하는 진술을 하거나 단순히 불복신청을 철회함으로써 해당 보상항목을 법원의 심판범위에서 제외하여 달라는 소송상 의사표시를 할 수 있다.

한편 사업시행자가 특정 보상항목에 관해 보상금 감액을 청구하는 권리는 공익사업을 위한 토지 등의 취득 및 보상에 관한 법률 제85조 제1항 제1문에서 정한 제소기간 내에 보상금 감액 청구소송을 제기하는 방식으로 행사함이 원칙이다. 그런데 사업시행자에 대한 위 제소기간이 지나기 전에 피보상자가 이미 위 보상항목을 포함한 여러 보상항목에 관해 불복하여 보상금 증액 청구소송을 제기한 경우에는, 사업시행자로서는 보상항목 유용 법리에 따라 위 소송에서 과다 부분과 과소 부분을 합산하는 방식으로 위 보상항목에 대한 정당한 보상금액이 얼마인지 판단받을 수 있으므로, 굳이 중복하여 동일 보상항목에 관해 불복하는 보상금 감액 청구소송을 별도로 제기하는 대신 피보상자가 제기한 보상금 증액 청구소송을 통해 자신의 감액청구권을 실현하는 것이 합리적이라고 생각할 수도 있다.

이와 같이 보상금 증감 청구소송에서 보상항목 유용을 허용하는 취지와 피보상자의 보상금 증액 청구소송을 통해 감액청구권을 실현하려는 기대에서 별도의 보상금 감액 청구소송을 제기하지 않았다가 그 제소기간이 지난 후에 특정 보상항목을 심판범위에서 제외해 달라는 피보상자의 일방적 의사표시에 의해 사업시행자가 입게 되는 불이익 등을 고려하면, 사업시행자가 위와 같은 사유로 그에 대한 제소기간 내에 별도의 보상금 감액 청구소송을 제기하지 않았는데, 피보상자가 법원에서 실시한 감정평가액이 재결절차의 그것보다 적게 나오자 그 보상항목을 법원의 심판범위에서 제외하여 달라는 소송상 의사표시를 하는 경우에는, 사업시행자는 그에 대응하여 법원이 피보상자에게 불리하게 나온 보상항목들에 관한 법원의 감정 결과가 정당하다고 인정하는 경우 이를 적용하여 과다하게 산정된 금액을 보상금액에서 공제하는 등으로 과다 부분과 과소 부분을 합산하여 당초 불복신청된 보상항목들 전부에 관하여 정당한 보상금액을 산정하여 달라는 소송상 의사표시를 할 수 있다고 봄이 타당하다. 이러한 법리는 정반대의 상황, 다시 말해 사업시행자가 여러 보상항목들에 관해 불복하여 보상금 감액 청구소송을 제기하였다가 그중 일부 보상항목에 관해 법원 감정 결과가 불리하게 나오자 해당 보상항목에 관한 불복신청을 철회하는 경우에도 마찬가지로 적용될 수 있다.

(2) 토지수용위원회가 보상대상에 해당하지 않는다고 잘못된 내용을 재결한 경우(대판 2019.11.28, 2018두227, 대판 2018.7.20, 2015두4044)

어떤 보상항목이 공익사업을 위한 토지 등의 취득 및 보상에 관한 법령상 손실보상대상에 해당함에도 관할 토지수용위원회가 사실을 오인하거나 법리를 오해함으로써 손실보상대상에 해당하지 않는다고 잘못된 내용의 재결을 한 경우에는, 피보상자는 관할 토지수용위원회를 상대로 그 재결에 대한 취소소송을 제기할 것이 아니라, 사업시행자를 상대로 공익사업을 위한 토지 등의 취득 및 보상에 관한 법률 제85조 제2항에 따른 보상금증감소송을 제기하여야 한다.

6. 토지수용보상금 증감에 관한 소송에 있어서 이의재결의 기초가 된 각 감정기관의 감정평가와 법원 감정인의 감정평가가 개별요인비교에 관하여만 평가를 다소 달리한 관계로 감정 결과에 차이가 생긴 경우의 채증방법(대판 2005.1.28, 2002두4679)

토지수용보상금 증감에 관한 소송에 있어서 이의재결의 기초가 된 각 감정기관의 감정평가와 법원 감정인의 감정평가가 평가방법에 있어 위법사유가 없고 개별요인비교를 제외한 나머지 가격산정요인의 참작에 있어서는 서로 견해가 일치하나 개별요인비교에 관하여만 평가를 다소 달리한 관계로 감정 결과(수용대상토지의 보상평가액)에 차이가 생기게 된 경우, 그중 어느 감정평가의 개별요인비교의 내용에 오류가 있음을 인정할 자료가 없는 이상 각 감정평가 중 어느 것을 취신하여 정당보상가액으로 인정하는가 하는 것은 그것이 논리칙과 경험칙에 반하지 않는 이상 법원의 재량에 속한다.

7. 손해배상소송에서 동일한 사실에 관한 수개의 감정평가가 서로 상반되는 경우, 법원이 그중 하나를 채용하거나 그 일부에 의거하여 사실을 인정하는 것이 위법한지 여부(원칙적 소극)(대판 2008.2.28, 2005다11954)

감정은 법원이 어떤 사항을 판단함에 있어서 특별한 지식과 경험을 필요로 하는 경우 그 판단의 보조수단으로 그러한 지식이나 경험을 이용하는데 지나지 않으므로, 손해배상소송에 있어서 동일한 사실에 관하여 상반되는 수개의 감정평가가 있는 경우 법원이 그중 어느 하나를 채용하거나 하나의 감정평가 중 일부만에 의거하여 사실을 인정하였다 하더라도 그것이 경험칙이나 논리법칙에 위배되지 않는 한 위법하다고 할 수 없다.

8. 수용토지에 대하여 표준지가 특정되지 아니하고 지역적, 개별적 요인 등 보상액 산정요인들이 명시되지 아니한 보상액 감정평가의 적부(소극)(대판 1992.9.8, 92누5331)

원심판결 이유를 기록에 비추어 보면, 원심이 이 사건 토지 7필지에 관한 이의재결절차에서 피고 중앙토지수용위원회가 그 보상액산정의 기초로 삼은 ○○, △△의 두 감정평가사합동사무소의 감정평가가 모두 이 사건 토지에 대한표준지를 구체적으로 특정하지 아니하고 지역적, 개별적 요인 등 보상액산정요인들도 구체적으로 명시하지 아니하여 그 요인들이 어떻게 참작되었는지 알아볼 수 없게 되어 있어, 법령의 규정에 따라 적법하게 평가된 것이라고 할 수 없다고 판단한 조처를 수긍할 수 있고, 거기에 소론과 같은 채증법칙을 위배한 위법이 있다고 할 수 없다. 따라서 논지는 이유 없다.

9. 토지에 대한 적정한 수용보상액의 산정방법 및 감정평가서의 가격산정요인 설시 정도 [대판 1998.1.23, 97누17711]

토지수용 보상액을 평가함에 있어서는 관계 법령에서 들고 있는 모든 가격산정요인들을 구체적・종합적으로 참작하여 그 각 요인들이 빠짐없이 반영된 적정가격을 산출하여야 하고, 이 경우 감정평가서에는 모든 가격산정요인의 세세한 부분까지 일일이 설시하거나 그 요소가 평가에 미치는 영향을 수치적으로 표현할 수는 없다고 하더라도 적어도 그 가격산정요인들을 특정 명시하고 그 요인들이 어떻게 참작되었는지를 알아 볼 수 있는 정도로 기술하여야 한다.

10. 공탁된 지연가산금에 대한 가산금청구의 소[대판 2022.4.14, 2021두57667]

사업시행자가 수용재결에 불복하여 이의신청을 한 후 다시 이의재결에 불복하여 행정소송을 제기하였으나 행정소송이 각하・기각 또는 취하된 경우, 지연가산금에 관한 공익사업을 위한 토지 등의 취득 및 보상에 관한 법률 제87조 제1호가 적용되는지 문제 된 사안에서, 위 경우 공익사업을 위한 토지 등의 취득 및 보상에 관한 법률 제87조 제2호가 적용되어 사업시행자는 이의재결서 정본을 받은 날부터 판결일 또는 취하일까지의 기간에 대하여 지연가산금을 지급할 의무가 있고, 위 경우에까지 공익사업을 위한 토지 등의 취득 및 보상에 관한 법률 제87조 제1호가 동시에 적용되지 않는다고 한 사례

Ⅷ 사업인정과 수용재결과의 관계

구 토지수용법 제16조 제1항에서는 건설부장관이 사업인정을 하는 때에는 지체 없이 그 뜻을 기업자, 토지소유자, 관계인 및 관계도지사에게 통보하고 기업자의 성명 또는 명칭, 사업의 종류, 기업지 및 수용 또는 사용할 토지의 세목을 관보에 공시하여야 한다고 규정하고 있는바, 가령 건설부장관이 위와 같은 절차를 누락한 경우 이는 절차상 위법으로서 수용재결 단계 전의 사업인정단계에서 다툴 수 있는 취소사유에 해당하기는 하나, 더 나아가 그 사업인정 자체를 무효로 할 중대하고 명백한 하자라고 보기는 어렵고, 따라서 이러한 위법을 들어 수용재결처분의 취소를 구하거나 무효확인을 구할 수는 없다(대판 2000.10.13, 2000두5142).

도시계획사업허가의 공고 시에 토지세목의 고시를 누락한 것은 절차상의 위법으로서 취소사유에 불과하고 그 하자가 중대하고 명백하여 사업인정 자체가 무효라고는 할 수 없으므로 이러한 위법을 선행처분인 사업인정단계에서 다투지 아니하였다면 그 쟁송기간이 이미 도과한 후인 수용재결단계에 있어서는 그 처분의 불가쟁력에 의하여 위 도시계획사업허가의 위와 같은 위법 부당함을 들어 수용재결처분의 취소를 구할 수는 없다(대판 1988.12.27, 87누1141).

택지개발촉진법 제12조 제2항에 의하면 택지개발계획의 승인. 고시가 있은 때에는 토지수용법 제14조 및 제16조의 규정에 의한 사업인정 및 사업인정의 고시가 있은 것으로 보도록 규정되어 있는바, 이와 같은 택지개발계획의 승인은 당해 사업이 택지개발촉진법상의 택지개발사업에 해당함을 인정하

여 시행자가 그 후 일정한 절차를 거칠 것을 조건으로 하여 일정한 내용의 수용권을 설정해주는 행정처분의 성격을 갖는 것이고, 그 승인고시의 효과는 수용할 목적물의 범위를 확정하고 수용권으로 하여금 목적물에 관한 현재 및 장래의 권리자에게 대항할 수 있는 일종의 공법상 권리로서의 효력을 발생시킨다고 할 것이므로 토지소유자로서는 선행처분인 건설부장관의 택지개발계획 승인단계에서 그 제척사유를 들어 쟁송하여야 하고, 그 제소기간이 도과한 후 수용재결이나 이의재결 단계에 있어서는 위 택지개발계획 승인처분에 명백하고 중대한 하자가 있어 당연무효라고 볼 특단의 사정이 없는 이상 그 위법 부당함을 이유로 재결의 취소를 구할 수는 없다(대판 1996.4.26, 95누13241).

도시계획사업허가의 공고 시에 토지세목의 고시를 누락하거나 사업인정을 함에 있어 수용 또는 사용할 토지의 세목을 공시하는 절차를 누락한 경우, 이는 절차상의 위법으로서 수용재결 단계 전의 사업인정 단계에서 다툴 수 있는 취소사유에 해당하기는 하나 더 나아가 그 사업인정 자체를 무효로 할 중대하고 명백한 하자라고 보기는 어렵고, 따라서 이러한 위법을 들어 수용재결처분의 취소를 구하거나 무효확인을 구할 수는 없다(대판 2009.11.26, 2009두11607).

IX 표준지공시지가와 보상금증감청구소송 하자승계

표준지공시지가결정은 이를 기초로 한 수용재결 등과는 별개의 독립된 처분으로서 서로 독립하여 별개의 법률효과를 목적으로 하지만, 표준지공시지가는 이를 인근 토지의 소유자나 기타 이해관계인에게 개별적으로 고지하도록 되어 있는 것이 아니어서 인근 토지의 소유자 등이 표준지공시지가 결정 내용을 알고 있었다고 전제하기가 곤란할 뿐만 아니라, 결정된 표준지공시지가가 공시될 당시 보상금 산정의 기준이 되는 표준지의 인근 토지를 함께 공시하는 것이 아니어서 인근 토지소유자는 보상금 산정의 기준이 되는 표준지가 어느 토지인지를 알 수 없으므로, 인근 토지소유자가 표준지의 공시지가가 확정되기 전에 이를 다투는 것은 불가능하다. 더욱이 장차 어떠한 수용재결 등 구체적인 불이익이 현실적으로 나타나게 되었을 경우에 비로소 권리구제의 길을 찾는 것이 우리 국민의 권리의식임을 감안하여 볼 때, 인근 토지소유자 등으로 하여금 결정된 표준지공시지가를 기초로 하여 장차 토지보상 등이 이루어질 것에 대비하여 항상 토지의 가격을 주시하고 표준지공시지가결정이 잘못된 경우 정해진 시정절차를 통하여 이를 시정하도록 요구하는 것은 부당하게 높은 주의의무를 지우는 것이고, 위법한 표준지공시지가결정에 대하여 그 정해진 시정절차를 통하여 시정하도록 요구하지 않았다는 이유로 위법한 표준지공시지가를 기초로 한 수용재결 등 후행 행정처분에서 표준지공시지가결정의 위법을 주장할 수 없도록 하는 것은 수인한도를 넘는 불이익을 강요하는 것으로서 국민의 재산권과 재판받을 권리를 보장한 헌법의 이념에도 부합하는 것이 아니다. 따라서 표준지공시지가결정이 위법한 경우에는 그 자체를 행정소송의 대상이 되는 행정처분으로 보아 그 위법 여부를 다툴 수 있음은 물론, 수용보상금의 증액을 구하는 소송에서도 선행처분으로서 그 수용대상토지 가격 산정의 기초가 된 비교표준지공시지가결정의 위법을 독립한 사유로 주장할 수 있다(대판 2008.8.21, 2007두13845).

X 기타

1. 사업시행자가 재결에 불복하여 이의신청을 거쳐 행정소송을 제기하는 경우 이의재결에서 증액된 보상금을 공탁하여야 할 시기(時期)(대판 2008.2.15, 2006두9832)

"사업시행자는 행정소송을 제기하기 전에 제84조의 규정에 따라 증액된 보상금을 공탁하여야 하며, 보상금을 받을 자는 공탁된 보상금을 소송종결 시까지 수령할 수 없다"고 규정하고 있는바, 위 규정 및 관련 규정들의 내용과 사업시행자가 행정소송 제기 시 증액된 보상금을 공탁하도록 한 위 제85조 제1항 단서 규정의 입법 취지 및 그 규정에 의해 보호되는 보상금을 받을 자의 이익과 그로 인해 제한받게 되는 사업시행자의 재판청구권과의 균형 등을 종합적으로 고려하여 보면, 사업시행자가 재결에 불복하여 이의신청을 거쳐 행정소송을 제기하는 경우에는 원칙적으로 행정소송 제기 전에 이의재결에서 증액된 보상금을 공탁하여야 할 것이지만, 제소 당시 그와 같은 요건을 구비하지 못하였다 하여도 사실심 변론종결 당시까지 그 요건을 갖추었다면 그 흠결의 하자는 치유되었다고 볼 것이다.

> 이의재결에서 증액된 보상금의 공탁도 소송요건으로 볼 것이다. 따라서 원칙적으로 소제기 시에 갖추어야 하나 사실심 변론종결 당시까지 갖추기만 하면 그 하자는 치유된다고 볼 것이다.

2. 지연이자(보증소, 이의재결에서 정한 보상금이 수용재결보다 많은 경우 지연이자가 발생하는지 문제된다)(대판 1992.9.14, 91누11254)

토지수용으로 인한 기업자 내지 사업시행자의 손실보상금지급의무는 그 수용시기로부터 발생하고, 구체적인 손실보상금액이 재결이나 행정소송의 절차에 의하여 현실적으로 확정되어진다 하여 달리 볼 것이 아니며, 재결절차에서 정한 보상액과 행정소송절차에서 정한 보상액과의 차액 역시 수용과 대가관계에 있는 손실보상의 일부이므로 위 차액이 수용의 시기에 지급되지 않은 이상, 이에 대하여는 지연손해금이 발생한다.

> 지연손해금 역시, 수용보상금에 대한 소송 중에 청구취지의 변경을 통해서 관련청구소송의 병합이 가능하다.

03 화해

화해권고의 재량성(대판 1986.6.24, 84누554) : 토지수용법 제40조 소정의 토지수용위원회의 기업자, 토지소유자 또는 관계인에 대한 화해의 권고는 반드시 거쳐야 하는 필요적인 절차가 아니라 토지수용위원회의 재량에 따른 임의적인 절차이다.

04 보상금 공탁

I 공탁규정과 정당보상

보상금의 공탁만으로 소유권을 취득할 수 있도록 한 공익사업법 제40조 제2항 제1호 및 제45조 제1항이 헌법 제23조 제3항의 정당보상의 원칙에 반하는지 여부(헌재 2011.10.25, 2009헌바281) : 공탁을 조건으로 소유권을 취득할 수 있도록 한 것은 공익사업의 신속하고 원활한 시행을 위한 것으로 토지수용제도의 본질에 비추어 불가피하며, 보상금 공탁은 수용의 효력발생 조건인 보상금의 지급에 갈음하기 위한 제도일 뿐 정당한보상액 여부와는 직접적인 관련이 없으므로 위 법률조항은 헌법 제23조 제3항의 정당보상의 원칙에 반한다고 볼 수 없다.

II 보상금 공탁의 성질

① 수령거부 및 수령할 수 없는 때는 변제공탁, ② 채권이 가압류된 때의 공탁은 변제공탁이라고 하나, 중복압류에 의해 지급이 중지된 경우는 집행공탁으로 본 바 있다.

"기업자가 토지수용법 제61조 제2항 제1호에 따라서 토지수용위원회가 재결한 토지수용보상금을 공탁하는 경우, 그 공탁금은 기업자가 토지의 수용에 따라 토지소유자에 대하여 부담하게 되는 보상금의 지급의무를 이행하기 위한 것으로서 민법 제487조에 의한 변제공탁과 다를 바 없다."

"가압류에 불구하고 제3채무자가 채무자에게 변제를 한 때에는 나중에 채권자에게 이중으로 변제하여야 할 위험을 부담하게 되므로 제3채무자로서는 민법 제487조의 규정에 의하여 공탁을 함으로써 이중변제의 위험에서 벗어나고 이행지체의 책임도 면할 수 있다고 보아야 할 것이다. 왜냐하면 민법상의 변제공탁은 채무를 변제할 의사와 능력이 있는 채무자로 하여금 채권자의 사정으로 채무관계에서 벗어나지 못하는 경우를 대비할 수 있도록 마련된 제도이다"(대판 1994.12.13, 93다951).

"토지수용법상의 보상금청구권에 대하여 압류의 경합이 있는 때에는 기업자는 보상금을 공탁함으로써 면책될 수 있는바, 그 경우에 기업자가 하는 공탁의 성격은 변제공탁이 아니라 집행공탁이고, 집행공탁에 있어서는 배당절차에서 배당이 완결되어야 피공탁자가 비로소 확정되고, 공탁 당시에는 피공탁자의 개념이 관념적으로만 존재할 뿐이므로, 공탁 당시에 기업자가 특정 채권자를 피공탁자에 포함시켜 공탁하였다 하더라도 그 피공탁자의 기재는 법원을 구속하는 효력이 없다"(대판 1999.5.14, 98다62688).

III 공탁물 수령권자 및 공탁의 효력

1. 소유권확인 및 공탁물수령권자 확인(대판 2007.2.9, 2006다68650)

공익사업을 위한 토지 등의 취득 및 보상에 관한 법률 제40조 제2항 제1호의 규정에 따라 사업시행자가 보상금을 공탁한 경우, 정당한 공탁금수령권자이면서도 공탁공무원으로부터 공탁금의 출급을 거부당한 자가 공탁자인 사업시행자를 상대방으로 하여 그 공탁금출급권의 확인을 구하는 소송을 제기할 이익이 있는지 여부(적극)

2. 사업승인고시 후 소유권의 변동 시 손실보상금등의 수령권자(대판 1986.3.25, 84다카2431)

수용토지에 대하여 토지수용법 소정의 사업승인고시가 있은 후 소유권의 변동이 있었으나, 토지수용위원회가 소유권변동사실을 알지 못한 채 사업 승인고시 당시의 소유자를 소유자로 보고 수용재결을 한 경우 토지수용법 제29조의2, 제45조의 제3항, 제61조 제2항의 규정에 의하여 위 토지의 소유권 등을 승계한 수용당시의 소유자가 위 토지수용에 의한 손실보상금이나, 또는 기업자가 위 보상금을 공탁하는 경우 그 공탁금의 수령권자가 된다.

3. 기업자가 토지수용법 제61조 제2항에 의해 손실보상금을 공탁한 경우, 피공탁자의 수령거절의 의사표시를 이유로 그 공탁금을 회수할 수 있는지 여부(소극) 및 기업자가 토지수용법에 따라 적법하게 보상금을 공탁하는 등 수용절차를 마친 후 부적법하게 공탁금이 회수된 경우, 종전 공탁의 효력(유효)(대판 1997.9.26, 97다24290)

4. 기업자가 과실 없이 진정한 토지소유자를 알 수 없는 때에 수용재결에서 정한 보상금을 적법하게 공탁하려면, 공탁원인을 그와 같은 취지로 기재하고 공탁물을 수령한 자는 갑 또는 을로 표시하여야 할 것이다(대판 1992.10.13, 92누3212).

5. 보상협의에 관한 통지의 방법 및 공탁의 효력(대판 1994.4.15, 93누18594)

가. 기업자가 과실 없이 토지소유자의 등기부상 주소와 실제 주소가 다른 사실을 알지 못하거나 과실로 이를 알지 못하여 등기부상 주소로 보상협의에 관한 통지를 한 결과 보상협의절차를 거치지 못하였다 하더라도 그러한 사유만으로는 수용재결이 당연무효이거나 부존재하는 것으로 볼 수 없다.

나. 토지수용법 시행령 제6조 제1항, 제5조는 송달방법과 통지방법을 다르게 규정하는 한편 토지수용법은 수용재결서 및 이의재결서에 관해서만 송달이라는 용어를 사용하고 기타 서류에 관해서는 통지라는 용어를 사용하고 있으므로, 보상협의에 관한 통지는 반드시 등기우편으로 하여야 하는 것은 아니다.

다. 보상금을 수령할 자의 등기부상 주소만 나타나 있고 그 등기부상 주소와 실제 주소가 일치하지 않는다고 볼만한 자료가 없거나 또는 실제 주소를 확인하는 것이 용이하지 않다고 인정되는 경우 기업자는 피공탁자의 등기부상 주소를 표시하여 유효한 공탁을 할 수 있다.

6. 토지소유자가 그 토지에 대한 수용재결이 있기 전에 등기부상 주소를 실제 거주지로 변경등기하였음에도 불구하고 기업자가 토지소유자의 주소가 불명하다 하여 수용재결에서 정한 수용보상금을 토지소유자 앞으로 공탁한 경우, 그 공탁은 요건이 흠결된 것이어서 무효이고 토지소유자의 변경등기 전 주소로 수용절차가 진행되어 왔다고 하여 결론을 달리할 것은 아니라고 한 사례(대판 1996.9.20, 95다17373)

7. 양도소득의 귀속시기(대판 2012.5.9, 2010두22597)

甲 종중 명의의 토지가 수용되었으나, 乙 종중이 수용보상금에 대한 채권 추심·처분 및 지급금지 가처분결정을 받아 한국토지공사가 수용보상금을 공탁하였는데, 이후 乙 종중이 甲 종중을 상대로 제기한 공탁금출급청구권 확인청구 등을 각하하는 판결이 확정되었으나 과세관청이 제때 양도소득세 확정신고 및 납부를 하지 않았다는 이유로 甲 종중에 신고 및 납부불성실가산세 등을 부과하는 처분을 한 사안에서, 甲 종중에 양도소득이 귀속된 날은 수용보상금의 공탁일이 아니라 위 판결 확정일로 보아야 하는데도, 이와 달리 보아 처분이 적법하다고 한 원심판결에 법리오해의 위법이 있다고 한 사례

8. 수용보상금 수령을 거절할 것이 명백한 경우, 기업자는 현실제공 없이 바로 보상금을 공탁할 수 있는지 여부(적극)(대판 1998.10.20, 98다30537)

9. 토지수용법상의 이의재결절차는 수용재결에 대한 불복절차이면서 수용재결과는 확정의 효력 등을 달리하는 별개의 절차이므로 기업자가 이의재결에서 증액된 보상금을 일정한 기한 내에 지급 또는 공탁하지 아니하였다 하더라도 그 때문에 이의재결 자체가 당연히 실효된다고는 할 수 없다(대판 1992.3.10, 91누8081).

Ⅳ 송달

① 토지수용재결서 정본이 피수용자에게 적법하게 송달되기 이전에 기업자가 한 보상금의 공탁도 그것이 수용시기 이전에 이루어진 것이라면 그 효력이 있다(대판 1995.6.30, 95다13159).

② 토지수용재결 후 상당한 기간이 경과된 뒤에 송달이 이루어졌다는 것만으로 그 송달이 무효라고 할 수는 없다(대판 1995.6.30, 95다13159).

③ 수용재결서가 수용시기 이전에 피수용자에게 적법하게 송달되지 아니한 경우, 수용절차가 당연 무효로 되는지 여부 : 수용재결서가 수용시기 이전에 피수용자에게 적법하게 송달되지 아니하였다고 하여 수용절차가 당연 무효가 된다고 할 수는 없고, 다만 그 수용재결서의 정본이 적법하게 송달된 날로부터 수용재결에 대한 이의신청기간이 진행된다(대판 1995.6.13, 94누9085).

V 이의유보

1. 이의유보 의사표시의 상대방(대판 1992.9.22, 92누3229)

공탁된 토지수용보상금의 수령에 관한 이의유보의 의사표시를 함에 있어 그 의사표시의 상대방은 반드시 공탁공무원에 국한할 필요가 없고 보상금의 지급의무자인 기업자에 대하여 이의유보의 의사표시를 하는 것도 가능하다.

2. 이의유보의 상대방(대판 1982.11.9, 82누197 全合)

공탁된 토지수용보상금의 수령에 관한 이의유보의 의사표시는 그 공탁원인에 승복하여 공탁금을 수령하는 것임이 아님을 분명히 함으로써 공탁한 취지대로 채권소멸의 효과가 발생함을 방지하고자 하는 것이므로, 그 의사표시의 상대방은 반드시 공탁공무원에 국한할 필요가 없고 보상금 지급의무자인 기업자에 대하여 이의유보의 의사표시를 하는 것도 가능하다고 할 것이다.

3. 이의유보 의사표시 상대방

이의유보의 의사표시는 사업시행자에게 하되, 보상금이 공탁된 경우에는 공탁공무원에게 하여도 되며(대판 1993.9.14, 93누4618), 보상금을 수령하기 전에 그 의사를 표시하여야 하고, 의사표시의 형식은 정하여져 있지 않으나, '재결에 불복' 또는 '보상금 중 일부의 수령' 등 관할 토지수용위원회의 재결에 승복하여 보상금을 수령하는 것이 아니라는 의사를 분명히 표시함으로써 족하다(대판 1987.2.24, 86누759).

VI 미공탁의 효과

보상금지급의무를 이행하지 못한바 재결은 실효된다. 단, 이의재결에 의한 증액된 보상금은 공탁하지 않아도 이의재결은 실효되지 않는다고 한다.

토지수용법상의 이의재결절차는 수용재결에 대한 불복절차이면서 수용재결과는 확정의 효력 등을 달리하는 별개의 절차이므로 기업자가 이의재결에서 증액된 보상금을 일정한 기한 내에 지급 또는 공탁하지 아니하였다 하더라도 그 때문에 이의재결 자체가 당연히 실효된다고는 할 수 없다(대판 1992.3.10, 91누8081).

Ⅶ 하자 있는 공탁의 효과

① 요건미충족, ② 일부공탁, ③ 조건부공탁의 경우는 공탁의 효과가 발생하지 않는다고 한다. 따라서 수용사용의 개시일까지 공탁의 하자가 치유되지 않으면 재결은 실효되고 손실보상의무를 부담하게 된다(법 제42조).

수용시기까지 보상금의 지급이나 적법한 공탁이 없었다면 수용재결은 토지수용법 제65조에서 말하는 기업자가 수용시기까지 재결보상금을 지급 또는 공탁하지 아니한 때에 해당하여 그 효력을 상실하였다고 할 것이고, 실효된 수용재결을 유효한 것으로 보고서 한 이의재결 또한 위법하여 당연무효라고 할 것이다(대판 1993.8.24, 92누9548).

Ⅷ 이의유보 없이 증액보상금을 수령한 경우(대판 2001.11.13, 2000두1003)

1. 대판 2001.11.13, 2000두1003

토지소유자가 수용재결에서 정한 손실보상금을 수령할 당시 이의유보의 뜻을 표시하였다 하더라도, 이의재결에서 증액된 손실보상금을 수령하면서 이의유보의 뜻을 표시하지 않은 이상 특별한 사정이 없는 한 이는 이의재결의 결과에 승복하여 수령한 것으로 보아야 하고, 위 증액된 손실보상금을 수령할 당시 이의재결을 다투는 행정소송이 계속 중이라는 사실만으로는 추가보상금의 수령에 관하여 이의유보의 의사표시가 있는 것과 같이 볼 수는 없다 할 것인바, 이러한 법리는 휴업보상을 인정한 수용재결에 대하여 폐업보상을 하여 줄 것을 요청하면서 이의를 신청하였으나 이의재결에서 이를 받아들이지 않으면서 증액하여 인정한 휴업보상금을 이의유보의 뜻을 표시하지 않고 수령한 경우에도 마찬가지로 적용된다.

보상금 수령의 효과로서 수용절차가 종료된다. 따라서 보상금 증액을 요하는 소송은 소의 이익이 부정되어 각하될 것이다. 이의재결을 다투는 행정소송이 계속 중이라는 사실만으로는 묵시적 이의유보가 있었던 것으로 볼 수 없다. 다만, 감정비용을 예납하는 등의 특별한 상황이 전개된 경우라면 묵시적 이의유보로 인정할 수 있는 경우도 있다.

2. 대판 1991.6.11, 90누7203

토지소유자가 기업자로부터 토지수용위원회의 이의재결에 의하여 증액된 보상금을 별다른 의사표시 없이 수령하였다면 이로써 그들은 위 이의재결에 승복한 취지로 봄이 상당하다.

Ⅸ 쟁송제기와 이의유보

1. 쟁송제기를 묵시적 이의유보로 보지 않은 경우

① 이의보류의 의사표시는 반드시 명시적으로 하여야 하는 것은 아니지만 토지소유자가 공탁물을 수령할 당시 원재결에서 정한 보상금을 증액하기로 한 이의신청의 재결에 대하여 토지소유자가 제기한 행정소송이 계속 중이었다는 사실만으로는, 묵시적인 이의보류의 의사표시가 있다고 볼 수 없다(대판 1990.1.25, 89누4109).

② 기업자가 토지수용위원회가 재결한 토지수용보상금을 공탁한 경우에 토지소유자가 그 공탁에 대하여 아무런 이의를 유보하지 아니한 채 이를 수령한 때에는 종전의 수령거절의사를 철회하고 재결에 승복하여 공탁의 취지에 따라 보상금 전액을 수령한 것으로 볼 것이고 공탁금 수령 당시 단순히 그 공탁의 취지에 반하는 소송이나 이의신청을 하고 있다는 사실만으로는 그 공탁물수령에 관한 이의를 유보한 것과 같이 볼 수 없다(대판 1990.10.23, 90누6125).

2. 쟁송제기를 묵시적 이의유보로 본 경우(대판 2009.11.12, 2006두15462)

甲이 이의재결에 따라 증액된 보상금을 수령할 당시

① 보상액수를 다투어 행정소송을 제기하고 상당한 감정비용을 예납하여 시가감정을 신청한 점

② 甲이 수령한 증액보상금은 청구금액의 1/4에도 미치지 못하는 금액인 점에 비추어

③ 甲이 소장에 기재한 청구금액에도 훨씬 못 미치는 이의재결의 증액분을 수령한 것이 보상금액에 대한 다툼을 종결하려는 의사가 아니라는 점을 사업시행자도 충분히 인식하였거나 인식할 수 있었다고 봄이 상당하다.

④ 따라서 이의재결의 증액보상액에 대하여는 소송을 통해 확정될 정당한 수용보상금의 일부로 수령한다는 묵시적인 의사표시의 유보가 있었다고 볼 수 있다.

> 묵시적 이의유보의 인정여부가 중요하다. 묵시적 이의유보로 인정할 수 없다면, 공탁된 보상금의 수령은 수용법률관계의 종결을 의미하고, 그렇게 됨으로써 보상금증감청구소송은 소의 이익이 결여되어 각하되게 된다. 묵시적 이의유보로 인정되면 계속하여 보상금증감청구소송의 본안을 구할 이익이 인정되게 된다. 판례는 '단순히 쟁송중인 경우'는 묵시적 이의유보로 인정하지 않지만 '감정비용을 예납하는 등 단순한 경우가 아닌 경우'에는 묵시적 이의유보로 인정하였다. 구체적인 사실관계의 확인이 요구된다.

3. 재결승복(대판 1990.10.23, 90누6125)

[판시사항]

토지수용재결에 대한 소송이나 이의신청의 계속 중에 이의를 유보하지 아니하고 한 토지수용보상금 공탁금 수령의 효과

[판결요지]

기업자가 토지수용위원회가 재결한 토지수용보상금을 공탁한 경우에 토지소유자가 그 공탁에 대하여 아무런 이의를 유보하지 아니한 채 이를 수령한 때에는 종전의 수령거절의사를 철회하고 재결에 승복하여 공탁의 취지에 따라 보상금 전액을 수령한 것으로 볼 것이고 공탁금 수령당시 단순히 그 공탁의 취지에 반하는 소송이나 이의신청을 하고 있다는 사실만으로는 그 공탁물수령에 관한 이의를 유보한 것과 같이 볼 수 없다.

[이유]

토지수용법 제61조 제2항 제1호의 규정에 의하여 기업자가 토지수용위원회가 재결한 토지수용보상금을 공탁한 경우에 토지소유자가 그 공탁에 대하여 아무런 이의를 유보하지 아니한 채 이를 수령한 때에는 종전의 수령거절의사를 철회하고 재결에 승복하여 공탁의 취지에 따라 보상금 전액을 수령한 것으로 볼 것이고 공탁금수령 당시 단순히 그 공탁의 취지에 반하는 소송이나 이의신청을 하고 있다는 사실만으로는 그 공탁물수령에 관한 이의를 유보한 것과 같이 볼 수 없다함이 당원이 여러 차례 밝혀 온 견해이다(당원 1982.11.9, 82누197; 1983.6.14, 81누254 등 참조). 같은 취지의 원심판결은 옳고 거기에 공탁물수령에 관한 법리오해의 잘못이 있다고 할 수 없으므로 논지는 이유 없다.

X 기타

공익사업을 위한 토지 등의 취득 및 보상에 관한 법률에 의하여 토지가 수용됨에 따라 기존의 가압류의 효력이 소멸한 경우, 가압류 집행 후 토지의 소유권을 취득한 제3취득자가 보상금을 전액 수령하는 것이 부당이득에 해당하는지 여부(소극)(헌재 2011.10.25, 2009헌바281)

'공익사업을 위한 토지 등의 취득 및 보상에 관한 법률' 제45조 제1항에 의하면, 토지 수용의 경우 사업시행자는 수용의 개시일에 토지의 소유권을 취득하고 그 토지에 관한 다른 권리는 소멸하는 것인바, 수용되는 토지에 대하여 가압류가 집행되어 있더라도 토지 수용으로 사업시행자가 그 소유권을 원시취득하게 됨에 따라 그 토지 가압류의 효력은 절대적으로 소멸하는 것이고, 이 경우 법률에 특별한 규정이 없는 이상 토지에 대한 가압류가 그 수용보상금채권에 당연히 전이되어 효력이 미치게 된다거나 수용보상금채권에 대하여도 토지 가압류의 처분금지적 효력이 미친다고 볼 수는 없으며, 또 가압류는 담보물권과는 달리 목적물의 교환가치를 지배하는 권리가 아니고, 담보물권의 경우에 인정되는 물상대위의 법리가 여기에 적용된다고 볼 수도 없다. 그러므로 토지에 대하여 가압류가 집행된 후에 제3자가 그 토지의 소유권을 취득함으로써 가압류의 처분금지 효력을 받고 있던 중 그 토지가 공익사업법에 따라 수용됨으로 인하여 기존 가압류의 효력이 소멸되는 한편 제3취득자인 토지소유자는 위 가압류의 부담에서 벗어나 토지수용보상금을 온전히 지급받게 되었다고 하더라도, 이는 위 법에 따른 토지 수용의 효과일 뿐이지 이를 두고 법률상 원인 없는 부당이득이라고 할 것은 아니다.

05 인도이전의무에 대한 실효성 확보

Ⅰ 인도, 이전의무가 대집행의 대상인지

① 도시공원시설인 매점의 관리청이 그 공동점유자 중의 1인에 대하여 소정의 기간 내에 위 매점으로부터 퇴거하고 이에 부수하여 그 판매 시설물 및 상품을 반출하지 아니할 때에는 이를 대집행하겠다는 내용의 계고처분은 그 주된 목적이 매점의 원형을 보존하기 위하여 점유자가 설치한 불법 시설물을 철거하고자 하는 것이 아니라, 매점에 대한 점유자의 점유를 배제하고 그 점유이전을 받는 데 있다고 할 것인데, 이러한 의무는 그것을 강제적으로 실현함에 있어 직접적인 실력행사가 필요한 것이지 대체적 작위의무에 해당하는 것은 아니어서 직접강제의 방법에 의하는 것은 별론으로 하고 행정대집행법에 의한 대집행의 대상이 되는 것은 아니다(대판 1998.10.23, 97누157).

② 피수용자 등이 기업자에 대하여 부담하는 수용대상토지의 인도의무에 관한 구 토지수용법 제63조, 제77조 규정에서의 '인도'에는 명도도 포함되는 것으로 보아야 하고, 이러한 명도의무는 그것을 강제적으로 실현하면서 직접적인 실력행사가 필요한 것이지 대체적 작위의무라고 볼 수 없으므로 특별한 사정이 없는 한 행정대집행법에 의한 대잽행의 대상이 될 수 있는 것이 아니다(대판 2005.8.19, 2004다2809).

> 인도・이전이란 현실의 지배를 해제하고 소유권을 넘겨주는 것을 말한다. 이 경우 현실의 지배를 해제하는 행위가 점유배제가 될 것인데, 신체로서 해당 부동산을 점유하고 있다면 타인의 신체에 대해서 강제집행을 할 수 없다는 것이다. 따라서 등기행위나 철거행위 등의 행위가 아닌 신체로서 점유하고 있는 부분에 대한 대집행이 가능한지의 논의가 문제됨을 확인해야 한다.

> 명도는 토지나 건물로부터 존치물건을 반출하고 사람을 퇴거시켜 그것을 타인에게 인도하는 것을 말한다.

Ⅱ 철거의무 약정이 공법상 의무가 되는지 여부(대판 2006.10.13, 2006두7096)

행정대집행법상 대집행의 대상이 되는 대체적 작위의무는 공법상 의무이어야 할 것인데, 구 공공용지의 취득 및 손실보상에 관한 특례법(2002.2.4. 법률 제6656호 공익사업을 위한 토지 등의 취득 및 보상에 관한 법률 부칙 제2조로 폐지)에 따른 토지 등의 협의취득은 공공사업에 필요한 토지 등을 그 소유자와의 협의에 의하여 취득하는 것으로서 공공기관이 사경제주체로서 행하는 사법상 매매 내지 사법상 계약의 실질을 가지는 것이므로, 그 협의취득 시 건물소유자가 매매대상 건물에 대한 철거의무를 부담하겠다는 취지의 약정을 하였다고 하더라도 이러한 철거의무는 공법상의 의무가 될 수 없고, 이 경우에도 행정대집행법을 준용하여 대집행을 허용하는 별도의 규정이 없는 한 위와 같은 철거의무는 행정대집행법에 의한 대집행의 대상이 되지 않는다.

구 공공용지의 취득 및 손실보상에 관한 특례법(2002.2.4. 법률 제6656호 공익사업을 위한 토지 등의 취득 및 보상에 관한 법률 부칙 제2조로 폐지)에 의한 협의취득 시 건물소유자가 협의취득대상 건물에 대하여 약정한 철거의무는 공법상 의무가 아닐 뿐만 아니라, 공익사업을 위한 토지 등의 취득 및 보상에 관한 법률 제89조에서 정한 행정대집행법의 대상이 되는 '이 법 또는 이 법에 의한 처분으로 인한 의무'에도 해당하지 아니하므로 위 철거의무에 대한 강제적 이행은 행정대집행법상 대집행의 방법으로 실현할 수 없다(대판 2006.10.13, 2006두7096).

> 철거약정은 당사자 간의 협약사항이다. 따라서 이는 당사자 간의 계약관계로 볼 수 있으므로 계약의 이행을 청구하는 소송으로 그 이행을 담보할 수 있다. 판례는 토지보상법상 협의를 사법상 계약으로 보므로, 공법상의 이행수단인 대집행이 적용될 수 없다고 한다. 이를 공법상 계약으로 보더라도 당사자소송으로서 그 이행을 청구해야 할 것이지 대집행을 신청할 수 없을 것이다.

Ⅲ 행정대집행절차가 인정되는 공법상 의무의 이행을 민사소송의 방법으로 구할 수 있는지

구 토지수용법(1999.2.8. 법률 제5909호로 개정되기 전의 것) 제18조의2 제2항에 의하면 사업인정의 고시가 있은 후에는 고시된 토지에 공작물의 신축, 개축, 증축 또는 대수선을 하거나 물건을 부가 또는 증치하고자 하는 자는 미리 도지사의 허가를 받도록 되어 있고, 한편 구 도로법(1999.2.8. 법률 제5894호로 개정되기 전의 것) 제74조 제1항 제1호에 의하면 관리청은 같은 법 또는 이에 의한 명령 또는 처분에 위반한 자에 대하여는 공작물의 개축, 물건의 이전 기타 필요한 처분이나 조치를 명할 수 있다고 되어 있으므로 토지에 관한 도로구역 결정이 고시된 후 구 토지수용법(1999.2.8. 법률 제5909호로 개정되기 전의 것) 제18조의2 제2항에 위반하여 공작물을 축조하고 물건을 부가한 자에 대하여 관리청은 이러한 위반행위에 의하여 생긴 유형적 결과의 시정을 명하는 행정처분을 하여 이에 따르지 않는 경우에는 행정대집행의 방법으로 그 의무내용을 실현할 수 있는 것이고, 이러한 행정대집행의 절차가 인정되는 경우에는 따로 민사소송의 방법으로 공작물의 철거, 수거 등을 구할 수는 없다(대판 2000.5.12, 99다18909).

> 만약, 공법상 의무를 강제시킬 규정이 없다면, 민사소송의 방법으로 공작물의 철거·수거 등을 구할 수 있다.

Ⅳ 토지보상법상 '기간 내에 완료할 가망이 없는 경우' 의미

토지수용법 제77조는 이 법 또는 이 법에 의한 처분으로 인한 의무를 이행하지 아니하거나 기간 내에 완료할 가망이 없는 경우 또는 의무자로 하여금 이를 이행하게 함이 현저히 공익을 해한다고 인정되는 사유가 있을 때에는 행정대집행법이 정하는 바에 의하여 이를 대집행할 수 있다고 규정하고 있는바, 여기에서 '기간 내에 완료할 가망이 없는 경우'라고 함은 그 의무의 내용과 이미 이루어진 이행의 정도 및 이행의 의사 등에 비추어 해당 의무자가 그 기한 내에 의무이행을 완료하지 못할 것이 명백하다고 인정되는 경우를 말한다(대판 2002.11.13, 2002도4582).

토지보상법상 대집행 신청요건은 대집행법상 '의무불이행' 규정을 완화 해석한 것으로 본다. 따라서 기간 내에 완료할 가망이 없다면 동 기간이 도과되기 전에도 대집행을 신청할 수 있는 것으로 보아야 할 것이다.

V 인도이전의무와 대집행 주체

1. 인도이전의무 부담주체(대판 2015.4.23, 2014도15607)

[판시사항]

공익사업을 위한 토지 등의 취득 및 보상에 관한 법령상의 사업시행자가 사업시행에 방해가 되는 지장물인 수목에 관하여 같은 법 제75조 제1항 단서 제1호에 따라 수목의 가격으로 보상하였으나 수목을 협의 또는 수용에 의하여 취득하지 않은 경우, 수목 소유자가 같은 법 제43조에 의한 지장물 이전의무를 부담하는지 여부(원칙적 소극) 및 이때 사업시행자가 수목 소유자에게 수목의 이전 또는 벌채를 요구할 수 있는지 여부(소극)

[판결요지]

사업시행자가 사업시행에 방해가 되는 지장물에 관하여 토지보상법 제75조 제1항 단서 제1호에 따라 물건의 가격으로 보상한 경우, 사업시행자가 당해 물건을 취득하는 제3호와 달리 협의 또는 수용에 의한 취득 절차를 거치지 아니한 이상 사업시행자가 그 보상만으로 당해 물건의 소유권까지 취득한다고 할 수는 없으나, 다른 한편으로 사업시행자는 수목의 소유자가 사업시행에 방해가 되지 않는 상당한 기한 내에 토지보상법 시행규칙 제37조 제5항 단서에 따라 수목을 처분할 목적으로 벌채하기로 하는 등의 특별한 사정이 없는 한 자신의 비용으로 직접 이를 벌채할 수 있다. 이러한 경우 수목의 소유자로서도 사업시행자의 수목 벌채와 그 과정에서 발생하는 물건의 가치 상실을 수인하여야 할 지위에 있다. 따라서 사업시행자가 토지보상법 제75조 제1항 단서 제1호에 따라 수목의 가격으로 보상하였으나 수목을 협의 또는 수용에 의하여 취득하지 않은 경우, 수목의 소유자는 특별한 사정이 없는 한 토지보상법 제43조에 의한 지장물의 이전의무를 부담하지 않고, 사업시행자는 수목의 소유자에게 수목의 이전 또는 벌채를 요구할 수 없다.

지장물의 이전비가 취득가격을 상회하는 경우에는 취득가격을 상한으로 이전비로 보상하도록 되어 있다. 취득가격으로 보상하였기에 소유권을 취득한다고 생각할 수도 있으나, 토지보상법상 소유권을 취득하기 위해서는 소유권 취득을 위한 수용절차가 있어야 한다. 이 경우 소유권을 취득하고자 한다면 토지보상법 제75조 제5항에 따라 수용신청을 하면 된다.

2. 인도이전의무와 부당이득(대판 2012.12.13, 2012다71978)

[판시사항]

[1] 타인 소유의 토지 위에 권한 없이 건물이나 공작물 등을 소유하고 있는 경우, 그 자체로 토지의 차임 상당의 부당이득을 얻고 있는 것인지 여부(원칙적 적극)

[2] 갑 지방공사가 공익사업을 위한 토지 등의 취득 및 보상에 관한 법률에 따라 토지를 협의취득한 후에도 을이 그 지상에 설치했거나 보관하던 창고 등 지장물을 이전하지 않자, 갑 공사가 을을 상대로 토지 인도 시까지의 차임 상당 부당이득반환을 구한 사안에서, 을은 지장물이 철거·이전되어 토지가 인도된 시점까지 토지의 점유·사용에 따른 차임 상당의 부당이득 반환의무가 있다고 한 사례

이 사건 지장물에 관한 행정대집행 당시 피고가 고철류 등에 관하여 원고가 임의 매각해도 좋다는 동의서 등을 작성·교부한 사실은 인정되나, 이는 상태가 불량한 고철류 등을 대상으로 한 것이고, 동의서 등의 작성 대상이 되지 아니한 군수용품은 행정대집행 절차에 따라 물류창고에 보관하게 되었는데, 90개의 컨테이너에 나누어 보관될 정도로 그 양이 많을 뿐만 아니라, 감정을 거친 감정평가 금액도 7,393만원에 이르며, 또한 피고는 군수용품에 대한 유체동산 강제집행 과정에서 압류 대상 선정이나 감정평가 등에 관하여 여러 차례 문제를 제기하고, 원고 측의 군수용품 폐기를 저지하기 위한 노력을 한 점 등을 감안하여 볼 때, 피고가 이 사건 지장물에 대한 소유권을 사실상 포기하였다고 단정할 수는 없다.

또한 기록에 의하면, 피고는 이 사건 토지의 소유자들로부터 이 사건 토지를 임차하여 그 지상에 창고 4동과 컨테이너 1개 등을 설치하고 약 600t에 이르는 군수용품 등을 보관하여 왔는데, 원고가 이 사건 토지를 협의취득한 이후에도 행정대집행 절차에 따라 위와 같은 지장물이 모두 철거·이전될 때까지 그 상태가 계속되었음을 알 수 있는바, 피고는 원고가 이 사건 토지에 관한 소유권을 취득한 이후에도 창고, 컨테이너, 군수용품 등의 소유와 보관을 위하여 그 부지가 된 이 사건 토지를 점유하여 왔다고 보아야 할 것이므로, 앞서 본 법리에 비추어 볼 때, 특별한 사정이 없는 한 행정대집행 절차에 따라 위와 같은 지장물이 철거·이전되어 원고에게 이 사건 토지를 인도하게 된 시점까지 그 토지를 점유·사용함에 따른 차임 상당의 부당이득금을 반환할 의무가 있다고 할 것이다.

3. 법령에 의해 대집행권한을 위탁받은 한국토지공사가 국가공무원법 제2조에서 말하는 공무원에 해당하는지 여부(소극)(대판 2010.1.28, 2007다82950·82967)

한국토지공사는 구 한국토지공사법(2007.4.6. 법률 제8340호로 개정되기 전의 것) 제2조, 제4조에 의하여 정부가 자본금의 전액을 출자하여 설립한 법인이고, 같은 법 제9조 제4호에 규정된 한국토지공사의 사업에 관하여는 공익사업을 위한 토지 등의 취득 및 보상에 관한 법률 제89조 제1항, 위 한국토지공사법 제22조 제6호 및 같은 법 시행령 제40조의3 제1항의 규정에 의하여 본래 시·도지사나 시장·군수 또는 구청장의 업무에 속하는 대집행권한을 한국토지공사에게 위탁하도록 되어 있는바, 한국토지공사는 이러한 법령의 위탁에 의하여 대집행을 수권받은 자로서 공무인 대집행

을 실시함에 따르는 권리・의무 및 책임이 귀속되는 행정주체의 지위에 있다고 볼 것이지 지방자치단체 등의 기관으로서 국가배상법 제2조 소정의 공무원에 해당한다고 볼 것은 아니다.

4. 대판 2022.11.17, 2022다242342

[판시사항]

도시개발사업의 시행자가 사업시행에 방해가 되는 지장물에 관하여 공익사업을 위한 토지 등의 취득 및 보상에 관한 법률 제75조 제1항 단서 제2호에 따라 지장물의 가격으로 보상한 경우, 지장물의 소유자는 같은 법 제43조에 따라 사업시행자에게 지장물을 인도할 의무가 있는지 여부(원칙적 적극)

[판결요지]

도시개발법 제22조 제1항에 따라 준용되는 공익사업을 위한 토지 등의 취득 및 보상에 관한 법률(이하 '토지보상법'이라 한다) 제43조는, "토지소유자 및 관계인과 그 밖에 토지소유자나 관계인에 포함되지 아니하는 자로서 수용하거나 사용할 토지나 그 토지에 있는 물건에 관한 권리를 가진 자는 수용 또는 사용의 개시일까지 그 토지나 물건을 사업시행자에게 인도하거나 이전하여야 한다."라고 규정하고 있다.

도시개발사업의 시행자가 사업시행에 방해가 되는 지장물에 관하여 토지보상법 제75조 제1항 단서 제2호에 따라 물건의 가격으로 보상한 경우, 사업시행자가 당해 물건을 취득하는 제3호와 달리 수용의 절차를 거치지 아니한 이상 사업시행자가 그 보상만으로 당해 물건의 소유권까지 취득한다고 보기는 어렵지만, 지장물의 소유자가 토지보상법 시행규칙 제33조 제4항 단서에 따라 스스로의 비용으로 철거하겠다고 하는 등 특별한 사정이 없는 한 사업시행자는 자신의 비용으로 이를 제거할 수 있고, 지장물의 소유자는 사업시행자의 지장물 제거와 그 과정에서 발생하는 물건의 가치 상실을 수인하여야 할 지위에 있다.

따라서 사업시행자가 지장물에 관하여 토지보상법 제75조 제1항 단서 제2호에 따라 지장물의 가격으로 보상한 경우 특별한 사정이 없는 한 지장물의 소유자는 사업시행자에게 지장물을 인도할 의무가 있다.

5. 부당이득금(대판 2023.8.18, 2021다249810)

[판시사항]

[1] 타인 소유의 토지 위에 권원 없이 건물을 소유하는 자는 그 자체로 법률상 원인 없이 타인에게 토지 차임 상당의 손해를 주고 있는 것인지 여부(원칙적 적극)

[2] 간접점유에서 점유매개관계를 이루는 임대차계약 등이 종료된 이후에도 직접점유자가 목적물을 점유한 채 이를 반환하지 않고 있는 경우, 간접점유의 점유매개관계가 단절되는지 여부(소극)

[3] '도시 및 주거환경정비법'에 따른 정비사업의 시행자가 지장물에 관하여 '공익사업을 위한 토지 등의 취득 및 보상에 관한 법률' 제75조 제1항 단서 제1호 또는 제2호에 따라 지장물의 가격으로 보상한 경우, 지장물의 소유자는 같은 법 제43조에 따라 사업시행자에게 지장물을 인도할 의무가 있는지 여부(원칙적 적극)

[4] '도시 및 주거환경정비법' 제81조 제1항 단서 제2호에서 정한 '공익사업을 위한 토지 등의 취득 및 보상에 관한 법률'에 따른 손실보상이 완료되기 위해서는 협의나 수용재결 등에 따른 주거이전비 등의 지급이 이루어져야 하는지 여부(적극) 및 주거이전비 등의 지급이 이루어지지 않은 경우, 관리처분계획의 인가·고시가 있더라도 종전 토지 또는 건축물의 소유자·임차권자 등 권리자가 종전 토지나 건축물을 사용·수익할 수 있는지 여부(적극) / 주거이전비 등을 지급할 의무가 있는 사업시행자가 종전 토지나 건축물을 사용·수익하고 있는 현금청산대상자를 상대로 불법점유로 인한 손해배상을 청구할 수 있는지 여부(소극)

[5] 甲 주택재개발정비사업조합이 시행하는 정비사업을 위하여 지방토지수용위원회가 乙 등이 소유하는 토지를 수용하고 지장물로 분류된 그 지상 건물을 이전하는 내용의 수용재결을 함에 따라, 甲 조합이 乙 등을 피공탁자로 하여 수용재결에 따른 손실보상금을 공탁한 다음, 위 토지 및 건물에 관하여 수용을 원인으로 하는 소유권이전등기를 마쳤는데, 수용재결 전 乙 등으로부터 위 건물의 각 층을 임차한 丙 등 임차인들이 수용개시일 이후에도 임차부분을 더 점유·사용하다가 퇴거하자, 甲 조합이 수용을 통해 소유권을 취득한 후에도 乙 등이 위 토지와 건물을 불법점유하였다며 乙 등을 상대로 차임 상당의 손해배상을 구한 사안에서, 위 건물은 지장물 보상대상으로 분류되어 이전할 대상이 되었을 뿐 소유권이 여전히 乙 등에게 있고, 설령 甲 조합이 위 건물을 수용으로 원시취득하였다고 보더라도 乙 등은 수용개시일 이후에도 임차인들을 통해 위 건물을 간접점유하고 있었다고 볼 수 있으므로, 결국 乙 등은 甲 조합이 토지를 수용한 이후에도 건물의 소유를 위하여 대지인 토지를 권원 없이 점유하고 있었고, 손실보상 이후 위 토지 외에 지장물인 건물을 甲 조합에 인도할 의무도 있었으므로, 임차인들에게 임대보증금을 반환하면서 적시 인도를 위해 노력했다는 등의 특별한 사정이 없는 한, 乙 등은 甲 조합에 인도하지 않은 토지의 차임 상당액 등의 손해를 배상할 의무가 있다고 볼 수 있는데도, 이와 달리 보아 甲 조합의 청구를 배척한 원심판단에 법리오해 등의 잘못이 있다고 한 사례

VI 기타

1. 1장의 문서로 철거명령과 계고처분이 이루어진 경우

계고서라는 명칭의 1장의 문서로서 일정 기간 내에 철거할 것을 명함과 동시에 소정기간 내에 철거하지 않는 경우 대집행을 할 뜻을 계고한 경우 철거명령과 계고처분은 독립하여 있는 것으로서 각 그 요건이 충족되었다고 볼 것이다. 이에 대해 다수 견해는 대집행법 제3조가 상대방에게 부여한 상당한 기간의 이익을 박탈하는 것이므로 위법하다고 보아야 한다고 한다.

계고는 대집행을 할 뜻을 알리는 행위이므로, 계고 당시에 대집행 요건이 충족되어야 한다. 사안에서 계고처분의 대상은 철거행위이므로 계고 시에 철거명령에 응하지 않는 의무불이행이 성립되어야 한다. 철거명령과 계고를 동시에 하는 경우에는 철거명령에 대한 의무불이행이 성립되지 않은 시점이기에 계고요건을 갖추지 못한 것이라는 문제가 지적될 수 있다.

2. 계고처분의 위법성(대판 2010.6.24, 2010두1231)

[2] 행정청이 토지구획정리사업의 환지예정지를 지정하고 그 사업에 편입되는 건축물 등 지장물의 소유자 또는 임차인에게 지장물의 자진이전을 요구한 후 이에 응하지 않자 지장물의 이전에 대한 대집행을 계고하고 다시 대집행영장을 통지한 사안에서, 위 계고처분 등은 행정대집행법 제2조에 따라 명령된 지장물 이전의무가 없음에도 그러한 의무의 불이행을 사유로 행하여진 것으로 위법하다고 한 사례

3. 공작물철거 후 토지인도명령

수용재결이 있는 경우 제43조는 인도, 이전의무를 부과하고 있는데, 공작물이전명령 및 토지인도명령은 이에 근거하거나 위 법령상의 의무를 확인시켜주는 행위로 볼 수 있다.

> 공작물이전명령 및 토지인도명령은 의무부과행위가 아니다.

4. 아무런 권원 없이 국유재산에 설치한 시설물에 대하여 행정청이 행정대집행을 할 수 있음에도 민사소송의 방법으로 그 시설물의 철거를 구하는 것이 허용되는지 여부(소극)(대판 2009.6.11, 2009다1122)

5. '공익사업을 위한 토지 등의 취득 및 보상에 관한 법률' 제89조의 취지(서울행법 2010.1.7, 2009구합32598)

공익사업을 위한 토지 등의 취득 및 보상에 관한 법률 제89조는 대집행에 관한 개별적인 근거 규정을 마련함과 동시에 행정대집행법상의 대집행 요건 및 절차에 관한 일부 규정만을 준용한다는 취지에 그치는 것이고, 그것이 대체적 작위의무에 속하지 아니하여 원칙적으로 대집행의 대상이 될 수 없는 다른 종류의 의무에 대하여서까지 강제집행을 허용하는 취지는 아니다.

> 토지보상법 제89조의 대집행 대상은 대체적 작위의무에 한정된다는 것이 판례의 태도이다.

6. 대한주택공사가 법령에 의하여 대집행권한을 위탁받아 공무인 대집행을 실시하기 위하여 지출한 비용을 행정대집행법 절차에 따라 국세징수법의 예에 의하여 징수할 수 있는지 여부(적극)(대판 2011.9.8, 2010다48240)

7. 국가배상청구요건(공무원의 과실책임 및 선택적 청구)(대판 2014.4.24, 2012다36340 · 36357)

[판시사항]

[1] 공무원이 직무를 수행하면서 경과실로 타인에게 손해를 입힌 경우, 공무원 개인의 손해배상책임이 인정되는지 여부(소극)

[2] 국민임대주택단지 조성사업의 시행자인 에스에이치공사가 갑 소유의 비단잉어 등 지장물을 이전하게 하는 수용재결을 받아 수용보상금을 공탁한 후 대집행을 신청하여 을 구청장이 공사 직원들을 집행책임자로 지정하여 대집행 계고서와 대집행영장을 발부하고, 공사는 이를 받아 공란으로 되어 있던 이행기한이나 대집행일자를 기재한 다음 대집행을 실행한 사안에서, 위 공사는 집행책임자로 지정된 공사 직원들과는 달리 대집행 실행으로 갑이 입은 손해에 대하여 경과실만이 있다는 이유로 배상책임을 면할 수 없다고 한 사례

[이유]

1. 원고의 상고이유에 대하여

원심판결 이유에 의하면 원심은, 원고가 피고 소유의 이 사건 비단잉어 등을 보관한 주식회사 서비스 에스코트(이하 '서비스 에스코트'라고 한다)에 그 보관비용으로 122,936,000원을 지급하기는 하였으나, 이 사건 대집행 당시 비단잉어 등이 집단 폐사함에 따라 당초의 계획보다 비단잉어 등의 보관을 위하여 사용된 수조의 수량이 줄었고, 이를 감안하면 이 사건 비단잉어의 보관을 위하여 지출됨이 상당한 비용은 72,226,000원인 사실 등을 인정한 다음, 사무관리자가 비용을 과다하게 지출한 경우에는 사회통념상 상당하다고 인정되는 범위 내에서 지출된 금액만이 진정한 사무관리비용에 해당하여 본인을 상대로 그 상환을 청구할 수 있다는 이유를 들어, 원고가 피고를 상대로 사무관리비용으로서 상환을 청구할 수 있는 보관비용은 72,226,000원에 한정된다는 취지로 판단하고, 이를 초과하는 금액에 대한 원고의 사무관리비용 상환청구를 배척하였다. 원심의 이러한 판단은 원고가 서비스 에스코트에 지급한 보관비용이 전부 사무관리비용임을 전제로 하여 이를 적절히 감액한다는 취지가 아니라, 이 사건 비단잉어 등이 폐사되어 그 보관 규모가 줄어든 탓에 원고가 실제 지출한 보관비용은 과다하여 이를 전부 사무관리비용이라고 할 수는 없고 위 72,226,000원 상당의 보관비용만이 진정한 사무관리비용에 해당한다는 취지이므로, 거기에 사무관리비용의 반환 범위에 관한 법리 등을 오해하거나 논리와 경험의 법칙을 위반하여 자유심증주의의 한계를 벗어나거나 필요한 심리를 다하지 아니하는 등의 위법이 없다. 다만 이 사건 보관비용은 필요비로 보아야 할 것이어서 원심이 이를 유익비로 판단한 부분은 잘못이나, 이로써 판결 결과에 영향을 미쳤다고 보이지는 아니한다.

2. 반소 청구에 관한 피고의 상고이유에 대하여

구 국가배상법(2009.10.21. 법률 제9803호로 개정되기 전의 것, 이하 같다) 제2조 제1항 본문 및 제2항에 따르면, 공무원이 공무를 수행하는 과정에서 위법행위로 타인에게 손해를 가한 경우에 국가 등이 손해배상책임을 지는 외에 그 개인은 고의 또는 중과실이 있는 경우에는 손해배상책임을 지지만 경과실만 있는 경우에는 그 책임을 면한다고 해석된다(대판 2010.1.28, 2007다82950·82967 참조). 위 규정의 입법 취지는 공무원의 직무상 위법행위로 타인에게 손해를 끼친 경우에는 변제자력이 충분한 국가 등에게 선임감독상 과실 여부에 불구하고 손해배상책임을 부담시켜 국민의 재산권을 보장하되, 공무원이 직무를 수행함에 있어 경과실로 타인에게 손해를 입힌 경우에는 그로 인하여 발생한 손해에 대하여 공무원 개인에게는 배상책임을 부담시키지 아니하여 공

무원의 공무집행의 안정성을 확보하려는 데에 있기 때문이다(대판 1996.2.15, 95다38677 全合 참조).

원심판결 이유와 기록에 의하면, 원고는 국민임대주택단지 조성사업의 시행자로서 위 사업의 시행을 위해 피고 소유의 이 사건 비단잉어 등 지장물을 이전하게 하는 수용재결을 받아 그 수용보상금을 공탁한 사실, 그 후 원고는 2회에 걸쳐 피고에게 지장물의 자진 이전을 촉구하였으나 피고가 이를 이행하지 아니하자, 구 공익사업을 위한 토지 등의 취득 및 보상에 관한 법률(2011.8.4. 법률 제11017호로 개정되기 전의 것) 제89조 제1항에 따라 양천구청장에게 행정대집행법이 정하는 바에 따른 대집행을 신청한 사실, 양천구청장은 원고의 직원들을 집행책임자로 지정하여 원고에게 대집행 계고서와 대집행영장을 발부하였고, 원고는 이를 교부받아 공란으로 되어 있던 이행기한이나 대집행일자를 기재한 다음 피고에게 송부하면서 자진 이전을 촉구한 사실, 그럼에도 피고가 이에 응하지 아니하자 양천구청장으로부터 교부받은 대집행영장에 터 잡아 이 사건 비단잉어 등을 이전하는 대집행을 실행한 사실, 한편 원고는 '행정대집행으로 인한 사유재산권의 침해가 발생치 않도록 지장물 소유자 및 이해관계인과 최대한 성실히 자진 이전을 협의(계고)하고, 부득이한 경우 최종수단으로 대집행 시행 여부를 판단할 것', '행정대집행과 관련하여 향후 민·형사상 책임이 발생하더라도 대집행자인 원고가 책임을 지고 해결에 최선을 다할 것' 등을 조건으로 하여 양천구청장으로부터 위와 같이 계고서와 대집행영장을 발부받은 사실 등을 알 수 있다.

위 사실관계에 의하여 인정되는 다음과 같은 사정, 즉 이 사건 비단잉어 등을 이전하는 대집행은 원고가 자신의 사업을 시행하기 위하여 반드시 필요한 것으로서 원고의 적극적인 요청에 따른 대집행영장의 발부에 터 잡아 이루어진 것인 점, 원고는 자신의 독자적인 판단에 따라 그 대집행의 실행 여부와 그 시기, 방법 등을 결정한 점, 원고는 이 사건 비단잉어 등의 이전 과정에서 민·형사상 책임이 발생할 경우 이를 책임진다는 조건 아래 대집행영장을 발부받아 대집행을 실행한 것인 점 등을 고려하면, 이 사건 비단잉어 등을 이전하는 대집행의 실행은 공무원의 경과실에 대한 면책을 통해 공무집행의 안정성을 확보할 필요가 있는 경우에 해당한다고 보기 어려우므로, 원고는 집행책임자로 지정된 원고의 직원들과는 달리 그 대집행의 실행으로 인하여 피고가 입은 손해에 대하여 경과실만이 있다는 이유로 배상책임을 면할 수 없다고 보아야 한다.

> 판례는 공무원의 과실책임규정(국가배상법 제2조)에 대해서 경과실인 경우에는 공무원의 배상책임을 부정하고 있다. 이 경우 국가나 지방자치단체를 피고로 손해배상을 청구해야 하며, 국가 및 지방자치단체와 공무원 중 선택하여 손해배상을 청구할 수 있는지도 문제될 수 있다.

8. 목적물의 하자담보 책임이 인도이전 의무에 포함되는지 여부(대판 2001.1.16, 98다58511)

[판시사항]

[1] 토지수용법 제63조에 의한 토지소유자의 토지 등 인도의무에 목적물에 대한 하자담보책임이 포함되는지 여부(소극)

[2] 토지수용법 제63조의 규정에 의하여 수용 대상 토지에 있는 물건에 관하여 권리를 가진 자가 기업자에게 이전할 의무를 부담하는 물건의 의미
[3] 제3자가 무단으로 폐기물을 매립하여 놓은 상태의 토지를 수용한 경우, 위 폐기물은 토지의 토사와 물리적으로 분리할 수 없을 정도로 혼합되어 있어 독립된 물건이 아니며 토지수용법 제49조 제1항의 이전료를 지급하고 이전시켜야 되는 물건도 아니어서 토지소유자는 폐기물의 이전의무가 있다고 볼 수 없다고 한 원심의 판단을 수긍한 사례
[4] 수용재결이 있은 후에 수용 대상 토지에 숨은 하자가 발견되었으나 기업자가 불복절차를 취하지 않음으로써 그 재결에 대하여 더 이상 다툴 수 없게 된 경우, 기업자가 민사소송절차로 토지소유자에게 부당이득의 반환을 구할 수 있는지 여부(소극)

[판결요지]

[1] 토지수용법에 의한 수용재결의 효과로서 수용에 의한 기업자의 토지소유권취득은 토지소유자와 수용자와의 법률행위에 의하여 승계취득하는 것이 아니라, 법률의 규정에 의하여 원시취득하는 것이므로, 토지소유자가 토지수용법 제63조의 규정에 의하여 부담하는 토지의 인도의무에는 수용목적물에 숨은 하자가 있는 경우에도 하자담보책임이 포함되지 아니하여 토지소유자는 수용시기까지 수용 대상 토지를 현존 상태 그대로 기업자에게 인도할 의무가 있을 뿐이다.
[2] 토지수용법 제63조의 규정에 의하여 수용 대상 토지에 있는 물건에 관하여 권리를 가진 자가 기업자에게 이전할 의무를 부담하는 물건은 같은 법 제49조 제1항에 의하여 이전료를 보상하고 이전시켜야 할 물건을 말한다.
[3] 제3자가 무단으로 폐기물을 매립하여 놓은 상태의 토지를 수용한 경우, 위 폐기물은 토지의 토사와 물리적으로 분리할 수 없을 정도로 혼합되어 있어 독립된 물건이 아니며 토지수용법 제49조 제1항의 이전료를 지급하고 이전시켜야 되는 물건도 아니어서 토지소유자는 폐기물의 이전의무가 있다고 볼 수 없다고 한 원심의 판단을 수긍한 사례
[4] 수용재결이 있은 후에 수용 대상 토지에 숨은 하자가 발견되는 때에는 불복기간이 경과되지 아니한 경우라면 공평의 견지에서 기업자는 그 하자를 이유로 재결에 대한 이의를 거쳐 손실보상금의 감액을 내세워 행정소송을 제기할 수 있다고 보는 것이 상당하나, 이러한 불복절차를 취하지 않음으로써 그 재결에 대하여 더 이상 다툴 수 없게 된 경우에는 기업자는 그 재결이 당연무효이거나 취소되지 않는 한 재결에서 정한 손실보상금의 산정에 있어서 위 하자가 반영되지 않았다는 이유로 민사소송절차로 토지소유자에게 부당이득의 반환을 구할 수는 없다.

9. 명도단행가처분(대판 2005.8.19, 2004다2809)

[판시사항]

[1] 구 토지수용법상 피수용자 등이 기업자에 대하여 부담하는 수용대상토지의 인도의무가 행정대집행법에 의한 대집행의 대상이 될 수 있는지 여부(소극)
[2] 구 토지수용법상 피수용자 등이 기업자에 대하여 부담하는 수용대상토지의 인도 또는 그 지장물의 명도의무를 피보전권리로 하는 명도단행가처분의 허용 여부(적극)

[판결요지]

[1] 피수용자 등이 기업자에 대하여 부담하는 수용대상토지의 인도의무에 관한 구 토지수용법(2002.2.4. 법률 제6656호 공익사업을 위한 토지 등의 취득 및 보상에 관한 법률 부칙 제2조로 폐지) 제63조, 제64조, 제77조 규정에서의 '인도'에는 명도도 포함되는 것으로 보아야 하고, 이러한 명도의무는 그것을 강제적으로 실현하면서 직접적인 실력행사가 필요한 것이지 대체적 작위의무라고 볼 수 없으므로 특별한 사정이 없는 한 행정대집행법에 의한 대집행의 대상이 될 수 있는 것이 아니다.

[2] 구 토지수용법(2002.2.4. 법률 제6656호 공익사업을 위한 토지 등의 취득 및 보상에 관한 법률 부칙 제2조로 폐지) 제63조의 규정에 따라 피수용자 등이 기업자에 대하여 부담하는 수용대상토지의 인도 또는 그 지장물의 명도의무 등이 비록 공법상의 법률관계라고 하더라도, 그 권리를 피보전권리로 하는 명도단행가처분은 그 권리에 끼칠 현저한 손해를 피하거나 급박한 위험을 방지하기 위하여 또는 그 밖의 필요한 이유가 있을 경우에는 허용될 수 있다.

10. 부동산명도단행가처분(대구지방법원 서부지원 2020.9.16, 2020카합5081 : 확정 [부동산명도단행가처분])

[판시사항]

갑 주택재개발정비사업조합이 관리처분계획인가의 고시가 이루어진 후 정비사업 대상 부지 내의 주거용 건축물에서 거주하고 있는 을 등을 상대로 부동산 인도를 구하는 가처분을 신청한 사안에서, 갑 조합이 주거이전비, 이사비의 손실보상을 완료하지 않았으므로 을 등을 상대로 사용수익권에 근거한 인도청구를 할 수 없다고 한 사례

[결정요지]

갑 주택재개발정비사업조합이 관리처분계획인가의 고시가 이루어진 후 정비사업 대상 부지 내의 주거용 건축물에서 거주하고 있는 을 등을 상대로 부동산 인도를 구하는 가처분을 신청한 사안이다. 도시 및 주거환경정비법 제81조 제1항 단서 제2호는 공익사업을 위한 토지 등의 취득 및 보상에 관한 법률에 따른 손실보상이 완료되지 아니하면 소유자, 임차권자 등 권리자의 사용수익권이 정지되지 아니한다고 규정하고 있으므로, 관리처분계획인가의 고시가 있었다고 하더라도 사업시행자가 부동산을 인도받기 전에 주거이전비, 이사비(이하 '주거이전비 등'이라 한다)의 손실보상을 완료해야 함이 문언상 명백한 점, 입법 취지에 비추어 보아도 주거이전비 등의 지급의무는 선이행의무에 해당하는 점, 주거이전비 등의 지급 목적과 성격 및 그 실효성을 발휘하기 위해서는 세입자 등이 주거를 이전하기 전에 주거이전비 등이 지급되는 것이 마땅하고, 주거이전비 등의 보상은 세입자 등에게 이주에 소요되는 비용을 지급하는 것이므로 이주 이전에 지급되어야 하는 것이 논리상 타당한 점 등을 종합하면, 사업시행자인 갑 조합의 주거이전비 등 지급의무는 을 등의 부동산 인도의무보다 선이행되어야 하고, 따라서 갑 조합이 주거이전비 등 손실보상을 완료하지 않은 경우 소유자, 임차권자 등 권리자의 사용수익권이 정지되지 아니하고 갑 조합은 사용수익권을 취득하지 못하므로 을 등을 상대로 사용수익권에 근거한 인도청구를 할 수 없다고 한 사례이다.

11. 헌재(2020.5.27, 2017헌바464 · 537, 2020헌가6(병합) [합헌])

[판시사항]

수용개시일까지 토지 등의 인도의무를 정하는 '공익사업을 위한 토지 등의 취득 및 보상에 관한 법률'(2011.8.4. 법률 제11017호로 개정된 것) 제43조 중 '토지소유자 및 관계인의 수용된 토지나 물건의 인도'에 관한 부분과 그 위반 시 형사처벌을 정하는 '공익사업을 위한 토지 등의 취득 및 보상에 관한 법률'(2015.1.6. 법률 제12972호로 개정된 것) 제95조의2 제2호 중 제43조 위반행위 가운데 '토지 또는 물건을 인도하지 아니한 토지소유자 및 관계인'에 관한 부분(이하 '벌칙조항'이라 하고, 위 두 조항을 합하여 '심판대상조항'이라 한다)이 과잉금지원칙을 위반하여 재산권, 거주이전의 자유, 영업의 자유를 침해하는지 여부(소극)

[결정요지]

심판대상조항들은 효율적인 공익사업의 수행을 담보하기 위하여 수용된 토지 등의 인도의무를 형사처벌로 강제하고 있으므로 그 목적의 정당성과 수단의 적합성이 인정된다.

공익사업의 효율적인 수행을 위하여 인도의무의 강제가 불가피하나, 토지보상법은 인도의무자의 권리 제한을 최소화하기 위하여 사업 진행에 있어 의견수렴 및 협의절차를 마련하고 있고, 권리구제절차도 규정하고 있다. 또한, 행정적 조치나 민사적 수단만으로는 이 조항들의 입법목적을 달성하기 어렵고, 엄격한 경제적 부담을 수반하는 행정적 제재를 통한 강제가 덜 침해적인 방법이라고 단정하기 어렵다. 나아가, 벌칙조항은 법정형에 하한을 두고 있지 않아 행위에 상응하는 처벌이 가능하므로 이 조항들은 침해의 최소성 요건을 충족한다.

인도의무자의 권리가 절차적으로 보호되고 의견제출 및 불복수단이 마련되어 있는 점 등을 고려할 때, 인도의무의 강제로 인한 부담이 공익사업의 적시 수행이라는 공익의 중요성보다 크다고 볼 수 없어 법익균형성을 상실하였다고 볼 수 없다.

재판관 이석태, 재판관 김기영, 재판관 문형배, 재판관 이미선의 벌칙조항에 대한 반대의견

인도의무 위반행위에 대하여 형사처벌이 이루어진다고 하더라도 공익사업의 원활한 수행이 담보된다고 볼 수 없고, 형사처벌은 공익사업에 필요한 점유의 확보 등 이행 강제에 실질적인 기여를 한다고 보기 어렵다. 따라서 형사처벌은 공익사업의 효율적인 수행이라는 입법목적을 달성하기 위하여 적합한 수단이라고 인정할 수 없다.

인도의무자의 불복이 있는 경우에도, 민사소송 및 집행절차 등 공익사업을 진행할 방법이 마련되어 있으므로 형사처벌로 인도의무를 강제할 필요가 없으며, 필요에 따라 과징금이나 과태료 등으로 제재하는 것이 보다 효과적일 수 있다. 또한, 인도의무자의 공익사업 시행 방해 행위에 대하여도 이미 공무집행방해죄, 부당이득죄 등으로 얼마든지 대응 가능하므로 벌칙조항은 침해의 최소성을 충족하지 못한다.

벌칙조항으로 달성하고자 하는 공익사업의 효율성, 즉 경제적 이익은 형사처벌로 제한될 인도의무자의 기본권보다 중한 것이라고 단정할 수 없으므로 법익균형성도 충족하지 못한다.

제2절 기출분석

기출문제

[재결] 기타 [제11회 제4문]

공공사업시행 시 사업인정을 받은 토지상의 지상권자가 지상권의 손실보상을 청구하는 경우 그 지상권의 소멸절차를 설명하시오. 10점

쟁점해설

1. 논점

설문은 사업인정을 받은 공익사업이라는 점, 지상권자가 지상권에 대한 손실보상청구를 하고 있다는 점 등에 주목해야 한다. 즉, 사업인정을 받은 공익사업이므로 토지보상법을 적용해야 하고, 지상권의 손실보상을 청구하고 있으므로 사업시행자는 손실보상대상이 되는지를 판단하여 물건조서를 작성하여야 한다. 지상권 소멸은 토지소유권의 수용절차와 마찬가지로 협의에 의한 소멸과 재결에 의한 소멸절차로 구분할 수 있다.

2. 강평

설문에서 토지상의 지상권자는 지상권의 손실보상청구를 하고 있으므로 사업시행자는 먼저 그것이 손실보상대상이 되는지를 판단하여야 한다. (구)토지수용법 제45조 제1항은 관계인이 입은 손실에 대하여도 보상하도록 하고 있으므로 지상권자에게 그 지상권의 손실이 인정되면 손실보상의 대상이 됨은 의문의 여지가 없다. 유의할 것은 지상권자가 손실보상청구를 하고 있음에도 불구하고 이에 대한 보상을 하지 않고는 협의 또는 재결에 의한 토지소유권 변동 시 지상권이 당연히 소멸되거나 사업시행자에게 취득되지 않는다는 점이다.

사업시행자는 협의에 의하여 지상권자에게 손실보상을 하고 지상권을 소멸시킬 수 있다. 즉, 지상권의 손실보상대상이 인정된다고 판단되면 보상 물건조서를 작성하고, 2개 감정평가기관의 감정평가액의 산술평균치를 지상권자에게 제시하여 협의가 성립하면 말소등기로서 지상권을 소멸시킬 수 있다. 그리고 협의가 불성립하면 관할 토지수용위원회에 재결신청을 하여 그 재결의 효력으로서 지상권을 소멸시킬 수 있다. 이 경우에도 반드시 손실보상액을 지급하거나 공탁하지 않으면 아니 된다. 지상권에 대한 수용은 토지소유권의 취득수용과는 달리 소멸수용이다. 재결이 의제되는 협의성립의 확인, 화해절차도 지상권 소멸절차가 될 수 있다.

26회 문제 03

甲은 C시 소재 전(田) 700㎡(이하 '이 사건 토지'라고 한다)의 소유자로서, 여관 신축을 위하여 부지를 조성하였는데, 진입로 개설비용 3억원, 옹벽공사비용 9천만원, 토목설계비용 2천만원, 토지형질변경비용 1천만원을 각 지출하였다. 그런데 건축허가를 받기 전에 국토교통부장관이 시행하는 고속도로건설공사에 대한 사업인정이 2014년 7월 15일 고시되어 이 사건 토지 중 500㎡(이하 '이 사건 수용 대상토지'라고 한다)가 공익사업시행지구에 편입되었고, 2015년 7월 17일 관할 토지수용위원회에서 수용재결이 있었다. 그 결과 이 사건 토지에서 이 사건 수용 대상토지를 제외한 나머지 200㎡(이하 '이 사건 나머지 토지'라고 한다)는 더 이상 여관 신축의 용도로는 사용할 수 없게 되어 그 부지조성 비용은 이 사건 나머지 토지의 정상적인 용도에 비추어 보았을 때에는 쓸모없는 지출이 되고 말았다. 이에 甲은 이 사건 나머지 토지에 들인 부지조성 비용에 관하여 손실보상의 지급을 청구하고자 한다. 다음 물음에 답하시오. 20점

(2) 甲은 다른 절차를 거치지 않고 바로 국가를 상대로 손실보상을 청구하는 소송을 제기할 수 있는가? 10점

(설문 3-2)의 해결

Ⅰ. 쟁점의 정리

Ⅱ. 토지보상법상 손실보상의 청구절차

1. 손실보상의 청구절차

(1) 당사자 간의 협의 및 재결신청

(2) 재결에 대한 불복

2. 관련 판례의 태도

Ⅲ. 사안의 해결

예시답안

(설문 3-2)의 해결

Ⅰ 쟁점의 정리

甲이 잔여지 가치감소분에 대해서 다른 절차를 거치지 않고, 바로 국가를 상대로 손실보상을 청구하는 소송을 제기할 수 있는지가 문제된다. 설문의 해결을 위하여 토지보상법상 손실보상 청구절차를 검토한다.

Ⅱ 토지보상법상 손실보상의 청구절차

1. 손실보상의 청구절차

(1) 당사자 간의 협의 및 재결신청

토지보상법 제73조 제4항에서는 잔여지의 손실과 공사비 보상절차에 대해서 당사자 간의 협의를 통한 재결신청을 규정하고 있다. 따라서 당사자가 협의하여 손실보상액을 결정하되 협의가 성립되지 않은 경우에는 재결을 신청하여 손실보상의 가부 및 보상액을 결정할 수 있을 것이다.

(2) 재결에 대한 불복

토지보상법 제83조 및 제85조는 토지수용위원회의 재결에 대해서 불복하는 경우에는 이의신청 및 행정소송을 제기할 수 있다고 규정하고 있다. 따라서 보상대상에 대한 가부결정 및 보상액에 대한 불복은 행정쟁송을 통해서 다툴 수 있을 것이다. 이 경우 보상액에 대한 소송은 보상금증감청구소송이 될 것이다.

2. 관련 판례의 태도

판례는 "토지소유자가 사업시행자로부터 토지보상법 제73조에 따른 잔여지 가격감소 등으로 인한 손실보상을 받기 위하여는 토지보상법 제34조, 제50조 등에 규정된 재결절차를 거친 다음 그 재결에 대하여 불복할 때 비로소 토지보상법 제83조 내지 제85조에 따라 권리구제를 받을 수 있을 뿐이며, 이러한 재결절차를 거치지 않은 채 곧바로 사업시행자를 상대로 손실보상을 청구하는 것은 허용되지 않는다고 봄이 상당하고, 이는 수용 대상토지에 대하여 재결절차를 거친 경우에도 마찬가지"라고 판시한 바 있다(대판 2014.4.24, 2012두6773).

Ⅲ 사안의 해결

토지보상법에서는 잔여지 가치감소분에 대해서 당사자 간의 협의 및 재결절차를 규정하고 있으므로 甲은 이러한 절차를 통하여 손실보상을 청구해야 할 것이다. 따라서 이러한 절차를 거치지 않고 바로 국가를 상대로 손실보상을 청구하는 소송을 제기할 수 없다.

32회 문제 01

국토교통부장관은 2013.11.18. 사업시행자를 'A공사'로, 사업시행지를 'X시 일대 8,958,000㎡'로, 사업시행기간을 '2013.11.부터 2017.12.까지'로 하는 '◇◇공구사업'에 대해서 「공익사업을 위한 토지 등의 취득 및 보상에 관한 법률」에 따른 사업인정을 고시하였고, 사업시행기간은 이후 '2020.12.까지'로 연장되었다. 甲은 ㉮토지 78,373㎡와 ㉯토지 2,334㎡를 소유하고 있는데, ㉮토지의 전부와 ㉯토지의 일부가 사업시행지에 포함되어 있다. 종래 甲은 ㉮토지에서 하우스 딸기농사를 지어 왔고, ㉯토지에서는 농작물직거래판매장을 운영하여 왔다. 甲과 A공사는 사업시행지 내의 토지에 대해 「공익사업을 위한 토지 등의 취득 및 보상에 관한 법률」에 따른 협의 매수를 하기 위한 협의를 시작하였다. 다음 물음에 답하시오(아래의 물음은 각 별개의 상황임). 40점

(2) ㉮토지에 대하여 협의가 성립되지 않았고, A공사의 수용재결신청에 의하여 ㉮토지가 수용되었다. 甲은 ㉮토지가 수용되었음을 이유로 A공사를 상대로 「공익사업을 위한 토지 등의 취득 및 보상에 관한 법률」에 따른 재결절차를 거치지 않은 채 곧바로 농업손실보상을 청구할 수 있는지를 검토하시오. 10점

(설문 1-2)의 해결
Ⅰ. 쟁점의 정리
Ⅱ. 재결절차 없이 곧바로 농업손실보상을 청구할 수 있는지 여부
1. 보상절차 규정
2. 보상절차의 종료(보상금의 지급, 공탁)
3. 관련 판례의 태도
4. 사안의 경우

예시답안

(설문 1-2)의 해결

Ⅰ 쟁점의 정리

설문은 재결절차 없이 곧바로 농업손실보상을 청구할 수 있는지를 묻고 있다. 토지보상법상 보상절차 규정을 검토하여 사안을 해결한다.

Ⅱ 재결절차 없이 곧바로 농업손실보상을 청구할 수 있는지 여부

1. 보상절차 규정

토지보상법 제26조에서는 당사자 간 협의를 통한 보상금 산정을 규정하고 있고 당사자 간 협의가 성립되지 않는 경우에는 동법 제28조 및 제30조에 따라 토지수용위원회에 재결을 신청할 수 있다. 또한 재결에 불복하는 경우에는 동법 제83조와 제85조에 따라서 이의신청을 하거나 보상금증감청구소송을 청구할 수 있다.

2. 보상절차의 종료(보상금의 지급, 공탁)

협의 또는 재결에서 정한 보상금의 지급일까지 보상금을 지급, 공탁함으로 손실보상의 절차가 종료된다.

3. 관련 판례의 태도

토지보상법상 재결신청과 재결 및 이에 대한 불복규정 등의 내용 및 입법취지 등을 종합하면, 공익사업으로 농업의 손실을 입게 된 자가 사업시행자로부터 토지보상법 제77조 제2항에 따라 농업손실에 대한 보상을 받기 위해서는 토지보상법 제34조, 제50조 등에 규정된 재결절차를 거친 다음 그 재결에 대하여 불복이 있는 때에 비로소 토지보상법 제83조 내지 제85조에 따라 권리구제를 받을 수 있을 뿐, 이러한 재결절차를 거치지 않은 채 곧바로 사업시행자를 상대로 손실보상을 청구하는 것은 허용되지 않는다.

4. 사안의 경우

토지보상법은 협의절차와 재결절차를 보상금결정 절차로 규정하고 있으므로 이러한 재결절차를 거치지 않고 곧바로 사업시행자를 상대로 손실보상을 청구하는 것은 허용되지 않을 것이다.

기출문제

[재결] 수용의 효과 [제5회 제1문]

토지수용의 효과를 논하시오. 50점

Ⅰ. 서설
1. 공용수용의 의의
2. 공용수용의 일반적 효과

Ⅱ. 수용의 효과발생시기
1. 수용절차의 종결시기
(1) 협의의 성립
(2) 화해조서의 작성
(3) 재결
2. 수용절차의 종결 시 효과
3. 수용개시일의 효과

Ⅲ. 기업자(사업시행자)에 대한 효과
1. 손해보상금의 지급 또는 공탁의무
2. 권리의 취득
3. 목적물의 인도ㆍ이전 불이행 시 대행 대집행 청구권
4. 위험부담의 이전
5. 담보물권자의 물상대위

Ⅳ. 피수용자에 대한 효과
1. 목적물의 인도ㆍ이전의무
2. 손실보상청구권과 기타 청구권
3. 환매권

Ⅴ. 결론

쟁점해설

설문은 토지수용의 효과에 관한 것이다. 이는 다른 말로 하면 공용수용의 효과를 묻는 것과 다름이 없다. 이에 관하여는 기본적으로 다음의 내용을 정리하면 될 것이다. 우선적으로 토지수용의 개념과 제도적 의의, 토지수용 효과의 발생시기 그리고 토지수용의 대물적 효과의 개별적 내용을 설명하면 된다.

가장 중요한 핵심은 마지막 사항이다. 이를 어떠한 기준에 의하여 분류하든 그 내용을 체계적으로 정리하는 것이 본 설문의 가장 핵심이 된다. 이에 대해서는 그 내용을 다시 권리의 취득 또는 제한, 위험부담의 이전, 토지ㆍ물건의 인도ㆍ이전 등, 손실보상, 환매권 등으로 나누어 논하면 될 것이다. 이때에는 손실보상부분과 환매권부분에 관한 보충적 설명이 또한 필요하게 될 것이다.

이러한 설명이 다 된 후에는 토지수용재결에 대한 권리구제문제도 검토되어야 한다. 이는 이의신청과 행정소송으로 나누어서 검토되어야 할 것이다.

기출문제

[재결] 기타 [제7회 제1문]

무효인 재결과 취소할 수 있는 재결을 예시하여 설명하고, 양자의 구별실익을 논급하시오. 50점

Ⅰ. 서설
  1. 재결의 의의
  2. 무효와 취소의 구별기준(학설 · 판례 : 중대명백설)
Ⅱ. 무효인 재결(무효인 재결의 예시)
Ⅲ. 취소할 수 있는 재결(취소할 수 있는 재결의 예시)
Ⅳ. 양자의 구별실익
  1. 선결문제
  2. 행정쟁송 제기요건과의 관계(제소기간, 행정심판 전치주의)
  3. 행정쟁송의 형식과의 관계
  4. 사정재결 및 사정판결과의 관계
  5. 하자의 승계와의 관계
  6. 하자의 치유와 전환과의 관계
Ⅴ. 결어

교수강평

1. 논점 · 채점기준

① 제1문의 논점은 서론에서 재결의 의의를 언급하고 재결하자와 관련시켜 무효사유와 취소사유가 있다는 원칙적인 설명을 하고, 이와 관련하여 무효와 취소의 구별학설에 관하여 언급하되 통설인 중대명백설의 입장을 취하여 논리를 전개하여야 할 것이다.

② 무효인 재결(재결이 지닌 하자가 어떤 경우에 중대하고 명백한 것인지의 여부)과 취소할 수 있는 재결(예컨대 취소사유에 해당하는 권한초과, 행위능력결여, 공서양속위반행위, 경미한 법규위반, 불문법 또는 공익위반, 경미한 절차나 형식의 결여 등이 재결과 관련해서 행해진 것인지의 여부)에 대하여 큰 항목을 설정, 구분하여 설명하되 그 구체적인 예를 들어야 할 것이다.

③ 그리고 무효인 재결과 취소할 수 있는 재결을 구별해야 하는 실익[선결문제, 행정쟁송제기요건과의 관계(제소기간, 행정심판 전치주의), 행정쟁송의 형식과의 관계, 사정재결 및 사정판결과의 관계, 하자의 승계와의 관계, 하자의 치유와 전환과의 관계]을 구체적으로 언급하고, 종합적인 검토 내지 평가를 함에 있다.

④ 제1문의 채점기준은 1. 서론(5점), 2. 무효인 재결(10점), 3. 취소할 수 있는 재결(10점), 4. 양자의 구별실익(20점), 5. 평가(5점)에 두었다.

2. 채점평

① 제1문의 경우 수험생의 답안은 대체로 재결의 절차에 중점을 두어 언급하면서 무효인 재결

과 취소할 수 있는 재결의 구분이나 그 구체적인 예 및 구별실익에 대하여는 언급을 소홀히 하는 경우가 많았으며, 재결의 법적 성질을 강조하여 설명하는 답안도 의외로 많았다. 재결의 흠을 언급함에 있어 주체・내용・형식・절차로 구분하여 설명하는 답안도 많았으며, 이와 같은 답안은 나름대로 노력한 흔적이 돋보이기는 하지만, 무효인 재결과 취소할 수 있는 재결을 큰 항목으로 구분하여 논점을 정리하는 답안형식이 보다 바람직하다고 할 수 있다.

② 답안 중에는 무효와 취소의 구별에 관한 학설을 제대로 설명하는 경우도 있었으나, 많은 답안은 그와 같은 학설에 대한 언급을 소홀히 하면서 재결이 지닌 흠에 대하여 학설의 인용 없이 '무효사유이다.' 또는 '취소사유이다.'라고 설명하였다.

③ 무효와 취소의 구별실익에 대해서 학설상의 이론을 충실히 설명한 답안도 있었지만, 대체로는 구별실익 중 한 두 가지의 예를 언급함에 그치는 경우가 많았다. 반면에 사업인정과 재결과의 관계에서 하자의 승계문제에 대하여 큰 비중을 두고 언급한 답안이 의외로 많았다. 답안에서 적시된 무효사유를 보면, 협의절차의 누락, 관계서류의 열람・의견청취절차의 누락, 사업인정절차를 누락한 수용재결, 재결신청이 없는데 행해진 재결, 재결의 형식결여, 관할을 위반한 재결, 사업인정이 실효된 이후에 행해진 재결, 위원회 구성에 흠결이 있는 위원회의 재결, 수용목적물이 아닌 물건에 대한 수용재결 등이었으며, 취소사유로는 통지의무위반, 재결기간의 경과, 관계기관과의 협의 등의 생략, 사업인정고시에서 토지세목을 누락한 사업인정에 근거한 재결, 단순 절차를 결한 재결 등이다.

④ 답안 중에는 실효사유를 무효사유로 적시한 경우도 많았다.

쟁점해설

무효인 재결과 취소할 수 있는 재결의 예 정도는 기억해야 할 것이다.

1. 무효인 재결의 예시

사업인정절차를 누락한 수용재결, 재결신청이 없는데 행해진 재결, 재결의 형식결여, 관할을 위반한 재결, 사업인정이 실효된 이후에 행해진 재결, 위원회 구성에 흠결이 있는 위원회의 재결, 수용목적물이 아닌 물건에 대한 수용재결 등

2. 취소할 수 있는 재결의 예시

취소사유에 해당하는 권한초과, 행위능력결여, 공서양속위반행위, 경미한 법규위반, 불문법 또는 공익위반, 경미한 절차나 형식의 결여 등이 재결과 관련해서 행해진 것인지의 여부
통지의무위반, 재결기간의 경과, 관계기관과의 협의 등의 생략, 사업인정 고시에서 토지세목을 누락한 사업인정에 근거한 재결, 단순 절차를 결한 재결, 협의절차의 누락, 관계서류의 열람・의견청취절차의 누락 등

기출문제

[재결] 수용의 효과 [제16회 제3문]

토지 · 물건의 인도 · 이전의무에 대한 실효성 확보수단에 대해 설명하시오. 20점

쟁점해설

인도 · 이전의무에 대한 실효성 확보수단으로는 ① 대행, ② 대집행, ③ 기타 실효성 확보수단으로 직접강제 등이 있다. 특히 대집행의 경우 명도의무에 대한 대집행이 가능한지에 대한 논의가 필요하고 직접강제는 가장 침익적인 수단인바 개별법에 명문의 규정이 있는 경우에만 가능하다고 볼 것이다.

Ⅰ. 서설*
Ⅱ. 인도 · 이전의무와 의무이행 확보수단
  1. 인도 · 이전의무(제43조)
  2. 대행(제44조)
    (1) 의의 및 취지
    (2) 법적 성질
    (3) 요건 및 절차
    (4) 대행청구대상의 범위
  3. 대집행
    (1) 의의 및 취지
    (2) 요건
      1) 신청요건
      2) 실행요건(행정대집행법 제2조)
      3) 의무이행자의 보호(제89조 제3항)
    (3) 인도 · 이전의무가 대집행 대상인지
      1) 문제점
      2) 견해의 대립
      3) 판례
      4) 검토
    (4) 비대체적 작위의무 불이행의 대책
      1) 각국의 예
      2) 대책
  4. 행정벌
Ⅲ. 결어
Ⅳ. 관련 문제(대집행실행 시 철거민의 저항에 대한 실력행사의 가부)
  1. 문제점
  2. 견해의 대립
  3. 검토

예시답안

Ⅰ 서설

수용의 효과로서 인도 · 이전의무를 강행규정으로 정한 취지는 공익사업의 원활한 수행을 위함이며, 이의 확보수단으로 대행(제44조), 대집행(제89조), 행정형벌(제97조)을 두고 있다.

Ⅱ 인도 · 이전의무와 의무이행 확보수단

1. 인도 · 이전의무(제43조)

토지소유자 및 관계인 기타 수용 또는 사용할 목적물에 대해 권리를 가진 자는 수용 또는 사용의 개시일까지 해당 토지나 물건을 사업시행자에게 인도하거나 이전하여야 한다.

2. 대행(제44조)

(1) 의의 및 취지

① 토지나 물건을 인도・이전하여야 할 자가 고의나 과실 없이 그 의무를 수행할 수 없을 때 또는 사업시행자가 과실 없이 토지나 건물의 인도・이전할 의무가 있는 자를 알 수 없을 때에 사업시행자의 신청에 의하여 시・군・구청장이 대행하는 것으로, ② 사업의 원활한 시행을 위해 인정된다.

(2) 법적 성질

① 행정대집행의 일종으로 보는 견해가 있으나, ② 이는 대집행의 요건 및 절차가 적용되지 않으므로 토지보상법 제89조(대집행) 요건에 해당하지 않는 부분의 특례로 보는 것이 타당하다.

(3) 요건 및 절차

① 인도, 이전의무자가 고의, 과실 없이 의무를 이행할 수 없거나, ② 사업시행자가 과실 없이 의무자를 알 수 없을 때, ③ 사업시행자의 신청에 의하여 대행한다.

(4) 대행청구대상의 범위

수용목적물이 아니더라도 사업추진에 방해가 되는 것이면 대행청구의 대상이 된다고 본다.

3. 대집행

(1) 의의 및 취지

공법상 대체적 작위의무의 불이행 시 행정청이 그 의무를 스스로 행하거나 제3자로 하여금 행하게 하고 의무자로부터 비용을 징수하는 것으로 토지보상법 제89조에서 규정하고 있다. 이는 공익사업의 원활한 수행을 위한 제도적 취지가 인정된다.

> **공법상 대체적 작위의무**
>
> 법률에 의하여 직접 명령되었거나 법률에 의거한 행정청의 명령에 의하여 명하여진 의무로서 타인이 대신 행할 수 있는 의무

(2) 요건

1) 신청요건

① 이 법 또는 이 법에 의한 처분으로 생긴 의무를 이행하지 않거나, ② 기간 내에 의무를 완료하기 어려운 경우, ③ 의무자로 하여금 의무를 이행하게 함이 현저히 공익을 해한다고 인정되는 경우에 사업시행자는 시・도지사 및 시・군・구청장에게 대집행을 신청할 수 있다. 토지보상법 제89조에서는 시・도지사 및 시・군・구청장은 정당한 사유가 없는 한 이에 응해야 한다고 규정하고 있다. 단, 사업시행자가 국가나 지방자치단체인 경우에는 「행정대집행법」에서 정하는 바에 따라 직접 대집행을 할 수 있다.

2) 실행요건(행정대집행법 제2조)

① 공법상 대체적 작위의무의 불이행, ② 다른 수단으로의 이행확보가 곤란하며, ③ 의무 불이행 방치가 심히 공익을 해한다고 인정될 것, ④ 요건충족 시에도 대집행권 발동 여부는 재량에 속한다.

3) 의무이행자의 보호(제89조 제3항)

국가・지방자치단체는 의무를 이행해야 할 자의 보호를 위하여 노력하여야 한다. 이는 공익사업 현장에서 인권침해 방지를 위한 노력을 강구하고자 하는 입법적 취지가 있다.

(3) 인도・이전의무가 대집행 대상인지

1) 문제점

인도・이전의무는 비대체적 작위의무인데 토지보상법 제89조에서는 이 법에 의한 의무로 규정하는 바, 토지보상법 제89조 규정을 대집행법의 특례규정으로 보아 대집행을 실행할 수 있는지가 문제된다. 즉, 토지 등의 인도를 신체의 점유로써 거부하는 경우 이를 실력으로 배제할 수 있는가가 문제된다.

2) 견해의 대립

① 제89조는 수용자 본인이 인도한 것과 같은 법적 효과 발생을 목적으로 하므로(합리적, 합목적 해석) 대집행을 긍정하는 견해, ② 제89조의 의무도 대체적 작위의무에 한정된다고 보아 부정하는 견해가 대립된다.

3) 판례

① 도시공원시설인 매점점유자의 점유배제는 대체적 작위의무에 해당하지 않으므로 대집행의 대상이 아니라고 한다(대판 1998.10.23, 97누157). ② 토지보상법 제89조의 '인도'에는 명도도 포함되는 것으로 보아야 하고, 이러한 명도의무는 그것을 강제적으로 실현하면서 직접적인 실력행사가 필요한 것이지 대체적 작위의무라고 볼 수 없으므로 특별한 사정이 없는 한 행정대집행법에 의한 대집행의 대상이 될 수 있는 것은 아니다. ③ 철거의무 약정을 하였다 하더라도 그 명도의무는 대집행대상이 아니라고 판시한 바 있다.

> 명도는 토지나 건물로부터 존치물건을 반출하고 사람을 퇴거시켜 그것을 타인에게 인도하는 것을 말한다.

4) 검토

대집행은 국민의 권익침해의 개연성이 높으므로 토지보상법 제89조의 의무를 법치행정의 원리상 명확한 근거 없이 비대체적 작위의무로까지 확대해석할 수 없다고 할 것이다.

(4) 비대체적 작위의무 불이행의 대책

1) 각국의 예

① 독일은 실력행사를 규정하고, ② 일본은 공무집행방해죄 등을 적용하고 있으며, ③ 우리나라는 실무상 인도불응 시에 소유권이전등기 및 명도소송을 활용하고 있다.

2) 대책

토지보상법 제97조에서는 인도・이전의무 불응 시에 200만원 이하의 벌금을 규정하고 있으나 궁극적으로는 ① 공익사업의 홍보 및 피수용자와의 관계개선을 통하여 자발적 참여를 도모하는 것이 중요하고, ② 입법적으로 직접강제 및 새로운 실효성 확보수단의 법적 근거를 마련해야 할 것이다.

4. 행정벌

행정벌이란 행정법상의 의무위반에 대한 제재로서 행정형벌과 행정질서벌이 있다. 제93조 및 제97조는 행정형벌의 근거가 되며, 제99조는 행정질서벌의 근거가 된다.

Ⅲ 결어

토지보상법상 대행・대집행은 공익목적달성을 위한 실효성 확보수단이다. 다만, 이들은 국민의 권리침해의 개연성이 높으므로 법치행정의 원리상 엄격한 법적 근거, 요건 및 절차에 따라 이루어져야 할 것이다.

Ⅳ 관련 문제(대집행실행 시 철거민의 저항에 대한 실력행사의 가부)

1. 문제점

실력행사가 대집행 일부로서 인정되는지가 문제된다.

2. 견해의 대립

① 필요한 한도에서 부득이한 실력행사는 대집행에 수반된 기능으로 보아서 실력행사가 가능하다는 견해와 ② 입법상 명문규정이 없으면 부정되며, 이는 신체에 대한 물리력 행사이므로 대집행에 포함될 수 없고 직접강제의 대상이 된다는 견해가 있다.

3. 검토

이는 행정의 이행확보란 공익과 국민의 기본권 보호라는 사익을 형량하여 해결해야 할 것이다. 최근 토지보상법 제89조 제3항에서는 의무이행자의 보호를 규정하는바 사익보호성이 강조된다고 본다. 따라서 명문규정이 없으면 부정된다고 생각된다.

기출문제

[재결] 수용의 효과 [제22회 제3문]

A시는 시가지 철도이설사업을 시행하기 위하여 공익사업을 위한 토지 등의 취득 및 보상에 관한 법률 제16조에 따라 주택용지를 협의취득하면서 그에 따른 일체의 보상금을 B에게 지급하였고, B는 해당 주택을 자진철거하겠다고 약정하였다. B가 자진철거를 하지 않을 경우 B의 주택에 대하여 대집행을 할 수 있는지 판단하시오. 20점

Ⅰ. 쟁점의 정리
Ⅱ. 토지보상법 제16조 규정상 협의의 법적 성질
  1. 협의의 의의 및 필수적 절차규정인지 여부
  2. 협의의 법적 성질
    (1) 견해의 대립
    (2) 판례의 태도
    (3) 검토
Ⅲ. 주택철거약정이 대집행의 대상인지 여부
  1. 대집행의 의의 및 요건
  2. 주택철거약정이 공법상 의무인지 여부
    (1) 관련 판례의 태도
    (2) 검토
  3. 토지보상법 제89조의 적용 여부
Ⅳ. 사안의 해결

쟁점해설

설문은 대집행의 요건 중 공법상 의무에 해당하는지가 쟁점이다. 협의취득의 법적 성질을 사법상 계약으로 보는 판례의 태도를 서술하고 이에 대한 포섭을 하면 무난할 것이다.

예시답안

Ⅰ 쟁점의 정리

공익사업을 위한 토지의 취득에는 토지 등의 소유자의 의사에 반하는 강제취득인 공용수용 이외에 공용수용의 주체와 토지 등의 소유자 사이의 협의에 의한 취득이 가능하다.

협의취득에는 사업인정 이전의 협의취득과 사업인정 이후의 협의취득이 있는데, 사안에서의 협의취득은 사업인정 이전의 협의취득이다.

이러한 사업인정 이전의 협의취득의 계약내용으로 주택의 자진철거를 약정하였으나, 이를 이행하지 않은 경우에 대집행을 적용할 수 있는지가 문제된다. 논의의 전제로서 사업인정 이전의 협의의 법적 성질을 살펴본다.

Ⅱ 토지보상법 제16조 규정상 협의의 법적 성질

1. 협의의 의의 및 필수적 절차규정인지 여부

사업인정 전 협의란 공익사업의 목적물인 토지 등의 사용 또는 수용에 대한 사업시행자 및 토지소유자 간의 의사의 합치를 말한다. 공용수용 이전의 협의취득절차는 의무적인 절차는 아니며 공익사업의 주체가 이 절차를 거칠 것인지 여부를 결정한다. 공익사업의 주체는 협의에 의해 취득되지 못한 토지 등에 한하여 공용수용절차를 개시할 수 있다.

2. 협의의 법적 성질

(1) 견해의 대립

일부견해는 사업인정 전 협의취득도 실질적으로는 공익목적의 토지취득절차이므로 사법상의 토지매매계약으로는 볼 수는 없고 공법적 성질을 가지는 것으로 보아야 한다고 한다. 그러나 법률관계의 공법성 주장은 사법적인 법률관계와 비교하여 그 특수성이 인정될 때에만 주장되는 매우 제한적인 것이다. 협의취득은 공용수용과 달리 사업시행자가 그 사업에 필요한 토지 등을 사경제주체로서 취득하는 행위이므로 그것은 사법상의 매매행위의 성질을 갖는다고 보는 것이 일반적이다.

(2) 판례의 태도

판례는 토지 등의 협의취득은 공공사업에 필요한 토지 등을 그 소유자와의 협의에 의하여 취득하는 것으로서 공공기관이 사경제주체로서 행하는 사법상 매매 내지 사법상 계약의 실질을 가지는 것으로 보고 있다(대판 2006.10.13, 2006두7096).

(3) 검토

사업인정 전 협의취득은 공익사업에 필요한 토지 등을 공용수용의 절차에 의하지 아니하고 사업시행자와 토지소유자의 자유로운 계약형식을 통하여 매매금액 및 소유권 이전시기 등을 결정할 수 있으므로, 이는 사법상 매매행위의 성질을 갖는다고 판단된다.

Ⅲ 주택철거약정이 대집행의 대상인지 여부

1. 대집행의 의의 및 요건

대집행이란 공법상 대체적 작위의무의 불이행에 대하여, 해당 행정청이 그 의무를 스스로 이행하거나 제3자로 하여금 이행하게 하고, 그 비용을 의무자로부터 징수하는 것을 말한다.
이러한 대집행을 실행하기 위해서는 공법상 대체적 작위의무의 불이행이 있고, 다른 수단으로는 그 이행확보가 곤란하며(보충성의 요건), 의무불이행을 방치함이 심히 공익을 해하는 경우(비례성의 요건)에 해당되어야 한다.

2. 주택철거약정이 공법상 의무인지 여부

(1) 관련 판례의 태도

행정대집행법상 대집행의 대상이 되는 대체적 작위의무는 공법상 의무이어야 할 것인데, 사업인정 전 협의는 사법상 계약의 실질을 가지는 것이므로, 그 협의취득 시 건물소유자가 매매대상 건물에 대한 철거의무를 부담하겠다는 취지의 약정을 하였다고 하더라도 이러한 철거의무는 공법상의 의무가 될 수 없고, 이 경우에도 행정대집행법을 준용하여 대집행을 허용하는 별도의 규정이 없는 한 위와 같은 철거의무는 행정대집행법에 의한 대집행의 대상이 되지 않는다고 한다.

(2) 검토

사업인정 전 협의는 사법상 매매의 성질을 가지므로, 당사자 간의 철거약정은 공법상의 의무로 볼 수 없을 것이다. 따라서 이러한 철거의무를 부담하겠다는 취지의 약정은 대집행의 대상이 되지 않는다는 판례의 태도는 합당하다.

3. 토지보상법 제89조의 대집행규정의 적용 여부

토지보상법 제89조의 대집행은 토지보상법 또는 토지보상법에 의한 처분으로 인한 의무불이행만이 그 적용대상이므로 사업인정 이전의 협의에 의한 취득의 경우 철거의무 불이행은 토지보상법 제89조의 대집행규정의 적용대상이 아니다.

참고로 사업인정 후의 협의의 경우 토지수용위원회가 이를 확인하면 재결로 보므로(토지보상법 제29조 제4항) 사업인정 후의 협의에 의한 취득의 경우 철거의무 불이행은 토지보상법 제89조의 대집행규정의 적용대상이 된다고 볼 수 있다.

Ⅳ 사안의 해결

협의취득 시 B가 약정한 철거의무는 공법상 의무가 아니다. 또한 토지보상법에서는 사업인정 전 협의취득에 있어서 건물소유자의 철거의무에 관한 규정을 두고 있지 아니할 뿐만 아니라, 행정청이 그 건물소유자에게 철거를 명할 수 있는 규정도 두고 있지 아니하다. 따라서 철거의무에 대한 강제적 이행은 대집행의 방법으로는 실현할 수 없다고 할 것이다.

기출문제

[재결] 기타 [제8회 제4문]

토지보상법상 토지사용기간 만료 시의 법률관계를 설명하시오. 10점

쟁점해설

사업시행자는 토지의 사용기간이 만료되었을 때 또는 사업의 폐지·변경 기타의 사유로 인하여 사용할 필요가 없게 되었을 때는 지체 없이 토지를 원상회복하여 토지소유자에게 반환할 의무를 진다. 또한 토지소유자의 청구가 있을 때에는 미리 손실을 보상한 경우를 제외하고는 그 토지를 원상회복시켜야 하는 법률상의 의무를 지며 토지소유자는 그 권리를 발생시키는 법률관계를 형성시키게 됨을 기술하면 된다.

기출문제

[재결] 재결과 권리구제 [제3회 제1문]

토지수용의 재결에 대한 불복을 논하시오. 50점

Ⅰ. 서
Ⅱ. 재결에 대한 법적 성질
 1. 형성적 행위인지
 2. 기속행위인지
 3. 준사법적 행위인지
 4. 제3자효 행위인지
Ⅲ. 재결에 대한 이의신청
 1. 이의신청에 대한 의의 및 성격
 2. 이의신청의 요건 및 효과
 3. 재결 및 재결의 효과
Ⅳ. 재결에 대한 행정소송
 1. 의의 및 유형
 2. 제기요건 및 효과
 3. 심리 및 판결
 4. 판결의 효력
Ⅴ. 보상금증감청구소송
 1. 의의 및 취지
 2. 소송의 형태
 3. 소송의 성질
 4. 제기요건 및 효과
 5. 심리범위
 6. 심리방법
 7. 입증책임
 8. 판결
 9. 취소소송과의 병합
Ⅵ. 결

쟁점해설

① 기본적으로 피수용자의 권리가 어떻게 구제될 수 있는가를 묻는 것이다. 이에는 재결에 대한 이의신청, 취소소송, 보상금증감청구소송이 있지만 본래 출제자가 의도한 것은 보상금증감청구소송에 중점이 두어져 있었다. 단지 문제의 중요성을 감안하여 기본문제로 구성한다는 것을 원칙으로 할 때 불복수단을 종합적으로 묻는 것이 바람직하다고 판단하여 불복에 대하여 논하라는 문제로 구성하게 되었다.

② 서론에서는 재결의 불복에 대한 의의가 분명히 나타나야 한다. 왜 재결에 대한 불복이 허용되어야 하는가를 밝히지 않고 재결에 대한 불복에 대하여 논한다는 것은 분명히 문제의 의도를 바르게 읽은 것이라 할 수 없다. 그래서 서론에서 파악하고 있는 문제의식을 바탕으로 본론을 정리해 나갈 수 있도록 하는 것이 효과적이다.

③ 이의신청의 내용에 대하여는 수험생들이 비교적 이해를 잘 하고 있다. 그러나 이의신청에 대한 재결이 있게 되면 이에 불복하여 행정소송을 제기할 수도 있고 그렇지 않은 경우에는 확정된다. 따라서 이의신청의 재결에 대한 효과로서 보상금의 지급 또는 공탁, 행정소송의 제기, 이의신청에 대한 재결의 확정, 재결확정증명서의 교부에 대한 설명이 어느 정도 언급되어야 할 것이다.

④ 이의신청에 대한 재결의 불복은 토지수용의 효과 그 자체를 다툴 때는 행정처분에 대한 취소소송의 일반원칙대로 토지수용위원회를 피고로 하여 취소소송을 제기할 수 있고, 단지 보상금액에 불복이 있을 때는 기업자와 피수용자 간에 보상금의 증감을 청구할 수 있는 형식적 당사자소송에 의하는 방법이 있다. 따라서 수험생들은 이를 하나로 묶어 행정소송에서 논할 수도 있고, 양자를 따로 구분하여 논할 수도 있다.

⑤ 행정소송은 이의신청에 대한 중앙토지수용위원회의 재결에 불복하는 경우 제기할 수 있다. 이에 대하여는 대부분의 수험생들이 대체적으로 잘 이해하고 있다. 그러나 행정소송의 의의에 대하여 간략하게 언급한 다음 요건은 열거하는 것이 좋을 것이다. 그리고 취소소송의 효과에 대하여도 빠뜨려서는 안 될 것이다.

⑥ 보상금증감청구소송에 대하여는 아직 교과서나 수험서에서 구체적으로 소개되고 있지 않다. 그러나 적어도 이 문제에 대한 답안은 제도에 대한 기초적인 이해와 논리적인 쟁점에 대하여 기술할 수 있어야 한다.
먼저 이 제도가 어떠한 연유에서 도입되었는가를 종래의 제도와 비교하여 설명하면서 제도의 의의에 대하여 논할 필요가 있다. 이 제도가 도입(1990.4.7.)되기 이전에는 단지 재결에 의한 보상금액에 대해서만 불복하는 경우에도 토지수용위원회를 피고로 재결의 취소소송을 제기하고, 재결이 취소된 뒤 토지수용위원회가 보상금에 대하여 다시 재결하여야 했기 때문에 권리구제가 우회적이었다. 그래서 이해관계인이 이의재결처분의 공정력을 배제하기 위하여 재결취소소송을 제기하는 동시에 관련 청구인의 권리관계(보상금의 증감 등)에 관한 당사자소송을 병합하지 않으면 안 되는 불편이 있었다. 그리고 토지수용위원회 측도 토지소유자와 기업자 간의 재산상 분쟁에 관한 소송에 피고로서 관여하고, 소송비용을 부담하여야 하는 불합리가 있었다. 형식적 당사자소송은 이러한 불편과 불합리를 소송기술적으로 해결하기 위해 제도화된 것이다.

⑦ 결론에서는 재결에 대한 불복제도가 권리구제 내지는 권리보호의 제도적 장치로서 어떻게 개선되어야 한다는 본인의 의견을 피력할 수 있어야 한다. 많은 수험생들이 사전적 절차의 보장에 대한 주장을 하고 있으나 어떠한 단계에서 어떻게 사전절차적 참여가 이루어져야 하는지에 대하여 언급이 없어 주관이 분명하지 못하다. 또한 '존속보장'이나, '성년의 주민'과 같이 아직 일반화되지 않은 특정용어를 의미도 모르는 상태에서 사용하는 것은 결코 바람직하다고는 할 수 없다. 여기서는 자신이 이 제도에 대하여 가지고 있는 나름의 견해를 정리하는 것이 더 중요할 것이다.

기출문제

[재결] 확장수용과 보상금증감청구소송 [제10회 제1문]

식량자원화 시대에 즈음하여, A회사는 비료공장을 건설하고자 공장부지를 매입하려고 하였으나, 여의치 않아 국토교통부장관에게 신청하여 사업인정을 받았다. 그 후 토지보상법상의 협의가 성립되지 못하였고, 중앙토지수용위원회의 재결에 의하여 수용이 행하여졌다. 피수용자인 甲은 사기업을 위한 해당 토지의 수용은 위법하다고 주장하고, 비록 적법하다고 하더라도 보상금이 충분하지 못하다는 이유로 이의신청을 하였지만, 중앙토지수용위원회는 기각재결을 하였다. 이에 甲은 행정소송을 제기하고자 한다.

(2) 甲이 보상금증액을 청구하는 소송을 제기하는 경우, 그 소송의 형태와 성질 등의 내용을 논술하시오. 30점

1. 의의 및 취지
2. 소송의 형태
   (1) 개설
   (2) 형식적 당사자소송으로 보는 견해
   (3) 특수한 형태의 소송으로 보는 견해
3. 소송의 성질
   (1) 의의
   (2) 형성의 소
   (3) 급부 · 확인의 소
   (4) 검토
4. 소송의 내용
   (1) 소송당사자
   (2) 제소기간

쟁점해설

1. 의의 및 취지

보상금증감을 청구하는 소송이란 행정소송 제기 시 그 내용이 보상금에 관한 사항으로 사업시행자가 소 제기 시에는 재결청 이외에 토지소유자 또는 관계인을, 토지소유자 또는 관계인이 소 제기 시에는 사업시행자를 각각 피고로 하는 소송으로 토지보상법 제85조 제2항의 규정에 의한 소송으로 이해하고 있다. 종래에는 이의재결 중 보상재결부분에만 불복할 경우에 이의재결의 전체를 취소한 후 다시 이의재결에 의하는 등 피수용자의 권리구제가 우회적이었으므로 권리구제의 적정화, 소송경비의 절감 등을 위해 1990년 4월 7일 토지보상법에 신설되었다. 즉, 피수용자의 권리구제의 효율성을 도모하기 위하여 인정된 제도라 할 수 있다.

2. 소송의 형태(형식적 당사자소송인가, 특수한 형태의 소송인가)

(1) 개설

형식적 당사자소송이라 함은 행정청의 처분 등을 원인으로 하는 법률관계에 관한 소송으로서, ① 직접 다투는 것은 아니지만 실질적으로는 처분 등을 다투면서도, ② 행정청을 피고로 하지 않고 그 법률관계의 한쪽 당사자를 피고로 하는 소송이다. 즉, 실질은 항고소송이면서 형식은 당사자소송을 취하고 있다고 할 수 있다. 우리 행정소송법(제3조 제2호)은 당사자소송만을 규정하고 있다. 이 소송의 형태는 분쟁의 실질적인 이해관계자만을 소송당사자로 하고, 행정청을 배제함으로써, 신속한 권리구제를 도모하고 소송절차를 간소화하려는 데에 그 필요성이 있다. 그러나 공정력과의 문제로 개별법과의 명시적 규정이 있는 경우에만 인정될 것이다. 토지보상법상의 보상금증감청구소송이 형식적 당사자소송인지에 대해 논란이 있다. 대법원은 이를 공법상의 당사자소송이라 판시하고 있다.

(2) 형식적 당사자소송으로 보는 견해

① 해당 소송은 형식적 당사자소송으로 단지 소송의 제기에 재결취소소송의 병합이 요구된다고 보거나, ② 소송의 목적물은 보상금의 증감이고, 재결취소청구는 보상금의 증감을 위한 형식적인 전제요건으로 보아 형식적 당사자소송으로 본다.

(3) 특수한 형태의 소송으로 보는 견해

학자들은 이 소송을 항고소송과 실질적 당사자소송이 병합되어 있는 특수한 소송형태, 재결청도 피고로 하고 있다는 점에서 특수한 형태의 항고소송, 항고소송의 요소와 당사자소송의 요소가 결합한 특수한 형태의 소송 등으로 부르고 있다. 살펴보건대 재결청을 피고로 하고 있는 점에서 순수한 형태의 형식적 당사자소송이라 보기는 어려우며, 다수의 견해처럼 특수한 형태의 (항고)소송으로 보아야 할 것이다.

■ **현재는 토지보상법상 재결청을 피고에서 제외하였으므로 형식적 당사자소송으로 본다.**

3. 소송의 성질(형성의 소송인가, 확인 · 급부의 소송인가)

(1) 의의

행정소송은 일반적인 민사소송의 경우와 같이 그 성질에 따라(또는 청구의 내용에 따라) 형성의 소, 이행의 소, 확인의 소로 분류할 수 있는데 본 소송과 관련하여서는 ① 형성의 소인지, ② 급부 · 확인의 소인지의 논의가 있다.

(2) 형성의 소

공정력을 가진 보상재결의 적극적 변경 또는 소극적 변경(증액 또는 감액)을 구하는 소송이다.

(3) 급부 · 확인의 소

재결의 취소, 변경과 같은 우회적 절차를 거칠 필요 없이 직접 정당보상액을 확인하고, 부족액의 급부를 구하는 것으로 본다.

(4) 검토

형성소송설은 권력분립에 반할 수 있으며 일회적인 권리구제를 도모하기 위하여 확인·급부소송으로 보는 것이 타당하다.

4. 소송의 내용

(1) 소송당사자

행정소송이 보상금의 증감(增減)에 관한 소송인 경우 그 소송을 제기하는 자가 토지소유자 또는 관계인일 때에는 사업시행자를, 사업시행자일 때에는 토지소유자 또는 관계인을 각각 피고로 한다.

(2) 제소기간

토지보상법 제85조에서는 이의신청을 거친 경우에는 이의재결서를 받은 날부터 60일 이내라고 규정하고 있으므로 제소기간은 이의재결서를 받은 날부터 60일이 된다.

당사자소송에 관하여 법령에 제소기간이 정하여져 있는 때에는 그 기간은 불변기간으로 한다.

기출문제

[재결] 확장수용과 보상금증감청구소송 [제10회 제3문]

토지보상법상의 확장수용(확대보상)을 설명하고, 확장수용청구가 거부된 경우 그 불복방법을 논급하시오. 20점

쟁점해설

1. 총체적 논점

이 문제의 논점은 먼저 토지보상법상의 확장수용, 즉 확대보상을 설명하고, 그 다음 확장수용청구가 받아들여지지 않은 경우 그 불복방법을 논급하는 내용이다.

2. 문제의 제기 내지 개설

확장수용의 의의와 한계 및 종류에 대한 개설적 언급이 있어야 하겠다. 예시하면 다음과 같다. "공용수용은 국민의 재산권에 대한 중대한 침해로서 엄격한 형식과 절차하에 이루어져야 한다. 일반적으로 수용의 대상이 되는 수용목적물의 범위는 비례의 원칙하에 필요한 최소한도 내에서 행하여져야 하나, 예외적으로 피수용자의 권리보호나 형평성 등의 문제하에서 확장수용이 인정된다. 토지보상법상 확장수용으로는 (구)토지수용법 제48조에 규정된 잔여지수용과 완전수용 및 동법 제49조에 규정된 이전에 갈음한 수용이 있다(현행 토지보상법 제73조 내지 제74조). 이하에서는 확장수용청구권의 법적 성질, 확장수용의 내용, 청구거부 시 그 불복방안에 대하여 기술하겠다."

3. 본론

확장수용의 내용과 그 불복수단이 구체적으로 다음과 같이 논급되면 바람직하다고 하겠다. 확장수용의 내용 내지는 종류가 핵심적 내용이 되어야 할 것이다.

(1) 의의 및 종류

확장수용이란 필요범위를 넘어 수용하는 경우를 말하는데, 이러한 확장수용에는 완전수용, 잔지수용, 이전수용이 있다. 확장수용은 피수용자 또는 사업시행자의 청구에 의하여 행하여지며, 확장수용을 청구하는 권리를 확장수용청구권이라 한다.

(2) 확장수용청구권의 법적 성질

사법상 매매설, 공법상 특별행위설, 공용수용설로 보는 견해로 갈라지나, 공용수용설이 통설이고 타당하다고 보고 있다.

4. 확장수용의 내용

여기에서는 완전수용 또는 사용수용, 잔지수용 또는 전부수용, 이전수용의 각각에 대하여 그 의의, 성질, 청구요건, 청구절차 등을 설명하면 된다. 전반적으로 많은 수험생들이 충실하게 준비한 분야이기 때문에 상대적으로 좋은 평가를 받았다. 그러나 독창성이 가미된 답안지는 흔하지 않았다.

5. 확장수용청구가 거부된 경우 그 불복방법

확장수용청구가 받아들여지지 않은 경우를 설명하고, 이 경우의 불복방법을 논술하면 될 것이다. 비교적 잘된 답안의 내용을 제시하면 다음과 같다.

"확장수용은 일반적으로 피수용자의 청구에 의하여 사업시행자와 협의에 의하나, 협의가 불성립할 경우 사업완료 시까지 관할 토지수용위원회에 이를 청구할 수 있다. 관할 토지수용위원회가 청구거부 시 그에 대한 불복절차에 대하여 토지보상법상 명문규정이 없으므로 일반 행정심판법과 행정소송법이 적용된다고 보인다. 따라서 피수용자는 거부처분취소심판이나 취소소송의 제기가 가능하다고 본다. 그러나 판례는 보상금증감청구소송의 제기를 통하여 해결하면 된다고 판시한 바 있다. 다만, 일반 행정소송법이 행정심판 임의주의를 취하므로 행정심판의 제기 없이 취소소송의 제기가 가능하다고 보이며 제소기간 내에 제기하여야 한다."

기출문제

[재결] 확장수용과 보상금증감청구소송 [제21회 제1문]

국토교통부장관은 전국을 철도로 90분 이내에 연결하기 위한 기본계획을 수립하였다. 이 계획에 기초하여 C공단 C이사장은 A지역과 B지역을 연결하는 철도건설사업에 대하여 국토교통부장관의 사업인정을 받았다. P는 B-3공구지역에 임야 3,000제곱미터를 소유하고 장뇌삼을 경작하고 있으며, 터널은 P소유 임야의 한 가운데를 통과한다. C공단 C이사장은 국토교통부장관이 제정한 K지침에 따라 P에 대하여 "구분지상권"에 해당하는 보상으로 900만원(제곱미터당 3,000원)의 보상금을 책정하고 협의를 요구하였다. P는 장뇌삼 경작임야에 터널이 건설되고 기차가 지나다닐 경우 농사가 불가능하다고 판단하여 C이사장의 협의를 거부하였다.

(1) P는 본인 소유 토지의 전체를 C이사장이 수용하여야 한다고 주장한다. 보상에 관한 C이사장의 결정과 P의 주장내용의 정당성을 판단하시오. 20점

(2) 토지보상법상 P가 주장할 수 있는 권리와 이를 관철시키기 위한 토지보상법상의 권리구제수단에 관하여 논술하시오. 20점

설문 (1)의 해결

Ⅰ. 쟁점의 정리

Ⅱ. K지침의 대외적 구속력 인정 여부

1. 행정규칙의 의의(K지침)
2. 법적 성질
   (1) 학설
   (2) 판례
   (3) 검토
3. 사안에서 K지침의 법규성 인정 여부

Ⅲ. 잔여지수용청구의 인정 여부

1. 잔여지수용청구의 의의 및 취지
2. 잔여지수용청구의 법적 성질
   (1) 학설 및 판례의 태도
   (2) 판례
   (3) 검토
3. 잔여지수용청구의 요건충족 여부
   (1) 토지보상법 제74조 및 동법 시행령 제39조상 요건
   (2) 사안의 경우

Ⅳ. 사안의 해결

1. C이사장 결정의 정당성 판단
2. P씨 주장 내용의 정당성 판단

설문 (2)의 해결

Ⅰ. 쟁점의 정리(P씨가 주장할 수 있는 권리)

Ⅱ. 토지보상법 제83조의 이의신청

1. 의의 및 성격(특별법상 행정심판, 임의주의)
2. 요건 및 효과(처분청 경유주의, 기간특례 등)
3. 재결(제84조) 및 재결의 효력(제86조)

Ⅲ. 토지보상법 제85조의 행정소송

1. 소송의 형태
   (1) 학설
   (2) 판례
   (3) 검토
2. 보상금증감청구소송의 의의 및 취지
3. 소송의 성질
4. 제기요건 및 효과(기간특례, 원처분주의 등)
5. 심리범위 및 판결

Ⅳ. 사안의 해결

쟁점해설

제21회 [문제 1]은 C이사장과 P씨의 주장의 정당성과 토지보상법상 P씨의 권리를 보호할 수 있는 구제수단을 묻고 있다.

설문 (1)에서는 C이사장의 주장과 관련하여 K지침의 법규성이, P씨의 주장과 관련하여서는 토지보상법 제74조 및 동법 시행령 제39조의 요건충족이 문제가 된다.
이를 잔여지의 완전수용문제로 보지 않고 손실보상의 일반적 요건인 특별한 희생이나 간접손실로 보고 문제를 풀이한 경우도 상당한 것으로 알려져 있다.
어느 논거를 취하든 각 논거를 꼼꼼하게 포섭했다면 충분한 득점이 이루어진 것으로 알고 있다.

설문 (2)에서는 토지보상법상 구제수단이라고 문제에서 한정했으므로 P씨의 권리를 문제의 소재에서 간략히 언급하고 구제수단에 쟁점을 집중하여 사안을 해결하였다. 이는 토지보상법 제83조 및 토지보상법 제85조에 규정된 내용의 핵심 키워드를 체계적으로 나열하는 데 중점을 두었다.

예시답안

(설문 1)의 해결

Ⅰ 쟁점의 정리

1. 보상액 900만원의 결정은 K지침에 따른 것이므로, K지침의 대외적 구속력 인정 여부에 따라 C이사장의 결정의 정당성이 결정된다.

2. 토지보상법 제74조 및 동법 시행령 제39조를 검토하여 확장수용의 대상이 되는지를 살펴보고 P씨의 주장 내용의 정당성을 검토한다.

Ⅱ K지침의 대외적 구속력 인정 여부

1. 행정규칙의 의의(K지침)

K지침은 국토교통부장관이 보상과 관련된 내부적인 사무처리기준을 정한 것으로 볼 수 있으므로 행정규칙으로 볼 수 있다.

2. 법적 성질

(1) 학설

① 법규성을 부정하는 비법규설, ② 법규성을 인정하는 법규설, ③ 자기구속법리를 매개로 법규성을 인정할 수 있다는 준법규설이 대립된다.

(2) **판례**

훈령에 규정된 청문을 거치지 않은 것은 위법하다고 본 판례가 있으나 '일반적으로 행정규칙의 법규성을 인정하지 않는다.'

(3) **검토**

행정규칙의 법규성을 인정하는 것은 법률의 법규창조력에 반하며, 자기구속법리를 매개로 하는 경우에도 규칙 자체에는 법규성이 없다고 보는 것이 타당하므로 비법규설이 타당하다.

3. 사안에서 K지침의 법규성 인정 여부

K지침은 보상과 관련된 내부적인 사무처리기준(행정규칙)이므로 판례의 일반적인 태도에 비추어 볼 때 K지침의 법규성은 인정되지 않는다.

Ⅲ 잔여지수용청구의 인정 여부

1. 잔여지수용청구의 의의 및 취지

잔여지수용청구란 일단의 토지 중 편입되지 않은 부분에 대하여 수용을 청구하는 것을 말한다. 이는 피수용자의 권리보호 및 사업의 원활한 시행을 위하여 취지가 인정된다.

2. 잔여지수용청구의 법적 성질

(1) **학설 및 판례의 태도**

① 피수용자의 청구와 사업시행자의 동의를 전제로 하는 사법상매매설, ② 청구는 요건일 뿐, 본질이 수용인 공용수용설, ③ 공익사업의 필요범위를 넘는 점에서 공법상 특별행위설이라는 학설이 대립된다.

(2) **판례**

잔여지수용청구권은 그 요건을 구비한 때에는 토지수용위원회의 조치를 기다릴 것 없이, 청구에 의하여 수용의 효과가 발생하므로 이는 형성권적 성질을 갖는다고 판시한 바 있다.

(3) **검토**

잔여지수용의 취지가 피수용자의 권리구제에 있고, 잔여지수용 시 사업인정절차가 준용되므로 공용수용으로 봄이 타당하다.

3. 잔여지수용청구의 요건충족 여부

(1) **토지보상법 제74조 및 동법 시행령 제39조상 요건**

① 동일한 소유자의 토지일 것, ② 일단의 토지 중 일부가 편입될 것, ③ 종래의 목적으로 이용하는 것이 현저히 곤란할 것(영 제39조)을 요건으로 한다(㉠ 건축 및 영농이 현저히 곤란한 경우, ㉡ 교통이 두절된 경우 등이 해당한다).

(2) **사안의 경우**

사안에서 P씨는 임야에서 장뇌삼을 경작하고 있다. 설문상 구체적인 사실관계가 적시되지는 않았으나, 터널이 건설되고 기차가 다님으로 인해서 농사가 불가능하다면 이는 토지보상법 시행령 제39조 제1항 제2호, 제3호, 제4호에 해당될 수 있다.

Ⅳ 사안의 해결

1. C이사장 결정의 정당성 판단

C이사장이 산정한 보상액 900만원은 법규성이 없는 K지침에 따른 것으로 볼 수 있다. 설문상 900만원의 보상액 산정과정이 토지보상법상 규정에 부합하는지가 설시되지 않았으므로, 상기 보상액이 헌법 제23조 및 토지보상법상의 정당한 보상에 부합하지 않는다면 C이사장의 주장은 정당하다고 볼 수 없다.

2. P씨 주장 내용의 정당성 판단

P씨는 본인 소유 토지의 전체를 수용할 것을 주장하고 있다. P씨 주장대로 P씨 소유의 임야에 터널이 건설되고 기차가 다님으로 인해서 농사를 할 수 없다면, 이는 토지보상법 제74조에서 규정하고 있는 요건을 모두 충족한다고 볼 수 있다. 따라서 P씨는 토지보상법 제74조 및 동법 시행령 제39조를 근거로 하여 확장수용을 주장할 수 있다고 판단된다. 즉, P씨 주장 내용은 정당하다고 판단된다.

(설문 2)의 해결

Ⅰ 쟁점의 정리(P씨가 주장할 수 있는 권리)

P씨는 설문상 토지보상법 제74조의 잔여지수용청구의 요건을 갖추었으므로 관할 토지수용위원회에 사업완료일 전까지 잔여지를 수용해 줄 것을 청구할 수 있다(토지보상법 제74조).

잔여지수용청구는 피수용자의 권익구제측면에서 취지가 인정되는 것이므로 관할 토지수용위원회가 잔여지수용의 거부재결을 하는 경우, 권리구제수단이 필연적으로 중요하게 된다.

현행 토지보상법 제83조 및 제85조에서는 이의신청과 행정소송을 규정하고 있으므로 이에 대한 구체적인 검토는 피수용자의 권리보호 측면에서 의미있다고 볼 수 있다.

Ⅱ 토지보상법 제83조의 이의신청

1. 의의 및 성격(특별법상 행정심판, 임의주의)

관할 토지수용위원회의 위법, 부당한 재결에 대하여 이의를 신청하는 것으로서 특별법상 행정심판에 해당하며 임의주의 성격을 갖는다. 또한 잔여지취득의 문제는 보상금증액청구의 성격을 갖는다.

2. 요건 및 효과(처분청 경유주의, 기간특례 등)

① 양 당사자는 재결서 정본을 받은 날부터 30일 이내에 처분청을 경유하여 중앙토지수용위원회에 이의를 신청할 수 있다. 판례는 30일의 기간은 수용의 신속을 기하기 위한 것으로 합당하다고 한다. ② 이의신청은 사업의 진행 및 토지의 사용・수용을 정지시키지 아니한다(토지보상법 제88조).

3. 재결(제84조) 및 재결의 효력(제86조)

① 재결이 위법, 부당하다고 인정하는 때에는 재결의 전부, 일부를 취소하거나 보상액을 변경할 수 있다. ② 이의재결이 확정된 경우에는 민사소송법상의 확정판결이 있는 것으로 본다.

Ⅲ 토지보상법 제85조의 행정소송

1. 소송의 형태

토지보상법 제85조 제1항에서는 항고소송을, 동조 제2항에서는 보상금증감청구소송을 규정하고 있는바 실효적인 쟁송형태가 문제된다.

(1) 학설

① 취소 내지 무효등확인소송을 제기해야 한다는 견해, ② 확장수용은 손실보상의 일환인바 보상금증감소송을 제기해야 한다는 견해, ③ 청구에 의해 손실보상청구권이 발생하므로 손실보상청구소송을 제기해야 한다는 견해가 있다.

(2) 판례

"잔여지수용청구권은 손실보상책의 일환으로 부여된 권리여서 보상가액을 다투는 방법에 의하여도 행사할 수 있다."라고 판시한 바 있다.

(3) 검토

잔여지보상에 관한 소송은 재결의 위법성 여부를 따지는 것이 아니라 보상금과 관련된 사항을 경정하는 것이므로 분쟁의 일회적 해결을 위해서 보상금증감청구소송을 제기하는 것이 타당하다.

2. 보상금증감청구소송의 의의 및 취지

보상금증감에 대한 소송으로서 보상금과 관련된 분쟁을 일회적으로 해결하여 신속한 권리구제에 도모함에 제도적 취지가 있다(재결청을 공동피고에서 제외하여 형식적 당사자소송으로 본다).

3. 소송의 성질

① 형성소송설, 확인・급부소송설의 견해가 있으나, ② 〈판례〉는 해당 소송을 이의재결에서 정한 보상금이 증액, 변경될 것을 전제로 하여 기업자를 상대로 보상금의 지급을 구하는 확인・급부소송으로 보고 있다. ③ 〈생각건대〉 형성소송설은 권력분립에 반할 수 있으며 일회적인 권리구제에 비추어 확인・급부소송설이 타당하다.

4. 제기요건 및 효과(기간특례, 원처분주의 등)

① 토지보상법 제85조에서는 제34조 재결을 소의 대상으로 규정하고 있으므로 원처분을 대상으로 ② 재결에 불복할 때에는 재결서를 받은 날부터 90일 또는 이의신청을 거쳤을 때에는 60일(이의재결 시) 이내에 ③ 양 당사자는 각각을 피고로 하여 ④ 관할법원에 소를 제기한다. ⑤ 이는 사업의 진행 및 토지의 사용, 수용을 정지시키지 아니한다(토지보상법 제88조).

5. 심리범위 및 판결

① 손실보상액의 범위, 보상액과 관련한 보상면적, ② 손실보상의 지급방법(채권보상 여부 포함) 등이 심리범위이며, 판례는 ③ 지연손해금, 잔여지수용 여부, 보상항목 간 유용도 심리범위에 해당한다고 본다. 또한 법원이 직접 보상금을 결정하며 중앙토지수용위원회는 별도의 처분을 할 필요가 없다.

Ⅳ 사안의 해결

① P씨는 관할 토지수용위원회에 본인 소유의 토지 전부를 수용해 줄 것을 청구할 수 있으며, ② P씨의 수용청구에 대한 거부재결이 나온다면, 재결에 불복할 때에는 재결서를 받은 날부터 90일 이내에, 이의신청을 거쳤을 때에는 이의신청에 대한 재결서를 받은 날부터 60일 이내에 각각 행정소송을 제기할 수 있다. ③ 이 경우 P씨의 일회적인 구제를 도모하기 위해서 보상금 증감청구소송을 제기하는 것이 실효적인 수단이 될 것이다.

⊕ 생각해 볼 사항

해당 문제를 토지보상법 제72조 사용하는 토지의 매수청구로서 확장수용을 청구할 수 있는 것으로 보는 해설이 있는데, 설문은 토지사용이 아닌 구분지상권 설정이므로 제72조가 적용될 수 없다. 구분지상권은 소유권 외의 권리로서 토지의 사용과 구분된다.

23회 문제 02

한국수자원공사는 「한국수자원공사법」 제9조 및 제10조에 근거하여 수도권(首都圈) 광역상수도사업 실시계획을 수립하여 국토교통부장관의 승인을 얻은 후, 1필지인 甲의 토지 8,000㎡ 중 6,530㎡를 협의취득하였다. 협의취득 후 甲의 잔여지는 A지역 495㎡, B지역 490㎡, 그리고 C지역 485㎡로 산재(散在)하고 있다. 30점

(1) 甲은 위 잔여지의 토지가격의 감소를 이유로 손실보상을 청구하려고 한다. 이 경우 잔여지의 가격감소에 대한 甲의 권리구제방법을 설명하시오. 15점

(2) 호텔을 건립하기 위해 부지를 조성하고 있던 甲은 자신의 잔여지를 더 이상 종래의 사용목적대로 사용할 수 없게 되자 사업시행자와 매수에 관한 협의를 하였으나, 협의가 성립되지 아니하였다. 이에 甲은 관할 토지수용위원회에 잔여지의 수용을 청구하였지만 관할 토지수용위원회는 이를 받아들이지 않았다. 이 경우 잔여지수용청구의 요건과 甲이 제기할 수 있는 행정소송의 형식을 설명하시오. 15점

(설문 2-1)의 해결

Ⅰ. 쟁점의 정리

Ⅱ. 잔여지 가격감소에 대한 손실보상 청구

1. 잔여지 가격감소에 대한 손실보상 청구의 의의 및 취지
2. 손실보상의 청구(토지보상법 제73조 제1항)
3. 손실보상의 청구절차(토지보상법 제73조 제4항)
4. 손실보상 재결에 대한 불복방법

Ⅲ. 사안의 해결

(설문 2-2)의 해결

Ⅰ. 쟁점의 정리

Ⅱ. 잔여지수용청구의 요건

1. 의의 및 취지(토지보상법 제74조)
2. 잔여지수용청구권의 법적 성질
3. 잔여지수용청구의 요건
   (1) 내용상 요건(토지보상법 시행령 제39조)
   (2) 절차상 요건(토지보상법 제74조 제1항)
4. 사안의 경우

Ⅲ. 甲이 제기할 수 있는 행정소송의 형식

1. 문제점
2. 행정소송의 형태
   (1) 학설
      1) 취소소송설 및 무효등확인소송설
      2) 보상금증감청구소송설
      3) 손실보상청구소송설
   (2) 판례
   (3) 검토
3. 사안의 경우

Ⅳ. 사안의 해결

예시답안

(설문 2-1)의 해결

I 쟁점의 정리

甲은 잔여지의 토지가격 감소를 이유로 토지보상법 제73조에서 규정하고 있는 손실보상을 청구하려고 한다. 토지보상법 제73조에서는 손실보상청구와 관련하여 동법 제9조 제6항(협의) 및 제7항(재결)을 준용하고 있으므로 이를 검토하여 甲의 권리구제방법을 설명한다.

II 잔여지 가격감소에 대한 손실보상 청구

1. 잔여지 가격감소에 대한 손실보상 청구의 의의 및 취지

잔여지란 동일소유자의 일단의 토지 중 공익사업을 위하여 취득되고 남은 잔여토지를 말하는데 잔여지는 형상, 도로접면 등의 조건 등이 일단의 토지보다 열악한 경우가 많다. 잔여지 가격감소에 대한 손실보상이란 상기 제 원인으로 인한 가격감소분을 보상하는 것을 말하며 재산권에 대한 정당보상을 실현함에 제도적 취지가 인정된다.

2. 손실보상의 청구(토지보상법 제73조 제1항)

토지보상법 제73조 제1항에서는 사업시행자는 동일한 소유자에게 속하는 일단의 토지의 일부가 취득되거나 사용됨으로 인하여 잔여지의 가격이 감소하거나 그 밖의 손실이 있을 때에는 그 손실을 보상하되, 동법 제2항에서는 손실의 보상은 사업완료일부터 1년이 지난 후에는 청구할 수 없다고 규정하고 있다. 따라서 이에 근거하여 잔여지 가격감소에 대한 손실보상을 청구할 수 있을 것이다.

3. 손실보상의 청구절차(토지보상법 제73조 제4항)

토지보상법 제73조 제4항에서는 손실의 보상은 사업시행자와 손실을 입은 자가 협의하여 결정하되(제9조 제6항), 협의가 성립되지 아니하면 사업시행자나 손실을 입은 자는 대통령령으로 정하는 바에 따라 제51조에 따른 관할 토지수용위원회(이하 "관할 토지수용위원회"라 한다)에 재결을 신청할 수 있다(제9조 제7항)고 규정하고 있다. 따라서 당사자 간 협의 및 재결을 통하여 보상액이 결정될 것이다.

4. 손실보상 재결에 대한 불복방법

재결의 내용이 수용 등을 수반하지 않는 경우에는, 보상원인이 되는 재산권 침해행위와 보상결정행위가 서로 분리하여 존재하기 때문에 그에 대한 불복도 분리하여 행하여야 한다. 따라서 보상재결의 처분성을 부정한다면 공법상 당사자소송에 의할 것이나, 처분성을 인정한다면 항고소송을 통한 구제가 이루어져야 할 것이다. 토지보상법에서는 재결에 대한 불복규정을 두고 있으므로 이에 따라 이의신청(제83조)과 행정소송(제85조 제2항)을 제기하는 것이 타당하다.

Ⅲ 사안의 해결

甲은 자신의 잔여지 가격감소에 대해서 사업시행자와 협의하되, 협의가 불성립한 경우에는 관할 토지수용위원회에 보상재결을 신청할 수 있을 것이다. 재결에 의한 보상금액에 불복하는 경우에는 토지보상법 제83조 및 제85조에 따라 불복이 가능하다. 잔여지의 가격 감소분이 잔여지의 가격보다 큰 경우에는 사업시행자는 그 잔여지를 매수할 수 있다.

(설문 2-2)의 해결

Ⅰ 쟁점의 정리

설문은 甲의 잔여지수용청구의 거부에 대한 행정소송의 형식을 묻고 있다. 이의 해결을 위하여 甲에게 잔여지수용청구 요건이 충족되었는지와, 甲이 재결취소소송을 제기해야 하는지 보상금의 증액을 구하는 소송을 제기해야 하는지를 검토한다.

Ⅱ 잔여지수용청구의 요건

1. 의의 및 취지(토지보상법 제74조)

'잔여지수용'이란 동일한 토지소유자에 속하는 일단의 토지의 일부를 수용함으로 인하여 잔여지를 종전의 목적에 사용하는 것이 현저히 곤란할 때에, 토지소유자의 청구에 의하여 그 잔여지도 포함하여 전부를 수용하는 것을 말한다. 토지보상법 제74조에 근거규정을 두고 있다.

2. 잔여지수용청구권의 법적 성질

잔여지수용청구권은 형성권적 권리로 보는 견해와, 손실보상책임의 일환으로 인정된 권리로 보는 견해가 있다. 판례는 형성권적 권리로 본다.

3. 잔여지수용청구의 요건

(1) 내용상 요건(토지보상법 시행령 제39조)

토지보상법 제74조에서는 '잔여지를 종래의 목적에 사용하는 것이 현저히 곤란한 경우'를 요건으로 규정하고 있다. 즉, ① 대지로서 면적이 너무 작거나 부정형 등의 사유로 인하여 건축물을 건축할 수 없거나 건축물의 건축이 현저히 곤란한 경우, ② 농지로서 농기계의 진입과 회전이 곤란할 정도로 폭이 좁고 길게 남거나 부정형 등의 사유로 영농이 현저히 곤란한 경우, ③ 공익사업의 시행으로 인하여 교통이 두절되어 사용이나 경작이 불가능하게 된 경우, ④ 그 밖에 이와 유사한 정도로 잔여지를 종래의 목적대로 사용하는 것이 현저히 곤란하다고 인정되는 경우가 해당된다(토지보상법 시행령 제39조).

(2) **절차상 요건**(토지보상법 제74조 제1항)

해당 토지소유자는 사업시행자에게 일단의 토지의 전부를 매수하여 줄 것을 청구할 수 있으며, 협의가 불성립된 경우에는 관할 토지수용위원회에 사업완료일까지 수용을 청구할 수 있다(토지보상법 제74조 제1항). 협의가 필수적 전치규정인지에 대해서는 견해가 대립하나 잔여지수용청구제도의 취지상 임의적 전치규정으로 봄이 타당하다.

4. 사안의 경우

설문상 사업시행자와의 협의가 불성립되었으며, 甲의 잔여지를 더 이상 종래의 사용목적대로 사용할 수 없는 사유가 토지보상법 시행령 제39조상의 이유로 인한 것이라면 甲은 잔여지수용청구의 요건을 충족한 것으로 볼 수 있다.

Ⅲ 甲이 제기할 수 있는 행정소송의 형식

1. 문제점

확장수용의 결정은 토지수용위원회의 재결에 의해서 결정되므로 재결에 대한 일반적인 불복수단이 적용될 것이다. 이 경우 제85조 제2항의 보상금증감청구소송의 심리범위에 손실보상의 범위가 포함되는지에 따라 실효적인 쟁송형태가 달라지게 된다.

2. 행정소송의 형태

(1) **학설**

1) 취소소송설 및 무효등확인소송설

보상금증감청구소송은 문언에 충실하게 '보상금액의 다과'만을 대상으로 하며, 확장수용은 수용의 범위 문제인바, 먼저 재결에 대해 다투어야 하므로 취소 내지 무효등확인소송을 제기해야 한다고 한다.

2) 보상금증감청구소송설

확장수용은 손실보상의 일환으로서 보상금증감청구소송의 취지가 권리구제의 우회방지이고, 손실보상액은 손실보상 대상의 범위에 따라 달라지므로 손실보상의 범위도 보상금증감소송의 범위에 포함된다고 본다.

3) 손실보상청구소송설

확장수용청구권은 형성권인바 이에 의해 손실보상청구권이 발생하고, 확장수용청구권의 행사에 의해서 수용의 효과가 발생하므로 이를 공권으로 본다면 공법상 당사자소송으로 손실보상청구를 하여야 한다고 본다.

(2) 판례

대법원은 '잔여지수용청구권은 토지소유자에게 손실보상책의 일환으로 부여된 권리이어서 이는 수용할 토지의 범위와 그 보상액을 결정할 수 있는 토지수용위원회에 대하여 토지수용의 보상가액을 다투는 방법에 의하여도 행사할 수 있다.'고 판시한 바 있다.

(3) 검토

잔여지보상에 관한 소송은 위법성 여부를 따지는 것이 아니라 보상금과 관련된 사항이므로 분쟁의 일회적 해결을 위해서 보상금증감청구소송이 타당하다.

3. 사안의 경우

손실보상금은 수용목적물의 범위에 따라 달라지므로 보상금증감청구소송의 심리범위에는 수용목적물의 범위판단도 포함된다. 따라서 甲은 보상금증감청구소송을 통하여 잔여지수용청구에 대한 구제를 받을 수 있을 것이다.

Ⅳ 사안의 해결

甲의 잔여지는 더 이상 종래의 목적대로 사용할 수 없으므로 잔여지수용청구요건을 충족하고, 관할 토지수용위원회가 이의 수용을 받아들이지 않은 경우에는 분쟁의 일회적 해결을 위하여 토지보상법 제85조 제2항에서 규정하고 있는 보상금증감청구소송을 통해서 권리구제를 받을 수 있다.

기출문제

[재결] 확장수용과 보상금증감청구소송 [제22회 제1문]

A군에 사는 甲은 국토의 계획 및 이용에 관한 법률에 따라 지정된 개발제한구역 내에 과수원을 경영하고 있다. 甲은 영농의 편의를 위해 동 과수원 토지 내에 작은 소로(小路)를 개설하고, 종종 이웃 주민의 통행에도 제공해 왔다. A군은 甲의 과수원 부지가 속한 일단의 토지에 폐기물처리장을 건설하고자 하는 乙을 폐기물관리법에 따라 폐기물처리장 건설사업자로 지정하면서 동 처리장건설사업실시계획을 승인하였다. 甲과 乙 간에 甲 토지에 대한 협의매수가 성립되지 않아 乙은 甲 토지에 대한 수용재결을 신청하고, 관할 지방토지수용위원회의 수용재결을 받았다. 동 수용재결에서는 "사실상의 사도(私道)의 부지는 인근 토지에 대한 평가액의 3분의 1 이내로 평가한다."고 규정하고 있는 토지 등의 취득 및 보상에 관한 법률 시행규칙(이하 "토지보상법 시행규칙") 제26조 제1항 제2호의 규정에 따라, 甲의 토지를 인근 토지가에 비하여 3분의 1의 가격으로 평가하였다. 이 수용재결에 대하여 이의가 있는 甲은 적절한 권리구제수단을 강구하고자 한다. 다음의 물음에 답하시오.

(1) 토지보상액에 대해 불복하고자 하는 甲의 행정쟁송상 권리구제수단을 설명하시오. 20점

설문 (1)의 해결

Ⅰ. 쟁점의 정리

Ⅱ. 이의신청(토지보상법 제83조 및 제84조)

1. **이의신청의 개념**
2. **요건 및 효과(처분청 경유주의, 기간특례 등)**
3. **재결(법 제84조) 및 재결의 효력(법 제86조)**

Ⅲ. 보상금증감청구소송(토지보상법 제85조 제2항)

1. **보상금증감청구소송의 개념**
2. **소송의 성질**
   (1) 형식적 당사자소송
   (2) 형성소송인지, 확인·급부소송인지
3. **소송의 대상**
4. **제기요건(기간특례, 원처분주의 등)**
5. **심리범위**
6. **판결의 효력**
7. **관련 문제(청구의 병합)**

Ⅳ. 사안의 해결(권리구제수단)

쟁점해설

설문의 물음이 행정쟁송상 권리구제수단이므로, 행정쟁송의 유형인 행정심판과 행정소송을 중심으로 기술하되, 토지보상법 제83조 및 제85조의 규정을 중심으로 서술하면 무난할 것이다. 특히 보상액에 대한 구제수단으로는 토지보상법 제85조 제2항에서 보상금증감청구소송인 형식적 당사자소송을 명문으로 규정하고 있기에, 이를 체계적으로 잘 기술하는 것이 득점의 포인트이다.

예시답안

(설문 1)의 해결

Ⅰ 쟁점의 정리

공용수용이란, 공익사업을 위해 특정 개인의 재산권을 법률의 힘에 의해 근거하여 강제적으로 취득하는 것으로 재산권 보장에 대한 중대한 예외적 조치이며, 그 종국적 절차인 재결은 협의 불성립 또는 협의불능의 경우에 사업인정을 통하여 사업시행자에게 부여된 수용권의 구체적인 내용을 결정하고 그 실행을 완성시키는 형성적 행정처분이다. 이러한 재결은 재산권 박탈을 의미하는 '수용재결'과 수용재결의 효과로서 보상금을 결정하는 '보상재결'로 구성되며, 사업시행자에게 보상금 지급을 조건으로 토지소유권을 취득하게 하고, 토지소유자 등에게는 그 권리를 상실시키는 형성적 행정행위로 작용하기 때문에 피수용자가 재결의 취소 또는 변경을 구할 수 있음은 법치주의원리상 당연하다고 볼 수 있다. 토지취득보상법은 재결에 대한 불복절차로서 이의신청(공익사업을 위한 토지 등의 취득 및 보상에 관한 법률(이하 '법') 제83조 및 제84조)과 행정소송(법 제85조)에 대한 규정을 두고 있다. 이에 대한 불복절차에 관하여 토지보상법에 규정이 있는 경우를 제외하고는 행정심판법과 행정소송법이 적용될 것이다.

甲은 자신의 토지가 수용된 것을 다투는 것이 아니라 보상액에 대해서만 불복하는 것이다. 따라서, 甲은 이의신청 또는 보상금증액청구소송을 제기할 수 있다. 이의신청은 보상금증감청구소송의 필요적 전치절차가 아니다.

Ⅱ 이의신청(토지보상법 제83조 및 제84조)

1. 이의신청의 개념

이의신청이란, 토지수용위원회의 위법 또는 부당한 재결처분으로 인하여 권리 또는 이익을 침해당한 자가 중앙토지수용위원회에 그 처분의 취소·변경을 구하는 쟁송을 말한다. 토지수용위원회의 재결은 수용재결과 보상재결로 분리되는데, 이 중 어느 한 부분만에 대하여 불복이 있는 경우에도 토지수용위원회의 재결 자체가 이의신청의 대상이 된다.

2. 요건 및 효과(처분청 경유주의, 기간특례 등)

① 양 당사자는 재결서의 정본을 받은 날부터 30일 이내에 처분청을 경유하여 중앙토지수용위원회에 이의를 신청할 수 있다. 판례는 30일의 기간은 수용의 신속을 기하기 위한 것으로 합당하다고 한다. ② 이의신청은 사업의 진행 및 토지의 사용·수용을 정지시키지 아니하며(토지보상법 제88조) 행정쟁송법에 의한 집행정지 규정이 적용될 것이다.

3. 재결(법 제84조) 및 재결의 효력(법 제86조)

① 재결이 위법, 부당하다고 인정하는 때에는 재결의 전부 또는 일부를 취소하거나 보상액을 변경할 수 있다. ② 이의재결이 확정된 경우에는 민사소송법상의 확정판결이 있는 것으로 본다. 즉, 사업시행자가 이의재결에서 증액재결한 보상금의 지급을 이행하지 않는 경우 피수용자는 확정판결의 효력을 바탕으로 재결확정증명서를 받아 강제집행할 수 있게 된다.

III 보상금증감청구소송(토지보상법 제85조 제2항)

1. 보상금증감청구소송의 개념

토지수용위원회의 보상재결에 대하여 토지소유자 및 관계인은 보상금의 증액을 청구하는 소송을 제기할 수 있고 사업시행자는 보상금의 감액을 청구하는 소송을 제기할 수 있다. 이를 보상금증감청구소송이라 한다. 이는 보상금에 대한 소송만을 인정함으로써 분쟁의 일회적 해결·소송경제·권리구제의 신속성·실효성 확보를 도모함에 제도적 취지가 인정된다.

2. 소송의 성질

(1) 형식적 당사자소송

보상금증감청구소송은 기본적으로 보상금액을 다투는 소송이며 소송을 제기함에 있어 재결청을 피고로 하는 것이 아니라 그 법률관계의 일방 당사자를 피고로 하는 소송에 해당하게 되므로 순수한 의미의 형식적 당사자소송이라 할 것이다.

(2) 형성소송인지, 확인·급부소송인지

형성소송인지, 확인·급부소송인지 견해의 대립이 있으나, 보상금증감청구소송은 재결청을 제외한 보상당사자만을 피고로 규정하고 있으므로 보상재결의 취소·변경 없이 헌법상 정당보상조항(헌법 제23조 제3항)에 의하여 당연히 발생·확정되는 정당보상액을 확인하고, 부족액의 급부를 구하는 확인·급부소송이 타당하다고 생각한다.

3. 소송의 대상

형식적 당사자소송의 대상은 법률관계이다. 따라서 보상금증감청구소송은 관할 토지수용위원회가 행한 재결로 형성된 법률관계인 보상금의 증감에 관한 것을 소송의 대상으로 삼아야 하며 보상금의 증감에 관한 사항 외에는 소송의 대상이 될 수 없다. 토지보상법은 행정쟁송법 제19조에 입각한 원처분주의를 채택한 것으로 해석되는 바, 이의재결에 고유한 위법이 있는 경우를 제외하고는 원재결로 형성된 법률관계인 보상금의 증감에 관한 것을 소송의 대상으로 삼아야 한다.

4. 제기요건(기간특례, 원처분주의 등)

① 제85조에서는 소의 대상으로 제34조 재결을 규정하고 있으므로 원처분을 소의 대상으로 하고, ② 재결서를 받은 날부터 90일 또는 60일(이의재결 시) 이내에, ③ 양 당사자는 각각을 피고로 하여, ④ 관할법원에 소를 제기할 수 있다.

5. 심리범위

① 손실보상의 지급방법(채권보상 여부 포함), ② 손실보상액의 범위, 보상액과 관련한 보상면적 및 ③ 지연손해금, 잔여지수용 여부, 보상항목 간의 유용도 심리범위에 해당한다고 본다(판례).

6. 판결의 효력

보상금증감소송에서 법원은 스스로 보상액의 증감을 결정할 수 있고 토지수용위원회는 별도의 처분을 할 필요가 없다. 법원의 판결이 있게 되면 기판력, 형성력, 기속력이 발생하고, 소의 각하・기각 또는 취하의 효과로서 법정이율의 가산지급(법 제87조)은 당사자소송에 있어서도 적용되는 것으로 보아야 할 것이다.

7. 관련 문제(청구의 병합)

수용 자체에 대하여 불복이 있을 뿐만 아니라 보상금액에도 불복이 있는 경우에는 수용재결의 취소소송과 보상금증액청구소송을 별도로 제기할 수 있다. 그런데, 토지소유자는 우선 수용 자체를 다투고 만일 이것이 받아들여지지 않는 경우에는 보상금액의 증액을 청구할 필요가 있을 것이다. 이 경우에 수용재결에 대한 취소소송에서 보상금증액청구소송을 예비적으로 병합하여 제기할 수 있는가 하는 것이 문제된다. 분쟁의 일회적 해결을 위한다는 점에서 청구의 병합을 인정함이 타당하다.

Ⅳ 사안의 해결(권리구제수단)

甲은 관할 지방토지수용위원회의 재결에 의해 결정된 보상액에 대해서 중앙토지수용위원회에게 이의신청을 제기하거나, 이를 제기함이 없이 공법상 당사자소송으로써 보상금증액청구소송을 제기할 수 있을 것이다.

26회 문제 01

「공익사업을 위한 토지 등의 취득 및 보상에 관한 법률」(이하 '공익사업법'이라 한다)에 따라 도로확장건설을 위해 사업인정을 받은 A는 해당 지역에 위치한 甲의 토지를 수용하고자 甲과 협의를 시도하였다. A는 甲과 보상액에 관한 협의가 이루어지지 않자 공익사업법상의 절차에 따라 관할 토지수용위원회에 재결을 신청하였다. 그런데 관할 토지수용위원회는 「감정평가에 관한 규칙(국토교통부령)」에 따른 '감정평가실무기준(국토교통부 고시)'과는 다르게 용도지역별 지가변동률이 아닌 이용상황별 지가변동률을 적용한 감정평가사의 감정결과를 채택하여 보상액을 결정하였다. 그 이유로 해당 토지는 이용상황이 지가변동률에 더 큰 영향을 미친다는 것을 들었다. 다음 물음에 답하시오. 40점

(2) 甲은 위 토지수용위원회의 재결에 불복하여 공익사업법에 따라 보상금의 증액을 구하는 소송을 제기하고자 한다. 이 소송의 의의와 그 특수성을 설명하시오. 20점

(설문 1-2)의 해결

Ⅰ. 쟁점의 정리

Ⅱ. 토지보상법 제85조 제2항 보상금증감청구소송

1. 의의 및 취지
2. 소송의 형태
3. 소송의 성질
   (1) 학설
   (2) 판례
   (3) 검토
4. 제기요건 및 효과(기간특례, 당사자, 원처분주의, 관할)
5. 심리범위
6. 심리방법
7. 입증책임

Ⅲ. 사안의 해결(판결의 효력 및 취소소송과의 병합)

예시답안

(설문 1-2)의 해결

Ⅰ 쟁점의 정리

토지보상법 제85조에서는 토지수용위원회의 재결에 대한 불복방법을 규정하고 있으며, 불복의 대상이 보상금에 관한 사항일 때에는 보상금증감청구소송을 제기하도록 규정하고 있다. 행정소송법 제8조에서는 다른 법률에 특별한 규정이 있는 경우에는 다른 법률의 내용이 우선한다고 규정하고 있는 바, 토지보상법 제85조 제2항을 기준하여 이 소송의 의의와 그 특수성을 설명한다.

Ⅱ 토지보상법 제85조 제2항 보상금증감청구소송

1. 의의 및 취지

(보상재결에 대한) 보상금의 증감에 대한 소송으로서 사업시행자, 토지소유자는 각각을 피고로 제기하며(제85조 제2항), ① 보상재결의 취소 없이 보상금과 관련된 분쟁을 일회적으로 해결하여, ② 신속한 권리구제를 도모함에 취지가 있다.

2. 소송의 형태

종전에는 형식적 당사자소송이었는지와 관련하여 견해의 대립이 있었으나, 현행 토지보상법 제85조에서는 재결청을 공동피고에서 제외하여 형식적 당사자소송임을 규정하고 있다.

3. 소송의 성질

(1) 학설

① 법원이 재결을 취소하고 보상금을 결정하는 형성소송이라는 견해, ② 법원이 정당보상액을 확인하고 금전지급을 명하거나 과부과된 부분을 되돌려 줄 것을 명하는 확인・급부소송이라는 견해가 있다.

(2) 판례

판례는 해당 소송을 이의재결에서 정한 보상금이 증액, 변경될 것을 전제로 하여 기업자를 상대로 보상금의 지급을 구하는 확인・급부소송으로 보고 있다.

(3) 검토

형성소송설은 권력분립에 반할 수 있으며, 일회적인 권리구제를 도모하기 위하여 확인・급부소송으로 보는 것이 타당하다.

4. 제기요건 및 효과(기간특례, 당사자, 원처분주의, 관할)

① 토지보상법 제85조에서는 제34조 재결을 규정하므로 원처분을 대상으로, ② 재결서를 받은 날부터 90일 또는 60일(이의재결 시) 이내에, ③ 토지소유자, 관계인 및 사업시행자는 각각을 피고로 하여, ④ 관할법원에 당사자소송을 제기할 수 있다.

5. 심리범위

① 손실보상의 지급방법(채권보상 여부 포함)과 ② 적정손실보상액의 범위 및 보상액과 관련한 보상면적(잔여지수용 등) 등은 심리범위에 해당한다. 판례는 ③ 지연손해금 역시 손실보상의 일부이고, ④ 잔여지수용 여부 및 ⑤ 개인별 보상으로서 과대, 과소항목의 보상항목 간 유용도 심리범위에 해당한다고 본다.

6. 심리방법

법원 감정인의 감정결과를 중심으로 적정한 보상금이 산정된다.

7. 입증책임

입증책임과 관련하여 민법상 법률요건분배설이 적용된다. 판례는 재결에서 정한 보상액보다 정당한 보상이 많다는 점에 대한 입증책임은 그것을 주장하는 원고에게 있다고 한다.

Ⅲ 사안의 해결(판결의 효력 및 취소소송과의 병합)

산정된 보상금액이 재결금액보다 많으면 차액의 지급을 명하고, 법원이 직접 보상금을 결정하므로 소송당사자는 판결결과에 따라 이행하여야 하며 중앙토지수용위원회는 별도의 처분을 할 필요가 없다. 또한 수용재결에 대한 취소소송에 보상금액에 대한 보상금증감청구소송을 예비적으로 병합하여 제기하는 것도 가능하다.

27회 문제 02

甲은 2015.3.16. 乙로부터 A광역시 B구 소재 도로로 사용되고 있는 토지 200㎡(이하 '이 사건 토지'라 함)를 매수한 후 자신의 명의로 소유권 이전등기를 하였다. 한편, 甲은 A광역시지방토지수용위원회에 "사업시행자인 B구청장이 도로개설공사를 시행하면서 사업인정고시가 된 2010.4.6. 이후 3년 이상 이 사건 토지를 사용하였다."고 주장하면서 「공익사업을 위한 토지 등의 취득 및 보상에 관한 법률」(이하 '토지보상법'이라 함) 제72조 제1호를 근거로 이 사건 토지의 수용을 청구하였다. 이에 대해 A광역시지방토지수용위원회는 "사업인정고시가 된 날부터 1년 이내에 B구청장이 재결신청을 하지 아니하여 사업인정은 그 효력을 상실하였으므로 甲은 토지보상법 제72조 제1호를 근거로 이 사건 토지의 수용을 청구할 수 없다."며 甲의 수용청구를 각하하는 재결을 하였다. 다음 물음에 답하시오. 30점

(1) A광역시지방토지수용위원회의 각하재결에 대하여 행정소송을 제기하기 전에 강구할 수 있는 甲의 권리구제수단에 관하여 설명하시오. 10점

(2) 甲이 A광역시지방토지수용위원회의 각하재결에 대하여 행정소송을 제기할 경우 그 소송의 형태와 피고적격에 관하여 설명하시오. 20점

참조조문

〈공익사업을 위한 토지 등의 취득 및 보상에 관한 법률〉

제23조(사업인정의 실효)

① 사업시행자가 제22조 제1항에 따른 사업인정의 고시(이하 "사업인정고시"라 한다)가 된 날부터 1년 이내에 제28조 제1항에 따른 재결신청을 하지 아니한 경우에는 사업인정고시가 된 날부터 1년이 되는 날의 다음 날에 사업인정은 그 효력을 상실한다.

② <이하 생략>

제72조(사용하는 토지의 매수청구 등)

사업인정고시가 된 후 다음 각 호의 어느 하나에 해당할 때에는 해당 토지소유자는 사업시행자에게 해당 토지의 매수를 청구하거나 관할 토지수용위원회에 그 토지의 수용을 청구할 수 있다. 이 경우 관계인은 사업시행자나 관할 토지수용위원회에 그 권리의 존속(存續)을 청구할 수 있다.

1. 토지를 사용하는 기간이 3년 이상인 경우
2. <이하 생략>

(설문 2-1)의 해결

Ⅰ. 쟁점의 정리

Ⅱ. 각하재결에 대한 불복(토지보상법 제83조 이의의 신청)

1. 의의 및 성격(특별법상 행정심판, 임의주의)

2. 요건 및 효과(처분청 경유주의, 기간특례, 집행부정지)

3. 재결(제84조) 및 재결의 효력(제86조)

Ⅲ. 사안의 해결

(설문 2-2)의 해결

Ⅰ. 쟁점의 정리

Ⅱ. 확장수용청구에 대한 각하재결 시 소송의 형태

1. 행정소송 형태

(1) 학설

1) 취소소송설 및 무효등확인소송설

2) 보증소설

3) 손실보상청구소송설

(2) 판례

(3) 검토

2. 사안의 경우

Ⅲ. 보상금증감청구소송과 피고적격

1. 피고적격

2. 보상금증감청구소송의 성질(형식적 당사자소송)

3. 사안의 경우

Ⅳ. 사안의 해결

예시답안

(설문 2-1)의 해결

Ⅰ 쟁점의 정리

설문은 행정소송 제기 전에 강구할 수 있는 권리구제수단을 묻고 있다. 구제대상은 토지수용위원회의 각하재결이다. 따라서 토지보상법 제83조의 이의신청제도에 대해서 설명한다.

Ⅱ 각하재결에 대한 불복(토지보상법 제83조 이의의 신청)

1. 의의 및 성격(특별법상 행정심판, 임의주의)

관할 토지수용위원회의 위법, 부당한 재결에 불복이 있는 토지소유자 및 사업시행자가 중앙토지수용위원회에 이의를 신청하는 것으로서 특별법상 행정심판에 해당하며 제83조에서 '할 수 있다'고 규정하여 임의주의 성격을 갖는다.

2. 요건 및 효과(처분청 경유주의, 기간특례, 집행부정지)

① 수용, 보상재결에 이의가 있는 경우에, 사업시행자 및 토지소유자는 재결서의 정본을 받은 날부터 30일 이내에 처분청을 경유하여 중앙토지수용위원회에 이의를 신청할 수 있다. 이 경우 판례는 30일의 기간은 전문성, 특수성을 고려하여 수용의 신속을 기하기 위한 것으로 합당하다고 한다. 또한 ② 이의신청은 사업의 진행 및 토지의 사용, 수용을 정지시키지 아니한다.

3. 재결(제84조) 및 재결의 효력(제86조)

① 재결이 위법 또는 부당하다고 인정하는 때에는 그 재결의 전부 또는 일부를 취소하거나 보상액을 변경할 수 있다. ② 보상금 증액 시 재결서 정본을 받은 날부터 30일 이내에 사업시행자는 증액된 보상금을 지급해야 한다. ③ 쟁송기간 도과 등으로 이의재결이 확정된 경우에는 민사소송법상의 확정판결이 있는 것으로 보고 재결서 정본은 집행력 있는 판결의 정본과 동일한 효력을 갖는 것으로 본다.

Ⅲ 사안의 해결

甲은 토지보상법 제83조에 따라 A광역시지방토지수용위원회의 각하재결을 대상으로 중앙토지수용위원회에 이의신청을 할 수 있다. 또한, 사업인정의 실효로 인하여 발생된 손실에 대해서는 각하재결과 별도로 손실보상을 청구할 수 있을 것이다.

[설문 2-2]의 해결

Ⅰ 쟁점의 정리

설문은 甲이 A광역시지방토지수용위원회의 각하재결에 대하여 행정소송을 제기할 경우 그 소송의 형태와 피고적격에 관하여 묻고 있다. 사용하는 토지의 매수청구는 확장수용에 해당하므로 각하재결에 대한 행정소송이 재결취소소송의 형식인지 아니면 보상금증감청구소송의 형식인지를 검토하여 설문을 해결한다.

Ⅱ 확장수용청구에 대한 각하재결 시 소송의 형태

확장수용의 결정은 토지수용위원회의 재결에 의해서 결정되므로 재결에 대한 일반적인 불복수단이 적용될 것이다. 이 경우 제85조 제2항의 보상금증감청구소송의 심리범위에 손실보상의 범위가 포함되는지에 따라 실효적인 쟁송형태가 달라지게 된다.

1. 행정소송 형태

(1) 학설

1) 취소소송설 및 무효등확인소송설

보상금증감청구소송은 문언에 충실하게 '보상금액의 다과'만을 대상으로 하며, 확장수용은 수용의 범위문제인바, 먼저 재결에 대해 다투어야 하므로 취소소송 내지 무효등확인소송을 제기해야 한다고 한다.

2) 보증소설

확장수용은 손실보상의 일환으로서 보상금증감청구소송의 취지가 권리구제의 우회방지이고, 손실보상액은 손실보상 대상의 범위에 따라 달라지므로 손실보상의 범위도 보상금증감소송의 범위에 포함된다고 본다.

3) 손실보상청구소송설

확장수용청구권은 형성권인바 이에 의해 손실보상청구권이 발생하고, 확장수용청구권의 행사에 의해서 수용의 효과가 발생하므로 이를 공권으로 본다면 공법상 당사자소송으로 손실보상청구를 하여야 한다고 본다.

(2) 판례

대법원은 '잔여지수용청구권은 토지소유자에게 손실보상책의 일환으로 부여된 권리이어서 이는 수용할 토지의 범위와 그 보상액을 결정할 수 있는 토지수용위원회에 대하여 토지수용의 보상가액을 다투는 방법에 의하여도 행사할 수 있다.'고 판시한 바 있다.

(3) 검토

잔여지보상에 관한 소송은 위법성 여부를 따지는 것이 아니라 보상금과 관련된 사항이므로 분쟁의 일회적 해결을 위해서 보상금증감청구소송이 타당하다.

2. 사안의 경우

사용하는 토지의 매수청구는 확장수용이므로 이는 보상금과 관련된 사항이므로 보상금증감청구소송에 따라서 불복하는 것이 분쟁의 일회적 해결을 위해서 타당하다. 따라서 甲은 보상금증감청구소송을 청구해야 할 것이다.

Ⅲ 보상금증감청구소송과 피고적격

1. 피고적격

행정소송법 제13조에서는 '다른 법률에 특별한 규정이 없는 한 그 처분 등을 행한 행정청'을 피고로 규정하고 있으므로 원칙적으로 A광역시지방토지수용위원회가 피고가 될 것이다. 그러나 토지보상법 제85조 제2항에서는 "소송을 제기하는 자가 토지소유자 또는 관계인일 때에는 사업시행자를, 사업시행자일 때에는 토지소유자 또는 관계인을 각각 피고로 한다."라고 규정하고 있다.

2. 보상금증감청구소송의 성질(형식적 당사자소송)

종전에는 형식적 당사자소송이었는지와 관련하여 견해의 대립이 있었으나 현행 토지보상법 제85조에서는 재결청을 공동피고에서 제외하여 형식적 당사자소송임을 규정하고 있다.

3. 사안의 경우

보상금증감청구소송은 형식적 당사자소송이며, 개정된 토지보상법 제85조 제2항에 따라 사업시행자인 B구청장을 피고로 하여야 할 것이다.

Ⅳ 사안의 해결

甲은 A광역시지방토지수용위원회의 각하재결에 대하여 보상금증감청구소송을 제기하여 불복할 수 있으며, 이 경우 피고는 A광역시지방토지수용위원회가 아닌 B구청장으로 하여야 할 것이다. 또한, 각하재결에 불복할 때에는 재결서를 받은 날부터 90일 이내에, 이의신청을 거쳤을 때에는 이의신청에 대한 재결서를 받은 날부터 60일 이내에 각각 행정소송을 제기할 수 있다.

채점평

문제 2

물음 1은 토지수용위원회의 각하 재결에 대하여 행정소송 제기 전에 강구할 수 있는 권리구제수단에 관한 문제로서, 「공익사업을 위한 토지 등의 취득 및 보상에 관한 법률」상의 이의신청에 관한 내용을 체계적으로 서술하고 특별행정심판으로서의 성질을 갖고 있다고 서술할 필요가 있다. 물음 2는 수용청구를 각하하는 토지수용위원회의 재결에 대해 토지 소유자가 불복하여 제기하는 소송의 형태 및 피고를 누구로 하는가에 관한 문제이다. 이에 관하여는 토지수용위원회의 재결에 불복하여 제기하는 형식적 당사자소송 형태 및 피고적격의 결론도 중요하지만 그와 같은 결론의 도출 과정에 주안점을 두어 관련 법령, 학설, 판례 등 쟁점을 충실하게 서술하는 것이 중요하다.

30회 문제 02

甲은 골프장을 보유 · 운영해 왔는데, 그 전체 부지 1,000,000㎡ 중 100,000㎡가 도로건설 사업부지로 편입되었고, 골프장은 계속 운영되고 있다. 위 사업부지로 편입된 부지 위에는 오수처리시설이 있었는데, 수용재결에서는 그 이전에 필요한 비용으로 1억원의 보상금을 산정하였다. 다음 물음에 답하시오. 30점

(2) 甲은 골프장 잔여시설의 지가 및 건물가격 하락분에 대하여 보상을 청구하려고 한다. 이때 甲이 제기할 수 있는 소송에 관하여 설명하시오. 20점

(설문 2-2)의 해결
Ⅰ. 쟁점의 정리
Ⅱ. 토지보상법 제85조 제2항 보상금증감청구소송
1. 의의 및 취지
2. 소송의 형태
3. 소송의 성질
4. 제기요건 및 효과(기간특례, 당사자, 원처분주의, 관할)
5. 심리범위
6. 심리방법
7. 입증책임
8. 판결(형성력, 별도의 처분 불필요)
Ⅲ. 사안의 해결(재결전치주의)

예시답안

(설문 2-2)의 해결

Ⅰ 쟁점의 정리

설문은 잔여시설의 지가 및 건물가격 하락분에 대해 보상청구를 하려는 경우 제기할 수 있는 소송에 대해서 묻고 있다. 보상금에 대한 다툼이 있는 경우 토지보상법 제83조에서는 이의신청을, 제85조에서는 보상금증감청구소송을 제기하도록 규정하고 있는바, 이하에서 보상금증감청구소송에 대해서 설명한다.

Ⅱ 토지보상법 제85조 제2항 보상금증감청구소송

1. 의의 및 취지

(보상재결에 대한) 보상금의 증감에 대한 소송으로서 사업시행자, 토지소유자는 각각을 피고로 제기하며(제85조 제2항), ① 보상재결의 취소 없이 보상금과 관련된 분쟁을 일회적으로 해결하여, ② 신속한 권리구제를 도모함에 취지가 있다.

2. 소송의 형태

종전에는 형식적 당사자소송이었는지와 관련하여 견해의 대립이 있었으나, 현행 토지보상법 제85조에서는 재결청을 공동피고에서 제외하여 형식적 당사자소송임을 규정하고 있다.

3. 소송의 성질

① 법원이 재결을 취소하고 보상금을 결정하는 형성소송이라는 견해, ② 법원이 정당보상액을 확인하고 금전지급을 명하거나 과부과된 부분을 되돌려 줄 것을 명하는 확인・급부소송이라는 견해가 있으며, ③ 판례는 해당 소송을 이의재결에서 정한 보상금이 증액, 변경될 것을 전제로 하여 기업자를 상대로 보상금의 지급을 구하는 확인・급부소송으로 보고 있다. ④ 생각건대 형성소송설은 권력분립에 반할 수 있으며 일회적인 권리구제에 비추어 확인・급부소송설이 타당하다.

4. 제기요건 및 효과(기간특례, 당사자, 원처분주의, 관할)

① 제85조에서는 제34조 재결을 규정하므로 원처분을 대상으로 ② 재결서를 받은 날부터 90일 또는 60일(이의재결 시) 이내에 ③ 토지소유자, 관계인 및 사업시행자는 각각을 피고로 하여 ④ 관할법원에 당사자소송을 제기할 수 있다.

5. 심리범위

① 손실보상의 지급방법(채권보상 여부 포함)과 ② 적정손실보상액의 범위 및 보상액과 관련한 보상면적(잔여지수용 등) 등은 심리범위에 해당한다. 판례는 ③ 지연손해금 역시 손실보상의 일부이고, ④ 잔여지수용 여부 및 ⑤ 개인별 보상으로서 과대, 과소항목의 보상항목 간 유용도 심리범위에 해당한다고 본다.

6. 심리방법

법원 감정인의 감정결과를 중심으로 적정한 보상금이 산정된다.

7. 입증책임

입증책임과 관련하여 민법상 법률요건분배설이 적용된다. 판례는 재결에서 정한 보상액보다 정당한 보상이 많다는 점에 대한 입증책임은 그것을 주장하는 원고에게 있다고 한다.

8. 판결(형성력, 별도의 처분 불필요)

산정된 보상금액이 재결금액보다 많으면 차액의 지급을 명하고, 법원이 직접 보상금을 결정하므로 소송당사자는 판결결과에 따라 이행하여야 하며 중앙토지수용위원회는 별도의 처분을 할 필요가 없다.

Ⅲ 사안의 해결(재결전치주의)

토지보상법에 의한 손실보상청구절차를 보면 관할 토지수용위원회의 재결을 거쳐 행정소송을 제기할 수 있도록 하여, 재결전치주의를 취하고 있다. 재결전치주의는 잔여지 및 잔여건축물에 대한 감가보상을 청구하는 경우에도 적용되므로 甲은 잔여시설의 지가 및 건물가격 하락분에 대하여 토지수용위원회의 재결절차를 거친 후 사업시행자를 피고로 하여 보상금증액청구소송을 제기할 수 있을 것이다.

31회 문제 01

A 시장 甲은 1990년에 「자연공원법」에 의하여 A 시내 산지 일대 5㎢를 'X시립공원'으로 지정 · 고시한 다음, 1992년 X시립공원 구역을 구분하여 용도지구를 지정하는 내용의 'X시립공권 기본계획'을 결정 · 공고하였다. 甲은 2017년에 X시립공원 구역 내 10,000㎡ 부분에 다목적 광장 및 휴양관(이하 '이 사건 시설'이라 한다)을 설치하는 내용의 'X시립공원 공원계획'을 결정 · 고시한 다음, 2018년에 甲이 사업시행자가 되어 이 사건 시설에 잔디광장, 휴양관, 도로, 주차장을 설치하는 내용의 'X시립공원 공원사업'(이하 '이 사건 시설 조성사업'이라 한다) 시행계획을 결정 · 고시하였다. 甲은 이 사건 시설 조성사업의 시행을 위하여 그 사업구역 내에 위치한 토지(이하 '이 사건 B토지'라 한다)를 소유한 乙과 손실보상에 관한 협의를 진행하였으나 협의가 성립되지 않자 수용재결을 신청하였다. 관할 지방토지수용위원회의 수용재결 및 중앙토지수용위원회의 이의재결에 모두 이 사건 B토지의 손실보상금은 1990년의 X시립공원 지정 및 1992년의 X시립공원 용도지구 지정에 따른 계획제한을 받는 상태대로 감정평가한 금액을 기초로 산정되었다. 다음 물음에 답하시오. [40점]

(1) 乙은 위 중앙토지수용위원회의 이의재결이 감정평가에 관한 법리를 오해함으로써 잘못된 내용의 재결을 한 경우에 해당한다고 판단하고 있다. 乙이 「공익사업을 위한 토지 등의 취득 및 보상에 관한 법률」에 따라 제기할 수 있는 소송의 의의와 특수성을 설명하시오. [15점]

(설문 1-1)의 해결

Ⅰ. 쟁점의 정리

Ⅱ. 보상금증감청구소송

1. 의의 및 취지
2. 소송의 형태
3. 소송의 성질
4. 제기요건 및 효과(기간특례, 당사자, 원처분주의, 관할)
5. 심리범위
6. 심리방법
7. 입증책임
8. 판결(형성력, 별도의 처분 불필요)

Ⅲ. 사안의 해결

예시답안

(설문 1-1)의 해결

Ⅰ 쟁점의 정리

乙은 중앙토지수용위원회의 이의재결에 의해 산정된 보상금에 대해서 불복하고자 한다. 토지보상법 제85조 제2항에서 규정하고 있는 보상금증감청구소송에 대해서 설명한다.

Ⅱ 보상금증감청구소송

1. 의의 및 취지

(보상재결에 대한) 보상금의 증감에 대한 소송으로서 사업시행자, 토지소유자는 각각을 피고로 제기하며(제85조 제2항), ① 보상재결의 취소 없이 보상금과 관련된 분쟁을 일회적으로 해결하여, ② 신속한 권리구제를 도모함에 취지가 있다.

2. 소송의 형태

종전에는 형식적 당사자소송인지와 관련하여 견해의 대립이 있었으나, 현행 토지보상법 제85조에서는 재결청을 공동피고에서 제외하여 형식적 당사자소송임을 규정하고 있다.

3. 소송의 성질

① 법원이 재결을 취소하고 보상금을 결정하는 형성소송이라는 견해, ② 법원이 정당보상액을 확인하고 금전지급을 명하거나 과부과된 부분을 되돌려 줄 것을 명하는 확인·급부소송이라는 견해가 있으며, ③ 판례는 해당 소송을 이의재결에서 정한 보상금이 증액, 변경될 것을 전제로 하여 기업자를 상대로 보상금의 지급을 구하는 확인·급부소송으로 보고 있다. ④ 생각건대 형성소송설은 권력분립에 반할 수 있으며, 일회적인 권리구제에 비추어 확인·급부소송설이 타당하다.

4. 제기요건 및 효과(기간특례, 당사자, 원처분주의, 관할)

① 제85조에서는 제34조 재결을 규정하므로 원처분을 대상으로 ② 재결서를 받은 날부터 90일 또는 60일(이의재결 시) 이내에 ③ 토지소유자, 관계인 및 사업시행자는 각각을 피고로 하여 ④ 관할법원에 당사자소송을 제기할 수 있다.

5. 심리범위

① 손실보상의 지급방법(채권보상 여부 포함)과 ② 적정손실보상액의 범위 및 보상액과 관련한 보상면적(잔여지수용 등) 등은 심리범위에 해당한다. 판례는 ③ 지연손해금 역시 손실보상의 일부이고, ④ 잔여지수용 여부 및 ⑤ 개인별 보상으로서 과대, 과소항목의 보상항목 간 유용도 심리범위에 해당한다고 본다.

6. 심리방법

법원 감정인의 감정결과를 중심으로 적정한 보상금이 산정된다.

7. 입증책임

입증책임과 관련하여 민법상 법률요건분배설이 적용된다. 판례는 재결에서 정한 보상액보다 정당한 보상이 많다는 점에 대한 입증책임은 그것을 주장하는 원고에게 있다고 한다.

8. 판결(형성력, 별도의 처분 불필요)

산정된 보상금액이 재결금액보다 많으면 차액의 지급을 명하고, 법원이 직접 보상금을 결정하므로 소송당사자는 판결결과에 따라 이행하여야 하며 중앙토지수용위원회는 별도의 처분을 할 필요가 없다.

Ⅲ 사안의 해결

乙은 이의신청에 대한 재결서를 받은 날부터 60일 이내에 사업시행자를 피고로 토지소재지 관할법원에 보상금증액을 요청하는 보상금증액청구소송을 제기할 수 있을 것이다.

34회 문제 01

A대도시의 시장은 국토의 계획 및 이용에 관한 법률에 따른 도시관리계획으로 관할구역 내 oo동 일대 90,000㎡ 토지에 공영주차장과 자동차정류장을 설치하는 도시계획시설사업결정을 한 후 지방공기업법에 따른 A대도시 X지방공사(이하 'X공사'라 함)를 도시계획시설사업의 시행자로 지정하고, X공사가 작성한 실시계획에 대해 실시계획인가를 하고 이를 고시하였다. 이에 따라 공익사업을 위한 토지 등의 취득 및 보상에 관한 법률(이하 '토지보상법'이라 함)에 의해 사업인정 및 고시가 이루어졌다. 한편, X공사는 사업대상구역 내에 위치한 20,000㎡ 토지를 소유한 甲과 토지수용을 위한 협의를 진행하였으나 협의가 성립되지 아니하여 관할 지방 토지수용위원회에 토지수용의 재결을 신청하였다. 다음 물음에 답하시오. (단, 각 물음은 상호독립적임) 40점

(3) 甲은 자신의 토지에 대한 보상금이 적으며, 일부 지장물이 손실보상의 대상에서 제외되었다는 이유로 관할 지방토지수용위원회의 수용재결에 불복하여 중앙토지수용위원회에 이의신청을 거쳤으나, 기각재결을 받았다. 甲이 이에 대하여 불복하는 경우 적합한 소송 형태를 쓰고 이에 관하여 설명하시오. 10점

(설문 3)의 해결
- Ⅰ. 쟁점의 정리
- Ⅱ. 기각재결에 대한 적합한 소송 형태
  - 1. 견해의 대립
    - (1) 취소소송설 및 무효등확인소송설
    - (2) 보상금증감청구소송설
    - (3) 손실보상청구소송설
  - 2. 판례
  - 3. 검토
- Ⅲ. 보상금증감청구소송
  - 1. 보상금증감청구소송의 의의 및 취지
  - 2. 소송의 형태
  - 3. 소송의 성질
  - 4. 심리범위 및 판결의 효력
- Ⅳ. 사안의 해결

예시답안

(설문 3)의 해결

Ⅰ 쟁점의 정리

보상대상에 대한 판단에 불복하는 경우 기각재결을 대상으로 취소소송을 제기해야 하는지 보상금증액청구소송을 제기해야 하는지가 문제될 수 있으며, 보상금증액청구소송에 대해서 설명한다.

Ⅱ 기각재결에 대한 적합한 소송 형태

1. 견해의 대립

(1) 취소소송설 및 무효등확인소송설

보상금증감청구소송은 문언에 충실하게 '보상금액의 다과'만을 대상으로 하며, 확장수용은 수용의 범위 문제인바, 먼저 재결에 대해 다투어야 하므로 취소 내지 무효등확인소송을 제기해야 한다고 한다.

(2) 보상금증감청구소송설

확장수용은 손실보상의 일환으로서 보상금증감청구소송의 취지가 권리구제의 우회방지이고, 손실보상액은 손실보상 대상의 범위에 따라 달라지므로 손실보상의 범위도 보상금증감소송의 범위에 포함된다고 본다.

(3) 손실보상청구소송설

확장수용청구권은 형성권인 바 이에 의해 손실보상청구권이 발생하고, 확장수용청구권의 행사에 의해서 수용의 효과가 발생하므로 이를 공권으로 본다면 공법상 당사자소송으로 손실보상청구를 하여야 한다고 본다.

2. 판례

어떤 보상항목이 공익사업을 위한 토지 등의 취득 및 보상에 관한 법령상 손실보상대상에 해당함에도 관할 토지수용위원회가 사실을 오인하거나 법리를 오해함으로써 손실보상대상에 해당하지 않는다고 잘못된 내용의 재결을 한 경우에는, 피보상자는 관할 토지수용위원회를 상대로 그 재결에 대한 취소소송을 제기할 것이 아니라, 사업시행자를 상대로 공익사업을 위한 토지 등의 취득 및 보상에 관한 법률 제85조 제2항에 따른 보상금증감소송을 제기하여야 한다고 판시한 바 있다(대판 2019.11.28, 2018두227).

3. 검토

잔여지 보상에 관한 소송은 위법성 여부를 따지는 것이 아니라 보상금과 관련된 사항이므로 보상금증감청구소송의 제도적 취지(분쟁의 일회적 해결)와 보상의 범위에 따라 보상금액이 달라지는 점을 고려할 때 보상금증감청구소송이 보상의 범위까지 포함한다고 보는 보상금증감청구소송설이 타당하다고 판단된다.

Ⅲ 보상금증감청구소송

1. 보상금증감청구소송의 의의 및 취지

(보상재결에 대한) 보상금의 증감에 대한 소송으로서 사업시행자, 토지소유자는 각각 상대방을 피고로 제기하며(제85조 제2항), ① 보상재결의 취소 없이 보상금과 관련된 분쟁을 일회적으로 해결하여, ② 신속한 권리구제를 도모함에 취지가 있다.

2. 소송의 형태

구 토지수용법에서는 '재결청'도 소송당사자로 포함시키고 있었다. 이와 관련하여 특수한 형태의 항고소송설, 법률이 정한 특수한 형태의 소송설, 변형된 형식적 당사자소송설 및 당사자소송과 항고소송이 절충된 형태의 소송설 등 다양한 견해가 대립하고 있었다. 그러나 현행 토지보상법 제85조 제2항에서는 보상금소송의 당사자를 사업시행자, 토지소유자 또는 관계인에 제한하고 있다. 그러한 이유에서 보상금증감소송을 형식적 당사자소송으로 보는 것이 통설적 견해이다.

3. 소송의 성질

형성소송설은 보상금을 산정한 재결의 취소·변경을 내용으로 하고 있고, 여전히 항고소송의 성격이 남아 있음을 강조하고 있다. 그러나 토지보상법 제85조 제2항의 보상금증감소송은 그 입법취지나 연혁을 고려할 때 토지소유자의 보호를 위해 둔 규정이고, 구 토지수용법과 달리 재결청을 소송당사자에서 제외하고 있다. 따라서 항고소송의 성격을 인정하기는 곤란하며, 보상금 산정에 하자가 있는 수용재결의 위법을 확인하고 보상금증액을 구한다고 보는 확인·급부소송설이 타당하다.

4. 심리범위 및 판결의 효력

① 손실보상의 지급방법(채권보상여부포함)과 ② 적정손실보상액의 범위 및 보상액과 관련한 보상면적(잔여지수용등) 등은 심리범위에 해당한다. 판례는 ③ 지연손해금 역시 손실보상의 일부이고 ④ 잔여지수용여부 및 ⑤ 개인별 보상으로서 과대과소항목의 항목 간 유용도 심리범위에 해당한다고 본다. 산정된 보상금액이 재결 금액보다 많으면 차액의 지급을 명하고, 법원이 직접보상금을 결정하므로 소송당사자는 판결결과에 따라 이행하여야 하며 중앙토지수용위원회는 별도의 처분을 할 필요가 없다.

Ⅳ 사안의 해결

보상대상에 대한 기각재결이 있는 경우 보상금증액을 구하는 소송을 제기하여야 하며, 보상금증감청구소송은 확인·급부소송으로서 형식적 당사자소송의 성격을 갖는다.

기출문제

[재결] 기타 [제10회 제2문]

토지수용위원회, 토지평가위원회, 보상심의위원회를 비교 논술하시오. 20점
(현재는 토지평가위원회는 부동산가격공시위원회로, 보상심의위원회는 보상협의회로 바뀜)

쟁점해설

1. 서언적 논점

제2문은 토지수용위원회, 토지평가위원회, 보상심의위원회를 비교 논술할 것을 요구하고 있다. 비교의 기준은 법적 근거, 법적 지위, 조직 및 운영, 심의사항 등의 권한 등인바, 이를 관련 법규의 규정이나 내용에 따라 논하면 될 것이다.

2. 본론적 논점

구체적으로 먼저 위 3위원회의 근거법을 제시하면, 토지수용위원회는 토지수용법(현 토지보상법)에 마련되어 있고, 토지평가위원회의 근거법은 지가공시 및 토지평가에 관한 법률(지가공시법)(현 부동산공시법)이며, 보상심의위원회의 경우는 공특법(현 토지보상법)에 근거가 있다. 각 위원회의 법적 지위에 대하여는 그것이 임의기관인지, 필수기관인지, 또 의결기관인지, 심의기관적 성격인지, 아니면 자문적 성격의 기구인지를 논급하면 될 것이다. 그 밖의 조직 및 운영, 권한 등에 관한 구체적 내용을 요약하여 표로 만들어 제시하면 다음과 같다.

	토지수용위원회	부동산가격공시위원회	보상협의회
법적 근거	토지보상법	부동산공시법	토지보상법 제82조 동법 시행령 제44조
법적 지위	① 합의제 행정관청, 의결기관 ② 필수기관	① (필수적)심의기관 ② 필수기관	① 임의기관 ② 일정한 요건하에서는 필수기관
조직 운영	① 중앙 : (법 제52조) 위원장 1명 포함 위원 20명 이내 ② 지방 : (법 제53조) 위원장 1명 포함 위원 20명 이내 임기 : 3년	① 중앙 : (법 제24조) 위원장 포함 20명 이내 ② 시・군・구 : (법 제25조, 영 제74조) 위원장 포함 10명 이상 15명 이내	위원장 1명 포함 8명 이상 16명 이내, 지방자치단체에 설치, 위원 중 1/3 이상은 피수용자로 구성

* 보상협의회(10만 제곱미터 이상과 토지소유자 50명 이상인 경우는 의무적으로 설치해야 한다.)

(1) 개정취지

종래에는 보상업무에 관한 사항을 심의하기 위해서 '보상심의위원회'를 두었으나 심의위원회의 성격, 운영, 심의사항 등이 불합리하여 보상업무의 지연을 초래하는 문제점이 있었다.

(2) 보상협의회의 의의 및 성격

보상협의회는 보상에 관한 사항을 협의하기 위한 기구를 말한다. 이는 협의기관, 자문기관의 성격을 갖는다.

(3) 설치 · 구성 및 운영

① 지방자치단체의 장이 필요하다고 인정하는 경우, 해당 사업을 관할하는 시 · 군 · 구에 설치한다. ② 위원장 1명을 포함하여 8명 이상 16명 이내의 위원으로 구성하되, 사업시행자를 위원에 포함시키고, 위원 중 1/3 이상은 토지소유자 및 관계인으로 구성하여야 한다. ③ 보상협의회의 회의는 재적위원 과반수의 출석으로 개의한다.

(4) 협의사항

① 보상액 평가를 위한 사전 의견수렴에 관한 사항, ② 잔여지의 범위 및 이주대책 수립에 관한 사항, ③ 해당 사업지역 내 공공시설의 이전 등에 관한 사항, ④ 토지소유자나 관계인 등이 요구하는 사항 중 지방자치단체의 장이 필요하다고 인정하는 사항, ⑤ 그 밖에 지방자치단체의 장이 회의에 부치는 사항을 협의한다.

Chapter 04

환매권

제1절 판례분석

01 환매권

I 이론적 근거

1. 토지소유자의 감정의 존중(다수) 및 공평의 원칙(판례)에서 찾는 견해

공특법 제9조 제1항이 환매권을 인정하고 있는 입법이유는, 토지 등의 원소유자가 사업시행자로부터 토지 등의 대가로 정당한 손실보상을 받았다고 하더라도 원래 자신의 자발적인 의사에 기하여 그 토지 등의 소유권을 상실하는 것이 아니어서, 완전보상 이후에도 피수용자의 감정상의 손실이 남아 있으므로 그 감정상의 손실을 수인할 공익상의 필요가 소멸된 때에는 원소유자의 의사에 따라 그 토지 등의 소유권을 회복시켜 주는 것이 공평의 원칙에 부합한다는 데에 있다(대판 1992.4.28, 91다29927).

2. 재산권의 존속보장에서 찾는 견해

헌법 제23조의 근본취지에 비추어 볼 때, 일단 공용수용의 요건을 갖추어 수용절차가 종료되었다고 하더라도 그 후에 수용의 목적인 공공사업이 수행되지 아니하거나 또는 수용된 재산권이 당해 공공사업에 필요 없게 되었다고 한다면, 수용의 헌법상 정당성과 공공필요에 의한 재산권 취득의 근거가 장래를 향하여 소멸한다고 보아야 한다. 따라서 수용된 토지 등이 공공사업에 필요 없게 되었을 경우에는 피수용자가 그 토지 등의 소유권을 회복할 수 있는 권리, 즉 환매권은 헌법이 보장하는 재산권의 내용에 포함되는 권리라고 보는 것이 상당하다(헌재 1998.12.24, 97헌마87).

II 법적 근거(법률상권리설)

토지수용법이나 공공용지의 취득 및 손실보상에 관한 특례법 등에서 규정하고 있는 바와 같은 환매권은 공공의 목적을 위하여 수용 또는 협의취득된 토지의 원소유자 또는 그 포괄승계인에게 재산권 보장과 관련하여 공평의 원칙상 인정하고 있는 권리로서 민법상의 환매권과는 달리 법률의 규정에 의하여서만 인정되고 있으며, 그 행사요건, 기간 및 방법 등이 세밀하게 규정되어 있는 점에 비추어 다른 경우에까지 이를 유추적용할 수 없고, 환지처분에 의하여 공공용지로서 지방자치단체에 귀속되게 된 토지에 관하여는 토지구획정리사업법상 환매권을 인정하고 있는 규정이 없고, 이를 공공용지의 취득 및 손실보상에 관한 특례법상의 협의취득이라고도 볼 수 없으므로 같은 특례법상의 환매권에 관한 규정을 적용할 수 없다(대판 1993.6.29, 91다43480).

III 법적 성질

환매권 행사로 인한 매수의 성질은 사법상의 매매와 같다고 볼 것이므로 특단의 사정이 없는 한 환매권 행사에 따른 국가의 소유권이전등기의무와 피징발자의 환매대금지급의무는 서로 동시이행 관계에 있다고 보는 것이 타당하며, 위 환매권은 피징발자 자신이 매매계약과 동시에 환매할 권리를 보류함으로써 생긴 권리가 아니므로 민법 제590조 소정의 환매권과 같이 보아 환매대금지급을 선이행의무라고 볼 것이 아니다(대판 1989.12.12, 89다카9675).

이는 징발재산 정리에 관한 특별조치법에 의한 환매제도로서 토지보상법상 환매제도와는 다르므로 구별해야 한다.

IV 행사요건

1. 사업의 폐지변경 기타의 사유로 필요 없게 된 때

① 사업의 폐지 변경 기타의 사유로 인하여 수용한(또는 취득한) 토지의 전부 또는 일부가 필요 없게 된 때라 함은 수용 또는 협의취득의 목적이 된 구체적인 특정의 공익사업이 폐지되거나 변경되는 등의 사유로 인하여 당해 토지가 더 이상 그 공익사업에 직접 이용될 필요가 없어졌다고 볼 만한 객관적인 사정이 발생한 경우를 말하는 것이므로, 당해 토지의 취득목적사업인 공익사업의 내용이 변경됨에 따라 새로이 필요하게 된 다른 토지 등을 취득하기 위하여 당해 토지를 활용하는 것이, 당초 당해 토지를 수용하거나 협의취득한 목적을 궁극적으로 달성하는데 필요하다고 하더라도, 이와 같은 사정만으로는 당해 토지에 대한 환매권의 발생에 아무런 영향도 미칠 수 없다(대판 1994.1.25, 93다11760).

② 수용된 토지의 환매권에 관한 토지수용법 제71조 제1항 소정의 "사업의 폐지·변경 기타의 사유로 인하여 수용한 토지의 전부 또는 일부가 필요 없게 된 때"라 함은 기업자의 주관적인 의사와는 관계없이 수용의 목적이 된 구체적인 특정공익사업이 폐지되거나 변경되는 등의 사유로 인하여 당해 토지가 더 이상 그 공익사업에 직접 이용될 필요가 없어졌다고 볼 만한 객관적인 사정이 발생한 경우를 말하는 것이고, 수용된 토지 등이 필요없게 되었는지의 여부는 당해 사업의 목적과 내용, 수용의 경위와 범위, 당해 토지와 사업과의 관계, 용도 등 제반 사정에 비추어 합리적으로 판단하여야 한다(대판 1994.8.12, 93다50550).

③ 공공용지의 취득 및 손실보상에 관한 특례법 제9조 제1항 소정의 '필요 없게 된 때'라 함은 사업의 이용에 필요 없게 된 경우를 말하는 것이고, 필요 없게 된 때로부터 1년 또는 취득일로부터 10년 이내에 매수할 수 있다고 규정한 취지는 취득일로부터 10년 이내에 그 토지가 필요 없게 된 경우에는 그때로부터 1년 이내에 환매권을 행사할 수 있으며 또 필요 없게 된 때로부터 1년이 경과하였더라도 취득일로부터 10년이 경과되지 아니하였다면 환매권자는 적법하게 환매권을 행사할 수 있다는 의미이다(대판 1992.3.31, 91다19043).

④ 甲 지방자치단체가 '세계도자기엑스포' 행사를 위한 문화시설 설치사업을 위하여 乙에게서 丙 토지를 협의취득하였는데, 丙 토지가 위 행사용 임시주차장 등으로 사용되다가 농지로 원상복구된 이래 제3자에게 임대되어 영농체험 경작지 등으로 이용되기도 하다가 현재는 밭, 구거, 주차장 부지로 이용되고 있는 사안에서, 여러 사정에 비추어 丙 토지는 더 이상 협의취득의 목적이 되는 '해당 사업'에 필요 없게 되었으므로, 乙의 환매권 행사를 인정한 원심판단을 수긍한 사례(대판 2011.5.13, 2010다6567)

⑤ 사업의 폐지변경 기타의 사유로 필요 없게 된 때(대판 2014.9.4, 2014다204970)

[판시사항]

[1] 구 공익사업을 위한 토지 등의 취득 및 보상에 관한 법률 제91조 제1항에서 정한 '당해 사업'과 '취득된 토지가 필요 없게 된 경우'의 의미 및 취득된 토지가 필요 없게 되었는지 판단하는 기준

[2] 갑 지방자치단체가 을 등 소유의 토지를 취득하여 지방도 310호선이 개통된 후 위 토지가 택지개발사업 부지에 편입되었는데, 그 후 지방도 310호선은 도로로 이용되다가 노선폐지가 이루어졌고, 그와 동시에 위 토지 중 상당수가 포함된 부분의 도로는 지방도 359호선으로 노선번호를 부여받아 도로로 이용되다가 우회도로 등의 개통에 따라 도로로서 사용이 중단된 사안에서, 택지개발사업의 실시계획승인이 있었다는 사정만으로 위 토지가 도로사업에 필요 없게 되어 을 등에게 환매권이 발생하였다고 본 원심판결에 법리오해 등의 위법이 있다고 한 사례

[이유]

기록에 의하면, ① 피고 도지사는 1995.10.30. 삼송・장남 간 도로 약 71km 구간을 지방도 310호선으로 인정하는 도로구역결정(변경)을 고시하였고, 1997.2.10. 위 지방도 310호선 중 송포・문산 간 도로의 확・포장공사, 즉 이 사건 도로사업을 위한 도로구역결정(변경)을 고시한 사실, ② 피고는 1997.1.16.부터 1998.12.11. 사이에 이 사건 도로사업의 부지로 편입시키기 위해 원소유자들로부터 이 사건 각 토지를 협의취득 또는 수용의 방법으로 취득하여 소유권이전등기를 마쳤고, 그 후 위 각 토지를 부지로 하여 지방도 310호선이 개통된 사실, ③ 한편 건설교통부장관은 2001.1.4. 파주시, 소외 공사를 시행자로 하여 파주시 교하면 야당리 등 일대 3,025,000㎡를 파주운정택지개발예정지구로 지정・고시하였고, 2003.5.20. 택지개발예정지구를 파주시 교하읍 당하리, 동패리, 목동리, 야당리, 와동리 일대 4,692,000㎡로 변경하는 택지개발예정지구 변경지정 및 택지개발계획 승인을 고시한 사실, ④ 이 사건 각 토지는 2004.12.30. 및 2007.1.12. 이 사건 택지개발사업의 1단계 실시계획 승인・고시 및 변경고시를 통하여 위 택지개발사업의 부지에 편입된 사실, ⑤ 이 사건 택지개발사업 실시계획승인에도 불구하고 지방도 310호선은 계속 도로로 이용되다가 2005.3.28. 피고 도지사에 의한 노선폐지공고가 있었으나, 같은 날 위 지방도 310호선의 노선 가운데 이 사건 각 토지 중 상당수가 포함된 부분의 도로는 다시 피고 도지사의 도로구역결정(변경) 고시를 통해 일산・문산 간 25km 구간의 지방도 359호선으로 새로 노선번호를 부여받아 마찬가지로 도로로 이용된 사실, ⑥ 위 지방도 359호선은 2009.3.16. 이를 대체할 신설도로, 지하차도의 착공 및 위 공사를 위한 임시우회도로의 개통에 따라 도로로서의 사용이 중단된 사실을 각 알 수 있다.

위와 같은 사실에 의하면, 이 사건 택지개발사업의 승인된 실시계획에서 이 사건 각 토지 지상에 공공청사, 학교 등이 설치되는 것으로 정해져 있었다고 하더라도, 2009.3.16.까지 지방도 359호선이 공중의 공동사용에 제공되는 동안은 도로로서의 효용이나 공익상 필요가 현실적으로 소멸되지 아니하였다고 볼 수 있고, 따라서 이 사건 택지개발사업의 실시계획승인만으로 이 사건 각 토지 중 지방도 359호선의 부지로 편입된 부분이 객관적으로 이 사건 도로사업에 필요 없게 되었다고 단정하기는 어렵다고 할 것이다.

그렇다면 원심으로서는 지방도 310호선의 노선폐지가 이루어짐과 동시에 지방도 359호선에 관한 도로구역결정(변경)이 이루어지게 된 경위 및 내용, 이 사건 각 토지 중 지방도 359호선에 편입된 토지의 특정, 우회도로의 개통 전까지의 이 사건 택지개발사업 과정에서 이 사건 각 토지 중 지방도 359호선의 부지에서 제외된 것이 존재하는지 여부 등에 관하여 심리를 함으로써 이 사건 각 토지가 이 사건 도로사업에 부합되게 사용되었는지 여부와 그 범위를 확정한 다음에 앞서 본 판단을 기초로 하여 이 사건 각 토지가 이 사건 도로사업에 필요 없게 된 시기 및 그에 따른 이 사건 각 토지의 환매권 발생 여부를 확정하였어야 할 것이다.

⑥ 사업의 폐지변경 기타의 사유로 필요 없게 된 때(대판 2013.6.27, 2010다18430)

[판시사항]

국가 또는 지방자치단체가 공익사업을 위하여 취득한 후 공공시설 부지로 사용하는 토지가 토지구획정리사업의 시행으로 대체 공공시설이 설치됨에 따라 종전 공공시설의 전부 또는 일부가 폐지 또는 변경되어 불용으로 될 토지에 해당한다는 이유로 환지계획에서 환지를 정하지 않고 다른 토지의 환지 대상이 된 경우, 구 공익사업을 위한 토지 등의 취득 및 보상에 관한 법률 제91조 제1항에서 정한 '당해 사업의 폐지·변경 그 밖의 사유로 인하여 취득한 토지의 전부 또는 일부가 필요 없게 된 경우'에 해당하는지 여부(원칙적 소극)

[이유]

공익사업에 필요하여 취득된 후 국가 또는 지방자치단체의 소유에 속하는 공공시설의 부지로 사용되는 토지에 대하여 토지구획정리사업 시행으로 법 제53조 제2항에 따라 당해 공공시설에 대체되는 공공시설이 설치되어 종전의 공공시설의 전부 또는 일부가 폐지 또는 변경되어 불용으로 될 토지에 해당된다는 이유로 환지계획에서 환지를 정하지 아니하고 다른 토지의 환지의 대상이 된 경우에는, 그 토지가 당초 취득 당시의 용도와 달리 사용된다고 하더라도 그 토지가 토지구획정리사업의 시행지구 안에 편입된 토지라면, 그 토지에 대한 권리관계는 당해 토지구획정리사업과 관련지어 파악하여야 한다고 봄이 타당하다. 따라서 이와 같은 경우에는 당해 취득된 토지 자체의 용도의 변경만을 주목할 것이 아니라 토지구획정리사업 시행지구 내에 편입된 모든 토지를 일체로 취급하여 대지로서의 효용증진과 공공시설의 정비 등 토지이용의 효율을 위하여 단지 공공시설의 위치가 변경되는 사정 등을 중시하여, 당해 취득된 토지가 당초의 공익사업에 필요 없게 된 것이 아니라 그 필요성은 여전히 유지되고 있으나 토지구획정리사업으로 인한 토지이용의 효율을 위하여 재배치되는 것에 불과하다고 보아야 한다. 만일 이와 같은 경우에도 취득 전의 종전 토지소유자가 환매권을 행사할 수 있다고 보게 되면 환지계획에서 정한 공공시설 부지가 감소하는 등의 문제로 환지처분을 통한 토지구획정리사업에 현저한 지장을 초래하게 되므로, 달리 특별한 사정이 없는 한, 이와 같은 경우에는 구 공익사업법 제91조 제1항 소정의 '당해 사업의 폐지・변경 그 밖의 사유로 인하여 취득한 토지의 전부 또는 일부가 필요 없게 된 경우'에 해당하지 않는다고 봄이 타당하다.

⑦ 제91조 제1항 요건 중 10년 기간 위헌여부(헌재 2011.3.31, 2008헌바26)
환매권의 행사기간을 수용일로부터 10년 이내로 제한한 구 토지수용법(1981.12.31. 법률 제3534호로 개정되고, 2002.2.4. 법률 제6656호로 폐지되기 전의 것, 이하 '구 토지수용법'이라 한다) 제71조 제1항 중 환매권자는 "수용일로부터 10년" 이내 부분(이하 '이 사건 심판대상조항'이라 한다)이 환매권자의 재산권을 침해하는지 여부(소극) : 사업시행자의 소유권 취득 당시로부터 일정기간 내에 법률관계를 안정시킬 필요성과 수용일로부터 10년 이내라는 기간 설정의 적정성은 인정되며, 환매권의 발생기간과 행사기간을 동일하게 수용일로부터 10년 이내로 정함에 따라 그 기한에 임박한 시점에 환매권이 발생한 경우에도 또 다른 환매권의 행사기간인 "그 필요 없게된 때로부터 1년"이 지나지 아니하였다면 환매권을 행사할 수 있다고 볼 수 있는바, 이러한 환매권 행사기간의 설정이 그 형성에 관한 입법재량을 일탈했다고 보기는 힘들다. 또한 환매권이 이미 발생하였다 하더라도 환매권자가 이를 알 때까지 언제까지나 계속 존속하고 있다면 여전히 법률관계의 안정이 어렵게 되고, 환매권자는 수용 당시에 이미 정당한 보상을 받았을 뿐만 아니라, 사업시행자가 통지 또는 공고의무를 위반한 경우에는 불법행위가 인정되어 환매권자의 손해가 전보됨에 비추어볼 때, 환매권자가 환매권의 발생사실을 알지 못한 경우를 별도로 고려하지 않고 일률적으로 수용일 또는 취득일을 기산점으로 하여 환매권의 행사기간을 정하였다 하더라도 환매권의 내용 형성에 관한 합리적인 입법재량의 범위를 일탈했다고 보기는 어렵다.

1-1. 당해사업과 취득한 토지가 필요 없게 된 때의 의미

대판 2021.9.30, 2018다282183 [손해배상(기)]

[판시사항]

환매권에 관하여 규정한 구 공익사업을 위한 토지 등의 취득 및 보상에 관한 법률 제91조 제1항에서 말하는 '당해 사업'과 '취득한 토지가 필요 없게 된 때'의 의미 및 이때 취득한 토지가 필요 없게 되었는지 판단하는 방법 / 사업시행자가 사업인정을 전제하지 않고 있는 구 공공용지의 취득 및 손실보상에 관한 특례법에 따라 토지 등을 협의취득하거나 구 공익사업을 위한 토지 등의 취득 및 보상에 관한 법률 제14조에 따라 사업인정 전에 토지 등을 협의취득한 경우, '당해 사업'을 특정하는 방법

[판결요지]

구 공익사업을 위한 토지 등의 취득 및 보상에 관한 법률(2011.8.4. 법률 제11017호로 개정되기 전의 것, 이하 '토지보상법'이라 한다) 제91조 제1항에 따른 환매권은 당해 사업의 폐지·변경 기타의 사유로 인하여 취득한 토지 등의 전부 또는 일부가 필요 없게 된 때에 행사할 수 있다. 여기서 '당해 사업'이란 협의취득 또는 수용의 목적이 된 구체적인 특정의 공익사업을 말하고, '취득한 토지가 필요 없게 된 때'라 함은 협의취득 또는 수용의 목적이 된 구체적인 특정의 공익사업이 폐지되거나 변경되는 등의 사유로 인하여 당해 토지가 더 이상 그 공익사업에 직접 이용될 필요가 없어졌다고 볼 만한 객관적인 사정이 발생한 때를 말한다. 취득한 토지가 필요 없게 되었는지의 여부는 당해 사업의 목적과 내용, 취득의 경위와 범위, 당해 토지와 사업의 관계, 용도 등 제반 사정에 비추어 객관적 사정에 따라 합리적으로 판단하여야 한다.

당해 사업에 대하여 토지보상법상 사업인정이나 구 토지수용법(2002.2.4. 법률 제6656호 토지보상법 부칙 제2조로 폐지)이나 토지보상법상 사업인정으로 의제되는 도시계획시설사업 실시계획인가가 이루어졌다면 사업인정이나 실시계획인가의 내용에 따라 '당해 사업'을 특정할 수 있다. 그러나 사업인정을 전제하지 않고 있는 구 공공용지의 취득 및 손실보상에 관한 특례법(2002.2.4. 법률 제6656호 토지보상법 부칙 제2조로 폐지)에 따라 협의취득하거나 토지보상법 제14조에 따라 사업인정 전에 사업시행자가 협의취득한 경우에는 사업인정의 내용을 통해 당해 사업을 특정할 수 없으므로, 협의취득 당시의 제반 사정을 고려하여 협의취득의 목적이 된 공익사업이 구체적으로 특정되었는지 살펴보아야 한다.

2. 취득한 토지의 전부를 사업에 이용하지 아니한 때

① 공특법 제9조 제2항은 제1항과는 달리 "취득한 토지 전부"가 공공사업에 이용되지 아니한 경우에 한하여 환매권을 행사할 수 있고 그중 일부라도 공공사업에 이용되고 있으면 나머지 부분에 대하여도 장차 공공사업이 시행될 가능성이 있는 것으로 보아 환매권의 행사를 허용하지 않는다는 취지이므로, 이용하지 아니하였는지 여부도 그 취득한 토지 전부를 기준으로 판단할 것이고, 필지별로 판단할 것은 아니라 할 것이다(대판 1995.2.10, 94다31310).

② 공특법 제9조 제2항 및 토지수용법 제71조 제2항에 의한 환매권의 경우는 협의취득일로부터 6년 이내에 행사하여야 하는 것이며, 위 각 조항에 의한 환매권에 대하여 공공용지의 취득 및 손실보상에 관한 특례법 제9조 제1항 및 토지수용법 제71조 제1항에 의한 환매권과 달리 제척기간을 짧게 규정하고 있다고 하여 위 규정들이 재산권 보장에 관한 헌법규정에 위반된다고 할 수 없다(대판 1993.9.14, 92다56810).

3. 법 제91조 제1항과 제2항 행사요건의 관계

공공용지의 취득 및 손실보상에 관한 특례법 제9조 제1항과 제2항은 환매권 발생요건을 서로 달리하고 있으므로 어느 한쪽의 요건에 해당되면 다른 쪽의 요건을 주장할 수 없게 된다고 할 수는 없고, 양쪽의 요건에 모두 해당된다고 하여 더 짧은 제척기간을 정한 제2항에 의하여 제1항의 환매권의 행사가 제한된다고 할 수도 없을 것이므로 제2항의 규정에 의한 제척기간이 도과되었다 하여 제1항의 규정에 의한 환매권 행사를 할 수 없는 것도 아니다(대판 1993.8.13, 92다50652).

4. 해당 사업

'해당 사업'이란 토지의 협의취득 또는 수용의 목적이 된 구체적인 특정의 공익사업으로서 공익사업법 제20조 제1항에 의한 사업인정을 받을 때 구체적으로 특정된 공익사업을 말한다.

'폐지・변경'이란 해당 공익사업을 아예 그만두거나 다른 사업으로 바꾸는 것을 말하며 '필요 없게 되었을 때'란 사업시행자의 주관적의도가 아닌 객관적 사정에 따라 판단한다(대판 2010.9.30, 2010다30782).

'해당 사업'이란 토지의 협의취득 또는 수용의 목적이 된 구체적인 특정 공익사업을 가리키는 것이고, 취득한 토지의 전부 또는 일부가 '필요 없게 된 때'란 사업시행자가 취득한 토지의 전부 또는 일부가 취득 목적사업을 위하여 사용할 필요 자체가 없어진 경우를 말하며, 협의취득 또는 수용된 토지가 필요 없게 되었는지는 사업시행자의 주관적인 의사를 표준으로 할 것이 아니라 당해 사업의 목적과 내용, 협의취득의 경위와 범위, 당해 토지와 사업의 관계, 용도 등 제반 사정에 비추어 객관적・합리적으로 판단하여야 한다(대판 2019.10.31, 2018다233242).

갑 지방자치단체가 도시계획시설(주차장) 사업(이하 '주차장 사업'이라고 한다)을 시행하면서 사업부지에 포함된 을 등의 각 소유 토지를 협의취득한 후 공영주차장을 설치하였고, 그 후 위 토지를 포함한 일대 지역이 재정비촉진지구로 지정되어 공영주차장을 폐지하는 내용이 포함된 재정비촉진지구 변경지정 및 재정비 촉진계획(이하 '재정비 촉진계획'이라고 한다)이 고시되었으며, 이에 따라 재정비촉진구역 주택재개발정비사업(이하 '재개발 사업'이라고 한다)의 사업시행인가가 고시되었는데, 을 등이 목적사업인 주차장 사업에 필요 없게 되어 위 토지에 관한 환매권이 발생하였다고 주장하며 갑 지방자치단체를 상대로 환매권 상실로 인한 손해배상을 구한 사안에서, 공영주차장을 폐지하기로 하는 내용이 포함된 재정비 촉진계획이 고시되거나 위 토지 등에 관한 재개발 사업의 사업시행인가가 고시되었다고 하더라도, 공영주차장이 여전히 종래의 주차장 용도로 사용되는 동안은 주차장으로서의 효용이나 공익상 필요가 현실적으로 소멸되었다고 볼 수 없으므로, 재정비 촉진계획의 고시나 재개발 사업의 사업시행인가 고시만으로 위 토지가 객관적으로 주차장 사업에 필요가 없게 되었다고 단정하기 어렵고, 나아가 위 재개발 사업은 구 공익사업을 위한 토지 등의 취득 및 보상에 관한 법률(2011.8.4. 법률 제11017호로 개정되기 전의 것) 제4조 제5호의 공익사업으로서 '지방자치단체가 지정한 자가 임대나 양도의 목적으로 시행하는 주택의 건설 또는 택지의 조성에 관한 사업'에 해당한다고 볼 수 있으므로, 2010.4.5. 개정・시행된 같은 법 제91조 제6항이 적용되어 공익사업의 변환에 따라 을 등의 환매권 행사가 제한되는지 여부를 살폈어야 하는데도, 공영주차장을 폐지하기로 하는 내용이 포함된 재정비 촉진계획의 고시만으로 위 토지가 주차장 사업에 필요 없게 되었고, 그 무렵 을 등이 위 토지에 관한 환매권을 행사할 수 있었다고 본 원심판결에 심리미진 등의 잘못이 있다고 한 사례

V 환매권 행사의 요건 및 그 판단기준

1. 대판 2010.5.13, 2010다12043

수도권신공항건설 촉진법에 따른 신공항건설사업의 시행자가 인천국제공항 2단계 건설사업의 공항시설공사 선행작업인 부지조성공사를 시행하면서, 그 부대공사로서 항공기 안전운항에 장애가 되는 구릉을 제거하는 공사를 하기 위해 그 구릉 일대에 위치한 토지를 협의취득한 후 절토작업을 완료한 사안에서, 절토작업이 완료된 토지의 현황을 그대로 유지하는 것은 인천국제공항에 입·출항하는 항공기의 안전운행을 위해 반드시 필요한 것이므로 당해 사업의 목적은 장애구릉의 제거에 그치지 않고 그 현상을 유지하는 것까지 포함하는 것이라고 봄이 상당하고, 그 토지는 당해 사업에 계속 이용되는 것이거나 필요한 것으로서 공익상 필요가 소멸하지 않았다고 볼 수 있다는 점 등 여러 사정을 고려하면, 절토작업이 완료되었다는 사정만으로 그 토지가 당해 사업에 필요 없게 되었다고 보기 어려워 그 토지에 관한 환매권이 발생하지 않았다고 한 사례

2. 대판 2009.10.15, 2009다43041

[1] 구 '공공용지의 취득 및 손실보상에 관한 특례법'(2002.2.4.법률 제6656호로 폐지되기 전의 것)상 환매권은 당해 공공사업의 폐지·변경 기타의 사유로 인하여 취득한 토지 등의 전부 또는 일부가 필요 없게 된 때에 행사할 수 있다. 여기서 '당해 공공사업'이란 협의취득의 목적이 된 구체적인 특정 공공사업을 가리키는 것으로, '취득한 토지가 필요 없게 되었을 때'라 함은 사업시행자가 위 특례법 소정의 절차에 따라 취득한 토지 등이 일정한 기간 내에 그 취득의 목적이 된 사업인 공공사업의 폐지·변경 등의 사유로 공공사업에 이용할 필요가 없어진 경우를 의미하고, 협의취득된 토지가 필요 없게 되었는지의 여부는 당해 도시계획사업의 목적, 도시계획과 사업실시 계획의 내용, 협의취득의 경위와 범위, 당해 토지와 도시계획 및 실시계획과의 관계, 용도 등 제반 사정에 비추어 객관적 사정에 따라 합리적으로 판단하여야 한다.

[2] 한국농어촌공사가 영산강 유역 농업개발사업을 위하여 협의취득한 토지 중 일부 토지에 관하여 환매가 청구된 사안에서, 그 일부 토지에 설치하기로 예정하였던 시설물이 다른 곳에 설치되었다고 하여 그와 같은 구체적인 토지이용계획의 변경이 그 토지가 위 사업에 이용될 필요가 없어지게 하는 공공사업의 변경에 해당한다고 단정할 수 없고, 그 토지의 일부를 일시적으로 다른 사람에게 임대하였다는 사정만으로 그 토지가 위 사업에 필요 없게 되었다고 보기도 어렵다고 한 사례

3. 대판 2013.1.16, 2012다71305 [손해배상(기)][미간행]

[판시사항]

구 공익사업을 위한 토지 등의 취득 및 보상에 관한 법률 제91조 제1항에서 정한 환매권의 행사요건 및 그 판단 기준

[이유]

구 '공익사업을 위한 토지 등의 취득 및 보상에 관한 법률'(2011.8.4. 법률 제11017호로 개정되기 전의 것, 이하 '공익사업법'이라 한다) 제91조 제1항에서 정하는 환매권은 '당해 사업의 폐지・변경 그 밖의 사유로 인하여 취득한 토지의 전부 또는 일부가 필요 없게 된 경우'에 행사할 수 있다. 여기서 '당해 사업'이란 토지의 협의취득 또는 수용의 목적이 된 구체적인 특정의 공익사업으로서 공익사업법 제20조 제1항에 의한 사업인정을 받을 때 구체적으로 특정된 공익사업을 말하고, 당해 사업의 '폐지・변경'이란 당해 사업을 아예 그만두거나 다른 사업으로 바꾸는 것을 말하며, 취득한 토지의 전부 또는 일부가 '필요 없게 된 경우'란 사업시행자가 취득한 토지의 전부 또는 일부가 그 취득 목적 사업을 위하여 사용할 필요 자체가 없어진 경우를 말한다. 그리고 협의취득 또는 수용된 토지가 필요 없게 되었는지 여부는 사업시행자의 주관적인 의사를 표준으로 할 것이 아니라 당해 사업의 목적과 내용, 협의취득의 경위와 범위, 당해 토지와 사업의 관계, 용도 등 제반 사정에 비추어 객관적・합리적으로 판단하여야 한다(대판 2010.5.13, 2010다12043・12050, 대판 2010.9.30, 2010다30782 등 참조).

환매권 행사요건과 관련하여 '당해 사업에 더 이상 필요치 않게 되었음'을 입증하는 것이 중요하다. 이러한 판단과 관련하여 당해 사업의 목적과 내용, 협의취득의 경위와 범위, 당해 토지와 사업의 관계, 용도 등 제반 사정에 비추어 객관적・합리적으로 판단하여야 하므로 개별사업마다 개별・구체적인 판단이 적용되어야 할 것이다.

4. 환매권 행사요건(사업인정 무효인 경우)(대판 2021.4.29, 2020다280890)

[판시사항]

공익사업을 위한 토지 등의 취득 및 보상에 관한 법률 제91조 제1항에서 환매권을 인정하는 취지 / 도시계획시설사업의 시행자로 지정되어 도시계획시설사업의 수행을 위하여 필요한 토지를 협의취득하였으나 시행자 지정이 처음부터 효력이 없거나 토지의 취득 당시 해당 도시계획시설사업의 법적 근거가 없었던 것으로 볼 수 있는 등 협의취득이 당연무효인 경우, 협의취득일 당시의 토지소유자가 위 조항에서 정한 환매권을 행사할 수 있는지 여부(소극)

[판결요지]

공익사업을 위한 토지 등의 취득 및 보상에 관한 법률(이하 '토지보상법'이라 한다) 제91조 제1항은 해당 사업의 폐지・변경 또는 그 밖의 사유로 취득한 토지의 전부 또는 일부가 필요 없게 된 경우 취득일 당시의 토지소유자 또는 그 포괄승계인(이하 '토지소유자'라 한다)은 그 토지에 대하여 받은 보상금에 상당하는 금액을 사업시행자에게 지급하고 그 토지를 환매할 수 있다고 규정하고 있다. 토지보상법이 환매권을 인정하는 취지는, 토지의 원소유자가 사업시행자로부터 토지 등의 대가로 정당한 손실보상을 받았다고 하더라도 원래 자신의 자발적인 의사에 기하여 그 토지 등의 소유권을 상실하는 것이 아니어서 그 토지 등을 더 이상 당해 공익사업에 이용할 필요가 없게 된 때, 즉 공익상의 필요가 소멸한 때에는 원소유자의 의사에 따라 그 토지 등의 소유권을 회복시켜 주는 것이 공평의 원칙에 부합한다는 데에 있다.

한편 구 공익사업을 위한 토지 등의 취득 및 보상에 관한 법률(2007.10.17. 법률 제8665호로 개정되기 전의 것, 이하 '구 토지보상법'이라 한다) 제4조 제7호, 구 국토의 계획 및 이용에 관한 법률(2007.1.19. 법률 제8250호로 개정되기 전의 것, 이하 '구 국토계획법'이라 한다) 제95조 제1항에 의하면, 구 국토계획법에 따른 도시계획시설사업은 구 토지보상법 제4조의 공익사업에 해당하는데, 구 국토계획법 제86조 제5항은 같은 조 제1항 내지 제4항에 따른 행정청이 아닌 자가 도시계획시설사업을 시행하기 위해서는 대통령령이 정하는 바에 따라 건설교통부장관 등으로부터 시행자로 지정을 받도록 규정하고 있다.

이러한 토지보상법 및 구 국토계획법의 규정 내용과 환매권의 입법 취지 등을 고려하면, 도시계획시설사업의 시행자로 지정되어 그 도시계획시설사업의 수행을 위하여 필요한 토지를 협의취득하였다고 하더라도, 시행자 지정이 처음부터 효력이 없거나 토지의 취득 당시 해당 도시계획시설사업의 법적 근거가 없었던 것으로 볼 수 있는 등 협의취득이 당연무효인 경우, 협의취득일 당시의 토지소유자가 소유권에 근거하여 등기 명의를 회복하는 방식 등으로 권리를 구제받는 것은 별론으로 하더라도 토지보상법 제91조 제1항에서 정하고 있는 환매권을 행사할 수는 없다고 봄이 타당하다.

VI 환매절차

① 환매는 환매기간 내에 환매의 요건이 발생하면 환매권자가 환매대금을 지급하고 일방적으로 환매의 의사표시를 함으로써 사업시행자의 의사여하에 관계없이 그 환매가 성립되는 것이다(대판 1987.4.14, 86다324).

② 청구인들이 주장하는 환매권의 행사는 그것이 공공용지의 취득 및 손실보상에 관한 특례법 제9조에 의한 것이든, 토지수용법 제71조에 의한 것이든, 환매권자의 일방적 의사표시만으로 성립하는 것이지, 상대방인 사업시행자 또는 기업자의 동의를 얻어야 하거나 그 의사 여하에 따라 그 효과가 좌우되는 것은 아니다. 따라서 이 사건의 경우 피청구인이 설사 청구인들의 환매권 행사를 부인하는 어떤 의사표시를 하였다 하더라도, 이는 환매권의 발생 여부 또는 그 행사의 가부에 관한 사법관계의 다툼을 둘러싸고 사전에 피청구인의 의견을 밝히고, 그 다툼의 연장인 민사소송절차에서 상대방의 주장을 부인하는 것에 불과하므로, 그것을 가리켜 헌법소원심판의 대상이 되는 공권력의 행사라고 볼 수는 없다(헌재 1994.2.24, 92헌마283).

③ 공공용지의 취득 및 손실보상에 관한 특례법 제9조 및 토지수용법 제71조에 의한 환매권의 경우 환매대금의 선이행을 명문으로 규정하고 있으므로 환매대금 상당을 지급하거나 공탁하지 아니한 경우는 환매로 인한 소유권이전등기청구는 물론 환매대금의 지급과 상환으로 소유권이전등기를 구할 수 없다(대판 1993.9.14, 92다56810).

환매권은 그 요건이 충족되면 발생되는 형성권이므로 양 당사자 간 의무의 동시이행을 항변할 수 없다.

④ 환매권은 제3자에게 양도할 수 없고, 따라서 환매권의 양수인은 사업시행자로부터 직접 환매의 목적물을 환매할 수 없으며, 다만 환매권자가 사업시행자로부터 환매한 토지를 양도받을 수 있을 뿐이다(대판 2001.5.29, 2001다11567).

VII 환매금액

1. 대판 1994.5.24, 93누17225

환매는 환매기간 내에 환매의 요건이 발생하면 환매권자가 수령한 보상금의 상당금액을 사업시행자에게 미리 지급하고 일방적으로 매수의 의사표시를 함으로써 사업시행자의 의사와 관계없이 환매가 성립되는 것이고, 토지 등의 가격이 취득 당시에 비하여 현저히 변경되었더라도 같은 법 제9조 제3항에 의하여 당사자 간에 금액에 대하여 협의가 성립되거나 토지수용위원회의 재결에 의하여 그 금액이 결정되지 않는 한 그 가격이 현저히 등귀된 경우이거나 하락한 경우이거나를 묻지 않고 환매권을 행사하기 위하여는 수령한 보상금의 상당금액을 미리 지급하여야 하고 또한 이로써 족하다.

2. 대판 2012.3.15, 2011다77849

[1] 매수인이 매도인을 대리하여 매매대금을 수령할 권한을 가진 자에게 잔대금의 수령을 최고하고 그 자를 공탁물수령자로 지정하여 한 변제공탁은 매도인에 대한 잔대금 지급의 효력이 있다.

[2] 한국수자원공사가 甲 소유의 부동산을 수용하였는데, 이후 甲이 한국수자원공사에게서 환매업무를 위임받은 합병 전 한국토지공사에 환매를 요청하면서 한국토지공사를 피공탁자로 하여 환매대금을 공탁한 사안에서, 제반 사정에 비추어 한국토지공사는 한국수자원공사를 대리하여 환매대금을 수령할 권한을 가지고 있었고, 甲이 한국토지공사에 환매대금 수령을 최고하고 한국토지공사를 공탁물수령자로 지정하여 환매대금을 공탁한 것은 환매당사자인 한국수자원공사에 환매대금을 지급한 것과 같은 효력이 발생한다고 보아야 함에도, 이와 달리 본 원심판결에 공탁과 환매요건에 관한 법리오해의 위법이 있다고 한 사례

3. 대판 2012.8.30, 2011다74109

[1] 공익사업을 위한 토지 등의 취득 및 보상에 관한 법률 제91조에 의한 환매는 환매기간 내에 환매의 요건이 발생하면 환매권자가 지급 받은 보상금에 상당한 금액을 사업시행자에게 미리 지급하고 일방적으로 의사표시를 함으로써 사업시행자의 의사와 관계없이 환매가 성립한다. 따라서 환매기간 내에 환매대금 상당을 지급하거나 공탁하지 아니한 경우에는 환매로 인한 소유권이전등기 청구를 할 수 없다.

[2] 협의취득 또는 수용된 토지 중 일부가 필요 없게 되어 그 부분에 대한 환매권을 행사하는 경우와 같이 환매대상 토지 부분의 정확한 위치와 면적을 특정하기 어려운 특별한 사정이 있는 경3우에는, 비록 환매기간 만료 전에 사업시행자에게 미리 지급하거나 공탁한 환매대금이 나중에 법원의 감정 등을 통하여 특정된 토지 부분에 대한 환매대금에 다소 미치지 못한다고 하더라도

그 환매대상인 토지 부분의 동일성이 인정된다면 환매기간 경과 후에도 추가로 부족한 환매대금을 지급하거나 공탁할 수 있다고 보아야 한다. 그리고 이러한 법리는 환매권자가 명백한 계산 착오 등으로 환매대금의 아주 적은 일부를 환매기간 만료 전에 지급하거나 공탁하지 못한 경우에도 적용된다고 봄이 신의칙상 타당하다.

[3] 환매권자가 미리 지급하거나 공탁한 환매대금이 환매권자가 환매를 청구한 토지부분 전체에 대한 환매대금에는 부족하더라도 실제 환매대상이 될 수 있는 토지 부분의 대금으로는 충분한 경우에는 그 부분에 대한 환매대금은 미리 지급된 것으로 보아야지, 환매를 청구한 전체 토지와 대비하여 금액이 부족하다는 이유만으로 환매대상이 되는 부분에 대한 환매권의 행사마저 효력이 없다고 볼 것은 아니다.

[4] 합병 전 한국토지공사가 甲에게서 수용한 토지 중 일부가 사업에 이용할 필요가 없게 되었음을 이유로 甲이 환매기간 내에 최초 수용재결 금액을 기준으로 그 면적비율에 상응하는 환매대금을 공탁한 후 환매를 요청하였고, 그 후 제1심법원의 감정결과에 따라 환매대상 토지의 위치와 면적을 특정하여 증가한 토지 면적에 대한 환매대금을 추가로 공탁한 사안에서, 원심으로서는 甲이 이의재결 금액이 아닌 수용재결금액만을 공탁한 이유가 무엇인지 등을 지적하여 甲에게 변론할 기회를 주었어야 하고, 甲이 환매 요청을 한 토지 중 일부에 대해서만 환매요건이 충족될 경우 공탁한 금액이 환매요건을 충족하는 일부에 대한 환매대금을 초과하는 이상 해당 부분에 대해서는 환매청구를 인용하여야 하므로 甲의 공탁금액이 전체 환매대금에 모자라더라도 토지 중 환매요건을 충족하는 부분이 있는지, 그에 대한 환매대금 이상이 공탁되어 있는지 등에 관하여 심리하였어야 함에도, 그와 같은 필요한 조치를 취하지 않은 채 甲이 공탁한 환매대금이 이의재결 금액을 기준으로 계산하면 부족하다는 점만을 이유로 甲의 청구를 배척한 원심판결에 법리오해 등의 위법이 있다고 한 사례

VIII 환매권 행사의 효력

1. 채권적 효과 및 소멸시효

채권적 효과로서 소유권이전등기청구권이 발생하고 따라서 10년의 소멸시효를 갖는다.

2. 효력발생시기

공공용지의 취득 및 손실보상에 관한 특례법에 의한 절차에 따라 국가 등에 의하여 협의 취득된 토지의 전부 또는 일부가 취득일로부터 10년 이내에 당해 공공사업의 폐지, 변경 기타의 사유로 인하여 필요 없게 되었을 때 취득 당시의 소유자 등에게 인정되는 같은 법 제9조 소정의 환매권은 당해 토지의 취득일로부터 10년 이내에 행사되어야 하고, 위 행사기간은 제척기간으로 보아야 할 것이며, 위 환매권은 재판상이든 재판 외이든 그 기간 내에 행사하면 되는 것이나, 환매권은 상대방에 대한 의사표시를 요하는 형성권의 일종으로서 환매의 의사표시가 상대방에게 도달한 때에 비로소 환매권 행사의 효력이 발생함이 원칙이다(대판 1999.4.9, 98다4694).

3. 동시이행항변의 주장 가부

공익사업을 위한 토지 등의 취득 및 보상에 관한 법률 제91조에 의한 환매는 환매기간 내에 환매의 요건이 발생하면 환매권자가 지급받은 보상금에 상당한 금액을 사업시행자에게 미리 지급하고 일방적으로 의사표시를 함으로써 사업시행자의 의사와 관계없이 환매가 성립하고, 토지 등의 가격이 취득 당시에 비하여 현저히 변경되었더라도 같은 법 제91조 제4항에 의하여 당사자 간에 금액에 관하여 협의가 성립하거나 사업시행자 또는 환매권자가 그 금액의 증감을 법원에 청구하여 법원에서 그 금액이 확정되지 않는 한, 그 가격이 현저히 등귀한 경우이거나 하락한 경우이거나를 묻지 않고 환매권을 행사하기 위하여는 지급받은 보상금 상당액을 미리 지급하여야 하고 또한 이로써 족한 것이며, 사업시행자는 소로써 법원에 환매대금의 증액을 청구할 수 있을 뿐 환매권 행사로 인한 소유권이전등기 청구소송에서 환매대금 증액청구권을 내세워 증액된 환매대금과 보상금 상당액의 차액을 지급할 것을 선이행 또는 동시이행의 항변으로 주장할 수 없다(대판 2006.12.21, 2006다49277).

IX 환매권의 소멸

1. 일정기간 내에 토지의 전부 또는 일부가 필요 없게 된 경우(법 제91조 제1항)

공공용지의 취득 및 손실보상에 관한 특례법 제9조 제1항과 제2항은 환매권 발생요건을 서로 달리하고 있으므로 어느 한 쪽의 요건이 해당되면 다른 쪽의 요건을 주장할 수 없게 된다고 할 수는 없고, 양쪽의 요건에 모두 해당된다고 하여 더 짧은 제척기간을 정한 제2항에 의하여 제1항의 환매권의 행사가 제한된다고 할 수도 없을 것이므로 제2항의 규정에 의한 제척기간이 도과되었다 하여 제1항의 규정에 의한 환매권 행사를 할 수 없는 것도 아니다(대판 1993.8.13, 92다50652).

2. 사업시행자가 통지하지 아니한 경우의 불법행위성립 여부

(1) 통지 없이 환매권 행사의 제척기간 내에 제3자에게 처분한 경우

환매할 토지가 생겼을 때에는 기업자(특례법상의 사업시행자)가 지체 없이 이를 원소유자 등에게 통지하거나 공고하도록 규정한 취지는, 원래 공적인 부담의 최소한성의 요청과 비자발적으로 소유권을 상실한 원소유자를 보호할 필요성 및 공평의 원칙 등 환매권을 규정한 입법이유(대판 1992.4.28, 91다29927 참조)에 비추어 공익목적에 필요 없게 된 토지가 있을 때에는 일단 먼저 원소유자에게 그 사실을 알려주어 환매할 것인지의 여부를 최고하도록 하고, 그러한 기회를 부여한 후에도 환매의 의사가 없을 때에 비로소 원소유자 아닌 제3자에게 전매할 가능성을 가지도록 한다는 것으로서 이는 법률상 당연히 인정되는 환매권 행사의 실효성을 보장하기 위한 것이라고 할 것이므로, 그러한 통지나 공고의 불이행에 대한 형사적인 처벌규정이 없다 하더라도 위 규정은 단순한 선언적인 것이 아니라 기업자(사업시행자)의 법적인 의무를 정한 것이라고 보아야 할 것이고, 그와 같은 통지나 공고를 함으로써 같은 법 제72조 제2항에 따라 환매권 행사의 법정기간이 단축되는 것은 그 의무이행의 결과로 발생하는 부수적인 효과라고 해석함이 타당할 것이므로, 기업자(사업시행자)가 원소유자의 환매가능성이 존속하고 있는데도 이러한 의무에 위배한 채 환매의 목적이 될 토지를 제3자에게 처분한 경우에는 그와 같은 처분행위 자체는 유효하다고 하더라도 적어도 원소유자에 대한 관계에서는(그가 비록 지급받은 보상금을 먼저 반환하는 등의 선이행절차를 취하지 아니하였다 할지라도 이제는 그러한 선이행이 아무런 의미가 없게 되므로) 법률에 의하여 인정되는 환매권 자체를 행사함이 불가능하도록 함으로써 그 환매권 자체를 상실시킨 것으로 되어 불법행위를 구성한다고 함이 상당하다 할 것이다(대판 1993.5.27, 92다34667).

(2) 통지 없이 환매의 제척기간이 도과한 경우

공공용지의 취득 및 손실보상에 관한 특례법상의 사업시행자가 위 각 규정에 의한 통지나 공고를 하여야 할 의무가 있는데도 불구하고 이러한 의무에 위배한 채 원소유자 등에게 통지나 공고를 하지 아니하여, 원소유자 등으로 하여금 환매권 행사기간이 도과되도록 하여 이로 인하여 법률에 의하여 인정되는 환매권 행사가 불가능하게 되어 환매권 그 자체를 상실하게 하는 손해를 가한 때에는 원소유자 등에 대하여 불법행위를 구성한다고 할 것이다(대판 2000.11.14, 99다45864).

(3) 불법행위로 인한 손해배상

원소유자 등의 환매권 상실로 인한 손해배상액은 환매권 상실 당시의 목적물의 시가에서 환매권자가 환매권을 행사하였을 경우 반환하여야 할 환매가격을 공제한 금원으로 정하여야 할 것이다(대판 2000.11.14, 99다45864). 즉 '지급한 보상금'에 당시의 인근 유사토지의 지가상승률을 곱한 금액이 손해로 된다(대판 2017.3.15, 2015다238963).

X 공익사업변환과 환매권(환매권 행사의 제한)

1. 공익사업 변환규정의 적용 요건

국민의 재산권을 제한하는 토지수용권 등의 발동은 공공복리의 증진을 위하여 긴요하고도 불가피한 특정의 공익사업의 시행에 필요한 최소한도에 그쳐야 하는 것이므로, 사정의 변경 등에 따라 그 특정한 공익사업의 전부 또는 일부가 폐지・변경됨으로써 그 공익사업을 위하여 취득한 토지의 전부 또는 일부가 필요 없게 되었다면, 설사 그 토지가 새로운 다른 공익사업을 위하여 필요하다고 하더라도 환매권을 행사하는 환매권자(원소유자나 그 포괄승계인)에게 일단 되돌려 주었다가 다시 협의취득하거나 수용하는 절차를 밟아야 되는 것이 원칙이라고 할 것이나, 당초의 공익사업이 공익성의 정도가 높은 다른 공익사업으로 변경되고 그 다른 공익사업을 위하여 토지를 계속 이용할 필요가 있을 경우에는, 환매권의 행사를 인정한 다음 다시 협의취득이나 수용 등의 방법으로 그 토지를 취득하는 번거로운 절차를 되풀이하지 않게 하기 위하여 이른바 '공익사업의 변환'을 인정함으로써 환매권의 행사를 제한하려는 것이 토지수용법 제71조 제7항의 취지이므로 사업인정을 받은 당해 공익사업의 폐지・변경으로 인하여 수용한 토지가 필요 없게 된 때에는, 같은 법 조항에 의하여 공익사업의 변환이 허용되는 같은 법 제3조 제1호 내지 제4호에 규정된 다른 공익사업으로 변경되는 경우가 아닌 이상, 환매권자가 그 토지를 환매할 수 있는 것이라고 보지 않을 수 없다(대판 1992.4.28, 91다29927).

현행 규정은 제1호 내지 제5호이다.

2. 사업시행자가 변경된 경우에도 적용하는지 여부

공익사업의 변환이 국가·지방자치단체 또는 공공기관이 사업인정을 받아 토지를 협의취득 또는 수용한 경우에 한하여, 그것도 사업인정을 받은 공익사업이 공익성의 정도가 높은 토지수용법 제3조 제1호 내지 제4호에 규정된 다른 공익사업으로 변경된 경우에만 허용되도록 규정하고 있는 토지수용법 제71조 제7항 등 관계법령의 규정내용이나 그 입법이유 등으로 미루어 볼 때, 같은 법 제71조 제7항 소정의 "공익사업의 변환"이 국가·지방자치단체 또는 공공기관 등 기업자(또는 사업시행자)가 동일한 경우에만 허용되는 것으로 해석되지는 않는다(대판 1994.1.25, 93다11760).

3. 공익사업변환의 위헌성

(1) 공익사업변환의 위헌성(헌재 1997.6.26, 96헌바94)

공익사업의 원활한 시행을 확보하기 위한 목적에서 신설된 것으로 우선 그 입법목적에 있어서 정당하고 나아가 변경사용이 허용되는 사업시행자의 범위를 국가·지방자치단체 또는 공공기관으로 한정하고 사업목적 또는 상대적으로 공익성이 높은 (구)토지수용법 제3조 제1호 내지 제4호의 공익사업으로 한정하여 규정하고 있어서 그 입법목적 달성을 위한 수단으로서의 적정성이 인정될 뿐 아니라 피해최소성의 원칙 및 법익균형의 원칙에도 부합된다 할 것이므로 위 법률조항은 헌법 제37조 제2항이 규정하는 기본권 제한에 관한 과잉금지의 원칙에 위배되지 아니한다.

(2) 헌법재판소 제91조 제6항 위헌 여부(헌재 2012.11.29, 2011헌바49)

토지의 협의취득 또는 수용 후 당해 공익사업이 다른 공익사업으로 변경되는 경우에 당해 토지의 원소유자 또는 그 포괄승계인의 환매권을 제한하고, 환매권 행사기간을 변환 고시일부터 기산하도록 한 구 '공익사업을 위한 토지 등의 취득 및 보상에 관한 법률'(2007.10.17. 법률 제8665호로 개정되고, 2010.4.5. 법률 제10239호로 개정되기 전의 것) 제91조 제6항 전문(이하 '이 사건 법률조항'이라 한다)이 헌법 제23조 제3항의 정당한 보상의 원칙에 위배되었는지 여부(소극) 및 이 사건 법률조항이 과잉금지원칙에 위배되어 청구인의 재산권을 침해하는지 여부(소극) : 환매권은 피수용자가 수용 당시 정당한 손실보상을 받아야 한다는 것과는 관계가 없으므로 공익사업 변환에 따른 환매권 제한 조항인 이 사건 법률조항에 대해서는 헌법 제23조 제3항의 정당한 보상 문제가 발생한다고 볼 수 없고, 수용된 토지가 애초의 사업목적이 폐지·변경되었다는 사유만으로 다른 공익사업을 위한 필요가 있음에도 예외 없이 원소유자에게 당해 토지를 반환하고 나서 다시 수용절차를 거칠 경우 발생할 수 있는 행정력 낭비를 막고 소유권 취득 지연에 따른 공익사업 시행에 차질이 없도록 하려는 것이므로, 입법목적이 정당하며, 변환이 가능한 공익사업의 시행자와 사업의 종류를 한정하고 있고, 공익사업 변환을 하기 위해서는 적어도 새로운 공익사업이 공익사업법 제20조 제1항의 규정에 의해 사업인정을 받거나 다른 법률의 규정에 의해 사업인정을 받은 것으로 볼 수 있는 경우이어야 하며, 이 사건 법률조항에 의한 공익사업 변환을 토지수용과 마찬가지로 취급하여 반드시 환매권자를 위한 엄격하고 구체적인 규정을 둘 필요는 없으므로, 침해의 최소성원칙에 반하지 아니한다. 제한되는 사익인 환매권은 이미 정당한 보상을 받은 소유자에게 수용된 토지가 목적 사업에 이용되지 않을 경우에 인정되는 것이고, 변환된 공익사업을 기준으로 다시 취득할 수 있어, 이 사건 법률조항으로 인하여 제한되는 사익이 이로써 달성할 수 있는 공익에 비하여 중하다고 할 수 없으므로, 이 사건 법률조항은 과잉금지 원칙에 위배되어 청구인의 재산권을 침해한다고 할 수 없다.

4. 사업인정 전 협의에 적용가능성

공공용지의 취득 및 손실보상에 관한 특례법과 토지수용법은 모두 공공복지의 증진과 사유재산권의 합리적 조절을 도모하려는 데에 그 목적이 있고, 공공용지의 취득 및 손실보상에 관한 특례법과 토지수용법이 규정하는 각 환매권의 입법 이유와 규정 취지 등에 비추어 볼 때에 토지수용법 제71조 제7항의 규정은 그 성질에 반하지 아니하는 한 이를 공공용지의 취득 및 손실보상에 관한 특례법 제9조 제1항에 의한 환매 요건에 관하여도 유추적용할 수 있고, 그 범위 안에서 환매권의 행사가 제한된다(대판 1997.11.11, 97다36835).

토지보상법 제91조 제6항은 "사업인정을 받은 경우"로 규정하고 있다.

5. 공익사업 변환주체가 국가 등이어야 하는지(대판 2015.8.19, 2014다201391)

[판시사항]

공익사업을 위한 토지 등의 취득 및 보상에 관한 법률 제91조 제6항에서 정한 '공익사업의 변환'은 변경된 공익사업의 시행자가 '국가 · 지방자치단체 또는 공공기관의 운영에 관한 법률 제4조에 따른 공공기관 중 대통령령으로 정하는 공공기관'이어야 인정되는지 여부(소극)

[판결요지]

공익사업을 위한 토지 등의 취득 및 보상에 관한 법률(이하 '토지보상법'이라고 한다) 제91조 제6항 전문은 당초의 공익사업이 공익성의 정도가 높은 다른 공익사업으로 변경되고 그 다른 공익사업을 위하여 토지를 계속 이용할 필요가 있을 경우에는, 환매권의 행사를 인정한 다음 다시 협의취득이나 수용 등의 방법으로 그 토지를 취득하는 번거로운 절차를 되풀이하지 않게 하기 위하여 이른바 '공익사업의 변환'을 인정함으로써 환매권의 행사를 제한하려는 것이다. 토지보상법 제91조 제6항 전문 중 '해당 공익사업이 제4조 제1호부터 제5호까지에 규정된 다른 공익사업으로 변경된 경우' 부분에는 별도의 사업주체에 관한 규정이 없음에도 그 앞부분의 사업시행 주체에 관한 규정이 뒷부분에도 그대로 적용된다고 해석하는 것은 문리해석에 부합하지 않는다.

토지보상법 제91조 제6항의 입법 취지와 문언, 1981.12.31. 구 토지수용법(2002.2.4. 법률 제6656호로 제정된 토지보상법 부칙 제2조에 의하여 폐지)의 개정을 통해 처음 마련된 공익사업 변환제도는 기존에 공익사업을 위해 수용된 토지를 그 후의 사정변경으로 다른 공익사업을 위해 전용할 필요가 있는 경우에는 환매권을 제한함으로써 무용한 수용절차의 반복을 피하자는 데 주안점을 두었을 뿐 변경된 공익사업의 사업주체에 관하여는 큰 의미를 두지 않았던 점, 민간기업이 관계 법률에 따라 허가·인가·승인·지정 등을 받아 시행하는 도로, 철도, 항만, 공항 등의 건설사업의 경우 공익성이 매우 높은 사업임에도 사업시행자가 민간기업이라는 이유만으로 공익사업의 변환을 인정하지 않는다면 공익사업 변환 제도를 마련한 취지가 무색해지는 점, 공익사업의 변환이 일단 토지보상법 제91조 제6항에 정한 '국가·지방자치단체 또는 공공기관의 운영에 관한 법률 제4조에 따른 공공기관 중 대통령령으로 정하는 공공기관'(이하 '국가·지방자치단체 또는 일정한 공공기관'이라고 한다)이 협의취득 또는 수용한 토지를 대상으로 하고, 변경된 공익사업이 공익성이 높은 토지보상법 제4조 제1~5호에 규정된 사업인 경우에 한하여 허용되므로 공익사업 변환 제도의 남용을 막을 수 있는 점을 종합해 보면, 변경된 공익사업이 토지보상법 제4조 제1~5호에 정한 공익사업에 해당하면 공익사업의 변환이 인정되는 것이지, 변경된 공익사업의 시행자가 국가·지방자치단체 또는 일정한 공공기관일 필요까지는 없다.

XI 환매권 종합판례(대판 2010.9.30, 2010다30782)

[판시사항]

[1] 환매권에 관하여 규정한 '공익사업을 위한 토지 등의 취득 및 보상에 관한 법률' 제91조 제1항에 정한 '당해 사업'의 의미 및 협의취득 또는 수용된 토지가 필요 없게 되었는지 여부의 판단 기준

[2] '공익사업을 위한 토지 등의 취득 및 보상에 관한 법률' 제91조 제1항에 정한 환매권 행사기간의 의미

[3] '공익사업을 위한 토지 등의 취득 및 보상에 관한 법률' 제91조 제6항에 정한 공익사업의 변환이 인정되는 경우, 환매권 행사가 제한되는지 여부(적극)

[4] '공익사업을 위한 토지 등의 취득 및 보상에 관한 법률' 제91조 제6항에 정한 공익사업의 변환은 새로운 공익사업에 관해서도 같은 법 제20조 제1항의 규정에 의해 사업인정을 받거나 위 규정에 따른 사업인정을 받은 것으로 의제되는 경우에만 인정할 수 있는지 여부(적극)

[5] 공익사업을 위해 협의취득하거나 수용한 토지가 변경된 사업의 사업시행자 아닌 제3자에게 처분된 경우에도 '공익사업의 변환'을 인정할 수 있는지 여부(소극)

[6] 지방자치단체가 도시관리계획상 초등학교 건립사업을 위하여 학교용지를 협의취득하였으나 위 학교용지 인근에서 아파트 건설사업을 하던 주택건설사업 시행자와 그 아파트 단지 내에 들어설 새 초등학교 부지와 위 학교용지를 교환하고 위 학교용지에 중학교를 건립하는 것으로 도시관리계획을 변경한 사안에서, 위 학교용지에 관한 환매권 행사를 인정한 사례

[재판요지]

[1] 환매권에 관하여 규정한 '공익사업을 위한 토지 등의 취득 및 보상에 관한 법률'(이하 '공익사업법'이라고 한다) 제91조 제1항에서 말하는 '당해 사업'이란 토지의 협의취득 또는 수용의 목적이 된 구체적인 특정의 공익사업으로서 공익사업법 제20조 제1항에 의한 사업인정을 받을 때 구체적으로 특정된 공익사업을 말하고, '국토의 계획 및 이용에 관한 법률' 제88조, 제96조 제2항에 의해 도시계획시설사업에 관한 실시계획의 인가를 공익사업법 제20조 제1항의 사업인정으로 보게 되는 경우에는 그 실시계획의 인가를 받을 때 구체적으로 특정된 공익사업이 바로 공익사업법 제91조 제1항에 정한 협의취득 또는 수용의 목적이 된 당해 사업에 해당한다. 또 위 규정에 정한 당해 사업의 '폐지 · 변경'이란 당해 사업을 아예 그만두거나 다른 사업으로 바꾸는 것을 말하고, 취득한 토지의 전부 또는 일부가 '필요 없게 된 때'란 사업시행자가 취득한 토지의 전부 또는 일부가 그 취득 목적 사업을 위하여 사용할 필요 자체가 없어진 경우를 말하며, 협의취득 또는 수용된 토지가 필요 없게 되었는지 여부는 사업시행자의 주관적인 의사를 표준으로 할 것이 아니라 당해 사업의 목적과 내용, 협의취득의 경위와 범위, 당해 토지와 사업의 관계, 용도 등 제반 사정에 비추어 객관적 · 합리적으로 판단하여야 한다.

[2] '공익사업을 위한 토지 등의 취득 및 보상에 관한 법률' 제91조 제1항에서 환매권의 행사요건으로 정한 "당해 토지의 전부 또는 일부가 필요 없게 된 때로부터 1년 또는 그 취득일로부터 10년 이내에 그 토지를 환매할 수 있다"라는 규정의 의미는 취득일로부터 10년 이내에 그 토지가 필요 없게 된 경우에는 그때로부터 1년 이내에 환매권을 행사할 수 있으며, 또 필요 없게 된 때로부터 1년이 지났더라도 취득일로부터 10년이 지나지 않았다면 환매권자는 적법하게 환매권을 행사할 수 있다는 의미로 해석함이 옳다.

[3] 공익사업의 변환을 인정한 입법 취지 등에 비추어 볼 때, '공익사업을 위한 토지 등의 취득 및 보상에 관한 법률' 제91조 제6항은 사업인정을 받은 당해 공익사업의 폐지 · 변경으로 인하여 협의취득하거나 수용한 토지가 필요 없게 된 때라도 위 규정에 의하여 공익사업의 변환이 허용되는 다른 공익사업으로 변경되는 경우에는 당해 토지의 원소유자 또는 그 포괄승계인에게 환매권이 발생하지 않는다는 취지를 규정한 것이라고 보아야 하고, 위 조항에서 정한 "제1항 및 제2항의 규정에 의한 환매권 행사기간은 관보에 당해 공익사업의 변경을 고시한 날로부터 기산한다."는 의미는 새로 변경된 공익사업을 기준으로 다시 환매권 행사의 요건을 갖추지 못하는 한 환매권을 행사할 수 없고 환매권 행사요건을 갖추어 제1항 및 제2항에 정한 환매권을 행사할 수 있는 경우에 그 환매권 행사기간은 당해 공익사업의 변경을 관보에 고시한 날로부터 기산한다는 의미로 해석해야 한다.

[4] '공익사업을 위한 토지 등의 취득 및 보상에 관한 법률' 제91조 제6항에 정한 공익사업의 변환은 같은 법 제20조 제1항의 규정에 의한 사업인정을 받은 공익사업이 일정한 범위 내의 공익성이 높은 다른 공익사업으로 변경된 경우에 한하여 환매권의 행사를 제한하는 것이므로, 적어도 새로운 공익사업에 관해서도 같은 법 제20조 제1항의 규정에 의해 사업인정을 받거나 또는 위 규정에 따른 사업인정을 받은 것으로 의제하는 다른 법률의 규정에 의해 사업인정을 받은 것으로 볼 수 있는 경우에만 공익사업의 변환에 의한 환매권 행사의 제한을 인정할 수 있다.

[5] 공익사업의 원활한 시행을 위한 무익한 절차의 반복 방지라는 '공익사업의 변환'을 인정한 입법 취지에 비추어 볼 때, 만약 사업시행자가 협의취득하거나 수용한 당해 토지를 제3자에게 처분해 버린 경우에는 어차피 변경된 사업시행자는 그 사업의 시행을 위하여 제3자로부터 토지를 재취득해야 하는 절차를 새로 거쳐야 하는 관계로 위와 같은 공익사업의 변환을 인정할 필요성도 없게 되므로, 공익사업의 변환을 인정하기 위해서는 적어도 변경된 사업의 사업시행자가 당해 토지를 소유하고 있어야 한다. 나아가 공익사업을 위해 협의취득하거나 수용한 토지가 제3자에게 처분된 경우에는 특별한 사정이 없는 한 그 토지는 당해 공익사업에는 필요 없게 된 것이라고 보아야 하고, 변경된 공익사업에 관해서도 마찬가지이므로, 그 토지가 변경된 사업의 사업시행자 아닌 제3자에게 처분된 경우에는 공익사업의 변환을 인정할 여지도 없다.

> 사업시행자는 계속해서 사업부지를 소유하고 있어야 한다. 사업시행자의 범위는 행정주체이기만 하면 인정될 수 있다. 따라서 사업주체가 국가에서 지방자치단체로 변경되는 경우에도 계속하여 소유권을 보유한다고 볼 수 있다(단, 지방자치단체는 정당한 사업시행능력이 인정되어야 할 것이다).

[6] 지방자치단체가 도시관리계획상 초등학교 건립사업을 위하여 학교용지를 협의취득하였으나 위 학교용지 인근에서 아파트 건설사업을 하던 주택건설사업 시행자와 그 아파트 단지 내에 들어설 새 초등학교 부지와 위 학교용지를 교환하고 위 학교용지에 중학교를 건립하는 것으로 도시관리계획을 변경한 사안에서, 위 학교용지에 대한 협의취득의 목적이 된 당해 사업인 '초등학교 건립사업'의 폐지·변경으로 위 토지는 당해 사업에 필요 없게 되었고, 나아가 '중학교 건립사업'에 관하여 사업인정을 받지 않았을 뿐만 아니라 위 학교용지가 중학교 건립사업의 시행자 아닌 제3자에게 처분되었으므로 공익사업의 변환도 인정할 수 없다는 이유로 위 학교용지에 관한 환매권 행사를 인정한 사례

XII 환매금액 증감소송[대판 2013.2.28, 2010두22368 [환매대금증감][미간행]]

[판시사항]

[1] 구 공익사업을 위한 토지 등의 취득 및 보상에 관한 법률 제91조에 규정된 환매권의 존부에 관한 확인을 구하는 소송 및 같은 조 제4항에 따라 환매금액의 증감을 구하는 소송이 민사소송에 해당하는지 여부(적극)

> 토지보상법 제91조 제4항에서는 환매금액에 다툼이 있는 경우에는 당사자 간 협의가 성립되지 않는 경우에 그 금액의 증감을 법원에 청구할 수 있다고 규정하고 있다. 판례는 환매권을 사법상 권리로 보므로 민사소송으로 해결하고 있다.

XIII 기타

1. 제91조 제2항 입법취지(대판 2010.1.14, 2009다76270)

공익사업을 위한 토지 등의 취득 및 보상에 관한 법률(이하 '공익사업법'이라고 한다) 제91조는 토지의 협의취득일로부터 10년 이내에 당해 사업의 폐지 · 변경 그 밖의 사유로 취득한 토지의 전부 또는 일부가 필요 없게 된 경우(제1항)뿐만 아니라, 취득일로부터 5년 이내에 취득한 토지의 전부를 당해 사업에 이용하지 아니한 때(제2항)에도 취득일 당시의 토지소유자 등이 그 토지를 매수할 수 있는 환매권을 행사할 수 있도록 규정하고 있는바, 사업시행자가 공익사업에 필요하여 취득한 토지가 그 공익사업의 폐지 · 변경 등의 사유로 공익사업에 이용할 필요가 없게 된 것은 아니라고 하더라도, 사실상 그 전부를 공익사업에 이용하지도 아니할 토지를 미리 취득하여 두도록 허용하는 것은 공익사업법에 의하여 토지를 취득할 것을 인정한 원래의 취지에 어긋날 뿐 아니라 토지가 이용되지 아니한 채 방치되는 결과가 되어 사회경제적으로도 바람직한 일이 아니기 때문에, 취득한 토지가 공익사업에 이용할 필요가 없게 되었을 때와 마찬가지로 보아 환매권의 행사를 허용하려는 것이 공익사업법 제91조 제2항의 입법취지라고 할 수 있다(대판 1995.8.25, 94다41690 참조).

2. 동시이행항변주장 가능성(대판 2006.12.21, 2006다49277)

[판시사항]

공익사업을 위한 토지 등의 취득 및 보상에 관한 법률 제91조에서 정한 환매권의 행사 방법 및 그 환매권 행사로 인한 소유권이전등기 청구소송에서 사업시행자가 환매대금 증액청구권을 내세워 선이행 또는 동시이행의 항변을 할 수 있는지 여부(소극)

[재판요지]

공익사업을 위한 토지 등의 취득 및 보상에 관한 법률 제91조에 의한 환매는 환매기간 내에 환매의 요건이 발생하면 환매권자가 지급받은 보상금에 상당한 금액을 사업시행자에게 미리 지급하고 일방적으로 의사표시를 함으로써 사업시행자의 의사와 관계없이 환매가 성립하고, 토지 등의 가격이 취득 당시에 비하여 현저히 변경되었더라도 같은 법 제91조 제4항에 의하여 당사자 간에 금액에 관하여 협의가 성립하거나 사업시행자 또는 환매권자가 그 금액의 증감을 법원에 청구하여 법원에서 그 금액이 확정되지 않는 한, 그 가격이 현저히 등귀한 경우이거나 하락한 경우이거나를 묻지 않고 환매권을 행사하기 위하여는 지급받은 보상금 상당액을 미리 지급하여야 하고 또한 이로써 족한 것이며, 사업시행자는 소로써 법원에 환매대금의 증액을 청구할 수 있을 뿐 환매권 행사로 인한 소유권이전등기 청구소송에서 환매대금 증액청구권을 내세워 증액된 환매대금과 보상금 상당액의 차액을 지급할 것을 선이행 또는 동시이행의 항변으로 주장할 수 없다.

3. 건물에 대한 환매권 인정 여부(헌재 2005.5.26, 2004헌가10)

수용된 토지 등이 공공사업에 필요 없게 되었을 경우에는 피수용자가 그 토지 등의 소유권을 회복할 수 있는 권리 즉 환매권은 헌법이 보장하는 재산권에 포함된다. 그러나 수용이 이루어진 후 공익사업이 폐지되거나 변경되었을 때, 건물에 대해서까지 환매권을 인정할 것인지에 관해서는 입법재량의 범위가 넓다. 토지의 경우에는 공익사업이 폐지·변경되더라도 기본적으로 형상의 변경이 없는 반면, 건물은 그 경우 통상 철거되거나 그렇지 않더라도 형상의 변경이 있게 되며, 토지에 대해서는 보상이 이루어지더라도 수용당한 소유자에게 감정상의 손실 등이 남아있게 되나, 건물의 경우 정당한 보상이 주어졌다면 그러한 손실이 남아있는 경우는 드물다. 따라서 토지에 대해서는 그 존속가치를 보장해 주기 위해 공익사업의 폐지·변경 등으로 토지가 불필요하게 된 경우 환매권이 인정되어야 할 것이나, 건물에 대해서는 그 존속가치를 보장하기 위하여 환매권을 인정하여야 할 필요성이 없거나 매우 적다. 따라서 건물에 대한 환매권을 인정하지 않는 입법이 자의적인 것이라거나 정당한 입법목적을 벗어난 것이라 할 수 없고, 이미 정당한 보상을 받은 건물소유자의 입장에서는 해당 건물을 반드시 환매 받아야 할 만한 중요한 사익이 있다고 보기 어려우며, 건물에 대한 환매권이 부인된다고 해서 종전 건물소유자의 자유실현에 여하한 지장을 초래한다고 볼 수 없다. 즉 공익사업을 위한 토지 등의 취득 및 보상에 관한 법률(2002.2.4. 법률 제6656호로 제정된 것) 제91조 제1항 중 "토지" 부분(이하 '이 사건 조항'이라 한다)으로 인한 기본권 제한의 정도와 피해는 미비하고 이 사건 조항이 공익에 비하여 사익을 과도하게 침해하는 것은 아니다. 입법자가 건물에 대한 환매권을 부인한 것은 헌법적 한계 내에 있는 입법재량권의 행사이므로 재산권을 침해하는 것이라 볼 수 없다.

> 통설 및 판례는 환매권의 법적근거를 '개별법률설'로 보고 있다. 따라서 개별법률에서 건물만의 환매를 인정하지 않는 한, 건물만의 환매권 행사는 불가할 것이다.

4. 환매권의 통지절차이행 등(대판 2016.1.28, 2013다60401)

[1] 구 공익사업을 위한 토지 등의 취득 및 보상에 관한 법률 제91조 제1항에서 정한 환매권의 행사요건 및 판단 기준 및 [2] 구 공익사업을 위한 토지 등의 취득 및 보상에 관한 법률 시행령 제48조에서 정한 '인근 유사토지의 지가변동률'의 의미 및 지가변동률을 산정하기 위한 인근 유사토지의 선정 방법 [1] 토지보상법상 환매권은 당해 사업의 폐지·변경 기타의 사유로 인하여 취득한 토지 등의 전부 또는 일부가 필요 없게 된 때에 행사할 수 있는바, 여기서 '당해 사업'이란 협의취득 또는 수용의 목적이 된 구체적인 특정 사업을 가리키는 것으로, 당해 사업의 '폐지·변경'이란 이러한 특정 사업을 아예 그만두거나 다른 사업으로 바꾸는 것을 의미하며, '취득한 토지가 필요 없게 되었을 때'라 함은 사업시행자가 토지보상법 소정의 절차에 따라 취득한 토지 등이 일정한 기간 내에 그 취득 목적 사업인 사업의 폐지·변경 등의 사유로 당해 사업에 이용할 필요가 없어진 경우를 의미하고, 취득한 토지가 필요 없게 되었는지의 여부는 당해 사업의 목적과 내용, 취득의 경위와 범위, 당해 토지와 사업의 관계, 용도 등 제반 사정에 비추어 객관적 사정에 따라 합리적으로 판단하여야 한다(대판 1994.5.24, 93다51218, 대판 2007.1.11, 2006다5451 등 참조).

[2] 구 공익사업을 위한 토지 등의 취득 및 보상에 관한 법률 시행령(2013.5.28. 대통령령 제24544호로 개정되기 전의 것)의 인근 유사토지의 지가변동률이라 함은 환매대상토지와 지리적

으로 인접하고 그 공부상 지목과 토지의 이용상황 등이 유사한 인근 유사토지의 지가변동률을 가리키는 것이고, 지가변동률을 산정하기 위한 인근 유사토지는 협의취득 또는 수용 시부터 환매권 행사 당시 사이에 공부상 지목과 토지의 이용상황 등에 변화가 없고 또 계속하여 기준지가 및 공시지가가 고시되어 온 표준지 중에서 합리적인 지가변동률을 산출할 수 있을 정도의 토지를 선정하면 족하고 반드시 동일한 행정구역 내에 있을 것을 요하지 아니하며 또 반드시 다수의 토지를 선정하여야 하는 것은 아니다(대판 2000.11.28, 99두3416 참조).

5. 국가가 1필지 토지에 관하여 구분소유적 공유관계에 있는 다른 공유자의 토지에 관한 권리를 수용하는 경우 수용의 대상과 그 후 공유자가 환매권을 행사한 경우 환매로 취득하는 대상(=1필지의 특정 부분에 대한 소유권)(대판 2012.4.26, 2010다6611)

1필지 토지 중 일부를 특정하여 매수하고 다만 소유권이전등기는 필지 전체에 관하여 공유지분권이전등기를 한 경우에는 특정 부분 이외의 부분에 관한 등기는 상호 명의신탁을 하고 있는 것으로서, 지분권자는 내부관계에서는 특정 부분에 한하여 소유권을 취득하고 이를 배타적으로 사용·수익할 수 있고, 다른 구분소유자의 방해행위에 대하여는 소유권에 터 잡아 그 배제를 구할 수 있다. 국가가 1필지 토지에 관하여 위와 같이 다른 공유자와 구분소유적 공유관계에 있는 경우 그 공유자는 국가와 관계에서 1필지의 특정 부분에 대하여 소유권을 취득하고 이를 배타적으로 사용·수익할 수 있고, 국가가 이러한 상태에서 군사상 필요 등에 의하여 다른 공유자가 1필지 토지에 관하여 가지고 있는 권리를 수용하는 경우 수용 대상은 공유자의 1필지 토지에 대한 공유지분권이 아니라 1필지의 특정 부분에 대한 소유권이다. 한편 '국가보위에 관한 특별조치법 제5조 제4항에 의한 동원대상지역 내의 토지의 수용·사용에 관한 특별조치령' 제39조 제1항에 규정된 환매권 행사로 인한 매수의 성질은 사법상 매매와 같은 것으로서 환매 대상이 되는 것은 당초 국가가 수용한 목적물 내지 권리와 동일하다고 보아야 한다. 따라서 위와 같이 어느 공유자가 국가와 1필지 토지에 관하여 구분소유적 공유관계에 있는 상태에서 국가로부터 그 공유자가 가지는 1필지의 특정 부분에 대한 소유권을 수용당하였다가 그 후 환매권을 행사한 경우 그 공유자가 환매로 취득하는 대상은 당초 수용이 된 대상과 동일한 1필지의 특정 부분에 대한 소유권이고, 이와 달리 1필지 전체에 대한 공유지분이라고 볼 수는 없다.

6. 징발재산 정리에 관한 특별조치법(대판 2006.11.23, 2006다35124)

[판시사항]

[1] 징발재산 정리에 관한 특별조치법 부칙(1993.12.27.) 제2조에 정한 국방부장관의 환매통지가 없는 경우, 같은 조에 따른 환매권의 제척기간

[2] 국방부장관이징발재산 정리에 관한 특별조치법 부칙(1993.12.27.) 제2조에 정한 환매의 통지나 공고를 하지 않거나 부적법하게 함으로써 환매권자로 하여금 환매권 행사기간을 넘기게 하여 환매권을 상실하는 손해를 입게 한 경우, 불법행위의 성립 여부

[판결요지]

[1] 징발재산 정리에 관한 특별조치법 부칙(1993.12.27.) 제2조에 의한 환매권을 행사할 수 있는 기간은 같은 조 제3항, 같은 법 제20조 제3항에 의하여 국방부장관의 통지가 있을 때에는 그 통지를 받은 날로부터 3개월이고, 국방부장관의 통지가 없을 때에는, 같은 법 부칙 제2조의 환매권이 제척기간의 경과로 환매권이 소멸한 자에게 은혜적으로 환매권을 재행사할 수 있도록 배려한 것이라는 점과 그로 인한 법률관계가 조속하게 안정되어야 할 필요성 및 국방부장관의 통지가 있는 경우와의 균형에 비추어 볼 때 국방부장관의 통지가 있는 경우에 최종적으로 환매권을 행사할 수 있는 시한과 같은 1996.3.31.까지이다.

[2] 징발재산 정리에 관한 특별조치법 부칙(1993.12.27.) 제2조 제3항 및 같은 법 제20조 제2항이 환매권 행사의 실효성을 보장하기 위하여 국방부장관의 통지 또는 공고의무를 규정한 이상 국방부장관이 위 규정에 따라 환매권자에게 통지나 공고를 하여야 할 의무는 법적인 의무이므로, 국방부장관이 이러한 의무를 위반한 채 통지 또는 공고를 하지 아니하거나 통지 또는 공고를 하더라도 그 통지 또는 공고가 부적법하여 환매권자로 하여금 환매권 행사기간을 넘기게 하여 환매권을 상실하는 손해를 입게 하였다면 환매권자에 대하여 불법행위가 성립할 수 있다.

7. 대판 2021.4.29, 2020다280890 [소유권이전등기]

[판시사항]

공익사업을 위한 토지 등의 취득 및 보상에 관한 법률 제91조 제1항에서 환매권을 인정하는 취지 / 도시계획시설사업의 시행자로 지정되어 도시계획시설사업의 수행을 위하여 필요한 토지를 협의취득하였으나 시행자 지정이 처음부터 효력이 없거나 토지의 취득 당시 해당 도시계획시설사업의 법적 근거가 없었던 것으로 볼 수 있는 등 협의취득이 당연무효인 경우, 협의취득일 당시의 토지소유자가 위 조항에서 정한 환매권을 행사할 수 있는지 여부(소극)

[판결요지]

공익사업을 위한 토지 등의 취득 및 보상에 관한 법률(이하 '토지보상법'이라 한다) 제91조 제1항은 해당 사업의 폐지·변경 또는 그 밖의 사유로 취득한 토지의 전부 또는 일부가 필요 없게 된 경우 취득일 당시의 토지소유자 또는 그 포괄승계인(이하 '토지소유자'라 한다)은 그 토지에 대하여 받은 보상금에 상당하는 금액을 사업시행자에게 지급하고 그 토지를 환매할 수 있다고 규정하고 있다. 토지보상법이 환매권을 인정하는 취지는, 토지의 원소유자가 사업시행자로부터 토지 등의 대가로 정당한 손실보상을 받았다고 하더라도 원래 자신의 자발적인 의사에 기하여 그 토지 등의 소유권을 상실하는 것이 아니어서 그 토지 등을 더 이상 당해 공익사업에 이용할 필요가 없게 된 때, 즉 공익상의 필요가 소멸한 때에는 원소유자의 의사에 따라 그 토지 등의 소유권을 회복시켜 주는 것이 공평의 원칙에 부합한다는 데에 있다.

한편 구 공익사업을 위한 토지 등의 취득 및 보상에 관한 법률(2007.10.17. 법률 제8665호로 개정되기 전의 것, 이하 '구 토지보상법'이라 한다) 제4조 제7호, 구 국토의 계획 및 이용에 관한 법률(2007.1.19. 법률 제8250호로 개정되기 전의 것, 이하 '구 국토계획법'이라 한다) 제95조 제1항에 의하면, 구 국토계획법에 따른 도시계획시설사업은 구 토지보상법 제4조의 공익사업에 해당하는데, 구 국토계획법 제86조 제5항은 같은 조 제1항 내지 제4항에 따른 행정청이 아닌 자가 도시계획시설사업을 시행하기 위해서는 대통령령이 정하는 바에 따라 건설교통부장관 등으로부터 시행자로 지정을 받도록 규정하고 있다.

이러한 토지보상법 및 구 국토계획법의 규정 내용과 환매권의 입법 취지 등을 고려하면, 도시계획시설사업의 시행자로 지정되어 그 도시계획시설사업의 수행을 위하여 필요한 토지를 협의취득하였다고 하더라도, 시행자 지정이 처음부터 효력이 없거나 토지의 취득 당시 해당 도시계획시설사업의 법적 근거가 없었던 것으로 볼 수 있는 등 협의취득이 당연무효인 경우, 협의취득일 당시의 토지소유자가 소유권에 근거하여 등기 명의를 회복하는 방식 등으로 권리를 구제받는 것은 별론으로 하더라도 토지보상법 제91조 제1항에서 정하고 있는 환매권을 행사할 수는 없다고 봄이 타당하다.

** 이 사건 사업과 그 일환으로 이루어진 이 사건 계약이 당연무효인 이상, 이를 두고 이 사건 사업이 폐지되는 등 후발적인 사정으로 이 사건 토지가 필요 없게 된 경우라고 평가할 수는 없다.

8. 헌재 2020.11.26, 2019헌바131 [헌법불합치]

[판시사항]

가. 환매권의 발생기간을 제한하고 있는 '공익사업을 위한 토지 등의 취득 및 보상에 관한 법률'(이하 '토지보상법'이라 한다) 제91조 제1항 중 '토지의 협의취득일 또는 수용의 개시일(이하 이 조에서 "취득일"이라 한다)부터 10년 이내에' 부분(이하 '이 사건 법률조항'이라 한다)이 재산권을 침해하는지 여부(적극)

나. 헌법불합치결정을 선고하면서 적용중지를 명한 사례

[결정요지]

가. 토지수용 등 절차를 종료하였다고 하더라도 공익사업에 해당 토지가 필요 없게 된 경우에는 토지수용 등의 헌법상 정당성이 장래를 향하여 소멸한 것이므로, 이러한 경우 종전 토지소유자가 소유권을 회복할 수 있는 권리인 환매권은 헌법이 보장하는 재산권의 내용에 포함되는 권리이다.
환매권의 발생기간을 제한한 것은 사업시행자의 지위나 이해관계인들의 토지이용에 관한 법률관계 안정, 토지의 사회경제적 이용 효율 제고, 사회일반에 돌아가야 할 개발이익이 원소유자에게 귀속되는 불합리 방지 등을 위한 것인데, 그 입법목적은 정당하고 이와 같은 제한은 입법목적 달성을 위한 유효적절한 방법이라 할 수 있다.
그러나 2000년대 이후 다양한 공익사업이 출현하면서 공익사업 간 중복 · 상충 사례가 발생하였고, 산업구조 변화, 비용 대비 편익에 대한 지속적 재검토, 인근 주민들의 반대 등에 직면하여 공익사업이 지연되다가 폐지되는 사례가 다수 발생하고 있다. 이와 같은 상황에서 이 사건 법률조항의 환매권 발생기간 '10년'을 예외 없이 유지하게 되면 토지수용 등의 원인이 된 공익사업의 폐지 등으로 공공필요가 소멸하였음에도 단지 10년이 경과하였다는 사정만으로 환매권이 배제되는 결과가 초래될 수 있다. 다른 나라의 입법례에 비추어 보아도 발생기간을 제한하지 않거나 더 길게 규정하면서 행사기간 제한 또는 토지에 현저한 변경이 있을 때 환매거절권을 부여하는 등 보다 덜 침해적인 방법으로 입법목적을 달성하고 있다. 이 사건 법률조항은 침해의 최소성 원칙에 어긋난다.

이 사건 법률조항으로 제한되는 사익은 헌법상 재산권인 환매권의 발생 제한이고, 이 사건 법률조항으로 환매권이 발생하지 않는 경우에는 환매권 통지의무도 발생하지 않기 때문에 환매권 상실에 따른 손해배상도 받지 못하게 되므로, 사익 제한 정도가 상당히 크다. 그런데 10년 전후로 토지가 필요 없게 되는 것은 취득한 토지가 공익목적으로 실제 사용되지 못한 경우가 대부분이고, 토지보상법은 부동산등기부상 협의취득이나 토지수용의 등기원인 기재가 있는 경우 환매권의 대항력을 인정하고 있어 공익사업에 참여하는 이해관계인들은 환매권이 발생할 수 있음을 충분히 알 수 있다. 토지보상법은 이미 환매대금증감소송을 인정하여 당해 공익사업에 따른 개발이익이 원소유자에게 귀속되는 것을 차단하고 있다. 이 사건 법률조항이 추구하고자 하는 공익은 원소유자의 사익침해 정도를 정당화할 정도로 크다고 보기 어려우므로, 법익의 균형성을 충족하지 못한다.

결국 이 사건 법률조항은 헌법 제37조 제2항에 반하여 재산권을 침해한다.

나. 이 사건 법률조항의 위헌성은 환매권의 발생기간을 제한한 것 자체에 있다기보다는 그 기간을 10년 이내로 제한한 것에 있다. 이 사건 법률조항의 위헌성을 제거하는 다양한 방안이 있을 수 있고 이는 입법재량 영역에 속한다. 이 사건 법률조항의 적용을 중지하더라도 환매권 행사기간 등 제한이 있기 때문에 법적 혼란을 야기할 뚜렷한 사정이 있다고 보이지는 않는다. 이 사건 법률조항 적용을 중지하는 헌법불합치결정을 하고, 입법자는 가능한 한 빠른 시일 내에 이와 같은 결정 취지에 맞게 개선입법을 하여야 한다.

[재판관 이선애, 재판관 이종석, 재판관 이미선의 반대의견]

환매권은 헌법상 재산권의 내용에 포함되는 권리이며, 그 구체적인 내용과 한계는 법률에 의하여 정해진다. 이 사건 법률조항은 환매권의 구체적인 모습을 형성하면서 환매권 행사를 제한하고 있으므로 이를 염두에 두고 기본권 제한입법의 한계를 일탈한 것인지 살펴볼 필요가 있다. 대체로 10년이라는 기간은 토지를 둘러싼 사업시행자나 제3자의 이해관계가 두껍게 형성되고, 토지의 사회경제적 가치가 질적 변화를 일으키기에 상당한 기간으로 볼 수 있다. 우리나라의 경우 부동산 가치 변화가 상당히 심하고, 토지를 정주 공간보다는 투자의 대상으로 인식하는 사회적 경향이 상당히 존재하고, 원소유자가 환매권을 행사하는 주된 동기가 상승한 부동산의 가치회수인 경우가 있음을 고려하면, 이 사건 법률조항의 환매권 발생기간 제한이 환매권을 형해화하거나 그 본질을 훼손할 정도로 불합리하다고 볼 수 없다.

토지보상법은 5년 이내에 취득한 토지 전부를 공익사업에 이용하지 아니하였을 때 환매권을 인정하여 이 사건 법률조항에 따른 환매권 제한을 상당 부분 완화하고 있다. 환매권 발생기간을 합리적 범위 내로 제한하지 않는다면 해당 토지가 공익사업의 시행을 위하여 취득된 날로부터 상당한 기간이 지난 이후에도 언제든지 환매권이 발생할 수 있어 공익사업시행자의 지위나 해당 토지를 둘러싼 관계인들의 법률관계가 심히 불안정한 상태에 놓일 수밖에 없게 된다. 부동산등기부의 기재로 환매권 발생을 예견할 수 있었다고 하더라도 이러한 사정이 공익사업 시행을 전제로 형성된 법률관계의 안정 도모라는 공익의 중요성을 가볍게 하는 요소라고 단정할 수 없다. 이 사건 법률조항의 환매권 발생기간 제한은 입법목적 달성을 위해 필요한 범위 내의 것이고 원소유자의 불이익이 달성하려는 공익보다 크다고 할 수 없다.
따라서 이 사건 법률조항은 기본권 제한 입법의 한계를 일탈하거나 환매권 행사를 형해화하여 재산권을 침해한다고 볼 수 없다.

9. 대판 2023.8.18, 2021다294889

[판시사항]

[1] 법적 규율이 없는 사안에 대하여 그와 유사한 사안에 관한 법규범을 유추적용할 수 있는 경우
[2] 택지개발사업의 시행을 위하여 수용한 토지의 환매권 발생 요건에 관하여 정한 구 택지개발촉진법 제13조 제1항이 택지개발사업의 시행을 위하여 협의취득한 토지의 환매권 발생 요건에 관하여도 유추적용되는지 여부(적극)

[판결요지]

[1] 법적 규율이 없는 사안에 대하여 그와 유사한 사안에 관한 법규범을 적용함으로써 법률의 흠결을 보충하는 것을 유추적용이라고 한다. 이는 실정법 조항의 문리해석 또는 논리해석만으로는 현실적인 법적 분쟁을 해결할 수 없거나 사회적 정의관념에 현저히 반하게 되는 결과가 초래되는 경우 법원이 실정법의 입법 정신을 살려 법적 분쟁을 합리적으로 해결하고 정의관념에 적합한 결과를 도출하기 위한 것이다. 이러한 유추를 위해서는 법적 규율이 없는 사안과 법적 규율이 있는 사안 사이에 공통점 또는 유사점이 있어야 할 뿐만 아니라, 법규범의 체계, 입법 의도와 목적 등에 비추어 유추적용이 정당하다고 평가되는 경우이어야 한다.
[2] 구 택지개발촉진법(2011.5.30. 법률 제10764호로 개정되기 전의 것, 이하 같다) 제13조 제1항은 "예정지구의 지정의 해제 또는 변경, 실시계획의 승인의 취소 또는 변경 기타 등의 사유로 수용한 토지 등의 전부 또는 일부가 필요 없게 된 때에는 수용 당시의 토지 등의 소유자 또는 그 포괄승계인은 필요 없게 된 날로부터 1년 내에 토지 등의 수용 당시 지급받은 보상금에 대통령령으로 정한 금액을 가산하여 시행자에게 지급하고 이를 환매할 수 있다."라고 규정하여 택지개발사업의 시행을 위하여 수용한 토지의 환매권 발생 요건에 관하여 정하고 있는데, 택지개발사업의 시행을 위하여 협의취득한 토지의 환매권 발생 요건에 관하여도 구 택지개발촉진법 제13조 제1항을 유추적용함이 타당하다. 그 이유는 다음과 같다.

① 구 택지개발촉진법은 환매권 발생 요건에 관하여 별도로 정하고 있고(제13조 제1항) 환매권자의 권리의 소멸에 관하여 공익사업을 위한 토지 등의 취득 및 보상에 관한 법률(이하 '토지보상법'이라 한다) 제92조를 준용한다고 규정하고 있을 뿐(제13조 제3항), 택지개발사업의 경우 환매에 관하여 일반적으로 토지보상법을 준용한다는 규정을 두고 있지 않다.
이는 광업법 제73조 제1항, 구 도시재개발법(2002.12.30. 법률 제6852호 도시 및 주거환

경정비법 부칙 제2조로 폐지) 제32조 제1항, 구 도시계획법(2002.2.4. 법률 제6655호 국토의 계획 및 이용에 관한 법률 부칙 제2조로 폐지) 제68조 제1항, 산업입지 및 개발에 관한 법률 제22조 제5항, 전원개발촉진법 제6조의2 제5항 등에서 '토지의 수용 또는 사용에 관하여 해당 법률에서 규정하고 있는 것 외에는 토지보상법을 적용한다.'라는 취지로 규정하고 환매에 관하여 별도로 규정하지 않은 것과는 규율의 형식과 내용이 다르다.

이러한 관련 규정의 형식과 내용의 차이 등에 비추어 볼 때, 구 택지개발촉진법상 택지개발사업의 시행에 따라 협의취득한 토지의 환매권과 관련하여 환매권자의 권리 소멸에 관한 사항이 아닌 부분에 대해서도 당연히 토지보상법이 준용되거나 적용된다고 보기는 어렵다.

② 구 택지개발촉진법은 도시지역의 시급한 주택난을 해소하기 위하여 주택건설에 필요한 택지를 대량으로 취득・개발・공급하는 것을 입법 목적으로 하고 있다(제1조 참조). 다른 공익사업과 비교하여 택지개발사업의 경우 택지를 대량으로 개발・공급하기 위하여 사업 준비에 오랜 기간이 소요될 수 있으므로, 사업시행자가 택지개발사업의 시행을 위하여 사업 부지를 취득한 이후에도 오랜 기간 사업 부지를 택지개발사업에 현실적으로 이용하지 못할 가능성이 있다. 구 택지개발촉진법은 이러한 사정을 고려하여 제13조 제1항에서 환매권 발생 사유를 별도로 정하면서, 토지보상법 제91조 제2항과는 달리 '취득일부터 5년 이내에 취득한 토지의 전부를 사업에 이용하지 아니하였을 때'를 환매권 발생 사유에서 제외하고 있는 것으로 봄이 타당하다.

③ 구 택지개발촉진법 제13조 제1항은 환매권 발생 요건에 관하여 '수용한 토지'라는 표현을 사용하고 있으나 택지개발사업의 시행을 위하여 토지를 취득한 원인이 수용인지 협의취득인지에 따라 환매권 발생 요건을 달리 보아야 할 합리적인 이유가 없다. 협의취득과 수용은 모두 사업시행자가 공익사업의 수행을 위하여 필요한 토지를 취득하기 위한 수단으로서, 협의취득이 이루어지지 않을 경우 수용에 의한 강제취득방법이 후속조치로 기능을 하게 되므로 공용수용과 비슷한 공법적 기능을 수행하는 이상 협의취득한 토지와 수용한 토지는 환매권 발생 여부와 관련하여 법률상 같이 취급하는 것이 바람직하다. 구 택지개발촉진법 제13조 제1항에서 택지개발사업의 환매권 발생 요건에 관하여 정하면서 협의취득한 토지가 환매 대상 토지에서 누락된 것은 법률의 흠결로 보일 뿐이다.

④ 그런데 택지개발사업의 시행을 위하여 협의취득한 토지의 환매권 발생 요건에 관하여 구 택지개발촉진법 제13조 제1항에 정함이 없다는 이유로 토지보상법 제91조 제2항이 적용되어야 한다고 본다면, 사업시행자가 택지개발사업의 시행을 위하여 취득한 토지의 전부를 취득일부터 5년 이내에 사업에 이용하지 아니하였을 때, 협의취득한 토지의 경우에는 토지보상법 제91조 제2항에 따라 환매권이 발생하는 반면, 수용한 토지의 경우에는 구 택지개발촉진법 제13조 제1항이 정한 환매권 발생 사유에 해당하지 않아 환매권이 발생하지 아니하게 된다. 이처럼 택지개발사업의 시행을 위하여 토지를 취득한 원인에 따라 환매권 발생 여부가 달라진다고 보는 것은 부당하다.

02 공용환권(재개발 및 재건축사업)

I 조합설립

1. 추진위원회의 구성 및 승인

조합설립추진위원회(이하 '추진위원회'라 한다) 구성승인은 조합의 설립을 위한 주체인 추진위원회의 구성행위를 보충하여 효력을 부여하는 처분이므로, 시장·군수로부터 추진위원회 구성승인을 받은 추진위원회는 유효하게 설립된 비법인사단으로서 조합설립에 필요한 법률행위 등을 할 수 있다. 따라서 추진위원회가 구성승인을 받을 당시의 정비예정구역보다 정비구역이 확대되어 지정된 경우, 추진위원회가 구성 변경승인을 받기 전에 확대된 정비구역 전체에서 조합설립을 추진하여 조합설립인가신청을 하였다 하더라도 이는 유효하게 설립된 비법인사단의 법률행위이므로, 당초의 추진위원회 구성승인이 실효되었다는 등의 특별한 사정이 없는 한 변경승인 전의 행위라는 사정만으로 조합설립인가신청 자체가 무효라고 할 수는 없다(대판 2014.2.27, 2011두2248).

추진위원회가 행한 업무와 관련된 권리와 의무는 조합설립인가처분을 받아 법인으로 설립된 조합에 모두 포괄승계되므로, 원칙적으로 조합설립인가처분을 받은 조합이 설립등기를 마쳐 법인으로 성립하게 되면 추진위원회는 목적을 달성하여 소멸한다(대판 2016.12.15, 2013두17473).

조합설립인가처분이 법원의 판결에 의하여 취소된 경우에는 추진위원회가 지위를 회복하여 다시 조합설립인가신청을 하는 등 조합설립추진 업무를 계속 수행할 수 있다(대판 2016.12.15, 2013두17473).

2. 조합의 설립인가

행정청의 조합설립인가 처분은 조합에 정비사업을 시행할 수 있는 권한을 갖는 행정주체(공법인)로서의 지위를 부여하는 일종의 설권적 처분의 성격을 가진다. 따라서 토지등소유자로 구성되는 조합이 그 설립과정에서 조합설립인가처분을 받지 아니하였거나 설령 이를 받았다 하더라도 처음부터 조합설립인가처분으로서 효력이 없는 경우에는, 정비사업을 시행할 수 있는 권한을 가지는 행정주체인 공법인으로서의 조합이 성립되었다 할 수 없고, 또한 이러한 조합의 조합장, 이사, 감사로 선임된 자 역시 조합의 임원이라 할 수 없다(대판 2014.5.22, 2012도7190 全合).

조합설립결의는 조합설립인가처분에 필요한 요건 중의 하나에 불과하므로 조합설립결의에 하자가 있음을 이유로 재개발조합 설립의 효력을 부정하려면 항고소송으로 조합설립인가처분의 효력을 다투어야 한다(대판 2010.1.28, 2009두4845).[1)]
재개발조합설립인가신청에 대하여 행정청의 조합설립인가처분이 있은 이후에는, 조합설립동의에 하자가 있음을 이유로 재개발조합 설립의 효력을 부정하려면 항고소송으로 조합설립인가처분의 효력을 다투어야 한다(대판 2010.1.28, 2009두4845). 재개발조합설립에 요구되는 동의율의 충족 여부를 판단하

1) 이러한 판례의 태도는 기본행위의 하자를 이유로 강학상 인가를 다툴 소의 이익이 없다고 보는 판례(대판 2005.10.14, 2005두1046)와 비교할 필요가 있다.

는 기준일은 '조합설립인가신청일'이고 '조합설립인가처분일'이 아니다(대판 2014.4.24, 2012두21437).

토지등소유자의 서면에 의한 동의요건이 결여된 하자는 원칙상 중대하고 명백한 하자이므로 조합설립인가처분의 무효사유이다. 다만, 조합설립 동의에 흠이 있다고 하더라도 그 흠이 중대・명백하지 않다면 조합설립인가처분이 당연 무효라고 할 수 없다(대판 2012.10.25, 2010두25107).

3. 조합의 법적 지위

조합은 공공조합으로 공법인이다. 조합은 재개발사업이나 재건축사업이라는 공행정목적을 수행함에 있어서 행정주체의 지위에 서며(대결 2009.11.2, 2009마596) 재개발사업이나 재건축사업이라는 공행정목적을 직접적으로 달성하기 위하여 행하는 조합의 행위는 원칙상 공법행위라고 보아야 한다.

4. 조합과 조합임원과의 관계

재개발조합과 조합장 또는 조합임원 사이의 선임・해임 등을 둘러싼 법률관계는 사법상의 법률관계로서 그 조합장 또는 조합임원의 지위를 다투는 소송은 민사소송에 의하여야 할 것이다(대판 2009.9.24, 2009마168).

5. 조합설립인가처분 취소판결의 효력

주택재건축사업조합 설립인가처분이 판결에 의하여 취소되거나 무효로 확인된 경우에는 조합설립인가처분은 처분 당시로 소급하여 효력을 상실하고, 이에 따라 당해 주택재건축사업조합 역시 조합설립인가처분 당시로 소급하여 도시정비법상 주택재건축사업을 시행할 수 있는 행정주체인 공법인으로서의 지위를 상실한다(대판 2012.11.29, 2011두518). 따라서 주택재개발사업조합이 조합설립인가처분 취소 전에 도시 및 주거환경정비법상 적법한 행정주체 또는 사업시행자로서 한 결의 등 처분도 원칙상 소급하여 효력을 상실한다(대판 2012.3.29, 2008다95885).

II 사업시행계획인가

도시환경정비사업조합이 수립한 사업시행계획을 인가하는 행정청의 행위의 법적 성질(= 보충행위) 및 인가처분에 흠이 없는 경우 기본행위의 무효를 내세워 인가처분의 취소 또는 무효확인을 구할 수 있는지 여부(소극)(대판 2010.12.9, 2010두1248)

토지 등 소유자들이 그 사업을 위한 조합을 따로 설립하지 아니하고 직접 도시환경정비사업을 시행하고자 하는 경우에는 사업시행계획서에 정관 등과 그 밖에 국토해양부령이 정하는 서류를 첨부하여 시장・군수에게 제출하고 사업시행인가를 받아야 하고, 이러한 절차를 거쳐 사업시행인가를 받은 토지 등 소유자들은 관할 행정청의 감독 아래 정비구역 안에서 구 도시정비법상의 도시환경정비사업을 시행하는 목적 범위 내에서 법령이 정하는 바에 따라 일정한 행정작용을 행하는 행정주체로서의 지위를 가진다. 그렇다면 토지 등 소유자들이 직접 시행하는 도시환경정비사업에서 토지 등 소유자에 대한 사업시행인가처분은 단순히 사업시행계획에 대한 보충행위로서의 성질을 가지는 것이 아니라 구 도시정비법상 정비사업을 시행할 수 있는 권한을 가지는 행정주체로서의 지위를 부여하는 일종의 설권적 처분의 성격을 가진다(대판 2013.6.13, 2011두19994).

도시환경정비사업을 직접 시행하려는 토지 등 소유자가 작성한 사업시행계획에 대한 정비구역 내 토지 등 소유자 4분의 3 이상의 동의는 이러한 설권적 처분의 절차적 요건에 해당한다(대판 2015.6.11, 2013두15262).

재건축 사업시행의 인가는 행정청의 재량행위에 속한다(대판 2007.7.12, 2007두6663).

도시 및 주거환경정비법에 따라 설립된 정비사업조합에 의하여 수립된 사업시행계획에서 정한 사업시행기간이 도과하였더라도, 유효하게 수립된 사업시행계획 및 그에 기초하여 사업시행기간 내에 이루어진 토지의 매수·수용을 비롯한 사업시행의 법적 효과가 소급하여 효력을 상실하여 무효로 된다고 할 수 없다(대판 2016.12.1, 2016두34905).

III 공용환권의 시행

1. 관리처분계획의 성립과 효력발생

사업시행자가 시장·군수 외의 자인 경우에는 분양신청기간이 종료된 때에는 관리처분계획을 수립하여 시장·군수의 인가를 받아야 한다. 이는 사업시행자의 관리처분계획의 효력을 완성시키는 보충행위로서 강학상 인가에 해당한다. 따라서 조합의 의결의 내용상의 하자를 들어 인가의 취소 또는 무효의 확인을 청구하는 소송을 제기할 소의 이익이 없다(대판 2001.12.11, 2001두7541). 조합은 시장·군수의 인가의 거부에 대하여는 항고소송을 제기할 수 있다.

관리처분계획에 대한 인가·고시 이후 관리처분계획 결의의 하자를 다투고자 하는 경우 관리처분계획이 처분이고, 조합총회의 결의는 관리처분계획처분의 절차적 요건에 불과하므로 관리처분계획을 항고소송으로 다투어야 하며 결의의 하자를 다툴 수 없다(대판 2009.9.17, 2007다2428 全合).

2. 관리처분계획의 성질 및 피고

판례는 관리처분계획을 구속적 행정계획으로서 조합이 행한 처분으로 보고 있다(대판 2009.9.17, 2007다2428 全合). 따라서 관리처분계획을 다투고자 하는 자는 조합을 피고로 하여야 한다.

3. 관리처분계획에 대한 불복

[1] 도시 및 주거환경정비법상 이전고시가 효력을 발생한 이후에도 조합원 등이 관리처분계획의 취소 또는 무효확인을 구할 법률상 이익이 있는지 여부(소극)(대판 2012.3.22, 2011두6400 全合)

[다수의견]

이전고시의 효력 발생으로 이미 대다수 조합원 등에 대하여 획일적·일률적으로 처리된 권리귀속 관계를 모두 무효화하고 다시 처음부터 관리처분계획을 수립하여 이전고시 절차를 거치도록 하는 것은 정비사업의 공익적·단체법적 성격에 배치되므로, 이전고시가 효력을 발생하게 된 이후에는 조합원 등이 관리처분계획의 취소 또는 무효확인을 구할 법률상 이익이 없다고 봄이 타당하다.

[대법관 김능환, 대법관 이인복, 대법관 김용덕, 대법관 박보영의 별개의견]

관리처분계획의 무효확인이나 취소를 구하는 소송이 적법하게 제기되어 계속 중인 상태에서 이전고시가 효력을 발생하였다고 하더라도, 이전고시에서 정하고 있는 대지 또는 건축물의 소유권 이전에 관한 사항 외에 관리처분계획에서 정하고 있는 다른 사항들에 관하여서는 물론이고, 이전고시에서 정하고 있는 사항에 관하여서도 여전히 관리처분계획의 취소 또는 무효확인을 구할 법률상 이익이 있다고 보는 것이 이전고시의 기본적인 성격 및 효력에 들어맞을 뿐 아니라, 행정처분의 적법성을 확보하고 이해관계인의 권리·이익을 보호하려는 행정소송의 목적 달성 및 소송경제 등의 측면에서도 타당하며, 항고소송에서 소의 이익을 확대하고 있는 종전의 대법원 판례에도 들어맞는 합리적인 해석이다.

[2] 관리처분계획의 주요 부분을 실질적으로 변경하는 내용으로 새로운 관리처분계획을 수립하여 시장·군수의 인가를 받은 경우, 당초 관리처분계획은 효력을 상실하는지 여부(원칙적 적극) 도시 및 주거환경정비법 관련 규정의 내용, 형식 및 취지 등에 비추어 보면, 당초 관리처분계획의 경미한 사항을 변경하는 경우와 달리 관리처분계획의 주요 부분을 실질적으로 변경하는 내용으로 새로운 관리처분계획을 수립하여 시장·군수의 인가를 받은 경우에는, 당초 관리처분계획은 달리 특별한 사정이 없는 한 효력을 상실한다.

4. 환권처분(관리처분)

(1) 환권처분의 성질

도시재개발법에 의한 재개발사업에 있어서의 분양처분은 재개발구역 안의 종전의 토지 또는 건축물에 대하여 재개발사업에 의하여 조성되거나 축조되는 대지 또는 건축 시설의 위치 및 범위 등을 정하고 그 가격의 차액에 상당하는 금액을 청산하거나, 대지 또는 건축 시설을 정하지 않고 금전으로 청산하는 공법상 처분이다(대판 1995.6.30, 95다10570).

(2) 이전고시

1) 이전고시의 의의 및 효과

이전고시는 준공인가의 고시로 사업시행이 완료된 이후에 관리처분계획에서 정한 바에 따라 종전의 토지 또는 건축물에 대하여 정비사업으로 조성된 대지 또는 건축물의 위치 및 범위 등을 정하여 소유권을 분양받을 자에게 이전하고 가격의 차액에 상당하는 금액을 청산하거나 대지 또는 건축물을 정하지 않고 금전적으로 청산하는 공법상 처분이다(대판 2016.12.29, 2013다73551).

주택재건축사업에서 조합원이 분양신청을 하지 않거나 분양계약을 체결하지 않음으로써 청산금 지급 대상이 되는 대지·건축물의 경우에는, 특별한 사정이 없는 한 그에 관하여 설정되어 있던 기존의 권리제한은 이전고시로 소멸하게 된다(대판 20018.9.28, 2016다246800).

2) 이전고시에 대한 불복

① **이전고시의 취소 또는 무효확인을 구할 법률상 이익** : 이전고시 정비사업의 공익적·단체적 성격과 이전고시에 따라 이미 형성된 법률관계를 유지하여 법적 안정성을 보호할 필요성이 현저한 점 등을 고려할 때, 이전고시의 효력이 발생한 이후에는 조합원 등이 해당 정비사업을 위하여 이루어진 수용재결이나 이의재결의 취소 또는 무효확인을 구할 법률상 이익이 없다(대판 2017.3.16, 2013두11536).

② **소유권 등의 귀속의 다툼** : 분양처분은 대인적 처분이 아닌 대물적 처분이라 할 것이므로, 재개발사업 시행자가 소유자를 오인하여 종전의 토지 또는 건축물의 소유자가 아닌 다른 사람에게 분양처분을 한 경우 그러한 분양처분이 있었다고 하여 그 다른 사람이 권리를 취득하게 되는 것은 아니며, 종전의 토지 또는 건축물의 진정한 소유자가 분양된 대지 또는 건축시설의 소유권을 취득하고 이를 행사할 수 있다(대판 1995.6.30, 95다10570).

(3) 청산

[1] 도시정비법 제57조 제1항에 규정된 청산금의 징수에 관하여는 지방세체납처분의 예에 의한 징수 또는 징수 위탁과 같은 간이하고 경제적인 특별구제절차가 마련되어 있으므로, 시장·군수가 사업시행자의 청산금 징수 위탁에 응하지 아니하였다는 등의 특별한 사정이 없는 한 시장·군수가 아닌 사업시행자가 이와 별개로 공법상 당사자소송의 방법으로 청산금 청구를 할 수는 없다.

[2] 성남시장이 시장·군수가 아닌 사업시행자인 원고들의 징수 위탁을 거절함으로써 징수 절차에 의한 이 사건 청산금의 권리실현에 장애가 있게 되는 특별한 사정이 있다고 볼 수 있으므로, 원고들이 피고들을 상대로 공법상 당사자소송에 의하여 이 사건 청산금의 지급을 구하는 이 사건 소는 허용된다(대판 2017.4.28, 2016두39498).

5. 사전보상, 인도이전의무 부과, 선결문제(대판 2021.7.29, 2019도13010, 15665, 10001, 2019다300477)

[판시사항]

주택재개발사업의 사업시행자가 수용재결에 따른 보상금을 지급하거나 공탁하고 공익사업을 위한 토지 등의 취득 및 보상에 관한 법률 제43조에 따라 부동산의 인도를 청구하는 경우, 현금청산대상자나 임차인 등이 주거이전비 등을 보상받기 전에는 구 도시 및 주거환경정비법 제49조 제6항 단서에 따라 주거이전비 등의 미지급을 이유로 부동산의 인도를 거절할 수 있는지 여부(적극) / 이때 현금청산대상자나 임차인 등이 수용개시일까지 수용대상 부동산을 인도하지 않은 경우, 공익사업을 위한 토지 등의 취득 및 보상에 관한 법률 제43조, 제95조의2 제2호 위반죄로 처벌할 수 있는지

여부(소극)

[판결요지]

공익사업을 위한 토지 등의 취득 및 보상에 관한 법률(이하 '토지보상법'이라 한다)은 제43조에서 "토지소유자 및 관계인과 그 밖에 토지소유자나 관계인에 포함되지 아니하는 자로서 수용하거나 사용할 토지나 그 토지에 있는 물건에 관한 권리를 가진 자는 수용 또는 사용의 개시일까지 그 토지나 물건을 사업시행자에게 인도하거나 이전하여야 한다."라고 정하고, 제95조의2 제2호에서 이를 위반하여 토지 또는 물건을 인도하거나 이전하지 아니한 자를 처벌한다고 정하고 있다.

구 도시 및 주거환경정비법(2017.2.8. 법률 제14567호로 전부 개정되기 전의 것, 이하 '구 도시정비법'이라 한다) 제49조 제6항은 '관리처분계획의 인가・고시가 있은 때에는 종전의 토지 또는 건축물의 소유자・지상권자・전세권자・임차권자 등 권리자는 제54조의 규정에 의한 이전의 고시가 있은 날까지 종전의 토지 또는 건축물에 대하여 이를 사용하거나 수익할 수 없다. 다만 사업시행자의 동의를 받거나 제40조 및 토지보상법에 따른 손실보상이 완료되지 아니한 권리자의 경우에는 그러하지 아니하다.'고 정하고 있다. 이 조항은 토지보상법 제43조에 대한 특별규정으로서, 사업시행자가 현금청산대상자나 임차인 등에 대해서 종전의 토지나 건축물의 인도를 구하려면 관리처분계획의 인가・고시만으로는 부족하고 구 도시정비법 제49조 제6항 단서에서 정한 대로 토지보상법에 따른 손실보상이 완료되어야 한다.

구 도시정비법 제49조 제6항 단서의 내용, 그 개정 경위와 입법 취지, 구 도시정비법과 토지보상법의 관련 규정의 체계와 내용을 종합하면, 토지보상법 제78조 등에서 정한 주거이전비, 이주정착금, 이사비 등(이하 '주거이전비 등'이라 한다)도 구 도시정비법 제49조 제6항 단서에서 정하는 '토지보상법에 따른 손실보상'에 해당한다. 따라서 주택재개발사업의 사업시행자가 공사에 착수하기 위하여 현금청산대상자나 임차인 등으로부터 정비구역 내 토지 또는 건축물을 인도받기 위해서는 협의나 재결절차 등에서 결정되는 주거이전비 등을 지급할 것이 요구된다. 사업시행자가 수용재결에서 정한 토지나 지장물 등 보상금을 지급하거나 공탁한 것만으로 토지보상법에 따른 손실보상이 완료되었다고 보기 어렵다.

사업시행자가 수용재결에 따른 보상금을 지급하거나 공탁하고 토지보상법 제43조에 따라 부동산의 인도를 청구하는 경우 현금청산대상자나 임차인 등이 주거이전비 등을 보상받기 전에는 특별한 사정이 없는 한 구 도시정비법 제49조 제6항 단서에 따라 주거이전비 등의 미지급을 이유로 부동산의 인도를 거절할 수 있다. 따라서 이러한 경우 현금청산대상자나 임차인 등이 수용개시일까지 수용대상 부동산을 인도하지 않았다고 해서 토지보상법 제43조, 제95조의2 제2호 위반죄로 처벌해서는 안 된다.

6. 주택재개발사업의 사업시행자가 현금청산대상자나 세입자로부터 정비구역 내 토지 또는 건축물을 인도받기 위해서는 협의나 재결절차 등에 의하여 결정되는 주거이전비 등도 지급하여야 하는지 여부(적극)(대판 2022.6.30, 2021다310088・310095, 대판 2021.6.30, 2019다207813)

구 도시 및 주거환경정비법(2017.2.8. 법률 제14567호로 전부 개정되기 전의 것, 이하 '구 도시정비법'이라 한다) 제49조 제6항은 '관리처분계획의 인가·고시가 있은 때에는 종전의 토지 또는 건축물의 소유자·지상권자·전세권자·임차권자 등 권리자는 제54조의 규정에 의한 이전의 고시가 있은 날까지 종전의 토지 또는 건축물에 대하여 이를 사용하거나 수익할 수 없다. 다만 사업시행자의 동의를 받거나 제40조 및 공익사업을 위한 토지 등의 취득 및 보상에 관한 법률(이하 '토지보상법'이라 한다)에 따른 손실보상이 완료되지 아니한 권리자의 경우에는 그러하지 아니하다.'고 규정하고 있다. 따라서 사업시행자가 현금청산대상자나 세입자에 대해서 종전의 토지나 건축물의 인도를 구하려면 관리처분계획의 인가·고시만으로는 부족하고 구 도시정비법 제49조 제6항 단서에서 정한 토지보상법에 따른 손실보상이 완료되어야 한다.

구 도시정비법 제49조 제6항 단서의 내용, 개정 경위와 입법 취지를 비롯하여 구 도시정비법 및 토지보상법의 관련 규정들을 종합하여 보면, 토지보상법 제78조에서 정한 주거이전비, 이주정착금, 이사비(이하 '주거이전비 등'이라 한다)도 구 도시정비법 제49조 제6항 단서에서 정한 '토지보상법에 따른 손실보상'에 해당한다. 그러므로 주택재개발사업의 사업시행자가 공사에 착수하기 위하여 현금청산대상자나 세입자로부터 정비구역 내 토지 또는 건축물을 인도받기 위해서는 협의나 재결절차 등에 의하여 결정되는 주거이전비 등도 지급할 것이 요구된다. 만일 사업시행자와 현금청산대상자나 세입자 사이에 주거이전비 등에 관한 협의가 성립된다면 사업시행자의 주거이전비 등 지급의무와 현금청산대상자나 세입자의 부동산 인도의무는 동시이행의 관계에 있게 되고, 재결절차 등에 의할 때에는 주거이전비 등의 지급절차가 부동산 인도에 선행되어야 한다.

7. 수용재결의 취소를 구할 수 있는지 여부

(1) 이전고시 효력 발생 전의 경우

관리처분계획에 대한 인가·고시가 있은 후에 이전고시가 행해지기까지 상당한 기간이 소요되므로 관리처분계획의 하자로 인하여 자신의 권리를 침해당한 조합원 등으로서는 이전고시가 행해지기 전에 얼마든지 그 관리처분계획의 효력을 다툴 수 있는 여지가 있고, 특히 조합원 등이 관리처분계획의 취소 또는 무효확인소송을 제기하여 계속 중인 경우에는 그 관리처분계획에 대하여 행정소송법에 규정된 집행정지결정을 받아 후속절차인 이전고시까지 나아가지 않도록 할 수도 있다(대판 2012.3.22, 2011두6400). 관리처분의 내용 중 분양처분 및 청산 등에 관한 계획은 주용 내용이므로 이에 대한 하자를 이유로 수용재결의 취소를 주장할 수 있는 것으로 보인다.

(2) 이전고시 효력 발생 후의 경우

이전고시의 취소 또는 무효확인을 구할 법률상 이익 : 이전고시 정비사업의 공익적·단체적 성격과 이전고시에 따라 이미 형성된 법률관계를 유지하여 법적 안정성을 보호할 필요성이 현저한 점 등을 고려할 때, 이전고시의 효력이 발생한 이후에는 조합원 등이 해당 정비사업을 위하여 이루어진 수용재결이나 이의재결의 취소 또는 무효확인을 구할 법률상 이익이 없다(대판 2017.3.16, 2013두11536).

8. 지연이자(대판 2020.7.23, 2019두46411)

[손실보상금] 〈재개발조합의 탈퇴조합원에게 구 도시 및 주거환경정비법 제47조에서 정한 150일의 기간 내에 현금청산금을 지급하지 못한 경우에 정관에서 정한 지연이자를 지급할 의무가 있는지 여부가 다투어진 사건〉

[판시사항]

[1] 재개발조합이 구 도시 및 주거환경정비법에 따른 협의 또는 수용절차를 거치지 않고 현금청산대상자를 상대로 토지 또는 건축물의 인도를 구할 수 있는지 여부(소극) / 재개발조합과 현금청산대상자 사이에 현금청산금에 관한 협의가 이루어진 경우 또는 수용절차에 의할 경우 현금청산금 지급과 토지 등 인도의 이행 순서

[2] 조합이 구 도시 및 주거환경정비법 제47조에서 정한 현금청산금 지급 이행기간(현금청산사유 발생 다음 날부터 150일) 내에 현금청산금을 지급하지 못한 경우, 그에 대하여 지체책임을 부담하는지 판단하는 방법

[3] 구 도시 및 주거환경정비법 제47조에서 정한 현금청산금 지급 지체에 따른 지연이자 청구권과 공익사업을 위한 토지 등의 취득 및 보상에 관한 법률 제30조에서 정한 재결신청 지연가산금 청구권이 별개의 청구권인지 여부(적극) 및 토지 등 소유자가 같은 기간에 대하여 성립한 위 두 가지 청구권을 동시에 행사할 수 있는지 여부(소극)

9. 대판 2020.7.29, 2016다51170

[판시사항]

[1] 토지 등 소유자가 재개발조합의 조합원으로서 종전자산 출자의무를 이행하였으나 그 후 분양계약 체결기간에 분양계약 체결을 거부하여 현금청산사유가 발생한 경우, 재개발조합이 기존에 출자받은 종전자산을 재개발사업을 위하여 계속 점유하는 것이 권원 없는 점유나 불법점유에 해당하는지 여부(소극)

[2] 구 도시 및 주거환경정비법 제47조에서 정한 150일이 현금청산의 이행기간인지 여부(적극) 및 토지 등 소유자가 조합원으로서 종전자산을 출자하였다가 그 후 조합관계에서 탈퇴하여 현금청산대상자가 되었는데도 재개발조합이 150일의 이행기간 내에 현금청산금을 지급하지 않은 경우, 위 이행기간이 경과한 다음 날부터 지연배상금 지급의무가 있는지 여부(적극)

[3] 구 도시 및 주거환경정비법 제47조에서 정한 현금청산금 지급 지체에 따른 지연배상금 청구권과 공익사업을 위한 토지 등의 취득 및 보상에 관한 법률 제30조 제3항에서 정한 재결신청 지연가산금 청구권이 별개의 청구권인지 여부(적극) 및 토지 등 소유자가 같은 기간에 대하여 성립한 위 두 가지 청구권을 동시에 행사할 수 있는지 여부(소극)

10. 대판 2020.1.30, 2018두66067[기타(일반행정)][미간행]

[판시사항]

[1] 구 도시 및 주거환경정비법상 주거용 건축물의 세입자에 대한 주거이전비의 보상 방법 및 금액 등의 보상내용이 원칙적으로 확정되는 시점(=사업시행계획 인가고시일) / 공익사업의 시행에 따라 이주하는 주거용 건축물의 세입자에게 지급해야 하는 주거이전비 및 이사비의 지급의무가 발생하는 시점

[2] 구 도시 및 주거환경정비법에 따라 설립된 정비사업조합에 의하여 수립된 사업시행계획서에서 정한 사업시행기간이 지난 경우, 유효하게 수립된 사업시행계획 및 그에 기초하여 사업시행기간 내에 이루어진 토지의 매수・수용을 비롯한 사업시행의 법적 효과가 소급하여 효력을 상실하여 무효로 되는지 여부(소극)

[3] 구 도시 및 주거환경정비법상 주거용 건축물의 세입자에 대한 주거이전비 보상대상자의 결정 기준

[4] 공익사업의 시행에 따라 이주하는 주거용 건축물의 세입자에게 지급해야 하는 주거이전비, 이사비 지급의무의 이행지체 책임 기산시점(=채무자가 이행청구를 받은 다음 날)

11. 대판 2013.1.10, 2011두19031[주거이전비등]

[판시사항]

구 도시 및 주거환경정비법상 주택재개발사업에 편입되는 주거용 건축물의 소유자 중 현금청산대상자에 대하여도 구 공익사업을 위한 토지 등의 취득 및 보상에 관한 법률에 따른 주거이전비 및 이사비를 지급해야 하는지 여부(적극)

[판결요지]

구 도시 및 주거환경정비법(2009.2.6. 법률 제9444호로 개정되기 전의 것, 이하 '도시정비법'이라 한다) 제38조, 제40조 제1항, 제47조, 도시 및 주거환경정비법 시행령 제48조, 구 공익사업을 위한 토지 등의 취득 및 보상에 관한 법률(2011.8.4. 법률 제11017호로 개정되기 전의 것, 이하 '공익사업법'이라 한다) 제78조 제5항, 공익사업을 위한 토지 등의 취득 및 보상에 관한 법률 시행규칙 제54조 제1항, 제55조 제2항 등의 법규정을 종합해 보면, 구 도시정비법상 주택재개발사업의 경우 주거용 건축물의 소유자인 현금청산대상자로서 현금청산에 관한 협의가 성립되어 사업시행자에게 주거용 건축물의 소유권을 이전한 자이거나 현금청산에 관한 협의가 성립되지 않아 공익사업법에 따라 주거용 건축물이 수용된 자에 대하여는 공익사업법을 준용하여 주거이전비 및 이사비를 지급해야 한다고 보는 것이 타당하다.

12. 대판 2016.12.15, 2016두49754[손실보상금]

[판시사항]

[1] 도시 및 주거환경정비법상 주거용 건축물의 소유자에 대한 주거이전비의 보상은 주거용 건축물에 대하여 정비계획에 관한 공람공고일부터 해당 건축물에 대한 보상을 하는 때까지 계속하여 소유 및 거주한 주거용 건축물의 소유자를 대상으로 하는지 여부(적극)

[2] 주택재개발정비사업구역 지정을 위한 공람공고 당시 사업구역에 위치한 자신 소유의 주거용 건축물에 거주하던 중 분양신청을 하고 그에 따른 이주의무를 이행하기 위해 정비구역 밖으로 이주한 후 을 주택재개발정비사업조합과의 분양계약 체결을 거부함으로써 현금청산대상자가 된 갑이 을 조합을 상대로 이주정착금의 지급을 청구한 사안에서, 갑이 도시 및 주거환경정비법상 이주정착금 지급자로서의 요건을 갖추지 않았다고 한 사례

[3] 공익사업을 위한 토지 등의 취득 및 보상에 관한 법률 제78조 제5항 등에 따른 이사비 보상대상자가 공익사업시행지구에 편입되는 주거용 건축물의 거주자로서 공익사업의 시행으로 인하여 이주하게 되는 자인지 여부(적극) 및 이는 도시 및 주거환경정비법에 따른 정비사업의 경우에도 마찬가지인지 여부(적극)

13. 대판 2007.3.29, 2004두6235

[판시사항]

재개발구역 내 토지 등 소유자들에게 구 도시재개발법 제33조 제1항에서 정한 분양신청기간의 통지 등 절차를 이행하지 아니한 채 한 수용재결이 위법한지 여부(적극)

[판결요지]

구 도시재개발법(2002.2.4. 법률 제6655호로 개정되기 전의 것) 제33조 제1항에서 정한 분양신청기간의 통지 등 절차는 재개발구역 내의 토지 등의 소유자에게 분양신청의 기회를 보장해 주기 위한 것으로서 같은 법 제31조 제2항에 의한 토지수용을 하기 위하여 반드시 거쳐야 할 필요적 절차이고, 또한 그 통지를 함에 있어서는 분양신청기간과 그 기간 내에 분양신청을 할 수 있다는 취지를 명백히 표시하여야 하므로, 이러한 통지 등의 절차를 제대로 거치지 않고 이루어진 수용재결은 위법하다.

제2절 기출분석

기출문제

[재결] 수용의 효과 [제19회 제1문]

서울특별시장은 도시관리계획결정에서 정해진 바에 따라 근린공원을 조성하기 위하여 그 사업에 필요한 토지들을 공익사업을 위한 토지 등의 취득 및 보상에 관한 법률의 규정에 의거하여 협의를 거쳐 취득하고자 하였으나 협의가 성립되지 않아 중앙토지수용위원회에 재결을 신청하였다. 중앙토지수용위원회의 수용재결(수용의 개시일 : 2005.6.30.)에 따라 서울특별시는 보상금을 지급하고 필요한 토지에 대한 소유권이전등기를 마쳤다. 서울특별시장은 토지를 취득한 후, 6개월간의 공사 끝에 공원을 조성하였다. 공원조성공사가 완료된 후 2년이 지난 뒤 위 토지를 포함한 일대의 토지들이 택지개발예정지구로 지정되었다(고시일 : 2008.6.30.). 국토교통부장관에 의하여 택지개발사업의 시행자로 지정된 대한주택공사는 택지개발사업실시계획의 승인을 얻어 공원시설을 철거하고, 그 지상에 임대주택을 건설하는 공사를 시행하고 있다. 이에 공원조성사업을 위해 수용된 토지의 소유자 甲은 2008.8.30. 서울특별시에 환매의 의사표시를 하였으나, 서울특별시는 甲에게 환매권이 없다고 하여 수용된 토지를 되돌려 주지 않았다. 이러한 경우에 甲이 소유권 회복을 위해 제기할 수 있는 소송수단 및 그 인용가능성에 대하여 검토하시오. 40점

Ⅰ. 쟁점의 정리

① 소송수단과 관련하여 환매권의 법적 성질이 문제된다.

② 인용가능성과 관련하여 환매권 행사요건 충족과 환매권 행사제한이 문제된다.

Ⅱ. 甲이 제기할 수 있는 소송수단

1. 환매권의 의의 및 취지

2. 환매권의 법적 성질

(1) 문제점

(2) 학설

(3) 판례

(4) 검토

3. 甲이 제기할 수 있는 소송수단

Ⅲ. 인용가능성
 1. 환매권의 행사요건 충족 여부
  (1) 문제점
  (2) 당사자 및 목적물
  (3) 사업의 폐지, 변경, 기타 사유로 필요 없게 된 때(토지보상법 제91조 제1항)
  (4) 토지의 전부를 이용하지 아니한 때(토지보상법 제91조 제2항)
  (5) 사안의 경우
 2. 환매권 행사의 제한 가능성
  (1) 공익사업 변환제도의 취지
  (2) 위헌성 논의
  (3) 공익사업 변환규정의 적용요건
   ① 주체요건
   ② 대상사업요건
  (4) 사안의 경우
 3. 인용가능성
Ⅳ. 사안의 해결

쟁점해설

* 제19회 제1문은 2가지를 묻고 있다. 하나는 환매권의 법적 성질에 따른 소송수단이고 또 다른 하나는 이러한 소송에서의 인용가능성이다.

* 소송수단은 환매권의 법적 성질을 검토하여 환매권을 공법상 권리로 보면 공법상 당사자소송의 방법을 제시하면 된다. 다만 판례가 사권으로 보고 있으므로 실무상 민사소송으로 소를 제기함을 언급하면 될 것이다.

* 인용가능성과 관련하여 환매권 행사요건 충족 및 행사제한의 검토가 쟁점이다.

① 행사요건과 관련하여서는 토지보상법 제91조 제1항, 제2항의 규정을 살펴보고 사안을 포섭하면 된다.

② 환매권 행사요건을 충족하더라도 이를 제한하는 공익사업 변환규정이 동법 제91조 제6항에 규정되어 있으므로 이를 추가적으로 검토해야 한다. 따라서 우선 변환규정의 위헌성을 검토하고, 변환규정의 요건인 사업의 주체와 대상사업을 순차적으로 포섭하면 될 것이다. 다만 대상사업이 택지사업이므로 이는 토지보상법 제91조 제6항에서 규정하는 제4조 제1호 내지 제4호의 범위에서 벗어나게 된다. 따라서 환매권 행사를 제한할 수 없다.

■ 현재에는 토지보상법 제91조 제6항이 개정되어 택지개발사업도 변환사업의 대상으로 규정하고 있다.

기출문제

[재결] 수용의 효과 [제1회 제3문]

환매요건에 대하여 약술하시오. 10점

쟁점해설

토지보상법상 환매요건을 언급하면 된다. (구)법하에서는 토지수용법과 공특법으로 구분되어 있었고 각각의 요건을 언급하였으나 지금은 통합되었으므로 현행법상 요건을 언급하면 된다.

기출문제

[재결] 수용의 효과 [제13회 제2문]

토지보상법상 환매권의 목적물과 그 행사요건을 설명하시오. 20점

쟁점해설

(1) 환매권의 목적물

토지소유권에 한한다. 단 잔여지의 경우 접속된 부분이 필요 없게 된 경우가 아니면 환매가 불가능하다. 이에 대하여 환매목적물을 토지소유권으로 제한하고 건물소유자나 지상권자 등은 환매권자에서 제외되어 정당성 여부가 문제시된다.

헌재 2005.5.26, 2004헌가10 – 토지보상법 제91조 제1항에 대한 위헌제청

건물에 대하여 환매권을 인정하지 않는 입법이 자의적인 것이라거나 정당한 입법목적을 벗어난 것이라고 할 수 없고 이미 정당한 보상을 받은 건물소유자의 입장에서는 해당 건물을 반드시 환매 받아야 할 중요한 사익이 있다고 보기도 어려우며 건물에 대한 환매권이 부인된다고 해서 종전 건물소유자의 자유실현에 여하한 지장을 초래한다고 볼 수 없다.

(2) 환매권의 행사요건

① 일정기간 내에 취득한 토지의 전부나 일부가 필요 없게 된 때

② 일정기간 경과해도 취득한 토지의 전부를 이용하지 아니한 경우

제23회 문제 01

A도는 2008년 5월경 국토교통부장관으로부터 관계법령에 따라 甲의 농지 4,000㎡를 포함한 B시와 C시에 걸쳐있는 토지 131,000㎡에 '2009 세계엑스포' 행사를 위한 문화시설을 설치할 수 있도록 하는 공공시설입지승인을 받았다. 그 후 A도는 편입토지의 소유자들에게 보상협의를 요청하여 甲으로부터 2008년 12월 5일 「공익사업을 위한 토지 등의 취득 및 보상에 관한 법률」에 의하여 위 甲의 농지를 협의취득하였다. A도는 취득한 甲의 토지 중 1,600㎡를 2009년 5월 31일부터 2011년 4월 30일까지 위 세계엑스포 행사 및 기타 행사를 위한 임시주차장으로 이용하였다가 2012년 3월 31일 농지로 원상복구하였다. 그 후 위 1,600㎡의 토지는 인근에서 청소년수련원을 운영하는 제3자에게 임대되어 청소년들을 위한 영농체험 경작지로 이용되고 있다. 40점

(1) 甲은 농지로 원상복구된 토지 1,600㎡에 대한 환매권을 행사하려고 한다. 甲의 권리구제방법에 대하여 설명하시오. 25점

(2) A도는 환매권 행사 대상 토지의 가격이 현저히 상승된 것을 이유로 증액된 환매대금과 보상금상당액의 차액을 선이행하거나 동시이행할 것을 주장하려 한다. 환매대금 증액을 이유로 한 A도의 대응수단에 대하여 설명하시오. 15점

(설문 1-1)의 해결

Ⅰ. 쟁점의 정리

Ⅱ. 환매권의 의의, 취지, 근거 및 법적 성질

1. 환매권의 의의 및 취지

2. 환매권의 근거

3. 환매권의 법적 성질

(1) 문제점

(2) 학설

1) 공권설

2) 사권설

(3) 판례

(4) 검토

Ⅲ. 환매권의 행사요건

1. 문제점(환매권의 성립시기)

2. 환매권의 행사요건

(1) 당사자 및 목적물

(2) 공익사업의 폐지·변경 또는 그 밖의 사유로 필요 없게 된 때(토지보상법 제91조 제1항)

(3) 취득한 토지의 전부를 사업에 이용하지 아니한 때(토지보상법 제91조 제2항)

(4) 제91조 제1항과 제2항 행사요건의 관계

3. 환매권 행사의 제한(토지보상법 제91조 제6항)

Ⅳ. 사안의 해결(甲의 권리구제방법)

1. 환매권 행사요건의 충족 여부

2. 甲의 권리구제방법

(설문 1-2)의 해결
Ⅰ. 쟁점의 정리
Ⅱ. 환매권이 형성권인지 여부 및 행사절차
1. 환매권이 형성권인지 여부
2. 환매절차
(1) 사업시행자의 통지 등(토지보상법 제92조)
(2) 환매권의 행사
(3) 환매금액
Ⅲ. 사안의 해결(A도의 대응수단)

예시답안

(설문 1-1)의 해결

Ⅰ 쟁점의 정리

설문은 2009 세계엑스포 행사를 위해 취득된 甲 토지에 대한 환매권 행사와 관련된 사안으로서, 이의 해결을 위하여 甲이 환매권을 행사할 수 있는 요건을 충족하였는지(특히 甲의 토지가 해당 사업에 필요 없게 되었는지) 여부 및 환매권의 법적 성질을 검토하여 甲의 권리구제방법에 대하여 설명한다.

Ⅱ 환매권의 의의, 취지, 근거 및 법적 성질

1. 환매권의 의의 및 취지

환매권이라 함은 수용의 목적물인 토지가 공익사업의 폐지・변경 또는 그 밖의 사유로 인해 필요 없게 되거나, 수용 후 오랫동안 그 공익사업에 현실적으로 이용되지 아니할 경우에, 수용 당시의 토지소유자 또는 그 포괄승계인이 원칙적으로 보상금에 상당하는 금액을 지급하고 수용의 목적물을 다시 취득할 수 있는 권리를 말한다. 이는 재산권의 존속보장 및 토지소유자의 소유권에 대한 감정존중을 도모한다.

2. 환매권의 근거

오늘날 환매권의 이론적 근거를 재산권 보장, 보다 정확히 말하면 재산권의 존속보장에서 찾는 것이 유력한 견해가 되고 있다. 대법원은 환매권을 공평의 원칙상 인정되는 권리로 보면서도 재산권 보장과의 관련성을 인정하고 있다. 토지보상법 제91조와 제92조에 개별법률상 근거를 갖는다.

3. 환매권의 법적 성질

(1) 문제점

환매권이 형성권인 점에서 학설, 판례가 일치하나 공・사권에 대한 견해의 나뉨이 있다. 논의의 실익은 환매권에 대한 다툼이 있는 경우 적용법규와 쟁송형태에 있다.

(2) 학설

1) 공권설

환매권은 공법적 원인에 의해 상실된 권리를 회복하는 제도이므로 공권력주체에 대해 사인이 가지는 공법상 권리라고 한다.

2) 사권설

환매권은 피수용자가 자기의 이익을 위하여 일방적으로 행사함으로써 환매의 효과가 발생하는 형성권으로서 사업시행자의 동의를 요하지 않고, 이 권리는 공용수용의 효과로 발생하기는 하나 사업시행자에 의해 해제처분을 요하지 않는 직접 매매의 효과를 발생하는 것으로 사법상 권리라고 한다.

(3) 판례

대법원은 원소유자가 환매권의 행사에 의하여 일방적으로 사법상 매매를 성립시키고 행정청의 공용수용해제처분을 요하지 않으므로 사법상 권리로 보아 환매권에 기한 소유권이전등기청구소송을 민사소송으로 다루고 있다.

(4) 검토

공법상 수단에 의하여 상실한 권리를 회복하는 제도로서, 공법상의 주체인 사업시행자에 대하여 사인이 가지는 권리이므로 공법상 권리로 볼 수 있다.

III 환매권의 행사요건

1. 문제점(환매권의 성립시기)

환매권은 수용의 효과로서 수용의 개시일에 법률상 당연히 성립 · 취득하는 것이므로 토지보상법상 요건은 이미 취득 · 성립된 환매권을 현실적으로 행사하기 위한 행사요건의 검토가 필요하다.

2. 환매권의 행사요건

(1) 당사자 및 목적물

당사자는, 환매권자는 토지소유자 또는 그 포괄승계인이고 상대방은 사업시행자 또는 현재의 소유자이다. 환매목적물은 토지소유권에 한한다. 단 잔여지의 경우 접속된 부분이 필요 없게 된 경우가 아니면 환매는 불가하다.

(2) 공익사업의 폐지 · 변경 또는 그 밖의 사유로 필요 없게 된 때(토지보상법 제91조 제1항)

사업의 폐지 · 변경으로 취득한 토지의 전부 또는 일부가 필요 없게 된 경우는 관계 법률에 따라 사업이 폐지 · 변경된 날 또는 사업의 폐지 · 변경 고시가 있는 날, 그 밖의 사유로 취득한 토지의 전부 또는 일부가 필요 없게 된 경우는 사업완료일부터 10년 이내에 그 토지에 대하여 받은 보상금에 상당하는 금액을 사업시행자에게 지급하고 그 토지를 환매할 수 있다. '필요 없게 되었을 때'란 사업시행자의 주관적 의도가 아닌 해당 사업의 목적과 내용, 협의

취득의 경위와 범위, 해당 토지와 사업의 관계, 용도 등 여러 사정에 비추어 객관적·합리적으로 판단하여야 한다(대판 2010.9.30, 2010다30782).

(3) 취득한 토지의 전부를 사업에 이용하지 아니한 때(토지보상법 제91조 제2항)

취득일부터 5년 이내에 취득한 토지의 전부를 해당 사업에 이용하지 아니하였을 때에는, 취득일부터 6년 이내에 환매권을 행사할 수 있다.

(4) 제91조 제1항과 제2항 행사요건의 관계

그 요건을 서로 달리하고 있으므로, 어느 한쪽의 요건에 해당되면 다른 쪽의 요건을 주장할 수 없게 된다고 할 수 없고, 양쪽의 요건에 모두 해당된다고 하여 더 짧은 제척기간을 정한 제2항에 의하여 제1항의 환매권의 행사가 제한된다고 할 수도 없을 것이므로, 제2항의 규정에 의한 제척기간이 도과되었다 하여 제1항의 규정에 의한 환매권 행사를 할 수 없는 것도 아니라고 할 것이다.

3. 환매권 행사의 제한(토지보상법 제91조 제6항)

국가, 지방자치단체 또는 공공기관이 사업인정을 받아 공익사업에 필요한 토지를 협의취득 또는 수용한 후 해당 공익사업이 제4조 제1호 내지 제5호에 규정된 다른 사업으로 변경된 경우 환매기간은 관보에 변경을 고시한 날로부터 기산하도록 하는 것을 말한다. 이 경우 국가, 지방자치단체 또는 정부투자기관은 변경사실을 환매권자에게 통지하도록 하고 있다.

Ⅳ 사안의 해결(甲의 권리구제방법)

1. 환매권 행사요건의 충족 여부

설문에서 당초사업은 세계엑스포 행사와 관련된 사업이며, 甲 토지는 2009 세계엑스포 행사를 위한 임시주차장 등으로 사용되다가 2012년 3월 31일 농지로 원상복구된 후 제3자에게 임대되어 영농체험 경작지로 이용하는 점 등을 고려할 때, 甲의 토지는 당초사업에 필요 없게 되었다고 판단된다. 또한 설문상 공익사업의 변환 등의 사유는 보이지 않으므로 甲은 환매권 행사요건을 충족한다.

2. 甲의 권리구제방법

甲은 사업시행자를 상대로 환매권을 행사할 수 있으며, 사업시행자가 이를 거부하는 경우 환매권의 법적 성질을 공권으로 보면 공법상 당사자소송으로 소유권이전등기를 청구할 수 있을 것이다. 판례는 실무상 민사소송으로 해결하고 있다.

(설문 1-2)의 해결

Ⅰ 쟁점의 정리

A도는 환매권 행사 대상 토지가격이 현저하게 상승함을 이유로 증액된 환매대금과 보상금상당액 차액을 선이행 또는 동시이행할 것을 주장하고 있다. 환매권이 형성권의 성질을 갖는지 여부 및 환매권 행사의 절차 등을 검토하여 A도의 대응수단에 대하여 설명한다.

Ⅱ 환매권이 형성권인지 여부 및 행사절차

1. 환매권이 형성권인지 여부

대법원은 환매권은 재판상이든 그 제척기간 내에 이를 일단 행사하면 그 형성적 효력으로 매매의 효력이 생기는 것으로 보고 있다(대판 1992.10.13, 92다4666).

2. 환매절차

(1) 사업시행자의 통지 등(토지보상법 제92조)

사업시행자는 환매할 토지가 생겼을 때 지체 없이 환매권자에게 통지하거나 사업시행자의 과실 없이 환매권자를 알 수 없는 경우 이를 공고해야 한다.

(2) 환매권의 행사

환매권자는 환매의사 표시와 함께 사업시행자와 협의 결정한 보상금을 선지급함으로써 행사한다. 환매권은 형성권이므로 사업시행자의 승낙·동의 없이도 그 환매의 효과가 발생한다. 사업시행자는 소로써 법원에 환매대금의 증액을 청구할 수 있을 뿐 환매권 행사로 인한 소유권이전등기 청구소송에서 환매대금 증액청구권을 내세워 증액된 환매대금과 보상금 상당액의 차액을 지급할 것을 선이행 또는 동시이행의 항변으로 주장할 수 없다(대판 2006.12.21, 2006다49277).

(3) 환매금액

환매금액은 원칙상 환매 대상토지 및 그 토지에 대한 소유권 이외의 권리에 대해 사업시행자가 지급한 보상금에 상당한 금액이며, 정착물에 대한 보상금과 보상금에 대한 법정이자는 불포함된다. 다만, 가격변동이 현저한 경우에 양 당사자는 법원에 그 금액의 증감을 청구할 수 있다(토지보상법 제91조 제4항). 토지의 가격이 취득일 당시에 비하여 현저히 변동된 경우는 환매권 행사 당시의 토지가격이 지급한 보상금에 환매 당시까지의 해당 사업과 관계없는 인근 유사토지의 지가변동률을 곱한 금액보다 높은 경우를 말한다(토지보상법 시행령 제48조).

Ⅲ 사안의 해결(A도의 대응수단)

환매권은 형성권이므로 사업시행자의 승낙·동의 없이도 그 환매의 효과가 발생하므로, A도는 토지가격이 상승되었다는 이유로 환매금액과 보상금 상당액 차액을 선이행 또는 동시이행을 청구할 수 없을 것이다. A도는 토지보상법 제91조 제4항에 따라 당사자 간 협의를 통하거나, 환매권의 법적 성질을 공권으로 본다면 당사자소송의 형식으로 법원에 그 금액의 증감을 청구하여야 할 것이다.

관련 판례

1. 대판 2011.5.13, 2010다6567 [소유권이전등기]

[판시사항]

[1] 공익사업을 위한 토지 등의 취득 및 보상에 관한 법률 제91조 제1항에서 정한 '해당 사업'의 의미 및 협의취득 또는 수용된 토지가 필요 없게 되었는지 여부의 판단기준

[2] 甲 지방자치단체가 '세계도자기엑스포' 행사를 위한 문화시설 설치사업을 위하여 乙에게서 丙 토지를 협의취득하였는데, 丙 토지가 위 행사용 임시주차장 등으로 사용되다가 농지로 원상복구된 이래 제3자에게 임대되어 영농체험 경작지 등으로 이용되기도 하다가 현재는 밭, 구거, 주차장 부지로 이용되고 있는 사안에서, 여러 사정에 비추어 丙 토지는 더 이상 협의취득의 목적이 되는 '해당 사업'에 필요 없게 되었으므로, 을의 환매권 행사를 인정한 원심판단을 수긍한 사례

2. 대판 2006.12.21, 2006다49277 [소유권이전등기]

[판시사항]

공익사업을 위한 토지 등의 취득 및 보상에 관한 법률 제91조에서 정한 환매권의 행사 방법 및 그 환매권 행사로 인한 소유권이전등기 청구소송에서 사업시행자가 환매대금 증액청구권을 내세워 선이행 또는 동시이행의 항변을 할 수 있는지 여부(소극)

[판결요지]

공익사업을 위한 토지 등의 취득 및 보상에 관한 법률 제91조에 의한 환매는 환매기간 내에 환매의 요건이 발생하면 환매권자가 지급받은 보상금에 상당한 금액을 사업시행자에게 미리 지급하고 일방적으로 의사표시를 함으로써 사업시행자의 의사와 관계없이 환매가 성립하고, 토지 등의 가격이 취득 당시에 비하여 현저히 변경되었더라도 같은 법 제91조 제4항에 의하여 당사자 간에 금액에 관하여 협의가 성립하거나 사업시행자 또는 환매권자가 그 금액의 증감을 법원에 청구하여 법원에서 그 금액이 확정되지 않는 한, 그 가격이 현저히 등귀한 경우이거나 하락한 경우이거나를 묻지 않고 환매권을 행사하기 위하여는 지급받은 보상금 상당액을 미리 지급하여야 하고 또한 이로써 족한 것이며, 사업시행자는 소로써 법원에 환매대금의 증액을 청구할 수 있을 뿐 환매권 행사로 인한 소유권이전등기 청구소송에서 환매대금 증액청구권을 내세워 증액된 환매대금과 보상금 상당액의 차액을 지급할 것을 선이행 또는 동시이행의 항변으로 주장할 수 없다.

제 2 편

손실보상

Chapter 01

손실보상 기준

제1절 판례분석

01 손실보상청구권의 법적 성질 및 기준시점

I 하천법상 손실보상청구권

손실보상청구권은 모두 종전의 하천법 규정 자체에 의하여 하천구역으로 편입되어 국유로 되었으나 그에 대한 보상규정이 없었거나 보상청구권이 시효로 소멸되어 보상을 받지 못한 토지들에 대하여, 국가가 반성적 고려와 국민의 권리구제 차원에서 그 손실을 보상하기 위하여 규정한 것으로서, 그 법적 성질은 하천법 본칙(本則)이 원래부터 규정하고 있던 하천구역에의 편입에 의한 손실보상청구권과 하등 다를 바가 없는 것이어서 공법상의 권리임이 분명하므로 그에 관한 쟁송도 행정소송절차에 의하여야 한다(대판 2006.5.18, 2004다6207 全合).

II 주거이전비

세입자의 주거이전비 보상 청구권은 공법상 권리이고, 따라서 그 보상을 둘러싼 쟁송은 민사소송이 아니라 공법상의 법률관계를 대상으로 하는 행정소송에 의하여야 한다. 세입자의 주거이전비 보상청구권은 그 요건을 충족하는 경우에 당연히 발생하는 것이므로, 주거이전비 보상청구소송은 행정소송법 제3조 제2호에 규정된 당사자소송에 의하여야 한다. 세입자의 주거이전비 보상에 관하여 재결이 이루어진 다음 세입자가 보상금의 증감을 다투는 경우에는 법 제85조 제2항에 규정된 행정소송에 따라, 보상금 증감 이외의 부분을 다투는 경우에는 같은 조 제1항에 규정된 행정소송에 따라 권리구제를 받을 수 있다(대판 2008.5.29, 2007다8129).

III 사업의 폐지 등에 대한 보상청구권 및 보상청구절차(대판 2012.10.11, 2010다23210)

구 공익사업을 위한 토지 등의 취득 및 보상에 관한 법률 제79조 제2항 등에 따른 사업폐지 등에 대한 보상청구권에 관한 쟁송형태(= 행정소송) 및 공익사업으로 인한 사업폐지 등으로 손실을 입은 자가 위 법률에 따른 보상을 받기 위해서 재결절차를 거쳐야 하는지 여부(적극) : 공익사업을 위한 토지 등의 취득 및 보상에 관한 법률 시행규칙 제57조에 따른 사업폐지 등에 대한 보상청구권은 공익사업의 시행 등 적법한 공권력의 행사에 의한 재산상 특별한 희생에 대하여 전체적인 공평부담의 견지에서 공익사업의 주체가 손해를 보상하여 주는 손실보상의 일종으로 공법상 권리임이 분명하므로 그에 관한 쟁송은 민사소송이 아닌 행정소송절차에 의하여야 한다. 또한 위 규정들과 구 공익사업법 제26조, 제28조, 제30조, 제34조, 제50조, 제61조, 제83조 내지 제85조의 규정 내용·체계 및 입법 취지 등을 종합하여 보면, 공익사업으로 인한 사업폐지 등으로 손실을 입게 된 자는 구 공익사업법 제34조, 제50조 등에 규정된 재결절차를 거친 다음 재결에 대하여 불복이 있는 때에 비로소 구 공익사업법 제83조 내지 제85조에 따라 권리구제를 받을 수 있다고 보아야 한다.

> 손실보상청구권의 법적 성질은 공법상 권리이다. 손실보상금이 법률의 규정에 따라 자동 산정되는 경우에는 실질적 당사자소송을 제기할 수 있으나, 재결을 거친 경우라면 보상법 제85조 제2항에 따라 형식적 당사자소송인 보상금증감청구소송을 제기하여야 한다. 만약, 보상금을 법률의 규정에 따라 자동 산정할 수 없는 경우라면 재결절차를 통해서 보상금을 확정해야 하므로 이에 대한 불복은 토지보상법 제85조에 따라 보상금증감청구소송을 통해야 한다.

Ⅳ 기준시점

① 손실보상은 공공사업의 시행과 같이 적법한 공권력의 행사로 가하여진 재산상의 특별한 희생에 대하여 전체적인 공평부담의 견지에서 인정되는 것이므로, 공공사업의 시행으로 손해를 입었다고 주장하는 자가 보상을 받을 권리를 가졌는지의 여부는 해당 공공사업의 시행 당시를 기준으로 판단하여야 하고, 그와 같은 공공사업의 시행에 관한 실시계획 승인과 그에 따른 고시가 된 이상 그 이후에 영업을 위하여 이루어진 각종 허가나 신고는 위와 같은 공공사업의 시행에 따른 제한이 이미 확정되어 있는 상태에서 이루어진 것이므로 그 이후의 공공사업 시행으로 그 허가나 신고권자가 특별한 손실을 입게 되었다고는 볼 수 없다(대판 2006.11.23, 2004다65978).

② 재결 시 기준(대판 1992.9.25, 91누13250) : 토지 등을 수용함으로 인하여 소유자에게 보상하여야 할 손실액은 수용재결에서 정한 수용시기를 평가기준일로 할 것이 아니라 수용재결 당시의 가격을 기준으로 하여 산정하여야 한다.

> 수용재결 당시, 재산권의 객관적 가치를 보상한다. 따라서 공시일로부터 재결시점까지의 개발이익을 배제하기 위한 '적용공시지가 선정 및 시점수정치 산정'방법을 규정하고 있다.

02 정당보상과 손실보상의 기준

I 정당보상의 의미

1. 보상의 시기, 방법 등에 제한이 없을 것

구 헌법 제20조 제3항에서 말하는 정당한 보상이라는 취지는 그 손실보상액의 결정에 있어서 객관적인 가치를 충분하게 보상하여야 된다는 취지이고 나아가 그 보상의 시기, 방법 등에 있어서 어떠한 제한을 받아서는 아니 된다는 것을 의미한다(대판 1967.11.2, 67다1334 全合).

헌법 제23조 제3항에서의 정당보상 개념이 추상적이므로 이에 대한 해석기준이 요구된다.

2. 재산권의 객관적 가치

① 정당한 보상이라 함은 원칙적으로 피수용재산의 객관적인 재산가치를 완전하게 보상하여야 한다는 완전보상을 뜻하는 것이라 할 것이나, 투기적인 거래에 의하여 형성되는 가격은 정상적인 객관적 재산가치로는 볼 수 없으므로 이를 배제한다고 하여 완전보상의 원칙에 어긋나는 것은 아니며, 공익사업의 시행으로 지가가 상승하여 발생하는 개발이익은 궁극적으로는 국민 모두에게 귀속되어야 할 성질의 것이므로 이는 완전보상의 범위에 포함되는 피수용토지의 객관적 가치 내지 피수용자의 손실이라고는 볼 수 없다(대판 1993.7.13, 93누2131).

② 헌법 제23조 제3항에서 규정한 "정당한 보상"이란 원칙적으로 피수용재산의 객관적인 재산가치를 완전하게 보상하여야 한다는 완전보상을 뜻하는 것이지만, 공익사업의 시행으로 인한 개발이익은 완전보상의 범위에 포함되는 피수용토지의 객관적 가치 내지 피수용자의 손실이라고는 볼 수 없다(헌재 1990.6.25, 89헌마107).

개발이익은 주관적 가치이므로 객관적 가치보상인 정당보상에 포함되지 않는다.

3. 정당보상 산정방법의 적정성(대판 1992.3.10, 91누5419)

① 수용재결을 함에 있어 공공용지의 취득 및 손실보상에 관한 특례법 시행령 제2조 제8항의 규정에 따라 공인감정기관인 두 토지평가사합동사무소에 평가를 의뢰하여 그 평가액을 기준으로 보상액을 결정하였다면 그 보상액은 특별한 사정이 없는 한 적정한 것으로 보아야 할 것이며 가사 그 보상액이 정당한 보상가액에 미치지 않는다 하더라도 그러한 사정만으로는 수용재결이 당연무효라고 할 수는 없다(대판 1992.3.10, 91누5419).

② 토지수용위원회가 2개의 공인감정기관의 감정평가를 기초로 하여 보상액을 결정하였고 그 감정기관의 감정평가가 토지수용보상금 산정에 관한 관계 법령에 따라 법령상의 모든 가격산정요인

을 반영하고 그 가격산정방법을 구체적으로 명시하고 있다면 토지수용위원회가 정한 이의재결의 보상금은 정당한 보상액이라고 보아야 할 것이다(대판 1992.1.17, 91누3628).

③ 토지수용위원회가 수용토지의 손실보상금을 결정하기 위하여 2개의 공인감정기관에게 그 가격감정을 시켜 그 결과에 따라 보상가격을 결정하였다면 그 산정은 특별한 사정이 없는 한 적정한 것으로 보아야 할 것이고, 그 감정기관의 보상액 산정방법에 잘못이 있다 하더라도 그러한 평가방법이 적정한 산정방법에 비하여 보상액을 과소하게 평가한 것이 아닌 경우에는 이의재결의 보상금 결정이 보상금을 과소하게 산정한 위법이 있다고 할 수 없을 것이며, 따라서 토지수용위원회가 기초로 한 감정평가가 위법하고 법원 감정인의 감정평가가 적정한 평가라고 하려면 토지수용위원회가 기초로 한 감정평가가 법원 감정인의 평가에 비하여 어떤 점에서 차이가 있고 무엇이 잘못되었는지를 구체적으로 설시하여야 할 것이다(대판 1992.4.14, 91누1615).

4. 수개의 감정평가가 각기 다른 거래사례를 참작한 경우 적정평가의 판정기준(대판 1991.12.24, 91누308)

수용대상토지에 대한 감정평가들이 서로 다른 인근 유사토지 거래사례에 의하여 보상가액을 평가한 경우에는 대상토지에 가장 유사한 거래사례를 들어 평가한 감정평가가 가장 적정한 평가라고 할 것이다.

5. 토지수용·사용 보상액의 평가방법 및 감정평가서에 기재하여야 할 가격산정요인의 기술방법 및 토지수용위원회의 이의재결이 기초로 한 감정평가가 위법하고 법원 감정인의 감정평가가 적정하다고 하기 위한 이유설시의 정도(대판 2000.11.28, 98두18473, 대판 1999.1.29, 98두4641)

[1] 토지의 수용·사용에 따른 보상액을 평가함에 있어서는 관계 법령에서 들고 있는 모든 산정요인을 구체적·종합적으로 참작하여 그 각 요인들을 모두 반영하여야 하지만, 이를 위한 감정평가서에는 모든 산정요인의 세세한 부분까지 일일이 설시되거나 그 요인들이 평가에 미치는 영향이 수치적으로 나타나지 않더라도 그 요인들을 특정·명시함과 아울러 각 요인별 참작 내용과 정도를 객관적으로 납득이 갈 수 있을 정도의 설명이 있으면 된다.

[2] 토지수용위원회의 이의재결이 기초로 한 감정평가가 위법하고 법원 감정인의 감정평가가 적정하다고 하기 위하여는 그 이의재결의 감정평가가 법원 감정인의 감정평가에 비하여 어떤 점에 차이가 있고 무엇이 잘못되었는지를 구체적으로 설시하여야 한다.

6. 당해 사업으로 특수한 형태로 되어 저가로 평가할 요인이 발생한 경우(대판 1998.5.26, 98두1505)

토지수용의 목적사업으로 인하여 토지소유자의 의사와 관계없이 토지가 분할됨으로써 특수한 형태로 되어 저가로 평가할 요인이 발생한 경우 분할로 인하여 발생하게 된 사정을 참작하여 수용대상토지를 저가로 평가하여서는 아니 된다.

II 시가보상(보상법 제67조 제1항)의 정당성

토지 등을 수용함으로 인하여 그 소유자에게 보상하여야 할 손실액은 수용재결 당시의 가격을 기준으로 한다(대판 1992.9.25, 91누13250).

III 공시지가기준보상

1. 표준지의 선정기준

(1) 거리적 기준

① 표준지 수용대상토지로부터 상당히 떨어져 있다는 것만으로는 표준지 선정이 위법하다고 말할 수 없다(대판 1997.4.8, 96누11396).

② 평가대상토지 주위에 달리 적절한 표준지가 없는 이상 표준지와 평가대상토지가 상당히 떨어져 있다는 것만으로는 그 표준지선정이 위법하다고 말할 수 없다(대판 1992.11.13, 92누1377).

> 현행 토지보상법 시행규칙 제23조에서는 표준지 선정기준에 대한 세부적인 내용을 규정하고 있다.

(2) 용도지역

① 수용대상토지가 도시계획구역 내에 있는 경우에는 그 용도지역이 토지의 가격형성에 미치는 영향을 고려하여 볼 때, 당해 토지와 같은 용도지역의 표준지가 있으면 다른 특별한 사정이 없는 한 용도지역이 같은 토지를 당해 토지에 적용할 표준지로 선정함이 상당하고, 가사 그 표준지와 당해 토지의 이용상황이나 주변환경 등에 다소 상이한 점이 있다 하더라도 이러한 점은 지역요인이나 개별요인의 분석 등 품등비교에서 참작하면 된다(대판 2000.12.8, 99두9957).

② 당해 토지와 같은 용도지역의 표준지가 있음에도 불구하고 용도지역이 다른 토지를 표준지로 선정한 감정인의 평가를 바탕으로 보상액을 정한 경우 위법하다(대판 1993.2.26, 92누8675).

> 실무상 표준지 선정과 관련하여 용도지역이 동일한 인접한 표준지를 우선하고 있다.

2. 공시지가기준보상의 정당성

공시기준일로부터 재결일까지의 관계법령에 의한 당해 토지의 이용계획 또는 당해 지역과 관계없는 인근 토지의 지가변동률, 도매물가상승률 등에 의하여 시점수정을 하여 보상액을 산정함으로써 개발이익을 배제하고 있는 것이므로 공시지가를 기준으로 보상액을 산정하도록 하고 있는 구 토지수용법 제46조 제2항의 규정이 완전보상의 원리에 위배되는 것이라고 할 수 없다.
또한 해마다 구체적으로 공시되는 공시지가가 공시기준일의 적정가격을 반영하지 못하고 있다면, 고가로 평가되는 경우뿐만 아니라 저가로 평가되는 경우에도 이는 모두 잘못된 제도의 운영으로 보아야 할 것이고, 그와 같이 제도가 잘못 운영되는 경우에는 지가공시법 제8조의 이의신청절차에 의하여 시정할 수 있는가 하면, 수용보상액을 평가함에 있어 인근 유사토지의 정상 거래가격 참작 등 구 토지수용법 제46조 제2항 소정의 기타사항 참작에 의한 보정방법으로 조정할 수도 있는 것이므로 그로 인하여 공시지가에 의하여 보상액을 산정하도록 한 위 토지수용법이나 지가공시법의 규정이 헌법 제23조 제3항에 위배되는 것이라고 할 수 없는 것이다(대판 1993.7.13, 93누2131).

> 공시지가가 현실 시세를 적절하게 반영하지 못한다 하더라도, 이는 제도 운영상의 문제이지 공시지가 평가기준 자체의 문제는 아니다.

3. 적용공시지가(대판 1993.5.25, 92누15215)

공시지가는 공시기준일을 기준으로 하여 효력이 있다 할 것이므로 공시기준일 이후를 가격시점으로 한 평가나 보상은 공시된 공시지가를 기준으로 하여 산정하여야 하고 수용재결 시에 기존의 공시지가가 공시되어 있다 하더라도 이의재결 시에 새로운 공시지가의 공시가 있었고 그 공시기준일이 수용재결일 이전으로 된 경우에는 이의재결은 새로 공시된 공시지가를 기준으로 하여 평가한 금액으로 행하는 것이 옳다.

4. 용도지역 선정기준(대판 2011.9.8, 2009두4340)

비교표준지는 특별한 사정이 없는 한 도시지역 내에서는 용도지역을 우선으로 하고, 도시지역 외에서는 현실적 이용상황에 따른 실제 지목을 우선으로 하여 선정해야 한다. 또한 수용대상토지가 도시지역 내에 있는 경우 용도지역이 같은 비교표준지가 여러 개 있을 때에는 현실적 이용상황, 공부상 지목, 주위환경, 위치 등의 제반 특성을 참작하여 자연적, 사회적 조건이 수용대상토지와 동일 또는 유사한 토지를 당해 토지에 적용할 비교표준지로 선정해야 하고, 마찬가지로 수용대상토지가 도시지역 외에 있는 경우 현실적 이용상황이 같은 비교표준지가 여러 개 있을 때에는 용도지역까지 동일한 비교표준지가 있다면 이를 당해 토지에 적용할 비교표준지로 선정해야 한다.

> 도시지역은 용도지역에 따른 공간이용의 정도(건폐율, 용적률)이 중요하므로 용도직역에 따른 가격격차가 중요하다. 그러나 도시지역이 아닌 경우라면(농경지대 및 임야지대) 해당 토지의 지력이 중요한 가격형성 요인이 될 것이므로, 현실적인 이용상황을 고려하여 가격형성에 미치는 정도를 확인해야 할 것이다.

5. 공익사업을 위한 토지 등의 취득 및 보상에 관한 법률 제70조 제5항에서 정한 '공익사업의 계획 또는 시행의 공고 · 고시'에 해당하기 위한 공고 · 고시의 방법(대판 2022.5.26, 2021두45848)

공익사업을 위한 토지 등의 취득 및 보상에 관한 법률(이하 '토지보상법'이라 한다) 및 같은 법 시행령은 토지보상법에서 규정하고 있는 공익사업의 계획 또는 시행의 공고 · 고시의 절차, 형식이나 기타 요건에 관하여 따로 규정하고 있지 않다.

공익사업의 근거 법령에서 공고·고시의 절차, 형식이나 기타 요건을 정하고 있는 경우에는 원칙적으로 공고·고시가 그 법령에서 정한 바에 따라 이루어져야 보상금 산정의 기준이 되는 공시지가의 공시기준일이 해당 공고·고시일 전의 시점으로 앞당겨지는 효과가 발생할 수 있다.

공익사업의 근거 법령에서 공고·고시의 절차, 형식 및 기타 요건을 정하고 있지 않은 경우, '행정 효율과 협업 촉진에 관한 규정'이 적용될 수 있다(제2조). 위 규정은 고시·공고 등 행정기관이 일정한 사항을 일반에게 알리는 문서를 공고문서로 정하고 있으므로(제4조 제3호), 위 규정에서 정하는 바에 따라 공고문서가 기안되고 해당 행정기관의 장이 이를 결재하여 그의 명의로 일반에 공표한 경우 위와 같은 효과가 발생할 수 있다.

다만 당해 공익사업의 시행으로 인한 개발이익을 배제하려는 토지보상법령의 입법 취지에 비추어 '행정 효율과 협업 촉진에 관한 규정'에 따라 기안, 결재 및 공표가 이루어지지 않았다고 하더라도 공익사업의 계획 또는 시행에 관한 내용을 공고문서에 준하는 정도의 형식을 갖추어 일반에게 알린 경우에는 토지보상법 제70조 제5항에서 정한 '공익사업의 계획 또는 시행의 공고·고시'에 해당한다고 볼 수 있다.

Ⅳ 공시지가평가기준법 정당보상

1. 공시지가기준 평가방법의 위헌소원(헌재 2020.2.27, 2017헌바246, 헌재 2012.3.29, 2010헌바370)

구 공익사업법 제70조 제1항, 제4항이, 공시지가를 기준으로 수용된 토지에 대한 보상액을 산정하는 것은 정당하고, 사업인정고시일 전의 시점을 공시기준일로 하는 공시지가를 손실보상액 산정의 기준이 되는 공시지가로 규정한 것은 개발이익이 배제된 손실보상액을 산정하는 적정한 수단으로서 헌법상 정당보상의 원칙에 위배되지 않는다.

감정평가업자는 토지를 감정평가함에 있어 부동산평가법 제21조 제1항 본문에 따라 공부상의 지목과는 관계없이 당해 토지와 토지이용상황이나 주변환경 기타 자연적·사회적 조건이 일반적으로 유사하다고 인정되는 표준지의 공시지가를 기준으로 하여 당해 토지의 현실적인 이용상황에 따라 위치·지형·환경 등 토지의 객관적 가치에 영향을 미치는 제요인을 표준지와 비교하여 평가하여야 하는 등 감정평가에 있어 나름의 공정성과 합리성이 보장되므로 위 조항이 헌법상 정당보상원칙에 반한다고 볼 수 없다.

표준지공시지가를 기준으로 보상평가를 하도록 규정하고 있는데, 토지소유자들은 공시지가가 실제 거래시세에 미치지 못하기에 부당하게 낮은 금액으로 보상받는 다고 인식하는 경우가 많다. 그렇기에 보상평가에 대한 공시지가 평가기준을 규정하고 있는 보상법 제70조의 위헌소원이 종종 제기된다. 표준지공시지가가 시세에 미치지 못하는 것은 "그 밖의 요인"을 통해서 보정하고 있다.

2. 토지보상법 제70조 위헌 여부에 대한 헌법재판소 판결

(1) 헌재 2011.12.29, 2010헌바205 ; 헌재 2012.3.29, 2010헌바411(현 제70조 제6항 규정)

[판시사항]

[1] 공익사업을 위한 수용토지 등에 대한 구체적인 보상액 산정 및 평가방법을 건설교통부령 또는 국토해양부령에 위임하고 있는 구 '공익사업을 위한 토지 등의 취득 및 보상에 관한 법률'(2002.2.4.법률 제6656호로 제정되고, 2007.10.17.법률 제8665호로 개정되기 전의 것) 제70조 제5항 및 구 '공익사업을 위한 토지 등의 취득 및 보상에 관한 법률'(2008.2.29. 법률 제8852호로 개정되고, 2011.8.4.법률 제11017호로 개정되기 전의 것, 이하 위 두 조항을 합하여 '이 사건 법률조항들'이라 한다) 제70조 제6항이 포괄위임입법금지원칙에 위배되는지 여부(소극)

[2] 이 사건 법률조항들이 수용토지 등에 대한 구체적인 보상이익 산정과 평가방법을 시행규칙에 위임하고 있음으로 인하여 헌법 제23조 제3항의 '법률로써 하는 보상'에 반하는지 여부(소극)

[3] 수용되는 토지 등의 구체적인 보상액 산정 및 평가방법으로 '투자비용・예상수익 및 거래가격'을 규정하고 있는 이 사건 법률조항들이 헌법 제23조 제3항의 '정당한 보상'의 원칙에 위배되는지 여부(소극)

[재판요지]

[1] 이 사건 법률조항들은 공익사업을 위하여 취득하는 토지와 이에 관한 소유권 외의 권리에 대한 구체적인 보상액 산정 및 평가방법을 정하기 위하여 '투자비용・예상수익 및 거래가격 등'이라는 기준을 직접 규정하고, 경제상황과 토지이용에 관한 공법상 제한의 변화 등에 대응하기 위하여 보상액 산정 및 평가방법의 구체적이고 기술적인 부분을 건설교통부령 또는 국토해양부령에 위임하고 있으며, 이 사건 법률조항들과 구 '공익사업을 위한 토지 등의 취득 및 보상에 관한 법률'(이하 '공익사업법'이라 한다)의 다른 조항들은 토지 소유권에 관하여 법률에서 이미 공시지가에 의한 보상, 공시지가의 기준일, 공익사업으로 인한 토지가격 변동 배제 등에 관한 기본적인 원칙과 기준을 자세히 규정하고 있고, 그 밖에 추가적으로 고려해야 할 세부적인 기준이나 요소에 대한 규율내용만을 건설교통부령이나 국토해양부령에 위임하고 있을 뿐이다. 따라서 이 사건 법률조항들에 따라서 하위법령에 구체적으로 규율될 내용은 충분히 예측 가능하므로 포괄위임입법금지원칙에 위배되지 아니한다.

[2] 비록 하위법령인 공익사업법 시행규칙에서 토지 등의 수용으로 인한 보상액의 산정 및 평가방법을 구체화하고 있다 하더라도, 이 사건 법률조항들이 포괄위임입법금지원칙에 위배되는지 여부에 관하여 앞서 검토한 바와 같이, 이 사건 법률조항들과 관련 법률조항들을 종합하여 보면, 이미 법률로 공익사업으로 취득하는 토지 등에 대한 구체적인 보상액 산정 및 평가방법의 내용 및 범위의 기본사항을 규정하고 있다. 따라서 재산권을 수용하여 이루어지는 보상은 법률에 근거하여 이루어지며, 구 공익사업법은 보상에 관한 본질적인 내용을 법률에서 직접 규정하고 있으므로 법률로써 하는 보상에 반하지 아니한다.

[3] 이 사건 법률조항들은 수용되는 토지 등의 구체적인 보상액 산정 및 평가방법으로 '투자비용・예상수익 및 거래가격'을 규정하고 있다. 이는 피수용재산의 객관적인 재산가치를 완전하게 보상하기 위하여 그 토지 등의 성질에 정통한 사람들의 자유로운 거래에 의하여 도달할 수 있는 합리적인 매매가능가격 즉 시가를 산정하기 위하여 참고할 수 있는 적정한 기준이라 할 수 있으므로, 이 사건 법률조항들은 '정당한 보상'을 지급하여야 한다고 규정한 헌법 제23조 제3항에 위배되지 아니한다.

토지보상법은 이미 공시지가에 의한 보상, 공시지가의 기준일, 공익사업으로 인한 토지가격 변동 배제 등에 관한 기본적인 원칙과 기준을 자세히 규정하고 있고, 그 밖에 추가적으로 고려해야 할 세부적인 기준이나 요소에 대한 규율내용만을 국토교통부령으로 위임하고 있을 뿐이다. 따라서 하위법령에 구체적으로 규율될 내용이 충분히 예측 가능하므로 포괄위임입법금지원칙에 위배되지 아니한다. 만약 이러한 예측이 불가하다면 위헌・위법인 규칙이 되며 당해 사건에 한하여 효력이 부인될 것이다.

(2) 헌재 2011.8.30, 2009헌바245

[1] 사업인정고시일 전의 시점을 공시기준일로 하는 공시지가를 손실보상액 산정 기준으로 하는 것이 정당보상원칙에 위배되는지 여부(소극) : 공시지가를 기준으로 수용된 토지에 대한 보상액을 산정하는 것은 정당하고, 사업인정고시일 전의 시점을 공시기준일로 하는 공시지가를 손실보상액 산정의 기준이 되는 공시지가로 규정한 것은 개발이익이 배제된 손실보상액을 산정하는 적정한 수단으로서 정당보상의 원칙에 위배되지 않는다.

[2] 수용재결 당시의 이용상황을 기준으로 하여 손실보상액을 산정하는 것이 정당보상원칙에 위배되는지 여부(소극) : 토지・건물 기타 물건의 가격이나 손실액은 사회적・경제적・행정적 요인에 의하여 항상 변동할 수 있기 때문에 일정한 시점을 기준으로 보상액의 가격을 정하는 것은 보상절차를 진행하는데 있어 불가피하고, 수용의 시기에 근접한 시점의 적정가격을 반영할 수 있는 요인들을 보상액 산정의 기준으로 하는 것이 정당한 보상에 가장 가깝다 할 것이므로, 공익사업법 제67조 제1항 중 수용재결에 관한 부분이 재결에 의한 경우 수용재결 당시의 가격을 보상액 산정의 기준으로 삼고 있는 것은 타당하다. 공익사업법 제70조 제2항은 피수용 재산의 객관적인 가치를 보다 정확히 반영하여 정당한 보상을 추구하기 위한 것으로 그 내용이 적정하다. 따라서 위 조항들은 헌법 제23조 제3항이 정한 정당보상의 원칙에 위배되지 아니한다.

[3] 개별공시지가가 아닌 표준지공시지가를 기준으로 보상액을 산정하도록 한 것이 정당보상원칙에 위배되는지 여부(소극) : '부동산 가격공시 및 감정평가에 관한 법률'(2007.4.27. 법률 제8409호로 개정된 것) 제9조 제1항 제1호가 개별공시지가가 아닌 표준지공시지가를 기준으로 보상액을 산정하도록 한 것은 개발이익이 배제된 수용 당시 피수용 재산의 객관적인 재산가치를 가장 정당하게 보상하는 것이라고 할 것이므로, 헌법 제23조 제3항에 위반된다고 할 수 없다.

(3) 헌재 2009.9.24, 2008헌바112

[1] 당해 사업인정 고시일에 가장 가까운 시점에 공시된 공시지가를 기준으로 수용된 토지의 보상액을 산정하도록 하고 있는 '공익사업을 위 한 토지 등의 취득 및 보상에 관한 법률'(2002.2.4. 법률 제6656호로 제정된 것, 이하 '공익사업법'이라 한다) 제70조 제4항 및 구 '공익사업을 위한 토지 등의 취득 및 보상에 관한 법률'(2007.10.17. 법률 제8665호로 개정되기 전의 것, 이하 '구 공익사업법'이라 한다) 제70조 제1항이 재산권을 침해하는지 여부(소극) : 토지수용으로 인한 손실보상액의 산정을 공시지가를 기준으로 하되 공시기준일부터 재결 시까지의 시점보정을 지가상승률 등에 의하여 행하도록 규정한 것은 공시지가가 공시기준일 당시의 표준지의 객관적 가치를 정당하게 반영하는 것이고, 표준지와 지가산정 대상토지 사이에 가격의 유사성을 인정할 수 있도록 표준지의 선정이 적정하며, 공시기준일 이후 수용 시까지의 시가변동을 산출하는 시점보정의 방법이 적정한 것으로 보이므로 재산권을 침해하였다고 볼 수 없다. 또한 당해 토지의 협의성립 또는 재결 당시 공시된 공시지가 중 당해 사업인정의 고시일에 가장 근접한 시점에 공시된 공시지가로 하도록 규정한 것은 시점보정의 기준이 되는 공시지가에 개발이익이 포함되는 것을 방지하기 위한 것으로서 개발이익이 배제된 손실보상액을 산정하는 적정한 수단에 해당되므로 헌법 제23조 제3항에 위반된다고 볼 수 없다.

[2] 당해 공익사업으로 인하여 토지 등의 가격에 변동이 있는 경우 이를 고려하지 않도록 하고 있는 공익사업법 제67조 제2항이 헌법 제23조 제3항의 정당보상원리에 위반되는지 여부(소극) : 공익사업법 제67조 제2항은 보상액을 산정함에 있어 당해 공익사업으로 인한 개발이익을 배제하는 조항인데, 공익사업의 시행으로 지가가상승하여 발생하는 개발이익은 사업시행자의 투자에 의한 것으로서 피수용자인 토지소유자의 노력이나 자본에 의하여 발생하는 것이 아니므로, 이러한 개발이익은 형평의 관념에 비추어 볼 때 토지소유자에게 당연히 귀속되어야 할 성질의 것이 아니고, 또한 개발이익은 공공사업의 시행에 의하여 비로소 발생하는 것이므로, 그것이 피수용 토지가 수용 당시 갖는 객관적 가치에 포함된다고 볼 수도 없다. 따라서 개발이익은 그 성질상 완전보상의 범위에 포함되는 피수용자의 손실이라고 볼 수 없으므로, 이러한 개발이익을 배제하고 손실보상액을 산정한다 하여 헌법이규정한 정당보상의 원리에 어긋나는 것이라고 할 수 없다.

(4) 헌재 2007.11.29, 2006헌바79

[판시사항]

[1] 도시계획시설사업의 실시계획 인가를 사업인정으로 의제하는 구 '국토의 계획 및 이용에 관한 법률'(이하 '국토계획법'이라 한다) 제96조 제2항 본문이 적법절차원칙 및 헌법 제23조 제3항에 위배되는지 여부(소극)

[2] 사업인정 이전에 관련 절차를 거쳤으나 협의가 성립되지 아니한 경우 토지조서 및 물건조서의 내용에 변동이 없는 때에는 다시 협의 등 절차를 거치지 않도록 규정한 '공익사업을 위한

토지 등의 취득 및 보상에 관한 법률'(이하 '공익사업법'이라 한다) 제26조 제2항이 청구인의 재산권을 침해하는지 여부(소극)

[3] 토지수용위원회에 관한 규정인 공익사업법 제51조, 제52조 제1항, 제2항, 제3항, 제5항, 제6항, 제7항, 제8항, 구 공익사업법 제49조, 제52조 제4항, 제9항 및 토지수용위원회의 심리에 있어서 이해관계인들의 출석에 의한 진술을 제한하는 공익사업법 제32조 제2항이 적법절차의 원칙에 위배되고, 재판청구권을 침해하는지 여부(소극)

[4] 공시지가를 기준으로 수용된 토지에 대한 보상액을 산정하도록 하는 공익사업법 제70조 제2항, 제4항, 구 공익사업법 제70조 제1항, 제5항 및 구 '부동산 가격공시 및 감정평가에 관한 법률'(이하 '부동산평가법'이라 한다) 제9조 제1항 제1호가 재산권을 침해하는지 여부(소극)

[재판요지]

[1] 도시계획시설사업 자체에 있어서도 공공필요성 요건은 충족되고, 국토계획법상 이해관계인의 의견청취, 관계행정기관과의 협의 등 공공필요에 대한 판단을 할 수 있는 적절한 절차가 규정되어 있으므로 도시계획시설 실시인가를 사업인정으로 의제하는 구 국토계획법 제96조 제2항 본문은 적법절차원칙 및 헌법 제23조 제3항에 위반되지 않는다.

> 사업인정 의제규정의 효력으로 판례는 절차집중설을 취하고 있다. 이는 토지보상법상 관계인의 의견청취절차는 거치지 않아도 된다는 것인데, 국토계획법상 이를 대신할 수 있는 규정이 있기 때문이다.

[2] 공익사업법 제26조 제2항은 공익사업을 신속하게 추진하기 위하여 이미 거쳤던 절차를 반복하지 않도록 한 것으로서 토지조서 등에 변동이 있는 경우에는 다시 협의 등의 절차를 거쳐야 하므로 재산권을 침해하지 않는다.

> 구)공특법과 구)토지수용법을 통합하는 취지 중에 각 법률상 협의절차의 중복적용을 방직함도 있다. 따라서 통합규정의 취지상 필수적으로 2번을 거치지 않도록 한 것은 재산권을 침해하는 것으로 볼 수 없다.

[3] 토지수용위원회로 하여금 재결에 관한 사항을 관장하도록 한 것은 법률관계를 신속하게 확정하여 시간과 비용을 절약하도록 한 것이고, 심리에 있어서 토지수용위원회가 필요하다고 인정하는 경우에만 토지소유자 등이 출석하여 의견을 진술하도록 하였다고 해도 이해관계인은 열람기간 중에 관계서류를 열람하여 재결에 있어서 의견을 제시할 수 있으며, 수용재결에 대하여 행정소송을 제기할 수 있으므로, 토지수용위원회의 관할 등에 관한 공익사업법상의 제 규정 및 공익사업법 제32조 제2항이 적법절차에 위배된다거나 재판청구권을 침해하였다고 볼 수 없다.

[4] 토지수용으로 인한 손실보상액의 산정을 공시지가를 기준으로 하되 그 공시기준일부터 가격시점까지의 시점보정을 지가상승률 등에 의하여 행하도록 규정한 것은 공시지가가 공시기준일 당시의 표준지의 객관적 가치를 정당하게 반영하는 것이고, 표준지와 지가산정 대상토지 사이에 가격의 유사성을 인정할 수 있도록 표준지의 선정이 적정하며, 공시기준일 이후 수용 시까지의 시가변동을 산출하는 시점보정의 방법이 적정한 것으로 보이므로, 청구인의 재산권을 침해하였다고 볼 수 없다.

또한 당해 토지의 협의 성립 또는 재결 당시 공시된 공시지가 중 당해 사업인정고시일에 가장 가까운 시점에 공시된 공시지가로 하도록 규정한 것은 시점보정의 기준이 되는 공시지가에 개발이익이 포함되는 것을 방지하기 위한 것으로서 개발이익이 배제된 손실보상액을 산정하는 적정한 수단에 해당되므로 헌법 제23조 제3항에 위반된다고 볼 수 없다.

(5) 헌재 2010.12.28, 2008헌바57

[1] 토지보상액 산정 시 당해 공익사업으로 인한 개발이익을 배제하도록 규정한 '공익사업을 위한 토지 등의 취득 및 보상에 관한 법률'(2002.2.4. 법률 제6656호로 제정된 것, 이하 '공익사업법'이라 한다) 제67조 제2항(이하 '이 사건 개발이익배제조항'이라 한다)이 헌법 제23조 제3항의 정당보상원칙에 위배되는지 여부(소극) : 공익사업의 시행으로 지가가 상승하여 발생하는 개발이익은 사업시행자의 투자에 의한 것으로서 피수용자인 토지소유자의 노력이나 자본에 의하여 발생하는 것이 아니어서 피수용 토지가 수용 당시 갖는 객관적 가치에 포함된다고 볼 수 없고, 따라서 그 성질상 완전보상의 범위에 포함되는 피수용자의 손실이라고 볼 수 없으므로, 이 사건 개발이익배제조항이 이러한 개발이익을 배제하고 손실보상액을 산정한다 하여 헌법이 규정한 정당보상의 원칙에 어긋나는 것이라고 할 수 없다.

[2] 공시지가를 기준으로 보상액을 산정하도록 규정한 구 '공익사업을 위한 토지 등의 취득 및 보상에 관한 법률'(2005.1.14. 법률 제7335호로 개정되고, 2007.10.17. 법률 제8665호로 개정되기 전의 것) 제70조 제1항(이하 '이 사건 공시지가보상조항'이라 한다)이 헌법 제23조 제3항의 정당보상원칙에 위배되는지 여부(소극) : 이 사건 공시지가보상조항이 공시지가를 기준으로 수용된 토지에 대한 보상액을 산정하도록 규정한 것은, 위 조항에 의한 공시지가가 공시기준일 당시 표준지의 객관적 가치를 정당하게 반영하는 것이고, 표준지와 지가산정 대상토지 사이에 가격의 유사성을 인정할 수 있도록 표준지의 선정이 적정하며, 공시기준일 이후 수용 시까지의 시가변동을 산출하는 시점보정의 방법이 적정한 것으로 보이므로, 헌법 제23조 제3항이 규정한 정당보상원칙에 위배되지 아니한다.

(6) 헌재 2010.3.25, 2008헌바102

공시지가를 기준으로 수용된 토지에 대한 보상액을 산정하도록 규정한 공익사업법 제70조 제4항, 구 '공익사업을 위한 토지 등의 취득 및 보상에 관한 법률'(2005.1.14. 법률 제7335호로 개정되고, 2007.10.17. 법률 제8665호로 개정되기 전의 것, 이하 '구 공익사업법'이라 한다) 제70조 제1항, 구 '부동산 가격공시 및 감정평가에 관한 법률'(2005.1.14. 법률 제7335호로 전부 개정되고, 2007.4.27. 법률 제8409호로 개정되기 전의 것, 이하 '구 부동산평가법'이라 한다) 제9조 제1항 제1호가 헌법 제23조 제3항의 정당보상원칙에 위배되는지 여부(소극) : 공익사업법 제70조 제4항, 구 공익사업법 제70조 제1항 및 구 부동산평가법 제9조 제1항 제1호가 공시지가를 기준으로 수용된 토지에 대한 보상액을 산정하도록 규정한 것은, 이 법률조항들에 의한 공시지가가 공시기준일 당시 표준지의 객관적 가치를 정당하게 반영하는 것이고, 표준지와 지가산정 대상토지 사이에 가격의 유사성을 인정할 수 있도록 표준지의 선정이 적정하며, 공시기준일 이후 수용 시까지의 시가변동을 산출하는 시점보정의 방법이 적정한 것으로 보이므로, 헌법 제23조 제3항이 규정한 정당보상원칙에 위배되지 아니한다.

(7) 헌재 2009.7.30, 2007헌바76

당해 토지에 관한 협의의 성립 또는 재결당시 공시된 공시지가 중 당해 사업인정고시일에 가장 가까운 시점에 공시된 공시지가를 기준으로 수용된 토지의 보상액을 산정하도록 규정하고 있는 '공익사업을 위한 토지 등의 취득 및 보상에 관한 법률' 제70조 제4항이 위헌인지 여부(소극) : 토지수용으로 인한 손실보상액의 산정을 공시지가를 기준으로 하되 공시기준일부터 재결 시까지의 시점보정을 지가상승률 등에 의하여 행하도록 규정한 것은 공시지가가 공시기준일 당시의 표준지의 객관적 가치를 정당하게 반영하는 것이고 표준지와 지가산정 대상토지 사이에 가격의 유사성을 인정할 수 있도록 표준지의 선정이 적정하며, 공시기준일 이후 수용 시까지의 시가변동을 산출하는 시점보정의 방법이 적정한 것으로 보이므로 청구인의 재산권을 침해하였다고 볼 수 없다. 또한, 당해 토지의 협의성립 또는 재결 당시 공시된 공시지가 중 당해 사업인정의 고시일에 가장 근접한 시점에 공시된 공시지가로 하도록 규정한 것은 시점보정의 기준이 되는 공시지가에 개발이익이 포함되는 것을 방지하기 위한 것으로서 개발이익이 배제된 손실보상액을 산정하는 적정한 수단에 해당되므로 헌법 제23조 제3항에 위반된다고 볼 수 없다.

(8) 토지보상법 제70조 제4항 위헌 여부(헌재 2009.7.30, 20007헌바76)

당해 토지에 관한 협의의 성립 또는 재결당시 공시된 공시지가 중 당해 사업인정고시일에 가장 가까운 시점에 공시된 공시지가를 기준으로 수용된 토지의 보상액을 산정하도록 규정하고 있는 '공익사업을 위한 토지 등의 취득 및 보상에 관한 법률' 제70조 제4항이 위헌인지 여부(소극) : 토지수용으로 인한 손실보상액의 산정을 공시지가를 기준으로 하되 공시기준일부터 재결 시까지의 시점보정을 지가상승률 등에 의하여 행하도록 규정한 것은 공시지가가 공시기준일 당시의 표준지의 객관적 가치를 정당하게 반영하는 것이고 표준지와 지가산정 대상토지 사이에 가격의 유사성을 인정할 수 있도록 표준지의 선정이 적정하며, 공시기준일 이후 수용 시까지의 시가변동을 산출하는 시점보정의 방법이 적정한 것으로 보이므로 청구인의 재산권을 침해하였다고 볼 수 없다. 또한, 당해 토지의 협의성립 또는 재결 당시 공시된 공시지가 중 당해 사업인정의 고시일에 가장 근접한 시점에 공시된 공시지가로 하도록 규정한 것은 시점보정의 기준이 되는 공시지가에 개발이익이 포함되는 것을 방지하기 위한 것으로서 개발이익이 배제된 손실보상액을 산정하는 적정한 수단에 해당되므로 헌법 제23조 제3항에 위반된다고 볼 수 없다.

V 개발이익 배제(제67조 제2항) ; 사회에서 창출된 바, 사회에 환원되어야 한다.

1. 개발이익 배제

① 토지의 수용으로 인한 손실보상액의 산정은 수용재결 당시의 가격을 기준으로 하되 인근 토지의 거래가격을 고려한 적정가격으로 하도록 하고 있어 이에 따라 보상액을 산정함에 있어서는 당해 공공사업의 시행을 직접 목적으로 하는 계획의 승인, 고시로 인한 가격변동은 이를 고려함이 없이 수용재결 당시의 가격을 기준으로 하여 적정가액을 산정하여야 한다(대판 1984.5.29, 82누549).

② 토지수용법 제46조 제2항에 의하여 손실보상액 산정의 기준으로 되는 표준지의 공시지가 자체에 당해 수용사업의 시행으로 인한 개발이익이 포함되어 있을 경우에는 이를 배제하고 손실보상액을 평가하는 것이 정당보상의 원리에 합당하다(대판 1993.7.13, 93누227).

> 개발이익을 배제하는 취지는 소유자의 노력에 의한 이익이 아닌, 불로소득으로서 재산권의 객관적 가치에 포함되지 않는 주관적 이익이기 때문이다.

2. 개발이익의 범위

① 토지수용으로 인한 손실보상액을 산정함에 있어서 당해 공공사업의 시행을 직접 목적으로 하는 계획의 승인, 고시로 당시의 가격을 기준으로 하여 적정가격을 정하여야 하나, 당해 공공사업과는 관계없는 다른 사업의 시행으로 인한 개발이익은 이를 배제하지 아니한 가격으로 평가하여야 한다(대판 1999.1.15, 98두8896).

② 토지수용으로 인한 손실보상액을 산정함에 있어서는 당해 공공사업의 시행을 직접 목적으로 하는 계획의 승인, 고시로 인한 가격변동은 이를 고려함이 없이 수용재결 당시의 가격을 기준으로 하여 적정가격을 정하여야 하는 것이므로, 택지개발계획의 시행을 위하여 용도지역이 녹지지역에서 도시지역으로 변경된 토지들에 대하여 그 이후 이 사업을 시행하기 위하여 이를 수용하였다면 표준지의 선정이나 지가변동률의 적용, 품등비교 등 그 보상액 재결을 위한 평가를 함에 있어서는 용도지역의 변경을 고려함이 없이 평가하여야 할 것이다(대판 1995.11.7, 94누13725).

3. 개발이익 배제의 정당성

① 개발이익은 궁극적으로는 모든 국민에게 귀속되어야 할 성질의 것이므로 이는 피수용자의 토지의 객관적 가치 내지 피수용자의 손실이라고는 볼 수 없다(헌재 1990.6.25, 89헌마107).

② 개발이익을 배제하고 손실보상액을 산정한다 하여 헌법이 규정한 정당보상의 원리에 어긋나는 것이라고는 판단되지 않는다. 토지수용법 제46조 제2항은 헌법상 정당보상의 원리를 규정한 헌법 제23조 제3항이나 평등의 원칙을 규정한 헌법 제11조 제1항에 위반되지 아니 한다.

> 정당보상의 대상은 재산권의 객관적 가치이다.

③ 당해 수용사업의 시행으로 인한 개발이익은 수용대상토지의 수용 당시의 객관적 가치에 포함되지 아니하는 것이므로 수용대상토지에 대한 손실보상액을 산정함에 있어서 구 토지수용법(1991.12.31. 법률 제4483호로 개정되기 전의 것) 제46조 제2항에 의하여 손실보상액 산정의 기준이 되는 지가공시 및 토지 등의 평가에 관한 법률에 의한 공시지가에 당해 수용사업의 시행으로 인한 개발이익이 포함되어 있을 경우 그 공시지가에서 그러한 개발이익을 배제한 다음 이를 기준으로 하여 손실보상액을 평가하고, 반대로 그 공시지가가 당해 수용사업의 시행으로 지가가 동결된 관계로 개발이익을 배제한 자연적 지가상승분도 반영하지 못한 경우에는 그 자연적 지가상승률을 산출하여 이를 기타사항으로 참작하여 손실보상액을 평가하는 것이 정당보상의 원리에 합당하다(대판 1993.7.27, 92누11084).

④ 토지수용으로 인한 손실보상액을 산정함에 있어서 당해 공공사업의 시행을 직접목적으로 하는 계획의 승인, 고시로 인한 가격변동은 이를 고려함이 없이 수용재결 당시의 가격을 기준으로 하여 적정가격을 정하여야 하나, 당해 공공사업과는 관계없는 다른 사업의 시행으로 인한 개발이익은 이를 배제하지 아니한 가격으로 평가하여야 한다(대판 1992.2.11, 91누7774).

> 당해 사업으로 인한 개발이익만을 배제하여야 한다. 당해 사업의 사업인정 고시일 전·후를 불문하고 당해 사업이 아닌 다른 사업의 개발이익은 반영한다.

4. 토지보상법 개발이익 배제조항(제67조 제2항) 위헌 여부(헌재 2009.12.29, 2009헌바142)

[판시사항]

가. 수용보상에 있어서 당해 공익사업으로 인하여 토지 등의 가격에 변동이 있는 경우 이를 고려하지 않도록 하고 있는 '공익사업을 위한 토지 등의 취득 및 보상에 관한 법률'(2002.2.4. 법률 제6656호로 제정된 것, 이하 '공익사업법'이라 한다.) 제67조 제2항이 헌법 제23조 제3항의 정당한 보상의 원칙에 위반되는지 여부(소극)

나. 당해 사업인정 고시일에 가장 가까운 시점에 공시된 공시지가를 기준으로 수용된 토지의 보상액을 산정하도록 하고 있는 공익사업법 제70조 제4항 및 구 '공익사업을 위한 토지 등의 취득 및 보상에 관한 법률'(2007.10.17. 법률 제8665호로 개정되기 전의 것, 이하 '구 공익사업법'이라 한다) 제70조 제1항이 재산권을 침해하는지 여부(소극)

[결정요지]

가. 공익사업법 제67조 제2항은 보상액을 산정함에 있어 당해 공익사업으로 인한 개발이익을 배제하는 조항인데, 공익사업의 시행으로 지가가 상승하여 발생하는 개발이익은 사업시행자의 투자에 의한 것으로서 피수용자인 토지소유자의 노력이나 자본에 의하여 발생하는 것이 아니므로, 이러한 개발이익은 형평의 관념에 비추어 볼 때 토지소유자에게 당연히 귀속되어야 할 성질의 것이 아니고, 또한 개발이익은 공공사업의 시행에 의하여 비로소 발생하는 것이므로, 그것이 피수용 토지가 수용 당시 갖는 객관적 가치에 포함된다고 볼 수도 없다.

따라서 개발이익은 그 성질상 완전보상의 범위에 포함되는 피수용자의 손실이라고 볼 수 없으므로, 이러한 개발이익을 배제하고 손실보상액을 산정한다 하여 헌법이 규정한 정당한 보상의 원칙에 위반되지 않는다.

나. 토지수용으로 인한 손실보상액의 산정을 공시지가를 기준으로 하되 공시기준일부터 재결 시까지의 시점보정을 지가상승률 등에 의하여 행하도록 규정한 것은 공시지가가 공시기준일 당시의 표준지의 객관적 가치를 정당하게 반영하는 것이고, 표준지와 지가산정 대상 토지 사이에 가격의 유사성을 인정할 수 있도록 표준지의 선정이 적정하며, 공시기준일 이후 수용 시까지의 시가변동을 산출하는 시점보정의 방법이 적정한 것으로 보이므로 재산권을 침해하였다고 볼 수 없다. 또한, 당해 토지의 협의성립 또는 재결 당시 공시된 공시지가 중 당해 사업인정의 고시일에 가장 근접한 시점에 공시된 공시지가로 하도록 규정한 것은 시점보정의 기준이 되는 공시지가에 개발이익이 포함되는 것을 방지하기 위한 것으로서 개발이익이 배제된 손실보상액을 산정하는 적정한 수단에 해당되므로 헌법 제23조 제3항에 위반된다고 볼 수 없다.

5. 개발이익 배제의 문제점과 개선안(인근 토지소유자와의 형평성 문제)

개발이익을 환수할 수 있는 제도적 장치가 마련되지 않은 상황에서 개발이익환수제도는 점진적인 제도적 개선을 통해 이루어져야 하며 그 과정에서 형평의 원리가 장애가 될 수 없다. 헌법 제11조가 규정하는 평등의 원칙은 결코 일체의 차별적 대우를 부정하는 절대적 평등을 의미하는 것이 아니라 법의 적용이나 입법에 있어서 불합리한 조건에 의한 차별을 하여서는 안 된다는 것을 뜻한다(헌재 1990.6.25, 89헌마107). 일체의 개발이익을 환수할 수 있는 제도적 장치가 마련되지 아니한 제도적 상황에서 피수용자에게만 개발이익을 배제하는 것이 헌법의 평등원칙에 위배되는 것은 아니라고 하였다(헌재 1990.6.25, 89헌마107).

6. 기타사항 참작의 정당성(토지수용보상액 산정에 있어 인근 유사토지의 정상거래가격 또는 보상선례를 참작할 수 있는지 여부)

① 현행 토지수용법하에서 수용대상토지의 정당한 보상액을 산정함에 있어서 인근 유사토지의 정상거래사례나 보상선례를 반드시 조사하여 참작하여야 하는 것은 아니고, 인근 유사토지가 거래된 사례나 보상이 된 선례가 있고 그 가격이 정상적인 것으로 적정한 보상액 평가에 영향을 미칠 수 있는 것임이 입증된 경우에는 이를 참작할 수 있는 것이나, 단순한 호가시세나 담보목적으로 평가한 가격에 불과한 것까지 참작할 것은 아니다(대판 2003.2.28, 2001두3808).

② 인근 유사토지의 정상거래사례는 그것이 존재할 뿐만 아니라, 정상적인 것으로서 적정한 보상액 평가에 영향을 미칠 수 있어야 한다. 즉, 참작할 수 있는 인근 유사토지의 정상거래사례는 그 토지가 보상대상토지의 인근에 위치하여 있고, 지목, 등급, 면적, 형태, 이용상황, 용도지역, 법령상의 제한 등 자연적. 사회적 조건이 보상대상토지와 같거나 비슷한 토지에 관하여, 통상적인 거래에서 성립된 가격으로, 개발이익이 포함되지 아니하고 투기적인 거래에서 형성된 것이 아닌 가격이어야 한다(대판 2002.4.12, 2001두9783).

③ 보상선례는 인근 유사토지에 존재하는 것으로써 당해 보상대상토지의 적정한 보상액평가에 영향을 미칠 수 있어야 보상액 산정에 참작할 수 있으며, 이러한 전제에서 보상선례를 참작할 수 있다(대판 2002.3.29, 2000두10106).

④ 호가는 그것이 인근 유사토지에 대한 것으로 투기적 가격이나 당해 공익사업으로 인한 개발이익 등이 포함되지 않은 정상적인 거래가격 수준을 나타내는 것이면 이를 보상액산정에 참작할 수 있다고 하여야 할 것이다(대판 1993.10.22, 93누11500).

⑤ 공익사업의 시행에 따라 지가가 동결된 관계로 지가변동률이 개발이익을 배제한 자연적인 지가 상승률도 반영하지 못하게 된 경우에는 그 못 미치게 된 부분을 기타사항으로 참작하여 보상액을 산정할 수 있다(대판 1998.3.27, 96누16001).

⑥ 공익사업의 시행에 따라 지가가 동결된 관계로 지가변동률이 개발이익을 배제한 자연적인 지가 상승률도 반영하지 못하게 된 경우에는 그 못 미치게 된 부분을 기타사항으로 참작하여 보상액을 산정할 수 있다(대판 1998.3.27, 96누16001).

⑦ 수용대상토지의 보상액을 산정하면서 인근 유사토지의 보상사례가 있고 그 가격이 정상적인 것으로서 적정한 보상액 평가에 영향을 미칠 수 있는 것임이 입증된 경우에는 이를 참작할 수 있고, 여기서 '정상적인 가격'이란 개발이익이 포함되지 아니하고 투기적인 거래로 형성되지 아니한 가격을 말한다. 그러나 그 보상사례의 가격이 개발이익을 포함하고 있어 정상적인 것이 아닌 경우라도 그 개발이익을 배제하여 정상적인 가격으로 보정할 수 있는 합리적인 방법이 있다면 그러한 방법에 의하여 보정한 보상사례의 가격은 수용대상토지의 보상액을 산정하면서 이를 참작할 수 있다(대판 2010.4.29, 2009두17360).

⑧ 토지에 대한 보상액을 산정함에 있어 인근 유사토지의 거래사례 유무를 밝혀 보지 아니한 채 호가만을 참작하여 보상액을 평가한 것이 적정성을 결여한 평가라고 한 사례(대판 1992.2.11, 91누7774)

⑨ 개발이익 포함된 선례적용 가능 여부(대판 2010.4.29, 2009두17360)
인근 유사토지 보상사례의 가격이 개발이익을 포함하고 있어 정상적인 것이 아닌 경우라도 이를 수용대상토지의 보상액 산정에서 참작할 수 있는지 여부(한정 적극) : '정상적인 가격'이란 개발이익이 포함되지 아니하고 투기적인 거래로 형성되지 아니한 가격을 말한다. 그러나 그 보상사례의 가격이 개발이익을 포함하고 있어 정상적인 것이 아닌 경우라도 그 개발이익을 배제하여 정상적인 가격으로 보정할 수 있는 합리적인 방법이 있다면 그러한 방법에 의하여 보정한 보상사례의 가격은 수용대상토지의 보상액을 산정하면서 이를 참작할 수 있다.

적절한 경우

㉠ **인근 유사토지의 정상거래가격** : 인근 유사토지의 정상거래가격이라고 하기 위해서는 대상토지의 인근에 있는 지목 등급 지적 형태 이용상황 용도지역 법령상의 제한 등 자연적, 사회적 조건이 수용대상토지와 동일하거나 유사한 토지에 관하여 통상의 거래에서 성립된 가격으로서 개발이익이 포함되지 아니하고 투기적인 거래에서 형성된 것이 아닌 가격이어야 하고, 그와 같은 인근 유사토지의 정상거래사례에 해당한다고 볼 수 있는 거래사례가 있고 그것을 참작함으로써 보상액 산정에 영향을 미친다고 하는 점은 이를 주장하는 자에게 입증책임이 있다(대판 1994.1.25, 93누11524, 대판 1994.10.14, 94누2664).

㉡ **보상선례** : 구 국토이용관리법 제29조 제5항은 인근 유사토지의 정상거래가격을 보상액산정요인의 하나로 명시하고 있었던 만큼 수용대상토지에 대한 보상액을 산정함에 있어서는 반드시 인근 유사토

지의 거래사례 유무와 거래가격의 정상여부를 밝혀 이를 보상액산정에 참작하여야 한다고 해석되었던 것이나, 구 토지수용법 제46조 제2항이나 지가공시 및 토지 등의 평가에 관한 법률 제9조, 제10조 등의 관계규정에서는 인근 유사토지의 정상거래가격을 특정하여 보상액산정의 참작요인으로 들고 있지 않으므로 구 국토이용관리법 당시와 같이 해석할 수는 없고, 다만 인근 유사토지의 정상거래사례가 있고 그 거래가격이 정상적인 것으로서 적정한 보상액평가에 영향을 미칠 수 있는 것임이 입증된 경우에 한하여 이를 참작할 수 있다(대판 2010.4.29, 2009두17360, 대판 2007.7.12, 2006두11507, 대판 2003.7.25, 2002두5054, 대판 2002.3.29, 2000두10106, 대판 2001.4.24, 99두5085). 구 토지수용법 제46조 제2항이나 지가공시 및 토지 등의 평가에 관한 법률 등의 관계규정에서는 수용대상토지의 보상액을 산정함에 있어 보상선례를 그 가격산정요인의 하나로 들고 있지 아니하므로 이를 참작하지 아니하였다고 하여 그 평가가 반드시 위법한 것이라고 할 수는 없을 것이고, 다만 경우에 따라서는 보상선례가 인근 유사토지에 관한 것으로서 당해 수용대상토지의 적정가격을 평가하는 데에 있어 중요한 자료가 될 수도 있을 것이므로 이러한 경우에는 이를 참작함이 상당할 것이다(대판 1992.10.23, 91누8562).

㉢ **호가** : 구체적 거래사례 가격이 아닌 호가라 하여 수용대상토지의 보상가액 산정 시 참작할 수 없는 것은 아니지만, 보상액 산정 시 참작될 수 있는 호가는 그것이 인근 유사토지에 대한 것으로, 투기적 가격이나 당해 공공사업으로 인한 개발이익 등이 포함되지 않은 정상적인 거래가격 수준을 나타내는 것임이 입증되는 경우라야 한다(대판 1993.10.22, 93누11500).

㉣ **자연적인 지가상승분** : 수용대상토지에 적용될 표준지의 공시지가가 택지개발사업시행으로 지가가 동결된 관계로 개발이익을 배제한 자연적인 지가상승분도 반영하지 못한 경우 자연적인 지가상승률을 산출하여 이를 기타사항으로 참작한 감정평가는 적정한 것으로 수긍된다(대판 1993.7.27, 92누11084, 대판 1993.3.9, 92누9531).

㉤ **토지에 매장된 토석** : 토석과 모래, 자갈 등이 특별한 가치를 가지고 있는 때에는 그 함유량, 수익성, 채취허가의 난이도 등을 참작하여 보상액을 산정하여야 할 것이다.

㉥ **온천** : 일반적으로 온천이 개발되고 온천지구로 지정되면 당해 토지의 가격은 급격히 상승되는 것이 경험칙상 명백하므로 온천이 있다는 것이 확인된 토지에 대하여서는 그러한 사정을 반영하여 토지의 보상가격을 산정하여야 할 것이다(대판 2000.10.6, 98두19414).

㉦ 문화적, 예술적 가치는 특별한 사정이 없는 한 그 토지의 부동산으로서의 경제적, 재산적 가치를 높여 주는 것이 아니므로 손실보상의 대상이 될 수 없다.

㉧ **협의 매수와 거래사례의 참작 여부** : 수용대상토지에 대한 손실보상액을 산정함에 있어서 적용되어야 하는 구 토지수용법(1989.4.1. 법률 제4120호로 개정된 후 1991.12.31. 법률 제4483호로 개정되기 전의 것) 제46조 제1항과 제2항의 규정 취지에 비추어 볼 때, 인근 유사토지의 정상거래사례가 있고 그 거래가격이 정상적인 것으로서 적정한 보상액평가에 영향을 미칠 수 있는 것임이 입증된 경우에는 이를 보상액산정에 참작하여야 하고, 그 거래사례가 당해 수용사업의 시행을 위하여 협의매수의 방법으로 이루어진 것이라 하여 그 성질상 당연히 참작할 수 없는 것은 아니다(대판 1993.7.27, 93누5338).

㉨ **수용재결일 이후의 인근 유사토지의 거래사례 참작 여부** : 인근 유사토지의 거래가격이나 손실보상가격이 정상적 거래가격이거나 보상가격인 경우 수용재결일 이후의 것이더라도 손실보상액 산정에 있어 이를 참작할 수 있는지 여부(적극)(대판 1993.6.22, 92누19521)

부적절한 경우

㉠ **소유자가 주장하는 단순호가** – 주관적 가치 포함 우려

㉡ **인근 표준지의 공시지가변동률**
인근지역의 유사용도 표준지공시지가가 당해 시군구 평균지가 변동률보다 높다고 하여 이와 같은 사정을 바로 기타요인으로 보정하는 것은 허용될 수 없다.

ⓒ 인근 유사거래사례가 아닌 토지의 거래사례는 부적절하다.

ⓔ **택지개발사업지구 인근 유사토지의 정상거래사례 참작 여부** : 수용대상토지는 공부상의 지목이 '전'이고 수용 당시에는 장기간 잡종지상태로 방치되고 있었음에 반하여 거래사례토지는 지목과 현황이 다 같이 '대'일 뿐 아니라 이 사건 택지개발사업지구 바로 옆에 소재하면서 사업지구에서 제척된 토지로서 향후 상업용으로 이용될 수 있어 그 매매대금에는 사업시행으로 인한 개발이익이 적지 않게 포함되어 있음을 알 수 있으므로 위 거래사례토지의 매매대금을 가지고 인근 유사토지의 정상거래가격이라고 보기 어렵다(대판 1993.1.26, 92누8743).

ⓜ **수용대상토지의 보상액을 산정함에 있어서 이용상황 및 용도지역이 다르고 수용재결 시부터 4 내지 7개월 후에 거래된 토지들의 거래가격을 참작함의 적부** : 수용대상토지의 보상액을 산정함에 있어서 그 거래가격을 참작하여야 할 인근 유사토지라고 하려면 적어도 거래사례 토지가 수용대상토지에 인접하고 그 공부상 지목이나 수용재결 당시의 이용상황 및 용도지역이 수용대상토지와 유사해야 할 것인데, 수용대상토지는 공부상 지목이 대지이나 실제 용도는 공장부지이고 자연녹지지역에 속하며 그 주변은 공장지대와 농경지대가 혼재하고 있고 상가 및 주택지와의 연계 발전이 용이한 지역인 반면, 거래사례 토지들은 공부상 및 실제지목이 대지이고 주거지역에 속하며 주변은 주택지이거나 상가와 주택이 혼재하는 곳이라면 이러한 거래사례 토지들을 수용대상토지의 인근 유사토지라고 할 수 없으며, 거래시기도 수용재결 시로부터 4개월 또는 7개월 후라면 개발이익이 포함되지 않은 통상의 거래가격이라고 보기는 어렵다(대판 1991.1.15, 90누4730).

ⓑ **인근 유사토지가 아닌 거래사례의 적용여부** : 수용대상토지에 대한 인근 유사토지의 정상거래가격이라 함은 거래사례토지가 수용대상토지의 인근 유사지역에 속하고, 그 지목이나 수용재결 당시의 이용상황 및 용도지역 등 자연적, 사회적 조건이 수용대상토지와 유사하여야 할 것이고, 개발이익이 개재되지 아니하고 투기적인 것이 아닌 정상적인 거래에서 형성된 가격이라야 할 것인바, 어느 거래사례가 인근유사토지의 정상거래가격이 아닌 이상 그 가격에서 개발이익과 그 동안의 지가변동률을 공제하고 지역요인과 개별요인의 비교치를 산출, 적용하여서 산정하였다고 하여도 이와 같은 여러 요인의 비교치의 객관적이고도 적정한 산출이 담보된다고 할 수 없으므로 이를 근거로 하여 인근 유사토지의 정상거래가격을 산정하는 것은 적절하다고 할 수 없다(대판 1991.9.24, 91누2038).

7. 기타사항(그 밖의 요인) 참작 여부의 입증책임

① 수용 대상토지의 정당한 보상액을 산정함에 있어서 인근 유사 토지의 거래사례나 보상선례를 반드시 참작하여야 하는 것은 아니며, 다만 인근 유사 토지의 정상거래사례가 있고 그 거래가격이 정상적인 것으로서 적정한 보상액 평가에 영향을 미칠 수 있는 것임이 입증된 경우에는 이를 참작할 수 있다고 할 것이고, 한편 인근 유사 토지의 정상거래가격이라고 하기 위해서는 대상토지의 인근에 있는 지목·등급·지적·형태·이용상황·법령상의 제한 등 자연적·사회적 조건이 수용 대상토지와 동일하거나 유사한 토지에 관하여 통상의 거래에서 성립된 가격으로서 개발이익이 포함되지 아니하고 투기적인 거래에서 형성된 것이 아닌 가격이어야 하고, 그와 같은 인근 유사 토지의 정상거래사례 또는 보상선례가 있고 그 가격이 정상적인 것으로서 적정한 보상액 평가에 영향을 미친다고 하는 점은 이를 주장하는 자에게 입증책임이 있다(대판 2004.5.14, 2003다38207).

> 감정평가 보고서에 '그 밖의 요인' 산출과정을 명확하게 기재하고 있다.

② 인근 유사토지의 정상거래가격이라고 하기 위해서는 대상토지의 인근에 있는 지목 등급 지적 형태 이용상황 용도지역 법령상의 제한 등 자연적, 사회적 조건이 수용대상토지와 동일하거나 유사한 토지에 관하여 통상의 거래에서 성립된 가격으로서 개발이익이 포함되지 아니하고 투기적인 거래에서 형성된 것이 아닌 가격이어야 하고, 그와 같은 인근 유사토지의 정상거래사례에 해당한다고 볼 수 있는 거래사례가 있고 그것을 참작함으로써 보상액 산정에 영향을 미친다고 하는 점은 이를 주장하는 자에게 입증책임이 있다(대판 1994.1.25, 93누11524, 대판 2004.8.30, 2004두5621).

8. 감정평가서의 기재 내용과 정도(대판 2013.6.27, 2013두2587)

토지의 수용・사용에 따른 보상액을 평가할 때에는 관계 법령에서 들고 있는 모든 산정요인을 구체적・종합적으로 참작하여 그 요인들을 모두 반영하여야 하고, 이를 위한 감정평가서에는 모든 산정요인의 세세한 부분까지 일일이 설시하거나 그 요인들이 평가에 미치는 영향을 수치적으로 나타내지는 않더라도 그 요인들을 특정・명시함과 아울러 각 요인별 참작 내용과 정도를 객관적으로 납득할 수 있을 정도로 설명을 기재하여야 한다. 이는 보상선례를 참작하는 것이 상당하다고 보아 이를 보상액 산정요인으로 반영하여 평가하는 경우에도 마찬가지라 할 것이므로, 감정평가서에는 보상선례토지와 평가대상인 토지의 개별요인을 비교하여 평가한 내용 등 산정요인을 구체적으로 밝혀 기재하여야 한다. 따라서 보상선례를 참작하면서도 위와 같은 사항을 명시하지 않은 감정평가서를 기초로 보상액을 산정하는 것은 위법하다고 보아야 한다.

> '그 밖의 요인'보정은 실무상 상당히 중요하다. 표준지공시지가는 매년 1/1을 기준한 표준지의 객관적 가치이므로 보상시점에서의 현실시세와 차이가 나는 경우가 있을 수 있다. 따라서 이러한 차이를 '그 밖의 요인'보정을 통해서 보정하게 된다. 이 역시 감정평가사가 산정하는 것이므로 이에 대한 명확한 설명도 감정평가사가 입증책임을 지게 될 것이다.

9. 감정평가실무기준 및 보상평가지침의 법적 성질

① 감정평가에 관한 규칙에 따른 '감정평가 실무기준'이나 한국감정평가업협회가 제정한 '토지보상평가지침'이 일반 국민이나 법원을 기속하는지 여부(소극) : 감정평가에 관한 규칙에 따른 '감정평가 실무기준'(2013.10.22. 국토교통부 고시 제2013-620호)은 감정평가의 구체적 기준을 정함으로써 감정평가업자가 감정평가를 수행할 때 이 기준을 준수하도록 권장하여 감정평가의 공정성과 신뢰성을 제고하는 것을 목적으로 하는 것이고, 한국감정평가업협회가 제정한 '토지보상평가지침'은 단지 한국감정평가업협회가 내부적으로 기준을 정한 것에 불과하여 어느 것도 일반 국민이나 법원을 기속하는 것이 아니다(대판 2014.6.12, 2013두4620).

② 한국감정평가업협회에서 제정한 '보상평가지침'의 법적 성질(= 감정평가업협회의 내부기준) 및 위 지침 제17조의 '최근 1년 이내의 보상선례'의 기준시점(= 보상가격 산정 시) : 한국감정평가

업협회에서 제정한 '보상평가지침'은 단지 감정평가업협회 내부의 일응의 기준을 설정한 것에 불과하여 일반국민이나 법원을 기속하는 것은 아닐 뿐만 아니라, 위 지침 제17조의 '최근 1년 이내의 보상선례'는 사업시행인가일을 기준으로 하는 것이 아니라 보상가격 산정시점을 기준으로 하여야 한다(대판 2001.3.27, 99두7968).

③ 한국감정평가업협회가 제정한 토지보상평가지침에서 입목본수도 등에 따른 관계 법령상의 사용제한 등을 개별요인이 아닌 기타요인에서 평가하도록 정하고 있으나, 위 토지보상평가지침은 단지 한국감정평가업협회가 내부적으로 기준을 정한 것에 불과하여 일반 국민이나 법원을 기속하는 것이 아니므로 위 지침에 반하여 위와 같은 법령상의 제한사항을 기타요인이 아닌 개별요인의 비교 시에 반영하였다는 사정만으로 감정평가가 위법하게 되는 것은 아니다(대판 2007.7.12, 2006두11507).

9-1. 비교표준지 선정 위법성 판단(대판 2010.3.25, 2009다97062)

[판시사항]

[1] 한국감정평가업협회가 제정한 '토지보상평가지침'의 법적 성질(=협회의 내부기준)

[2] 토지의 감정평가를 위한 비교표준지의 선정 방법 및 표준지가 감정대상 토지와 용도지역이나 주변환경 등에서 다소 상이하거나 감정대상 토지로부터 상당히 떨어져 있다는 사정만으로 표준지 선정이 잘못되었다거나 위법하다고 할 수 있는지 여부(소극)

[3] 국가 또는 지방자치단체가 도로로 점유・사용하고 있는 토지에 대한 임료 상당의 부당이득액을 산정하기 위하여 토지의 기초가격과 기대이율을 결정하는 방법

[4] 토지가 공부상 하천으로 등재되어 있다는 사정만으로 그 토지를 하천구역이라고 단정할 수 있는지 여부(소극)

[5] 하천관리청 이외의 자가 설치하였거나 자연적으로 형성된 제방의 부지가 구 하천법 제2조 제1항 제2호 (나)목에 정한 하천구역에 해당하기 위한 요건

[이유]

각 상고이유를 함께 판단한다.

1. 원심판시 별지목록 제1 내지 4 토지에 관한 원고의 상고이유에 대하여

가. 한국감정평가업협회가 제정한 '토지보상평가지침'은 단지 한국감정평가업협회가 내부적으로 기준을 정한 것에 불과하여 일반 국민이나 법원을 기속하는 것이 아니다(대판 2007.7.12, 2006두11507 등 참조).

비교표준지는 특별한 사정이 없는 한 도시계획구역 내에서는 용도지역을 우선으로 하고, 도시계획구역 외에서는 현실적 이용상황에 따른 실제 지목을 우선으로 하여 선정하여야 할 것이나, 이러한 토지가 없다면 지목, 용도, 주위환경, 위치 등의 제반 특성을 참작하여 그 자연적, 사회적 조건이 감정대상 토지와 동일 또는 가장 유사한 토지를 선정하여야 하고, 표준지와 감정대상 토지의 용도지역이나 주변환경 등에 다소 상이한 점이 있더라도 이러한 점은 지역요인이나 개별요인의 분석 등 품등비교에서 참작하면 되는 것이지 그러한 표준지의 선

정 자체가 잘못된 것으로 단정할 수는 없으며(대판 2009.9.10, 2006다64627 등 참조), 표준지가 감정대상 토지로부터 상당히 떨어져 있다는 것만으로는 표준지 선정이 위법하다고 말할 수 없다(대 1997.4.8, 96누11396 등 참조).

같은 취지에서 원심이 그 판시 제3토지에서 비교적 거리가 떨어져 있으나 용도지역이 같은 토지를 위 제3토지의 표준지로 선정한 제1심 감정인 민해수의 감정촉탁 결과 등을 근거로 위 제3토지에 관한 부당이득의 액수를 산정한 것은 정당하고, 거기에 상고이유에서 주장하는 바와 같은 표준지 선정에 관한 법리오해 등의 위법이 없다.

나. 국가 또는 지방자치단체가 도로로 점유・사용하고 있는 토지에 대한 임료 상당의 부당이득액을 산정하기 위한 토지의 기초가격은, 국가 또는 지방자치단체가 종전부터 일반 공중의 교통에 사실상 공용되던 토지에 대하여 도로법 등에 의한 도로 설정을 하여 도로관리청으로서 점유하거나 또는 사실상 필요한 공사를 하여 도로로서의 형태를 갖춘 다음 사실상 지배주체로서 도로를 점유하게 된 경우에는 도로로 제한된 상태 즉, 도로인 현황대로 감정평가하여야 하고, 국가 또는 지방자치단체가 종전에는 일반 공중의 교통에 사실상 공용되지 않던 토지를 비로소 도로로 점유하게 된 경우에는 토지가 도로로 편입된 사정은 고려하지 않고 그 편입될 당시의 현실적 이용상황에 따라 감정평가하되 다만, 도로에 편입된 이후 당해 토지의 위치나 주위 토지의 개발 및 이용상황 등에 비추어 도로가 개설되지 아니하였더라도 당해 토지의 현실적 이용상황이 주위 토지와 같이 변경되었을 것임이 객관적으로 명백하게 된 때에는, 그 이후부터는 그 변경된 이용상황을 상정하여 토지의 가격을 평가한 다음 이를 기초로 임료 상당의 부당이득액을 산정하여야 하는 것이며(대판 2002.10.25, 2002다31483 등 참조), 토지의 부당이득액을 산정함에 있어 그 요소가 되는 기대이율은 국공채이율, 은행의 장기대출금리, 일반시중의 금리, 정상적인 부동산거래이윤율, 국유재산법과 지방재정법이 정하는 대부료율 등을 참작하여 결정하여야 할 것이다(대판 2004.9.24, 2004다7286 등 참조).

원심은, 원심판결 제1 내지 4토지는 답으로 사용되고 있던 중 그 지목이 도로로 변경되면서 당시 도로관리청에 의하여 도로부지로 제공되었으므로, 위 토지들에 대하여는 도로부지에 제공될 당시의 현황대로 토지가격을 평가하여 임료를 산정하여야 할 것이라고 전제한 후 위 토지들의 기초가격을 위 감정촉탁 결과와 원심의 대일감정원 경남지사장에 대한 사실조회 결과 등을 종합하여 그 판시와 같이 인정하는 한편, 기대이율에 대해서는 국고채권수익률, 통화안정증권수익률, 예금금리 등을 참작한 위 감정촉탁 결과 외에 그 판시와 같은 여러 요소를 감안하여 2%를 적용하였다.

위 법리와 기록에 비추어 살펴보면 원심의 판단은 정당한 것으로 수긍이 가고, 거기에 상고이유에서 주장하는 바와 같은 법리오해, 대법원판례 위반 등의 위법이 없다.

2. 원심판시 김해시 주촌면 천곡리 도로 1,143㎡와 원심판시 별지목록 제6토지 중 도로부지 50㎡ 부분에 관한 각 상고이유에 대하여

가. 원심은 그 채택 증거에 의하여, 그 판시 별지목록 제5, 6토지는 1942.11.21. 지목이 하천

으로 변경되었는데, 위 각 토지는 지방 2급 하천으로 지정된 '조만강' 지정하천구역으로서 1991년 6월경 하천정비기본계획이 있은 이래 경상남도 고시 제2005-186호 하천대장에 등재되어 있는 사실, 이 사건 소송 계속 중인 2008.8.25. 위 제5토지 중 마을진입 도로로 사용되어 오던 부분이 천곡리 (이하 지번 생략) 하천 1,143㎡로 분할된 후 도로로 지목변경되었는데, 현재까지 천곡마을 진입로로 일반공중의 이용에 제공되고 있는 사실, 제6토지 중 50㎡가 제방으로서 도로부지로 사용되고 있는 사실을 인정하였다.

원심은 나아가, 위 (이하 지번 생략) 도로 1,143㎡에 관하여는 피고가 개설된 도로의 관리청으로서 또는 사실상의 지배주체로서 이를 점유·사용하고 있다고 보아 원고에게 부당이득을 반환할 의무가 있다고 판단하였으나, 제6토지 중 도로부지 50㎡ 부분에 대하여는 하천의 제방의 일부로서 하천법이 정한 절차에 따라 손실보상을 청구할 수 있음은 별론으로 하고, 하천관리청인 피고에 대하여는 손해배상이나 부당이득의 반환을 청구할 수 없다고 판단하였다.

나. 그러나 원심의 판단은 다음과 같은 이유로 수긍할 수 없다.

1961.12.30. 법률 제892호로 제정되어 1962.1.1.부터 시행된 제정 하천법에 의하면 준용하천의 하천구역은 그 명칭과 구간이 지정, 공고되더라도 이로써 하천의 종적인 구역인 하천의 구간만이 결정될 뿐이고, 하천의 횡적인 구역인 하천구역은 별도로 제정 하천법 제12조에 따라 관리청이 이를 결정·고시함으로써 비로소 정하여지고, 1971.1.19. 법률 제2292호로 전문 개정되어 1971.7.19.부터 시행된 구 하천법 및 1999.2.8. 법률 제5893호로 전문 개정되어 1999.8.9.부터 시행된 구 하천법(이하 위 2개의 법률을 통틀어 '구 하천법'이라 한다)은 하천구간 내의 토지 중에서 일정한 구역을 하천구역으로 규정하고 있어 이에 해당하는 구역은 당연히 하천구역이 되며(대판 1990.2.27, 88다카7030, 대판 2007.9.20, 2006다6461 등 참조), 2007.4.6.법률 제8338호로 전문 개정되어 2008.4.7.부터 시행된 현행 하천법에 의하면 국가하천 및 지방하천의 명칭과 구간이 지정, 고시된 때에 별도로 관리청이 하천법 제10조에 따라 하천구역을 결정·고시함으로써 하천구역이 정하여진다. 따라서 토지가 그 공부상 하천이라는 지목으로 등재되어 있다는 사정만으로는 그 토지를 하천구역이라고 단정할 수 없다(대판 2007.9.20, 2006다6461 등 참조).

한편 구 하천법은 스스로 각 제2조 제1항 제2호 (가)목 내지 (다)목에서 유수지, 하천부속물의 부지인 토지, 제외지 등을 하천구역으로 규정하고, 같은 항 제3호에서 구 하천법에 의하여 설치된 제방 기타의 시설 또는 공작물을 하천부속물이라고 규정하면서 다만 관리청 이외의 자가 설치한 시설 등에 관하여는 관리청이 당해 시설 등을 하천부속물로 관리하기 위하여 당해 시설 등의 설치자의 동의를 얻은 것에 한한다고 규정하고 있으므로, 관리청이 제방 설치자의 동의를 얻지 않았을 때에는 위 (나)목 소정의 하천구역에 해당한다고 볼 수 없으며, 그 제방이 자연적으로 형성된 것인 경우에는 하천관리청이 그 제방을 하천부속물로서 관리하는 것임을 요한다고 할 것이다(대판 1997.5.16, 97다485, 대판 2002.10.11, 2002다13461·13478 등 참조).

기록에 의하면, 위 (이하 지번 생략) 도로 1,143㎡와 제6토지 중 도로부지 50㎡ 부분은 각각 조만강의 제방에 개설된 도로임을 알 수 있는데, 위 각 토지 부분이 제정 하천법에 따라 하천구역으로 결정・고시되었다거나 위 제방이 피고가 설치한 것이라거나 또는 피고가 이를 하천부속물로서 관리하였다고 볼 아무런 자료가 없다. 그렇다면 위 법리에 비추어 위 제방이 언제, 누구에 의하여 설치된 것인지, 피고가 적법한 절차를 거쳐 이를 하천의 부속물로서 관리하여 왔는지 및 위 각 도로가 어떤 경위로 누구에 의해 개설・관리되고 있는지 등을 확정하지 않고서는 위 각 토지의 소유권의 귀속이나 피고의 임료 상당의 부당이득반환의무의 유무를 판단할 수 없다고 할 것이다.

그럼에도 불구하고 원심은 위와 같은 점을 심리・판단하지 아니한 채 그 판시와 같은 사정만으로 위 (이하 지번 생략) 도로 1,143㎡는 하천구역에 해당하지 아니하므로 피고가 임료 상당 부당이득을 반환할 의무가 있고, 위 제6토지 중 도로부지 50㎡ 부분은 하천구역에 해당하여 피고에게 손실보상을 청구할 수 있을 뿐이라고 단정하고 말았으니, 원심판결에는 관련 법리를 오해하였거나 필요한 심리를 다하지 아니하여 판결에 영향을 미친 위법이 있다. 이 점에 관한 각 상고이유의 주장은 이유 있다.

10. 사업인정고시 후, 개발이익 반영 여부(대판 2014.2.27, 2013두21182)

공익사업을 위한 토지 등의 취득 및 보상에 관한 법률 제67조 제2항은 '보상액을 산정할 경우에 해당 공익사업으로 인하여 토지 등의 가격이 변동되었을 때에는 이를 고려하지 아니한다'고 규정하고 있는바, 수용 대상토지의 보상액을 산정함에 있어 해당 공익사업의 시행을 직접 목적으로 하는 계획의 승인, 고시로 인한 가격변동은 이를 고려함이 없이 재결 당시의 가격을 기준으로 하여 적정가격을 정하여야 하나, 해당 공익사업과는 관계없는 다른 사업의 시행으로 인한 개발이익은 이를 포함한 가격으로 평가하여야 하고, 개발이익이 해당 공익사업의 사업인정고시일 후에 발생한 경우에도 마찬가지이다.

당해 사업으로 인한 개발이익만을 배제하여야 한다. 당해 사업의 사업인정 고시일 전・후를 불문하고 당해 사업이 아닌 다른 사업의 개발이익은 반영한다.

11. 기타(대판 1994.1.25, 93누11524)

인근 유사토지의 거래사례가격에 개발이익이 포함되어 있다는 이유로 이를 배제함에 있어서는 당해 사업으로 인한 개발이익이 포함된 거래사례만을 배제하여야 하고, 재개발사업을 사업시행지구별로 분할 시행하는 경우 각 지구별 사업은 각각 독립된 별개의 사업으로 볼 수 있다.

인근 사업의 개발이익은 반영할 수 있다. 그런데 인근 사업의 개발이익에 당해 사업으로 인한 개발이익이 포함되어 있다면 이를 배제한 만큼만 반영해야 할 것이다. 그러한 현실적으로 당해 사업으로 인한 개발이익이 어느 정도 포함되었는지를 구분하기란 쉽지 않다.

03 시점수정

1. 지가변동률 적용관련 판례

① 토지수용법 제46조 제2항과 국토이용관리법 제29조 제5항, 같은 법 시행령 제49조 제1항 제1호에 의한 보상액을 평가함에 있어서는 인근지가변동률을 참작하게 되어 있으므로 이 사건 수용대상토지소재지인 울산시 남구의 지가변동률을 참작하지 아니하고 그와 다른 울산시 전체의 지가변동률을 참작하여 보상액을 평가하였다면 이는 지가변동율의 참작을 잘못한 것이 되어 위법하다고 볼 수밖에 없다(대판 1990.3.13, 90누189).

② 수용대상토지의 보상금을 산정하기 위하여 표준지공시지가를 수용재결 시의 가액으로 시점수정함에 있어, 수용대상토지가 도시계획구역 내에 있는 경우에는 원칙적으로 지목별 지가변동률이 아닌 용도지역별 지가변동률을 적용하여야 한다(대판 1993.10.22, 93누11500).

> 도시지역 내에서는 용도지역에 따른 토지공간 이용이 중요하다.

③ 수용대상토지가 도시계획구역 내에 있는 경우에는 원칙적으로 용도지역별 지가변동률에 의하여 보상금을 산정하는 것이 더 타당하나 개발제한구역으로 지정되어 있는 경우에는 일반적으로 지목에 따라 지가변동률이 영향을 받으므로, 특별한 사정이 없는 한, 지목별 지가변동률을 적용하는 것이 상당하다(대판 1994.12.27, 94누1807).

> 개발제한구역에서는 행위제한이 가해지므로 건축물의 신축 등의 행위가 제한된다. 따라서 동일한 용도구역(자연녹지) 내라도 지목별 지가변동률은 상이할 것이다. 따라서 용도지역별 지가변동률은 지목별 가격변동을 정확하게 반영하지 못하는 문제가 있을 수 있다. 이러한 연유로 지목별(이용상황별) 지가변동률을 적용하는 것이 타당하다는 것이다.

2. 생산자물가상승률 적용관련 판례

① 수용대상토지의 손실보상액을 산정함에 있어 도매물가상승률을 참작하지 아니한 잘못이 있으나 도매물가상승률이 극히 낮고 지가변동률에 훨씬 미치지 못하여 지가변동률을 고려한 이상 도매물가상승률을 참작하지 아니하였다고 하더라도 판결결과에 영향이 없다(대판 1992.12.11, 92누5584).

② 토지의 수용에 따른 보상액 산정에 관한 토지수용법 제46조 제2항 제1호에 의하면, 토지에 관하여는 지가공시 및 토지 등의 평가에 관한 법률에 의한 공시지가를 기준으로 하되, 토지의 이용계획, 지가변동률, 도매물가상승률 외에 당해 토지의 위치, 형상, 환경, 이용상황 등을 참작하여 평가한 적정가격으로 보상액을 정하도록 되어 있는바, 위 규정이 지가변동률 외에 도매물가상승률을 참작하라고 하는 취지는 지가변동률이 지가추세를 적적히 반영하지 못한 특별한 사정 있는 경우 이를 통하여 보완하기 위한 것일 뿐이므로 지가변동률이 지가추세를 적절히 반영한 경우에는 이를 필요적으로 참작하여야 하는 것은 아니라고 할 것이다(대판 1999.8.24, 99두4754).

3. 입증책임

구 토지수용법(1991.12.31. 법률 제4483호로 개정되기 전의 것) 제46조 제2항에서 말하는 인근토지의 지가변동률이라 함은 특단의 사정이 없는 한 수용대상토지가 소재하는 구・시・군의 지가변동률을 의미한다 할 것이고, 다만 수용대상토지가 소재하는 구・시・군의 지가가 당해 사업으로 인하여 변동되었다고 볼 만한 특별한 사정이 있는 경우에는 인근 구・시・군의 지가변동률을 참작하여야 할 것이며, 당해 사업으로 인하여 지가가 변동되었다는 점에 대한 주장, 입증책임은 인근 구・시・군의 지가변동률의 적용을 원하는 자에게 있다(대판 1993.5.14, 92누7795).

현행 규정에서는 인근 시・군・구의 지가변동률을 적용해야 하는 경우가 규정되어 있으므로 1차적으로 감정평가 시에 판단될 것이다. 만약 이에 불복하는 경우에는 주장하는 자에게 입증책임이 있다.

04 개별요인

① 이의재결의 기초가 된 감정평가법인들의 각 감정평가가 모두 개별 요인을 품등비교함에 있어 구체적으로 어떤 요인들을 품등비교하였는지에 관하여 아무런 이유 설시를 하지 아니하였다면 위법하다(대판 1996.5.28, 95누13173).

② 토지가 도시계획사업으로 분할됨으로써 맹지가 된 경우에, 감정평가를 함에 있어서 당해 토지와 표준지와의 품등비교를 하면서 개별 요인 중 가로조건의 점에 관하여 당해 토지가 맹지임을 전제로 열세로 평가하였다면, 그러한 감정평가는 개별 요인의 비교에 있어서 당해 사업에 의한 분할로 인하여 발생하게 된 사정을 참작한 잘못이 있어 위법하다(대판 1996.5.14, 95누14350).

③ 표준지가 수용대상인 경우는 지역 및 개별요인의 비교가 필요한지 여부(대판 1995.5.12, 95누2678) : 수용대상토지 자체가 표준지인 토지에 관하여는 표준지와의 개별성 및 지역성의 비교란 있을 수 없다.

제2절 기출분석

 기출문제

[손실보상] 손실보상과 정당보상의 의미 [제4회 제1문]

A시는 도로건설용지로 사용하기 위하여 甲 소유 토지 1,000제곱미터를 수용하기 위하여 재결을 신청하였다. 이에 관할 토지수용위원회는 1993년 8월 20일자로 보상재결을 하려고 한다. 이 경우 수용위원회가 재결을 함에 있어서 적용할 현행법상의 보상기준에 대하여 논하고, 그 보상기준과 정당보상과의 관계를 언급하라. 50점

Ⅰ. 논점의 정리

Ⅱ. 수용재결 시 적용할 보상기준

1. 헌법상 보상기준
   - (1) 학설(완전보상설, 상당보상설, 절충설)
   - (2) 판례(완전보상설)
   - (3) 검토
2. 개별법상 보상기준
   - (1) 완전보상주의(시가보상주의, 공시지가기준보상)
   - (2) 개발이익 배제
   - (3) 생활보상의 지향

Ⅲ. 보상기준과 정당보상과의 관계

1. 공시지가기준보상과 정당보상
2. 채권보상(현물보상)과 정당보상
3. 개발이익 배제와 정당보상

Ⅳ. 결어

쟁점해설

본문의 논점은 1. 서설(5점), 2. 보상기준(20점), 3. 보상기준과 정당보상과의 관계(20점), 4. 결어(5점)이었다. 즉, 손실보상의 기준을 설명하고 그 보상기준이 정당보상인지의 여부에 있기 때문에 목차구성에 있어 보상기준에 관한 헌법규정에 관한 학설을 중심으로 구체적으로 검토하는 것이 타당하며, 아울러 개별법 특히 토지수용법(현 토지보상법)에서 규정하고 구체적 보상기준을 상세하게 검토한 이후에 그와 같은 보상기준들이 정당보상에 해당하는 것인지에 대하여 평가하는 것이 타당하다. 그리고 사례에서 재결시점을 1993년 8월 20일자로 한다는 것을 명기하였기 때문에 공시기준일인 1월 1일부터 8월 20일까지의 기간에 생긴 지가상승분 또는 지가하락분에 대하여 어떤 기준을 적용하여 보상액을 산정하여야 하는지에 대하여 언급하는 것이 바람직하다.

기출문제

[손실보상] 손실보상과 정당보상의 의미 [제9회 제1문]

택지개발사업이 시행되는 지역에 농지 4,000제곱미터를 소유하고 있던 甲은 보상금으로 사업주변지역에서 같은 면적의 농지를 대토하고자 하였다. 이 지역의 농지가격수준은 사업이 시행되기 이전만 하더라도 주변지역과 같게 형성되고 있었다. 그러나 해당 사업으로 인해 주변지역의 지가가 상승하여 甲은 보상금으로 3,000제곱미터 밖에 매입할 수 없었다. 40점

(1) **甲이 받은 보상은 정당보상에 해당한다고 볼 수 있는가?** 20점

(2) **甲과 사업주변지역 토지소유자와의 불공평관계에서 나타나는 문제점과 개선대책은?** 20점

Ⅰ. 쟁점의 정리

Ⅱ. 설문 (1) : 보상금과 정당보상

1. 정당보상에 관한 학설과 보상기준

(1) 정당보상에 관한 학설

완전보상설 · 상당보상설 · 절충설

(2) 정당보상에 관한 보상기준

① 공시지가보상과 정당보상

② 개발이익 배제와 정당보상

2. 정당보상 여부의 검토

Ⅲ. 설문 (2) : 피수용자와 사업주변지역 토지소유자와의 불균등문제

1. 개발이익의 사유화

2. 불균등의 문제점과 해소방안

(1) 개발이익환수를 위한 새로운 법제도입

(2) 생활보상

(3) 토지세제개편 및 대토보상제

(4) 개발이익 포함하여 보상하는 제도

Ⅳ. 사안의 해결

쟁점해설

1. 채점기준

(1) **보상금과 정당보상**

① 정당보상에 관한 학설과 보상기준

② 정당보상 여부의 검토

(2) **피수용자와 사업주변지역 토지소유자와의 불균등관계**

① 개발이익의 사유화

② 불균등의 문제점과 해소방안

2. 문제 1의 논점

(1) 설문 (1) : 보상금과 정당보상

정당보상 여부가 핵심논점인바, 이를 논하기 위해서는 정당보상에 관한 학설·판례와 그 보상기준을 제시하여야 할 것이다.

재산권에 대한 공용침해에 있어서는 손실보상의 원칙이 인정되며, 우리 헌법도 제23조 제3항에서 정당한 보상을 규정하고 있다. 정당보상의 개념에 대하여는 학설이 나누어진다. 즉, 미합중국 수정헌법을 근거로 피침해재산의 객관적 가치를 완전히 보상하여야 한다는 완전보상설과 바이마르 헌법에 근거하여 사회 국가적 기준에 의한 적정보상이면 완전보상을 밑도는 보상을 하여도 족하다고 보는 상당보상설이 대립하고 있다. 그 밖에 완전보상을 원칙으로 하되, 경우에 따라서는 상당보상을 행할 수 있다고 보는 절충설의 입장도 있다. 현재 우리나라의 다수학설은 절충설이다.

우리 헌법재판소와 대법원은 정당한 보상의 개념을 재산권 가치의 완전 회복을 의미하는 완전한 보상의 입장을 취한 바 있다. 따라서 학설과 판례의 입장을 종합하건대 현대국가의 보상은 사회복리 국가이념의 실현을 위한 보상, 즉 실질적 생활보상이어야 하고 이에는 부대적 손실(이전료, 영업보상)도 포함된다고 할 것이다. 설문 (1)에서는 정당보상의 여부 검토가 중요논점이라 할 것인바, 위에서 살펴본 학설과 판례에 입각하여 논술하면 될 것이다.

또 정당보상 여부의 구체적 기준 검토에 있어서는 공시지가기준과 개발이익 배제문제도 논급되어야 할 것이다.

① 공시지가를 기준으로 한 보상액 산정제도는 (구)토지수용법 제26조 제2항 제1호 및 동조 제3항에서 "협의 취득 또는 수용하여야 할 토지에 대하여는 … 공시지가를 기준으로 하되"라고 하고 있는바, 보상액 산정은 우선 공시지가를 기준으로 한다는 실정법적 근거에 입각하고 있다.
또 공시지가제도는 실정법적 근거 이전에 합리적 지가형성 도모, 국토의 효율적 이용 등을 고려할 때에도 이론상 타당하다고 할 것이다.

② 개발이익 배제와 관련하여 사업시행으로 인한 주변지가의 상승(개발)이익은 자신의 정당한 노력에 의하지 않은 불로소득이므로 보상액 산정에서 배제함이 정의와 공평의 원칙에 부합된다는 견해를 지지하는 견해와 이를 부정하는 견해가 있다. 대법원은 "개발이익은 객관적 가치에 해당하지 않으므로 피수용자의 손실에 포함되지 않는다."라고 판시하여 개발이익 배제가 정당보상임을 인정하는 입장을 취한 바 있다(헌재 1990.6.25, 89헌마107).

③ 이와 같은 이론을 설문에 적용시켜 볼 때, 비록 甲에게 개발이익이 배제되어 3,000㎡밖에 대토할 수 없더라도 정당보상의 원칙이 부정되었다고 할 수는 없을 것이고, 공시지가의 수준을 정당보상에 합치되도록 상향조정하는 것이 중요한 선결과제라 하겠다.

(2) 설문 (2) : 피수용자와 사업주변지역 토지소유자와의 불균등관계

이 문제는 ① 개발이익의 사유화 문제와, ② 피수용자와 사업주변지역 토지소유자와의 불균등 문제, 그리고 그 해소방안에 관한 문제이다.

1) 설문 (1)에서 제시한 바와 같이 사업시행으로 발생하는 개발이익을 누구에게 귀속시키느냐 하는 것은 개발사업의 정의와 형평성 확보에 따르는 중요한 문제이다. 설문에서 제시한 바와 같이 주변토지의 지가상승으로 같은 면적의 대토가 불가능하게 되면 피수용자에게 상대적 손실이 발생하게 된다. 즉, 피수용자에게 개발이익을 배제하고 사업주변지역 토지소유자에게 개발이익을 부여하는 것은 개발이익을 사유화하게 되고 정의와 형평의 원칙에 반하게 되는바, 불균등의 문제가 발생하게 된다. 따라서 그 해소방안이 요구된다.

2) 피수용자와 사업주변지역 토지소유자 간에 개발이익이 사유화되면 재산상 불균등의 문제가 발생하며, 그 해소책이 강구되어야 한다. 이러한 불균등문제 해소를 위하여서는 헌법상의 대원칙인 완전보상주의가 충실하게 실현되는 대전제하 개별법이 채택하고 있는 개발이익환수를 위한 새로운 법제의 도입과 그 보완・개선이 이루어져야 하겠다. 이러한 대원칙에는 생활보상이 새로운 바람직한 보상개념으로 제시되고 있다. 그 밖에 각종 토지세제의 개선과 현물보상의 확대도 검토할 만한 문제이다.

■ 최근 토지보상법 제63조에서 현물보상으로 대토보상제도를 도입하였고 공장에 대한 이주대책수립규정도 도입(법 제78조)하여 불균등문제를 입법적으로 해소하고 있다.

17회 문제 04

재산권의 가치보장과 존속보장에 관하여 서술하시오. 15점

쟁점해설

Ⅰ 개설

① 헌법 제23조 제1항에서는 구체적인 재산권에 대한 규정을 정하지 않았으므로 보장되는 재산권의 내용은 무엇인지 살펴보고, ② 보장된다는 것의 의미는 원형 그대로의 보장인지 또는 그와 동등한 가치로의 보장인지가 문제된다.

Ⅱ 보장되는 재산권의 내용은 무엇인지

1. 재산권의 내용

헌법은 제23조 제1항에서 국민의 재산권을 보장한다고 선언하면서도 보장하고자 하는 재산권의 내용을 스스로 정하지 아니하고 이를 입법자가 정하도록 위임하고 있다. 따라서 헌법상 보장되는 재산권의 내용은 입법자가 법률로 결정한 사항들이라고 할 수 있다.

2. 토지보상법상 재산권의 종류

토지보상법 제3조에서는 수용의 대상이 되는 재산권의 종류로 ① 토지 및 이에 관한 소유권 외의 권리, ② 토지와 함께 공익사업을 위하여 필요로 하는 입목, 건물, 그 밖에 토지에 정착한 물건 및 이에 관한 소유권 외의 권리, ③ 광업권·어업권·양식업권 또는 물의 사용에 관한 권리, ④ 토지에 속한 흙·돌·모래 또는 자갈에 관한 권리 등을 열거하고 있다.

Ⅲ 존속보장과 가치보장

1. 원형 그대로의 존속보장

보장의 의미는 ① 사유재산제도의 본질적 내용에 대한 침해 금지뿐만 아니라 ② 기존의 법제에서 인정되는 재산권에 대한 부당한 침해에 대한 방어권도 포함한다. 이는 바로 재산권의 존속보장을 의미하는 것으로 볼 수 있다.

2. 가치보장으로의 전환

헌법 제23조 제1항에서는 존속보장을 원칙적으로 규정하고 있으나, 존속보장을 유지하는 것이 오히려 사회 전체의 공익을 저해하는 결과를 초래하는 경우도 있을 수 있다. 이러한 경우에는 사회 전체의 공익을 위하여 사인의 재산권행사를 제한하고, 이를 이용하여 공익증진을 도모할 수 있을 것이다. 재산권 행사를 제한하는 때에는 그에 대한 대가로서 정당한 보상을 지급하여 가치보장을 도모해야 함이 타당하며, 헌법 제23조 제3항에서는 이러한 내용을 규정하고 있다.

28회 문제 04

甲 소유의 토지를 포함하는 일단의 토지가 「공공토지의 비축에 관한 법률」에 따라 X읍－Y읍 간 도로사업용지 비축사업(이하 '이 사건 비축사업'이라 함) 지역으로 지정되었고, 한국토지주택공사를 사업시행자로 하여 2014.3.31. 이 사건 비축사업에 대하여 「공익사업을 위한 토지 등의 취득 및 보상에 관한 법률」에 따른 사업인정 고시가 있었다. 한편, 관할 도지사는 X읍－Z읍 간 도로확포장공사와 관련하여 2016.5.1. 도로구역을 결정 · 고시하였는데, 甲의 토지는 도로확포장공사가 시행되는 도로구역 인근에 위치하고 있다. 이후 이 사건 비축사업을 위하여 甲 소유의 토지에 대해서 2016.7.5. 관할 토지수용위원회의 수용재결이 있었는 바, 위 도로확포장공사로 인하여 상승된 토지가격이 반영되지 않은 감정평가가격으로 보상금이 결정되었다. 이에 甲은 도로확포장공사로 인한 개발이익이 배제된 보상금 결정은 위법하다고 주장하는바, 甲의 주장이 타당한지에 관하여 설명하시오. 10점

예시답안

(설문 4)의 해결

I 쟁점의 정리

甲은 해당 사업이 아닌 도로확포장공사로 인한 개발익이이 배제된 것은 위법하다고 주장한다. 개발이익의 의미 및 배제범위 등을 검토하여 甲 주장이 타당한지에 관하여 설명한다.

II 개발이익 배제와 정당보상

1. 정당보상의 의미

① 완전보상설, ② 상당보상설 등 견해의 대립이 있으나, ① 대법원은 보상의 시기, 방법 등에 제한 없는 완전한 보상을 의미한다고 판시한 바 있으며, ② 헌법재판소는 피수용자의 객관적 재산가치를 완전하게 보상해야 한다고 판시한 바 있다. 피수용자의 객관적 가치를 완전하게 보상함은 물론 대물적 보상만으로 채워지지 않는 부분에 대한 생활보상을 지향함이 타당하다.

2. 정당보상과 개발이익(개발이익의 의미와 개발이익 배제)

(1) 개발이익과 개발이익 배제의 의미

개발이익이란 공익사업 시행의 계획이나 시행이 공고, 고시되어 토지소유자의 노력과 관계없이 지가가 상승하여 뚜렷하게 받은 이익으로 정상지가상승분을 초과하여 증가된 부분을 말한다. 토지보상법 제67조 제2항에서는 '해당 공익사업으로 인하여 토지 등의 가격이 변동되었을 때에는 이를 고려하지 아니한다.'고 규정하고 있다.

(2) **개발이익 배제의 정당성**

주관적 가치는 배제되어야 한다는 긍정설과 인근 토지소유자와의 형평성 측면에서 부정해야 한다는 견해가 있으나, 판례는 '개발이익은 궁극적으로는 모든 국민에게 귀속되어야 할 성질의 것이므로 이는 피수용자의 토지의 객관적 가치 내지 피수용자의 손실이라고는 볼 수 없다.'고 판시한 바 있다. 개발이익은 재산권에 내재된 객관적 가치가 아니므로, 이를 배제하여도 정당보상에 반하지 않는다고 사료된다.

(3) **개발이익의 배제방법**

① 적용공시지가 적용(토지보상법 제70조 제3항 내지 제5항), ② 해당 사업으로 변하지 않은 지가변동률의 적용(토지보상법 제70조 제1항 및 동법 시행령 제37조 제2항), ③ '그 밖의 요인' 보정을 통한 배제방법이 있다.

Ⅲ 개발이익 배제의 범위

1. 객관적 범위(해당 사업과 관련된 개발이익)

사회적으로 증가된 이익 전부인지, 해당 사업으로 인해서 증분된 부분인지가 문제되는데, 〈판례〉는 해당 사업과 관계없는 다른 사업의 시행으로 인한 개발이익은 이를 배제하지 않는 가격으로 평가해야 한다고 판시하고 있다(대판 1992.2.11, 91누7774).

2. 시적 범위(사업인정 이전 · 이후)

토지보상법 제67조 제2항의 규정은 개발이익 배제와 관련하여 '해당 사업일 것'만을 규정하고 있으며 개발이익 배제의 취지 등에 비추어 볼 때, 해당 공익사업의 사업인정고시일 이전 · 이후를 불문하고 해당 공익사업과 무관한 이익 모두 반영되어야 할 것이다(대판 2014.2.27, 2013두21182).

Ⅳ 사안의 해결

설문상 두 사업은 사업시행주체가 다르고, 사업인정고시 시기도 2년 가량 차이가 있는 데다가 비축사업이 위 도로사업의 장차 시행을 고려하여 계획되었다고 볼만한 내용도 설시되지 아니하였음을 알 수 있는바, 이러한 사정에 비추어 보면 甲의 주장은 정당한 것으로 수긍할 수 있다.

채점평

문제 4

이 문제는 개발이익이 보상금에 포함되는지 여부를 기본 쟁점으로 하는 것으로 기본적으로 보상금과의 관계에서 해당 공익사업으로 인한 개발이익과 다른 공익사업으로 인한 개발이익의 구별 문제와 그 외에 사업인정 시점과 개발이익의 문제에 대한 쟁점 등 대부분의 수험생들은 비교적 쟁점을 정확하게 파악하고 답안을 작성하였습니다.

17회 문제 03

「공익사업을 위한 토지 등의 취득 및 보상에 관한 법률」상 공시지가를 기초로 한 보상액 산정에 있어서 개발이익의 배제 및 포함을 논하시오. 15점

3회 문제 02

「공익사업을 위한 토지 등의 취득 및 보상에 관한 법률」상 개발이익의 배제에 대하여 논하라. 20점

Ⅰ. 서
Ⅱ. 개발이익 배제의 필요성
1. 개발이익 배제의 의의 및 근거
2. 개발이익 배제의 필요성
(1) 잠재적 손실로서의 미실현이익의 배제
(2) 형평의 원리의 실현
(3) 주관적 가치에 대한 보상 배제
Ⅲ. 개발이익 배제제도가 헌법상 손실보상기준에 부합하는지
1. 견해의 대립
2. 판례의 태도
3. 검토
Ⅳ. 결

쟁점해설

Ⅰ 서

헌법 제23조 제3항에서는, 헌법상 기본권으로 보장되는 토지재산권은 공공필요에 의한 경우 예외적으로 정당보상을 통한 수용을 할 수 있다고 규정하고 있다. 이러한 정당보상은 완전보상으로 이해하는 것이 다수와 판례의 태도이며, 토지보상법에서는 완전보상을 실현하기 위하여 개발이익 배제를 규정하고 있다.

Ⅱ 개발이익 배제의 필요성

1. 개발이익 배제의 의의 및 근거

개발이익이란 공익사업 시행의 계획이나 시행이 공고, 고시되어 토지소유자의 노력과 관계없이 지가가 상승하여 뚜렷하게 받은 이익으로 정상지가상승분을 초과하여 증가된 부분을 말한다(표준지조사 평가기준 제3조 제2호). 개발이익 배제란 보상금액의 산정에 있어서 해당 공익사업으로 인하여 토지 등의 가격에 변동이 있는 때에는 이를 고려하지 않는 것을 말한다(토지보상법 제67조 제2항).

2. 개발이익 배제의 필요성

① 개발이익은 미실현된 잠재적 이익이고, ② 토지소유자의 노력과 관계없으므로 사회에 귀속되도록 하는 것이 형평의 원리에 부합한다. ③ 개발이익은 공익사업에 의해 발생하므로 토지소유자의 손실이 아니다. 따라서 개발이익의 배제 필요성이 야기된다.

(1) 잠재적 손실로서의 미실현이익의 배제

공평부담의 목적에서 인정되는 손실보상은 현재화된 재산적 가치만 대상이 되고 아직 실현되지 아니한 잠재적 손실은 그 대상에 포함되지 않는 것이 원칙이다.

(2) 형평의 원리의 실현

개발이익은 토지소유자의 노력에 관계없는 이익인 바, 이러한 이익은 투자자인 사업시행자 또는 사회에 귀속되도록 하는 것이 형평의 원리에 부합한다.

(3) 주관적 가치에 대한 보상 배제

개발이익은 공익사업에 의해 비로소 발생하는 것으로 그 성질상 완전보상의 범위에 포함되는 토지소유자의 손실이 아니므로 손실보상액 산정에 있어 배제되어야 하는 것이다.

Ⅲ 개발이익 배제제도가 헌법상 손실보상기준에 부합하는지

1. 견해의 대립

① 부정하는 견해는 보상금만으로는 주변 토지의 대토가 어려우며, 인근 토지소유자와의 형평성을 고려할 때, 해당 토지의 개발이익만 배제하는 것은 정당보상에 반한다고 본다. ② 긍정하는 견해는 손실보상은 아직 실현되지 아니한 미실현이익이므로, 보상 대상에 포함되지 않는 것이 원칙이며, 개발이익은 공익사업의 시행을 볼모로 한 주관적 가치 부여에 지나지 않는다고 한다.

2. 판례의 태도

판례도 개발이익은 궁극적으로는 국민 모두에게 귀속되어야 할 성질의 것이므로 이는 완전보상의 범위에 포함되는 피수용토지의 객관적 가치 내지 피수용자의 손실이라고는 볼 수 없다. 따라서 이를 배제한다고 하여 완전보상의 원칙에 어긋나는 것은 아니라고 한다.

3. 검토

개발이익은 재산권에 내재된 객관적 가치가 아니므로, 이를 배제하여도 정당보상에 반하지 않는다고 사료된다.

Ⅳ 결

헌법상 정당보상은 보상의 시기나 방법에 제한이 없는 재산권의 객관적 가치를 완전보상하는 것으로서, 이에는 개발이익은 포함되지 않는다. 개발이익의 배제 과정에서 인근 주민과의 형평성 문제와 개발이익을 완전히 배제하기에는 기술적인 문제가 발생할 수 있으므로 폐지된 토지초과이득세의 재도입 및 보상시점의 변경 등 입법적인 보완이 요구된다.

기출문제

[손실보상] 손실보상과 정당보상의 의미 [제12회 제1문]

(구)토지수용법 제46조는 다음과 같이 규정하고 있다. 이 규정과 관련하여 아래의 물음에 답하시오.

> **(구)토지수용법 제46조(산정의 시기 및 방법)**
>
> ① 손실액의 산정은 제25조 제1항의 규정에 의한 협의의 경우에는 협의성립 당시의 가격을 기준으로 하고 제29조의 규정에 의한 재결의 경우에는 수용 또는 사용의 재결 당시의 가격을 기준으로 한다.
>
> ② 제1항의 규정에 의한 보상액의 산정방법은 다음 각 호와 같다.
>
> 1. 협의취득 또는 수용하여야 할 토지에 대하여는 지가공시 및 토지 등의 평가에 관한 법률에 의한 공시지가를 기준으로 하되, 그 공시기준일로부터 협의성립 시 또는 재결 시까지의 관계법령에 의한 당해 토지의 이용계획, 당해 공익사업으로 인한 지가의 변동이 없는 지역의 대통령령이 정하는 지가변동률, 도매물가상승률 기타 당해 토지의 위치・형상・환경・이용상황 등을 참작하여 평가한 적정가격으로 보상액을 정한다.
> 2. 사용하여야 할 토지에 대하여는 그 토지 및 인근 토지의 지료・임대료 등을 참작한 적정가격으로 보상액을 정한다.
>
> ③ 제2항의 규정에 의한 공시지가는 제16조의 규정에 의한 사업인정고시일전의 시점을 공시기준일로 하는 공시지가로서 당해 토지의 협의성립 또는 재결 당시 공시된 공시지가 중 당해 사업인정고시일에 가장 근접한 시점에 공시된 공시지가로 한다.

(1) **(구)토지수용법 제46조 제2항 제1호 및 제3항의 입법취지에 대하여 설명하시오.** 10점

(2) **(구)토지수용법 제46조 제2항이나 (구)지가공시 및 토지 등의 평가에 관한 법률 등에 의하여 손실보상액을 산정함에 있어, 보상선례를 참작할 수 있는가에 대하여 설명하시오.** 10점

(3) **(구)토지수용법 제46조에서 규정하는 산정방법에 의하여 보상액을 산정하는 것이 정당보상에 합치되는지 논하시오.** 10점

Ⅰ. 문제의 제기
Ⅱ. (구)토지수용법 제46조 제2항 제1호 및 제3항의 입법취지
  1. 보상에서의 개발이익 배제
  2. 보상의 기준시점과 산정의 기준시점 간 조정수단
Ⅲ. 보상선례의 참작가능성
  1. 보상선례의 의의
  2. (구)토지수용법 제46조 제2항 제1호의 해석
  3. 보상선례에 관한 판례동향과 비판
Ⅳ. 정당보상과의 합치 여부
  1. 공시지가보상과 정당보상
  2. 개발이익 배제와 정당보상
Ⅴ. 결어

쟁점해설

1. 출제의도

공공사업을 위한 수용의 경우 보상은 협의성립 당시의 가격과 재결 당시의 가격을 기준으로 하는 일반원칙을 채용하고 있다. 그러나 가격시점의 보상액은 공시지가기준일로부터 시점을 수정하여 산정하는 방식에 의거하고 있다. 시점수정은 개발이익을 배제한 적정가격으로 보상액을 정하기 위한 제도이다. 이로 말미암아 보상액이 정당보상에 합치하는가에 대한 논의가 거듭되고 있으며, 시점수정에 의한 보상액의 산정 시 기타 사항으로 보상선례를 참작할 수 있는가에 대하여 견해가 나누어지고 있다. 따라서 공익사업을 위한 수용이 불가피적으로 인정된다 하더라도 보상액이 정당보상에 합치되어야 한다는 점에서 보상액의 산정시기와 방법에 대한 올바른 이해가 요구된다. 이 문제는 보상법규에서 가장 중요한 문제의 하나이고, 실무적으로도 매우 중요한 의미를 갖는다. 수험생들이 이 문제에 대한 준비를 철저히 한 것으로 알지만 기본문제에 대한 이해를 바르게 하고 있는가에 주안점을 두고 출제하게 되었다. 특히 보상선례의 참작에 대한 최근 판례동향을 바르게 이해하고 이에 대한 비판을 기대하면서 출제하였다.

2. 채점기준

(1) 입법취지는 ① 보상액에서 개발이익의 배제(5점), ② 보상의 기준시점과 산정의 기준시점 간 조정수단(5점)

(2) 보상선례의 참작가능성은 ① 보상선례의 의의와 (구)토지수용법 제46조 제2항 제1호의 규정해석(5점), ② 보상선례에 관한 판례동향과 비판(5점)으로 세분하여 배점하였다. 특히 판례는 대법원의 최근 판례인 대법원 2001.4.24, 99두5085 판결과 대법원 2001.3.27, 99두7968 판결을 예정하고 있었다.

> **대판 2001.4.24, 99두5085**
>
> [3] (구)토지수용법 제46조 제2항이나 지가공시 및 토지 등의 평가에 관한 법률 등 토지수용에 있어서의 손실보상액 산정에 관한 관계규정에서 그 가격산정요인의 하나로 보상선례를 들고 있지 아니한 점에 비추어, 수용대상토지의 정당한 보상액을 산정함에 있어 보상선례를 반드시 참작하여야 하는 것은 아니고, 다만 인근 유사토지가 보상된 사례가 있고 그 가격이 정상적인 것으로서 적정한 평가에 영향을 미칠 수 있는 것임이 인정된 때에 한하여 이를 참작할 수 있다.

(3) 정당보상에의 합치 여부는 ① 보상기준(공시지가)과 정당보상(5점), ② 보상액의 산정방법(개발이익의 배제)과 정당보상(5점)으로 세분하여 배점하였다.

3. 전체적인 경향

이 문제에 대해서는 대체적으로 답안을 잘 작성하고 있어 기본문제에 충실하게 준비하였다는 생각이 들었다. 많은 답안이 서론을 구성하고 있으나, 이 문제는 다시 3개의 작은 문제로 구성되어 있어 서론을 반드시 기술할 필요는 없다. 채점기준이 서론에 대한 배점을 하지 않고 있기 때문에 구태여 지면과 시간을 낭비할 필요는 없기 때문이다. 하나의 문제가 무엇에 대하여 논하라거나 설명하라고 할 때는 서론이나 문제제기를 하여야 하나, 그렇지 않고 작은 문제로 나누어 답하도록 할 때는 질문에만 충실하게 답안을 작성해도 무방할 것이다.

(1)의 입법취지에 대해서는 개발이익을 배제하기 위한 것임을 잘 알고 설명하고 있으나, 채점기준에서 제시하고 있는 바와 같이 보상의 기준시점과 산정의 기준시점 간 조정방법에 대해서는 구체적으로 설명하지 못하고 있다. 따라서 어떠한 방법으로 개발이익을 배제하고 있는가에 대한 설명이 부족하다. 수험생에 따라서는 이 문제에서 장황하게 정당보상과의 관계에 대해서 설명하는 경우도 있었다. 이는 문제 (3)에서 설명할 것을 여기서도 설명함으로써 중복되어 득점에는 아무런 도움이 되지 못한다.

(2)의 보상선례의 참작가능성에 대하여는 (구)토지수용법 제46조 제2항 제1호의 기타사항과 관련하여 설명할 뿐만 아니라 이에 대한 견해와 대법원의 관련 판례도 들어 설명하고 있어 대체적으로 우수하였다.

(3)의 정당보상에의 합치 여부는 비록 기술방법의 논리성이나 체계성에는 차이가 있다 하더라도 대부분의 답안이 정당보상에 합치한다는 결론을 내리고 있다. 그러나 이 문제에서 출제자는 보상기준 또는 공시지가와 정당보상, 개발이익의 배제와 정당보상을 기대하였다. 대개의 경우 개발이익의 배제와 정당보상에 대하여는 기술하고 있으나, 보상기준이나 공시지가와 정당보상의 관계에 대해서는 충분하지 못한 경향을 보이고 있었다.

3회 문제 03

(1) 채권보상 10점

가. 채권보상의 의의 및 취지

현금보상의 예외로서 채권으로 보상하는 것을 말한다. 이는 ㉠ 과도한 투기자금의 공급을 방지하고, ㉡ 사업시행자의 일시적 유동경색 방지에 목적이 있다.

나. 채권보상의 요건

① **임의적 채권보상**(제7항) : ㉠ 사업주체는 국가, 지방자치단체, 대통령령으로 정하는 공공기관 및 공공단체가 되어야 하며, ㉡ 부재부동산 소유자(부재부동산 소유자는 영 제26조의 규정에 의한다)의 토지 중 1억원 초과금액 및 소유자 또는 관계인이 원하는 경우를 요건으로 한다.

② **의무적 채권보상**(제8항) : ㉠ 토지 투기우려지역(토지거래허가구역이 속한 시・군・구 및 연접한 시・군・구 포함)에서, ㉡ 택지・도시・산업단지 등의 개발사업을 시행하는 대통령령으로 정하는 공공기관 및 공공단체는, ㉢ 부재부동산 소유자의 토지 중 1억원을 초과하는 금액에 대하여 채권으로 지급해야 한다.

③ **부재부동산 소유자의 토지의 의미**(영 제26조) : ㉠ 사업인정고시일 1년 전부터 해당 토지 소재지의 시・구 또는 읍면(연접 포함)에 계속하여 주민등록을 하지 않은 자가 소유하는 토지, ㉡ 주민등록은 하였으나 사실상 거주하고 있지 아니한 자가 소유하는 토지(질병요양, 입영, 공무, 취학 예외), ㉢ 부재부동산 예외(상속일로부터 1년 미경과 토지 및 사업인정고시일 1년 전부터 사실상 거주하고 있음을 입증한 자가 소유하는 토지 및 영업을 하고 있음을 입증한 자가 영업을 하기 위해 소유하는 토지는 부재부동산 소유자의 토지로 보지 않는다)

다. 채권보상의 내용

① **발행절차**(토지보상법 시행령 제30조) : 기획재정부장관이 각 부 장관의 요청이 있는 경우에 발행하고 관계 중앙행정기관의 장 및 한국은행 총재에게 통지해야 한다.

② **발행방법**(시행령 제31조) : 보상채권은 (최소액면 10만원) 액면금액으로 무기명증권으로 발행하되 멸실, 도난의 경우에도 재발행하지 아니한다.

③ **이율 및 상환**(시행령 제32조) : 채권상환기간은 5년 이내로 하되 원리금은 상환일에 일시상환한다. 이율은 국공채 및 예금금리이율을 적용한다.

라. 채권보상의 정당성

① **문제점** : ㉠ 채권보상이 보상방법을 제한하는 것인지, ㉡ 부재부동산의 경우 평등의 원칙 위배 여부, ㉢ 사전보상의 원칙의 예외인지가 문제된다.

② **학설** : ㉠ 〈위헌이라는 견해〉는 보상방법의 제한, 사전보상의 원칙문제로 위헌이라고 한다. ㉡ 〈합헌이라는 견해〉는 채권보상 목적의 정당성, 통상의 수익률 보장, 부재지주의 자산증식 목적에 비추어 차별의 합리성을 인정할 수 있다고 한다.

③ **검토** : 채권보상의 취지에는 인근 토지에 대한 투기방지 목적이 인정되며, 통상의 수익률을 보장하므로 사전보상의 원칙에 반하지는 않는다고 본다.

마. 채권보상의 문제점과 개선안

금전보상은 피수용자가 대체토지를 취득하여 같은 생활을 할 수 있게 하는 제도이나 채권보상은 양도, 담보가 허용되어 사실상 대체토지 수요로 전환되어 지가상승을 유발하는 문제가 있다. 따라서 양도, 담보를 일정기간 동안 방지하는 등의 입법적 보완이 필요하다.

2회 문제 03

(1) 보상액의 산정시기를 약술하라 10점

보상액 산정시기는 토지보상법 제67조 제1항에서 '보상액의 산정은 협의에 의한 경우에는 협의 성립 당시의 가격을, 재결에 의한 경우에는 수용 또는 사용의 재결 당시의 가격을 기준으로 한다'고 규정하고 있으므로 협의 시와 재결 시를 구분하여 설명하면 될 것며, 이의재결 및 보상금증감청구소송에 있어서도 보상액의 산정시기는 수용재결 시가 됨을 구술하면 될 것이다.

기출문제

[손실보상] 손해배상 및 간접침해보상 [제12회 제2문]

기업자 甲이 산업단지를 조성하기 위해 매립·간척사업을 시행하게 됨에 따라 해당 지역에서 수산업법 제44조의 규정에 의한 신고를 하고 어업에 종사해 온 乙은 더 이상 신고한 어업에 종사하지 못하게 되었다. 그러나 甲은 乙에게 수산업법 제81조 제1항 제1호의 규정에 의한 손실보상을 하지 아니하고 공유수면매립사업을 시행하였다. 이 경우 乙의 권리구제방법은? 30점

Ⅰ. 쟁점의 정리
Ⅱ. 권리구제의 유형
  1. 손실보상
  2. 손해배상
Ⅲ. 권리구제의 절차
  1. 손실보상청구절차
  2. 손해배상청구절차
Ⅳ. 손해배상의 범위
  판례 : 손실보상금상당액
Ⅴ. 결어

쟁점해설

1. 출제의도

수험생들은 피상적으로 토지보상법을 암기하거나 행정법이 보상법규의 기본이 된다 하여 막연히 공부하는 경향이 있다. 그러한 나머지 실제문제에 대해서는 어떻게 접근해야 할지를 잘 모르고 있다. 그래서 이 문제는 종래의 출제와는 달리 다음과 같은 관점에서 출제하게 되었다.

① 보상법규를 실무에 얼마만큼 응용하여 이해하고 있는가를 알아보기 위해서이다. 보상법규의 이해를 바탕으로 실제문제를 해결할 수 있는 나름의 지식을 갖는 것은 매우 중요함에도 불구하고 소홀히 다루어져 왔기 때문이다.

② 공공사업으로 인해 침해된 권리는 손실보상과 손해배상을 연계하여 권리구제가 이루어져야 한다는 것을 이해하고 있는가를 알아보기 위해서이다. 이제까지 보상법규는 일련의 절차중심으로 파악하고, 이와 관련하여 이론이나 소송에 관한 문제에 주로 관심이 기울어져 왔다. 그러한 나머지 보상법규는 수용과 손실보상이 중심을 이루었고, 수험생들은 이에 대해서만 준비하면 누구나 고득점을 할 수 있다는 생각을 해 왔다. 그러한 나머지 손실보상청구에 대해서는 어느 정도 이해하고 있으나, 손해배상과 연계시켜 파악하지는 못하고 있다.

③ 실제문제에 대한 판례에 관심을 가지고 있는가를 알아보기 위해서이다. 판례는 실제문제와 연관하여 공부하기에 적합하다. 그러나 수험생들은 교재에만 매달려 보상법규의 응용력이

부족하다. 따라서 최근의 판례에서 보상법규의 문제로 중요하다고 판단되는 사례를 문제로 구성하였다.

2. 채점기준

사안에 비추어 볼 때 기업자 甲은 이미 해당 사업을 실시하기 위한 적법절차를 거쳤으나, 신고어업에 종사하는 乙에게 (구)수산업법 제81조 제1항 제1호의 규정에 의한 손실보상을 하지 않았을 따름이다. 결과적으로 乙의 권리구제는 보상금을 받거나 그에 상당하는 손해배상을 받는 것밖에 없다. 따라서 이 설문에 대한 채점기준은 세 영역으로 나누어 배정하였다.

(1) 권리구제의 유형(10점)

(2) 권리구제의 절차(10점)

(3) 손해배상의 범위(10점)로 구성하였다.

(1)에서는 권리구제의 유형으로 (2)에서는 손실보상청구소송과 손해배상청구소송의 절차를 (3)에서는 손실보상액상당액의 손해배상액을 예상하였다.

3. 전체적인 경향

이 문제에 대한 답안은 생각했던 것처럼 전체적으로 미흡하였다. 대체로 무엇을 묻는 것인지를 파악하지 못한 나머지 답안의 내용은 횡설수설하는 형태가 많았고, 구성 자체도 산만하였다. 답안의 내용도 제각각이어서 이와 같은 유형의 문제에 대비하지 못한 흔적이 그대로 비쳐져 매우 아쉬웠다.

답안의 유형을 구분해 보면 손실보상과 손해배상으로 풀어가는 것, 국가배상문제로 풀어가는 것, 간접보상으로 풀어가는 것, 취소소송으로 풀어가는 것, 결과제거청구권으로 풀어가는 것 등 다양하고, 이들을 복합적으로 구성한 답안도 적지 않았다. 그러나 전체적으로 답안이 서론 수준에서 머물러 정작 본론에서 논해야 할 내용에 대해서는 제대로 답하지 못하고 있었다. 그래도 잘 썼다는 답안의 경우도 손실보상청구와 손해배상청구로 접근을 하다가 엉뚱한 곳으로 몰아가기 일쑤이고, 결과적으로는 어떻게 구제를 받을 수 있는가에 대하여는 전혀 논하지 못한 상태에서 끝내고 마는 경향을 보였다. 이 모두가 평소 이러한 유형의 실제문제에 대한 대비가 없었고, 보상법규에 대한 이해도가 높은 수험생도 이 문제를 바르게 파악하여 답안구성을 제대로 하지 못한 까닭이라 생각된다.

공공사업에 따라 침해된 권리의 구제는 그 전형이 손실보상이며, 손실보상을 받을 수 없을 때 피해구제를 위해 불법행위에 대한 손해배상을 청구할 수 있는 것이다. 이 문제와 관련하여 대법원은 "보상함이 없이 공유수면매립사업을 시행하여 그 보상을 받을 권리를 가진 자에게 손해를 입혔다면 이는 불법행위를 구성하는 것이고" "민사상의 손해배상채무를 지게 된다", 대법원은 "보상을 받을 권리자가 입게 되는 손해는 그 손실보상금 상당액"이라 판시하고 있다(대판 1999.6.11, 97다41028 ; 대판 1998.4.14, 95다15032 · 15049).

Chapter 02

손실보상의 요건

제1절 판례분석

I 특별한 희생

1. 개발제한 구역의 지정이 사회적 제약인지

도시계획법 제21조 제1항, 제2항의 규정에 의하여 개발제한구역 안에 있는 토지의 소유자는 재산상의 권리행사에 많은 제한을 받게 되고 그 한도 내에서 일반 토지소유자에 비하여 불이익을 받게 되었음은 명백하지만 “도시의 무질서한 확산을 방지하고 도시주변의 자연환경을 보전하여 건전한 생활환경을 확보하기 위하여, 또는 국방부장관의 요청이 있어 보안상 도시의 개발을 제한할 필요가 있다고 인정되는 때”에 한하여 가하여지는 위와 같은 제한은 공공복리에 적합한 합리적인 제한이라고 볼 것이고, 그 제한으로 인한 토지소유자의 불이익은 공공의 복리를 위하여 감수하지 아니하면 안 될 정도의 것이라고 인정되므로 이에 대하여 손실보상의 규정을 하지 아니하였다 하여 도시계획법 제21조 제1항, 제2항의 규정을 헌법 제23조 제3항이나 제37조 제2항에 위배되는 것이라고 할 수 없다(대결 1990.5.8, 89부2).

2. 국토이용계획의 변경신청에 대한 제한이 헌법상 재산권 보장의 규정을 침해하는 것인지 여부

국토이용관리법은 국토건설종합계획의 효율적인 추진과 국토이용질서를 확립하기 위하여 제정된 것으로 국토이용계획의 결정과 그 변경은 건설부장관이 관계행정기관의 장으로부터 그 의견을 듣거나 그 지정 또는 변경요청을 받아 이를 입안 또는 변경하여 국토이용계획심의회의 심의를 거쳐 고시하도록 규정하고 있고 토지소유자에게 국토이용계획의 변경신청에 대하여 일정한 제한을 가하고 있다 하여도 이와 같은 제한은 공공복리에 적합한 합리적인 제한이라고 볼 것이고, 그 제한으로 인한 토지소유자의 불이익은 공공의 복리를 위하여 감수하지 아니하면 안 될 정도의 것이라고 인정되며 이러한 제한을 가지고 헌법상 보장되어 있는 국민의 재산권보장의 규정을 침해하는 것이라고 볼 수 없다(대판 1995.4.28, 95누627).

3. 특별한 희생

① 사업인정 고시 전 지장물의 보상평가 대상 여부(대판 2013.2.15, 2012두22096 [보상금증액][미간행])

손실보상은 공공필요에 의한 행정작용에 의하여 사인에게 발생한 특별한 희생에 대한 전보라는 점을 고려할 때, 구 공익사업법 제15조 제1항에 따른 사업시행자의 보상계획공고 등으로 공익사업의 시행과 보상 대상 토지의 범위 등이 객관적으로 확정된 후 해당 토지에 지장물을 설치하는 경우에 그 공익사업의 내용, 해당 토지의 성질, 규모 및 보상계획공고 등 이전의 이용실태,

설치되는 지장물의 종류, 용도, 규모 및 그 설치시기 등에 비추어 그 지장물이 해당 토지의 통상의 이용과 관계없거나 이용 범위를 벗어나는 것으로 손실보상만을 목적으로 설치되었음이 명백하다면, 그 지장물은 예외적으로 손실보상의 대상에 해당하지 아니한다고 보아야 한다.

사실관계는 이러하다.
"원고는 하천부지인 이 사건 각 토지에 점용허가를 받아 비닐하우스 1개동, 관정 3개 등을 설치하고 수십 년간 농사를 지어 온 사실, 청원군수가 2009.7.20. 이 사건 공익사업의 시행과 관련하여 이 사건 각 토지를 포함한 476필지 위의 물건 등에 관한 보상계획을 공고하자, 원고는 같은 해 8.경부터 같은 해 11. 초경까지 이 사건 각 토지에 비닐하우스 23개동, 관정 123개 등(이하 '이 사건 비닐하우스 등'이라 한다)을 새로 설치한 사실, 이 사건 공익사업에 대한 사업인정은 2010.1.12. 고시된 사실, 제1심 감정 당시 이 사건 각 토지에서 확인된 관정의 수는 79개이고, 그중 정상적인 기능을 갖춘 것은 45개에 불과하였던 사실 등을 알 수 있다. 이와 같은 이 사건 보상계획공고의 시기 및 내용, 이 사건 각 토지의 보상계획공고 이전의 이용실태, 원고가 설치한 이 사건 비닐하우스 등의 규모 및 설치기간, 이 사건 보상계획공고와 사업인정고시 사이의 시간적 간격 및 이 사건 비닐하우스 등의 설치시기 등에 비추어 보면, 이 사건 비닐하우스 등은 이 사건 공익사업의 시행 및 보상계획이 구체화된 상태에서 손실보상만을 목적으로 설치되었음이 명백하다고 할 것이고, 앞서 본 법리에 비추어 이 사건 비닐하우스 등은 손실보상의 대상이 되지 아니한다고 보아야 할 것이다."

토지보상법 제25조에 따라서 사업인정 고시 전에 설치된 지장물은 보상대상이나, 사업인정 고시 전이라도 보상투기를 목적으로 설치된 지장물은 특별한 희생에 해당하지 않으므로 보상대상이 아니라는 판례이다.
특별한 희생과 관련하여 손실보상의 일반법리와 보상규정을 함께 이해해야 할 것이다.

② 토지수용법상의 사업인정 고시 이전에 건축되고 공공사업용지 내의 토지에 정착한 지장물인 건물은 통상 적법한 건축허가를 받았는지 여부에 관계없이 손실보상의 대상이 되나, 주거용 건물이 아닌 위법 건축물의 경우에는 관계 법령의 입법 취지와 그 법령에 위반된 행위에 대한 비난가능성과 위법성의 정도, 합법화될 가능성, 사회통념상 거래 객체가 되는지 여부 등을 종합하여 구체적·개별적으로 판단한 결과 그 위법의 정도가 관계 법령의 규정이나 사회통념상 용인할 수 없을 정도로 크고 객관적으로도 합법화될 가능성이 거의 없어 거래의 객체도 되지 아니하는 경우에는 예외적으로 수용보상 대상이 되지 아니한다고 본 사례(대판 2001.4.13, 2000두6411)

③ 공익사업의 시행으로 토석채취허가를 연장받지 못한 경우 그로 인한 손실과 공익사업 사이에 상당인과관계의 인정 여부 및 그 손실이 적법한 공권력의 행사로 가하여진 재산상의 특별한 희생으로서 손실보상의 대상이 되는지 여부(소극)(대판 2009.6.23, 2009두2672)
산림 내에서의 토석채취허가는 산지관리법 소정의 토석채취제한지역에 속하는 경우에 허용되지 아니함은 물론이나 그에 해당하는 지역이 아니라 하여 반드시 허가하여야 하는 것으로 해석할 수는 없고 허가권자는 신청지 내의 임황과 지황 등의 사항 등에 비추어 국토 및 자연의 보전 등의 중대한 공익상 필요가 있을 때에는 재량으로 그 허가를 거부할 수 있는 것이다(대판 1992.4.10, 91누7767 등 참조). 따라서 그 자체로 중대한 공익상의 필요가 있는 공익사업이 시행되

어 토석채취허가를 연장받지 못하게 되었다고 하더라도 토석채취허가가 연장되지 않게 됨으로 인한 손실과 공익사업 사이에 상당인과관계가 있다고 할 수 없을 뿐 아니라(대판 1996.9.20, 96다24545 참조), 특별한 사정이 없는 한 그러한 손실이 적법한 공권력의 행사로 가하여진 재산상의 특별한 희생으로서 손실보상의 대상이 된다고 볼 수도 없다.

④ 토지를 종래의 목적으로 사용할 수 없거나 더 이상 법적으로 허용된 토지이용방법이 없어서 실질적으로 사용 · 수익을 할 수 없는 경우에 해당하지 않는 제약은 토지소유자가 수인하여야 하는 사회적 제약의 범주 내에 있는 것이고, 그러하지 아니한 제약은 손실을 완화하는 보상적 조치가 있어야 비로소 허용되는 범주 내에 있다(헌재 2005.9.29, 2002헌바84).

II 보상규정이 없는 경우 수용유사침해이론의 도입 여부

수용유사적 침해의 이론은 국가 기타 공권력의 주체가 위법하게 공권력을 행사하여 국민의 재산권을 침해하였고 그 효과가 실제에 있어서 수용과 다름없을 때에는 적법한 수용이 있는 것과 마찬가지로 국민이 그로 인한 손실의 보상을 청구할 수 있다는 내용으로 이해되는데, 과연 우리 법제하에서 그와 같은 이론을 채택할 수 있는 것인가는 별론으로 하더라도 위에서 본 바에 의하여 이 사건에서 피고 대한민국의 이 사건 주식취득이 그러한 공권력의 행사에 의한 수용유사적 침해에 해당한다고 볼 수는 없다(대판 1993.10.26, 93다6409[주주확인 등]〈문화방송주식강제증여사건〉).

제2절 기출분석

 기출문제

[손실보상] 경계이론 및 분리이론 [제14회 제2문]

손실보상에 있어서 사회적 제약과 특별한 희생의 구별기준에 관하여 경계이론과 분리이론의 입장을 설명하시오. 20점

Ⅰ. 서설(분리 · 경계이론의 논의배경)
Ⅱ. 분리이론과 경계이론의 개념
  1. 분리이론
  2. 경계이론
Ⅲ. 경계이론을 취할 경우 구별기준
  1. 형식적 기준설
  2. 실질적 기준설
  3. 검토(절충설)
Ⅳ. 분리이론을 취할 경우 구별기준
  1. 헌법 제23조 제1항, 제2항 규정
  2. 헌법 제23조 제3항 규정

쟁점해설

경계이론은 침해의 강도 등을 중심으로, 분리이론은 입법자의 의사에 따라서 사회적 제약과 특별한 희생의 구별기준이 달라짐을 헌법 제23조의 규범해석과 관련하여 서술하면 무난할 것이다.

예시답안

Ⅰ 서설(분리 · 경계이론의 논의배경)

우리나라의 경우 (구)도시계획법 제21조에 규정된 개발제한구역제도의 위헌성의 여부와 관련한 헌법재판소 판례를 계기로 논의가 본격화되었고 독일의 경우 자갈채취판결을 통해 이루어지기 시작했다. 또한 경계이론과 분리이론을 택하였을 때 손실보상 여부가 달라지므로 논의의 실익이 있다 하겠다.

Ⅱ 분리이론과 경계이론의 개념

1. 분리이론

입법자의 의사에 따라 공용침해와 재산권의 사회적 제한의 설정이 분리된다는 이론을 말한다. 따라서 입법자가 공용침해(수용 · 사용 · 제한)를 규정한 것이 아니라 재산권의 사회적 제한을 규정하는 경우에는 원칙적으로 보상을 요하지 않는다. 그러나 입법자가 공용침해를 규정하였음에도 보상규정이 없다면 보상의 문제를 가져오는 것이 아니라, 위헌의 문제만을 가져온다는 견해이다. 분리이론은 우리의 헌법재판소가 취하는 입장이다.

2. 경계이론

재산권의 사회적 제한과 공용침해는 별개의 제도가 아니고, 양자 간에는 정도의 차이가 있을 뿐이며, 사회적 제한의 경계를 벗어나면 보상의무가 있는 공용침해로 전환한다는 이론을 말한다. 즉, 재산권의 사회적 제한을 벗어나는 재산권 규제는 특별한 희생으로서 보상규정의 유무를 불문하고 보상이 따라야 한다는 논리이다. 우리나라의 다수견해이고 대법원의 견해이다.

Ⅲ 경계이론을 취할 경우 구별기준

1. 형식적 기준설

침해행위가 일반적인 것이냐 아니면 개별적인 것이냐라는 형식적 기준에 의하여 특별한 희생과 사회적 제한을 구별하려는 견해이다.

2. 실질적 기준설

공용침해의 실질적 내용, 즉 침해의 본질설 및 강도를 기준으로 하여 특별한 희생과 사회적 제한을 구별하려는 견해이다. 이는 보호가치설, 수인한도설(수인기대가능성설), 사적효용설, 목적위배설, 상황구속설 등이 있다.

3. 검토(절충설)

우리나라의 통설은 형식적 기준설과 실질적 기준설이 일면의 타당성만을 갖는다고 보고 형식적 기준설과 실질적 기준설을 종합하여 특별한 희생과 사회적 제약을 구별하여야 한다고 본다.

Ⅳ 분리이론을 취할 경우 구별기준

1. 헌법 제23조 제1항, 제2항 규정(재산권의 내용 한계규정)

재산권의 사회적 제한과 공용침해규정은 별개의 규정이고 재산권의 사회적 제한규정(내용규정)은 재산권의 내용적 제한이 재산권에 내재하는 사회적 제약을 넘어 과도한 제한이 되는 경우에는 비례의 원칙, 평등의 원칙, 신뢰보호의 원칙에 반하게 된다. 이 경우에는 재산권의 내용적 제한이 과도한 제한이 되지 않도록, 즉 비례원칙 위반으로 인한 위헌성을 해소하기 위하여 조정조치가 필요하다. 입법자는 비례원칙 위반을 시정하여 재산권 제한을 합헌적으로 하여야 할 의무를 지는데 이 의무를 조정의무라고 한다. 조정조치로는 우선 비금전적 구제가 행해져야 하고 이러한 구제조치들이 어려운 경우 제2차적으로 손실보상, 매수청구 등 금전적 보상이 주어져야 한다.

2. 헌법 제23조 제3항 규정(공용침해규정)

공용침해는 공공필요, 보상 등 헌법 제23조 제3항이 스스로 정하고 있는 조건하에서만 허용된다.

[관련 판례]

1. 대법원 판례 : 경계이론의 입장

도시계획법 제21조 제1항, 제2항의 규정에 의하여 개발제한구역 안에 있는 토지의 소유자는 재산상의 권리행사에 많은 제한을 받게 되고 그 한도 내에서 일반 토지소유자에 비하여 불이익을 받게 되었음은 명백하지만 '도시의 무질서한 확산을 방지하고 도시주변의 자연환경을 보전하여 건전한 생활환경을 확보하기 위하여, 또는 국방부장관의 요청이 있어 보안상 도시의 개발을 제한할 필요가 있다고 인정되는 때'에 한하여 가하여지는 위와 같은 제한은 공공복리에 적합한 합리적인 제한이라고 볼 것이고, 그 제한으로 인한 토지소유자의 불이익은 공공의 복리를 위하여 감수하지 아니하면 안 될 정도의 것이라고 인정되므로 이에 대하여 손실보상의 규정을 하지 아니하였다 하여 도시계획법 제21조 제1항, 제2항의 규정을 헌법 제23조 제3항이나 제37조 제2항에 위배되는 것이라고 할 수 없다(대결 1990.5.8. 89부2).

2. 헌법재판소 판례 : 분리이론의 입장

도시계획법 제21조에 규정된 개발제한구역제도 그 자체는 원칙적으로 합헌적인 규정인데, 다만 개발제한구역의 지정으로 말미암아 일부 토지소유자에게 사회적 제약의 범위를 넘는 가혹한 부담이 발생하는 예외적인 경우에 대하여 보상규정을 두지 않은 것에 위헌성이 있는 것이다(헌결 1998.12.24. 89헌마214, 90헌바16, 97헌바78(병합)).

기출문제

[손실보상] 손실보상의 요건 [제8회 제1문]

법률이 공익목적을 위하여 재산권의 수용, 사용 또는 제한을 규정하고 있으면서도, 그에 따른 보상규정을 두고 있지 않은 경우, 재산권을 침해당한 자가 보상을 청구할 수 있는지 여부가 헌법 제23조 제3항의 정당한 보상과 관련하여 문제된다. 이 문제에 관한 해결방법을 논하시오. 50점

Ⅰ. 서론

Ⅱ. 손실보상의 기준 등

1. 행정상 손실보상의 기준(정당보상의 원칙)
2. 행정상 손실보상의 근거

Ⅲ. 손실보상에 관한 실정법적 근거에 관한 학설

1. 방침규정설
2. 위헌무효설
3. 직접효력설
4. 간접효력규정설
5. 보상입법부작위 위헌설

Ⅳ. 판례

1. 대법원의 입장
2. 헌법재판소의 입장

Ⅴ. 결론(사안의 해결)

쟁점해설

제1문의 논점은 서론에서 헌법상 재산권의 의의를 언급하고 헌법 제23조의 재산권 보장조항의 규범구조를 설명하고 이와 관련하여 재산권의 제한 및 보상에 관한 법률의 유보의 의미를 언급하여야 할 것이다. 우리나라에서 공용제한에 대한 보상은 불과 몇 개의 법률에서, 그것도 지극히 추상적으로 규정하고 있을 따름이며, 그나마 도시이용계획제한에 관해서는 전혀 보상규정을 두고 있지 않은 것이 우리의 실정임을 밝혀 이 문제의 핵심적 논점을 제기하여야 한다.

서론에서 이러한 논점을 제기하여 재산권의 내재적 제한에 속할 수 있는지에 관한 재산권의 내재적 제약과 특별희생에 관한 기준을 설명하고, 공용제한이라 하더라도 재산권의 본질적 내용을 침해할 경우 보상이 필요하다고 해석하여야 할 논리적 설명을 가하여야 할 것이다.

다음으로 보상에 관하여 법률상 근거가 명확하면 그 이상으로 헌법상의 근거를 문제시할 필요는 없다. 그러나 법률상의 보상규정이 없거나 명확하지 않을 경우 직접 헌법 제23조 제3항의 규정에 의거하여 보상을 청구할 수 있는지 여부에 관하여 의견이 갈리고 있으며, 그러한 의견은 위의 헌법이 어떠한 효력을 가지는가에 관한 의견의 대립이다.

이 문제의 핵심은 이러한 학설들의 대립, 즉 ① 입법지침설, ② 입법자에 대한 직접효력설, ③ 국민에 대한 직접효력설, ④ 유추적용설을 정확히 이해하고 있느냐에 있으며, 또한 우리 판례의 경향의 변천과 현재 대법원과 헌재의 입장을 어떻게 평가할 수 있느냐를 서술해 주어야 할 것이다. 이와 관련하여 독일의 수용유사침해이론 등을 설명하고 우리나라에 미친 영향 등을 설명해 준다면 좋은 답안이라 할 수 있다.

*** 판례**

1. 대법원 판례

대법원은 제3공화국에서 당시 헌법 제20조 제3항이 직접적 효력이 있는 규정이라고 보았고 제4공화국에서 당시 헌법 제20조 제3항의 직접적 효력을 부정하였다. 현행 헌법 제23조 제3항의 직접효력 여부에 관하여는 아직 대법원 판례가 나오지 않고 있다.

대법원은 공용침해로 인한 특별한 손해에 대한 보상규정이 없는 경우에 관련 보상규정을 유추적용하여 보상하려는 경향이 있다.

> (구)수산업법상 어업허가를 받고 허가어업에 종사하던 어민이 공유수면매립사업의 시행으로 피해를 입게 된 경우에 헌법 제23조 제3항, 면허어업권자 내지는 입어자에 관한 손실보상을 규정한 구 공유수면매립법 제16조, (구)공공용지의 취득 및 손실보상에 관한 특례법 제3조 제1항 및 동법 시행규칙 제25조의2의 규정을 유추적용하여 피해어민들에게 손실보상을 하여 줄 의무가 있다(대판 1999.11.23, 98다11529).

2. 헌법재판소 판례

헌법재판소는 공익목적을 위한 재산권 제한을 분리이론에 따라 재산권의 내용과 한계를 정하는 문제로 보는 경향이 있다. 그리고 수용보상의 경우에 헌법재판소는 수용 등에 대한 보상규정을 법률이 정하도록 국가에게 명시적으로 입법의무를 부과하고 있다고 보고 있다.

기출문제

[손실보상] 손실보상의 요건 [제18회 제1문]

甲은 A道의 일정지역에서 20년 이상 제조업을 운영하여 왔다.
A도지사는 「(가칭)청정자연보호구역의 지정 및 관리에 관한 법률」을 근거로 甲의 공장이 포함되는 B지역 일대를 청정자연보호구역으로 지정하였다. 그 결과 B지역 내의 모든 제조업자들은 법령상 강화된 폐수배출허용기준을 준수하여야 한다. 이에 대하여 甲은 변경된 기준을 준수하는 것이 기술적으로 어려울 뿐만 아니라 수질정화시설을 갖추는 데 과도한 비용이 소요되므로 이는 재산권의 수용에 해당하는 것으로 손실보상이 주어져야 한다고 주장한다.

(1) **사례와 같은 甲 재산권의 규제에 대한 보상규정이 위 법률에 결여되어 있는 경우 甲 주장의 타당성을 검토하시오.** 20점

(2) **사례와 같은 재산권 침해 논란을 입법적으로 해결할 필요가 있는 경우 도입할 수 있는 '현금보상이나 채권보상 이외의 보상방법' 및 '기타 손실을 완화할 수 있는 제도'에 관하여 검토하시오.** 20점

설문 (1)의 해결

Ⅰ. 논점의 정리

Ⅱ. 손실보상의 의의 및 요건
1. 손실보상의 의의 및 요건
2. 특별한 희생인지 여부

Ⅲ. 보상규정이 결여된 경우
1. 문제점
2. 학설 및 판례의 태도
3. 소결

Ⅳ. 甲 주장의 타당성
1. 甲 공장을 종래 용도 목적대로 사용가능한지 여부
2. 현실적 수인가능성과 실질적인 이주대책의 필요성
3. 甲 주장의 타당성(소결)

설문 (2)의 해결

Ⅰ. 입법적 해결의 근본적 목적(취지)

Ⅱ. 현금보상이나 채권보상 이외의 보상방법
1. 대토보상의 현실적 필요성
2. 공사비 등의 보상
3. 검토

Ⅲ. 기타 손실을 완화할 수 있는 제도
1. 현행 법령의 문제점
2. 개발제한구역의 지정 및 관리에 관한 특별조치법상 매수청구제도
3. 기타 세금감면, 규제완화

Ⅳ. 소결

쟁점해설

설문 (1)의 물음은 보상규정이 없는 경우의 해결방안이므로, 손실보상의 요건을 개괄적으로 언급한 후, 보상규정이 없는 경우에 헌법 제23조의 해석을 통한 해결을 보여주면 될 것이다. 설문 (2)의 경우는 최근 개정된 대토보상규정 등을 중심으로 기술하면 될 것이다.

예시답안

(설문 1)의 해결

Ⅰ 논점의 정리

설문에서 甲은 20년간 제조업 공장을 운영하여 오던 중 재산권 규제에 대하여 손실보상을 주장하는바 ① 손실보상의 의의 및 요건 등을 검토하고, ② 재산권 규제에 대한 보상규정이 위 법률에 결여된 경우, 甲 주장의 타당성을 헌재 1998.12.24, 89헌마214 헌법재판소 결정에서 제시한 근거를 토대로 논하기로 한다.

Ⅱ 손실보상의 의의 및 요건

1. 손실보상의 의의 및 요건

손실보상이란 행정기관의 적법한 공권력 행사로 인하여 개인의 재산권에 의도된 특별한 희생에 대하여 사유재산권 보장과 평등부담의 차원에서 행하는 조절적, 재산적 보상을 말한다. ① 설문에서는 공공필요에 의한 재산권의 의도적 침해로서, ② 위 법률에 근거한다. ③ 특별한 희생 여부가 문제시되며, ④ 보상규정의 존재는 후술하기로 하고, 이하 특별한 희생을 고찰한다.

2. 특별한 희생인지 여부

특별한 희생은 인적 범위가 특정되고, 침해의 강도 등이 수인한도를 넘는 경우이어야만 한다. 설문에서 甲은 A도의 일정지역에서 20년 이상 제조공장을 운영하던 중 청정자연보호구역으로 지정되면서 폐수배출허용기준을 준수하여야 하는데, 기술적인 어려움이 존재한다. 또한 수질정화시설을 갖추는 데 과도한 비용이 소요되는바 甲으로서는 이를 현실적으로 감당하기 어려운 것으로 보이고, 침해의 강도를 고려할 때도 개인의 수인한도를 넘는 것으로 특별한 희생으로 보상함이 타당시된다.

Ⅲ 보상규정이 결여된 경우(헌법 제23조 제3항 논의)

1. 문제점

헌법 제23조 제3항에서는 보상은 법률로써 하도록 규정하고 있는바 헌법의 취지상 원칙으로 개별법에 유보되어야 마땅하다. 그러나 청정자연보호구역의 지정 및 관리에 관한 법률에서는 보상규정이 결여된바, 학설 및 판례 등을 검토하여 보기로 한다.

2. 학설 및 판례의 태도

① 헌법 제23조 제3항의 해석을 통하여 손실보상을 긍정하는 직접효력설, 유추적용설이 있고 부정하는 방침규정설, 위헌무효설이 있다. 최근 위헌성 제거논의로 보상입법부작위 위헌설도 있다.

② 대법원은 시대상황을 반영한 판례를 내놓고 있고, 헌재는 89헌마214 결정에서 위헌성 심사기준, 특별한 희생구별, 해결방법 등에 대한 입법촉구를 제시한 바 있다.

3. 소결

헌법 제23조 제3항의 논의가 모두 일면 타당성이 있으나, 재산권 침해에 대한 甲의 실질적 해결책은 헌법에 의해 직접 보상하는 것이 실효성이 있다고 생각한다. 다만 법치주의원리상 구체적 입법으로 해결하는 것이 타당하다고 보인다. 이하에서는 89헌마214 결정에서 제시한 ① 종래 용도 목적대로 사용가능성, ② 현실적 수인가능성 등이 있는지를 고려하여 입법상 흠결에 대한 쟁점에 대하여 甲 주장의 타당성을 고찰한다.

Ⅳ 甲 주장의 타당성

1. 甲 공장을 종래 용도 목적대로 사용가능한지 여부

설문에서 20년간 제조업을 운영하던 甲은 청정자연보호구역지정 등으로 법령상 강화된 폐수배출허용기준을 준수하여야 한다. 이는 제조업의 특성상 종래의 기득권을 유지하는 것은 어려운바 甲의 손실보상 주장은 타당하다고 보인다.

2. 현실적 수인가능성과 실질적인 이주대책의 필요성

甲은 수질정화시설 등을 갖추어야 하는데 과도한 비용 등이 들게 되므로 이에 따른 현실적 대응한계와 수인가능성도 낮은바, 입법정책적으로 실질적인 이주대책 등이 행해지는 것이 타당시된다고 보인다.

3. 甲 주장의 타당성(소결)

일정지역에서 20년간 공장을 운영하며 생계 등을 유지하던 甲에게 청정구역지정으로 인한 재산권 규제는 위에서 상술한 바와 같이 손실보상하여 주는 것이 타당하다 생각된다. 다만 토지보상법상 실효성 있는 해결책 제시가 관건으로, 이하에서는 개정법령 등을 구체적으로 검토하기로 한다.

(설문 2)의 해결

I 입법적 해결의 근본적 목적(취지)

최근 토지보상법령 개정안에서는 현금보상이나 채권보상 이외에 대토보상 등이 새로이 도입되면서 실효적인 손실보상이 가능토록 입법조치하고 있다. 甲과 같이 공장을 운영하던 지역이 청정자연보호구역으로 지정되면 인근지가가 폭등할 개연성이 높고, 보상금을 받아 기존 공장운영을 종래 목적대로 인근에서 할 수 없게 되는 것이 현실이다. 따라서 입법적 해결은 헌법상 존속보장의 취지를 살리고 국민의 재산권을 보호하는 근본적 법목적에 부합된다. 이하에서는 그 실질적인 방안으로서 입법적 해결책 등을 상세히 고찰하여 본다.

II 현금보상이나 채권보상 이외의 보상방법

1. 대토보상의 현실적 필요성(법 제63조 개정)

현금보상이나 채권 이외로 토지보상법 제63조 개정안에서는 일정한 기준과 절차에 따라서 〈토지로 보상받을 수 있는 자〉를 법정함으로써 인근 지가상승으로 인한 피수용자들의 현실적 박탈감을 해소하는 측면이 있다. 설문에서 甲의 경우 제조공장부지에 대한 실질적 보상책으로서 이주할 수 있는 토지를 보상하는 것은 매우 실효성 있는 조치로 판단된다.

2. 공사비 등의 보상

설문에서 甲이 20년간 공장을 운영하게 되면 그 공장건물이 시간의 경과 등으로 낡을 수도 있으나, 실제 운영에 전혀 어려움이 없는 상태라고 하면 공장건물 등을 지을 수 있는 공사비 등을 제공하는 것이 실효적인 조치라고 생각된다.

3. 검토

현행 토지보상법에서는 대토보상이나 공사비보상 등이 적시되어 있지 아니한바 개정안에서는 대토보상 등이 규정되어 매우 바람직하다고 보인다. 다만 설문에서 甲에게 가장 현실성 있는 입법조치는 이주공장을 제공하여 기존의 공장운영목적에 부합되는 보상조치를 하는 것인바 법령의 정비가 요구된다 할 것이다.

Ⅲ 기타 손실을 완화할 수 있는 제도

1. 현행 법령의 문제점

현행 토지보상법이나 개발제한구역의 지정 및 관리에 관한 특별조치법 등에서는 손실을 완화할 수 있는 직접적인 규정이 미비한 것이 현실이다. 따라서 이에 대한 정비가 시급하며 위의 공장 등이 수용에 해당되는 경우에 기타 손실을 완화하는 조치는 생업과 관련된 국민에게 절실한 생존의 문제이다.

2. 개발제한구역의 지정 및 관리에 관한 특별조치법상 매수청구제도

개발제한구역의 지정 및 관리에 관한 특별조치법에서는 일정기준에 해당되는 경우에는 매수청구권제도 등이 있다. 설문에서 甲 공장의 경우 A도지사의 청정자연보호구역 지정에 따른 재산권 침해에 대하여 매수청구권제도를 해당 법령에 적시한다면 어느 정도 손실을 완화하는 조치로 평가받을 수 있을 것이다.

3. 기타 세금감면, 규제완화

기타 손실을 완화할 수 있는 제도로서 甲 공장운영에 대하여 이주 시까지 각종 세금을 감면하여 준다든지, 공장설립허가 등을 다시 받는 경우에 규제완화조치 등도 가능하리라 본다. 다만 이에 대한 입법조치가 선행될 때 甲이 실무현장에서 실질적 도움이 될 수 있을 것이다.

Ⅳ 소결

1. 甲 공장운영에 대한 재산권 침해에 대하여 입법적 해결은 甲의 현실적 문제해결을 위한 필요불가결한 조치이다. 특히 대토보상 등을 통한 공장이주단지 등의 조성은 가장 실효성 있는 손실보상이 될 것으로 사료된다.
2. B지역 내 폐수배출허용기준 등이 강화됨으로써 이주가 불가피한 경우, 甲과 같은 제조공장 운영자들에게는 새로운 이주공장 설립허가 시에 규제 등을 완화하여 주고, 세금감면 등을 통하여 물질적인 것뿐만 아니라 심적 박탈감 등도 함께 고려하여 보상하는 것이 타당시된다고 보인다. 다만 보상법령 등의 재정비를 통한 제도적 법제화가 무엇보다 중요하다고 생각된다.

기출문제

[손실보상] 손실보상기준 [제20회 제2문]

甲은 하천부지에 임시창고를 설치하기 위하여 관할청에 하천점용허가를 신청하였다. 이에 관할청은 허가기간 만료 시에 위 창고건물을 철거하여 원상복구할 것을 조건으로 이를 허가하였다. 다음 물음에 답하시오. 30점

(2) **甲은 창고건물 철거에 따른 손실보상을 청구할 수 있는지 검토하시오.** 10점

설문 (2)의 해결

Ⅰ. 쟁점의 정리
원상복구조건을 수락한 것이 손실보상청구권을 포기한 것으로 볼 수 있는지가 문제

Ⅱ. 손실보상을 청구할 수 있는지 여부
1. 손실보상의 의의
2. 손실보상의 요건
3. 관련 판례(대판 2008.7.24, 2007두25930·25947·25954)
원상복구부관 손실보상청구권을 포기한 것으로 본다.
4. 손실보상의 청구가능 여부
판례의 태도에 따를 때 부정된다.

쟁점해설

설문 (2)에서는 원상회복조건과 손실보상청구권의 성립 여부가 쟁점이다. 이와 관련하여 판례는 원상회복조건을 수락한 경우에는 손실보상청구권을 포기하는 것으로 해석하였다. 따라서 이러한 판례를 소개하고 판례의 태도에 따라 포섭하면 무난하였을 것이다.

Chapter

03 생활보상과 이주대책

제1절 판례분석

I 법적 근거 및 법적 성격

1. 대상자 확인 · 결정에 대한 불복수단(대판 1994.5.24, 92다35783 全合)

(1) 다수의견

공공용지의 취득 및 손실보상에 관한 특례법상의 이주대책은 공공사업의 시행에 필요한 토지 등을 제공함으로 인하여 생활의 근거를 상실하게 되는 이주민들을 위하여 사업시행자가 기본적인 생활시설이 포함된 택지를 조성하거나 그 지상에 주택을 건설하여 이주자들에게 이를 그 투입비용 원가만의 부담하에 개별 공급하는 것으로서, 그 본래의 취지에 있어 이주자들에 대하여 종전의 생활상태를 원상으로 회복시키면서 동시에 인간다운 생활을 보장하여 주기 위한 이른바 생활보상의 일환으로 국가의 적극적이고 정책적인 배려에 의하여 마련된 제도이다.

(2) 반대의견

공공용지의 취득 및 손실보상에 관한 특례법에 의한 이주대책은 학설상 이른바 생활보상으로서 실체적 권리인 손실보상의 한 형태로 파악되고 있으며 대법원 판례도 이를 실체법상의 권리로 인정하여, 민사소송으로 이주대책에 의한 주택수분양권의 확인소송을 허용하였었다. 이주대책은 경우에 따라 택지 또는 주택의 분양이나 이주정착금으로 보상되는바, 이주정착금이 손실보상금의 일종이므로 통상의 각종 보상금처럼 실체적 권리가 되는 것을 부정할 수 없을 것이고, 이주대책에 의한 주택분양을 구 주택건설촉진법 제32조(1994.1.7. 법률 제4724호로 개정되기 전의 것), 주택공급에 관한 규칙 제15조에 의하여 공급주택의 10% 범위 내에서 위 규칙 소정의 특별공급 대상자에게 그 절차적 신청권만을 부여하는 주택공급(특별공급)과 구별을 하지 않고 있는 것이다.

(3) 반대보충의견

공공용지의 취득 및 손실보상에 관한 특례법 제8조 제1항의 이주대책은 사업시행자가 이주자에 대한 은혜적인 배려에서 임의적으로 수립 시행해 주는 것이 아니라 이주자에 대하여 종전의 재산상태가 아닌 생활상태로 원상회복시켜 주기 위한 생활보상의 일환으로 마련된 제도로서, 헌법 제23조 제3항이 규정하는 손실보상의 한 형태라고 보아야 한다.

종전 판례는 수분양권지위확인소송을 인정하고 있었으나, 해당 판례 이후로 수분양권자지위확인소송이 아닌 이주대책 대상자 확인·결정거부처분에 대한 항고소송을 제기해야 한다. 다수견해는 수분양권을 절차적 권리로 보았으나, 토지보상법상 수분양권은 실체적 권리임을 밝히는 것이 반대의견 및 보충의견이다. 토지보상법상 이주대책의 대상자는 어느 견해에 따르든 수분양권을 취득할 것이므로 이에 대한 취득가부는 문제되지 않는다. 다만, 무허가건축물 소유자 등으로서 토지보상법상 당연 대상자가 아닌 자의 경우가 문제될 것이다.

변경대법원 1994.5.24. 선고 92다35783 전원합의체 판결
[지장물세목조서명의변경]
변경 : 대법원 2011.6.23. 선고 2007다63089·63096 전원합의체 판결에 의하여 변경

[판시사항]

가. 공공용지의 취득 및 손실보상에 관한 특례법 소정의 이주대책의 제도적 취지

나. 같은 법 제8조 제1항에 의하여 이주자에게 이주대책상의 택지분양권이나 아파트 입주권 등을 받을 수 있는 구체적인 권리(수분양권)가 직접 발생하는지 여부

다. 이주자의 이주대책대상자 선정신청에 대한 사업시행자의 확인·결정 및 사업시행자의 이주대책에 관한 처분의 법적 성질과 이에 대한 쟁송방법

라. 같은 법상의 이주대책에 의한 수분양권의 법적 성질과 민사소송이나 공법상 당사자소송으로 이주대책상의 수분양권의 확인을 구할 수 있는지 여부

[판결요지]

[다수의견]

가. 공공용지의 취득 및 손실보상에 관한 특례법상의 이주대책은 공공사업의 시행에 필요한 토지 등을 제공함으로 인하여 생활의 근거를 상실하게 되는 이주자들을 위하여 사업시행자가 기본적인 생활시설이 포함된 택지를 조성하거나 그 지상에 주택을 건설하여 이주자들에게 이를 그 투입비용 원가만의 부담하에 개별 공급하는 것으로서, 그 본래의 취지에 있어 이주자들에 대하여 종전의 생활상태를 원상으로 회복시키면서 동시에 인간다운 생활을 보장하여 주기 위한 이른바 생활보상의 일환으로 국가의 적극적이고 정책적인 배려에 의하여 마련된 제도이다.

나. 같은 법 제8조 제1항이 사업시행자에게 이주대책의 수립·실시의무를 부과하고 있다고 하여 그 규정 자체만에 의하여 이주자에게 사업시행자가 수립한 이주대책상의 택지분양권이나 아파트 입주권 등을 받을 수 있는 구체적인 권리(수분양권)가 직접 발생하는 것이라고는 도저히 볼 수 없으며, 사업시행자가 이주대책에 관한 구체적인 계획을 수립하여 이를 해당자에게 통지 내지 공고한 후, 이주자가 수분양권을 취득하기를 희망하여 이주대책에 정한 절차에 따라 사업시행자에게 이주대책대상자 선정신청을 하고 사업시행자가 이를 받아들여 이주대책대상자로 확인·결정하여야만 비로소 구체적인 수분양권이 발생하게 된다.

다. (1) 위와 같은 사업시행자가 하는 확인·결정은 곧 구체적인 이주대책상의 수분양권을 취득하기 위한 요건이 되는 행정작용으로서의 처분인 것이지, 결코 이를 단순히 절차상의 필요에 따른 사실행위에 불과한 것으로 평가할 수는 없다. 따라서 수분양권의 취득을 희망하는 이주자가 소정의 절차에 따라 이주대책대상자 선정신청을 한 데 대하여 사업시행자가 이주대책대상자가 아니라고 하여 위

확인・결정 등의 처분을 하지 않고 이를 제외시키거나 또는 거부조치한 경우에는, 이주자로서는 당연히 사업시행자를 상대로 항고소송에 의하여 그 제외처분 또는 거부처분의 취소를 구할 수 있다고 보아야 한다.

(2) 사업시행자가 국가 또는 지방자치단체와 같은 행정기관이 아니고 이와는 독립하여 법률에 의하여 특수한 존립목적을 부여받아 국가의 특별감독하에 그 존립목적인 공공사무를 행하는 공법인이 관계법령에 따라 공공사업을 시행하면서 그에 따른 이주대책을 실시하는 경우에도, 그 이주대책에 관한 처분은 법률상 부여받은 행정작용권한을 행사하는 것으로서 항고소송의 대상이 되는 공법상 처분이 되므로, 그 처분이 위법부당한 것이라면 사업시행자인 당해 공법인을 상대로 그 취소소송을 제기할 수 있다.

라. 이러한 수분양권은 위와 같이 이주자가 이주대책을 수립.실시하는 사업시행자로부터 이주대책대상자로 확인・결정을 받음으로써 취득하게 되는 택지나 아파트 등을 분양받을 수 있는 공법상의 권리라고 할 것이므로, 이주자가 사업시행자에 대한 이주대책대상자 선정신청 및 이에 따른 확인・결정 등 절차를 밟지 아니하여 구체적인 수분양권을 아직 취득하지도 못한 상태에서 곧바로 분양의무의 주체를 상대방으로 하여 민사소송이나 공법상 당사자소송으로 이주대책상의 수분양권의 확인 등을 구하는 것은 허용될 수 없고, 나아가 그 공급대상인 택지나 아파트 등의 특정부분에 관하여 그 수분양권의 확인을 소구하는 것은 더더욱 불가능하다고 보아야 한다.

[반대의견]

가. 공공용지의 취득 및 손실보상에 관한 특례법에 의한 이주대책은 학설상 이른바 생활보상으로서 실체적 권리인 손실보상의 한 형태로 파악되고 있으며 대법원 판례도 이를 실체법상의 권리로 인정하여, 민사소송으로 이주대책에 의한 주택수분양권의 확인소송을 허용하였었다. 이주대책은 경우에 따라 택지 또는 주택의 분양이나 이주정착금으로 보상되는바, 이주정착금이 손실보상금의 일종이므로 통상의 각종 보상금처럼 실체적 권리가 되는 것을 부정할 수 없을 것이고, 그렇다면 같은 취지의 택지 또는 주택의 수분양권도 실체적인 권리로 봄이 마땅하며 / 가사 이를 권리로 보지 못한다 하더라도 적어도 확인소송의 대상이 되는 권리관계 또는 법률관계로는 보아야 한다.

나. 이주자가 분양신청을 하여 사업시행자로부터 분양처분을 받은 경우 이러한 사업시행자의 분양처분의 성질은 이주자에게 수분양권을 비로소 부여하는 처분이 아니라, 이미 이주자가 취득하고 있는 수분양권에 대하여 그의 의무를 이행한 일련의 이행처분에 불과하고, 이는 이주자가 이미 취득하고 있는 수분양권을 구체화 시켜주는 과정에 불과하다. 이를 실체적 권리로 인정해야 구체적 이주대책 이행을 신청하고 그 이행이 없을 때 부작위위법확인소송을 제기하여 그 권리구제를 받을 수 있고, 그 권리를 포기한 것으로 볼 수 없는 한 언제나 신청이 가능하고 구체적 이주대책이 종료한 경우에도 추가 이주대책을 요구할 수 있게 된다.

다. 이와 같이 이주대책에 의한 분양신청은 실체적 권리의 행사에 해당된다 할 것이므로 구체적 이주대책에서 제외된 이주대책대상자는 그 경위에 따라 분양신청을 하여 거부당한 경우 권리침해를 이유로 항고소송을 하거나 또는 자기 몫이 참칭 이주대책대상자에게 이미 분양되어 다시 분양신청을 하더라도 거부당할 것이 명백한 특수한 경우 등에는 이주대책대상자로서 분양받을 권리 또는 그 법률상 지위의 확인을 구할 수 있다고 보아야 하며, 이때에 확인소송은 확인소송의 보충성이라는 소송법의 일반 법리에 따라 그 확인소송이 권리구제에 유효 적절한 수단이 될 때에 한하여 그 소의 이익이 허용되어야 함은 물론이다.

[반대의견에 대한 보충의견]

가. 공공용지의 취득 및 손실보상에 관한 특례법 제8조 제1항의 이주대책은 사업시행자가 이주자에 대한 은혜적인 배려에서 임의적으로 수립 시행해 주는 것이 아니라 이주자에 대하여 종전의 재산상태가 아닌 생활상태로 원상회복시켜 주기 위한 생활보상의 일환으로 마련된 제도로서, 헌법 제23조 제3항이 규정하는 손실보상의 한 형태라고 보아야 한다.

나. (1) 같은 법상의 이주대책에 따른 사업시행자의 분양처분은 이주자가 공공사업의 시행에 필요한 토지 등을 제공하는 것을 원인으로 하여 같은 법에 따라 취득한 추상적인 권리나 이익을 이주대책을 수립하여 구체화시켜 주는 절차상의 이행적 처분이라고 보는 것이 상당하며, 이주자는 사업시행자가 수립 실시하여야 하는 이주대책에 따른 수분양권을 사업시행자의 분양처분을 기다리지 않고 같은 법에 근거하여 취득하는 것으로 보아야 한다.

(2) 사업시행자가 실제로 이주대책을 수립하기 이전에는 이주자의 수분양권은 아직 추상적인 권리나 법률상의 지위 내지 이익에 불과한 것이어서 이 단계에 있어서는 확인의 이익이 인정되지 아니하여 그 권리나 지위의 확인을 구할 수 없다고 할 것이나, 사업시행자가 이주대책을 수립 실시하지 아니하는 경우에는 사업시행자에게 이를 청구하여 거부되거나 방치되면 부작위위법확인을 소구할 수는 있다고 볼 것이다. 그러나 이주대책을 수립한 이후에는 이주자의 추상적인 수분양권이 그 이주대책이 정하는 바에 따라 구체적 권리로 바뀌게 되므로, 구체적 이주대책에서 제외된 이주자는 위와 같은 수분양권에 터잡은 분양신청(이른바 실체적 신청권의 행사)을 하여 거부당한 경우에는 이를 실체적 신청권을 침해하는 거부처분으로 보아 그 취소를 구하는 항고소송을 제기할 수 있을 것이고, 신청기간을 도과한 경우, 사업시행자가 미리 수분양권을 부정하거나 이주대책에 따른 분양절차가 종료되어 분양신청을 하더라도 거부당할 것이 명백한 경우, 또는 분양신청을 묵살당한 경우, 기타 확인판결을 얻음으로써 분쟁이 해결되고 권리구제가 가능하여 그 확인소송이 권리구제에 유효 적절한 수단이 될 수 있는 특별한 사정이 있는 경우에는, 당사자소송으로 수분양권 또는 그 법률상의 지위의 확인을 구할 수 있다고 보아야 한다.

다. 현행 행정소송법은 항고소송과 당사자소송의 형태를 모두 규정하고 있으므로, 이제는 공법상의 권리관계의 분쟁에 있어서는 그 권리구제의 방법에 관하여 항고소송만에 의하도록 예정한 산업재해보상보험업무 및 심사에 관한 법률 제3조와 같은 규정이 있는 경우를 제외하고는, 소의 이익이 없는 등 특별한 사정이 없는 한 항고소송 외에 당사자소송도 허용하여야 할 것이고, 불필요하게 국민의 권리구제방법을 제한할 것은 아니다.

[참조조문]

가.나.다.라. 공공용지의 취득 및 손실보상에 관한 특례법 제8조 제1항 가. 공공용지의 취득 및 손실보상에 관한 특례법 시행령 제5조 제1항, 구 공공용지의 취득 및 손실보상에 관한 특례법 시행령(1989.1.24. 대통령령 제12609호로 개정되기 전의 것) 제5조 제5항, 구 공공용지의 취득 및 손실보상에 관한 특례법 시행규칙(1989.1.24. 건설부령 제444호로 개정되기 전의 것) 제27조 제2항, 제3항 다. 행정소송법 제2조, 행정소송법 제19조

[참조판례]

다. 대법원 1992.10.27. 선고 92누1643 판결(공1992,3314)
1992.11.27. 선고 92누3618 판결(공1993상,281)
1994.1.28. 선고 93누14080 판결

가. 대법원 1991.12.27. 선고 91다17108 판결(공1992,772)
1992.7.28. 선고 92다14908 판결(공1992,2647)(폐기)

[전문]
[원고, 피상고인] 원고
[피고, 상고인] 대한주택공사 소송대리인 변호사 김수룡
[원심판결] 수원지방법원 1992.7.7. 선고 90나7101 판결

[주문]
원심판결을 파기하고 사건을 수원지방법원 합의부에 환송한다.

[이유]
상고이유를 본다.

1. 원심판결 이유에 의하면 원심은, 피고 공사가 1987.경 광명시 하안동, 철산동 및 서울 구로구 독산동 일원에 대한 택지개발사업을 시행함에 있어 그 사업지역 내에 있는 광명시 (주소 1 생략) 답 2,869평방미터를 위 사업의 시행을 위한 수용대상토지로 결정고시하고, 이에 따라 위 토지의 지상에 건립되어 있는 이 사건 가옥이 지장물로서 철거대상이 된 사실, 피고 공사는 위 사업의 시행으로 인한 지장물철거에 따른 손실보상의 한 방법으로서, 그 철거대상건물의 사실상 소유자를 대상으로 그가 무주택자일 경우에는 그를 공공용지의 취득 및 손실보상에 관한 특례법(이하 '특례법'이라고 한다) 소정의 이주자로 보아 거주지에 관계없이 그에게 피고 공사가 건축하여 분양할 아파트의 특별분양권을 부여하기로 하는 내용의 이주대책을 수립하여 실시하게 된 사실, 그런데 이 사건 가옥은 원래 무주택세대주인 원고가 사실상 소유하고 있던 것으로서 이를 원심공동피고 1에게 임대하였던 것인바, 위 원심공동피고 1이 자신이 위 가옥의 사실상 소유자라는 광명시장 명의의 확인서를 발급받아 피고 공사에 이를 제출하면서 이주대책신청을 하고, 피고 공사는 위 확인서에 의거하여 그를 위 가옥의 정당한 권리자로 보아 이주대책대상자로 확정한 후, 1988.5.26. 그가 위 가옥을 자진 철거하자 그에게 위 이주대책에 따라 추첨의 방법을 통하여 판시 이 사건 아파트의 분양권을 부여한 사실 등을 인정한 다음, 이에 터잡아 이 사건 가옥이 위 택지개발사업의 시행으로 인하여 철거됨에 따른 손실보상의 방법으로서 피고 공사가 수립한 이주대책에 의하여 주어지는 이 사건 아파트에 관한 특별분양권은 위 가옥의 철거 당시 그 사실상 소유자로서 무주택자인 원고에게 있다고 판단하여, 원고가 위 아파트를 분양받을 권리를 가지고 있다는 취지의 확인을 구하는 이 사건 주위적 청구를 인용하였다.
2. 특례법 제8조 제1항은, 사업시행자는 공공사업의 시행에 필요한 토지 등을 제공함으로 인하여 생활근거를 상실하게 되는 자(이하 '이주자'라고 한다)를 위하여 대통령령이 정하는 바에 따라 이주대책을 수립·실시한다고 규정하고, 구 특례법 시행령(1989.1.24. 대통령령 제12609호로 개정되기 전의 것) 제5조 제1항은 위 법규정에 의하여 수립되는 이주대책의 내용에는 이주정착지에 대한 도로, 급수시설 기타 공공시설 등 당해 지역조건에 따른 기본생활시설이 포함되어야 한다고 규정하며, 같은 조 제5항은 위 규정에 의한 이주대책은 이주정착지에 이주를 희망하는 자가 30호 이상인 경우에 수립·시행한다고 규정하고, 한편 구 특례법 시행규칙(1989.1.24. 건설부령 제444호로 개정되기 전의 것) 제27조 제2항, 제3항에서는 사업시행자가 각종 공공사업을 수행함에 있어서 위 법 및 시행령에 규정된 이주대책을 실시하지 못한 특별한 사정이 있는 경우와 이주정착지에 이주를 희망하는 자가 30호 미만인 경우에는 사업시행자가 추정한 이주대책에 소요될 비용액, 즉 이주정착지에 설치할 도로, 급수 및 배수시설 기타 공공시설의 부지의 보상비와 그 설치 공사비의 합계액을 이주자별로 지급할 수 있다고 규정하고 있다.

위 각 규정의 취지를 종합하여 보면, 특례법상의 이주대책은 공공사업의 시행에 필요한 토지 등을 제공함으로 인하여 생활의 근거를 상실하게 되는 이주자들을 위하여 사업시행자가 기본적인 생활시설이 포함된 택지를 조성하거나 그 지상에 주택을 건설하여 이주자들에게 이를 그 투입비용 원가만의 부담하에 개별 공급하는 것으로서, 그 본래의 취지에 있어 이주자들에 대하여 종전의 생활상태를 원상으로 회복시키면서 동시에 인간다운 생활을 보장하여 주기 위한 이른바 생활보상의 일환으로 국가의 적극적이고 정책적인 배려에 의하여 마련된 제도임이 분명하다.

그런데 이처럼 재산권의 보장 내지 사회보장에 이념적 기초를 두고 있는 특례법상의 이주대책은 그 실시를 위한 요건이나 절차, 대책의 내용 내지 그 실시에 따른 효과 등의 점에 대하여 이를 당해 법령의 규정에 의하지 않고 대부분 사업시행자의 개개의 처분에 맡기고 있다.

근본적으로 위 이주대책은 이주자가 이주정착지에 이주를 희망한다는 의사에 바탕을 두고 공공사업 시행자의 책임과 관리감독하에 수립 · 실시되는 것으로서, 특히 그 구체적인 내용은 사업시행자가 당해 공공사업의 종류 및 성질, 사업시행자의 사업상황이나 여건, 그 대상자의 규모 등 제반 사정을 고려하여 재량으로 결정하게 되며, 실제에 있어서도 사업에 따라 택지의 분양, 아파트 입주권의 부여, 개발제한구역 내 주택건축허가 등과 같이 다양한 급부형태를 취하게 되는 것이다.

이와 같은 점들에 비추어 볼 때, 특례법 제8조 제1항이 사업시행자에게 이주대책의 수립 · 실시의무를 부과하고 있다고 하여 그 규정 자체만에 의하여 이주자에게 사업시행자가 수립한 이주대책상의 택지분양권이나 아파트 입주권 등을 받을 수 있는 구체적인 권리(이하 이를 간단히 '수분양권'이라고 한다)가 직접 발생하는 것이라고는 도저히 볼 수 없으며, 사업시행자가 이주대책에 관한 구체적인 계획을 수립하여 이를 해당자에게 통지 내지 공고한 후, 이주자가 수분양권을 취득하기를 희망하여 이주대책에 정한 절차에 따라 사업시행자에게 이주대책대상자 선정신청을 하고 사업시행자가 이를 받아들여 이주대책대상자로 확인 · 결정하여야만 비로소 구체적인 수분양권이 발생하게 된다고 풀이함이 옳을 것이다.

위와 같은 사업시행자가 하는 확인 · 결정은 곧 구체적인 이주대책상의 수분양권을 취득하기 위한 요건이 되는 행정작용으로서의 처분인 것이지, 결코 이를 단순히 절차상의 필요에 따른 사실행위에 불과한 것으로 평가할 수는 없는 것이다.

따라서 수분양권의 취득을 희망하는 이주자가 소정의 절차에 따라 이주대책대상자 선정신청을 한 데 대하여 사업시행자가 이주대책대상자가 아니라고 하여 위 확인 · 결정 등의 처분을 하지 않고 이를 제외시키거나 또는 거부조치한 경우에는, 이주자로서는 당연히 사업시행자를 상대로 항고소송에 의하여 그 제외처분 또는 거부처분의 취소를 구할 수 있다고 보아야 할 것이다. 사업시행자가 국가 또는 지방자치단체와 같은 행정기관이 아니고 이와는 독립하여 법률에 의하여 특수한 존립목적을 부여받아 국가의 특별감독하에 그 존립목적인 공공사무를 행하는 공법인이 관계법령에 따라 공공사업을 시행하면서 그에 따른 이주대책을 실시하는 경우에도, 그 이주대책에 관한 처분은 법률상 부여받은 행정작용권한을 행사하는 것으로서 항고소송의 대상이 되는 공법상 처분이 되므로, 그 처분이 위법부당한 것이라면 사업시행자인 당해 공법인을 상대로 그 취소소송을 제기할 수 있다 할 것임은 물론이다(당원 1992.11.27. 92누3618 참조).

그리고 이러한 수분양권은 위와 같이 이주자가 이주대책을 수립 · 실시하는 사업시행자로부터 이주대책대상자로 확인 · 결정을 받음으로써 취득하게 되는 택지나 아파트 등을 분양받을 수 있는 공법상의 권리라고 할 것이므로, 이주자가 사업시행자에 대한 이주대책대상자 선정신청 및 이에 따른 확인 · 결정 등 절차를 밟지 아니하여 구체적인 수분양권을 아직 취득하지도 못한 상태에서 곧바로 분양의무의 주체를 상대방으로 하여 민사소송이나 공법상 당사자소송으로 이주대책상의 수분양권의 확인 등을 구하는 것은 허용될 수 없고, 나아가 그 공급대상인 택지나 아파트 등의 특정부분에 관하여 그 수분양권의 확인을 소구하는 것은 더더욱 불가능하다고 보아야 할 것이다(당원 1991.12.27, 91다17108 참조). 종전에 이와 견해를 달리하여 직접 민사소송으로 이러한 수분양권의 확인을 구할 수 있다는 취지로 판시한 당원 1992.7.28. 선고 92다14908 판결은 이를 폐기하기로 한다.

3. 이 사건에 돌이켜 보건대, 원심이 적절히 인정한 바에 따르더라도 원고는 피고 공사가 택지개발촉진법에 기한 택지개발사업을 시행하면서 그에 따른 이주대책을 실시함에 있어, 실제로 이주자로서 피고공사에 대하여 이주대책대상자 선정신청을 한 바도 없고 피고 공사로부터 그 대상자로 확인・결정을 받지도 아니하였다는 것이니, 원고에 대하여는 이 사건 이주대책에 따른 수분양권이 아직 구체적이고 현실적으로 발생된 것으로 볼 수 없을 것이다.
결국 원고가 이주대책대상자로서의 소정 자격을 갖춘 이상 위 특례법의 규정에 의하여 이주대책상의 수분양권을 취득하였다고 볼 것임을 전제로 하여, 피고 공사를 상대로 민사소송으로써 이주대책에 의하여 공급된 이 사건 아파트를 특정하여 그에 대한 수분양권이 원고에게 있다는 취지의 확인을 구하는 이 사건 주위적 청구는 부적법하여 각하를 면할 수 없다 할 것이다. 그런데도 원심은 이를 적법한 것으로 보아 본안에 들어가 판단하여 위 주위적 청구를 인용하고, 특례법상의 손실보상청구권이 원고에게 있음의 확인을 구하는 예비적 청구에 대하여는 판단조차 아니하고 말았으니, 거기에는 특례법상의 이주대책에 관한 법리 및 민사소송법상의 소의 대상에 관한 법리를 오해한 위법이 있다고 아니할 수 없다. 이 점을 지적하는 논지는 이유 있다.
다만 기록에 의하면, 이 사건의 경우 이주자인 원고는 특별히 사업시행자로부터 이주대책대상자 선정신청을 하라는 개별통지를 받지 못하고 공고사실도 알 수 없어서 소정의 신청기간 내에 그 선정신청을 하지 못하게 된 사정을 엿볼 수 있는바, 만일 사실이 그러하다면 원고가 이미 위와 같이 이주대책대상자 선정신청기간을 도과하였다는 이유만으로 이주자의 지위에서 전혀 다툴 길이 없다고 다루어서는 곤란하고, 이제라도 원고는 본래의 이주대책상의 정해진 절차에 따라 사업시행자에 대하여 이주대책대상자 선정신청을 하고 그에 대한 사업시행자의 응답에 대응하여 그 조치가 위법한 것인 한, 사업시행자가 이를 거부한 경우에는 그 거부처분의 취소를, 그 신청에 대하여 아무런 응답이 없는 경우에는 부작위위법의 확인을 각 소구함으로써 적정한 구제를 받을 수도 있다고 여겨진다.

4. 그러므로 원심판결을 파기하고 사건을 원심법원에 환송하기로 하여, 대법관 김상원, 대법관 배만운, 대법관 박만호, 대법관 천경송, 대법관 박준서를 제외한 관여 법관의 일치된 의견으로 주문과 같이 판결한다.
대법관 김상원, 대법관 배만운, 대법관 박만호, 대법관 천경송, 대법관 박준서의 반대의견은 다음과 같다.
다수의견은 특례법 제8조 제1항이 사업시행자에게 이주대책의 수립 실시 의무를 부과하고 있다 하여 위 규정 자체만으로 이주자에게 막바로 그에 상응하는 권리가 발생되지 않고 사업시행자가 구체적인 이주대책을 수립하고 이주자의 신청을 받아들여 이주대책대상자로 확인 결정하여야만 비로소 구체적 수분양권이 발생되므로 그 이전의 수분양권 확인청구는 불가능하다는 것이다.
위 의견은 결국 위 이주대책에 의한 주택분양을 구 주택건설촉진법 제32조(1994.1.7. 법률 제4724호로 개정되기 전의 것), 주택공급에 관한 규칙 제15조에 의하여 공급주택의 10% 범위 내에서 위 규칙 소정의 특별공급 대상자에게 그 절차적 신청권만을 부여하는 주택공급(특별공급)과 구별을 하지 않고 있는 것이다.
그러나 위 특례법에 의한 이주대책은 학설상 이른바 생활보상으로서 실체적 권리인 손실보상의 한 형태로 파악되고 있으며 대법원 판례도 이를 실체법상의 권리로 인정하여(당원 1991.12.27, 91다17108) 민사소송으로 이주대책에 의한 주택수분양권의 확인소송을 허용하였었던 것이다(당원 1992.7.28, 92다14908).

이주대책은 경우에 따라 택지 또는 주택의 분양이나 이주정착금으로 보상되는바, 이주정착금이 위에서 본 바와 같이 손실보상금의 일종이므로 통상의 각종 보상금처럼 실체적 권리가 되는 것을 부정할 수 없을 것이고, 그렇다면 같은 취지의 택지 또는 주택의 수분양권도 실체적인 권리로 봄이 마땅할 것이다. 가사 이를 권리로 보지 못한다 하더라도 적어도 확인소송의 대상이 되는 권리관계 또는 법률관계로는 보아야 할 것이다.

다수의견은 위 권리관계를 부정하는 이론적 근거로서 위 각 법령에서 이주대책에 대한 구체적인 내용을 규정하고 있지 아니하다는 것을 들고 있으나, 이는 그 이주대책의 성격상 일률적으로 정할 수 없고, 당해 공공사업의 종류 및 성질, 사업시행자의 사업상황이나 여건, 그 대상자의 규모, 생활환경 등 제반 정상을 참작하여 정하여야 하므로 사업시행자에게 구체적 이주대책 실시에 있어서 그 절차, 방법, 내용 등에 관하여 재량의 여지를 인정할 필요 때문이라 할 것이다.

그러나 이는 합리적인 생활보상을 보장해야 하는 기속적 재량이라 할 것이므로 그것 때문에 이주대책의 실체적 권리관계를 부정하고 절차적 신청권으로 볼 사유는 되지 못하고 만약 그 권리의 포괄성이 문제된다면 이는 포괄적 법률관계나 법률상의 지위로 파악하면 될 것이므로 어느 모로 보나 그 확인소송을 부정할 근거는 될 수 없는 것이다.

따라서 이주자가 분양신청을 하여 사업시행자로부터 분양처분을 받은 경우 이러한 사업시행자의 분양처분의 성질은 이주자에게 수분양권을 비로소 부여하는 처분이 아니라, 이미 이주자가 취득하고 있는 수분양권에 대하여 그의 의무를 이행한 일련의 이행처분에 불과하다고 보아야 하고, 이는 이주자가 이미 취득하고 있는 수분양권을 구체화 시켜주는 과정에 불과하다 할 것이다.

다수의견처럼 분양신청권을 구체적 이주대책에 따른 절차적 신청권에 불과하다고 본다면 사업시행자가 구체적으로 이주대책을 세우지 않거나 이미 그 이주대책이 종료된 경우 제외된 이주대책대상자는 절차적 신청권을 행사할 수 없기 때문에 속수무책이 될 것이다.

이를 실체적 권리로 인정해야 구체적 이주대책 이행을 신청하고 그 이행이 없을 때 부작위위법확인소송을 제기하여 그 권리구제를 받을 수 있을 것이다.

다수의견은 구체적인 이주대책에서 이주자가 통지를 받지 못하여 신청하지 못한 경우 다시 신청하여 구제받을 수 있다고 하나 이는 신청기간 내에 수긍할 수 있는 사유로 신청하지 못한 이주자에 대한 구제이론으로 미흡할 뿐만 아니라 다수의견과 논리상 양립될 수 없는 이론이고 더욱이 구체적 이주대책이 종료한 경우에는 효용이 없는 이론이 될 것이다.

이를 실체적 권리로 인정하여야만 그 권리를 포기한 것으로 볼 수 없는 한 언제나 신청이 가능하고 구체적 이주대책이 종료한 경우에도 추가 이주대책을 요구할 수 있게 될 것이다.

당원 1992.10.27. 선고 92누1643 판결도 이주대책에 의한 1차 분양신청을 거부당하고 1년 후 다시 분양신청을 하여 거듭 거부당한 경우에 그 신청기간을 고려함이 없이 2차 거부처분도 항고소송의 대상이 되는 처분이라고 판시하고 있는바, 이는 위 분양신청권을 주택건설촉진법, 주택공급규칙 등에 의한 절차적인 분양신청권과 달리 분양받을 권리에서 파생되는 실체적 신청권으로 파악함을 전제한 이론으로 이해해야 할 것이다.

위와 같이 이주대책에 의한 분양신청은 실체적 권리의 행사에 해당된다 할 것이므로 구체적 이주대책에서 제외된 이주대책 대상자는 그 경위에 따라 분양신청을 하여 거부당한 경우 권리침해를 이유로 항고소송을 하거나 또는 자기 몫이 참칭 이주대책 대상자에게 이미 분양되어 다시 분양신청을 하더라도 거부당할 것이 명백한 특수한 경우 등에는 이주대책 대상자로서 분양받을 권리 또는 그 법률상 지위의 확인을 구할 수 있다고 보아야 할 것이다. 이때에 확인소송은 확인소송의 보충성이라는 소송법의 일반법리에 따라 그 확인소송이 권리구제에 유효 적절한 수단이 될 때에 한하여 그 소의 이익이 허용되어야 함은 물론이다. 돌이켜 이 사건에서 보건대, 피고는 이주대책의 대상이 되는 이 사건 무허가건물이 원고의 소유가 아니고 원심공동피고 1의 소유라고 인정하여 이미 그에게 이주대책에 의한 분양을 마친 상태이어서 다시 원고의 분양신청에 응하지 않을 것임이 명백하므로 이러한 경우에는 굳이 무용한 분양신청을 하여 거부처분과 전치절차를 거쳐 항고소송을 하는 것보다 당해 이주대책에서의 구제 또는 추가 이주대책의 요구를 위해서 막바로 이주대책 대상자라 하여 분양받을 권리 내지 지위의 확인을 구하는 소송방법이 그 권리구제에 유효 적절하여 확인의 이익이 있다 할 것이므로 이를 허용해야 할 것이다.

다만 이러한 소송은 그 소송물이 공법상 법률관계이어서 행정소송의 당사자소송에 해당되므로 이를 민사소송으로 다룬 원심판결을 파기하고 이 사건에서 특정아파트에 대한 분양권확인의 청구취지 표현은 이 사건 소의 이익에 부합되게 정정이 가능하므로 당원에서 그 점을 문제 삼을 필요 없이 행정소송으로 다시 심리하게 하기 위하여 관할법원인 서울고등법원으로 이송함이 타당하다고 할 것이다.

대법관 배만운은 반대의견에 덧붙인다.

1. 다수의견은 특례법상의 이주대책을 생활보상의 일환이라고 하면서 국가의 적극적이고 정책적인 배려에 의하여 마련된 제도라고 하고 있는바, 이러한 이주대책을 공법상의 손실보상으로 보는 것인지 단순한 은혜적인 배려라고 보는 것인지 그 취지가 분명하지는 아니하나, 특례법 제8조 제1항의 이주대책은 사업시행자가 이주자에 대한 은혜적인 배려에서 임의적으로 수립 시행해 주는 것이 아니라 다수의견이 적절히 설시하고 있는 바와 같이 이주자에 대하여 종전의 재산상태가 아닌 생활상태로 원상회복시켜 주기 위한 생활보상의 일환으로 마련된 제도로서, 헌법 제23조 제3항이 규정하는 바의 손실보상의 한 형태라고 보아야 할 것이다.

   그런데도 다수의견이 특례법에 의하여 수분양권이 발생하지 아니하고 사업시행자가 이주대책대상자의 선정신청을 받아들여 이주대책대상자로 확인, 결정하여야 비로소 수분양권이 발생한다고 보는 것은, 특례법상의 이주대책은 은혜적인 배려가 아니라 손실보상의 하나임을 가볍게 보고, 또 특례법 제8조 제1항의 규정이 단순히 선언적인 것이 아니고 사업시행자에게 이주대책의 수립 실시 여부에 관한 재량의 여지를 주지 않고 의무를 부과하여 이주자에게 구체적인 생활보상을 하도록 강제하고 있는 점을 간과하고, 나아가 특례법에 따른 이주대책에 의한 주택등의 분양을 원활한 사업시행을 도모하여 은혜적으로 특별공급을 요구할 수 있는 이익을 부여하고 있는 주택공급에 관한 규칙에 의한 주택의 특별공급과 구별하지 않고 혼동하는 것이어서, 이러한 점들에 있어서도 찬성할 수 없다.

2. 특례법상의 이주대책에 따른 사업시행자의 분양처분은 다수의견과 같이 이주자에게 수분양권을 창설적으로 비로소 부여하는 처분으로 볼 것이 아니고, 이주자가 공공사업의 시행에 필요한 토지 등을 제공하는 것을 원인으로 하여 특례법에 따라 취득한 추상적인 권리나 이익을 이주대책을 수립하여 구체화시켜 주는 절차상의 이행적 처분이라고 보는 것이 상당하다.

   특례법과 그 시행령 및 시행규칙은 사업시행자에게 공공사업의 시행에 필요한 토지 등을 제공함으로 인하여 생활의 근거를 상실하게 되는 이주자에 대하여 대물적 보상으로서 보상금을 지급하는 외에 생활보상으로서 이주대책을 수립하여 실시하고, 일정한 경우에는 이주정착금을 지급하도록 의무를 부과하고 있는바, 그렇다면 이러한 이주자는 이에 대응하여 대물적 보상에서 금전적 손실보상청구권을 취득하게 되는 것과 마찬가지로 사업시행자가 수립 실시하여야 하는 이주대책에 따른 수분양권을 사업시행자의 분양처분을 기다리지 않고 위 특례법에 근거하여 취득하는 것으로 보아야 한다.

그렇다고 하더라도 사업시행자가 실제로 이주대책을 수립하기 이전에는 이주자의 수분양권은 아직 추상적인 권리나 법률상의 지위 내지 이익에 불과한 것이어서 이 단계에 있어서는 확인의 이익이 인정되지 아니하여 그 권리나 지위의 확인을 구할 수 없다고 할 것이나, 사업시행자가 이주대책을 수립 실시하지 아니하는 경우에는 사업시행자에게 이를 청구하여 거부되거나 방치되면 부작위위법확인을 소구할 수는 있다고 볼 것이다(물론 그러한 일은 없을 것이지만, 이론상 그렇다는 것이다).

그러나 이주대책을 수립한 이후에는 이주자의 추상적인 수분양권이 그 이주대책이 정하는 바에 따라 구체적 권리로 바뀌게 되므로, 구체적 이주대책에서 제외된 이주자는 위와 같은 수분양권에 터잡은 분양신청(이른바 실체적 신청권의 행사)을 하여 거부당한 경우에는 이를 실체적 신청권을 침해하는 거부처분으로 보아 그 취소를 구하는 항고소송을 제기할 수 있을 것이고, 이 사건과 같이 신청기간을 도과한 경우, 사업시행자가 미리 수분양권을 부정하거나 이주대책에 따른 분양절차가 종료되어 분양신청을 하더라도 거부당할 것이 명백한 경우, 또는 분양신청을 묵살당한 경우, 기타 확인판결을 얻음으로써 분쟁이 해결되고 권리구제가 가능하여 그 확인소송이 권리구제에 유효 적절한 수단이 될 수 있는 특별한 사정이 있는 경우에는, 당사자소송으로 수분양권 또는 그 법률상의 지위의 확인을 구할 수 있다고 보아야 할 것이다.

3. 다수의견과 같이 이주자에게 수분양권은 없고, 분양신청권만 있다고 해석한다면, 그 권리의 발생근거는 특례법이 아니라 사업시행자가 수립한 이주대책에서 찾아야 할 것인데, 이러한 견해에 따르면 사업시행자가 이주대책을 수립 실시하지 아니하여도 이주자는 그 적법여부를 다툴 길이 없고, 이주대책을 수립하더라도 그 대상자의 범위를 제한하거나 이주자의 일부를 제외하는 경우 여기에서 제외된 이주자는 절차적 신청권을 부여받지 못하여 이주대책에 의한 생활보상을 받을 길이 막혀도 법적으로 호소할 길이 없게 되며, 또 만일 사업시행자가 구체적인 이주대책에서 신청권을 인정하지 아니하고 직권으로 수분양자를 조사하여 결정하는 형식으로 정한다거나 은혜적으로 배정하는 것으로 정하여 그 신청권 자체를 설정하지 아니하여도 어찌할 방도가 없게 된다는 결론에 이를 수 있어 부당하다.

4. 다수의견이 사업시행자로부터 이주대책대상자 선정신청을 하라는 개별통지를 받지 못하고 공고사실도 알 수 없어서 소정의 신청기간 내에 선정신청을 못한 원고의 경우에는 이제라도 선정신청을 할 수 있다고 한 것은, 이것이 부질없는 절차의 이행을 요구하여 원고를 불필요하게 불편하고 번거롭게 하는 것임을 논외로 한다면, 다수의견의 기본이론에서 생길 수 있는 부당한 결과의 일부를 보완하여 이와 같은 이주자의 권리를 보호하고자 하는 고충에서 나온 배려로서 평가할 만하나, 어떻게 하여 다수의견의 기본이론에서 그와 같은 해석이 나올 수 있는 것인지, 논리상 그와 같은 해석이 가능한 것인지, 의문이 아닐 수 없다.

우선 다수의견의 견해에 따른다면, 이주대책의 실시를 위한 요건 절차 내용 효과 등을 사업시행자의 처분에 맡기고 있다는 것이므로, 신청기간의 설정도 사업시행자에게 맡기고 있다고 볼 것인바, 그렇다면 사업시행자가 구체적인 이주대책을 어떠한 내용으로 수립한 것인지를 먼저 확정하지 않고서는 일방적으로 그와 같은 해석을 할 근거나 여지가 없을 것이고, 또 일찍이 이주대책 사실을 알고 1989년도에 이 사건 소송을 제기한 원고가 어떻게 하여 사업시행자가 설정한 신청기간(1987.12.29.부터 1988.2.29.까지)이 훨씬 지난 이제 와서 절차적 신청권을 행사할 수 있다는 것인지, 언제까지 신청할 수 있다는 것인지 이주대책에 따른 분양절차가 종료된 후에도 할 수 있다는 것인지 알 수 없어, 이유모순이나 이유불비라는 비난을 들을 여지가 있으며, 이렇게 되면 일정한 기간 내에 신청을 받아 분양처분을 하여 이주대책을 종결지우고 안정적으로 사업시행을 하게 할 수 있다는 다수의견의 장점은 무너지게 된다.

또 다수의견의 이론에 따른다면, 사업시행자가 이주자에게 이주대책대상자 선정신청을 하라는 개별통지를 하여야 할 의무는 있을 수 없고, 개별통지를 하더라도 신청권 행사를 촉구하는 은혜적인 조치에 불과하며, 이주대책에서 이와 같은 개별통지를 규정하지 아니하여도 상관없고 이주자는 이의를 달 수 없는 법리가 될 터인데, 이러한 개별통지를 받지 못한 경우에는 이제라도 신청을 할 수 있다고 보는 것이 다수의견의 기본이론과 모순되는 건 아닌지 의문이다. 오히려 사업시행자가 이주대책에서 개별통지를 규정하는 것은 이주자에게 실체적 권리가 있음을 전제로 한 것이라고 보아야 할 것이다.

또 이 사건의 경우에는 일간신문에 이주대책 시행공고를 한 것이고, 일간신문에 공고하면 특별한 사정이 없는 한 공고사실을 알 수 있다고 보아야 하고 또 그러기 위해 공고를 하는 것인데, 어떻게 하여 원고가 그 사실을 알 수 없었다고 보는 것인지도 궁금하다.

5. 다수의견은 이주자는 사업시행자가 정하는 절차에 따라 분양신청을 하여 분양처분을 받음으로써 그 수분양권을 취득한다는 것이므로, 결국 이주자의 분양신청권(특별공급신청권)은 사업시행자가 수립한 이주대책에서 정하는 바에 따라 발생도 하고 소멸도 한다고 보아야 할 것이고, 따라서 사업시행자가 구체적인 이주대책에서 일정한 신청기간을 설정하고 소정기간 내에 신청이 없으면 신청권을 행사하지 못하는 것으로 규정하면 개별통지의 여부나 공고사실을 알고 모르고와는 상관없이 그 분양신청권을 상실하고, 사업시행자가 신청기간 도과 후에 은혜적으로 신청을 수리하지 않는 한 그 신청권을 행사할 수 없다고 볼 수밖에 없을 것이다.

   다수의견을 취하면서 이러한 경우에 분양신청권을 상실하지 아니한다고 보게 되면 논리의 일관성이 없게 되고, 상실한다고 보게 되면 이주대책의 입법취지에 어긋나 부당하게 되므로, 이주자의 권리를 실체적 권리로 파악하는 것이 옳다고 보며, 이주자가 개별통지를 받고서도 상당한 기간 내에 분양신청을 하지 아니하면 일반 법리에 따라 특별한 사정이 없는 한 수분양권을 포기하는 것으로 보면 될 것이고, 이러한 점에서 사업시행자의 개별통지는 의미가 있다고 볼 것이다.

6. 현행 행정소송법은 항고소송과 당사자소송의 형태를 모두 규정하고 있으므로, 이제는 공법상의 권리관계의 분쟁에 있어서는 그 권리구제의 방법에 관하여 항고소송만에 의하도록 예정한 산업재해보상보험업무 및 심사에 관한 법률 제3조와 같은 규정이 있는 경우를 제외하고는, 소의 이익이 없는 등 특별한 사정이 없는 한 항고소송 외에 당사자소송도 허용하여야 할 것이고, 불필요하게 국민의 권리구제방법을 제한할 것은 아니다.

   법은 우리의 사회활동과 사회현상을 규율하는 규범을 설정하고 권리를 보호하며 이것이 침해되었을 때 적절하게 구제해 주는 데 그 존재이유가 있다고 할 것이므로 법의 보호범위나 구제기능을 스스로 제약할 것은 아니고, 이 사건의 경우에도 굳이 이주자의 분양신청권을 절차적 신청권이라고 좁은 해석을 하여 항고소송만이 가능하다고 제한할 것은 아니며, 소의 이익이 인정되는 한 당사자소송도 허용해야 할 것이다.

   종래 전통적으로 반사적 이익 또는 사실상의 이익에 불과하다고 하던 것도 근래에는 이를 법적이익으로 평가하여 권리와 마찬가지로 보호함으로써 국민의 권익보호와 권리구제에 만전을 기하는 방향으로 법을 운영하여 가고 또 마땅히 그렇게 하여야 하는 마당에, 확인판결만 얻어도 권리구제가 실현될 수 있을 이 사건에서 특례법에 의한 이주대상자의 지위의 권리성을 부정하고 단순히 절차적인 신청권만 갖는데 불과하다고 하여 항고소송 외에는 허용할 수 없다고 하는 것은, 이주자의 보상받을 이익을 제약하고 권리행사를 까다롭게 하며 권리구제방법의 선택을 곤혹스럽게 하여 사실상 이주자의 권익을 제약하고 약화시키는 것이어서, 당사자의 권리구제의 절차와 방법을 넓게 인정하여 권익보호에 만전을 기하려고 하는 현재의 추세에 역행하는 것이라고 아니할 수 없다.

2. 법적 성격(대판 2003.7.25, 2001다57778, 대판 2002.3.15, 2001다67126)

공공용지의 취득 및 손실보상에 관한 특례법 제8조 제1항은 "사업시행자는 공공사업의 시행에 필요한 토지 등을 제공함으로 인하여 생활근거를 상실하게 되는 자를 위하여 대통령령이 정하는 바에 따라 이주대책을 수립 실시한다."고 규정하고 있는바, 위 특례법상의 이주대책은 공공사업의 시행에 필요한 토지 등을 제공함으로 인하여 생활의 근거를 상실하게 되는 이주자들을 위하여 사업시행자가 '기본적인 생활시설이 포함된' 택지를 조성하거나 그 지상에 주택을 건설하여 이주자들에게 이를 '그 투입비용 원가만의 부담하에' 개별 공급하는 것으로서, 그 본래의 취지에 있어 이주자들에 대하여 종전의 생활상태를 원상으로 회복시키면서 동시에 인간다운 생활을 보장하여 주기 위한 이른바 생활보상의 일환으로 국가의 적극적이고 정책적인 배려에 의하여 마련된 제도라 할 것이다.

3. 확인 · 결정행위의 법적 성질(대판 1994.10.25, 93다46919)

공공용지의 취득 및 손실보상에 관한 특례법 제8조 제1항이 사업시행자에게 이주대책의 수립 · 실시의무를 부과하고 있다고 하여 그 규정 자체만에 의하여 이주자에게 사업시행자가 수립한 이주대책상의 택지분양권이나 아파트입주권 등을 받을 수 있는 구체적인 권리(수분양권)가 직접 발생하는 것이라고는 볼 수 없으며, 사업시행자가 이주대책에 관한 구체적인 계획을 수립하여 이를 해당자에게 통지 내지 공고한 후, 이주자가 수분양권을 취득하기를 희망하여 이주대책에 정한 절차에 따라 사업시행자에게 이주대책대상자 선정신청을 하고 사업시행자가 이를 받아들여 이주대책대상자로 확인 · 결정하여야만 비로소 구체적인 수분양권이 발생하게 되는 것이며, 이러한 사업시행자가 하는 확인 · 결정은 행정작용으로서의 공법상의 처분이다.

수분양권의 취득을 희망하는 이주자가 소정의 절차에 따라 이주대책대상자 선정신청을 한 데 대하여 사업시행자가 이주대책대상자가 아니라고 하여 '가'항의 확인 · 결정 등의 처분을 하지 않고 이를 제외시키거나 또는 거부조치한 경우에는 이주자로서는 사업시행자를 상대로 항고소송에 의하여 그 제외처분 또는 거부처분의 취소를 구하면 될 것이고, 사업시행자가 그 확인 · 결정 등의 처분 이후 이를 다시 취소한 경우에도 역시 항고소송에 의하여 확인 · 결정 등의 취소처분의 취소를 구하면 될 것이며, 곧바로 민사소송으로 이주대책상의 수분양권의 확인 등을 구하는 것은 허용될 수 없다.

> 확인 · 결정행위 거부에 대한 항고소송을 통해서 권리구제를 도모해야 한다는 것이 현행 판례의 태도이다.

4. 확인 · 결정행위의 법적 성질 및 주택의 수량, 대상자 선정의 재량성(대판 1995.10.12, 94누11279)

공공용지의 취득 및 손실보상에 관한 특례법(이하 '공특법'이라 한다) 제8조 제1항이 사업시행자로 하여금 공공사업의 시행에 필요한 토지 등을 제공함으로 인하여 생활근거를 상실하게 되는 자(이하 '이주자'라 한다)에게 이주대책을 수립 · 실시하도록 하고 있는바, 택지개발촉진법에 따른 사업시행을 위하여 토지 등을 제공한 자에 대한 이주대책을 세우는 경우 위 이주대책은 공공사업에 협력한 자에게 특별공급의 기회를 요구할 수 있는 법적인 이익을 부여하고 있는 것이라고 할 것이므로 그들에게는 특별공급신청권이 인정되며, 따라서 사업시행자가 위 조항에 해당함을 이유로 특별분양을 요구하는 자에게 이를 거부하는 행위는 항고소송의 대상이 되는 거부처분이라고 할 것이나, 한편 위 특별공급신청권은 특별공급을 받을 권리와는 다른 개념이고(대판 1992.1.21, 91누2649 참조), 또한 위 공특법 제8조 제1항이 사업시행자에게 이주대책의 수립・실시의무를 부과하고 있다고 하더라도 그 규정 자체만에 의하여 이주자에게 사업시행자가 수립한 이주대책상의 택지분양권이나 아파트 입주권 등을 받을 수 있는 구체적인 권리(수분양권)가 직접 발생하는 것이라고는 볼 수 없고, 사업시행자가 이주대책에 관한 구체적인 계획을 수립하여 이를 해당자에게 통지 내지 공고한 후, 이주자가 수분양권을 취득하기를 희망하여 이주대책에 정한 절차에 따라 사업시행자에게 이주대책대상자 선정신청을 하고 사업시행자가 이를 받아들여 이주대책 대상자로 확인・결정하여야만 비로소 구체적인 수분양권이 발생하게 된다 할 것이다(대판 1994.5.24, 92다35783 全合; 대판 1994.9.13, 93누16352; 대판 1994.10.25, 93다46919 등 참조).

원심이, 원고는 이주대책을 실시하여 택지 등의 특별공급을 하여 줄 것을 요구할 수 있는 특별공급신청권을 가졌을 뿐 그 특별공급의 내용까지 개별적・구체적으로 특정하여 피고에게 요구할 수 있는 권리는 없다고 보아 피고가 수립・시행한 이주대책내용과는 달리 단독주택용지공급신청권이 있음을 전제로 하는 원고의 주장은 이유 없다고 판단하였는바, 위에서 본 법리에 비추어 보면 원심의 판단은 정당하고, 원심판결에 논하는 바와 같은 법리오해의 위법이 있다고 볼 수 없으며, 논지가 지적하는 대판 1992.7.28, 92다14908은 위 전원합의체 판결로써 폐기되어 이 사건에 원용하기에는 적절하지 아니하므로, 논지는 이유가 없다.

공특법 제8조 제1항 및 같은 법 시행령 제5조 제5항에 의하여 실시되는 이주대책은 공공사업의 시행으로 생활근거를 상실하게 되는 자를 위하여 이주자에게 이주정착지의 택지를 분양하도록 하는 것이고, 사업시행자는 특별공급주택의 수량, 특별공급대상자의 선정 등에 있어서 재량을 가진다고 할 것이다.

5. 이주대책 불복 시 피고(대판 2007.8.23, 2005두3776)

에스에이치공사가 택지개발사업 시행자인 서울특별시장으로부터 이주대책 수립권한을 포함한 택지개발사업에 따른 권한을 위임 또는 위탁받은 경우, 이주대책 대상자들이 에스에이치공사 명의로 이루어진 이주대책에 관한 처분에 대한 취소소송을 제기함에 있어 정당한 피고는 에스에이치공사가 된다고 한 사례

II 이주대책기준일

1. 대판 2009.3.12, 2008두12610

공익사업을 위한 토지 등의 취득 및 보상에 관한 법률 제78조 제1항, 같은 법 시행령 제40조 제3항 제2호의 문언, 내용 및 입법취지 등을 종합하여 보면, 위 시행령 제40조 제3항 제2호에서 말하는 '공익사업을 위한 관계 법령에 의한 고시 등이 있은 날'은 이주대책대상자와 아닌 자를 정하는 기준이다

2. 대판 1994.2.22, 93누15120

'공익사업을 위한 관계 법령에 의한 고시 등이 있은 날'은 이주대책대상자와 아닌 자를 정하는 기준일로서, 이주대책대상자라 함은 이주대책의 대상에 포함되어야 하는 자이다. 다만, 사업시행자는 법상 이주대책대상자가 아닌 자(세입자)도 이주대책대상자에 포함시킬 수 있다. 이주대책의 수립에 의해 이주대책대상자에 포함된 세입자 등은 영구임대주택 입주권 등 이주대책을 청구할 권리를 가지며 이를 거부한 것은 거부처분이 된다

3. 이주대책 기준일(대판 2009.2.26, 2007두13340)

[판시사항]

[1] 공익사업을 위한 토지 등의 취득 및 보상에 관한 법률 시행령 제40조 제3항 제2호의 '공익사업을 위한 관계 법령에 의한 고시 등이 있은 날' 당시 주거용 건물이 아니었던 건물이 그 후 주거용으로 용도 변경된 경우, 이주대책대상이 되는 주거용 건축물인지 여부(소극)

[2] 공익사업을 위한 토지 등의 취득 및 보상에 관한 법률 시행령 제40조 제3항 제2호의 '공익사업을 위한 관계 법령에 의한 고시 등이 있은 날'에 주민 등에 대한 공람공고일도 포함되는지 여부(한정 적극)

[3] 군인아파트의 관리실 용도로 신축되어 택지개발예정지구지정 공람공고일 당시까지도 관리실로 사용하다가 그 후에 주거용으로 개조한 건물은 이주대책대상이 되는 주거용 건축물에 해당하지 않는다고 한 사례

[판결요지]

[1] 공익사업을 위한 토지 등의 취득 및 보상에 관한 법률 제78조 제1항, 공익사업을 위한 토지 등의 취득 및 보상에 관한 법률 시행령 제40조 제3항 제2호 규정의 문언, 내용 및 입법 취지 등을 종합하여 보면, 위 법 제78조 제1항에 정한 이주대책의 대상이 되는 주거용 건축물이란 위 시행령 제40조 제3항 제2호의 '공익사업을 위한 관계 법령에 의한 고시 등이 있은 날' 당시 건축물의 용도가 주거용인 건물을 의미한다고 해석되므로, 그 당시 주거용 건물이 아니었던 건물이 그 이후에 주거용으로 용도 변경된 경우에는 건축 허가를 받았는지 여부에 상관없이 수용재결 내지 협의계약 체결 당시 주거용으로 사용된 건물이라 할지라도 이주대책대상이 되는 주거용 건축물이 될 수 없다.

[2] 이주대책기준일이 되는 공익사업을 위한 토지 등의 취득 및 보상에 관한 법률 시행령 제40조 제3항 제2호의 '공익사업을 위한 관계 법령에 의한 고시 등이 있은 날'에는 토지수용 절차에 공익사업을 위한 토지 등의 취득 및 보상에 관한 법률을 준용하도록 한 관계 법률에서 사업인정의 고시 외에 주민 등에 대한 공람공고를 예정하고 있는 경우에는 사업인정의 고시일뿐만 아니라 공람공고일도 포함될 수 있다.

[3] 군인아파트의 관리실 용도로 신축되어 택지개발예정지구지정 공람공고일 당시까지도 관리실로 사용하다가 그 후에 주거용으로 개조한 건물은 이주대책대상이 되는 주거용 건축물에 해당하지 않는다고 한 사례

Ⅱ-1 이주대책 수립의무 및 생활기본시설이 강행규정인지(대판 2011.7.28, 2009다16834)

구 공익사업법은 공익사업에 필요한 토지 등을 협의 또는 수용에 의하여 취득하거나 사용함에 따른 손실의 보상에 관한 사항을 규정함으로써 공익사업의 효율적인 수행을 통하여 공공복리의 증진과 재산권의 적정한 보호를 도모함을 목적으로 하고 있고, 위 법에 의한 이주대책은 공익사업의 시행에 필요한 토지 등을 제공함으로 인하여 생활의 근거를 상실하게 되는 이주대책대상자들에게 종전의 생활상태를 원상으로 회복시키면서 동시에 인간다운 생활을 보장하여 주기 위하여 마련된 제도이므로, 사업시행자의 이주대책 수립·실시의무를 정하고 있는 구 공익사업법 제78조 제1항은 물론 그 이주대책의 내용에 관하여 규정하고 있는 같은 법 제78조 제4항 본문 역시 당사자의 합의 또는 사업시행자의 재량에 의하여 그 적용을 배제할 수 없는 강행법규이다.

Ⅲ '도로·급수시설·배수시설 그 밖의 공공시설 등 해당 지역조건에 따른 생활기본시설'의 의미(대판 2011.7.28, 2009다16834)

'도로·급수시설·배수시설 그 밖의 공공시설 등 당해 지역조건에 따른 생활기본시설'이라 함은 주택법 제23조 등 관계 법령에 의하여 주택건설사업이나 대지조성사업을 시행하는 사업주체가 설치하도록 되어 있는 도로 및 상하수도시설, 전기시설·통신시설·가스시설 또는 지역난방시설 등 간선시설을 의미한다고 보아야 한다.

따라서 만일 이주대책대상자들과 사업시행자 또는 그의 알선에 의한 공급자와 사이에 체결된 택지 또는 주택에 관한 특별공급계약에서 구 공익사업법 제78조 제4항에 규정된 생활기본시설 설치비용을 분양대금에 포함시킴으로써 이주대책대상자들이 생활기본시설 설치비용까지 사업시행자 등에게 지급하게 되었다면, 사업시행자가 직접 택지 또는 주택을 특별공급한 경우에는 특별공급계약 중 분양대금에 생활기본시설 설치비용을 포함시킨 부분이 강행법규인 구 공익사업법 제78조 제4항에 위배되어 무효이고, 사업시행자의 알선에 의하여 다른 공급자가 택지 또는 주택을 공급한 경우에는 사업시행자가 위 규정에 따라 부담하여야 할 생활기본시설 설치비용에 해당하는 금액의 지출을 면하게 되어, 결국 사업시행자는 법률상 원인 없이 생활기본시설 설치비용 상당의 이익을 얻고 그로 인하여 이주대책대상자들이 같은 금액 상당의 손해를 입게 된 것이므로, 사업시행자는 그 금액을 부당이득으로 이주대책대상자들에게 반환할 의무가 있다 할 것이다[대판 2011.6.23, 2007다63089·63096 全合 참조].

한편 사업시행자의 알선에 의하여 이주대책대상자에게 택지 또는 주택을 공급한 자는 사업시행자가 아니므로, 설령 그 공급자가 이주대책대상자와 사이에 생활기본시설 설치비용 상당액이 포함된 가격으로 공급계약을 체결하였다고 하더라도 이 부분 공급계약이 구 공익사업법 제78조 제4항에 위배되어 무효로 된다거나 그 공급자가 생활기본시설 설치비용 상당의 부당이득을 얻게 된다고 할 수는 없다.

사업시행자는 자기가 직접 이주자택지를 공급하는 경우든, 알선에 의하여 공급하는 경우든 생활기본시설의 설치비용부담을 갖는다. 이주대책 대상자가 이를 납부한 경우에는 기존 사업자를 대상으로 부당이득반환청구를 하면 된다.

Ⅳ 생활기본시설 관련 판례

1. 대판 2011.6.23, 2007다63089 · 63096 全合

[1] 계약당사자 중 일방이 상대방 및 제3자와 3면 계약을 체결하거나 상대방의 승낙을 얻어 계약상 당사자의 지위를 포괄적으로 제3자에게 이전하는 경우, 제3자가 종래 계약에서 이미 발생한 채권 · 채무도 모두 이전받는지 여부(적극)

[2] 사업시행자가 구 공익사업을 위한 토지 등의 취득 및 보상에 관한 법률 시행령 제40조 제2항 단서에 따라 택지개발촉진법 또는 주택법 등 관계 법령에 의하여 이주대책대상자들에게 택지 또는 주택을 공급하는 경우에도 이주정착지를 제공하는 경우와 마찬가지로 사업시행자 부담으로 구 공익사업을 위한 토지 등의 취득 및 보상에 관한 법률 제78조 제4항에서 정한 생활기본시설을 설치하여 이주대책대상자들에게 제공하여야 하는지 여부(적극)

[3] 사업시행자의 이주대책 수립 · 실시의무를 정하고 있는 구 공익사업을 위한 토지 등의 취득 및 보상에 관한 법률 제78조 제1항과 이주대책의 내용을 정하고 있는 같은 조 제4항 본문이 강행법규인지 여부(적극)

[4] 구 공익사업을 위한 토지 등의 취득 및 보상에 관한 법률 제78조 제4항에서 정한 '도로 · 급수시설 · 배수시설 그 밖의 공공시설 등 당해 지역조건에 따른 생활기본시설'의 의미 및 이주대책대상자들과 사업시행자 등이 체결한 택지 또는 주택에 관한 특별공급계약에서 위 조항에 규정된 생활기본시설 설치비용을 분양대금에 포함시킴으로써 이주대책대상자들이 그 비용까지 사업시행자 등에게 지급하게 된 경우, 사업시행자 등이 그 비용 상당액을 부당이득으로 이주대책대상자들에게 반환하여야 하는지 여부(적극)

2. 대판 2014.3.13, 2012다87492 [부당이득금][미간행]

공익사업의 사업주체가 이주대책대상자들에게 생활기본시설로 제공하여야 하는 도로는 길이나 폭에 관계없이 '주택단지 안의 도로를 당해 주택단지 밖에 있는 동종의 도로에 연결시키는 도로'를 모두 포함하는지 여부(적극)

V 대상자 선정기준의 재량성

1. 대판 2010.3.25, 2009두23709

사업시행자는 이주대책기준을 정하여 이주대책대상자 중에서 이주대책을 수립·실시하여야 할 자를 선정하여 그들에게 공급할 택지 또는 주택의 내용이나 수량을 정할 수 있고 이를 정하는 데 재량을 가지므로, 이를 위해 사업시행자가 설정한 기준은 그것이 객관적으로 합리적이 아니라거나 타당하지 않다고 볼 만한 다른 특별한 사정이 없는 한 존중되어야 한다. 또한, 공부상 건물의 용도란 기재는 그 건물 소유자의 필요에 의한 신청을 전제로 그 건물의 이용현황에 관계되는 법령상 규율 등이 종합적으로 반영되어 이루어지는 것이어서 현실적 이용상황에 대한 가장 객관적인 징표가 될 수 있다는 점 등의 사정에 비추어 볼 때, 공부상 기재된 용도를 원칙적인 기준으로 삼아 이주대책대상자를 선정하는 방식의 사업시행자의 재량권 행사가 현저히 불합리하여 위법하다고 보기는 어렵다(대판 2009.3.12, 2008두12610, 대판 2009.11.12, 2009두10291 등 참조).

2. 대판 2007.2.22, 2004두7481

① 이주대책은 공공사업의 시행으로 생활근거를 상실하게 되는 이주자에게 이주정착지의 택지를 분양하도록 하는 것이고, 사업시행자는 특별공급주택의 수량, 특별공급대상자의 선정 등에 있어 재량을 가진다.

② 사업시행자가 구 공공용지의 취득 및 손실보상에 관한 특례법 제8조 제1항에 따른 이주대책으로서 입주자모집공고 자체가 없었던 아파트를 구 주택공급에 관한 규칙 제19조에 따라 이주자에게 특별공급하면서 공급대상자를 '특별공급 신청일 현재 무주택세대주'로 제한한 경우 무주택세대주 여부의 판단 기준 시점에 관하여, 사업시행자가 국민주택 특별공급대상자를 결정한 날을 구 주택공급에 관한 규칙 제19조의 '입주자모집공고일'로 의제하여 이를 기준으로 삼을 수 없고, 사업시행자가 '구 서울특별시 철거민에 대한 국민주택 특별공급규칙'에 따라 국민주택 특별공급대상자를 결정한 날 이후로서 그 공급대상자가 특별공급신청을 한 날을 기준으로 하여야 한다고 한 사례

3. 미거주 소유자도 이주대책 대상자로 포함시킬 수 있는지 여부와 생활기반시설설치비용 부담의무(대판 2014.9.4, 2012다109811)

[판시사항]

사업시행자가 구 공익사업을 위한 토지 등의 취득 및 보상에 관한 법률 제78조 제1항, 같은 법 시행령 제40조 제3항이 정한 이주대책대상자의 범위를 넘어 미거주 소유자까지 이주대책대상자에 포함시킬 수 있는지 여부(적극) 및 이때 미거주 소유자에 대하여도 같은 법 제78조 제4항에 따라 생활기본시설을 설치하여 줄 의무를 부담하는지 여부(소극)

사업시행자는 이주대책 수립에 있어서 재량을 가지므로 법상 대상자가 아닌 자라 하더라도 이주대책 대상자로 선정할 수 있다. 다만, 사업시행자가 공익사업법 제78조 제1항, 공익사업법 시행령 제40조 제3항이 정한 이주대책대상자의 범위를 넘어 미거주 소유자까지 이주대책대상자에 포함시킨다고 하더라도, 법령에서 정한 이주대책대상자가 아닌 미거주 소유자에게 제공하는 이주대책은 법령에 의한 의무로서가 아니라 시혜적인 것으로 볼 것이므로, 사업시행자가 이러한 미거주 소유자에 대하여도 공익사업법 제78조 제4항에 따라 생활기본시설을 설치하여 줄 의무를 부담한다고 볼 수는 없다.

4. 이주대책 대상자 확대 가능 여부(대판 2009.9.24, 2009두9819)

사업시행자가 구 도시개발법 제23조 등에 정한 이주대책대상자의 범위를 확대하는 기준을 수립·실시할 수 있는지 여부(적극)

5. 대판 2013.12.26, 2013두17701

공익사업의 사업시행자가 이주대책기준을 정하여 이주대책 대상자 중에서 이주대책을 수립·실시해야 할 자를 선정하여 그들에게 공급할 택지 또는 주택의 내용이나 수량을 정하는 데 재량을 가지는지 여부(적극)

6. 대판 2015.7.23, 2012두22911

[판시사항]

[1] 도시개발사업에서 '공익사업을 위한 관계 법령에 의한 고시 등이 있은 날'에 해당하는 법정 이주대책기준일(=도시개발구역의 지정에 관한 공람공고일) 및 이를 기준으로 공익사업을 위한 토지 등의 취득 및 보상에 관한 법률 시행령 제40조 제3항 본문에 따라 법이 정한 이주대책대상자인지를 가려야 하는지 여부(적극)

[2] 공익사업의 시행자가 법정 이주대책대상자를 포함하여 그 밖의 이해관계인에게까지 대상자를 넓혀 이주대책 수립 등을 시행할 수 있는지 여부(적극) / 시혜적으로 시행되는 이주대책 수립 등의 경우, 대상자의 범위나 그들에 대한 이주대책 수립 등의 내용을 어떻게 정할 것인지에 관하여 사업시행자에게 폭넓은 재량이 있는지 여부(적극) 및 이주대책의 내용으로서 사업시행자가 생활기본시설을 설치하고 비용을 부담하도록 강제한 공익사업을 위한 토지 등의 취득 및 보상에 관한 법률 제78조 제4항이 시혜적인 이주대책대상자에까지 적용되는지 여부(소극)

Ⅵ 도시개발사업의 사업시행자가 이주대책기준을 정하여 이주대책대상자 가운데 이주대책을 수립·실시하여야 할 자를 선정하여 그들에게 공급할 택지 등을 정하는데 재량을 가지는지 여부(대판 2009.3.12, 2008두12610)

사업시행자는 이주대책기준을 정하여 이주대책대상자 중에서 이주대책을 수립·실시하여야 할 자를 선정하여 그들에게 공급할 택지 또는 주택의 내용이나 수량을 정할 수 있고, 이를 정하는 데 재량을 가지므로, 이를 위해 사업시행자가 설정한 기준은 그것이 객관적으로 합리적이 아니라거나 타당하지 않다고 볼 만한 다른 특별한 사정이 없는 한 존중되어야 한다.
도시개발사업의 사업시행자가 보상계획공고일을 기준으로 이주대책대상자를 정한 후, 협의계약 체결일 또는 수용재결일까지 당해 주택에 계속 거주하였는지 여부 등을 고려하여 이주대책을 수립·실시하여야 할 자를 선정하여 그들에게 공급할 아파트의 종류, 면적을 정한 이주대책기준을 근거로 한 입주권 공급대상자 결정처분에 재량권을 일탈·남용한 위법이 없다고 한 사례

Ⅶ 이주대책대상자 제외처분취소(대판 2009.2.26, 2007두13340)

[1] 공익사업을 위한 토지 등의 취득 및 보상에 관한 법률 시행령 제40조 제3항 제2호의 '공익사업을 위한 관계 법령에 의한 고시 등이 있은 날' 당시 주거용 건물이 아니었던 건물이 그 후 주거용으로 용도 변경된 경우, 이주대책대상이 되는 주거용 건축물인지 여부(소극)
[2] 공익사업을 위한 토지 등의 취득 및 보상에 관한 법률 시행령 제40조 제3항 제2호의 '공익사업을 위한 관계 법령에 의한 고시 등이 있은 날'에 주민 등에 대한 공람공고일도 포함되는지 여부(한정 적극)
[3] 군인아파트의 관리실 용도로 신축되어 택지개발예정지구지정 공람공고일 당시까지도 관리실로 사용하다가 그 후에 주거용으로 개조한 건물은 이주대책대상이 되는 주거용 건축물에 해당하지 않는다고 한 사례

보상대상성 판단과 관련하여 가장 빠른 날이 적용된다. 지장물의 경우는 사업인정 고시일을, 영업손실보상과 관련하여서는 사업인정고시일과 보상계획공고일 중 빠른 날을, 이주대책과 관련하여서는 사업인정고시일과 보상계획공고일 및 관계법령에 의한 고시 등이 있은 날 중 빠른 날을 기준한다. 생활보상적 성격이 강할수록 기준일이 빠르다고 정리하면 용이할 것이다.

[4] 군인아파트의 관리실 용도로 신축되어 택지개발예정지구지정 공람공고일 당시까지도 관리실로 사용하다가 그 후에 주거용으로 개조한 건물은 이주대책대상이 되는 주거용 건축물에 해당하지 않는다고 한 사례

Ⅷ 상가용지 공급 관련 판례(대판 2011.10.13, 2008두17905)

[판시사항]

[1] 사업시행자 스스로 공익사업의 원활한 시행을 위하여 생활대책을 수립·실시할 수 있도록 하는 내부규정을 두고 이에 따라 생활대책대상자 선정기준을 마련하여 생활대책을 수립·실시하는 경우, 생활대책대상자 선정기준에 해당하는 자가 자신을 생활대책대상자에서 제외하거나 선정을 거부한 사업시행자를 상대로 항고소송을 제기할 수 있는지 여부(적극)

[2] 뉴타운개발 사업시행자가 사업시행으로 생활근거 등을 상실하는 주민들을 위한 주거대책 및 생활대책을 공고함에 따라 화훼도매업을 하던 甲이 사업시행자에게 생활대책 신청을 하였으나 사업시행자가 이를 거부한 사안에서, 위 거부행위가 행정처분에 해당한다고 본 원심판단을 정당하다고 한 사례

[3] 뉴타운개발 사업시행자가 사업시행으로 생활근거 등을 상실하는 주민들을 위한 주거대책 및 생활대책을 공고함에 따라 화훼도매업을 하던 甲이 사업시행자에게 생활대책 신청을 하였으나, 사업시행자가 甲은 주거대책 및 생활대책에서 정한 '이주대책 기준일 3개월 이전부터 사업자등록을 하고 영업을 계속한 화훼영업자'에 해당하지 않는다는 이유로 화훼용지 공급대상자에서 제외한 사안에서, 甲이 동생 명의를 빌려 사업자등록을 하다가 기준일 이후에 자신 명의로 사업자등록을 마쳤다 하더라도 위 대책에서 정한 화훼용지 공급대상자에 해당한다고 본 원심판단을 정당하다고 한 사례

[재판요지]

[1] 공익사업을 위한 토지 등의 취득 및 보상에 관한 법률은 제78조 제1항에서 "사업시행자는 공익사업의 시행으로 인하여 주거용 건축물을 제공함에 따라 생활의 근거를 상실하게 되는 자(이하 '이주대책대상자'라 한다)를 위하여 대통령령으로 정하는 바에 따라 이주대책을 수립・실시하거나 이주정착금을 지급하여야 한다."고 규정하고 있을 뿐, 생활대책용지의 공급과 같이 공익사업 시행 이전과 같은 경제수준을 유지할 수 있도록 하는 내용의 생활대책에 관한 분명한 근거 규정을 두고 있지는 않으나, 사업시행자 스스로 공익사업의 원활한 시행을 위하여 필요하다고 인정함으로써 생활대책을 수립・실시할 수 있도록 하는 내부규정을 두고 있고 내부규정에 따라 생활대책대상자 선정기준을 마련하여 생활대책을 수립・실시하는 경우에는, 이러한 생활대책 역시 "공공필요에 의한 재산권의 수용・사용 또는 제한 및 그에 대한 보상은 법률로써 하되, 정당한 보상을 지급하여야 한다."고 규정하고 있는 헌법 제23조 제3항에 따른 정당한 보상에 포함되는 것으로 보아야 한다. 따라서 이러한 생활대책대상자 선정기준에 해당하는 자는 사업시행자에게 생활대책대상자 선정 여부의 확인・결정을 신청할 수 있는 권리를 가지는 것이어서, 만일 사업시행자가 그러한 자를 생활대책대상자에서 제외하거나 선정을 거부하면, 이러한 생활대책대상자 선정기준에 해당하는 자는 사업시행자를 상대로 항고소송을 제기할 수 있다고 보는 것이 타당하다.

[2] 뉴타운개발 사업시행자가 사업시행으로 생활근거 등을 상실하는 주민들을 위한 주거대책 및 생활대책을 공고함에 따라 화훼도매업을 하던 甲이 사업시행자에게 생활대책 신청을 하였으나, 사업시행자가 甲은 위 주거대책 및 생활대책에서 정한 '이주대책 기준일 3개월 이전부터 사업자등록을 하고 영업을 계속한 화훼영업자'에 해당하지 않는다는 이유로 화훼용지 공급대상자에서 제외한 사안에서, 사업시행자의 거부행위가 행정처분에 해당한다고 본 원심판단을 정당하다고 한 사례

[3] 뉴타운개발 사업시행자가 사업시행으로 생활근거 등을 상실하는 주민들을 위한 주거대책 및 생활대책을 공고함에 따라 화훼도매업을 하던 甲이 사업시행자에게 생활대책 신청을 하였으나, 사업시행자가 甲은 위 주거대책 및 생활대책에서 정한 '이주대책 기준일 3개월 전부터 사업자등록을 하고 영업을 계속한 화훼영업자'에 해당하지 않는다는 이유로 화훼용지 공급대상자에서 제외한 사안에서, 甲이 이주대책 기준일 3개월 이전부터 동생 명의를 빌려 사업자등록을 하고 화원 영업을 하다가 기준일 이후에 비로소 사업자등록 명의만을 자신 명의로 바꾸어 종전과 같은 화원 영업을 계속하였더라도 '기준일 3개월 이전부터 사업자등록을 하고 계속 영업을 한 화훼영업자'에 해당한다고 본 원심판단을 정당하다고 한 사례

생활대책 대상자 선정의 거부에 대하여 이를 항고소송을 다투기 위해서는 법규상 또는 조리상 신청권이 있어야 하는데 현행 개별법령에서는 생활대책에 대해서는 규정하고 있지 않다. 이에 대한 신청권을 헌법 제23조 제3항에 근거하였다는 것에 의미가 있다.

IX 이주대책 대상자 확인결정의 법적 성질 및 쟁송방법(대판 2014.2.27, 2013두10885)

공익사업을 위한 토지 등의 취득 및 보상에 관한 법률상의 공익사업시행자가 하는 이주대책대상자 확인 · 결정은 구체적인 이주대책상의 수분양권을 부여하는 요건이 되는 행정작용으로서의 처분이지 이를 단순히 절차상의 필요에 따른 사실행위에 불과한 것으로 평가할 수는 없다. 따라서 수분양권의 취득을 희망하는 이주자가 소정의 절차에 따라 이주대책대상자 선정신청을 한 데 대하여 사업시행자가 이주대책대상자가 아니라고 하여 위 확인 · 결정 등의 처분을 하지 않고 이를 제외시키거나 거부조치한 경우에는, 이주자로서는 사업시행자를 상대로 항고소송에 의하여 제외처분이나 거부처분의 취소를 구할 수 있다. 나아가 이주대책의 종류가 달라 각 그 보장하는 내용에 차등이 있는 경우 이주자의 희망에도 불구하고 사업시행자가 요건 미달 등을 이유로 그중 더 이익이 되는 내용의 이주대책대상자로 선정하지 않았다면 이 또한 이주자의 권리의무에 직접적 변동을 초래하는 행위로서 항고소송의 대상이 된다.

처분성 판단의 기본요소는 국민의 권리와 의무에 영향을 미치는가이다. 이주대책 대상자로 확인결정되면 수분양권을 취득하는 법률관계 변동이 발생하므로 이는 행정소송법상 처분이다. 수분양권의 취득이라는 권리변동을 언급해야 할 것이다.

X 이주대책 요건

1. 시행령 제40조 제3항 제1호 해석 관련 판례(대판 2011.6.10, 2010두26216) 무단용도변경

[판시사항]

공익사업을 위한 토지 등의 취득 및 보상에 관한 법률 시행령 제40조 제3항 제1호의 '허가를 받거나 신고를 하고 건축하여야 하는 건축물을 허가를 받지 아니하거나 신고를 하지 아니하고 건축한 건축물의 소유자'에, 주거용 아닌 다른 용도로 이미 허가를 받거나 신고를 한 건축물을 적법한 절차 없이 임의로 주거용으로 용도를 변경하여 사용하는 자도 포함되는지 여부(적극)

[재판요지]

이주대책기준일 당시를 기준으로 공부상 주거용 용도가 아닌 건축물을 허가를 받거나 신고를 하는 등 적법한 절차에 의하지 않고 임의로 주거용으로 용도를 변경하여 사용하는 자는, 공익사업법 시행령 제40조 제3항 제1호의 '허가를 받거나 신고를 하고 건축하여야 하는 건축물을 허가를 받지 아니하거나 신고를 하지 아니하고 건축한 건축물의 소유자'에 포함되는 것으로 해석하는 것이 타당하다.

> 주거용 이용상황의 판단기준으로 건축물대장상 용도를 1차적 기준으로 활용하고 있다.

> 현행 시행규칙 제25조에서는 무허가건축물 등의 개념에 용도변경의 내용도 규정하고 있다.

2. 무단용도변경(대판 2013.10.24, 2011두26893)

[판시사항]

구 공익사업을 위한 토지 등의 취득 및 보상에 관한 법률 시행령 제40조 제3항 제1호 등에서 정한 '허가를 받거나 신고를 하여야 하는 건축물을 허가를 받지 아니하거나 신고를 하지 아니하고 건축한 건축물의 소유자'에, 주거용 용도가 아닌 건축물을 임의로 주거용으로 용도를 변경하여 사용하는 사람이 포함되는지 여부(적극)

> 현행 시행규칙 제25조에서는 무허가건축물 등의 개념에 용도변경의 내용도 규정하고 있다.

[이유]

원심이 인용한 제1심판결의 이유와 원심이 적법하게 채택한 증거들에 의하면, 서울지방국토관리청장은 인천에서 강화 사이의 도로를 건설하는 공사(이하 '이 사건 사업'이라고 한다)의 시행자로서 2007.2.21. 서울지방국토관리청고시 제2007-19호로 도로구역의 결정을 고시한 사실, 원고는 1999.1.23. 이 사건 사업의 구역에 편입되어 있던 인천 강화군 (주소 생략) 지상 1층 연와조 45㎡ 건물(이하 '이 사건 건물'이라고 한다)의 소유권을 취득하였는데, 건축물대장상 이 사건 건물의 용도는 그 당시부터 현재까지 공장으로 등재되어 있는 사실, 원고는 위와 같이 도로구역의 결정이 고시되기 전인 2004.2.12. 이 사건 건물로 전입신고를 마치고 이 사건 건물에서 실제 거주하여 온 사실을 알 수 있다.

위와 같은 사실관계를 앞에서 본 법리에 비추어 보면, 원고는 공부상 주거용이 아닌 이 사건 건물을 적법절차에 의하지 아니하고 임의로 주거용으로 용도를 변경하여 소유·사용함으로써, 구 공익사업법 시행령 제40조 제3항 제1호와 구 공익사업법 시행규칙 제24조, 제54조 제1항 단서에서 정하는 '허가를 받거나 신고를 하고 건축하여야 하는 건축물을 허가를 받지 아니하거나 신고를 하지 아니하고 건축한 건축물의 소유자'에 해당하고, 따라서 구 공익사업법이 정한 이주대책의 대상이나 주거이전비 보상 대상에서 제외된다고 보아야 한다.

3. 시행령 제40조 제3항 제3호 위헌 여부(헌재 2006.2.23, 2004헌마19)

[판시사항]

[1] 공익사업을 위한 토지 등의 취득 및 보상에 관한 법률 시행령 제40조 제3항 제3호(이하 '이 사건 조항'이라 한다)가 이주대책의 대상자에서 세입자를 제외하고 있는 것이 세입자의 재산권을 침해하는지 여부(소극)

[2] 이 사건 조항이 세입자의 평등권을 침해하는지 여부(소극)

[재판요지]

[1] 이주대책은 헌법 제23조 제3항에 규정된 정당한 보상에 포함되는 것이라기보다는 이에 부가하여 이주자들에게 종전의 생활상태를 회복시키기 위한 생활보상의 일환으로서 국가의 정책적인 배려에 의하여 마련된 제도라고 볼 것이다. 따라서 이주대책의 실시 여부는 입법자의 입법정책적 재량의 영역에 속하므로 공익사업을 위한 토지 등의 취득 및 보상에 관한 법률 시행령 제40조 제3항 제3호(이하 '이 사건 조항'이라 한다)가 이주대책의 대상자에서 세입자를 제외하고 있는 것이 세입자의 재산권을 침해하는 것이라 볼 수 없다.

[2] 소유자와 세입자는 생활의 근거의 상실 정도에 있어서 차이가 있는 점, 세입자에 대해서 주거이전비와 이사비가 보상되고 있는 점을 고려할 때, 입법자가 이주대책 대상자에서 세입자를 제외하고 있는 이 사건 조항을 불합리한 차별로서 세입자의 평등권을 침해하는 것이라 볼 수는 없다.

4. 이주대책대상자 요건에 사용승인이 포함되는지 여부(대판 2013.8.23, 2012두24900 [이주자택지공급대상제외처분취소])

관할 행정청으로부터 건축허가를 받아 택지개발사업구역 안에 있는 토지 위에 주택을 신축하였으나 사용승인을 받지 않은 주택의 소유자 갑이 사업 시행자인 한국토지주택공사에 이주자택지 공급대상자 선정신청을 하였는데 위 주택이 사용승인을 받지 않았다는 이유로 한국토지주택공사가 이주자택지 공급대상자 제외 통보를 한 사안에서, 공공사업의 시행에 따라 생활의 근거를 상실하게 되는 이주자들에 대하여는 가급적 이주대책의 혜택을 받을 수 있도록 하는 것이 공익사업을 위한 토지 등의 취득 및 보상에 관한 법률이 규정하고 있는 이주대책 제도의 취지에 부합하는 점, 구 공익사업을 위한 토지 등의 취득 및 보상에 관한 법률 시행령(2011.12.28. 대통령령 제23425호로 개정되기 전의 것, 이하 '구 공익사업법 시행령'이라 한다) 제40조 제3항 제1호는 무허가건축물 또는 무신고건축물의 경우를 이주대책대상에서 제외하고 있을 뿐 사용승인을 받지 않은 건축물에 대하여는 아무런 규정을 두고 있지 않은 점, 건축법은 무허가건축물 또는 무신고건축물과 사용승인을 받지 않은 건축물을 요건과 효과 등에서 구별하고 있고, 허가와 사용승인은 법적 성질이 다른 점 등의 사정을 고려하여 볼 때, 건축허가를 받아 건축되었으나 사용승인을 받지 못한 건축물의 소유자는 그 건축물이 건축허가와 전혀 다르게 건축되어 실질적으로는 건축허가를 받은 것으로 볼 수 없는 경우가 아니라면 구 공익사업법 시행령 제40조 제3항 제1호에서 정한 무허가건축물의 소유자에 해당하지 않는다는 이유로 갑을 이주대책대상자에서 제외한 위 처분이 위법하다고 본 원심판단을 정당하다고 한 사례

해당 판결의 요지를 보면, 이주대책 제도의 취지 및 관련 규정의 해석을 통해서 '사용승인'은 이주대책 대상자 요건에 포함되지 않음을 밝히고 있다. 따라서 이러한 순서대로 요건판단을 하면 될 것이다.
이를 판단하는 순서는 다음과 같다.
첫째, 이주대책에 대한 개념과 일반요건을 서술한다.
둘째, 사용승인에 대한 명문의 규정이 없으므로 이러한 요건이 필요한지를 지적한다.
셋째, 이주대책 규정의 취지와 관련규정의 문리적 해석을 언급한다.
넷째, 관련 판례를 소개하고 해당 판례를 검토한다.
다섯째, 검토된 내용으로 '사용승인' 요건의 추가여부를 적용한다.

5. 구 공익사업을 위한 토지 등의 취득 및 보상에 관한 법률 시행규칙 제54조 제2항 단서에서 주거이전비 보상 대상자로 정한 '무허가건축물 등에 입주한 세입자'에 공부상 주거용 용도가 아닌 건축물을 임차한 후 임의로 주거용으로 용도를 변경하여 거주한 세입자가 해당하는지 여부(소극)(대판 2013.5.23, 2012두11072)

6. 무허가 건축물 판단시점(89.1.24)(대판 2015.7.23, 2014다14672)

[판시사항]

공익사업을 위한 토지 등의 취득 및 보상에 관한 법률 시행령 부칙(2002.12.30.) 제6조의 규정 취지 및 무허가 건축물의 건축시점뿐만 아니라 소유권 또는 실질적 처분권의 취득시점까지 1989.1.24. 이전이어야 이주대책대상자의 범위에 포함되는지 여부(소극)

[판결요지]

공익사업을 위한 토지 등의 취득 및 보상에 관한 법률 시행령 부칙(2002.12.30.) 제6조의 문언과 도입경위, 이주대책 제외대상자를 규정한 구 공익사업을 위한 토지 등의 취득 및 보상에 관한 법률 시행령(2008.2.29. 대통령령 제20722호로 개정되기 전의 것, 이하 '구 공익사업법 시행령'이라 한다) 제40조 제3항 각 호의 취지 및 체계 등에 비추어 보면, 위 부칙 규정은 1989.1.24. 당시 이미 건축된 무허가 건축물인 경우에는 소유자에 대하여 구 공익사업법 시행령 제40조 제3항 각 호가 정하는

이주대책대상자 제외요건 중 제1호의 적용을 예외적으로 배제하려는 데 취지가 있는 것일 뿐, 건축시점뿐만 아니라 무허가 건축물의 소유권 또는 실질적 처분권의 취득시점까지도 1989.1.24. 이전이어야만 이주대책대상자의 범위에 포함될 수 있다는 의미는 아니다.

7. 이주대책 대상자 요건 및 생활기본시설 설치비용 부담주체(대판 2015.6.11, 2012다58920)

甲 지방자치단체가 진행한 노후화된 시민아파트 철거사업(이하 '시민아파트 정리사업'이라 한다)에 따라 乙 등이 시민아파트를 관할 자치구에 매도하고 丙 공사가 공급하는 아파트를 분양받은 사안에서, 구 재난관리법(2004.3.11. 법률 제7188호 재난 및 안전관리기본법 부칙 제2조로 폐지) 제39조가 시민아파트를 수용 또는 사용할 수 있는 근거 규정이 되지 못하므로 시민아파트 정리사업은 구 공익사업을 위한 토지 등의 취득 및 보상에 관한 법률(2007.10.17. 법률 제8665호로 개정되기 전의 것, 이하 '구 토지보상법'이라 한다) 제4조 각 호의 사업에 해당하지 아니하고, 甲 지방자치단체가 시민아파트를 철거한 자리에 공원, 주차장 등을 설치할 계획을 가지고 있었더라도 시민아파트 정리사업이 관계 법령에 따른 사업인정절차를 거쳐 추진된 것이 아닌 이상 그러한 사정만으로 공익사업에 해당한다고 볼 수 없으므로, 乙 등은 구 토지보상법 제78조 제4항에 의하여 사업시행자가 생활기본시설 설치비용을 부담하는 이주대책대상자에 해당하지 아니하고, 구 토지보상법 제4조 각 호에 규정된 공익사업에 해당하지 아니하는 시민아파트 정리사업으로 인하여 주거용 건축물을 제공한 乙 등이 스스로를 이주대책대상자에 해당한다고 믿었더라도, 그러한 사정만으로 乙 등과 丙 공사가 체결한 아파트분양계약 중 분양대금에 생활기본시설 설치비용을 포함시킨 부분이 강행법규에 위배되어 무효가 된다거나 사업시행자가 부담하여야 할 생활기본시설 설치비용의 지출을 면하였다고 볼 수 없다고 한 사례

8. 생활기본시설 설치비용 범위(대판 2015.7.9, 2014다85391)

[판시사항]

[1] 공익사업에서 생활기본시설 용지비 등을 산정할 때 존치부지 면적을 총사업면적에서 제외하여야 하는지 여부(적극)

[2] 공익사업의 사업주체가 당해 지역에 가스 등을 공급하는 자에게 가스공급설비 등의 부지로 제공하기 위하여 그에 해당하는 용지를 택지조성원가 산정 당시 유상공급면적에 포함시킨 경우, 그 용지비가 생활기본시설 설치비용에 포함되는지 여부(원칙적 소극)

[3] 공익사업에서 도로축조 및 포장공사비, 상·하수도공사비는 전액이 생활기본시설 설치를 위한 공사비에 해당하는지 여부(적극) 및 이를 제외한 나머지 토목공사비 중 생활기본시설 설치를 위한 공사비의 산정방식 / 도로와 상·하수도 등 생활기본시설 자체의 설치비용 액수가 명확하지 않은 경우, 전체 토목공사비 중 생활기본시설 설치비용을 산정하는 방법

[4] 택지조성원가 중 조성비에 계상된 항목의 비용이 생활기본시설 설치비용에 포함되기 위한 요건과 범위 및 그 증명책임의 소재(= 생활기본시설 설치비용임을 주장하는 자)

[판결요지]

[1] 존치부지는 공익사업의 시행자가 사업지구 안에 있는 기존의 건축물이나 그 밖의 시설을 이전하거나 철거하지 아니하여도 개발사업에 지장이 없다고 인정하여 그대로 존치시킨 부지로서 협의취득이나 수용 또는 무상취득의 대상에서 제외되고 유상공급은 물론 공공시설물의 설치를 위한 무상귀속 대상에도 포함되지 아니하므로 사업시행자가 실질적으로 사업을 시행하는 부분이 아닌 점, 택지조성원가는 '총사업비 ÷ 총유상공급면적'의 방식으로 산정되므로 존치부지의 유무나 면적의 크기는 택지조성원가의 산정에 아무런 영향을 미치지 아니하는 점, 총사업면적에 존치부지 면적을 포함하게 되면 존치부지 면적을 제외하고는 사업 내용이 모두 동일한 경우에도 존치부지 면적에 따라 생활기본시설 설치비용이 달라지는 불합리한 결과가 발생하는 점 등을 종합하면, 생활기본시설 용지비 등을 산정할 때 존치부지 면적은 총사업면적에서 제외함이 타당하다.

[2] 사업주체가 당해 지역에 가스·난방 또는 전기를 공급하는 자에게 가스공급설비, 집단에너지공급시설, 변전소 등의 부지로 제공하기 위하여 그에 해당하는 용지를 택지조성원가 산정 당시 유상공급면적에 포함시켰다면 비록 그 시설이 생활기본시설이라 하더라도 다른 특별한 사정이 없는 한 그 용지비가 분양대금에 전가된 것이 아니므로 이를 생활기본시설 설치비용에 포함시킬 것이 아니다.

[3] 도로와 상·하수도시설은 생활기본시설에 해당하므로, 설치비용인 도로축조 및 포장공사비, 상·하수도공사비는 전액이 생활기본시설 설치를 위한 공사비에 해당하고, 전체 토목공사비 중 이를 제외한 나머지 공사비는 생활기본시설의 설치를 위하여 지출된 비율, 즉 총사업면적에 대한 생활기본시설 설치면적의 비율의 범위 내에서 생활기본시설 설치를 위한 공사비에 해당한다. 그리고 도로와 상·하수도 등 생활기본시설 자체의 설치비용 액수가 명확하지 아니한 경우에는 논리와 경험의 법칙에 반하지 아니하는 범위 내에서 객관성과 합리성을 갖춘 방식으로 전체 토목공사비 중 생활기본시설 설치비용을 추산할 수밖에 없을 것이지만, 전체 토목공사비 중 총사업면적에 대한 생활기본시설 설치면적의 비율 범위로 생활기본시설 설치비용을 추산하는 방식은 위에서 본 산정방식에 따를 때보다 항상 적은 금액이 산정되는 결과가 될 것이므로, 그와 같이 추산하기에 앞서 생활기본시설 자체의 설치비용을 가려낼 수 있는지에 관하여 충분한 심리를 거쳐야 한다.

[4] 택지조성원가 중 조성비에 계상된 항목의 비용은 비용 지출과 생활기본시설 설치와의 관련성, 즉 생활기본시설 설치를 위하여 해당 비용이 지출된 것으로 인정되어야만 전부 또는 총사업면적에 대한 생활기본시설 설치면적의 비율 범위 내에서 생활기본시설 설치비용에 포함되고, 관련성의 증명책임은 그 항목의 비용이 생활기본시설 설치비용임을 주장하는 측에 있다.

9. 생활기본시설 설치비용 범위(대판 2015.7.23, 2013다29509)

[판시사항]

[1] 특별공급 주택의 공급가격이 조성원가에 미치지 못하는 경우, 공급가격에 포함된 생활기본시설 설치비용을 산정하는 방법

[2] 공익사업의 시행자가 이주대책대상자에게 생활기본시설로 제공하여야 하는 도로에 '주택단지 안의 도로를 해당 주택단지 밖에 있는 동종의 도로에 연결시키는 도로'가 포함되는지 여부(적극) 및 '사업시행자가 공익사업지구 안에 설치하는 도로로서 해당 사업지구 안의 주택단지 등의 입구와 사업지구 밖에 있는 도로를 연결하는 기능을 담당하는 도로'가 포함되는지 여부(원칙적 적극)

[판결요지]

[1] 특별공급 주택의 공급가격이 조성원가에 미치지 못하는 경우에는 조성원가의 일부분인 생활기본시설 설치비용 전부가 공급가격에 포함되었다고 볼 수 없고, 공급가격 중 '조성원가에서 생활기본시설 설치비용을 공제한 금액'을 초과하는 부분이 있다면 그 부분만이 공급가격에 포함된 생활기본시설 설치비용이라고 보아야 한다.

[2] 공익사업의 시행자가 이주대책대상자에게 생활기본시설로서 제공하여야 하는 도로에는 길이나 폭에 불구하고 구 주택법(2009.2.3. 법률 제9405호로 개정되기 전의 것) 제2조 제8호에서 정하고 있는 간선시설에 해당하는 도로, 즉 주택단지 안의 도로를 해당 주택단지 밖에 있는 동종의 도로에 연결시키는 도로가 포함됨은 물론, 사업시행자가 공익사업지구 안에 설치하는 도로로서 해당 사업지구 안의 주택단지 등의 입구와 사업지구 밖에 있는 도로를 연결하는 기능을 담당하는 도로도 특별한 사정이 없는 한 사업지구 내 주택단지 등의 기능 달성 및 전체 주민들의 통행을 위한 필수적인 시설로서 이에 포함된다.

이 사건 특별공급 주택 중 전용면적 59.99㎡형 주택의 공급가격에 포함된 토지비는 조성원가에 미치지 못하는 사실을 알 수 있다. 이와 같이 공급가격이 조성원가에 미치지 못하는 경우에는 조성원가의 일부분인 생활기본시설 설치비용 전부가 공급가격에 포함되었다고는 볼 수 없고, 공급가격 중 '조성원가에서 생활기본시설 설치비용을 공제한 금액'을 초과하는 부분이 있다면 그 부분만이 공급가격에 포함된 생활기본시설 설치비용이라고 볼 것이다.

이러한 법리에 비추어 보면, 원고 6, 원고 17, 원고 32, 원고 33에 대하여는 전용면적 59.99㎡형 주택의 공급가격 중 '조성원가에서 생활기본시설 설치비용을 공제한 금액'을 초과하는 부분으로서 공급가격에 포함되어 위 원고들에게 전가된 생활기본시설 설치비용만큼만 부당이득이 된다.

그런데도 원심은 전용면적 59.99㎡형 주택의 공급가격 중 토지비에 포함되어 전가된 생활기본시설 설치비용이 있는지와 그 금액을 따져보지 아니한 채 위 주택을 분양받은 위 원고들에 대해서도 피고가 부담하여야 할 생활기본시설 설치비용의 전부에 해당하는 단위면적(1㎡)당 생활기본시설 설치비용에 위 주택의 대지권 면적을 곱한 금액을 피고가 반환하여야 할 부당이득금액이라고 판단하였다. 이러한 원심판단에는 생활기본시설 설치비용의 전가에 따른 부당이득의 범위에 관한 법리 등을 오해하여 필요한 심리를 다하지 아니함으로써 판결에 영향을 미친 위법이 있다.

10. 생활기본시설 설치비용 범위(대판 2015.10.15, 2014다89997)

[판시사항]

[1] 공익사업의 시행자가 택지조성원가에서 일정한 금액을 할인하여 이주자택지의 분양대금을 정한 경우, 분양대금에 생활기본시설 설치비용이 포함되었는지와 포함된 범위를 판단하는 기준 및 이때 '택지조성원가에서 생활기본시설 설치비용을 공제한 금액'의 산정 방식 / 사업시행자가 이주자택지 분양대금 결정의 기초로 삼은 택지조성원가를 산정할 때 실제 적용한 유상공급면적을 기준으로 삼아야 하는지 여부(적극)

[2] 공익사업지구 안에 설치된 도로가 사업지구 안의 주택단지 등의 기능 달성 및 전체 주민들의 통행을 위한 필수적인 시설이라고 볼 수 없는 경우, 공익사업의 시행자가 이주대책대상자에게 제공하여야 하는 생활기본시설에 포함되는지 여부(소극)

[3] 공익사업의 시행자가 재량 범위내에서 격차율을 적용하여 이주자택지의 분양대금을 개별적으로 결정한 경우, 개별 이주자택지에 대한 조성원가 및 생활기본시설 설치비용과 그에 따른 정당한 분양대금을 산정할 때 반영되어야 하는 격차율(= 차등적 할당 대상이 된 전체 이주자택지 조성원가의 단위면적당 금액과 차등적 할당 결과인 개별 이주자택지 분양대금의 단위면적당 금액 사이의 격차율)

[판결요지]

[1] 공익사업의 시행자가 택지조성원가에서 일정한 금액을 할인하여 이주자택지의 분양대금을 정한 경우에는 분양대금이 '택지조성원가에서 생활기본시설 설치비용을 공제한 금액'을 초과하는지 등 상호관계를 통하여 분양대금에 생활기본시설 설치비용이 포함되었는지와 포함된 범위를 판단하여야 한다. 이때 구 공익사업을 위한 토지 등의 취득 및 보상에 관한 법률(2007.10.17. 법률 제8665호로 개정되기 전의 것, 이하 '구 토지보상법'이라 한다) 제78조 제4항은 사업시행자가 이주대책대상자에게 생활기본시설 설치비용을 전가하는 것만을 금지할 뿐 적극적으로 이주대책대상자에게 부담시킬 수 있는 비용이나 그로부터 받을 수 있는 분양대금의 내역에 관하여는 규정하지 아니하고 있으므로, 사업시행자가 실제 이주자택지의 분양대금 결정의 기초로 삼았던 택지조성원가 가운데 생활기본시설 설치비용에 해당하는 항목을 가려내어 이를 빼내는 방식으로 '택지조성원가에서 생활기본시설 설치비용을 공제한 금액'을 산정하여야 하고, 이와 달리 이주대책대상자에게 부담시킬 수 있는 택지조성원가를 새롭게 산정하여 이를 기초로 할 것은 아니다. 그리고 이주자택지의 분양대금 결정의 기초로 삼은 택지조성원가를 산정할 때 도시지원시설 감보면적을 유상공급면적에서 제외할 것인지에 관하여 다투는 것도 이러한 택지조성원가 산정의 정당성을 다투는 것에 불과하기 때문에 이주대책대상자에 대한 생활기본시설 설치비용의 전가 여부와는 관련성이 있다고 할 수 없고, 이로 인하여 사업시행자가 구 토지보상법 제78조 제4항을 위반하게 된다고 볼 수도 없다. 따라서 이주자택지의 분양대금에 포함된 생활기본시설 설치비용 상당의 부당이득액을 산정하는 경우에는 사업시행자가 이주자택지 분양대금 결정의 기초로 삼은 택지조성원가를 산정할 때 실제 적용한 유상공급면적을 그대로 기준으로 삼아야 한다.

[2] 공익사업의 시행자가 이주대책대상자에게 생활기본시설로서 제공하여야 하는 도로에는 길이나 폭에 불구하고 구 주택법(2009.2.3. 법률 제9405호로 개정되기 전의 것) 제2조 제8호에서 정하고 있는 간선시설에 해당하는 도로, 즉 주택단지 안의 도로를 해당 주택단지 밖에 있는 동종의 도로에 연결시키는 도로가 포함됨은 물론, 사업시행자가 공익사업지구 안에 설치하는 도로로서 해당 사업지구 안의 주택단지 등의 입구와 사업지구 밖에 있는 도로를 연결하는 기능을 담당하는 도로도 이에 포함되나, 사업지구 안의 주택단지 등의 기능 달성 및 전체 주민들의 통행을 위한 필수적인 시설이라고 볼 수 없는 특별한 사정이 있으면 생활기본시설에 포함된다고 볼 수 없다.

[3] 공익사업의 시행자가 재량 범위 내에서 격차율을 적용하여 이주자택지의 분양대금을 개별적으로 결정한 경우에는 전체 이주자택지의 조성원가를 개별 이주자택지에 대하여 입지조건에 따라 차등적으로 할당한 것으로 볼 수 있으므로, 개별 이주자택지에 대한 조성원가 및 생활기본시설 설치비용과 그에 따른 정당한 분양대금을 산정할 때에도 해당 격차율을 반영한 금액으로 산정하여야 한다. 격차율을 반영하는 취지는 이주자택지를 분양받은 이주대책대상자 사이의 형평을 유지하는 데에 있을 뿐이고 격차율 반영으로 사업시행자가 전체 이주대책대상자에게 반환하여야 할 부당이득의 존부나 범위가 달라져서는 아니 될 것이므로, 여기서 반영되어야 하는 격차율은 차등적 할당 대상이 된 전체 이주자택지 조성원가의 단위면적당 금액과 차등적 할당 결과인 개별 이주자택지 분양대금의 단위면적당 금액 사이의 격차율이어야 한다.

11. 생활기본시설 설치비용 범위(대판 2015.10.29, 2014다78683)

[판시사항]

[1] 공익사업의 시행자가 이주대책대상자에게 일반 유상공급택지에 비하여 저렴한 가격으로 택지를 공급함에 따라 차액 상당의 비용을 부담하게 된 경우, 이주대책대상자에게 공급하는 이주자택지에 관한 택지조성원가를 산정할 때 이주대책비가 공제되어야 하는지 여부(적극)

[2] 중수도시설이 이주대책대상자에게 생활의 근거로 제공되어야 할 생활기본시설에 해당하는지 여부(소극)

[3] 공익사업의 시행자가 재량 범위내에서 격차율을 적용하여 이주자택지의 분양대금을 개별적으로 결정한 경우, 개별 이주자택지에 대한 조성원가 및 생활기본시설 설치비용을 산정할 때 반영되어야 하는 격차율(= 차등적 할당 대상이 된 전체 이주자택지 조성원가의 단위면적당 금액과 차등적 할당 결과인 개별 이주자택지의 단위면적당 분양대금 사이의 격차율)

[4] 甲 공사가 이주대책대상자인 乙 등에게 공급한 택지의 분양대금에 구 공익사업을 위한 토지 등의 취득 및 보상에 관한 법률 제78조 제4항에서 정한 생활기본시설 설치비용이 포함되었음을 이유로 乙 등이 부당이득반환 등을 구한 사안에서, 乙 등이 실제 납부한 금액에 반영된 연체이자 내지 선납할인금 중 생활기본시설 설치와 관계없는 분양대금에 대응되는 부분은 甲 공사가 반환하여야 할 부당이득액 또는 乙 등이 납부하여야 할 잔여채무액 산정에서 고려되어서는 안 된다고 한 사례

[판결요지]

[1] 공익사업의 시행자가 이주대책대상자에게 일반 유상공급택지에 비하여 저렴한 가격으로 택지를 공급함에 따라 차액 상당의 비용(이하 '이주대책비'라 한다)을 부담하게 된 경우, 이주대책대상자에게 공급하는 이주자택지에 관한 택지조성원가에 이주대책비가 포함된다면 이주대책대상자에게 이주대책 시행에 따른 비용을 부담하게 하는 부당한 결과가 되므로, 택지조성원가를 산정할 때에 이주대책비는 공제되어야 한다.

[2] 물의 재이용 촉진 및 지원에 관한 법률 제1조, 제2조 제4호, 제9조에서 정한 중수도의 개념, 기능과 중수도 설치의 목적에다가 중수도가 종래의 상・하수도 기능의 전부 또는 일부를 대체하는 시설이라기보다는 상・하수도와 별도로 제한된 범위 내에서 물의 재이용을 위하여 설치되는 시설로 볼 수 있는 점까지 고려하면, 비록 중수도시설이 하수처리 및 용수공급의 기능을 수행하는 측면이 있다고 하더라도, 이주대책대상자에게 생활의 근거로 제공되어야 할 생활기본시설에 해당한다고 볼 수 없다.

[3] 공익사업의 시행자가 재량 범위 내에서 격차율을 적용하여 이주자택지의 분양대금을 개별적으로 결정한 경우에는 전체 이주자택지의 조성원가를 개별 이주자택지에 대하여 입지조건에 따라 차등적으로 할당한 것으로 볼 수 있으므로, 개별 이주자택지에 대한 조성원가 및 생활기본시설 설치비용을 산정할 때에도 해당 격차율을 반영한 금액으로 산정하여야 한다. 격차율을 반영하는 취지는 이주자택지를 분양받은 이주대책대상자 사이의 형평을 유지하는 데에 있을 뿐이고 격차율 반영으로 사업주체가 전체 이주대책대상자에게 반환하여야 할 부당이득의 존부나 범위가 달라져서는 아니 되므로, 여기서 반영되어야 하는 격차율은 차등적 할당 대상이 된 전체 이주자택지 조성원가의 단위면적당 금액과 차등적 할당 결과인 개별 이주자택지의 단위면적당 분양대금 사이의 격차율이어야 한다.

[4] 甲 공사가 이주대책대상자인 乙 등에게 공급한 택지의 분양대금에 구 공익사업을 위한 토지 등의 취득 및 보상에 관한 법률 제78조 제4항에서 정한 생활기본시설 설치비용이 포함되었음을 이유로 乙 등이 부당이득반환 등을 구한 사안에서, 乙 등이 실제 납부한 금액은 분양대금 원금이 아니라, 분양대금 원금에 연체이자를 더하고 선납할인금을 공제하여 계산된 금액인데, 乙 등이 실제 납부한 금액에 반영된 연체이자 내지 선납할인금 중 생활기본시설 설치와 관계없는 분양대금에 대응되는 부분은 법률상 원인 없이 甲 공사가 이득하였거나 乙 등이 할인받았다고 할 수 없으므로, 이 부분 연체이자 내지 선납할인금은 甲 공사가 반환하여야 할 부당이득액 또는 乙 등이 납부하여야 할 잔여채무액 산정에서 고려되어서는 안 된다고 한 사례

12. 생활기본시설 설치의무와 '택지조성원가에서 생활기본시설 설치비용을 공제한 금액'의 산정방식 등(대판 2019.3.28, 2015다49804)

[1] 이주대책대상자와 공익사업의 시행자 사이에 체결된 택지에 관한 특별공급계약에서 구 공익사업을 위한 토지 등의 취득 및 보상에 관한 법률(2007.10.17. 법률 제8665호로 개정되기 전의 것, 이하 '구 토지보상법'이라 한다) 제78조 제4항에 규정된 생활기본시설 설치비용을 분양대금

에 포함시킴으로써 이주대책대상자가 생활기본시설 설치비용까지 사업시행자에게 지급하게 되었다면, 특별공급계약 중 생활기본시설 설치비용을 분양대금에 포함시킨 부분은 강행법규인 구 토지보상법 제78조 제4항에 위배되어 무효이다.

[2] 공익사업의 시행자가 택지조성원가에서 일정한 금액을 할인하여 이주자택지의 분양대금을 정한 경우에는 분양대금이 '택지조성원가에서 생활기본시설 설치비용을 공제한 금액'을 초과하는지 등 그 상호관계를 통하여 분양대금에 생활기본시설 설치비용이 포함되었는지와 포함된 범위를 판단하여야 한다. 이때 구 공익사업을 위한 토지 등의 취득 및 보상에 관한 법률(2007.10.17. 법률 제8665호로 개정되기 전의 것, 이하 '구 토지보상법'이라 한다) 제78조 제4항은 사업시행자가 이주대책대상자에게 생활기본시설 설치비용을 전가하는 것만을 금지할 뿐 적극적으로 이주대책대상자에게 부담시킬 수 있는 비용이나 그로부터 받을 수 있는 분양대금의 내역에 관하여는 규정하지 아니하고 있으므로, 사업시행자가 실제 이주자택지의 분양대금 결정의 기초로 삼았던 택지조성원가 가운데 생활기본시설 설치비용에 해당하는 항목을 가려내어 이를 빼내는 방식으로 '택지조성원가에서 생활기본시설 설치비용을 공제한 금액'을 산정하여야 하고, 이와 달리 이주대책대상자에게 부담시킬 수 있는 택지조성원가를 새롭게 산정하여 이를 기초로 할 것은 아니다.
그리고 이주자택지의 분양대금 결정의 기초로 삼은 택지조성원가를 산정할 때 도시지원시설을 제외할 것인지 또는 도시지원시설 감보면적을 유상공급면적에서 제외할 것인지에 관하여 다투는 것도 이러한 택지조성원가 산정의 정당성을 다투는 것에 불과하기 때문에 이주대책대상자에 대한 생활기본시설 설치비용의 전가 여부와는 관련성이 있다고 할 수 없고, 이로 인하여 사업시행자가 구 토지보상법 제78조 제4항을 위반하게 된다고 볼 수도 없다. 따라서 이주자택지의 분양대금에 포함된 생활기본시설 설치비용 상당의 부당이득액을 산정함에 있어서는 사업시행자가 이주자택지 분양대금 결정의 기초로 삼은 택지조성원가를 산정할 때 실제 적용한 총사업면적과 사업비, 유상공급면적을 그대로 기준으로 삼아야 한다.

[3] 공익사업의 시행자가 이주대책대상자에게 생활기본시설로서 제공하여야 하는 도로에는 길이나 폭에 불구하고 구 주택법(2009.2.3. 법률 제9405호로 개정되기 전의 것) 제2조 제8호에서 정하고 있는 간선시설에 해당하는 도로, 즉 주택단지 안의 도로를 해당 주택단지 밖에 있는 동종의 도로에 연결시키는 도로가 포함됨은 물론, 사업시행자가 공익사업지구 안에 설치하는 도로로서 해당 사업지구 안의 주택단지 등의 입구와 사업지구 밖에 있는 도로를 연결하는 기능을 담당하는 도로도 특별한 사정이 없는 한 사업지구 내 주택단지 등의 기능 달성 및 전체 주민들의 통행을 위한 필수적인 시설로서 이에 포함된다.

[4] 한국토지공사가 시행한 택지개발사업의 사업부지 중 기존 도로 부분과 수도 부분을 포함한 국공유지가 한국토지공사에게 무상으로 귀속된 경우, 생활기본시설 용지비의 산정 방식이 문제된 사안에서, 한국토지공사가 이주대책대상자들에게 반환하여야 할 부당이득액은 이주자택지의 분양대금에 포함된 생활기본시설에 관한 비용 상당액이므로, 그 구성요소의 하나인 생활기본시설 용지비는 분양대금 산정의 기초가 된 총용지비에 포함된 전체 토지의 면적에 대한 생활

기본시설이 차지하는 면적의 비율에 총용지비를 곱하는 방식으로 산출하여야 하고, 사업부지 중 한국토지공사에게 무상귀속된 부분이 있을 경우에는 무상귀속 부분의 면적도 생활기본시설의 용지비 산정에 포함시켜야 하는데도, 무상귀속부지 중 전체 공공시설 설치면적에 대한 생활기본시설 설치면적의 비율에 해당하는 면적을 제외하고 생활기본시설의 용지비를 산정한 원심 판단에 법리오해의 잘못이 있다고 한 사례

13. 주거용 건축물을 제공한 자(대판 2019.7.25, 2017다278668)

구 공익사업을 위한 토지 등의 취득 및 보상에 관한 법률 제78조 제1항에서 정한 이주대책대상자에 해당하기 위해서는 같은 법 제4조 각 호의 어느 하나에 해당하는 공익사업의 시행으로 인하여 주거용 건축물을 제공함에 따라 생활의 근거를 상실하게 되어야 하는지 여부(적극)

XI 기타

1. 처분사유의 추가변경(대판 1999.8.20, 98두17043)

[판시사항]

[1] 사업시행자가 공공용지의 취득 및 손실보상에 관한 특례법 제8조 제1항에 기한 특별분양 신청을 거부한 행위가 항고소송의 대상이 되는 행정처분인지 여부(적극)

[2] 공공용지의 취득 및 손실보상에 관한 특례법 제8조 제1항 소정의 이주대책업무가 종결되고 그 공공사업을 완료하여 사업지구 내에 더 이상 분양할 이주대책용 단독택지가 없는 경우에도 이주대책대상자 선정신청을 거부한 행정처분의 취소를 구할 법률상 이익이 있는지 여부(적극)

[3] 취소소송에서 행정청의 처분사유의 추가·변경 시한(= 사실심 변론종결 시)

[4] 공공용지의 취득 및 손실보상에 관한 특례법 소정의 이주대책 대상자로서의 가옥 소유자는 실질적인 처분권을 가진 자를 의미하는지 여부(적극)

[판결요지]

[1] 공공용지의 취득 및 손실보상에 관한 특례법 제8조 제1항이 사업시행자로 하여금 공공사업의 시행에 필요한 토지 등을 제공함으로 인하여 생활근거를 상실하게 되는 자에게 이주대책을 수립 실시하도록 하고 있는바, 택지개발촉진법에 따른 사업시행을 위하여 토지 등을 제공한 자에 대한 이주대책을 세우는 경우 위 이주대책은 공공사업에 협력한 자에게 특별공급의 기회를 요구할 수 있는 법적인 이익을 부여하고 있는 것이라고 할 것이므로 그들에게는 특별공급신청권이 인정되며, 따라서 사업시행자가 위 조항에 해당함을 이유로 특별분양을 요구하는 자에게 이를 거부하는 행위는 비록 이를 민원회신이라는 형식을 통하여 하였더라도, 항고소송의 대상이 되는 거부처분이라고 할 것이다.

[2] 공공용지의 취득 및 손실보상에 관한 특례법 제8조 제1항에 의하면 사업시행자는 이주대책의 수립, 실시의무가 있고, 그 의무이행에 따른 이주대책계획을 수립하여 공고하였다면, 이주대책 대상자라고 하면서 선정신청을 한 자에 대해 대상자가 아니라는 이유로 거부한 행정처분에 대

하여 그 취소를 구하는 것은 이주대책대상자라는 확인을 받는 의미도 함께 있는 것이며, 사업시행자가 하는 확인, 결정은 이주대책상의 택지분양권이나 아파트 입주권 등을 받을 수 있는 구체적인 권리를 취득하기 위한 요건에 해당하므로 현실적으로 이미 수립, 실시한 이주대책업무가 종결되었고, 그 사업을 완료하여 이 사건 사업지구 내에 더 이상 분양할 이주대책용 단독택지가 없다 하더라도 보상금청구권 등의 권리를 확정하는 법률상의 이익은 여전히 남아 있는 것이므로 그러한 사정만으로 이 거부처분의 취소를 구할 법률상 이익이 없다고 할 것은 아니다.

[3] 행정청은 기본적 사실관계의 동일성이 있다고 인정되는 한도 내에서만 다른 처분사유를 추가, 변경할 수 있다고 할 것이나 이는 사실심 변론종결 시까지만 허용된다.

[4] 공공용지의 취득 및 손실보상에 관한 특례법 제5조 제1항, 제5항 및 제8조 제1항의 각 규정 취지에 비추어 가옥 소유자는 대외적인 소유권을 가진 자를 의미하는 것이 아니라 실질적인 처분권을 가진 자를 의미하는 것으로 봄이 상당하고, 또한 건물등기부등본 이외의 다른 신빙성 있는 자료에 의하여 그와 같은 실질적인 처분권이 있음의 입증을 배제하는 것도 아니라고 할 것이다.

2. 처분사유의 추가변경(대판 2013.8.22, 2011두28301 [이주대책대상자거부처분취소][미간행])

[판시사항]

행정처분의 취소를 구하는 항고소송에서 처분청이 당초 처분의 근거로 삼은 사유와 기본적 사실관계에서 동일성이 인정되는 다른 사유를 추가하거나 변경할 수 있는지 여부(적극) 및 기본적 사실관계가 동일하다는 것의 의미

[이유]

공익사업을 위한 토지 등의 취득 및 보상에 관한 법률(이하 '공익사업법'이라 한다) 제78조 제1항은 "사업시행자는 공익사업의 시행으로 인하여 주거용 건축물을 제공함에 따라 생활의 근거를 상실하게 되는 자(이하 '이주대책대상자'라 한다)를 위하여 대통령령이 정하는 바에 따라 이주대책을 수립·실시하거나 이주정착금을 지급하여야 한다."고 규정하고 있다.

이에 따라 구 공익사업을 위한 토지 등의 취득 및 보상에 관한 법률 시행령(2011.12.28. 대통령령 제23425호로 개정되기 전의 것, 이하 '공익사업법 시행령'이라 한다) 제40조 제2항은 "이주대책은 국토해양부령이 정하는 부득이한 사유가 있는 경우를 제외하고는 이주대책대상자 중 이주정착지에 이주를 희망하는 자가 10호 이상인 경우에 수립·실시한다."고 규정하고 있고, 제41조는 "사업시행자는 법 제78조 제1항의 규정에 의하여, 이주대책을 수립·실시하지 아니하는 경우, 이주대책대상자가 이주정착지가 아닌 다른 지역으로 이주하고자 하는 경우에는 이주대책대상자에게 국토해양부령이 정하는 바에 따라 이주정착금을 지급하여야 한다."고 규정하고 있다.

그리고 구 공익사업을 위한 토지 등의 취득 및 보상에 관한 법률 시행규칙(2013.3.23. 국토교통부령 제1호로 개정되기 전의 것, 이하 '공익사업법 시행규칙'이라 한다) 제53조 제1항은 "영 제40조 제2항에서 국토해양부령이 정하는 부득이한 사유라 함은 다음 각 호의 1에 해당하는 경우를 말한다."고 하면서 제1호에서 "공익사업시행지구의 인근에 택지 조성에 적합한 토지가 없는 경우"를, 제

2호에서 "이주대책에 필요한 비용이 당해 공익사업의 본래의 목적을 위한 소요비용을 초과하는 등 이주대책의 수립·실시로 인하여 당해 공익사업의 시행이 사실상 곤란하게 되는 경우"를 들고 있다.

원심은 그 채택 증거에 의하여 원고들이 수원-인천 간 복선전철화 사업(이하 '이 사건 사업'이라 한다)으로 인하여 거주하고 있던 주거용 건축물을 피고에게 제공하여 생활의 근거를 상실하게 되었다면서 이주대책을 수립하여 줄 것을 신청한 사실, 이에 대하여 피고는 2009.10.8. "한국토지주택공사에서 관계 법령에 의거 이주대책을 수립하는 단지형 사업과는 달리 피고의 경우 택지 또는 주택을 공급할 수 있는 관계 법령이 없고, 이 사건 사업은 선형사업으로서 철도건설에 꼭 필요한 최소한의 토지만 보상하므로 사실상 이주택지공급이 불가능하여 결국 이 사건 사업은 공익사업법 시행령 제40조 제2항에서 정하는 이주대책 수립이 불가능한 사유에 해당되어 공익사업법 시행령 제41조에 따라 이주정착금을 지급하고 있다."는 이유로 원고들의 신청을 거부하는 이 사건 처분을 한 사실을 인정한 다음, 이 사건 처분 당시 피고가 이주대책을 수립하지 못할 '부득이한 사유'가 있었다는 점을 인정할 수 없으므로 원고들의 신청을 거부한 이 사건 처분은 위법하다고 판단하였다.

나아가 원심은 원고들 중 일부가 당해 건축물에 계약체결일 또는 수용재결일까지 계속하여 거주하고 있지 아니하였거나 이주정착지로의 이주를 포기하고 이주정착금을 받은 자에 해당하여 피고에게 이주대책 수립·실시를 요구할 수 있는 이주대책대상자는 10호 미만이므로 공익사업법 시행령 제40조 제2항에 따라 이주대책 수립·실시를 거부한 이 사건 처분은 적법하다는 피고의 주장에 대하여, 피고의 이러한 주장사실은 이 사건 처분사유가 아닐 뿐만 아니라, 이 사건 처분사유와 기본적 사실관계에 있어 동일성도 인정되지 아니하므로 피고가 주장하는 위 사유를 이 사건 처분에 대한 적법성의 근거로 삼을 수 없다고 판단하였다.
우선 관련 규정 및 원심이 적법하게 채택한 증거들에 비추어 살펴보면, 원심이 철도건설사업인 이 사건 사업이 공익사업법의 적용을 받는 이상 이주대책의 수립과 관련하여 택지 또는 주택을 공급할 수 있는 관계 법령이 없다고 볼 수 없고, 이 사건 처분 당시 피고가 이주대책을 수립하지 못할 '부득이한 사유'가 있었다는 점을 인정할 수 없다고 판단한 것은 정당하고, 거기에 상고이유 주장과 같이 공익사업법 시행령 제40조 및 공익사업법 시행규칙 제53조 소정의 '부득이한 사유'의 해석에 관한 법리를 오해한 위법이 없다.

그러나 '이주대책대상자 중 이주정착지에 이주를 희망하는 자가 10호에 미치지 못한다.'는 피고의 주장에 관한 원심의 위와 같은 판단은 다음과 같은 이유로 수긍하기 어렵다.

행정처분의 취소를 구하는 항고소송에 있어서는 실질적 법치주의와 행정처분의 상대방인 국민에 대한 신뢰보호라는 견지에서 처분청은 당초 처분의 근거로 삼은 사유와 기본적 사실관계에 있어서 동일성이 있다고 인정되지 않는 별개의 사실을 들어 처분사유로 주장함은 허용되지 아니하나, 당초 처분의 근거로 삼은 사유와 기본적 사실관계에 있어서 동일성이 있다고 인정되는 한도 내에서는 다른 사유를 추가하거나 변경할 수 있다. 그리고 기본적 사실관계가 동일하다는 것은 처분사유를 법률적으로 평가하기 이전의 구체적인 사실에 착안하여 그 기초적인 사회적 사실관계가 기본적인 점에서 동일한 것을 말하며, 처분청이 처분 당시에 적시한 구체적 사실을 변경하지 아니하는 범위내에서 단지 그 처분의 근거 법령만을 추가·변경하거나 당초의 처분사유를 구체적으로 표시하는 것에 불과한 경우에는 새로운 처분사유를 추가하거나 변경하는 것이라고 볼 수 없다(대판 2001.9.28, 2000두8684, 대판 2008.2.28, 2007두13791·13807 등 참조).

기록에 의하면, 피고가 2009.10.8. 원고들에게 보낸 이주대책수립요구에 대한 회신(갑 제1호증)에는 원심이 이 사건 처분사유로 인정한 것 이외에도 "이주대책수립을 요구해 오신 사람 중에서 상당수(7인, 수용재결 중 3인)가 이미 계약을 체결한 후 보상금을 수령 하신 상태에서 이주정착지를 요구하는 것은 실효성이 없는 것으로 판단되며"라고 기재되어 있는 것을 알 수 있는데, 거기에는 이주대책대상자 중에서 이주정착금을 지급 받은 자들은 이주대책의 수립·실시를 요구할 수 없으므로 전체 신청자 19명 중에서 이들을 제외하면 이주대책 수립 요구를 위한 10명에 미달하게 된다는 의미를 내포하고 있다고 볼 수 있다.

그렇다면 이 사건 처분사유에는 '이주대책을 수립·실시하지 못할 부득이한 사유에 해당한다.'는 점 이외에도 '이주대책대상자 중 이주정착지에 이주를 희망하는 자가 10호에 미치지 못한다.'는 점도 포함하고 있다고 할 수 있으므로 원심으로서는 이주대책대상자 중 10호 이상이 이주정착지에 이주를 희망하고 있는지, 그에 따라 피고가 이주대책을 수립·실시하여야 할 의무가 있는지 등을 심리하여 이 사건 처분의 적법 여부를 판단하였어야 옳다.
그럼에도 피고가 이 사건 소송에서 주장한 '이주대책대상자 중 이주정착지에 이주를 희망하는 자가 10호에 미치지 못한다.'는 사유에 관한 심리·판단을 생략한 채, 단지 공익사업법 시행령 제40조 및 공익사업법 시행규칙 제53조에서 정한 '부득이한 사유'에 해당하지 않는다는 이유만을 들어 이 사건 처분이 위법하다고 판단한 원심판결에는 처분사유의 추가·변경에 관한 법리를 오해하여 필요한 심리를 다하지 아니함으로써 판결에 영향을 미친 위법이 있다고 할 것이다. 이 점을 지적하는 상고이유 주장은 이유 있다.

그러므로 원심판결을 파기하고 사건을 다시 심리·판단하게 하기 위하여 원심법원에 환송하기로 하여, 관여 대법관의 일치된 의견으로 주문과 같이 판결한다.

> 원심은 기본적 사실관계의 동일성이 인정되지 않기에 판단사항이 아니라고 하였으나, 이는 당초사유에 내포된 내용이므로 이에 대한 심리판단의무가 있다는 판례이다.

3. 부당이득반환청구권의 소멸시효기간(대판 2016.9.28, 2016다20244)

공익사업의 시행자가 이주대책대상자들과 체결한 아파트 특별공급계약에서 구 공익사업을 위한 토지 등의 취득 및 보상에 관한 법률 제78조 제4항에 위배하여 생활기본시설 설치비용을 분양대금에 포함시킨 경우, 이주대책대상자들이 사업시행자에게 이미 지급하였던 분양대금 중 그 부분에 해당하는 금액의 반환을 구하는 부당이득반환청구권의 소멸시효기간(= 10년)

4. 이주대책대상자 제외처분취소(전주지법 2016.7.21, 2015구합1509)

도시개발사업 시행자인 한국토지주택공사가 사업의 시행으로 생활근거 등을 상실하는 주민들을 위한 이주대책 및 생활대책 보상계획을 공고하면서 '1989.1.25. 이후 무허가 가옥 소유자는 제외한다'고 정하였는데, 사업구역 안에 있는 1989.1.24. 이전에 건축하였다가 2004년경 증축한 무허가 주택의 소유자 甲이 이주대책대상자 선정 신청을 하였으나, 한국토지주택공사가 甲을 이주대책대상자에서 제외하는 처분을 한 사안에서, 주택의 소유자인 甲이 1986년경부터 2015.6.경까지 증축하기 전 주택과 증축한 주택을 단절 없이 생활의 근거지로 삼아 거주한 점, 주택의 증축 경위에 비추어 甲에게 부동산투기나 이주대책대상자의 지위를 참칭하려는 의도가 있었다고 보이지 아니하는 점 등을 종합하면, 甲은 이주대책기준에서 정한 요건을 갖추었다고 보는 것이 타당하다는 이유로 甲을 이주대책대상자에서 제외한 처분이 위법하다고 한 사례

5. 이주대책대상자부적격처분무효등확인의소(대판 2016.7.14, 2014두43592)

[판시사항]

[1] 공익사업을 위한 토지 등의 취득 및 보상에 관한 법률 시행령 부칙(2002.12.30.) 제6조의 규정 취지 및 무허가 건축물의 건축시점뿐만 아니라 소유권 또는 실질적 처분권의 취득시점까지 1989.1.24. 이전이어야 이주대책대상자의 범위에 포함되는지 여부(소극)

[2] 공익사업 시행자가 구체적인 이주대책을 수립하면서 법령이 정한 것 외의 추가적인 요건을 두는 방법으로 법이 정한 이주대책대상자를 배제할 수 있는지 여부(소극)

원심은, ① 원고가 서울천왕2 국민임대주택단지 조성사업에 따른 이주대책기준일인 2005.12.6. 이전부터 수용재결일까지 위 조성사업구역 내에 위치한 서울 구로구 (주소 생략) 지상에 건축된 무허가 건물 76.80㎡을 소유하면서 그곳에서 거주해 온 사실, ② 위 무허가 건물은 1989.1.24. 이전에 건축된 사실 등을 인정한 후, 피고가 '전세대원이 사업구역 내 주택 외 무주택'이라는 추가적 요건을 이주대책대상자의 적격요건으로 내세워, 이주대책기준일인 2005.12.6.을 기준으로 법이 정한 이주대책대상자에 해당되는 원고를 이주대책대상자에서 배제한 이 사건 부적격 통보가 위법하다고 판단하였다.

6. 채무부존재확인(대판 2016.5.12, 2014다72715)

[판시사항]

[1] 도시개발사업에서 '공익사업을 위한 관계 법령에 의한 고시 등이 있은 날'에 해당하는 법정 이주대책기준일(= 도시개발구역의 지정에 관한 공람공고일) 및 이를 기준으로 구 공익사업을 위한 토지 등의 취득 및 보상에 관한 법률 시행령 제40조 제3항 제2호 본문에 따라 법이 정한 이주대책대상자인지를 가려야 하는지 여부(적극) / 법이 정한 이주대책대상자에 대하여만 구 공익사업을 위한 토지 등의 취득 및 보상에 관한 법률 제78조 제4항이 적용되는지 여부(적극)

> 이주대책의 내용으로서 사업시행자가 생활기본시설을 설치하고 비용을 부담하도록 강제한 구 공익사업법 제78조 제4항이 특별히 적용되며, 이를 넘어서서 그 규정이 시혜적인 이주대책대상자에까지 적용된다고 볼 수는 없다.

[2] 도시재정비 촉진을 위한 특별법 부칙(2005.12.30.) 제2조의 규정 취지 및 종전 도시개발구역이 위 부칙 규정에 따라 재정비촉진지구로 지정·고시되거나 지정·고시를 한 것으로 간주되는 경우, 종전 도시개발구역에 포함되어 있던 지역에 관한 법정 이주대책기준일이 종전 도시개발구역의 지정에 관한 공람공고일인지 여부(원칙적 적극)

[3] 공익사업을 위한 토지 등의 취득 및 보상에 관한 법률 시행령 부칙(2002.12.30.) 제6조의 규정 취지 및 위 규정이 무허가 건축물의 건축시점뿐만 아니라 소유권 또는 실질적 처분권의 취득시점까지 1989.1.24. 이전이어야 이주대책대상자의 범위에 포함될 수 있다는 의미인지 여부(소극)

> 건축시점뿐만 아니라 무허가 건축물의 소유권 또는 실질적 처분권의 취득시점까지도 1989.1.24. 이전이어야만 이주대책대상자의 범위에 포함될 수 있다는 의미는 아니다.

7. 채무부존재확인등(대판 2015.12.23, 2014다29360)

[판시사항]

[1] 도시개발사업에서 '공익사업을 위한 관계 법령에 의한 고시 등이 있은 날'에 해당하는 법정 이주대책기준일(=도시개발구역의 지정에 관한 공람공고일) 및 이를 기준으로 구 공익사업을 위한 토지 등의 취득 및 보상에 관한 법률 시행령 제40조 제3항 제2호 본문에 따라 법이 정한 이주대책대상자인지를 가려야 하는지 여부(적극) / 법이 정한 이주대책대상자에 대하여만 구 공익사업을 위한 토지 등의 취득 및 보상에 관한 법률 제78조 제4항이 적용되는지 여부(적극)

[2] 공익사업을 위한 토지 등의 취득 및 보상에 관한 법률 시행령 부칙(2002.12.30.) 제6조의 규정 취지 및 위 규정이 무허가 건축물의 건축시점뿐만 아니라 소유권 또는 실질적 처분권의 취득시점까지 1989.1.24. 이전이어야 이주대책대상자의 범위에 포함될 수 있다는 의미인지 여부(소극) / 위 규정에 따라 이주대책대상자에 포함될 수 있게 된 무허가 건축물 소유자를 사업시행자가 이주대책대상자로 분류하였더라도 무허가 건축물 소유자가 법이 정하는 이주대책대상자에 해당되려면 구 공익사업을 위한 토지 등의 취득 및 보상에 관한 법률 시행령 제40조 제3항 제2호에서 정한 소유 및 거주 요건까지 갖추어야 하는지 여부(적극)

8. 채무부존재확인(대판 2015.10.29, 2015다18794)

[판시사항]

[1] 공익사업의 시행자가 이주대책대상자들에게 주택을 특별공급하면서 분양대금에 포함되는 택지비를 생활기본시설 설치비용에 대한 고려 없이 택지조성원가 이상으로 정한 경우, 생활기본시설 설치비용 전액이 이주대책대상자에게 전가되었다고 볼 수 있는지 여부(적극)

[2] 공익사업지구 안에 설치된 도로가 사업지구 내 주택단지 등의 기능 달성 및 전체 주민들의 통행을 위한 필수적인 시설이라고 볼 수 없는 경우, 공익사업의 시행자가 이주대책대상자에게 제공하여야 하는 생활기본시설에 포함되는지 여부(소극)

[3] 택지조성원가 중 조성비에 계상된 항목의 비용이 생활기본시설 설치비용에 포함되기 위한 요건과 범위 및 증명책임의 소재(= 생활기본시설 설치비용임을 주장하는 자)

[이유]

택지조성원가 중 예비비, 일부 지하차도・교량・터널 공사비의 제외 여부에 관하여

가. 이주대책대상자들과 사업시행자 사이에 체결된 택지 또는 주택에 관한 특별공급계약에서 구 「공익사업을 위한 토지 등의 취득 및 보상에 관한 법률」(2007.10.17. 법률 제8665호로 개정되기 전의 것, 이하 '구 토지보상법'이라고 한다) 제78조 제4항에 규정된 생활기본시설 설치비용을 분양대금에 포함시킴으로써 이주대책대상자들이 생활기본시설 설치비용까지 사업시행자에게 지급하게 되었다면, 특별공급계약 중 분양대금에 생활기본시설 설치비용을 포함시킨 부분은 강행법규인 구 토지보상법 제78조 제4항에 위배되어 무효이다(대판 2011.6.23, 2007다63089・63096 全合 참조).

한편 사업시행자가 이주대책대상자들에게 주택을 특별공급하면서 분양대금에 포함되는 택지비를 생활기본시설 설치비용에 대한 고려 없이 택지조성원가 이상으로 정한 경우에는 생활기본시설 설치비용 전액이 이주대책대상자에게 전가되었다고 볼 수 있다.

나. 위 법리에 비추어 보면, 원고들이 특별공급받은 주택의 분양대금에 생활기본시설 설치비용이 전가되었음을 원인으로 하여 부당이득반환을 구하는 이 사건에서, 원심이 유상공급면적 1㎡당 생활기본시설 설치비용에 원고들이 특별공급받은 주택의 대지권 면적을 곱하는 방식으로 부당이득액을 산정한 것은 정당하고, 위와 같은 부당이득액 산정 방식에 따르면 택지조성원가는 부당이득액 산정의 요소가 되지 아니할 뿐만 아니라 택지조성원가를 구성하는 비용 항목 중 일부를 택지조성원가에서 제외하는 경우 제외된 비용 항목은 생활기본시설 설치비용에서도 제외되어 오히려 부당이득액이 감소되는 결과가 된다.

따라서 택지조성원가에서 예비비, 일부 지하차도・교량・터널 공사비가 제외되어야 한다는 이 부분 상고이유의 주장은 판결 결과에 영향을 미칠 수 없는 사유를 주장하는 것에 불과할 뿐만 아니라 도리어 자기에게 불리한 주장에 해당하여 받아들일 수 없다.

생활기본시설 및 그 설치비용의 범위에 관하여

가. 국가지원지방도 및 분당-내곡 간 고속화도로, 고속국도에 관하여

사업시행자가 이주대책대상자에게 생활기본시설로서 제공하여야 하는 도로에는 그 길이나 폭에 불구하고 주택법 제2조 제8호에서 정하고 있는 간선시설에 해당하는 도로, 즉 주택단지 안의 도로를 해당 주택단지 밖에 있는 동종의 도로에 연결시키는 도로가 포함됨은 물론(대판 2013.9.26, 2012다33303 참조), 사업시행자가 공익사업지구 안에 설치하는 도로로서 해당 사업지구

안의 주택단지 등의 입구와 그 사업지구 밖에 있는 도로를 연결하는 기능을 담당하는 도로도 이에 포함되나, 사업지구 내 주택단지 등의 기능 달성 및 전체 주민들의 통행을 위한 필수적인 시설이라고 볼 수 없는 특별한 사정이 있으면 생활기본시설에 포함되지 아니한다(대판 2015.7.23, 2013다29509 참조).

원심판결 이유를 이러한 법리와 기록에 비추어 살펴보면, 원심의 이유 설시에 다소 적절하지 아니한 점이 있기는 하나 이 사건 사업지구 내에 설치된 국가지원지방도 및 분당-내곡간 고속화도로가 생활기본시설인 도로에 해당하고, 경부고속도로와 용인서울고속도로는 생활기본시설인 도로에 해당하지 않는다고 본 원심의 결론은 정당한 것으로 수긍할 수 있고, 거기에 원고들 및 피고들의 각 상고이유 주장과 같은 생활기본시설의 범위 및 부당이득에 관한 법리오해, 이유모순, 대법원 판례 위반 등으로 판결에 영향을 미친 위법이 있다고 할 수 없다.

나. 도로 및 포장공・가로등공・지하차도・터널・교량(육교 등)・교량(하천) 항목의 비용에 관하여

(1) 원심은 이 사건 사업지구 내의 총 도로면적 중 고속국도를 제외한 나머지 도로면적 부분이 생활기본시설인 도로에 해당함을 전제로, 택지조성공사비에 계상된 도로 및 포장공・가로등공・지하차도・터널・교량(육교 등)・교량(하천) 공사비(이하 이 부분 판단에서는 편의상 '도로 관련 조성공사비'라고 한다) 중 이 사건 사업지구 내의 총 도로면적에 대한 생활기본시설인 도로면적의 비율에 해당하는 금액만이 생활기본시설 설치비용에 포함된다고 판단하였다.

(2) 그러나 위와 같은 원심의 판단은 다음과 같은 이유에서 그대로 수긍하기 어렵다.

원심이 적법하게 채택한 증거 등에 의하면 ① 광역교통대책 중 재원부담부분(을 제73호증의 1)에는 용인서울고속도로로 명칭이 변경된 '영덕-양재도로'를 이 사건 사업시행자가 아닌 다른 민간사업자가 건설하되 피고들을 비롯한 이 사건 사업의 공동시행자들은 그 건설비용 중 4,400억원을 부담하는 것으로 기재되어 있는 점, ② 피고들은 도로 관련 조성공사비와 별도로 '영덕-양재도로' 항목의 비용 4,400억원을 택지조성원가에 계상한 점, ③ 피고들은 택지조성공사비에 계상된 지하차도・터널・교량(육교 등)・교량(하천) 항목의 비용 중 광역도로 내지 기간도로와 관련된 비용은 생활기본시설 설치비용에서 제외되어야 한다고 주장하면서 도로별로 지하차도 등의 구체적 설치 내역을 밝혔는데, 그 내역에 따르면 경부고속도로와 용인서울고속도로에는 위 지하차도 등 항목의 공사비가 전혀 사용되지 아니한 점 등의 사정을 알 수 있다. 이러한 사정을 종합하면, 도로 관련 조성공사비는 경부고속도로와 용인서울고속도로의 설치와는 무관한 비용으로서 그 전액이 생활기본시설인 도로의 설치비용에 해당할 여지가 크다고 할 것이다.

그럼에도 원심은 이에 관하여 제대로 살피지 아니한 채 그 판시와 같은 이유만을 들어 도로 관련 조성공사비 중 일부만이 생활기본시설 설치비용에 포함된다고 판단하였고, 다만 실제 택지조성공사비를 산정하면서 '도로 및 포장공・가로등공' 설치비용은 전체 도로면적에 대한 생활기본시설인 도로면적의 비율에 해당하는 금액만 산입한 반면, '지하차도・터널・교량(육교 등)・교량(하천) 공사비'는 설치비용 전액을 산입하였다.

이러한 원심의 판단에는 생활기본시설 설치비용의 범위에 관한 법리를 오해하여 필요한 심리를 다하지 아니함으로써 판결에 영향을 미친 위법이 있다.

다. 구조물공, 문화재조사·발굴비, 야생수목이식공사, 건설폐기물처리, 예비비 항목의 비용에 관하여

(1) 택지조성원가 중 조성비에 계상된 항목의 비용은 그 비용 지출과 생활기본시설 설치와의 관련성, 즉 생활기본시설 설치를 위하여 해당 비용이 지출된 것으로 인정되어야만 그 전부 또는 총사업면적에 대한 생활기본시설 설치면적의 비율 범위 내에서 생활기본시설 설치비용에 포함되고, 그 관련성의 증명책임은 그 항목의 비용이 생활기본시설 설치비용임을 주장하는 측에 있다고 볼 것이다(대판 2015.7.9, 2014다85391 참조).

(2) 위 법리에 비추어 기록을 살펴보면, 원심이 그 판시와 같은 이유로 구조물공, 문화재조사·발굴비, 야생수목이식공사, 건설폐기물처리 항목의 비용이 생활기본시설 설치비용에 포함되지 아니한다고 판단한 것은 정당한 것으로 수긍할 수 있고, 거기에 원고들의 상고이유 주장과 같은 생활기본시설 설치비용의 범위에 관한 법리오해 등의 위법이 있다고 볼 수 없다.

(3) 다만 원심은 예비비 항목의 비용도 생활기본시설 설치비용에 포함되지 아니한다고 판단하였으나, 이러한 원심의 판단은 다음과 같은 이유로 수긍하기 어렵다.
원심이 적법하게 채택한 증거 등에 의하면, 예비비 항목의 비용은 택지조성공사 도중 택지조성원가 산정 당시 예상하지 못한 공사가 필요할 경우를 대비하여 계상한 비용 항목인 사실을 알 수 있으므로 그 지출 항목의 성격상 총사업면적 중 생활기본시설의 설치면적에 상응하는 비율만큼은 생활기본시설 설치를 위하여 사용된 비용에 해당한다고 봄이 타당하다. 따라서 이 부분 원심판결에는 생활기본시설 설치비용의 범위에 관한 법리를 오해하여 판결에 영향을 미친 위법이 있다.

[결론]

그러므로 원심판결 중 원고들 패소 부분을 파기하고, 이 부분 사건을 다시 심리·판단하도록 원심법원에 환송하며, 피고들의 상고를 각 기각하기로 하여, 관여 대법관의 일치된 의견으로 주문과 같이 판결한다.

9. 부당이득금(대판 2015.10.29, 2014다14641)

[판시사항]

[1] 도시개발사업에서 '공익사업을 위한 관계 법령에 의한 고시 등이 있은 날'에 해당하는 법정 이주대책기준일(=도시개발구역의 지정에 관한 공람공고일)

[2] 공익사업의 시행자가 구 공익사업을 위한 토지 등의 취득 및 보상에 관한 법률 제78조 제1항, 같은 법 시행령 제40조 제3항이 정한 이주대책대상자의 범위를 넘어 미거주 소유자까지 이주대책대상자에 포함시킨 경우, 미거주 소유자에 대하여도 같은 법 제78조 제4항에 따라 생활기본시설을 설치하여 줄 의무를 부담하는지 여부(소극)

[3] 공익사업에서 생활기본시설 용지비 등을 산정할 때 존치부지 면적을 총 사업면적에서 제외하여야 하는지 여부(원칙적 적극)

[이유]

피고의 상고이유에 관하여

가. 상고이유 제1점에 관하여

(1) 원심은, 구 공익사업을 위한 토지 등의 취득 및 보상에 관한 법률(2007.10.17. 법률 제8665호로 개정되기 전의 것, 이하 '구 공익사업법'이라고 한다) 제78조 제1항 및 구 공익사업법 시행령(2008.2.29. 대통령령 제20722호로 개정되기 전의 것, 이하 '구 공익사업법 시행령'이라고 한다) 제40조 제3항 제2호의 문언, 내용 및 입법 취지와 이 사건 이주대책기준 공고의 내용을 종합하여 보면, 강일도시개발사업 보상계획 공고일인 2004.10.8.이 구 공익사업법 시행령 제40조 제3항 제2호에서 말하는 '공익사업을 위한 관계 법령에 의한 고시 등이 있은 날'이라고 보아야 한다고 판단하였다.

(2) 그러나 원심의 이러한 판단은 다음과 같은 이유로 수긍하기 어렵다.
도시개발법 제24조는 '시행자는 공익사업법이 정하는 바에 따라 도시개발사업의 시행에 필요한 토지 등의 제공으로 생활의 근거를 상실하게 되는 자에 관한 이주대책 등을 수립・시행하여야 한다'고 규정하고 있고, 구 공익사업법 제78조 제1항은 '사업시행자는 공익사업의 시행으로 인하여 주거용 건축물을 제공함에 따라 생활의 근거를 상실하게 되는 자(이하 '이주대책대상자'라고 한다)를 위하여 대통령령이 정하는 바에 따라 이주대책을 수립・실시하거나 이주정착금을 지급하여야 한다'고 규정하여 이주대책대상자를 위한 대책의 내용을 이주대책의 수립・실시 또는 이주정착금의 지급으로 정하면서 그 대책의 대상자와 내용은 대통령령에 위임하고 있다. 그 위임에 따라 구 공익사업법 시행령은 이주대책대상자의 구체적 범위에 관하여 제40조 제3항에서 이주대책대상자에서 제외되는 자를 각 호에서 규정하는 방식으로 이를 정하고 있는데, 그 제2호 본문은 '당해 건축물에 공익사업을 위한 관계 법령에 의한 고시 등이 있은 날부터 계약체결일 또는 수용재결일까지 계속하여 거주하고 있지 아니한 건축물의 소유자(이하 '미거주 소유자'라고 한다)'를 규정하고 있다.
나아가 도시개발법에 따른 공익사업의 시행에 있어서 법정 이주대책대상자의 범위에 관하여 보건대, 이주대책기준일이 되는 구 공익사업법 시행령 제40조 제3항 제2호의 '공익사업을 위한 관계 법령에 의한 고시 등이 있은 날'에는 토지수용 절차에 공익사업법을 준용하도록 한 관계 법률에서 사업인정의 고시 외에 주민 등에 대한 공람공고를 예정하고 있는 경우에는 사업인정의 고시일뿐만 아니라 공람공고일도 포함될 수 있는데(대판 2009.2.26, 2007두13340 등 참조), 법령이 정하는 이주대책대상자에 해당되는지 여부를 판단하는 기준은 각 공익사업의 근거 법령에 따라 개별적으로 특정되어야 한다는 점과 아울러 도시개발법상 사업 진행의 절차, 도시개발법상 공익사업 시행에 따른 투기적 거래의 방지 등의 정책적 필요성 등을 종합하면, 도시개발사업에서의 '관계 법령에 의한 고시 등이 있은 날'에 해당하는 법정 이주대책

기준일은 구 도시개발법(2008.3.28. 법률 제9044호로 개정되기 전의 것) 제7조, 구 도시개발법 시행령(2013.3.23. 대통령령 제24443호로 개정되기 전의 것) 제11조 제2항, 제1항의 각 규정에 따른 도시개발구역의 지정에 관한 공람공고일이라고 봄이 타당하다. 따라서 이 사건 이주대책기준에 있어서는 도시개발구역 지정을 위한 공람공고일인 2003.7.9.이 구 공익사업법령에 정한 이주대책기준일에 해당한다.

그럼에도 이와 달리 2003.7.9. 당시 미거주 소유자인 수분양자 소외 1, 소외 2와 거주 소유자라고 단정할 수 없는 수분양자 소외 3을 구 공익사업법령에서 정한 이주대책대상자에 해당한다고 보아 이들로부터 분양권을 양수한 원고 4, 원고 5, 원고 7, 원고 8, 원고 14에 대한 피고의 부당이득반환의무를 인정한 원심의 판단은 구 공익사업법 시행령 제40조 제3항 제2호의 '공익사업을 위한 관계 법령에 의한 고시 등이 있은 날'에 관한 법리를 오해하거나 필요한 심리를 다하지 아니하여 판결에 영향을 미친 잘못이 있다. 이 점을 지적하는 상고이유 주장은 이유 있다.

원심판결이 들고 있는 대판 2009.6.11, 2009두3323은 '관계 법령에 의한 고시 등이 있은 날'로 볼 수 있는 공람공고일이 아닌 임의의 날짜를 이주대책기준일로 정한 사안에 관한 것이므로, 이 사건에 원용하기에 적절하지 아니하다.

다만, 기록에 의하면 수분양자 소외 4, 소외 5, 소외 6, 소외 7, 소외 8, 소외 9는 이주대책기준일인 2003.7.9. 당시 거주 소유자에 해당하므로, 이들을 구 공익사업법령에서 정한 이주대책대상자에 해당한다고 보아 이들로부터 분양권을 양수한 원고 1, 원고 2, 원고 3, 원고 9, 원고 12, 원고 13, 원고 15, 원고 16에 대한 피고의 부당이득반환의무를 인정한 원심의 판단은 그 이유 설시에 있어 부적절하거나 미흡한 부분이 없지 아니하나 그 결론에 있어서는 정당하므로, 판결 결과에 영향을 미친 잘못은 없는 것이어서 이 부분 상고이유 주장은 받아들일 수 없다.

나. 상고이유 제2점에 관하여

원심은, 생활기본시설인 도로는 적어도 길이 200m, 폭 8m 이상인 것으로 제한되어야 한다는 피고의 주장을 배척하고, 보행자도로를 포함하여 피고가 이 사건 사업계획에 따라 이 사건 사업구역 내에 새로 설치한 도로 전체를 생활기본시설에 해당한다고 판단하였다.

관련 법리에 비추어 기록을 살펴보면, 원심의 위와 같은 판단은 정당하고, 거기에 상고이유 주장과 같이 간선도로에 관한 법리를 오해한 잘못이 없다.

다. 상고이유 제3점에 관하여

원심은, 피고가 총 사업비를 유상공급면적으로 나누어 이 사건 택지조성원가를 계산하였는데 도로용지비는 위 택지조성원가에 포함된 점, 이 사건 사업이 없었더라면 기왕에 설치된 도로시설을 이용할 수 있었던 이주대책대상자에게 피고가 이 사건 사업을 진행함에 있어 종래에 설치된 위 시설들을 철거하고 다시 이를 새롭게 조성하기로 결정하였다는 이유만으로 그 설치비용을 전가하는 것은 부당한 점 등의 이유를 들어 피고가 무상취득한 도로 부지 면적을 포함하여 이 사건 사업구역 내에 새로 설치된 도로 전체를 기준으로 생활기본시설 용지비를 산정하여야 한다고 판단하였다.

관련 법리에 비추어 기록을 살펴보면, 원심의 위와 같은 판단은 정당하고, 거기에 상고이유 주장과 같이 용지비 산정에 관한 법리를 오해하거나 필요한 심리를 다하지 아니한 잘못이 없다.

라. 상고이유 제4점에 관하여

원심은, 이 사건 사업의 개발계획승인시인 2003년경에는 이미 전기시설의 지중화 설치가 일반적이었으므로, 이 사건 에너지 통신시설 설치비는 생활기본시설 설치비용에 해당한다고 판단하였다.

관련 법리에 비추어 기록을 살펴보면, 원심의 위와 같은 판단은 정당하고, 거기에 상고이유 주장과 같이 전력선의 지중화 설치에 관한 법리를 오해하는 등의 잘못이 없다.

원고 6, 원고 10, 원고 11의 상고이유에 관하여

사업시행자가 구 공익사업법 제78조 제1항, 구 공익사업법 시행령 제40조 제3항이 정한 이주대책대상자의 범위를 넘어 미거주 소유자까지 이주대책대상자에 포함시킨다고 하더라도, 법령에서 정한 이주대책대상자가 아닌 미거주 소유자에게 제공하는 이주대책은 법령에 의한 의무로서가 아니라 시혜적인 것으로 볼 것이므로, 사업시행자가 이러한 미거주 소유자에 대하여도 공익사업법 제78조 제4항에 따라 생활기본시설을 설치하여 줄 의무를 부담한다고 볼 수는 없다(대판 2014.9.4, 2012다109811 참조).

위 법리에 비추어 기록을 살펴보면, 원심의 이유 설시에 다소 부적절한 점이 없지 않으나, 피고가 위 원고들에 대하여 생활기본시설을 설치하여 줄 의무가 없다고 판단한 원심의 결론은 정당하고, 거기에 상고이유 주장과 같이 구 공익사업법상 이주대책기준에 관한 법리오해, 판례 위반, 채증법칙 위반으로 인한 사실오인, 이유모순 등으로 판결 결과에 영향을 미친 잘못이 없다.

상고이유에서 들고 있는 대법원 판결들은 이 사건과 사안을 달리하는 것이어서 이 사건에 원용하기에 적절하지 아니하다.

원고 7, 원고 8, 원고 14의 상고이유에 관하여

이 부분 상고이유 주장은 위 원고들에게 인정된 부당이득금의 액수가 부당하다는 것인데, 앞서 본 바와 같이 위 원고들은 구 공익사업법령에서 정한 이주대책대상자에 해당하지 아니하여 피고가 생활기본시설을 설치할 의무가 없어 위 원고들에 대하여 부당이득반환의무가 인정되지 아니하므로, 상고이유는 더 나아가 살펴볼 필요가 없다.

원고 1, 원고 2, 원고 3, 원고 4, 원고 5, 원고 9, 원고 12, 원고 13, 원고 15, 원고 16의 상고이유에 관하여

가. 용지비 산정에 관하여

(1) 총 사업비에 관하여

원심은, 이 사건 사업 중 택지 조성과 관련된 총 사업비가 915,312,215,006원에서 923,290,417,000원으로 증액되기는 하였지만 이와 같이 증액된 사업비가 위 원고들의 분양가격 산정에 영향을 미쳤다고 볼 수 없다는 취지에서 총 사업비 915,312,215,006원을 기준으로 하여 생활기본시설 용지비를 산정하여야 한다고 판단하였다.

기록에 비추어 살펴보면, 원심의 위와 같은 판단은 정당하고, 거기에 상고이유 주장과 같이 용지비 산정에 관한 법리를 오해하는 등의 잘못이 없다.

(2) 존치부지 면적에 관하여

원심은, 존치부지 면적을 포함한 전체 대지면적을 총 사업면적으로 보고, 생활기본시설의 용지비를 108,137,605,914원(=총 용지비 605,792,519,237원 × 생활기본시설 설치 면적 159,122.4㎡ / 전체 대지 면적 891,412㎡, 원 미만은 버림)으로 산정하였다.

그러나 원심의 이러한 판단은 다음과 같은 이유로 수긍하기 어렵다.

존치부지는 사업시행자가 사업구역 안에 있는 기존의 건축물이나 그 밖의 시설을 이전하거나 철거하지 아니하여도 개발사업에 지장이 없다고 인정하여 이를 그대로 존치시킨 부지로서, 공공시설물의 설치를 위한 무상취득 대상에 포함되지 않고, 사업시행자가 실질적으로 공익사업을 시행하는 부분도 아니므로, 특별한 사정이 없는 한 생활기본시설의 용지비 등을 산정함에 있어서 존치부지 면적은 총 사업면적에서 제외하여야 할 것이다.

그럼에도 이와 달리 존치부지 면적을 총 사업면적에 포함시켜 생활기본시설 용지비 등을 산정한 원심의 판단은 생활기본시설 용지비 등의 전가에 관한 법리를 오해하여 판결에 영향을 미친 잘못이 있다. 이 점을 지적하는 상고이유 주장은 이유 있다.

나. 간선도로 개설비에 관하여

원심은, 이 사건 간선도로 개설비는 이 사건 사업구역을 그 밖에 있는 기간도로인 올림픽대로 또는 고덕주택단지까지 연결하는 도로 등 이 사건 사업구역 밖에 설치하는 도로를 조성하기 위한 비용이므로, 생활기본시설 설치비용에 포함되지 않는다고 판단하였다.

관련 법리에 비추어 기록을 살펴보면, 원심의 위와 같은 판단은 정당하고, 거기에 상고이유 주장과 같이 간선도로 개설비에 관한 법리를 오해하는 등의 잘못이 없다.

10. 손실보상 산정 기준일(대판 2018.7.26, 2017두33978)

특정한 토지를 구 도시 및 주거환경정비법상 사업시행 대상 부지로 삼은 최초의 사업시행인가 고시가 이루어지고 그에 따라 공익사업을 위한 토지 등의 취득 및 보상에 관한 법률에 따른 사업인정이 의제되어 사업시행자에게 수용 권한이 부여된 후 최초 사업시행인가의 주요 내용을 실질적으로 변경하는 인가가 있는 경우, 손실보상금을 산정하는 기준일(=최초 사업시행인가 고시일)

11. 대판 2019.7.25, 2017다278668

[판시사항]

[1] 구 공익사업을 위한 토지 등의 취득 및 보상에 관한 법률 제78조 제1항에서 정한 이주대책대상자에 해당하기 위해서는 같은 법 제4조 각호의 어느 하나에 해당하는 공익사업의 시행으로 인하여 주거용 건축물을 제공함에 따라 생활의 근거를 상실하게 되어야 하는지 여부(적극)

[2] 갑 지방자치단체가 시범아파트를 철거한 부지를 기존의 근린공원에 추가로 편입시키는 내용의 '근린공원 조성사업'을 추진함에 따라 도시계획시설사업의 실시계획이 인가·고시되었고, 을 등이 소유한 각 시범아파트 호실이 수용대상으로 정해지자 갑 지방자치단체가 을 등과 공공용지 협의취득계약을 체결하여 해당 호실에 관한 소유권을 취득한 사안에서, '근린공원 조성사업'이 구 공익사업을 위한 토지 등의 취득 및 보상에 관한 법률 제4조 제7호의 공익사업에 포함된다고 볼 여지가 많은데도, 이와 달리 본 원심판단에 법리오해 등의 잘못이 있다고 한 사례

[판결요지]

[1] 구 공익사업을 위한 토지 등의 취득 및 보상에 관한 법률(2007.10.17. 법률 제8665호로 개정되기 전의 것, 이하 '구 토지보상법'이라 한다) 제78조 제1항은 "사업시행자는 공익사업의 시행으로 인하여 주거용 건축물을 제공함에 따라 생활의 근거를 상실하게 되는 자(이하 '이주대책대상자'라 한다)를 위하여 대통령령이 정하는 바에 따라 이주대책을 수립·실시하거나 이주정착금을 지급하여야 한다."라고 규정하고, 같은 조 제4항 본문은 "이주대책의 내용에는 이주정착지에 대한 도로·급수시설·배수시설 그 밖의 공공시설 등 당해 지역조건에 따른 생활기본시설이 포함되어야 하며, 이에 필요한 비용은 사업시행자의 부담으로 한다."라고 규정하고 있다. 그리고 구 토지보상법 제2조 제2호는 "공익사업이라 함은 제4조 각 호의 1에 해당하는 사업을 말한다."라고 정의하고 있고, 제4조는 제1호 내지 제6호에서 국방·군사에 관한 사업 등 구체적인 공익사업의 종류나 내용을 열거한 다음, 제7호에서 "그 밖에 다른 법률에 의하여 토지 등을 수용 또는 사용할 수 있는 사업"이라고 규정하고 있다. 위와 같은 각 규정의 내용을 종합하면, 이주대책대상자에 해당하기 위해서는 구 토지보상법 제4조 각 호의 어느 하나에 해당하는 공익사업의 시행으로 인하여 주거용 건축물을 제공함에 따라 생활의 근거를 상실하게 되어야 한다.

[2] 갑 지방자치단체가 시범아파트를 철거한 부지를 기존의 근린공원에 추가로 편입시키는 내용의 '근린공원 조성사업'을 추진함에 따라 도시계획시설사업의 실시계획이 인가·고시되었고, 을 등이 소유한 각 시범아파트 호실이 수용대상으로 정해지자 갑 지방자치단체가 을 등과 공공용지 협의취득계약을 체결하여 해당 호실에 관한 소유권을 취득한 사안에서, 도시계획시설사업 실시계획의 인가에 따른 고시가 있으면 도시계획시설사업의 시행자는 사업에 필요한 토지 등을 수용 및 사용할 수 있게 되고, 을 등이 각 아파트 호실을 제공한 계기가 된 '근린공원 조성사업' 역시 구 국토의 계획 및 이용에 관한 법률(2007.1.26. 법률 제8283호로 개정되기 전의 것)에 따라 사업시행자에게 수용권한이 부여된 도시계획시설사업으로 추진되었으므로, 이는 적어도 구 공익사업을 위한 토지 등의 취득 및 보상에 관한 법률(2007.10.17. 법률 제8665호로 개정

되기 전의 것) 제4조 제7호의 공익사업, 즉 '그 밖에 다른 법률에 의하여 토지 등을 수용 또는 사용할 수 있는 사업'에 포함된다고 볼 여지가 많은데도, 이와 달리 본 원심판단에 법리오해 등의 잘못이 있다고 한 사례

12. 이주자택지공급거부처분취소의소[대판 2020.7.9, 2020두34841]

[판시사항]

이주대책 수립대상 가옥에 관한 공동상속인 중 1인에 해당하는 공유자가 그 가옥에서 계속 거주하여 왔고 그가 사망한 이후 대상 가옥에 관하여 나머지 상속인들 사이에 상속재산분할협의가 이루어진 경우, 사망한 공유자가 이주대책대상자 선정 특례에 관한 한국토지주택공사의 '이주 및 생활대책 수립지침' 제8조 제2항 전문의 '종전의 소유자'에 해당하는지 여부(적극)

[주문]

원심판결을 파기하고, 사건을 서울고등법원에 환송한다.

[이유]

상고이유를 판단한다.

1. 사안의 개요

가. 원심판결의 이유에 의하면, 다음과 같은 사실을 알 수 있다.

피고가 시행하는 삼숭–만송 간 도로건설사업의 사업구역 내에 위치한 이 사건 가옥은 원고의 부친 소외 1의 소유였는데, 소외 1이 1989년 사망함에 따라 그 아내이자 공동상속인 중 한 사람인 소외 2가 그 무렵부터 2015.5.12. 사망할 때까지 이 사건 가옥에서 계속 거주하여 왔고, 그 아들로서 공동상속인 중 한 사람인 원고는 2015.4.경부터 이 사건 가옥에서 거주하여 왔다.

이 사건 가옥에 관한 등기부상 명의는 소외 1 앞으로 마쳐져 있다가, 소외 2의 사망 후 원고를 비롯한 공동상속인들이 한 상속재산분할협의에 따라 2016.7.19. 원고 앞으로 소유권이전등기가 마쳐졌다.

이후 원고는 피고에게 이주자택지 공급신청을 하였으나, 피고는 2018.7.27. "원고는 기준일 1년 전부터 보상계약체결일까지 이 사건 가옥에서 계속하여 거주하지 아니하여 이주대책대상자에 해당하지 않고, 원고의 어머니 소외 2는 이 사건 가옥을 소유한 사실이 없어 이주대책대상자에 해당하지 않는다."라는 이유로 부적격 통보를 하였다.

나. 원심은, 상속재산분할의 효력이 상속개시일인 소외 1의 사망 시로 소급되므로, 소외 2가 소외 1의 공동상속인 지위에 있었다고 하더라도 그 사망일인 2015.5.12.까지 이 사건 가옥의 공동소유자였다고 볼 수 없다는 이유로, 소외 2는「이주 및 생활대책 수립지침」제8조 제2항 전문의 '종전의 소유자'에 해당하지 않고 그에 따라 원고 역시 이주대책대상자가 될 수 없다고 판단하였다.

2. 판단

원심의 판단은 수긍하기 어렵다.

가. 「공익사업을 위한 토지 등의 취득 및 보상에 관한 법률」 제78조 제1항은 "사업시행자는 공익사업의 시행으로 인하여 주거용 건축물을 제공함에 따라 생활의 근거를 상실하게 되는 자(이하 '이주대책대상자'라 한다)를 위하여 대통령령으로 정하는 바에 따라 이주대책을 수립・실시하거나 이주정착금을 지급하여야 한다."라고 규정하고 있고, 같은 법 시행령 제40조는 위 법률의 위임에 따라 이주대책의 수립・실시에 관한 구체적 내용을 정하고 있다. 이와 관련하여 이주대책의 수립 및 시행에 관하여 필요한 사항을 정하기 위해 피고가 마련한 「이주 및 생활대책 수립지침」(2018.7.18. 제1871호, 이하 '이 사건 지침'이라고 한다) 제7조 본문, 제1호는 이주대책대상자의 요건에 관하여, "이주대책 수립대상자는 기준일(사업인정고시일을 의미한다) 이전부터 보상계약체결일 또는 수용재결일까지 당해 사업지구 안에 가옥을 소유하고 계속하여 거주한 자로서, 당해 사업에 따라 소유가옥이 철거되는 자로 한다. 단 수도권정비계획법에 의한 수도권 지역에서 이주자 택지를 공급하는 경우에는 기준일 현재 1년 이상 계속하여 당해 사업지구 안에 가옥을 소유하고 거주하여야 한다."라고 정하고 있고, 같은 지침 제8조 제2항 전문은 이주대책대상자 선정특례에 관하여, "종전의 소유자가 이 지침에 의한 이주대책 수립대상자가 될 수 있었던 경우에 기준일 이후에 상속을 원인으로 해당 지구보상계획 공고일 이전에 가옥을 취득하고 거주하는 경우에는 제7조에 불구하고 이주대책 수립대상자로 하고, 종전의 소유자는 이주대책 수립대상자로 보지 아니한다."라고 정하고 있다.

이 사건 지침 제8조 제2항 전문은 이 사건 지침에 따른 이주대책대상자가 될 수 있었던 사람이 사망한 경우, 그 상속인이 그 규정에서 정하는 취득 및 거주요건을 갖출 경우에는 그 상속인에게 종전의 소유자가 갖고 있던 이주대책대상자 지위의 승계를 인정한다는 취지이다.

나. 민법 제1015조는 "상속재산의 분할은 상속개시된 때에 소급하여 그 효력이 있다. 그러나 제삼자의 권리를 해하지 못한다."라고 규정함으로써 상속재산분할의 소급효를 인정하고 있다. 그러나 상속재산분할에 소급효가 인정된다고 하더라도, 상속개시 이후 공동상속인들이 상속재산의 공유관계에 있었던 사실 자체가 소급하여 소멸하는 것은 아니다.

따라서 대상 가옥에 관한 공동상속인 중 1인에 해당하는 공유자가 그 가옥에서 계속 거주하여 왔고 사망하지 않았더라면 이주대책 수립대상자가 될 수 있었던 경우, 비록 그가 사망한 이후 대상 가옥에 관하여 나머지 상속인들 사이에 상속재산분할협의가 이루어졌다고 하더라도 사망한 공유자가 생전에 공동상속인 중 1인으로서 대상 가옥을 공유하였던 사실 자체가 부정된다고 볼 수 없고, 이 사건 지침 제8조 제2항 전문의 '종전의 소유자'에 해당한다고 해석하는 것이 타당하다.

다. 이에 비추어 보면, 원심이 상속재산분할의 소급효를 이유로 원고가 이주대책대상자 선정특례의 요건을 갖추지 못하였다고 판단한 것은 잘못이고, 원심으로서는 나머지 요건의 충족 여부에 관하여 심리한 후 원고가 이 사건 지침 제8조 제2항 전문에 따른 이주대책대상자에 해당하는지를 판단하였어야 한다. 원심의 판단에는 상속재산분할의 소급효에 관한 법리 등을 오해하여 필요한 심리를 다하지 아니함으로써 판결에 영향을 미친 잘못이 있다.

3. 결론

그러므로 나머지 상고이유에 관한 판단을 생략한 채 원심판결을 파기하고 사건을 다시 심리・판단하게 하기 위하여 원심법원에 환송하기로 하여, 관여 대법관의 일치된 의견으로 주문과 같이 판결한다.

13. 2차거부처분과 소의 대상(대판 2021.1.14, 2020두50324)

[판시사항]

[1] 행정청의 행위가 항고소송의 대상이 될 수 있는지 결정하는 방법 및 행정청의 행위가 '처분'에 해당하는지 불분명한 경우, 이를 판단하는 방법

[2] 수익적 행정처분을 구하는 신청에 대한 거부처분이 있은 후 당사자가 새로운 신청을 하는 취지로 다시 신청을 하였으나 행정청이 이를 다시 거절한 경우, 새로운 거부처분인지 여부(적극)

[판결요지]

[1] 항고소송의 대상인 '처분'이란 "행정청이 행하는 구체적 사실에 관한 법집행으로서의 공권력의 행사 또는 그 거부와 그 밖에 이에 준하는 행정작용"(행정소송법 제2조 제1항 제1호)을 말한다. 행정청의 행위가 항고소송의 대상이 될 수 있는지는 추상적・일반적으로 결정할 수 없고, 구체적인 경우에 관련 법령의 내용과 취지, 그 행위의 주체・내용・형식・절차, 그 행위와 상대방 등 이해관계인이 입는 불이익 사이의 실질적 견련성, 법치행정의 원리와 그 행위에 관련된 행정청이나 이해관계인의 태도 등을 고려하여 개별적으로 결정하여야 한다. 행정청의 행위가 '처분'에 해당하는지 불분명한 경우에는 그에 대한 불복방법 선택에 중대한 이해관계를 가지는 상대방의 인식가능성과 예측가능성을 중요하게 고려하여 규범적으로 판단하여야 한다.

[2] 수익적 행정처분을 구하는 신청에 대한 거부처분은 당사자의 신청에 대하여 관할 행정청이 이를 거절하는 의사를 대외적으로 명백히 표시함으로써 성립된다. 거부처분이 있은 후 당사자가 다시 신청을 한 경우에는 신청의 제목 여하에 불구하고 그 내용이 새로운 신청을 하는 취지라면 관할 행정청이 이를 다시 거절하는 것은 새로운 거부처분이라고 보아야 한다. 관계 법령이나 행정청이 사전에 공표한 처분기준에 신청기간을 제한하는 특별한 규정이 없는 이상 재신청을 불허할 법적 근거가 없으며, 설령 신청기간을 제한하는 특별한 규정이 있더라도 재신청이 신청기간을 도과하였는지는 본안에서 재신청에 대한 거부처분이 적법한가를 판단하는 단계에서 고려할 요소이지, 소송요건 심사단계에서 고려할 요소가 아니다.

14. 대판 2023.7.13, 2023다214252

[판시사항]

[1] 공익사업의 시행자가 이주대책을 수립・실시하여야 할 자를 선정하여 그들에게 공급할 택지 또는 주택의 내용이나 수량을 정할 재량을 가지는지 여부(적극) 및 이주대책대상자들에게 이주자택지 공급한도로 정한 265㎡를 초과하여 공급한 부분이 사업시행자가 정한 이주대책의 내용이 아니라 일반수분양자에게 공급한 것과 마찬가지로 볼 수 있는 경우, 초과 부분에 해당하는 분양면적에 대하여 생활기본시설 설치비용을 부담시킬 수 있는지 여부(적극)

[2] 택지개발사업의 시행자인 한국토지주택공사의 '이주 및 생활대책 수립지침'에서 점포겸용・단독주택용지의 경우 이주자택지의 공급규모를 1필지당 265㎡ 이하로 정하면서, 당해 사업지구의 여건과 인근지역 부동산시장동향 등을 종합적으로 고려하여 불가피한 경우에는 위 기준을 다르게 정할 수 있다고 규정하고 있고, 한국토지주택공사는 사업지구 내 이주자택지를 1필지당 265㎡ 상한으로 공급하되, 265㎡를 초과하여 공급하는 경우 초과 면적에 대하여도 감정가격을 적용하지 않고 조성원가에서 생활기본시설 설치비용을 제외한 금액으로 공급하기로 하는 내용의 이주자택지 공급공고와 보상안내를 한 후 이주자택지 공급대상자로 선정된 甲 등과 분양계약을 체결하였는데, 분양면적 중 이주자택지 공급한도인 265㎡ 초과 부분도 이주대책으로서 특별공급된 것인지 문제 된 사안에서, 제반 사정에 비추어 한국토지주택공사는 이주자택지 공급한도를 265㎡로 정하였을 뿐 이를 초과하는 부분까지 이주대책으로서 특별공급한 것으로 단정하기 어렵다고 한 사례

[3] 공익사업을 위한 토지 등의 취득 및 보상에 관한 법률 제78조 제4항에서 정한 '생활기본시설'의 의미 및 일반 광장이나 생활기본시설에 해당하지 않는 고속국도에 부속된 교통광장과 같은 광역교통시설광장이 생활기본시설에 해당하는지 여부(소극) / 대도시권의 대규모 개발사업을 하는 과정에서 광역교통시설의 건설 및 개량에 소요되어 대도시권 내 택지 및 주택의 가치를 상승시키는 데에 드는 비용이 생활기본시설 설치비용에 해당하는지 여부(소극)

[판결요지]

[1] 사업시행자가 공익사업을 위한 토지 등의 취득 및 보상에 관한 법률 시행령 제40조 제2항 단서에 따라 택지개발촉진법 또는 주택법 등 관계 법령에 의하여 이주대책대상자들에게 택지 또는 주택을 공급하는 것은 공익사업을 위한 토지 등의 취득 및 보상에 관한 법률 제78조 제1항의 위임에 근거하여 선택할 수 있는 이주대책의 한 방법이고, 사업시행자는 이주대책을 수립・실시하여야 할 자를 선정하여 그들에게 공급할 택지 또는 주택의 내용이나 수량을 정함에 재량을 갖는다. 이주대책대상자들에게 이주자택지 공급한도로 정한 265㎡를 초과하여 공급한 부분이 사업시행자가 정한 이주대책의 내용이 아니라 일반수분양자에게 공급한 것과 마찬가지로 볼 수 있는 경우 초과 부분에 해당하는 분양면적에 대해서는 일반수분양자와 동등하게 생활기본시설 설치비용을 부담시킬 수 있다.

[2] 택지개발사업의 시행자인 한국토지주택공사의 '이주 및 생활대책 수립지침'(이하 '수립지침'이라고 한다)에서 점포겸용・단독주택용지의 경우 이주자택지의 공급규모를 1필지당 265㎡ 이하로 정하면서, 당해 사업지구의 여건과 인근지역 부동산시장동향 등을 종합적으로 고려하여 불가피한 경우에는 위 기준을 다르게 정할 수 있다고 규정하고 있고, 한국토지주택공사는 사업지구 내 이주자택지를 1필지당 265㎡ 상한으로 공급하되, 265㎡를 초과하여 공급하는 경우 초과 면적에 대하여도 감정가격을 적용하지 않고 조성원가에서 생활기본시설 설치비용을 제외한 금액으로 공급하기로 하는 내용의 이주자택지 공급공고와 보상안내를 한 후 이주자택지 공급대상자로 선정된 甲 등과 분양계약을 체결하였는데, 분양면적 중 이주자택지 공급한도인 265㎡ 초과 부분도 이주대책으로서 특별공급된 것인지 문제 된 사안에서, 한국토지주택공사는 이주대책기준 설정에 관한 재량에 따라 수립지침 등 내부 규정에 의하여 사업지구 내 이주자택지 공급규모의 기준을 1필지당 265㎡로 정하였고, 공급공고와 보상안내에 따라 이를 명확하게 고지한 점, 한국토지주택공사가 이주자택지 공급한도를 초과하는 부분의 공급가격을 그 이하 부분과 동일하게 산정하기로 정하였다거나 분양계약서에 분양면적 전체가 이주자택지로 표시되어 있다고 하여 그로써 당연히 공급규모의 기준을 변경하는 의미로 볼 수 없는 점, 특히 이주자택지 공급규모에 관한 기준을 달리 정하였다고 보기 위해서는 수립지침에 따라 획지분할 여건, 토지이용계획 및 토지이용의 효율성 등 당해 사업지구의 여건과 인근지역 부동산시장동향 등을 고려한 불가피한 사정이 있어야 하는 점 등 제반 사정에 비추어 보면, 한국토지주택공사는 이주자택지 공급한도를 265㎡로 정하였을 뿐 이를 초과하는 부분까지 이주대책으로서 특별공급한 것으로 단정하기 어려운데도, 이와 달리 본 원심판단에 법리오해 등의 잘못이 있다고 한 사례

[3] 공익사업을 위한 토지 등의 취득 및 보상에 관한 법률(이하 '토지보상법'이라고 한다) 제78조에 의하면, 사업시행자가 공익사업의 시행으로 인하여 주거용 건축물을 제공함에 따라 생활의 근거를 상실하게 되는 이주대책대상자를 위하여 수립・실시하여야 하는 이주대책에는 이주정착지에 대한 도로 등 통상적인 수준의 생활기본시설이 포함되어야 하고, 이에 필요한 비용은 사업시행자가 부담하여야 한다. 위 규정 취지는 이주대책대상자에게 생활의 근거를 마련해 주고자 하는 데 있으므로, '생활기본시설'은 구 주택법(2012.1.26. 법률 제11243호로 개정되기 전의 것, 이하 '구 주택법'이라고 한다) 제23조 등 관계 법령에 따라 주택건설사업이나 대지조성사업을 시행하는 사업주체가 설치하도록 되어 있는 도로와 상하수도시설 등 간선시설을 의미한다고 보아야 한다. 그러나 광장은 토지보상법에서 정한 생활기본시설 항목이나 구 주택법에서 정한 간선시설 항목에 포함되어 있지 않으므로, 생활기본시설 항목이나 간선시설 항목에 해당하는 시설에 포함되거나 부속되어 그와 일체로 평가할 수 있는 경우와 같은 특별한 사정이 없는 한 생활기본시설에 해당하지 않는다. 따라서 일반 광장이나 생활기본시설에 해당하지 않는 고속국도에 부속된 교통광장과 같은 광역교통시설광장은 생활기본시설에 해당한다고 보기 어렵다.

또한 대도시권의 대규모 개발사업을 하는 과정에서 광역교통시설의 건설 및 개량에 소요되어 대도시권 내 택지 및 주택의 가치를 상승시키는 데에 드는 비용은 대도시권 내의 택지나 주택을 공급받는 이주대책대상자도 그에 따른 혜택을 누리게 된다는 점에서 생활기본시설 설치비용에 해당하지 않는다.

[이유]

상고이유를 판단한다.

1. 이주자택지 공급한도인 265㎡ 초과 부분도 이주대책으로서 특별공급된 것인지 여부(제1 상고이유)

가. 원심은 판시와 같은 사실을 인정한 다음, 아래 사정에 비추어 피고가 원고들 및 원고 승계참가인들(이하 '원고들'이라고 한다)에게 이주자택지 공급한도 265㎡ 초과 부분까지 모두 이주대책으로서 공급한 것이라고 판단하였다.

1) 피고가 이주자택지의 공급한도를 265㎡로 정한 당초의 분양안내에도 불구하고 그로부터 4년이 지나 분양계약이 체결됨으로써 공급규모를 다르게 정하여야 할 사정이 발생할 가능성이 없었다고 단정하기 어렵다.

2) 265㎡를 초과하는 면적의 공급가격도 감정가격이 아니라 그 이하 면적과 동일하게 택지조성원가에서 생활기본시설 설치비용을 제외한 금액으로 정하였다.

3) 이주대책대상자들과의 각 분양계약서에 265㎡ 이하 부분과 초과 부분의 구분 없이 분양면적 전체가 이주자택지로 표시되어 있다.

나. 그러나 원심의 판단은 다음과 같은 이유로 수긍하기 어렵다.

1) 사업시행자가 「공익사업을 위한 토지 등의 취득 및 보상에 관한 법률 시행령」 제40조 제2항 단서에 따라 택지개발촉진법 또는 주택법 등 관계 법령에 의하여 이주대책대상자들에게 택지 또는 주택을 공급(이하 '특별공급'이라고 한다)하는 것은 「공익사업을 위한 토지 등의 취득 및 보상에 관한 법률」(이하 '토지보상법'이라고 한다) 제78조 제1항의 위임에 근거하여 선택할 수 있는 이주대책의 한 방법이고(대판(전) 2011.6.23, 2007다63089 · 63096 등 참조), 사업시행자는 이주대책을 수립 · 실시하여야 할 자를 선정하여 그들에게 공급할 택지 또는 주택의 내용이나 수량을 정함에 재량을 갖는다(대판 2013.12.26, 2013두17701 등 참조).

이주대책대상자들에게 이주자택지 공급한도로 정한 265㎡를 초과하여 공급한 부분이 사업시행자가 정한 이주대책의 내용이 아니라 일반수분양자에게 공급한 것과 마찬가지로 볼 수 있는 경우 그 초과 부분에 해당하는 분양면적에 대해서는 일반수분양자와 동등하게 생활기본시설 설치비용을 부담시킬 수 있다(대판 2013.11.14, 2012다4770 등 참조).

2) 원심판결 이유와 기록에 의하면, 다음 사실을 알 수 있다.

이 사건 사업에 적용되는 피고의 '이주 및 생활대책 수립지침'(이하 '수립지침'이라고 한다) 제15조 제1항 제1호는 점포겸용 · 단독주택용지의 경우 이주자택지의 공급규모를 1필지당 265㎡ 이하로 정하면서, 제2항에서 획지분할 여건, 토지이용계획 및 토지이용의 효율성 등 당해 사업지구의 여건과 인근지역 부동산시장동향 등을 종합적으로 고려하여 불가피한 경우에는 위 기준을 다르게 정할 수 있다고 규정하고 있다. 피고는 위 수립지침 제15조 제1항, 이주자택지 공급방침 및 '이주대책의 수립 및 시행에 관한 예규' 제17조에 근거하여, 이 사건 사업지구 내 이주자택지를 1필지당 265㎡ 상한으로 공급하되, 265㎡

를 초과하여 공급하는 경우 그 초과 면적에 대하여도 감정가격을 적용하지 않고 조성원가에서 생활기본시설 설치비용을 제외한 금액으로 공급하기로 하는 내용의 이주자택지 공급공고와 보상안내를 하였다.

3) 위 사실관계와 기록에 의하여 알 수 있는 다음 사정을 앞서 본 법리에 비추어 보면, 피고는 이 사건 이주자택지 공급한도를 265㎡로 정하였을 뿐 이를 초과하는 부분까지 이주대책으로서 특별공급한 것으로 단정하기 어렵다.

가) 피고는 이주대책기준 설정에 관한 재량에 따라 수립지침 등 내부 규정에 의하여 이 사건 사업지구 내 이주자택지 공급규모의 기준을 1필지당 265㎡로 정하였고, 공급공고와 보상안내에 따라 이를 명확하게 고지하였다.

나) 피고가 이주자택지 공급한도를 초과하는 부분의 공급가격을 그 이하 부분과 동일하게 산정하기로 정하였다거나 분양계약서에 분양면적 전체가 이주자택지로 표시되어 있다고 하여 그로써 당연히 위 공급규모의 기준을 변경하는 의미로 볼 수 없다.

다) 특히 이주자택지 공급규모에 관한 기준을 달리 정하였다고 보기 위해서는 수립지침 제15조 제2항에 따라 획지분할 여건, 토지이용계획 및 토지이용의 효율성 등 당해 사업지구의 여건과 인근지역 부동산시장동향 등을 고려한 불가피한 사정이 있어야 한다.

라) 특별공급으로 인한 분양대금 중 부당이득반환을 구하는 원고들로서는 피고가 정한 이주자택지 공급한도를 초과하는 부분까지 특별공급된 것임을 증명하여야 하고, 원심으로서는 공급규모에 관한 기준 자체가 달리 정하여졌다고 볼 만한 불가피한 사정까지 구체적으로 심리하여 원고들 청구의 당부를 판단하였어야 한다.

마) 그럼에도 원심은 불가피한 사정이 발생할 가능성이 없었다고 단정하기 어렵다는 등의 이유만으로, 곧바로 이주자택지 공급한도 265㎡를 초과하는 부분까지 모두 특별공급된 것이라고 보아 부당이득반환의 범위를 산정하였다.

4) 이러한 원심판단에는 토지보상법 제78조 이주대책 및 생활기본시설 설치비용의 산정, 부당이득반환의 증명책임에 관한 법리를 오해하고, 필요한 심리를 다하지 아니하는 등으로 판결에 영향을 미친 잘못이 있다. 이를 지적하는 이 부분 상고이유 주장은 이유 있다.

2. 32번 교통광장이 생활기본시설에 해당하는지 여부(제2 상고이유)

가. 원심은 판시와 같은 이유로, 이 사건 32번 교통광장이 구 서울외곽순환고속도로(현 수도권 제1순환고속도로)와 이 사건 사업지구 내 도로를 연결하는 송파 IC의 고가도로와 그 하부 나대지로 구성되어 사업지구 내 주민들의 통행을 위한 필수적인 시설로서 생활기본시설에 해당한다고 판단하였다.

나. 그러나 이 부분 원심의 판단도 다음과 같은 이유로 수긍하기 어렵다.

1) 토지보상법 제78조에 의하면, 사업시행자가 공익사업의 시행으로 인하여 주거용 건축물을 제공함에 따라 생활의 근거를 상실하게 되는 이주대책대상자를 위하여 수립・실시하여야 하는 이주대책에는 이주정착지에 대한 도로 등 통상적인 수준의 생활기본시설이 포함되어야 하고, 이에 필요한 비용은 사업시행자가 부담하여야 한다. 위 규정 취지는 이주

대책대상자에게 생활의 근거를 마련해 주고자 하는 데 있으므로, '생활기본시설'은 구 주택법(2012.1.26. 법률 제11243호로 개정되기 전의 것, 이하 '구 주택법'이라고 한다) 제23조 등 관계 법령에 따라 주택건설사업이나 대지조성사업을 시행하는 사업주체가 설치하도록 되어 있는 도로와 상하수도시설 등 간선시설을 의미한다고 보아야 한다(위 2007다63089·63096 전원합의체 판결 참조). 그러나 광장은 토지보상법에서 정한 생활기본시설 항목이나 구 주택법에서 정한 간선시설 항목에 포함되어 있지 않으므로, 생활기본시설 항목이나 간선시설 항목에 해당하는 시설에 포함되거나 부속되어 그와 일체로 평가할 수 있는 경우와 같은 특별한 사정이 없는 한 생활기본시설에 해당하지 않는다. 따라서 일반 광장이나 생활기본시설에 해당하지 않는 고속국도에 부속된 교통광장과 같은 광역교통시설광장은 생활기본시설에 해당한다고 보기 어렵다(대판 2014.1.16, 2012다95301, 대판 2017.12.22, 2015다202292 등 참조).

또한 대도시권의 대규모 개발사업을 하는 과정에서 광역교통시설의 건설 및 개량에 소요되어 대도시권 내 택지 및 주택의 가치를 상승시키는 데에 드는 비용은 그 대도시권 내의 택지나 주택을 공급받는 이주대책대상자도 그에 따른 혜택을 누리게 된다는 점에서 생활기본시설 설치비용에 해당하지 않는다(대판 2013.12.26, 2012다83902 등 참조).

2) 원심판결 이유와 기록에 의하여 알 수 있는 사정들에 비추어 보면, 이 사건 32번 교통광장은 고속국도이자 둘 이상의 시도에 걸치는 광역도로인 구 서울외곽순환고속도로 교차지점 송파 IC 부분에 위치하여 부속되어 있고, 이 사건 사업 진행 과정에서 수립된 송파 IC 개선 등 광역교통개선대책에 따라 개량된 시설로서, 앞서 본 법리에 따라 생활기본시설에 해당하지 않는다고 볼 여지가 크다.

그런데도 원심은 이 사건 32번 교통광장이 고속국도에만 부속되어 있는 시설이 아니라 사업지구 내 주민들의 통행에 제공되는 도로들을 연결하는 교차점광장으로서 주민 통행을 위한 필수적인 시설이라고 단정함으로써 이를 생활기본시설에 해당한다고 판단하였다. 이러한 원심의 판단에는 생활기본시설의 범위에 관한 법리를 오해하고 필요한 심리를 다하지 않는 등으로 판결에 영향을 미친 잘못이 있다. 이를 지적하는 이 부분 상고이유 주장도 이유 있다.

3. 결론

그러므로 원심판결을 파기하고, 사건을 다시 심리·판단하도록 원심법원에 환송하기로 하여, 관여 대법관의 일치된 의견으로 주문과 같이 판결한다.

15. 이주대책 대상자 요건 상속[대판 2020.7.9, 2020두34841][이주자택지공급거부처분취소의소]

이주대책 수립대상 가옥에 관한 공동상속인 중 1인에 해당하는 공유자가 그 가옥에서 계속 거주하여 왔고 그가 사망한 이후 대상 가옥에 관하여 나머지 상속인들 사이에 상속재산분할협의가 이루어진 경우, 사망한 공유자가 이주대책대상자 선정 특례에 관한 한국토지주택공사의 '이주 및 생활대책 수립지침' 제8조 제2항 전문의 '종전의 소유자'에 해당하는지 여부(적극)

제2절 기출분석

기출문제

[손실보상] 손실보상의 내용 [제15회 제3문]

생활보상에 관하여 약술하시오. 20점

쟁점해설

생활보상문제는 과거에 기출되었으나 이후에도 계속 출제될 수 있는 논점이다.
생활보상에서 중요한 논점은 생활보상의 개념으로 광의설과 협의설에 따라 생활보상의 범위가 달라지기 때문이다. 또한 생활보상의 인정취지, 즉 헌법상 정당보상이 재산권 보상에 한정되는 것이 아니라 생활보상까지 확장된 개념으로 본다.

생활보상의 개념

1. 광의설

생활보상은 종전과 같은 유기체적인 생활상태로 보장해 주는 것으로 정의하고 있다.

2. 협의설

현재 해당 지역에서 누리고 있는 생활이익의 상실로서 재산권 보상으로써 메꾸어지지 않은 손실에 대한 보상으로 정의한다.

7회 문제 03

수몰민 보상 20점

댐건설로 인한 수몰민에 대한 보상규정으로 현행 생활보상규정의 내용을 서술하면 될 것이다.

(1) 의의 및 취지

생활보상이란 사업의 시행으로 생활의 근거를 상실하게 되는 피수용자의 생활재건을 위한 보상을 말한다. 이는 생활의 근거를 상실한 자에게 인간다운 생활을 할 수 있도록 마련된 제도이다.

(2) 생활보상의 범위

1) 학설

① 최광의설은 재산권 보장 및 일체의 손실을 생활보상의 범주로 본다. ② 광의설은 재산권의 객관적 가치 이외의 유기체적인 생활보상을 그 범위로 본다. ③ 협의설은 종전 생활에 대해 재산권 보상으로는 메워지지 않는 부분으로 보면서 재산권 보상과 부대적 손실을 제외한 나머지로 본다.

2) 판례

판례는 이주대책을 생활보상의 한 유형으로 판시한 바 있다.

3) 검토

재산권 보상의 범위를 넓히고 생활보상의 범위를 좁게 보는 것이 국민의 권리구제에 유리하므로 협의설이 타당하다고 본다.

(3) 생활보상의 근거

1) 이론적 근거

재산권 보장과 법의 목적인 정의, 공평의 원칙 및 생존권 보장 등을 종합적으로 그 이론적 근거로 봄이 타당하다.

2) 헌법적 근거

가. 학설

① 헌법 제23조설은 생활보상은 정당보상 범주에 해당된다고 한다. ② 헌법 제34조설은 인간다운 생활을 할 권리로 본다. ③ 결합설은 생존권적 기본권과 관련하여 정당보상의 내용으로 본다.

나. 판례

종전의 생활상태를 원상으로 회복시키면서 동시에 인간다운 생활을 보장하여 주기 위한 이른바 생활보상의 일환으로 국가의 적극적이고 정책적인 배려에 의하여 마련된 제도라 할 것이다.

다. 검토

어느 견해에 따르더라도 헌법적 근거를 갖으나 생활보상도 결국 정당보상의 실현 여부에 관심이 있는 것인바 결합설이 타당하다.

3) 개별법적 근거

토지보상법에서는 이주대책 및 간접보상규정 등을 규정하고 있으며, 이외에도 각 개별법률에서 생활보상적 내용을 규정하고 있다.

(4) 생활보상의 (헌법적)기준

생활보상은 완전한 보상이 되어야 하며 이때의 기준은 인간다운 생활을 영위할 수 있는 최소한의 수준이 될 것이다. 헌법재판소는 최소한의 물리적 수준을 의미한다고 판시한 바 있다.

(5) 생활보상의 성격 및 특색

① 생활보상은 이전 주거 수준의 회복이라는 점에서 존속보장적인 측면이 있고 원상회복적 성격을 갖는다.

② 생활보상은 대인보상에 비해 그 대상이 객관적이고, 대물보상에 비해 대상의 확장성을 갖는다. 또한 보상의 역사에 있어 최종단계의 보상성을 갖는다(수용이 없었던 것과 같은 상태 회복).

(6) 생활보상의 내용

① 주거의 총체적 가치보상

주거용 건축물 상실로 인한 총체적 가치의 보상으로 ㉠ 비준가격특례, ㉡ 최저보상액(600만원), ㉢ 재편입가산금, ㉣ 주거이전비를 들 수 있다.

② 생활재건조치

보상금이 피수용자 등의 생활재건을 위하여 가장 유효하게 사용될 수 있도록 하기 위한 각종 조치를 말한다. ㉠ 이주대책, ㉡ 대체지 알선, ㉢ 직업 훈련, ㉣ 고용 또는 알선, ㉤ 각종의 상담 등, ㉥ 보상금에 대한 조세감면 등이 있다.

③ 소수잔존자보상(이어 · 이농비보상 등)

소수잔존자보상이란 공공사업의 시행의 결과로 인하여 종전의 생활공동체로부터 분리되어 잔존자의 생활환경이 현저하게 불편하게 됨으로써 더 이상 그 지역에서 계속 생활하지 못하고 이주가 불가피하게 되는 경우에, 종전에 준하는 생활을 보장하여 주기 위하여 이전비 · 이사비 · 이농비 · 실농보상 · 실어보상 등을 지급하는 것을 말한다.

④ 이어 · 이농비보상

공익사업으로 이주해야 하는 농 · 어민에게 그 보상금이 일정금액 이하인 경우 가구원수에 따라 1년분의 평균생계비를 보상액과의 차액만큼 지급한다.

⑤ 기타생활보상

국가와 지방자치단체 이외의 자가 공공사업주체인 경우에 사실상 행하여지는 것으로 특산물보상, 사례금 등을 들 수 있다. 그리고 정신적 고통에 대한 보상으로서의 위자료를 인정하는 방향에서 보상이론을 구성하는 것도 하나의 과제이다.

기출문제

[손실보상] 손실보상의 내용 [제4회 제3문]

「공익사업을 위한 토지 등의 취득 및 보상에 관한 법률」이 규정하고 있는 생활보상적 성격을 지닌 보상에 대하여 설명하시오. 20점

쟁점해설

생활보상의 개념을 광의로 보는 견해는 그것을 주거총체가치의 보상, 소수잔존자보상, 이주대책 등 생활재건조치 등으로 구분하고 있다.
따라서 생활보상의 종류를 설명함에 있어서는 생활보상을 협의로 보는 경우와 광의로 보는 경우를 구분하여 설명하는 것이 좋다고 본다.

3회 문제 03

(2) 이주대책 10점

I 의의 및 취지

이주대책이란 주거용 건축물을 제공하여, 생활의 근거를 상실[2)]하는 자에게 종전생활을 유지시켜주는 일환으로 택지 및 주택을 공급하거나 이주정착금을 지급하는 것을 말한다. 개정된 토지보상법에서는 이주대책의 대상자를 주거용 건축물 제공자에서 공장부지 제공자까지 확대하여 국민의 권리구제를 두텁게 하고 있다.

II 근거

1. 이론적 근거

이주대책은 공공사업의 시행에 의하여 생활의 근거를 상실하는 자에게 종전의 생활상태를 원상으로 회복시키면서 동시에 인간다운 생활을 보장하여 주기 위한 이른바 생활보상의 일환으로 국가의 적극적이고 정책적인 배려에 의하여 마련된 제도이다.

2. 법적 근거

(1) **헌법적 근거**(생활보상의 법적 성격과 관련)

① 다수견해는(헌법 제23조 및 제34조 결합설) 정책배려로 마련된 생활보상의 일환이라고 한다. ② 소수견해는(제23조설) 정당보상범주 내의 손실보상의 일환이라고 한다. ③ 헌법재판소는 생활보호 차원의 시혜적 조치라고 한다. ④ 생각건대 생활보상의 근거는 생존권 보장인 점과, 손실보상의 근거는 헌법 제23조 제3항이므로 통합설이 타당하다.

(2) **개별법적 근거**

토지보상법 제78조에서는 주거용 건축물을 제공한 자에 대한 이주대책을 규정하고 있으며, 동법 제78조의2에서는 공장용 부지를 제공한 자에 대한 입주대책을 규정하고 있다. 이 외에도 각 개별법에서 사업의 특수성을 고려한 내용의 이주대책을 규정하고 있다.

---

2) 이주대책대상자에 해당하기 위해서는 토지보상법 제4조 각호의 어느 하나에 해당하는 공익사업의 시행으로 인하여 주거용 건축물을 제공함에 따라 생활의 근거를 상실하게 되어야 한다(대판 2019.7.25, 2017다278668). 주거환경개선사업으로 건설되는 주택에 관한 분양계약을 체결한 사람들은 이주대책 대상자에 해당하지 않는다(대판 2012.3.15, 2011다31393).

III 법적 성격

1. 생활보상

이주대책은 생활보호 차원의 시혜적인 조치로서 정책배려로 마련된 제도이다. 따라서 생활보상의 성격을 갖는다. 판례도 이주대책을 생활보상의 일환으로 보고 있다.

2. 공법상 관계인지

생활보상의 성격을 손실보상의 일환으로 보게 되면 이주대책도 공법상 관계로 볼 수 있다.

3. 강행규정

사업시행자의 이주대책 수립・실시의무를 규정하고 있는 토지보상법 제78조 제1항과 이주대책의 내용을 정하고 있는 같은 조 제4항 본문은 당사자의 합의 또는 사업시행자의 재량에 의하여 적용을 배제할 수 없는 강행규정이다(대판 2011.6.23, 2007다63089).

IV 요건 및 절차

1. 주거용 건축물

(1) 수립요건

토지보상법 시행령 제40조 제2항에서는 ① 조성토지가 없는 경우, ② 비용이 과다한 경우를 제외하고는, ③ 이주대책 대상이 10호 이상이 된다면 이주대책을 수립하도록 하고 있다.[3)]

(2) 절차

사업시행자는 해당 지역자치단체와 협의하여 이주대책 계획을 수립하고 이주대책대상자에게 통지한 후 이주대책의 신청 및 대상자확인결정을 통하여 분양절차를 마무리하게 된다.

(3) 대상자 요건(토지보상법 시행령 제40조 제5항)

① 허가를 받거나 신고를 하고 건축 또는 용도변경을 하여야 하는 건축물을 허가를 받지 아니하거나 신고를 하지 아니하고 건축 또는 용도변경을 한 건축물의 소유자, ② 해당 건축물에 공익사업을 따른 관계법령에 따른 고시 등이 있은 날부터 계약체결일 또는 수용재결일까지 계속하여 거주하고 있지 아니한 건축물의 소유자(질병으로 인한 요양, 징집으로 인한 입영, 공무, 취학, 해당 공익사업지구 내 타인이 소유하고 있는 건축물에의 거주, 그 밖에 이에 준하는 부득이한 사유로 인하여 거주하지 아니한 경우에는 그러하지 아니하다), ③ 타인이 소유하고 있는 건축물에 거주하는 세입자는 이주대책 대상자에서 제외된다. ④ 또한, 사업시행자는 법상 이주대책대상자가 아닌 자(세입도)도 이주대책대상자에 포함시킬 수 있다(대판 1994.2.22, 93누15120). ⑤ 소유자는 대외적인 소유권을 가진 자를 의미하는 것이 아니라 실질적인 처분권을 가진 자를 의미하는

---

3) 사업시행자가 '택지개발촉진법' 또는 '주택법' 등 관계법령에 의하여 이주대책대상자에게 택지 또는 주택을 공급한 경우에는 이주대책을 수립・실시한 것으로 보며, 이 경우에도 생활기본시설을 설치하여 이주대책대상자들에게 제공하여야 한다.

것으로 봄이 상당하고, 또한 건물등기부등본 이외의 다른 신빙성 있는 자료에 의하여 그와 같은 실질적인 처분권이 있음의 입증을 배제하는 것도 아니라고 할 것이다(대판 1999.8.20, 98두17043).

2. 공장

공장부지가 협의 수용됨으로 인하여 공장가동을 못하는 경우에는, 소유자가 희망하는 경우에 한하여 인근 산업단지에의 입주대책에 관한 계획을 수립해야 한다.

V 내용

1. 주거용

① 이주대책의 내용에 사업시행자의 재량이 인정된다고 봄이 다수견해이며, 판례도 '사업시행자는 특별공급주택의 수량, 특별공급대상자의 선정 등에 있어 재량을 가진다'고 판시한 바 있다.

② 생활기본시설이 포함된 이주정착지의 조성 및 공급을 내용으로 한다(사업시행자 비용부담원칙).

③ 택지개발촉진법 또는 주택법에 의하여 택지나 주택공급을 하면 이주대책수립에 의제된다.

④ 이주정착금은 보상대상인 주거용 건축물에 대한 평가액의 30퍼센트에 해당하는 금액으로 하되, 그 금액이 1천2백만원 미만인 경우에는 1천2백만원으로 하고, 2천4백만원을 초과하는 경우에는 2천4백만원으로 한다(시행규칙 제53조 제2항).

2. 공장

① 해당 공익사업지역 인근 지역에 개발된 산업단지가 있는 경우 해당 산업단지에의 우선분양을 알선한다.

② 해당 공익사업지역 인근 지역에 해당 사업시행자가 공장이주대책을 위한 별도의 산업단지를 조성하는 경우 그 산업단지의 조성 및 입주에 관한계획을 수립한다.

③ 해당 공익사업지역 안에 조성되는 공장용지의 우선분양 등의 이주대책 내용이 포함되어야 한다.

3. 사업시행자의 이주대책 내용에 대한 재량성 인정 여부

판례는 "공급할 택지 또는 주택의 내용이나 수량을 정할 수 있고, 이를 정하는 데 재량을 가지므로, 이를 위해 사업시행자가 설정한 기준은 그것이 객관적으로 합리적이 아니라거나 타당하지 않다고 볼 만한 다른 특별한 사정이 없는 한 존중되어야 한다"고 하여 재량성을 인정하고 있다(대판 2009.3.12, 2008두12610).

4. 이주대책수립자 및 이주대책대상자

이주대책을 수립하는 자는 사업시행자이고, 이주대책대상자는 ① 주거용 건축물을 제공함에 따라 생활의 근거를 상실하게 되는 자처럼 법령상 이주대책의 대상으로 하여야 하는 법령상 이주대책대상자, ② 법령상 대상자는 아니지만 세입자 등 임의로 이주대책대상자로 포함시키는 시혜적인 이주대책대상자가 있다.

5. 이주대책의 내용

이주대책의 내용은 법에 정해진 것을 제외하고는 사업시행자가 정한다. 실시될 수 있는 이주대책으로는 집단이주, 특별분양, 아파트 수분양권의 부여, 개발제한구역 내 주택건축허가, 대체상가・점포・건축용지의 분양, 이주정착금 지급, 생활안정지원금 지급, 직업훈련 및 취업알선, 대토 알선, 공장이전 알선 등이 있을 수 있다.

VI 권리구제

1. 이주대책계획수립에 대한 권리구제

(1) 이주대책계획수립청구권

토지보상법 시행령 제40조 제2항은 법상 예외가 인정되고 있는 경우를 제외하고는 사업시행자에게 이주대책을 실시할 의무만을 부여하고 있다고 보아야 하므로 이 법규정만으로는 법상의 이주대책대상자에게 특정한 이주대책을 청구할 권리는 발생하지 않지만 이주대책을 수립할 것을 청구할 권리는 갖는다고 보아야 한다.

> 토지보상법은 공익사업에 필요한 토지 등을 협의 또는 수용에 의하여 취득하거나 사용함에 대한 손실보상에 관한 사항을 규정함으로써 공익사업의 효율적인 수행을 통하여 공공복리의 증진과 재산권의 적정한 보호를 도모함을 목적으로 하고 있고, 이주대책은 공익사업의 시행에 필요한 토지 등을 제공함으로 인하여 생활의 근거를 상실하게 되는 이주대책대상자들에게 종전 생활상태를 원상으로 회복시키면서 동시에 인간다운 생활을 보장하여 주기 위하여 마련된 제도이므로, 사업시행자의 이주대책 수립・실시의무는 사업시행자의 재량에 의하여 적용을 배제할 수 없는 강행규정이다.

(2) 이주대책계획 미수립에 대한 권리구제

법상의 이주대책대상자가 이주대책계획의 수립을 청구하였음에도 불구하고 사업시행자가 이주대책을 수립하지 않는 경우에는 의무이행심판 또는 부작위위법확인소송을 제기할 수 있고, 이주대책수립을 거부한 경우에는 의무이행심판(또는 거부처분취소심판) 또는 거부처분취소소송을 제기할 수 있다고 보아야 한다.

2. 이주대책대상자 선정・결정에 대한 권리구제

(1) 수분양권의 의의

수분양권이란 이주자가 이주대책을 수립, 실시하는 사업시행자로부터 이주대책대상자로 확인, 결정을 받음으로서 취득하게 되는 택지나 아파트를 분양 받을 수 있는 권리를 말한다. 문제는 이주대책대상자에게 언제 수분양권 등 특정한 실체법상의 권리가 취득되는가 하는 것이다.

(2) 수분양권의 법적 성질 및 발생시기

1) 공법관계인지

이주대책의 수립 및 집행은 공행정사무로 보아야 하므로, 판례도 수분양권은 대상자 확인, 결정에 의해 취득하는 공법상 권리라고 한다.

2) 발생시기

(가) 학설

① 이주대책계획수립이전설(법상취득설)

토지보상법 제78조 및 동법 시행령 제40조의 요건을 충족하는 경우에 실체적 권리인 수분양권이 취득된다고 보는 견해이다(대법원 92다35783 전원합의체 판결에서 반대의견이 이 견해를 채택한 것으로 보인다).

② 이주대책계획수립시설

사업시행자가 이주대책에 관한 구체적인 계획을 수립하여 이를 해당 자에게 통지 내지 공고한 경우에 이것으로 이주자에게 수분양권이 취득된다고 보는 견해이다(대법원 92다35783 전원합의체 판결에서 반대의견에 대한 보충의견이 이 견해를 취한 것으로 보인다).

③ 확인 · 결정시설

이주대책계획 수립 후 이주자가 이주대책대상자 선정을 신청하고 사업시행자가 이를 받아들여 이주대책대상자로 확인 · 결정하여야 비로소 수분양권이 발생한다고 보는 견해이다.

(나) 판례

판례는 "이주대책에 정한 절차에 따라 사업시행자에게 이주대책대상자 선정신청을 하고 사업시행자가 이를 받아들여 이주대책대상자로 확인 · 결정하여야만 비로소 구체적인 수분양권이 발생한다"고 하여 확인 · 결정시설을 취하고 있다(대판 1994.5.24, 92다35783 全合).

(다) 검토

이주대책대상자의 경우 법상의 추상적인 이주대책권이 이주대책계획이 수립됨으로써 구체적 권리로 되는 것이므로 이주대책계획수립시설이 타당하다. 다만, 법상의 이주대책대상자가 아닌 이주자는 이주대책대상자 선정신청을 하고 사업시행자가 이를 받아들여 이주대책대상자로 확인 · 결정하여야 비로소 실체적인 권리를 취득한다고 보아야 한다.

(3) 권리구제 및 소송형식(항고소송 및 공법상 당사자소송)

1) 이주대책대상자 선정행위의 법적 성질

대법원 다수의견은 이주대책대상자로서 확인 · 결정을 받아야 수분양권이 발생한다고 하며, 대법원 반대의견은 이주대책수립에 의해 구체적으로 형성된 수분양권을 이주대책대상자 확인 · 결정을 통해 이행하는 것으로 본다. 따라서 어느 견해에 따르더라도 이주대책대상자 선정에 대한 거부는 이주대책대상자의 권익에 영향을 미치는 처분으로 볼 수 있다.

2) 권리구제 및 소송형식

(가) 판례와 같이 확인·결정시설을 취하는 경우

이주대책대상자 선정신청에 대한 거부는 거부처분이 되므로 이에 대하여 취소소송을 제기하고 부작위인 경우에는 부작위위법확인소송을 제기하여야 한다. 이주대책대상자 선정신청 및 이에 따른 확인·결정 등 절차를 밟지 아니하여 구체적인 수분양권을 아직 취득하지도 못한 상태에서 곧바로 분양의무의 주체를 상대방으로 하여 민사소송이나 공법상 당사자소송으로 이주대책상의 수분양권의 확인 등을 구하는 것은 허용될 수 없다.

(나) 이주대책계획수립이전설(법상취득설)을 취하는 경우

이주대책대상자 선정신청의 거부나 부작위에 대하여 행정쟁송을 제기할 수 있을 뿐만 아니라 구체적 이주대책계획에서 제외된 이주대책대상자는 자기 몫이 참칭 이주대책대상자에게 이미 분양되어 분양신청을 하더라도 거부할 것이 명백한 특수한 경우에는 이주대책대상자로서 분양을 받을 권리 또는 그 법률상 지위의 확인을 공법상 당사자소송으로 구할 수 있다고 보아야 한다.

(다) 이주대책계획수립시설을 취하는 경우

이주대책계획을 수립한 이후에는 이주대책대상자에서 제외된 이주대책대상자는 수분양권에 터잡은 분양신청을 하여 거부당한 경우에는 그 거부의 취소를 구하는 행정쟁송을 제기할 수 있을 것이다. 사업시행자가 실제로 이주대책계획을 수립하기 이전에는 이주자의 수분양권은 아직 추상적인 권리나 법률상의 지위 내지 이익에 불과한 것이어서 그 권리나 지위의 확인을 구할 수 없을 것이나, 이주대책계획을 수립한 이후에는 이주대책대상자의 추상적인 수분양권이 구체적 권리로 바뀌게 되므로 확인판결을 얻음으로써 분쟁이 해결되고 권리구제가 가능하여 그 확인소송이 권리구제에 유효적절한 수단이 될 수 있는 경우에는 당사자소송으로 수분양권 또는 그 법률상의 지위의 확인을 구할 수 있다고 보아야 한다.

기출문제

[손실보상] 손실보상의 내용 [제20회 제1문]

A시는 도시개발사업을 하면서 주거를 상실하는 주거자에 대한 이주대책을 수립하였다. 이주대책의 주요내용은 다음과 같다. 이를 근거로 다음 물음에 답하시오. 45점

- 기준일 이전부터 사업구역 내 자기 토지상 주택을 소유하고 협의계약 체결일까지 해당 주택에 계속 거주한 자가 보상에 합의하고 자진 이주한 경우 사업구역 내 분양아파트를 공급한다.
- 분양아파트를 공급받지 않은 이주자에게는 이주정착금을 지급한다.
- 무허가건축물대장에 등록된 건축물 소유자는 이주대책에서 제외한다.

(1) 이주대책의 이론적 및 헌법적 근거를 설명하시오. 5점

(2) 주택소유자 甲이 보상에 합의하고 자진 이주하지 아니한 경우에도 이주대책에 의한 분양아파트의 공급 혹은 이주정착금의 지급을 요구할 수 있는지의 여부를 검토하시오. 20점

(3) 무허가건축물대장에 등록되지 않은 건축물 소유자 乙이 해당 건축물이 무허가건축물이라는 이유로 이주대책에서 제외된 경우에 권리구제를 위하여 다툴 수 있는 근거와 소송방법에 관하여 검토하시오. 20점

설문 (1)의 해결

1. **이주대책의 의의 및 취지**
2. **이주대책의 이론적 근거**
3. **이주대책의 헌법적 근거**

설문 (2)의 해결

1. **문제의 소재**
2. **甲이 이주대책의 대상자인지 판단**
   (1) 이주대책대상자 요건
   (2) 甲이 이주대책대상자인지
3. **이주대책 수립내용의 구속성 검토**
   (1) 관련 판례의 태도(대판 2009.3.12, 2008두12610)
   (2) 수립내용의 구속성
   (3) 사안의 경우(특별한 사정의 유무판단)
4. **甲이 분양아파트 공급 및 이주정착금을 요구할 수 있는지**
   (1) 분양아파트의 공급 가능 여부
   (2) 이주정착금 지급을 요구할 수 있는지

설문 (3)의 해결
1. **문제의 소재**
2. **乙이 이주대책의 대상자인지**
   (1) 무허가건축물에 대한 부칙규정
   (2) 乙이 이주대책의 대상자인지
3. **乙이 다툴 수 있는 근거(수분양권의 발생시기 문제)**
   (1) 수분양권의 의의
   (2) 수분양권의 법적 성질
   (3) 수분양권의 발생시기
      1) 학설
         가. 이주대책계획수립이전설(법상취득설)
         나. 이주대책계획수립시설
         다. 확인·결정시설
      2) 판례
      3) 검토
4. **乙의 권리구제를 위한 소송방법**
   (1) 판례와 같이 확인·결정시설을 취하는 경우
   (2) 이주대책계획수립이전설(법상취득설)을 취하는 경우
   (3) 이주대책계획수립시설을 취하는 경우

쟁점해설

설문 (1)은 이주대책의 의의와 이론적, 헌법적 근거를 간략하게 적시하면 충분할 것으로 생각된다.

설문 (2)는 甲이 이주대책대상자에 해당하는지를 토지보상법 제78조 및 동법 시행령 제43조를 기준으로 살펴보고, 이주대책의 주요내용에 구속되는지를 최근 판례(대판 2009.3.12, 2008두12610)의 태도에 비추어 검토하여 해결하면 될 것이다.

설문 (3)에서 乙은 무허가건축물의 소유자이므로 이와 관련된 부칙규정(89.1.24)을 검토하여 乙이 이주대책대상자인지를 확인한다. 이주대책대상자에 해당한다면 권리구제를 위하여 수분양권의 권리가 인정되는지를 검토하고, 이주대책대상자에서 제외된 것을 대상으로 항고소송 및 확인소송이 가능한지를 적시하면 될 것이다.

예시답안

(설문 1)의 해결

1. 이주대책의 의의 및 취지

이주대책이란 주거용 건축물을 제공하여, 생활의 근거를 상실하는 자에게 종전생활을 유지시켜주는 일환으로 택지 및 주택을 공급하거나 이주정착금을 지급하는 것을 말한다. 개정된 토지보상법에서는 이주대책의 대상자를 주거용 건축물 제공자에서 공장부지 제공자까지 확대하여 국민의 권리구제를 두텁게 하고 있다.

2. 이주대책의 이론적 근거

이주자들에게 종전의 생활상태를 원상으로 회복시키면서 동시에 인간다운 생활을 보장하여 주기 위한 이른바 생활보상의 일환으로 국가의 적극적이고 정책적인 배려에 의하여 마련된 제도이다.

3. 이주대책의 헌법적 근거(생활보상의 법적 성격과 관련)

① 다수견해는(헌법 제23조 및 제34조 결합설) 정책배려로 마련된 생활보상의 일환이라고 한다. ② 소수견해는(제23조설) 정당보상 범주 내의 손실보상의 일환이라고 한다. ③ 헌법재판소는 생활보호차원의 시혜적 조치라고 한다. ④ 생각건대 생활보상의 근거는 생존권 보장인 점과, 손실보상의 근거는 헌법 제23조 제3항이므로 통합설이 타당하다.

[설문 2]의 해결

1. 문제의 소재

甲이 이주대책 수립내용을 따르지 않은 경우에 아파트 공급 및 이주정착금을 요구할 수 있는지가 문제된다. ① 甲이 이주대책대상자에 해당하는지를 살펴보고, ② 이주대책 수립내용의 구속성을 검토하여 사안을 해결한다.

2. 甲이 이주대책의 대상자인지 판단

(1) 이주대책대상자 요건(토지보상법 제78조 및 시행령 제40조)

주거용 건축물 제공, 무허가건축물이 아닐 것, 공고일부터 계약체결일 및 재결일까지 계속 거주할 것을 요건으로 규정하고 있다.

(2) 甲이 이주대책대상자인지

설문상 명확한 표현은 없으나, 甲이 적법한 주거용 건축물을 제공하고, 기준일 이전부터 협의계약체결일까지 계속 거주했다면 이주대책의 대상자로 볼 수 있을 것이다. 다만 이 경우에 사업시행자가 구체적으로 수립한 이주대책의 내용에 구속되는지 여부에 따라서 분양아파트를 공급받을 수가 있는지가 결정된다.

3. 이주대책 수립내용의 구속성 검토

(1) 관련 판례의 태도(대판 2009.3.12, 2008두12610)

판례는 사업시행자는 이주대책기준을 정하여 이주대책대상자 중에서 이주대책을 수립, 실시하여야 할 자를 선정하여 그들에게 공급할 택지 또는 주택의 내용이나 수량을 정할 수 있고, 이를 정하는 데 재량을 가지므로, 이를 위해 사업시행자가 결정한 기준은 그것이 객관적으로 합리적이 아니라거나 타당하지 않다고 볼 만한 다른 특별한 사정이 없는 한 존중되어야 한다.

(2) 수립내용의 구속성

판례의 태도에 비추어 볼 때, 사업의 원활한 진행이 가능한 범위 내에서 신속한 이주대책을 수립, 실시하여 공사익을 도모하여야 하는 것으로 볼 수 있다. 따라서 특별한 사정이 없는 한 사업시행자가 수립한 이주대책의 수립내용은 존중되어야 하므로 이주대책대상자를 구속한다고 볼 수 있다.

(3) 사안의 경우(특별한 사정의 유무판단)

설문에서는 해당 이주대책의 수립내용이 객관성을 결여하였거나 합리성이 결여되었다는 점이 없고, 타당하지 않다고 볼 만한 특별한 사정이 없는 것으로 보인다. 따라서 해당 수립내용은 이주대책대상자인 甲을 구속한다고 판단된다.

4. 甲이 분양아파트 공급 및 이주정착금을 요구할 수 있는지

(1) 분양아파트의 공급 가능 여부

A시는 분양아파트를 공급받기 위해서는 보상에 합의하고 자진 이주할 것을 주요내용으로 수립하였으며, 이는 특별한 사정이 없는 한 존중되어야 한다. 甲은 보상에 합의하였으나 자진 이주를 하지 않았으므로 분양아파트 공급대상자에 해당된다고 볼 수 없다.

(2) 이주정착금 지급을 요구할 수 있는지

甲은 토지보상법상의 이주대책대상자에 해당한다. 따라서 이주대책 수립내용상 분양아파트를 공급받지 않은 이주자에게는 이주정착금을 지급한다고 규정되어 있으므로 甲은 이주정착금의 지급을 요구할 수 있을 것이다.

(설문 3)의 해결

1. 문제의 소재

① 乙은 무허가건축물 소유자이므로 乙이 이주대책대상자에 해당되는지를 살펴보고, ② 만약 乙이 이주대책대상자에 해당함에도 불구하고 이주대책대상자에서 제외되었다면 이주대책대상자에서 제외됨을 이유로 다툴 수 있는 근거 및 소송방법과 관련하여 乙에게 수분양권이 발생했는지가 문제된다.

2. 乙이 이주대책의 대상자인지

(1) 무허가건축물에 대한 부칙규정

토지보상법 시행령 부칙 제6조에서는 89.1.24. 이전의 무허가건축물에 대해서는 이주대책의 대상에 포함된다고 규정하고 있다.

(2) 乙이 이주대책의 대상자인지

乙이 89.1.24. 이전에 무허가건축물을 건축한 경우라면 이주대책의 대상자에 포함된다. 따라서 乙은 이주대책대상자에서 제외된 것에 대하여 다툴 수 있는데, 이에 대한 법적 근거에 따라서 소송방법이 달라지므로 이하에서 구체적으로 검토한다.

3. 乙이 다툴 수 있는 근거(수분양권의 발생시기 문제)

(1) 수분양권의 의의

수분양권이란 이주자가 이주대책을 수립・실시하는 사업시행자로부터 이주대책대상자로 확인・결정을 받음으로써 취득하게 되는 택지나 아파트를 분양받을 수 있는 권리를 말한다. 문제는 이주대책대상자에게 언제 수분양권 등 특정한 실체법상의 권리가 취득되는가 하는 것이다.

(2) 수분양권의 법적 성질

이주대책이 공법적 성격을 가지므로 공법관계이고 판례도 수분양권은 대상자 확인・결정에 의해 취득하는 공법상 권리라고 한다.

(3) 수분양권의 발생시기

1) 학설

가. 이주대책계획수립이전설(법상취득설)

토지취득보상법 제78조 및 동법 시행령 제40조의 요건을 충족하는 경우에 실체적 권리인 수분양권이 취득된다고 보는 견해이다(대판 1994.5.24, 92다35783 全合에서 반대의견이 이 견해를 채택한 것으로 보인다).

나. 이주대책계획수립시설

사업시행자가 이주대책에 관한 구체적인 계획을 수립하여 이를 해당자에게 통지 내지 공고한 경우에 이것으로 이주자에게 수분양권이 취득된다고 보는 견해이다(대판 1994.5.24, 92다35783 全合에서 반대의견에 대한 보충의견이 이 견해를 취한 것으로 보인다).

다. 확인・결정시설

이주대책계획 수립 후 이주자가 이주대책대상자 선정을 신청하고 사업시행자가 이를 받아들여 이주대책대상자로 확인・결정하여야 비로소 수분양권이 발생한다고 보는 견해이다.

2) 판례

판례는 수분양권의 발생에 관하여 확인・결정시설을 취하고 있다(대판 1994.5.24, 92다35783 全合).

3) 검토

이주대책대상자의 경우 법상의 추상적인 이주대책권이 이주대책계획이 수립됨으로써 구체적 권리로 되는 것이므로 이주대책계획수립시설이 타당하다.

4. 乙의 권리구제를 위한 소송방법

(1) 판례와 같이 확인 · 결정시설을 취하는 경우

이주대책대상자 선정신청에 대한 거부는 거부처분이 되므로 이에 대하여 취소소송을 제기하고 부작위인 경우에는 부작위위법확인소송을 제기하여야 한다. 이주대책대상자 선정신청 및 이에 따른 확인 · 결정 등 절차를 밟지 아니하여 구체적인 수분양권을 아직 취득하지도 못한 상태에서 곧바로 분양의무의 주체를 상대방으로 하여 민사소송이나 공법상 당사자소송으로 이주대책상의 수분양권의 확인 등을 구하는 것은 허용될 수 없다.

(2) 이주대책계획수립이전설(법상취득설)을 취하는 경우

이주대책대상자 선정신청의 거부나 부작위에 대하여 행정쟁송을 제기할 수 있을 뿐만 아니라 구체적 이주대책계획에서 제외된 이주대책대상자는 자기 몫이 참칭 이주대책대상자에게 이미 분양되어 분양신청을 하더라도 거부할 것이 명백한 특수한 경우에는 이주대책대상자로서 분양을 받을 권리 또는 그 법률상 지위의 확인을 공법상 당사자소송으로 구할 수 있다고 보아야 한다.

(3) 이주대책계획수립시설을 취하는 경우

이주대책계획을 수립한 이후에는 이주대책대상자에서 제외된 이주대책대상자는 수분양권에 터잡은 분양신청을 하여 거부당한 경우에는 그 거부의 취소를 구하는 행정쟁송을 제기할 수 있을 것이다. 사업시행자가 실제로 이주대책계획을 수립하기 이전에는 이주자의 수분양권은 아직 추상적인 권리나 법률상의 지위 내지 이익에 불과한 것이어서 그 권리나 지위의 확인을 구할 수 없을 것이나, 이주대책계획을 수립한 이후에는 이주대책대상자의 추상적인 수분양권이 구체적 권리로 바뀌게 되므로 확인판결을 얻음으로써 분쟁이 해결되고 권리구제가 가능하여 그 확인소송이 권리구제에 유효적절한 수단이 될 수 있는 경우에는 당사자소송으로 수분양권 또는 그 법률상의 지위의 확인을 구할 수 있다고 보아야 한다.

*** 이주대책대상자의 확인 · 결정의 처분성 유무**

1. 형성처분설(특허)

   사업시행자가 하는 확인 · 결정은 곧 구체적인 이주대책상의 수분양권을 취득하기 위한 요건이 되는 행정작용으로서 처분이라고 한다. 따라서 이를 단순히 절차상의 필요에 따른 사실행위에 불과한 것으로 평가할 수 없다고 한다. 따라서 사업시행자의 확인 · 결정이라는 처분에 의해서 비로소 이주자에게 수분양권이라는 권리가 발생하는 것이므로 이를 형성처분으로 본다.

2. 이행처분설(확인)

   이주자가 이미 취득하고 있는 수분양권에 대해 그 의무를 이행한 일련의 이행처분에 불과하고 이는 이주자가 이미 취득하고 있는 수분양권을 구체화시켜주는 과정에 불과하다고 한다. 협의가 성립되거나 재결이 있고 이주대책 수립할 요건에 해당되면 토지보상법 제78조의 규정에 의해서 이주자는 수분양권을 가지게 되므로, 사업시행자의 확인 · 결정은 이주대책을 수립, 실시절차를 이행하기 위해서 발하게 되는 이행처분으로 본다.

3. 검토

어느 견해에 의하든 확인・결정의 처분성은 인정하게 된다. 그러나 수분양권은 법률규정에 의해서 직접발생하는 것으로 보는 것이 국민의 권리구제에 유리하므로 이행처분설이 타당하다.

[관련 판례]

대판 2009.3.12. 2008두12610[입주권확인]

[판시사항]

[1] 도시개발사업의 사업시행자가 이주대책기준을 정하여 이주대책대상자 가운데 이주대책을 수립・실시하여야 할 자를 선정하여 그들에게 공급할 택지 등을 정하는 데 재량을 가지는지 여부(적극)

[2] 도시개발사업의 사업시행자가 보상계획공고일을 기준으로 이주대책대상자를 정한 후, 협의계약 체결일 또는 수용재결일까지 당해 주택에 계속 거주하였는지 여부 등을 고려하여 이주대책을 수립・실시하여야 할 자를 선정하여 그들에게 공급할 아파트의 종류, 면적을 정한 이주대책기준을 근거로 한 입주권 공급대상자 결정처분에 재량권을 일탈・남용한 위법이 없다고 한 사례

[판결요지]

[1] (구)도시개발법(2007.4.11. 법률 제8376호로 개정되기 전의 것) 제23조, 공익사업을 위한 토지 등의 취득 및 보상에 관한 법률 제78조 제1항, 같은 법 시행령 제40조 제3항 제2호의 문언, 내용 및 입법 취지 등을 종합하여 보면, 위 시행령 제40조 제3항 제2호에서 말하는 '공익사업을 위한 관계 법령에 의한 고시 등이 있은 날'은 이주대책대상자와 아닌 자를 정하는 기준이지만, 나아가 사업시행자가 이주대책대상자 중에서 이주대책을 수립・실시하여야 할 자와 이주정착금을 지급하여야 할 자를 정하는 기준이 되는 것은 아니므로, 사업시행자는 이주대책기준을 정하여 이주대책대상자 중에서 이주대책을 수립・실시하여야 할 자를 선정하여 그들에게 공급할 택지 또는 주택의 내용이나 수량을 정할 수 있고, 이를 정하는 데 재량을 가지므로, 이를 위해 사업시행자가 설정한 기준은 그것이 객관적으로 합리적이 아니라거나 타당하지 않다고 볼 만한 다른 특별한 사정이 없는 한 존중되어야 한다.

[2] 도시개발사업의 사업시행자가 보상계획공고일을 기준으로 이주대책대상자를 정한 후, 협의계약 체결일 또는 수용재결일까지 당해 주택에 계속 거주하였는지 여부 등을 고려하여 이주대책을 수립・실시하여야 할 자를 선정하여 그들에게 공급할 아파트의 종류, 면적을 정한 이주대책기준을 근거로 한 입주권 공급대상자 결정처분에 재량권을 일탈・남용한 위법이 없다고 한 사례

28회 문제 02

도지사 A는 "X국가산업단지 내 국도대체우회도로 개설사업"(이하 '이 사건 개발사업'이라 함)의 실시계획을 승인・고시하고, 사업시행자로 B시장을 지정하였다. B시의 시장은 이 사건 개발사업을 시행함에 있어 사업시행으로 인하여 건물이 철거되는 이주대상자를 위한 이주대책을 수립하면서 훈령의 형식으로 'B시 이주민지원규정'을 마련하였다.
위 지원규정에서는 ① 이주대책대상자 선정과 관련하여, 「공익사업을 위한 토지 등의 취득 및 보상에 관한 법률」 및 그 시행령이 정하고 있는 이주대책대상자 요건 외에 '전세대원이 사업구역 내 주택 외 무주택'이라는 요건을 추가적으로 규정하는 한편, ② B시의 이주택지 지급 대상에 관하여, 과거 건축물양성화기준일 이전 건물의 거주자의 경우 소지가(조성되지 아니한 상태에서의 토지가격) 분양대상자로, 기준일 이후 건물의 거주자의 경우 일반우선 분양대상자로 구분하고 있는 바, 소지가 분양대상자의 경우 1세대당 상업용지 3평을 일반분양가로 추가 분양하도록 하고, 일반우선분양대상자의 경우 1세대 1필지 이주택지를 일반분양가로 우선분양할 수 있도록 하고 있다.
B시의 시장은 이주대책을 실시하면서 이 사건 개발사업 구역 내에 거주하는 甲과 乙에 대하여, 甲은 공익사업을 위한 토지 등의 취득 및 보상에 관한 법령이 정한 이주대책대상자에 해당됨에도 위 ①에서 정하는 요건을 이유로 이주대책대상자에서 배제하는 부적격 통보를 하였고, 소지가 분양대상자로 신청한 乙에 대해서는 위 지원규정을 적용하여 소지가 분양대상이 아닌 일반우선분양대상자로 선정하고, 이를 공고하였다. 다음 물음에 답하시오. [30점]

(2) 乙은 자신을 소지가 분양대상자가 아닌 일반우선분양대상자로 선정한 것은 위법하다고 보아 이를 소송으로 다투려고 한다. 乙이 제기하여야 하는 소송의 형식을 설명하시오. [15점]

(설문 2-2)의 해결

Ⅰ. 쟁점의 정리

Ⅱ. 수분양권의 발생시기
- 1. 수분양권의 의의
- 2. 수분양권의 법적 성질
- 3. 수분양권의 발생시기
  - (1) 학설
    - 1) 이주대책계획수립이전설(법상취득설)
    - 2) 이주대책계획수립시설
    - 3) 확인・결정시설
  - (2) 판례
  - (3) 검토

Ⅲ. 乙의 권리구제를 위한 소송방법
- 1. 판례와 같이 확인・결정시설을 취하는 경우
- 2. 이주대책계획수립이전설(법상취득설)을 취하는 경우
- 3. 이주대책계획수립시설을 취하는 경우

Ⅳ. 사안의 해결

예시답안

(설문 2-2)의 해결

I 쟁점의 정리

乙에 대한 일반우선분양대상자 선정행위는 소지가 분양대상자 신청에 대한 거부행위 및 부작위로 볼 수 있다. 수분양권의 발생시기를 검토하여 이에 대한 불복수단으로서 乙이 제기하여야 하는 소송의 형식을 설명한다.

II 수분양권의 발생시기

1. 수분양권의 의의

수분양권이란 이주자가 이주대책을 수립・실시하는 사업시행자로부터 이주대책대상자로 확인・결정을 받음으로서 취득하게 되는 택지나 아파트를 분양받을 수 있는 권리를 말한다. 문제는 이주대책대상자에게 언제 수분양권 등 특정한 실체법상의 권리가 취득되는가 하는 것이다.

2. 수분양권의 법적 성질

이주대책이 공법적 성격을 가지므로 공법관계이고, 판례도 수분양권은 대상자 확인・결정에 의해 취득하는 공법상 권리라고 한다.

3. 수분양권의 발생시기

(1) 학설

1) 이주대책계획수립이전설(법상취득설)

토지보상법 제78조 및 동법 시행령 제40조의 요건을 충족하는 경우에 실체적 권리인 수분양권이 취득된다고 보는 견해이다.

2) 이주대책계획수립시설

사업시행자가 이주대책에 관한 구체적인 계획을 수립하여 이를 해당자에게 통지 내지 공고한 경우에 이것으로 이주자에게 수분양권이 취득된다고 보는 견해이다.

3) 확인・결정시설

이주대책계획 수립 후 이주자가 이주대책대상자 선정을 신청하고 사업시행자가 이를 받아들여 이주대책대상자로 확인・결정하여야 비로소 수분양권이 발생한다고 보는 견해이다.

(2) 판례

판례는 수분양권의 발생에 관하여 확인・결정시설을 취하고 있다(대판 1994.5.24, 92다35783 全合).

(3) 검토

이주대책대상자의 경우 법상의 추상적인 이주대책권이 이주대책계획이 수립됨으로써 구체적 권리로 되는 것이므로 이주대책계획수립시설이 타당하다.

Ⅲ 乙의 권리구제를 위한 소송방법

1. 판례와 같이 확인·결정시설을 취하는 경우

이주대책대상자 선정신청에 대한 거부는 거부처분이 되므로 이에 대하여 취소소송을 제기하고 부작위인 경우에는 부작위위법확인소송을 제기하여야 한다.

2. 이주대책계획수립이전설(법상취득설)을 취하는 경우

이주대책대상자 선정신청의 거부나 부작위에 대하여 행정쟁송을 제기할 수 있을 뿐만 아니라 구체적 이주대책계획에서 제외된 이주대책대상자는 자기 몫이 참칭 이주대책대상자에게 이미 분양되어 분양신청을 하더라도 거부할 것이 명백한 특수한 경우에는 이주대책대상자로서 분양을 받을 권리 또는 그 법률상 지위의 확인을 공법상 당사자소송으로 구할 수 있다고 보아야 한다.

3. 이주대책계획수립시설을 취하는 경우

이주대책계획을 수립한 이후에는 이주대책대상자에서 제외된 이주대책대상자는 수분양권에 터잡은 분양신청을 하여 거부당한 경우에는 그 거부의 취소를 구하는 행정쟁송을 제기할 수 있을 것이다. 사업시행자가 실제로 이주대책계획을 수립하기 이전에는 이주자의 수분양권은 아직 추상적인 권리나 법률상의 지위 내지 이익에 불과한 것이어서 그 권리나 지위의 확인을 구할 수 없을 것이나, 이주대책계획을 수립한 이후에는 이주대책대상자의 추상적인 수분양권이 구체적 권리로 바뀌게 되므로 확인판결을 얻음으로써 분쟁이 해결되고 권리구제가 가능하여 그 확인소송이 권리구제에 유효 적절한 수단이 될 수 있는 경우에는 당사자소송으로 수분양권 또는 그 법률상의 지위의 확인을 구할 수 있다고 보아야 한다.

Ⅳ 사안의 해결

乙은 수분양권의 발생시기에 따라 항고소송 및 당사자소송을 제기할 수 있을 것이나, 판례의 다수의견에 따르면 항고소송만 가능할 것이다.

채점평

문제 2

(설문 1)은 훈령 형식을 통한 이주대상자의 권리제한이 법적으로 허용되는지 여부를 묻는 문제입니다. 법치행정의 원리, 특히 법률유보의 원칙상 국민의 권리를 제한하기 위해서는 법률 내지 적어도 법규명령상의 근거가 필요합니다. 따라서 사례상 문제가 된 훈령 형식의 규정의 법적 성질이 무엇인지가 핵심적 쟁점입니다. 그럼에도 상당수의 답안이 쟁점에 대한 정확한 파악이 없이, 이주대책의 성격을 장황하게 기술하거나 막연히 재량을 근거로 답안을 작성한 경우도 있었습니다.

(설문 2)는 분양대상자의 유형 선정에 대해 불복하기 위한 소송유형을 묻는 문제로서, 이 역시 행정소송의 기본체계 및 관련 판례의 입장을 이해하고 있으면 답안을 작성하기 평이한 문제라고 보입니다. 행정상 법률관계에 대한 소송 유형의 결정을 위해서는 기본적으로 그 법률관계가 공법관계인지 사법관계인지, 공법관계라면 부대등한 관계로서 항고소송의 대상인지 대등관계로서 당사자소송의 대상인지가 판단되어야 합니다. 특히 이주대책과 관련한 수분양권의 문제를 처분으로 이해하고 있는 판례의 입장을 알고 있다면 크게 어렵지 않았을 문제라 생각합니다.

Chapter

04 현황평가원칙

제1절 판례분석

01 현황평가원칙

1. 현황평가 기준

① 대판 1994.5.27, 93누23121

수용대상토지에 대한 표준지를 선정함에 있어서는 수용대상토지와 현실적 이용상황이 같은 표준지를 선정하여야 하되 이 경우 일시적인 이용상황은 이를 고려하여서는 아니되는 것인바, 수용대상토지는 원래 목욕탕 건물의 부지인데 기존의 목욕탕을 헐고 신축하는 과정에서 수용대상토지가 도시계획시설인 도로에 저촉되어 건물신축을 할 수 없는 관계로 부득이 인근 토지로 이전하여 신축하고 수용대상토지는 일시적으로 잡종지로 이용하였다면 수용대상토지의 현실이용상황은 대지로 봄이 상당하다.

② 대판 2000.2.8, 97누15845

토지수용재결 당시 채석지의 이용상황이 잡종지이기는 하지만 가까운 장래에 채석허가기간이 만료되어 훼손된 채석지에 대한 산림복구가 예정되어 있는 경우, 이에 대한 수용보상액은 그 공부상 지목에 따라 임야로서 평가하여야 한다고 한 사례

③ 대판 1994.4.12, 93누6904

토지가격의 평가를 함에 있어 공부상 지목과 실제 현황이 다른 경우에는 공부상 지목보다는 실제 현황을 기준으로 하여 평가하여야 함이 원칙이며, 평가대상 토지에 형질변경이 행하여지는 경우 형질변경행위가 완료되어 현황의 변경이 이루어졌다고 보이는 경우에는 비록 공부상 지목변경절차를 마치기 전이라고 하더라도 변경된 실제 현황을 기준으로 평가함이 상당하다.

④ 비상장주식의 인수로 인한 이익의 증여의제 당시 평가대상 토지의 용도지역은 경지지역 및 산림보존지역이었고 지목은 전 및 답이었으며, 그 현황은 공장설립공사를 진행중인 상태인 경우, 감정평가가 지가공시 및 토지 등의 평가에 관한 법률 등 관계 법령이 정한 감정평가의 기준에 따라 평가대상 토지와 용도지역 및 지목이 동일한 표준지를 선정한 뒤 여기에 공장부지로 전용가능한 형질변경허가를 얻은 토지라는 점을 개별요인으로 참작하여 평가대상 토지의 시가를 평가하고 그 평가기준과 방법을 감정평가서에 명시하였다면 이는 합리성과 적정성을 갖춘 감정평가라고 할 수 있다(대판 2000.3.24, 98두13942).

⑤ 당해 토지와 유사한 이용가치를 지닌다고 인정되는 표준지라 함은 공부상 지목과는 관계없이 현실적 이용상황이 같거나 유사한 표준지를 의미한다(대판 1993.5.25, 92누15215).

⑥ 토지가격의 평가를 함에 있어 공부상 지목과 실제 현황이 다른 경우에는 공부상 지목보다는 실제 현황을 기준으로 하여 평가하여야 함이 원칙이며, 평가대상 토지에 형질변경이 행하여지는 경우 형질변경행위가 완료되어 현황의 변경이 이루어졌다고 보여지는 경우에는 비록 공부상 지목변경절차를 마치기 전이라고 하더라도 변경된 실제 현황을 기준으로 평가함이 상당하다(대판 1994.4.12, 93누6904).

> 현황평가 원칙은 보상실무에서 중요하다. 지목과 현황이 일치하지 않는 경우의 대부분은 도로이다. 지목은 대, 전, 답이지만 현황이 도로인 경우 이를 어떻게 처리할 것인지가 중요하다.

2. 현황평가 시 개별요인 적용기준(대판 1997.3.14, 95누18482)

현황이 맹지인 토지에 대하여 계획도로가 지적・고시된 경우, 지적고시된 계획도로가 가까운 시일 내에 개설공사가 착공되리라는 점이 인정되지 않는 이상 그 토지가 도로에 접면한 토지라고는 볼 수 없으므로, 계획도로가 지적・고시되었다는 사유만으로 도로에 접면한 토지임을 전제로 개별토지가격을 산정한 것은 위법하다.

> 가까운 시일 내에 개설공사가 착공되리라는 점이 인정된다면 이를 반영할 수 있다.

02 공법상 제한

Ⅰ 당해 사업으로 인한 용도지역 변경 배제(대판 2007.7.12, 2006두11507)

[1] 공원조성사업의 시행을 직접 목적으로 일반주거지역에서 자연녹지지역으로 변경된 토지에 대한 수용보상액을 산정하는 경우, 그 대상 토지의 용도지역을 일반주거지역으로 하여 평가하여야 한다고 한 사례

[2] 수용보상액 산정을 위해 토지를 평가함에 있어 토지의 현재 상태가 산림으로서 사실상 개발이 어렵다는 사정이 개별요인의 비교 시에 이미 반영된 경우, 입목본수도가 높아 관계 법령상 토지의 개발이 제한된다는 점을 기타요인에서 다시 반영하는 것은 이미 반영한 사유를 중복하여 반영하는 것으로서 위법하다고 한 사례

[3] 한국감정평가업협회가 제정한 '토지보상평가지침'의 법적 성질 및 감정평가가 이에 반하여 이루어졌다는 사정만으로 위법하게 되는지 여부(소극)

[4] 도시계획구역 내에 있는 수용대상토지에 대한 표준지 선정 방법 : 수용대상토지가 도시계획구역 내에 있는 경우에는 그 용도지역이 토지의 가격형성에 미치는 영향을 고려하여 볼 때, 당해 토지와 같은 용도지역의 표준지가 있으면 다른 특별한 사정이 없는 한 용도지역이 같은 토지를 당해 토지에 적용할 표준지로 선정함이 상당하고, 가령 그 표준지와 당해 토지의 이용상황이나 주변환경 등에 다소 상이한 점이 있다 하더라도 이러한 점은 지역요인이나 개별요인의 분석 등 품등비교에서 참작하면 된다.

[5] 토지가격비준표가 토지수용에 따른 보상액 산정의 기준이 되는지 여부(소극)
건설교통부장관이 작성하여 관계 행정기관에 제공하는 지가형성요인에 관한 표준적인 비교표(토지가격비준표)는 개별토지가격을 산정하기 위한 자료로 제공되는 것으로, 토지수용에 따른 보상액 산정의 기준이 되는 것은 아니고 단지 참작자료에 불과할 뿐이라 할 것이다(대판 1999.1.29, 98두4641).

[6] 비교표준지와 수용대상토지에 대한 지역요인 및 개별요인 등 품등비교를 함에 있어서 현실적인 이용상황에 따른 비교수치 외에 공부상 지목에 따른 비교수치를 중복적용할 수 있는지 여부(소극)

[7] 토지수용보상액 산정에 있어 인근 유사토지의 정상거래가격이나 보상선례를 참작할 수 있는지 여부(한정 적극)

I-1 당해 공공사업의 시행을 직접 목적으로 하여 가하여진 경우

1. 대판 1989.7.11, 88누11797

공법상 제한을 받는 토지를 그 제한을 받지 않는 상태대로 평가하게 하고 있는 토지수용법 제46조 제1항, 공공용지의 취득 및 손실보상에 관한 특례법 시행규칙 제6조 제4항 소정의 '당해 공공사업의 시행을 직접목적으로 하여 가하여진 경우'란 도시계획시설로 결정고시된 토지가 당초의 목적사업에 편입수용되는 경우는 물론 당초의 목적사업과는 다른 목적의 공공사업에 편입수용되는 경우도 포함된다.

도시계획시설도로로 편입된 경우 이에 대한 행위제한이 가해지나, 당해 사업으로 인한 개별적 제한이므로 이러한 제한이 없는 것으로 평가하게 된다. 이후, 해당 토지가 택지사업에 편입된다면 도시계획시설도로로 지정된 것에 대한 제한은 없는 것으로 평가한다.

2. 대판 2000.4.21, 98두4504

도시계획변경결정에 의하여 용도지역이 생산녹지지역에서 준주거지역으로 변경된 토지를 택지개발예정지구로 지정하면서 지적승인 고시를 하지 않아 용도지역이 생산녹지지역으로 환원된 경우, 위 환원은 당해 공공사업인 택지개발사업의 시행을 직접 목적으로 하여 가하여진 제한에 해당하므로 용도지역을 준주거지역으로 하여 수용보상액을 평가하여야 한다고 한 사례

그런데 원심판결 이유에 의하면, 이 사건 토지 일대에 대하여 1991.12.31.자로 준주거지역으로 용도지역이 변경된 것은 이 사건 택지개발예정지구의 지정과 그에 이은 택지개발사업이 시행되기 이전에 이루어진 일반적 계획제한에 해당하므로 이를 전제로 하여 그 보상액을 평가함이 마땅하고, 그 후에 이루어진 피고 시 측의 신청에 따른 택지개발예정지구의 지정과 그로 인한 지적승인 고시의 미비로 용도지역이 환원된 경과 등 원심 판시와 같은 사정을 고려하여 보면, 이 사건 토지의 용도지역이 1994.1.1.자로 다시 생산녹지지역으로 되돌아가게 된 것은 오히려 당해 공공사업에 해당하는 이 사건 택지개발사업의 시행을 직접 목적으로 하여 가하여진 제한에 해당한다고 보아야 할 것이므로 이 사건 토지의 보상액 평가에 있어서 이를 고려할 수 없다고 할 것이다.

Ⅱ 비교표준지 선정 관련 판례(대판 2011.9.8, 2009두4340)

비교표준지는 특별한 사정이 없는 한 도시지역 내에서는 용도지역을 우선으로 하고, 도시지역 외에서는 현실적 이용상황에 따른 실제 지목을 우선으로 하여 선정해야 한다. 또한 수용대상토지가 도시지역 내에 있는 경우 용도지역이 같은 비교표준지가 여러 개 있을 때에는 현실적 이용상황, 공부상 지목, 주위환경, 위치 등의 제반 특성을 참작하여 자연적, 사회적 조건이 수용대상토지와 동일 또는 유사한 토지를 당해 토지에 적용할 비교표준지로 선정해야 하고, 마찬가지로 수용대상토지가 도시지역 외에 있는 경우 현실적 이용상황이 같은 비교표준지가 여러 개 있을 때에는 용도지역까지 동일한 비교표준지가 있다면 이를 당해 토지에 적용할 비교표준지로 선정해야 한다.

Ⅲ 공법상 제한의 배제 및 범위

1. 대판 1992.3.13, 91누4324

가. 공법상 제한을 받는 수용대상토지의 보상액을 산정함에 있어서는 그 공법상의 제한이 당해 공공사업의 시행을 직접목적으로 하여 가하여진 경우는 물론 당초의 목적사업과 다른 목적의 공공사업에 편입수용되는 경우에도 그 제한을 받지 아니하는 상태대로 평가하여야 할 것인바, 이와 같이 공공용지의 취득 및 손실보상에 관한 특례법 시행규칙 제6조 제4항 소정의 "당해 사업을 직접목적으로 공법상 제한이 가해진 경우"를 확장해석하는 이유가 사업변경 내지 고의적인 사전제한 등으로 인한 토지소유자의 불이익을 방지하기 위한 것이라는 점에 비추어 볼 때 수용대상토지의 보상액 평가 시 고려대상에서 배제하여야 할 당해 공공사업과 다른 목적의 공공사업으로 인한 공법상 제한의 범위는 그 제한이 구체적인 사업의 시행을 필요로 하는 것에 한정된다고 할 것이다.

나. 당해 공공사업의 시행 이전에 이미 도시계획법에 의한 고시 등으로 이용제한이 가하여진 상태인 경우에는 그 제한이 도시계획법 제2장 제2절의 규정에 의한 지역, 지구, 구역 등의 지정 또는 변경으로 인한 제한의 경우 그 자체로 제한목적이 완성되는 일반적 계획제한으로 보고 그러한 제한을 받는 상태 그대로 재결 당시의 토지의 형태 및 이용상황 등에 따라 평가한 가격을

기준으로 적정한 보상가액을 정하여야 하고, 도시계획법 제2조 제1항 제1호 나목에 의한 시설의 설치, 정비, 개량에 관한 계획결정으로서 도로, 광장, 공원, 녹지 등으로 고시되거나, 같은 호 다목 소정의 각종 사업에 관한 계획결정이 고시됨으로 인한 제한의 경우 구체적 사업이 수반되는 개별적 계획제한으로 보아 그러한 제한이 없는 것으로 평가하여야 한다고 하여 수용대상토지에 대하여 당해 공공사업의 시행 이전에 개발제한구역 지정으로 인한 제한은 그대로 고려하고 공원용지 지정으로 인한 제한은 고려하지 아니한 상태로 보상액을 평가하였음이 정당하다고 한 사례

일반적 제한은 반영하고 개별적 제한은 반영하지 않는다.

2. 대판 2005.2.18, 2003두14222

[1] 공법상의 제한을 받는 토지의 수용보상액을 산정함에 있어서는 그 공법상의 제한이 당해 공공사업의 시행을 직접 목적으로 하여 가하여진 경우에는 그 제한을 받지 아니하는 상태대로 평가하여야 할 것이지만, 공법상 제한이 당해 공공사업의 시행을 직접 목적으로 하여 가하여진 경우가 아니라면 그러한 제한을 받는 상태 그대로 평가하여야 하고, 그와 같은 제한이 당해 공공사업의 시행 이후에 가하여진 경우라고 하여 달리 볼 것은 아니다.

[2] 문화재보호구역의 확대 지정이 당해 공공사업인 택지개발사업의 시행을 직접 목적으로 하여 가하여진 것이 아님이 명백하므로 토지의 수용보상액은 그러한 공법상 제한을 받는 상태대로 평가하여야 한다고 한 사례

보상금 지급이 빨리 이루어 졌다면 공법상 제한이 없는 상태대로 평가될 수 있는 바, 이는 논란의 여지가 있다고 보인다.

3. 대판 1998.9.18, 98두4498

[판시사항]

수용대상토지의 보상액 평가 시 고려대상에서 배제하여야 할 당해 공공사업과 다른 목적의 공공사업으로 인한 공법상의 제한의 범위(= 개별적 계획제한) 및 공원용지 지정으로 인한 제한이 이에 해당하는지 여부(적극)

[판결요지]

공법상 제한을 받는 수용대상토지의 보상액을 산정함에 있어서는 그 공법상의 제한이 당해 공공사업의 시행을 직접 목적으로 가하여진 경우는 물론 당초의 목적사업과는 다른 목적의 공공사업에 편입수용되는 경우에도 그 제한을 받지 아니하는 상태대로 평가하여야 할 것인바, 이와 같이 공공용지의 취득 및 손실보상에 관한 특례법 시행규칙 제6조 제4항 소정의 '당해 공공사업의 시행을 직접 목적으

로 하여 가하여진 경우'를 확장해석하는 이유가 사업변경 내지 고의적인 사전제한 등으로 인한 토지소유자의 불이익을 방지하기 위한 것이라는 점에 비추어 볼 때, 수용대상토지의 보상액 평가 시 고려대상에서 배제하여야 할 당해 공공사업과 다른 목적의 공공사업으로 인한 공법상의 제한의 범위는 그 제한이 구체적인 사업의 시행을 필요로 하는 이른바 개별적 계획제한에 해당하는 것에 한정된다고 할 것이고, 공원용지 지정으로 인한 제한은 이러한 개별적 계획제한에 해당하는 것이다.

4. 대판 1991.6.28, 90누2970

당해 공공사업과 관계없이 이루어진 수용대상토지에 대한 자연녹지지역 지정이 위 사업의 시행으로 해제된 경우, 수용대상토지에 대한 손실보상액은 그 제한을 받는 상태대로 평가되어야 하는지 여부(적극)

Ⅳ 개발제한구역 지정의 헌법불합치 결정(헌재 1998.12.24, 89헌마214, 90헌바16, 97헌바78(병합))

[판시사항]

[1] 토지재산권의 사회적 의무성
[2] 개발제한구역(이른바 그린벨트) 지정으로 인한 토지재산권 제한의 성격과 한계
[3] 토지재산권의 사회적 제약의 한계를 정하는 기준
[4] 토지를 종전의 용도대로 사용할 수 있는 경우에 개발제한구역 지정으로 인한 지가의 하락이 토지재산권에 내재하는 사회적 제약의 범주에 속하는지 여부(적극)
[5] 도시계획법 제21조의 위헌 여부(적극)
[6] 헌법불합치결정을 하는 이유와 그 의미
[7] 보상입법의 의미 및 법적 성격

[판결요지]

[1] 헌법상의 재산권은 토지소유자가 이용가능한 모든 용도로 토지를 자유로이 최대한 사용할 권리나 가장 경제적 또는 효율적으로 사용할 수 있는 권리를 보장하는 것을 의미하지는 않는다. 입법자는 중요한 공익상의 이유로 토지를 일정 용도로 사용하는 권리를 제한할 수 있다. 따라서 토지의 개발이나 건축은 합헌적 법률로 정한 재산권의 내용과 한계 내에서만 가능한 것일 뿐만 아니라 토지재산권의 강한 사회성 내지는 공공성으로 말미암아 이에 대하여는 다른 재산권에 비하여 보다 강한 제한과 의무가 부과될 수 있다.

[2] 개발제한구역을 지정하여 그 안에서는 건축물의 건축 등을 할 수 없도록 하고 있는 도시계획법 제21조는 헌법 제23조 제1항, 제2항에 따라 토지재산권에 관한 권리와 의무를 일반・추상적으로 확정하는 규정으로서 재산권을 형성하는 규정인 동시에 공익적 요청에 따른 재산권의 사회적 제약을 구체화하는 규정인바, 토지재산권은 강한 사회성, 공공성을 지니고 있어 이에 대하여는 다른 재산권에 비하여 보다 강한 제한과 의무를 부과할 수 있으나, 그렇다고 하더라도 다른 기본권을 제한하는 입법과 마찬가지로 비례성원칙을 준수하여야 하고, 재산권의 본질적 내용인

사용・수익권과 처분권을 부인하여서는 아니된다.

[3] 개발제한구역 지정으로 인하여 토지를 종래의 목적으로도 사용할 수 없거나 또는 더 이상 법적으로 허용된 토지이용의 방법이 없기 때문에 실질적으로 토지의 사용・수익의 길이 없는 경우에는 토지소유자가 수인해야 하는 사회적 제약의 한계를 넘는 것으로 보아야 한다.

[4] 개발제한구역의 지정으로 인한 개발가능성의 소멸과 그에 따른 지가의 하락이나 지가상승률의 상대적 감소는 토지소유자가 감수해야 하는 사회적 제약의 범주에 속하는 것으로 보아야 한다. 자신의 토지를 장래에 건축이나 개발목적으로 사용할 수 있으리라는 기대가능성이나 신뢰 및 이에 따른 지가상승의 기회는 원칙적으로 재산권의 보호범위에 속하지 않는다. 구역지정 당시의 상태대로 토지를 사용・수익・처분할 수 있는 이상, 구역지정에 따른 단순한 토지이용의 제한은 원칙적으로 재산권에 내재하는 사회적 제약의 범주를 넘지 않는다.

[5] 도시계획법 제21조에 의한 재산권의 제한은 개발제한구역으로 지정된 토지를 원칙적으로 지정 당시의 지목과 토지현황에 의한 이용방법에 따라 사용할 수 있는 한, 재산권에 내재하는 사회적 제약을 비례의 원칙에 합치하게 합헌적으로 구체화한 것이라고 할 것이나, 종래의 지목과 토지현황에 의한 이용방법에 따른 토지의 사용도 할 수 없거나 실질적으로 사용・수익을 전혀 할 수 없는 예외적인 경우에도 아무런 보상없이 이를 감수하도록 하고 있는 한, 비례의 원칙에 위반되어 당해 토지소유자의 재산권을 과도하게 침해하는 것으로서 헌법에 위반된다.

[6] 도시계획법 제21조에 규정된 개발제한구역제도 그 자체는 원칙적으로 합헌적인 규정인데, 다만 개발제한구역의 지정으로 말미암아 일부 토지소유자에게 사회적 제약의 범위를 넘는 가혹한 부담이 발생하는 예외적인 경우에 대하여 보상규정을 두지 않은 것에 위헌성이 있는 것이고, 보상의 구체적 기준과 방법은 헌법재판소가 결정할 성질의 것이 아니라 광범위한 입법형성권을 가진 입법자가 입법 정책적으로 정할 사항이므로, 입법자가 보상입법을 마련함으로써 위헌적인 상태를 제거할 때까지 위 조항을 형식적으로 존속케 하기 위하여 헌법불합치결정을 하는 것인바, 입법자는 되도록 빠른 시일 내에 보상입법을 하여 위헌적 상태를 제거할 의무가 있고, 행정청은 보상입법이 마련되기 전에는 새로 개발제한구역을 지정하여서는 아니되며, 토지소유자는 보상입법을 기다려 그에 따른 권리행사를 할 수 있을 뿐 개발제한구역의 지정이나 그에 따른 토지재산권의 제한 그 자체의 효력을 다투거나 위 조항에 위반하여 행한 자신들의 행위의 정당성을 주장할 수는 없다.

[7] 입법자가 도시계획법 제21조를 통하여 국민의 재산권을 비례의 원칙에 부합하게 합헌적으로 제한하기 위해서는, 수인의 한계를 넘어 가혹한 부담이 발생하는 예외적인 경우에는 이를 완화하는 보상규정을 두어야 한다. 이러한 보상규정은 입법자가 헌법 제23조 제1항 및 제2항에 의하여 재산권의 내용을 구체적으로 형성하고 공공의 이익을 위하여 재산권을 제한하는 과정에서 이를 합헌적으로 규율하기 위하여 두어야 하는 규정이다. 재산권의 침해와 공익간의 비례성을 다시 회복하기 위한 방법은 헌법상 반드시 금전보상만을 해야 하는 것은 아니다. 입법자는 지정의 해제 또는 토지매수청구권제도와 같이 금전보상에 갈음하거나 기타 손실을 완화할 수 있는 제도를 보완하는 등 여러 가지 다른 방법을 사용할 수 있다.

V 용도지역 변경 고려 여부

1. 대판 2015.8.27, 2012두7950

[판시사항]

수용대상토지에 관하여 특정 시점에서 용도지역 등의 지정 또는 변경을 하지 않은 것이 특정 공익사업의 시행을 위한 것인 경우, 공익사업의 시행을 직접 목적으로 하는 제한으로 보아 용도지역 등의 지정 또는 변경이 이루어진 상태를 상정하여 토지가격을 평가해야 하는지 여부(적극) 및 특정 공익사업의 시행을 위하여 용도지역 등의 지정 또는 변경을 하지 않았다고 보기 위한 요건

[판결요지]

구 공익사업을 위한 토지 등의 취득 및 보상에 관한 법률 시행규칙(2012.1.2. 국토해양부령 제427호로 개정되기 전의 것) 제23조 제1항, 제2항의 규정 내용, 상호 관계와 입법 취지, 용도지역・지구・구역(이하 '용도지역 등'이라 한다)의 지정 또는 변경행위의 법적 성질과 사법심사의 범위, 용도지역 등이 토지의 가격형성에 미치는 영향의 중대성 및 공익사업을 위하여 취득하는 토지에 대한 보상액 산정을 위하여 토지가격을 평가할 때 일반적 계획제한에 해당하는 용도지역 등의 지정 또는 변경이라도 특정 공익사업의 시행을 위한 것이라면 당해 공익사업의 시행을 직접 목적으로 하는 제한이라고 보아야 하는 점 등을 종합적으로 고려하면, 어느 수용대상토지에 관하여 특정 시점에서 용도지역 등의 지정 또는 변경을 하지 않은 것이 특정 공익사업의 시행을 위한 것일 경우 이는 당해 공익사업의 시행을 직접 목적으로 하는 제한이라고 보아 용도지역 등의 지정 또는 변경이 이루어진 상태를 상정하여 토지가격을 평가하여야 한다. 여기에서 특정 공익사업의 시행을 위하여 용도지역 등의 지정 또는 변경을 하지 않았다고 볼 수 있으려면, 토지가 특정 공익사업에 제공된다는 사정을 배제할 경우 용도지역 등의 지정 또는 변경을 하지 않은 행위가 계획재량권의 일탈・남용에 해당함이 객관적으로 명백하여야만 한다.

2. 대판 2018.1.25, 2017두61799

[판시사항]

[1] 공법상 제한이 그 자체로 제한목적이 달성되는 일반적 계획제한으로서 구체적 도시계획사업과 직접 관련되지 아니한 때와 공법상 제한이 구체적 사업이 따르는 개별적 계획제한이거나, 일반적 계획제한에 해당하는 용도지역 등의 지정 또는 변경에 따른 제한이더라도 그 용도지역 등의 지정 또는 변경이 특정 공익사업의 시행을 위한 것일 때의 각 경우에 보상액 산정을 위한 토지의 평가 방법

[2] 수용대상토지에 관하여 특정 시점에서 용도지역 등을 지정 또는 변경을 하지 않은 것이 특정 공익사업의 시행을 위한 것인 경우, 공익사업의 시행을 직접 목적으로 하는 제한으로 보아 용도지역 등의 지정 또는 변경이 이루어진 상태를 상정하여 토지가격을 평가해야 하는지 여부(적극) 및 특정 공익사업의 시행을 위하여 용도지역 등을 지정 또는 변경을 하지 않았다고 보기 위한 요건

[3] 2개 이상의 토지 등에 대한 감정평가 방법 및 예외적으로 일괄평가가 허용되는 경우인 2개 이상의 토지 등이 '용도상 불가분의 관계'에 있다는 의미

[판결요지]

[1] 공익사업을 위한 토지 등의 취득 및 보상에 관한 법률과 그 시행규칙의 관련 규정에 의하면, 공법상 제한을 받는 토지에 대한 보상액을 산정할 때에 해당 공법상 제한이 구 도시계획법(2002.2.4. 법률 제6655호 국토의 계획 및 이용에 관한 법률 부칙 제2조로 폐지) 등에 따른 용도지역·지구·구역(이하 '용도지역 등'이라고 한다)의 지정 또는 변경과 같이 그 자체로 제한목적이 달성되는 일반적 계획제한으로서 구체적 도시계획사업과 직접 관련되지 아니한 경우에는 그러한 제한을 받는 상태 그대로 평가하여야 한다. 반면 도로·공원 등 특정 도시계획시설의 설치를 위한 계획결정과 같이 구체적 사업이 따르는 개별적 계획제한이거나, 일반적 계획제한에 해당하는 용도지역 등의 지정 또는 변경에 따른 제한이더라도 그 용도지역 등의 지정 또는 변경이 특정 공익사업의 시행을 위한 것일 때에는, 그 공익사업의 시행을 직접 목적으로 하는 제한으로 보아 그 제한을 받지 아니하는 상태를 상정하여 평가하여야 한다.

[2] 어느 수용대상토지에 관하여 특정 시점에서 용도지역·지구·구역(이하 '용도지역 등'이라고 한다)을 지정 또는 변경하지 않은 것이 특정 공익사업의 시행을 위한 것일 경우 이는 해당 공익사업의 시행을 직접 목적으로 하는 제한이라고 보아 용도지역 등의 지정 또는 변경이 이루어진 상태를 상정하여 토지가격을 평가하여야 한다. 여기에서 특정 공익사업의 시행을 위하여 용도지역 등을 지정 또는 변경하지 않았다고 볼 수 있으려면, 토지가 특정 공익사업에 제공된다는 사정을 배제할 경우 용도지역 등을 지정 또는 변경하지 않은 행위가 계획재량권의 일탈·남용에 해당함이 객관적으로 명백하여야만 한다.

[3] 2개 이상의 토지 등에 대한 감정평가는 개별평가를 원칙으로 하되, 예외적으로 2개 이상의 토지 등에 거래상 일체성 또는 용도상 불가분의 관계가 인정되는 경우에 일괄평가가 허용된다. 여기에서 '용도상 불가분의 관계'에 있다는 것은 일단의 토지로 이용되고 있는 상황이 사회적·경제적·행정적 측면에서 합리적이고 그 토지의 가치 형성적 측면에서도 타당하다고 인정되는 관계에 있는 경우를 뜻한다.

VI 일반적 제한과 개별적 제한의 구별(대판 2019.9.25, 2019두34982)

공법상 제한을 받는 토지에 대한 보상액을 산정할 때에 해당 공법상 제한이 구 도시계획법(2002.2.4. 법률 제6655호 국토의 계획 및 이용에 관한 법률 부칙 제2조로 폐지)에 따른 용도지역·지구·구역의 지정 또는 변경과 같이 그 자체로 제한목적이 달성되는 일반적 계획제한으로서 구체적 도시계획사업과 직접 관련되지 아니한 경우에는 그러한 제한을 받는 상태 그대로 평가하여야 하고, 도로·공원 등 특정 도시계획시설의 설치를 위한 계획결정과 같이 구체적 사업이 따르는 개별적 계획제한이거나 일반적 계획제한에 해당하는 용도지역·지구·구역의 지정 또는 변경에 따른 제한이더라도 그 용도지역·지구·구역의 지정 또는 변경이 특정 공익사업의 시행을 위한 것일 때

에는 당해 공익사업의 시행을 직접 목적으로 하는 제한으로 보아 위 제한을 받지 아니하는 상태를 상정하여 평가하여야 한다.

Ⅶ 기타

1. **도시계획법에 의한 개발제한구역의 지정은 공공사업과 관계없이 가해진 일반적 계획제한에 해당하므로, 공공사업의 시행에 따른 당해 토지의 정당한 수용보상액을 산정함에 있어서는, 그러한 제한이 있는 상태 그대로 평가하여야 한다**(대판 1997.6.24, 96누1313).

2. **공익사업의 사업시행자가 동일한 소유자에게 속하는 일단의 토지 중 일부를 취득하거나 사용하고 남은 잔여지에 현실적 이용상황 변경 또는 사용가치 및 교환가치의 하락 등이 발생하였으나 그 손실이 토지의 일부가 공익사업에 취득되거나 사용됨으로 인하여 발생한 것이 아닌 경우, 공익사업을 위한 토지 등의 취득 및 보상에 관한 법률 제73조 제1항 본문에 따른 잔여지 손실보상 대상에 해당하는지 여부**(원칙적 소극)(대판 2017.7.11, 2017두40860)

   잔여지의 손실, 즉 토지의 일부가 접도구역으로 지정·고시됨으로써 일정한 형질변경이나 건축행위가 금지되어 장래의 이용 가능성이나 거래의 용이성 등에 비추어 사용가치 및 교환가치가 하락하는 손실은, 고속도로를 건설하는 이 사건 공익사업에 원고들 소유의 일단의 토지 중 일부가 취득되거나 사용됨으로 인하여 발생한 것이 아니라, 그와 별도로 국토교통부장관이 이 사건 잔여지 일부를 접도구역으로 지정·고시한 조치에 기인한 것이므로, 원칙적으로 토지보상법 제73조 제1항에 따른 잔여지 손실보상의 대상에 해당하지 아니한다.

3. **택지개발계획의 시행을 위하여 용도지역이 녹지지역에서 도시지역으로 변경된 토지들에 대하여 그 이후 이 사업을 시행하기 위하여 이를 수용하였다면, 표준지의 선정이나 지가변동률의 적용, 품등비교 등 그 보상액 재결을 위한 평가를 함에 있어서는 용도지역의 변경을 고려함이 없이 평가하여야 할 것이다**(대판 1995.11.7, 94누13725).

4. **공법상 제한이 당해 공공사업의 시행을 직접 목적으로 하여 가하여진 경우가 아니라면 그러한 제한을 받는 상태 그대로 평가하여야 하고, 그와 같은 제한이 당해 공공사업의 시행 이후에 가하여진 경우라고 하여 달리 볼 것은 아니다**(대판 2005.2.18, 2003두14222).

5. **공원조성사업의 시행을 직접 목적으로 일반주거지역에서 자연녹지지역으로 변경된 토지에 대한 수용보상액을 산정하는 경우, 그 대상 토지의 용도지역을 일반주거지역으로 하여 평가하여야 한다**(대판 2007.7.12, 2006두11507).

6. **공법상 제한을 받는 수용대상토지의 보상액을 산정함에 있어서는 그 공법상의 제한이 당해 공공사업의 시행을 직접목적으로 하여 가하여진 경우는 물론 당초의 목적사업과 다른**

목적의 공공사업에 편입수용되는 경우에도 그 제한을 받지 아니하는 상태대로 평가하여야 할 것인바, 이와 같이 공공용지의 취득 및 손실보상에 관한 특례법 시행규칙 제6조 제4항 소정의 "당해 사업을 직접목적으로 공법상 제한이 가해진 경우"를 확장해석하는 이유가 사업변경 내지 고의적인 사전제한 등으로 인한 토지소유자의 불이익을 방지하기 위한 것이라는 점에 비추어 볼 때 수용대상토지의 보상액 평가 시 고려대상에서 배제하여야 할 당해 공공사업과 다른 목적의 공공사업으로 인한 공법상 제한의 범위는 그 제한이 구체적인 사업의 시행을 필요로 하는 것에 한정된다고 할 것이다(대판 1992.3.13, 91누4324).

7. **자연공원법에 의한 '자연공원 지정' 및 '공원용도지구계획에 따른 용도지구 지정'이 공익사업을 위한 토지 등의 취득 및 보상에 관한 법률 시행규칙 제23조 제1항 본문에서 정한 '일반적 계획제한'에 해당하는지 여부**(원칙적 적극)(대판 2019.9.25, 2019두34982)

8. **수용보상금 지급 청구**(대판 2012.5.24, 2012두1020)

[판시사항]

[1] 공법상 제한을 받는 토지의 보상평가 방법

[2] 관할 구청장이 공원조성사업을 위하여 수용한 甲 소유 토지에 대하여 녹지지역으로 지정된 상태로 평가한 감정결과에 따라 수용보상금을 결정한 사안에서, 공원 설치에 관한 도시계획결정은 개별적 계획제한이고, 제반 사정에 비추어 볼 때, 위 토지를 녹지지역으로 지정・변경한 것은 도시계획시설인 공원의 설치를 직접 목적으로 한 것이므로, 위 녹지지역의 지정・변경에 따른 공법상 제한은 위 토지에 대한 보상금을 평가할 때 고려 대상에서 배제되어야 한다는 이유로, 이와 달리 본 원심판결에 법리를 오해한 위법이 있다고 한 사례

[이유]

원심판결의 이유에 의하면, 이 사건 공원조성사업을 위하여 그 소유의 토지를 수용당한 원고가 수용보상금의 결정을 위한 감정평가와 관련하여 이 사건 토지에 대한 녹지지역 지정은 위 공원조성사업을 위한 것이므로 위 녹지지역 지정에 따른 제한을 배제한 상태로 평가하여야 한다고 주장한 데 대하여, 원심은 그 채택 증거를 종합하여 이 사건 토지에 도시계획시설로서 공원이 설치되게 된 경위와 연혁, 공원조성사업의 실시 경과, 이 사건 토지 및 인근 토지의 현황, 수용재결 및 제1심에서의 감정평가결과 등에 관한 판시사실을 인정한 다음, 아래와 같은 사정을 들어 이 사건 토지가 공원구역 내 토지로서 받는 공법상 제한은 위 공원조성사업 이전에 그와 관계없이 가하여진 일반적 계획제한에 해당할 뿐 그것이 이 사건 사업의 시행을 직접 목적으로 하여 가하여진 것으로 볼 수 없다고 판단하여 원고의 위 주장을 배척하였다.

즉 ① 이 사건 토지가 포함된 인천 부평구 갈산동 일대 토지는 1944.1.8. 총독부고시 제13호에 의하여 인천시가지계획공원으로 최초 결정된 점, ② 위 총독부고시에 의해 결정된 공원구역이 1963.1.4. 건설부고시 제202호에서 그대로 반영되어 공원구역의 변경 없이 유지되었고, 이후 공원

의 명칭・번호・면적의 변경만 있었을 뿐 이 사건 공원조성사업 시행 당시까지 이 사건 토지가 포함된 갈산근린공원이 공원구역으로 계속 유지되어 온 점, ③ 갈산근린공원에 편입된 토지 등의 소유자들은 1992.10.경 인천시의회에 갈산공원이 1944년 공원구역으로 최초 결정된 이래 48년이나 유지되어 사유재산을 묶어놓았으니 공원구역에서 해제해 달라는 청원을 한 점 등에 비추어 보면, 이 사건 토지가 녹지인 공원구역에 속하여 받는 공법상 제한은 위 공원조성사업 이전에 그와 관계없이 가하여진 일반적 계획제한에 해당한다는 것이다.

그러나 이러한 원심의 판단은 다음과 같은 이유로 수긍하기 어렵다.
공익사업을 위한 토지 등의 취득 및 보상에 관한 법률 시행규칙 제23조 제1항은 "공법상 제한을 받는 토지에 대하여는 제한받는 상태대로 평가한다. 다만 그 공법상 제한이 당해 공익사업의 시행을 직접 목적으로 하여 가하여진 경우에는 제한이 없는 상태를 상정하여 평가한다."고 규정하고 있다. 따라서 공법상 제한을 받는 토지에 대한 보상액을 산정할 때에 해당 공법상 제한이 구 도시계획법에 따른 용도지역・지구・구역의 지정 또는 변경과 같이 그 자체로 제한목적이 달성되는 일반적 계획제한으로서 구체적 도시계획사업과 직접 관련되지 아니한 경우에는 그러한 제한을 받는 상태 그대로 평가하여야 하지만, 도로・공원 등 특정 도시계획시설의 설치를 위한 계획결정과 같이 구체적 사업이 따르는 개별적 계획제한이거나 일반적 계획제한에 해당하는 용도지역・지구・구역의 지정 또는 변경에 따른 제한이더라도 그 용도지역・지구・구역의 지정 또는 변경이 특정 공익사업의 시행을 위한 것일 때에는 당해 공익사업의 시행을 직접 목적으로 하는 제한으로 보아 위 제한을 받지 아니하는 상태를 상정하여 평가하여야 한다(대판 1992.3.13, 91누4324, 대판 2007.7.12, 2006두11507 등 참조).
그렇다면 원심이 인정한 바와 같이 이 사건 토지를 포함한 인천 부평구 갈산동 일대가 1944.1.8. 총독부고시에 의하여 인천시가지계획공원으로 결정되고 이후 계속하여 위 공원의 설치에 관한 도시계획결정이 유지되어 왔다고 하더라도 이러한 공원 설치에 관한 도시계획결정은 위에서 본 개별적 계획제한에 지나지 않고, 또한 이 사건 토지가 위와 같은 도시계획공원의 구역 내에 속함으로써 구 도시계획법상 용도지역 가운데 녹지지역으로 지정・변경된 바 있다고 하더라도, 기록에 나타난 이 사건 토지 및 인근 토지의 연혁 및 현황, 특히 1965.10.19. 건설부고시 제1915호에 의하여 이 사건 토지가 주거지역으로 지정되었다가 공원 설치에 관한 도시계획을 이유로 다시 녹지지역으로 환원된 점 등에 비추어 보면 이러한 녹지지역으로의 지정・변경은 도시계획시설인 위 공원의 설치를 직접 목적으로 한 것임을 충분히 알 수 있으므로, 위 도시계획공원의 결정이나 녹지지역의 지정・변경에 따른 공법상 제한은 이 사건 토지에 관한 보상금을 평가할 때 고려의 대상에서 배제되어야 할 것이다.
그럼에도 원심은 그 판시와 같은 사정을 들어 이 사건 토지에 관한 도시계획공원의 결정 등에 따른 제한이 이 사건 공원조성사업과 무관하게 가하여진 일반적 계획제한에 해당한다는 이유로 이를 보상평가에 반영하여야 한다고 판단하였으니, 이러한 원심판결에는 공법상 제한을 받는 토지의 평가에 관한 법리를 오해하여 판결에 영향을 미친 위법이 있음이 명백하다.

그러므로 원심판결을 파기하고, 사건을 다시 심리・판단하도록 원심법원에 환송하기로 하여 관여 대법관의 일치된 의견으로 주문과 같이 판결한다.

9. 공법상 제한과 특별한 희생

대법원은 개발제한 구역 내 토지소유자의 불이익은 명백하나 공공복리를 위해 감수하지 않으면 안 될 것으로 보아 사회적 제약이라 판시하였다. 그러나 헌법재판소는 동일 사안에서 비례원칙을 근거로 토지를 종래 목적대로 사용할 수 없거나, 토지이용방법이 전혀 없는 경우 특별한 희생이라는 입장을 취한 바 있다.

03 무허가건축물부지 · 불법형질변경토지

I 무허가건축물 부지의 범위

1. 무허가건축물 부지의 범위(대판 2002.9.4, 2000두8325)

[1] 구 공공용지의 취득 및 손실보상에 관한 특례법 시행규칙(1995.1.7. 건설교통부령 제3호로 개정되기 전의 것) 제6조 제6항 소정의 '무허가건물 등의 부지'라 함은 당해 무허가건물 등의 용도 · 규모 등 제반 여건과 현실적인 이용상황을 감안하여 무허가건물 등의 사용 · 수익에 필요한 범위 내의 토지와 무허가건물 등의 용도에 따라 불가분적으로 사용되는 범위의 토지를 의미하는 것이라고 해석되고, 한편, 불법형질변경된 토지를 평가함에 있어서는, 1995.1.7. 건설교통부령 제3호로 개정된 같은법 시행규칙 제6조 제6항의 시행 이후에는 가격시점에 있어서의 현실적인 이용상황에 따른 평가원칙에 대한 예외로서, 그 형질변경시기가 위 같은법 시행규칙 제6조 제6항의 시행 전후를 불문하고 당해 토지가 형질변경이 될 당시의 이용상황을 상정하여 평가하여야 하며, 다만, 개정된 같은법 시행규칙 부칙 제4항에 의하여 그 시행 당시 이미 공공사업시행지구에 편입된 불법형질변경토지 등에 한하여 같은법 시행령 제2조의10 제2항에 따라 가격시점에서의 현실적인 이용상황(즉, 형질변경 이후의 이용상황)에 따라 평가하여야 하는 것으로 해석된다.

> 무허가건물 등의 부지라 함은 당해 무허가 건물 등의 용도 등 제반 여건과 현실적인 이용상황을 감안하여 판단하여야 하나, 그 면적은 시행규칙 부칙 제5조 제2항에 따라 무허가건축물등의 부지 면적은 「국토의 계획 및 이용에 관한 법률」 제77조에 따른 건폐율을 적용하여 산정한 면적을 초과할 수 없다.

[2] 무허가건물에 이르는 통로, 야적장, 마당, 비닐하우스 · 천막 부지, 컨테이너 · 자재적치장소, 주차장 등은 무허가건물의 부지가 아니라 불법으로 형질변경된 토지이고, 위 토지가 택지개발사업시행지구에 편입된 때로 보는 택지개발계획의 승인 · 고시가 1995.1.7. 개정된 공공용지의 취득 및 손실보상에 관한 특례법 시행규칙 제6조 제6항의 시행 이후에 있은 경우, 그 형질변경 당시의 이용상황인 전 또는 임야로 상정하여 평가하여야 한다고 한 사례

2. 무허가건축물관리대장에 건축물로 등재되어 있는 토지의 적법성(대판 2002.9.6, 2001두11236)

[판시사항]

무허가건축물관리대장에 건축물로 등재되어 있다고 하여 그 건축물이 적법한 절차를 밟아서 건축된 것이라거나 그 건축물의 부지가 적법하게 형질변경된 것으로 추정되는지 여부(소극)

[재판요지]

무허가건축물관리대장은 관할관청이 개발제한구역 안의 무허가건축물에 대한 관리차원에서 작성하는 것이므로, 위 대장의 작성목적, 작성형식, 관리상태 등에 비추어 거기에 건축물로 등재되어 있다고 하여 그 건축물이 적법한 절차를 밟아서 건축된 것이라거나 그 건축물의 부지가 적법하게 형질변경된 것으로 추정된다고 할 수 없다.

> 등재 시점에 따라서 89.1.24. 이전·이후를 판정하는 자료로 활용되기도 한다.

3. 사용승인이 요구되는지 여부(대판 2013.8.23, 2012두24900)

관할 행정청으로부터 건축허가를 받아 택지개발사업구역 안에 있는 토지 위에 주택을 신축하였으나 사용승인을 받지 않은 주택의 소유자 갑이 한국토지주택공사에 이주자택지 공급대상자 선정신청을 하였는데 위 주택이 사용승인을 받지 않았다는 이유로 한국토지주택공사가 이주자택지 공급대상자 제외 통보를 한 사안에서, 위 처분이 위법하다고 본 원심판단을 정당하다고 한 사례

II 불법형질변경토지

1. 불법형질변경 입증(대판 2012.4.26, 2011두2521 / 대판 2011.9.29, 2011두4299)

수용대상토지의 이용상황이 일시적이라거나 불법형질변경토지라는 이유로 본래의 이용상황 또는 형질변경 당시의 이용상황에 의한 보상액 산정방법을 적용하는 경우, 수용대상토지가 불법형질변경토지라는 사실에 관한 증명책임자 및 수용대상토지가 불법형질변경토지에 해당한다고 인정하기 위한 증명의 정도

[1] 공익사업을 위한 토지 등의 취득 및 보상에 관한 법률 제70조 제2항, 제6항, 공익사업을 위한 토지 등의 취득 및 보상에 관한 법률 시행규칙 제24조에 의하면 토지에 대한 보상액은 현실적인 이용상황에 따라 산정하는 것이 원칙이므로, 수용대상토지의 이용상황이 일시적이라거나 불법형질변경토지라는 이유로 본래의 이용상황 또는 형질변경 당시의 이용상황에 의하여 보상액을 산정하기 위해서는 그와 같은 예외적인 보상액 산정방법의 적용을 주장하는 쪽에서 수용대상토지가 불법형질변경토지임을 증명해야 한다. 그리고 수용대상토지가 불법형질변경토지에 해당한다고 인정하기 위해서는 단순히 수용대상토지의 형질이 공부상 지목과 다르다는 점만으로는 부족하고, 수용대상토지의 형질변경 당시 관계 법령에 의한 허가 또는 신고의무가 존재하였고 그럼에도 허가를 받거나 신고를 하지 않은 채 형질변경이 이루어졌다는 점이 증명되어야 한다.

[2] 국민임대주택단지 조성사업 시행자가 현실적 이용상황이 과수원인 갑의 토지가 불법적으로 형질변경된 것이라고 하여 개간 전 상태인 임야로 보고 평가한 재결감정 결과에 따라 손실보상액을 산정한 사안에서, 과수원으로 개간되던 당시 시행되던 법령에 따라 위 토지가 보안림에 속하거나 경사 20도 이상 임야의 화전경작에 해당하여 개간이 허가 대상이라는 점을 사업시행자가 증명해야 하는데, 그에 관한 아무런 증명이 없고, 벌채만으로는 절토, 성토, 정지 등으로 토지의 형상을 변경하는 형질변경이 된다고 할 수 없으므로 개간 과정에서 나무의 벌채가 수반되고 벌채에 필요한 허가나 신고가 없었다고 하여 불법형질변경토지라고 할 수 없다는 이유로 위 토지가 불법형질변경토지라는 사업시행자의 주장을 배척한 원심판단을 정당하다고 한 사례

> 결국 사업시행자가 허가 또는 신고의무의 존재여부와 무허가 또는 무신고임을 증명하여야 한다.

2. 경작을 위한 토지의 형질변경의 의미(대판 2008.5.8, 2007도4598)

[1] 국토의 계획 및 이용에 관한 법률 및 그 시행령상 허가 없이 시행할 수 있는 행위인 '경작을 위한 토지의 형질변경'의 의미 및 경작의 의도로 이루어진 성토행위로 토지의 근본적인 기능이 변경・훼손된 경우도 이에 해당하는지 여부(소극)

[2] 경작을 목적으로 약 11,166㎡ 면적의 유지를 1m 정도의 높이로 매립・성토하여 농지로 조성한 행위가, 국토의 계획 및 이용에 관한 법률 및 그 시행령상 허가 없이 시행할 수 있는 행위인 '경작을 위한 토지의 형질변경'에 해당하지 아니한다고 한 사례

3. 행위제한일 이전에 건축허가 등을 받았으나 택지개발지구 지정 및 고시일 이후에 공사에 착공한 경우 현실적인 이용상황에 대한 판단(대판 2007.4.12, 2006두18492)

[판시사항]

[1] 구 택지개발촉진법 제6조 제1항 단서에서 정한 '예정지구의 지정・고시 당시에 공사 또는 사업에 착수한 자'의 의미 및 예정지구의 지정・고시로 인하여 건축허가가 효력을 상실한 후에 공사에 착수하여 공사가 진척된 토지에 대한 보상액을 산정함에 있어서 그 이용현황의 평가 방법

[2] 공익사업을 위한 토지 등의 취득 및 보상에 관한 법률 시행규칙 제26조 제2항 제1호, 제2호에서 정한 '도로개설 당시의 토지소유자가 자기 토지의 편익을 위하여 스스로 설치한 도로' 및 '토지소유자가 그 의사에 의하여 타인의 통행을 제한할 수 없는 도로'의 판단 기준

[판결요지]

[1] 구 택지개발촉진법(2002.2.4. 법률 제6655호로 개정되기 전의 것) 제6조 제1항 단서에서 규정하는 '예정지구의 지정・고시 당시에 공사 또는 사업에 착수한 자'라 함은 예정지구의 지정・고시 당시 구 택지개발촉진법 시행령(2006.6.7. 대통령령 제19503호로 개정되기 전의 것) 제6조 제1항에 열거되어 있는 행위에 착수한 자를 의미하는 것이고 그러한 행위를 하기 위한 준비행위를 한 자까지 포함하는 것은 아니라고 할 것이며, 같은 법 제6조 제1항 본문에 의하면, 건축

법 등에 따른 건축허가를 받은 자가 택지개발 예정지구의 지정・고시일까지 건축행위에 착수하지 아니하였으면 종전의 건축허가는 예정지구의 지정・고시에 의하여 그 효력을 상실하였다고 보아야 할 것이어서, 이후 건축행위에 착수하여 행하여진 공사 부분은 택지개발촉진법 제6조 제2항의 원상회복의 대상이 되는 것이므로, 예정지구의 지정・고시 이후 공사에 착수하여 공사가 진척되었다고 하더라도 당해 토지에 대한 보상액을 산정함에 있어서 그 이용현황을 수용재결일 당시의 현황대로 평가할 수는 없고, 구 공익사업을 위한 토지 등의 취득 및 보상에 관한 법률 시행규칙(2005.2.5. 건설교통부령 제424호로 개정되기 전의 것) 제24조에 따라 공사에 착수하기 전의 이용상황을 상정하여 평가하여야 한다.

토지보상법 제25조에서도 토지보존의무를 부과하고 있으므로, 사업인정 고시 전에 건축허가를 받았다 하더라도 아무런 공사에 착수하지 않은 이상 사업인정 이후에 다시 허가 등을 받아야 한다.

[2] 구 공익사업을 위한 토지 등의 취득 및 보상에 관한 법률 시행규칙(2005.2.5. 건설교통부령 제424호로 개정되기 전의 것) 제26조 제1항 제2호, 제2항 제1호, 제2호는 사도법에 의한 사도 외의 도로(국토의 계획 및 이용에 관한 법률에 의한 도시관리계획에 의하여 도로로 결정된 후부터 도로로 사용되고 있는 것을 제외한다)로서 '도로개설 당시의 토지소유자가 자기 토지의 편익을 위하여 스스로 설치한 도로'와 '토지소유자가 그 의사에 의하여 타인의 통행을 제한할 수 없는 도로'는 '사실상의 사도'로서 인근 토지에 대한 평가액의 1/3 이내로 평가하도록 규정하고 있는데, 여기서 '도로개설 당시의 토지소유자가 자기 토지의 편익을 위하여 스스로 설치한 도로'인지 여부는 인접토지의 획지면적, 소유관계, 이용상태 등이나 개설경위, 목적, 주위환경 등에 의하여 객관적으로 판단하여야 하고, '토지소유자가 그 의사에 의하여 타인의 통행을 제한할 수 없는 도로'에는 법률상 소유권을 행사하여 통행을 제한할 수 없는 경우뿐만 아니라 사실상 통행을 제한하는 것이 곤란하다고 보이는 경우도 해당한다고 할 것이나, 적어도 도로로의 이용상황이 고착화되어 당해 토지의 표준적 이용상황으로 원상회복하는 것이 용이하지 않은 상태에 이르러야 할 것이어서 단순히 당해 토지가 불특정 다수인의 통행에 장기간 제공되어 왔고 이를 소유자가 용인하여 왔다는 사정만으로는 사실상의 도로에 해당한다고 할 수 없다.

실무상 자기편익을 위해 스스로 개설했음을 인정하는 경우는 많지 않다. 또한 장기간 타인통행을 방치하는 사이 소유자의 동의 없이 해당 지자체가 포장한 경우는 더더욱 자기편익을 위한 것으로 인정하기 어려울 것이다. 타인통행을 제한할 수 없는 경우에 해당하기 위해서는, 적어도 도로로의 이용상황이 고착화되어 당해 토지의 표준적 이용상황으로 원상회복하는 것이 용이하지 않은 상태에 이르러야 하는데, 물리적으로 포장도로를 종래 지목대로 환원시키는 것은 크게 어렵지 않다. 따라서 이러한 판단에 있어서는 신중을 기하여야 할 것이다.

4. 1995.1.7. 이전에 도시계획시설(공원)부지로 결정고시된 불법형질변경 토지에 대한 평가방법
[대판 2005.5.12, 2003두9565]

구 「공공용지의 취득 및 손실보상에 관한 특례법 시행규칙」(1995.1.7. 건설교통부령 제3호로 개정된 것) 부칙 제4항에 의하여 그 시행일인 1995.1.7. 이전에 도시계획시설(공원)의 부지로 결정・고시된 불법형질변경 토지에 대하여는 형질변경이 될 당시의 토지이용상황을 상정하여 평가하도록 한 같은 법 시행규칙 제6조 제6항을 적용할 수 없으므로 수용재결 당시의 현실적인 이용상황에 따라 평가되어야 할 것이나, 그 주위환경의 사정으로 보아 그 이용방법이 임시적인 것이라면 이는 일시적인 이용상황에 불과하므로 그 토지를 평가함에 있어서 고려할 사항이 아니다.

5. 법률불소급의 원칙에 반하는지 여부[대판 2002.2.8, 2001두7121]

[판시사항]

공공용지의 취득 및 손실보상에 관한 특례법 시행규칙 제6조 제6항이 모법의 위임 범위를 벗어나거나 위 부칙 제4항이 법률불소급의 원칙에 반하는지 여부(소극)

[판결요지]

공공용지의 취득 및 손실보상에 관한 특례법 시행령에는 비록 토지의 구체적 상황에 따른 평가방법에 관하여 건설교통부령에 위임한다는 명문의 규정을 두고 있지는 아니하나, 공공용지의 취득 및 손실보상에 관한 특례법(이하 '특례법'이라 한다) 제4조 제2항 제1호, 특례법 시행령 제2조의10 제1항, 제2항은 토지의 일반적 이용방법에 의한 객관적 상황을 기준으로 하되 일시적 이용상황을 고려하지 아니하고 산정함으로써 적정가격으로 보상액을 산정하여야 한다는 원칙을 정하고 있는바, 불법으로 형질변경된 토지에 대하여는 관계 법령에서 원상회복을 명할 수 있고, 허가 등을 받음이 없이 형질변경행위를 한 자에 대하여는 형사처벌을 할 수 있음에도, 그러한 토지에 대하여 형질변경된 상태에 따라 상승된 가치로 평가한다면, 위법행위로 조성된 부가가치 등을 인정하는 결과를 초래하여 '적정보상'의 원칙이 훼손될 우려가 있으므로, 이와 같은 부당한 결과를 방지하기 위하여 불법으로 형질변경된 토지에 대하여는 특별히 형질변경될 당시의 이용상황을 상정하여 평가함으로써 그 '적정가격'을 초과하는 부분을 배제하려는 것이 특례법 시행규칙(1995.1.7. 건설교통부령 제3호로 개정된 것) 제6조 제6항의 규정 취지라고 이해되고, 따라서 위 규정은 모법인 특례법 제4조 제2항 제1호, 특례법 시행령 제2조의10 제1항, 제2항에 근거를 두고, 그 규정이 예정하고 있는 범위 내에서 토지의 적정한 산정방법을 구체화・명확화한 것이지, 모법의 위임 없이 특례법 및 같은법 시행령이 예정하고 있지 아니한 토지의 산정방법을 국민에게 불리하게 변경하는 규정은 아니라고 할 것이므로 모법에 위반된다고 할 수 없으며, 또한 특수한 토지에 대한 평가기준을 정하고 있는 특례법 시행규칙 제6조 제6항의 적용 여부는 평가의 기준시점에 따라 결정되므로, 비록 개정된 특례법 시행규칙 제6조 제6항이 시행되기 전에 이미 불법으로 형질변경된 토지라 하더라도, 위 개정 조항이 시행된 후에 공공사업시행지구에 편입되었다면 개정 조항을 적용하여야 하고, 부칙(1995.1.7.) 제4항에서 위 개정 조항 시행 당시 공공사업시행지구에 편입된 불법형질변경토지만 종전의 규정을 적용하도록 하였다 하여, 이를 들어 소급입법이라거나 헌법 제13조 제2항이 정하고 있는 법률불소급의 원칙에 반한다고 할 수 없다.

6. 도시계획시설이 설치될 토지의 보상규정(대판 2000.12.8, 99두9957)

[1] 도로 등 도시계획시설의 도시계획결정고시 및 지적고시도면의 승인고시는 도시계획시설이 설치될 토지의 위치, 면적과 그 행사가 제한되는 권리내용 등을 구체적, 개별적으로 확정하는 처분이고 이 경우 그 도시계획에 포함된 토지의 소유자들은 당시의 관련 법령이 정한 보상기준에 대하여 보호할 가치가 있는 신뢰를 지니게 된다 할 것이므로, 그 고시로써 당해 토지가 구 공공용지의 취득 및 손실보상에 관한 특례법 시행규칙(1995.1.7. 건설교통부령 제3호로 개정되어 1997.10.15. 건설교통부령 제121호로 개정되기 전의 것) 부칙(1995.1.7.) 제4항이 정한 '공공사업시행지구'에 편입된다고 보아야 할 것이고, 따라서 위 부칙 제4항에 의하여 위 시행규칙 시행일인 1995.1.7. 이전에 도시계획시설(도로)의 부지로 결정·고시된 불법형질변경 토지에 대하여는 형질변경이 될 당시의 토지이용상황을 상정하여 평가하도록 규정한 위 시행규칙 제6조 제6항을 적용할 수 없다.

[2] 수용대상토지의 무단형질변경의 경위와 방법, 관할구청의 원상회복명령이 있을 경우 쉽사리 원상회복이 가능한 점 등에 비추어 수용대상토지의 이용상황이 공공용지의 취득 및 손실보상에 관한 특례법 시행령 제2조의10 제2항 소정의 '일시적인 이용상황'에 불과하다고 한 사례

7. 형질변경의 범위(대판 1991.11.26, 91도2234)

[1] 도시계획법 제21조 제1항에 의하여 개발제한구역을 지정하는 목적은 주로 도시민의 건전한 생활환경을 확보하기 위한 환경보전의 필요에 있으므로 개발제한구역 안에서 허가를 받지 않으면 안되는 형질변경의 범위도 널리 해석할 필요가 있다 할 것이어서 같은 조 제2항의 형질변경이라 함은 토지의 형상을 일시적이 아닌 방법으로 변경하는 행위를 포괄적으로 가리키는 것이라고 보아야 한다.

[2] 개발제한구역 내의 잡종지를 장기간 임차하여 모래 등을 수십 톤 쌓아놓고 중기와 트럭을 이용하여 이를 운반하는 등 모래야적장으로 사용하는 과정에서 종래의 토지의 형상이 운동장처럼 변하여 원상회복이 어려운 상태에 있다면 위 '[1]'항의 형질변경에 해당한다고 본 사례

8. 형질변경 요건 중 준공검사나 지목변경이 수반되는지 여부(대판 2013.6.13, 2012두300)

[1] 토지의 형질변경이란 절토, 성토, 정지 또는 포장 등으로 토지의 형상을 변경하는 행위와 공유수면의 매립을 뜻하는 것으로서, 토지의 형질을 외형상으로 사실상 변경시킬 것과 그 변경으로 인하여 원상회복이 어려운 상태에 있을 것을 요하지만, 형질변경허가에 관한 준공검사를 받거나 토지의 지목까지 변경시킬 필요는 없다.

[2] 택지개발사업을 위한 토지의 수용에 따른 보상금액의 산정이 문제 된 사안에서, 농지를 공장부지로 조성하기 위하여 농지전용허가를 받아 농지조성비 등을 납부한 후 공장설립 및 변경신고를 하고, 실제로 일부 공장건물을 증축하기까지 하여 토지의 형질이 원상회복이 어려울 정도로

사실상 변경됨으로써 이미 공장용지로 형질변경이 완료되었으며, 당시 농지법령에 농지전용허가와 관련하여 형질변경 완료 시 준공검사를 받도록 하는 규정을 두고 있지 않아 별도로 준공검사를 받지 않았다고 하더라도 구 지적법 시행령(2002.1.26. 대통령령 제17497호로 개정되기 전의 것)에서 정한 '공장부지 조성을 목적으로 하는 공사가 준공된 토지'의 요건을 모두 충족하였다고 보아야 하고, 수용대상토지가 이미 공장용지의 요건을 충족한 이상 비록 공부상 지목변경절차를 마치지 않았다고 하더라도 그 토지의 수용에 따른 보상액을 산정할 때에는 공익사업을 위한 토지 등의 취득 및 보상에 관한 법률 제70조 제2항의 '현실적인 이용상황'을 공장용지로 평가해야 한다고 한 사례

비교표준지 선정과 관련하여 현황 공장용지를 기준하되 지목감가를 할 수 있다.

9. 형질변경 요건 중 준공검사나 지목변경이 수반되는지 여부(대판 2012.12.13, 2011두24033)

토지의 형질변경이라 함은 절토, 성토, 정지 또는 포장 등으로 토지의 형상을 변경하는 행위와 공유수면의 매립을 뜻하는 것으로서(국토의 계획 및 이용에 관한 법률 시행령 제51조 제3호), 토지의 형질을 외형상으로 사실상 변경시킬 것과 그 변경으로 인하여 원상회복이 어려운 상태에 있을 것을 요하지만(대판 2007.2.23, 2006두4875 등 참조), 형질변경허가에 관한 준공검사를 받거나(대판 2011.5.13, 2011두1269 등 참조), 토지의 지목까지 변경시킬 필요는 없다(대판 1992.11.27, 92도1477 등 참조).

10. 지목은 임야이나 현황 농지인 경우(대판 2014.6.26, 2013두25894)

해당판례 이후 2016.1.19. 농지법이 개정되어 지목이 임야인 토지는 산지전용허가를 거치지 않은 경우 농지에서 제외되었다.

농지법 제2조(정의)
이 법에서 사용하는 용어의 뜻은 다음과 같다.
1. "농지"란 다음 각 목의 어느 하나에 해당하는 토지를 말한다.
   가. 전·답, 과수원, 그 밖에 법적 지목(地目)을 불문하고 실제로 농작물 경작지 또는 대통령령으로 정하는 다년생식물 재배지로 이용되는 토지. 다만, 「초지법」에 따라 조성된 초지 등 대통령령으로 정하는 토지는 제외한다.

농지법 시행령 제2조(농지의 범위)
②법 제2조제1호 가목 단서에서 "「초지법」에 따라 조성된 토지 등 대통령령으로 정하는 토지"란 다음 각 호의 토지를 말한다.
2. 「공간정보의 구축 및 관리 등에 관한 법률」에 따른 지목이 임야인 토지로서 「산지관리법」에 따른 산지전용허가(다른 법률에 따라 산지전용허가가 의제되는 인가·허가·승인 등을 포함한다)를 거치지 아니하고 농작물의 경작 또는 다년생식물의 재배에 이용되는 토지

** 농지법 시행령 제2조 제2항 제2호가 개정(2016.1.21. 시행)되어 '산지전용허가'를 거치지 아니하고 농작물을 경작하는 경우에는 이를 농지로 보지 아니하도록 규정하고 있으나, 개정된 시행

령 부칙 제2조 제2호에 '이 영 시행 당시 지목이 임야인 토지로서 토지형질을 변경하고 농작물을 경작 또는 다년생식물의 재배에 이용하고 있는 토지에 대하여는 종전 규정에 따른다'고 정하고 있으므로 종전에 지목이 임야인 토지에 대하여는 「산지관리법」에 따른 산지전용허가를 받지 아니하더라도 3년 이상 농작물을 경작하는 경우에는 농지로 인정한다.

[판시사항]

[1] 생육기간이 2년 이상인 과수, 유실수의 재배에 이용되는 법적 지목이 임야인 토지가 과수, 유실수의 재배지로 적합하게 형질이 변경된 경우, 농지법 제2조 제1호 (가)목이 정하는 농지에 해당하는지 여부(적극)

[2] 공익사업을 위한 토지 등의 취득 및 보상에 관한 법률 시행규칙 제24조에서 정한 '토지의 형질변경'의 의미

[3] 구 산림법 제90조 제4항 제1호에 의하여 영림계획에 따라 시업을 하는 경우, 허가나 신고 없이 할 수 있는 입목의 벌채, 산림의 형질변경 또는 임산물의 굴취·채취 행위의 범위

[이유]

1. 이 사건 토지가 농지에 해당하는지 여부

가. 관련 법령

농지법 제2조 제1호 (가)목에 의하면, '전·답, 과수원, 그 밖에 법적 지목을 불문하고 실제로 농작물 경작지 또는 다년생식물 재배지로 이용되는 토지'는 대통령령으로 정하는 경우를 제외하고는 '농지'에 해당한다. 위 다년생식물 중에는 농지법 시행령 제2조 제1항 제2호가 정하는 '과수·뽕나무·유실수 그 밖의 생육기간이 2년 이상인 식물'이 포함된다. 한편 농지법 제2조 제1호 (가)목 단서의 위임에 따라 농지에서 제외되는 토지에 관하여 정하는 농지법 시행령 제2조 제2항 제2호는 '지목이 임야인 토지로서 그 형질을 변경하지 아니하고 제1항 제2호 및 제3호에 따른 다년생식물의 재배에 이용되는 토지'를 농지에서 제외하고 있다.
위 규정들의 내용을 종합하면, 생육기간이 2년 이상인 과수, 유실수의 재배에 이용되는 법적 지목이 임야인 토지는 그 형질이 변경되지 아니할 경우에는 농지법 제2조 제1항 (가)목이 정하는 농지에 해당하지 아니하나, 과수, 유실수의 재배지로 적합하게 형질이 변경된 경우에는 지목이 임야임에도 불구하고 농지법 제2조 제1호 (가)목이 정하는 농지에 해당되게 된다.

나. 판단

원심은 그 설시와 같은 이유를 들어, 원고가 영림계획에 따라 지목이 임야인 이 사건 토지(경남 함안군 (주소 생략) 임야 30,852㎡ 중 9,213㎡) 상의 소나무 등을 벌채하고 그 곳에 감나무 등을 식재하였으나 이는 나무의 종류만 변경한 것이므로 임야의 형질을 농지로 변경하였다고 보기 어렵다고 판단하였다.
그러나 원심의 그와 같은 판단은 아래와 같은 이유로 수긍하기 어렵다.
토지의 형질변경이라 함은 절토, 성토 또는 정지 등으로 토지의 형상을 변경하는 행위와 공유수면의 매립을 뜻하는 것으로서, 토지의 형질을 외형상으로 사실상 변경시킬 것과 그 변경

으로 말미암아 원상회복이 어려운 상태에 있을 것을 요한다(대판 2007.2.23, 2006두4875 등 참조).

기록에 의하면, 원고는 1998.12.19. 및 1999.12.8. 두 차례에 걸쳐 영림계획 인가를 받은 다음 시업신고 후 위 계획에 따라 이 사건 토지를 포함한 10,000㎡에 관하여 소나무 등을 벌채하고 감나무를 식재하였고, 그 후 계속하여 여러 과수, 유실수 및 일반나무를 식재하여 수용재결 당시 이 사건 토지에는 과수 및 유실수 1,367주(감나무 651주, 대추나무 22주, 매실 688주, 복숭아 6주)가 식재되어 있었던 사실, 원고는 1999년경부터 2012년경까지 감나무 등을 식재・관리하면서 과실을 수확하여 판매하는 등 이 사건 토지를 생육기간이 2년 이상인 위 과수 또는 유실수의 재배지로 이용하였던 사실, 한편 원고는 과수 등의 식재 및 재배를 위하여 기존의 소나무 등 일체의 입목을 벌채한 다음 포크레인 등을 이용하여 절토, 성토 등의 방법으로 이 사건 토지를 계단식으로 개간하고 0.32㎞ 상당의 작업로를 개설하였으며 관개시설을 설치한 사실, 이 사건 토지에 관하여 실제 지목을 '과수원'으로 하여 농지원부에 등재된 사실을 알 수 있다.

위와 같은 사실에 의하면, 이 사건 토지는 과수, 유실수 등 생육기간이 2년 이상인 식물의 재배지로 이용되었고, 또 비록 지목이 임야이나 위와 같은 과수, 유실수의 재배지로 적합하게 그 형상이 사실상 변경됨으로써 원상회복이 어렵게 되었다고 할 것이다. 따라서 이 사건 토지는 농지법 제2조 제1호 (가)목이 정하는 다년생식물의 재배지로 이용되는 농지에 해당한다. 그럼에도 원심은 이 사건 토지가 농지법 제2조 제1호 (가)목 소정의 농지에 해당한다는 원고의 주장을 배척하고 말았으니, 거기에는 토지의 형질변경 등에 관한 법리를 오해하고 필요한 심리를 다하지 아니하여 판결에 영향을 미친 위법이 있다. 이 점을 지적하는 원고의 이 부분 상고이유 주장은 이유 있다.

2. 토지수용보상금증액 청구에 관한 판단

가. 관련 법령

공익사업을 위한 토지 등의 취득 및 보상에 관한 법률(이하 '공익사업법'이라 한다) 제70조 제2항, 제6항은 토지에 대한 보상액은 가격시점에서의 현실적인 이용 상황과 일반적인 이용방법에 의한 객관적 상황을 고려하여 산정하되, 일시적인 이용 상황과 토지소유자나 관계인이 갖는 주관적 가치 및 특별한 용도에 사용할 것을 전제로 한 경우 등은 고려하지 아니하는 것으로 정하면서, 구체적인 보상액 산정 및 평가방법은 시행규칙에서 규정하도록 하고 있다. 나아가 그 위임을 받아 토지보상에 관한 구체적인 평가방법을 정하고 있는 같은 법 시행규칙(이하 '공익사업법 시행규칙'이라 한다) 중 제24조는 관계 법령에 의하여 허가를 받거나 신고를 하고 형질변경을 하여야 하는 토지를 허가를 받지 아니하거나 신고를 하지 아니하고 형질변경한 토지(이하 '불법형질변경토지'라 한다)에 대하여는 토지가 형질변경될 당시의 이용상황을 상정하여 평가하도록 정하고 있다.

한편, 원고가 영림계획을 인가받을 당시의 구 산림법(2000.1.28. 법률 제6222호로 개정되기 전의 것, 이하 '구 산림법'이라 한다) 제8조, 제11조는 사유림의 영림계획 및 그에 따른 시업의무를 정하고 있고, 제90조 제1항은 산림 안에서의 입목의 벌채, 산림의 형질변경 또는 임산물의 굴취・채취를 하고자 하는 자는 허가를 받거나 신고를 하도록 하되, 다만 제4항 제1호는 위 제1항의 규정에도 불구하고 제11조에 의하여 '영림계획에 따라 시업을 하는 경우'에는 허가 또는 신고 없이 입목의 벌채, 산림의 형질변경 또는 임산물의 굴취・채취를 할 수 있는 것으로 정하였다.

나. 판단

구 산림법 제90조 제4항 제1호에 의하여 영림계획에 따른 시업의 경우 허가나 신고 없이 입목의 벌채, 산림의 형질변경 또는 임산물의 굴취・채취를 할 수 있는 것은 영림계획에서 정해진 시업의 범위 내에 있는 행위에 한정된다고 할 것이다. 그런데 기록에 의하면, 원고가 인가받은 영림계획의 시업은 기존 소나무 등의 벌채, 감나무의 식재 및 작업로의 설치만이 있을 뿐 위에서 본 것과 같이 임야인 이 사건 토지의 형질을 사실상 변경하여 과수, 유실수의 재배지로 적합한 농지로 개간하는 내용은 존재하지 아니하였음을 알 수 있는바, 그렇다면 위와 같은 내용의 형질변경은 '영림계획에 따라 시업을 하는 경우'의 형질변경으로 볼 수 없음에 따라 허가 또는 신고의무가 면제되지 아니한다. 이는 산림의 보호, 육성을 목적으로 하는 영림계획의 목적에 비추어 볼 때 위와 같은 개간에 의한 형질변경행위는 산림의 근본적인 기능을 훼손하는 것으로서 영림계획의 취지에 반하는 것임을 고려하여 보아도 그러하다. 따라서 원고가 이 사건 토지에 대하여 행한 형질변경은 구 산림법 제90조 제4항 제1호에서 정하는 영림계획에 따른 시업을 하는 경우의 산림의 형질변경이라고 볼 수 없으므로, 구 산림법 제18조 제1항에 따른 보전임지 전용허가 또는 제90조 제1항에 따른 형질변경허가를 얻어야 하고, 원고가 그러한 허가 없이 위와 같은 형질변경 행위를 하였음은 기록상 분명하므로, 그와 같은 형질변경은 위법한 형질변경에 해당한다.

그렇다면 이 사건 토지는 불법형질변경토지로서 공익사업법 시행규칙 제24조에 의하여 형질변경될 당시의 이용상황인 임야를 상정하여 평가하여야 하는바, 그와 같은 취지로 판단하여 원고의 이 사건 토지에 관한 수용보상금증액 청구를 배척한 원심은 정당한 것으로 수긍이 가고, 거기에 상고이유 주장과 같이 불법형질변경 등에 관한 법리를 오해하거나 논리와 경험의 법칙을 위반하여 자유심증주의의 한계를 벗어나 판결에 영향을 미친 위법이 없다.

따라서 원고의 이 부분 상고이유 주장은 이유 없고, 결국 원고의 이 사건 토지에 관한 수용보상금증액 청구는 받아들일 수 없다.

3. 영농손실보상금 청구에 관한 판단

가. 관련 법령

공익사업법 제77조 제2항, 제4항은 농업의 손실에 대하여 농지의 단위면적당 소득 등을 고려하여 실제 경작자에게 보상할 것을 정하면서 구체적인 보상액 산정 및 평가방법 등은 시행규칙에서 규정하도록 하고 있다. 나아가 그 위임을 받아 영농손실보상에 관한 구체적인 평가방법 등을 정하고 있는 같은 법 시행규칙 제48조 제1항, 제2항은 공익사업시행지구에 편입되는 농지[농지법 제2조 제1호 (가)목에 해당하는 토지]에 관하여 보상되는 영농손실액의 산정방식을 정하고 있고, 제3항은 '사업인정고시일 등 이후부터 농지로 이용되고 있는 토지', '토지이용계획・주위환경 등으로 보아 일시적으로 농지로 이용되고 있는 토지', '타인 소유의 토지를 불법으로 점유하여 경작하고 있는 토지', '농민이 아닌 자가 경작하고 있는 토지', '토지의 취득에 대한 보상 이후에 사업시행자가 2년 이상 계속하여 경작하도록 허용하는 토지'는 제1항 및 제2항의 규정에 의한 농지로 보지 아니하는 것으로 정하고 있다.

나. 판단

원심은, 이 사건 토지가 농지법 제2조 제1호 (가)목에서 정한 농지가 아니라거나 이 사건 토지가 불법형질변경되었다는 이유를 들어 원고의 영농손실보상금 청구를 배척하였다.

그러나 원심의 그와 같은 판단은 아래와 같은 이유로 수긍할 수 없다.

앞서 본 바와 같이 이 사건 토지는 농지법 제2조 제1호 (가)목에 해당하는 농지이므로 공익사업법 시행규칙 제48조 제1항 및 제2항에 의해 영농손실보상의 대상이 되는 농지에 해당한다. 한편 공익사업법 시행규칙 제48조 제3항은 불법형질변경된 토지로서 농지로 이용되고 있는 토지를 위 제48조 제1항 및 제2항의 영농손실보상의 대상이 되는 농지에서 제외하는 규정을 두고 있지 아니하다[구 공익사업법 시행규칙(2005.2.5. 건설교통부령 제424호로 개정되기 전의 것) 제48조 제3항 제2호는 '불법형질변경토지로서 농지로 이용되고 있는 토지'를 제48조 제1항 및 제2항의 농지에서 제외하는 규정을 두었으나, 2005.2.5. 개정되어 불법형질변경토지를 보상제외 조항에서 삭제하였다].

그렇다면 이 사건 토지는 공익사업법 시행규칙 제48조 제1항 및 제2항에 의해 영농손실보상의 대상이 되는 농지법 제2조 제1호 (가)목 소정의 농지에 해당하고, 불법형질변경되었다고 하더라도 당연히 영농손실보상의 대상이 되는 농지에서 제외되지는 아니하므로, 원심으로서는 이 사건 토지가 공익사업법 시행규칙 제48조 제3항에서 정한 보상대상에서 제외되는 농지인지 여부를 더 심리하여 영농손실보상의 인정 여부를 판단하였어야 할 것이다.

그럼에도 원심이 위와 같이 판단한 것은 농지법상의 농지 및 공익사업법 시행규칙 제48조의 법리를 오해하고, 이 사건 토지가 공익사업법 시행규칙 제48조 제3항에서 정한 보상 대상에서 제외되는 농지인지 여부에 대한 심리를 충분히 하지 아니함으로써 판결 결과에 영향을 미친 위법이 있다고 할 것이다. 이 점을 지적하는 이 부분 상고이유 주장은 이유 있다.

4. 결론

그러므로 원심판결 중 영농손실보상금에 관한 부분을 파기하고, 이 부분 사건을 다시 심리・판단하도록 원심법원에 환송하기로 하며, 나머지 상고는 기각하기로 하여 관여 대법관의 일치된 의견으로 주문과 같이 판결한다.

11. 형질변경 된 토지 위에 건축물이 건축되지 않은 경우(대판 2012.12.13, 2011두24033)

토지소유자가 지목 및 현황이 전(田)인 토지에 관하여 국토의 계획 및 이용에 관한 법률 등 관계 법령에 의하여 건축물의 부지조성을 목적으로 한 개발행위(토지의 형질변경)허가를 받아 그 토지의 형질을 대지로 변경한 다음 토지에 건축물을 신축하는 내용의 건축허가를 받고 그 착공신고서까지 제출하였고, 형질변경허가에 관한 준공검사를 받은 다음 지목변경절차에 따라 그 토지의 지목을 대지로 변경할 여지가 있었으며, 그와 같이 형질을 변경한 이후에는 그 토지를 더 이상 전으로 사용하지 않았고, 한편 행정청도 그 토지가 장차 건축물의 부지인 대지로 사용됨을 전제로 건축허가를 하였을 뿐만 아니라[구 건축법 시행규칙(2005.7.18. 건설교통부령 제459호로 개정되기 전의 것) 제6조 제1항 제1호에 의하면, 건축허가를 받기 위하여 제출하는 건축허가신청서에는 '건축할 대지의 범위와 그 대지의 소유 또는 그 사용에 관한 권리를 증명하는 서류'를 첨부하도록 되어 있다], 그 현황이 대지임을 전제로 개별공시지가를 산정하고 재산세를 부과하였으며, 나아가 그와 같이 형질이 변경된 이후에 그 토지가 대지로서 매매되는 등 형질이 변경된 현황에 따라 정상적으로 거래된 사정이 있는 경우, 비록 토지소유자가 그 토지에 건축물을 건축하는 공사를 착공하지 못하고 있던 중 토지가 택지개발사업지구에 편입되어 수용됨으로써 실제로 그 토지에 건축물이 건축되어 있지 않아 그 토지를 구 지적법(2009.6.9. 법률 제9774호로 폐지되기 전의 것, 이하 같다) 제5조 제1항 및 같은 법 시행령(2009.12.14. 대통령령 제21881호로 폐지되기 전의 것, 이하 같다) 제5조 제8호에서 정한 대지로 볼 수 없다고 하더라도, 그 토지의 수용에 따른 보상액을 산정함에 있어서는 공익사업을 위한 토지 등의 취득 및 보상에 관한 법률 제70조 제2항의 '현실적인 이용상황'을 대지로 평가함이 상당하다.

12. 산지복구의무와 불법형질변경(대판 2017.4.7, 2016두61808)

산지전용기간이 만료될 때까지 목적사업을 완료하지 못한 경우, 사업시행으로 토지의 형상이 변경된 부분은 공익사업을 위한 토지 등의 취득 및 보상에 관한 법률에 의한 보상에서 불법 형질변경된 토지로 보아 형질변경될 당시의 토지이용상황을 기준으로 보상금을 산정하여야 하는지 여부(적극) / 산지복구의무가 면제될 사정이 있는 경우, 형질변경이 이루어진 상태가 토지에 대한 보상의 기준이 되는 '현실적인 이용상황'인지 여부(적극)

13. 부칙 제6조는 공익사업시행지구에 편입된 토지의 소유자들은 당해 토지가 공익사업을 위한 용지취득의 대상이 된 것으로 인식하고 관련 법령에 정한 보상기준이 적용될 것이라는 신뢰를 지니게 되므로 이를 보호하기 위하여 제정된 조항(대판 2008.5.15, 2006두16007 · 16014)

14. 공익사업을 위한 토지 등의 취득 및 보상에 관한 법률 제70조 제2항, 제6항, 공익사업을 위한 토지 등의 취득 및 보상에 관한 법률 시행규칙 제24조에 의하면 토지에 대한 보상액은 현실적인 이용상황에 따라 산정하는 것이 원칙이므로, 수용대상토지의 이용상황이 일시적이라거나 불법형질변경토지라는 이유로 본래의 이용상황 또는 형질변경 당시의 이용상황에 의하여 보상액을 산정하기 위해서는 그와 같은 예외적인 보상액 산정방법의 적용을 주장하는 쪽에서 수용대상토지가 불법형질변경토지임을 증명해야 한다. 그리고 수용대상토지가 불법형질변경토지에 해당한다고 인정하기 위해서는 단순히 수용대상토지의 형질이 공부상 지목과 다르다는 점만으로는 부족하고, 수용대상토지의 형질변경 당

시 관계 법령에 의한 허가 또는 신고의무가 존재하였고 그럼에도 허가를 받거나 신고를 하지 않은 채 형질변경이 이루어졌다는 점이 증명되어야 한다(대판 2012.4.26, 2011두2521).

15. 일시적 이용상황과 불법형질변경

[판시사항]

[1] 구 농지법 제2조 제1호에서 정한 '농지'의 판단 기준

[2] 벼 경작지로 이용되어 오다가 건물부지, 주차장, 잔디밭 등으로 불법형질변경된 토지가 구 농지법상 농지에 해당한다고 본 사례

[판결요지]

[1] 농지전용에 따른 농지조성비를 부과하기 위하여는 그 토지가 구 농지법(2005.7.21. 법률 제7604호로 개정되기 전의 것) 제2조 제1호 소정의 농지여야 하는데, 위 법조 소정의 농지인지의 여부는 공부상의 지목 여하에 불구하고 당해 토지의 사실상의 현상에 따라 가려져야 할 것이고, 농지의 현상이 변경되었다고 하더라도 그 변경 상태가 일시적인 것에 불과하고 농지로서의 원상회복이 용이하게 이루어질 수 있다면 그 토지는 여전히 농지법에서 말하는 농지에 해당하며, 공부상 지목이 잡종지인 토지의 경우에도 이를 달리 볼 것은 아니다. 또한, 구 농지법 소정의 농지가 현실적으로 다른 용도로 이용되고 있다고 하더라도 그 토지가 적법한 절차에 의하지 아니한 채 형질변경되거나 전용된 것이어서 어차피 복구되어야 할 상태이고 그 형태와 주변토지의 이용상황 등에 비추어 농지로 회복하는 것이 불가능한 상태가 아니라 농지로서의 성격을 일시적으로 상실한 데 불과한 경우라면 그 변경 상태가 일시적인 것에 불과하다고 보아야 한다.

[2] 벼 경작지로 이용되어 오다가 건물부지, 주차장, 잔디밭 등으로 불법형질변경된 토지에 대하여, 전체 토지면적 중 건물부지가 차지하는 부분이 극히 일부이고 주차장이나 잔디밭에 깔린 자갈, 잔디 등은 비교적 쉽게 걷어낼 수 있는 점 등에 비추어 농지의 성격을 완전히 상실하여 농지로 회복이 불가능한 상태에 있는 것이 아니라 농지의 성격을 일시적으로 상실하여 그 원상회복이 비교적 용이한 상태에 있다고 보아 구 농지법상 농지에 해당한다고 한 사례

04 미지급용지

I 미불용지 요건(대판 2009.3.26, 2008두22129)

공익사업을 위한 토지 등의 취득 및 보상에 관한 법률 시행규칙 제25조 제1항의 미불용지는 '종전에 시행된 공익사업의 부지로서 보상금이 지급되지 아니한 토지'이므로, 미불용지로 인정되려면 종전에 공익사업이 시행된 부지여야 하고, 종전의 공익사업은 적어도 당해 부지에 대하여 보상금이 지급될 필요가 있는 것이어야 한다.

II 이용상황 판단

1. 대판 1999.3.23, 98두13850

종전에 공공사업의 시행으로 인하여 정당한 보상금이 지급되지 아니한 채 공공사업의 부지로 편입되어 버린 이른바 미보상용지에 대하여는, 토지수용법 제57조의2, 공공용지의 취득 및 손실보상에 관한 특례법 제4조 제4항, 같은법 시행령 제2조의10, 제10조 및 같은법 시행규칙 제6조 제7항 본문의 규정에 의하여, 종전의 공공사업에 편입될 당시의 이용상황을 상정하여 평가하여야 하고, 다만 종전의 공공사업시행자와 수용에 있어서의 사업주체가 서로 다르거나 공공사업의 시행자가 적법한 절차를 취하지 아니하여 아직 공공사업의 부지를 취득하지 못한 단계에서 공공사업을 시행하여 토지의 현실적인 이용상황을 변경시킴으로써 토지의 거래가격이 상승된 경우에까지 위 시행규칙 제6조 제7항에 규정된 미보상용지의 법리가 적용되지는 않는다고 할 것이나, 처음부터 공공사업에 편입된 일부 토지가 국유재산이어서 이를 수용대상으로 삼지 아니하고 일반 매매의 방식으로 취득하여 당해 공공사업을 적법히 시행하였음에도 그 후 취득시효 완성을 원인으로 하여 그 토지의 소유권이 사인에게 이전된 경우에는, 설사 뒤늦게 그 토지에 대한 토지수용절차가 진행되었다고 하더라도 공공사업의 시행자와 수용에 있어서의 사업주체가 동일하고 그 시행자가 적법한 절차를 취하지 아니하여 당해 토지를 공공사업의 부지로 취득하지 못한 것이 아니므로, 그 토지는 여전히 위 시행규칙 제6조 제7항의 규정에 따라 종전의 공공사업에 편입될 당시의 이용상황을 상정하여 평가하여야 한다.

2. 대판 1992.11.10, 92누4833

[판시사항]

[1] 미보상용지에 대하여 보상액 평가기준을 마련한 공공용지의 취득 및 손실보상에 관한 특례법 시행규칙 제6조 제7항의 규정취지

[2] 위 “가”항의 법조항이 모법에 위반되거나 위임의 근거가 없는지 여부(소극)

[3] 사업시행자가 적법한 절차를 취하지 아니하여 공공사업의 부지로 취득하지도 못한 단계에서 공공사업을 시행하여 이용상황을 변경시킴으로써 거래가격이 상승된 토지의 경우에도 위 “가”항의 법조항 소정의 “미보상용지”에 포함되는지 여부(소극)

[4] 사업시행자가 당초 승인을 얻은 부지조성사업을 시행함으로 인하여 토지소유자들이 개발이익을 얻게 되었다고 하더라도 토지의 수용재결 당시의 현실적인 이용상황에 따라 손실보상액을 평가한 것이 잘못이라고 할 수 없다 한 사례

[판결요지]

가. 종전에 공공사업의 시행으로 인하여 정당한 보상금이 지급되지 아니한 채 공공사업의 부지로 편입되어 버린 이른바 미보상용지는 용도가 공공사업의 부지로 제한됨으로 인하여 거래가격이 아예 형성되지 못하거나 상당히 감가되는 것이 보통이어서, 사업시행자가 이와 같은 미보상용지를 뒤늦게 취득하면서 공공용지의 취득 및 손실보상에 관한 특례법 제4조 제1항 소정의 가격시점에 있어서의 이용상황인 공공사업의 부지로만 평가하여 손실보상액을 산정한다면, 구 공공

용지의 취득 및 손실보상에 관한 특례법(1991.12.31. 법률 제4484호로 개정되기 전의 것) 제4조 제3항이 규정하고 있는 "적정가격"으로 보상액을 정한 것이라고는 볼 수 없게 되므로, 이와 같은 부당한 결과를 구제하기 위하여 종전에 시행된 공공사업의 부지로 편입됨으로써 거래가격을 평가하기 어렵게 된 미보상용지에 대하여는 특별히 종전의 공공사업에 편입될 당시의 이용상황을 상정하여 평가함으로써 그 "적정가격"으로 손실보상을 하여 주려는 것이 공공용지의 취득 및 손실보상에 관한 특례법 시행규칙 제6조 제7항의 규정취지라고 이해된다.

나. 위 "가"항의 시행규칙 제6조 제7항은 공공용지의 취득 및 손실보상에 관한 특례법 시행령 제2조 제1항이나 제2항에 위반하는 것이라고 보기 어려울 뿐만 아니라, 모법의 위임을 받은 근거가 없는 것이라고 볼 수 없다.

다. 공공사업의 시행자가 적법한 절차를 취하지 아니하여 아직 공공사업의 부지로 취득하지도 못한 단계에서 공공사업을 시행하여 토지의 현실적인 이용상황을 변경시킴으로써, 오히려 토지의 거래가격이 상승된 경우까지 위 "가"항의 시행규칙 제6조 제7항에 규정된 미보상용지의 개념에 포함되는 것이라고 볼 수 없다.

라. 사업시행자가 당초 승인을 얻은 부지조성사업을 시행함으로 인하여 토지소유자들이 개발이익을 얻게 되었다고 하더라도 토지의 수용재결 당시의 현실적인 이용상황에 따라 손실보상액을 평가한 것이 잘못이라고 할 수 없다 한 사례

> 이 경우 현황평가 원칙에 따라 현황평가를 하여야 한다. 부지조성비용은 사업시행자가 토지소유자들에게 부당이득반환청구를 하면 된다.

3. 대판 2000.7.28, 98두6081

원래 지목이 답으로서 일제시대에 국도로 편입되어 그 지목도 도로로 변경된 토지가 그 동안 여전히 개인의 소유로 남아있으면서 전전 양도되어 1994년경 피수용자 명의로 소유권이전등기가 경료되고 이어 수용에 이르렀다면 위 토지는 종전에 정당한 보상금이 지급되지 아니한 채 공공사업의 부지로 편입되어 버린 이른바 미보상용지에 해당하므로, 이에 대한 보상액은 공공용지의 취득 및 손실보상에 관한 특례법 시행규칙 제6조 제7항의 규정에 의하여 종전에 도로로 편입될 당시의 이용상황을 상정하여 평가하여야 한다.

III 기타

1. 대판 1993.3.23, 92누2653

[판시사항]

[1] 수용재결 시 기존의 공시지가가 공시되어 있었지만 이의재결 시 새로운 공시지가의 공시가 있

었고 그 공시기준일이 수용재결일 이전인 경우 이의재결에서의 보상액 산정기준(=새 공시지가)

[2] 종전의 공공사업시행자와 수용에 있어서의 사업주체가 상이하고 수용용도가 변경된 경우 손실보상액을 산정함에 있어서 이용상황 평가의 기준시기(= 수용재결 시)

[재판요지]

[1] 공시지가는 공시기준일을 기준으로 하여 효력이 있다 할 것이므로 공시기준일 이후를 가격시점으로 한 평가나 보상은 공시된 공시지가를 기준으로 하여 산정하여야 하고 수용재결 시에 기존의 공시지가가 공시되어 있더라도 이의재결 시에 새로운 공시지가의 공시가 있었고 그 공시기준일이 수용재결일 이전으로 된 경우에는 이의재결은 새로 공시된 공시지가를 기준으로 하여 평가한 금액으로 행하는 것이 옳다.

[2] 종전의 공공사업시행자와 수용에 있어서의 사업주체가 서로 상이하고 종전의 용도와 다른 목적에 제공하고자 수용하는 경우 수용으로 인한 보상액은 수용재결 당시의 당해 토지의 이용상황을 기준으로 하여 산정하여야 하는 것이지 종전의 공공사업에 편입될 당시의 이용상황을 상정하여 평가할 것은 아니다.

[이유]

원심감정인이 이 사건 제1토지[군포시 (주소 생략) 도로 245m 중 126/245 지분]에 대한 보상액을 산정함에 있어 위 토지가 공공용지의 취득 및 손실보상에 관한 특례법 시행규칙 제6조 제7항 소정의 “전에 시행된 공공사업의 부지로서 보상금이 지급되지 아니한 토지”에 해당함을 전제로 하여 위 토지가 종전의 공공사업으로 도로에 편입될 당시 그 이용상황이 “전”이었으므로 위 토지가 수용재결 당시에도 “전”임을 상정하여 이에 따라 그 보상액을 산출하였음을 인정하고 이와 같이 산출한 가액을 적정한 것이라고 판단하였다. 그러나 원심이 인정하고 있는 바와 같이 원래 위 토지의 지적은 245m이었다가 시흥군이 그중 특정부분 119m를 도로로 사용하기 위하여 협의취득함으로써 나머지 126m(이 사건 제1토지)가 원고의 소유로 남아 있었던 것으로서, 위 119m 부분에 도로가 개설되면서 이 사건 제1토지도 도로부지로 편입되었다고 볼 증거로는 원고로부터 이를 들어서 알고 있다는 취지의 원심증인 소외인의 증언이 있을 뿐 달리 이를 뒷받침할 뚜렷한 증거가 없을 뿐 아니라 시흥군이 위 245m 전체를 협의취득하지 아니하고 그중 119m만 그 위치를 특정하여 취득하였던 사실 등에 비추어 보면 위 제1토지 역시 당시 도로부지로 편입되었다고 쉽게 단정하기는 어렵다고 여겨지므로 이 점에 대하여 더 심리하여 볼 여지가 있다고 하겠고, 또한 기록에 의하면 위 제1토지는 수용재결 당시 사실상 도로로 이용되고 있으며 이 사건에서 위 토지는 시흥군과는 아무런 관계가 없는 피고 대한주택공사가 시행하는 사업을 위하여 수용되는 것이고 그 용도 또한 종전과 같이 도로부지로 사용하려 함이 아니라 이와 무관하게 택지개발사업지구에 편입하여 아파트부지로 사용하기 위한 것임을 알 수 있는바, 그렇다면 종전의 공공사업시행자와 이 사건 수용에 있어서의 사업주체가 서로 상이할 뿐더러 종전의 용도와는 다른 목적에 제공하고자 이를 수용하는 이 사건에 있어서는 그 수용으로 인한 보상액은 위 토지가 시흥군에 의해 도로에 편입(위 119m 부분과 함께)된 여부 등에 관계없이 이 사건 수용재결 당시의 당해 토지의 이용상황을 기준으로 하여 산정하여야 하는 것이지 종전의 공공사업에 편입될 당시의 이용상황을 상정하여 평가할 것은 아니라 할 것이다. 따라서 원심이 위 토지의 그 보상액을 위와 같이 "전"을 기준으로 산정한 방법을 적정한 것으로 받아들인 것은 심리를 다하지 아니하였거나 손실보상금의 산정방법에 관한 법리를 오해한 잘못이 있어 판결결과에 영향을 미치게 하였다 할 것이어서 이를 지적하는 논지 역시 이유 있다. 그러므로 나머지 상고이유에 대하여 더 판단할 필요 없이 원심판결을 파기하고 사건을 원심법원에 환송하기로 하여 관여 법관의 일치된 의견으로 주문과 같이 판결한다.

2. 대판 2002.10.25, 2002다31483

[판시사항]

[1] 국가 또는 지방자치단체가 도로로 점유·사용하고 있는 토지에 있어 도로에 편입된 이후 도로가 개설되지 아니하였더라도 당해 토지의 현실적 이용상황이 주위 토지와 같이 변경되었을 것임이 객관적으로 명백하게 된 경우, 그 토지에 대한 임료 상당의 부당이득액 산정을 위한 토지의 기초가격의 평가방법

[2] 국가 또는 지방자치단체가 도로로 점유·사용하고 있는 토지에 대한 임료 상당의 부당이득액 산정을 위한 기대이율의 결정방법

[판결요지]

[1] 국가 또는 지방자치단체가 도로로 점유·사용하고 있는 토지에 대한 임료 상당의 부당이득액을 산정하기 위한 토지의 기초가격은, 국가 또는 지방자치단체가 종전부터 일반 공중의 교통에 사실상 공용되던 토지에 대하여 도로법 등에 의한 도로 설정을 하여 도로관리청으로서 점유하거나 또는 사실상 필요한 공사를 하여 도로로서의 형태를 갖춘 다음 사실상 지배주체로서 도로를 점유하게 된 경우에는 도로로 제한된 상태 즉, 도로인 현황대로 감정평가하여야 하고, 국가 또는 지방자치단체가 종전에는 일반 공중의 교통에 사실상 공용되지 않던 토지를 비로소 도로로 점유하게 된 경우에는 토지가 도로로 편입된 사정은 고려하지 않고 그 편입될 당시의 현실적 이용상황에 따라 감정평가하되 다만, 도로에 편입된 이후 당해 토지의 위치나 주위 토지의 개발 및 이용상황 등에 비추어 도로가 개설되지 아니하였더라도 당해 토지의 현실적 이용상황이 주위 토지와 같이 변경되었을 것임이 객관적으로 명백하게 된 때에는, 그 이후부터는 그 변경된 이용상황을 상정하여 토지의 가격을 평가한 다음 이를 기초로 임료 상당의 부당이득액을 산정하여야 한다.

[2] 국가 또는 지방자치단체가 도로로 점유·사용하고 있는 토지에 대한 임료 상당의 부당이득액을 산정하기 위하여 토지의 기초가격에 곱해야 하는 기대이율은 국공채이율, 은행의 장기대출금리, 일반 시중이 금리, 정상적인 부동산거래 이윤율, 국유재산법과 지방재정법이 정하는 대부료율 등을 고려하여 결정하면 된다.

3. 지방자치단체가 도로개설사업을 시행하면서 소유자로부터 그 도로의 부지로 지정된 토지의 매도승낙서 등을 교부받는 등 매수절차를 진행하였음이 인정되나 매매계약서, 매매대금 영수증 등의 관련 자료를 보관하지 않고 있는 사안에서, 위 지방자치단체가 법령에서 정한 공공용 재산의 취득절차를 밟거나 소유자의 사용승낙을 받는 등 위 토지를 점유할 수 있는 일정한 권원에 의하여 위 토지를 도로부지에 편입시켰을 가능성을 배제할 수 없으므로 위 토지의 후속 취득절차에 관한 서류들을 제출하지 못하고 있다는 사정만으로 위 토지에 관한 자주점유의 추정이 번복된다고 할 수 없다고 한 사례(대판 2010.8.19, 2010다33866)

4. 국가 등의 점유시효취득

20년간 소유의 의사로 평온, 고연하게 부동산 점유한 자는 등기함으로서 그 소유권을 취득한다고 규정하고 있다(민법 제245조 제1항). 이에 대해 종전에는 판례가 국가 등 점유를 자주점유로 보아 시효취득을 인정하였으나 전원합의체 판결로 악의의 무단점유자에게는 시효취득이 인정되지 않는다고 판시하였다. 시효취득이 인정되면 소유자에게 너무 가혹하므로 판례가 타당하다.

5. 부당이득 반환청구

국가 등이 도로부지를 점유하는 경우 사권행사가 제한되는 것이지 소유권은 존재한다고 보아 점유상실에 대한 사용료의 부당이득 반환청구권을 인정하였다. 다만, 국가에 대한 채권 소멸시효는 5년으로 가격시점으로부터 과거 5년 동안만 청구가 가능하다.

05 도로

I 사실상 사도 판단 판례

1. '도로개설 당시의 토지소유자가 자기 토지의 편익을 위하여 스스로 설치한 도로' 및 '토지소유자가 그 의사에 의하여 타인의 통행을 제한할 수 없는 도로'의 판단 기준(대판 2007.4.12, 2006두18492)

'도로개설 당시의 토지소유자가 자기 토지의 편익을 위하여 스스로 설치한 도로'와 '토지소유자가 그 의사에 의하여 타인의 통행을 제한할 수 없는 도로'는 '사실상의 사도'로서 인근 토지에 대한 평가액의 1/3 이내로 평가하도록 규정하고 있는데, 여기서 '도로개설 당시의 토지소유자가 자기 토지의 편익을 위하여 스스로 설치한 도로'인지 여부는 인접토지의 획지면적, 소유관계, 이용상태 등이나 개설경위, 목적, 주위환경 등에 의하여 객관적으로 판단하여야 하고, '토지소유자가 그 의사에 의하여 타인의 통행을 제한할 수 없는 도로'에는 법률상 소유권을 행사하여 통행을 제한할 수 없는 경우뿐만 아니라 사실상 통행을 제한하는 것이 곤란하다고 보이는 경우도 해당한다고 할 것이나, 적어도 도로로의 이용상황이 고착화되어 당해 토지의 표준적 이용상황으로 원상회복하는 것이 용이하지 않은 상태에 이르러야 할 것이어서 단순히 당해 토지가 불특정 다수인의 통행에 장기간 제공되어 왔고 이를 소유자가 용인하여 왔다는 사정만으로는 사실상의 도로에 해당한다고 할 수 없다.

> 도로로의 이용이 고착화되어 당해 토지의 표준적 이용상황으로 원상회복하는 것이 용이하지 않은 상태에 이르러야 할 것이다. 원상회복은 물리적, 경제적, 사회적인 측면이 모두 고려되어야 할 것이다.

2. 대판 2011.8.25, 2011두7014

[1] 도로로서 이용상황이 고착화되어 당해 토지의 표준적 이용상황으로 원상회복하는 것이 쉽지 않은 상태에 이르는 등 인근 토지에 비하여 낮은 가격으로 평가해도 될 만한 객관적인 사정이 인정되는 경우, 공익사업을 위한 토지 등의 취득 및 보상에 관한 법률 시행규칙 제26조에서 정한 '사실상의 사도'에 포함되는지 여부(적극)

[2] 도시개발사업 관련 수용대상인 갑 소유 토지가 인근 주민의 통행로로 사용되었다는 이유로 재결감정을 하면서 이를 사실상의 사도로 보고 보상금액을 인근 토지의 1/3로 평가한 사안에서, 위 토지의 이용상태나 기간, 면적 및 형태 등에 비추어 보면 위 토지가 인근 주민들을 포함한 불특정 다수인의 통행에 장기간 제공되어 사실상 도로화되었고 도로로서 이용상황이 고착화되어 표준적 이용상황으로 원상회복하는 쉽지 않은 상태에 이르는 등 사실상 타인의 통행을 제한하는 것이 곤란하므로 인근 토지에 비해 낮은 가격으로 평가해도 될 만한 사정이 있다는 이유로, 이와 달리 본 원심판결에 법리오해의 위법이 있다고 한 사례

단순히 당해 토지가 불특정 다수인의 통행에 장기간 제공되어 왔고 이를 소유자가 용인하여 왔다는 사정만으로는 사실상의 도로에 해당한다고 할 수 없으나, 도로로의 이용상황이 고착화되어 당해 토지의 표준적 이용상황으로 원상회복하는 것이 용이하지 아니한 상태에 이르는 등 인근의 토지에 비하여 낮은 가격으로 평가하여도 될 만한 객관적인 사정이 인정되는 경우에는 사실상의 사도에 포함된다고 볼 것이다(대판 2011.8.25, 2011두7014).

3. 대판 1997.4.25, 96누13651

'사도법에 의한 사도 외의 도로'가 사실상 도로인 경우, 공공용지의 취득 및 손실보상에 관한 특례법 시행규칙 제6조의2 제1항 제2호의 규정 취지는 사실상 불특정 다수인의 통행에 제공되고 있는 토지이기만 하면 그 모두를 인근 토지의 3분의 1 이내로 평가한다는 것이 아니라 그 도로의 개설 경위, 목적, 주위 환경, 인접 토지의 획지면적, 소유관계, 이용상태 등의 제반 사정에 비추어 당해 토지소유자가 자기 토지의 편익을 위하여 스스로 공중의 통행에 제공하는 등 인근 토지에 비하여 낮은 가격으로 보상하여 주어도 될 만한 객관적인 사유가 인정되는 경우에만 인근 토지의 3분의 1 이내에서

평가하고 그러한 사유가 인정되지 아니하는 경우에는 위 규정의 적용에서 제외한다는 것으로 봄이 상당하다.

4. 사실상 도로로 사용되는 사유지 관련(대판 2006.5.12, 2005다31736)

[판시사항]

[1] 사유지가 사실상 도로로 사용되고 있는 경우, 토지소유자의 무상통행권의 부여 또는 사용수익권의 포기 여부에 관한 판단기준

[2] 새마을 농로 확장공사로 인하여 자신의 소유토지 중 도로에 편입되는 부분을 도로로 점유함을 허용함에 있어 손실보상금이 지급되지 않았으나 이의를 제기하지 않았고 도로에 편입된 부분을 제외한 나머지 토지만을 처분한 점 등의 제반 사정에 비추어 보면, 토지소유자가 토지 중 도로로 제공한 부분에 대한 독점적이고 배타적인 사용수익권을 포기한 것으로 봄이 상당하다고 한 사례

[3] 타인의 토지를 권원 없이 점유하고 있는 자가 그 토지의 소유자에게 반환하여야 할 부당 이득액을 산정하기 위한 토지의 기초가격의 평가기준

[판결요지]

[1] 어느 사유지가 종전부터 자연발생적으로 또는 도로예정지로 편입되어 사실상 일반 공중의 교통에 공용되는 도로로 사용되고 있는 경우, 그 토지의 소유자가 스스로 그 토지를 도로로 제공하여 인근 주민이나 일반 공중에게 무상으로 통행할 수 있는 권리를 부여하였거나 그 토지에 대한 독점적이고 배타적인 사용수익권을 포기한 것으로 의사해석을 함에 있어서는, 그가 당해 토지를 소유하게 된 경위나 보유기간, 나머지 토지들을 분할하여 매도한 경위와 그 규모, 도로로 사용되는 당해 토지의 위치나 성상, 인근의 다른 토지들과의 관계, 주위 환경 등 여러 가지 사정과 아울러 분할·매도된 나머지 토지들의 효과적인 사용·수익을 위하여 당해 토지가 기여하고 있는 정도 등을 종합적으로 고찰하여 판단하여야 한다.

[2] 새마을 농로 확장공사로 인하여 자신의 소유 토지 중 도로에 편입되는 부분을 도로로 점유함을 허용함에 있어 손실보상금이 지급되지 않았으나 이의를 제기하지 않았고 도로에 편입된 부분을 제외한 나머지 토지만을 처분한 점 등의 제반 사정에 비추어 보면, 토지소유자가 토지 중 도로로 제공한 부분에 대한 독점적이고 배타적인 사용수익권을 포기한 것으로 봄이 상당하다고 한 사례

[3] 타인의 토지를 권원 없이 점유하고 있는 자가 그 토지의 소유자에게 반환하여야 할 부당 이득액을 산정하기 위한 토지의 기초가격은 점유자가 점유를 개시할 당시의 현실적 이용상태를 기준으로 평가되어야 하는 것이다.

5. 사실상 사도 해당 여부(대판 1998.5.12, 97누13542)

[판시사항]

공공용지의 취득 및 손실보상에 관한 특례법 시행규칙 제6조의2 제1항 제2호 소정의 '사도법에 의한 사도 외의 도로'에 해당하는 경우, 그 손실보상금 산정 시 사실상의 사도로서 감액평가되어야 한다고 한 사례

[판결요지]

당해 토지는 지방농지개량조합이 농업기반시설인 저수지의 유지관리 등 목적사업의 편익을 위하여 개설한 농로로서 도시계획의 결정과는 관계없이 인근 농민이나 주민들을 포함한 불특정 다수인의 통행에 20년 이상 장기간 제공되어 사실상 도로화되었고, 여기에 이용상태나 기간, 특히 지방농지개량조합이 농로를 개설하면서 지목을 현실이용상황에 맞게 도로로 변경한 점 등에 비추어 이제 소유권을 행사하여 통행을 금지시킬 수 있는 상태에 있다고 보기 어려우므로, 결국 당해 토지는 공공용지의 취득 및 손실보상에 관한 특례법 시행규칙(1995.1.7. 건설교통부령 제3호로 개정된 것) 제6조의2 제1항 제2호 소정의 사도법에 의한 사도 이외의 도로부지에 해당하는 것으로 봄이 상당하고, 따라서 인근 토지에 대한 평가금액의 3분의 1로 평가할 수 있다고 한 사례

6. 시행규칙 제26조의 법적 성질(대판 1996.8.23, 95누14718)

[판시사항]

사실상의 사도 등에 관한 평가 최고한도액을 규정하고 있는 구 공공용지의 취득 및 손실보상에 관한 특례법 시행규칙 제6조의2 규정이 상위법령의 위임을 필요로 하는지 여부(소극)

[판결요지]

토지수용에 따른 손실보상액을 산정하는 경우에 준용되는 구 공공용지의 취득 및 손실보상에 관한 특례법 시행규칙(1995.1.7. 건설교통부령 제3호로 개정되기 전의 것) 제6조의2는 사실상의 사도 등에 관한 가격평가액의 최고한도액을 규정하고 있는바, 구 지가공시 및 토지 등의 평가에 관한 법률(1995.12.29. 법률 제5108호로 개정되기 전의 것) 제10조, 제22조, 감정평가에 관한 규칙(1989.12.21. 건설부령 제460호)의 각 규정, 토지수용법 제45조 제1항, 제46조, 제57조의2, 공공용지의 취득 및 손실보상에 관한 특례법 제4조, 같은법 시행령(1994.12.23. 대통령령 제14447호로 개정되기 전의 것) 제2조의10 제8항 등 관계 법령의 각 규정내용과 취지에 비추어 보면, 구 공공용지의 취득 및 손실보상에 관한 특례법 시행규칙(1995.1.7. 건설교통부령 제3호로 개정되기 전의 것) 제6조의2의 규정은 감정평가업자가 가격평가를 함에 있어 준수하여야 할 원칙과 기준을 정한 행정규칙에 해당한다 할 것이므로 상위법령의 위임이 있어야 하는 것은 아니다.

구 공공용지의 취득 및 손실보상에 관한 특례법 시행규칙(1995.1.7. 건설교통부령 제3호로 개정되기 전의 것) 제6조의2의 규정은 사실상 사도에 대한 평가방법인데, 구)공공용지의 취득 및 손실보상에 관한 특례법에서는 사실상 사도에 대한 평가방법의 위임규정이 없었다. 따라서 동 시행규칙에서 규정된 내용은 수권조항에 반하는 내용임을 주장하였으나, 이는 행정규칙으로서 위임규정이 필요치 않다는 판례의 내용이다. 이에 대해서는 집행명령적 성질을 갖는 행정규칙으로도 볼 수 있다. 현재 토지보상법 제70조 제6항에서는 이에 대한 위임규정이 있다.

7. 사실상 사도에 해당하는지 여부(대판 1996.3.8, 95다23873)

구 공공용지의 취득 및 손실보상에 관한 특례법 시행규칙(1995.1.7. 건설교통부령 제3호로 개정되기 전의 것) 제6조의2 제2항 제1호 소정의 '사실상의 사도'란 토지소유자가 자기 토지의 편익을 위하여 스스로 설치한 도로를 의미하고, 토지의 일부가 도시계획에 포함되어 그 소유자가 이를 방치한 나머지 일정 기간 불특정 다수인의 통행에 공여되고 있다고 하더라도 그것만으로는 그 토지가 사실상 사도가 되었다고 할 수 없다.

8. 판례는 사실상의 사도라 함은 토지소유자가 자기 토지의 이익증진을 위하여 스스로 개설한 도로로서 도시계획으로 결정된 도로가 아닌 것을 말하되, 이때 자기 토지의 편익을 위하여 토지소유자가 스스로 설치하였는지의 여부는 인접토지의 획지면적 · 소유관계 · 이용상태 등이나 개설경위 · 목적 · 주위환경 등에 의하여 객관적으로 판단하여야 한다고 판시하였다(대판 1995.6.13, 94누14650). 또한 타인의 통행을 제한할 수 없는 도로의 판단에 있어서는 형법 제185조의 일반교통방해죄에 해당하는 것인지도 하나의 기준이 될 수 있을 것이다. 즉, 형법 제185조에 의하여 타인통행을 제한하는 것이 일반교통방해죄에 해당된다면 타인의 통행을 제한할 수 없는 것으로 보아야 할 것이다(대판 1995.6.13, 94누14650).

9. 사실상 사도에 해당되는지 여부(대판 1995.6.13, 94누14650)

구 공공용지의 취득 및 손실보상에 관한 특례법 시행규칙(1995.1.7. 건설교통부령 제3호로 개정되기 전의 것) 제6조의2 제2항, 제3항 소정의 '사실상의 사도'라 함은 개설 당시의 토지소유자가 자기 토지의 편익을 위하여 스스로 설치한 도로(새마을사업으로 설치한 도로를 제외한다)로서 도시계획으로 결정된 도로가 아닌 것을 말하되, 이때 자기 토지의 편익을 위하여 토지소유자가 스스로 설치하였는지 여부는 인접토지의 획지면적, 소유관계, 이용상태 등이나 개설경위, 목적, 주위환경 등에 의하여 객관적으로 판단하여야 하므로, 도시계획(도로)의 결정이 없는 상태에서 불특정 다수인의 통행에 장기간 제공되어 자연발생적으로 사실상 도로화된 경우에도 사실상의 사도에 해당하고, 도시계획으로 결정된 도로라 하더라도 그 이전에 사도법에 의한 사도 또는 사실상의 사도가 설치된 후에 도시계획결정이 이루어진 경우 등에도 거기에 해당하며, 다만 토지의 일부가 일정기간 불특정 다수인의 통행에 제공되거나 사실상 사도로 사용되고 있더라도 토지소유자가 소유권을 행사하여 그 통행을 금지시킬 수 있는 상태에 있는 토지는 거기에 해당하지 아니한다.

10. 자연발생적으로 사실상 도로화된 토지의 보상(대판 1993.5.25, 92누17259)

택지개발사업으로 도로화된 것이 아니라 자연발생적으로 사실상 도로화된 토지의 경우 미보상용지에 관한 공공용지의 취득 및 손실보상에 관한 특례법 시행규칙 제6조 제7항이 아니라 사실상의 사도 등에 관한 같은법 시행규칙 제6조의2 제2항 제2호에 따라 손실보상액을 산정하여야 한다고 본 사례

11. 사실상 사도 요건(대판 2014.6.26, 2013두21687)

[판시사항]

[1] 공익사업에 필요한 토지를 취득할 때, 공익사업을 위한 토지 등의 취득 및 보상에 관한 법률 시행규칙 제26조 제1항 제2호에 규정된 '사실상의 사도의 부지'로 보고 인근 토지 평가액의 3분의 1 이내로 보상액을 평가하기 위한 요건 및 이 경우 반드시 도로가 불특정 다수인의 통행에 제공되어야 하는지 여부(소극)

[2] 공익사업을 위한 토지 등의 취득 및 보상에 관한 법률 시행규칙 제26조 제2항 제1호에서 규정한 '도로개설 당시의 토지소유자가 자기 토지의 편익을 위하여 스스로 설치한 도로'에 해당하는지 판단하는 기준

[이유]

1. 상고이유 제1점에 관하여

공익사업에 필요한 토지를 취득할 때, 이를 공익사업을 위한 토지 등의 취득 및 보상에 관한 법률 시행규칙(이하 '시행규칙'이라고 한다) 제26조 제1항 제2호에 규정된 '사실상의 사도의 부지'로 보고 인근 토지 평가액의 3분의 1 이내로 그 보상액을 평가하려면, 그 토지가 도로법에 의한 일반 도로 등에 연결되어 일반의 통행에 제공되는 등으로 사도법에 의한 사도에 준하는 실질을 갖추고 있어야 하고, 나아가 시행규칙 제26조 제2항 제1호 내지 제4호 중 어느 하나에 해당하여야 하지만(대판 2013.6.13, 2011두7007 참조), 해당 토지가 도로법에 의한 도로에 연결되었다면 특별한 사정이 없는 한 사도법에 의한 사도에 준하는 실질을 갖추었다고 볼 것이고, 반드시 그 도로가 불특정 다수인의 통행에 제공될 필요까지는 없다.

2. 상고이유 제2점에 관하여

어느 토지가 시행규칙 제26조 제2항 제1호에 규정된 '도로개설 당시의 토지소유자가 자기 토지의 편익을 위하여 스스로 설치한 도로'에 해당하려면, 토지소유자가 자기 소유 토지 중 일부에 도로를 설치한 결과 도로 부지로 제공된 부분으로 인하여 나머지 부분 토지의 편익이 증진되는 등으로 그 부분의 가치가 상승됨으로써 도로부지로 제공된 부분의 가치를 낮게 평가하여 보상하더라도 전체적으로 정당보상의 원칙에 어긋나지 않는다고 볼 만한 객관적인 사유가 있다고 인정되어야 하고, 이는 도로개설 경위와 목적, 주위환경, 인접토지의 획지 면적, 소유관계 및 이용상태 등 제반 사정을 종합적으로 고려하여 판단할 것이다(대판 2013.6.13, 2011두7007 등 참조).

원심판결 이유와 기록에 의하면, 원고가 자신의 소유인 분할 전 서울 서초구 (주소 1 생략) 토지 위에 건물을 건축한 후 2003.11.18. 이에 관하여 소유권보존등기절차를 마친 사실, 원고가 2004.6.10. 위 토지를 (주소 1 생략) 토지, (주소 2 생략) 토지, 이 사건 토지의 세 필지로 분할하면서 위 건물의 대지 부분인 (주소 1 생략) 토지의 지목을 '전'에서 '대지'로, 이 사건 토지의 지목을 '전'에서 '도로'로 각 변경한 사실, 위 토지 분할로 (주소 1 생략) 토지는 지적도상 맹지로 되었는데, 원고는 공로로부터 (주소 1 생략) 토지로의 진입로로 사용하기 위하여 이 사건 토지를 도로로 개설한 다음 이 사건 토지에 시멘트 포장을 한 사실, 이 사건 토지의 면적은 37㎡인데

반해 (주소 1 생략) 토지의 면적은 330㎡에 이르는 사실을 알 수 있다. 앞서 본 법리에 위와 같은 사실을 종합하여 보면, 원고가 스스로 도로로 개설한 이 사건 토지로 인하여 (주소 1 생략) 토지의 가치가 상승됨으로써 이 사건 토지의 가치를 낮게 평가하여 보상하더라도 전체적으로 정당보상의 원칙에 어긋나지 않는다고 볼 만한 객관적인 사유가 있다고 봄이 타당하다.

12. 사실상 사도 판단(대판 2013.6.13, 2011두7007)

[판시사항]

[1] 공익사업을 위한 토지 등의 취득 및 보상에 관한 법률 시행규칙 제26조 제1항 제2호에 의하여 '사실상의 사도'의 부지로 보고 인근 토지 평가액의 3분의 1 이내로 보상액을 평가하기 위한 요건

[2] 공익사업을 위한 토지 등의 취득 및 보상에 관한 법률 시행규칙 제26조 제2항 제1호에서 규정한 '도로개설 당시의 토지소유자가 자기 토지의 편익을 위하여 스스로 설치한 도로'에 해당하는지 판단하는 기준

[3] 공익사업을 위한 토지 등의 취득 및 보상에 관한 법률 시행규칙 제26조 제2항 제2호가 규정한 '토지소유자가 그 의사에 의하여 타인의 통행을 제한할 수 없는 도로'의 의미 및 그에 해당하는지 판단하는 기준

[판결요지]

[1] 공익사업을 위한 토지 등의 취득 및 보상에 관한 법률 시행규칙 제26조 제1항 제2호에 의하여 '사실상의 사도'의 부지로 보고 인근 토지 평가액의 3분의 1 이내로 보상액을 평가하려면, 도로법에 의한 일반 도로 등에 연결되어 일반의 통행에 제공되는 등으로 사도법에 의한 사도에 준하는 실질을 갖추고 있어야 하고, 나아가 위 규칙 제26조 제2항 제1호 내지 제4호 중 어느 하나에 해당하여야 할 것이다.

[2] 공익사업을 위한 토지 등의 취득 및 보상에 관한 법률 시행규칙 제26조 제2항 제1호에서 규정한 '도로개설 당시의 토지소유자가 자기 토지의 편익을 위하여 스스로 설치한 도로'에 해당한다고 하려면, 토지소유자가 자기 소유 토지 중 일부에 도로를 설치한 결과 도로 부지로 제공된 부분으로 인하여 나머지 부분 토지의 편익이 증진되는 등으로 그 부분의 가치가 상승됨으로써 도로부지로 제공된 부분의 가치를 낮게 평가하여 보상하더라도 전체적으로 정당보상의 원칙에 어긋나지 않는다고 볼 만한 객관적인 사유가 있다고 인정되어야 하고, 이는 도로개설 경위와 목적, 주위환경, 인접토지의 획지 면적, 소유관계 및 이용상태 등 제반 사정을 종합적으로 고려하여 판단할 것이다.

[3] 공익사업을 위한 토지 등의 취득 및 보상에 관한 법률 시행규칙 제26조 제2항 제2호가 규정한 '토지소유자가 그 의사에 의하여 타인의 통행을 제한할 수 없는 도로'는 사유지가 종전부터 자연발생적으로 또는 도로예정지로 편입되어 있는 등으로 일반 공중의 교통에 공용되고 있고 그 이용상황이 고착되어 있어, 도로부지로 이용되지 아니하였을 경우에 예상되는 표준적인 이용상태로 원상회복하는 것이 법률상 허용되지 아니하거나 사실상 현저히 곤란한 정도에 이른 경우를

의미한다고 할 것이다. 이때 어느 토지가 불특정 다수인의 통행에 장기간 제공되어 왔고 이를 소유자가 용인하여 왔다는 사정이 있다는 것만으로 언제나 도로로서의 이용상황이 고착되었다고 볼 것은 아니고, 이는 당해 토지가 도로로 이용되게 된 경위, 일반의 통행에 제공된 기간, 도로로 이용되고 있는 토지의 면적 등과 더불어 그 도로가 주위 토지로 통하는 유일한 통로인지 여부 등 주변 상황과 당해 토지의 도로로서의 역할과 기능 등을 종합하여 원래의 지목 등에 따른 표준적인 이용상태로 회복하는 것이 용이한지 여부 등을 가려서 판단해야 할 것이다.

13. 예정공도부지(대판 2014.9.4, 2014두6425)

[판시사항]

'예정공도부지'가 공익사업을 위한 토지 등의 취득 및 보상에 관한 법률 시행규칙 제26조 제2항에서 정한 사실상의 사도에 해당하는지 여부(소극)

[판결요지]

공익사업을 위한 토지 등의 취득 및 보상에 관한 법률 시행규칙(이하 '공익사업법 시행규칙'이라 한다) 제26조 제2항은 사실상의 사도는 '사도법에 의한 사도 외의 도로로서, 도로개설 당시의 토지소유자가 자기 토지의 편익을 위하여 스스로 설치한 도로와 토지소유자가 그 의사에 의하여 타인의 통행을 제한할 수 없는 도로'를 의미한다고 규정하면서 국토의 계획 및 이용에 관한 법률에 의한 도시・군 관리계획에 의하여 도로로 결정된 후부터 도로로 사용되고 있는 것은 사실상의 사도에서 제외하고 있다. '공익계획사업이나 도시계획의 결정・고시 때문에 이에 저촉된 토지가 현황도로로 이용되고 있지만 공익사업이 실제로 시행되지 않은 상태에서 일반공중의 통행로로 제공되고 있는 상태로서 계획제한과 도시계획시설의 장기미집행상태로 방치되고 있는 도로', 즉 예정공도부지의 경우 보상액을 사실상의 사도를 기준으로 평가한다면 토지가 도시・군 관리계획에 의하여 도로로 결정된 후 곧바로 도로사업이 시행되는 경우의 보상액을 수용 전의 사용현황을 기준으로 산정하는 것과 비교하여 토지소유자에게 지나치게 불리한 결과를 초래한다는 점 등을 고려하면, 예정공도부지는 공익사업법 시행규칙 제26조 제2항에서 정한 사실상의 사도에서 제외된다.

[이유]

1. 공익사업을 위한 토지 등의 취득 및 보상에 관한 법률(이하 '공익사업법'이라 한다) 시행규칙 제26조 제2항은 사실상의 사도는 '사도법에 의한 사도 외의 도로로서, 도로개설 당시의 토지소유자가 자기 토지의 편익을 위하여 스스로 설치한 도로와 토지소유자가 그 의사에 의하여 타인의 통행을 제한할 수 없는 도로'를 의미한다고 규정하면서 국토의 계획 및 이용에 관한 법률에 의한 도시・군 관리계획에 의하여 도로로 결정된 후부터 도로로 사용되고 있는 것은 사실상의 사도에서 제외하고 있는바, '공익계획사업이나 도시계획의 결정・고시 때문에 이에 저촉된 토지가 현황도로로 이용되고 있지만 공익사업이 실제로 시행되지 않은 상태에서 일반공중의 통행로로 제공되고 있는 상태로서 계획제한과 도시계획시설의 장기미집행상태로 방치되고 있는 도로', 즉 예정공도부지의 경우 그 보상액을 사실상의 사도를 기준으로 평가한다면 토지가 도시・군 관리

계획에 의하여 도로로 결정된 후 곧바로 도로사업이 시행되는 경우의 보상액을 수용 전의 사용현황을 기준으로 산정하는 것과 비교하여 토지소유자에게 지나치게 불리한 결과를 초래한다는 점 등을 고려하면, 예정공도부지는 공익사업법 시행규칙 제26조 제2항에서 정한 사실상의 사도에서 제외된다고 해석함이 상당하다.

2. 원심판결 이유에 의하면, 원심은, ① 1991.9.6. 경상남도 고시로 분할 전 토지 중 이 사건 토지에 도로를 신설하는 내용의 도시계획결정이 고시된 사실, ② 1994.9.경 분할 전 토지가 분할되어 그 지상에 상가가 건축되었고, 이 사건 토지는 그 무렵부터 그 지상건물 거주자들의 통행로 등 일반 공중의 통행에 제공되어 온 사실을 인정한 다음, 이 사건 토지는 국토의 계획 및 이용에 관한 법률에 의한 도시・군 관리계획에 의하여 도로예정지로 결정된 후 도로로 결정・고시되지는 아니하였지만 실제 도로로 이용되는 예정공도부지로서 공익사업법 시행규칙 제26조 제2항에서 정한 사실상의 사도에 해당하지 아니한다고 판단하였는바, 위 법리와 기록에 비추어 살펴보면 원심의 판단은 정당하고, 거기에 공익사업법 시행규칙 제26조 제2항의 '사실상의 사도' 또는 '도로'에 관한 법리를 오해하여 심리를 다하지 아니한 잘못이 없다.

14. '공익계획사업이나 도시계획의 결정・고시 때문에 이에 저촉된 토지가 현황도로로 이용되고 있지만 공익사업이 실제로 시행되지 않은 상태에서 일반공중의 통행로로 제공되고 있는 상태로서 계획제한과 도시계획시설의 장기미집행상태로 방치되고 있는 도로' 곧 예정공도부지가 공익사업을 위한 토지 등의 취득 및 보상에 관한 법률 시행규칙 제26조 제2항에서 정한 사실상의 사도에 해당하는지 여부(소극)(대판 2019.1.17, 2018두55753)

'공익계획사업이나 도시계획의 결정・고시 때문에 이에 저촉된 토지가 현황도로로 이용되고 있지만 공익사업이 실제로 시행되지 않은 상태에서 일반공중의 통행로로 제공되고 있는 상태로서 계획제한과 도시계획시설의 장기미집행상태로 방치되고 있는 도로', 즉 예정공도부지의 경우 보상액을 사실상의 사도를 기준으로 평가한다면 토지가 도시・군 관리계획에 의하여 도로로 결정된 후 곧바로 도로사업이 시행되는 경우의 보상액을 수용 전의 사용현황을 기준으로 산정하는 것과 비교하여 토지소유자에게 지나치게 불리한 결과를 가져온다는 점 등을 고려하면, 예정공도부지는 공익사업법 시행규칙 제26조 제2항에서 정한 사실상의 사도에서 제외된다.

15. 예정공도는 공익사업계획이나 도시계획의 결정・고시 때문에 저촉도로가 현황도로로 이용되고 있지만, 공익사업이 실제로 시행되지 않은 상태에서 일반공중의 통행로로 제공되고 있는 상태를 의미한다 : 도시계획결정은 도시계획고시일에 그 효력을 발생하는 것이므로, 당해 토지소유자가 도시계획(도로)입안의 내용에 따라 스스로 토지를 도로로 제공하였고 도시계획(도로) 결정고시는 그 후에 있는 경우, 도시계획입안의 내용은 그 토지 지가 하락의 원인과 관계가 없어서 토지에 대한 손실보상금산정에 참작할 사유가 아니라고 한 사례(대판 1997.8.29, 96누2569)

16. 부당이득금(대판 2024.2.15, 2023다295442)

[판시사항]

[1] 토지 소유자가 소유 토지를 일반 공중 등의 통행로로 무상 제공하거나 그에 대한 통행을 용인하는 등으로 자신의 의사에 부합하는 토지이용상태가 형성되어 그에 대한 독점적・배타적 사용・수익권의 행사가 제한되는 경우, 사용・수익권 자체를 대세적・확정적으로 상실하는지 여부(소극) 및 그 후 일정한 요건을 갖춘 때에는 사정변경의 원칙에 따라 소유자가 다시 독점적・배타적 사용・수익권을 행사할 수 있는지 여부(적극) / 독점적・배타적 사용・수익권 행사가 제한되는지를 판단할 때 고려하여야 할 사항 및 그에 대한 증명책임의 소재(= 독점적・배타적 사용・수익권 행사의 제한을 주장하는 사람)

[2] 甲이 사정받은 토지가 분할됨과 동시에 분할된 일부 토지의 지목이 '도로'로 변경되어 도로로 사용되다가 乙이 위 토지를 매수하였는데, 乙이 丙 지방자치단체를 상대로 丙 지방자치단체가 토지를 도로부지로 사용하였다는 이유로 부당이득반환을 구한 사안에서, 甲 및 그 상속인들이 토지에 대한 독점적・배타적인 사용・수익권을 행사하는 것을 제한할 수 있다고 보기 어려운데도, 甲 및 그 상속인들이 토지에 대한 독점적・배타적 사용・수익권을 포기하였으므로 乙이 부당이득반환청구를 할 수 없다고 본 원심판단에 법리오해의 잘못이 있다고 한 사례

[판결요지]

[1] 어느 사유지가 종전부터 자연발생적으로 또는 도로예정지로 편입되어 사실상 일반 공중의 교통에 공용되는 도로로 사용되고 있는 경우, 토지 소유자가 스스로 그 토지를 도로로 제공하거나 그러한 사용 상태를 용인함으로써 인근 주민이나 일반 공중이 이를 무상으로 통행하고 있는 상황에서, 도로의 점유자를 상대로 한 부당이득반환청구나 손해배상청구, 토지인도청구 등 그 토지에 대한 독점적・배타적인 사용・수익권의 행사를 제한할 수 있는 경우가 있다.

이와 같이 토지 소유자가 그 소유 토지를 일반 공중 등의 통행로로 무상 제공하거나 그에 대한 통행을 용인하는 등으로 자신의 의사에 부합하는 토지이용상태가 형성되어 그에 대한 독점적・배타적 사용・수익권의 행사가 제한되는 것은 금반언이나 신뢰보호 등 신의성실의 원칙상 기존 이용상태가 유지되는 한 토지 소유자가 이를 수인해야 함에 따른 결과일 뿐이고 그로써 소유권의 본질적 내용인 사용・수익권 자체를 대세적・확정적으로 상실하는 것은 아니다. 또한 토지 소유자의 독점적・배타적 사용・수익권 행사가 제한되는 경우에도 일정한 요건을 갖춘 때에는 신의성실의 원칙으로부터 파생되는 사정변경의 원칙에 따라 소유자가 다시 독점적・배타적 사용・수익권을 행사할 수 있다. 이러한 신의성실의 원칙과 독점적・배타적 사용・수익권 제한 법리의 관련성에 비추어 보면, 독점적・배타적 사용・수익권 행사가 제한되는지를 판단할 때는 토지 소유자의 의사를 비롯하여 다음에 보는 여러 사정을 종합적으로 고찰할 때 토지 소유자나 그 승계인이 권리를 행사하는 것이 금반언이나 신뢰보호 등 신의성실의 원칙상 허용될 수 있는지가 고려되어야 한다.

즉 독점적·배타적 사용·수익권을 행사하는 것을 제한할 수 있는지 여부는 소유자가 토지를 소유하게 된 경위와 보유기간, 소유자가 토지를 공공의 사용에 제공하거나 그 사용을 용인하게 된 경위와 그 규모, 토지 제공 당시 소유자의 의사, 토지 제공에 따른 소유자의 이익 또는 편익의 유무와 정도, 해당 토지의 위치나 형태, 인근의 다른 토지들과의 관계, 주위 환경, 소유자가 보인 행태의 모순 정도 및 이로 인한 일반 공중의 신뢰 내지 편익 침해 정도, 소유자가 행사하는 권리의 내용이나 행사 방식 및 권리 보호의 필요성 등 여러 사정을 종합적으로 고찰하고, 토지 소유자의 소유권 보장과 공공의 이익 사이의 비교형량을 하여 판단하여야 한다. 또한 독점적·배타적 사용·수익권 행사를 제한하는 법리는 토지 소유자의 권리행사를 제한하는 예외적인 법리이므로, 공공필요에 의한 재산권의 수용·사용 또는 제한에 관한 정당한 보상을 지급하여야 한다는 헌법 제23조 제3항 및 법치행정의 취지에 비추어 신중하고 엄격하게 적용되어야 하고, 독점적·배타적 사용·수익권 행사의 제한을 주장하는 사람이 그 제한 요건을 충족하였다는 점에 대한 증명책임을 진다.

[2] 甲이 사정받은 토지가 분할됨과 동시에 분할된 일부 토지의 지목이 '도로'로 변경되어 도로로 사용되다가 乙이 위 토지를 매수하였는데, 乙이 丙 지방자치단체를 상대로 丙 지방자치단체가 위 토지를 도로부지로 사용하였다는 이유로 부당이득반환을 구한 사안에서, 위 도로부지에 포함된 토지가 관할관청에 의하여 직권으로 모토지에서 분할되면서 도로로 개설되어 공중의 통행에 이용되었을 가능성을 배제할 수 없는 점, 甲 및 그 상속인들이 관할관청으로부터 보상을 받았다는 등 이들이 토지 분할로 인하여 얻은 이익이나 편익이 있었다고 볼 만한 자료는 제출되지 않은 점, 토지가 도로로 사용되는 것에 대하여 소유자가 적극적으로 이의하지 않았고 그 기간이 길다는 것만으로 소유자가 사전에 무상 점유·사용에 대한 동의를 하였다거나 사후에 이를 용인하였다고 볼 수는 없는 점, 乙이 소멸시효가 완성하지 않은 과거 5년 및 장래의 토지 임료 상당 부당이득반환청구를 하고 있을 뿐, 토지 인도청구 등 일반 공중의 도로 통행에 관한 신뢰나 편익에 직접적으로 영향을 줄 만한 청구는 하고 있지 않은 점 등을 종합하면, 甲 및 그 상속인들이 위 토지에 대한 독점적·배타적인 사용·수익권을 행사하는 것을 제한할 수 있다고 보기 어려운데도, 甲 및 그 상속인들이 위 토지에 대한 독점적·배타적 사용·수익권을 포기하였으므로 乙이 부당이득반환청구를 할 수 없다고 본 원심판단에 법리오해의 잘못이 있다고 한 사례

[참조조문]

[1] 헌법 제23조 제1항, 제3항, 민법 제2조, 제211조, 제741조, 제750조, 민사소송법 제288조[증명책임]

[2] 헌법 제23조 제1항, 제3항, 민법 제2조, 제211조, 제741조, 공익사업을 위한 토지 등의 취득 및 보상에 관한 법률 제61조

[참조판례]

[1] 대법원 2013.8.22. 선고 2012다54133 판결(공2013하, 1685), 대법원 2013.12.26. 선고 2013다211575 판결, 대법원 2019.1.24. 선고 2016다264556 전원합의체 판결(공2019상, 531), 대법원 2019.4.11. 선고 2017다249073・249080 판결

[전문]

[원고, 상고인]

주식회사 코리아누수설비 (소송대리인 법무법인(유한) 국제 담당변호사 최진갑)

[피고, 피상고인]

거제시 (소송대리인 법무법인 모든 담당변호사 권영준 외 3인)

[원심판결]

부산지법 2023.10.13. 선고 2022나57947 판결

[주문]

원심판결을 파기하고, 사건을 부산지방법원에 환송한다.

[이유]

상고이유를 판단한다.

1. 사안의 개요

원심판결 이유와 기록에 의하면 다음과 같은 사실을 알 수 있다.

가. 소외 1은 1914.3.10. 경남 거제군 ○○면△△리(지번 1 생략) 답 214평(이하 개별토지에서 면 단위 이상 행정구역은 생략하여 특정한다) 및 △△리(지번 2 생략) 전 333평을 사정받았다. △△리(지번 1 생략) 답 214평은 1931.9.17. △△리(지번 3 생략) 답 5평, △△리(지번 4 생략) 답 106평, △△리(지번 5 생략) 답 58평, △△리(지번 6 생략) 답 45평으로 분할되었다. △△리(지번 2 생략) 전 333평도 1931.9.17. △△리(지번 7 생략) 전 283평, △△리(지번 8 생략) 전 50평으로 분할되었다. △△리(지번 5 생략) 답 58평과 △△리(지번 8 생략) 전 50평(이하 '이 사건 토지들'이라 한다)은 1931.9.17. 이렇게 분할됨과 동시에 지목이 '도로'로 변경되었다.

나. 이 사건 토지들은 위와 같은 지목 변경 시점 무렵부터 도로로 사용되다가 1979.6.5. 도시계획시설(도로: 중로 1-5호선) 구간에 포함되었다.

다. 소외 1의 상속인들은 2021.1.19. 이 사건 토지들에 관하여 소유권보존등기를 마쳤다. 원고는 2021.4.5. 위 상속인들 중 일부로부터 이 사건 토지들 중 이들의 지분을 매수하고 2021.4.7. 소유권이전등기를 마쳤다.

라. 원고는 위와 같이 지분을 매수한 상속인들로부터 이들이 피고가 이 사건 토지들을 도로부지로 사용함에 따라 피고에 대하여 가지는 부당이득반환채권을 양수하였다면서, 2021.4.5. 피고를 상대로 부당이득반환을 구하는 이 사건 소를 제기하였다.

마. 2021.4.21.까지 이 사건 토지들의 소유자들은 피고가 이 사건 토지들을 도로로 사용하는 것에 대하여 이의를 제기하지 않았다.

2. 원심의 판단

원심은 소외 1과 상속인들이 이 사건 토지들에 대한 독점적・배타적 사용・수익권을 포기하였으므로 원고가 부당이득반환을 구할 수 없다고 판단하였다. 독점적・배타적 사용・수익권을 포기하였다고 본 주요한 이유는 다음과 같다.

가. 이 사건 토지들은 1931년경부터 약 90년간 도로로 사용되었고 다른 용도로는 사용하기 어렵다. 그동안 종전 소유자들은 이에 이의를 제기하거나 이 사건 토지들에 대한 권리를 행사하지 않았다. 이는 종전 소유자들이 이 사건 토지들을 도로로 제공하였거나 적어도 이 사건 토지들이 점유・사용되는 것을 묵시적으로 용인하여 왔음을 의미한다.

나. 원고는 사실상 사용・수익이 불가능함에도 2021.4.7. 위 지분을 매수하고 2021.4.15. 곧바로 이 사건 소를 제기하였다. 이러한 매수 및 소 제기는 지방자치단체인 피고를 상대로 수익을 올리려는 목적이었을 가능성을 배제할 수 없다. 따라서 원고의 사용・수익권보다 이 사건 토지들을 도로로 사용하면서 얻는 공익의 보호 필요성이 더 크다.

3. 대법원의 판단

그러나 원심의 판단은 수긍하기 어렵다.

가. 어느 사유지가 종전부터 자연발생적으로 또는 도로예정지로 편입되어 사실상 일반 공중의 교통에 공용되는 도로로 사용되고 있는 경우, 토지 소유자가 스스로 그 토지를 도로로 제공하거나 그러한 사용 상태를 용인함으로써 인근 주민이나 일반 공중이 이를 무상으로 통행하고 있는 상황에서, 도로의 점유자를 상대로 한 부당이득반환청구나 손해배상청구, 토지인도청구 등 그 토지에 대한 독점적・배타적인 사용・수익권의 행사를 제한할 수 있는 경우가 있다.

이와 같이 토지 소유자가 그 소유 토지를 일반 공중 등의 통행로로 무상 제공하거나 그에 대한 통행을 용인하는 등으로 자신의 의사에 부합하는 토지이용상태가 형성되어 그에 대한 독점적・배타적 사용・수익권의 행사가 제한되는 것은 금반언이나 신뢰보호 등 신의성실의 원칙상 기존 이용상태가 유지되는 한 토지 소유자가 이를 수인해야 함에 따른 결과일 뿐이고 그로써 소유권의 본질적 내용인 사용・수익권 자체를 대세적・확정적으로 상실하는 것은 아니다(대판 2013.8.22, 2012다54133, 대판 2013.12.26, 2013다211575 등 참조). 또한 토지 소유자의 독점적・배타적 사용・수익권 행사가 제한되는 경우에도 일정한 요건을 갖춘 때에는 신의성실의 원칙으로부터 파생되는 사정변경의 원칙에 따라 소유자가 다시 독점적・배타적 사용・수익권을 행사할 수 있다(위 대판 2012다54133, 대판(전) 2019.1.24, 2016다264556 등 참조). 이러한 신의성실의 원칙과 독점적・배타적 사용・수익권 제한 법리의 관련성에 비추어 보면, 독점적 · 배타적 사용 · 수익권 행사가 제한되는지를 판단할 때는 토지 소유자의 의사를 비롯하여 다음에 보는 여러 사정을 종합적으로 고찰할 때 토지 소유자나 그 승계인이 권리를 행사하는 것이 금반언이나 신뢰보호 등 신의성실의 원칙상 허용될 수 있는지가 고려되어야 한다.

즉 독점적 · 배타적 사용 · 수익권을 행사하는 것을 제한할 수 있는지 여부는 소유자가 토지를 소유하게 된 경위와 보유기간, 소유자가 토지를 공공의 사용에 제공하거나 그 사용을 용인하게 된 경위와 그 규모, 토지 제공 당시 소유자의 의사, 토지 제공에 따른 소유자의 이익 또는 편익의 유무와 정도, 해당 토지의 위치나 형태, 인근의 다른 토지들과의 관계, 주위 환경, 소유자가 보인 행태의 모순 정도 및 이로 인한 일반 공중의 신뢰 내지 편익 침해 정도, 소유자가 행사하는 권리의 내용이나 행사 방식 및 권리 보호의 필요성 등 여러 사정을 종합적으로 고찰하고, 토지 소유자의 소유권 보장과 공공의 이익 사이의 비교형량을 하여 판단하여야 한다. 또한 독점적 · 배타적 사용 · 수익권 행사를 제한하는 법리는 토지 소유자의 권리행사를 제한하는 예외적인 법리이므로, 공공필요에 의한 재산권의 수용 · 사용 또는 제한에 관한 정당한 보상을 지급하여야 한다는 헌법 제23조 제3항 및 법치행정의 취지에 비추어 신중하고 엄격하게 적용되어야 하고, 독점적 · 배타적 사용 · 수익권 행사의 제한을 주장하는 사람이 그 제한 요건을 충족하였다는 점에 대한 증명책임을 진다(위 대판(전) 2016다264556, 대판 2019.4.11, 2017다249073 · 249080 등의 취지 참조).

나. 앞서 본 사실관계와 기록에 의하여 알 수 있는 다음과 같은 사정을 위 법리에 비추어 살펴보면, 이 사건 토지들의 종전 소유자들 및 그 일부 승계인인 원고의 이 사건 토지들에 대한 독점적 · 배타적 사용수익권 행사가 제한된다고 보기 어렵다.

1) 소외 1은 1914.3.10. 이 사건 토지들의 모토지들을 사정받았고 1931.9.17. 분할되기까지 17년이 넘는 기간 동안 이를 소유하여 왔다. 지목이 답 또는 전인 것으로 보아 소외 1은 이를 농경지로 사용하였던 것으로 보인다.

2) 이 사건 토지들은 1931.9.17. 분할될 무렵부터 도로로 사용되었다. 그런데 토지 분할이 소외 1의 신청에 의한 것인지, 조선총독부 등 관할관청이 적법한 취득절차를 밟았는지 또는 도로 사용에 대한 소외 1의 동의가 있었는지 등 이 사건 토지들이 분할되고 도로로 제공된 구체적인 과정이나 경위에 대한 자료가 없다.

다만 1931.6.23. 작성된 '○○면 측량원도 제9호'에는 이 사건 토지들의 모토지 및 인근 여러 필지의 토지 위에 일직선의 도로부지를 붉은 선으로 표시하고 그에 맞게 위 각 토지들을 분할하며 도로부지에 포함된 토지는 지목을 도로로 변경하는 내용이 있다. 그로부터 몇 달 지나지 않은 1931.9.17. 이 사건 토지들의 모토지들이 위 측량원도와 같은 내용으로 분할되었다. 그렇다면 당시 이 사건 토지들 등 도로부지에 포함된 토지들이 조선총독부 등 관할관청에 의하여 직권으로 모토지에서 분할되면서 도로로 개설되어 공중의 통행에 이용되었을 가능성을 배제할 수 없다.

3) 이 사건 토지들의 면적(108평)은 그 모토지들 면적(547평)의 약 19.7%에 이른다. 또한 이 사건 토지들의 모토지들은 왼쪽으로 도로에 접해 있어 별도의 통행로를 개설할 필요가 있었다고 보기 어렵다. 오히려 분할 결과 △△리(지번 5 생략) 도로 58평이 모토지를 관통함으로써 나머지 토지가 3필지로 분리되어 토지의 효율적 이용에 장애가 되었을 것으로 보인다. 소외 1은 토지 분할 이후에도 분할된 토지를 상당 기간 그대로 소유하다가 1942년에 △△리(지번 7 생략) 전 283평을, 1974년에 △△리(지번 3 생략) 답 5평을, 1977년에 △△리(지번 6 생략) 답 45평을 각 제3자들에게 매도하였다.

위 측량원도는 △△리(지번 9 생략) 도로 264㎡[현재 '거제시 △△동(지번 9 생략) 도로 264㎡']가 △△리(지번 5 생략) 도로 58평에 연결된 도로부지에 포함되어 △△리(지번 10 생략) 토지에서 분할되는 것으로 되어 있다. 그리고 실제 그와 같이 분할되어 현재 도로로 사용되고 있고 소외 2가 2016.5.13. 소유권보존등기를 마쳤다. 그러자 피고는 2019.4.23. 위 토지를 「공익사업을 위한 토지 등의 취득 및 보상에 관한 법률 시행규칙」 제25조의 미지급용지(종전에 시행된 공익사업의 부지로서 보상금이 지급되지 아니한 토지)로 보아 보상을 하고 공공용지의 협의취득을 원인으로 소유권이전등기를 마쳤다. 이를 비롯하여 피고는 1985년경부터 지속적으로 이 사건 토지들이 있는 도로의 연장선에 포함되어 있는 여러 필지의 토지에 대하여 같은 방법으로 소유권이전등기를 마치고 있다.

이와 달리 이 사건 토지들이 모토지들에서 분할되어 도로로 사용됨에 따라 나머지 토지들의 효용가치가 확보되거나 증대되었다거나 소외 1이나 상속인들이 관할관청으로부터 보상을 받았다는 등 이들이 토지 분할로 인하여 얻은 이익이나 편익이 있었다고 볼 만한 자료는 제출되지 않았다.

4) 원심은 종전 소유자들이 장기간 이의하지 않은 것을 이유로 이들이 이 사건 토지들을 도로로 제공하였거나 이 사건 토지들이 점유·사용되는 것을 묵시적으로 용인하여 왔다고 보았다. 그러나 토지가 도로로 사용되는 것에 대하여 소유자가 적극적으로 이의하지 않았고 그 기간이 길다는 것만으로 소유자가 사전에 무상 점유·사용에 대한 동의를 하였다거나 사후에 이를 용인하였다고 볼 수는 없다. 토지 소유자에게는 권리를 행사할 자유뿐만 아니라 권리를 행사하지 않을 자유도 있으므로 소유자가 장기간 권리를 행사하지 않았다는 것만으로 그가 소유권의 일부 권능을 포기하였다거나 향후에도 소유권을 계속 행사하지 않겠다는 의사를 표시하였다는 점이 곧바로 도출될 수 있는 것도 아니다.

5) 원고는 소멸시효가 완성하지 않은 과거 5년 및 장래의 토지 임료 상당 부당이득반환청구를 하고 있을 뿐, 토지 인도청구 등 일반 공중의 도로 통행에 관한 신뢰나 편익에 직접적으로 영향을 줄 만한 청구는 하고 있지 않다. 또한 피고가 이미 이 사건 토지들이 있는 도로의 연장선에 포함된 다른 토지들에 대하여 적법한 절차를 거쳐 보상을 하고 소유권을 확보해 오고 있는 점을 고려하면, 이 사건 토지들에 대한 토지 임료 상당 부당이득을 반환하는 것은 재산권의 제한에 관한 정당한 보상의 실질도 가지고 있으므로, 신의성실의 원칙에 비추어 용인하기 어려울 정도로 공익에 부정적이고 중대한 영향을 미친다고 할 수도 없다.

6) 이상에서 살펴본 사정들을 종합하면 원고의 종전 소유자들이 이 사건 토지들에 대한 독점적·배타적인 사용·수익권을 행사하는 것을 제한할 수 있다고 보기 어렵다. 또한 원고가 종전 소유자들의 일부로부터 이 사건 토지들 중 일부 지분을 매수하여 피고를 상대로 소를 제기한 것이 수익을 올리려는 목적이었을 가능성을 배제할 수 없다는 원심 판시 사정만으로는 원고가 소유권에 기하여 이러한 권리를 행사하는 것을 제한할 수 있다고 보기 어렵다.

다. 그럼에도 원심은 앞서 본 이유만으로 소외 1과 상속인들이 이 사건 토지들에 대한 독점적·배타적 사용·수익권을 포기하였으므로 원고가 부당이득반환청구를 할 수 없다고 보았다. 이러한 원심의 판단에는 독점적·배타적인 사용·수익권의 제한에 관한 법리를 오해하여 판결에 영향을 미친 잘못이 있다.

4. 결론

그러므로 원심판결을 파기하고, 사건을 다시 심리·판단하도록 원심법원에 환송하기로 하여, 관여 대법관의 일치된 의견으로 주문과 같이 판결한다.

II 도수로부지 관련 판례

1. 구거부지로 보기 위한 객관적 사유(대판 2001.4.24, 99두5085)

[1] 공공용지의 취득 및 손실보상에 관한 특례법 시행규칙 제6조의2 제2항, 제12조 제2항, 제6조 제1항, 제2항은 구거부지에 대하여는 인근 토지에 대한 평가금액의 1/3 이내로 평가하도록 하면서 관행용수를 위한 도수로부지에 대하여는 일반토지의 평가방법에 의하여 평가하도록 규정하고 있는바, 이와 같이 구거부지와 도수로부지의 평가방법을 달리하는 이유는 그 가치에 차이가 있다고 보기 때문이므로, 일반토지의 평가방법에 의한 가격으로 평가하도록 되어 있는 도수로부지를 그보다 낮은 가격으로 평가하는 구거부지로 보기 위하여는 그 도수로의 개설경위, 목적, 주위환경, 소유관계, 이용상태 등의 제반 사정에 비추어 구거부지로 평가하여도 될 만한 객관적인 사유가 있어야 한다.

[2] 관행용수를 위한 도수로부지에 그 소유자의 의사에 의하지 아니한 채 생활오폐수가 흐르고 있다는 사정은 원래 일반토지의 평가방법에 의한 가격으로 평가하도록 되어 있는 도수로부지를 그보다 낮은 가격으로 평가하는 구거부지로 보아도 될 만한 객관적인 사유가 될 수 없다.

> 지목이 구거인 경우라도 한국농어촌공사가 소유자인 경우에는 용수를 위한 도수로부지로 보므로 정상평가한다.

2. 구거의 의미(대판 1983.12.13, 83다카1747)

공공용지의 취득 및 손실보상에 관한 특례법 시행규칙 제6조의2 제2항 제1호 소정의 사실상의 사도 또는 구거라 함은 토지소유자가 자기토지의 이익증진을 위하여 스스로 개설한 도로 또는 구거를 의미하고 소유 토지의 일부가 일정기간 불특정 다수인의 통행에 공여되거나 사실상 구거 등으로 사용되고 있으나 토지소유권자가 소유권을 행사하여 그 통행 또는 사용을 금지시킬 수 있는 상태에 있는 토지는 사실상의 사도 또는 구거에 해당되지 않는다.

06 개간비

1. 대판 2008.7.24, 2007두25930 · 25947 · 25954

[판시사항]

[1] 하천부지 점용허가에 부관을 붙일 수 있는지 여부(적극)

[2] 하천부지 점용허가를 하면서 '점용기간 만료 또는 점용을 폐지하였을 때에는 즉시 원상복구할 것'이라는 부관을 붙인 사안에서, 위 부관의 의미는 하천부지에 대한 점용기간 만료 시 그에 관한 개간비보상청구권을 포기하는 것을 조건으로 한 것으로 본 사례

[판결요지]

[1] 하천부지 점용허가 여부는 관리청의 재량에 속하고 재량행위에 있어서는 법령상의 근거가 없어도 부관을 붙일 것인가의 여부는 당해 행정청의 재량에 속하며, 또한 구 「하천법」(2004.1.20. 법률 제7101호로 개정되기 전의 것) 제33조 단서가 하천의 점용허가에는 하천의 오염으로 인한 공해 기타 보건위생상 위해를 방지함에 필요한 부관을 붙이도록 규정하고 있으므로, 하천부지 점용허가의 성질의 면으로 보나 법 규정으로 보나 부관을 붙일 수 있음은 명백하다.

[2] 하천부지 점용허가를 하면서 '점용기간 만료 또는 점용을 폐지하였을 때에는 즉시 원상복구할 것'이라는 부관을 붙인 사안에서, 위 부관의 의미는 하천부지에 대한 점용기간 만료 시 그에 관한 개간비보상청구권을 포기하는 것을 조건으로 한 것으로 본 사례

제2절 기출분석

31회 문제 01

A 시장 甲은 1990년에 「자연공원법」에 의하여 A 시내 산지 일대 5㎢를 'X시립공원'으로 지정·고시한 다음, 1992년 X시립공원 구역을 구분하여 용도지구를 지정하는 내용의 'X시립공권 기본계획'을 결정·공고하였다. 甲은 2017년에 X시립공원 구역 내 10,000㎡ 부분에 다목적 광장 및 휴양관(이하 '이 사건 시설'이라 한다)을 설치하는 내용의 'X시립공원 공원계획'을 결정·고시한 다음, 2018년에 甲이 사업시행자가 되어 이 사건 시설에 잔디광장, 휴양관, 도로, 주차장을 설치하는 내용의 'X시립공원 공원사업'(이하 '이 사건 시설 조성사업'이라 한다) 시행계획을 결정·고시하였다. 甲은 이 사건 시설 조성사업의 시행을 위하여 그 사업구역 내에 위치한 토지(이하 '이 사건 B토지'라 한다)를 소유한 乙과 손실보상에 관한 협의를 진행하였으나 협의가 성립되지 않자 수용재결을 신청하였다. 관할 지방토지수용위원회의 수용재결 및 중앙토지수용위원회의 이의재결에 모두 이 사건 B토지의 손실보상금은 1990년의 X시립공원 지정 및 1992년의 X시립공원 용도지구 지정에 따른 계획제한을 받는 상태대로 감정평가한 금액을 기초로 산정되었다. 다음 물음에 답하시오. 40점

(2) 乙이 B토지에 대한 보상평가는 1990년의 X시립공원 지정·고시 이전을 기준으로 하여야 한다고 주장한다. 乙의 주장은 타당한가? 10점

(설문 1-2)의 해결
Ⅰ. 쟁점의 정리
Ⅱ. 현황평가의 원칙과 공법상 제한
1. 현황평가의 원칙(토지보상법 제70조 제2항)
2. 현황평가의 원칙과 공법상 제한
(1) 공법상 제한을 받는 토지
(2) 해당 공익사업의 시행을 직접 목적으로 하여 용도지역이 변경된 토지
3. 관련 판례의 태도
Ⅲ. 사안의 해결

예시답안

(설문 1-2)의 해결

Ⅰ 쟁점의 정리

乙은 보상평가 시 1990년 X시립공원 지정·고시 이전을 기준으로 해야 한다고 주장한다. 토지보상법 시행규칙 제23조 공법상 제한과 관련하여 X시립공원 지정·고시가 'X시립공원 공원사업'을 직접 목적으로 지정·고시되었는지를 검토한다.

Ⅱ 현황평가의 원칙과 공법상 제한

1. 현황평가의 원칙(토지보상법 제70조 제2항)

현황평가의 원칙이란, 토지에 대한 보상액은 가격시점에서의 현실적인 이용상황과 일반적인 이용방법에 의한 객관적 상황을 고려하여 산정하되, 일시적인 이용상황과 토지소유자나 관계인이 갖는 주관적 가치 및 특별한 용도에 사용할 것을 전제로 한 경우 등은 고려하지 아니하는 것을 말한다.

2. 현황평가의 원칙과 공법상 제한

(1) 공법상 제한을 받는 토지

공법상 제한을 받는 토지는 그 공법상 제한이 해당 공익사업의 시행을 직접 목적으로 가하여진 경우에는 그러한 제한이 없는 것으로 보고 평가하며 그 외의 공법상 제한은 그 제한을 받는 상태대로 평가한다.

(2) 해당 공익사업의 시행을 직접 목적으로 하여 용도지역이 변경된 토지

해당 공익사업의 시행을 직접 목적으로 용도지역이 변경된 경우에는 변경 전의 용도지역을 기준으로 평가한다.

3. 관련 판례의 태도

자연공원법에 의한 '자연공원 지정' 및 '공원용도지구계획에 따른 용도지구 지정'은, 그와 동시에 구체적인 공원시설을 설치·조성하는 내용의 '공원시설계획'이 이루어졌다는 특별한 사정이 없는 한, 그 이후에 별도의 '공원시설계획'에 의하여 시행 여부가 결정되는 구체적인 공원사업의 시행을 직접 목적으로 한 것이 아니므로 공익사업을 위한 토지 등의 취득 및 보상에 관한 법률 시행규칙 제23조 제1항 본문에서 정한 '일반적 계획제한'에 해당한다(대판 2019.9.25, 2019두34982).

Ⅲ 사안의 해결

설문상 1990년 X시립공원 지정·고시 당시 구체적인 공원시설계획이 이루어진 사실이 없는바, 이는 일반적 계획제한으로서 토지보상법 제23조에 따라 이를 반영하여 평가하여야 한다. 따라서 乙의 주장은 타당하지 않다.

24회 문제 01

甲은 S시에 600㎡의 토지를 소유하고 있다. S시장 乙은 2002년 5월 「국토의 계획 및 이용에 관한 법률」에 의거하여 수립한 도시관리계획으로 甲의 토지가 포함된 일대에 대하여 공원구역으로 지정하였다가 2006년 5월 민원에 따라 甲의 토지를 주거지역으로 변경지정하였다. 乙은 2010년 3월 정부의 녹색도시조성 시책에 부응하여 도시근린공원을 조성하고자 甲의 토지에 대하여 녹지지역으로 재지정하였다. 다음 물음에 답하시오. 40점

(2) 乙은 공원조성사업을 추진하기 위하여 甲의 토지를 수용하였는데, 보상금산정 시 녹지지역을 기준으로 감정평가한 금액을 적용하였다. 그 적법성 여부를 논하시오. 20점

(설문 1-2)의 해결

Ⅰ. 쟁점의 정리

Ⅱ. 공법상 제한을 받는 토지의 평가기준(토지보상법 시행규칙 제23조)

1. 공법상 제한의 의의 및 종류

(1) 일반적 제한

(2) 개별적 제한

2. 공법상 제한을 받는 토지의 평가기준

(1) 일반적 제한의 경우(토지보상법 시행규칙 제23조 제1항)

(2) 개별적 제한의 경우(토지보상법 시행규칙 제23조 제1항 단서)

(3) 해당 사업으로 인해 용도지역이 변경된 경우(토지보상법 시행규칙 제23조 제2항)

3. 관련 판례의 태도

(1) 일반적 제한의 경우

(2) 해당 사업을 위해 용도지역이 변경된 경우

Ⅲ. 사안의 해결

예시답안

(설문 1-2)의 해결

Ⅰ 쟁점의 정리

설문은 공원조성사업의 시행을 위하여 수용된 甲 토지의 보상금과 관련된 사안이다. 보상금 산정 시에 해당 사업시행을 위하여 변경된 용도지역을 기준하여 보상금이 산정된 바, 토지보상 평가기준과 관련하여 "공법상 제한을 받는 토지의 평가기준(토지보상법 시행규칙 제23조)"을 검토하여 해당 보상금의 적법성 여부를 논하고자 한다.

Ⅱ 공법상 제한을 받는 토지의 평가기준(토지보상법 시행규칙 제23조)

1. 공법상 제한의 의의 및 종류

공법상 제한받는 토지라 함은 관계법령에 의해 가해지는 토지이용규제나 제한을 받는 토지로서, 이는 국토공간의 효율적 이용을 통해 공공복리를 증진시키는 수단으로 기능한다. 그 제한사항은 일반적 제한과 개별적 제한으로 구분된다.

(1) 일반적 제한

일반적 제한이란 제한 그 자체로 목적이 완성되고 구체적 사업의 시행이 필요하지 않은 경우를 말한다. 그 예로는 국토의 이용 및 계획에 관한 법률에 의한 용도지역, 지구, 구역의 지정, 변경 기타 관계법령에 의한 토지이용계획 제한이 있다.

(2) 개별적 제한

개별적 제한이란 그 제한이 구체적 사업의 시행을 필요로 하는 경우를 말한다.

2. 공법상 제한을 받는 토지의 평가기준

(1) 일반적 제한의 경우(토지보상법 시행규칙 제23조 제1항)

일반적 제한의 경우에는 제한 그 자체로 목적이 완성되고 구체적 사업의 시행이 필요하지 않은 경우이므로 그 제한받는 상태대로 평가한다.

(2) 개별적 제한의 경우(토지보상법 시행규칙 제23조 제1항 단서)

개별적 제한이 당해 공익사업의 시행을 직접 목적으로 가해진 경우에는 제한이 없는 상태로 평가한다. "당해 공익사업의 시행을 직접 목적으로 하여 가하여진 경우"에는 당초의 목적사업과 다른 목적의 공익사업에 취득·수용 또는 사용되는 경우를 포함한다. 이는 공익사업의 시행자가 보상액을 감액하기 위하여 고의적으로 다른 사유로 사권에 제한을 가하고 그와 다른 사업을 시행하면 토지소유자는 불이익을 받게 되는바, 이러한 실체적인 불합리성을 방지하기 위한 것이다.

(3) 해당 사업으로 인해 용도지역이 변경된 경우(토지보상법 시행규칙 제23조 제2항)

용도지역 등 일반적 제한일지라도 당해 사업 시행을 직접 목적으로 하여 변경된 경우에는 변경되기 전의 용도지역을 기준으로 하여 평가한다. 이는 개발이익의 배제 및 피수용자의 보호에 목적이 있다. 그러나 그러한 제한이 당해 공익사업의 시행을 직접 목적으로 하여 가하여진 것이 아닌 경우에는 그러한 공법상 제한을 받는 상태대로 손실보상액을 평가하여야 한다.

3. 관련 판례의 태도

(1) 일반적 제한의 경우

해당 공공사업의 시행 이전에 이미 해당 공공사업과 관계없이 도시계획법에 의한 고시 등으로 일반적 계획제한이 가하여진 상태인 경우 그러한 제한을 받는 상태 그대로 평가하여야 하며, 도시계획법에 의한 개발제한구역의 지정은 위와 같은 일반적 계획제한에 해당하므로 해당 공공사업의 시행 이전에 개발제한구역 지정이 있었을 경우 그러한 제한이 있는 상태 그대로 평가함이 상당하다(대판 1993.10.12, 93누12527).

(2) 해당 사업을 위해 용도지역이 변경된 경우

① 공원조성사업의 시행을 직접 목적으로 일반주거지역에서 자연녹지지역으로 변경된 토지에 대한 수용보상액을 산정하는 경우, 그 대상 토지의 용도지역을 일반주거지역으로 하여 평가하여야 한다(대판 2007.7.12, 2006두11507).

② 해당 사업인 택지개발사업에 대한 실시계획의 승인과 더불어 그 용도지역이 주거지역으로 변경된 토지를 그 사업의 시행을 위하여 후에 수용하였다면 그 재결을 위한 평가를 함에 있어서는 그 용도지역의 변경을 고려함이 없이 평가하여야 한다(대판 1999.3.23, 98두13850).

③ 공법상 제한을 받는 토지에 대한 보상액을 산정할 때에 해당 공법상 제한이 구 도시계획법에 따른 용도지역・지구・구역의 지정 또는 변경과 같이 그 자체로 제한목적이 달성되는 일반적 계획제한으로서 구체적 도시계획사업과 직접 관련되지 아니한 경우에는 그러한 제한을 받는 상태 그대로 평가하여야 하지만, 도로・공원 등 특정 도시계획시설의 설치를 위한 계획결정과 같이 구체적 사업이 따르는 개별적 계획제한이거나 일반적 계획제한에 해당하는 용도지역・지구・구역의 지정 또는 변경에 따른 제한이더라도 그 용도지역・지구・구역의 지정 또는 변경이 특정 공익사업의 시행을 위한 것일 때에는 해당 공익사업의 시행을 직접 목적으로 하는 제한으로 보아 위 제한을 받지 아니하는 상태를 상정하여 평가하여야 한다(대판 2012.5.24, 2012두1020).

III 사안의 해결

乙은 공원조성사업을 추진하기 위하여 甲의 토지를 수용하였으며, 甲의 토지는 공원조성사업을 추진하는 과정에서 주거지역에서 녹지지역으로 용도지역이 변경된바, 토지보상법 시행규칙 제23조 제2항에 근거하여 변경 전 용도지역을 기준하여 보상금이 산정되었어야 한다. 따라서 녹지지역을 기준으로 평가된 보상금은 적정하지 않은 것으로 판단된다.

채점평

문제 1

문제 1은 행정계획을 전제로 하여 발생될 수 있는 분쟁을 해결하는 문제로서 행정계획의 변경청구권을 묻는 제1문과 계획 제한된 토지의 평가를 묻는 제2문으로 구성되어 있다.

제1문은 녹지지정의 해제는 도시관리계획이라는 수단을 통하여 행하여야 하기 때문에 녹지지정의 해제청구는 도시계획의 변경신청 또는 변경청구를 의미하는 점을 서술하여야 한다. 행정계획의 변경신청 가능성과 행정계획변경청구권의 인정여부를 묻는 문제로 난이도가 그리 높지 않은 문제라 할 수 있다. 그러나 상당수의 수험생들이 문제의 취지나 출제의도를 정확하게 파악하지 못하여 녹지지역재지정처분의 취소청구소송으로 이해하여 답안을 작성하였기 때문에 중요한 논점을 언급하지 못하였다. 이는 모두 행정법의 기초지식과 기본 법리에 대한 이해부족을 단적으로 드러낸 것이라 할 수 있는 만큼, 보다 성의 있고 내실 있는 기본기 확립이 필요할 것으로 보인다.

제2문은 계획 제한된 토지의 평가에 관한 문제로 상당수의 수험생들이 예상할 수 있었던 문제로 일반적 계획 제한된 토지에 대한 평가와 특정 공익사업의 시행을 목적으로 가해진 제한된 토지의 평가를 구분하여 설명하였다면 별다른 어려움 없이 해결할 수 있었던 문제이다.

28회 문제 01

甲은 A시의 관할구역 내 X토지를 소유하고 있다. A시는 그동안 조선업의 지속적인 발전으로 다수의 인구가 거주하였으나 최근 세계적인 불황으로 인구가 급격하게 감소하고 있다. 국토교통부장관은 A시를 국제관광 특구로 발전시킬 목적으로 「기업도시개발 특별법」이 정하는 바에 따라 X토지가 포함된 일단의 토지를 기업도시개발구역으로 지정하고, 개발사업시행자인 乙이 작성한 기업도시개발계획(동법 제14조 제2항에 따른 X토지 그 밖의 수용 대상이 되는 토지의 세부목록 포함. 이하 같다)을 승인 · 고시하였다. 乙은 협의취득에 관한 제반 절차를 준수하여 X토지에 대한 수용재결을 신청하였고 중앙토지수용위원회는 그 신청에 따른 수용재결을 하였다. 다음 물음에 답하시오. [40점]

(3) 중앙토지수용위원회는 보상금을 산정하면서, X토지는 그 용도지역이 제1종 일반주거지역이기는 하지만 기업도시개발사업의 시행을 위해서 제3종 일반주거지역으로 변경되지 않은 사정이 인정되므로 제3종 일반주거지역으로 변경이 이루어진 상태를 상정하여 토지가격을 평가한다고 설시하였다. 이에 대해 乙은 X토지를 제1종 일반주거지역이 아닌 제3종 일반주거지역으로 평가한 것은 공법상 제한을 받는 토지에 대한 보상금 산정에 위법이 있다고 주장하면서 보상금감액청구소송을 제기하고자 한다. 乙의 소송상 청구가 인용될 수 있는 가능성에 관하여 설명하시오(단, 소송요건은 충족된 것으로 본다). [10점]

(설문 1-3)의 해결
Ⅰ. 쟁점의 정리
Ⅱ. 공법상 제한을 받는 토지의 평가기준
  1. 의의 및 기능
  2. 공법상 제한을 받는 토지의 평가기준(토지보상법 시행규칙 제23조)
    (1) 일반적 제한과 개별적 제한의 반영 여부
    (2) 해당 사업으로 인한 용도지역 등의 변경
    (3) 해당 사업으로 인해서 용도지역이 변경되지 않은 경우
Ⅲ. 사안의 해결

예시답안

(설문 1-3)의 해결

Ⅰ 쟁점의 정리

설문은 용도지역이 변경되지 않은 것이 해당 공익사업의 시행을 직접 목적으로 한 것인지 여부가 문제된다. 공법상 제한에 대한 평가원칙을 검토하여 乙의 소송상 청구가 인용될 수 있는지를 설명한다.

Ⅱ 공법상 제한을 받는 토지의 평가기준

1. 의의 및 기능

공법상 제한을 받는 토지라 함은 관계법령에 의해 가해지는 토지이용규제나 제한을 받는 토지로서, 이는 국토공간의 효율적 이용을 통해 공공복리를 증진시키는 수단으로 기능한다.

2. 공법상 제한을 받는 토지의 평가기준(토지보상법 시행규칙 제23조)

(1) 일반적 제한과 개별적 제한의 반영 여부

제한 그 자체로 목적이 완성되고 구체적 사업의 시행이 필요하지 않은 일반적 제한은 그 제한을 반영하고, 구체적 사업의 시행을 필요로 하는 경우 개별적 제한은 제한이 없는 상태로 평가한다.

(2) 해당 사업으로 인한 용도지역 등의 변경

용도지역 등 일반적 제한일지라도 해당 사업의 시행을 직접 목적으로 하여 변경된 경우에는 변경되기 전의 용도지역을 기준으로 하여 평가한다. 이는 개발이익의 배제 및 피수용자의 보호에 목적이 있다.

(3) 해당 사업으로 인해서 용도지역이 변경되지 않은 경우

판례는 "특정 공익사업의 시행을 위하여 용도지역 등의 지정 또는 변경을 하지 않았다고 볼 수 있으려면, 토지가 특정 공익사업에 제공된다는 사정을 배제할 경우 용도지역 등의 지정 또는 변경을 하지 않은 행위가 계획재량권의 일탈·남용에 해당함이 객관적으로 명백하여야만 한다."라고 판시한 바 있다.

Ⅲ 사안의 해결

만약 X토지가 해당 공익사업에 편입되지 않는다면, 제3종 일반주거지역으로 변경되어야 함에도 불구하고 제3종 주거지역으로 변경하지 않은 행위가 계획재량권의 일탈·남용에 해당함이 객관적으로 명백한 경우라면, 이는 해당 사업의 시행을 위하여 용도지역을 변경하지 않은 것이라 할 것이다. 따라서 이러한 경우라면 제3종 일반주거지역을 기준하여 감정평가하여야 하므로 乙의 소송상 청구는 인용되지 못할 것이다.

기출문제

[손실보상] 손실보상기준 [제9회 제2문]

「공익사업을 위한 토지 등의 취득 및 보상에 관한 법률 시행규칙」(구 공공용지의 취득 및 손실보상에 관한 특례법 시행규칙, 이하 "토지보상법 시행규칙"이라 한다.) 제23조는 공법상 제한을 받는 토지를 평가할 때에는, 제한받는 상태대로 평가하도록 규정하고 있다. 이와 같은 기준에 의거하여 토지를 평가하도록 하는 이론적 근거에 대하여 설명하시오. 20점

쟁점해설

1. 목차

(1) **서론**(2.5점)

(2) **공용제한과 보상**(5점)

① 재산의 제한과 보상(5점)

② 특별희생과 내재적 · 사회적 제약(5점)

(3) **결어**(2.5점)

2. 문제의 논점

(1) **서론**

이 문제는 (구)공특법 시행규칙 제6조 제4항의 이론적 근거를 설명하는 문제이다.

(2) **공용제한과 보상**

현대 국가의 재산권제도는 재산권 행사에 대한 사회적 구속성이라는 내재적 한계를 인정하고 있다. 즉, 용도지역 · 지구의 지정과 같은 공법상 제한이 사회적 제약을 넘어 특별한 희생이 될 경우에만 재산권 침해로서 손실보상의 대상이 될 수 있다. 공특법 제6조 제4항에 의거 용도지역 · 지구의 지정이 제한받는 상태대로 평가하는 이론적 근거도 특별한 희생에 해당하지 않는 사회적 제약이기 때문이다.

특별한 희생 즉, 사회적 구속을 넘는 손해에 해당되느냐의 이론적 기준은 피해자의 범위를 기준으로 하는 형식적 기준설과 침해행위의 성질을 기준으로 하는 실질적 표준설이 있다. 실질적 기준설은 다시 더 세부적인 기준에 따라 보호가치성설, 수인한도설, 사적효용설, 목적위배설, 보호가치설, 상황구속설, 중대설이 있다. 그 밖에 위의 견해를 종합하여 판단하여야 한다는 절충설이 있는데, 이 학설이 오늘날의 통설이다. 결론적으로 이와 같은 여러 견해가 (구)공특법 시행규칙 제6조 제4항이 규정하고 있는 설문의 내용과 같은 평가방법의 이론적 근거가 되고 있다.

기출문제

[손실보상] 손실보상기준 [제22회 제1문]

A군에 사는 甲은 국토의 계획 및 이용에 관한 법률에 따라 지정된 개발제한구역 내에 과수원을 경영하고 있다. 甲은 영농의 편의를 위해 동 과수원 토지 내에 작은 소로(小路)를 개설하고, 종종 이웃 주민의 통행에도 제공해 왔다. A군은 甲의 과수원 부지가 속한 일단의 토지에 폐기물처리장을 건설하고자 하는 乙을 폐기물관리법에 따라 폐기물처리장 건설사업자로 지정하면서 동 처리장건설사업실시계획을 승인하였다. 甲과 乙 간에 甲 토지에 대한 협의매수가 성립되지 않아 乙은 甲 토지에 대한 수용재결을 신청하고, 관할 지방토지수용위원회의 수용재결을 받았다. 동 수용재결에서는 "사실상의 사도(私道)의 부지는 인근 토지에 대한 평가액의 3분의 1 이내로 평가한다."라고 규정하고 있는 토지 등의 취득 및 보상에 관한 법률 시행규칙(이하 "토지보상법 시행규칙") 제26조 제1항 제2호의 규정에 따라, 甲의 토지를 인근 토지가에 비하여 3분의 1의 가격으로 평가하였다. 이 수용재결에 대하여 이의가 있는 甲은 적절한 권리구제수단을 강구하고자 한다. 다음의 물음에 답하시오.

(2) 甲이 제기한 쟁송에서 피고 측은 甲의 토지에 대한 보상액이 낮게 평가된 것은 토지보상법 시행규칙 제26조 제1항 제2호의 규정에 의한 것으로서 적법하다고 주장한다. 피고의 주장에 대해 법적으로 판단하시오. 15점

설문 (2)의 해결

Ⅰ. 쟁점의 정리

Ⅱ. 토지보상법 시행규칙 제26조의 법적 성질(대외적 구속력 인정 여부)

1. 법규명령의 의의 및 필요성
2. 법규명령의 근거
3. 사안의 경우

Ⅲ. 과수원 내의 소로가 사실상 사도에 해당하는지 여부

1. 사실상 사도의 개념
2. 도로부지를 감가보상하는 이유(화체이론)
3. 사실상 사도의 판단기준
   (1) 토지보상법 시행규칙 제26조 제2항
   (2) 판례의 태도
4. 사안의 경우

Ⅳ. 사안의 해결(피고 乙 주장의 타당성)

쟁점해설

설문의 쟁점은 토지보상법 시행규칙, 즉 보상기준의 규범성이다. 따라서 토지보상법 시행규칙의 법적 성질을 밝히고, 이러한 기준에 대한 구제방법을 서술하면 될 것이다. 종전의 기출문제는 행정행위에 의하여 침해된 구제수단을 중심으로 묻는 문제가 많았으나, 제22회의 경우에는 행정행

위의 기준에 대한 구제수단을 물었기에 체계적인 준비가 부족한 경우는 답안작성이 어려웠을 것이다. 법규명령에 대한 간접적 통제수단인 명령심사제도를 체계적으로 서술하면 무난할 것이다.

예시답안

(설문 2)의 해결

Ⅰ 쟁점의 정리

甲이 제기한 쟁송(이의신청 및 보상금증감청구소송)에서 사업시행자인 乙은 해당 보상액이 토지보상법 시행규칙 제26조 제1항 제2호에 따른 적정한 것임을 주장하고 있다. 법규명령은 행정주체와 국민 간의 관계를 규율하는 법규범으로서 일반적으로 대외적 구속력이 인정된다. 따라서 동 규정의 법적 성질이 법규명령이고 과수원 내의 소로(小路)가 사실상 사도에 해당한다면 乙의 주장은 타당하게 될 것이다.

Ⅱ 토지보상법 시행규칙 제26조의 법적 성질(대외적 구속력 인정 여부)

1. 법규명령의 의의 및 필요성

법규명령이라 함은 행정권이 제정하는 법규를 말한다. 실무에서는 통상 명령이라는 용어를 사용한다. 법규명령은 행정권이 제정하는 법인 점에서 행정입법이라고도 부른다.

의회가 모든 법규를 제정한다는 것이 현실적으로 어려울 뿐만 아니라, 구체적이고 전문적인 사항은 법률보다는 행정입법으로 정하는 것이 보다 능률적이며 행정입법은 법률보다 사회의 변화에 맞추어 보다 신속하게 개정될 수 있다. 행정입법은 이러한 현실적 필요에 의해 인정되게 되었다.

2. 법규명령의 근거

우리 헌법은 대부분의 국가에서와 같이 행정입법의 근거를 규정하고 있다. 헌법 제75조는 대통령령(위임명령과 집행명령)의 근거를, 제95조는 총리령과 부령(위임명령과 집행명령)의 근거를 규정하고 있다.

3. 사안의 경우

토지보상법 제70조 제6항에서는 "보상액 산정 및 평가방법은 국토교통부령으로 정한다."라고 규정하고 있으며 토지보상법 시행규칙 제1조에서는 "토지보상법 및 동법 시행령에서 위임된 사항과 그 시행에 관하여 필요한 사항을 규정함을 목적으로 한다."라고 규정하고 있다.

따라서 토지보상법 시행규칙 제26조는 보상액 산정 및 평가의 시행을 위한 하나의 기준을 제시하는 법규명령의 성격을 갖는다고 본다.

Ⅲ 과수원 내의 소로가 사실상 사도에 해당하는지 여부

1. 사실상 사도의 개념

토지보상법은 사도법상의 사도, 사실상의 사도, 그 외의 도로부지로 분류하여 그 평가기준을 달리 정하고 있다(규칙 제26조). 여기서 사도법상의 사도는 사도개설의 허가를 얻은 도로를 말하며, 사실상의 사도는 사도법에 의한 사도 외의 도로로서 토지소유자가 자기 토지의 이익증진을 위하여 스스로 개설한 도로로서 도시계획으로 결정된 도로가 아닌 것을 말하며 "그 외의 도로"란 사도법상 사도도 아니고 사실상의 사도도 아닌 모든 도로를 포함한다고 할 수 있다.

2. 도로부지를 감가보상하는 이유(화체이론)

도로의 평가를 함에 있어서 인근 토지보다 낮게 평가한다고 규정한 취지는 현실 이용상황이 도로로 되었기 때문에 이를 감가한다는 뜻이 아니고 도로의 가치가 그 도로로 인하여 보호되고 있는 토지의 효용이 증가됨으로써 보호되고 있는 토지에 가치가 화체되었기 때문에 그 평가액은 당연히 낮아야 한다는 이유를 배경으로 일반토지에 비해 감가보상되는 것이다. 즉, 인근 토지에 비하여 낮게 평가하는 이유는 도로 자체를 독립하여 그 값을 평가할 수는 없으나, 인근 토지의 값을 증가시키는 데에 기여하였으므로 인근 토지에 기여한 정도를 파악하여 도로의 값을 산출할 수 있다는 논리에 근거하고 있다.

3. 사실상 사도의 판단기준

(1) 토지보상법 시행규칙 제26조 제2항

동 규칙에서는 ① 도로개설 당시의 토지소유자가 자기 토지의 편익을 위하여 스스로 설치한 도로, ② 토지소유자가 그 의사에 의하여 타인의 통행을 제한할 수 없는 도로, ③「건축법」 제45조의 규정에 의하여 건축허가권자가 그 위치를 지정·공고한 도로, ④ 도로개설 당시의 토지소유자가 대지 또는 공장용지 등을 조성하기 위하여 설치한 도로를 사실상 사도로 규정하고 있다.

(2) 판례의 태도

대법원은 '도로개설 당시의 토지소유자가 자기 토지의 편익을 위하여 스스로 설치한 도로'인지 여부는 인접 토지의 획지면적, 소유관계, 이용상태 등이나 개설경위, 목적, 주위환경 등에 의하여 객관적으로 판단하여야 하고, '토지소유자가 그 의사에 의하여 타인의 통행을 제한할 수 없는 도로'에는 법률상 소유권을 행사하여 통행을 제한할 수 없는 경우뿐만 아니라 사실상 통행을 제한하는 것이 곤란하다고 보이는 경우도 해당한다고 할 것이나, 적어도 도로로의 이용상황이 고착화되어 해당 토지의 표준적 이용상황으로 원상회복하는 것이 용이하지 않은 상태에 이르러야 할 것이어서 단순히 해당 토지가 불특정 다수인의 통행에 장기간 제공되어 왔고 이를 소유자가 용인하여 왔다는 사정만으로는 사실상의 도로에 해당한다고 할 수 없다고 판시한 바 있다(대판 2007.4.12, 2006두18492).

4. 사안의 경우

설문에서 甲은 영농의 편의를 위해서, 즉 자기 토지의 편익을 위하여 스스로 소로(小路)를 개설한 목적과 경위가 인정된다. 또한 이를 종종 이웃주민의 통행에도 제공해 온 점에 비추어 볼 때 해당 소로(小路)는 종전의 과수원용지로 원상회복하는 것이 용이하지 않은 상태라고 볼 수 있다. 따라서 이를 사실상 사도로 봄이 타당하다.

Ⅳ 사안의 해결(피고 乙 주장의 타당성)

토지보상법 시행규칙 제26조 제1항 제2호는 법규명령으로서 대외적 구속력이 인정되며, 甲의 소로(小路)는 동 규정상 사실상 사도에 해당한다. 따라서 동 규정에 따라 산정된 보상액은 정당하다고 볼 수 있으므로 피고 乙의 주장은 타당하다.

33회 문제 01

X는 도시 및 주거환경정비법(이하 '도시정비법'이라 함)에 따른 재개발 정비사업조합이고, 甲은 X의 조합원으로서, 해당 정비사업구역 내에 있는 A토지와 B토지의 소유자이다. A토지와 B토지는 연접하고 있고 그 지목이 모두 대(垈)에 해당하지만, A토지는 사도법에 따른 사도가 아닌데도 불특정 다수인의 통행에 장기간 제공되어 왔고, B토지는 甲이 소유한 건축물의 부지로서 그 건축물의 일부에 임차인 乙이 거주하고 있다. X는 도시정비법 제72조 제1항에 따라 분양신청기간을 공고하였으나 甲은 그 기간 내에 분양신청을 하지 않았다. 이에 따라 X는 甲을 분양대상자에서 제외하고 관리처분계획을 수립하여 인가를 받았고, 그에 불복하는 행정심판이나 행정소송은 없었다. X는 도시정비법 제73조 제1항에 따른 甲과의 보상협의가 이루어지지 않자 A토지와 B토지에 관하여 관할 토지수용위원회에 수용재결을 신청하였고, 관할 토지수용위원회는 A토지와 B토지를 수용한다는 내용의 수용재결을 하였다. 다음 물음에 답하시오. 40점

(2) 공익사업을 위한 토지 등의 취득 및 보상에 관한 법률 시행규칙(이하 '토지보상법 시행규칙'이라 함) 제26조 제1항에 따른 '사실상의 사도'의 요건을 설명하고, 이에 따라 A토지가 사실상의 사도로 인정되는 경우와 그렇지 않은 경우에 보상기준이 어떻게 달라지는지 설명하시오. 10점

참조조문

〈도시 및 주거환경정비법〉

제72조(분양공고 및 분양신청)

① 사업시행자는 제50조 제9항에 따른 사업시행계획인가의 고시가 있은 날(사업시행계획인가 이후 시공자를 선정한 경우에는 시공자와 계약을 체결한 날)부터 120일 이내에 다음 각 호의 사항을 토지등소유자에게 통지하고, 분양의 대상이 되는 대지 또는 건축물의 내역 등 대통령령으로 정하는 사항을 해당 지역에서 발간되는 일간신문에 공고하여야 한다. 다만, 토지등소유자 1인이 시행하는 재개발사업의 경우에는 그러하지 아니하다.

1.~2. <생략>

3. 분양신청기간

4. <생략>

③ 대지 또는 건축물에 대한 분양을 받으려는 토지등소유자는 제2항에 따른 분양신청기간에 대통령령으로 정하는 방법 및 절차에 따라 사업시행자에게 대지 또는 건축물에 대한 분양신청을 하여야 한다.

제73조(분양신청을 하지 아니한 자 등에 대한 조치)

① 사업시행자는 관리처분계획이 인가・고시된 다음 날부터 90일 이내에 다음 각 호에서 정하는 자와 토지, 건축물 또는 그 밖의 권리의 손실보상에 관한 협의를 하여야 한다. 다만, 사업시행자는 분양신청기간 종료일의 다음 날부터 협의를 시작할 수 있다.

1. 분양신청을 하지 아니한 자
2.~4. <생략>

② 사업시행자는 제1항에 따른 협의가 성립되지 아니하면 그 기간의 만료일 다음 날부터 60일 이내에 수용재결을 신청하거나 매도청구소송을 제기하여야 한다.

〈공익사업을 위한 토지 등의 취득 및 보상에 관한 법률 시행규칙〉

제54조(주거이전비의 보상)

① 공익사업시행지구에 편입되는 주거용 건축물의 소유자에 대하여는 해당 건축물에 대한 보상을 하는 때에 가구원수에 따라 2개월분의 주거이전비를 보상하여야 한다. <단서 생략>

② 공익사업의 시행으로 인하여 이주하게 되는 주거용 건축물의 세입자(무상으로 사용하는 거주자를 포함하되, 법 제78조 제1항에 따른 이주대책대상자인 세입자는 제외한다)로서 사업인정고시일 등 당시 또는 공익사업을 위한 관계 법령에 따른 고시 등이 있은 당시 해당 공익사업시행지구 안에서 3개월 이상 거주한 자에 대해서는 가구원수에 따라 4개월분의 주거이전비를 보상해야 한다. <단서 생략>

(설문 1-2)의 해결

Ⅰ. 쟁점의 정리

Ⅱ. 사실상 사도의 판단기준 및 평가방법 등

1. **사실상 사도의 의의**
2. **판단기준**
   (1) 도로개설 당시의 토지소유자가 자기 토지의 편익을 위하여 스스로 설치한 도로
   (2) 토지소유자가 그 의사에 의하여 타인의 통행을 제한할 수 없는 도로
   (3) 자연발생적으로 도로화된 경우
   (4) 예정공도
3. **도로의 평가기준**
   (1) 평가기준
   (2) 도로보상기준의 정당보상 여부
      1) 도로부지를 감가보상하는 이유
      2) 판례의 태도

Ⅲ. 사안의 해결

예시답안

(설문 1-2)의 해결

Ⅰ 쟁점의 정리

토지보상법상 사실상 사도의 판단요건을 설명하고 사안을 해결한다.

Ⅱ 사실상 사도의 판단기준 및 평가방법 등

1. 사실상 사도의 의의

사실상의 사도라 함은 사도법에 의한 사도 외의 도로로서 ① 자기 토지의 편익을 위하여 스스로 설치한 도로, ② 토지소유자가 그 의사에 의하여 타인의 통행을 제한할 수 없는 도로, ③

건축법에 따라 건축허가권자가 그 위치를 지정・공고한 도로, ④ 도로개설 당시의 토지소유자가 대지 또는 공장용지 등을 조성하기 위하여 설치한 도로를 말한다(대판 1995.6.13, 94누14650).

2. 판단기준

(1) 도로개설 당시의 토지소유자가 자기 토지의 편익을 위하여 스스로 설치한 도로

인접 토지의 획지면적, 소유관계, 이용상태 등이나 개설경위, 목적, 주위환경 등에 의하여 객관적으로 판단한다(대판 2007.4.12, 2006두18492).

(2) 토지소유자가 그 의사에 의하여 타인의 통행을 제한할 수 없는 도로

법률상 소유권을 행사하여 통행을 제한할 수 없는 경우뿐만 아니라 사실상 통행을 제한하는 것이 곤란하다고 보이는 경우도 해당한다고 할 것이나, 적어도 도로로의 이용상황이 고착화되어 해당 토지의 표준적 이용상황으로 원상회복하는 것이 용이하지 않은 상태에 이르러야 할 것이어서 단순히 해당 토지가 불특정 다수인의 통행에 장기간 제공되어 왔고 이를 소유자가 용인하여 왔다는 사정만으로는 사실상의 도로에 해당한다고 할 수 없다(대판 2007.4.12, 2006두18492).

또한 타인의 통행을 제한할 수 없는 도로의 판단에 있어서는 형법 제185조의 일반교통방해죄에 해당하는 것인지도 하나의 기준이 될 수 있을 것이다. 즉, 형법 제185조에 의하여 타인통행을 제한하는 것이 일반교통방해죄에 해당된다면 타인의 통행을 제한할 수 없는 것으로 보아야 할 것이다(대판 1995.6.13, 94누14650).

(3) 자연발생적으로 도로화된 경우

도시계획(도로)의 결정이 없는 상태에서 불특정 다수인의 통행에 장기간 제공되어 자연발생적으로 사실상 도로화된 경우에도 사실상의 사도에 해당하고, 도시계획으로 결정된 도로라 하더라도 그 이전에 사도법에 의한 사도 또는 사실상의 사도가 설치된 후에 도시계획결정이 이루어진 경우 등에도 거기에 해당하며, 다만 토지의 일부가 일정기간 불특정 다수인의 통행에 제공되거나 사실상 사도로 사용되고 있더라도 토지소유자가 소유권을 행사하여 그 통행을 금지시킬 수 있는 상태에 있는 토지는 거기에 해당하지 아니한다(대판 1995.6.13, 94누14650).

(4) 예정공도

'공익계획사업이나 도시계획의 결정・고시 때문에 이에 저촉된 토지가 현황도로로 이용되고 있지만 공익사업이 실제로 시행되지 않은 상태에서 일반공중의 통행로로 제공되고 있는 상태로서 계획제한과 도시계획시설의 장기 미집행상태로 방치되고 있는 도로' 곧 예정공도부지가 공익사업을 위한 토지 등의 취득 및 보상에 관한 법률 시행규칙 제26조 제2항에서 정한 사실상의 사도에서 제외된다(대판 2019.1.17, 2018두55753).

3. 도로의 평가기준

(1) 평가기준

사실상의 사도부지는 인근 토지평가액의 1/3 이내로 평가하도록 토지보상법 시행규칙 제26조 제1항 제2호에서 규정하고 있다.

(2) 도로보상기준의 정당보상 여부

1) 도로부지를 감가보상하는 이유

도로의 평가를 함에 있어서 인근 토지보다 낮게 평가한다고 규정한 취지는 현실 이용상황이 도로로 되었기 때문에 이를 감가한다는 뜻이 아니고 도로의 가치가 그 도로로 인하여 보호되고 있는 토지의 효용이 증가됨으로써 보호되고 있는 토지에 가치가 화체되었기 때문에 그 평가액은 당연히 낮아야 한다는 이유를 배경으로 일반토지에 비해 감가보상되는 것이다.

2) 판례의 태도

대법원 판례는 도로에 관한 규정의 취지는 사실상 불특정 다수인에게 제공되어 있는 토지이기만 하면 그 모두를 인근 토지의 3분의 1 이내로 평가하여야 한다는 것이 아니라, 그 도로의 개설경위・목적・주위환경 등의 제반사정에 비추어 해당 토지소유자가 자기 토지의 편익을 위하여 스스로 공중의 통행에 제공하는 등 인근 토지에 비하여 낮은 가격으로 보상하여 주어도 될만한 객관적인 사유가 인정되는 경우에만 인근 토지의 3분의 1 이내에서 평가하고, 그러한 사유가 인정되지 아니하는 경우에는 위 규정의 적용에서 제외되어야 한다(대판 2007.4.12, 2006두18492)고 판시하여 종래 공특법상의 규정의 불합리성을 지적하였다.

III 사안의 해결

단순히 불특정 다수인의 통행에 이용되었다는 사실만으로는 사실상 사도로 보기 어려우므로 이 경우에는 대지로 평가될 것이지만, 만약 도로로의 이용상황이 고착화되어 표준적 이용상황으로 원상회복하는 것이 용이하지 않다면 이는 사실상 사도로서 1/3 이내로 평가될 것이다.

Chapter 05

영업손실 및 지장물 등

제1절 판례분석

01 영업손실보상

I 영업손실보상 요건 등

1. 시행규칙 제45조 제2항 해석(대판 2012.12.13, 2010두12842)

[판시사항]

[1] 영업손실 보상대상인 영업에 관한 구 공익사업을 위한 토지 등의 취득 및 보상에 관한 법률 시행규칙 제45조 제2호의 해석방법

[2] 체육시설업의 영업주체가 영업시설의 양도나 임대 등에 의하여 변경되었으나 그에 관한 신고를 하지 않은 채 영업을 하던 중에 공익사업으로 영업을 폐지 또는 휴업하게 된 경우, 그 임차인 등의 영업이 보상대상에서 제외되는 위법한 영업인지 여부(소극)

[3] 구 공익사업을 위한 토지 등의 취득 및 보상에 관한 법률 시행규칙 제45조 제1호에서 영업손실 보상의 대상으로 정한 영업에 '매년 일정한 계절이나 일정한 기간 동안에만 인적·물적시설을 갖추어 영리를 목적으로 영업을 하는 경우'가 포함되는지 여부(적극)

[재판요지]

[1] 시행규칙 제45조는, 영업손실의 보상대상인 영업은 "관계 법령에 의한 허가·면허·신고 등을 필요로 하는 경우에는 허가 등을 받아 그 내용대로 행하고 있는 영업"에 해당하여야 한다고 규정하고 있다(제2호). 이는 위법한 영업은 보상대상에서 제외한다는 의미로서 그 자체로 헌법에서 보장한 '정당한 보상의 원칙'에 배치된다고 할 것은 아니다. 다만 영업의 종류에 따라서는 관련 행정법규에서 일정한 사항을 신고하도록 규정하고는 있지만 그러한 신고를 하도록 한 목적이나 관련 규정의 체제 및 내용 등에 비추어 볼 때 신고를 하지 않았다고 하여 영업 자체가 위법성을 가진다고 평가할 것은 아닌 경우도 적지 않고, 이러한 경우라면 신고 등을 하지 않았다고 하더라도 그 영업손실 등에 대해서는 보상을 하는 것이 헌법상 정당보상의 원칙에 합치하므로, 위 구 공익사업법 시행규칙의 규정은 그러한 한도에서만 적용되는 것으로 제한하여 새겨야 한다.

[2] 구 체육시설의 설치·이용에 관한 법률(2007.4.6. 법률 제8338호로 개정되기 전의 것, 이하 '구 체육시설법'이라 한다) 제10조, 제22조, 구 체육시설의 설치·이용에 관한 법률 시행규칙(2007.11.26. 문화관광부령 제174호로 개정되기 전의 것) 제25조 제1호, 제4호 등 관련 규정의 내용과 체계 등을 종합해 보면, 자기 소유의 부동산에 체육시설을 설치하여 체육시설업을 하던 사람으로부터 그 시설을 임차하여 체육시설업을 하려는 사람은 임대계약서 등을 첨부하여

운영주체의 변경사실을 신고하여야 한다. 그런데 구 체육시설법 관련 법령을 두루 살펴보면 시설기준 등에 관해서는 상세한 규정을 두고 그 기준에 맞는 시설을 갖추어서 체육시설업 신고를 하도록 하고 있지만, 체육시설의 운영주체에 관하여 자격기준 등을 따로 제한한 것은 보이지 않고, 신고 절차에서도 운영주체에 관하여 심사할 수 있는 등의 근거 규정은 전혀 없다. 오히려 기존 체육시설업자가 영업을 양도하거나 법인의 합병 등으로 운영주체가 변경되는 경우에도 그로 인한 체육시설업의 승계는 당연히 인정되는 전제에서 사업계획이나 회원과의 약정사항을 승계하는 데 대한 규정만을 두고 있을 뿐이다(구 체육시설법 제30조).

이러한 규정 형식과 내용 등으로 보면, 체육시설업의 영업주체가 영업시설의 양도나 임대 등에 의하여 변경되었음에도 그에 관한 신고를 하지 않은 채 영업을 하던 중에 공익사업으로 영업을 폐지 또는 휴업하게 된 경우라 하더라도, 그 임차인 등의 영업을 보상대상에서 제외되는 위법한 영업이라고 할 것은 아니다. 따라서 그로 인한 영업손실에 대해서는 법령에 따른 정당한 보상이 이루어져야 마땅하다.

[3] 구 공익사업을 위한 토지 등의 취득 및 보상에 관한 법률 시행규칙(2007.4.12. 건설교통부령 제556호로 개정되기 전의 것) 제45조 제1호는 '사업인정고시일 등 전부터 일정한 장소에서 인적·물적시설을 갖추고 계속적으로 영리를 목적으로 행하고 있는 영업'을 영업손실보상의 대상으로 규정하고 있는데, 여기에는 매년 일정한 계절이나 일정한 기간 동안에만 인적·물적시설을 갖추어 영리를 목적으로 영업을 하는 경우도 포함된다고 보는 것이 타당하다.

2. 시행규칙 제45조 제1항 적법한 장소 판단(대판 2010.9.9, 2010두11641)

적법한 장소(무허가 건축물 등, 불법형질변경토지, 그 밖에 다른 법령에서 물건을 쌓아놓는 행위가 금지되는 장소가 아닌 곳을 말한다)에서 인적·물적 시설을 갖추고 계속적으로 행하고 있는 영업에 해당하는지 여부는 협의 성립, 수용재결 또는 사용재결 당시를 기준으로 판단하여야 한다.

> 가격시점에서의 현행법을 적용한다.

3. 영업손실보상 대상

(1) 대판 2001.4.27, 2000다50237

[1] 토지수용법 제45조, 제46조, 제57조의2, 공공용지의 취득 및 손실보상에 관한 특례법 제3조, 제4조, 같은법 시행규칙 제25조, 제25조의3 제1항의 각 규정에 의하면, 공공사업의 시행으로 인한 손실보상액은 토지수용법에 의한 절차에 의하지 아니하고 협의에 의하여 토지 등을 취득 또는 사용하는 경우에는 그 계약체결 당시, 토지수용법 제25조 제1항의 규정에 의한 협의의 경우에는 그 협의성립 당시 그리고 같은 법 제29조의 규정에 의한 재결의 경우에는 그 재결 당시를 각각 기준으로 하여 산정하고, 영업의 폐지나 휴업에 대한 손실보상의 대상이 되는 영업의 범위에는, 관계 법령에 의하여 당해 공공사업에 관한 계획의 고시 등이 있은 후에 당해 법률에 의하여 금지된 행위를 하거나 허가를 받아야 할 행위를 허가

없이 행한 경우 또는 관계 법령에 의하여 허가·면허 또는 신고 등이나 일정한 자격이 있어야 행할 수 있는 영업이나 행위를 당해 허가·면허 또는 신고 등이나 자격 없이 행하고 있는 경우만 제외되므로, 공공사업에 관한 계획의 고시 등이 있기 이전은 물론이고 그 이후라도 계약체결, 협의성립 또는 수용재결 이전에 영업이나 행위에 필요한 허가·면허·신고나 자격을 정하고 있는 관계 법령에 의하여 그 허가 등의 요건을 갖춘 영업이나 행위는 그것이 어느 법령에도 위반되지 아니하고 또한 위와 같은 보상제외사유의 어디에도 해당되지 아니하는 것으로서 손실보상의 대상이 된다.

현행 토지보상법에서는 "사업인정고시일 등 전부터 적법한 장소(무허가건축물 등, 불법형질변경토지, 그 밖에 다른 법령에서 물건을 쌓아놓는 행위가 금지되는 장소가 아닌 곳을 말한다)에서 인적·물적시설을 갖추고 계속적으로 행하고 있는 영업"을 보상대상으로 하고 있으므로 사업인정고시일 등을 기준하여 보상대상성을 판단하고 있다.

[2] 도로구역 결정고시 전에 공장을 운영하다가 고시 후에 시로부터 3년 내에 공장을 이전할 것을 조건으로 공장설립허가를 받았더라도 그 공장부지가 수용되었다면 휴업보상의 대상이 된다고 본 사례

[3] 재결에 대하여 불복절차를 취하지 아니함으로써 그 재결에 대하여 더 이상 다툴 수 없게 된 경우에는 기업자는 그 재결이 당연무효이거나 취소되지 않는 한, 이미 보상금을 지급받은 자에 대하여 민사소송으로 그 보상금을 부당이득이라 하여 반환을 구할 수 없다.

(2) 대판 2012.12.27, 2011두27827

[판시사항]

[1] 일반지방산업단지 조성사업의 사업인정고시일 당시 사업지구 내에서 제재목과 합판 등 제조·판매업을 영위해 오다가 사업인정고시일 이후 사업지구 내 다른 곳으로 영업장소를 이전하여 영업을 하던 갑이 영업보상 등을 요구하면서 수용재결을 청구하였으나 관할 토지수용위원회가 갑의 영업장은 임대기간이 종료되어 이전한 것이지 공익사업의 시행으로 손실이 발생한 것이 아니라는 이유로 갑의 청구를 기각한 사안에서, 사업인정고시일 당시 보상대상에 해당한다면 그 후 사업지구 내 다른 토지로 영업장소가 이전되었더라도 손실보상의 대상이 된다고 본 원심판단을 정당하다고 한 사례

[2] 공익사업을 위한 토지 등의 취득 및 보상에 관한 법률 제77조 등에서 정한 영업의 손실 등에 대한 보상과 관련하여 사업인정고시일 이후 영업장소 등이 이전되어 수용재결 당시에는 해당 토지 위에 영업시설 등이 존재하지 않게 된 경우, 사업인정고시일 이전부터 해당 토지상에서 영업을 해 왔고 당시 영업시설 등이 존재하였다는 점에 관한 증명책임의 소재

[판결요지]

[1] 일반지방산업단지 조성사업의 사업인정고시일 당시 사업지구 내에서 영업시설을 갖추고 제재목과 합판 등의 제조·판매업을 영위해 오다가 사업인정고시일 이후 사업지구 내 다른 곳으로 영업장소를 이전하여 영업을 하던 갑이 영업보상 및 지장물 보상을 요구하면서 수용재결을 청구하였으나 관할 토지수용위원회가 갑의 영업장은 임대기간이 종료되어 이전한 것으로 공익사업의 시행으로 손실이 발생한 것이 아니라는 이유로 갑의 청구를 기각한 사안에서, 공익사업을 위한 토지 등의 취득 및 보상에 관한 법률 제75조 제1항, 제77조 제1항과 공익사업을 위한 토지 등의 취득 및 보상에 관한 법률 시행규칙 제45조 제1호 등 관련 규정에 따르면, 공익사업의 시행으로 인한 영업손실 및 지장물 보상의 대상 여부는 사업인정고시일을 기준으로 판단해야 하고, 사업인정고시일 당시 보상대상에 해당한다면 그 후 사업지구 내 다른 토지로 영업장소가 이전되었다고 하더라도 이전된 사유나 이전된 장소에서 별도의 허가 등을 받았는지를 따지지 않고 여전히 손실보상의 대상이 된다고 본 원심판단을 정당하다고 한 사례

[2] 사업인정고시일 이후 영업장소 등이 이전되어 수용재결 당시에는 해당 토지 위에 영업시설 등이 존재하지 않게 된 경우 사업인정고시일 이전부터 그 토지 상에서 영업을 해 왔고 그 당시 영업을 위한 시설이나 지장물이 존재하고 있었다는 점은 이를 주장하는 자가 증명하여야 한다.

> 만약 보상시점까지 계속해서 동일장소에 영업을 행하고 있을 것을 요구한다면, 사업인정고시 후에도 상당기간까지 보상절차가 진행되지 않는다면 상당수의 임대차 계약은 종료될 수 있다. 또한, 보상 전에 영업이전을 하는 경우에도 보상대상에서 제외되는 불합리한 결과가 초래될 수 있다.

(3) 가설건축물에서의 영업손실(대판 2001.8.24, 2001다7209)

가설건축물의 철거에 따른 손실보상을 청구할 수 없고 보상을 청구할 수 없는 손실에는 가설건축물 철거에 따른 손실뿐만 아니라 가설건축물 철거에 따른 영업손실도 포함된다고 하였다.

> 국계법상 사업시행 3개월 전까지 원상회복의무가 있는 경우의 판례이므로 모든 가설건축물이 적용되는 것은 아님에 유의

(4) 도시계획시설부지 내 가설건축물 등을 소유자의 부담으로 원상회복하도록 규정하고 있는 구 '국토의 계획 및 이용에 관한 법률'(2009.2.6. 법률 제9442호로 개정되기 전의 것) 제64조 제3항(이하 '이 사건 법률조항'이라 한다)이 위 법률 제96조 제1항의 도시계획시설사업에 필요한 토지·건축물 등의 수용 또는 사용에 관한 특별한 규정으로서 재산권을 침해하는지 여부(헌재 2012.3.29, 2010헌바470)

도시계획시설부지 내 가설건축물 임차인은 가설건축물의 한시적 이용 및 그에 따른 경제성 기타 이해득실을 형량하여 임대차계약 체결 여부를 결정한 것으로 볼 수 있고, 임차인의 권능은 그

소유자의 권능에 터잡은 것으로서 임대차 기간이나 차임 등도 가설건축물에 대한 허가조건의 내용 등과 같은 특수한 사정을 기초로 한 것이다. 따라서 도시계획시설부지로 결정된 토지에 허가를 받아 건축된 가설건축물을 임차하였다면 그 목적물을 원상회복할 의무의 부담을 스스로 감수한 것으로 볼 수 있어서, 이러한 가설건축물 임차인의 영업손실에 대하여 보상하지 않는 것이 과도한 침해라거나 특별한 희생이라고 볼 수 없으므로 이 사건 법률조항이 재산권을 침해한 것이라고 할 수 없다.

일반허가건축물의 임차인이나 무허가건축물 중 일정한 요건을 갖춘 임차인의 영업손실과 달리 가설건축물 임차인의 영업손실에 대하여 보상을 하지 아니하는 것은 도시계획시설부지 내에 이미 존치기간이 한정되어 있는 가설건축물을 임차하였다면 장차 도시계획시설사업이 시행될 때 소유자를 따라 원상회복하여야 하는 사정을 기초로 계약을 체결하고 이를 감수한 것으로 볼 수 있는 등 차별에 합리적 이유가 있으므로 이 사건 법률조항이 평등원칙에 위반된다고 할 수 없다.

(5) 기대이익의 보상여부(대판 2001.8.24, 2001다7209)

구 도시계획법(2000.1.28. 법률 제6243호로 전문 개정되기 전의 것) 제14조의2 제4항의 규정은 도시계획시설사업의 집행계획이 공고된 토지에 대하여 건축물을 건축하고자 하는 자는 장차 도시계획사업이 시행될 때에는 건축한 건축물을 철거하는 등 원상회복의무가 있다는 점을 이미 알고 있으므로 건축물의 한시적 이용 및 원상회복에 따른 경제성 기타 이해득실을 형량하여 건축 여부를 결정할 수 있도록 한 것으로서, 이러한 사실을 알면서도 건축물을 건축하였다면 스스로 원상회복의무의 부담을 감수한 것이므로 도시계획사업을 시행함에 있어 무상으로 당해 건축물의 원상회복을 명하는 것이 과도한 침해라거나 특별한 희생이라고 볼 수 없다. 그러므로 토지소유자는 도시계획사업이 시행될 때까지 가설건축물을 건축하여 한시적으로 사용할 수 있는 대신 도시계획사업이 시행될 경우에는 자신의 비용으로 그 가설건축물을 철거하여야 할 의무를 부담할 뿐 아니라 가설건축물의 철거에 따른 손실보상을 청구할 수 없고, 보상을 청구할 수 없는 손실에는 가설건축물 자체의 철거에 따른 손실뿐만 아니라 가설건축물의 철거에 따른 영업손실도 포함된다고 할 것이며, 소유자가 그 손실보상을 청구할 수 없는 이상 그의 가설건축물의 이용권능에 터잡은 임차인 역시 그 가설건축물의 철거에 따른 영업손실의 보상을 청구할 수는 없다.

(6) 영업보상평가 대상 판단(대판 2012.3.15, 2010두26513)

[판시사항]

국민임대주택단지조성사업 예정지구로 지정된 장터에서 토지를 임차하여 앵글과 천막구조의 가설물을 설치하고 영업신고 없이 5일장이 서는 날에 정기적으로 국수와 순대국 등을 판매하는 음식업을 영위한 갑 등이 구 공익사업을 위한 토지 등의 취득 및 보상에 관한 법률 시행규칙 제52조 제1항에 따른 영업손실보상의 대상이 되는지 문제된 사안에서, 영업의 계속성과 영업시설의 고정성을 인정할 수 있다는 이유로, 갑 등이 위 규정에서 정한 허가 등을 받지 아니한 영업손실보상대상자에 해당한다고 본 원심판단을 정당하다고 한 사례

[이유]

가. 원심은, 그 채택 증거에 의하여 인정되는 판시와 같은 사정, 즉 원고들이 1990년경부터 이 사건 장터에서 토지를 임차하여 앵글과 천막 구조의 가설물을 축조하고 매달 4일, 9일, 14일, 19일, 24일, 29일에 정기적으로 각 해당 점포를 운영하여 왔고, 영업종료 후 가설물과 냉장고 등 주방용품을 철거하거나 이동하지 아니한 채 그곳에 계속 고정하여 사용・관리하여 왔던 점, 원고들은 장날의 전날에는 음식을 준비하고 장날 당일에는 종일 장사를 하며 그 다음날에는 뒷정리를 하는 등 5일 중 3일 정도는 이 사건 영업에 전력을 다하였다고 보이는 점 등에 비추어 볼 때, 비록 원고들이 영업을 5일에 한 번씩 하였고 그 장소도 철거가 용이한 가설물이었다고 하더라도 원고들의 상행위의 지속성, 시설물 등의 고정성을 충분히 인정할 수 있으므로, 원고들은 이 사건 장소에서 인적・물적 시설을 갖추고 계속적으로 영리를 목적으로 영업을 하였다고 봄이 상당하다고 판단하였다. 관련 법리와 기록에 비추어 살펴보면 원심의 위와 같은 조치는 정당한 것으로 수긍할 수 있고, 거기에 상고이유로 주장하는 바와 같이 영업손실보상의 대상이 될 수 있는 영업의 계속성과 영업시설의 고정성에 관한 법리를 오해하는 등의 위법이 없다.

계속성과 고정성에 대한 판단 사례이다.

(7) **축산업(대판 2014.3.27, 2013두25863)**(시행규칙 제45조 위임한계 판단)

중앙토지수용위원회가 생태하천조성사업에 편입되는 토지 상의 무허가건축물에서 축산업을 영위하는 갑에 대하여 공익사업을 위한 토지 등의 취득 및 보상에 관한 법률 시행규칙 제45조 제1호(이하 '위 규칙 조항'이라 한다)에 따라 영업손실을 인정하지 않는 내용의 수용재결을 한 사안에서, ① 무허가건축물을 사업장으로 이용하는 경우 사업장을 통해 이익을 얻으면서도 영업과 관련하여 해당 사업장에 부과되는 행정규제의 탈피 또는 영업을 통하여 얻는 이익에 대한 조세회피 등 여러 가지 불법행위를 저지를 가능성이 큰 점, ② 건축법상의 허가절차를 밟을 경우 관계 법령에 따라 불허되거나 규모가 축소되었을 건물에서 건축허가를 받지 않은 채 영업을 하여 법적 제한을 넘어선 규모의 영업을 하고도 그로 인한 손실 전부를 영업손실로 보상받는 것은 불합리한 점 등에 비추어 보면, 위 규칙 조항이 '영업'의 개념에 '적법한 장소에서 운영될 것'이라는 요소를 포함하고 있다고 하여 공익사업을 위한 토지 등의 취득 및 보상에 관한 법률의 위임범위를 벗어났다거나 정당한 보상의 원칙에 위배된다고 하기 어렵다고 본 원심판단을 정당한 것으로 수긍한 사례

[이유]

1. 공익사업을 위한 토지 등의 취득 및 보상에 관한 법률(이하 '공익사업법'이라 한다) 시행규칙 제45조 제1호는 공익사업법 제77조 제1항에 따라 영업손실을 보상하여야 하는 영업에 관하여 '사업인정고시일 등 전부터 적법한 장소(무허가건축물 등, 불법형질변경토지, 그 밖에 다

른 법령에서 물건을 쌓아놓는 행위가 금지되는 장소가 아닌 곳을 말한다)에서 인적·물적 시설을 갖추고 계속적으로 행하고 있는 영업. 다만 무허가건축물 등에서 임차인이 영업하는 경우에는 그 임차인이 사업인정고시일 등 1년 이전부터 부가가치세법 제5조에 따른 사업자 등록을 하고 행하고 있는 영업을 말한다'라고 규정하고 있다(이하 위 제45조 제1호를 '이 사건 규칙 조항'이라 한다).

2. 가. 원심판결 이유에 의하면, 원심은, 원고들의 다음과 같은 주장, 즉 이 사건 재결은 이 사건 무허가건축물을 소유하면서 그곳에서 축산업을 영위하여 온 원고들의 영업손실을 이 사건 규칙 조항을 적용하여 보상대상에서 제외하였는바, 이 사건 규칙 조항은 공익사업법 제77조의 위임범위를 벗어나 영업보상의 대상을 지나치게 제한하여 국민의 재산권을 침해하고 무허가건축물의 소유자와 임차인을 합리적 이유 없이 차별하여 형평의 원칙에 위배되므로 무효라는 주장을 아래와 같은 이유로 배척하였다.

공익사업에 의하여 영업을 폐지하거나 휴업하는 경우 보상하도록 규정하고 있는 공익사업법 제77조 제1항이 '영업'의 의미에 관하여는 구체적으로 정의하지 않는 대신, 같은 조 제4항에서 영업손실 보상액의 구체적인 산정 및 평가 방법과 보상기준에 관한 사항을 국토해양부령으로 정하도록 위임하고 있고, 이에 따라 이 사건 규칙 조항이 2007.4.12. 건설교통부령 제556호로 개정되면서 무허가건축물에서의 영업을 보상대상에서 제외하고 있는바, ① 무허가건축물을 사업장으로 이용하는 경우 그 사업장을 통해 이익을 얻으면서도 영업과 관련하여 해당 사업장에 부과되는 행정규제의 탈피 또는 그 영업을 통하여 얻는 이익에 대한 조세 회피 등 여러 가지 불법행위를 저지를 가능성이 큰 점, ② 건축법상의 허가절차를 밟을 경우 관계 법령에 따라 불허되거나 규모가 축소되었을 건물에서 건축허가를 받지 않은 채 영업을 하여 법적 제한을 넘어선 규모의 영업을 하고도 그로 인한 손실 전부를 영업손실로 보상받는 것은 불합리한 점, ③ 손실보상이란 적법한 공권력 행사로 인해 국민의 재산권에 특별한 손해가 가해질 때 사회 전체적인 공평 부담의 견지에서 행하는 재산적 보상인데, 무허가건축물을 지어 위법행위를 통한 영업이익을 누린 사람에 대하여까지 그 손실을 보상하는 것은 정당한 보상이라고 하기 어려운 점 등에 비추어 보면, 이 사건 규칙 조항이 '영업'의 개념에 '적법한 장소에서 운영될 것'이라는 요소를 포함하고 있다고 하여 공익사업법의 위임 범위를 벗어났다거나 정당한 보상의 원칙에 위배된다고 하기 어렵다.

나아가 ① 무허가건축물을 임차하여 영업하는 사업자의 경우 일반적으로 자신 소유의 무허가건축물에서 영업하는 사업자보다는 경제적·사회적으로 열악한 지위에 있는 점, ② 무허가건축물의 임차인은 자신이 임차한 건축물이 무허가건축물이라는 사실을 알지 못한 채 임대차계약을 체결할 가능성이 있는 점 등에 비추어 보면, 이 사건 규칙 조항이 무허가건축물의 소유자와 임차인을 차별하는 것은 합리적인 이유가 있고, 따라서 형평의 원칙에 어긋난다고 볼 수 없다.

(8) 버섯재배사(대판 2013.12.12, 2011두11846)

[판시사항]

버섯재배사의 부지가 구 공익사업을 위한 토지 등의 취득 및 보상에 관한 법률 시행규칙 제48조 제1항에서 정한 영농손실보상의 대상이 되는 농지에 해당하는지 여부(소극)

[이유]

구 공익사업법 시행규칙은 영농손실보상의 대상이 되는 농지로 농지법 제2조 제1호 (가)목에 해당하는 토지로 규정하고 있고, 농지법 시행령 제2조 제3항은 '버섯재배사'를 농지법 제2조 제1호 (나)목의 시설로 정하고 있으므로, 원고의 버섯재배사는 영농손실보상의 대상이 되는 농지에 해당한다고 볼 수 없다.

**현행 토지보상법은 버섯재배사도 농업손실보상의 대상으로 규정하고 있다.

(9) 낙농업의 보상(대판 1990.9.14, 89누4987)

낙농업의 경우 그 사료원인 초지구성을 위하여 상당한 시일과 비용이 든다는 사실은 경험칙 상 명백하므로 토지수용으로 인한 낙농업의 손실보상액을 산정함에 있어서는 먼저 그 영업장소가 소재하거나 인접한 시, 군 또는 구 지역 안에 초지조성이 가능한 토지가 없어서 다른 장소에 이전하여서는 낙농업을 할 수 없게 되었는지, 아니면 다른 장소에의 이전비가 기존 토지나 시설 등에 대한 보상액의 합계액을 초과하여 종래의 영업을 계속하기 어려워 영업의 폐지로 보아야 할 것인지를 따져 보아야 할 것이고, 가사 초지구조 등을 위한 적당한 토지가 있더라도 그 조성에는 상당한 시일이 소요된다고 할 것이므로 그 기간을 심리하여 본 연후에 휴업기간을 정하여야 할 것이다.

(10) 사업인정 전 협의에 의한 영업보상 대상판단(대판 2021.11.11, 2018다204022)

[기본사실관계]

전통시장 공영주차장 설치사업의 시행자인 갑 지방자치단체가 공익사업을 위한 토지 등의 취득 및 보상에 관한 법률에 따른 사업인정절차를 거치지 않고 위 사업부지의 소유자들로부터 토지와 건물을 매수하여 협의취득하였다(소유자들 책임으로 임차인들의 퇴거약정이 규정되어 있었고, 이에 따라 토지와 건물 매도를 위하여 임차인 을 등과 계약갱신거절 및 합의해지를 하였다). 위 토지상의 건물을 임차하여 영업한 을 등이 갑 지방자치단체에 영업손실 보상금을 지급해달라고 요청하였으나, 갑 지방자치단체가 아무런 보상 없이 위 사업을 시행하자, 을 등이 갑 지방자치단체를 상대로 영업손실 보상액 상당의 손해배상금과 정신적 손해에 대한 위자료 지급을 청구하였다.

[판시사항]

[1] 공익사업의 시행자가 토지소유자와 관계인에게 보상액을 지급하지 않고 승낙도 받지 않은 채 공사에 착수하여 토지소유자와 관계인이 손해를 입은 경우, 사업시행자가 손해배상책임을 지는지 여부(적극)

[2] 공익사업의 시행자가 사전보상을 하지 않은 채 공사에 착수하여 토지소유자와 관계인이 손해를 입은 경우, 사업시행자의 손해배상 범위 / 이때 토지소유자와 관계인에게 손실보상금에 해당하는 손해 외에 별도의 손해가 발생한 경우, 사업시행자가 이를 배상할 책임이 있는지 여부(적극) 및 그 증명책임의 소재(=이를 주장하는 자)

[3] 전통시장 공영주차장 설치사업의 시행자인 甲 지방자치단체가 공익사업을 위한 토지 등의 취득 및 보상에 관한 법률에 따른 사업인정 절차를 거치지 않고 위 사업부지의 소유자들로부터 토지와 건물을 매수하여 협의취득하였고, 위 토지상의 건물을 임차하여 영업한 乙 등이 甲 지방자치단체에 영업손실 보상금을 지급해달라고 요청하였으나, 甲 지방자치단체가 아무런 보상 없이 위 사업을 시행하자, 乙 등이 甲 지방자치단체를 상대로 영업손실 보상액 상당의 손해배상금과 정신적 손해에 대한 위자료 지급을 구한 사안에서, 乙 등이 입은 손해는 원칙적으로 위 법률 제77조 등이 정한 영업손실 보상금이고, 손실보상금의 지급이 지연되었다는 사정만으로 손실보상금에 해당하는 손해 외에 乙 등에게 별도의 손해가 발생하였다고 볼 수 없는데도, 이와 달리 본 원심판결에 법리오해의 잘못이 있다고 한 사례

[판결요지]

[1] 공익사업의 시행자는 해당 공익사업을 위한 공사에 착수하기 이전에 토지소유자와 관계인에게 보상액 전액을 지급하여야 한다(공익사업을 위한 토지 등의 취득 및 보상에 관한 법률 제62조 본문). 공익사업의 시행자가 토지소유자와 관계인에게 보상액을 지급하지 않고 승낙도 받지 않은 채 공사에 착수함으로써 토지소유자와 관계인이 손해를 입은 경우, 토지소유자와 관계인에 대하여 불법행위가 성립할 수 있고, 사업시행자는 그로 인한 손해를 배상할 책임을 진다.

[2] 공익사업의 시행자가 사전보상을 하지 않은 채 공사에 착수함으로써 토지소유자와 관계인이 손해를 입은 경우, 토지소유자와 관계인이 입은 손해는 손실보상청구권이 침해된 데에 따른 손해이므로, 사업시행자가 배상해야 할 손해액은 원칙적으로 손실보상금이다. 다만 그 과정에서 토지소유자와 관계인에게 손실보상금에 해당하는 손해 외에 별도의 손해가 발생하였다면, 사업시행자는 그 손해를 배상할 책임이 있으나, 이와 같은 손해배상책임의 발생과 범위는 이를 주장하는 사람에게 증명책임이 있다.

[3] 전통시장 공영주차장 설치사업의 시행자인 甲 지방자치단체가 공익사업을 위한 토지 등의 취득 및 보상에 관한 법률(이하 '토지보상법'이라 한다)에 따른 사업인정 절차를 거치지 않고 위 사업부지의 소유자들로부터 토지와 건물을 매수하여 협의취득하였고, 위 토지상의 건물을 임차하여 영업한 乙 등이 甲 지방자치단체에 영업손실 보상금을 지급해달라고 요청하였으나, 甲 지방자치단체가 아무런 보상 없이 위 사업을 시행하자, 乙 등이 甲 지방자치단체를 상대로 영업손실 보상액 상당의 손해배상금과 정신적 손해에 대한 위자료 지급을 구한 사안에서, 위 사업은 지방자치단체인 甲이 공공용 시설인 공영주차장을 직접 설치하는 사업으로 토지보상법 제4조 제3호의 '공익사업'에 해당하고, 乙 등의 각 영업이 위 사업으로 폐업하거

나 휴업한 것이므로 사업인정고시가 없더라도 공익사업의 시행자인 甲 지방자치단체는 공사에 착수하기 전 乙 등에게 영업손실 보상금을 지급할 의무가 있는데도 보상액을 지급하지 않고 공사에 착수하였으므로, 甲 지방자치단체는 乙 등에게 그로 인한 손해를 배상할 책임이 있는데, 乙 등이 입은 손해는 원칙적으로 토지보상법 제77조 등이 정한 영업손실 보상금이고, 그 밖에 별도의 손해가 발생하였다는 점에 관한 乙 등의 구체적인 주장·증명이 없는 한 손실보상금의 지급이 지연되었다는 사정만으로 손실보상금에 해당하는 손해 외에 乙 등에게 별도의 손해가 발생하였다고 볼 수 없는데도, 이와 달리 본 원심판결에 법리오해의 잘못이 있다고 한 사례

4. 영업손실보상(대판 2011.9.29, 2009두10963)과 생활대책 청구의 병합소송

[1] 공익사업으로 인하여 영업을 폐지하거나 휴업하는 자가 사업시행자에게서 구 공익사업법 제77조 제1항에 따라 영업손실에 대한 보상을 받기 위해서는 구 공익사업법 제34조, 제50조 등에 규정된 재결절차를 거친 다음 재결에 대하여 불복이 있는 때에 비로소 구 공익사업법 제83조 내지 제85조에 따라 권리구제를 받을 수 있을 뿐, 이러한 재결절차를 거치지 않은 채 곧바로 사업시행자를 상대로 손실보상을 청구하는 것은 허용되지 않는다고 보는 것이 타당하다.

> 토지보상법상 손실보상청구절차가 규정되어 있으므로 손실보상 청구는 토지보상법상 절차에 의하여야 하지 곧바로 사업시행자를 상대로 손실보상을 청구할 수는 없다. 통상 영업손실보상은 사업자가 산정할 수 없는 항목이다.

[2] 행정소송법 제44조, 제10조에 의한 관련청구소송 병합은 본래의 당사자소송이 적법할 것을 요건으로 하는 것이어서 본래의 당사자소송이 부적법하여 각하되면 그에 병합된 관련청구소송도 소송요건을 흠결하여 부적합하므로 각하되어야 한다.

> 행정소송법 제10조 관련청구소송의 병합과 관련된다. 관련청구소송을 병합시키기 위한 요건으로 주된 소송이 적법하게 계속중이어야 한다.

[3] 택지개발사업지구 내 비닐하우스에서 화훼소매업을 하던 甲과 乙이 재결절차를 거치지 않고 사업시행자를 상대로 주된 청구인 영업손실보상금 청구에 생활대책대상자 선정 관련청구소송을 병합하여 제기한 사안에서, 영업손실보상금청구의 소가 재결절차를 거치지 않아 부적법하여 각하되는 이상, 이에 병합된 생활대책대상자 선정 관련청구소송 역시 소송요건을 흠결하여 부적법하므로 각하되어야 한다고 한 사례

5. 영업보상 산정방법(대판 2001.3.23, 99두851)

[판시사항]

[1] 수용으로 인한 휴업기간 중의 인건비 손실보상액의 산정 방법

[2] 수용으로 영업장소를 이전함으로써 입게 되는 영업손실 가운데 휴업기간 중의 고정적 비용지출에 의한 손실보상의 범위
[3] 수용재결일 기준의 취득가격으로 보상받는 공장건물 등에 대한 감가상각액 상당은 휴업기간 중의 고정적 비용 지출로 인한 손실보상에서 제외되는지 여부(한정 적극)

[판결요지]

[1] 토지수용법 제46조, 제51조, 제57조의2, 공공용지의 취득 및 손실보상에 관한 특례법 제4조, 같은법 시행규칙 제25조 제1항, 제2항의 각 규정에 의하면, 수용으로 인한 휴업기간 중의 인건비 손실보상은 휴업기간이 3개월을 초과하는지 여부를 불문하고 그 기간 전체에 걸쳐 지급되었거나 지급되어야 할 휴업수당이나 휴업수당상당금 등의 인건비를 모두 그 대상으로 하는 것이나, 그중 휴업수당 또는 휴업수당상당금으로 인한 손실은 달리 그 평가 기준에 관한 자료가 없을 경우에는 당해 영업의 형태·규모·내용과 근로자의 수·업무의 내용·일정기간 동안의 근로자의 변동추이·휴업기간 등 모든 관련 사정을 고려하여 그 지급대상·지급액(지급률)·지급기간 등을 산정한 후 이를 기초로 그 보상액을 합리적으로 평가할 수밖에 없고, 같은법 시행규칙 제30조의3 제1호에서 사업시행자가 소정 요건을 갖춘 근로자에 대하여 지급하여야 할 휴직보상을 평균임금의 소정 비율에 의하여 산정하여야 하는 것으로 규정하고 있는 것은 위와 같은 피수용자에 대한 휴업기간 중의 인건비 손실보상과는 그 취지를 달리하는 것이어서, 위와 달리 볼 근거가 되지 아니한다.
[2] 수용으로 영업장소를 이전함으로써 입게 되는 영업손실 가운데 휴업기간 중의 고정적 비용지출에 의한 손실보상은 생산·영업활동을 전제로 한 비용을 제외하고 영업이전에 필요한 최소한의 관리업무 등에 의하여 통상 발생하리라고 예상되는 비용에 한정하여야 한다.
[3] 수용재결일 기준의 취득가격으로 보상받는 공장건물 등은 이전할 공장의 완공 후 상당한 기간에 걸쳐 시험조업을 한다거나 단계적으로 조업을 개시하는 등 휴업 중에 감가가 현실적으로 발생한다고 볼 특별한 사정이 없는 한 이에 대한 감가상각액 상당은 휴업기간 중의 고정적 비용 지출로 인한 손실보상에서 제외되어야 한다.

6. 기타

(1) 영업이익의 산정방법 등(대판 2004.10.28, 2002다3662·3679)

[판시사항]

[1] 구 공공용지의 취득 및 손실보상에 관한 특례법 시행규칙 제24조 제1항, 제3항에 규정된 '영업이익'의 산정 방법
[2] 구 공공용지의 취득 및 손실보상에 관한 특례법 시행규칙 제24조 제1항에 규정된 '영업용 고정자산의 매각손실액'의 의미 및 산정 방법
[3] 구 공공용지의 취득 및 손실보상에 관한 특례법 시행규칙 제24조 제1항 제1호의 규정 취지
[4] 골재채취업이 구 공공용지의 취득 및 손실보상에 관한 특례법 시행규칙 제24조 제1항 제1호에 정한 관계 법령에 의하여 영업대상구역이 한정되어 있는 영업에 해당하는지 여부(소극)

[판결요지]

[1] 구 공공용지의 취득 및 손실보상에 관한 특례법 시행규칙(2002.12.31. 건설교통부령 제344호로 폐지) 제24조 제1항 및 제3항의 각 규정에 의하면, 폐지하는 영업의 손실액 산정의 기초가 되는 영업이익은 당해 영업의 최근 3년간의 영업이익의 산술평균치를 기준으로 하여 이를 산정하도록 하고 있는바, 여기에서의 영업이익의 산정은 실제의 영업이익을 반영할 수 있는 합리적인 방법에 의하면 된다.

> 통상 현금매출에 대한 입증에는 어려움이 있다. 또한 소득세신고에 있어서도 현금매출부분이 누락된 경우가 많으므로, 수집・증빙가능한 자료는 물론이고 동종사업의 통상의 수익률 등을 고려하여 합리적인 영업이익을 산정하고 있다.

[2] 구 공공용지의 취득 및 손실보상에 관한 특례법 시행규칙(2002.12.31. 건설교통부령 제344호로 폐지) 제24조 제1항에 의하면, 공공사업의 시행으로 인한 영업폐지에 대한 영업의 손실액은 영업이익에 영업용 고정자산 등의 매각손실액을 더한 금액으로 보상하도록 되어 있는바, 여기에서 영업용 고정자산의 매각손실액이라 함은 영업의 폐지로 인하여 필요 없게 된 영업용 고정자산을 매각함으로써 발생하는 손실을 말하는 것으로서, 토지에서 분리하여 매각하는 것이 가능한 경우에는 영업용 고정자산의 재조달가격에서 감가상각 상당액을 공제한 현재 시장에서의 가격에서 현실적으로 매각할 수 있는 가격을 뺀 나머지 금액이 되지만, 토지에서 분리하여 매각하는 것이 불가능하거나 현저히 곤란한 경우에는 재조달가격에서 감가상각 상당액을 공제한 현재 시장에서의 가격이 보상의 대상이 되는 매각손실액이 된다.

> 판매를 목적으로 한 경우의 마진은 고려대상이 아니다.

[3] 구 공공용지의 취득 및 손실보상에 관한 특례법 시행규칙(2002.12.31. 건설교통부령 제344호로 폐지) 제24조 제1항 제1호가 '관계 법령에 의하여 영업대상구역이 한정되어 있는 영업'이 폐업된 경우 다른 영업이 폐업된 경우와 달리 3년간의 영업이익에 상당한 영업손실보상금을 지급하도록 규정한 것은, 관계 법령에 의하여 영업대상구역이 한정되어 있는 관계로 영업장소를 영업대상구역 외의 장소로 이전할 경우 같은 영업을 계속할 수 없도록 법적 제한을 받게 되는 영업에 대하여는 영업 여건 등 사실상의 이유로 같은 영업을 계속할 수 없게 되는 경우와는 달리, 사업자가 상실하게 된 종전 영업구역 내에서의 영업에 관한 지위 내지는 이익을 보상하여 주려는 데에 그 취지가 있다.

> **제24조(영업폐지에 대한 손실의 평가)** ① 폐지하는 영업의 손실액은 영업의 종류에 따라 다음 각 호에서 정하는 기간에 해당하는 영업이익(개인영업인 경우에는 소득을 말한다. 이하 같다)에 영업용 고정자산・원재료・제품 및 상품등의 매각손실액을 더한 금액으로 평가한다.

> 1. 주류제조업 등 관계법령에 의하여 영업대상구역이 한정되어 있는 영업 및 염전업 : 3년
> 2. 제1호 외의 영업 : 2년

[4] 골재채취허가에 따른 채취구역이 일정한 지역에 한정되어 있다고 하여 관계 법령에 의하여 영업대상구역이 한정되어 있는 영업이라고 볼 수 없고, 골재채취구역과 광업권의 구역이 일정 지역에 있다거나 골재채취업을 위한 하양장의 설치가 용이하지 아니하여 영업대상구역이 사실상 한정될 수밖에 없다는 사유는 영업 여건 등 사실상의 이유로 같은 영업을 계속할 수 없게 되는 경우에 불과하여 골재채취업이 관계 법령에 의하여 영업대상구역이 한정되어 있는 영업에 해당한다고 볼 수 없다.

(2) 인접하고 있는 시 · 군 · 구의 범위(대판 1999.10.26, 97누3972)

공공용지의 취득 및 손실보상에 관한 특례법 시행규칙 제24조 제2항 제1호, 제3호 소정의 영업의 폐지로 보기 위하여는 당해 영업소가 소재하고 있거나 인접하고 있는 시 · 군 또는 구 지역 안의 다른 장소에의 이전가능성 여부를 따져 보아야 하고, 여기서 그 인접하고 있는 시 · 군 또는 구라 함은 다른 특별한 사정이 없는 이상 당해 영업소가 소재하고 있는 시 · 군 또는 구와 행정구역상으로 인접한 모든 시 · 군 또는 구를 말한다.

(3) 기대이익(대판 2006.1.27, 2003두13106)

[판시사항]

영업을 하기 위하여 투자한 비용이나 그 영업을 통하여 얻을 것으로 기대되는 이익이 손실보상의 대상이 되는지 여부(소극)

[판결요지]

구 토지수용법(2002.2.4. 법률 제6656호 공익사업을 위한 토지 등의 취득 및 보상에 관한 법률 부칙 제2조로 폐지) 제51조가 규정하고 있는 '영업상의 손실'이란 수용의 대상이 된 토지 · 건물 등을 이용하여 영업을 하다가 그 토지 · 건물 등이 수용됨으로 인하여 영업을 할 수 없거나 제한을 받게 됨으로 인하여 생기는 직접적인 손실을 말하는 것이므로 위 규정은 영업을 하기 위하여 투자한 비용이나 그 영업을 통하여 얻을 것으로 기대되는 이익에 대한 손실보상의 근거규정이 될 수 없고, 그 외 구 토지수용법이나 구 '공공용지의 취득 및 손실보상에 관한 특례법'(2002.2.4. 법률 제6656호 공익사업을 위한 토지 등의 취득 및 보상에 관한 법률 부칙 제2조로 폐지), 그 시행령 및 시행규칙 등 관계 법령에도 영업을 하기 위하여 투자한 비용이나 그 영업을 통하여 얻을 것으로 기대되는 이익에 대한 손실보상의 근거규정이나 그 보상의 기준과 방법 등에 관한 규정이 없으므로, 이러한 손실은 그 보상의 대상이 된다고 할 수 없다.

(4) 임대용 건물의 보수기간(대판 2006.7.28, 2004두3458)

[판시사항]

수용대상토지 지상의 임대용 건물의 일부가 수용된 후 잔여건물을 보수하여 계속 임대용으로 사용함에 있어 3월 이상의 보수기간이나 임대하지 못한 기간이 소요되었다는 특별한 사정이 있는 경우, 그 기간 동안의 일실 임대수입을 보상함에 있어서 구 공공용지의 취득 및 손실보상에 관한 특례법 시행규칙 제25조 제2항이 유추적용되는지 여부(적극) 및 위 특별한 사정의 인정 요건

[판결요지]

공공용지의 취득 및 손실보상에 관한 특례법 등 관계 법령에 의하면, 수용대상토지 지상에 건물이 건립되어 있는 경우 그 건물에 대한 보상은 취득가액을 초과하지 아니하는 한도 내에서 건물의 구조・이용상태・면적・내구연한・유용성・이전 가능성 및 난이도 등의 여러 요인을 종합적으로 고려하여 원가법으로 산정한 이전비용으로 보상하고, 건물의 일부가 공공사업지구에 편입되어 그 건물의 잔여부분을 종래의 목적대로 사용할 수 없거나 사용이 현저히 곤란한 경우에는 그 잔여부분에 대하여는 위와 같이 평가하여 보상하되, 그 건물의 잔여부분을 보수하여 사용할 수 있는 경우에는 보수비로 평가하여 보상하도록 하고 있고, 임대용으로 제공되고 있던 건물의 일부가 수용된 후 잔여건물을 보수하여 계속 임대용으로 사용하는 경우 잔여건물의 보수비를 포함하여 위와 같은 기준에 따라 보상액을 지급하였다고 하더라도 그 보상액에는 보수기간이나 임대하지 못한 기간 동안의 일실 임대수입액은 포함되어 있지 않으므로 그러한 경우에는 구 공 공용지의 취득 및 손실보상에 관한 특례법 시행규칙(2002.12.31. 건설교통부령 제344호로 폐지되기 전의 것) 제25조 제3항에 따라 3월의 범위 내에서 보수기간이나 임대하지 못한 기간 동안의 일실 임대수입은 수용으로 인한 보상액에 포함되어야 하고, 다만 3월 이상의 보수기간이나 임대하지 못한 기간이 소요되었다는 특별한 사정이 있는 경우에는 같은 법 시행규칙 제25조 제2항을 유추적용하여 그 기간 동안의 일실 임대수입 역시 수용으로 인한 보상액에 포함되어야 하며, 위와 같이 보수기간이나 임대하지 못한 기간이 3월 이상 소요되었다는 특별한 사정은 잔여건물이나 임대사업 자체의 고유한 특수성으로 인하여 3월 내에 잔여건물을 보수하거나 임대하는 것이 곤란하다고 객관적으로 인정되는 경우라야 한다.

II 폐업과 휴업의 구별기준

1. 대판 2002.10.8, 2002두5498

[판시사항]

[1] 영업손실에 관한 보상에 있어서 영업의 폐지와 휴업의 구별 기준(= 영업의 이전 가능성) 및 그 판단 방법

[2] 양돈장이 이전·신축될 경우 악취, 해충발생, 농경지 오염 등 환경공해를 우려한 주민들의 반대가 있을 가능성이 있다는 가정적인 사정만으로 양돈장을 인접지역으로 이전하는 것이 현저히 곤란하다고 단정하기는 어렵다고 한 사례

[재판요지]

[1] 토지수용법 제57조의2에 의하여 준용되는 공공용지의 취득 및 손실보상에 관한 특례법 제4조 제4항, 같은법 시행령 제2조의10 제7항, 같은법 시행규칙 제24조 제1항, 제2항 제3호, 제25조 제1항, 제2항, 제5항의 각 규정을 종합하여 보면, 영업손실에 관한 보상의 경우 같은법 시행규칙 제24조 제2항 제3호에 의한 영업의 폐지로 볼 것인지 아니면 영업의 휴업으로 볼 것인지를 구별하는 기준은 당해 영업을 그 영업소 소재지나 인접 시·군 또는 구 지역 안의 다른 장소로 이전하는 것이 가능한지 여부에 달려 있고, 이러한 이전 가능성 여부는 법령상의 이전 장애사유 유무와 당해 영업의 종류와 특성, 영업시설의 규모, 인접지역의 현황과 특성, 그 이전을 위하여 당사자가 들인 노력 등과 인근 주민들의 이전 반대 등과 같은 사실상의 이전 장애사유 유무 등을 종합하여 판단하여야 한다.

[2] 양돈장의 규모, 양돈장이 위치한 지역 및 인접지역의 토지이용실태 및 특성, 양돈장의 이전·신축에 특별한 법령상의 장애사유가 없는 점 등에 비추어 볼 때, 비록 양돈장이 이전·신축될 경우 악취, 해충발생, 농경지 오염 등 환경공해를 우려한 주민들의 반대가 있을 가능성이 있다고 하더라도 그러한 가정적인 사정만으로 양돈장을 인접지역으로 이전하는 것이 현저히 곤란하다고 단정하기는 어렵다고 한 사례

2. 대판 2000.11.10, 99두3645

[판시사항]

[1] 영업손실에 관한 보상에 있어서 영업의 폐지 또는 영업의 휴업인지여부의 구별 기준(= 영업의 이전 가능성) 및 그 판단 방법

[2] 양계장의 규모, 농촌지역이 많은 인접지역의 특성, 특별한 법령상의 이전 장애사유가 없는 점 등에 비추어 양계장을 인접지역으로 이전하는 것이 현저히 곤란하다고 단정하기는 어렵다는 이유로 영업폐지에 해당한다고 보아 폐업보상을 인정한 원심판결을 파기한 사례

[재판요지]

[1] 토지수용법 제57조의2에 의하여 준용되는 공공용지의 취득 및 손실보상에 관한 특례법 제4조 제4항, 같은법 시행령 제2조의10 제7항, 같은법 시행규칙 제24조 제1항, 제2항 제3호, 제25조 제1항, 제2항, 제5항의 각 규정을 종합하여 보면, 영업손실에 관한 보상의 경우 같은법 시행규칙 제24조 제2항 제3호에 의한 영업의 폐지로 볼 것인지 아니면 영업의 휴업으로 볼 것인지를 구별하는 기준은 당해 영업을 그 영업소 소재지나 인접 시·군 또는 구 지역 안의 다른 장소로 이전하는 것이 가능한지 여부에 달려 있고, 이러한 이전 가능성 여부는 법령상의 이전 장애사유 유무와 당해 영업의 종류와 특성, 영업시설의 규모, 인접지역의 현황과 특성, 그 이전을 위하여

당사자가 들인 노력 등과 인근 주민들의 이전 반대 등과 같은 사실상의 이전 장애사유 유무 등을 종합하여 판단하여야 한다.

[2] 양계장의 규모, 농촌지역이 많은 인접지역의 특성, 특별한 법령상의 이전 장애사유가 없는 점 등에 비추어 양계장을 인접지역으로 이전하는 것이 현저히 곤란하다고 단정하기는 어렵다는 이유로 영업폐지에 해당한다고 보아 폐업보상을 인정한 원심판결을 파기한 사례

Ⅲ 영업폐지요건

1. 영업의 폐지와 휴업의 구별기준(대판 2020.9.24, 2018두54507, 대판 2005.9.15, 2004두14649, 대판 2002.10.8, 2002두5498, 대판 2006.9.8, 2004두7672)

구 「토지수용법」 제57조에 의하여 준용되는 구 「공공용지의 취득 및 손실보상에 관한 특례법」(2002.2.4. 법률 제6656호로 폐지되기 전의 것, 이하 구 「공특법」이라 한다) 제4조 제4항, 구 「공특법 시행령」(2002.12.30. 대통령령 제17854호로 폐지되기 전의 것) 제2조의10 제7항, 구 「공특법 시행규칙」(2002.12.31. 건설교통부령 제344호로 폐지되기 전의 것, 이하 구 「공특법 시행규칙」이라 한다) 제24조 제1항, 제2항, 제25조 제1항, 제2항의 각 규정을 종합해 보면, 영업손실에 관한 보상의 경우 구 「공특법 시행규칙」 제24조 제2항 제1호 내지 제3호에 의한 영업의 폐지로 볼 것인지 아니면 영업의 휴업으로 볼 것인지를 구별하는 기준은 당해 영업을 그 영업소 소재지나 인접 시·군 또는 구 지역 안의 다른 장소로 이전하는 것이 가능한지 여부에 달려 있고, 이러한 이전 가능성 여부는 법령상의 이전 장애사유 유무와 당해 영업의 종류와 특성, 영업시설의 규모, 인접지역의 현황과 특성, 그 이전을 위하여 당사자가 들인 노력 등과 인근 주민들의 이전 반대 등과 같은 사실상의 이전 장애사유 유무 등을 종합하여 판단하여야 한다.

2. 폐업요건(대판 2001.11.13, 2000두1003)

① 배후지의 특수성이라 함은 도정공장, 양수장, 창고업 등과 같이 제품원료 및 취급품목의 지역적 특수성으로 인하여 배후지가 상실되면 영업행위를 할 수 없는 경우와 같이 배후지가 당해 영업에 갖는 특수한 성격을 말한다고 한다.

② 인접하고 있는 시·군·구라 함은 당해 영업소가 소재하고 있는 시·군·구와 행정구역상으로 인접하고 있는 모든 시·군·구를 말한다.

③ 다른 장소에 이전하여서는 영업을 할 수 없는 경우란 법적으로나 물리적인 제약으로 불가능한 경우는 물론이고 다른 장소에 이전하여서는 수익의 감소로 사실상 영업을 할 수 없는 경우도 포함된다.

3. 허가 등의 요건

영업의 폐지나 휴업에 대한 손실보상의 대상이 되는 영업의 범위에는, 관계 법령에 의하여 당해 공공사업에 관한 계획의 고시 등이 있은 후에 당해 법률에 의하여 금지된 행위를 하거나 허가를 받아야 할 행위를 허가 없이 행한 경우 또는 관계 법령에 의하여 허가·면허 또는 신고 등이나 일정한

자격이 있어야 행할 수 있는 영업이나 행위를 당해 허가·면허 또는 신고 등이나 자격 없이 행하고 있는 경우만 제외되므로, 공공사업에 관한 계획의 고시 등이 있기 이전은 물론이고 그 이후라도 계약체결, 협의성립 또는 수용재결 이전에 영업이나 행위에 필요한 허가·면허·신고나 자격을 정하고 있는 관계 법령에 의하여 그 허가 등의 요건을 갖춘 영업이나 행위는 그것이 어느 법령에도 위반되지 아니하고 또한 위와 같은 보상제외사유의 어디에도 해당되지 아니하는 것으로서 손실보상의 대상이 된다(대판 2001.4.27, 2000다50237).

Ⅳ 공익사업을 위한 토지 등의 취득 및 보상에 관한 법률 시행규칙 제46조 제1항에서 정한 '제품 및 상품 등 재고자산의 매각손실액'의 의미 및 매각손실액 산정의 기초가 되는 재고자산의 가격에 당해 재고자산을 판매할 경우 거둘 수 있는 이윤이 포함되는지 여부(소극)(대판 2014.6.26, 2013두13457)

공익사업을 위한 토지 등의 취득 및 보상에 관한 법률 시행규칙 제46조 제1항에 의하면, 공익사업의 시행으로 인하여 영업을 폐지하는 경우에는 2년간의 영업이익에 영업용 고정자산·원재료·제품 및 상품 등의 매각손실액을 더한 금액을 평가하여 보상한다. 여기에서 제품 및 상품 등 재고자산의 매각손실액이란 영업의 폐지로 인하여 제품이나 상품 등을 정상적인 영업을 통하여 판매하지 못하고 일시에 매각해야 하거나 필요 없게 된 원재료 등을 매각해야 함으로써 발생하는 손실을 말한다. 그리고 위 영업이익에는 이윤이 이미 포함되어 있는 점 등에 비추어 보면 매각손실액 산정의 기초가 되는 재고자산의 가격에 당해 재고자산을 판매할 경우 거둘 수 있는 이윤은 포함되지 않는다.

Ⅴ 공익사업을 위한 토지 등의 취득 및 보상에 관한 법률 제77조 제1항 등 위헌소원 (헌재 2012.2.23, 2010헌바206)

[판시사항]

공익사업의 시행으로 인하여 영업을 폐지하거나 휴업함에 따른 영업손실에 대하여 그 보상액의 구체적인 산정 및 평가방법과 보상기준을 국토해양부령으로 정하도록 한 구 '공익사업을 위한 토지 등의 취득 및 보상에 관한 법률'(2008.2.29. 법률 제8852호로 개정되고, 2011.8.4. 법률 제11017호로 개정되기 전의 것) 제77조 제4항 중 제1항에 관한 부분(이하 '이 사건 법률조항'이라 한다)이 포괄위임입법금지원칙에 위반되는지 여부(소극)

[결정요지]

이 사건 법률조항은 공익사업 시행으로 인한 영업손실 보상액의 구체적인 산정 및 평가방법과 보상기준에 관한 사항을 국토해양부령에 위임하고 있는바, 영업손실보상의 대상이 되는 영업의 종류, 형태, 규모 등을 사회적·경제적 상황에 따라 탄력적으로 규율할 필요성이 있고, 동법의 입법취지 및 전반적인 체계와 관련 조항에 비추어 볼 때, 일정한 시점을 기준으로 영업의 이전이 불가능하거나 이전비가 영업시설 전반의 가격을 상회하는 경우 등에는 폐업보상을 하되 그 외의 경우 이전을 위한 휴업보상을 하는 점 및 보상액 산정을 수용재결일 등 일정한 시점 및 기간을 기준으로 하여 영업이익과 시설이전 비용을 참작하여 이루어질 것이라는 점을 충분히 예측할 수 있으므로, 이 사건 법률조항이 포괄위임입법금지원칙에 위반된다고 볼 수 없다.

VI 일부편입

1. 일부편입 시 일실임대수입의 보상

공공용지의 취득 및 손실보상에 관한 특례법 등 관계 법령에 의하면, 수용대상토지 지상에 건물이 건립되어 있는 경우 그 건물에 대한 보상은 취득가액을 초과하지 아니하는 한도 내에서 건물의 구조·이용상태·면적·내구연한·유용성·이전 가능성 및 난이도 등의 여러 요인을 종합적으로 고려하여 원가법으로 산정한 이전비용으로 보상하고, 건물의 일부가 공공사업지구에 편입되어 그 건물의 잔여부분을 종래의 목적대로 사용할 수 없거나 사용이 현저히 곤란한 경우에는 그 잔여부분에 대하여는 위와 같이 평가하여 보상하되, 그 건물의 잔여부분을 보수하여 사용할 수 있는 경우에는 보수비로 평가하여 보상하도록 하고 있고, 임대용으로 제공되고 있던 건물의 일부가 수용된 후 잔여건물을 보수하여 계속 임대용으로 사용하는 경우 잔여건물의 보수비를 포함하여 위와 같은 기준에 따라 보상액을 지급하였다고 하더라도 그 보상액에는 보수기간이나 임대하지 못한 기간 동안의 일실 임대수입액은 포함되어 있지 않으므로 그러한 경우에는 구 공공용지의 취득 및 손실보상에 관한 특례법 시행규칙(2002.12.31. 건설교통부령 제344호로 폐지되기 전의 것) 제25조 제3항에 따라 3월의 범위 내에서 보수기간이나 임대하지 못한 기간 동안의 일실 임대수입은 수용으로 인한 보상액에 포함되어야 하고, 다만 3월 이상의 보수기간이나 임대하지 못한 기간이 소요되었다는 특별한 사정이 있는 경우에는 같은 법 시행규칙 제25조 제2항을 유추적용하여 그 기간 동안의 일실 임대수입 역시 수용으로 인한 보상액에 포함되어야 하며, 위와 같이 보수기간이나 임대하지 못한 기간이 3월 이상 소요되었다는 특별한 사정은 잔여건물이나 임대사업 자체의 고유한 특수성으로 인하여 3월 내에 잔여건물을 보수하거나 임대하는 것이 곤란하다고 객관적으로 인정되는 경우라야 한다(대판 2006.7.28, 2004두3458).

2. 일부편입에 대한 영업보상 범위(대판 2005.11.25, 2003두11230)

구 「공공용지의 취득 및 손실보상에 관한 특례법 시행규칙」(2002.12.31. 건설교통부령 제344호 「공익사업을 위한 토지 등의 취득 및 보상에 관한 법률 시행규칙」 부칙 제2조로 폐지) 제25조 제3항은 "영업시설의 일부가 편입됨으로 인하여 잔여시설에 그 시설을 새로이 설치하거나 보수하지 아니하고는 당해 영업을 계속할 수 없는 경우에는 3월의 범위 내에서 그 시설의 설치 등에 소요되는 기간의 영업이익에 그 시설의 설치 등에 소요되는 통상비용을 더한 금액으로 평가한다."고 규정하고 있을 뿐 그 보수기간 중의 인건비 등 고정적 비용을 보상한다는 명문의 규정을 두고 있지는 아니하지만, 그와 같은 경우라도 고정적 비용에 대한 보상을 금하는 취지로 볼 것은 아니고, 휴업 및 보수기간 중에도 고정적 비용이 소요된다는 점에 있어서 영업장소를 이전하는 영업의 경우와 그렇지 않은 경우를 달리 볼 아무런 이유가 없으며, 영업장소의 이전을 불문하고 휴업 및 보수기간 중 소요되는 고정적 비용을 보상함이 적정보상의 원칙에도 부합하는 점에 비추어 보면, 영업장소를 이전하지 않는 영업의 경우에도 같은 법 시행규칙 제25조 제1항을 유추 적용하여 영업장소를 이전하는 경우와 마찬가지로 그 보수기간 중의 인건비 등 고정적 비용을 보상함이 타당하다.

Ⅶ 기타

1. 인건비 등 고정적 비용 보상(대판 2005.11.25, 2003두11230)

영업장소를 이전하지 않는 영업의 경우에도 구 공공용지의 취득 및 손실보상에 관한 특례법 시행규칙 제25조 제1항을 유추적용하여 보수기간 중의 인건비 등 고정적 비용을 보상하여야 하는지 여부(적극)

[재판요지]

구 공공용지의 취득 및 손실보상에 관한 특례법 시행규칙(2002.12.31. 건설교통부령 제344호 공익사업을 위한 토지 등의 취득 및 보상에 관한 법률 시행규칙 부칙 제2조로 폐지) 제25조 제3항은 "영업시설의 일부가 편입됨으로 인하여 잔여시설에 그 시설을 새로이 설치하거나 보수하지 아니하고는 당해 영업을 계속할 수 없는 경우에는 3월의 범위 내에서 그 시설의 설치 등에 소요되는 기간의 영업이익에 그 시설의 설치 등에 소요되는 통상비용을 더한 금액으로 평가한다."고 규정하고 있을 뿐 그 보수기간 중의 인건비 등 고정적 비용을 보상한다는 명문의 규정을 두고 있지는 아니하지만, 그와 같은 경우라도 고정적 비용에 대한 보상을 금하는 취지로 볼 것은 아니고, 휴업 및 보수기간 중에도 고정적 비용이 소요된다는 점에 있어서 영업장소를 이전하는 영업의 경우와 그렇지 않은 경우를 달리 볼 아무런 이유가 없으며, 영업장소의 이전을 불문하고 휴업 및 보수기간 중 소요되는 고정적 비용을 보상함이 적정보상의 원칙에도 부합하는 점에 비추어 보면, 영업장소를 이전하지 않는 영업의 경우에도 같은 법 시행규칙 제25조 제1항을 유추적용하여 영업장소를 이전하는 경우와 마찬가지로 그 보수기간 중의 인건비 등 고정적 비용을 보상함이 타당하다.

2. 보상금 수입의 귀속시기는 수입금액이 확정되어 지급받은 날이 속하는 연도이다(대판 2013.5.24, 2012두29172).

3. 공익사업에 영업시설 일부가 편입됨으로 인하여 잔여 영업시설에 손실을 입은 자가 재결절차를 거치지 않은 채 곧바로 사업시행자를 상대로 잔여 영업시설의 손실에 대한 보상을 청구할 수 있는지 여부(소극) / 이때 재결절차를 거쳤는지 판단하는 방법 및 영업의 단일성 · 동일성이 인정되는 범위에서 보상금 산정의 세부요소를 추가로 주장하는 경우, 별도로 재결절차를 거쳐야 하는지 여부(소극)(대판 2018.7.20, 2015두4044)

재결절차를 거쳤는지 여부는 보상항목별로 판단하여야 한다. 피보상자별로 어떤 토지, 물건, 권리 또는 영업이 손실보상대상에 해당하는지, 나아가 보상금액이 얼마인지를 심리 · 판단하는 기초 단위를 보상항목이라고 한다. 편입토지・물건 보상, 지장물 보상, 잔여 토지・건축물 손실보상 또는 수용청구의 경우에는 원칙적으로 개별 물건별로 하나의 보상항목이 되지만, 잔여 영업시설 손실보상을 포함하는 영업손실보상의 경우에는 '전체적으로 단일한 시설 일체로서의 영업' 자체가 보상항목이 되고, 세부 영업시설이나 영업이익, 휴업기간 등은 영업손실보상금 산정에서 고려하는 요소에 불과하다. 그렇다면 영업의 단일성・동일성이 인정되는 범위에서 보상금 산정의 세부요소를 추가로 주장하는 것은 하나의 보상항목 내에서 허용되는 공격방법일 뿐이므로, 별도로 재결절차를 거쳐야 하는 것은 아니다.

02 농업손실보상

1. 영농손실보상과 불법행위(대판 2013.11.14, 2011다27103 [손해배상 등])

[판시사항]

사업시행자가 보상금 지급이나 토지소유자 및 관계인의 승낙 없이 공익사업을 위한 공사에 착수하여 영농을 계속할 수 없게 한 경우, 2년분의 영농손실보상금 지급과 별도로 공사의 사전 착공으로 토지소유자나 관계인이 영농을 할 수 없게 된 때부터 수용개시일까지 입은 손해를 배상할 책임이 있는지 여부(적극)

[판결요지]

구 공익사업을 위한 토지 등의 취득 및 보상에 관한 법률(2011.8.4. 법률 제11017호로 개정되기 전의 것, 이하 '공익사업법'이라 한다) 제40조 제1항, 제62조, 제77조 제2항, 구 공익사업을 위한 토지 등의 취득 및 보상에 관한 법률 시행규칙(2013.4.25. 국토교통부령 제5호로 개정되기 전의 것) 제48조 제1항, 제3항 제5호의 규정들을 종합하여 보면, 공익사업을 위한 공사는 손실보상금을 지급하거나 토지소유자 및 관계인의 승낙을 받지 않고는 미리 착공해서는 아니 되는 것으로, 이는 그 보상권리자가 수용대상에 대하여 가지는 법적 이익과 기존의 생활관계 등을 보호하고자 하는 것이고, 수용대상인 농지의 경작자 등에 대한 2년분의 영농손실보상은 그 농지의 수용으로 인하여 장래에 영농을 계속하지 못하게 되어 생기는 이익 상실 등에 대한 보상을 하기 위한 것이다. 따라서 사업시행자가 토지소유자 및 관계인에게 보상금을 지급하지 아니하고 그 승낙도 받지 아니한 채 미리 공사에 착수하여 영농을 계속할 수 없게 하였다면 이는 공익사업법상 사전보상의 원칙을 위반한 것으로서 위법하다 할 것이므로, 이 경우 사업시행자는 2년분의 영농손실보상금을 지급하는 것과 별도로, 공사의 사전 착공으로 인하여 토지소유자나 관계인이 영농을 할 수 없게 된 때부터 수용개시일까지 입은 손해에 대하여 이를 배상할 책임이 있다.

2. 실제 경작자가 공익사업의 시행자로부터 수령하는 영농손실보상금의 일부를 농지 소유자 등 제3자에게 지급하기로 한 약정의 효력(원칙적 유효)(대판 2014.12.24, 2012다107600 · 107617 [약정금 · 부당이득금반환][미간행])

공익사업법 제77조 제2항, 공익사업법 시행규칙 제48조 제2항은 자경농지가 아닌 농지의 소유자가 해당 지역에 거주하는 농민이 아닌 경우 사업시행자는 그 농지에 대한 영농손실액을 농지 소유자가 아닌 실제 경작자에게 보상하여야 한다고 규정하고 있으나, 위와 같은 규정은 사업시행자와 영농손실액 보상대상자와의 관계를 규율하는 것일 뿐 영농손실액 보상대상자와 제3자의 사법관계를 규율하는 것은 아니라 할 것이고, 공익사업법이 영농손실보상금의 양도 및 압류 등을 금지하는 등 영농손실보상금의 구체적 사용을 제한하는 규정을 두고 있지 아니하므로, 실제 경작자는 그 영농손실보상금을 자유롭게 처분할 수 있다 할 것이다. 따라서 실제 경작자가 사업시행자로부터 수령하는 영농손실보상금의 일부를 농지 소유자 등 제3자에게 지급하기로 하는 약정을 체결하였다고 하더라도, 특별한 사정이 없는 한 그 약정이 공익사업법의 취지에 반하여 무효라고는 보기 어렵다.

3. 농업손실(대판 2011.10.13, 2009다43461)

[판시사항]

[1] 구 공익사업을 위한 토지 등의 취득 및 보상에 관한 법률 제77조 제2항에서 정한 농업손실보상청구권에 관한 쟁송은 행정소송절차에 의하여야 하는지 여부(적극) 및 공익사업으로 인하여 농업손실을 입게 된 자가 사업시행자에게서 위 규정에 따른 보상을 받기 위해서는 재결절차를 거쳐야 하는지 여부(적극)

[2] 甲 등이 자신들의 농작물 경작지였던 각 토지가 공익사업을 위하여 수용되었음을 이유로 공익사업 시행자를 상대로 구 공익사업을 위한 토지 등의 취득 및 보상에 관한 법률 제77조 제2항에 의하여 농업손실보상을 청구한 사안에서, 甲 등이 재결절차를 거쳤는지를 전혀 심리하지 아니한 채 농업손실보상금 청구를 민사소송절차에 의하여 처리한 원심판결을 파기한 사례

> 토지보상법에서는 보상절차를 규정하고 있으므로 재결을 거친 경우라면 보상법 제85조 제2항에 따라서 보상금증감청구소송을 제기해야 할 것이다. 농업손실보상의 경우는 사업시행자가 법률의 규정에 따라 직접 산정하여 지급하는 것이 실무상 관행이므로 이 경우에는 재결 전이라면 실질적 당사자소송을 통하여 청구하는 것도 가능할 것이다. 다만, 재결 이후라면 보상금증감청구소송을 제기하여야 할 것이다.

4. 반드시 당해 지역에 거주하는 농민이어야 지급대상자(실제의 경작자)가 되는 것은 아니다(대판 2002.6.14, 2000두3450).

5. 농업손실에 대한 보상과 관련하여 국토해양부장관이 고시한 농작물실제소득인정기준에서 규정한 서류 이외의 증명방법으로 농작물 총수입을 인정할 수 있는지 여부(적극)(대판 2012.6.14, 2011두26794)

헌법 제23조 제3항에 규정된 정당한 보상의 원칙에 비추어 보면, 공공필요에 의한 수용 등으로 인한 손실의 보상은 정당한 보상이어야 하고, 농업손실에 대한 정당한 보상은 수용되는 농지의 특성과 영농상황 등 고유의 사정이 반영된 실제소득을 기준으로 하는 것이 원칙이다. 따라서 이 사건 고시에서 농작물 총수입의 입증자료로 거래실적을 증명하는 서류 등을 규정한 것은 객관성과 합리성이 있는 증명방법을 예시한 데 지나지 아니하고, 거기에 열거된 서류 이외의 증명방법이라도 객관성과 합리성이 있다면 그에 의하여 농작물 총수입을 인정할 수 있다고 봄이 타당하다.

6. 영농보상금의 상한규정(대판 2020.4.29, 2019두32696)

[1] 2013.4.25. 국토교통부령 제5호로 개정된 공익사업을 위한 토지 등의 취득 및 보상에 관한 법률 시행규칙 제48조 제2항 단서 제1호가 헌법상 정당보상원칙, 비례원칙에 위반되거나 위임입법의 한계를 일탈한 것인지 여부(소극)

공익사업을 위한 토지 등의 취득 및 보상에 관한 법률 제77조 제4항은 농업손실보상액의 구체적인 산정 및 평가 방법과 보상기준에 관한 사항을 국토교통부령으로 정하도록 위임하고 있다. 그 위임에 따라 2013.4.25. 국토교통부령 제5호로 개정된 공익사업을 위한 토지 등의 취득 및 보상에 관한 법률 시행규칙(이하 '개정 시행규칙'이라 한다) 제48조 제2항 단서 제1호가 실제소득 적용 영농보상금의 예외로서, 농민이 제출한 입증자료에 따라 산정한 실제소득이 동일 작목별 평균소득의 2배를 초과하는 경우에 해당 작목별 평균생산량의 2배를 판매한 금액을 실제소득으로 간주하도록 규정함으로써 실제소득 적용 영농보상금의 '상한'을 설정하였다. 이와 같은 개정 시행규칙 제48조 제2항 단서 제1호는, 영농보상이 장래의 불확정적인 일실소득을 보상하는 것이자 농민의 생존배려·생계지원을 위한 보상인 점, 실제소득 산정의 어려움 등을 고려하여, 농민이 실농으로 인한 대체생활을 준비하는 기간의 생계를 보장할 수 있는 범위 내에서 실제소득 적용 영농보상금의 '상한'을 설정함으로써 나름대로 합리적인 적정한 보상액의 산정방법을 마련한 것이므로, 헌법상 정당보상원칙, 비례원칙에 위반되거나 위임입법의 한계를 일탈한 것으로는 볼 수 없다.

[2] 2013.4.25. 국토교통부령 제5호로 개정된 공익사업을 위한 토지 등의 취득 및 보상에 관한 법률 시행규칙 시행일 전에 사업인정고시가 이루어졌으나 위 시행규칙 시행 후 보상계획의 공고·통지가 이루어진 공익사업에 대해서도 영농보상금액의 구체적인 산정방법·기준에 관한 위 시행규칙 제48조 제2항 단서 제1호를 적용하도록 규정한 위 시행규칙 부칙(2013.4.25.) 제4조 제1항이 진정소급입법에 해당하는지 여부(소극)

사업인정고시일 전부터 해당 토지를 소유하거나 사용권원을 확보하여 적법하게 농업에 종사해온 농민은 사업인정고시일 이후에도 수용개시일 전날까지는 해당 토지에서 그간 해온 농업을 계속할 수 있다. 그러나 사업인정고시일 이후에 수용개시일 전날까지 농민이 해당 공익사업의 시행과 무관한 어떤 다른 사유로 경작을 중단한 경우에는 손실보상의 대상에서 제외될 수 있다. 사업인정고시가 이루어졌다는 점만으로 농민이 구체적인 영농보상금 청구권을 확정적으로 취득하였다고는 볼 수 없으며, 보상협의 또는 재결절차를 거쳐 협의성립 당시 또는 수용재결 당시의 사정을 기준으로 구체적으로 산정되는 것이다.
또한 공익사업을 위한 토지 등의 취득 및 보상에 관한 법률 시행규칙 제48조에 따른 영농보상은 수용개시일 이후 편입농지에서 더 이상 영농을 계속할 수 없게 됨에 따라 발생하는 손실에 대하여 장래의 2년간 일실소득을 예측하여 보상하는 것이므로, 수용재결 당시를 기준으로도 영농보상은 아직 발생하지 않은 장래의 손실에 대하여 보상하는 것이다.
따라서 공익사업을 위한 토지 등의 취득 및 보상에 관한 법률 시행규칙 부칙(2013.4.25.) 제4조 제1항이 영농보상금액의 구체적인 산정방법·기준에 관한 2013.4.25. 국토교통부령 제5호로 개정된 공익사업을 위한 토지 등의 취득 및 보상에 관한 법률시행규칙(이하 '개정 시행규칙'이라 한다) 제48조 제2항 단서 제1호를 개정 시행규칙시행일 전에 사업인정고시가 이루어졌으나 개정 시행규칙 시행 후 보상계획의 공고·통지가 이루어진 공익사업에 대해서도 적용하도록 규정한 것은 진정소급입법에 해당하지 않는다.

7. 농업손실보상의 취지(대판 2020.4.29, 2019두32696)

토지보상법 시행규칙 제48조에서 정한 영농손실액 보상(이하 '영농보상'이라고 한다)은 편입토지 및 지장물에 관한 손실보상과는 별개로 이루어지는 것으로서, 농지가 공익사업시행지구에 편입되어 공익사업의 시행으로 더 이상 영농을 계속할 수 없게 됨에 따라 발생하는 손실에 대하여 같은 시행규칙 제46조에서 정한 폐업보상과 마찬가지로 장래의 2년간 일실소득을 보상함으로써, 농민이 대체 농지를 구입하여 영농을 재개하거나 다른 업종으로 전환하는 것을 보장하기 위한 것이다. 영농보상은 농민이 기존 농업을 폐지한 후 새로운 직업 활동을 개시하기까지의 준비기간 동안에 농민의 생계를 지원하는 간접보상이자 생활보상으로서의 성격을 가진다(대판 1996.12.23, 96다33051·33068 참조).

8. 농업손실보상의 법적 성격 등(대판 2023.8.18, 2022두34913)

[판시사항]

[1] 구 공익사업을 위한 토지 등의 취득 및 보상에 관한 법률 제77조 제2항, 같은 법 시행규칙 제48조 제2항 본문에서 정한 '영농손실보상'의 법적 성격 / 같은 법 시행규칙 제48조에서 규정한 영농손실보상은 공익사업시행지구 안에서 수용의 대상인 농지를 이용하여 경작을 하는 자가 그 농지의 수용으로 인하여 장래에 영농을 계속하지 못하게 되어 특별한 희생이 생기는 경우 이를 보상하기 위한 것인지 여부(적극)

[2] 구 공익사업을 위한 토지 등의 취득 및 보상에 관한 법률 시행규칙 제48조 제2항 단서 제2호의 '직접 해당 농지의 지력을 이용하지 아니하고 재배 중인 작물을 이전하여 해당 영농을 계속하는 것이 가능하다고 인정하는 작목 및 재배방식'을 규정한 '농작물실제소득인정기준'(국토교통부고시) 제6조 제3항 [별지 2]에 열거되어 있지 아니한 시설콩나물 재배업에 관하여도 같은 시행규칙 제48조 제2항 단서 제2호를 적용할 수 있는지 여부(적극)

[판결요지]

[1] 공공필요에 의한 재산권의 수용·사용 또는 제한 및 그에 대한 보상은 법률로써 하되, 정당한 보상을 지급하여야 한다(헌법 제23조 제3항). 구 공익사업을 위한 토지 등의 취득 및 보상에 관한 법률(2020.6.9. 법률 제17453호로 개정되기 전의 것, 이하 '구 토지보상법'이라고 한다) 제77조 소정의 영업의 손실 등에 대한 보상은 위와 같은 헌법상의 정당한 보상 원칙에 따라 공익사업의 시행 등 적법한 공권력의 행사에 의한 재산상의 특별한 희생에 대하여 사유재산권의 보장과 전체적인 공평부담의 견지에서 행하여지는 조절적인 재산적 보상이다. 특히 구 토지보상법 제77조 제2항, 구 공익사업을 위한 토지 등의 취득 및 보상에 관한 법률 시행규칙(2020.12.11. 국토교통부령 제788호로 개정되기 전의 것, 이하 '구 토지보상법 시행규칙'이라고 한다) 제48조 제2항 본문에서 정한 영농손실보상(이하 '영농보상'이라고 한다)은 편입토지 및 지장물에 관한 손실보상과는 별개로 이루어지는 것으로서, 농작물과 농지의 특수성으로 인하여 같은 시행규칙 제46조에서 정한 폐업보상과 구별해서 농지가 공익사업시행지구에 편입되어 공익사업의 시행으로 더 이상 영농을 계속할 수 없게 됨에 따라 발생하는 손실에 대하여 원칙적으로 같은 시행규칙 제46조에서 정한 폐업보상과 마찬가지로 장래의 2년간 일실소득을 보상함으로써, 농민이 대체 농지를 구입하여 영농을 재개하거나 다른 업종으로 전환하는 것을 보장하기 위한 것이다. 즉, 영농보상은 원칙적으로 농민이 기존 농업을 폐지한 후 새로운 직업 활동을 개시하기까지의 준비기간 동안에 농민의 생계를 지원하는 간접보상이자 생활보상으로서의 성격을 가진다.

영농보상은 그 보상금을 통계소득을 적용하여 산정하든, 아니면 해당 농민의 최근 실제소득을 적용하여 산정하든 간에, 모두 장래의 불확정적인 일실소득을 예측하여 보상하는 것으로, 기존에 형성된 재산의 객관적 가치에 대한 '완전한 보상'과는 그 법적 성질을 달리한다.

결국 구 토지보상법 시행규칙 제48조 소정의 영농보상 역시 공익사업시행지구 안에서 수용의 대상인 농지를 이용하여 경작을 하는 자가 그 농지의 수용으로 인하여 장래에 영농을 계속하지 못하게 되어 특별한 희생이 생기는 경우 이를 보상하기 위한 것이기 때문에, 위와 같은 재산상의 특별한 희생이 생겼다고 할 수 없는 경우에는 손실보상 또한 있을 수 없고, 이는 구 토지보상법 시행규칙 제48조 소정의 영농보상이라고 하여 달리 볼 것은 아니다.

[2] 관련 법리와 구 공익사업을 위한 토지 등의 취득 및 보상에 관한 법률 시행규칙(2020.12.11. 국토교통부령 제788호로 개정되기 전의 것, 이하 '구 토지보상법 시행규칙'이라고 한다) 제48조 제2항 단서 제2호의 신설 경과 등에 비추어 보면, 국토교통부장관이 농림축산식품부장관과의 협의를 거쳐 관보에 고시하는 '농작물실제소득인정기준' 제6조 제3항 [별지 2]에 열거된 작목 및 재배방식에 시설콩나물 재배업이 포함되어 있지 않더라도 시설콩나물 재배업에 관하여도 구 토지보상법 시행규칙 제48조 제2항 단서 제2호를 적용할 수 있다고 봄이 타당하다. 그 이유는 다음과 같다.

(가) 관련 법령의 내용, 형식 및 취지 등에 비추어 보면, 공공필요에 의한 수용 등으로 인한 손실의 보상은 정당한 보상이어야 하고, 영농손실에 대한 정당한 보상은 수용되는 '농지의 특성과 영농상황' 등 고유의 사정이 반영되어야 한다.

(나) 농지의 지력을 이용한 재배가 아닌 용기에 식재하여 재배되는 콩나물과 같이 용기를 기후 등 자연적 환경이나 교통 등 사회적 환경 등이 유사한 인근의 대체지로 옮겨 생육에 별다른 지장을 초래함이 없이 계속 재배를 할 수 있는 경우에는, 유사한 조건의 인근대체지를 마련할 수 없는 등으로 장래에 영농을 계속하지 못하게 되는 것과 같은 특단의 사정이 없는 이상 휴업보상에 준하는 보상이 필요한 범위를 넘는 특별한 희생이 생겼다고 할 수 없다.

(다) 시설콩나물 재배시설에서 재배하는 콩나물과 '농작물실제소득인정기준' 제6조 제3항 [별지 2]에서 규정하고 있는 작물인 버섯, 화훼, 육묘는 모두 직접 해당 농지의 지력을 이용하지 않고 재배한다는 점에서 상호 간에 본질적인 차이가 없으며, 특히 '용기(트레이)에 재배하는 어린묘'와 그 재배방식이 유사하다.

(라) 시설콩나물 재배방식의 본질은 재배시설이 설치된 토지가 농지인지 여부, 즉 농지의 특성에 있는 것이 아니라 '고정식온실' 등에서 용기에 재배하고, 특별한 사정이 없는 한 그 재배시설 이전이 어렵지 않다는 점에 있다. 본질적으로 같은 재배방식에 대하여 '고정식온실' 등이 농지에 설치되어 있다는 사정만으로 2년간의 일실소득을 인정하는 것은 정당한 보상원칙에 부합하지 않는다.

(마) 구 토지보상법 시행규칙 제48조 제2항 단서 제2호가 적용되어 실제소득의 4개월분에 해당하는 농업손실보상을 하는 작물에 관하여 규정한 '농작물실제소득인정기준' 제6조 제3항 [별지 2]는 '직접 해당 농지의 지력을 이용하지 아니하고 재배 중인 작물을 이전하여 해당 영농을 계속하는 것이 가능하다고 인정하는 경우'를 예시한 것으로, 거기에 열거된 작목이 아니더라도 객관적이고 합리적으로 '직접 해당 농지의 지력을 이용하지 아니하고 재배 중인 작물을 이전하여 해당 영농을 계속하는 것이 가능'하다고 인정된다면 구 토지보상법 시행규칙 제48조 제2항 단서 제2호에 따라 4개월분의 영농손실보상을 인정할 수 있다고 보는 것이 영농손실보상제도의 취지에 부합한다.

03 어업손실보상

1. 대판 2011.7.28, 2011두5728

[1] 공유수면에 대한 공공사업시행으로 인한 손실보상 또는 손해배상을 청구할 수 있는 공유 수면 어업자의 범위 및 공공사업에 의한 제한이 있는 상태에서 어업에 관한 허가 또는 신고가 이루어진 것인지를 판단하는 기준

[2] 어업에 관한 허가 또는 신고의 경우 유효기간이 지나면 당연히 효력이 소멸하는지 여부(적극)및 이 경우 다시 어업허가를 받거나 신고를 하더라도 종전 허가나 신고의 효력 등이 계속 되는지 여부(소극)

[3] 육상종묘생산어업을 하는 甲이 항만공사 실시계획이 공고된 후 종전 육상종묘생산어업신고의 유효기간이 만료되자 관할관청에 어업신고에 필요한 공유수면 점·사용허가를 신청하였으나 반려되어 신고어업권이 소멸하였는데, 이후 항만공사 시행으로 어업피해를 입었다며 국가에 공익사업을 위한 토지 등의 취득 및 보상에 관한 법률 등에 터잡아 손실보상금 지급을 구한 사안에서, 甲의 육상종묘생산어업신고는 항만공사 실시계획 공고 후 유효기간 만료로 효력이 당연히 소멸하였고, 유효기간 만료 후에 새로이 어업신고가 이루어졌다고 하더라도 이는 항만공사 시행과 그로 인한 신고어업 등의 제한이 이미 객관적으로 확정되어 있는 상태에서 그러한 제한을 전제로 이루어지는 것에 불과하여 항만공사 시행으로 인한 손실보상 대상이 되는 특별한 손실로 볼 수 없으며, 행정청이 공유수면 점·사용허가 신청을 반려한 것이 위법하거나 부당하다고도 할 수 없다는 이유로, 甲의 육상종묘생산어업은 관계 법령에 근거한 손실보상 대상이 될 수 없다고 한 사례

2. 육상종묘생산어업(대판 2009.7.9, 2009두4739)

남해·하동개발촉진지구의 지정 및 개발계획에 따라 종묘배양장이 설치된 섬진강 하류 강변의 토지를 수용재결한 사안에서, 위 배양장에서 육상종묘생산어업을 영위한 것이 수산업법상의 허가어업이 아니라 내수면어업법에 따른 신고어업을 한 것이라고 보아, 공익사업을 위한 토지 등의 취득 및 보상에 관한 법률 제76조의 규정에 따른 어업권 등의 보상대상에 해당하지 않는다고 한 사례

> 토지보상법 시행규칙 제44조 제4항 허가어업 및 신고어업(「내수면어업법」 제11조 제2항의 규정에 의한 신고어업을 제외한다)에 대한 손실의 평가에 관하여 이를 준용한다.

3. 대판 2007.4.26, 2004두6853

[판시사항]

구 내수면어업개발 촉진법 제7조 제3항에 따라 사유수면에서 하는 양식어업 면허를 받아 취득한 어업권이 같은 법의 적용대상이 되는지 여부(적극) 및 위 양식어업에 대하여 구 공공용지의 취득 및 손실보상에 관한 특례법 시행규칙 제23조 제1항에 따른 어업손실보상 기준을 적용할 수 있는지 여부(적극)

[재판요지]

참게양식장에 관하여 구 내수면어업개발 촉진법(1999.2.8. 법률 제5893호로 개정되기 전의 것) 제7조 제3항에 따라 양식어업 면허를 받음으로써 같은 법 제11조에 의하여 어업권을 취득하였다면, 이와 같은 면허어업의 경우에는 비록 사유수면이라 하더라도 같은 법 제3조의2 제1항 소정의 '특별한 규정'에 해당하여 위 법의 적용대상이 된다고 봄이 상당하고, 이는 종전의 내수면어업개발 촉진법 제7조 제3항의 규정에 의하여 사유수면에서 양식어업의 면허를 받은 자에 대하여는 그 어업의 유효기간 만료일까지 종전의 규정에 의한다는 내수면어업법 부칙(2000.1.28.) 제2조 제2항에 따라 같은

법 아래에서도 같으므로, 위 참게양식장이 도로사업지구로 편입됨으로써 더 이상 양식어업이 불가능하게 되었다면, 구 내수면어업개발 촉진법(1999.2.8. 법률 제5893호로 개정되기 전의 것) 제16조, 구 수산업법(2007.4.11. 법률 제8377호로 개정되기 전의 것) 제35조 제8호, 제34조 제1항 제5호, 구 수산업법 시행령(2001.2.3. 대통령령 제17123호로 개정되기 전의 것) 제62조, 구 공공용지의 취득 및 손실보상에 관한 특례법 시행규칙(2002.12.31. 건설교통부령 제344호 공익사업을 위한 토지 등의 취득 및 보상에 관한 법률 시행규칙 부칙 제2조로 폐지) 제23조 제1항에 따라 어업권이 취소되는 경우에 준한 손실보상이 이루어져야 한다.

토지보상법 및 동법 시행규칙에서는 면허, 허가, 신고어업을 어업권평가에 있어서 보상대상으로 하므로 이에 대한 면허, 허가, 신고규정을 확인해야 한다.

4. 어업권 보상(대판 2007.6.28, 2005다71291)

[판시사항]

[1] 공공사업의 시행으로 피해를 입은 신고어업자의 손실보상청구권의 인정 여부(적극)

[2] 공공사업의 시행으로 피해를 입은 신고어업자가 공유수면이 아닌 마을어업의 어장에서 조업하여 왔다는 사정만으로 그 신고어업이 손실보상의 대상에 해당하지 않게 되는지 여부(소극) 및 당해 어촌계에 어업피해 손실을 보상했음을 이유로 그 어촌계의 계원이 아닌 신고어업자에 대한 사업시행자의 손실보상의무가 소멸하는지 여부(소극)

[이유]

적법한 절차에 의하여 신고를 하고 신고어업에 종사하던 중 공공사업의 시행으로 피해를 입게 되는 어민들이 있는 경우 그 공공사업의 시행자로서는 수산업법의 위 규정 및 신고어업자의 손실보상액 산정에 관한 수산업법 시행령 제62조의 규정을 유추적용하여 손실보상을 하여 줄 의무가 있다고 할 것이다(대판 2002.1.22, 2000다2511 등 참조).

또한, 구 수산업법 제37조 제1항에 의하면 신고어업자가 마을어업권자인 어촌계의 계원 또는 입어자에 해당하지 않더라도 당해 어촌계의 관할구역에 주소가 있고, 어촌계총회의 의결이 있는 경우에는 마을어업권을 행사할 수 있다고 규정하고 있고, 위 규정에 의하면 신고어업자로서는 마을어업의 어장에서 당해 어촌계가 영위하는 마을어업과는 별도로 독자적인 신고어업을 영위할 수 있다고 할 것이다. 그러므로 공공사업의 시행으로 피해를 입은 신고어업자가 공유수면이 아니라 마을어업의 어장에서 조업하여 왔다는 사정만으로는 그 신고어업이 손실보상의 대상에 해당하지 않는다고 볼 수 없고, 당해 어촌계에게 그로 인한 손실을 보상하였다고 하여 그 어촌계의 계원이 아닌 신고어업자에 대한 손실보상의무가 소멸된다고 볼 수는 없다.

5. 어업피해에 관한 손실보상청구권의 행사방법(대판 2014.5.29, 2013두12478)

[판시사항]

[1] 구 수산업법 제81조 및 구 공익사업을 위한 토지 등의 취득 및 보상에 관한 법률의 관련 규정에 의하여 취정에 의한 손실보상청구권이나 손실보상 관련 법령의 유추적용에 의한 손실보상청구권의 행사방법(= 민사소송) 득하는 어업피해에 관한 손실보상청구권의 행사 방법(= 행정소송)

[2] 공공사업의 시행으로 손해를 입었다고 주장하는 자가 보상을 받을 권리를 가졌는지 판단하는 기준 시기(= 공공사업 시행 당시) 및 공공사업 시행에 관한 실시계획 승인과 그에 따른 고시 이후 영업허가나 신고가 이루어진 경우 공공사업 시행으로 허가나 신고권자가 특별한 손실을 입게 되었다고 볼 수 있는지 여부(소극)

[이유]

가. 구 수산업법(2007.1.3. 법률 제8226호로 개정되기 전의 것, 이하 같다) 제81조의 규정에 의한 손실보상청구권이나 손실보상 관련 법령의 유추적용에 의한 손실보상청구권은 사업시행자를 상대로 한 민사소송의 방법에 의하여 행사하여야 한다(대판 2001.6.29, 99다56468 참조). 그렇지만 구 공익사업을 위한 토지 등의 취득 및 보상에 관한 법률(2008.2.29. 법률 제8852호로 개정되기 전의 것, 이하 '구 공익사업법'이라 한다)의 관련 규정에 의하여 취득하는 어업피해에 관한 손실보상청구권은 민사소송의 방법으로 행사할 수는 없고, 구 공익사업법 제34조, 제50조 등에 규정된 재결절차를 거친 다음 그 재결에 대하여 불복이 있는 때에 비로소 구 공익사업법 제83조 내지 제85조에 따라 권리구제를 받아야 하며, 이러한 재결절차를 거치지 않은 채 곧바로 사업시행자를 상대로 손실보상을 청구하는 것은 허용되지 않는다고 봄이 타당하다.

나. 손실보상은 공공사업의 시행과 같이 적법한 공권력의 행사로 가하여진 재산상의 특별한 희생에 대하여 전체적인 공평부담의 견지에서 인정되는 것이므로, 공공사업의 시행으로 손해를 입었다고 주장하는 자가 보상을 받을 권리를 가졌는지의 여부는 해당 공공사업의 시행 당시를 기준으로 판단하여야 하고, 그와 같은 공공사업의 시행에 관한 실시계획 승인과 그에 따른 고시가 된 이상 그 이후에 영업을 위하여 이루어진 각종 허가나 신고는 위와 같은 공공사업의 시행에 따른 제한이 이미 확정되어 있는 상태에서 이루어진 것이므로 그 이후의 공공사업 시행으로 그 허가나 신고권자가 특별한 손실을 입게 되었다고는 볼 수 없다(대판 1991.1.29, 90다6781, 대판 2006.11.23, 2004다65978 등 참조).

> 해당 공공사업의 시행 당시의 판단은, 당해 실시계획의 공고·고시일 또는 보상계획의 공고일 중 빠른 날을 기준하여 판단하여야 할 것이다.

6. 실시계획 고시 이후의 어업손실(대판 2014.5.29, 2011다57692)

[1] 공공사업 시행에 관한 실시계획 승인·고시 후 어업에 관한 허가 또는 신고를 받은 경우, 공공사업 시행으로 인한 손실보상 또는 손해배상을 청구할 수 있는지 여부(소극) 및 공공사업에 의한 제한이 있는 상태에서 어업에 관한 허가 또는 신고가 이루어진 것인지 판단하는 기준

[2] 갑 등이 한국수자원공사를 상대로 남강댐 보강공사로 인한 손실보상 등을 구한 사안에서, 남강댐이 건설되고 보상이 완료된 후 새로이 어업권을 취득한 갑 등은 댐 보강공사의 시행으로 손실보상의 대상이 되는 특별한 손실을 입게 되었다고 할 수 없어 이에 대한 손실보상 또는 손해배상을 청구할 수 없다고 한 사례

[3] 어업에 관한 허가 또는 신고의 유효기간이 경과한 후 재차 허가를 받거나 신고를 한 경우, 종전의 어업허가나 신고의 효력 또는 성질이 계속되는지 여부(소극)

[4] 어업권자가 면허를 받을 때 및 기간연장허가를 받을 때 개발사업 시행으로 인한 일체의 보상청구를 포기하겠다고 하여 그러한 취지의 부관이 어업권등록원부에 기재된 경우, 그 부관의 효력(원칙적 유효) 및 그 효력이 어업권의 양수인에게도 미치는지 여부(적극)

7. 대판 2016.5.12, 2013다62261

[판시사항]

[1] 구 수산업법 제81조 제1항 제1호 단서에서 허가·신고 어업에 대하여 '국방상 필요하다고 인정하여 국방부장관으로부터 요청이 있을 때'에 손실보상 없이 제한할 수 있도록 정한 것이 헌법에 위배되는지 여부(소극)

[2] 구 수산업법 제34조 제1항에 따른 어업제한사유가 제3호에서 정한 '국방상 필요하다고 인정하여 국방부장관으로부터 요청이 있을 때'의 요건과 제5호에서 정한 공익사업의 하나인 '국방·군사에 관한 사업'의 요건을 동시에 충족하는 경우, 손실보상청구권이 발생하는지 여부(원칙적 소극)

[판결요지]

[1] 구 수산업법(2007.4.11. 법률 제8377호로 전부 개정되기 전의 것, 이하 '구 수산업법'이라 한다) 제34조 제1항 제1호, 제2호, 제3호, 제4호, 제5호, 제2항, 제45조 제1항, 제3항, 제81조 제1항 제1호, 구 수산업법 시행령(2007.10.31. 대통령령 제20351호로 전부 개정되기 전의 것) 제19조 제5호의 문언·체제·취지 등에 더하여 다음과 같은 사정, 즉 어업허가를 받거나 어업신고가 수리된 자가 갖는 어업에 대한 재산적 이익은 공유수면에서 자유로이 생존하는 수산동식물을 포획할 수 있는 지위로서 어업허가취득이나 수산동식물의 포획에 어떤 대가를 지불하는 것이 아니어서 일반 재산권처럼 보호가치가 확고하다고 보기 어려운 점, 한편 어업권의 특성과 행사 방식 등에 비추어 재산권의 행사가 사회적 연관성과 사회적 기능이 크므로 입법자에 의한 보다 광범위한 제한이 허용되는 점, 구 수산업법이 손실보상 없이 어업을 제한할 수 있는 사유를 수산자원의 보존 또는 국방상 필요 등 사회적 연관성과 사회적 기능이 큰 경우로 제한적으로 규정하고 있는 점, 허가 또는 신고 어업과는 달리 면허어업은 해조류양식어업 등을 주요대상으로 하여 조업이 제한되는 해역 이외의 장소에서는 조업이 불가능한 사정을 고려하여

보상제외사유로 삼지 않는 등 제한되는 어업의 종류와 특성 및 내용에 따라 보상 여부를 달리 정하고 있는 점 등을 종합하면, 구 수산업법 제81조 제1항 제1호 단서에서 허가·신고 어업에 대하여 '국방상 필요하다고 인정하여 국방부장관으로부터 요청이 있을 때'(구 수산업법 제34조 제1항 제3호)에는 '공익사업을 위한 토지 등의 취득 및 보상에 관한 법률 제4조의 공익사업상 필요한 때'(구 수산업법 제34조 제1항 제5호)와 달리 손실보상 없이 이를 제한할 수 있도록 정한 것이 재산권자가 수인하여야 하는 사회적 제약의 한계를 넘어 가혹한 부담을 발생시키는 등 비례의 원칙을 위반하였다고 보기 어려우므로 위 단서 조항이 헌법에 위배된다고 볼 수 없다.

[2] 구 수산업법(2007.4.11. 법률 제8377호로 전부 개정되기 전의 것, 이하 '구 수산업법'이라 한다) 제34조 제1항이 어업제한사유로 제5호에서 '공익사업을 위한 토지 등의 취득 및 보상에 관한 법률 제4조의 공익사업상 필요한 때'를 정하여 '국방 및 군사에 관한 사업'에 관한 포괄적인 규정을 마련하였음에도, 이와 별도로 제3호에서 '국방상 필요하다고 인정하여 국방부장관으로부터 요청이 있을 때'를 정하여 손실보상 여부에 관하여 달리 취급하는 취지에 비추어 보면, 구 수산업법 제34조 제1항에 따른 어업제한사유가 제3호의 요건을 충족하는 이상 제5호에서 정한 공익사업의 하나인 '국방·군사에 관한 사업'의 요건을 동시에 충족할 수 있더라도, 특별한 사정이 없는 한 제3호가 우선 적용되어 손실보상청구권이 발생하지 아니한다.

8. 공유수면에 대한 공공사업의 시행으로 인한 손실보상 또는 손해배상의 대상이 되는 허가 및 신고어업자의 범위와 그 판단 기준(대판 2007.5.31, 2005다44060)

사전 손실보상의무 있는 공공사업의 시행자가 손실보상을 하지 않고 공공사업을 시행함으로써 제3자에게 실질적이고 현실적인 침해를 가한 때에는 불법행위를 구성하지만, 공유수면의 어업자에게 공공사업의 시행으로 인한 손실보상 또는 손해배상을 청구할 수 있는 피해가 발생하였다고 볼 수 있으려면 그 사업시행에 관한 면허 등의 고시일 및 사업시행 당시 적법한 면허어업자이거나 허가 또는 신고어업자로서 어업에 종사하고 있어야 하고, 위 사업시행의 면허 등 고시 이후에 비로소 어업허가를 받았거나 어업신고를 한 경우에는 이는 그 공유수면에 대한 공공사업의 시행과 이로 인한 허가 또는 신고어업의 제한이 이미 객관적으로 확정되어 있는 상태에서 그 제한을 전제로 하여 한 것으로서 그 이전에 어업허가 또는 신고를 마친 자와는 달리 위 공공사업이 시행됨으로써 그렇지 않을 경우에 비하여 그 어업자가 얻을 수 있는 이익이 감소된다고 하더라도 손실보상의 대상이 되는 특별한 손실을 입게 되었다고 할 수 없어 이에 대하여는 손실보상 또는 손해배상을 청구할 수 없고, 어업허가 또는 신고의 경우 그러한 공공사업에 의한 제한이 있는 상태에서 이루어진 것인지 여부는 당해 어업허가 또는 신고를 기준으로 하여야 하며, 그 이전에 받았으나 이미 유효기간이 만료한 어업허가 또는 신고를 기준으로 할 수 없다.

발전소 건설사업이 일괄하여 하나의 공공사업에 해당한다고 보는 경우, 전원개발사업구역 내의 공유수면 이용에 제한이 가해진 후에 새로 어업허가를 받은 자들은 위 발전소 부지 위에 추가로 시설이 건설되었다고 하여 위 구역 내의 공유수면 이용에 관하여 특별한 손실을 입게 되었다고 볼 수 없다고 한 사례

제2절 기출분석

 기출문제

[손실보상] 손실보상기준 [제18회 제3문]

공부상 지목이 과수원(果)으로 되어 있는 토지의 소유자 甲은 토지상에 식재되어 있던 사과나무가 이미 폐목이 되어 과수농사를 할 수 없는 상태에서 사과나무를 베어내고 인삼밭(田)으로 사용하여 왔다. 또한 甲은 이 토지의 일부에 토지의 형질변경허가 및 건축허가를 받지 않고 2005년 8월 26일 임의로 지상 3층 건물을 건축하고, 영업허가 등의 절차 없이 식당을 운영하고 있다.

(1) 2007년 5월 25일 甲의 토지를 대상으로 하는 공익사업이 인정되어 사업시행자가 甲에게 토지의 협의매수를 요청하였지만 甲은 식당영업에 대한 손실보상을 추가로 요구하면서 이를 거부하고 있다. 甲의 식당영업손실 보상에 관한 주장이 타당한지에 대하여 논하시오. 15점

(2) 위 토지 및 지장물에 대한 보상평가기준에 대하여 설명하시오. 15점

설문 (1)의 해결

Ⅰ. 쟁점의 정리

Ⅱ. 영업손실보상의 요건 등

1. 영업손실보상의 의의 및 보상의 성격
2. 법적 근거
3. 영업손실의 보상대상인 영업(시행규칙 제45조)

Ⅲ. 사안의 해결(甲 주장의 타당성)

1. 시행규칙 제45조 제1호의 해당 여부
2. 시행규칙 제45조 제2호의 해당 여부
3. 甲 주장의 타당성

설문 (2)의 해결

Ⅰ. 개설

Ⅱ. 토지에 대한 보상평가기준

1. 일반적인 토지보상평가기준
   (1) 공시지가기준보상(토지보상법 제70조 제1항)
   (2) 현황평가 및 일반적 이용방법에 의한 객관적 상황기준 등(토지보상법 제70조 제2항)
   (3) 개발이익 배제(토지보상법 제67조 제2항)
2. 인삼밭(田)에 대한 토지보상평가기준
3. 형질변경허가 및 건축허가를 받지 않은 토지
   (1) 불법형질변경토지인지 무허가건축물 부지인지 여부
   (2) 무허가건축물 부지의 보상평가기준
   (3) 사안의 경우

Ⅲ. 지장물에 대한 보상평가기준

1. 일반적인 지장물에 대한 보상평가기준(토지보상법 제75조)
2. 무허가건축물의 보상평가기준
3. 인삼의 보상평가기준

쟁점해설

· 설문 (1)의 쟁점은 甲의 주장에 대한 타당성의 검토이므로, 토지보상법 시행규칙 제45조상의 영업보상 대상요건을 구체적으로 검토하면 된다. 설문에서는 영업장소가 무허가건축물이므로 적법한 장소에 해당하지 않으며, 허가 등의 절차 또한 없었으므로 보상대상이 아님을 밝혀주면 된다.

설문 (2)의 경우는 토지 및 지장물에 대한 보상평가기준으로서 토지보상법상 관련규정을 설명하면 된다. 논의의 전제로서 개설파트에서 정당보상원칙을 간략히 언급하고 서술하면 될 것이다.

예시답안

(설문 1)의 해결

Ⅰ 쟁점의 정리

설문에서는 무허가건축물에서의 무허가영업에 대한 영업손실보상의 인정 여부가 문제되는바, 토지보상법 시행규칙 제45조의 요건을 검토하여 甲 주장의 타당성을 검토한다.

Ⅱ 영업손실보상의 요건 등

1. 영업손실보상의 의의 및 보상의 성격

영업손실의 보상이란 공익사업의 시행으로 인하여 영업을 폐업하거나 휴업함에 따른 영업손실에 대하여 영업이익과 시설의 이전비용 등에 대하여 보상하는 것을 말한다. 영업손실의 보상은 주로 재산권 보상 중에서 일실손실의 보상이며, 생활보상을 광의로 해석하는 견해에 따르는 경우 생활보상의 성격을 갖는 것으로 볼 수 있다.

2. 법적 근거

영업손실보상은 토지보상법 제77조 제1항에 근거하며, 동조 제4항의 위임에 따라 동법 시행규칙 제45조에서 영업손실보상의 대상, 제46조에서 영업폐지에 대한 손실과 제47조에서 영업의 휴업에 대한 손실의 평가에 대해 규정하고 있다.

3. 영업손실의 보상대상인 영업(시행규칙 제45조)

① 사업인정고시일 등 전부터 적법한 장소에서 인적·물적 시설을 갖추고 계속적으로 행하고 있는 영업일 것(다만, 무허가건축물 등에서 임차인이 영업하는 경우에는 그 임차인이 사업인정고시일 등 1년 이전부터 사업자등록을 하고 행하고 있는 영업), ② 영업을 행함에 있어서 관계법령에 의한 허가 등을 필요로 하는 경우에는 사업인정고시일 등 전에 허가 등을 받아 그 내용대로 행하고 있는 영업일 것을 규정하고 있다.

Ⅲ 사안의 해결(甲 주장의 타당성)

1. 시행규칙 제45조 제1호의 해당 여부

甲은 사업인정고시일 등 이전부터 인적·물적 시설을 갖추고 계속적으로 영업을 행하고 있지만, 건축허가를 받지 않고 임의로 건축한 건물에서 영업을 하고 있어 적법한 장소의 요건에 해당하지 않는다. 단서의 요건인 사업인정고시일인 2012년 5월 25일부터 1년 이전인 2010년 8월 26일부터 영업을 행하고 있지만, 임차인이 아닌 소유자이므로 역시 요건에 해당되지 않는다.

2. 시행규칙 제45조 제2호의 해당 여부

또한 식당영업은 식품위생관련법령에 의한 인·허가 등을 받아야 함에도 불구하고 이를 받지 않고 식당을 운영하고 있으므로, 제2호의 요건에도 해당되지 않는다.

3. 甲 주장의 타당성

영업손실보상의 대상이 되기 위해서는 시행규칙 제45조 각 호의 요건에 모두 해당되어야 함에도 불구하고 각 호의 요건에 모두 해당되지 않으므로 甲 주장의 타당성은 없다.

(설문 2)의 해결

Ⅰ 개설

'전'으로 이용되는 부분과 불법형질변경 후 허가 없이 건축물을 건축한 토지 및 지상의 무허가 건축물에 대하여 토지보상법 제70조 이하의 규정을 중심으로 보상평가기준을 설명하도록 한다.

Ⅱ 토지에 대한 보상평가기준

1. 일반적인 토지보상평가기준

(1) 공시지가기준보상(토지보상법 제70조 제1항)

공시지가를 기준으로 하여 보상하되, 그 공시기준일부터 가격시점까지의 관계법령에 따른 그 토지의 이용계획, 해당 공익사업으로 인한 지가의 영향을 받지 아니하는 지역의 대통령령으로 정하는 지가변동률, 생산자물가상승률과 그 밖에 그 토지의 위치·형상·환경·이용상황 등을 고려하여 평가한 적정가격으로 보상하여야 한다.

(2) 현황평가 및 일반적 이용방법에 의한 객관적 상황기준 등(토지보상법 제70조 제2항)

토지에 대한 보상액은 가격시점에서의 현실적인 이용상황과 일반적인 이용방법에 의한 객관적 상황을 고려하여 산정하되, 일시적인 이용상황과 토지소유자나 관계인이 갖는 주관적 가치 및 특별한 용도에 사용할 것을 전제로 한 경우 등은 고려하지 아니한다. 토지에 건축물 등이 있는 때에는 그 건축물 등이 없는 상태를 상정하여 토지를 평가한다(시행규칙 제22조 제2항).

(3) 개발이익 배제(토지보상법 제67조 제2항)

보상액 산정에 있어서 공시지가의 적용과 해당 공익사업으로 인한 영향이 없는 지역의 지가변동률의 적용 및 공시지가의 선택제한 등을 통하여 해당 공익사업으로 인한 개발이익을 배제하고 취득하는 토지에 대한 보상액을 산정한다.

2. 인삼밭(田)에 대한 토지보상평가기준

일반적인 토지보상평가기준에 따라 보상하며, 토지소유자가 정당하게 자신의 토지를 이용하고 있는 경우라 하더라도, 지적공부상의 지목과 현실의 지목이 항상 일치하는 것은 아니므로, 지목과 실제 현황이 다른 경우에는 공부상 지목보다는 실제 현황을 기준으로 하여 평가하여야 함이 원칙이라는 판례의 태도에 비추어 과수원이 아닌 田을 기준으로 보상평가하여야 한다.

3. 형질변경허가 및 건축허가를 받지 않은 토지

(1) 불법형질변경토지인지 무허가건축물 부지인지 여부

양자의 구별은 지상건축물의 존재 여부에 따라 결정하며, 이때 유의할 것은 무허가건축물 등 부지는 1989년 1월 24일, 불법형질변경토지는 1995년 1월 7일 공특법 개정으로 규정되었기 때문에, 무허가건축물 등의 부지에 해당하면 불법형질변경토지 규정은 적용되지 않는다. 따라서 사안의 경우에는 불법형질변경 후 무허가건축물을 건축하여 사용 중인 바, 무허가건축물 부지로 판단된다.

(2) 무허가건축물 부지의 보상평가기준

시행규칙 제24조에서는 무허가건축물 등의 부지에 대하여 해당 토지에 무허가건축물 등이 건축될 당시의 이용상황을 상정하여 평가하도록 규정하고 있다. 다만, 89.1.24. 이전에 건축된 무허가건축물 등의 부지는 현실적 이용상황을 기준으로 평가한다.

(3) 사안의 경우

甲의 건물은 89년 1월 24일 이후인 2010년 8월 26일 건축한 무허가건축물인바, 건축될 당시의 이용상황인 '전'을 기준하여 일반적인 토지보상평가기준에 따라 보상평가해야 할 것이다.

III 지장물에 대한 보상평가기준

1. 일반적인 지장물에 대한 보상평가기준(토지보상법 제75조)

지장물이란 공익사업시행지구 내의 토지에 정착한 건축물이 당해 공익사업의 수행을 위하여 직접 필요하지 아니한 것을 말한다(시행규칙 제2조 제3호). 지장물은 이전비로 보상하여야 한다. 다만, ① 건축물 등의 이전이 어렵거나 그 이전으로 인하여 건축물 등을 종래의 목적대로 사용할 수 없게 된 경우, ② 건축물 등의 이전비가 그 물건의 가격을 넘는 경우 물건의 가격으로 보상하되 원가법으로 평가한다(시행규칙 제33조).

2. 무허가건축물의 보상평가기준

해당 무허가건축물이 보상대상인지 여부가 1차적으로 문제되나, 판례가 사업인정고시 전에 건축한 건축물은 그 건축물이 적법하게 허가를 받아 건축한 것인지, 허가를 받지 아니하고 건축한 무허가건축물인지 여부와 관계없이 손실보상의 대상이 된다고 함에 따라 甲의 건물은 사업인정고시 전에 건축한 바, 보상대상에 해당한다. 따라서 이전비로 보상하되, 일정한 경우 원가법에 의한 가격으로 보상할 수 있다.

3. 인삼의 보상평가기준

토지보상법 제25조에 따라 사업인정 이전에 식재된 인삼의 경우에만 이전비로 보상한다. 인삼밭의 인삼이 사업인정 이전에 식재된 경우이나, 농작물을 수확하기 전이라면, 농작물의 종류 및 성숙도 등을 종합적으로 고려하여 평가한다.

7회 문제 04

어업에 관련된 영업보상 [10점]

1. 어업권의 개념

어업권이란 수산업법의 규정에 의하여 면허를 받아 어업을 경영할 수 있는 권리를 말한다. 보상대상으로서의 어업권은 면허어업, 신고어업, 관행에 의한 입어권을 포함한다.

① **면허어업** – 정치망어업, 양식어업 등 수면을 독점하여 배타적 지배권을 갖는 어업
② **허가어업** – 근해어업, 원양어업 등
③ **신고어업** – 맨손어업, 나잠어업, 투망어업 등

2. 보상평가기준

(1) 면허어업에 대한 평가기준

1) 어업권이 취소, 정지, 제한 또는 유효기간 연장이 불허된 경우

수산업법 시행령 [별표 4]의 규정에 의하되 취소의 경우를 한도로 한다.

2) 다른 어장으로 이전이 가능한 경우

어업권이 정지된 경우의 손실액 산출방법 및 기준에 의하여 산출한다.

3) 보상대상에서 제외되는 어업권

보상계획의 공고 또는 사업인정의 고시가 있은 날 이후에 어업권의 면허를 받은 자에 대하여는 보상하지 아니한다. 종전의 (구)공특법령에서는 이러한 규정이 없어 논란이 되었으나 토지보상법 시행규칙에서 보상대상의 범위를 명백히 규정하였다.

(2) 허가어업 및 신고어업에 대한 보상평가

면허어업에 대한 보상평가규정을 준용하여 수산업법 시행령 [별표 4]의 규정에 의하여 평가한다. 보상계획의 공고 또는 사업인정의 고시가 있은 날 이후에 허가 또는 신고된 어업의 경우에는 보상대상에서 제외한다.

(3) 관행입어권

1) 의의

어업의 신고를 한 자로서 마을어업권이 설정되기 전부터 해당 수면에서 계속적으로 수산동식물을 포획, 채취하여 온 사실이 대다수 사람들에게 인정되는 자 등 어업권원부에 등록된 자를 말한다.

2) 평가방법

신고어업의 산출에 관한 규정을 준용하되 취소시의 경우를 한도로 한다. 또한 면허어업과 중복되는 경우는 인정되지 않는다.

3) 문제점

동일한 마을어장을 이용함에 있어 어업권자인 해당 수협내지 어촌계 구성원의 경우에는 마을어업권의 행사로 구성원의 자격만으로도 충분하나 거주지를 달리하여 해당 어업인단체의 구성원이 되지 못한 자는 어업권과는 전혀 별개의 신고 및 등록이라는 행정절차를 밟도록 한 것은 논리상의 일관성 내지 합리성이 결여되었다고 보아야 할 것이다.

3. 공익사업시행지구 밖의 어업의 피해에 대한 보상

시행규칙 제63조에서는 실제피해액을 입증하는 경우에 한하여 공익사업시행지구 밖의 어업손실을 보상하도록 규정하고 있다.

4. 면허, 허가, 신고가 없는 어업의 경우

무면허, 무허가, 무신고 어업의 경우에는 원칙적으로 보상하지 아니한다. 그러나 사업인정고시일등의 전부터 허가 등이 없이 어업을 영위하고 있던 자가 폐업하는 경우에는 무허가영업 등에 대한 보상특례규정을 준용한다.

1회 문제 04

실농보상을 약술하시오. 10점

1. 개설(농업손실보상의 의의 및 성격)

농업손실보상이란 공익사업시행지구에 편입되는 농지에 대하여 해당 지역의 단위경작면적당 농작물 수입의 2년분을 보상함을 의미한다. 이는 전업에 소요되는 기간을 고려한 합리적 기대이익의 상실에 대한 보상으로 일실손실의 보상이며, 다만 유기체적인 생활을 종전상태로 회복하는 의미에서 생활보상의 성격도 존재한다.

> 농민이 대체 농지를 구입하여 영농을 재개하거나 다른 업종으로 전환하는 것을 보장하기 위한 것으로, 영농보상은 농민이 기존 농업을 폐지한 후 새로운 직업 활동을 개시하기까지의 준비기간 동안에 농민의 생계를 지원하는 간접보상이자 생활보상으로서의 성격을 가진다(대판 2020.4.29, 2019두32696).

2. 보상의 기준

헌법 제23조 제3항은 국민의 재산권에 대한 강제적 박탈이나 침해에 대하여 정당한 보상을 규정하고, 판례는 이를 보상의 시기・방법에도 제한이 없는 완전한 보상으로 해석하고 있다. 이러한 정당보상의 실현을 토지보상법상 보상의 기준으로 두고 있다.

3. 구체적 보상방법 및 내용

(1) 보상의 방법

공익사업시행지구에 편입되는 농지(농지법 제2조 제1호 가목에 해당되는 토지)에 대하여는 해당 도별 연간 농가평균 단위경작면적당 농작물총수입의 직전 3년간 평균의 2년분을 곱하여 산정한 금액을 영농손실액으로 보상한다. 다만 국토교통부장관이 고시한 농작물로서 그 실제소득을 증명한 경우에는 농작물총수입 대신에 실제소득으로 보상한다.

(2) 농업손실보상의 대상인 농지의 범위(농업손실보상의 물적 범위)

보상을 함에 있어서는 해당 토지의 지목에 불구하고 실제로 농작물을 경작하는 경우에는 이를 농지로 본다. 다만 다음과 같은 경우에는 농지로 보지 아니한다.

> 1. 사업인정고시일 등 이후부터 농지로 이용되고 있는 토지
> 2. 토지이용계획・주위환경 등으로 보아 일시적으로 농지로 이용되고 있는 토지
> 3. 타인소유의 토지를 불법으로 점유하여 경작하고 있는 토지
> 4. 농민(「농지법」 제2조 제3호의 규정에 의한 농업법인 또는 「농지법 시행령」 제3조 제1호 및 동조 제2호의 규정에 의한 농업인을 말한다)이 아닌 자가 경작하고 있는 토지
> 5. 토지의 취득에 대한 보상 이후에 사업시행자가 2년 이상 계속하여 경작하도록 허용하는 토지

(3) 농업손실보상의 지급대상자(실농보상의 인적 범위)

자경농지가 아닌 농지에 대한 영농손실액은 실제의 경작자에게 지급한다. 다만, 해당 농지의 소유자가 해당 지역의 거주하는 농민의 경우에는 소유자와 실제의 경작자가 협의하는 바에 따라 보상하고, 협의가 성립되지 아니할 경우 2분의 1씩 보상한다. 실제 경작자가 자의로 이농하는 등의 사유로 보상협의일 또는 수용재결일 당시에 경작을 하고 있지 않는 경우의 영농손실액은 농지의 소유자가 해당 지역에 거주하는 농민인 경우에 한정하여 농지의 소유자에게 보상한다.

다만, 실제 소득인정기준에 따라 보상하는 경우 농지의 소유자에 대한 보상금액은 평균소득기준에 따라 산정한 영농손실액의 50퍼센트를 초과할 수 없다(시행규칙 제48조).

실제 경작자가 자의로 이농하는 등의 사유로 보상협의일 또는 수용재결일 당시에 경작을 하고 있지 않는 경우의 영농손실액은 제4항에도 불구하고 농지의 소유자가 해당 지역에 거주하는 농민인 경우에 한정하여 농지의 소유자에게 보상한다(시행규칙 제48조 제5항).

반드시 해당 지역에 거주하는 농민이어야 지급대상자(실제의 경작자)가 되는 것은 아니다(대판 2002.6.14, 2000두3450).

(4) 농업손실보상의 간접보상

농지의 3분의 2 이상에 해당하는 면적이 공익사업시행지구에 편입됨으로 인하여 영농을 계속할 수 없게 된 농민에 대해서는 공익사업시행지구 밖에서 그가 경작하고 있는 농지에 대하여도 영농손실액을 지급한다.

(5) 농기구 등에 대한 보상

당해 지역에서 경작하고 있는 농지의 3분의 2 이상에 해당하는 면적이 공익사업시행지구에 편입됨으로 인하여 농기구를 이용하여 해당 지역에서 영농을 계속할 수 없게 된 경우(과수 등 특정한 작목의 영농에만 사용되는 특정한 농기구의 경우에는 공익사업시행지구에 편입되는 면적에 관계없이 해당 지역에서 해당 영농을 계속할 수 없게 된 경우를 말한다) 해당 농기구에 대해서는 매각손실액을 평가하여 보상하여야 한다. 다만, 매각손실액의 평가가 현실적으로 곤란한 경우에는 원가법에 의하여 산정한 가격의 60퍼센트 이내에서 매각손실액을 정할 수 있다(시행규칙 제48조 제6항).

1. 농기구란 경운기, 탈곡기, 분무기, 제초기 그 밖에 유사한 농업용 기계, 기구를 말한다. 이와 유사한 것이란 리어카, 제승기, 가마니제작기, 양수기, 우마, 잠구 등이 포함될 것이나 단순한 호미, 낫 등은 이에 포함되는지에 대하여서는 의문이다.
2. 영농을 계속할 수 없게 된 경우란 농업의 폐지의 경우 뿐 아니라 종전의 농업경영행태를 계속하기 어려운 경우도 포함된다. 따라서 소유농지의 3분의 2 이상이 공익사업시행지구에 편입되더라도 농업을 계속할 수 있는 경우에는 농기구의 매각손실액을 별도로 보상하지 아니한다.
3. 농기구의 매각손실 보상요건을 완화하여 과수선별기 등 특정영농에만 소요되는 농기구는 농지편입요건(소유농지의 2/3 이상)의 예외를 인정하여 해당 농기구가 소용이 없어진 경우에는 보상을 할 수 있도록 하였다.

신 · 구 법률 비교(영농손실액 보상규정)

영농보상의 경우 재배작물 간 소득편차가 심하고, 공청회 등의 절차를 거치는 과정에서 사업계획이 노출되어 계획확정 전에 부당하게 재배작물을 고소득작물로 변경하는 보상투기가 과다하게 발생하여 예산이 낭비되는 사례가 많았다. 이러한 문제점을 해소하고, 일반 영업보상과의 형평을 유지하기 위하여 재배작물을 구분하지 않고 도별 농가평균 단위경작면적당 농작물수입을 기준으로 영농손실보상액을 산정하도록 하였다.

공특법령	토지보상법령
1. 보상기준 – 실제 재배작물의 종류에 따라 농촌진흥청의 농축산물 표준소득기준 산정 – 실제소득 인정제도는 없음 2. 보상기간 – 연간 1기작 : 3년 – 연간 다기작 : 3기작 – 다년 1기작 : 2년 3. 보상대상에서 제외되는 토지 주위환경 등으로 보아 일시적으로 농지로 이용되는 토지	1. 보상기준 – 통계청의 농가경제조사통계에 의하여 산정한 도별 연간 농가평균 농작물총수입을 기준 – 국토교통부장관이 고시하는 방법에 따라 실제소득을 입증하는 경우 실제소득기준 2. 보상기간 재배작물을 구분하지 않고 2년으로 통일 3. 보상대상에서 제외되는 토지 – 일시적으로 농지로 이용되는 토지 – 불법형질변경토지 – 농민이 아닌 자가 경작하는 토지 – 토지의 취득에 대한 보상 이후에 2년 이상 경작을 허용하는 토지

4. 지목이 '임야' 토지에 대한 농업손실보상

공부상 지목이 임야이나 농지로 이용 중인 토지는 산지관리법 부칙 제2조에 따라 2010.12.1.~2011.11.30.까지 불법전용산지 신고 및 심사를 거쳐 농지로 지목변경된 경우에 한하여 농지로 평가한다.

그러나 농업손실보상은 농지법 제2조제1호 가목에서는 '농지'란 지목에도 불구하고 실제 경작 여부를 중심으로 농지 해당 여부를 판단하도록 되어 있으므로, 비록 법상 지목이 임야로 되어 있다 하더라도 사업인정고시일 이전부터 농작물 또는 다년생식물을 경작하여 왔다면 특별히 토지보상법상 농업손실보상 대상이 아니라는 사정이 없는 한 보상대상에 해당한다고 볼 것이다. 그러나 산지로서의 관리 필요성 등 전반적인 사정을 고려할 때 손실보상을 하는 것이 사회적으로 용인될 수 없다고 인정되는 경우에는 손실보상의 대상이 되지 않는다.

5. 판례

사업시행자가 보상금 지급이나 토지소유자 및 관계인의 승낙 없이 공익사업을 위한 공사에 착수하여 영농을 계속할 수 없게 한 경우, 2년분의 영농손실보상금 지급과 별도로 공사의 사전 착공으로 토지소유자나 관계인이 영농을 할 수 없게 된 때부터 수용개시일까지 입은 손해를 배상해야 한다(대판 2013.11.14, 2011다27103).

26회 문제 02

B시에 거주하는 甲은 2005년 5월 자신의 토지 위에 주거용 건축물을 신축하였다. 그런데 甲은 건축허가 요건을 충족하지 못하여 행정기관의 허가 없이 건축하였다. 甲은 위 건축물에 입주하지 않았으나, 친척인 乙이 자신에게 임대해 달라고 요청하여 이를 허락하였다. 乙은 필요시 언제든 건물을 비워주겠으며, 공익사업시행으로 보상의 문제가 발생할 때에는 어떠한 보상도 받지 않겠다는 내용의 각서를 작성하여 임대차계약서에 첨부하였다. 乙은 2006년 2월 위 건축물에 입주하였는데, 당시부터 건축물의 일부를 임의로 용도변경하여 일반음식점으로 사용하여 왔다. 甲의 위 토지와 건축물은 2015년 5월 14일 국토교통부장관이 한 사업인정고시에 따라서 공익사업시행지구에 편입되었다. 甲은 이 사실을 알고 동년 6월에 위 건축물을 증축하여 방의 개수를 2개 더 늘려 자신의 가족과 함께 입주하였다. 다음 물음에 답하시오. 30점

(1) 위 甲의 건축물은 「공익사업을 위한 토지 등의 취득 및 보상에 관한 법률」에 따른 손실보상의 대상이 되는지, 만일 된다면 어느 범위에서 보상이 이루어져야 하는지 설명하시오. 10점

(설문 2-1)의 해결
Ⅰ. 쟁점의 정리
Ⅱ. 무허가건축물에 대한 보상대상 판단기준 및 보상범위
1. 무허가건축물이 보상대상인지 여부
(1) 문제점
(2) 판례의 태도
(3) 사안의 경우
2. 무허가건축물에 대한 보상범위
(1) 건축물 자체에 대한 이전비 보상
(2) 이사비 지급
(3) 무허가건축물에서 행해진 영업이 보상대상인지 여부
(4) 이주정착금 및 재편입가산금
(5) 주거이전비
Ⅲ. 쟁점의 정리

예시답안

(설문 2-1)의 해결

Ⅰ 쟁점의 정리

설문은 사업인정고시일 이전에 신축된 무허가건축물 및 사업인정고시일 이후에 증축된 부분에 대한 보상대상성을 묻고 있다. 토지보상법상 보상대상을 판단하는 기준을 검토하여 설문을 해결한다.

Ⅱ 무허가건축물에 대한 보상대상 판단기준 및 보상범위

1. 무허가건축물이 보상대상인지 여부

(1) 문제점

무허가건축물 중 특히 사업인정 이전 무허가건축물의 보상대상 여부가 법률의 규정이 없어 해석의 문제가 발생한다. 손실보상의 요건과 관련하여 공공필요, 적법한 침해, 특별한 희생은 문제되지 않으나, 재산권의 충족 여부가 문제된다.

(2) 판례의 태도

대법원은 지장물인 건물을 보상대상으로 함에 있어서 건축허가 유무에 따른 구분을 두고 있지 않을 뿐만 아니라, 주거용 건물에 관한 보상특례 및 주거이전비는 무허가건물의 경우에는 적용되지 아니한다고 규정하여 무허가건물도 보상의 대상에 포함됨을 전제로 하고 있는 바, 사업인정고시 이전에 건축된 건물이기만 하면 손실보상의 대상이 됨이 명백하다고 판시한 바 있다(대판 2000.3.10, 99두10896).

(3) 사안의 경우

토지보상법 제25조 제1항에서는 '사업인정고시가 된 후에는 누구든지 고시된 토지에 대하여 사업에 지장을 줄 우려가 있는 형질의 변경이나 물건을 손괴하거나 수거하는 행위를 하지 못한다.'고 규정하여 사업인정고시 이후의 토지보전의무를 규정하고 있을 뿐, 허가유무에 대한 규정을 따로 두고 있지 않다. 따라서 사업인정고시일 이전에 건축된 무허가건물도 보상대상에 해당한다고 할 것이다. 다만, 사업인정고시일 이후에 증축된 부분은 보상대상이 아니다.

2. 무허가건축물에 대한 보상범위

(1) 건축물 자체에 대한 이전비 보상

토지보상법 제75조에서는 해당 물건의 가격을 상한으로 하여 이전비로 보상하도록 규정하고 있다. 만약 가격으로 보상해야 하는 경우에는 동법 시행규칙 제33조에 따라서 원가법으로 산정하나 거래사례비교법에 의한 가격이 큰 경우에는 비준가격을 적용한다.

(2) 이사비 지급

토지보상법 시행규칙 제55조에서 규정하고 있는 이사비를 청구할 수 있다. 이사비란 가재도구 등 동산의 운반에 필요한 비용을 말한다.

(3) 무허가건축물에서 행해진 영업이 보상대상인지 여부

토지보상법 시행규칙 제45조 제1호에서는 무허가건축물에서 임차인이 사업인정고시일 등 1년 이전부터 사업자등록을 행하고 있는 영업인 경우에는 보상대상에 해당한다고 규정하고 있으므로, 사업인정고시일 등 1년 이전부터 사업자등록을 행하고 영업을 행하고 있는 경우라면 영업보상을 받을 수 있을 것이다(다만, 일반음식점으로 임의로 용도변경한 것이 세입자인 乙이라면 불법적 이용임을 알고 행한 것이므로 특별한 희생으로 볼 수 없을 것이다).

(4) 이주정착금 및 재편입가산금

토지보상법 시행규칙 제53조 및 제58조에서 규정하고 있는 이주정착금 및 재편입가산금은 무허가건축인 경우에는 적용되지 않는다.

(5) 주거이전비

무허가건축물에 대해서 소유자는 보상대상이 아니나, 세입자의 경우는 공익사업을 위한 관계법령에 의한 고시 등이 있는 당시 해당 공익사업시행지구 안에서 3개월 이상 거주한 경우에 한해서 주거이전비를 청구할 수 있다.

III 쟁점의 정리

사업인정고시일 이전에 신축된 무허가건축물은 손실보상의 대상에 해당되나, 사업인정고시일 이후에 증축된 부분은 토지보상법 제25조에 따라 보상대상에서 제외될 것이다. 또한, 토지보상법 시행규칙 제33조 및 제58조에 따라 주거용 건물에 대한 비준가격 및 이사비(제55조)도 지급될 수 있다. 일정요건을 갖춘 경우에는 주거이전비도 청구할 수 있을 것이다.

채점평

문제 2

무허가 건축물에 대한 평가와 그 주거이전비 보상에 관한 문제이다. 무허가 건축물에 대한 평가와 관련하여서는 단순히 답만 제시하는 데 그치지 않고 더 나아가 관련 법령, 학설, 판례를 충실하게 소개한 답안에 높은 점수를 부여하였다. 주거이전비 보상과 관련하여서는 관련 법령에 대한 정확한 이해 및 설문의 사실관계에 대한 정확한 분석 여부를 중점적으로 보았고, 합의서의 효력에 관한 판례 등 쟁점을 빠짐없이 골고루 서술한 답안에 높은 점수를 부여하였다.

30회 문제 02

甲은 골프장을 보유·운영해 왔는데, 그 전체 부지 1,000,000㎡ 중 100,000㎡가 도로건설 사업부지로 편입되었고, 골프장은 계속 운영되고 있다. 위 사업부지로 편입된 부지 위에는 오수처리시설이 있었는데, 수용재결에서는 그 이전에 필요한 비용으로 1억원의 보상금을 산정하였다. 다음 물음에 답하시오. [30점]

(1) 甲은 골프장 잔여시설이 종전과 동일하게 운영되려면 위 오수처리시설을 대체하는 새로운 시설의 설치가 필요하다고 보아 그 설치에 드는 비용 1억 5천만원을 보상받아야 한다고 주장한다. 甲의 주장은 법적으로 타당한가? [10점]

(설문 2-1)의 해결

Ⅰ. 쟁점의 정리

Ⅱ. 지장물의 보상평가기준

1. 지장물의 의의(토지보상법 시행규칙 제2조 제3호)
2. 지장물에 대한 평가기준 및 원칙(토지보상법 제75조 건축물 등 물건에 대한 보상)
   (1) 이전비의 지급원칙
   (2) 물건의 가격으로 보상하는 경우

Ⅲ. 사안의 해결

1. 신규설치비용으로 보상해야 하는지 여부
2. 토지보상법 제73조 및 제75조의2 규정의 적용가능성

예시답안

(설문 2-1)의 해결

Ⅰ 쟁점의 정리

甲은 오수처리시설의 이전비가 아닌 대체시설 설치비용의 보상을 주장하고 있다. 오수처리시설은 지장물이므로 지장물에 대한 보상기준을 검토하여 사안을 해결한다.

Ⅱ 지장물의 보상평가기준

1. 지장물의 의의(토지보상법 시행규칙 제2조 제3호)

지장물이란 공익사업시행지구 내의 토지에 정착한 건축물·공작물·시설·입목·죽목 및 농작물 그 밖의 물건 중에서 해당 공익사업의 수행을 위하여 직접 필요하지 아니한 물건을 말한다.

2. 지장물에 대한 평가기준 및 원칙(토지보상법 제75조 건축물 등 물건에 대한 보상)

(1) 이전비의 지급원칙

건축물 · 입목 · 공작물과 그 밖에 토지에 정착한 물건에 대하여는 이전에 필요한 비용으로 보상하여야 한다. 이전비란 대상물건의 유용성을 동일하게 유지하면서 이를 해당 공익사업 시행지구 밖의 지역으로 이전 · 이설 또는 이식하는 데 소요되는 비용(물건의 해체비, 건축허가에 일반적으로 소요되는 경비를 포함한 건축비와 적정거리까지의 운반비를 포함하며, 「건축법」 등 관계법령에 의하여 요구되는 시설의 개선에 필요한 비용을 제외한다)을 말한다.

(2) 물건의 가격으로 보상하는 경우

① 건축물 등을 이전하기 어렵거나 그 이전으로 인하여 건축물 등을 종래의 목적대로 사용할 수 없게 된 경우, ② 건축물 등의 이전비가 그 물건의 가격을 넘는 경우에는 물건의 가격으로 보상하여야 한다.

III 사안의 해결

1. 신규설치비용으로 보상해야 하는지 여부

토지보상법 제75조에는 지장물 보상 시 이전비를 원칙으로 하되 물건가격을 상한으로 하도록 규정되어 있다. 따라서 오수처리시설의 대체시설 설치비용이 아닌 기존 시설의 이전비로 보상된 것은 적법하므로 甲의 주장은 타당하지 않다.

2. 토지보상법 제73조 및 제75조의2 규정의 적용가능성

토지보상법 제73조 및 제75조의2 규정에서는 '그 밖의 손실이 있을 때'에는 그 손실을 보상하도록 되어 있으나 오수처리시설은 지장물로서 이전비 보상이 원칙이므로 해당 규정들은 적용되기 어려울 것이다.

26회 문제 03

甲은 C시 소재 전(田) 700㎡(이하 '이 사건 토지'라고 한다)의 소유자로서, 여관 신축을 위하여 부지를 조성하였는데, 진입로 개설비용 3억원, 옹벽공사비용 9천만원, 토목설계비용 2천만원, 토지형질변경비용 1천만원을 각 지출하였다. 그런데 건축허가를 받기 전에 국토교통부장관이 시행하는 고속도로건설공사에 대한 사업인정이 2014년 7월 15일 고시되어 이 사건 토지 중 500㎡(이하 '이 사건 수용 대상토지'라고 한다)가 공익사업시행지구에 편입되었고, 2015년 7월 17일 관할 토지수용위원회에서 수용재결이 있었다. 그 결과 이 사건 토지에서 이 사건 수용 대상토지를 제외한 나머지 200㎡(이하 '이 사건 나머지 토지'라고 한다)는 더 이상 여관 신축의 용도로는 사용할 수 없게 되어 그 부지조성 비용은 이 사건 나머지 토지의 정상적인 용도에 비추어 보았을 때에는 쓸모없는 지출이 되고 말았다. 이에 甲은 이 사건 나머지 토지에 들인 부지조성 비용에 관하여 손실보상의 지급을 청구하고자 한다. 다음 물음에 답하시오. 20점

(1) 위 청구권의 법적 근거에 관하여 설명하시오. 10점

(설문 3-1)의 해결

Ⅰ. 쟁점의 정리

Ⅱ. 잔여지에 지출된 조성공사비용의 청구근거 규정

1. 잔여지의 손실과 공사비 보상(토지보상법 제73조)
   (1) 동 규정의 내용
   (2) 검토

2. 사업폐지 등에 대한 보상(토지보상법 시행규칙 제57조)
   (1) 동 규정의 내용
   (2) 검토

3. 관련 판례의 태도

Ⅲ. 사안의 해결

예시답안

(설문 3-1)의 해결

Ⅰ 쟁점의 정리

설문은 수용되고 남은 잔여토지에 지출된 부지조성비용에 대한 손실보상청구권의 법적 근거를 묻고 있다. 잔여토지에 지출된 조성비용은, 잔여토지는 더 이상 신축의 용도로는 사용할 수 없게 되어 지목 "전(田)"에 비추어 볼 때 쓸모없는 지출이 되었다. 이러한 내용이 잔여지의 손실로 인정될 수 있는지를 토지보상법 제73조 및 동법 시행규칙 제57조를 중심으로 설명한다.

Ⅱ 잔여지에 지출된 조성공사비용의 청구근거 규정

1. 잔여지의 손실과 공사비 보상(토지보상법 제73조)

(1) 동 규정의 내용

토지보상법 제73조 제1항에서는 "사업시행자는 동일한 소유자에게 속하는 일단의 토지의 일부가 취득되거나 사용됨으로 인하여 잔여지의 가격이 감소하거나 그 밖의 손실이 있을 때 또는 잔여지에 통로·도랑·담장 등의 신설이나 그 밖의 공사가 필요할 때에는 국토교통부령으로 정하는 바에 따라 그 손실이나 공사의 비용을 보상하여야 한다. 다만, 잔여지의 가격 감소분과 잔여지에 대한 공사의 비용을 합한 금액이 잔여지의 가격보다 큰 경우에는 사업시행자는 그 잔여지를 매수할 수 있다."라고 규정하고 있다.

(2) 검토

甲은 수용 대상토지를 제외한 나머지 토지는 더 이상 여관신축의 용도로는 사용할 수 없게 되어 그 부지조성비용은 잔여토지의 정상적인 용도에 비추어 보았을 때에는 쓸모없는 지출이 되었다고 주장하고 있다. 이러한 손실을 토지보상법 제73조 제1항에 근거하여 청구할 수 있을 것이다.

2. 사업폐지 등에 대한 보상(토지보상법 시행규칙 제57조)

(1) 동 규정의 내용

시행규칙 제57조에서는 "공익사업의 시행으로 인하여 건축물의 건축을 위한 건축허가 등 관계법령에 의한 절차를 진행 중이던 사업 등이 폐지·변경 또는 중지되는 경우 그 사업 등에 소요된 법정수수료 그 밖의 비용 등의 손실에 대하여는 이를 보상하여야 한다."라고 규정하고 있다.

(2) 검토

甲이 주장하는 비용손실은 해당 사업의 시행으로 인하여 더 이상 여관신축계획을 진행하지 못하여 발생되는 것이므로 동 규칙을 근거로 손실보상을 청구할 수 있을 것이다.

3. 관련 판례의 태도

판례는 "토지소유자가 자신의 토지에 숙박시설을 신축하기 위해 부지를 조성하던 중 그 토지의 일부가 익산－장수 간 고속도로 건설공사에 편입되자 사업시행자에게 부지조성비용 등의 보상을 청구한 사안에서, 잔여지에 지출된 부지조성비용은 그 토지의 가치를 증대시킨 한도 내에서 잔여지의 감소로 인한 손실보상액을 산정할 때 반영되는 것"이라고 하여 잔여지의 가치감소분으로 보고 있다(대판 2010.8.19, 2008두822).

III 사안의 해결

甲은 토지보상법 제73조 및 동법 시행규칙 제57조에 근거하여 손실보상을 청구할 수 있을 것이며, 토지보상법 제73조에 근거하여 손실보상을 청구하는 경우에는 사업완료일부터 1년이 경과되기 전에 청구해야 한다.

채점평

문제 3

잔여지 손실보상과 그 절차에 관한 문제이다. 관련 법령과 판례를 충실히 설명한 답안에 높은 점수를 부여하였다. 설문의 취지에 따르면 잔여지 매수 또는 수용 청구에까지 이르는 사안은 아니지만 관련 내용을 서술한 답안에 대해서도 적절한 점수가 부여되었다. 아울러, 공익사업시행지구 밖의 토지에 관한 손실보상(공익사업을 위한 토지 등의 취득에 관한 법률 제79조), 사업폐지에 따른 손실보상(공익사업을 위한 토지 등의 취득에 관한 법률 시행규칙 제57조), 간접손실보상 일반이론에 관한 내용을 서술한 답안에 대해서도 적절한 점수가 부여되었다.

총평

채점자의 가슴 속을 시원하게 해 주는 우수한 답안도 많았지만, 그 반대로 설문을 정확하게 이해하지 못하는 답안, 자신이 아는 내용을 논리적으로 서술하지 못하는 답안, 손실보상청구와 국가배상청구를 근본적으로 혼동하는 답안과 같이, 법리를 다루는 기본적인 능력을 갖추지 못한 답안이 적지 않았다. 감정평가사 또한 법률가의 일종이라는 자부심을 가지고, 그에 걸맞는 법리적인 능력을 갖추기 위해 노력할 것을 주문한다. 이를 위해 대학에서 개설되는 행정법 관련 교과목(행정법1, 행정법2, 행정구제법 등)을 충분한 시간을 두고 체계적으로 수강할 것을 추천한다.

13회 문제 04

공공사업시행 시 잔여지 및 잔여건물 보상에 관하여 설명하시오. 20점

쟁점해설

잔여지에 대한 매수청구 및 감가보상으로 구분하여 설명하고 불복수단에 대해 언급하면 무난할 것이다.

참조조문

제73조(잔여지의 손실과 공사비 보상)

① 사업시행자는 동일한 소유자에게 속하는 일단의 토지의 일부가 취득되거나 사용됨으로 인하여 잔여지의 가격이 감소하거나 그 밖의 손실이 있을 때 또는 잔여지에 통로·도랑·담장 등의 신설이나 그 밖의 공사가 필요할 때에는 국토교통부령으로 정하는 바에 따라 그 손실이나 공사의 비용을 보상하여야 한다. 다만, 잔여지의 가격 감소분과 잔여지에 대한 공사의 비용을 합한 금액이 잔여지의 가격보다 큰 경우에는 사업시행자는 그 잔여지를 매수할 수 있다.

② 제1항 본문에 따른 손실 또는 비용의 보상은 관계 법률에 따라 사업이 완료된 날 또는 제24조의2에 따른 사업완료의 고시가 있는 날(이하 "사업완료일"이라 한다)부터 1년이 지난 후에는 청구할 수 없다.

③ 사업인정고시가 된 후 제1항 단서에 따라 사업시행자가 잔여지를 매수하는 경우 그 잔여지에 대하여는 제20조에 따른 사업인정 및 제22조에 따른 사업인정고시가 된 것으로 본다.

④ 제1항에 따른 손실 또는 비용의 보상이나 토지의 취득에 관하여는 제9조 제6항 및 제7항을 준용한다.

⑤ 제1항 단서에 따라 매수하는 잔여지 및 잔여지에 있는 물건에 대한 구체적인 보상액 산정 및 평가방법 등에 대하여는 제70조, 제75조, 제76조, 제77조, 제78조 제4항, 같은 조 제6항 및 제7항을 준용한다.

제74조(잔여지 등의 매수 및 수용 청구)

① 동일한 소유자에게 속하는 일단의 토지의 일부가 협의에 의하여 매수되거나 수용됨으로 인하여 잔여지를 종래의 목적에 사용하는 것이 현저히 곤란할 때에는 해당 토지소유자는 사업시행자에게 잔여지를 매수하여 줄 것을 청구할 수 있으며, 사업인정 이후에는 관할 토지수용위원회에 수용을 청구할 수 있다. 이 경우 수용의 청구는 매수에 관한 협의가 성립되지 아니한 경우에만 할 수 있으며, 사업완료일까지 하여야 한다.

② 제1항에 따라 매수 또는 수용의 청구가 있는 잔여지 및 잔여지에 있는 물건에 관하여 권리를 가진 자는 사업시행자나 관할 토지수용위원회에 그 권리의 존속을 청구할 수 있다.

③ 제1항에 따른 토지의 취득에 관하여는 제73조 제3항을 준용한다.

④ 잔여지 및 잔여지에 있는 물건에 대한 구체적인 보상액 산정 및 평가방법 등에 대하여는 제70조, 제75조, 제76조, 제77조, 제78조 제4항, 같은 조 제6항 및 제7항을 준용한다.

제75조의2(잔여 건축물의 손실에 대한 보상 등)

① 사업시행자는 동일한 소유자에게 속하는 일단의 건축물의 일부가 취득되거나 사용됨으로 인하여 잔여 건축물의 가격이 감소하거나 그 밖의 손실이 있을 때에는 국토교통부령으로 정하는 바에 따라 그 손실

을 보상하여야 한다. 다만, 잔여 건축물의 가격 감소분과 보수비(건축물의 나머지 부분을 종래의 목적대로 사용할 수 있도록 그 유용성을 동일하게 유지하는 데에 일반적으로 필요하다고 볼 수 있는 공사에 사용되는 비용을 말한다. 다만, 「건축법」 등 관계 법령에 따라 요구되는 시설 개선에 필요한 비용은 포함하지 아니한다)를 합한 금액이 잔여 건축물의 가격보다 큰 경우에는 사업시행자는 그 잔여 건축물을 매수할 수 있다.

② 동일한 소유자에게 속하는 일단의 건축물의 일부가 협의에 의하여 매수되거나 수용됨으로 인하여 잔여 건축물을 종래의 목적에 사용하는 것이 현저히 곤란할 때에는 그 건축물소유자는 사업시행자에게 잔여 건축물을 매수하여 줄 것을 청구할 수 있으며, 사업인정 이후에는 관할 토지수용위원회에 수용을 청구할 수 있다. 이 경우 수용 청구는 매수에 관한 협의가 성립되지 아니한 경우에만 하되, 사업완료일까지 하여야 한다.

③ 제1항에 따른 보상 및 잔여 건축물의 취득에 관하여는 제9조 제6항 및 제7항을 준용한다.

④ 제1항 본문에 따른 보상에 관하여는 제73조 제2항을 준용하고, 제1항 단서 및 제2항에 따른 잔여 건축물의 취득에 관하여는 제73조 제3항을 준용한다.

⑤ 제1항 단서 및 제2항에 따라 취득하는 잔여 건축물에 대한 구체적인 보상액 산정 및 평가방법 등에 대하여는 제70조, 제75조, 제76조, 제77조, 제78조 제4항, 같은 조 제6항 및 제7항을 준용한다.

Chapter

06 주거이전비

제1절 판례분석

1. 주거이전비규정이 강행규정인지 여부(대판 2011.7.14, 2011두3685)

[판시사항]

[1] 도시 및 주거환경정비법에 따라 사업시행자에게서 임시수용시설을 제공받는 세입자가 공익사업을 위한 토지 등의 취득 및 보상에 관한 법률 및 같은 법 시행규칙에서 정한 주거이전비를 별도로 청구할 수 있는지 여부(적극)

[2] 사업시행자의 세입자에 대한 주거이전비 지급의무를 정하고 있는 공익사업을 위한 토지 등의 취득 및 보상에 관한 법률 시행규칙 제54조 제2항이 강행규정인지 여부(적극)

[3] 주택재개발사업 정비구역 안에 있는 주거용 건축물에 거주하던 세입자 甲이 주거이전비를 받을 수 있는 권리를 포기한다는 취지의 주거이전비 포기각서를 제출하고 사업시행자가 제공한 임대아파트에 입주한 다음 별도로 주거이전비를 청구한 사안에서, 위 포기각서의 내용은 강행규정에 반하여 무효라고 한 사례

[재판요지]

[1] 도시 및 주거환경정비법(이하 '도시정비법'이라 한다) 제36조 제1항 제1문 등에서 정한 세입자에 대한 임시수용시설 제공 등은 주거환경개선사업 및 주택재개발사업의 사업시행자로 하여금 주거환경개선사업 및 주택재개발사업의 시행으로 철거되는 주택에 거주하던 세입자에게 거주할 임시수용시설을 제공하거나 주택자금 융자알선 등 임시수용시설 제공에 상응하는 조치를 취하도록 하여 사업시행기간 동안 세입자의 주거안정을 도모하기 위한 조치로 볼 수 있는 반면, 공익사업을 위한 토지 등의 취득 및 보상에 관한 법률(이하 '공익사업법'이라 한다) 제78조 제5항, 공익사업을 위한 토지 등의 취득 및 보상에 관한 법률 시행규칙(이하 '공익사업법 시행규칙'이라 한다) 제54조 제2항 본문의 각 규정에 의하여 공익사업 시행에 따라 이주하는 주거용 건축물의 세입자에게 지급하는 주거이전비는 당해 공익사업 시행지구 안에 거주하는 세입자들의 조기이주를 장려하여 사업추진을 원활하게 하려는 정책적인 목적과 주거이전으로 말미암아 특별한 어려움을 겪게 될 세입자들을 대상으로 하는 사회보장적인 차원에서 지급하는 돈의 성격을 갖는 것으로 볼 수 있는 점, 도시정비법 및 공익사업법 시행규칙 등의 관련 법령에서 임시수용시설 등 제공과 주거이전비 지급을 사업시행자의 의무사항으로 규정하면서 임시수용시설 등을 제공받는 자를 주거이전비 지급대상에서 명시적으로 배제하지 않은 점을 비롯한 위 각 규정의 문언, 내용 및 입법 취지 등을 종합해 보면, 도시정비법에 따라 사업시행자에게서 임시수용시설을 제공받는 세입자라 하더라도 공익사업법 및 공익사업법 시행규칙에 따른 주거이전비를 별도로 청구할 수 있다고 보는 것이 타당하다.

[2] 공익사업을 위한 토지 등의 취득 및 보상에 관한 법률은 공익사업에 필요한 토지 등을 협의 또는 수용에 의하여 취득하거나 사용함에 따른 손실의 보상에 관한 사항을 규정함으로써 공익사업의 효율적인 수행을 통하여 공공복리의 증진과 재산권의 적정한 보호를 도모함을 목적으로 하고 있고, 위 법에 근거하여 공익사업을 위한 토지 등의 취득 및 보상에 관한 법률 시행규칙(이하 '공익사업법 시행규칙'이라 한다)에서 정하고 있는 세입자에 대한 주거이전비는 공익사업 시행으로 인하여 생활 근거를 상실하게 되는 세입자를 위하여 사회보장적 차원에서 지급하는 금원으로 보아야 하므로, 사업시행자의 세입자에 대한 주거이전비 지급의무를 정하고 있는 공익사업법 시행규칙 제54조 제2항은 당사자 합의 또는 사업시행자 재량에 의하여 적용을 배제할 수 없는 강행규정이라고 보아야 한다.

[3] 주택재개발사업 정비구역 안에 있는 주거용 건축물에 거주하던 세입자 甲이 주거이전비를 받을 수 있는 권리를 포기한다는 취지의 '이주단지 입주에 따른 주거이전비 포기각서'를 제출한 후 사업시행자가 제공한 임대아파트에 입주한 다음 별도로 주거이전비를 청구한 사안에서, 사업시행자는 주택재개발 사업으로 철거되는 주택에 거주하던 甲에게 임시수용시설 제공 또는 주택자금 융자알선 등 임시수용에 상응하는 조치를 취할 의무를 부담하는 한편, 甲이 공익사업을 위한 토지 등의 취득 및 보상에 관한 법률 시행규칙(이하 '공익사업법 시행규칙'이라 한다)제54조 제2항에 규정된 주거이전비 지급요건에 해당하는 세입자인 경우, 임시수용시설인 임대아파트에 거주하게 하는 것과 별도로 주거이전비를 지급할 의무가 있고, 甲이 임대아파트에 입주하면서 주거이전비를 포기하는 취지의 포기각서를 제출하였다 하더라도, 포기각서의 내용은 강행규정인 공익사업법 시행규칙 제54조 제2항에 위배되어 무효라고 한 사례

2. 주거이전비 보상청구권의 법적 성격 및 그 보상에 관한 분쟁의 쟁송절차와 소송의 형태

(대판 2008.5.29, 2007다8129)

[판시사항]

[1] 구 공익사업을 위한 토지 등의 취득 및 보상에 관한 법령에 의하여 주거용 건축물의 세입자에게 인정되는 주거이전비 보상청구권의 법적 성격(= 공법상의 권리) 및 그 보상에 관한 분쟁의 쟁송절차(=행정소송)

[2] 구 공익사업을 위한 토지 등의 취득 및 보상에 관한 법령에 따라 주거용 건축물의 세입자가 주거이전비 보상을 소구하는 경우 그 소송의 형태

[재판요지]

[1] 구 공익사업을 위한 토지 등의 취득 및 보상에 관한 법률(2007.10.17. 법률 제8665호로 개정되기 전의 것) 제2조, 제78조에 의하면, 세입자는 사업시행자가 취득 또는 사용할 토지에 관하여 임대차 등에 의한 권리를 가진 관계인으로서, 같은 법 시행규칙 제54조 제2항 본문에 해당하는 경우에는 주거이전에 필요한 비용을 보상받을 권리가 있다. 그런데 이러한 주거이전비는 당해 공익사업 시행지구 안에 거주하는 세입자들의 조기이주를 장려하여 사업추진을 원활하게 하려는 정책적인 목적과 주거이전으로 인하여 특별한 어려움을 겪게 될 세입자들을 대상으로

하는 사회보장적인 차원에서 지급되는 금원의 성격을 가지므로, 적법하게 시행된 공익사업으로 인하여 이주하게 된 주거용 건축물 세입자의 주거이전비 보상청구권은 공법상의 권리이고, 따라서 그 보상을 둘러싼 쟁송은 민사소송이 아니라 공법상의 법률관계를 대상으로 하는 행정소송에 의하여야 한다.

[2] 구 공익사업을 위한 토지 등의 취득 및 보상에 관한 법률(2007.10.17. 법률 제8665호로 개정되기 전의 것) 제78조 제5항, 제7항, 같은 법 시행규칙 제54조 제2항 본문, 제3항의 각 조문을 종합하여 보면, 세입자의 주거이전비 보상청구권은 그 요건을 충족하는 경우에 당연히 발생하는 것이므로, 주거이전비 보상청구소송은 행정소송법 제3조 제2호에 규정된 당사자소송에 의하여야 한다. 다만, 구 도시 및 주거환경정비법(2007.12.21. 법률 제8785호로 개정되기 전의 것) 제40조 제1항에 의하여 준용되는 구 공익사업을 위한 토지 등의 취득 및 보상에 관한 법률 제2조, 제50조, 제78조, 제85조 등의 각 조문을 종합하여 보면, 세입자의 주거이전비 보상에 관하여 재결이 이루어진 다음 세입자가 보상금의 증감 부분을 다투는 경우에는 같은 법 제85조 제2항에 규정된 행정소송에 따라, 보상금의 증감 이외의 부분을 다투는 경우에는 같은 조 제1항에 규정된 행정소송에 따라 권리구제를 받을 수 있다.

> 재결 전후를 기준하여 실질적 당사자소송인지, 형식적 당사자소송인지가 달라진다.

2-1. 주거이전비와 이사비의 성격(대판 2006.4.27, 2006두2435)

공익사업을 위한 토지 등의 취득 및 보상에 관한 법률 제78조 제5항 및 같은 법 시행규칙 제54조 제2항, 제55조 제2항의 각 규정에 의하여 공익사업의 시행에 따라 이주하는 주거용 건축물의 세입자에게 지급하는 주거이전비와 이사비는 당해 공익사업 시행지구 안에 거주하는 세입자들의 조기이주를 장려하여 사업추진을 원활하게 하려는 정책적 목적과 주거이전으로 인하여 특별한 어려움을 겪게 될 세입자들을 대상으로 하는 사회보장적인 차원에서 지급하는 금원의 성격을 갖는다 할 것이다.

2-2. 이사비의 보상대상자 및 주거이전비 보상금액의 산정기준시점(대판 2012.8.30, 2011두22792)

① 공익사업을 위한 토지 등의 취득 및 보상에 관한 법률 제78조 제5항, 같은 법 시행규칙 제55조 제2항의 각 규정 및 공익사업의 추진을 원활하게 함과 아울러 주거를 이전하게 되는 거주자들을 보호하려는 이사비(가재도구 등 동산의 운반에 필요한 비용을 말한다)제도의 취지에 비추어 보면, 이사비의 보상대상자는 '공익사업시행지구에 편입되는 주거용 건축물의 거주자로서 공익사업의 시행으로 이주하게 되는 자'로 보는 것이 타당하다.

② 주거이전비의 보상내용은 사업시행인가 고시가 있은 때에 확정되므로 이때를 기준으로 보상금액을 산정해야 한다.

> 통상 이사비의 경우도 사업자가 산정한다.

3. 공익사업의 시행으로 인하여 이주하는 주거용 건축물의 세입자에게 지급되는 주거이전비와 이사비의 법적 성격, 그 청구권의 취득시기 및 이사비의 지급금액(대판 2006.4.27, 2006두2435)

공익사업을 위한 토지 등의 취득 및 보상에 관한 법률 제78조 제5항 및 같은 법 시행규칙 제54조 제2항, 제55조 제2항의 각 규정에 의하여 공익사업의 시행에 따라 이주하는 주거용 건축물의 세입자에게 지급하는 주거이전비와 이사비는, 당해 공익사업 시행지구 안에 거주하는 세입자들의 조기 이주를 장려하여 사업추진을 원활하게 하려는 정책적인 목적과 주거이전으로 인하여 특별한 어려움을 겪게 될 세입자들을 대상으로 하는 사회보장적인 차원에서 지급하는 금원의 성격을 갖는다 할 것이므로, 같은 법 시행규칙 제54조 제2항에 규정된 '공익사업의 시행으로 인하여 이주하게 되는 주거용 건축물의 세입자로서 사업인정고시일 등 당시 또는 공익사업을 위한 관계 법령에 의한 고시 등이 있은 당시 당해 공익사업 시행지구 안에서 3월 이상 거주한 자'에 해당하는 세입자는 이후의 사업시행자의 주거이전비 산정통보일 또는 수용개시일까지 계속 거주할 것을 요함이 없이 위 사업인정고시일 등에 바로 같은 법 시행규칙 제54조 제2항의 주거이전비와 같은 법 시행규칙 제55조 제2항의 이사비 청구권을 취득한다고 볼 것이고, 한편 이사비의 경우 실제 이전할 동산의 유무나 다과를 묻지 않고 같은 법 시행규칙 제55조 제2항 [별표 4]에 규정된 금액을 지급받을 수 있다.

> 세입자에 대한 주거이전비 지급에 있어서 계속 거주할 것은 요건이 아니다.

3-1. 공익사업의 시행에 따라 이주하는 주거용 건축물의 세입자에게 지급해야 하는 주거이전비 및 이사비 지급의무의 이행지체 책임 기산시점(= 채무자가 이행청구를 받은 다음날) (대판 2012.4.26, 2010두7475)

구 도시 및 주거환경정비법(2009.2.6. 법률 제9444호로 개정되기 전의 것) 제40조 제1항에 의하여 준용되는 공익사업을 위한 토지 등의 취득 및 보상에 관한 법률 제78조 제5항 및 구 공익사업을 위한 토지 등의 취득 및 보상에 관한 법률 시행규칙(2008.4.18. 국토해양부령 제7호로 개정되기 전의 것) 제54조 제2항, 제55조 제2항의 각 규정에 의하여 공익사업의 시행에 따라 이주하는 주거용 건축물의 세입자에게 지급해야 하는 주거이전비 및 이사비의 지급의무는 사업인정고시일 등 당시 또는 공익사업을 위한 관계 법령에 의한 고시 등이 있은 당시에 바로 발생한다. 그러나 그 지급의무의 이행기에 관하여는 관계 법령에 특별한 규정이 없으므로, 위 주거이전비 및 이사비의 지급의무는 이행기의 정함이 없는 채무로서 채무자는 이행청구를 받은 다음날부터 이행지체 책임이 있다.

> 주거이전비 및 이사비는 사업자가 법률의 규정에 따라 사정하는 것이 가능하므로 재결 전이라면 실질적 당사자소송을 통해서 지급청구를 구할 수 있으나, 재결 이후라면 보상금증감청구소송을 제기해야 할 것이다.

3-2. 공익사업시행지구에 편입되는 주거용 건축물의 소유자 또는 세입자가 아닌 가구원이 사업시행자를 상대로 직접 주거이전비지급을 구할 수 있는지 여부(대판 2011.8.25, 2010두4131)

① 구 공익사업을 위한 토지 등의 취득 및 보상에 관한 법률(2007.10.17.법률 제8665호로 개정되기 전의 것, 이하 '구 법'이라 한다) 제78조 제5항, 제7항, 구 공익사업을 위한 토지 등의 취득 및 보상에 관한 법률 시행규칙(2007.4.12. 건설교통부령 제126호로 개정되기 전의 것, 이하 '구 시행규칙'이라 한다) 제54조 제1항, 제2항, 제3항의 내용과 형식 및 주거이전비의 구체적 산정방식 등에 비추어 보면, 구 법과 그 위임에 따라 제정된 구 시행규칙에서 정한 주거이전비는 가구원 수에 따라 소유자 또는 세입자에게 지급되는 것으로서 소유자와 세입자가 지급청구권을 가지는 것으로 보아야 하므로, 소유자 또는 세입자가 아닌 가구원은 사업시행자를 상대로 직접 주거이전비 지급을 구할 수 없다.

② 택지개발사업지구 안에 있는 주택 소유자 甲이 사업시행자와 주택에 관한 보상합의를 하면서 가족 3인(처, 자녀 및 어머니)과 함께 위 주택에 거주하였다며 사업시행자에게서 4인 가족에 대한 주거이전비를 수령하였는데, 이후 보상대상에서 제외되었던 甲의 아버지 乙이 사업인정고시일 당시 위 주택에서 함께 거주하였다고 주장하면서 사업시행자에게 주거이전비 지급을 청구한 사안에서, 소유자 아닌 가구원은 사업시행자를 상대로 직접 주거이전비 지급을 구할 수 없다는 이유로, 이와 달리 乙에게 주거이전비 지급청구권이 있다고 본 원심판결에 법리오해의 위법이 있다고 한 사례

3-3. 이사비의 보상대상자(대판 2010.11.11, 2010두5332)

이사비 보상대상자는 공익사업시행지구에 편입되는 주거용 건축물의 거주자로서 공익사업의 시행으로 인하여 이주하게 되는 자로 보는 것이 타당하다.

4. 무허가건축물 등 해석(대판 2013.5.23, 2013두437)

[판시사항]

[1] 주거용이 아닌 다른 용도로 허가받거나 신고한 건축물의 소유자가 공익사업시행지구에 편입될 당시 적법한 절차에 의하지 않고 임의로 주거용으로 용도를 변경하여 사용하고 있는 경우, 구 공익사업을 위한 토지 등의 취득 및 보상에 관한 법률 시행규칙 제54조 제1항 단서의 '무허가건축물등'에 포함되는지 여부(소극)

[이유]

상고이유를 판단한다.

1. 주거이전비 청구에 관한 상고이유에 대하여

구 「공익사업을 위한 토지 등의 취득 및 보상에 관한 법률」(2011.8.4. 법률 제11017호로 개정되기 전의 것. 이하 '공익사업법'이라 한다) 제78조 제5항, 제9항은 주거용 건물의 거주자에 대하여는 주거이전에 필요한 비용과 가재도구 등 동산의 운반에 필요한 비용을 산정하여 보상하여야 하고, 그 보상에 대하여는 국토해양부령이 정하는 기준에 의하도록 규정하고 있다. 구 「공익

사업을 위한 토지 등의 취득 및 보상에 관한 법률 시행규칙」(2012.1.2. 국토해양부령 제427호로 개정되기 전의 것. 이하 '공익사업법 시행규칙'이라 한다) 제24조, 제54조 제1항은, 공익사업시행지구에 편입되는 주거용 건축물의 소유자에 대하여는 당해 건축물에 대한 보상을 하는 때에 주거이전비를 보상하여야 하나, 당해 건축물이 '「건축법」 등 관계 법령에 의하여 허가를 받거나 신고를 하고 건축을 하여야 하는 건축물을 허가를 받지 아니하거나 신고를 하지 아니하고 건축한 건축물'(이하 '무허가건축물등'이라 한다)인 경우에는 주거이전비를 보상하지 아니한다고 규정하고 있다.

위 각 규정의 문언, 내용 및 입법 취지 등을 종합하여 보면, 주거용 용도가 아닌 다른 용도로 이미 허가를 받거나 신고를 한 건축물은 그 소유자가 공익사업시행지구에 편입될 당시 허가를 받거나 신고를 하는 등의 적법한 절차에 의하지 아니하고 임의로 주거용으로 용도를 변경하여 사용하고 있는 경우에는 공익사업법 시행규칙 제54조 제1항 단서에서 주거이전비를 보상하지 아니한다고 규정한 '무허가건축물등'에 포함되는 것으로 해석함이 타당하다.

원심이 적법하게 확정한 바에 의하면, ① 이 사건 사업에 대하여 2009.7.10. 사업의 인정·고시가 이루어졌고, 이에 따라 원고 소유의 이 사건 제1, 2토지와 이 사건 건물 중 일부가 이 사건 사업구역에 편입되었으며, ② 이 사건 건물 2층의 공부상 용도는 1992.11.16.부터 2005.6.19.까지는 단독주택이었으나 2005.6.20.부터 2009.8.20.까지는 제2종 근린생활시설(사무실)이었고 2009.8.21. 원고의 신고에 따라 다시 단독주택으로 변경되었다는 것이다.

이러한 사실관계를 앞서 본 규정들과 법리에 비추어 보면, 이 사건 건물 2층은 이 사건 사업시행구역에 편입될 당시인 2009.7.10. 그 공부상 용도가 '제2종 근린생활시설(사무실)'로서 주거용이 아닌 건축물이었으므로, 이는 공익사업법 시행규칙 제54조 제1항 단서 소정의 '무허가건축물등'에 해당하여 주거이전비 보상대상이라고 할 수 없다.

원심은 이와 달리, 사업인정고시 당시에 건축물이 용도변경 허가를 받거나 신고를 받지 아니한 채 주거용으로 사용되고 있었으나 수용재결 이전에 그 용도변경 허가를 받거나 신고를 한 후 수용재결 시까지 당해 건축물에 실제 거주한 소유자의 경우에는 예외적으로 주거이전비 보상의 요건을 충족하는 것으로 해석함이 상당하다고 보아, 이 사건 건물 2층은 공익사업법 시행규칙 제54조 제1항 본문의 '주거용 건축물'에 해당하여 주거이전비 보상대상이 된다고 판단하였다. 이러한 원심판결에는 공익사업법 및 공익사업법 시행규칙이 정한 주거이전비 보상대상으로서의 '주거용 건축물'에 관한 법리를 오해함으로써 판결에 영향을 미친 위법이 있다. 이 점을 지적하는 취지의 상고이유의 주장은 이유 있다.

세입자에 대한 주거이전비 보상대상 유무에 대한 판단은 사업인정고시일 등 또는 관계법령에 의한 고시일 등을 기준하여 판단한다. 또한 현행 토지보상법 시행규칙 제24조에서는 무허가건축물 등의 개념에 무단용도변경이 포함되어 있다.

5. 계속거주(대판 2015.2.26, 2012두19519)

[판시사항]

구 도시 및 주거환경정비법상 주거용 건축물 소유자에 대한 주거이전비 보상은 정비계획에 관한 공람·공고일부터 해당 건축물에 대한 보상을 하는 때까지 계속하여 소유 및 거주한 주거용 건축물 소유자를 대상으로 하는지 여부(적극)

[판결요지]

구 도시 및 주거환경정비법(2009.5.27. 법률 제9729호로 개정되기 전의 것, 이하 같다) 제36조 제1항, 제40조 제1항, 구 공익사업을 위한 토지 등의 취득 및 보상에 관한 법률(2013.3.23. 법률 제11690호로 개정되기 전의 것) 제78조 제5항, 제9항, 공익사업을 위한 토지 등의 취득 및 보상에 관한 법률 시행규칙 제54조 제1항, 제2항의 문언과 규정형식 등을 종합하면, 구 도시 및 주거환경정비법상 주거용 건축물의 소유자에 대한 주거이전비의 보상은 주거용 건축물에 대하여 정비계획에 관한 공람·공고일부터 해당 건축물에 대한 보상을 하는 때까지 계속하여 소유 및 거주한 주거용 건축물의 소유자를 대상으로 한다.

> 토지보상법상 세입자는 계속거주 요건이 없다.

6. 도시정비법상 세입자의 계속거주 필요성(대판 2012.2.23, 2011두23603)

도시 및 주거환경정비법상 주거용 건축물의 세입자가 주거이전비를 보상받기 위하여 정비사업 시행에 따른 관리처분계획인가고시 및 그에 따른 주거이전비에 관한 보상계획 공고일 내지 산정통보일까지 계속 거주해야 하는지 여부(소극) : 주거이전비는 당해 공익사업시행지구 안에 거주하는 세입자들의 조기이주를 장려하여 사업을 원활하게 추진하려는 정책적인 목적을 가지면서 동시에 주거이전으로 인하여 특별한 어려움을 겪게 될 세입자들을 대상으로 하는 사회보장적인 차원에서 지급하는 성격의 것인 점(대판 2006.4.27, 2006두2435 등 참조) 등을 종합하면, 도시정비법상 주거용 건축물의 세입자가 주거이전비를 보상받기 위하여 반드시 정비사업의 시행에 따른 관리처분계획인가고시 및 그에 따른 주거이전비에 관한 보상계획의 공고일 내지 그 산정통보일까지 계속 거주하여야 할 필요는 없다고 할 것이다.

7. 주거이전비는 가구원 수에 따라 소유자 또는 세입자에게 지급되는 것으로서 소유자와 세입자가 지급청구권을 가지는 것으로 보아야 하므로, 소유자 또는 세입자가 아닌 가구원은 사업시행자를 상대로 직접 주거이전비 지급을 구할 수 없다(대판 2011.8.25, 2010두4131).

8. 공익사업을 위한 토지 등의 취득 및 보상에 관한 법률 제78조 제5항, 같은법 시행규칙 제55조 제2항의 각 규정 및 공익사업의 추진을 원활하게 함과 아울러 주거를 이전하게 되는 거주자들을 보호하려는 이사비(가재도구 등 동산의 운반에 필요한 비용을 말한다)**제도의 취지에 비추어 보면, 이사비의 보상대상자는 '공익사업시행지구에 편입되는 주거용 건축물의 거주자로서 공익사업의 시행으로 이주하게 되는 자'로 보는 것이 타당하다**(대판 2012.8.30, 2011두22792).

8-1 시행규칙 제54조 제2항 "사업의 시행으로 인하여 이주하게 되는 경우"의 의미(대판 2023.7.27, 2022두44392) 무상세입자 포함

[판시사항]

[1] 구 공익사업을 위한 토지 등의 취득 및 보상에 관한 법률 시행규칙 제54조 제2항의 '세입자'에 주거용 건축물을 무상으로 사용하는 거주자도 포함되는지 여부(적극)

[2] 구 공익사업을 위한 토지 등의 취득 및 보상에 관한 법률 시행규칙 제54조 제2항에 따른 주거이전비 지급요건인 '정비사업의 시행으로 인하여 이주하게 되는 경우'에 해당하는지 판단하는 기준 및 이에 대한 증명책임의 소재(=주거이전비의 지급을 구하는 세입자) / 세입자가 사업시행계획인가고시일까지 해당 주거용 건축물에 계속 거주하고 있는 경우, 정비사업의 시행으로 인하여 이주하게 되는 경우에 해당하는지 여부(원칙적 적극)

* 해당판례 이후 무상거주자도 포함되었다.

9. 도시정비법(대판 2016.12.15, 2016두49754)

[판시사항]

[1] 도시 및 주거환경정비법상 주거용 건축물의 소유자에 대한 주거이전비의 보상은 주거용 건축물에 대하여 정비계획에 관한 공람공고일부터 해당 건축물에 대한 보상을 하는 때까지 계속하여 소유 및 거주한 주거용 건축물의 소유자를 대상으로 하는지 여부(적극)

[2] 주택재개발정비사업구역 지정을 위한 공람공고 당시 사업구역에 위치한 자신 소유의 주거용 건축물에 거주하던 중 분양신청을 하고 그에 따른 이주의무를 이행하기 위해 정비구역 밖으로 이주한 후 을 주택재개발정비사업조합과의 분양계약 체결을 거부함으로써 현금청산대상자가 된 갑이 을 조합을 상대로 이주정착금의 지급을 청구한 사안에서, 갑이 도시 및 주거환경정비법상 이주정착금 지급자로서의 요건을 갖추지 않았다고 한 사례

[3] 공익사업을 위한 토지 등의 취득 및 보상에 관한 법률 제78조 제5항 등에 따른 이사비 보상대상자가 공익사업시행지구에 편입되는 주거용 건축물의 거주자로서 공익사업의 시행으로 인하여 이주하게 되는 자인지 여부(적극) 및 이는 도시 및 주거환경정비법에 따른 정비사업의 경우에도 마찬가지인지 여부(적극)

[판시요지]

[1] 도시 및 주거환경정비법(이하 '도시정비법'이라 한다) 제40조 제1항에 의해 정비사업 시행에 관하여 준용되는 공익사업을 위한 토지 등의 취득 및 보상에 관한 법률 제78조 제5항은 "주거용 건물의 거주자에 대하여는 주거 이전에 필요한 비용과 가재도구 등 동산의 운반에 필요한 비용을 산정하여 보상하여야 한다."라고 규정하고, 구 공익사업을 위한 토지 등의 취득 및 보상에 관한 법률 시행규칙(2016.1.6. 국토교통부령 제272호로 개정되기 전의 것) 제54조 제1항은 "공익사업시행지구에 편입되는 주거용 건축물의 소유자에 대하여는 당해 건축물에 대한 보상을 하는 때에 가구원 수에 따라 2월분의 주거이전비를 보상하여야 한다. 다만, 건축물의 소유자가 당해 건축물에 실제 거주하고 있지 아니하거나 당해 건축물이 무허가건축물 등인 경우에는 그러하지 아니하다."라고 규정하고 있다. 여기서 위 각 규정을 준용하는 도시정비법상 주거용 건축물의 소유자에 대한 주거이전비의 보상은 주거용 건축물에 대하여 정비계획에 관한 공람공고일부터 해당 건축물에 대한 보상을 하는 때까지 계속하여 소유 및 거주한 주거용 건축물의 소유자를 대상으로 한다.

[2] 주택재개발정비사업구역 지정을 위한 공람공고 당시 사업구역에 위치한 자신 소유의 주거용 건축물에 거주하던 중 분양신청을 하고 그에 따른 이주의무를 이행하기 위해 정비구역 밖으로 이주한 후 을 주택재개발정비사업조합과의 분양계약 체결을 거부함으로써 현금청산대상자가 된 갑이 을 조합을 상대로 이주정착금의 지급을 청구한 사안에서, 갑은 조합원으로서 정비사업의 원활한 진행을 위하여 정비구역 밖으로 이주하였다가 자신의 선택으로 분양계약 체결신청을 철회하고 현금청산대상자가 된 것에 불과하므로, 도시 및 주거환경정비법 시행령 제44조의2 제1항에서 정한 '질병으로 인한 요양, 징집으로 인한 입영, 공무, 취학 그 밖에 이에 준하는 부득이한 사유로 인하여 거주하지 아니한 경우'에 해당한다고 보기 어려워 갑이 도시 및 주거환경정비법상 이주정착금 지급자로서의 요건을 갖추지 않았음에도, 이와 달리 본 원심판단에 법리를 오해한 잘못이 있다고 한 사례

[3] 공익사업을 위한 토지 등의 취득 및 보상에 관한 법률 제78조 제5항, 구 공익사업을 위한 토지 등의 취득 및 보상에 관한 법률 시행규칙(2016.1.6. 국토교통부령 제272호로 개정되기 전의 것) 제55조 제2항의 각 규정 및 공익사업의 추진을 원활하게 함과 아울러 주거를 이전하게 되는 거주자들을 보호하려는 이사비 제도의 취지에 비추어 보면, 이사비 보상대상자는 공익사업시행지구에 편입되는 주거용 건축물의 거주자로서 공익사업의 시행으로 인하여 이주하게 되는 자로 보는 것이 타당하다. 이러한 취지는 도시 및 주거환경정비법에 따른 정비사업의 경우에도 마찬가지이다.

9-1. 재개발정비사업 시 현금청산자에게도 이주정착금, 주거이전비, 이사비를 지급할 의무가 있는지 여부 및 보상청구건의 법적 성질 및 쟁송절차 등(대판 2019.4.23, 2018두55326)

[2] 구 도시 및 주거환경정비법상 주택재개발정비사업 시행자는 그 사업과 관련하여 주거용 건축물이 수용되고 그에 따라 생활의 근거를 상실하게 된 소유자가 현금청산대상자에 해당하는 경우에도 공익사업을 위한 토지 등의 취득 및 보상에 관한 법률 제78조 제1항, 제5항 등에 따라 이주정착금, 주거이전비 및 이사비를 지급할 의무가 있는지 여부(적극)

[3] 적법하게 시행된 공익사업으로 이주하게 된 주거용 건축물 세입자의 주거이전비 보상청구권의 법적 성질(=공법상의 권리) 및 그 보상에 관한 쟁송절차(=행정소송) / 세입자의 주거이전비 보상청구소송의 형태 및 위 법리가 주거용 건축물의 소유자가 사업시행자를 상대로 이주정착금, 주거이전비 및 이사비의 보상을 구하는 경우에도 적용되는지 여부(적극)

9-2. 구 도시 및 주거환경정비법의 주택재개발사업에서 주택재개발정비사업조합과 현금청산대상자 사이에 청산금액에 관한 협의가 성립하지 않을 경우, 조합이 공익사업을 위한 토지 등의 취득 및 보상에 관한 법률에 따라 현금청산대상자들의 토지 등을 수용할 수 있는지 여부(적극) 및 이때 수용보상금의 가격산정기준일(= 수용재결일)(대판 2016.12.15, 2015두51309)

9-3. 구 도시저소득주민의 주거환경개선을 위한 임시조치법에 따라 지정된 주거환경개선사업지구 내 주거용 건축물의 소유자로서 주거환경개선사업으로 건설되는 주택에 관한 분양계약을 체결한 사람들이 구 공익사업을 위한 토지 등의 취득 및 보상에 관한 법률 제78조 제1항에서 정한 '이주대책대상자'에 해당하는지 여부(소극)(대판 2012.3.15, 2011다31393)

주거환경개선사업은 당해 사업지구 내 도시의 저소득주민들 전체의 주거환경개선을 위한 것으로서 이로 인하여 사업지구 내 토지 또는 건축물의 소유자, 세입자 등은 생활의 근거를 상실하게 되는 것이 아니라 오히려 당해 사업으로 건설되는 주택을 분양 또는 임대받게 되고, 특히 그 사업지구 내 주거용 건축물의 소유자들의 경우 일시적으로는 공익사업에 해당하는 주거환경개선사업의 시행으로 인하여 주거용 건축물을 제공할 수밖에 없다 하더라도 추후 당해 사업에 의하여 건설되는 주택을 그들의 선택에 따라 분양 또는 임대받을 수 있는 우선적 권리를 향유하게 될 뿐만 아니라, 토지 또는 건축물의 소유자가 반드시 사업지구에 거주할 것을 요하지도 않으므로 생활의 근거를 상실하였는지 여부와 관계없이 주택을 분양 또는 임대받게 된다.

이러한 여러 사정을 비롯한 관계 법령의 내용, 형식 및 취지 등을 종합하여 보면, 주거환경개선지구 내 주거용 건축물의 소유자로서 위 사업으로 인하여 건설되는 주택에 관한 분양계약을 체결한 자들은 구 공익사업법 제78조 제1항에 규정된 이주대책대상자 즉, 공익사업의 시행으로 인하여 주거용 건축물을 제공함에 따라 생활의 근거를 상실하게 되는 자에 해당하지 않는다고 봄이 상당하다.

10. 불법용도변경(대판 2011.6.10, 2010두26216)

[판시사항]

[1] 공익사업을 위한 토지 등의 취득 및 보상에 관한 법률 시행령 제40조 제3항 제1호의 '허가를 받거나 신고를 하고 건축하여야 하는 건축물을 허가를 받지 아니하거나 신고를 하지 아니하고 건축한 건축물의 소유자'에, 주거용 아닌 다른 용도로 이미 허가를 받거나 신고를 한 건축물을 적법한 절차 없이 임의로 주거용으로 용도를 변경하여 사용하는 자도 포함되는지 여부(적극)

[2] 한국국제전시장 2단계부지 조성사업 시행자인 고양시장이, 사업 지구 안에 편입된 1층 철골조 창고 건물의 소유자 갑의 이주대책 대상자 선정 신청에 대하여 이주대책 대상자가 아니어서 이주대책이 불가능하다는 요지의 회신을 함으로써 거부처분을 한 사안에서, 갑은 공익사업을 위한 토지 등의 취득 및 보상에 관한 법률에서 정한 이주대책대상자에서 제외되는 것으로 보아야 함에도 이와 달리 판단한 원심판결에 법리를 오해한 위법이 있다고 한 사례

[판결요지]

[1] 공익사업을 위한 토지 등의 취득 및 보상에 관한 법률(이하 '공익사업법'이라 한다)에 의한 이주대책제도는, 공익사업 시행으로 생활근거를 상실하게 되는 자에게 종전의 생활상태를 원상으로 회복시키면서 동시에 인간다운 생활을 보장하여 주기 위한 이른바 생활보상의 일환으로 국가의 적극적이고 정책적인 배려에 의하여 마련된 제도로서 건물 및 부속물에 대한 손실보상 외에는 별도의 보상이 이루어지지 않는 주거용 건축물의 철거에 따른 생활보상적 측면이 있다는 점을 비롯하여, 공익사업법 제78조 제1항, 공익사업법 시행령 제40조 제3항 제1호 각 규정의 문언, 내용 및 입법 취지 등을 종합하여 보면, 주거용 용도가 아닌 다른 용도로 이미 허가를 받거나 신고를 한 건축물을 소유한 자라 하더라도 이주대책기준일 당시를 기준으로 공부상 주거용 용도가 아닌 건축물을 허가를 받거나 신고를 하는 등 적법한 절차에 의하지 않고 임의로 주거용으로 용도를 변경하여 사용하는 자는, 공익사업법 시행령 제40조 제3항 제1호의 '허가를 받거나 신고를 하고 건축하여야 하는 건축물을 허가를 받지 아니하거나 신고를 하지 아니하고 건축한 건축물의 소유자'에 포함되는 것으로 해석하는 것이 타당하다.

[2] 한국국제전시장 2단계부지 조성사업 시행자인 고양시장이, 사업 지구 안에 편입된 1층 철골조 창고 건물의 소유자인 갑의 이주대책 대상자 선정 신청에 대하여 이주대책 대상자가 아니어서 이주대책이 불가능하다는 요지의 회신을 함으로써 거부처분을 한 사안에서, 갑은 주거용 용도(단독주택 또는 공동주택)가 아닌 창고시설(농업용)로 건축허가를 받아 건물을 신축하여 건축물대장에도 창고시설(농업용)로 등재한 후, 공부상 주거용이 아닌 건물을 적법절차에 의하지 않고 임의로 주거용으로 용도를 변경하여 소유·사용한 자이므로, 공익사업을 위한 토지 등의 취득 및 보상에 관한 법률 시행령 제40조 제3항 제1호에 규정된 '허가를 받거나 신고를 하고 건축하여야 하는 건축물을 허가를 받지 아니하거나 신고를 하지 아니하고 건축한 건축물의 소유자'에 해당하여 공익사업을 위한 토지 등의 취득 및 보상에 관한 법률에서 정한 이주대책대상자에서 제외되어야 함에도, 이와 달리 판단한 원심판결에 법리를 오해한 위법이 있다고 한 사례

제2절 기출분석

26회 문제 02

B시에 거주하는 甲은 2005년 5월 자신의 토지 위에 주거용 건축물을 신축하였다. 그런데 甲은 건축허가 요건을 충족하지 못하여 행정기관의 허가 없이 건축하였다. 甲은 위 건축물에 입주하지 않았으나, 친척인 乙이 자신에게 임대해 달라고 요청하여 이를 허락하였다. 乙은 필요시 언제든 건물을 비워주겠으며, 공익사업시행으로 보상의 문제가 발생할 때에는 어떠한 보상도 받지 않겠다는 내용의 각서를 작성하여 임대차계약서에 첨부하였다. 乙은 2006년 2월 위 건축물에 입주하였는데, 당시부터 건축물의 일부를 임의로 용도변경하여 일반음식점으로 사용하여 왔다. 甲의 위 토지와 건축물은 2015년 5월 14일 국토교통부장관이 한 사업인정고시에 따라서 공익사업시행지구에 편입되었다. 甲은 이 사실을 알고 동년 6월에 위 건축물을 증축하여 방의 개수를 2개 더 늘려 자신의 가족과 함께 입주하였다. 다음 물음에 답하시오. 30점

(2) 甲과 乙은 주거이전비 지급대상자에 포함되는지 여부를 그 지급요건에 따라서 각각 설명하시오. 20점

(설문 2-2)의 해결

Ⅰ. 쟁점의 정리

Ⅱ. 주거이전비의 지급요건 등

1. 주거이전비의 의의 및 법적 성질(토지보상법 시행규칙 제54조)
2. 소유자에 대한 주거이전비 보상
3. 세입자에 대한 주거이전비 보상
4. 기타 관련 판례
   (1) 소유자 또는 세입자가 아닌 가구원이 주거이전비 지급을 구할 수 있는지 여부
   (2) 세입자에 대한 주거이전비 지급의무규정이 강행규정인지 여부

Ⅲ. 사안의 해결

1. 甲이 주거이전비를 청구할 수 있는지 여부
2. 乙이 주거이전비를 청구할 수 있는지 여부

예시답안

(설문 2-2)의 해결

Ⅰ 쟁점의 정리

설문은 甲과 乙이 주거이전비 지급대상자에 포함되는지를 묻고 있다. 설문의 해결을 위하여 토지보상법 시행규칙 제54조의 주거이전비 규정을 검토한다.

II 주거이전비의 지급요건 등

1. 주거이전비의 의의 및 법적 성질(토지보상법 시행규칙 제54조)

주거이전비란 주거용 건축물의 상실로 인한 총체적 가치의 보상으로, ① 사업추진을 원활하게 하려는 정책적 목적과 ② 사회보장적인 차원에서 지급되는 금원의 성격을 가지는 공법상의 법률관계로 볼 것이다.

2. 소유자에 대한 주거이전비 보상

공익사업시행지구에 편입되는 주거용 건축물의 소유자에 대하여는 해당 건축물에 대한 보상을 하는 때에 가구원 수에 따라 2개월분의 주거이전비를 보상하여야 한다. 다만, 건축물의 소유자가 해당 건축물 또는 공익사업시행지구 내 타인의 건축물에 실제 거주하고 있지 아니하거나 해당 건축물이 무허가건축물 등인 경우에는 그러하지 아니한다.

3. 세입자에 대한 주거이전비 보상

공익사업의 시행으로 인하여 이주하게 되는 주거용 건축물의 세입자로서 사업인정고시일 등 당시 또는 공익사업을 위한 관계 법령에 따른 고시 등이 있은 당시 해당 공익사업시행지구 안에서 3개월 이상 거주한 자에 대하여는 가구원 수에 따라 4개월분의 주거이전비를 보상해야 한다. 다만, 무허가건축물 등에 입주한 세입자로서 사업인정고시일 등 당시 또는 공익사업을 위한 관계 법령에 따른 고시 등이 있은 당시 그 공익사업지구 안에서 1년 이상 거주한 세입자에 대해서는 본문에 따라 주거이전비를 보상해야 한다.

4. 기타 관련 판례

(1) 소유자 또는 세입자가 아닌 가구원이 주거이전비 지급을 구할 수 있는지 여부

주거이전비는 가구원 수에 따라 소유자 또는 세입자에게 지급되는 것으로서 소유자와 세입자가 지급청구권을 가지는 것으로 보아야 하므로, 소유자 또는 세입자가 아닌 가구원은 사업시행자를 상대로 직접 주거이전비 지급을 구할 수 없다(대판 2011.8.25, 2010두4131).

(2) 세입자에 대한 주거이전비 지급의무규정이 강행규정인지 여부

세입자에 대한 주거이전비는 공익사업 시행으로 인하여 생활근거를 상실하게 되는 세입자를 위하여 사회보장적 차원에서 지급하는 금원으로 보아야 하므로, 당사자 합의 또는 사업시행자 재량에 의하여 적용을 배제할 수 없는 강행규정이라고 보아야 한다(대판 2011.7.14, 2011두3685). 따라서 세입자가 주거이전비를 받을 수 있는 권리를 포기한다는 취지의 포기각서를 제출하였다 하여도 이는 무효이므로 세입자는 주거이전비를 청구할 수 있다.

Ⅲ 사안의 해결

1. 甲이 주거이전비를 청구할 수 있는지 여부

甲은 무허가건축물의 소유자이므로 주거이전비를 청구할 수 있는 보상대상자가 아니다.

2. 乙이 주거이전비를 청구할 수 있는지 여부

乙은 세입자로서 사업인정고시일 등 당시 사업지구 안에서 1년 이상 거주하고 있었으므로 주거이전비를 청구할 수 있을 것이다. 주거이전비 규정은 강행규정이므로 어떠한 보상도 받지 않겠다는 각서와 무관하게 주거이전비를 청구할 수 있으며, 주거이전비의 지급의무는 이행기의 정함이 없는 채무이므로 사업시행자는 이행청구를 받은 다음 날부터 이행지체의 책임이 있다(대판 2012.4.26, 2010두7475).

33회 문제 01

X는 도시 및 주거환경정비법(이하 '도시정비법'이라 함)에 따른 재개발 정비사업조합이고, 甲은 X의 조합원으로서, 해당 정비사업구역 내에 있는 A토지와 B토지의 소유자이다. A토지와 B토지는 연접하고 있고 그 지목이 모두 대(垈)에 해당하지만, A토지는 사도법에 따른 사도가 아닌데도 불특정 다수인의 통행에 장기간 제공되어 왔고, B토지는 甲이 소유한 건축물의 부지로서 그 건축물의 일부에 임차인 乙이 거주하고 있다. X는 도시정비법 제72조 제1항에 따라 분양신청기간을 공고하였으나 甲은 그 기간 내에 분양신청을 하지 않았다. 이에 따라 X는 甲을 분양대상자에서 제외하고 관리처분계획을 수립하여 인가를 받았고, 그에 불복하는 행정심판이나 행정소송은 없었다. X는 도시정비법 제73조 제1항에 따른 甲과의 보상협의가 이루어지지 않자 A토지와 B토지에 관하여 관할 토지수용위원회에 수용재결을 신청하였고, 관할 토지수용위원회는 A토지와 B토지를 수용한다는 내용의 수용재결을 하였다. 다음 물음에 답하시오. 40점

(3) 주거이전비에 관하여 甲은 토지보상법 시행규칙 제54조 제1항에 따른 요건을 갖추고 있고, 乙은 같은 조 제2항에 따른 요건을 갖추고 있다. 관할 토지수용위원회는 수용재결을 하면서 甲의 주거이전비에 관하여는 재결을 하였으나 乙의 주거이전비에 관하여는 재결을 하지 않았다. 甲은 주거이전비의 증액을 청구하고자 하고, 乙은 주거이전비의 지급을 청구하고자 한다. 甲과 乙의 권리구제에 적합한 소송을 설명하시오. 20점

(설문 1-3)의 해결

Ⅰ. 쟁점의 정리

Ⅱ. 토지보상법상 주거이전비의 의의 및 법적 성격

1. 주거이전비의 의의 및 취지

2. 주거이전비의 법적 성격

(1) 공법상 권리

(2) 강행규정인지 여부

Ⅲ. 주거이전비를 향유할 수 있는 소송 (대판 2008.5.29, 2007다8129)

1. 당사자소송의 의의

(1) 실질적 당사자소송

(2) 형식적 당사자소송

2. 당사자소송의 절차

(1) 당사자소송의 대상

(2) 당사자소송에서의 원고적격 및 소의 이익

(3) 당사자소송의 피고 및 제소기간

(4) 공법상 당사자소송의 판결의 종류

3. 주거이전비를 향유할 수 있는 소송의 형태

(1) 토지보상법상 재결 이전인 경우(실질적 당사자소송)

(2) 토지보상법상 재결 이후인 경우(형식적 당사자소송)

Ⅳ. 사안의 경우

예시답안

(설문 1-3)의 해결

I 쟁점의 정리

주거이전비에 대한 재결이 있는 경우와 재결이 없는 경우를 구분하여 권리구제에 적합한 소송을 설명한다.

II 토지보상법상 주거이전비의 의의 및 법적 성격

1. 주거이전비의 의의 및 취지

주거이전비는 해당 공익사업 시행지구 안에 거주하는 세입자들의 조기이주를 장려하여 사업추진을 원활하게 하려는 정책적인 목적과 주거이전으로 말미암아 특별한 어려움을 겪게 될 세입자들을 대상으로 하는 사회보장적인 차원에서 지급하는 금원을 말한다.

2. 주거이전비의 법적 성격

(1) 공법상 권리

판례는 세입자의 주거이전비는 ① 사업추진을 원활하게 하려는 정책적 목적과 ② 사회보장적인 차원에서 지급되는 금원의 성격을 가지므로 세입자의 주거이전비 보상청구권은 〈공법상 권리〉이고, 공법상 법률관계를 대상으로 하는 행정소송에 의해 다투어야 한다고 판시한 바 있다.

(2) 강행규정인지 여부

세입자에 대한 주거이전비는 공익사업 시행으로 인하여 생활 근거를 상실하게 되는 세입자를 위하여 사회보장적 차원에서 지급하는 금원으로 보아야 하므로, 사업시행자의 세입자에 대한 주거이전비 지급의무를 정하고 있는 토지보상법 시행규칙 제54조 제2항은 당사자 합의 또는 사업시행자 재량에 의하여 적용을 배제할 수 없는 강행규정이라고 보아야 한다.

III 주거이전비를 향유할 수 있는 소송(대판 2008.5.29, 2007다8129)

1. 당사자소송의 의의

(1) 실질적 당사자소송

실질적 당사자소송이란 공법상 법률관계에 관한 소송으로서 그 법률관계의 주체를 당사자로 하는 소송을 말한다. 통상 당사자소송이라 하면 실질적 당사자소송을 말한다.

(2) 형식적 당사자소송

형식적 당사자소송이란 형식적으로는(소송형태상) 당사자소송의 형식을 취하고 있지만 실질적으로는 처분 등의 효력을 다투는 항고소송의 성질을 가지는 소송을 말한다. 형식적 당사자소송은 기본적으로는 법률관계의 내용을 다투는 점에서 당사자소송이지만 처분의 효력의 부인을 전제로 하는 점에서 실질적 당사자소송과 다르다.

2. 당사자소송의 절차

(1) 당사자소송의 대상

당사자소송의 대상은 "행정청의 처분 등을 원인으로 하는 법률관계와 그 밖의 공법상의 법률관계"이다. 즉, 당사자소송의 대상은 공법상 법률관계이다.

(2) 당사자소송에서의 원고적격 및 소의 이익

당사자소송에서 원고적격이 있는 자는 당사자소송을 통하여 주장하는 공법상 법률관계의 주체이다. 공법상 당사자소송이 확인소송인 경우에는 항고소송인 무효확인소송에서와 달리 확인의 이익이 요구된다.

(3) 당사자소송의 피고 및 제소기간

당사자소송은 '국가・공공단체 그 밖의 권리주체'를 피고로 한다(행정소송법 제39조). 당사자소송에 관하여 법령에 제소기간이 정하여져 있는 때에는 그 기간은 불변기간으로 한다(행정소송법 제41조).

(4) 공법상 당사자소송의 판결의 종류

당사자소송이 소송요건을 결여한 경우에는 본안심리를 거절하는 각하판결을 내리며, 본안심리의 결과 원고의 청구가 이유 없다고 판단되는 경우 기각판결을 내린다. 본안심리의 결과 원고의 청구가 이유 있다고 인정하는 경우 인용판결을 내리는데, 당사자소송의 소의 종류에 따라 확인판결을 내리기도 하고(공무원지위를 확인하는 판결) 이행판결을 내리기도 한다(공법상 금전급부의무의 이행을 명하는 판결).

3. 주거이전비를 향유할 수 있는 소송의 형태

(1) 토지보상법상 재결 이전인 경우(실질적 당사자소송)

세입자의 주거이전비 보상청구권은 그 요건을 충족하는 경우에 당연히 발생하는 것이므로, 주거이전비 보상청구소송은 행정소송법 제3조 제2호에 규정된 당사자소송에 의하여야 할 것이다.

(2) 토지보상법상 재결 이후인 경우(형식적 당사자소송)

세입자의 주거이전비 보상에 관하여 재결이 이루어진 다음 세입자가 보상금의 증감 부분을 다투는 경우에는 토지보상법 제85조 제2항에 규정된 행정소송(형식적 당사자소송)에 따라 권리구제를 받을 수 있을 것이다.

Ⅳ 사안의 경우

갑은 수용재결에 대한 불복으로서 보상금증감청구소송을 통해 증액을 청구할 수 있으며, 을은 실질적 당사자사소송으로서 주거이전비 지급을 청구할 수 있을 것이다.

* 보상금증감청구소송만을 설명하는 것은 갑에 대한 소송수단만을 설명하는 것이므로, 보상금증감청구소송을 중심으로 설명하는 경우에는 을에 대한 소송수단으로서 실질적 당사자소송도 개략적으로 설명해야 할 것입니다.

29회 문제 01

A도 도지사 甲은 도내의 심각한 주차난을 해결하기 위하여 A도내 B시 일대 40,000㎡(이하 '이 사건 공익사업구역'이라 함)를 공영주차장으로 사용하고자 사업계획을 수립하고 「공익사업을 위한 토지 등의 취득 및 보상에 관한 법률」(이하 '토지보상법'이라 함)에 따른 절차를 거쳐, 국토교통부장관의 사업인정을 받고 이를 고시하였다. 이후 甲은 이 사건 공익사업구역 내 주택 세입자 乙 등이 이 사건 공익사업이 시행되는 동안 임시로 거주할 수 있도록 B시에 임대아파트를 건립하여 세입자에게 제공하는 등 이주대책을 수립 · 시행하였다. 한편, 乙은 「공익사업을 위한 토지 등의 취득 및 보상에 관한 법률 시행규칙」(이하 '토지보상법 시행규칙'이라 함) 제54조 제2항에 해당하는 세입자이다. 다음 물음에 답하시오. 40점

(1) 乙은 토지보상법 시행규칙에 따른 주거이전비를 받을 수 있는 권리를 포기한다는 취지의 '임대아파트 입주에 따른 주거이전비 포기각서'를 甲에게 제출하고 위 임대아파트에 입주하였지만, 이후 관련 법령이 임대아파트와 같은 임시수용시설 등을 제공받는 자를 주거이전비 지급대상에서 배제하지 않고 있는 점을 알게 되었다. 이에 乙은 위 포기각서를 무시하고 토지보상법 시행규칙상의 주거이전비를 청구하였다. 乙의 주거이전비 청구의 인용여부에 관하여 논하시오. 30점

(설문 1-1)의 해결 : 주거이전비

Ⅰ. 쟁점의 정리

Ⅱ. 주거이전비의 청구요건

1. 주거이전비의 의의 및 취지
2. 주거이전비의 법적 성격
   (1) 공법상 권리
   (2) 강행규정인지 여부
3. 주거이전비의 보상대상자 요건
   (1) 소유자에 대한 주거이전비 보상
   (2) 세입자에 대한 주거이전비 보상
4. 주거이전비의 산정방법 및 산정의 기준시기

Ⅲ. 사안의 해결

예시답안

[설문 1-1]의 해결 : 주거이전비

Ⅰ 쟁점의 정리

乙은 주거이전비를 포기하는 대신 임대아파트에 입주하였는데, 이후 주거이전비 포기각서에도 불구하고 주거이전비를 청구할 수 있는지가 문제된다. 주거이전비의 취지와 동 규정이 강행규정인지 등 제 요건을 검토하여 사안을 해결한다.

Ⅱ 주거이전비의 청구요건

1. 주거이전비의 의의 및 취지

주거이전비는 해당 공익사업시행지구 안에 거주하는 세입자들의 조기이주를 장려하여 사업추진을 원활하게 하려는 정책적인 목적과 주거이전으로 말미암아 특별한 어려움을 겪게 될 세입자들을 대상으로 하는 사회보장적인 차원에서 지급하는 금원을 말한다.

2. 주거이전비의 법적 성격

(1) 공법상 권리

판례는 세입자의 주거이전비는 ① 사업추진을 원활하게 하려는 정책적 목적과 ② 사회보장적인 차원에서 지급되는 금원의 성격을 가지므로 세입자의 주거이전비보상청구권은 공법상 권리이고, 공법상 법률관계를 대상으로 하는 행정소송에 의해 다투어야 한다고 판시한 바 있다.

(2) 강행규정인지 여부

세입자에 대한 주거이전비는 공익사업 시행으로 인하여 생활근거를 상실하게 되는 세입자를 위하여 사회보장적 차원에서 지급하는 금원으로 보아야 하므로, 사업시행자의 세입자에 대한 주거이전비 지급의무를 정하고 있는 토지보상법 시행규칙 제54조 제2항은 당사자 합의 또는 사업시행자 재량에 의하여 적용을 배제할 수 없는 강행규정이라고 보아야 한다.

3. 주거이전비의 보상대상자 요건

(1) 소유자에 대한 주거이전비 보상

공익사업시행지구에 편입되는 주거용 건축물의 소유자에 대하여는 해당 건축물에 대한 보상을 하는 때에 가구원수에 따라 2개월분의 주거이전비를 보상하여야 한다. 다만, 건축물의 소유자가 해당 건축물 또는 공익사업시행지구 내 타인의 건축물에 실제 거주하고 있지 아니하거나 해당 건축물이 무허가건축물 등인 경우에는 그러하지 아니한다.

(2) 세입자에 대한 주거이전비 보상

공익사업의 시행으로 인하여 이주하게 되는 주거용 건축물의 세입자로서 사업인정고시일 등 당시 또는 공익사업을 위한 관계 법령에 의한 고시 등이 있은 당시 해당 공익사업시행지구 안에서 3개월 이상 거주한 자에 대하여는 가구원 수에 따라 4개월분의 주거이전비를 보상하여야 한다. 다만, 무허가건축물 등에 입주한 세입자로서 사업인정고시일 등 당시 또는 공익사업을 위한 관계 법령에 따른 고시 등이 있은 당시 그 공익사업지구 안에서 1년 이상 거주한 세입자에 대해서는 본문에 따라 주거이전비를 보상해야 한다.

4. 주거이전비의 산정방법 및 산정의 기준시기

주거이전비는 「통계법」 제3조 제3호에 따른 통계작성기관이 조사・발표하는 가계조사통계의 도시근로자가구의 가구원수별 월평균 명목 가계지출비를 기준으로 산정한다. 가구원 수가 5인인 경우에는 5인 이상 기준의 월평균 가계지출비를 적용하며, 가구원 수가 6인 이상인 경우에는 5인 이상 기준의 월평균 가계지출비에 5인을 초과하는 가구원 수에 1인당 평균비용을 곱한 금액을 더한 금액으로 산정한다. 또한 주거이전비의 보상내용은 사업시행인가 고시가 있은 때에 확정되므로 이때를 기준으로 보상금액을 산정해야 한다.

Ⅲ 사안의 해결

세입자 乙이 주거이전비를 받을 수 있는 권리를 포기한다는 취지의 주거이전비 포기각서는 강행규정에 반하여 무효라고 볼 수 있다. 따라서 乙은 사업시행자가 제공한 임대아파트에 입주한 다음 별도로 주거이전비를 청구할 수 있다.

채점평

문제 1

(물음 1)은 토지보상법 시행규칙상의 주거이전비에 관한 규정을 무시한 주거이전비 포기각서의 효력에 관한 문제이다. 질문의 취지를 정확히 파악하고 서술한 양호한 답안도 있었으나, 많은 수험생들이 판례를 정확히 언급하고, 토지보상법 시행규칙의 법규성에 관한 기본적 전제를 논한 다음, 문제에 대한 답을 체계적으로 서술하지 못했다.

(물음 2)는 손실보상에 관한 기본적인 문제이다. 관련 토지보상법 시행규칙을 정확히 인용하고 서술할 것을 요구하였으나, 관련 법조문을 정확히 인용한 경우는 적었다.

Chapter 07

간접손실

제1절 판례분석

01 간접손실보상 및 간접침해

I 간접손실보상의 법적 근거

수산업협동조합이 수산물 위탁판매장을 운영하면서 위탁판매 수수료를 지급받아왔고, 그 운영에 대하여는 구 수산자원보호령 제21조 제1항에 의하여 그 대상지역에서의 독점적 지위가 부여되어 있었는데, 공유수면매립사업의 시행으로 그 사업대상지역에서 어업활동을 하던 조합원들의 조업이 불가능하게 되어 일부 위탁판매장에서의 위탁판매사업을 중단하게 된 경우, 그로 인해 수산업협동조합이 상실하게 된 위탁판매수수료 수입은 사업시행자의 매립사업으로 인한 직접적인 영업손실이 아니고 간접적인 영업손실이라고 하더라도 피침해자인 수산업협동조합이 공공의 이익을 위하여 당연히 수인하여야 할 재산권에 대한 제한의 범위를 넘어 수산업협동조합의 위탁판매사업으로 얻고 있는 영업상의 재산이익을 본질적으로 침해하는 특별한 희생에 해당하고, 사업시행자는 공유수면매립면허 고시 당시 그 매립사업으로 인하여 위와 같은 영업손실이 발생한다는 것을 상당히 확실하게 예측할 수 있었고 그 손실의 범위도 구체적으로 확정할 수 있으므로, 위 위탁판매수수료 수입손실은 헌법 제23조 제3항에 규정한 손실보상의 대상이 되고, 그 손실에 관하여 구 공유수면매립법 또는 그 밖의 법령에 직접적인 보상규정이 없더라도 공공용지의 취득 및 손실보상에 관한 특례법 시행규칙상의 각 규정을 유추적용하여 그에 관한 보상을 인정하는 것이 타당하다(대판 1999.10.8, 99다27231).

헌법 제23조 제3항에 근거한다.

II 간접손실보상의 요건

① 공공사업의 시행으로 인하여 그러한 손실이 발생하리라는 것을 쉽게 예견할 수 있고 그 손실의 범위도 구체적으로 특정할 수 있는 경우라면 그 손실의 보상에 관하여 공공용지의 취득 및 손실보상에 관한 특례법 시행규칙의 관련 규정 등을 유추적용할 수 있다고 해석함이 상당하다(대판 1999.6.11, 97다56150, 대판 2004.9.23, 2004다25581).

② 원고가 입은 위 간접손실은 그 발생을 예견하기가 어렵고 그 손실의 범위도 쉽게 확정할 수 없으므로 위 특례법 시행규칙의 간접보상에 관한 규정을 준용 또는 유추적용하여 사업시행자인 피고 공사에 대하여 그 손실보상청구권을 인정할 수도 없다고 할 것이다(대판 1998.1.20, 95다29161).

> 손실보상요건 중, 보상규정 없는 경우에는 관련 규정을 유추적용할 수 있다는 판례이다. 간접손실인 경우에는 그러한 손실이 발생하리라는 것이 쉽게 예견될 수 있어야 하고 그 범위도 구체적으로 특정될 수 있어야 함이 요구된다.

Ⅲ 보상규정이 결여된 경우의 간접손실보상 가능 여부

① 위탁판매수수료 수입손실은 헌법 제23조 제3항에 규정한 손실보상의 대상이 되고, 그 손실에 관하여 구 공유수면매립법 또는 그 밖의 법령에 직접적인 보상규정이 없더라도 공공용지의 취득 및 손실보상에 관한 특례법 시행규칙상의 각 규정을 유추적용하여 그에 관한 보상을 인정하는 것이 타당하다(대판 1999.10.8, 99다27231).

② 원고가 입은 참게 축양업에 대한 간접손실은 그 발생을 예견하기가 어렵고 그 손실의 범위도 쉽게 확정할 수 없으므로 위 특례법 시행규칙의 간접보상에 관한 규정을 준용 또는 유추적용하여 사업시행자인 피고 공사에 대하여 그 손실보상청구권을 인정할 수도 없다고 할 것이다(대판 1998.1.20, 95다29161).

Ⅳ 간접침해

환경정책기본법 제31조 제1항 및 제3조 제1호, 제3호, 제4호에 의하면, 사업장 등에서 발생되는 환경오염으로 인하여 피해가 발생한 경우에는 당해 사업자는 귀책사유가 없더라도 그 피해를 배상하여야 하고, 위 환경오염에는 소음・진동으로 사람의 건강이나 환경에 피해를 주는 것도 포함되므로, 피해자들의 손해에 대하여 사업자는 그 귀책사유가 없더라도 특별한 사정이 없는 한 이를 배상할 의무가 있다(대판 2001.2.9, 99다55434).

Ⅴ 기타

1. 계획보장청구권

(1) 원칙적 부정

대법원은 소극설의 입장에 서서 원칙적으로 국민에 행정계획의 변경신청권을 인정하지 않고, 도시계획변경신청에 대한 거부행위도 행정처분으로 보고 있지 않다. 즉 판례는 행정계획이 일단 확정된 후에는 일정한 사정변동이 있다고 하여 지역주민에게 일일이 그 계획의 변경 또는 폐지를 청구할 권리를 인정해 줄 수 없다고 하여, 행정계획의 변경신청권을 원칙적으로 부인하고 있다. 특히 국토이용계획변경신청불허처분취소사건에서 대법원은 "구 국토이용관리법상 주민이 국토이용계획의 변경에 대하여 신청을 할 수 있다는 규정이 없을 뿐만 아니라, 국토건설종합계획의 효율적인 추진과 국토이용질서를 확립하기 위한 국토이용계획은 장기성, 종합성이 요구되는 행정계획이어서 원칙적으로는 그 계획이 일단 확정된 후에 어떤 사정의 변동이 있다고 하여 그러한 사유만으로는 지역주민이나 일반 이해관계인에게 일일이 그 계획의 변경을 신청할 권리를 인정하여 줄 수는 없다"고 판시한 바 있다(대판 2003.9.23, 2001두10936).

(2) **예외적으로 계획변경청구권을 인정한 판례(대판 2004.4.27, 2003두8821)**

예외적으로 법규상 또는 조리상 계획변경신청권이 인정되는 경우가 있고, 이 경우에는 행정계획변경청구권이 인정된다. 즉, 일정한 행정처분을 구하는 신청을 할 수 있는 법률상 지위에 있는 자의 국토이용계획변경신청을 거부하는 것이 실질적으로 당해 행정처분 자체를 거부하는 결과가 되는 경우, 도시계획구역 내 토지 등을 소유하고 있는 주민이 도시계획입안권자에게 도시계획입안을 신청하는 경우, 문화재보호구역 내의 토지소유자가 문화재보호구역의 지정해제를 신청하는 경우 등에는 그 신청인에게 조리상 행정계획변경을 신청할 권리가 인정된다.

2. 물의 사용에 관한 권리(대판 2018.12.27, 2014두11601)

물건 또는 권리 등에 대한 손실보상액 산정의 기준이나 방법에 관하여 구체적으로 정하고 있는 법령의 규정이 없는 경우, 그 성질상 유사한 물건 또는 권리 등에 대한 관련 법령상의 손실보상액 산정의 기준이나 방법에 관한 규정을 유추적용할 수 있다.

3. 토지보상법 제70조 제4항 위헌판단

가. 쟁점

기타보상조항이 공익사업의 시행으로 인하여 발생하는 손실의 보상을 부령인 국토교통부령에 위임한 것이 헌법상 포괄위임금지원칙을 위반하는지 여부에 관하여 본다.

나. 포괄위임금지원칙 위반 여부

헌법 제95조는 대통령령의 경우와 달리 '구체적으로 범위를 정하여'라는 문구를 사용하고 있지는 않지만, 대통령령에 입법을 위임하는 경우에 지켜져야 하는 헌법상의 요건은 당연히 부령에 입법을 위임하는 경우에도 적용된다(헌재 2004.11.25, 2004헌가15; 헌재 2013.2.28, 2012헌가3). 그러므로 법률이 부령에 입법을 위임하는 경우에도 '구체적으로 범위를 정하여' 하여야 한다. 여기서 구체적으로 범위를 정하여라 함은 위임 법률이 하위법령 등에서 규정될 내용 및 범위의 기본사항을 정함으로써 행정권에 의한 자의적인 법률의 해석이나 집행이 이루어지지 않도록 하고, 당해 법률로부터 부령에 규정될 내용의 대강을 예측할 수 있어야 함을 뜻한다(헌재 1994.6.30, 93헌가15 등; 헌재 2000.1.27, 99헌바23; 헌재 2010.10.28, 2008헌바74).

(1) **위임의 필요성**

기타보상조항은 토지보상법 제70조 '제1항부터 제3항까지 정한 사항 외에' 공익사업의 시행으로 인하여 발생하는 손실에 관하여 국토교통부령으로 정하도록 위임하고 있다. 기타보상조항이 속한 제79조는 공익사업의 시행으로 토지가 수용되거나 이주대상이 되는 것과 같이 직접적으로 영향을 받은 경우 이외의, 공익사업시행구역 밖의 토지에 해당하는 경우 등으로 발생하는 손실을 규율함으로써 다른 개별적 보상규정들을 보충하고 있다. 그러므로 기타보상조항도 공익사업의 시행으로 인하여 발생한 손실 중, 토지보상법상의 다른 개별적 보상규정이 마련되어 있지 않은 경우를 보충하는 규정이다.

그런데 공익사업으로 인하여 발생할 가능성이 있는 직·간접적인 불이익은 공익사업이 이루어지는 지역, 환경, 그리고 인근지역에서 거주·활동하거나 그 밖의 관련 있는 사람이 처한 개별적 상황에 따라 그 유형이 다양하고 공공사업 등 정책의 변화에 따라 가변적일 수 있어 이를 빠짐없이 법률에서 정하는 것은 입법기술상 곤란하다. 이러한 불이익 내지 비정형적인 손실에 대해서는 제반여건을 고려하여 그때그때의 상황에 맞게 탄력적으로 대응할 수 있도록 하위 법령에 보상의 대상과 범위에 관한 사항을 위임할 필요성이 인정된다.

(2) 예측가능성

위임의 구체성·명확성 내지 예측가능성의 유무는 당해 특정조항 하나만을 가지고 판단할 것이 아니라 관련 법조항 전체를 유기적·체계적으로 종합하여 판단하여야 하고 위임된 사항의 성질에 따라 구체적·개별적으로 검토하여야 한다(헌재 2002.3.28, 2001헌바24·51(병합) 등).

기타보상조항이 위임하는 사항은 공익사업의 시행으로 인하여 발생한 손실 중, 토지보상법상의 다른 개별적 보상규정에 마련되어 있지 않은 손실의 대상과 그 보상범위이다. 그러므로 국토교통부령이 정하게 될 사항은 다른 토지보상법상의 손실보상 규정들의 내용과 마찬가지로 보상대상인 손실의 유형, 보상의 범위가 될 것임을 예측할 수 있다.

먼저 부령에서 규정하는 공익사업의 시행으로 인하여 발생하는 손실의 유형은 토지보상법상 다른 개별적 손실보상조항들에 준하는 보상의 필요성이 있는 손실이 될 것임을 예측할 수 있다. 토지보상법상 이미 존재하는 개별적 손실보상 규정에는, 수용되는 토지(제70조 제1항), 수용되는 토지의 소유권 외의 권리(제70조 제6항), 공사비용(제73조), 건축물 이전비용 등 및 농작물에 대한 손실, 흙·돌·모래 또는 자갈, 분묘이장비등 토지에 정착한 물건 등(제75조), 잔여건축물의 손실(제75조의2), 광업권·어업권 및 물의 사용에 관한 권리(제76조), 영업을 폐지하거나 휴업함에 따른 손실(제77조 제1항), 농업손실(제77조 제2항), 휴직이나 실직하는 근로자의 임금손실(제77조 제3항), 주거용 건축물을 제공하여 생활근거를 상실하는 자에 대한 이주대책 등(제78조), 농·어민에 대한 보상(제78조 제6항), 수용되는 토지 내지 잔여지 외의 토지의 공사비용(제79조 제1항), 사업시행지역 밖의 토지의 손실(제79조 제2항)이 있다. 이렇듯 토지보상법에서는 보상의 대상인 손실유형을 상세하고 폭넓게 열거하고 있다. 기타보상조항은 위 조항들을 제외하고 남는 나머지 손실보상을 보충하기 위한 규정이므로, 부령이 규율할 수 있는 나머지 영역은 매우 적음을 알 수 있다. 따라서 보상대상의 선정에 관하여 행정부에 의한 자의적인 부령 제정 및 집행 우려가 크다고 볼 수 없다.

다음으로 기타손실에 대하여 어느 정도로 보상을 하여야 하는지에 관하여 기타보상조항이 별도로 규율하는 바는 없으나, 다른 토지보상법상 손실보상 규정들을 체계적으로 해석해보았을 때, 발생하는 손실의 종류에 따라 대강의 보상범위를 예측할 수 있다. 즉, 위 개별적 손실보상규정들과 함께 보상의 범위에 관하여 규정하고 있는 토지보상법 제67조 제1항, 제2항, 제70조, 제

77조 제1항을 종합하여 보면, 토지보상법은 토지에 관하여 적용되는 것이기는 하나 시가보상원칙, 개발이익배제원칙, 표준지공시지가 기준원칙 등을 규정하고 있고, 휴업이나 폐업 시 영업이익과 시설이전비용 등을 참작하여 보상하도록 하고 있으므로(헌재 2012.2.23, 2010헌바206 참조), 소유권의 완전한 박탈부터 사용가치 하락, 투자의 목적 달성 불능에 따른 간접손실 등에 이르기까지 손실의 종류에 걸맞는 다양한 보상범위를 규정하고 있음을 알 수 있다. 따라서 부령에서 규정될 손실보상의 범위 역시 그와 유사한 정도의 수준이 될 것임을 예측할 수 있다.

다. 소결

기타보상조항은 포괄위임금지원칙을 위반하지 아니한다.

02 간접손실보상 CASE

1. 무허가, 신고의 김종묘생산어업(대판 2002.11.26, 2001다44352)

[1] 공공사업의 시행 결과 공공사업의 기업지 밖에서 발생한 간접손실에 대하여 사업시행자와 협의가 이루어지지 아니하고, 그 보상에 관한 명문의 법령이 없는 경우, 피해자는 공공용지의 취득 및 손실보상에 관한 특례법 시행규칙상의 손실보상에 관한 규정을 유추적용하여 사업시행자에게 보상을 청구할 수 있는지 여부(적극)

[2] 관계 법령이 요구하는 허가나 신고 없이 김양식장을 배후지로 하여 김종묘생산어업에 종사하던 자들의 간접손실에 대하여 그 손실의 예견가능성이 없고, 그 손실의 범위도 구체적으로 특정하기 어려워 공공용지의 취득 및 손실보상에 관한 특례법 시행규칙상의 손실보상에 관한 규정을 유추적용할 수 없다고 한 사례

2. 김양식어업(대판 2001.3.27, 2000다55720)

[판시사항]

[1] 공공사업의 시행으로 인하여 사업지구 밖의 신고어업자가 입은 간접손실의 보상청구권이 인정되기 위한 요건

[2] 어업신고가 공유수면매립승인 이후에 이루어진 것이어서 손실보상청구권을 인정할 수 없다고 한 사례

[판결요지]

[1] 공공용지의 취득 및 손실보상에 관한 특례법 제3조 제1항이 "공공사업을 위한 토지 등의 취득 또는 사용으로 인하여 토지 등의 소유자가 입은 손실은 사업시행자가 이를 보상하여야 한다."고

규정하고 같은법 시행규칙 제23조의5에서 공공사업시행지구 밖에 위치한 영업에 대한 간접손실에 대하여도 일정한 요건을 갖춘 경우 이를 보상하도록 규정하고 있는 점에 비추어, 공공사업의 시행으로 인하여 사업지구 밖의 신고어업자가 입은 간접손해에 대하여도 그러한 손실이 발생하리라는 것을 쉽게 예견할 수 있고 그 손실의 범위를 구체적으로 특정할 수 있는 경우라면, 그 손실의 보상에 관하여 같은법 시행규칙의 간접보상 규정을 유추적용할 수 있다고 할 것인데, 이러한 경우 위 간접보상 규정을 유추적용하여 손실보상청구권을 인정하기 위하여는 공유수면매립승인 고시일 이전에 적법한 어업신고가 이루어져야 하고, 종전부터 사실상 그 신고어업을 운영하고 있었다고 하여 달리 볼 것은 아니다.

[2] 어업신고가 공유수면매립승인 이후에 이루어진 것이어서 손실보상청구권을 인정할 수 없다고 한 사례

3. 수산물 위탁판매 수수료사건(대판 1999.10.8, 99다27231)

수산업협동조합이 수산물 위탁판매장을 운영하면서 위탁판매 수수료를 지급받아 왔고, 그 운영에 대하여는 구 수산자원보호령(1991.3.28. 대통령령 제13333호로 개정되기 전의 것) 제21조 제1항에 의하여 그 대상지역에서의 독점적 지위가 부여되어 있었는데, 공유수면매립사업의 시행으로 그 사업대상지역에서 어업활동을 하던 조합원들의 조업이 불가능하게 되어 일부 위탁판매장에서의 위탁판매사업을 중단하게 된 경우, 그로 인해 수산업협동조합이 상실하게 된 위탁판매수수료 수입은 사업시행자의 매립사업으로 인한 직접적인 영업손실이 아니고 간접적인 영업손실이라고 하더라도 피침해자인 수산업협동조합이 공공의 이익을 위하여 당연히 수인하여야 할 재산권에 대한 제한의 범위를 넘어 수산업협동조합의 위탁판매사업으로 얻고 있는 영업상의 재산이익을 본질적으로 침해하는 특별한 희생에 해당하고, 사업시행자는 공유수면매립면허 고시 당시 그 매립사업으로 인하여 위와 같은 영업손실이 발생한다는 것을 상당히 확실하게 예측할 수 있었고 그 손실의 범위도 구체적으로 확정할 수 있으므로, 위 위탁판매수수료 수입손실은 헌법 제23조 제3항에 규정한 손실보상의 대상이 되고, 그 손실에 관하여 구 공유수면매립법(1997.4.10. 법률 제5335호로 개정되기 전의 것) 또는 그 밖의 법령에 직접적인 보상규정이 없더라도 공공용지의 취득 및 손실보상에 관한 특례법 시행규칙상의 각 규정을 유추적용하여 그에 관한 보상을 인정하는 것이 타당하다.

4. 김가공업(대판 1999.12.24, 98다57419 · 57426)

[판시사항]

[1] 수산제조업의 신고를 하는 자가 형식적 요건의 하자 없이 그 신고서를 구비서류까지 첨부하여 제출한 경우, 관할 관청의 수리의무의 존부(적극) 및 담당공무원이 법령에 규정되지 아니한 다른 사유를 들어 그 신고를 반려한 경우, 신고의 효력발생 시기(= 신고서 제출 시)

[2] 공공사업의 시행으로 인하여 사업지구 밖에서 발생한 수산제조업에 대한 간접손실의 보상에 관하여 공공용지의 취득 및 손실보상에 관한 특례법 시행규칙 제23조의5 소정의 간접보상 규정을 유추적용할 수 있는지 여부(한정 적극)

[3] 구 수산업법 제45조 제1항, 제12조에 기하여 어업허가에 붙인 부관의 효력(한정 적극)

[4] 구 수산업법 제45조 제1항, 제12조에 기하여 어업허가에 붙인 "새만금간척종합개발사업지구 내에서는 조업할 수 없습니다."라는 부관의 효력을 인정한 사례

[판결요지]

[1] 행정관청에 대한 신고는 일정한 법률사실 또는 법률관계에 관하여 관계 행정관청에 일방적인 통고를 하는 것을 뜻하는 것으로 법령에 별도의 규정이 있거나 다른 특별한 사정이 없는 한 행정관청에 대한 통고로써 그치는 것이고, 그에 대한 행정관청의 반사적 결정을 기다릴 필요가 없는 것인바, 구 수산업법(1995.12.30. 법률 제5131호로 개정되기 전의 것), 구 수산업법시행령(1996.12.13. 대통령령 제15241호로 개정되기 전의 것), 구 수산제조업의 허가 등에 관한 규칙(1997.4.23. 해양수산부령 제19호 수산물가공업허가 등에 관한 규칙으로 개정되기 전의 것)의 각 규정에도 수산제조업의 신고를 하고자 하는 자는 그 규칙에서 정한 양식에 따른 수산제조업 신고서에 주요 기기의 명칭·수량 및 능력에 관한 서류, 제조공정에 관한 서류를 첨부하여 시장·군수·구청장에게 제출하면 되고, 시장·군수·구청장에게 수산제조업 신고에 대한 실질적인 검토를 허용하고 있다고 볼 만한 규정을 두고 있지 아니하고 있으므로, 수산제조업의 신고를 하고자 하는 자가 그 신고서를 구비서류까지 첨부하여 제출한 경우 시장·군수·구청장으로서는 형식적 요건에 하자가 없는 한 수리하여야 할 것이고, 나아가 관할 관청에 신고업의 신고서가 제출되었다면 담당공무원이 법령에 규정되지 아니한 다른 사유를 들어 그 신고를 수리하지 아니하고 반려하였다고 하더라도, 그 신고서가 제출된 때에 신고가 있었다고 볼 것이다.

[2] 공공용지의 취득 및 손실보상에 관한 특례법 제3조 제1항이 "공공사업을 위한 토지 등의 취득 또는 사용으로 인하여 토지 등의 소유자가 입은 손실은 사업시행자가 이를 보상하여야 한다."고 규정하고 같은법 시행규칙 제23조의5에서 공공사업시행지구 밖에 위치한 영업에 대한 간접손실에 대하여도 일정한 요건을 갖춘 경우 이를 보상하도록 규정하고 있는 점에 비추어, 공공사업의 시행으로 인하여 사업지구 밖에서 수산제조업에 대한 간접손실이 발생하리라는 것을 쉽게 예견할 수 있고 그 손실의 범위도 구체적으로 특정할 수 있는 경우라면, 그 손실의 보상에 관하여 같은법 시행규칙의 간접보상 규정을 유추적용할 수 있다.

[3] 구 수산업법(1995.12.30. 법률 제5131호로 개정되기 전의 것) 제45조 제1항에 의하여 준용되는 같은 법 제12조에 의하여 공익상 필요하다고 인정할 때에는 어업의 허가에 제한 또는 조건을 붙일 수 있는 것인바, 위 부관은 그것이 법률에 위반되거나 이행 불가능하거나 비례 또는 평등의 원칙에 크게 어긋나거나 또는 행정처분의 본질적인 효력을 해하는 등 그 한계를 일탈하였다고 볼 만한 특별한 사정이 없는 한 쉽게 효력을 부정하여서는 안 된다.

[4] 구 수산업법(1995.12.30. 법률 제5131호로 개정되기 전의 것) 제45조 제1항, 제12조에 기하여 어업허가에 붙인 "새만금간척종합개발사업지구 내에서는 조업할 수 없습니다."라는 부관의 효력을 인정한 사례

5. 참게축양업자(대판 1998.1.20, 95다29161)

[판시사항]

[1] 토지수용법 제51조, 제57조의2, 공공용지의 취득 및 손실보상에 관한 특례법 시행규칙 제23조의5, 제23조의6 등이 하구둑 공사로 입은 간접손실에 관한 구체적인 손실보상청구권 행사의 근거법규가 될 수 있는지 여부(소극)

[2] 하구둑 공사의 시행으로 인하여 참게 축양업자가 입은 간접손실의 손실보상청구권 행사를 부인한 사례

[3] 손실보상 의무 있는 사업자가 손실보상 절차를 이행하지 아니하고 수용 목적물의 소유자 또는 관계인의 동의를 얻지도 아니한 채 공공사업을 시행한 경우, 불법행위의 성립 여부(한정 소극) 및 그 수용 목적물 소유자 및 관계인의 권리구제 방법

[판결요지]

[1] 공공사업의 시행으로 손실을 입은 자는 사업시행자와 사이에 손실보상에 관한 협의를 이루지 못한 이상 공공용지의 취득 및 손실보상에 관한 특례법 시행규칙 제23조의5, 제23조의6 등의 간접보상에 관한 규정들에 근거하여 곧바로 사업시행자에게 간접손실에 관한 구체적인 생활유지보상청구권을 행사할 수 없고, 토지수용법 제51조가 규정하고 있는 '영업상의 손실'이란 수용의 대상이 된 토지・건물 등을 이용하여 영업을 하다가 그 토지・건물 등이 수용됨으로 인하여 영업을 할 수 없거나 제한을 받게 됨으로 인하여 생기는 직접적인 손실, 즉 수용손실을 말하는 것일 뿐이고 공공사업의 시행 결과 그 공공사업의 시행이 기업지 밖에 미치는 간접손실을 말하는 것은 아니므로, 그 영업상의 손실에 대한 보상액을 산정함에 있어 같은 법 제57조의2에 따라 공공용지의 취득 및 손실보상에 관한 특례법 시행규칙 제23조의5, 제23조의6 등의 간접보상에 관한 규정들을 준용할 수 없고, 따라서 토지수용법 제51조에 근거하여 간접손실에 대한 손실보상청구권이 발생한다고도 할 수 없다.

[2] 참게 축양업자가 참게 축양업을 계속할 수 없게 되고 그 소유의 참게 축양장 시설이 기능을 상실하게 된 손해를 입은 원인은, 하구둑 공사의 시행 결과 공유수면의 지류에서 용수를 끌어 쓸 수 없게 된 것이 아니라, 금강 유역 어민들이 참게를 더 이상 채포할 수 없게 되고 임진강을 제외한 전국의 다른 하천에서도 참게가 잘 잡히지 않게 되었기 때문이므로, 참게 축양업자가 입게 된 그와 같은 손해는 공공사업의 기업지 밖에서 일어난 간접손실에 불과하여, 참게 축양업자가 토지수용법 또는 공공용지의 취득 및 손실보상에 관한 특례법 시행규칙의 간접보상의 관련 규정에 근거하여 곧바로 공공사업의 시행자에게 손실보상청구권을 가진다고 할 수는 없으며, 나아가, 참게 축양업자가 입은 위 간접손실은 그 발생을 예견하기가 어렵고 그 손실의 범위도 쉽게 확정할 수 없으므로 위 특례법 시행규칙의 간접보상에 관한 규정을 준용 또는 유추적용하여 사업시행자에 대하여 그 손실보상청구권을 인정할 수도 없다고 한 사례

[3] 손실보상 의무가 있는 공공사업의 시행자가 그 손실보상 절차를 이행하지 아니하고 수용 목적물의 소유자 또는 관계인으로부터 동의를 얻지도 아니한 채 공공사업을 시행하였다고 하더라

도, 수용 목적물에 대하여 실질적이고 현실적인 침해를 가하지 않는 한 곧바로 그 공공사업의 시행이 위법하여 그 소유자나 관계인들에게 불법행위가 된다고 할 수는 없고, 수용 목적물의 소유자 또는 관계인은 관계 법령에 손실보상에 관하여 관할 토지수용위원회에 재결신청 등의 불복절차에 관한 규정이 있으면 그 규정에 따라서, 이에 관한 아무런 규정이 없으면 사업시행자를 상대로 민사소송으로 그 손실보상금을 청구할 수 있다.

6. 연륙교 사업(대판 2013.6.14, 2010다9658 [손실보상금등])

[판시사항]

[1] 면허를 받아 도선사업을 영위하던 갑 농협협동조합이 연륙교 건설 때문에 항로권을 상실하였다며 연륙교 건설사업을 시행한 지방자치단체를 상대로 구 공공용지의 취득 및 손실보상에 관한 특례법 시행규칙 제23조, 제23조의6 등을 유추적용하여 손실보상할 것을 구한 사안에서, 위 항로권은 도선사업의 영업권과 별도로 손실보상의 대상이 되는 권리가 아니라고 본 원심판단을 정당하다고 한 사례

[2] 구 공공용지의 취득 및 손실보상에 관한 특례법 시행규칙 제23조의5에서 정한 '배후지'의 의미 및 공공사업 시행지구 밖에서 영업을 영위하던 사업자에게 공공사업 시행 후에도 그 영업의 고객이 소재하는 지역이 그대로 남아 있는 상태에서 고객이 공공사업 시행으로 설치된 시설 등을 이용하고 사업자가 제공하는 시설이나 용역은 이용하지 않게 되었다는 사정이 '배후지 상실'에 해당하는지 여부(소극)

[3] 공공사업의 시행으로 손해를 입었다고 주장하는 자가 보상받을 권리를 가졌는지 판단하는 기준시점(=공공사업 시행 당시)

[판결요지]

[1] 면허를 받아 도선사업을 영위하던 갑 농협협동조합이 연륙교 건설 때문에 항로권을 상실하였다며 연륙교 건설사업을 시행한 지방자치단체를 상대로 구 공공용지의 취득 및 손실보상에 관한 특례법 시행규칙(2002.12.31. 건설교통부령 제344호 공익사업을 위한 토지 등의 취득 및 보상에 관한 법률 시행규칙 부칙 제2조로 폐지) 제23조, 제23조의6 등을 유추적용하여 손실보상할 것을 구한 사안에서, 항로권은 구 공공용지의 취득 및 손실보상에 관한 특례법(2002.2.4. 법률 제6656호 공익사업을 위한 토지 등의 취득 및 보상에 관한 법률 부칙 제2조로 폐지) 등 관계 법령에서 간접손실의 대상으로 규정하고 있지 않고, 항로권의 간접손실에 대해 유추적용할 만한 규정도 찾아볼 수 없으므로, 위 항로권은 도선사업의 영업권 범위에 포함하여 손실보상 여부를 논할 수 있을 뿐 이를 손실보상의 대상이 되는 별도의 권리라고 할 수 없다고 본 원심판단을 정당하다고 한 사례

[2] 구 공공용지의 취득 및 손실보상에 관한 특례법 시행규칙(2002.12.31. 건설교통부령 제344호 공익사업을 위한 토지 등의 취득 및 보상에 관한 법률 시행규칙 부칙 제2조로 폐지) 제23조의5는 "공공사업 시행지구 밖에서 관계 법령에 의하여 면허 또는 허가 등을 받거나 신고를 하고 영업을 하고 있는 자가 공공사업의 시행으로 인하여 그 배후지의 3분의 2 이상이 상실되어 영업

을 할 수 없는 경우에는 제24조 및 제25조의 규정에 의하여 그 손실액을 평가하여 보상한다."고 규정하고 있다. 여기서 '배후지'란 '당해 영업의 고객이 소재하는 지역'을 의미한다고 풀이되고, 공공사업 시행지구 밖에서 영업을 영위하여 오던 사업자에게 공공사업의 시행 후에도 당해 영업의 고객이 소재하는 지역이 그대로 남아 있는 상태에서 그 고객이 공공사업의 시행으로 설치된 시설 등을 이용하고 사업자가 제공하는 시설이나 용역 등은 이용하지 않게 되었다는 사정은 여기서 말하는 '배후지의 상실'에 해당한다고 볼 수 없다.

[3] 손실보상은 공공사업의 시행과 같이 적법한 공권력의 행사로 가하여진 재산상의 특별한 희생에 대하여 전체적인 공평부담의 견지에서 인정되는 것이므로, 공공사업의 시행으로 손해를 입었다고 주장하는 자가 보상을 받을 권리를 가졌는지는 해당 공공사업의 시행 당시를 기준으로 판단하여야 한다.

해당 판례 당시 해운법에서는 연륙교 건설에 따른 손실보상 규정 내용이 없었기에 보상대상이 아니라고 하였으나, 이후 법이 개정되어 현재에는 연륙교 건설로 인한 손실보상을 규정하여 보상대상으로 하고 있다.

7. 김가공업과 배후지(대판 2002.3.12, 2000다73612)

[판시사항]

[1] 수산제조업 신고에 있어서 담당 공무원이 관계 법령에 규정되지 아니한 서류를 요구하여 신고서를 제출하지 못하였다는 사정만으로 신고가 있었던 것으로 볼 수 있는지 여부(소극)

[2] 김 가공업자가 다른 사람 이름으로 수산제조업 신고를 한 경우, 구 수산업법에 따른 적법한 신고로 볼 수 있는지 여부(소극)

[3] 공공사업시행지구 밖의 수산제조업자가 공공사업의 시행으로 그 배후지가 상실되어 영업을 할 수 없게 된 경우, 그 손실보상액 산정에 관하여 공공용지의취득및손실보상에관한특례법시행규칙의 간접보상 규정을 유추적용할 수 있는지 여부(적극)

[4] 영업폐지에 대한 손실의 평가에 있어 최근 3년의 영업기간 중 영업실적이 없거나 현저히 감소한 기간을 제외할 수 있는지 여부(소극)

[판결요지]

[1] 수산제조업을 하고자 하는 사람이 형식적 요건을 모두 갖춘 수산제조업 신고서를 제출한 경우에는 담당 공무원이 관계 법령에 규정되지 아니한 사유를 들어 그 신고를 수리하지 아니하고 반려하였다고 하더라도 그 신고서가 제출된 때에 신고가 있었다고 볼 것이나, 담당 공무원이 관계 법령에 규정되지 아니한 서류를 요구하여 신고서를 제출하지 못하였다는 사정만으로는 신고가 있었던 것으로 볼 수 없다.

[2] 구 수산업법(1999.4.15. 법률 제5977호로 개정되기 전의 것) 제49조 제1항, 제51조 제2항, 제32조, 제35조 제6호, 제97조 제2호, 구 수산업법시행령(1999.9.30. 대통령령 제16568호로 개정되기 전의 것) 제38조 제2항 제2호의 규정 등에 비추어 볼 때, 김 가공업자가 다른 사

람의 이름으로 수산제조업 신고를 한 경우, 그 신고가 같은 법에 따른 적법한 신고로 볼 수 없고, 이는 김 가공업자가 신고 명의자와 동업으로 가공업을 하고 있는 경우에도 마찬가지이므로, 자기 명의로 수산제조업 신고를 하지 아니한 김 가공업자는 영업폐지에 대한 손실보상을 청구할 수 없다.

[3] 공공사업시행지구 밖에서 관계 법령에 따라 신고를 하고 수산제조업을 하고 있는 사람에게 공공사업의 시행으로 인하여 그 배후지가 상실되어 영업을 할 수 없게 되었음을 이유로 손실보상을 하는 경우 그 보상액의 산정에 관하여는 공공용지의 취득 및 손실보상에 관한 특례법 시행규칙의 간접보상에 관한 규정을 유추적용할 수 있다.

[4] 구 공공용지의 취득 및 손실보상에 관한 특례법 시행규칙(1997.10.15. 건설교통부령 제1121호로 개정되기 전의 것) 제24조 제1항과 제3항에 따르면, 폐지하는 영업의 영업이익은 당해 영업의 최근 3년간의 영업이익의 산술평균치를 기준으로 하여 산정하여야 하고, 그 3년의 기간 중 영업실적이 없거나 실적이 현저하게 감소된 시기가 있다고 하여 그 기간을 제외한 나머지 기간의 영업실적만을 기초로 하거나, 최근 3년 이전 기간의 영업실적을 기초로 하여 연평균 영업이익을 산정할 수는 없다.

8. 양돈업자 손해배상(대판 2001.2.9, 99다55434)

[판시사항]

[1] 적법시설이나 공용시설로부터 발생하는 유해배출물로 인하여 손해가 발생한 경우, 그 위법성의 판단 기준

[2] 고속도로의 확장으로 인하여 소음·진동이 증가하여 인근 양돈업자가 양돈업을 폐업하게 된 사안에서, 양돈업에 대한 침해의 정도가 사회통념상 일반적으로 수인할 정도를 넘어선 것으로 보아 한국도로공사의 손해배상책임을 인정한 사례

[3] 사업장 등에서 발생되는 환경오염으로 인하여 피해가 발생한 경우, 당해 사업자는 귀책사유가 없는 때에도 피해를 배상하여야 하는지 여부(적극)

[판결요지]

[1] 불법행위 성립요건으로서의 위법성은 관련 행위 전체를 일체로만 판단하여 결정하여야 하는 것은 아니고, 문제가 되는 행위마다 개별적·상대적으로 판단하여야 할 것이므로 어느 시설을 적법하게 가동하거나 공용에 제공하는 경우에도 그로부터 발생하는 유해배출물로 인하여 제3자가 손해를 입은 경우에는 그 위법성을 별도로 판단하여야 하고, 이러한 경우의 판단 기준은 그 유해의 정도가 사회생활상 통상의 수인한도를 넘는 것인지 여부라고 할 것이다.

[2] 고속도로의 확장으로 인하여 소음·진동이 증가하여 인근 양돈업자가 양돈업을 폐업하게 된 사안에서, 양돈업에 대한 침해의 정도가 사회통념상 일반적으로 수인할 정도를 넘어선 것으로 보아 한국도로공사의 손해배상책임을 인정한 사례

[3] 환경정책기본법 제31조 제1항 및 제3조 제1호, 제3호, 제4호에 의하면, 사업장 등에서 발생되는 환경오염으로 인하여 피해가 발생한 경우에는 당해 사업자는 귀책사유가 없더라도 그 피해

를 배상하여야 하고, 위 환경오염에는 소음·진동으로 사람의 건강이나 환경에 피해를 주는 것도 포함되므로, 피해자들의 손해에 대하여 사업자는 그 귀책사유가 없더라도 특별한 사정이 없는 한 이를 배상할 의무가 있다.

9. 공공사업의 시행으로 피해를 입은 신고어업자의 손실보상청구권의 인정 여부(대판 2007.6.28, 2005다71291)

적법한 절차에 의하여 신고를 하고 신고어업에 종사하던 중 공공사업의 시행으로 피해를 입게 되는 어민들이 있는 경우 그 공공사업의 시행자로서는 수산업법의 위 규정 및 신고어업자의 손실보상액 산정에 관한 수산업법 시행령 제62조의 규정을 유추적용하여 손실보상을 하여 줄 의무가 있다고 할 것이다(대판 2002.1.22, 2000다2511 등 참조).

10. 철도시설 운영으로 인한 소음, 진동 등에 의한 잠업사 피해(대판 2019.11.28, 2018두227)

[판시사항]

[1] 공익사업을 위한 토지 등의 취득 및 보상에 관한 법률 시행규칙 제64조 제1항 제2호에서 정한 공익사업시행지구 밖 영업손실보상의 요건인 '공익사업의 시행으로 인한 그 밖의 부득이한 사유로 일정 기간 동안 휴업이 불가피한 경우'에 공익사업의 시행 결과로 휴업이 불가피한 경우가 포함되는지 여부(적극)

[2] 실질적으로 같은 내용의 손해에 관하여 공익사업을 위한 토지 등의 취득 및 보상에 관한 법률 제79조 제2항에 따른 손실보상과 환경정책기본법 제44조 제1항에 따른 손해배상청구권이 동시에 성립하는 경우, 영업자가 두 청구권을 동시에 행사할 수 있는지 여부(소극) 및 '해당 사업의 공사완료일로부터 1년'이라는 손실보상 청구기간이 지나 손실보상청구권을 행사할 수 없는 경우에도 손해배상청구가 가능한지 여부(적극)

[3] 공익사업으로 인하여 공익사업시행지구 밖에서 영업을 휴업하는 자가 공익사업을 위한 토지 등의 취득 및 보상에 관한 법률 제34조, 제50조 등에 규정된 재결절차를 거치지 않은 채 곧바로 사업시행자를 상대로 공익사업을 위한 토지 등의 취득 및 보상에 관한 법률 시행규칙 제47조 제1항에 따라 영업손실에 대한 보상을 청구할 수 있는지 여부(소극)

[4] 어떤 보상항목이 공익사업을 위한 토지 등의 취득 및 보상에 관한 법령상 손실보상대상에 해당함에도 관할 토지수용위원회가 사실을 오인하거나 법리를 오해함으로써 손실보상대상에 해당하지 않는다고 잘못된 내용의 재결을 한 경우, 피보상자가 제기할 소송과 그 상대방

[판결요지]

[1] 모든 국민의 재산권은 보장되고, 공공필요에 의한 재산권의 수용 등에 대하여는 정당한 보상을 지급하여야 하는 것이 헌법의 대원칙이고(헌법 제23조), 법률도 그런 취지에서 공익사업의 시행 결과 공익사업의 시행이 공익사업시행지구 밖에 미치는 간접손실 등에 대한 보상의 기준 등에 관하여 상세한 규정을 마련해 두거나 하위법령에 세부사항을 정하도록 위임하고 있다.
이러한 공익사업시행지구 밖의 영업손실은 공익사업의 시행과 동시에 발생하는 경우도 있지만,

공익사업에 따른 공공시설의 설치공사 또는 설치된 공공시설의 가동·운영으로 발생하는 경우도 있어 그 발생원인과 발생시점이 다양하므로, 공익사업시행지구 밖의 영업자가 발생한 영업상 손실의 내용을 구체적으로 특정하여 주장하지 않으면 사업시행자로서는 영업손실보상금 지급의무의 존부와 범위를 구체적으로 알기 어려운 특성이 있다. 공익사업을 위한 토지 등의 취득 및 보상에 관한 법률 제79조 제2항에 따른 손실보상의 기한을 공사완료일부터 1년 이내로 제한하면서도 영업자의 청구에 따라 보상이 이루어지도록 규정한 것[공익사업을 위한 토지 등의 취득 및 보상에 관한 법률 시행규칙(이하 '시행규칙'이라 한다) 제64조 제1항]이나 손실보상의 요건으로서 공익사업시행지구 밖에서 발생하는 영업손실의 발생원인에 관하여 별다른 제한 없이 '그 밖의 부득이한 사유'라는 추상적인 일반조항을 규정한 것(시행규칙 제64조 제1항 제2호)은 간접손실로서 영업손실의 이러한 특성을 고려한 결과이다.
위와 같은 공익사업시행지구 밖 영업손실보상의 특성과 헌법이 정한 '정당한 보상의 원칙'에 비추어 보면, 공익사업시행지구 밖 영업손실보상의 요건인 '공익사업의 시행으로 인한 그 밖의 부득이한 사유로 일정 기간 동안 휴업이 불가피한 경우'란 공익사업의 시행 또는 시행 당시 발생한 사유로 휴업이 불가피한 경우만을 의미하는 것이 아니라 공익사업의 시행 결과, 즉 그 공익사업의 시행으로 설치되는 시설의 형태·구조·사용 등에 기인하여 휴업이 불가피한 경우도 포함된다고 해석함이 타당하다.

[2] 공익사업을 위한 토지 등의 취득 및 보상에 관한 법률(이하 '토지보상법'이라 한다) 제79조 제2항(그 밖의 토지에 관한 비용보상 등)에 따른 손실보상과 환경정책기본법 제44조 제1항(환경오염의 피해에 대한 무과실책임)에 따른 손해배상은 근거 규정과 요건·효과를 달리하는 것으로서, 각 요건이 충족되면 성립하는 별개의 청구권이다. 다만 손실보상청구권에는 이미 '손해 전보'라는 요소가 포함되어 있어 실질적으로 같은 내용의 손해에 관하여 양자의 청구권을 동시에 행사할 수 있다고 본다면 이중배상의 문제가 발생하므로, 실질적으로 같은 내용의 손해에 관하여 양자의 청구권이 동시에 성립하더라도 영업자는 어느 하나만을 선택적으로 행사할 수 있을 뿐이고, 양자의 청구권을 동시에 행사할 수는 없다. 또한 '해당 사업의 공사완료일로부터 1년'이라는 손실보상 청구기간(토지보상법 제79조 제5항, 제73조 제2항)이 도과하여 손실보상청구권을 더 이상 행사할 수 없는 경우에도 손해배상의 요건이 충족되는 이상 여전히 손해배상청구는 가능하다.

[3] 공익사업을 위한 토지 등의 취득 및 보상에 관한 법률(이하 '토지보상법'이라 한다) 제26조, 제28조, 제30조, 제34조, 제50조, 제61조, 제79조, 제80조, 제83조 내지 제85조의 규정 내용과 입법 취지 등을 종합하면, 공익사업으로 인하여 공익사업시행지구 밖에서 영업을 휴업하는 자가 사업시행자로부터 공익사업을 위한 토지 등의 취득 및 보상에 관한 법률 시행규칙 제47조 제1항에 따라 영업손실에 대한 보상을 받기 위해서는, 토지보상법 제34조, 제50조 등에 규정된 재결절차를 거친 다음 그 재결에 대하여 불복이 있는 때에 비로소 토지보상법 제83조 내지 제85조에 따라 권리구제를 받을 수 있을 뿐이다. 이러한 재결절차를 거치지 않은 채 곧바로 사업시행자를 상대로 손실보상을 청구하는 것은 허용되지 않는다.

[4] 어떤 보상항목이 공익사업을 위한 토지 등의 취득 및 보상에 관한 법령상 손실보상대상에 해당함에도 관할 토지수용위원회가 사실을 오인하거나 법리를 오해함으로써 손실보상대상에 해당하지 않는다고 잘못된 내용의 재결을 한 경우에는, 피보상자는 관할 토지수용위원회를 상대로 그 재결에 대한 취소소송을 제기할 것이 아니라, 사업시행자를 상대로 공익사업을 위한 토지 등의 취득 및 보상에 관한 법률 제85조 제2항에 따른 보상금증감소송을 제기하여야 한다.

03 기타

1. 대판 2012.3.29, 2011다104253

[1] 공익사업을 위한 토지 등의 취득 및 보상에 관한 법률 제68조 제3항의 위임에 따라 협의취득의 보상액 산정에 관한 구체적 기준을 정하고 있는 공익사업을 위한 토지 등의 취득 및 보상에 관한 법률 시행규칙 제22조가 대외적인 구속력을 가지는지 여부(적극)

[2] 한국토지주택공사가 甲 등에게서 토지를 협의취득하면서 '매매대금이 고의·과실 내지 착오평가 등으로 과다 또는 과소하게 책정되어 지급되었을 때에는 과부족금액을 상대방에게 청구할 수 있다'고 약정하였는데, 공사가 협의취득을 위한 보상액을 산정하면서 한국감정평가업협회의 구 토지보상평가지침에 따라 토지를 지상에 설치된 철탑 및 고압송전선의 제한을 받는 상태로 평가한 사안에서, 위 약정은 감정평가기준을 잘못 적용하여 협의매수금액을 산정한 경우에도 적용되고, 위 협의매수금액 산정은 위 약정에서 정한 고의·과실 내지 착오평가 등으로 과소하게 책정하여 지급한 경우에 해당한다고 본 원심판결에 이유불비 등의 잘못이 없다고 한 사례

> 협의과정에서 향후 정당한 보상금과의 차이가 인정된다면 이에 대한 차액 정산을 하기로 하였으므로, 보상금수령에 대한 동기의 표시가 된 것으로 볼 수 있다. 따라서 이러한 경우에는 의사표시상의 하자를 이유로 협의를 다툴 수 있다.

2. 손실보상금(대판 2015.10.29, 2015두2444)

[판시사항]

[1] 구 공익사업을 위한 토지 등의 취득 및 보상에 관한 법률 제75조 제1항에 따른 이전비 보상과 관련하여 수목의 이식비용을 산정할 때, 수목 1주당 가액을 산정기준으로 대량의 수목을 이식하는 경우, 규모의 경제 원리에 따라 이식비용을 감액할 수 있는지 여부(원칙적 적극)

[2] 수목을 대량으로 이식하는 경우, 규모의 경제 원리에 따라 고손액을 감액하여야 하는지 여부(원칙적 소극)

[이유]

1. 고손율의 평가방법에 관하여

법원은 변론 전체의 취지와 증거조사의 결과를 참작하여 자유로운 심증으로 사회정의와 형평의 이념에 입각하여 논리와 경험의 법칙에 따라 사실 주장이 진실한지 아닌지를 판단하며, 원심판결이 이와 같은 자유심증주의의 한계를 벗어나지 아니하여 적법하게 확정한 사실은 상고법원을 기속한다(행정소송법 제8조 제2항, 민사소송법 제202조, 제432조).

원심은 판시와 같은 이유로, 이 사건 수목 중 ① 지면에 식재된 분재 및 정원수에 대해서는 취득가격에 관계없이 10%의, ② 화분에 식재된 분재에 대해서는 5%의 각 고손율을 적용하여 원고에 대한 손실보상금을 산정하였다.

원심판결 이유를 위 법리 및 원심 판시 관련 법령의 규정과 법리와 아울러 적법하게 채택된 증거들에 비추어 살펴보면, 위와 같은 원심의 판단에 상고이유 주장과 같이 수목의 고손율 평가방법에 관한 법리를 오해하고 논리와 경험의 법칙을 위반하여 자유심증주의의 한계를 벗어나거나 이유를 제대로 갖추지 아니하고 이유가 모순되는 등의 위법이 없다.

2. 수용재결 후 멸실된 분재 등과 관련된 손실보상에 관하여

원심은 수용재결 당시에는 존재하였으나 제1심 감정 당시에는 사라진 분재와 정원수에 대하여, 판시와 같은 이유를 들어 위 분재와 정원수는 이 사건 지장물에 대한 손실보상에서 제외된다고 판단하였다.

원심판결 이유를 앞에서 본 법리 및 원심 판시 관련 법률의 규정과 법리와 아울러 적법하게 채택된 증거들에 비추어 살펴보면, 위와 같은 원심의 판단에 상고이유 주장과 같이 구 「공익사업을 위한 토지 등의 취득 및 보상에 관한 법률」(2011.8.4. 법률 제11017호로 개정되기 전의 것, 이하 '토지보상법'이라 한다) 제46조에서 정한 위험부담 및 이전에 필요한 비용 등에 의한 손실보상의 대상이 되는 지장물의 범위에 관한 법리를 오해하는 등의 사유로 판결에 영향을 미친 위법이 없다.

3. 휴업기간의 산정방법에 관하여

원심은 판시와 같은 이유로 원고가 구 공익사업을 위한 토지 등의 취득 및 보상에 관한 법률 시행규칙(2014.10.22. 국토교통부령 제131호로 개정되기 전의 것, 이하 '토지보상법 시행규칙'이라 한다) 제47조 제2항 제2호에서 정한 '영업시설의 규모가 크거나 이전에 고도의 정밀성을 요구하는 등 해당 영업의 고유한 특수성으로 인하여 3월 이내에 다른 장소로 이전하는 것이 어렵다고 객관적으로 인정되는 경우'에 해당한다고 볼 수 없다고 판단하였다.

원심판결 이유를 앞에서 본 법리 및 원심 판시 관련 법령의 규정과 법리와 아울러 적법하게 채택된 증거들에 비추어 살펴보면, 위와 같은 원심의 판단에 상고이유 주장과 같이 휴업기간 산정방법에 관한 법리를 오해하거나 논리와 경험의 법칙을 위반하여 자유심증주의의 한계를 벗어나는 등의 위법이 없다.

4. 대량 이식으로 인한 수목 이전비 감액에 관하여

가. 토지보상법 제75조는 제1항에서 건축물·입목·공작물 기타 토지에 정착한 물건에 대하여는 이전에 필요한 비용(이하 '이전비'라 한다)으로 보상하되 그 이전비가 그 물건의 가격을 넘는 경우 등에는 물건의 가격으로 보상하도록 하면서, 제6항에서 그 보상액의 구체적인 산정 및 평가방법과 보상기준을 국토교통부령으로 정하도록 규정하고 있다. 이러한 위임에 따라 토지보상법 시행규칙은 이식이 가능한 관상수의 이전비는 이식적기, 고손율(枯損率) 등을 고려하여 이식비용(이식에 드는 실비를 말한다. 이하 같다)과 고손액의 합계액으로 산정하도록 규정하고 있다(제37조 제1항, 제2항, 제4항).

한편 수목의 이식비용을 산정할 때에, 그 산정기준이 수목 1주당 가액을 기준으로 한 것이라면 대량의 수목이 이식되는 경우에는 특별한 사정이 없는 한 규모의 경제 원리가 작용하여 그 이식비용이 감액될 가능성이 있다고 봄이 경험칙에 부합한다(대판 2003.11.27, 2003두3888 참조).

원심은 관상수에 해당하는 이 사건 수목의 이식비용에 관하여 대량으로 이식된다는 전제에서 규모의 경제 원리를 적용해야 한다고 보았고, 그 결과 감정인이 수목 1주를 이전할 때 소요되는 비용을 기준으로 산정한 이식비용의 80%만이 이전비에 포함되어야 한다고 판단하였다.

원심판결 이유를 적법하게 채택된 증거들에 비추어 살펴보면, 이 사건 수목의 대량 이식을 고려하여 이식비용을 감액해야 한다는 원심의 판단은 위 법리에 따른 것으로서, 거기에 수목의 이전비 산정방법에 관한 법리 등을 오해하거나 논리와 경험의 법칙에 반하여 자유심증주의의 한계를 벗어나는 등의 위법이 없다.

나. 한편 원심은, 고손액에 대하여도 수목의 이전과 관련되는 비용으로 보아 이식비용과 마찬가지로 규모의 경제 원리가 적용되어 그 금액의 80%만을 이전비로 산정해야 한다고 판단하였다.

그러나 고손액은 이식 과정에서 고사 또는 훼손되는 수목의 손실을 보상하기 위한 항목으로서, '수목의 가격'에 수목이 이식 후 정상적으로 성장하지 못하고 고사할 가능성을 비율로 표시한 수치인 '고손율'을 곱하는 방법으로 산정되므로, 실제로 수목을 굴취하여 차량 등으로 운반한 후 다시 식재하는 데에 소요되는 실비에 대한 변상인 이식비용과는 그 성격이 전혀 다르다.

따라서 수목을 대량으로 이식하는 경우가 낱개로 이식하는 경우에 비하여 수목이 고사할 가능성인 '고손율'이 더 낮다고 인정할 만한 특별한 사정이 없는 한, 고손액이 이식비용과 마찬가지로 규모의 경제의 원리에 따라 감액되어야 한다고 단정할 수 없다.

그럼에도 원심은 이와 달리 고손액에 대하여도 수목의 이전과 관련되는 비용이라는 이유만으로 규모의 경제 원리를 적용하여 위와 같이 감액하였으므로, 이러한 원심의 판단에는 고손액의 산정방법에 관한 법리 등을 오해하거나 논리와 경험의 법칙에 반하여 자유심증주의의 한계를 벗어나 고손율을 인정함으로써 판결에 영향을 미친 위법이 있다.

3. 부재부동산 소유자에 해당하는지를 판단하는 기준일(대판 2013.4.11, 2012두27596 [취득세등부과처분취소])

[판시사항]

구 지방세법 시행령 제79조의3 제2항에 규정된 '계약일'의 의미 및 사업인정고시일 이후 부동산 등이 협의취득에 의하여 매수된 자가 부재부동산 소유자에 해당하는지 판단하는 기준일(=사업인정고시일)

[판결요지]

구 지방세법 시행령(2010.9.20. 대통령령 제22395호로 전부 개정되기 전의 것) 제79조의3 제2항에 규정된 '계약일'은 '당해 사업인정고시일 전의 계약일'만을 뜻하고 '당해 사업인정고시일 이후의 계약일'은 여기에 포함되지 않는다고 해석하는 것이 타당하다. 따라서 당해 사업인정고시일 이후에 부동산 등이 협의취득에 의하여 매수된 자가 1년 전부터 계속하여 사업자등록 등을 하지 않음으로써 부재부동산 소유자에 해당하는지를 판단하는 기준일은 계약일이 아니라 사업인정고시일로 보아야 한다.

4. 개인별 보상(대판 2000.1.28, 97누11720)

[1] 토지수용법 제45조 제2항은 수용 또는 사용함으로 인한 보상은 피보상자의 개인별로 산정할 수 없을 때를 제외하고는 피보상자에게 개인별로 하여야 한다고 규정하고 있으므로, 보상은 수용 또는 사용의 대상이 되는 물건별로 하는 것이 아니라 피보상자 개인별로 행하여지는 것이라고 할 것이어서 피보상자는 수용 대상물건 중 전부 또는 일부에 관하여 불복이 있는 경우 그 불복의 사유를 주장하여 행정소송을 제기할 수 있다.

> 보상계획이 공고・고시될 때, 토지조서도 함께 공고된다. 토지조서에는 소유자 및 관계인이 함께 명시된다.

[2] 보상금의 증감에 관한 소송에 있어서 동일한 사실에 대한 상반되는 수개의 감정평가가 있는 경우, 법원이 각 감정평가 중 어느 하나를 채용하거나 하나의 감정평가 중 일부만에 의거하여 사실을 인정할 수 있는지 여부(한정 적극) : 보상금의 증감에 관한 소송에 있어서 동일한 사실에 대한 상반되는 수개의 감정평가가 있고, 그중 어느 하나의 감정평가가 오류가 있음을 인정할 자료가 없는 이상 법원이 각 감정평가 중 어느 하나를 채용하거나 하나의 감정평가 중 일부만에 의거하여 사실을 인정하였다 하더라도 그것이 경험법칙이나 논리법칙에 위배되지 않는 한 위법하다고 할 수 없다.

5. 사업시행 이익과의 상계금지

① 잔여지가 토지수용의 목적사업인 도시계획사업에 의하여 설치되는 너비 10m의 도로에 접하게 되는 이익을 누리게 되었더라도 그 이익을 수용 자체의 법률효과에 의한 가격감소의 손실(이른바 수용손실)과 상계할 수는 없는 것이므로 그와 같은 이익을 참작하여 잔여지 손실보상액을 산정할 것은 아니다(대판 2000.2.25, 99두6439).

② 동일한 소유자의 소유에 속하던 일단의 토지 중 일부 토지가 수용됨으로 인하여 좁고 긴 형태로 남게 된 잔여토지가 수용의 목적사업인 도시계획사업에 의하여 설치된 너비 8m의 도로에 접하게 되는 이익을 누리게 되었더라도 토지수용법 제53조의 규정에 따라 그 이익을 수용 자체의 법률효과에 의한 가격감소의 손실(이른바 수용손실)과 상계할 수는 없는 것이므로, 그와 같은 이익을 참작하여 잔여지 손실보상액을 산정할 것은 아니다(대판 1998.9.18, 97누13375).

③ 공익사업의 시행에 따라 사업구역에 편입된 갑 소유 토지 및 건물 중 편입되고 남은 부분에 관한 손실보상액 산정이 문제된 사안에서, 잔여지가 공익사업에 따라 설치되는 도로에 접하게 되는 이익을 참작하여 잔여지 손실보상액을 산정할 것은 아니라는 이유로, 법원감정이 부당하다는 갑의 주장을 배척한 원심판단을 정당하다고 한 사례(대판 2013.5.23, 2013두437)

6. 물건 가격으로 보상한 경우 지장물 소유권을 취득하는지 여부(소극) 및 이 경우 지장물 소유자는 사업시행자의 지장물 제거와 그 과정에서 발생하는 물건의 가치 상실을 수인하여야 할 지위에 있는지 여부(원칙적 적극)(대판 2012.4.13, 2010다94960)

[1] 구 공익사업을 위한 토지 등의 취득 및 보상에 관한 법률(2007.10.17. 법률 제8665호로 개정되기 전의 것, 이하 '법'이라 한다) 제75조 제1항 제1호, 제2호, 제3호, 제5항, 공익사업을 위한 토지 등의 취득 및 보상에 관한 시행규칙(이하 '시행규칙'이라 한다) 제33조 제4항, 제36조 제1항 등 관계 법령의 내용을 법에 따른 지장물에 대한 수용보상의 취지와 정당한 보상 또는 적정가격 보상의 원칙에 비추어 보면, 사업시행자가 사업시행에 방해가 되는 지장물에 관하여 법 제75조 제1항 단서 제2호에 따라 이전에 소요되는 실제 비용에 못 미치는 물건의 가격으로 보상한 경우, 사업시행자가 물건을 취득하는 제3호와 달리 수용 절차를 거치지 아니한 이상 사업시행자가 보상만으로 물건의 소유권까지 취득한다고 보기는 어렵겠으나, 다른 한편으로 사업시행자는 지장물의 소유자가 시행규칙 제33조 제4항 단서에 따라 스스로의 비용으로 철거하겠다고 하는 등 특별한 사정이 없는 한 지장물의 소유자에 대하여 철거 및 토지의 인도를 요구할 수 없고 자신의 비용으로 직접 이를 제거할 수 있을 뿐이며, 이러한 경우 지장물의 소유자로서도 사업시행에 방해가 되지 않는 상당한 기한 내에 시행규칙 제33조 제4항 단서에 따라 스스로 지장물 또는 그 구성부분을 이전해 가지 않은 이상 사업시행자의 지장물 제거와 그 과정에서 발생하는 물건의 가치 상실을 수인(受忍)하여야 할 지위에 있다고 보아야 한다.

> 토지보상법상 지장물은 이전비 보상이 원칙이다. 단 취득가격을 넘어서는 경우는 취득가격을 한도로 한다. 따라서 취득가격을 상한으로 한 이전비로 보상을 하였다 하더라도 소유권은 원칙적으로 기존 소유자에게 있다. 이에 대한 소유권을 취득하고자 한다면 지장물에 대한 소유권 취득 수용청구를 해야 한다.

게다가, 이전비 보상을 받은 소유자에게는 특별한 경우가 아니고서는 이전의무가 없다. 실제 이전비용이 취득가격을 초과하기에 취득가격으로 보상한 바, 이는 이전가능한 비용이 아니기 때문이다. 만약 소유자에게 이전의무를 부담시킨다면 소유자는 이전할 수 없는 비용을 받고 자신의 비용을 추가하여 이전하여야 한다. 따라서 소유자가 이전하지 아니한 경우 사업시행자가 이를 멸실시켰다 하더라도 소유자는 수인의무를 부담한다고 보아야 한다.

[2] 택지개발사업자인 甲 지방공사가 골재 등 지장물에 관한 보상협의가 이루어지지 않자 중앙토지수용위원회에 수용재결을 신청하여 구 공익사업을 위한 토지 등의 취득 및 보상에 관한 법률(2007.10.17. 법률 제8665호로 개정되기 전의 것, 이하 '법'이라 한다) 제75조 제1항 단서 제2호에 따라 골재 가격을 손실보상금으로 하는 취지의 재결을 받고, 골재 소유자가 乙 주식회사와 丙 중 누구인지 불분명하다는 이유로 손실보상금을 공탁한 다음, 乙 회사 및 丙과 골재를 甲 공사비용으로 임시장소로 이전해 두기로 합의하였는데, 그 후 골재를 폐기하거나 사용하여 모두 멸실시킨 사안에서, 골재 이전비가 골재 가격인 취득가를 넘는다는 이유로 골재 가격으로 보상금을 정하는 내용의 중앙토지수용위원회 재결이 내려져 그대로 확정된 이상, 甲 공사는 재결에 따른 보상금의 공탁으로 사업시행구역 내 골재를 자신의 비용으로 제거할 수 있는 권한과 부담을 동시에 갖게 되었고, 골재 소유자인 乙 회사도 지장물 이전의무를 면하는 대신 甲 공사의 지장물 제거를 수인하여야 할 지위에 있으므로, 甲 공사가 위 합의 후 골재를 사업시행에 지장이 되지 않도록 제거하고 그 과정에서 골재가 산일(散逸)되어 회복할 수 없게 되었다 하더라도 甲 공사의 지장물 제거행위를 합의에 위배되는 것이라거나 乙 회사의 소유권을 침해하는 위법한 행위라고 평가할 수 없고, 골재에 대한 인도의무를 면하는 대신 위와 같은 甲 공사의 행위를 수인하여야 할 지위에 있게 된 乙 회사에 대하여 골재 멸실로 인한 손해배상책임을 지게 된다고 볼 수 없는데도, 이와 달리 본 원심판결에 법상 지장물의 보상에 따른 효과에 관한 법리오해의 위법이 있다고 한 사례

7. 도시개발사업의 시행자가 사업시행에 방해되는 건축물 등에 관하여 구 공익사업을 위한 토지 등의 취득 및 보상에 관한 법률 제75조 제1항 단서 제2호에 따라 물건의 가격으로 보상한 경우, 보상만으로 해당 물건의 소유권을 취득하는지 여부(소극) 및 시행자가 해당 물건의 소유권을 취득하지 못한 경우 도시개발법 제38조 제1항에 따라 건축물 등을 이전하거나 제거할 수 있는지 여부(적극)(대판 2014.9.4, 2013다89549)

8. 지장물 수인의무(쓰레기 매립)(대판 2021.5.7, 2018다256313)

[판시사항]

[1] 공익사업의 시행자가 사업시행에 방해가 되는 지장물에 관하여 공익사업을 위한 토지 등의 취득 및 보상에 관한 법률 제75조 제1항 단서 제2호에 따라 이전에 드는 실제 비용에 못 미치는 물건의 가격으로 보상한 경우, 사업시행자가 해당 물건의 소유권을 취득하는지 여부(원칙적 소극) 및 이때 지장물의 소유자에 대하여 철거 등을 요구할 수 있는지 여부(원칙적 소극)

[2] 택지개발사업의 사업시행자인 한국토지주택공사가 공공용지로 협의취득한 토지 위에 있는 甲 소유의 지장물에 관하여 중앙토지수용위원회의 재결에 따라 보상금을 공탁하였는데, 위 토지에 폐합성수지를 포함한 산업쓰레기 등 폐기물이 남아 있자 甲을 상대로 폐기물 처리비용의 지급을 구한 사안에서, 한국토지주택공사는 甲에게 폐기물을 이전하도록 요청하거나, 그 불이행을 이유로 처리비에 해당하는 손해배상을 청구할 수 없다고 본 원심판결이 정당하다고 한 사례

[판결요지]

[1] 공익사업을 위한 토지 등의 취득 및 보상에 관한 법률(이하 '토지보상법'이라 한다) 제75조 제1항 각 호, 공익사업을 위한 토지 등의 취득 및 보상에 관한 법률 시행규칙(이하 '토지보상법 시행규칙'이라 한다) 제33조 제4항, 제36조 제1항의 내용을 토지보상법에 따른 지장물에 대한 수용보상의 취지와 정당한 보상 또는 적정가격 보상의 원칙에 비추어 보면, 사업시행자가 사업시행에 방해가 되는 지장물에 관하여 토지보상법 제75조 제1항 단서 제2호에 따라 이전에 드는 실제 비용에 못 미치는 물건의 가격으로 보상한 경우, 사업시행자가 해당 물건을 취득하는 제3호와 달리 수용의 절차를 거치지 않은 이상 사업시행자가 그 보상만으로 해당 물건의 소유권까지 취득한다고 보기는 어렵다. 또한 사업시행자는 지장물의 소유자가 토지보상법 시행규칙 제33조 제4항 단서에 따라 스스로의 비용으로 철거하겠다고 하는 등의 특별한 사정이 없는 한 지장물의 소유자에 대하여 그 철거 등을 요구할 수 없고 자신의 비용으로 직접 이를 제거할 수 있을 뿐이다.

[2] 택지개발사업의 사업시행자인 한국토지주택공사가 공공용지로 협의취득한 토지 위에 있는 甲 소유의 지장물에 관하여 중앙토지수용위원회의 재결에 따라 보상금을 공탁하였는데, 위 토지에 폐합성수지를 포함한 산업쓰레기 등 폐기물이 남아 있자 甲을 상대로 폐기물 처리비용의 지급을 구한 사안에서, 중앙토지수용위원회의 보상금 내역에는 '제품 및 원자재(재활용품)'가 포함되어 있고 그 보상액이 1원으로 되어 있는데, 이는 폐기물의 이전비가 물건의 가격을 초과하는 경우에 해당한다는 전제에서 재활용이 가능하여 가치가 있던 쓰레기와 재활용이 불가능하고 처리에 비용이 드는 쓰레기를 모두 보상 대상 지장물로 삼아 일괄하여 보상액을 정한 것으로 볼 수 있다는 이유 등을 들어, 한국토지주택공사는 자신의 비용으로 직접 폐기물을 제거할 수 있을 뿐이고 甲에게 폐기물을 이전하도록 요청하거나, 그 불이행을 이유로 처리비에 해당하는 손해배상을 청구할 수 없다고 본 원심판결이 정당하다고 한 사례

8-1 지장물 소유권 취득여부(건물인도)[대판 2022.11.17, 2022다253243]

[판시사항]

공익사업시행자가 사업시행에 방해가 되는 지장물에 관하여 공익사업을 위한 토지 등의 취득 및 보상에 관한 법률 제75조 제1항 단서 제2호에 따라 이전에 소요되는 실제 비용에 못 미치는 물건의 가격으로 보상한 경우, 사업시행자가 해당 물건의 소유권을 취득하는지 여부(원칙적 소극) / 공유자 사이에 공유물을 사용·수익할 구체적인 방법을 정하는 것이 공유자 지분의 과반수로써 결정하여야 하는 공유물의 관리에 관한 사항인지 여부(적극) 및 과반수 지분의 공유자가 공유물의 특정 부분을 배타적으로 사용·수익하기로 정하는 것이 공유물의 관리방법으로서 적법한지 여부(적극) / 공유 지분 과반수 소유자의 공유물인도청구를 그 상대방인 타 공유자가 민법 제263조의 공유물의 사용수익권으로 거부할 수 있는지 여부(소극)

[판결요지]

공익사업을 위한 토지 등의 취득 및 보상에 관한 법률(이하 '토지보상법'이라고 한다) 제75조 제1항은 "건축물・입목・공작물과 그 밖에 토지에 정착한 물건(이하 '건축물등'이라고 한다)에 대하여는 이전에 필요한 비용(이하 '이전비'라고 한다)으로 보상하여야 한다. 다만 다음 각 호의 어느 하나에 해당하는 경우에는 해당 물건의 가격으로 보상하여야 한다. 1. 건축물등을 이전하기 어렵거나 그 이전으로 인하여 건축물등을 종래의 목적대로 사용할 수 없게 된 경우, 2. 건축물등의 이전비가 그 물건의 가격을 넘는 경우, 3. 사업시행자가 공익사업에 직접 사용할 목적으로 취득하는 경우"라고 규정하고 있다. 이와 함께 공익사업을 위한 토지 등의 취득 및 보상에 관한 법률 시행규칙 제33조 제4항, 제36조 제1항 등 관계 법령의 내용에 비추어 보면, 사업시행자가 사업시행에 방해가 되는 지장물에 관하여 법 제75조 제1항 단서 제2호에 따라 이전에 소요되는 실제 비용에 못 미치는 물건의 가격으로 보상한 경우, 사업시행자로서는 물건을 취득하는 제3호와 달리 수용 절차를 거치지 아니한 이상 보상만으로 물건의 소유권까지 취득한다고 볼 수 없다.

그리고 공유자 사이에 공유물을 사용・수익할 구체적인 방법을 정하는 것은 공유물의 관리에 관한 사항으로서 공유자의 지분의 과반수로써 결정하여야 할 것이고, 과반수 지분의 공유자는 다른 공유자와 사이에 미리 공유물의 관리방법에 관한 협의가 없었다 하더라도 공유물의 관리에 관한 사항을 단독으로 결정할 수 있으므로, 과반수 지분의 공유자가 그 공유물의 특정 부분을 배타적으로 사용・수익하기로 정하는 것은 공유물의 관리방법으로서 적법하다. 또한 공유 지분 과반수 소유자의 공유물인도청구는 민법 제265조의 규정에 따라 공유물의 관리를 위하여 구하는 것으로서 그 상대방인 타 공유자는 민법 제263조의 공유물의 사용수익권으로 이를 거부할 수 없다.

8-2 사업시행자에 대한 지장물 인도이전 의무(퇴거청구)[대판 2022.11.17, 2022다242342]

[판시사항]

도시개발사업의 시행자가 사업시행에 방해가 되는 지장물에 관하여 공익사업을 위한 토지 등의 취득 및 보상에 관한 법률 제75조 제1항 단서 제2호에 따라 지장물의 가격으로 보상한 경우, 지장물의 소유자는 같은 법 제43조에 따라 사업시행자에게 지장물을 인도할 의무가 있는지 여부(원칙적 적극)

[판결요지]

도시개발법 제22조 제1항에 따라 준용되는 공익사업을 위한 토지 등의 취득 및 보상에 관한 법률(이하 '토지보상법'이라 한다) 제43조는, "토지소유자 및 관계인과 그 밖에 토지소유자나 관계인에 포함되지 아니하는 자로서 수용하거나 사용할 토지나 그 토지에 있는 물건에 관한 권리를 가진 자는 수용 또는 사용의 개시일까지 그 토지나 물건을 사업시행자에게 인도하거나 이전하여야 한다."라고 규정하고 있다.

도시개발사업의 시행자가 사업시행에 방해가 되는 지장물에 관하여 토지보상법 제75조 제1항 단서 제2호에 따라 물건의 가격으로 보상한 경우, 사업시행자가 당해 물건을 취득하는 제3호와 달리 수용의 절차를 거치지 아니한 이상 사업시행자가 그 보상만으로 당해 물건의 소유권까지 취득한다고 보기는 어렵지만, 지장물의 소유자가 토지보상법 시행규칙 제33조 제4항 단서에 따라 스스로의 비용으로 철거하겠다고 하는 등 특별한 사정이 없는 한 사업시행자는 자신의 비용으로 이를 제거할 수 있고, 지장물의 소유자는 사업시행자의 지장물 제거와 그 과정에서 발생하는 물건의 가치 상실을 수인하여야 할 지위에 있다.

따라서 사업시행자가 지장물에 관하여 토지보상법 제75조 제1항 단서 제2호에 따라 지장물의 가격으로 보상한 경우 특별한 사정이 없는 한 지장물의 소유자는 사업시행자에게 지장물을 인도할 의무가 있다.

9. 공익사업을 위한 토지 등의 취득 및 보상에 관한 법률 시행규칙 제36조 제2항 제3호에서 정한 '대체시설'로 인정하기 위한 요건(대판 2012.9.13, 2011다83929)

공익사업을 위한 토지 등의 취득 및 보상에 관한 법률(이하 '공익사업법'이라 한다) 제75조 제1항 제1호는 공작물에 대하여 이전에 필요한 비용으로 보상하되 이전이 어렵거나 그 이전으로 인하여 공작물을 종래의 목적으로 사용할 수 없게 된 경우에는 당해 물건의 가격으로 보상하도록 규정하고 있고, 같은 조 제6항의 위임에 따라 공작물에 대한 보상액의 구체적인 산정 및 평가방법과 보상기준을 정하고 있는 공익사업을 위한 토지 등의 취득 및 보상에 관한 법률 시행규칙 제36조 제2항 제3호는 '사업시행자가 공익사업에 편입되는 공작물 등에 대한 대체시설을 하는 경우'에는 이를 별도의 가치가 있는 것으로 평가하여서는 아니 된다고 규정하고 있다. 이처럼 대체시설을 하는 경우 별도의 손실보상을 하지 않도록 규정한 것은 그러한 대체시설로서 공작물소유자에게 실질적으로 손실이 보상된 것으로 볼 수 있기 때문이므로, 대체시설로 인정되기 위해서는 기존 공작물과 기능적인 측면에서 대체가 가능한 시설이어야 할 뿐만 아니라, 특별한 사정이 없는 한 기존 공작물 소유자가 대체시설의 소유권을 취득하거나 소유권자에 준하는 관리처분권을 가지고 있어야 한다.

10. 물건의 수용에 대한 보상액을 정함에 있어서 이전가능성 유무를 먼저 판단하여야 하는지 여부(대판 1994.4.26, 93누13360)

물건의 수용에 있어서는 그 물건의 이전이 현저하게 곤란하거나 이전으로 인하여 종래의 목적에 사용할 수 없게 되는지의 여부를 먼저 가려보고 그에 따라 이전비용 또는 취득가액 중 어느 것으로 보상할 것인지를 정하여야 한다.

11. 구분소유적 공유토지라고 할지라도 일반 공유토지와 마찬가지로 한 필지의 토지 전체를 기준으로 평가한 다음 이를 공유지분 비율에 따라 안분하여 각 공유지분권자에 대한 보상액을 정하여야 한다(대판 1998.7.10, 98두6067).

12. 기업자가 토지수용법에 정한 절차에 따르지 아니한 채 무단으로 사인의 토지를 사용중인 경우, 그 토지소유자에게 토지수용청구권이 부여될 수 있는지 여부(소극)(대판 1996.9.10, 96누5896)

토지수용법 제48조 제2항은 기업자에 의하여 공익사업에 사용되는 토지의 소유자로 하여금 일정한 경우에 당해 사용토지의 수용을 청구할 수 있도록 하고 있는바, 여기에서의 '토지의 사용'이란 토지수용법이 정한 절차에 따른 적법한 사용만을 의미하고, 기업자가 토지수용법이 정한 절차에 의하지 아니하고 무단으로 토지를 사용하고 있는 경우는 이에 포함되지 않는다. 이러한 해석이 합리적 근거 없이 토지수용법에 의한 사용을 당하고 있는 토지소유자와 무단사용을 당하고 있는 토지소유자를 차별 대우하여 헌법 제11조 소정의 평등권을 침해하는 것이라거나, 무단사용을 당하고 있는 토지소유자에게 그 소유권에 갈음하는 보상을 받을 수 없게 하여 헌법 제23조 소정의 재산권 보장 및 정당한 보상의 원칙에 위배된다거나, 행정소송 또는 민사소송에 의하여 무단 사용 중에 있는 토지의 수용 또는 원상회복을 구할 수 있는 길을 봉쇄함으로써 헌법 제27조 소정의 재판을 받을 권리를 침해하는 것이라고 할 수 없다.

13. 전원개발사업예정구역출입허가취소 및 전면중단처분무효확인등(춘천지법 강릉지원 2015.5.21, 2015구합1541 : 확정)

甲 시장이 원자력발전소 전원개발사업을 시행하는 乙 주식회사에 사업 예정구역에 대한 지적현황 측량 및 지장물 실태조사를 위한 출입허가를 하였다가, 민간기구 주관으로 실시한 원전 유치 찬반 주민투표 결과 원전 유치 반대의견이 압도적으로 높아 원전 건설사업이 더 이상 진행되기 어려운 상황이라는 등의 이유로 출입허가를 취소하는 처분을 한 사안에서, 공익사업의 시행에 관한 결정이 당연 무효에 해당하지 않고 취소 또는 철회되지 않아 효력을 유지하고 있다면 결정의 하자나 지역 주민 대다수가 사업의 추진을 반대하고 있다는 등의 사정을 들어 이미 확정된 공익사업의 준비를 위한 출입허가를 취소할 수 없으므로 위 처분은 정당한 처분사유를 갖추지 못하였고, 행정절차법 제21조에 따른 청문절차를 거치지 않아 절차상으로도 중대한 하자가 있어 위법하다고 한 사례

이 사건 처분의 적법 여부

가. 실체상 하자 여부

1) 당사자의 주장

원고는, 이 사건 출입허가 당시 부가된 허가조건을 위반한 사실이 없고, 이 사건 출입허가를 철회하여야 할 사정변경이나 중대한 공익상 필요도 없으며, 피고가 제시한 사유는 이 사건 처분의 적법한 사유가 될 수 없으므로, 이 사건 처분은 위법하여 취소되어야 한다고 주장한다. 이에 대하여 피고는, 원자력발전소 부지 선정과정에서 주민들의 의견수렴절차가 배제되어 산업자원통상부장관의 이 사건 사업 예정구역 지정고시 처분에는 절차적 하자가 있을 뿐만 아니라, 이 사건 출입허가 후 이 사건 사업을 반대하는 주민투표결과가 있는 등 기존의 출입허가를 철회하여야 할 사정변경 및 중대한 공익상의 필요가 인정되므로, 피고가 지역주민들의 민의가 담긴 주민투표결과를 받아들여 이 사건 처분에 이른 것은 적법하다고 주장한다.

2) 판단

살피건대, 토지보상법은 공익사업의 사업시행자가 공익사업을 준비하기 위하여 타인이 점유하는 토지에 출입하여 측량하거나 조사를 할 수 있다고 규정하면서(제9조 제1항), 그 측량이나 조사를 하려면 시장 등 관할 행정청의 허가를 받아야 하고(제9조 제2항), 타인이 점유하는 토지에 출입하여 측량・조사함으로써 발생하는 손실을 보상하여야 하며(제9조 제3항), 타인의 토지에 출입하는 경우에는 그 일시 및 장소를 시장 등에게 통지하고(제10조 제1항), 출입하려는 사람은 증표와 시장 등의 허가증을 휴대하여야 하는 등(제13조 제1항), 사업시행자가 공익사업의 준비를 위하여 타인의 토지에 출입하여 측량, 조사 등을 할 때 준수할 의무를 규정하고 있다.

이러한 토지보상법 관련 규정의 형식이나 내용 등에 비추어 볼 때, 그 입법 취지는 시행이 예정된 공익사업의 원만한 진행을 지원하는 한편, 사업시행자의 출입으로 토지점유자가 인내하고 받아들여야 할 손실을 최소화하고 토지의 출입 및 조사 등에 따른 손실에 대하여 정당한 보상이 이루어질 수 있도록 하는 데 있다고 보인다. 따라서 토지보상법 제9조 제2항에 따라 행정청에 부여된 공익사업 대상 지역의 출입허가 권한이나 그 출입허가의 취소 또는 철회 권한은 위와 같은 입법 취지를 실현하는 범위 안에서 이루어져야 적법하고, 그 범위를 넘어 공익사업의 시행에 관한 결정이 유효하게 유지되고 있음에도 그 시행을 사실상 저지하거나 중단시킬 수단으로 행사되어서는 아니 된다. 따라서 공익사업의 시행에 관한 결정이 당연무효에 해당하지 아니하고 취소 또는 철회되지 아니하여 그 효력을 유지하고 있다면, 그 결정의 하자나 지역 주민 대다수가 그 사업의 추진을 반대하고 있다는 등의 사정을 들어 이미 확정된 공익사업의 준비를 위한 출입허가를 취소할 수는 없다고 보아야 한다.

그런데 앞서 인정한 것과 같이 피고는 이 사건 사업을 반대하는 지역주민의 의견이 압도적으로 높다는 사정, 민간단체가 이 사건 출입허가의 취소를 요구하고 있다는 사정 등을 들어 이 사건 처분에 이르렀으니, 그 처분은 정당한 처분사유를 갖추지 못하여 위법하다.

나. 절차상 하자 여부

1) 당사자의 주장

원고는 피고가 이 사건 처분을 함에 있어 원고에게 사전통지를 하거나 의견을 제출할 기회를 부여하지 않는 등 행정절차법 제21조에 따른 청문절차를 거치지 않았으므로 이 사건 처분은 위법하다고 주장한다.

이에 대하여 피고는 해당지역 주민의 안전 및 복리를 위하여 긴급히 처분을 할 필요가 있고, 원고의 의견을 청취하는 절차를 거치는 것이 무의미하고 불필요하여 행정절차법 제21조 제4항 제1호 내지 제3호에 해당하는 예외사유에 해당하므로 청문절차를 거치지 않았다고 하여 이 사건 처분이 위법하다고 볼 수 없다고 주장한다.

2) 판단

살피건대, 이 사건 처분은 이 사건 출입허가를 취소하고 측량이나 조사 등의 업무를 전면 중단하도록 한다는 내용으로 수익적 행정행위의 철회에 해당하고 이로써 원고의 권익을 제한한 것이다. 따라서 피고는 원고에게 행정절차법 제21조에 따라 이 사건 처분에 관하여 사전통지를 하고 의견을 진술할 기회를 부여하여야 한다. 그런데 피고가 이러한 절차를 준수하였다는 점을 인정할 만한 아무런 증거가 없고, 을 제1 내지 12호증(가지번호 포함)의 각 기재만으로는 이 사건 처분이 행정절차법 제21조 제4항 제1호 및 제3호에서 정하고 있는 사전통지를 거치지 않아도 되는 예외사유에 해당한다고 볼 수 없으므로, 이 사건 처분에는 중대한 절차상 하자가 있어 위법하다.

실체상 및 절차상 하자에 관한 내용이 중요함.

14. 대판 2021.5.7, 2018다256313 [손해배상(기)]

재판경과
대판 2021.5.7, 2018다256313
서울고등법원 2018.6.29, 2017나2055146

전문
원고, 상고인 한국토지주택공사
소송대리인 변호사 최성수

피고, 피상고인 피고 1 외 1인
소송대리인 법무법인(유한) 한별
담당변호사 김태영 외 2인

원심판결 서울고등법원 2018.6.29, 2017나2055146
판결선고 2021.5.7.

[주문]

상고를 모두 기각한다. 상고비용은 원고가 부담한다.

[이유]

상고이유(상고이유서 제출기간이 지난 다음 제출된 상고이유보충서들은 이를 보충하는 범위에서)를 판단한다.

1. 사실관계

원심판결 이유에 따르면 다음 사실을 알 수 있다.

가. 원고는 인천검단지구 택지개발사업의 사업시행자로 2010.12.27. 인천 서구 (이하 생략) 답 2,764㎡(이하 '이 사건 토지'라 한다)에 관하여 공공용지의 협의취득을 원인으로 소유권이전등기를 하였다.

나. 원고는 2012.12.7. 피고 1과 이 사건 토지에 있던 피고 1 소유의 조립식 판넬 건물과 재활용 선별기 등 폐기물 처리사업에 필요한 지장물에 관하여 피고 1이 철거·이전하고 원고가 보상금을 지급하는 내용으로 다음과 같이 지장물 보상합의를 하였다. 보상금 139,344,930원 중 금회 지급을 125,410,440원, 유보액을 13,934,490원으로 하고(제2조), 피고 1이 지장물을 2013.5.31.까지 완전히 철거하거나 이전하기로 하며(제5조 제1항), 제2조의 보상금 중 유보액의 경우 피고 1이 제5조에서 정한 기한 내에 지장물의 철거 또는 이전을 완료하였을 때 지급하기로 한다(특약사항 제3항). 피고 1은 2012.12.7. 원고에게 보상합의를 이행하기로 확약하는 이행동의서를 작성해 주었다. 이후 원고는 피고 1에게 보상금 139,344,930원을 모두 지급하였다.

다. 원고는 사업에 편입되는 물건 중 소유자 등과 이전협의가 이루어지지 않은 물건의 이전 등을 위하여 중앙토지수용위원회에 재결신청을 하였다. 중앙토지수용위원회는 2014.12.18. 「공익사업을 위한 토지 등의 취득 및 보상에 관한 법률」(이하 '토지보상법'이라 한다) 제75조 제1항에 따라 물건에 대한 보상금 등을 정하고 수용 개시일을 2015.2.10.로 하는 재결을 하면서 이 사건 토지에 있는 지장물의 소유자인 피고 2에게 합계 41,796,600원을 보상하기로 하였다. 그 보상금 내역에는 총 12개 항목이 있고, 4번째 항목인 '산업용 전력'의 경우 '일괄 40,300,000원'이고 그 다음으로 5(감유기) ~ 12번째[제품 및 원자재(재활용품)] 항목의 경우 보상액이 모두 1원으로 되어 있다. 원고는 보상금채권에 대한 가압류를 이유로 2015.2.9. 재결에 따른 보상금 41,796,600원을 공탁하였다.

라. 이 사건 토지에는 폐합성수지를 포함한 산업쓰레기(이하 '이 사건 폐기물'이라 한다)가 있고 이를 폐기물 처리시설에서 처리하기 위한 비용이 336,967,802원이다.

2. 폐기물관리법 등에 따른 손해배상 주장

가. 원심은 다음과 같이 판단하였다.

원고는 피고 1이 폐기물관리법 제3조의2 제4항, 토양환경보전법 제10조의3 제1항, 제10조의4 제1항 제1호, 제2호에 따라 폐기물을 처리할 의무를 위반하였으므로 손해배상책임이 있다고 주장한다. 그러나 이 사건 폐기물이 토양오염물질에 해당하고 피고 1이 소유한 지장물이 토양오염관리대상시설에 해당하며 이 사건 폐기물로 환경오염이 발생하였음을 인정하기 어려우므로 원고의 주장은 받아들이기 어렵다.

나. 원심판결 이유를 기록에 비추어 살펴보면, 원심판결에 상고이유 주장과 같이 필요한 심리를 다하지 않은 채 논리와 경험의 법칙에 반하여 자유심증주의의 한계를 벗어나거나 폐기물관리법 등에 관한 법리를 오해한 잘못이 없다.

3. 피고 1에 대한 나머지 상고이유 주장

가. 원심은 다음과 같이 판단하였다.

피고 1은 이 사건 토지를 임차하여 지장물을 설치하고 2005.8.경부터 2006.6.경까지 재활용품 수집과 판매 등을 하는 주식회사 ○○자원의 대표이사로 재직하였다. 피고 2는 피고

1로부터 이 사건 토지를 전차하여 2006.10.30.경부터 재활용품 수집과 판매업을 하였다. 피고 1은 원고와 보상합의를 함에 따라 2013.1.18. 피고 2와 이 사건 토지에 관한 전대차계약을 종료하기로 합의했고, 2013.12.9. 소외인에게 지장물을 25,000,000원에 매도하였다. 피고 1이 소외인에게 지장물을 매도할 당시 이 사건 토지에 일정한 폐기물이 있었던 것으로 보이나 그 양을 알 수 있는 자료가 없다. 피고 2의 주장에 따르면 2014.11.경까지도 이 사건 토지에서 재활용품 사업이 이루어졌으므로 피고 1이 지장물을 이전한 후 폐기물의 양이 급속도로 증가했을 가능성을 배제할 수 없다.

원고는 피고 1에게 보상합의에서 정한 보상금을 모두 지급하였고, 피고 2의 지장물에 관하여 별도 재결을 통하여 손실보상금을 공탁하였다.

이러한 사실관계에 비추어 보면, 피고 1은 전대차계약을 종료하고 소외인에게 지장물을 이전하는 방법으로 원고와의 보상합의를 이행했고, 지장물을 이전할 무렵 원고가 주장하는 폐기물이 이 사건 토지에 있었음을 인정하기 어려우므로 피고 1이 보상합의를 위반했다고 볼 수 없다. 설령 지장물을 이전할 무렵 일부 폐기물이 있었다고 하더라도 그 양을 확정할 수 없을 뿐 아니라 원고가 보상금을 모두 지급함으로써 피고 1이 보상합의에서 정한 의무를 이행한 것으로 인정했다고 보아야 한다.

나. 원심판결 이유를 기록에 비추어 살펴보면, 원심판결에 상고이유 주장과 같이 필요한 심리를 다하지 않은 채 논리와 경험의 법칙에 반하여 자유심증주의의 한계를 벗어난 잘못이 없다.

4. 피고 2에 대한 나머지 상고이유 주장

가. 토지보상법 제75조 제1항은 본문에서 지장물인 건축물 등에 대해서는 이전비로 보상하여야 한다는 원칙을 정하고 단서에서 다음 각 호에 해당하는 경우에는 해당 물건의 가격으로 보상하여야 한다고 정하면서, 제1호로 건축물 등의 이전이 어렵거나 그 이전으로 인하여 건축물 등을 종래의 목적대로 사용할 수 없게 된 경우, 제2호로 건축물 등의 이전비가 그 물건의 가격을 넘는 경우, 제3호로 사업시행자가 공익사업에 직접 사용할 목적으로 취득하는 경우를 들고 있다.

토지보상법 제75조 제6항의 위임에 따른 「공익사업을 위한 토지 등의 취득 및 보상에 관한 법률 시행규칙」(이하 '토지보상법 시행규칙'이라 한다) 제33조 제4항, 제36조 제1항에서는 토지보상법 제75조 제1항 단서에 따라 물건의 가격으로 보상된 건축물과 공작물 등에 대해서는 사업시행자의 부담으로 이를 철거하도록 하되, 그 소유자가 해당 건축물 등의 구성부분을 사용 또는 처분할 목적으로 철거하는 경우에는 건축물 등의 소유자로 하여금 해당 비용을 부담하게 하고 있다.

이러한 관계 법령의 내용을 토지보상법에 따른 지장물에 대한 수용보상의 취지와 정당한 보상 또는 적정가격 보상의 원칙에 비추어 보면, 사업시행자가 사업시행에 방해가 되는 지장물에 관하여 토지보상법 제75조 제1항 단서 제2호에 따라 이전에 드는 실제 비용에 못 미치는 물건의 가격으로 보상한 경우 사업시행자가 해당 물건을 취득하는 제3호와 달리 수용의 절차를 거치지 않은 이상 사업시행자가 그 보상만으로 해당 물건의 소유권까지 취득한다고 보기는 어렵다. 또한 사업시행자는 지장물의 소유자가 토지보상법 시행규칙 제33조 제4항 단서에 따라 스스로의 비용으로 철거하겠다고 하는 등의 특별한 사정이 없는 한 지장물의 소유자에 대하여 그 철거 등을 요구할 수 없고 자신의 비용으로 직접 이를 제거할 수 있을 뿐이다(대판 2012.4.13, 2010다94960 참조).

나. 원심은 다음과 같은 이유 등을 들어 사업시행자인 원고는 자신의 비용으로 직접 폐기물을 제거할 수 있을 뿐이고 피고 2에게 폐기물을 이전하도록 요청하거나, 그 불이행을 이유로 처리비에 해당하는 손해배상을 청구할 수는 없다고 판단하였다.
중앙토지수용위원회가 피고 2에게 지급한 보상금 내역에는 '제품 및 원자재(재활용품)'가 포함되어 있고 그 보상액이 1원으로 되어 있다. 이는 폐기물에 대하여 이전비가 물건의 가격을 초과하는 경우에 해당한다는 전제에서 재활용이 가능하여 가치가 있던 쓰레기와 재활용이 불가능하고 처리에 비용이 드는 쓰레기를 모두 보상 대상 지장물로 삼아 '산업용 전력' 이하 항목들의 보상금을 일괄하여 40,300,000원으로 정한 것으로 볼 수 있다.

다. 원심판결은 위에서 본 법리에 따른 것으로 정당하고, 상고이유 주장과 같이 필요한 심리를 다하지 않은 채 논리와 경험의 법칙에 반하여 자유심증주의의 한계를 벗어나거나 보상 범위 등에 관한 법리오해, 판단누락의 잘못이 없다.

5. 결론

원고의 상고는 이유 없어 이를 모두 기각하고 상고비용은 패소자가 부담하도록 하여, 대법관의 일치된 의견으로 주문과 같이 판결한다.

제2절 기출분석

30회 문제 03

X군에 거주하는 어업인들을 조합원으로 하는 A수산업협동조합(이하 'A조합'이라 함)은 조합원들이 포획 · 채취한 수산물의 판매를 위탁받아 판매하는 B수산물위탁판매장(이하 'B위탁판매장'이라 함)을 운영하여 왔다. 한편, B위탁판매장 운영에 대해서는 관계 법령에 따라 관할 지역에 대한 독점적 지위가 부여되어 있었으며, A조합은 B위탁판매장 판매액 중 일정비율의 수수료를 지급받아 왔다. 그런데, 한국농어촌공사는 「공유수면 관리 및 매립에 관한 법률」에 따라 X군 일대에 대한 공유수면매립면허를 받아 공유수면매립사업을 시행하였고, 해당 매립사업의 시행으로 인하여 사업대상지역에서 어업활동을 하던 A조합의 조합원들은 더 이상 조업을 할 수 없게 되었다. A조합은 위 공유수면매립사업지역 밖에서 운영하던 B위탁판매장에서의 위탁판매사업의 대부분을 중단하였고, 결국에는 B위탁판매장을 폐쇄하기에 이르렀다. 이에 따라 A조합은 공유수면매립사업으로 인한 위탁판매수수료 수입의 감소에 따른 영업손실의 보상을 청구하였으나, 한국농어촌공사는 B위탁판매장이 사업시행지 밖에서 운영되던 시설이었고 「공유수면 관리 및 매립에 관한 법률」상 직접적인 보상 규정이 없음을 이유로 보상의 대상이 아니라고 주장한다. 한국농어촌공사의 주장은 타당한가? 20점

(설문 3)의 해결

Ⅰ. 쟁점의 정리

Ⅱ. 위탁판매수수료 감소가 간접손실보상인지 여부

1. **간접손실보상의 의의 및 성격**
2. **헌법 제23조 제3항의 손실보상에 간접손실 보상이 포함되는지 여부**
3. **사안의 경우**

Ⅲ. 보상의 대상이 되는 간접손실인지 여부

1. **간접손실의 존재**
2. **특별희생의 발생**
3. **사안의 경우**

Ⅳ. 보상에 관한 명시적 규정이 없는 경우의 간접손실의 보상

1. **보상규정이 결여된 간접보상의 가능 여부**
   (1) 토지보상법 제79조 제4항을 일반적 근거조항으로 볼 수 있는지 여부
   (2) 보상규정이 결여된 경우의 간접손실보상의 근거
   1) 학설
   2) 판례
   3) 검토
2. **현행 "토지보상법"상 간접손실보상**
   (1) 토지보상법 시행규칙 제64조의 규정 검토(지구 밖 영업손실규정)
   (2) 사안의 경우

Ⅴ. 사안의 해결

예시답안

(설문 3)의 해결

Ⅰ 쟁점의 정리

공유수면매립사업으로 인하여 사업시행지구 밖에 위치한 A조합이 수산물위탁판매 수입감소로 인하여 더 이상 판매시설을 운영할 수 없게 된 경우 이에 대한 영업손실보상을 청구할 수 있는지가 문제된다. 이에 대해 사업시행자인 한국농어촌공사는 관련법상 직접적인 보상규정이 없기에 보상의 대상이 아니라고 주장하는바, 간접손실에 대한 요건을 검토하여 이에 대한 타당성을 검토한다.

Ⅱ 위탁판매수수료 감소가 간접손실보상인지 여부

1. 간접손실보상의 의의 및 성격

간접손실이란 공익사업의 시행으로 인하여 사업시행지 밖의 재산권자에게 필연적으로 발생하는 손실을 말하며, 사업시행지 내의 토지소유자가 입은 부대적 손실과 구별된다. 간접손실보상은 일반적으로 사회정책적 견지에서 인간다운 생활을 보상하고 유기체적인 생활을 종전의 상태로 회복하기 위한 측면을 갖는다.

2. 헌법 제23조 제3항의 손실보상에 간접손실보상이 포함되는지 여부

간접손실도 적법한 공용침해로 인하여 예견되는 통상의 손실이고, 헌법 제23조 제3항을 손실보상에 관한 일반적 규정으로 보는 것이 타당하므로 헌법 제23조 제3항의 손실보상에 포함시키는 것이 타당하다.

3. 사안의 경우

수산업협동조합 A의 위탁판매수수료 수입의 감소로 입은 손실은 공유수면매립사업의 시행으로 필연적으로 발생한 손실이고, 사업시행지 밖의 제3자에게 발생한 손실이므로 간접손실이라고 볼 수 있다.

Ⅲ 보상의 대상이 되는 간접손실인지 여부

간접손실보상이 인정되기 위하여는 간접손실이 발생하여야 하고, 해당 간접손실이 특별한 희생이 되어야 한다.

1. 간접손실의 존재

간접손실이 되기 위하여는 ① 공공사업의 시행으로 사업시행지 이외의 토지소유자(제3자)가 입은 손실이어야 하고, ② 그 손실이 공공사업의 시행으로 인하여 발생하리라는 것이 예견되어야 하고, ③ 그 손실의 범위가 구체적으로 특정될 수 있어야 한다(대판 1999.12.24, 98다57419·57426 참조).

2. 특별희생의 발생

간접손실이 손실보상의 대상이 되기 위하여는 해당 간접손실이 특별한 희생에 해당하여야 한다. 간접손실이 재산권에 내재하는 사회적 제약에 속하는 경우에는 보상의 대상이 되지 않는다.

3. 사안의 경우

사업시행지 밖의 A조합에게는 독점적 지위가 부여되어 있으므로 손실발생을 예견할 수 있다고 보며, 영업실적을 통하여 손실도 구체적으로 특정할 수 있을 것이다. 따라서 공유수면매립사업의 시행으로 인하여 판매수수료가 줄어들어 위탁판매사업의 대부분을 중단하게 된 것은 A조합이 수인해야 할 재산권에 대한 제한의 한계를 넘어선 것으로 보이므로 특별희생이라고 볼 수 있다.

Ⅳ 보상에 관한 명시적 규정이 없는 경우의 간접손실의 보상

1. 보상규정이 결여된 간접보상의 가능 여부

(1) 토지보상법 제79조 제4항을 일반적 근거조항으로 볼 수 있는지 여부

① 동 규정을 기타 손실보상에 대한 일반적 근거조항으로 보아 손실보상청구를 할 수 있다는 견해와, ② 동 규정은 보상하여야 하는 경우이지만 법률에 규정되지 못한 경우에 대한 수권조항일 뿐이므로 보상의 근거가 될 수 없다는 견해가 있다. ③ 생각건대 일반적 근거조항으로 보는 것이 국민의 권리구제에 유리하나, 개괄수권조항으로 보게 되면 보상규정이 흠결된 경우에 해당한다.

(2) 보상규정이 결여된 경우의 간접손실보상의 근거

1) 학설

① 보상부정설은 규칙 제59조 내지 제65조 규정에서 정하지 않은 손실은 보상의 대상이 되지 않는다고 한다. ② 유추적용설은 헌법 제23조 제3항 및 토지보상법상 간접손실 보상규정을 유추적용해야 한다고 한다. ③ 직접적용설은 헌법 제23조 제3항의 직접효력을 인정하고 이를 근거로 보상청구권이 인정된다고 한다. ④ 평등원칙 및 재산권보장 규정근거설은 평등원칙과 재산권보장규정이 직접 근거가 될 수 있다면 보상해야 한다고 한다. ⑤ 수용적 침해이론은 간접손실도 비의도적 침해에 의해 발생한바 수용적 침해이론을 적용하여 보상해야 한다고 한다. ⑥ 손해배상설은 명문규정이 없는 한 손해배상청구를 해야 한다고 한다.

2) 판례

① 간접손실이 공익사업의 시행으로 기업지 이외의 토지소유자가 입은 손실이고, ② 그 손실의 범위도 구체적으로 이를 특정할 수 있고, ③ 손실이 발생하리라는 것을 쉽게 예견할 수 있는 경우라면, ④ '그 손실보상에 관하여 토지보상법 시행규칙의 관련규정들을 유추적용할 수 있다.'고 한다.

3) 검토

간접손실도 헌법 제23조 제3항의 손실보상의 범주에 포함되므로 예견가능성, 특정가능성이 인정된다면 헌법 제23조 제3항을 근거로 하여 손실보상을 청구할 수 있다고 판단된다. 이 경우 구체적인 보상액은 토지보상법상 관련규정을 적용할 수 있을 것이다.

2. 현행 "토지보상법"상 간접손실보상

(1) 토지보상법 시행규칙 제64조의 규정 검토(지구 밖 영업손실규정)

① 시행규칙 제45조의 영업보상대상요건에 충족하고, ② 배후지의 2/3 이상이 상실되어 영업을 계속할 수 없는 경우, ③ 진출입로의 단절, 그 밖의 사유로 휴업이 불가피한 경우를 요건으로 규정하고 있다.

(2) 사안의 경우

설문상 배후지의 2/3 이상이 상실되어 영업을 계속할 수 없는 경우는 아니지만 공익사업이 원인이 되어 휴업이 불가피한 경우로 볼 수 있다면 동 규정을 유추적용하여 보상을 받을 수 있을 것이다.

V 사안의 해결

공유수면매립사업으로 인하여 A조합이 위탁판매업무를 더 이상 행할 수 없게 된다면, 이는 공유수면매립사업시행지구 밖에서 발생한 간접손실보상의 대상이 된다. 특별한 희생으로서 보상대상이 됨에도 불구하고 이에 대한 직접적인 보상규정이 없는 경우라면 헌법 제23조 제3항에 근거하여 토지보상법령을 유추적용하여 보상하여야 할 것이다. 따라서 한국농어촌공사의 주장은 타당하지 않다.

29회 문제 01

A도 도지사 甲은 도내의 심각한 주차난을 해결하기 위하여 A도내 B시 일대 40,000㎡(이하 '이 사건 공익사업구역'이라 함)를 공영주차장으로 사용하고자 사업계획을 수립하고 「공익사업을 위한 토지 등의 취득 및 보상에 관한 법률」(이하 '토지보상법'이라 함)에 따른 절차를 거쳐, 국토교통부장관의 사업인정을 받고 이를 고시하였다. 이후 甲은 이 사건 공익사업구역 내 주택 세입자 乙 등이 이 사건 공익사업이 시행되는 동안 임시로 거주할 수 있도록 B시에 임대아파트를 건립하여 세입자에게 제공하는 등 이주대책을 수립 · 시행하였다. 한편, 乙은 「공익사업을 위한 토지 등의 취득 및 보상에 관한 법률 시행규칙」(이하 '토지보상법 시행규칙'이라 함) 제54조 제2항에 해당하는 세입자이다. 다음 물음에 답하시오. 40점

(2) 한편, 丙은 이 사건 공익사업구역 밖에서 음식점을 경영하고 있었는데, 이 사건 공익사업으로 인하여 자신의 음식점의 주출입로가 단절되어 일정 기간 휴업을 할 수밖에 없게 되었다. 이때, 丙은 토지보상법령상 보상을 받을 수 있는가? 10점

(설문 1-2)의 해결 : 간접보상

Ⅰ. 쟁점의 정리

Ⅱ. 간접손실보상청구권의 성립요건

1. 간접손실보상의 의의 및 성격

2. 간접손실보상의 대상이 위한 요건

3. 보상에 관한 명시적 규정이 없는 경우의 간접손실의 보상

(1) 제79조 제4항을 일반적 근거조항으로 볼 수 있는지 여부

(2) 보상규정이 결여된 경우의 간접손실보상의 근거

1) 학설

2) 판례

3) 검토

Ⅲ. 사안의 해결(시행규칙 제64조 규정 검토)

예시답안

(설문 1-2)의 해결 : 간접보상

Ⅰ 쟁점의 정리

공익사업지구 밖에서 음식점을 경영하고 있는 丙이 해당 사업으로 인해 일정기간 휴업을 할 수밖에 없는 경우, 이러한 손실이 간접손실보상으로서 영업보상의 대상인지가 문제된다.

Ⅱ 간접손실보상청구권의 성립요건

1. 간접손실보상의 의의 및 성격

간접손실이란 공익사업의 시행으로 인하여 사업시행지 밖의 재산권자에게 필연적으로 발생하는 손실을 말하며, 간접손실도 적법한 공용침해로 인하여 예견되는 통상의 손실이고, 헌법 제23조 제3항을 손실보상에 관한 일반적 규정으로 보는 것이 타당하므로 헌법 제23조 제3항의 손실보상에 포함시키는 것이 타당하다.

2. 간접손실보상의 대상이 위한 요건

간접손실이 되기 위하여는 ① 공공사업의 시행으로 사업시행지 이외의 토지소유자(제3자)가 입은 손실이어야 하고, ② 그 손실이 공공사업의 시행으로 인하여 발생하리라는 것이 예견되어야 하고, ③ 그 손실의 범위가 구체적으로 특정될 수 있어야 한다(대판 1999.12.24, 98다57419 · 57426 참조). 또한 간접손실이 특별한 희생에 해당하여야 한다. 간접손실이 재산권에 내재하는 사회적 제약에 속하는 경우에는 보상의 대상이 되지 않는다.

3. 보상에 관한 명시적 규정이 없는 경우의 간접손실의 보상

토지보상법 시행규칙 제59조 내지 제65조에서는 사업지구 밖의 손실에 대한 보상규정을 두고 있다. 만약 동 규정에 해당되지 않으나 특별한 희생에 해당되는 경우에는 무엇을 근거로 보상할 수 있는지가 문제된다.

(1) 제79조 제4항을 일반적 근거조항으로 볼 수 있는지 여부

① 동 규정을 기타 손실보상에 대한 일반적 근거조항으로 보아 손실보상청구를 할 수 있다는 견해와, ② 동 규정은 보상하여야 하는 경우이지만 법률에 규정되지 못한 경우에 대한 수권조항일 뿐이므로 보상의 근거가 될 수 없다는 견해가 있다. ③ 생각건대 일반적 근거조항으로 보는 것이 국민의 권리구제에 유리하나, 개괄수권조항으로 보게 되면 보상규정이 흠결된 경우에 해당한다.

(2) 보상규정이 결여된 경우의 간접손실보상의 근거

1) 학설

① 보상부정설은 시행규칙 제59조 내지 제65조 규정에서 정하지 않은 손실은 보상의 대상이 되지 않는다고 한다. ② 유추적용설은 헌법 제23조 제3항 및 토지보상법상 간접손실보상규정을 유추적용해야 한다고 한다. ③ 직접적용설은 헌법 제23조 제3항의 직접효력을 인정하고 이를 근거로 보상청구권이 인정된다고 한다. ④ 평등원칙 및 재산권보장규정근거설은 평등원칙과 재산권보장규정이 직접 근거가 될 수 있다면 보상해야 한다고 한다. ⑤ 수용적 침해이론은 간접손실도 비의도적 침해에 의해 발생한바 수용적 침해이론을 적용하여 보상해야 한다고 한다. ⑥ 손해배상설은 명문규정이 없는 한 손해배상청구를 해야 한다고 한다.

2) 판례

① 간접손실이 공익사업의 시행으로 기업지 이외의 토지소유자가 입은 손실이고, ② 그 손실의 범위도 구체적으로 이를 특정할 수 있고, ③ 손실이 발생하리라는 것을 쉽게 예견할 수 있는 경우라면, ④ '그 손실보상에 관하여 토지보상법 시행규칙의 관련규정들을 유추적용할 수 있다.'고 한다.

3) 검토

간접손실도 헌법 제23조 제3항의 손실보상 범주에 포함되므로 예견가능성, 특정가능성이 인정된다면 헌법 제23조 제3항을 근거로 하여 손실보상을 청구할 수 있다고 판단된다. 이 경우 구체적인 보상액은 토지보상법상 관련규정을 적용할 수 있을 것이다.

Ⅲ 사안의 해결(시행규칙 제64조 규정 검토)

① 시행규칙 제45조의 영업보상대상요건을 충족하고, ② 배후지의 2/3 이상이 상실되어 영업을 계속할 수 없는 경우, ③ 진출입로의 단절, 그 밖의 사유로 휴업이 불가피한 경우를 요건으로 규정하고 있다. 설문상 주출입로가 단절되어 일정기간 휴업을 할 수밖에 없는 경우이므로 시행규칙 제64조의 요건이 충족되어 영업손실보상을 받을 수 있을 것이다.

채점평

문제 1

(물음 1)은 토지보상법 시행규칙상의 주거이전비에 관한 규정을 무시한 주거이전비 포기각서의 효력에 관한 문제이다. 질문의 취지를 정확히 파악하고 서술한 양호한 답안도 있었으나, 많은 수험생들이 판례를 정확히 언급하고, 토지보상법 시행규칙의 법규성에 관한 기본적 전제를 논한 다음, 문제에 대한 답을 체계적으로 서술하지 못했다.

(물음 2)는 손실보상에 관한 기본적인 문제이다. 관련 토지보상법 시행규칙을 정확히 인용하고 서술할 것을 요구하였으나, 관련 법조문을 정확히 인용한 경우는 적었다.

기출문제

[손실보상] 손해배상 및 간접침해보상 [제11회 제3문]

공공사업의 시행으로 인하여 공공사업지구 밖에서 발생한 피해에 대한 보상의 이론적 근거, 실제유형과 보상의 한계에 대하여 논술하시오. 20점

쟁점해설

1. 논점

공공사업에 따른 손실보상은 공공사업지구 내에서 일어나는 것이 원칙이다. 그러나 제3문에서는 공공사업지구 밖에서 일어난 피해보상에 대하여 그 이론적 근거, 실제유형, 보상의 한계 등을 논술하도록 하고 있다. 여기서 공공사업지구 밖에서 발생한 피해보상의 의의, 현행 손실보상과의 관계 및 그 필요성, 토지보상법상의 규정례와 기타 사례, 현실적・실정법상의 보상한계 등이 논점이 될 수 있다.

2. 답안의 요지

간접보상의 이론적 근거는 사유재산권의 보장과 공평부담의 원칙에 두고 있다. 그리고 토지보상법 시행규칙에서 규정하고 있는 간접보상 유형을 들고 있고, 정신적 피해나 명문규정이 없는 피해 보상에 대한 문제점도 지적하고 있다. 또한 손실보상대상이나 정신적・문화적 손실보상의 기준 설정과 보상시기의 판단이 어렵다는 점, 간접손실의 대두로 공공사업이 위축되는 점 등의 보상한계에 관하여도 논술하고 있다.

3. 강평

공공사업에 따른 손실보상은 공공사업지구에 편입되는 토지・건물 기타 물건에 대하여 하는 것이 원칙이지만 토지보상법에서는 예외적으로 잔여지에 대한 손실과 공사비에 대한 보상을 할 수 있도록 특별히 규정하고 있을 뿐만 아니라 토지보상법 시행규칙에서는 댐건설사업에 따른 수몰지역이나 택지조성사업・산업단지조성사업지구 등의 바깥지역에 대하여도 간접보상이라 하여 토지, 건물, 영업에 대한 보상과 소위 생활보상규정을 두고 있다. 그리고, 토지보상법에 규정하고 있지는 않지만 공공사업에 따른 소음, 진동, 매연, 지하수 고갈 등의 피해에 대하여도 사업손실이라 하여 손실보상문제가 제기되기도 한다.

설문은 논술의 범위를 공공사업지구 밖에서 발생한 피해로 하고 있고, 그 피해보상의 이론적 근거, 실제유형, 보상한계 등으로 하고 있다. 논술의 범위와 대상이 다소 포괄적이기는 하지만 토지보상법에서 규정하고 있는 공공사업지구 밖의 손실보상규정과 소위 생활보상규정의 취지를 체계적으로 이해하고 있다면 배점에 맞추어 논술이 가능한 문제이다.

공공사업지구 밖의 피해보상에 대하여는 이론적으로 재산상의 손실을 보전하기 위하여 또는 전업에 따른 종래의 생활을 유지・회복시키기 위하여 인정될 수 있고, 이에 대한 견해의 대립도 있을 수 있다. 그리고 공공사업지구 밖의 피해보상의 유형은 토지보상법에 규정하고 있는 사항 이외의 현실적으로 표출되고 있는 피해 또는 손실보상에 대한 유형을 예시하면 좋을 것이다.

그리고 공공사업지구 밖에서 발생한 피해 보상을 공법상 손실보상으로 할 것인가, 사법상 손해배상으로 할 것인가 하는 범위와 기준의 설정이 어렵고, 피해발생 유형이 다양하여 일일이 입법화할 수 없을 뿐만 아니라 국가재정상 피해발생 유형마다 보상을 할 수 없는 한계가 있음을 논술하면 될 것이다. 공공사업지구 밖의 피해보상에 대하여도 헌법상 정당보상과 손실보상 법정주의의 개념을 이해할 필요가 있다.

기출문제

[손실보상] 손해배상 및 간접침해보상 [제14회 제3문]

공공사업으로 인한 소음 · 진동 · 먼지 등에 의한 간접침해의 구제수단을 설명하시오. 20점

예시답안

Ⅰ 의의

간접침해보상이란 대규모 공익사업의 시행 또는 완성 후의 시설로 인하여 사업지 밖에 미치는 사업손실 중 사회적 · 경제적 손실을 의미하는 간접보상을 제외한 물리적 · 기술적 손실에 대한 보상을 말한다.

간접침해는 재산권이 공익사업의 시행으로 인하여 야기된 소음, 진동, 일조권 침해, 용수고갈 등으로 기능의 저하나 가치의 감소를 가져오는 사업손실을 의미한다. 보통은 사업지 밖의 환경권 등의 침해에 대한 보상을 말한다.

Ⅱ 간접침해의 유형

① 공공사업으로 인한 소음, 진동, 먼지 등에 의한 침해, ② 환경오염 및 용수고갈 등으로 인한 손실, ③ 일조권 침해 등이 있다.

Ⅲ 간접침해보상의 법적 근거

간접침해가 손실보상의 요건을 갖추는 경우에는 보상이 가능하도록 보상규정을 두는 입법적 개선이 필요하지만 현행 토지보상법에는 명문의 규정이 없다.

Ⅳ 간접침해에 대한 권리구제

1. 손실보상

간접손실의 범위와 기준을 정하기 어렵고 유형화하기 힘드므로 구체적으로 보상의 대상이 되기 어려운 한계가 있다. 현행 토지보상법 제79조 제4항에서는 보상이 필요한 경우의 수권조항을 규정하고 있으므로 이를 기초로 한 입법정책을 통하여 점진적인 해결방안을 모색해야 할 것이다.

2. 손해배상

간접침해가 손해배상의 요건을 충족하는 경우에는 손해배상을 청구할 수 있을 것이나 위법성이나 고의 과실 여부가 명확하지 않아서 손해배상책임을 인정하기 어려운 면이 많다.

3. 환경분쟁조정

간접침해의 유형 중 소음, 진동 등은 물리적, 기술적 침해로서 환경분쟁조정법상 환경피해에 해당한다. 환경분쟁조정제도는 행정기관이 지니고 있는 전문성과 절차의 신속성을 충분히 활용하여 환경분쟁을 간편하고 신속, 공정하게 해결하기 위하여 마련된 제도이다. 반면에 이는 침해행위에 대한 명확한 기준이 없어서 형평성의 논란이 있을 수 있다.

4. 방해배제청구

간접침해가 생활방해나 주거환경의 침해를 의미하는 때에는 민법상 방해배제청구를 할 수 있다. 그러나 일반적으로 간접침해를 받은 사익이 공익사업의 공익성보다 크기는 어려울 것이므로 방해배제청구권이 인정되기는 어려울 것이다.

5. 시민고충처리위원회 민원제기

국민의 권리를 침해하거나 국민에게 불편을 주는 고충을 간편하고 신속하게 처리하기 위한 제도이나 집행력이 없다는 한계가 있다.

2회 문제 03

(2) 간접보상의 대상사업과 보상기준 10점

1. 공익사업시행지구 밖의 대지 등에 대한 보상(시행규칙 第59조)

① 대지(조성된 대지를 말한다), 건축물, 분묘 및 농지가 사업의 시행으로 인하여, ② 교통이 두절되거나 경작이 불가능하게 된 경우, 소유자의 청구에 의해 보상한다. ③ 도로, 도선설치로 보상에 갈음할 수 있다. 이에 대해서 동 규정의 해석이 구체적이지 못하므로 상당한 정도로 장애받아 특별한 희생에 해당되면 보상해주는 것이 타당하다는 비판이 제기된다.

2. 공익사업시행지구 밖의 건축물에 대한 보상(시행규칙 第60조)

① 소유농지의 대부분이(소유자의 영농이 불가능해질 정도의 면적이나 비율을 의미) 편입됨으로써, ② 건축물(건축물의 대지 및 잔여농지를 포함한다)만이 사업지구 밖에 남아, ③ 매매가 불가능하고(사실상 불능 또는 종전가격으로 매매불능인 경우) 이주가 부득이한 경우에 소유자의 청구에 의하여 보상한다. 동 규정에서는 이주가 부득이한 경우만을 규정하고 있는데 이주가 부득이하지 않아도 생활에 상당한 불편이 있는 경우에는 보상함이 타당할 것이다.

3. 소수잔존자에 대한 보상(시행규칙 第61조)

공익사업의 시행으로 인하여 1개 마을의 주거용 건축물이 대부분 공익사업시행지구에 편입됨으로써 잔여주거용 건축물 거주자의 생활환경이 현저히(사회통념상 판단) 불편하게 되어 이주가 부득이한 경우에는 해당 건축물 소유자의 청구에 의하여 그 소유자의 토지 등을 공익사업시행지구에 편입되는 것으로 보아 보상하여야 한다.

4. 공익사업시행지구 밖의 공작물 등에 대한 보상(시행규칙 第62조)

공익사업시행지구 밖에 있는 공작물 등이 공익사업의 시행으로 인하여 그 본래의 기능을 다할 수 없게 되는 경우에는 그 소유자의 청구에 의하여 이를 공익사업시행지구에 편입되는 것으로 보아 보상하여야 한다.

5. 공익사업시행지구 밖의 어업의 피해에 대한 보상(시행규칙 第63조)

① 공익사업의 시행으로 인하여 해당 공익사업시행지구 인근에 있는 어업에 피해가 발생한 경우 사업시행자는 실제 피해액을 확인할 수 있는 때에 그 피해에 대하여 보상하여야 한다. 이 경우 실제 피해액은 감소된 어획량 및 「수산업법 시행령」 별표 4의 평년수익액 등을 참작하여 평가한다.

② 보상액은 「수산업법 시행령」 별표 4에 따른 어업권·허가어업 또는 신고어업이 취소되거나 어업면허의 유효기간이 연장되지 아니하는 경우의 보상액을 초과하지 못한다.

③ 사업인정고시일 등 이후에 어업권의 면허를 받은 자 또는 어업의 허가를 받거나 신고를 한 자에 대하여는 적용하지 아니한다.

6. 공익사업시행지구 밖의 영업손실에 대한 보상(시행규칙 제64조)

① 공익사업시행지구 밖에서 제45조에 따른 영업손실의 보상대상이 되는 영업을 하고 있는 자가 공익사업의 시행으로 인하여 다음 각 호의 어느 하나에 해당하는 경우에는 그 영업자의 청구에 의하여 당해 영업을 공익사업시행지구에 편입되는 것으로 보아 보상하여야 한다.

1. 배후지의 3분의 2 이상이 상실되어 그 장소에서 영업을 계속할 수 없는 경우
2. 진출입로의 단절, 그 밖의 부득이한 사유로 인하여 일정한 기간 동안 휴업하는 것이 불가피한 경우

② 사업시행자는 영업자가 보상을 받은 이후에 그 영업장소에서 영업이익을 보상받은 기간 이내에 동일한 영업을 하는 경우에는 실제 휴업기간에 대한 보상금을 제외한 영업손실에 대한 보상금을 환수하여야 한다.

7. 공익사업시행지구 밖의 농업의 손실에 대한 보상(시행규칙 제65조)

경작하고 있는 농지의 3분의 2 이상에 해당하는 면적이 공익사업시행지구에 편입됨으로 인하여 해당 지역(1. 해당 토지의 소재지와 동일한 시(행정시를 포함한다)·구(자치구를 말한다)·읍·면(도농복합형태인 시의 읍·면을 포함한다), 2. 제1호의 지역과 연접한 시·구·읍·면, 3. 제1호 및 제2호 외의 지역으로서 해당 토지의 경계로부터 직선거리로 30킬로미터 이내의 지역)에서 영농을 계속할 수 없게 된 농민에 대하여는 공익사업시행지구 밖에서 그가 경작하고 있는 농지에 대하여도 영농손실액을 보상하여야 한다.

제3편

부동산공시법

Chapter 01 표준공시지가
Chapter 02 개별공시지가
Chapter 03 부동산가격공시위원회
Chapter 04 표준지공시지가와 개별공시지가의 구별
Chapter 05 이의신청의 법적 성질

Chapter 01

표준공시지가

제1절 판례분석

01 표준지공시지가

Ⅰ 법적 성질

① 표준지로 선정된 토지의 공시지가에 대하여 불복하기 위하여는 지가공시 및 토지 등의 평가에 관한 법률 제8조 제1항 소정의 이의절차를 거쳐 처분청을 상대로 그 공시지가결정의 취소를 구하는 행정소송을 제기하여야 하는 것이지, 그러한 절차를 밟지 아니한 채 개별토지가격결정을 다투는 소송에서 그 개별토지가격 산정의 기초가 된 표준지공시지가의 위법성을 다툴 수는 없다(대판 1995.3.28, 94누12920).

② 표준지공시지가결정이 위법한 경우에는 그 자체를 행정소송의 대상이 되는 행정처분으로 보아 그 위법 여부를 다툴 수 있음은 물론, 수용보상금의 증액을 구하는 소송에서도 선행처분으로서 그 수용대상토지가격 산정의 기초가 된 비교표준지공시지가결정의 위법을 독립한 사유로 주장할 수 있다(대판 2008.8.21, 2007두13845).

Ⅱ 표준지공시지가의 결정절차와 그 효력(대판 2009.12.10, 2007두20140) : 공시지가확정 취소처분 : 평가서의 기재내용과 정도(위법성 판단기준)

① 표준지공시지가는 당해 토지뿐 아니라 인근 유사토지의 가격을 결정하는 데에 전체적, 표준적 기능을 수행하는 것이어서 특히 그 가격의 적정성이 엄격하게 요구된다.

② 감정평가서에는 평가원인을 구체적으로 특정하여 명시함과 아울러 각 요인별 참작 내용과 정도가 객관적으로 납득이 갈 수 있을 정도로 설명됨으로써, 그 평가액이 당해 토지의 적정가격을 평가한 것임을 인정할 수 있어야 한다.

③ 감정평가서에서는 거래선례나 평가선례, 거래사례비교법, 원가법 및 수익환원법 등을 모두 공란으로 둔 채 그 토지의 전년도 공시지가와 세평가격 및 인근표준지의 감정가격만을 참고가격으로 삼으면서 그러한 참고가격이 평가액 산정에 어떻게 참작되었는지에 관한 별다른 설명 없이 평가의견을 추상적으로만 기재함으로써, 평가요인별 참작내용과 정도가 평가액산정의 적정성을 알아볼 수 있을 만큼 객관적으로 설명되어 있다고 보기 어려우므로 이러한 감정평가액을 근거로 한 표준지공시지가 결정은 토지의 적정가격을 반영한 것이라고 인정하기 어려워 위법하다고 하지 않을 수 없다.

→ 상기 판례는 표준지공시지가뿐만 아니라 일반감정평가서에서도 가격산출근거의 위법성을 판단할 수 있는 논거로 활용할 수 있을 것이다. 특히 ②의 논거를 완벽하게 암기해야 한다.

> 표준지공시지가의 효력이 미치는 영향력이 크므로, 이에 대한 객관적 산출근거가 요구된다.

Ⅲ 하자승계

1. 표준지공시지가와 개별공시지가(부정)

표준지로 선정된 토지의 공시지가에 대하여 불복하기 위하여는 지가공시 및 토지 등의 평가에 관한 법률 제8조 제1항 소정의 이의절차를 거쳐 처분청을 상대로 공시지가결정의 취소를 구하는 행정소송을 제기하여야 하고, 그러한 절차를 밟지 아니한 채 개별 토지가격 결정을 다투는 소송에서 개별 토지가격 산정의 기초가 된 표준지공시지가의 위법성을 다툴 수는 없다(대판 1996.5.10, 95누9808).

2. 표준지공시지가와 과세처분(부정)

① 개별토지가격에 대한 불복방법과는 달리 표준지의 공시지가에 대한 불복방법을 지가공시 및 토지 등의 평가 등에 관한 법률 제8조 제1항 소정의 절차를 거쳐 처분청을 상대로 다툴 수 있을 뿐 그러한 절차를 밟지 아니한 채 조세소송에서 그 공시지가결정의 위법성을 다툴 수 없도록 제한하고 있는 것은 표준지의 공시지가와 개별토지가격은 그 목적, 대상, 결정기관, 결정절차, 금액 등 여러 가지 면에서 서로 다른 성질의 것이라는 점을 고려한 것이므로, 이러한 차이점에 근거하여 표준지의 공시지가에 대한 불복방법을 개별토지가격에 대한 불복방법과 달리 인정한다고 하여 그것이 헌법상 평등의 원칙, 재판권 보장의 원칙에 위반된다고 볼 수는 없다(대판 1997.9.26, 96누7649).

② 표준지로 선정된 토지의 공시지가에 대하여는 지가공시 및 토지 등의 평가에 관한 법률(1995.12.29. 법률 제5108호로 개정되기 전의 것) 제8조 제1항 소정의 이의절차를 거쳐 처분청을 상대로 그 공시지가결정의 위법성을 다툴 수 있을 뿐 그러한 절차를 밟지 아니한 채 조세소송에서 그 공시지가결정의 위법성을 다툴 수는 없다(대판 1997.4.11, 96누8895).

③ 재산세부과처분취소[대판 2022.5.13, 2018두50147]

[판시사항]

[1] 표준지로 선정된 토지의 표준지공시지가에 대한 불복방법 및 그러한 절차를 밟지 않은 채 토지 등에 관한 재산세 등 부과처분의 취소를 구하는 소송에서 표준지공시지가결정의 위법성을 다투는 것이 허용되는지 여부(원칙적 소극)

[2] 甲 주식회사가 강제경매절차에서 표준지로 선정된 토지를 대지권의 목적으로 하는 집합건물 중 구분건물 일부를 취득하자, 관할 구청장이 재산세를 부과한 사안에서, 위 부동산에 대한 시가표준액이 감정가액과 상당히 차이가 난다는 등의 이유로 시가표준액 산정이 위법하다고 본 원심판결에 법리오해 등의 잘못이 있다고 한 사례

[판결요지]

[1] 표준지로 선정된 토지의 표준지공시지가를 다투기 위해서는 처분청인 국토교통부장관에게 이의를 신청하거나 국토교통부장관을 상대로 공시지가결정의 취소를 구하는 행정심판이나 행정소송을 제기해야 한다. 그러한 절차를 밟지 않은 채 토지 등에 관한 재산세 등 부과처분의 취소를 구하는 소송에서 표준지공시지가결정의 위법성을 다투는 것은 원칙적으로 허용되지 않는다.

[2] 甲 주식회사가 강제경매절차에서 표준지로 선정된 토지를 대지권의 목적으로 하는 집합건물 중 구분건물 일부를 취득하자, 관할 구청장이 재산세를 부과한 사안에서, 위 토지는 표준지로서 시가표준액은 표준지공시지가결정에 따라 그대로 정해지고, 위 건축물에 대한 시가표준액은 거래가격 등을 고려하여 정한 기준가격에 건축물의 구조, 용도, 위치와 잔존가치 등 여러 사정을 반영하여 정한 기준에 따라 결정되므로, 법원이 위 건축물에 대한 시가표준액 결정이 위법하다고 판단하기 위해서는 위 각 산정 요소의 적정 여부를 따져보아야 하는데, 이를 따져보지 않은 채 단지 위 건축물에 대한 시가표준액이 그 감정가액과 상당히 차이가 난다거나 위 건축물의 시가표준액을 결정할 때 위치지수로 반영되는 위 토지의 공시지가가 과도하게 높게 결정되었다는 등의 사정만으로 섣불리 시가표준액 결정이 위법하다고 단정할 수 없으므로, 위 부동산에 대한 시가표준액이 감정가액과 상당히 차이가 난다는 등의 이유로 시가표준액 산정이 위법하다고 본 원심판결에 법리오해 등의 잘못이 있다고 한 사례

3. 표준지공시지가결정과 수용재결의 하자승계(인정)

표준지공시지가결정은 이를 기초로 한 수용재결 등과는 별개의 독립된 처분으로서 서로 독립하여 별개의 법률효과를 목적으로 하지만, 표준지공시지가는 이를 인근 토지의 소유자나 기타 이해관계인에게 개별적으로 고지하도록 되어 있는 것이 아니어서 인근 토지의 소유자 등이 표준지공시지가결정 내용을 알고 있었다고 전제하기가 곤란할 뿐만 아니라, 결정된 표준지공시지가가 공시될 당시 보상금 산정의 기준이 되는 표준지의 인근 토지를 함께 공시하는 것이 아니어서 인근 토지소유자는 보상금 산정의 기준이 되는 표준지가 어느 토지인지를 알 수 없으므로, 인근 토지소유자가 표준지의 공시지가가 확정되기 전에 이를 다투는 것은 불가능하다. 더욱이 장차 어떠한 수용재결 등 구체적인 불이익이 현실적으로 나타나게 되었을 경우에 비로소 권리구제의 길을 찾는 것이 우리 국민의 권리의식임을 감안하여 볼 때, 인근 토지소유자 등으로 하여금 결정된 표준지공시지가를 기초로 하여 장차 토지보상 등이 이루어질 것에 대비하여 항상 토지의 가격을 주시하고 표준지공시지가결정이 잘못된 경우 정해진 시정절차를 통하여 이를 시정하도록 요구하는 것은 부당하게 높은 주의의무를 지우는 것이고, 위법한 표준지공시지가결정에 대하여 그 정해진 시정절차를 통하여 시정하도록 요구하지 않았다는 이유로 위법한 표준지공시지가를 기초로 한 수용재결 등 후행 행정처분에서 표준지공시지가결정의 위법을 주장할 수 없도록 하는 것은 수인한도를 넘는 불이익을 강요하는 것으로서 국민의 재산권과 재판받을 권리를 보장한 헌법의 이념에도 부합하는 것이 아니다. 따라서 표준지공시지가결정이 위법한 경우에는 그 자체를 행정소송의 대상이 되는 행정처분으로 보아 그 위법 여부를 다툴 수 있음은 물론, 수용보상금의 증액을 구하는 소송에서도 선행처분으로서 그 수용대상토

지 가격 산정의 기초가 된 비교표준지공시지가결정의 위법을 독립한 사유로 주장할 수 있다(대판 2008.8.21, 2007두13845).

> 판례는 일반적으로 양 행정행위의 목적동일성을 기준하여 하자승계 인정 여부를 판단한다. 표준지공시지가와 재결에 있어서는 목적은 다르지만, 수인한도성과 예측가능성이 없으므로 하자승계를 인정하고 있다.

Ⅳ 고시 또는 공고에 의하여 행정처분을 하는 경우, 그에 대한 취소소송의 제소기간의 기산일(=고시 또는 공고의 효력발생일)(대판 2006.4.14, 2004두3847)

통상 고시 또는 공고에 의하여 행정처분을 하는 경우에는 그 처분의 상대방이 불특정 다수인이고, 그 처분의 효력이 불특정 다수인에게 일률적으로 적용되는 것이므로, 그 행정처분에 이해관계를 갖는 자는 고시 또는 공고가 있었다는 사실을 현실적으로 알았는지 여부에 관계없이 고시가 효력을 발생하는 날에 행정처분이 있음을 알았다고 보아야 하고, 따라서 그에 대한 취소소송은 그 날로부터 90일 이내에 제기하여야 한다.

제2절 기출분석

기출문제

[공시지가] 표준지공시지가 및 개별공시지가 기본 [제1회 제2문]

공시지가는 어떻게 작성되며, 지가의 공시는 어떠한 성질과 효력을 가지는가에 대하여 설명하시오. 30점

Ⅰ. 공시지가의 의의

Ⅱ. 공시절차

1. **표준지 선정**
2. **표준지가격의 조사 · 평가**
3. **부동산가격공시위원회의 심의**
4. **공시지가의 고시**
5. **이의신청**

Ⅲ. 표준지공시지가의 법적 성질

1. **성질규명의 필요성**
2. **학설**

Ⅳ. 결론

1. **효력의 내용**
2. **효력의 한계**

쟁점해설

공시지가의 의의, 공시지가 작성과정과 지가의 공시, 지가공시의 성질, 지가공시의 효력의 네 부분으로 나누어질 것이다.

기출문제

[공시지가] 표준지공시지가 및 개별공시지가 기본 [제3회 제3문의 3]

다음 문제를 약술하시오.

(3) 공시지가의 적용 10점

쟁점해설

공시지가의 적용은 공시지가의 효력과 구별하여 구체적인 적용을 중심으로 논하여야 한다. 이 문제에 대한 구성은 적용의 대상과 방법으로 구분하여 논하면 된다. 대상은 ① 개별토지의 평가와 ② 공공목적의 토지평가로 나눌 수 있지만, 후자의 경우는 법에서 구체적인 경우를 열거하고 있으므로 이를 설명하면 될 것이다. 이때 공시지가를 적용하여 행하는 평가가 표준지의 공시지가와 균형을 유지하여야 한다는 점이 강조되어야 할 것이다.

Chapter

02 개별공시지가

제1절 판례분석

01 개별공시지가

Ⅰ 법적 성질

대법원은 개별공시지가는 과세의 기준이 되어 국민의 권리・의무 내지 법률상 이익에 직접적으로 관계된다고 하여 행정소송법상 처분이라고 판시하였다(대판 1993.1.15, 92누12407).

Ⅱ 개별공시지가 위법성 판단

① 개별토지가격 결정 과정에 있어 개별토지가격합동조사지침이 정하는 주요절차를 위반한 하자가 있거나 비교표준지의 선정 또는 토지가격비준표에 의한 표준지와 당해 토지의 토지특성의 조사・비교, 가격조정률의 적용이 잘못되었거나, 기타 위산・오기로 인하여 지가산정에 명백한 잘못이 있는 경우 그 개별토지가격 결정의 위법 여부를 다툴 수 있음은 물론, 표준지의 공시지가에 가격조정률을 적용하여 산출된 산정지가를 처분청이 지방토지평가위원회 등의 심의를 거쳐 가감 조정한 결과 그 결정된 개별토지가격이 현저하게 불합리한 경우에는 그 가격결정의 당부에 대하여도 다툴 수 있고, 이때 개별토지가격이 현저하게 불합리한 것인지 여부는 그 가격으로 결정되게 된 경위, 개별토지가격을 결정함에 있어서 토지특성이 동일 또는 유사한 인근 토지들에 대하여 적용된 가감조정비율, 표준지 및 토지특성이 동일 또는 유사한 인근 토지들의 지가상승률, 당해 토지에 대한 기준연도를 전후한 개별토지가격의 증감 등 여러 사정을 종합적으로 참작하여 판단하여야 한다(대판 1996.12.6, 96누1832).

② 개별토지가격이 현저하게 불합리한 것인지 여부는 그 가격으로 결정하게 된 경위, 개별토지가격을 결정함에 있어서 토지특성이 동일 또는 유사한 인근 토지들에 대하여 적용된 가감조정비율, 표준지 및 토지특성이 동일 또는 유사한 인근 토지들의 지가상승률, 당해 토지에 대한 기준연도를 전후한 개별토지가격의 증감 등 여러 사정을 종합적으로 참작하여 판단하여야 한다(대판 1997.10.24, 96누18298).

③ 개별토지가격의 적법성 여부는 지가공시 및 토지 등의 평가에 관한 법률과 개별토지가격합동조사지침에 규정된 절차와 방법에 의거하여 이루어진 것인지 여부에 따라 결정될 것이지, 당해 토지의 시가와 직접적인 관련이 있는 것은 아니므로, 단지 개별지가가 시가를 초과한다는 사유만으로 그 가격 결정이 위법하다고 단정할 것은 아니다(대판 1995.11.21, 94누15684).

④ 표준지를 특정하여 선정하지 않거나 부동산 가격공시 및 감정평가에 관한 법률 제9조 제2항에 따른 비교표에 의하지 아니한 채 개별공시지가가 없는 토지의 가액을 평가하고 기준시가를 정하는 것이 위법한지 여부(적극) : 소득세법 시행령 제164조 제1항은 개별공시지가가 없는 토지의 가액을 그와 지목·이용상황 등 지가형성요인이 유사한 인근 토지를 표준지로 보고 부동산 가격공시 및 감정평가에 관한 법률 제9조 제2항에 따른 비교표(이하 '토지가격비준표'라 한다)에 따라 평가하도록 규정함으로써, 납세의무자가 표준지 선정과 토지가격비준표 적용의 적정 여부, 평가된 가액이 인근 유사토지의 개별공시지가와 균형을 유지하고 있는지 여부 등을 확인할 수 있도록 하고 있으므로, 표준지를 특정하여 선정하지 않거나 토지가격비준표에 의하지 아니한 채 개별공시지가가 없는 토지의 가액을 평가하고 기준시가를 정하는 것은 위법하다(대판 2014.4.10, 2013두25702).

III 권리구제

1. 이의신청의 법적 성질 및 구제수단(대판 2010.1.28, 2008두19987)

부동산 가격공시 및 감정평가에 관한 법률 제12조, 행정소송법 제20조 제1항, 행정심판법 제3조 제1항의 규정 내용 및 취지와 아울러 부동산 가격공시 및 감정평가에 관한 법률에 행정심판의 제기를 배제하는 명시적인 규정이 없고 부동산 가격공시 및 감정평가에 관한 법률에 따른 이의신청과 행정심판은 그 절차 및 담당 기관에 차이가 있는 점을 종합하면, 부동산 가격공시 및 감정평가에 관한 법률이 이의신청에 관하여 규정하고 있다고 하여 이를 행정심판법 제3조 제1항에서 행정심판의 제기를 배제하는 '다른 법률에 특별한 규정이 있는 경우'에 해당한다고 볼 수 없으므로, 개별공시지가에 대하여 이의가 있는 자는 곧바로 행정소송을 제기하거나 부동산 가격공시 및 감정평가에 관한 법률에 따른 이의신청과 행정심판법에 따른 행정심판청구 중 어느 하나만을 거쳐 행정소송을 제기할 수 있을 뿐 아니라, 이의신청을 하여 그 결과 통지를 받은 후 다시 행정심판을 거쳐 행정소송을 제기할 수도 있다고 보아야 하고, 이 경우 행정소송의 제기기간은 그 행정심판 재결서 정본을 송달받은 날부터 기산한다.

> 이의신청의 결과 당초처분의 내용이 변경된다면 이는 직권변경처분이다. 따라서 이러한 처분이 원처분을 대체하는 새로운 처분의 내용이라면 변경된 처분을 대상으로 행정쟁송을 제기할 수 있다. 통상 일부변경처분이라면 당초부터 유리하게 변경된 처분으로 보아 변경된 원처분을 소의 대상으로 행정쟁송을 제기할 수 있다. 이 경우 제소기간은 행정소송법 제20조 제1항이 적용될 것이다.

2. 처분 등이 공고, 고시로 이루어진 경우의 안 날(1)(대판 1993.12.24, 92누17204)

개별토지가격결정에 있어서는 그 처분의 고지방법에 있어 개별토지가격합동조사지침의 규정에 의하여 행정편의상 일단의 각 개별토지에 대한 가격결정을 일괄하여 읍·면·동의 게시판에 공고하는 것일 뿐 그 처분의 효력은 각각의 토지 또는 각각의 소유자에 대하여 각별로 효력을 발생하는 것이므로 개별토지가격결정의 공고는 공고일로부터 그 효력을 발생하지만 처분 상대방인 토지소유자 및 이해관계인이 공고일에 개별토지가격결정처분이 있음을 알았다고까지 의제할 수는 없어 결국 개별토지가격결정에 대한 재조사 또는 행정심판의 청구기간은 처분 상대방이 실제로 처분이 있음을 안 날로부터 기산하여야 할 것이나, 시장, 군수 또는 구청장이 개별토지가격결정을 처분 상대방에 대하여 별도의 고지절차를 취하지 않는 이상 토지소유자 및 이해관계인이 위 처분이 있음을 알았다고 볼 경우는 그리 흔치 않을 것이므로 특별히 위 처분을 알았다고 볼만한 사정이 없는 한 개별토지가격결정에 대한 재조사청구 또는 행정심판청구는 행정심판법 제18조 제3항 소정의 처분이 있은 날로부터 180일 이내에 이를 제기하면 된다.

현행 행정심판법은 제27조이다.

3. 처분 등이 공고, 고시로 이루어진 경우의 안 날(2)(대판 2010.1.28, 2008두19987)

개별공시지가에 대하여 이의가 있는 자는 곧바로 행정소송을 제기하거나 부동산 가격공시 및 감정평가에 관한 법률에 따른 이의신청과 행정심판법에 따른 행정심판청구 중 어느 하나만을 거쳐 행정소송을 제기할 수 있을 뿐 아니라, 이의신청을 하여 그 결과 통지를 받은 후 다시 행정심판을 거쳐 행정소송을 제기할 수도 있다고 보아야 하고, 이 경우 행정소송의 제소기간은 그 행정심판 재결서 정본을 송달받은 날부터 기산한다.

4. 처분 등이 공고, 고시로 이루어진 경우의 안 날(3)(대판 1995.9.26, 94누11514)

재조사청구는 토지소유자 등이 그 결정처분이 있었음을 안 때에는 개별토지가격합동조사지침(국무총리훈령 제248호) 제12조의2 제1항에 따라 안 날로부터 60일 이내에, 특별히 위 처분이 있었음을 알았다고 볼만한 사정이 없는 경우에는 행정심판법 제18조 제3항에 따라 처분이 있은 날로부터 180일 이내에 관할 시장, 군수 또는 구청장에게 청구할 수 있고, 특히 1990년도 개별토지가격결정과 같이 그 처분의 공고나 통지가 없었던 경우에는 위 재조사청구기간 내에 재조사청구가 가능하였다는 특별한 사정이 없는 한 같은 법 제18조 제3항 단서 소정의 정당한 사유가 있는 때에 해당하여 처분이 있은 때로부터 180일이 지나도 재조사청구를 할 수 있다.

이는 재조사청구에 대한 판례이다.

Ⅳ 개별공시지가와 과세처분

개별공시지가와 과세처분과 관련된 하자승계 판례가 2개 있다. 하나는 개별통지되지 않은 경우 예측, 수인가능성이 결여되어 긍정한 판례이고 나머지 하나는 개별공시지가에 불복할 기회가 있었음에도 불구하고 이를 하지 않은 경우라서 하자승계가 부정된 판례이다. 2개의 판례를 명확하게 구분해서 암기해야 한다.

1. 하자승계 긍정(대판 1994.1.25, 93누8542, 대판 1994.10.7, 93누15588)

두 개 이상의 행정처분이 연속적으로 행하여지는 경우 선행처분과 후행처분이 서로 결합하여 1개의 법률효과를 완성하는 때에는 선행처분에 하자가 있으면 그 하자는 후행처분에 승계되므로 선행처분에 불가쟁력이 생겨 그 효력을 다툴 수 없게 된 경우에도 선행처분의 하자를 이유로 후행처분의 효력을 다툴 수 있는 반면 선행처분과 후행처분이 서로 독립하여 별개의 법률효과를 목적으로 하는 때에는 선행처분에 불가쟁력이 생겨 그 효력을 다툴 수 없게 된 경우에는 선행처분의 하자가 중대하고 명백하여 당연무효인 경우를 제외하고는 선행처분의 하자를 이유로 후행처분의 효력을 다툴 수 없는 것이 원칙이나 선행처분과 후행처분이 서로 독립하여 별개의 효과를 목적으로 하는 경우에도 선행처분의 불가쟁력이나 구속력이 그로 인하여 불이익을 입게 되는 자에게 수인한도를 넘는 가혹함을 가져오며, 그 결과가 당사자에게 예측가능한 것이 아닌 경우에는 국민의 재판받을 권리를 보장하고 있는 헌법의 이념에 비추어 선행처분의 후행처분에 대한 구속력은 인정될 수 없다.

2. 하자승계 부정(대판 1998.3.13, 96누6059)

원고가 이 사건 토지를 매도한 이후에 그 양도소득세 산정의 기초가 되는 1993년도 개별공시지가 결정에 대하여 한 재조사청구에 따른 조정결정을 통지받고서도 더 이상 다투지 아니한 경우까지 선행처분인 개별공시지가 결정의 불가쟁력이나 구속력이 수인한도를 넘는 가혹한 것이거나 예측불가능하다고 볼 수 없어, 위 개별공시지가 결정의 위법을 이 사건 과세처분의 위법사유로 주장할 수 없다.

예측가능성과 수인한도성을 기준하여 하자승계가 부정되거나 긍정된다.

Ⅴ 개별공시지가와 손해배상(대판 2010.7.22, 2010다13527)

[판시사항]

[1] 개별공시지가 산정업무 담당공무원 등이 부담하는 직무상 의무의 내용 및 그 담당 공무원 등이 직무상 의무에 위반하여 현저하게 불합리한 개별공시지가가 결정되도록 함으로써 국민 개개인의 재산권을 침해한 경우, 그 담당 공무원 등이 속한 지방자치단체가 손해배상 책임을 지는지 여부(적극)

[2] 시장(市長)이 토지의 이용상황을 실제 이용되고 있는 '자연림'으로 하여 개별공시지가를 산정 한 다음 감정평가법인에 검증을 의뢰하였는데, 감정평가법인이 그 토지의 이용상황을 '공업용'으로 잘못 정정하여 검증지가를 산정하고, 시(市)부동산평가위원회가 검증지가를 심의하면서 그 잘못을 발견하지 못함에 따라, 그 토지의 개별공시지가가 적정가격보다 훨씬 높은 가격으로 결정·공시된 사안에서, 이는 개별공시지가 산정업무 담당공무원 등이 직무상 의무를 위반한 것으로 불법 행위에 해당한다고 한 사례

[3] 개별공시지가가 토지의 거래 또는 담보제공에서 그 실제 거래가액 또는 담보가치를 보장하는 등의 구속력을 갖는지 여부(소극) 및 개개 토지에 관한 개별공시지가를 기준으로 거래하거나 담보제공을 받았다가 토지의 실제 거래가액 또는 담보가치가 개별공시지가에 미치지 못함으로 인하여 발생한 손해에 대해서도 개별공시지가를 결정·공시한 지방자치단체가 손해배상책임을 부담하는지 여부(소극)

[4] 개별공시지가 산정업무 담당공무원 등이 잘못 산정·공시한 개별공시지가를 신뢰한 나머지 토지의 담보가치가 충분하다고 믿고 그 토지에 관하여 근저당권설정등기를 경료한 후 물품을 추가로 공급함으로써 손해를 입었음을 이유로 그 담당공무원이 속한 지방자치단체에 손해배상을 구한 사안에서, 그 담당공무원 등의 개별공시지가 산정에 관한 직무상 위반행위와 위 손해 사이에 상당인과관계가 있다고 보기 어렵다고 판단한 사례

[재판요지]

[1] 개별공시지가는 개발부담금의 부과, 토지관련 조세부과 등 다른 법령이 정하는 목적을 위해 지가를 산정하는 경우에 그 산정 기준이 되는 관계로 납세자인 국민 등의 재산상 권리·의무에 직접적인 영향을 미치게 되므로, 개별공시지가 산정업무를 담당하는 공무원으로서는 당해 토지의 실제 이용상황 등 토지특성을 정확하게 조사하고 당해 토지와 토지이용상황이 유사한 비교표준지를 선정하여 그 특성을 비교하는 등 법령 및 '개별공시지가의 조사·산정 지침'에서 정한 기준과 방법에 의하여 개별공시지가를 산정하고, 산정지가의 검증을 의뢰받은 감정평가업자나 시·군·구 부동산평가위원회로서는 위 산정지가 또는 검증지가가 위와 같은 기준과 방법에 의하여 제대로 산정된 것인지 여부를 검증, 심의함으로써 적정한 개별공시지가가 결정·공시되도록 조치할 직무상의 의무가 있고, 이러한 직무상 의무는 단순히 공공 일반의 이익을 위한 것이거나 행정기관 내부의 질서를 규율하기 위한 것이 아니고 전적으로 또는 부수적으로 국민 개개인의 재산권 보장을 목적으로 하여 규정된 것이라고 봄이 상당하다. 따라서 개별공시지가 산정업무 담당공무원 등이 그 직무상 의무에 위반하여 현저하게 불합리한 개별공시지가가 결정되도록 함으로써 국민 개개인의 재산권을 침해한 경우에는 그 손해에 대하여 상당인과관계 있는 범위 내에서 그 담당공무원 등이 소속된 지방자치단체가 배상책임을 지게 된다.

[2] 시장(市長)이 토지의 이용상황을 실제 이용되고 있는 '자연림'으로 하여 개별공시지가를 산정한 다음 감정평가법인에 검증을 의뢰하였는데, 감정평가법인이 그 토지의 이용상황을 '공업용'으로 잘못 정정하여 검증지가를 산정하고, 시(市)부동산평가위원회가 검증지가를 심의하면서 그 잘

못을 발견하지 못함에 따라, 그 토지의 개별공시지가가 적정가격보다 훨씬 높은 가격으로 결정·공시된 사안에서, 이는 개별공시지가 산정업무 담당공무원 등이 개별공시지가의 산정 및 검증, 심의에 관한 직무상 의무를 위반한 것으로 불법행위에 해당한다고 한 사례

[3] 개별공시지가는 그 산정 목적인 개발부담금의 부과, 토지 관련 조세 부과 등 다른 법령이 정하는 목적을 위해 지가를 산정하는 경우에 그 산정 기준이 되는 범위 내에서는 납세자인 국민 등의 재산상 권리·의무에 직접적인 영향을 미칠 수 있지만, 이에 더 나아가 개별공시지가가 당해 토지의 거래 또는 담보제공을 받음에 있어 그 실제 거래가액 또는 담보가치를 보장한다거나 어떠한 구속력을 미친다고 할 수는 없다. 그럼에도 개개 토지에 관한 개별공시지가를 기준으로 거래하거나 담보제공을 받았다가 당해 토지의 실제 거래가액 또는 담보가치가 개별공시지가에 미치지 못함으로 인해 발생할 수 있는 손해에 대해서까지 그 개별공시지가를 결정·공시하는 지방자치단체에 손해배상책임을 부각시키게 된다면, 개개 거래당사자들 사이에 이루어지는 다양한 거래관계와 관련하여 발생한 손해에 대하여 무차별적으로 책임을 추궁당하게 되고, 그 거래관계를 둘러싼 분쟁에 끌려들어가 많은 노력과 비용을 지출하는 결과가 초래되게 된다. 이는 결과발생에 대한 예견가능성의 범위를 넘어서는 것임은 물론이고, 행정기관이 사용하는 지가를 일원화하여 일정한 행정목적을 위한 기준으로 삼음으로써 국토의 효율적인 이용과 국민경제의 발전에 기여하려는 구 부동산 가격공시 및 감정 평가에 관한 법률(2008.2.29. 법률 제8852호로 개정되기 전의 것)의 목적과 기능, 그 보호법익의 보호범위를 넘어서는 것이다.

[4] 개별공시지가 산정업무 담당공무원 등이 잘못 산정·공시한 개별공시지가를 신뢰한 나머지 토지의 담보가치가 충분하다고 믿고 그 토지에 관하여 근저당권설정등기를 경료한 후 물품을 추가로 공급함으로써 손해를 입었음을 이유로 그 담당공무원이 속한 지방자치단체에 손해배상을 구한 사안에서, 그 담당공무원 등의 개별공시지가 산정에 관한 직무상 위반행위와 위 손해 사이에 상당인과관계가 있다고 보기 어렵다고 한 사례

> 직무의 사익보호성을 어떻게 도출하는지가 중요하다. 개별공시지가의 결정·공시절차상 사익보호성을 도출하여 이러한 사익보호를 도모하지 못함을 밝혀주면 될 것이나, 이러한 위법성과 손해의 견련성을 입증하는 것도 중요하다. 판례는 개별공시지가의 목적과 효력 등에 비추어 사인의 담보가치로서의 구속력을 부정하여 인과관계를 부정하였다.

VI 개별공시지가 결정처분취소(대판 2013.11.14, 2012두15364)

[판시사항]

시장 등이 어떠한 토지에 대하여 표준지공시지가와 균형을 유지하도록 결정한 개별공시지가가 토지가격비준표를 사용하여 산정한 지가와 달리 결정되었거나 감정평가사의 검증의견에 따라 결정되었다는 이유만으로 위법한 것인지 여부(원칙적 소극)

[판결요지]

부동산 가격공시 및 감정평가에 관한 법률 제11조, 부동산 가격공시 및 감정평가에 관한 법률 시행령 제17조 제2항의 취지와 문언에 비추어 보면, 시장 등은 표준지공시지가에 토지가격비준표를 사용하여 산정된 지가와 감정평가업자의 검증의견 및 토지소유자 등의 의견을 종합하여 당해 토지에 대하여 표준지공시지가와 균형을 유지한 개별공시지가를 결정할 수 있고, 그와 같이 결정된 개별공시지가가 표준지공시지가와 균형을 유지하지 못할 정도로 현저히 불합리하다는 등의 특별한 사정이 없는 한, 결과적으로 토지가격비준표를 사용하여 산정한 지가와 달리 결정되었거나 감정평가사의 검증의견에 따라 결정되었다는 이유만으로 그 개별공시지가 결정이 위법하다고 볼 수는 없다.

과거 판례는 비준표를 따르지 않고 감정평가액으로 개별가격을 결정한 것은 위법하다고 하였음(대판 1998.7.10, 97누1051).

건설교통부장관이 작성하여 관계 행정기관에 제공한 1995년도 지가형성요인에 관한 표준적인 비교표(토지가격비준표, 이하 토지가격비준표라고만 한다)의 활용지침에는 특수필지에 대하여는 감정평가사에 의뢰하여 개별토지가격을 결정할 수 있도록 규정되어 있으나, 위 활용지침 중 특수필지 가격결정방식에 대한 부분은 건설교통부장관이 관계 행정기관이나 지가조사공무원에 대하여 토지가격비준표를 사용한 지가산정업무처리의 기준을 정하여 주기 위한 지침일 뿐 대외적으로 법원이나 국민에 대하여 법적 구속력을 가지는 것은 아니므로 토지이용상황이 특수필지에 해당된다고 하더라도 표준지공시지가에 토지가격비준표에 의한 가격조정률을 적용하는 방식에 따르지 아니한 개별토지가격결정은 구 지가공시 및 토지 등의 평가에 관한 법률(1995.12.29. 법률 제5108호로 개정되기 전의 것) 및 개별토지가격합동조사지침에서 정하는 개별토지가격 산정방식에 어긋나는 것으로서 위법하다(대판 1998.7.10, 97누1051).

02 토지가격비준표 등

Ⅰ 토지가격비준표

1. 법적 성질

① 대법원은 국세청 훈령인 재산제세 사무처리 규정에 대해 소득세법 시행령과 결합하여 대외적 효력을 갖는다고 하여 법규성을 인정한바 있으며(대판 1987.9.29, 86누484), ② 토지가격비준표는 동법 제10조의 시행을 위한 집행명령인 개별토지가격 합동조사지침과 더불어 법령보충적인 구실을 하는 법규적 성질을 가지고 있는 것으로 보아야 한다(대판 1998.5.26, 96누17103).

판례는 법령보충적 행정규칙이 법령의 위임범위를 벗어난 경우에는 위법한 법규명령이 되는 것이 아니라 법규명령으로서의 대외적 구속력이 인정되지 않으므로 행정규칙에 불과한 것이 된다고 한다.

법령의 규정이 특정 행정기관에 그 법령 내용의 구체적 사항을 정할 수 있는 권한을 부여하면서 그 권한 행사의 절차나 방법을 특정하고 있지 않아 수임행정기관이 행정규칙인 고시의 형식으로 그 법령의 내용이 될 사항을 구체적으로 정하고 있는 경우, 그 고시가 당해 법령의 위임 한계를 벗어나지 않는 한, 그와 결합하여 대외적으로 구속력이 있는 법규명령으로서 효력을 가진다(대판 2008.4.10, 2007두4841).

2. 활용상의 하자

① 어느 토지의 개별토지가격을 산정함에 있어서 비교표준지와 당해 토지의 토지특성을 비교한 결과는 토지가격비준표상의 가격배율로써 이를 모두 반영하여야 하고, 따라서 그 비교된 토지특성 중 임의로 일부 항목에 관한 가격배율만을 적용하여 산정한 지가를 기초로 하여 결정, 공시된 개별토지가격결정은 위법하다(대판 1995.3.10, 94누12937).

② 구 지가공시 및 토지 등의 평가에 관한 법률 제10조, 개별토지가격 합동조사지침 제7조에 의하면 개별토지가격은 토지가격비준표를 사용하여 표준지와 당해 토지의 특성의 차이로 인한 조정률을 결정한 후 이를 표준지의 공시지가에 곱하는 방법으로 산정함이 원칙이고(산정지가), 다만 같은 지침 제8조 등에 의하여 필요하다고 인정될 경우에는 위와 같은 방법으로 산출한 지가를 가감 조정할 수 있을 뿐이며 이와 다른 방식에 의한 개별토지가격 결정을 허용하는 규정은 두고 있지 아니하므로, 표준지공시지가에 토지가격비준표에 의한 가격조정률을 적용하는 방식에 따르지 아니한 개별토지가격 결정은 같은 법 및 같은 지침에서 정하는 개별토지가격 산정방식에 어긋나는 것으로서 위법하다(대판 1998.12.22, 97누3125).

③ 개별토지가격결정 과정에 개별토지가격합동조사지침(국무총리훈령 제241호, 제248호)에서 정하는 주요절차를 위반한 하자가 있다거나 비교표준지의 선정 또는 토지가격비준표에 의한 표준지와 당해 토지의 토지특성의 조사 비교, 가격조정률의 적용이 잘못되었다거나 기타 위산, 오기로 인하여 지가산정에 명백한 잘못이 있는 경우에는 개별토지가격결정의 위법 여부에 대하여 다툴 수 있고, 한편 표준지의 공시지가에 토지특성조사의 결과에 따른 토지가격비준표상의 가격배율을 적용하여 산출된 산정지가를 처분청이 지방토지평가위원회 등의 심의를 거쳐 감액 또는 증액하여 조정한 결과 결정된 개별토지가격이 현저하게 불합리한 경우에는 개별토지가격결정의 당부에 대하여도 다툴 수 있으나 당해 토지의 전년도 개별토지가격에 비하여 토지가격비준표상 새로운 평가요소가 추가되거나 기존의 평가요소가 제외됨으로써 가격상승 또는 가격하락이 있게 되었다는 것만으로는 개별토지가격결정이 부당하다고 하여 이를 다툴 수는 없다. 지가공시 및 토지 등의 평가에 관한 법률 제10조 등 관계규정에 의하여 시장, 군수 또는 구청장이 개별토지가격을 결정함에 있어 당해 토지의 진입도로의 유무, 접면도로의 규모, 접면도로의 현황 등을 적정하게 고려하였는지 여부를 판단하기 위하여 법원으로서 반드시 전문가에게 감정을 명하고 감정결과와 평가선례 및 평가관례를 심리하여 이에 따라야 한다고 할 수 없다(대판 1993.6.11, 92누16706).

> 토지가격비준표는 대표적인 법령보충적 행정규칙이다.

3. 개별공시지가 산정 시 비준표 적용 여부(대판 2013.11.14, 2012두15364)

[판시사항]

시장 등이 어떠한 토지에 대하여 표준지공시지가와 균형을 유지하도록 결정한 개별공시지가가 토지가격비준표를 사용하여 산정한 지가와 달리 결정되었거나 감정평가사의 검증의견에 따라 결정되었다는 이유만으로 위법한 것인지 여부(원칙적 소극)

[판결요지]

부동산 가격공시 및 감정평가에 관한 법률 제11조, 부동산 가격공시 및 감정평가에 관한 법률 시행령 제17조 제2항의 취지와 문언에 비추어 보면, 시장・군수 또는 구청장은 표준지공시지가에 토지가격비준표를 사용하여 산정된 지가와 감정평가업자의 검증의견 및 토지소유자 등의 의견을 종합하여 당해 토지에 대하여 표준지공시지가와 균형을 유지한 개별공시지가를 결정할 수 있고, 그와 같이 결정된 개별공시지가가 표준지공시지가와 균형을 유지하지 못할 정도로 현저히 불합리하다는 등의 특별한 사정이 없는 한, 결과적으로 토지가격비준표를 사용하여 산정한 지가와 달리 결정되었거나 감정평가사의 검증의견에 따라 결정되었다는 이유만으로 그 개별공시지가 결정이 위법하다고 볼 수는 없다.

II 직권 정정(틀린 계산, 오기 등 명백한 오류를 직권으로 정정하는 제도)

1. 효과

공시일에 소급하여 그 효력이 발생한다고 한다.

2. 정정신청 거부에 대한 권리구제

정정신청권을 부정하면서 국민의 정정신청은 직권발동 촉구에 지나지 않는 바 그 거부는 항고소송의 대상이 되는 처분이 아니다.

> 그러나 행정절차법 제25조 규정상(처분의 정정) 신청권이 인정된다는 점을 볼 때 판례의 태도는 비판의 여지가 있다고 여겨진다.

3. 개별토지가격합동조사지침 제12조의3에 의하면 토지특성조사의 착오 기타 위산・오기 등 지가산정에 명백한 잘못이 있을 경우에는 시장・군수 또는 구청장이 지방토지평가위원회의 심의를 거쳐 경정결정할 수 있고, 다만, 경미한 사항일 경우에는 지방토지평가위원회의 심의를 거치지 아니할 수 있다고 규정되어 있는바, 여기서 토지특성조사의 착오 또는 위산・오기는 지가산정에 명백한 잘못이 있는 경우의 예시로서 이러한 사유가 있

으면 경정결정할 수 있는 것으로 보아야 하고 그 착오가 명백하여야 비로소 경정결정할 수 있다고 해석할 것은 아니다(대판 1994.10.7, 93누15588).

Ⅲ 공시지가와 시가

1. 대판 1996.9.20, 95누11931

개별토지가격은 당해 토지의 시가나 실제 거래가격과 직접적인 관련이 있는 것은 아니므로 단지 그 가격이 시가나 실제 거래가격을 초과하거나 미달한다는 사유만으로 그것이 현저하게 불합리한 가격이어서 그 가격 결정이 위법하다고 단정할 것은 아니고 당해 토지의 실제 취득가격이 당해 연도에 이루어진 공매에 의한 가격이라고 해서 달리 볼 것은 아니다.

2. 개별공시지가가 감정가액이나 실제 거래가격을 초과한다는 사유만으로 그 가격 결정이 위법한지 여부(대판 2005.7.15, 2003두12080)

개별공시지가 결정의 적법 여부는 구 지가공시 및 토지 등의 평가에 관한 법률 등 관련 법령이 정하는 절차와 방법에 따라 이루어진 것인지 여부에 의하여 결정될 것이지, 당해 토지의 시가나 실제 거래가격과 직접적인 관련이 있는 것은 아니므로 단지 그 공시지가가 감정가액이나 실제 거래가격을 초과한다는 사유만으로 그것이 현저하게 불합리한 가격이어서 그 가격 결정이 위법하다고 단정할 수는 없다(대판 1995.11.21, 94누15684; 대판 1996.7.12, 93누13056; 대판 1996.9.20, 95누11931 등 참조). 원심이 같은 취지에서, 이 사건 토지에 대한 1999년도 개별공시지가 결정이 관련법령이 정하는 절차와 방법에 따라 적법하게 이루어진 것으로 인정되는 이상, 개별공시지가가 감정가액이나 실제 취득가격보다 높다는 사유만으로 그 공시지가 결정이 위법하게 되는 것은 아니라고 판단한 것은 정당하고, 거기에 상고이유에서 주장하는 바와 같은 실질적 조세법률주의, 개별공시지가와 시가의 관계에 관한 법리 등을 오해한 위법이 있다고 할 수 없다.

Ⅳ 개별공시지가가 보상액산정의 기준이 될 수 있는지 여부(대판 2002.3.29, 2000두10106)

[판시사항]

[1] 토지수용보상액은 지가공시 및 토지 등의 평가에 관한 법률 제10조의2 규정에 따라 결정・공시된 개별공시지가를 기준으로 하여 산정하여야 하는지 여부(소극)와 토지수용보상액이 당해 토지의 개별공시지가를 기준으로 하여 산정한 지가보다 저렴하게 되었다는 사정만으로 그 보상액 산정이 위법한 것인지 여부(소극)

[2] 수용대상토지의 정당한 보상액을 산정함에 있어 보상선례를 참작할 수 있는지 여부(한정 적극)

[판결요지]

[1] 토지수용보상액은 토지수용법 제46조 제2항 등 관계 법령에서 규정한 바에 따라 산정하여야 하는 것으로서, 지가공시 및 토지 등의 평가에 관한 법률 제10조의2 규정에 따라 결정・공시된 개별공시지가를 기준으로 하여 산정하여야 하는 것은 아니며, 관계 법령에 따라 보상액을 산정한 결과 그 보상액이 당해 토지의 개별공시지가를 기준으로 하여 산정한 지가보다 저렴하게 되었다는 사정만으로 그 보상액 산정이 잘못되어 위법한 것이라고 할 수는 없다.

[2] 토지수용법 제46조 제2항 등 토지수용보상액 산정에 관한 관계 법령의 규정을 종합하여 보면, 수용대상토지에 대한 보상액을 산정하는 경우에 인근 유사토지의 거래사례나 보상선례를 반드시 조사하여 참작하여야 하는 것은 아니며, 다만 인근 유사토지의 거래사례나 보상선례가 있고 그 가격이 정상적인 것으로서 적정한 보상액 평가에 영향을 미칠 수 있는 것임이 인정된 경우에 한하여 이를 참작할 수 있을 뿐이다.

V 개별공시지가와 개발부담금의 하자치유(대판 2001.6.26, 99두11592)

선행처분인 개별공시지가결정이 위법하여 그에 기초한 개발부담금 부과처분도 위법하게 된 경우 그 하자의 치유를 인정하면 개발부담금 납부의무자로서는 위법한 처분에 대한 가산금 납부의무를 부담하게 되는 등 불이익이 있을 수 있으므로, 그 후 적법한 절차를 거쳐 공시된 개별공시지가결정이 종전의 위법한 공시지가결정과 그 내용이 동일하다는 사정만으로는 위법한 개별공시지가결정에 기초한 개발부담금 부과처분이 적법하게 된다고 볼 수 없다.

해당 판례는 8필지 토지에 대한 각 필지별 개발부담금 액수에 대한 심리가 이루어지지 아니하여 원심판결이 위법하다고 판시하였다.

VI 경정결정

1. 정정불거 결정통지의 대상적격 인정여부(대판 2002.2.5, 2000두5043)

[판시사항]

개별토지가격합동조사지침 제12조의3 소정의 개별공시지가 경정결정신청에 대한 행정청의 정정불가 결정 통지가 항고소송의 대상이 되는 처분인지 여부(소극)

[판결요지]

개별토지가격합동조사지침(1991.3.29. 국무총리훈령 제248호로 개정된 것) 제12조의3은 행정청이 개별토지가격결정에 위산・오기 등 명백한 오류가 있음을 발견한 경우 직권으로 이를 경정하도록 한 규정으로서 토지소유자 등 이해관계인이 그 경정결정을 신청할 수 있는 권리를 인정하고 있지 아니하므로, 토지소유자 등의 토지에 대한 개별공시지가 조정신청을 재조사청구가 아닌 경정결정신청으로 본다고 할지라도, 이는 행정청에 대하여 직권발동을 촉구하는 의미밖에 없으므로, 행정청이 위 조정신청에 대하여 정정불가 결정 통지를 한 것은 이른바 관념의 통지에 불과할 뿐 항고소송의 대상이 되는 처분이 아니다.

2. 정정공고 시 효력발생기준일

개별토지가격이 지가산정에 명백한 잘못이 있어 경정결정 공고되었다면 당초에 결정 공고된 개별토지가격은 그 효력을 상실하고 경정결정된 새로운 개별토지가격이 공시기준일에 소급하여 그 효력을 발생한다(대판 1994.10.7, 93누15588).

Ⅶ 기타

1. 토지특성 판단[대판 2006.9.8, 2006두9276]

[판시사항]

[1] 지가공시 및 토지 등의 평가에 관한 법률 등에 기한 개별공시지가 조사·산정지침상의 토지특성 항목별 조사요령 중 도로접면 조건의 산정 방법

[2] 평가대상 토지의 해당도로 접면조건을 조사·산정함에 있어, 토지와 직접 접촉한 지방도의 현 도로폭만을 현황으로 고려하여 접면조건을 판단한 것은 위법하다고 한 사례

[판결요지]

[1] 지가공시 및 토지 등의 평가에 관한 법률 제10조의2 제2항, 같은 법 시행령 제12조의3의 규정에 기하여 건설교통부장관이 정하는 개별공시지가 조사·산정지침상의 토지특성 항목별 조사요령 중 '도로접면' 조건은 주로 그것이 건축과 교통 등의 면에서 해당 토지의 이용가치에 영향을 미쳐 그 지가형성요인으로 작용한다는 점에 근거하여 토지특성의 한 항목으로 조사하는 것으로서 원칙적으로 사실상 이용되는 현황도로를 기준으로 하여 산정하는 것이라 할 것이지만, 도로접면 조건을 산정할 당시에 특수한 사정에 의하여 일시적·잠정적으로 일부분이 도로로 이용되거나 혹은 이용되지 못하고 있는 상황은 현황으로 고려할 수 없고, 또한 현황도로 중 평가대상 토지와 직접 접촉한 부분의 노폭이 다른 부분보다 특수하게 넓거나 좁은 경우에는 공법상의 제한이나 현황도로의 전체적인 이용상황을 감안하지 아니한 채 평가대상 토지와 직접 접촉한 부분만을 현황으로 고려하여서는 안 된다.

[2] 평가대상 토지의 해당도로 접면조건을 조사·산정함에 있어, 토지와 직접 접촉한 지방도의 현 도로폭만을 현황으로 고려하여 접면조건을 판단한 것이 위법하다고 한 사례

2. 지가공시 및 토지 등의 평가에 관한 법률 위반[대판 2003.6.24, 2003도1869]

[판시사항]

[1] 구 지가공시 및 토지 등의 평가에 관한 법률 제33조 제4호 위반죄의 성립 범위

[2] 감정평가업자가 감정평가 대상 기계들을 제대로 확인하지 않았음에도 이를 확인하여 종합적으

로 감정한 것처럼 허위의 감정평가서를 작성한 경우, 구 지가공시 및 토지 등의 평가에 관한 법률 제33조 제4호 위반죄에 해당한다고 한 사례

[판결요지]

[1] 구 지가공시 및 토지 등의 평가에 관한 법률(2000.1.18. 법률 제6237호로 개정되기 전의 것) 제33조 제4호 위반죄는 같은 법 제22조에 기하여 제정된 감정평가에 관한 규칙 등에서 정한 감정평가의 원칙과 기준에 어긋나거나 신의성실 의무에 위배되는 방법으로 감정평가를 함으로써 그 결과가 공정성과 합리성을 갖추지 못한 모든 경우에 성립한다.

[2] 감정평가업자가 감정평가 대상 기계들을 제대로 확인하지 않았음에도 이를 확인하여 종합적으로 감정한 것처럼 허위의 감정평가서를 작성한 경우, 구 지가공시 및 토지 등의 평가에 관한 법률 제33조 제4호 위반죄에 해당한다고 한 사례

[이유]

구 지가공시 및 토지 등의 평가에 관한 법률(2000.1.18. 법률 제6237호로 개정되기 전의 것, 이하 '지가공시법'이라 한다)은 제22조에서 토지 등의 감정평가에 있어서 그 공정성과 합리성을 보장하기 위하여 감정평가업자가 준수하여야 할 원칙과 기준은 건설교통부령으로 정한다고 규정하고, 제27조 제1항에서 감정평가업자는 감정평가업무를 행함에 있어 품위를 유지하여야 하고, 신의와 성실로써 공정하게 감정평가를 하여야 하며, 고의로 진실을 숨기거나 허위의 감정평가를 하여서는 아니된다고 규정하고, 제33조 제4호에서 제27조 제1항의 규정에 위반하여 허위로 감정평가를 한 자는 2년 이하의 징역 또는 500만원 이하의 벌금에 처한다고 규정하고 있으므로, 지가공시법 제33조 제4호 위반죄는 같은 법 제22조에 기하여 제정된 감정평가에 관한 규칙 등에서 정한 감정평가의 원칙과 기준에 어긋나거나 신의성실 의무에 위배되는 방법으로 감정평가를 함으로써 그 결과가 공정성과 합리성을 갖추지 못한 모든 경우에 성립한다(대판 2001.4.24, 2001도361 참조).

기록에 의하면, 감정평가업자인 피고인은 대전지방법원 천안지원 99타경29144 부동산임의경매사건과 관련하여 1999.10.18.경 아산시 둔포면 소재 주식회사 원형의 공장 내부에 설치된 기계류 등에 관한 감정평가를 함에 있어서, 그 감정평가서에 "본건 기계기구는 구조, 연식(연식), 형식, 용량, 성능, 시공 정도 및 마감상태 등 제 요인을 종합 참작하여 복성가격으로 평가하였음"이라고 기재한 다음, 그 명세표 중 제1항부터 제7항까지 사이에 아산유압기계가 제작한 사출기 5대 및 동신유압기계가 제작한 사출기 2대에 관하여 그 명칭(종류), 구조, 규격, 형식, 용량, 제작번호, 제작일자 등을 구체적으로 기재하고, 위 기계들의 가격을 합계 208,194,000원으로 평가하였던 사실, 그러나 당시 위 공장에 있던 사출기 7대는 피고인이 평가를 의뢰받은 기계들이 아닐 뿐만 아니라 피고인이 위와 같이 기재한 기계들과도 전혀 다른 것으로서, 실제의 사출기 7대는 제작자, 제작번호, 제작일자가 모두 미상인 상태에 있었을 뿐만 아니라, 육안으로 보더라도 약 10년이 넘은 기계로서 그 가격도 합계 2,050만원 정도로 밖에 평가되지 않는 고철에 가까운 상태였던 사실, 그런데 피고인은 그 감정평가를 함에 있어서 어두운 공장 안에서 불도 켜지 않은 채 기계들을 대충 본 다음, 한국감정원

감정사 최길주가 1998.3.19.경 위 공장에 있던 사출기 7대에 관하여 작성해 놓은 감정평가서만을 참고하여 그 가격에서 감가상각액을 공제한 금액을 감정가격으로 기재하였을 뿐만 아니라, 피고인이 감정평가서에 기재한 사출기 7대와 위 최길주가 감정평가서에 기재한 사출기 7대 사이에도 일부 제작자 및 설치위치 등에 차이가 있었음에도 불구하고, 위와 같이 해당 기계들의 구조, 연식, 형식, 용량, 성능 등을 종합하여 평가하였다는, 허위 내용의 감정평가서를 작성하여 제출하였던 사실 등을 알 수 있는바, 여기에다가 앞서 본 법리를 종합하여 보면, 피고인의 행위는 감정평가의 원칙과 기준에 어긋나거나 신의성실 의무에 위배되는 방법으로 감정 평가를 행함으로써 그 결과가 공정성과 합리성을 갖추지 못한 경우에 해당하므로 지가공시법 제33조 제4호 위반죄가 성립한다고 하지 않을 수 없다. 같은 취지에서 이 사건 공소사실을 유죄로 인정한 원심의 판단은 정당하고, 거기에 상고이유의 주장과 같은 채증법칙 위배나 법리오해 등의 위법이 있다고 할 수 없다.

제2절 기출분석

 기출문제

[공시지가] 표준지공시지가 및 개별공시지가 기본 [제4회 제2문]

「부동산 가격공시에 관한 법률」에 근거하여 시장, 군수, 자치구 구청장이 행하는 개별토지가격결정의 법적 성질에 대하여 설명하라. 30점

Ⅰ. 서설

Ⅱ. 개별토지가격 결정절차

1. 개설
2. 개별공시지가의 산정
3. 개별공시지가 검증 및 의견청취
4. 시·군·구 부동산가격공시위원회의 심의 및 공시

Ⅲ. 개별토지가격 결정공시의 법적 성질

1. 학설
2. 판례
3. 검토

Ⅳ. 결

쟁점해설

본문의 논점은 개별토지가격의 결정절차(10점)와 그 법적 성질(15점)을 논함에 있다.

기출문제

[공시지가] 표준지공시지가 및 개별공시지가 기본 [제5회 제2문]

개별토지가격결정 절차상의 하자에 대한 불복절차를 설명하시오. 30점

Ⅰ. 서설

Ⅱ. 개별토지가격결정의 법적 성질

Ⅲ. 절차상 하자의 의미

1. 개별지가 결정절차

2. 절차상의 하자

Ⅳ. 절차상 하자에 대한 권리구제절차

1. 이의신청

2. 행정소송

3. 하자승계

Ⅴ. 결어

쟁점해설

① 제2문은 두 개의 약술형 문제로 구성되어 있다. 그러나 이 중에서 중요한 비중을 갖는 문제는 물론 개별토지가격결정 절차상의 하자에 관한 문제이다.

② 우선 검토되어야 하는 논점은 (1) 개별토지가격결정의 법적 성질 문제이다. 이때에 조심할 것은 개별토지가격결정과 표준지공시지가의 법적 성질은 서로 구분되어야 한다는 점이다. 전자에 관하여는 행정행위설과 행정계획설이 대립할 수 있으나, 행정계획설의 주장은 그 체계에 맞지 않는다는 점에 유의하여야 한다. 오히려 후자인 표준공시지가의 법적 성질 문제에 들어가서야 비로소 행정계획설 논의가 타당하다는 점에 유의하여야 한다. 이는 수험생들 대부분이 범하고 있는 오류로서, 일부 논문의 잘못된 주장이 빚고 있는 파급적 문제이기도 하다. 이러한 학설대립에서는 자신의 입장이 분명히 정리되어야 한다. 다수견해에 따르지 않더라도 일관적인 논리로써 논지를 전개하는 것이 필요하다. 이는 다음에 논의될 다른 논점에 있어서의 결론에서도 계속 이어지는 문제이니만큼 그 일관성 있는 태도가 필요하게 된다.

③ 다음으로는 (2) 절차상의 하자의 의미에 대한 설명이 필요하다. 이는 개별적인 절차의 내용에 관한 이해를 필요로 하며, 구체적으로 어떠한 하자유형이 가능한지에 관해 정리되어야 한다.

④ 다음으로는 (3) 하자에 대한 권리구제절차에 대해 언급되어야 한다. 이에 관하여는 행정심판과 행정소송이 검토되어야 한다.

29회 문제 03

서울의 A구청장은 이 사건 B토지의 비교표준지로 A구의 C토지(2017.1.1. 기준공시지가는 1㎡당 810만원임)를 선정하고 이 사건 B토지와 비교표준지 C의 토지가격비준표상 토지특성을 조사한 결과 총 가격배율이 1.00으로 조사됨에 따라 이 사건 각 토지의 가격을 1㎡당 810만원으로 산정하였다. 감정평가사 D는 A구청장으로부터 이와 같이 산정된 가격의 검증을 의뢰받고 이 사건 각 토지가 비교표준지와 비교하여 환경조건, 획지조건 및 기타조건에서 열세에 있어 비교표준지의 공시지가를 약 83.9%의 비율로 감액한 1㎡당 680만원을 개별공시지가로 정함이 적정하다는 검증의견을 제시하였다. A구청장은 이 검증의견을 받아들여 2017.5.30.에 이 사건 각 토지의 개별공시지가를 1㎡당 680만원으로 결정・공시하였다.
B토지 소유자는 1㎡당 680만원으로 결정・공시된 B토지의 개별공시지가에 대하여 1㎡당 810만원으로 증액되어야 한다는 취지로 이의신청을 제기하였다. B토지 소유자의 이의신청에 따라 A구청장은 감정평가사 E에게 이 사건 토지의 가격에 대한 검증을 의뢰하였다. 검증을 담당한 감정평가사 E는 토지특성 적용 및 비교표준지 선정에는 오류가 없으나 인근 지가와의 균형을 고려하여 개별공시지가를 1㎡당 700만원으로 증액함이 상당하다는 의견을 제시하였다(이 사건 토지가 비교표준지와 비교하여 환경조건 및 획지조건에서 열세에 있다고 보아 비교표준지의 공시지가에 대하여 약 86.5%의 비율로 감액).
이에 A구청장은 A구 부동산가격공시위원회의 심의를 거쳐 이 검증의견을 받아들여 B토지에 대하여 1㎡당 700만원으로 개별공시지가결정을 하였다. 이에 대하여 B토지 소유자는 토지가격비준표와 달리 결정된 개별공시지가결정은 위법하다고 주장한다. 이 주장은 타당한가? 20점

(설문 3)의 해결

Ⅰ. 쟁점의 정리

Ⅱ. 개별공시지가의 산정절차 등

1. 개별공시지가의 의의 및 취지 등

2. 개별공시지가의 산정절차

(1) 개설

(2) 개별공시지가의 산정(부동산공시법 제10조)

(3) 개별공시지가의 검증 및 의견청취(부동산공시법 제10조 제5항)

(4) 시・군・구부동산가격공시위원회의 심의 및 공시

3. 개별공시지가의 효력

Ⅲ. 토지소유자 주장의 타당성(검증제도 및 심의제도의 취지)

1. 개별공시지가의 산정절차상 한계

2. 관련 규정 내용의 검토

(1) 부동산공시법 제10조 및 동법 시행령 제18조

(2) 검토

Ⅳ. 사안의 해결

예시답안

(설문 3)의 해결

I 쟁점의 정리

토지소유자는 결과적으로 "표준지공시지가 × 비준표"의 산식으로 산정되지 아니한 개별공시지가는 위법하다고 주장한다. 따라서 개별공시지가의 산정절차상 인근 토지와의 균형 등을 고려하기 위해서 "표준지공시지가 × 비준표"와 달리 결정・공시할 수 있는지를 살펴본다.

II 개별공시지가의 산정절차 등

1. 개별공시지가의 의의 및 취지 등

개별공시지가란 시・군・구청장이 공시지가를 기준으로 산정한 개별토지의 단위당 가격을 말한다. 이는 조세 및 개발부담금 산정의 기준이 되어 행정의 효율성 제고를 도모함에 제도적 취지가 인정된다(부동산공시법 제10조). 또한 판례는 "개별토지가격결정은 관계법령에 의한 토지초과이득세 또는 개발부담금 산정의 기준이 되어 국민의 권리나 의무 또는 법률상 이익에 직접적으로 관계되는 것으로서 항고소송의 대상이 되는 행정처분에 해당한다(대판 1994.2.8, 93누111)"라고 하여 처분성을 인정하고 있다.

2. 개별공시지가의 산정절차

(1) 개설

① 시・군・구청장이 지가를 산정하고, ② 그 타당성에 대하여 감정평가법인등의 검증을 받고 ③ 토지소유자 및 기타 이해관계인의 의견을 듣는다. ④ 그 후, 시・군・구부동산가격공시위원회의 심의 후 결정・공시한다.

(2) 개별공시지가의 산정(부동산공시법 제10조)

시・군・구청장은 해당 토지와 유사하다고 인정되는 하나 또는 둘 이상의 표준지공시지가를 기준으로 비준표를 사용하여 지가를 산정한다. 단, 표준지 및 조세부담금 부과대상이 아닌 경우는 산정하지 아니할 수 있다(시행령 제15조). 또한 해당 토지가격과 표준지공시지가가 균형을 유지하도록 하여야 한다.

(3) 개별공시지가의 검증 및 의견청취(부동산공시법 제10조 제5항)

감정평가실적이 우수한 업자(시행령 제20조)에게 검증받되, 개발사업 시행 및 용도지역・지구 변경의 경우를 제외하고 생략할 수 있다(시행령 제18조). 이 경우 개별토지의 지가변동율과 시・군・구 연평균지가변동율의 차이가 작은 순서대로 검증을 생략하고, 생략에 관하여는 미리 관계기관의 장과 협의하여야 한다.

(4) 시 · 군 · 구부동산가격공시위원회의 심의 및 공시

시 · 군 · 구부동산가격공시위원회의 심의 후, 개별공시지가결정 및 이의신청에 관한 사항을 결정 · 공시한다. 필요시 개별통지할 수 있다.

3. 개별공시지가의 효력

개별공시지가는 ① 국세, 지방세, 부담금 산정기준의 과세표준이 되며, ② 행정목적의 지가산정기준이 된다. 다만 개별공시지가를 기준으로 하여 행정목적에 활용하기 위하여는 법률의 명시적인 규정이 있어야 하므로 규정이 없는 경우에는 표준지공시지가를 기준으로 개별적으로 토지가격을 산정하여야 할 것이다.

Ⅲ 토지소유자 주장의 타당성(검증제도 및 심의제도의 취지)

1. 개별공시지가의 산정절차상 한계

개별공시지가는 이용상황 등이 유사한 표준지공시지가에 비준표를 적용하여 산정하게 된다. 비준표는 표준지와 개별토지의 지가형성요인에 관한 표준적인 비교표로서, 해당 토지가격의 적정가격과의 괴리, 통계오차의 간과 우려 및 사회경제적 변화에 따른 탄력적 대응곤란 등의 문제점을 지닐 수 있다. 따라서 이러한 한계를 보완하고자 부동산공시법에서는 검증 및 부동산가격공시위원회의 심의절차를 규정하고 있다.

2. 관련 규정 내용의 검토

(1) 부동산공시법 제10조 및 동법 시행령 제18조

부동산공시법 제10조에서는 개별공시지가를 산정하는 과정상 해당 토지의 가격과 표준지공시지가가 균형을 유지하도록 하여야 한다고 하였으며, 동법 시행령 제18조에서는 검증항목으로서 산정한 '개별토지가격과 표준지공시지가의 균형유지에 관한 사항', '산정한 개별토지의 가격과 인근 토지의 지가와의 균형유지에 관한 사항' 등을 규정하고 있다.

(2) 검토

이와 같은 규정들의 취지와 그 문언에 비추어 보면, 시장 등은 표준지공시지가에 토지가격비준표를 사용하여 산정된 지가와 감정평가법인등의 검증의견 및 토지소유자 등의 의견을 종합하여 해당 토지에 대하여 표준지공시지가와 균형을 유지한 개별공시지가를 결정할 수 있고, 그와 같이 결정된 개별공시지가가 표준지공시지가와 균형을 유지하지 못할 정도로 현저히 불합리하다는 등의 특별한 사정이 없는 한, 결과적으로 토지가격비준표를 사용하여 산정한 지가와 달리 결정되었거나 감정평가사의 검증의견에 따라 결정되었다는 이유만으로 그 개별공시지가의 결정이 위법하다고 볼 수 없다.

Ⅳ 사안의 해결

A구청장이 결정한 개별공시지가가 결과적으로 토지가격비준표를 사용하여 산정한 지가가 아니라 감정평가사의 검증의견과 같게 되었더라도 이것만으로 개별공시지가 결정행위를 위법하다고 볼 수는 없다(대판 2013.11.14, 2012두15364). 또한 각 토지마다 그 토지의 특성 및 평가요소 등에서 차이가 있고 지가산정의 목적에 따라 심의・조정과정에서 이를 참작하여 감액 혹은 증액조정하여 최종적으로 개별공시지가를 결정할 수 있다는 점 등에 비추어 특별한 사정이 없는 한 해당 토지의 개별토지가격이 인접 토지의 개별토지가격과 비교하여 상대적으로 고가 또는 저가로 평가되었다는 사정만으로는 그 개별토지가격 결정이 위법・부당하다고 다툴 수 없다(대판 1993.12.24, 92누19262). 따라서 토지소유자의 주장은 타당하다고 할 수 없다.

채점평

문제 3

토지가격비준표의 법적 성격과, 개별공시지가 산정 시 토지가격비준표의 구속력에 대한 근거법령의 해석 및 판례의 변화를 설명하는 문제이다. 제시된 문제의 쟁점, 위법사항 그리고 근거법률을 바탕으로 결론을 적시하여야 한다. 그러나 일부 수험생은 토지가격비준표의 성격만으로, 근거법률의 해석만으로 결론을 도출하려 하거나 또는 근거법률에 대한 설명이 전혀 없는 경우가 많았다.

 기출문제

[공시지가] 기타 [제7회 제2문]

개별공시지가의 검증 20점

쟁점해설

① 제2문의 논점은 검증의 의의를 설명하고, 검증절차 및 그 성질에 대하여 구체적으로 언급하고 검증제도에 대한 종합적인 평가를 함에 있다.

② 의의에서는 검증이란 감정평가법인등이 시장・군수 또는 구청장이 산정한 개별토지가격의 타당성에 대하여 전문가적 입장에서 검토하는 것을 말하며, 이는 개별토지가격의 객관적 타당성을 부여하여 그의 공적 신뢰성을 제고하기 위한 제도라는 점을 언급하는 것으로 족하며, 절차와 관련해서는 검증의 종류, 검증의뢰기관, 검증기관, 검증기간, 토지소유자 등의 의견청취 등에 관하여 언급하고, 검증의 성질은 검증절차를 누락한 절차하자를 지닌 개별공시지가의 효력에 미치는 영향을 중심으로 검토하여야 할 것이나, 검증제도의 문제점 및 개선방안을 언급하는 것도 무방하다고 할 것이다. 제2문의 채점기준은 1. 검증의 의의(5점), 2. 검증의 성질 및 절차(10점), 3. 평가(5점)이다.

③ 제2문의 경우 대부분의 답안은 무난한 편이였다. 보통은 서론에서 개별공시지가의 의의를 언급하고 검증제도의 의의를 언급하였으며, 검증의 종류를 약식검증과 정밀검증 또는 서류검증 및 현장검증으로 구분하여 설명하였다. 검증을 행한 감정평가업자를 공무원으로 의제하여 가중처벌하도록 하고 있는데, 이는 논점은 아니나 대부분의 답안은 이를 언급하였다.

④ 답안 중에는 검증을 행정처분으로 보는 경우도 있었고, 행정조사로 보거나 사실행위로 보는 경우도 많았다. 검증은 개별토지가격의 타당성에 대하여 전문가적 입장에서 검토하는 것이고 그것은 개별공시지가의 객관적 타당성을 부여하고 공적 신뢰성을 제고하기 위한 것이기 때문에 국민의 권리・의무관계를 직접적으로 규율하는 것이 아니므로 처분이 아니다. 또한, 검증절차를 누락한 개별공시지가의 효력을 논하는 것이 논점이며 타당하다.

예시답안

1. 의의 및 취지(부동산공시법 제10조 제5항)

개별공시지가의 검증이란 감정평가법인등이 시・군・구청장이 산정한 개별공시지가의 타당성에 대하여 전문가적 입장에서 검토하는 것으로서, 부동산공시법 제10조 제5항에 근거한다. 이는 개별공시지가 산정의 전문성을 보완하고 개별공시지가의 신뢰성과 객관성을 확보함에 취지가 인정된다.

2. 법적 성질

개별공시지가의 검증은 검증 자체로는 법률효과의 발생이 없으며, 개별공시지가 산정에 대한 적정성을 단순히 확인하고 의견을 제시하는 것이므로 사실행위로 볼 수 있다.

3. 내용

(1) 주체 및 책임(시행령 제18조)

검증의 주체는 감정평가법인등이며 시・군・구청장은 해당 지역의 표준지공시지가를 조사하고 평가한 감정평가법인등이나, 실적이 우수한 감정평가법인등을(① 2년 연속 표준지공시지가 조사 및 ② 2년간 업무정지가 3회 이상이 아닌 경우) 지정할 수 있으며 검증업무를 수행하는 감정평가업자는 공무원으로 의제된다.

(2) 약식검증(산정지가검증)

1) 의의(부동산공시법 제10조 제5항 및 시행령 제18조)

약식검증이란 시・군・구청장이 개별공시지가를 산정한 후, 개별공시지가에 대한 타당성을 감정평가법인등에게 검증받는 것을 말한다. 이는 산정지가검증이라고도 하며 지가현황도면 및 지가조사자료를 기준으로 하여 개별공시지가 산정대상의 전체 필지에 대하여 행하여진다.

2) 검증 실시 및 생략사유(시행령 제18조 제3항)

개발사업이 있거나 용도지역・지구가 변경된 경우에는 반드시 검증해야 하며, 개별토지의 지가변동율과 시・군・구의 연평균 지가변동의 차이가 작은 순으로 검증을 생략할 수 있다.

3) 검증내용(시행령 제18조 제2항)

① 비교표준지 선정의 적정성에 관한 사항, ② 개별토지가격 산정의 적정성에 관한 사항, ③ 산정한 개별토지가격과 표준지공시지가의 균형 유지에 관한 사항, ④ 산정한 개별토지가격과 인근 토지의 지가와의 균형 유지에 관한 사항, ⑤ 표준주택가격, 개별주택가격, 비주거용 표준부동산가격 및 비주거용 개별부동산가격 산정 시 고려된 토지 특성과 일치하는지 여부, ⑥ 개별토지가격 산정 시 적용된 용도지역, 토지이용상황 등 주요 특성이 공부(公簿)와 일치하는지 여부, ⑦ 그 밖에 시장・군수 또는 구청장이 검토를 의뢰한 사항 등을 검토・확인하고 의견을 제시해야 한다.

4) 검증을 결한 개별공시지가의 효력

검증을 임의적으로 생략했거나, 하자 있는 검증은 개별공시지가의 효력에 영향을 미치게 되며 하자의 정도에 따라 무효 또는 취소할 수 있는 행위가 된다.

(3) 정밀검증(시행령 제18조 제4항, 개별공시지가의 검증업무처리지침 제3조)

의견제출지가검증과 이의신청지가검증이 있다. ① "의견제출지가검증"이란 시장・군수・구청장이 산정한 지가에 대하여 법 제10조 제5항 및 영 제19조에 따른 토지소유자 및 그 밖의 이해관계인(이하 “개별토지소유자 등”이라 한다)이 지가열람 및 의견제출기간 중에 의견을 제출한 경우에 실시하는 검증을 말한다. ② “이의신청지가검증”이란 시장・군수・구청장이 개별공시지가를 결정・공시한 후 법 제11조 및 영 제22조에 따라 개별공시지가에 이의가 있는 자가 이의신청을 제기한 경우에 실시하는 검증을 말한다.

4. 문제점 및 개선방향

① 검증기간이 부족하므로 검증을 통한 적정성 확보가 어려운 바, 적정한 검증기간이 필요하다.
② 방대한 양의 공적자료의 충분한 제시가 요구되므로 관련 공무원의 협조요청이 필요하다.
③ 검증수수료의 현실화 및 예산집행의 실효성 확보가 필요하다.

30회 문제 01

관할 A시장은 「부동산 가격공시에 관한 법률」에 따라 甲소유의 토지에 대해 공시기준일을 2018.1.1.로 한 개별공시지가를 2018.6.28. 결정 · 공시하고('당초 공시지가') 甲에게 개별 통지하였으나, 이는 토지가격비준표의 적용에 오류가 있는 것이었다. 이후 甲소유의 토지를 포함한 지역 일대에 개발 사업이 시행되면서 관련법에 의한 부담금 부과의 대상이 된 甲의 토지에 대해 A시장은 2018.8.3. 당초 공시지가에 근거하여 甲에게 부담금을 부과하였다. 한편 甲소유 토지에 대한 당초 공시지가에 이의가 있는 인근 주민 乙은 이의신청기간이 도과한 2018.8.10. A시장에게 이의를 신청하였고, A시장은 甲소유 토지에 대한 당초 공시지가를 결정할 때 토지가격비준표의 적용에 오류가 있었음을 이유로 「부동산 가격공시에 관한 법률」 제12조 및 같은 법 시행령 제23조 제1항에 따라 개별공시지가를 감액하는 정정을 하였고, 정정된 공시지가는 2018.9.7. 甲에게 통지되었다. 다음 물음에 답하시오(아래 설문은 각각 별개의 독립된 상황임). 40점

(2) 甲은 이의신청기간이 도과한 후에 이루어진 A시장의 개별공시지가 정정처분은 위법하다고 주장한다. 甲의 주장은 타당한가? 10점

(설문 1-2)의 해결
- Ⅰ. 쟁점의 정리
- Ⅱ. 이의신청과 정정처분의 관계
  - **1. 이의신청의 의의 및 제도적 취지 등**
  - **2. 직권정정의 의의 및 제도적 취지 등**
    - (1) 의의 및 취지
    - (2) 정정사유(부동산공시법 시행령 제23조 제1항)
  - **3. 이의신청과 직권정정의 관계**
- Ⅲ. 사안의 해결

예시답안

(설문 1-2)의 해결

Ⅰ 쟁점의 정리

甲은 이의신청기간이 도과된 후 이루어진 정정처분의 위법성을 주장한다. 정정처분과 이의신청관계 및 정정처분의 요건(사유)을 검토하여 사안을 해결한다.

Ⅱ 이의신청과 정정처분의 관계

1. 이의신청의 의의 및 제도적 취지 등

이의신청이란 개별공시지가에 이의 있는 자가 시・군・구청장에게 이의를 신청하고 시・군・구청장이 이에 대해 심사하는 제도로서, 개별공시지가의 객관성을 확보하여 공신력을 높이는 취지가 인정된다. 이의신청은 특별법상 행정심판이 아니기에, 이를 거친 이후에도 행정심판 및 행정소송을 제기할 수 있다.

2. 직권정정의 의의 및 제도적 취지 등

(1) 의의 및 취지

개별공시지가에 틀린 계산, 오기, 표준지선정 착오 등 명백한 오류가 있는 경우에 이를 직권으로 정정해야 하는 제도를 말하며, 이는 명시적 규정을 두어 책임문제로 인한 정정회피 문제를 해소하고 불필요한 쟁송을 방지하여 행정의 능률화를 도모함에 취지가 있다.

(2) 정정사유(부동산공시법 시행령 제23조 제1항)

정정사유로는 틀린 계산・오기 및 대통령령으로 정하는 명백한 오류가 있는 경우로서 ① 공시절차를 완전하게 이행하지 아니한 경우, ② 용도지역 등 주요 요인의 조사를 잘못한 경우, ③ 토지가격비준표 적용에 오류가 있는 경우가 있다.

3. 이의신청과 직권정정의 관계

이의신청은 토지소유자 등의 신청에 의하여 이루어지고, 개별공시지가 정정처분은 명백한 오류의 시정을 위하여 직권으로 이루어진다. 각 제도는 하자 없는 개별공시지가 산정목적을 위한 것으로 별도의 제도이므로 이의신청의 기간이 도과되어도 시・군・구청장은 언제든지 명백한 오류의 시정을 위하여 직권으로 정정할 수 있을 것이다.

Ⅲ 사안의 해결

정정제도는 과세 및 개발부담금 산정의 기초가 되는 개별공시지가의 명백한 오류를 시정하기 위한 것이므로 이의신청과 무관하게 시・군・구청장은 개별공시지가를 정정할 수 있다. 따라서 甲의 주장은 타당하지 못하다.

31회 문제 02

A시의 시장 甲은 2018.5.31. 乙·丙 공동소유의 토지 5,729㎡(이하 '이 사건 토지'라고 한다)에 대하여 2018.1.1. 기준 개별공시지가를 ㎡당 2,780,000원으로 결정·고시하였다. 乙은 2018.6.19. 甲에게 「부동산 가격공시에 관한 법률」 제11조에 따라 이 사건 토지의 개별공시지가를 ㎡당 1,126,850원으로 하향 조정해 줄 것을 내용으로 하는 이의신청을 하였다. 이에 대하여 甲은 이 사건 토지의 개별공시지가결정 시 표준지 선정에 문제가 있음을 발견하고, A시 부동산가격공시위원회의 심리를 거쳐 2018.7.1. 위 개별공시지가를 ㎡당 2,380,000원으로 정정하여 결정·고시하였고, 동 결정서는 당일 乙에게 송달되었다. 丙은 2018.6.20. 위 이의신청과는 별개로 이 사건 토지의 개별공시지가를 ㎡당 1,790,316원으로 수정해 달라는 취지의 행정심판을 청구하였고, B행정심판위원회는 2018.8.27. 이 사건 토지의 개별공시지가를 ㎡당 2,000,000원으로 하는 변경재결을 하였고, 동 재결서 정본은 2018.8.30. 丙에게 송달되었다. 다음 물음에 답하시오. 30점

(1) 부동산 가격공시에 관한 법령상 개별공시지가의 정정사유에 관하여 설명하시오. 5점

(설문 2-1)의 해결
1. 의의 및 취지(부동산공시법 제12조)
2. 정정사유(부동산공시법 시행령 제23조 제1항)
3. 정정절차(부동산공시법 시행령 제23조 제2항)
4. 효과
5. 정정신청 거부에 대한 권리구제
6. 검토

예시답안

(설문 2-1)의 해결

1. 의의 및 취지(부동산공시법 제12조)

개별공시지가에 틀린 계산, 오기, 표준지선정의 착오 등 명백한 오류가 있는 경우에 이를 직권으로 정정해야 하는 제도를 말하며, 이는 명시적 규정을 두어 책임문제로 인한 정정회피문제를 해소하고 불필요한 쟁송을 방지하여 행정의 능률화를 도모함에 취지가 있다.

2. 정정사유(부동산공시법 시행령 제23조 제1항)

정정사유로는 틀린 계산·오기 및 대통령령으로 정하는 명백한 오류가 있는 경우로서 ① 공시절차를 완전하게 이행하지 아니한 경우, ② 용도지역 등 주요 요인의 조사를 잘못한 경우, ③ 토지가격비준표 적용에 오류가 있는 경우가 있다.

3. 정정절차(부동산공시법 시행령 제23조 제2항)

시・군・구청장은 시・군・구부동산가격공시위원회 심의를 거쳐 정정사항을 결정・공시하며 틀린 계산・오기의 경우에는 심의 없이 직권으로 결정・공시할 수 있다.

4. 효과

개별토지가격이 지가산정에 명백한 잘못이 있어 경정결정・공고되었다면 당초에 결정・공고된 개별토지가격은 그 효력을 상실하고 경정결정된 새로운 개별토지가격이 공시기준일에 소급하여 그 효력을 발생한다(대판 1994.10.7, 93누15588).

5. 정정신청 거부에 대한 권리구제

신청권에 대해 판례는 정정신청권을 부정하면서 국민의 정정신청은 직권발동 촉구에 지나지 않는 바, 그 거부는 항고소송의 대상이 되는 처분이 아니라고 한다. 그러나 행정절차법 제25조 규정상(처분의 정정) 신청권이 인정된다는 점을 볼 때 판례의 태도는 비판의 여지가 있다고 여겨진다.

6. 검토

정정제도는 경미한 개별공시지가의 절차하자를 이유로, 개별공시지가 내지는 향후 과세처분을 대상으로 소송이 진행되는 번거로움을 막기 위하여 규정하고 있는 만큼 효율적으로 활용하여 불필요한 다툼을 막고 조기에 개별토지소유자의 법적 지위를 안정화시켜야 할 것이다.

Chapter
03 부동산가격공시위원회

제1절 기출분석

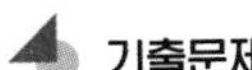 기출문제

[공시지가] 기타 [제6회 제3문]

「부동산 가격공시에 관한 법률」이 규정하고 있는 부동산가격공시위원회의 구성과 권한을 설명하시오. 30점

쟁점해설

사소한 문제이지만 지적하고 싶은 것은 한자의 사용에 관해서이다. 用語는 한자로 써 주는 편이 바람직하나 틀린 한자를 쓰는 것보다는 차라리 한글로 쓰는 것이 유리하다. 따라서 시간이 부족한 수험생이나 글씨를 빨리 쓰지 못하는 수험생은 작은 제목이나 처음 나오는 용어는 한자로 쓰되 나머지나 그 다음부터는 한글로 쓰는 것이 좋을 것이다. 쉽고 중요한 법률용어인 행정구제를 救濟라 하지 않고 求濟로 쓰는가 하면, 受忍을 受認으로 표기하는 등 한자를 잘못 쓰는 경우가 있다. 아울러 너무나 당연한 지적이지만 글씨를 읽기 쉽게 또박또박 써주는 것이 무엇보다도 중요하다. 즉, 수험생의 정신자세가 성실하다는 것이 나타나도록 답안을 쓸 필요가 있다.

마지막으로 언급하고 싶은 것은 사례문제의 출제가능성이다. 우리는 지금 국제화 · 세계화의 문턱에 와 있다. 이러한 환경변화 아래에서 각종 시험의 출제경향을 눈여겨보아야 할 것이다. 앞으로 준케이스 문제와 종합적인 문제의 출제가능성을 염두에 둔, 전반적이고도 다양한 수험대책이 요구된다고 하겠다.

예시답안

Ⅰ 의의

부동산가격공시위원회란 부동산공시법상의 내용과 관련된 사항을 심의하는 위원회를 말하며, 국토교통부장관 소속하에 두는 중앙부동산가격공시위원회와 시 · 군 · 구청장 소속하에 두는 시 · 군 · 구부동산가격공시위원회가 있다.

Ⅱ 부동산가격공시위원회의 성격

1. 필수기관

중앙부동산가격공시위원회는 국토교통부장관의 소속하에 두고 시 · 군 · 구부동산가격공시위원회는 시 · 군 · 구청장 소속하에 두는 필수기관이다.

2. 심의기관의 성격

의결기관과 자문기관의 중간 형태인 심의기관의 성격이 있다고 본다.

Ⅲ 중앙부동산가격공시위원회

1. 설치 및 운영

① 국토교통부장관 소속하에 둔다. 위원장은 국토교통부 제1차관이 되고 공무원이 아닌 자는 2년을 임기로 한다. ② 위원회의 회의는 재적위원 과반수의 출석, 출석위원 과반수의 찬성으로 의결한다.

2. 심의사항

① 부동산 가격공시 관계법령의 제정・개정에 관한 사항 중 국토교통부장관이 심의에 부치는 사항, ② 표준지의 선정 및 관리지침, ③ 조사・평가된 표준지공시지가, ④ 표준지공시지가에 대한 이의신청에 관한 사항, ⑤ 표준주택의 선정 및 관리지침, ⑥ 조사・산정된 표준주택가격, ⑦ 표준주택가격에 대한 이의신청에 관한 사항, ⑧ 공동주택의 조사 및 산정지침, ⑨ 조사・산정된 공동주택가격, ⑩ 공동주택가격에 대한 이의신청에 관한 사항, ⑪ 비주거용 표준부동산의 선정 및 관리지침, ⑫ 조사・산정된 비주거용 표준부동산가격, ⑬ 비주거용 표준부동산가격에 대한 이의신청에 관한 사항, ⑭ 비주거용 집합부동산의 조사 및 산정지침, ⑮ 조사・산정된 비주거용 집합부동산가격, ⑯ 비주거용 집합부동산가격에 대한 이의신청에 관한 사항, ⑰ 계획수립에 관한 사항, ⑱ 그 밖에 부동산정책에 관한 사항 등 국토교통부장관이 심의에 부치는 사항

Ⅳ 시・군・구부동산가격공시위원회

1. 설치 및 운영

① 시・군・구청장 소속하에 둔다. 위원장은 부시장, 부군수, 부구청장이다. ② 시・군・구 부동산가격공시위원회의 구성과 운영에 관하여 필요한 사항은 해당 시・군・구의 조례로 정한다.

2. 심의사항

① 개별공시지가의 결정에 관한 사항, ② 개별공시지가에 대한 이의신청에 관한 사항, ③ 개별주택가격의 결정에 관한 사항, ④ 개별주택가격에 대한 이의신청에 관한 사항, ⑤ 비주거용 개별부동산가격의 결정에 관한 사항, ⑥ 비주거용 개별부동산가격에 대한 이의신청에 관한 사항, ⑦ 그 밖에 시장・군수 또는 구청장이 심의에 부치는 사항

29회 문제 04

부동산 가격공시에 관한 법령상 중앙부동산가격공시위원회에 관하여 설명하시오. 10점

예시답안

(설문 4)의 해결

I 의의

부동산가격공시위원회란 부동산공시법상의 내용과 관련된 사항을 심의하는 위원회를 말하며, 국토교통부장관 소속하에 두는 중앙부동산가격공시위원회와 시·군·구청장 소속하에 두는 시·군·구부동산가격공시위원회가 있다.

II 부동산가격공시위원회의 성격

1. 필수기관

중앙부동산가격공시위원회는 국토교통부장관의 소속하에 두고 시·군·구부동산가격공시위원회는 시·군·구청장 소속하에 두는 필수기관이다.

2. 심의기관의 성격

의결기관과 자문기관의 중간 형태인 심의기관의 성격이 있다고 본다.

III 중앙부동산가격공시위원회

1. 설치 및 운영

① 국토교통부장관 소속하에 둔다. 위원장은 국토교통부 제1차관이 되고 공무원이 아닌 자는 2년을 임기로 한다. ② 위원회의 회의는 재적위원 과반수의 출석, 과반수 찬성으로 의결한다.

2. 심의사항

① 부동산 가격공시 관계법령의 제정·개정에 관한 사항 중 국토교통부장관이 심의에 부치는 사항, ② 표준지의 선정 및 관리지침, ③ 조사·평가된 표준지공시지가, ④ 표준지공시지가에 대한 이의신청에 관한 사항, ⑤ 표준주택의 선정 및 관리지침, ⑥ 조사·산정된 표준주택가격, ⑦ 표준주택가격에 대한 이의신청에 관한 사항, ⑧ 공동주택의 조사 및 산정지침, ⑨ 조사·산정된 공동주택가격, ⑩ 공동주택가격에 대한 이의신청에 관한 사항, ⑪ 비주거용 표준부동산의 선정 및 관리지침, ⑫ 조사·산정된 비주거용 표준부동산가격, ⑬ 비주거용 표준부동산가격에

대한 이의신청에 관한 사항, ⑭ 비주거용 집합부동산의 조사 및 산정지침, ⑮ 조사・산정된 비주거용 집합부동산가격, ⑯ 비주거용 집합부동산가격에 대한 이의신청에 관한 사항, ⑰ 계획 수립에 관한 사항, ⑱ 그 밖에 부동산정책에 관한 사항 등 국토교통부장관이 심의에 부치는 사항을 심의한다.

Ⅳ 시・군・구부동산가격공시위원회

1. 설치 및 운영

① 시・군・구청장 소속하에 둔다. 위원장은 부시장, 부군수, 부구청장이다. ② 시・군・구부동산가격공시위원회의 구성과 운영에 관하여 필요한 사항은 해당 시・군・구의 조례로 정한다.

2. 심의사항

① 개별공시지가의 결정에 관한 사항, ② 개별공시지가에 대한 이의신청에 관한 사항, ③ 개별주택가격의 결정에 관한 사항, ④ 개별주택가격에 대한 이의신청에 관한 사항, ⑤ 비주거용 개별부동산가격의 결정에 관한 사항, ⑥ 비주거용 개별부동산가격에 대한 이의신청에 관한 사항, ⑦ 그 밖에 시장・군수 또는 구청장이 심의에 부치는 사항을 심의한다.

채점평

문제 4

법령상 중앙부동산가격공시위원회의 역할에 관한 문제이다. 중앙부동산가격위원회의 구성과 역할은 법령에 상세한 규정이 있는 만큼, 법령의 내용을 서술하면 된다. 관련 법령의 내용을 체계적이고 정확하게 이해하는 것이 무엇보다 중요하다.

총평

많은 수험생들은 제시된 사례형 문제에 대하여 사실관계를 정확히 분석한 후 쟁점별로 충실하게 서술한 우수한 답안도 많았지만, 문제를 정확하게 이해하지 못하고 논점을 벗어나서 답안을 작성하거나, 학설과 판례를 충분히 숙지하고 있지 못해 핵심에서 벗어난 답안이 많았다. 따라서 기본에 충실한 법적인 문제해결능력을 갖추기 위해서는 최신 판례와 이론을 중심으로 행정법과 보상법규를 체계적으로 공부할 것을 권장한다. 참고로 일부 문제에 참조 조문을 제시하였으므로, 답안 작성 과정에서 참고 및 활용하기 바란다.

Chapter

04 표준지공시지가와 개별공시지가의 구별

제1절 기출분석

 기출문제

[공시지가] 표준지공시지가 및 개별공시지가 기본 [제8회 제2문]

표준지공시지가와 개별공시지가를 비교하시오. 20점

Ⅰ. 개설

Ⅱ. 공통점

1. **제도의 취지상 같은 점**
2. **법적 성질**
3. **의견청취제도의 존재**
4. **권리구제상 공통점**

Ⅲ. 차이점

1. **제도의 취지상 차이점**
2. **공시주체의 차이점**
3. **산정절차의 차이점**
4. **효력 및 적용범위의 차이점**
5. **적정성 확보방안의 차이점**
6. **그 외(이의신청의 청구대상)**

Ⅳ. 관련 문제(하자승계)

쟁점해설

① 제2문의 논점은 표준지공시지가와 개별공시지가의 의의를 설명하고, 표준지공시지가와 개별공시지가와의 조사・산정절차, 이의신청절차, 적용범위의 차이, 법적 성질, 표준지공시지가와 개별공시지가의 관계 등을 언급하여야 할 것이다.

② 구체적 공통점・차이점의 문제로서 표준지공시지가와 개별공시지가의 조사・산정방법, 절차, 기간, 공시사항의 차이점 및 이의신청절차, 개별공시지가의 검증, 확인절차 등을 언급하고 적용범위 내지 효력에 있어서 부동산공시법 제3조(표준지공시지가), 제10조(개별공시지가)의 차이점을 설명하여야 할 것이다.

표준지공시지가의 법적 성질과 개별공시지가의 법적 성질 문제에 관하여 행정계획설, 입법행위설, 사실행위설, 행정행위설 등의 견해의 대립을 보이고 있는 바, 이는 행정소송법은 항고소송을 "행정청의 처분 등이나 부작위에 대하여 제기하는 소송"이라고 하며(행정소송법 제3조 제1호), 처분 등을 "행정청이 행하는 구체적 사실에 관한 법집행으로서의 공권력의 행사 또는 그 거부와 그 밖에 이에 준하는 행정작용 및 행정심판에 대한 재결"이라 하고(동법 제2조 제1항 제1호), 취소소송은 "처분

등의 취소를 구할 법률상 이익이 있는 자가 제기할 수 있다."라고 규정하고 있다(동법 제12조 전단). 따라서 위법한 공시지가에 대한 사법심사가 가능한가에 관하여 추상적 규범통제가 허용되지 않고 있는 우리의 현행법제에서 공시지가를 처분 등으로 볼 수 있는가에 대하여 의문이 제기된다. 따라서 이에 관한 학설을 소개함과 아울러 우리나라 대법원의 견해도 밝혀야 할 것이다.
마지막으로 표준지공시지가와 개별공시지가를 다툴 수 있는 단계의 문제로서 하자의 승계문제가 관련된다. 하자의 승계에 관한 법리적 이론으로서 선행행위와 후행행위가 서로 결합하여 하나의 효과를 발생하는 경우와 서로 다른 효과를 발생하는 경우로 나누어 전자의 경우에만 선행행위의 하자가 후행행위에 승계된다고 하는 전통적 이론과, 하자의 승계문제를 불가쟁력이 발생한 선행행위의 후행행위에 대한 구속력의 문제로 파악하는 입장으로서 선행행위가 후행행위에 대하여 어느 정도의 구속력을 미치며 그의 한계는 무엇인가의 문제로 다루는 견해로 나누어져 있다. 판례는 표준지공시지가와 개별공시지가의 승계문제는 인정하지 아니하되 개별공시지가와 과세처분에는 이를 인정하고 있음을 밝혀야 한다.

예시답안

Ⅰ 개설

표준지공시지가라 함은 국토교통부장관이 조사·평가하여 공시한 표준지의 단위면적당 가격을 말하고, 개별공시지가란 시장·군수·구청장이 공시지가를 기준으로 산정한 개별토지의 단위당 가격을 말한다.
이하에서는 표준지공시지가와 개별공시지가의 조사·산정방법, 절차, 기간, 이의신청절차, 개별공시지가의 검증, 확인절차 등을 중심으로 설명한다.

Ⅱ 공통점

1. 제도의 취지상 같은 점

① 표준지공시지가는 적정가격을 공시하여 적정한 가격형성을 도모하고 국토의 효율적 이용 및 국민경제발전, 조세형평성을 향상시키기 위함이고, ② 개별공시지가는 조세 및 부담금산정의 기준이 되어 행정의 효율성 제고에 취지가 인정된다(부동산공시법 제10조). 따라서 각각의 공시제도는 조세제도의 형평성을 도모함에 공통적인 취지가 인정된다.

2. 법적 성질

표준지공시지가와 개별공시지가의 처분성 인정 여부에 대해서 견해의 대립이 있으나, 양자 모두 보상평가 및 조세의 기준이 되므로 조기에 이를 다툴 수 있게 함이 합당하므로 처분성을 인정함이 타당하다. 판례도 표준지공시지가와 개별공시지가의 처분성을 인정하고 있다.

3. 의견청취제도의 존재

공시지가가 결정된 때에는 그 타당성에 대해서 토지소유자의 의견을 들어야 하고 토지소유자가 의견을 제시한 때에는 그 평가가격의 적정 여부를 재검토하여야 한다.

4. 권리구제상 공통점

표준지공시지가와 개별공시지가에 이의가 있는 자는 각 공시일부터 30일 이내에 이의를 신청할 수 있으며, 각 공시제도의 처분성이 인정되므로 행정쟁송을 제기할 수 있다. 최근 이와 관련하여 대법원은 개별공시지가의 이의신청을 거친 후에도 행정심판을 제기할 수 있다고 하여, 국민의 권리구제의 방법이 넓어지는 측면에서 합당하다고 판단된다.

Ⅲ 차이점

1. 제도의 취지상 차이점

개별공시지가는 주로 부담금이나 조세부과의 형평성을 도모하나 표준지공시지가는 조세는 물론 적정가격의 공시를 통하여 다양한 지가정보를 제공하고 국민경제발전에 이바지함을 목적으로 한다. 따라서 표준지공시지가의 제도적 취지가 개별공시지가의 취지를 포괄하여 더 넓은 것으로 볼 수 있겠다.

2. 공시주체의 차이점

표준지공시지가는 국토교통부장관이 공시(부동산공시법 제3조)하는 반면에 개별공시지가는 시장·군수·구청장이 공시(부동산공시법 제10조)한다.

3. 산정절차의 차이점

① 표준지공시지가는 국토교통부장관이 '표준지 선정 및 관리지침'에 따라 선정된 표준지에 대하여 공시일 현재의 적정가격을 조사·평가하고 중앙부동산가격공시위원회의 심의를 거쳐 공시해야 한다. ② 개별공시지가는 시·군·구청장이 지가를 산정하고, 그 타당성에 대하여 업자의 검증을 받고 토지소유자 기타 이해관계인의 의견을 들은 후 시·군·구부동산가격공시위원회의 심의를 거쳐 공시한다.

4. 효력 및 적용범위의 차이점

표준지공시지가는 ① 토지시장의 지가정보 제공, 일반적인 토지거래의 지표, 행정기관이 지가산정 시 및 감정평가업자가 개별적으로 토지평가 시 기준이 되고, ② 업자의 토지평가기준 및 개별공시지가의 산정기준(부동산공시법 제10조)이 된다. 또한 행정목적을 위한 산정기준이 되는데 이 경우 가감조정이 가능하다.

개별공시지가는 ① 국세, 지방세, 부담금 산정기준의 과세표준이 되고, ② 행정목적의 지가산정기준이 된다.

5. 적정성 확보방안의 차이점

표준지공시지가는 의견청취, 이의신청, 행정쟁송 및 규정된 절차를 거침으로써 적정성을 확보할 수 있으며 개별공시지가는 검증제도(제10조 제5항) 및 정정제도(제12조)가 부동산공시법에 규정되어 있다.

6. 그 외(이의신청의 청구대상)

상기의 차이점 외에도 이의신청과 관련하여 표준지공시지가는 국토교통부장관에게 신청하나 개별공시지가는 시・군・구청장에게 신청하는 차이점이 있다.

Ⅳ 관련 문제(하자승계)

① 사업인정과 재결, 표준지공시지가와 개별공시지가의 경우에는 하자승계를 부정한다.

② 개별공시지가와 과세처분의 경우, 별개의 법률효과를 목적으로 하지만 개별공시지가가 개별통지되지 않은 경우에는 하자승계를 인정한 바 있으나, 개별공시지가에 대해서 불복할 수 있었음에도 이를 하지 않은 경우에는 부정한 바 있다.

③ 최근 표준지공시지가와 재결에서는(보상금증감청구소송) 별개의 효과를 목적으로 하는 경우에도 예측가능성과 수인가능성이 없는 경우에 선행행위의 위법성을 다투지 못하게 하는 것이 수인한도를 넘는 불이익을 강요하는 것이 되는 경우에 한하여 하자승계를 긍정한 바 있다.

기출문제

[공시지가] 표준지공시지가 및 개별공시지가 기본 [제9회 제4문]

(구)「부동산 가격공시 및 감정평가에 관한 법률」상의 감정평가행위와 지가산정행위의 같은 점과 다른 점을 약술하시오. 20점

쟁점해설

1. 의의

감정평가행위란 토지 등에 대하여 경제적 가치를 판정하여 이를 가액으로 표시하는 것을 말하는데, 부동산공시법에는 표준지공시지가 조사・평가, 표준주택가격 조사・평가 등이 있다. 반면에 지가산정행위란 시・군・구청장이 각종의 세금 등에 사용할 목적으로 관할지역 안에 위치하고 있는 개별토지의 단위면적당 가격 및 개별주택가격을 산정하는 것을 말한다.

따라서 이 문제에서는 지가공시법상의 감정평가행위와 지가산정행위를 그 개념과 대표적인 유형을 통하여 같은 점과 다른 점을 비교하여 간단히 설명하면 될 것이다.

2. 같은 점과 다른 점

감정평가행위와 지가산정행위는 모두 지가형성행위이고, 평가기준이 공시지가라는 점에서 공통된다. 그러나 이 두 행위는 여러 가지 측면에서 서로 다른 측면을 가지고 있다.

무엇보다도 평가주체의 측면에서 보면, 감정평가행위는 국토교통부장관이 조사・평가의 주체이나, 지가산정행위는 시장・군수・구청장이 작성하게 되어 있다.

또 감정평가행위는 일반 거래의 지표, 보상평가 시의 기준 등으로 활용되나, 지가산정행위는 국세와 지방세 산정 시 과세표준이 되는 등 그 평가목적이 다르다. 뿐만 아니라 평가방법의 측면에서 비교하면 감정평가행위는 감정평가의 3방식에 따라 2인의 감정평가사가 평가한다. 그러나 지가산정행위는 표준지공시지가를 기준으로 시・군・구의 공무원이 산정하며, 시・군・구 부동산가격공시위원회의심의를 거쳐 국토교통부장관의 확인을 받아 공시하게 된다.

그 밖에도 평가절차와 경제적 가치성 판단 유무, 행정구제절차 등에서 다른 점을 발견할 수 있다.

이의신청의 법적 성질

제1절 기출분석

33회 문제 02

국토교통부장관은 표준지로 선정된 A토지의 2022.1.1. 기준 공시지가를 1㎡당 1,000만원으로 결정 · 공시하였다. 국토교통부장관은 A토지의 표준지공시지가를 산정함에 있어 부동산 가격공시에 관한 법률 및 같은 법 시행령이 정하는 '토지의 일반적인 조사사항' 이외에 국토교통부 훈령인 표준지공시지가 조사 · 평가 기준상 상업 · 업무용지 평가의 고려사항인 '배후지의 상태 및 고객의 질과 양', '영업의 종류 및 경쟁의 상태' 등을 추가적으로 고려하여 평가하였다. 甲은 X시에 상업용지인 B토지를 소유하고 있다. X시장은 A토지를 비교표준지로 선정하여 B토지에 대한 개별공시지가를 1㎡당 1,541만원으로 결정 · 공시 후 이를 甲에게 통지하였다. 甲은 국토교통부장관이 A토지의 표준지공시지가를 단순히 행정청 내부에서만 효력을 가지는 국토교통부 훈령 형식의 표준지공시지가 조사 · 평가 기준이 정하는 바에 따라 평가함으로써 결과적으로 부동산가격공시에 관한 법령이 직접 규정하지 않는 사항을 표준지공시지가 평가의 고려사항으로 삼은 것은 위법하다고 주장하고 있다. 다음 물음에 답하시오. [30점]

(2) 甲은 부동산 가격공시에 관한 법률 제11조에 따라 X시장에게 B토지의 개별공시지가에 대한 이의를 신청하였으나 기각되었다. 이 경우 甲이 기각결정에 불복하여 행정심판법상의 행정심판을 제기할 수 있는지 설명하시오. [10점]

참조조문

〈부동산 가격공시에 관한 법률〉

제11조(개별공시지가에 대한 이의신청)

① 개별공시지가에 이의가 있는 자는 그 결정 · 공시일부터 30일 이내에 서면으로 시장 · 군수 또는 구청장에게 이의를 신청할 수 있다.

〈부동산 가격공시에 관한 법률 시행령〉

제6조(표준지공시지가 조사 · 평가의 기준)

① 법 제3조 제4항에 따라 국토교통부장관이 표준지공시지가를 조사 · 평가하는 경우 참작하여야 하는 사항의 기준은 다음 각 호와 같다. <각 호 생략>

② 표준지에 건물 또는 그 밖의 정착물이 있거나 지상권 또는 그 밖의 토지의 사용·수익을 제한하는 권리가 설정되어 있을 때에는 그 정착물 또는 권리가 존재하지 아니하는 것으로 보고 표준지공시지가를 평가하여야 한다.
③ 제1항 및 제2항에서 규정한 사항 외에 표준지공시지가의 조사·평가에 필요한 세부기준은 국토교통부장관이 정한다.

〈표준지공시지가 조사·평가 기준〉

제23조(상업·업무용지)

상업·업무용지(공공용지를 제외한다)는 토지의 일반적인 조사사항 이외에 다음 각 호의 사항 등을 고려하여 평가하되, 인근지역 또는 동일수급권 안의 유사지역에 있는 토지의 거래사례 등 가격자료를 활용하여 거래사례비교법으로 평가한다. <단서 생략>

1. 배후지의 상태 및 고객의 질과 양
2. 영업의 종류 및 경쟁의 상태

3.~6. <생략>

(설문 2-2)의 해결

Ⅰ. 쟁점의 정리

Ⅱ. 이의신청이 특별법상 행정심판인지 여부

1. 부동산공시법 제11조의 이의신청의 의의 및 취지

2. 개별공시지가의 법적 성질

3. 이의신청의 법적 성질

(1) 학설

1) 심판기관기준설

2) 쟁송절차기준설

(2) 판례

(3) 검토

Ⅲ. 사안의 해결

예시답안

(설문 2-2)의 해결

Ⅰ 쟁점의 정리

행정심판법 제51조는 심판청구에 대한 재결이 있는 경우에는 해당 재결 및 동일한 처분 또는 부작위에 대하여 다시 심판청구를 제기할 수 없다고 하여 행정심판 재청구를 금지하고 있다. 부동산공시법 제11조에서 규정하고 있는 이의신청을 특별법상 행정심판으로 볼 수 있는지 여부에 따라서 결과가 달라지므로 이하에서 구체적으로 살펴본다.

Ⅱ 이의신청이 특별법상 행정심판인지 여부

1. 부동산공시법 제11조의 이의신청의 의의 및 취지

개별공시지가에 이의 있는 자가 시·군·구청장에게 이의를 신청하고 심사하는 제도로(제11조) 개별공시지가의 객관성을 확보하여 공신력을 높이는 데 취지가 인정된다.

2. 개별공시지가의 법적 성질

행정행위설, 사실행위설, 행정규칙설 등 법적 성질에 대한 견해의 대립이 있으나 판례는 "개별토지가격결정은 관계법령에 의한 토지초과이득세 또는 개발부담금 산정의 기준이 되어 국민의 권리나 의무 또는 법률상 이익에 직접적으로 관계되는 것으로서 항고소송의 대상이 되는 행정처분에 해당한다(대판 1994.2.8, 93누111)."라고 하여 처분성을 인정하고 있다.

3. 이의신청의 법적 성질

(1) 학설

1) 심판기관기준설

이 견해는 심판과 이의신청을 심판기관으로 구별하는 견해이다. 즉, 이의신청은 처분청 자체에 제기하는 쟁송이고, 행정심판은 행정심판위원회에 제기하는 쟁송이라고 본다.

2) 쟁송절차기준설

이 견해는 쟁송절차를 기준으로 행정심판과 '행정심판이 아닌 이의신청'을 구별하는 견해이다. 즉, 헌법 제107조 제3항에서 행정심판절차는 사법심판절차가 준용되어야 한다고 규정하고 있는 점에 비추어 개별법률에서 정하는 이의신청 중 준사법절차가 보장되는 것만을 행정심판으로 보고, 그렇지 않은 것은 행정심판이 아닌 것으로 본다.

(2) 판례

최근 판례는 ㉠ 부동산공시법에 행정심판의 제기를 배제하는 명시적 규정이 없고, ㉡ 부동산공시법상 이의신청과 행정심판은 그 절차 및 담당기관에 차이가 있는 점을 종합하면 "다른 법률에 특별한 규정이 있는 경우"에 해당한다고 볼 수 없으므로 이의신청을 거친 경우에도 행정심판을 거쳐 소송을 제기할 수 있다고 판시한 바 있다.

(3) 검토

부동산공시법은 이의신청절차를 준사법적 절차로 하는 명시적 규정을 두고 있지 않은바 권리구제에 유리하도록 강학상 이의신청으로 봄이 타당하다.

Ⅲ 사안의 해결

부동산 가격공시법상 이의신청은 강학상 이의신청이므로 이에 대한 기각결정에 대해서 행정심판법상 행정심판을 청구할 수 있다.

기출문제

[공시지가] 하자승계 [제21회 제2문]

뉴타운 개발이 한창인 A지역 인근에 주택을 소유한 P는 자신의 주택에 대하여 전년도 대비 현저히 상승한 개별공시지가를 확인하고 향후 부과될 관련 세금의 상승 등을 우려하여 부동산공시법 제11조에 따른 이의신청을 하였으나 기각되었다. 이에 P는 확정된 개별공시지가에 대하여 다시 행정심판을 제기하였으나 행정심판위원회는 그 청구를 받아들이지 않았다. 그 후 P는 자신이 소유한 주택에 대하여 전년도보다 높은 재산세(부동산보유세)를 부과받게 되었다.

(1) **P가 이의신청과 행정심판을 모두 제기한 것은 적법한지에 대하여 설명하시오.** 10점

설문 (1)의 해결
Ⅰ. 쟁점의 정리
Ⅱ. 이의신청이 특별법상 행정심판인지 여부
1. **부동산공시법 제11조의 이의신청의 의의 및 취지**
2. **이의신청의 법적 성질**
(1) 학설
(2) 판례
3. **검토**
Ⅲ. 사안의 해결

쟁점해설

설문 (1)에서는 최근 판례의 태도에 따라서 이의신청과 행정심판의 관계를 포섭하는 데 중점을 두었다. 판례의 태도에 따라서 국민의 권리구제에 유리하도록 부동산공시법상 이의신청은 강학상 이의신청으로 판단하였다.

예시답안

(설문 1)의 해결

Ⅰ 쟁점의 정리

행정심판법 제51조는 심판청구에 대한 재결이 있는 경우에는 해당 재결 및 동일한 처분 또는 부작위에 대하여 다시 심판청구를 제기할 수 없다고 하여 행정심판 재청구를 금지하고 있다. 부동산공시법 제11조에서 규정하고 있는 이의신청을 특별법상 행정심판으로 볼 수 있는지 여부에 따라서 결과가 달라지므로 이하에서 구체적으로 살펴본다.

Ⅱ 이의신청이 특별법상 행정심판인지 여부

1. 부동산공시법 제11조의 이의신청의 의의 및 취지

개별공시지가에 이의 있는 자가 시·군·구청장에게 이의를 신청하고 심사하는 제도(부동산공시법 제11조)로 개별공시지가의 객관성을 확보하여 공신력을 높이는 데 취지가 인정된다.

2. 이의신청의 법적 성질

(1) 학설

1) 심판기관기준설

이 견해는 심판과 이의신청을 심판기관으로 구별하는 견해이다. 즉, 이의신청은 처분청 자체에 제기하는 쟁송이고, 행정심판은 행정심판위원회에 제기하는 쟁송이라고 본다.

2) 쟁송절차기준설

이 견해는 쟁송절차를 기준으로 행정심판과 '행정심판이 아닌 이의신청'을 구별하는 견해이다. 즉, 헌법 제107조 제3항은 행정심판절차는 사법심판절차가 준용되어야 한다고 규정하고 있는 점에 비추어 개별법률에서 정하는 이의신청 중 준사법절차가 보장되는 것만을 행정심판으로 보고, 그렇지 않은 것은 행정심판이 아닌 것으로 본다.

(2) 판례

최근 판례는 ㉠ 부동산공시법에 행정심판의 제기를 배제하는 명시적 규정이 없고, ㉡ 부동산공시법상 이의신청과 행정심판은 그 절차 및 담당기관에 차이가 있는 점을 종합하면 "다른 법률에 특별한 규정이 있는 경우"에 해당한다고 볼 수 없으므로 이의신청을 거친 경우에도 행정심판을 거쳐 소송을 제기할 수 있다고 판시한 바 있다.

3. 검토

부동산공시법은 이의신청절차를 준사법적 절차로 하는 명시적 규정을 두고 있지 않은 바 권리구제에 유리하도록 강학상 이의신청으로 봄이 타당하다.

Ⅲ 사안의 해결

P가 제기한 이의신청은 강학상 이의신청으로 봄이 P의 권리구제에 유리하다. 또한 부동산공시법상 행정심판법상 행정심판을 배제하는 규정이 없으므로 이의신청을 거쳤다 하더라도 행정심판에 의한 구제수단을 활용할 수 있다고 보아야 할 것이다. 따라서 P가 이의신청과 행정심판을 모두 제기한 것은 적법하다고 판단된다.

34회 문제 02

지적공부상 지목이 전인 갑 소유의 토지('이 사건 토지'라 함)는 면적이 2,000㎡이고, 이 중 330㎡ 토지에 주택이 건축되어 있고 나머지 부분은 밭으로 사용되고 있다. 그럼에도 불구하고 A도 B시의 시장(이하 'B시장'이라 함)은 지목이 대인 1개의 표준지의 공시지가를 기준으로 토지가격비준표를 사용하여 2022.5.31. 이 사전 토지에 대하여 개별공시지가를 결정, 공시하였다. B시장은 이 사건 토지에 대한 개별공시지가와 이의신청 절차를 갑에게 통지하였다. 다음 물음에 답하시오(단, 각 물음은 상호 독립적임). 30점

(1) 甲이 B시장의 개별공시지가결정이 위법, 부당하다는 이유로 부동산 가격공시에 관한 법령에 따른 이의신청을 거치지 않고 행정심판법에 따른 취소심판을 제기할 수 있는지 여부와 이 사건 토지에 대한 개별공시지가결정의 위법성에 관하여 설명하시오. 15점

(설문 2-1)의 해결
Ⅰ. 쟁점의 정리
Ⅱ. 부동산가격공시법상 이의신청의 법적 성질
1. 개별공시지가 및 이의신청의 의의(부동산가격공시법 제10조 및 제11조)
2. 이의신청의 법적 성질
(1) 학설
1) 심판기관기준설
2) 쟁송절차기준설
(2) 판례
(3) 결어
3. 취소심판 제기 가능성 여부
Ⅲ. 개별공시지가결정의 위법성 판단
1. 개별공시지가 산정절차
2. 개별공시지가의 위법성 사유
3. 개별공시지가 결정의 위법성 판단
Ⅳ. 사안의 해결(위법성 정도 등)

예시답안

(설문 2-1)의 해결

Ⅰ 쟁점의 정리

① 부동산가격공시법상 이의신청이 특별법상 행정심판의 성질을 갖는다면 행정심판법상 행정심판을 청구할 수 없을 것이므로 이에 대한 법적 성질을 검토한다. ② 개별공시지가의 위법성을 판안하기 위하여 개별공시지가 결정절차를 검토한다.

Ⅱ 부동산가격공시법상 이의신청의 법적 성질

1. 개별공시지가 및 이의신청의 의의(부동산가격공시법 제10조 및 제11조)

개별공시지가란 시・군・구청장이 공시지가를 기준으로 산정한 개별토지의 단위당 가격을 말한다. 이는 조세 및 개발부담금 산정의 기준이 되어 행정의 효율성 제고를 도모함에 제도적 취지가 인정된다. 이의신청이란 개별공시지가에 이의가 있는 자가 그 결정・공시일부터 30일 이내에 서면으로 시장・군수 또는 구청장에게 이의를 신청하는 것을 말한다.

2. 이의신청의 법적 성질

(1) 학설

1) 심판기관기준설

이 견해는 심판과 이의신청을 심판기관으로 구별하는 견해이다. 즉, 이의신청은 처분청 자체에 제기하는 쟁송이고, 행정심판은 행정심판위원회에 제기하는 쟁송이라고 본다.

2) 쟁송절차기준설

이 견해는 쟁송절차를 기준으로 행정심판과 '행정심판이 아닌 이의신청'을 구별하는 견해이다. 즉, 헌법 제107조 제3항은 행정심판절차는 사법심판절차가 준용되어야 한다고 규정하고 있는 점에 비추어 개별법률에서 정하는 이의신청 중 준사법절차가 보장되는 것만을 행정심판으로 보고, 그렇지 않은 것은 행정심판이 아닌 것으로 본다.

(2) 판례

최근 판례는 ① 부동산공시법에 행정심판의 제기를 배제하는 명시적 규정이 없고, ② 부동산공시법상 이의신청과 행정심판은 그 절차 및 담당기관에 차이가 있는 점을 종합하면 행정심판법 제3조 제1항의 "다른 법률에 특별한 규정이 있는 경우"에 해당한다고 볼 수 없으므로 이의신청을 거친 경우에도 행정심판을 거쳐 소송을 제기할 수 있다고 판시한 바 있다.

(3) 결어

헌법 제107조 제3항이 행정심판에 사법절차를 준용하도록 규정하고 있는 점에 비추어 쟁송절차기준설이 타당하다.

3. 취소심판 제기 가능성 여부

부동산공시법(제11조 및 동법 시행령 제22조)상 이의신청절차를 준사법적 절차로 하는 어떠한 규정도 두어지고 있지 않은 점에 비추어 부동산공시법상 이의신청은 행정심판이 아니라고 보는 것이 타당하므로 이와 별도로 행정심판법상 행정심판을 제기할 수 있다.

Ⅲ 개별공시지가결정의 위법성 판단

1. 개별공시지가 산정절차

① 시・군・구청장은 해당 토지와 유사하다고 인정되는 하나 또는 둘 이상의 표준지공시지가를 기준으로 비준표를 사용하여 지가를 산정하고, ② 그 타당성에 대하여 감정평가법인등의 검증을 받고 ③ 토지소유자 및 기타 이해관계인의 의견을 듣는다. ④ 그 후, 시・군・구 부동산가격공시위원회의 심의 후 결정・공시한다.

2. 개별공시지가의 위법성 사유

판례는 "개별토지가격의 적정성 여부는 규정된 절차와 방법에 의거하여 이루어진 것인지 여부에 따라 결정될 것이지", 해당 토지의 시가와 직접적인 관련이 있는 것이 아니므로, 단지 개별지가가 시가를 초과한다는 사유만으로는 그 가격 결정이 위법하다고 단정할 것은 아니라고 판시한 바 있다(대판 1996.9.20, 95누11931).

3. 개별공시지가 결정의 위법성 판단

대상토지는 지목이 '전'이나 주택과 밭으로 이용 중이다. 주택의 면적이 전체 면적의 10퍼센트를 초과하므로(공간정보법상 종된 용도의 면적이 전체면적의 10퍼센트를 초과하거나 330제곱미터를 초과하는 경우에는 1필지로 정할 수 없다고 규정하고 있다) 대상 토지는 주된 용도가 주택과 밭인 것으로 볼 수 있다. 따라서 주택과 밭으로 이용 중인 둘 이상의 표준지를 사용하여 개별공시지가를 산정함이 타당함에도 지목이 대인 표준지를 활용하여 산정하였으므로 이는 개별공시지가 결정절차상 위법하다고 볼 수 있다.

Ⅳ 사안의 해결(위법성 정도 등)

갑은 부동산가격공시법상 이의신청을 거치지 않고 행정심판법에 따른 취소심판을 제기할 수 있다. 또한, 취소심판에서 둘 이상의 표준지를 선정하고 토지가격비준표를 활용하여 개별공시지가를 산정해야 함에도 불구하고 하나의 표준지를 선정하여 산정한 위법성이 인정될 수 있다. 이는 가격공시 절차위반의 중대한 하자이나 외관상 명백성이 결여되어 취소사유로 판단된다.

합격까지 박문각

제4편

감정평가법

감정평가의 법률관계와 업무

제1절 판례분석

I 감정평가사시험불합격결정처분취소(대판 1996.9.20, 96누6882)

[판시사항]

[1] 감정평가사시험위원회의 운영에 관한 규정인 지가공시 및 토지 등의 평가에 관한 법률 시행령 제20조가 대외적 구속력을 갖는지 여부(소극)

[2] 감정평가사시험의 합격기준 선택이 행정청의 자유재량에 속하는 것인지 여부(적극)

[판결요지]

[1] 감정평가사시험위원회는 그 구성원의 임명절차, 지위 및 임기 등에 비추어 감정평가사시험 실시기관인 행정청을 보조하여 위 시험에 관한 전반적인 사항을 심의하기 위하여 설치된 것이고, 따라서 그 심의사항이나 회의절차에 관한 지가공시 및 토지 등의 평가에 관한 법률 시행령 제20조도 행정청 내의 사무처리준칙을 규정하는 것에 불과하여 대외적으로 국민이나 법원을 기속하는 효력이 있는 것은 아니다.

[2] 지가공시 및 토지 등의 평가에 관한 법률 시행령 제18조 제1항, 제2항은 감정평가사시험의 합격기준으로 절대평가제 방식을 원칙으로 하되, 행정청이 감정평가사의 수급상 필요하다고 인정할 때에는 상대평가제 방식으로 할 수 있다고 규정하고 있으므로, 감정평가사시험을 실시함에 있어 어떠한 합격기준을 선택할 것인가는 시험실시기관인 행정청의 고유한 정책적인 판단에 맡겨진 것으로서 자유재량에 속한다.

> 판단여지를 인정하는 견해에 따르면 해당 영역은 판단여지 영역이 될 것이다.

II 등록의 법적 성질

대법원 보충의견은 사회단체등록신청반려처분취소소송에서 '등록신청의 법적 성질은 사인의 공법행위로서의 신고이고 등록은 해당 신고를 수리하는 것을 의미하는 준법률적 행정행위라 할 것'이라고 판시한 바 있다.

Ⅲ 자기완결적 신고와 수리를 요하는 신고의 판단기준(대판 2011.1.20, 2010두14954 全合)

자기완결적 신고와 수리를 요하는 신고 중 어느 것에 해당하는지는 관련 법령의 목적과 취지, 관련 법규정에 관한 합리적이고도 유기적인 해석, 해당 신고행위의 성질 등을 고려하여 판단하여야 한다. 법령이 신고의무만을 규정할 뿐 실체적 요건에 관하여는 아무런 규정을 두지 아니하고 있는 경우, 법령에서 신고를 하게 한 취지가 국민이 일정한 행위를 하기 전에 행정청에게 이를 알리도록 함으로써 행정청으로 하여금 행정상 정보를 파악하여 관리하는 정도의 최소한의 규제를 가하기 위한 경우, 사회질서나 공공복리에 미치는 영향이 작거나 직접적으로 행정목적을 침해하지 아니하는 행위인 경우 등에는 이를 자기완결적 신고로 볼 수 있다.
그러나 법령에서 신고와 관련하여 일정한 실체적(인적・물적) 요건을 정하거나 행정청의 실질적인 심사를 허용하고 있다고 볼 만한 규정을 두고 있는 경우, 그 신고사항이 사회질서나 공공복리에 미치는 영향이 크거나 직접적으로 행정목적을 침해하는 행위인 경우 등에는 그 실체적 요건에 관한 행정청의 심사를 예정하고 있다고 볼 수밖에 없어 이는 수리를 요하는 신고로 보아야 한다.
대법원은 관계법이 실질적 적법요건을 규정한 경우 행위요건적 신고로 보며, ① 건축법상 신고는 자기완결적, ② 건축주명의변경신고는 행위요건적 신고로 판시한 바 있다.

Ⅳ 인가의 효과와 권리구제

① 인가는 기본행위인 재단법인의 정관변경에 대한 법률상의 효력을 완성시키는 보충행위로서, 그 기본이 되는 정관변경 결의에 하자가 있을 때에는 그에 대한 인가가 있었다 하여도 기본행위인 정관변경 결의가 유효한 것으로 될 수 없으므로 기본행위인 정관변경 결의가 적법 유효하고 보충행위인 인가처분 자체에만 하자가 있다면 그 인가처분의 무효나 취소를 주장할 수 있지만, 인가처분에 하자가 없다면 기본행위에 하자가 있다 하더라도 따로 그 기본행위의 하자를 다투는 것은 별론으로 하고 기본행위의 무효를 내세워 바로 그에 대한 행정청의 인가처분의 취소 또는 무효확인을 소구할 법률상의 이익이 없다(대판 1996.5.16, 95누4810 全合).

② 기본행위인 조합설립에 하자가 있는 경우에는 민사쟁송으로써 따로 그 기본행위의 취소 또는 무효확인 등을 구하는 것은 별론으로 하고 기본행위의 불성립 또는 무효를 내세워 바로 그에 대한 감독청의 인가처분의 취소 또는 무효확인을 소구할 법률상 이익이 있다고 할 수 없다(대판 2010.4.8, 2009다27636).

협의소익에 관한 내용이다.

V 관련 중요 판례(건축신고관련)

1. 인허가의제(대판 2011.1.20, 2010두14954 全合)

[판시사항]

[1] 건축법 제14조 제2항에 의한 인・허가의제 효과를 수반하는 건축신고가, 행정청이 그 실체적 요건에 관한 심사를 한 후 수리하여야 하는 이른바 '수리를 요하는 신고'인지 여부(적극)

[2] 국토의 계획 및 이용에 관한 법률상의 개발행위허가로 의제되는 건축신고가 개발행위허가의 기준을 갖추지 못한 경우, 행정청이 수리를 거부할 수 있는지 여부(적극)

[판결요지]

[1] [다수의견] 건축법에서 인・허가의제 제도를 둔 취지는, 인・허가의제사항과 관련하여 건축허가 또는 건축신고의 관할 행정청으로 그 창구를 단일화하고 절차를 간소화하며 비용과 시간을 절감함으로써 국민의 권익을 보호하려는 것이지, 인・허가의제사항 관련 법률에 따른 각각의 인・허가 요건에 관한 일체의 심사를 배제하려는 것으로 보기는 어렵다. 왜냐하면, 건축법과 인・허가의제사항 관련 법률은 각기 고유한 목적이 있고, 건축신고와 인・허가의제사항도 각각 별개의 제도적 취지가 있으며 그 요건 또한 달리하기 때문이다. 나아가 인・허가의제사항 관련 법률에 규정된 요건 중 상당수는 공익에 관한 것으로서 행정청의 전문적이고 종합적인 심사가 요구되는데, 만약 건축신고만으로 인・허가의제사항에 관한 일체의 요건 심사가 배제된다고 한다면, 중대한 공익상의 침해나 이해관계인의 피해를 야기하고 관련 법률에서 인・허가 제도를 통하여 사인의 행위를 사전에 감독하고자 하는 규율체계 전반을 무너뜨릴 우려가 있다. 또한 무엇보다도 건축신고를 하려는 자는 인・허가의제사항 관련 법령에서 제출하도록 의무화하고 있는 신청서와 구비서류를 제출하여야 하는데, 이는 건축신고를 수리하는 행정청으로 하여금 인・허가의제사항 관련 법률에 규정된 요건에 관하여도 심사를 하도록 하기 위한 것으로 볼 수 밖에 없다. 따라서 인・허가의제 효과를 수반하는 건축신고는 일반적인 건축신고와는 달리, 특별한 사정이 없는 한 행정청이 그 실체적 요건에 관한 심사를 한 후 수리하여야 하는 이른바 '수리를 요하는 신고'로 보는 것이 옳다.

[대법관 박시환, 대법관 이홍훈의 반대의견] 다수의견과 같은 해석론을 택할 경우 헌법상 기본권 중 하나인 국민의 자유권 보장에 문제는 없는지, 구체적으로 어떠한 경우에 수리가 있어야만 적법한 신고가 되는지 여부에 관한 예측 가능성 등이 충분히 담보될 수 있는지, 형사처벌의 대상이 불필요하게 확대됨에 따른 죄형법정주의 등의 훼손 가능성은 없는지, 국민의 자유와 권리를 제한하거나 의무를 부과하려고 하는 때에는 법률에 의하여야 한다는 법치행정의 원칙에 비추어 그 원칙이 손상되는 문제는 없는지, 신고제의 본질과 취지에 어긋나는 해석론을 통하여 여러 개별법에 산재한 각종 신고 제도에 관한 행정법 이론 구성에 난맥상을 초래할 우려는 없는지의 측면 등에서 심도 있는 검토가 필요한 문제로 보인다. 그런데 다수의견의 입장을 따르기에는 그와 관련하여 해소하기 어려운 여러 근본적인 의문이 제기된다. 여러 기본적인 법원칙의 근간 및

신고제의 본질과 취지를 훼손하지 아니하는 한도 내에서 건축법 제14조 제2항에 의하여 인·허가가 의제되는 건축신고의 범위 등을 합리적인 내용으로 개정하는 입법적 해결책을 통하여 현행 건축법에 규정된 건축신고 제도의 문제점 및 부작용을 해소하는 것은 별론으로 하더라도, '건축법상 신고사항에 관하여 건축을 하고자 하는 자가 적법한 요건을 갖춘 신고만 하면 건축을 할 수 있고, 행정청의 수리 등 별단의 조처를 기다릴 필요는 없다'는 대법원의 종래 견해(대판 1968.4.30, 68누12; 대판 1990.6.12, 90누2468; 대판 1999.4.27, 97누6780; 대판 2004.9.3, 2004도3908 등 참조)를 인·허가가 의제되는 건축신고의 경우에도 그대로 유지하는 편이 보다 합리적인 선택이라고 여겨진다.

[2] [다수의견] 일정한 건축물에 관한 건축신고는 건축법 제14조 제2항, 제11조 제5항 제3호에 의하여 국토의 계획 및 이용에 관한 법률 제56조에 따른 개발행위허가를 받은 것으로 의제되는데, 국토의 계획 및 이용에 관한 법률 제58조 제1항 제4호에서는 개발행위허가의 기준으로 주변 지역의 토지이용실태 또는 토지이용계획, 건축물의 높이, 토지의 경사도, 수목의 상태, 물의 배수, 하천·호소·습지의 배수 등 주변 환경이나 경관과 조화를 이룰 것을 규정하고 있으므로, 국토의 계획 및 이용에 관한 법률상의 개발행위허가로 의제되는 건축신고가 위와 같은 기준을 갖추지 못한 경우 행정청으로서는 이를 이유로 그 수리를 거부할 수 있다고 보아야 한다.

[대법관 박시환, 대법관 이홍훈의 반대의견] 수리란 타인의 행위를 유효한 행위로 받아들이는 수동적 의사행위를 말하는 것이고, 이는 허가와 명확히 구별되는 것이다. 그런데 다수의견에 의하면, 행정청이 인·허가의제조항에 따른 국토의 계획 및 이용에 관한 법률상 개발행위허가 요건 등을 갖추었는지 여부에 관하여 심사를 한 다음, 그 허가 요건을 갖추지 못하였음을 이유로 들어 형식상으로만 수리거부를 하는 것이 되고, 사실상으로는 허가와 아무런 차이가 없게 된다는 비판을 피할 수 없다. 이러한 결과에 따르면 인·허가의제조항을 특별히 규정하고 있는 입법 취지가 몰각됨은 물론, 신고와 허가의 본질에 기초하여 건축신고와 건축허가 제도를 따로 규정하고 있는 제도적 의미 및 신고제와 허가제 전반에 관한 이론적 틀이 형해화 될 가능성이 있다.

2. 행정소송의 대상(건축신고 : 대판 2010.11.18, 2008두167 全合)

[판시사항]

[1] 행정청의 행위가 항고소송의 대상이 되는지 여부의 판단 기준

[2] 행정청의 건축신고 반려행위 또는 수리거부행위가 항고소송의 대상이 되는지 여부(적극)

[판결요지]

[1] 행정청의 어떤 행위가 항고소송의 대상이 될 수 있는지의 문제는 추상적·일반적으로 결정할 수 없고, 구체적인 경우 행정처분은 행정청이 공권력의 주체로서 행하는 구체적 사실에 관한 법집행으로서 국민의 권리의무에 직접적으로 영향을 미치는 행위라는 점을 염두에 두고, 관련 법령의 내용과 취지, 그 행위의 주체·내용·형식·절차, 그 행위와 상대방 등 이해관계인이 입는 불이익과의 실질적 견련성, 그리고 법치행정의 원리와 당해 행위에 관련한 행정청 및 이해관계인의 태도 등을 참작하여 개별적으로 결정하여야 한다.

[2] 구 건축법(2008.3.21. 법률 제8974호로 전부 개정되기 전의 것) 관련 규정의 내용 및 취지에 의하면, 행정청은 건축신고로써 건축허가가 의제되는 건축물의 경우에도 그 신고 없이 건축이 개시될 경우 건축주 등에 대하여 공사 중지・철거・사용금지 등의 시정명령을 할 수 있고(제69조 제1항), 그 시정명령을 받고 이행하지 않은 건축물에 대하여는 당해 건축물을 사용하여 행할 다른 법령에 의한 영업 기타 행위의 허가를 하지 않도록 요청할 수 있으며(제69조 제2항), 그 요청을 받은 자는 특별한 이유가 없는 한 이에 응하여야 하고(제69조 제3항), 나아가 행정청은 그 시정명령의 이행을 하지 아니한 건축주 등에 대하여는 이행강제금을 부과할 수 있으며(제69조의2 제1항 제1호), 또한 건축신고를 하지 않은 자는 200만원 이하의 벌금에 처해질 수 있다(제80조 제1호, 제9조). 이와 같이 건축주 등은 신고제하에서도 건축신고가 반려될 경우 당해 건축물의 건축을 개시하면 시정명령, 이행강제금, 벌금의 대상이 되거나 당해 건축물을 사용하여 행할 행위의 허가가 거부될 우려가 있어 불안정한 지위에 놓이게 된다. 따라서 건축신고 반려행위가 이루어진 단계에서 당사자로 하여금 반려행위의 적법성을 다투어 그 법적 불안을 해소한 다음 건축행위에 나아가도록 함으로써 장차 있을지도 모르는 위험에서 미리 벗어날 수 있도록 길을 열어 주고, 위법한 건축물의 양산과 그 철거를 둘러싼 분쟁을 조기에 근본적으로 해결할 수 있게 하는 것이 법치행정의 원리에 부합한다. 그러므로 건축신고 반려행위는 항고소송의 대상이 된다고 보는 것이 옳다.

> 건축신고를 하게 되면 건축법상 건축허가를 득한 것으로 본다. 이 경우 관련 인허가까지 의제되는 신고가 있는 반면, 건축허가만 의제되는 신고가 있을 것이다. 인허가까지 의제되는 신고의 경우에는 수리행위가 처분이 될 것이나, 그렇지 않은 단순신고의 경우에는 수리행위는 처분이 아니다. 그러나 수리거부로 인하여 시정명령, 이행강제금, 벌금의 대상이 되는 등 불안정한 지위에 놓일 위험이 있다면 이러한 불이익을 제거할 필요성으로 인해 처분성이 인정될 수 있다. 따라서 이러한 불안정한 지위의 유무가 처분성 판단의 핵심내용이 될 것이다.

3. 집행정지[대판 2022.2.11, 2021두40720(위반차량운행정지취소등)]

[판시사항]

[1] 효력기간이 정해져 있는 제재적 행정처분에 대한 취소소송에서 법원이 본안소송의 판결 선고 시까지 집행정지결정을 한 경우, 처분에서 정해 둔 효력기간은 판결 선고 시까지 진행하지 않다가 선고된 때에 다시 진행하는지 여부(적극) / 처분에서 정해 둔 효력기간의 시기와 종기가 집행정지기간 중에 모두 경과한 경우에도 마찬가지인지 여부(적극) / 이러한 법리는 행정심판위원회가 행정심판법 제30조에 따라 집행정지결정을 한 경우에도 그대로 적용되는지 여부(적극)

[2] 효력기간이 정해져 있는 제재적 행정처분의 효력이 발생한 이후 행정청이 상대방에 대한 별도의 처분으로 효력기간의 시기와 종기를 다시 정할 수 있는지 여부(적극) / 위와 같은 후속 변경처분서에 당초 행정처분의 집행을 특정 소송사건의 판결 시까지 유예한다고 기재한 경우, 처분의 효력기간은 판결 선고 시까지 진행이 정지되었다가 선고되면 다시 진행하는지 여부(적극)

/ 당초의 제재적 행정처분에서 정한 효력기간이 경과한 후 동일한 사유로 다시 제재적 행정처분을 하는 것이 위법한 이중처분에 해당하는지 여부(적극)

[판결요지]

[1] 행정소송법 제23조에 따른 집행정지결정의 효력은 결정 주문에서 정한 종기까지 존속하고, 그 종기가 도래하면 당연히 소멸한다. 따라서 효력기간이 정해져 있는 제재적 행정처분에 대한 취소소송에서 법원이 본안소송의 판결 선고 시까지 집행정지결정을 하면, 처분에서 정해 둔 효력기간(집행정지결정 당시 이미 일부 집행되었다면 그 나머지 기간)은 판결 선고 시까지 진행하지 않다가 판결이 선고되면 그때 집행정지결정의 효력이 소멸함과 동시에 처분의 효력이 당연히 부활하여 처분에서 정한 효력기간이 다시 진행한다. 이는 처분에서 효력기간의 시기(시기)와 종기(종기)를 정해 두었는데, 그 시기와 종기가 집행정지기간 중에 모두 경과한 경우에도 특별한 사정이 없는 한 마찬가지이다. 이러한 법리는 행정심판위원회가 행정심판법 제30조에 따라 집행정지결정을 한 경우에도 그대로 적용된다. 행정심판위원회가 행정심판 청구 사건의 재결이 있을 때까지 처분의 집행을 정지한다고 결정한 경우에는, 재결서 정본이 청구인에게 송달된 때 재결의 효력이 발생하므로(행정심판법 제48조 제2항, 제1항 참조) 그때 집행정지결정의 효력이 소멸함과 동시에 처분의 효력이 부활한다.

[2] 효력기간이 정해져 있는 제재적 행정처분의 효력이 발생한 이후에도 행정청은 특별한 사정이 없는 한 상대방에 대한 별도의 처분으로써 효력기간의 시기와 종기를 다시 정할 수 있다. 이는 당초의 제재적 행정처분이 유효함을 전제로 그 구체적인 집행시기만을 변경하는 후속 변경처분이다. 이러한 후속 변경처분도 특별한 규정이 없는 한 의사표시에 관한 일반법리에 따라 상대방에게 고지되어야 효력이 발생한다. 위와 같은 후속 변경처분서에 효력기간의 시기와 종기를 다시 특정하는 대신 당초 제재적 행정처분의 집행을 특정 소송사건의 판결 시까지 유예한다고 기재되어 있다면, 처분의 효력기간은 원칙적으로 그 사건의 판결 선고 시까지 진행이 정지되었다가 판결이 선고되면 다시 진행된다. 다만 이러한 후속 변경처분 권한은 특별한 사정이 없는 한 당초의 제재적 행정처분의 효력이 유지되는 동안에만 인정된다. 당초의 제재적 행정처분에서 정한 효력기간이 경과하면 그로써 처분의 집행은 종료되어 처분의 효력이 소멸하는 것이므로(행정소송법 제12조 후문 참조), 그 후 동일한 사유로 다시 제재적 행정처분을 하는 것은 위법한 이중처분에 해당한다.

VI 기타

1. 조건의 기재(대판 2012.4.26, 2011두14715)

[판시사항]

[1] 감정평가사가 대상물건의 평가액을 가격조사 시점의 정상가격이 아닌 특수한 조건을 반영한 가격 또는 현재가 아닌 시점의 가격을 기준으로 정하는 경우 감정평가서에 기재하여야 할 사항

[2] 감정평가사가 감정평가에 관한 규칙 제8조 제5호의 '자료검토 및 가격형성요인의 분석'을 할 때 부담하는 성실의무의 내용

[재판요지]

[1] 부동산 가격공시 및 감정평가에 관한 법률, 감정평가에 관한 규칙의 취지를 종합해 볼 때, 감정평가사가 대상물건의 평가액을 가격조사 시점의 정상가격이 아닌 특수한 조건을 반영한 가격 또는 현재가 아닌 시점의 가격을 기준으로 정하는 경우에는, 반드시 그 조건 또는 시점을 분명히 하고, 특히 특수한 조건이 수반된 미래 시점의 가격이라면 그 조건과 시점을 모두 밝힘으로써, 감정평가서를 열람하는 자가 제시된 감정가를 정상가격 또는 가격조사 시점의 가격으로 오인하지 않도록 해야 한다.

[2] 감정평가에 관한 규칙 제8조 제5호, 부동산 가격공시 및 감정평가에 관한 법률 제37조 제1항 및 관계 법령의 취지를 종합해 보면, 감정평가사는 공정하고 합리적인 평가액의 산정을 위하여 성실하고 공정하게 자료검토 및 가격형성요인 분석을 해야 할 의무가 있고, 특히 특수한 조건을 반영하거나 현재가 아닌 시점의 가격을 기준으로 하는 경우에는 제시된 자료와 대상물건의 구체적인 비교・분석을 통하여 평가액의 산출근거를 논리적으로 밝히는 데 더욱 신중을 기하여야 한다. 만약 위와 같이 하는 것이 곤란한 경우라면 감정평가사로서는 자신의 능력에 의한 업무수행이 불가능하거나 극히 곤란한 경우로 보아 대상물건에 대한 평가를 하지 말아야 하지 구체적이고 논리적인 가격형성요인의 분석이 어렵다고 하여 자의적으로 평가액을 산정해서는 안 된다.

> 조건부 평가의 경우, 상당한 분석이 요구된다. 조건의 성취가부 가능성이 중요하며 이에 대한 관련 규정의 해석과 적용이 요구된다 할 것이다. 만약, 이러한 부분이 불명확하다면 반려하여야 할 것이다.

2. 부당감정(대판 2013.10.31, 2013두11727 [징계(업무정지)처분취소])

[판시사항]

감정평가사가 자신의 감정평가경력을 부당하게 인정받는 한편, 소속 법인으로 하여금 설립과 존속에 필요한 감정평가사의 인원수만 형식적으로 갖추게 하거나 법원으로부터 감정평가 물량을 추가로 배정받을 수 있는 자격을 얻게 할 목적으로 자신의 등록증을 사용한 경우, 부동산 가격공시 및 감정평가에 관한 법률 제37조 제2항이 금지하는 자격증 등의 부당행사에 해당하는지 여부(적극)

[판결요지]

부동산 가격공시 및 감정평가에 관한 법률(이하 '법'이라 한다) 제37조 제2항에 의하면, 감정평가업자(감정평가법인 소속 감정평가사를 포함한다)는 다른 사람에게 자격증・등록증 또는 인가증(이하 '자격증 등'이라 한다)을 양도 또는 대여하거나 이를 부당하게 행사해서는 안 된다. 여기에서 '자격증 등을 부당하게 행사'한다는 것은 감정평가사 자격증 등을 본래의 용도가 아닌 다른 용도로 행사하거나, 본래의 행사목적을 벗어나 감정평가업자의 자격이나 업무범위에 관한 법의 규율을 피할 목적으

로 이를 행사하는 경우도 포함한다. 따라서 감정평가사가 감정평가법인에 가입한다는 명목으로 자신의 감정평가사 등록증 사본을 가입신고서와 함께 한국감정평가협회에 제출하였으나, 실제로는 자신의 감정평가경력을 부당하게 인정받는 한편, 소속 감정평가법인으로 하여금 설립과 존속에 필요한 감정평가사의 인원수만 형식적으로 갖추게 하거나 법원으로부터 감정평가 물량을 추가로 배정받을 수 있는 자격을 얻게 할 목적으로 감정평가법인에 소속된 외관만을 작출하였을 뿐 해당 감정평가법인 소속 감정평가사로서의 감정평가업무나 이와 밀접한 관련이 있는 업무를 수행할 의사가 없었다면, 이는 감정평가사 등록증을 그 본래의 행사목적을 벗어나 감정평가업자의 자격이나 업무범위에 관한 법의 규율을 피할 목적으로 행사함으로써 자격증 등을 부당하게 행사한 것이라고 볼 수 있다.

3. 부당감정(대판 2013.10.24, 2013두727 [징계처분취소])

[판시사항]

부동산 가격공시 및 감정평가에 관한 법률 제37조 제2항에서 정한 '자격증 등을 부당하게 행사'한다는 의미 및 감정평가사가 감정평가법인에 적을 두었으나 당해 법인의 업무를 수행하거나 운영 등에 관여할 의사가 없고 실제 업무 등을 전혀 수행하지 않았다거나 소속 감정평가사로서 업무를 실질적으로 수행한 것으로 평가하기 어려운 경우, 자격증 등의 부당행사에 해당하는지 여부(적극)

[판결요지]

부동산 가격공시 및 감정평가에 관한 법률(이하 '법'이라고 한다) 제37조 제2항에 의하면, 감정평가업자(감정평가법인 소속 감정평가사를 포함한다)는 다른 사람에게 자격증·등록증 또는 인가증(이하 '자격증 등'이라고 한다)을 양도 또는 대여하거나 이를 부당하게 행사해서는 안 된다. 여기에서 '자격증 등을 부당하게 행사'한다는 것은 감정평가사 자격증 등을 본래의 용도 외에 부당하게 행사하는 것을 의미하고, 감정평가사가 감정평가법인에 적을 두기는 하였으나 당해 법인의 업무를 수행하거나 운영 등에 관여할 의사가 없고 실제로도 업무 등을 전혀 수행하지 않았다거나 당해 소속 감정평가사로서 업무를 실질적으로 수행한 것으로 평가하기 어려울 정도라면 이는 법 제37조 제2항에서 정한 자격증 등의 부당행사에 해당한다.

> 자격증 부당행사에 관한 내용이다. 감정평가사 자격증은 기본적으로 평가업무를 주도적으로 수행함에 있으므로, 이러한 수행절차 없이 단순히 법인유지에 필요한 인원으로만 기재된 경우는 부당행사에 해당할 수 있다.

4. 공인회계사가 감정평가를 행할 수 있는지 여부(대판 2015.11.27, 2014도191)

[판시사항]

공인회계사법 제2조에서 정한 '회계에 관한 감정'의 의미 및 타인의 의뢰를 받아 '부동산 가격공시 및 감정평가에 관한 법률'이 정한 토지에 대한 감정평가를 행하는 것이 공인회계사의 직무범위에 포함되는지 여부(소극) / 감정평가업자가 아닌 공인회계사가 타인의 의뢰에 의하여 일정한 보수를 받고 '부동산 가격공시 및 감정평가에 관한 법률'이 정한 토지에 대한 감정평가를 업으로 행하는 것이 같은 법 제43조 제2호에 의하여 처벌되는 행위인지 여부(적극) 및 위 행위가 형법 제20조가 정한 '법령에 의한 행위'로서 정당행위에 해당하는지 여부(원칙적 소극)

[판결요지]

공인회계사법의 입법 취지와 목적, 회계정보의 정확성과 적정성을 담보하기 위하여 공인회계사의 직무범위를 정하고 있는 공인회계사법 제2조의 취지와 내용 등에 비추어 볼 때, 위 규정이 정한 '회계에 관한 감정'이란 기업이 작성한 재무상태표, 손익계산서 등 회계서류에 대한 전문적 회계지식과 경험에 기초한 분석과 판단을 보고하는 업무를 의미하고, 여기에는 기업의 경제활동을 측정하여 기록한 회계서류가 회계처리기준에 따라 정확하고 적정하게 작성되었는지에 대한 판정뿐만 아니라 자산의 장부가액이 신뢰할 수 있는 자료에 근거한 것인지에 대한 의견제시 등도 포함된다. 그러나 타인의 의뢰를 받아 부동산 가격공시 및 감정평가에 관한 법률(이하 '부동산공시법'이라 한다)이 정한 토지에 대한 감정평가를 행하는 것은 회계서류에 대한 전문적 지식이나 경험과는 관계가 없어 '회계에 관한 감정' 또는 '그에 부대되는 업무'에 해당한다고 볼 수 없고, 그 밖에 공인회계사가 행하는 다른 직무의 범위에 포함된다고 볼 수도 없다.

따라서 감정평가업자가 아닌 공인회계사가 타인의 의뢰에 의하여 일정한 보수를 받고 부동산공시법이 정한 토지에 대한 감정평가를 업으로 행하는 것은 부동산공시법 제43조 제2호에 의하여 처벌되는 행위에 해당하고, 특별한 사정이 없는 한 형법 제20조가 정한 '법령에 의한 행위'로서 정당행위에 해당한다고 볼 수는 없다.

5. 감정대상 물건의 실지조사확인을 공인감정업자가 직접 하지 아니하고 보조자에 의할 수 있는지 여부(한정적극)(대판 1993.5.25, 92누18320)

감정대상 물건의 실지조사확인은 반드시 공인감정업자 자신이 하여야 하는 것은 아니고 업무를 신속, 원활하게 할 사정이 있는 경우에는 감정자료의 조사능력 있는 보조자에 의하여 행할 수 있다.

6. 일조이익(대판 2008.12.24, 2008다41499)

[판시사항]

[1] 토지·건물을 일시적으로 이용하는 것에 불과한 사람들이 일조이익을 향유하는 주체가 될 수 있는지 여부(소극)

[2] 초등학교 학생들은 학교 건물에 관하여 생활이익으로서의 일조권을 법적으로 보호받을 수 있는 지위에 있지 않다고 한 사례

[판결요지]

[1] 일조권 침해에 있어 객관적인 생활이익으로서 일조이익을 향유하는 '토지의 소유자 등'은 토지소유자, 건물소유자, 지상권자, 전세권자 또는 임차인 등의 거주자를 말하는 것으로서, 당해 토지·건물을 일시적으로 이용하는 것에 불과한 사람은 이러한 일조이익을 향유하는 주체가 될 수 없다.

[2] 초등학교 학생들은 공공시설인 학교시설을 방학기간이나 휴일을 제외한 개학기간 중, 그것도 학교에 머무르는 시간 동안 일시적으로 이용하는 지위에 있을 뿐이고, 학교를 점유하면서 지속적으로 거주하고 있다고 할 수 없어서 생활이익으로서의 일조권을 법적으로 보호받을 수 있는 지위에 있지 않다고 한 사례

[이유]

상고이유를 판단한다.

1. 상고이유 제1점에 대하여

토지의 소유자 등이 종전부터 향유하던 일조이익(日照利益)이 객관적인 생활이익으로서 가치가 있다고 인정되면 법적인 보호의 대상이 될 수 있는데, 그 인근에서 건물이나 구조물 등이 신축됨으로 인하여 햇빛이 차단되어 생기는 그늘, 즉 일영(日影)이 증가함으로써 해당 토지에서 종래 향유하던 일조량이 감소하는 일조방해가 발생한 경우, 그 일조방해의 정도, 피해이익의 법적 성질, 가해 건물의 용도, 지역성, 토지이용의 선후관계, 가해 방지 및 피해 회피의 가능성, 공법적 규제의 위반 여부, 교섭 경과 등 모든 사정을 종합적으로 고려하여 사회통념상 일반적으로 해당 토지소유자의 수인한도를 넘게 되면 그 건축행위는 정당한 권리행사의 범위를 벗어나 사법상(사법상) 위법한 가해행위로 평가된다(대판 2008.4.17, 2006다35865 全合 등 참조). 여기에서 객관적인 생활이익으로서 일조이익을 향유하는 '토지의 소유자 등'이란 토지소유자, 건물소유자, 지상권자, 전세권자 또는 임차인 등의 거주자를 말하는 것으로서, 당해 토지・건물을 일시적으로 이용하는 것에 불과한 사람은 이러한 일조이익을 향유하는 주체가 될 수 없다.

원심은 그 채택 증거를 종합하여 그 판시와 같은 사실을 인정한 다음, 원고(선정당사자)들 및 나머지 선정자들(이하 합하여 '원고 등'이라 한다)이 학생으로서 이 사건 학교 교실과 운동장 등 시설을 이용하더라도 이는 공공시설인 이 사건 학교시설을 방학기간이나 휴일을 제외한 개학기간 중, 그것도 학교에 머무르는 시간 동안 일시적으로 이용하는 지위에 있을 뿐이고, 이 사건 학교를 점유하면서 지속적으로 거주하고 있다고 할 수 없어서 생활이익으로서의 일조권을 법적으로 보호받을 수 있는 지위에 있지 않다고 판단하여, 원고 등이 이 사건 아파트 신축사업 시행자인 피고를 상대로 제기한 위자료 청구를 배척하였다.

앞에서 본 법리와 기록에 비추어 보면, 원심의 이러한 조치는 정당한 것으로 수긍이 가고, 거기에 상고이유로 주장하는 바와 같은 일조권의 향유 주체에 관한 법리오해 등의 위법이 없다.

2. 상고이유 제2점에 대하여

원심은 이 사건 아파트의 신축에 따라 발생한 일조방해로 인하여 원고 등에게 학습권 침해가 발생하였다고 볼 수 없다고 판단하였는바, 기록에 비추어 살펴보면, 원심의 이와 같은 판단은 정당한 것으로 수긍이 가고, 거기에 상고이유로 주장하는 바와 같은 학습권에 관한 법리오해 등의 위법이 없다.

7. 조망이익(대판 2007.6.28, 2004다54282)

[판시사항]

[1] 조망이익이 법적인 보호의 대상이 되기 위한 요건

[2] 조망이익의 침해행위가 사법상 위법한 가해행위로 평가되기 위한 요건 및 그 판단 기준

[3] 조망의 대상과 그에 대한 조망의 이익을 누리는 건물 사이에 있는 타인 소유의 토지에 건물이 건축되어 있지 않거나 저층의 건물만이 건축되어 있어 그 타인의 토지를 통한 조망의 향수가 가능하였던 경우, 그 토지상의 건물 신축으로 인한 조망이익의 침해가 인정되는지 여부(원칙적 소극)

[4] 5층짜리 아파트의 뒤에 그보다 높은 10층짜리 건물을 세움으로써 한강 조망을 확보한 경우와 같이 보통의 지역에 인공적으로 특별한 시설을 갖춤으로써 누릴 수 있게 된 조망의 이익은 법적으로 보호받을 수 없다고 한 사례

[5] 건물 신축으로 인한 일조방해행위가 사법상 위법한 가해행위로 평가되는 경우 및 일조방해행위가 사회통념상 수인한도를 넘었는지 여부의 판단 기준

[6] 이미 다른 기존 건물에 의하여 일조방해를 받고 있거나 건물 구조 자체가 충분한 일조를 확보하기 어려운 경우, 가해건물의 신축으로 인한 일조방해가 사회통념상 수인한도를 넘었는지 여부의 판단 기준

[7] 가해건물 신축 후 피해건물의 일조시간이 감소하였으나 그 피해건물이 서향인데다가 종전부터 다른 기존 건물로 인하여 일조를 방해받고 있던 점, 가해건물 신축으로 인하여 추가된 일조방해시간이 전체 일조방해시간의 1/4에 미달하고, 종전부터 있던 일조방해시간의 1/3에 미달하는 점 등에 비추어, 가해건물의 신축으로 인한 일조 침해의 정도가 수인한도를 초과한다고 보기 어렵다고 한 사례

[8] 일조방해, 사생활 침해, 조망 침해 등의 생활이익에 대한 침해의 위법 여부의 판단 및 재산상 손해의 산정 방법

[판결요지]

[1] 어느 토지나 건물의 소유자가 종전부터 향유하고 있던 경관이나 조망이 그에게 하나의 생활이익으로서의 가치를 가지고 있다고 객관적으로 인정된다면 법적인 보호의 대상이 될 수 있는 것인바, 이와 같은 조망이익은 원칙적으로 특정의 장소가 그 장소로부터 외부를 조망함에 있어 특별한 가치를 가지고 있고, 그와 같은 조망이익의 향유를 하나의 중요한 목적으로 하여 그 장소에 건물이 건축된 경우와 같이 당해 건물의 소유자나 점유자가 그 건물로부터 향유하는 조망이익이 사회통념상 독자의 이익으로 승인되어야 할 정도로 중요성을 갖는다고 인정되는 경우에 비로소 법적인 보호의 대상이 되는 것이고, 그와 같은 정도에 이르지 못하는 조망이익의 경우에는 특별한 사정이 없는 한 법적인 보호의 대상이 될 수 없다.

[2] 조망이익이 법적인 보호의 대상이 되는 경우에 이를 침해하는 행위가 사법상 위법한 가해행위로 평가되기 위해서는 조망이익의 침해 정도가 사회통념상 일반적으로 인용되는 수인한도를 넘

어야 하고, 그 수인한도를 넘었는지 여부는 조망의 대상이 되는 경관의 내용과 피해건물이 입지하고 있는 지역에 있어서 건조물의 전체적 상황 등의 사정을 포함한 넓은 의미에서의 지역성, 피해건물의 위치 및 구조와 조망상황, 특히 조망과의 관계에서의 건물의 건축·사용목적 등 피해건물의 상황, 주관적 성격이 강한 것인지 여부와 여관·식당 등의 영업과 같이 경제적 이익과 밀접하게 결부되어 있는지 여부 등 당해 조망이익의 내용, 가해건물의 위치 및 구조와 조망방해의 상황 및 건축·사용목적 등 가해건물의 상황, 가해건물 건축의 경위, 조망방해를 회피할 수 있는 가능성의 유무, 조망방해에 관하여 가해자 측이 해의(害意)를 가졌는지의 유무, 조망이익이 피해이익으로서 보호가 필요한 정도 등 모든 사정을 종합적으로 고려하여 판단하여야 한다.

[3] 조망의 대상과 그에 대한 조망의 이익을 누리는 건물 사이에 타인 소유의 토지가 있지만 그 토지 위에 건물이 건축되어 있지 않거나 저층의 건물만이 건축되어 있어 그 결과 타인의 토지를 통한 조망의 향수가 가능하였던 경우, 그 타인은 자신의 토지에 대한 소유권을 자유롭게 행사하여 그 토지 위에 건물을 건축할 수 있고, 그 건물 신축이 국토의 계획 및 이용에 관한 법률에 의하여 정해진 지역의 용도에 부합하고 건물의 높이나 이격거리에 관한 건축관계법규에 어긋나지 않으며 조망 향수자가 누리던 조망의 이익을 부당하게 침해하려는 해의(害意)에 의한 것으로서 권리의 남용에 이를 정도가 아닌 한 인접한 토지에서 조망의 이익을 누리던 자라도 이를 함부로 막을 수는 없으며, 따라서 조망의 이익은 주변에 있는 객관적 상황의 변화에 의하여 저절로 변용 내지 제약을 받을 수밖에 없고, 그 이익의 향수자가 이러한 변화를 당연히 제약할 수 있는 것도 아니다.

[4] 5층짜리 아파트의 뒤에 그보다 높은 10층짜리 건물을 세움으로써 한강 조망을 확보한 경우와 같이 보통의 지역에 인공적으로 특별한 시설을 갖춤으로써 누릴 수 있게 된 조망의 이익은 법적으로 보호받을 수 없다고 한 사례

[5] 건물의 신축으로 인하여 그 이웃 토지상의 거주자가 직사광선이 차단되는 불이익을 받은 경우에 그 신축 행위가 정당한 권리행사로서의 범위를 벗어나 사법상 위법한 가해행위로 평가되기 위해서는 그 일조방해의 정도가 사회통념상 일반적으로 인용하는 수인한도를 넘어야 하고, 일조방해 행위가 사회통념상 수인한도를 넘었는지 여부는 피해의 정도, 피해이익의 성질 및 그에 대한 사회적 평가, 가해건물의 용도, 지역성, 토지이용의 선후관계, 가해 방지 및 피해 회피의 가능성, 공법적 규제의 위반 여부, 교섭 경과 등 모든 사정을 종합적으로 고려하여 판단하여야 한다.

[6] 가해건물의 신축으로 인하여 일조피해를 받게 되는 건물이 이미 다른 기존 건물에 의하여 일조방해를 받고 있는 경우 또는 피해건물이 남향이 아니거나 처마가 돌출되어 있는 등 그 구조 자체가 충분한 일조를 확보하기 어렵게 되어 있는 경우에는, 가해건물 신축 결과 피해건물이 동짓날 08시부터 16시 사이에 합계 4시간 이상 그리고 동짓날 09시부터 15시 사이에 연속하여 2시간 이상의 일조를 확보하지 못하게 되더라도 언제나 수인한도를 초과하는 일조피해가 있다고 단정할 수는 없고(한편, 피해건물이 종전부터 위와 같은 정도의 일조를 확보하지 못하고 있었던 경우라도 그 일조의 이익이 항상 보호의 대상에서 제외되는 것은 아니다), 가해건물이 신축되기 전부터 있었던 일조방해의 정도, 신축 건물에 의하여 발생하는 일조방해의 정도, 가해건물 신축

후 위 두 개의 원인이 결합하여 피해건물에 끼치는 전체 일조방해의 정도, 종전의 원인에 의한 일조방해와 신축 건물에 의한 일조방해가 겹치는 정도, 신축 건물에 의하여 발생하는 일조방해시간이 전체 일조방해시간 중 차지하는 비율, 종전의 원인만으로 발생하는 일조방해시간과 신축 건물만에 의하여 발생하는 일조방해시간 중 어느 것이 더 긴 것인지 등을 종합적으로 고려하여 신축 건물에 의한 일조방해가 수인한도를 넘었는지 여부를 판단하여야 한다.

[7] 가해건물 신축 후 피해건물의 일조시간이 감소하였으나 그 피해건물이 서향인데다가 종전부터 다른 기존 건물로 인하여 일조를 방해받고 있던 점, 가해건물 신축으로 인하여 추가된 일조방해시간이 전체 일조방해시간의 1/4에 미달하고, 종전부터 있던 일조방해시간의 1/3에 미달하는 점 등에 비추어, 가해건물의 신축으로 인한 일조 침해의 정도가 수인한도를 초과한다고 보기 어렵다고 한 사례

[8] 일조방해, 사생활 침해, 조망 침해, 시야 차단으로 인한 압박감, 소음, 분진, 진동 등과 같은 생활이익에 대한 침해가 사회통념상의 수인한도를 초과하여 위법한지를 판단하고 그에 따른 재산상 손해를 산정함에 있어서는, 생활이익을 구성하는 요소들을 종합적으로 참작하여 수인한도를 판단하여야만 형평을 기할 수 있는 특별한 사정이 없다면, 원칙적으로 개별적인 생활이익별로 침해의 정도를 고려하여 수인한도 초과 여부를 판단한 후 수인한도를 초과하는 생활이익들에 기초하여 손해배상액을 산정하여야 하며, 수인한도를 초과하지 아니하는 생활이익에 대한 침해를 다른 생활이익 침해로 인한 수인한도 초과 여부 판단이나 손해배상액 산정에 있어서 직접적인 근거 사유로 삼을 수는 없다.

8. 소유권이전등기등(대판 2020.12.10, 2020다226490)

[판시사항]

[1] 둘 이상의 대상물건에 대한 감정평가는 개별평가가 원칙인지 여부(적극) 및 예외적으로 일괄평가가 허용되기 위한 요건

[2] 갑 아파트 재건축정비사업조합의 매도청구권 행사에 따라 감정인이 갑 아파트 단지 내 상가에 있는 을 교회 소유 부동산들에 관한 매매대금을 산정하면서 위 부동산들을 일괄하여 감정평가한 사안에서, 을 교회가 위 부동산들을 교회의 부속시설로 이용하고 있다는 등의 사정만으로 위 부동산들이 일체로 거래되거나 용도상 불가분의 관계에 있다고 단정하기 어려운데도, 이와 같이 단정하여 위 부동산들을 일괄평가한 감정인의 감정 결과에 잘못이 없다고 본 원심판단에는 법리오해 등의 잘못이 있다고 한 사례

[판결요지]

[1] 감정평가 및 감정평가사에 관한 법률 제3조 제3항은 “감정평가의 공정성과 합리성을 보장하기 위하여 감정평가법인등이 준수하여야 할 세부적인 원칙과 기준은 국토교통부령으로 정한다.”라고 규정하고 있다. 그 위임에 따른 감정평가에 관한 규칙 제7조 제1항은 “감정평가는 대상물건마다 개별로 하여야 한다.”라고, 제2항은 “둘 이상의 대상물건이 일체로 거래되거나 대상물건 상호 간에 용도상 불가분의 관계가 있는 경우에는 일괄하여 감정평가할 수 있다.”라고 규정하고 있다.

따라서 둘 이상의 대상물건에 대한 감정평가는 개별평가를 원칙으로 하되, 예외적으로 둘 이상의 대상물건에 거래상 일체성 또는 용도상 불가분의 관계가 인정되는 경우에 일괄평가가 허용된다.

[2] 갑 아파트 재건축정비사업조합의 매도청구권 행사에 따라 감정인이 갑 아파트 단지 내 상가에 있는 을 교회 소유 부동산들에 관한 매매대금을 산정하면서 위 부동산들을 일괄하여 감정평가한 사안에서, 위 상가는 집합건물의 소유 및 관리에 관한 법률이 시행되기 전에 소유권이전등기가 마쳐진 것으로 현재까지 위 법률에 따른 집합건물등기가 되어 있지 않고 각 호수별로 건물등기가 되어 있는데, 을 교회가 위 부동산들을 교회의 부속시설인 소예배실, 성경공부방, 휴게실로 각 이용하고 있으나 위 부동산들은 실질적인 구분건물로서 구조상 독립성과 이용상 독립성이 유지되고 있을 뿐 아니라 개별적으로 거래대상이 된다고 보이고, 나아가 개별적으로 평가할 경우의 가치가 일괄적으로 평가한 경우의 가치보다 높을 수 있으므로, 을 교회가 위 부동산들을 교회의 부속시설로 이용하고 있다는 등의 사정만으로 위 부동산들이 일체로 거래되거나 용도상 불가분의 관계에 있다고 단정하기 어려운데도, 이와 같이 단정하여 위 부동산들을 일괄평가한 감정인의 감정 결과에 잘못이 없다고 본 원심판단에는 일괄평가 요건에 관한 법리오해 등의 잘못이 있다고 한 사례

[이유]

상고이유를 판단한다.

1. **원고의 매도청구권 행사가 부적법하다는 취지의 주장에 대하여**

   원심은 그 판시와 같은 이유로, 원고가 추정분담금 등의 정보를 제공하지 아니하여 원고의 매도청구권 행사를 위한 최고가 부적법하다는 취지의 피고 주장, 이 사건 설립인가처분은 정비구역의 지정과 정비계획 없이 이루어져 원고의 매도청구권 행사가 부적법하다는 취지의 피고 주장을 모두 배척하였다.

   원심판결 이유를 기록과 관련 법리에 비추어 살펴보면 원심의 위와 같은 판단에 상고이유 주장과 같이 매도청구권에 관한 법리오해, 종교의 자유와 재산권 보장 등에 관한 헌법 위반 등의 잘못이 없다.

2. **종물 등에 대한 평가가 누락되었다는 취지의 주장, 비교표준지, 비교거래사례 선정의 잘못으로 인하여 개발이익이 제대로 반영되지 않았고 자본수익률 적용에도 잘못이 있다는 취지의 주장에 대하여**

   원심은 제1심 감정인의 감정 결과와 제1심 감정인의 사실조회회신 결과를 채택하여 원심판결 별지(이하 '별지'라고 한다) 목록 기재 각 부동산에 대한 매매대금을 산정하면서, 그 판시와 같은 이유로 이를 다투는 피고의 주장을 모두 배척하였다.

   원심판결 이유를 기록에 비추어 살펴보면 원심의 위와 같은 판단에 상고이유 주장과 같이 필요한 심리를 다하지 않은 채 논리와 경험의 법칙을 위반하여 자유심증주의의 한계를 벗어나거나 감정에 관한 법리를 오해하는 등의 잘못이 없다.

3. 일괄평가에 잘못이 있다는 주장에 대하여

가. 원심은 제1심 감정인의 감정 결과와 제1심 감정인의 사실조회회신 결과를 채택하여 별지 목록 기재 각 부동산에 관한 매매대금을 산정하면서, 다음과 같은 이유로 제1심 감정인이 별지 목록 제1 내지 3항 기재 각 부동산(대지사용권 포함)을 일괄평가한 데에 잘못이 없다고 판단하였다.

1) 별지 목록 제1 내지 3항 기재 각 부동산(호수 생략)은 호별 구분 없이 모두 피고의 모임 및 활동 등에 이용되고 있으므로 일체로 거래되거나 용도상 불가분의 관계에 있다고 볼 수 있다.

2) 피고가 위 각 호실을 휴게실, 공부방, 예배실로 칭한다고 하여 별개의 물건이라고 보기는 어렵다.

나. 그러나 원심의 위와 같은 판단은 다음과 같은 이유로 수긍하기 어렵다.

1) 「감정평가 및 감정평가사에 관한 법률」제3조 제3항은 “감정평가의 공정성과 합리성을 보장하기 위하여 감정평가법인등이 준수하여야 할 세부적인 원칙과 기준은 국토교통부령으로 정한다.”라고 규정하고 있다. 그 위임에 따른 「감정평가에 관한 규칙」 제7조 제1항은 “감정평가는 대상물건마다 개별로 하여야 한다.”라고, 제2항은 “둘 이상의 대상물건이 일체로 거래되거나 대상물건 상호 간에 용도상 불가분의 관계가 있는 경우에는 일괄하여 감정평가할 수 있다.”라고 규정하고 있다. 따라서 둘 이상의 대상물건에 대한 감정평가는 개별평가를 원칙으로 하되, 예외적으로 둘 이상의 대상물건에 거래상 일체성 또는 용도상 불가분의 관계가 인정되는 경우에 일괄평가가 허용된다(대판 2018.1.25, 2017두61799 등 참조).

2) 원심판결 이유와 기록에 의하여 알 수 있는 다음과 같은 사정을 앞서 본 법리에 비추어 살펴보면 제1심 감정인이 별지 목록 제1 내지 3항 기재 각 부동산을 일괄평가한 것은 타당하다고 보기 어렵다.

가) 1984.4.10. 제정된 「집합건물의 소유 및 관리에 관한 법률」이 1985.4.11. 시행되기 전인 1979.12.28. 원심 판시 2차 상가에 관하여 소유권보존등기가 마쳐졌는데, 당시는 위 법률에 따른 집합건물등기부가 작성되기 전이었다. 위 2차 상가의 경우 현재까지 집합건물등기가 되지 않고 각 호수별로 건물등기가 마쳐져 있는데, 이 중 별지 목록 제1항 기재 부동산에 관하여 2009.1.13. 피고 앞으로 소유권이전등기가, 별지 목록 제2항 기재 부동산에 관하여 2014.6.18. 피고 앞으로 소유권이전등기가, 별지 목록 제3항 기재 부동산에 관하여 2014.6.18. 피고 앞으로 소유권이전등기가 각 마쳐졌다.

나) 2016.11.22. 기준으로 피고는 교회의 부속시설로서 별지 목록 제1항 기재 부동산을 소예배실, 소회의실, 탁구장으로, 별지 목록 제2항 기재 부동산을 성경공부방으로, 별지 목록 제3항 기재 부동산을 휴게실로 각 이용하고 있으나, 별지 목록 제1 내지

3항 기재 각 부동산은 실질적인 구분건물로서 구조상 독립성과 이용상 독립성이 유지되고 있다.

다) 제1심 감정인은 피고가 별지 목록 제1 내지 3항 기재 각 부동산을 교회의 부속시설로 이용하고 있다는 이유로 별지 목록 제1 내지 3항 기재 각 부동산(대지사용권 포함하여)을 일괄평가하면서, 별지 목록 제1 내지 3항 기재 각 부동산의 총전유면적 542.4㎡(= 별지 목록 제1항 기재 부동산의 전유면적 319.68㎡ + 별지 목록 제2항 기재 부동산의 전유면적 141.39㎡ + 별지 목록 제3항 기재 부동산의 전유면적 81.33㎡)와 비교거래사례의 전유면적 66.18㎡를 비교하여 규모 면에서 별지 목록 제1 내지 3항 기재 각 부동산이 비교거래사례보다 열세라고 평가하였고, 이를 개별요인에 반영하였다.

라) 그런데 별지 목록 제1 내지 3항 기재 각 부동산에 대하여 개별적으로 평가가 이루어질 경우에는 규모 면에서도 비교거래사례의 전유면적과 개별적인 비교가 이루어지게 되고 이는 별지 목록 제1 내지 3항 기재 각 부동산의 각 개별요인에 반영될 것이다. 이 경우 각 개별요인 수치는 별지 목록 제1 내지 3항 기재 각 부동산을 일괄하여 평가할 경우의 개별요인 수치보다는 각 부동산의 평가에 유리하게 작용할 것으로 보이고 따라서 이때의 평가금액의 합계액은 제1심 감정인이 행한 바대로 별지 목록 제1 내지 3항 기재 각 부동산을 일괄적으로 평가한 금액보다 많을 가능성이 있다.

마) 별지 목록 제1 내지 3항 기재 각 부동산은 실질적인 구분건물로서 구조상 독립성과 이용상 독립성이 유지되고 있을 뿐 아니라 피고가 앞서 본 바와 같이 순차적으로 각각의 소유권을 취득하였던 것처럼 개별적으로 거래대상이 된다고 보이고 나아가 개별적으로 평가할 경우의 가치는 앞서 본 바와 같이 일괄적으로 평가한 경우의 가치보다 높을 수 있다. 그러므로 피고가 별지 목록 제1 내지 3항 기재 각 부동산을 교회의 부속시설로 이용하고 있다는 등의 사정만으로 별지 목록 제1 내지 3항 기재 각 부동산이 일체로 거래되거나 용도상 불가분의 관계에 있다고 단정하기 어렵다.

3) 그런데도 원심은 판시와 같은 이유만으로 위 각 부동산을 일괄평가한 제1심 감정인의 감정 결과에 잘못이 없다고 판단하였다. 이러한 원심의 판단에는 일괄평가요건에 관한 법리를 오해하여 필요한 심리를 다하지 않음으로써 판결에 영향을 미친 잘못이 있다. 이를 지적하는 상고이유 주장은 이유 있다.

4. 결론

그러므로 원심판결 중 피고 패소부분을 파기하고, 이 부분 사건을 다시 심리・판단하도록 원심법원에 환송하기로 하여, 관여 대법관의 일치된 의견으로 주문과 같이 판결한다.

8-1. 서울고법 2023.4.6, 2021누65059 : 확정

[판시사항]

주택재개발 정비사업구역 내에 있는 제1토지, 인접한 제2토지, 제1토지로부터 분할된 제3토지 및 그 지상 건물 등 지장물의 각 1/2 지분권자들인 甲 주식회사와 乙 주식회사가 위 각 토지에 대한 개별평가를 전제로 산정한 수용재결 및 이의재결 보상금에 대하여 위 각 토지 전부를 일단지로 보고 일괄평가하여 보상액을 산정해야 한다며 정당한 손실보상금 등의 지급을 청구한 사안에서, 위 각 토지는 거래상 일체성 또는 용도상 불가분의 관계가 인정되는 경우로서 일단의 토지 전체를 1필지로 보아 일괄하여 감정평가한 금액을 보상액으로 산정하는 것이 타당하다고 한 사례

[판결요지]

주택재개발 정비사업구역 내에 있는 제1토지, 인접한 제2토지, 제1토지로부터 분할된 제3토지 및 그 지상 건물 등 지장물의 각 1/2 지분권자들인 甲 주식회사와 乙 주식회사가 위 각 토지에 대한 개별평가를 전제로 산정한 수용재결 및 이의재결 보상금에 대하여 위 각 토지 전부를 일단지로 보고 일괄평가하여 보상액을 산정해야 한다며 정당한 손실보상금 등의 지급을 청구한 사안이다.

구 감정평가 및 감정평가사에 관한 법률(2020.4.7. 법률 제17219호로 개정되기 전의 것) 제3조 제3항, 감정평가에 관한 규칙 제7조에 따르면, 둘 이상의 대상물건에 대한 감정평가는 개별평가를 원칙으로 하되, 예외적으로 둘 이상의 대상물건에 거래상 일체성 또는 용도상 불가분의 관계가 인정되는 경우에 일괄평가가 허용되고, 이때 '용도상 불가분의 관계'에 있다는 것은 일단의 토지로 이용되고 있는 상황이 사회적 · 경제적 · 행정적 측면에서 합리적이고 그 토지의 가치 형성적 측면에서도 타당하다고 인정되는 관계에 있는 경우를 뜻하는데, ① 분할 전부터 충전소 부지로서 일체로 사용되어 왔던 제1토지와 제3토지처럼 여러 필지의 토지가 일단을 이루어 하나의 충전소 부지로 사용되고 있는 경우에는, 특별한 사정이 없는 한 그 일단의 토지 전체를 1필지로 보고 토지 특성을 조사하여 전체에 대해 단일한 가격으로 평가하는 것이 타당한 점, ② 甲, 乙 회사가 제1토지에서 충전소를 운영하면서 인접한 제2토지를 매수하고 제3토지를 분할하는 한편, 제1토지 지상에 있던 건물을 철거하고 제3토지에 세차장을 신축하여 수용재결 시점까지 충전소와 세차장을 계속 일괄적으로 운영하였고, 제2토지는 세차장 진입로로 사용되어 온 것을 고려하면, 1필의 토지를 충전소 부지로 사용하는 경우 그 인접 토지를 세차장 등으로 이용하는 것은 공익사업을 위한 토지 등의 취득 및 보상에 관한 법률 제70조 제2항의 '일반적인 이용방법에 의한 객관적 상황'에 포함되고, 토지소유자의 주관적 가치나 특별한 용도에 해당한다고 볼 수 없는 점, ③ 제2토지는 충전소와 세차장의 진입로로 계속 사용해 왔고, 토지의 구조나 형상, 이용상황과 연혁 등을 고려하면, 제2토지의 이용상황이 단지 일시적이라고 볼 수 없으며, 종전 콘크리트 포장 도로를 형질변경 허가를 받지 않고 아스콘으로 포장하였다는 사정은 복수의 토지가 용도상 불가분 관계에 있는지를 따질 때 영향을 미칠 수 없는 점, ④ 제1토지는 주유소용지, 제2토지는 답, 제3토지는 잡종지로 서로 지목이 다르나, 여러 개의 토지들이 서로 지목이 다르다고 하여 곧바로 용도상 불가분의 관계를 부정할 수 있는 것은 아니고, 객관적 이용상황 등을 실제로 살펴보아 일체성이 인정된다면 지목 여부와 관계없이 용도상 불가분

의 관계를 인정할 수 있는 점 등을 종합하면, 위 각 토지는 거래상 일체성 또는 용도상 불가분의 관계가 인정되는 경우로서 일단의 토지 전체를 1필지로 보아 일괄하여 감정평가한 금액을 보상액으로 산정하는 것이 타당하다고 한 사례이다.

9. 감정평가업자의 보수기준 법적 성질(법령보충적 행정규칙)(대판 2020.6.11, 2018다259145)

[판시사항]

같은 의뢰인으로부터 같은 물건을 다시 의뢰받은 감정평가가 구 감정평가업자의 보수에 관한 기준 제3조 제4항 제1호 단서에 해당하는 경우, 그 수수료를 산정할 때 같은 조 제3항 제1호에 따른 할증률이 적용되는지 여부(적극)

[이유]

상고이유(상고이유서 제출기간이 지난 후에 제출된 원고의 상고이유보충서의 기재는 상고이유를 보충하는 범위 내에서)를 판단한다.

1. 원고의 상고이유 제1점에 대하여

가. 원심은, 원고가 수행한 2차 감정평가가 같은 의뢰인이 같은 물건을 다시 의뢰하여 이루어진 경우에 해당하므로 구 감정평가업자의 보수에 관한 기준(2014.11.17. 국토교통부공고 제2014-1441호로 개정된 것, 이하 '구 감정평가보수기준'이라고 한다) 제3조 제3항 제1호의 괄호 규정(제4항 제1호에 해당하는 경우는 제외한다)이 적용되어 2차 감정평가수수료를 산정함에 있어 위 제3조 제3항 제1호의 괄호 외 규정(감정평가 의뢰일로부터 6월 이상 기준시점을 소급하는 감정평가)에 따른 할증률이 적용되지 않는다고 판단하였다.

나. 그러나 원심의 위와 같은 판단은 다음과 같은 이유로 수긍하기 어렵다.

1) 구 감정평가보수기준 제3조 제3항은 같은 조 제1항, 제2항에 따른 감정평가수수료에 100분의 150의 할증률을 적용하여 산정하는 특수평가의 유형에 관하여, 그 제1호 본문에서 '감정평가 의뢰일로부터 6월 이상 기준시점을 소급하는 감정평가'라고 규정하면서도, 괄호 안에 '제4항 제1호에 해당하는 경우는 제외한다'고 규정하고 있다.

한편 구 감정평가보수기준 제3조 제4항은 같은 조 제1항, 제2항에 따른 감정평가수수료에 해당 할인율의 금액을 감하여 산정하는 감정평가의 유형에 관하여, 그 제1호에서 "같은 의뢰인(같은 소유자를 포함한다. 이하 이 항에서 같다)으로부터 같은 물건을 다시 의뢰받은 경우(여러 건으로 나누어 의뢰받은 경우를 포함한다) 감정평가수수료의 할인율은 다음과 같다. 이 경우 재의뢰일은 당초 감정평가서 발급일로부터 기간을 계산하고, 기준시점은 당초 기준시점부터 기간을 계산하며, 재의뢰일과 기준시점으로 계산한 기간이 다른 경우 긴 기간을 기준으로 한다. 다만 당초 감정평가보다 기준시점을 소급하는 감정평가에는 적용하지 아니한다."라고 규정하고 있다.

재의뢰일 기준시점 할인율
3개월 이내 동일 100분의 90
3개월 이내 3개월 이내 100분의 70
6개월 이내 6개월 이내 100분의 50
1년 이내 1년 이내 100분의 30
2년 이내 2년 이내 100분의 10

이러한 구 감정평가보수기준 제3조 제4항 제1호는 감정평가업자가 같은 의뢰인으로부터 같은 물건을 다시 의뢰받은 경우 해당 할인율이 적용되도록 하는 규정 중 하나라는 점에 비추어 보면, 같은 조 제3항 제1호 괄호 안의 '제4항 제1호에 해당하는 경우'란 감정평가업자가 같은 의뢰인으로부터 같은 물건을 다시 의뢰받은 날로부터 6월 이상 기준시점을 소급하는 감정평가에 대하여 제3조 제4항 제1호 소정의 해당 할인율이 적용되는 경우를 의미한다고 해석된다. 따라서 구 감정평가보수기준 제3조 제3항 제1호 괄호 안의 '제4항 제1호에 해당하는 경우는 제외한다'는 것은, 감정평가업자가 같은 의뢰인으로부터 같은 물건을 다시 의뢰받은 날로부터 6월 이상 기준시점을 소급하는 감정평가에 대하여 제3조 제4항 제1호 소정의 해당 할인율이 적용되는 경우 제3조 제3항 제1호 소정의 할증률이 적용되지 않음을 뜻한다. 그런데 구 감정평가보수기준 제3조 제4항 제1호 단서는 "다만 당초 감정평가보다 기준시점을 소급하는 감정평가에는 적용하지 아니한다."라고 규정하고 있으므로, 감정평가업자가 같은 의뢰인으로부터 같은 물건을 다시 의뢰받은 날로부터 6월 이상 기준시점을 소급하는 감정평가가 당초 감정평가보다 기준시점을 소급하는 경우에까지 해당한다면, 위와 같이 다시 의뢰받은 감정평가에 대해서는 제3조 제4항 제1호 소정의 해당 할인율이 처음부터 적용될 여지가 없는 것이기 때문에, 이때의 감정평가의 수수료를 산정함에 있어서는 제3조 제3항 제1호 소정의 할증률이 원래대로 적용되어야 한다.

2) 기록에 의하면 2차 감정평가는 원고가 같은 의뢰인인 피고로부터 같은 물건을 다시 의뢰받은 날인 2015.12.21.로부터 6월 이상 기준시점(2014.5.21. 내지 2015.5.1.)을 소급하는 감정평가에 해당하는 사실, 2차 감정평가는 1차 감정평가의 기준시점(2015.8.31.)보다 기준시점을 소급하는 감정평가에 해당하는 사실을 알 수 있다.

이러한 사실관계를 앞서 본 법리에 비추어 보면 원고가 같은 의뢰인인 피고로부터 같은 물건을 다시 의뢰받은 날로부터 6월 이상 기준시점을 소급하는 2차 감정평가는 1차 감정평가보다 기준시점을 소급하는 감정평가에 해당하게 되어 구 감정평가보수기준 제3조 제4항 제1호 소정의 해당 할인율이 적용되지 않으므로(즉 2차 감정평가가 제3조 제4항 제1호 자체에 해당하지 않으므로), 2차 감정평가수수료를 산정함에 있어서는 제3조 제3항 제1호 소정의 할증률이 적용되어야 한다.

3) 그런데도 원심은 판시와 같은 이유로 2차 감정평가수수료를 산정함에 있어 구 감정평가보수기준 제3조 제3항 제1호 소정의 할증률이 적용되지 않는다고 판단하였다. 이러한

원심판결에는 구 감정평가보수기준에 관한 법리를 오해하여 판결에 영향을 미친 잘못이 있다. 이를 지적하는 상고이유 주장은 이유 있다.

2. 피고의 상고이유에 대하여

가. 원심은 다음과 같은 이유로 원고에게 이행지체책임이 있음을 전제로 하는 피고의 예비적 주장이 이유 없다고 판단하였다.

1) 원고가 감정평가계약에 따라 이행기 내에 의무이행을 다하지 못한 것은 피고의 자료제공 지연 등의 사유에 기인하므로, 이를 원고의 귀책사유로 인한 것이라고 볼 수 없다.

2) 피고가 제출한 증거들만으로는 원고의 감정평가서 납품 지연으로 인하여 피고가 계약의 목적을 달성하지 못하게 되었다고 보기 어렵다. 원고가 감정평가서를 이행기보다 늦게 납품하였다고 하더라도, 원고의 감정평가서 납품 전에 피고가 자신의 채무인 보수지급의무를 이행하였다거나 적법하게 이행제공하였다는 점에 관한 주장과 증명이 없다면, 피고는 원고에게 감정평가서 납품 지연을 이유로 한 이행지체책임을 물을 수 없는데, 피고가 원고의 감정평가서 납품 전에 원고에게 적법하게 보수지급의무에 관한 이행 또는 이행제공을 하였음을 인정할 증거가 없다.

나. 원심판결 이유를 관련 법리와 기록에 비추어 살펴보면 원심의 위와 같은 판단에 상고이유 주장과 같이 논리와 경험의 법칙을 위반하여 자유심증주의의 한계를 벗어나거나 동시이행항변권 등에 관한 법리를 오해하는 등의 잘못이 없다.

3. 결론

그러므로 원고의 나머지 상고이유에 대한 판단을 생략한 채 원심판결 중 61,624,604원(원고가 청구하고 있는 184,874,800원과 원심이 인용한 123,250,196원의 차액) 및 이에 대한 지연손해금에 관한 원고 패소부분을 파기하고, 이 부분 사건을 다시 심리·판단하도록 원심법원에 환송하며, 피고의 상고는 이유 없어 이를 기각하기로 하여, 관여 대법관의 일치된 의견으로 주문과 같이 판결한다.

9-1 용역비 보수기준 적용(대판 2023.11.2, 2019다236248)

[판시사항]

동일인이 별개의 공익사업과 관련된 여러 개의 어업권에 관하여 감정평가를 일괄하여 의뢰한 경우, 전체 감정평가수수료를 산정하는 방법

[주문]

원심판결 중 피고 패소 부분을 파기하고, 이 부분 사건을 부산고등법원에 환송한다.

[이유]

상고이유를 판단한다.

1. 원심판결 이유와 기록에 따르면, 다음의 사실을 알 수 있다.

가. 피고는 부산항 신항 증심 준설공사 사업(1단계, 1-2단계, 2단계 및 개발 2단계) 및 송도 준설토 투기장 호안축조공사 사업(이하 위 5개의 사업을 통틀어 '이 사건 각 사업'이라고 한다)의 시행자인 부산지방해양수산청 부산항건설사무소장으로부터 이 사건 각 사업으로 인한 손실보상업무를 위탁받았다.

나. 원고는 2014.10.6. 피고로부터 이 사건 각 사업에 따른 어업권 손실보상액의 산정을 위한 감정평가를 의뢰받았고, 2016.8.22. 피고에게 이 사건 각 사업별로 작성한 총 5개의 감정평가서를 제출하였다. 이후 어업권 손실보상액에 관하여 이의신청이 제기됨에 따라, 피고는 2016.11.경부터 2017.6.경까지 원고에게 이 사건 각 사업에 따른 어업권 손실보상액 재산정을 위한 감정평가를 추가로 의뢰하였고, 원고는 2016.12.20.경부터 2017.7.경까지 이 사건 각 사업별로 어업권 손실보상액 재산정에 관한 감정평가를 완료한 다음 피고에게 그 결과를 제출하였다(이하 위 각 감정평가를 통틀어 '이 사건 감정평가'라고 한다).

2. 원심 판단

원심은 판시와 같은 이유로, 다음과 같이 판단하였다.

가. 감정평가업자가 여러 개의 공익사업의 시행에 따른 여러 개의 어업권의 손실보상에 관한 감정평가를 일괄적으로 의뢰받은 경우라도, 각 공익사업은 별개의 사업에 해당하므로 구 「감정평가업자의 보수에 관한 기준」(2016.9.1. 국토교통부 공고 제2016-1220호로 전부 개정되기 전의 것, 이하 '이 사건 보수기준'이라고 한다) 제11조 제3항과 제11조 제1항 단서 제1호가 모두 적용되어 각 어업권에 대한 각 공익사업별 감정평가액을 기준으로 산정한 개별 감정평가수수료를 모두 합산하는 방식으로 전체 감정평가수수료를 산정하여야 한다.

나. 따라서 피고는 원고에게 각 어업권에 대한 이 사건 각 사업별 감정평가수수료를 합산한 금액 등 합계 2,449,838,600원 및 그 지연손해금을 지급할 의무가 있다.

3. 대법원 판단

가. 이 사건 보수기준 제11조는 여러 개 물건에 대한 감정평가수수료를 규정하는데, 제1항 본문은 "동일인이 여러 개의 물건에 대한 감정평가를 일괄하여 의뢰한 때에는 여러 개의 물건 모두의 감정평가액 총액을 기준으로 감정평가수수료를 산정한다."라고 규정하고, 같은 항 단서 제1호는 '다만 「공익사업을 위한 토지 등의 취득 및 보상에 관한 법률」에 따른 보상을 위한 감정평가: 별개의 공익사업(같은 공익사업이지만 사업인정고시일이 다른 경우를 포함한다)인 경우에는 그러하지 아니하다.'라고 규정하였다. 한편 이 사건 보수기준 제11조 제3항은 "광업권, 어업권(신고어업 및 허가어업을 포함한다) 또는 영업권(영업의 폐지 또는 휴업 등에 대한 손실평가를 포함한다)은 각각의 권리를 1건으로 본다."라고 규정하였다. 이 사건 보수기준 제11조 제1항 본문, 단서 제1호, 제3항의 문언과 취지, 형식과 체계 및 개정 경과 등을 종합하여 보면, 설령 동일인이 별개의 공익사업과 관련된 여러 개의 어업권에 관하여 감정평가를 일괄하여 의뢰하였더라도 특별한 사정이 없는 한 이 사건 보수기준 제11조 제3항에 따라 어업권별 각 공익사업에 대한 감정평가액 합계를 기준으로 1개의 어업권에 대한 개별 감정평가수수료를 산정한 다음 이를 합산하는 방식으로 전체 감정평가수수료를

산정하여야 하는 것이지, 이 경우에도 이 사건 보수기준 제11조 제1항 단서 제1호를 함께 적용하여 각 어업권에 대한 각 공익사업별 감정평가액을 기준으로 개별 감정평가수수료를 산정하여 이를 모두 합산하는 방식으로 전체 감정평가수수료를 산정하여야 하는 것은 아닌 것으로 해석된다. 다만 감정평가수수료를 산정할 때 감정평가업자가 수행한 감정평가업무의 난이도, 업무량 등에 비해 현저히 불합리하게 과소한 감정평가수수료가 산정될 우려가 있다는 특별한 사정이 있으면 이 사건 보수기준 제11조 제3항이 적용되는 경우라도 이 사건 보수기준 제11조 제1항 단서 제1호를 유추적용하여 감정평가수수료를 합리적으로 산정할 수는 있을 것이다.

나. 이 사건 감정평가수수료를 이 사건 보수기준 제11조 제1항 본문이 아닌 이 사건 보수기준 제11조 제3항에 따라 어업권별로 산정하였다면, 이 사건 보수기준 제11조 제1항 단서 제1호가 적용될 수 없어 각 어업권에 대한 감정평가액을 이 사건 각 사업별로 나누어 감정평가수수료를 산정할 수 없고, 원심이 인정한 사실만으로는 이 사건 보수기준 제11조 제1항 단서 제1호를 유추적용할 수 있는 특별한 사정이 있다고 보이지도 않는다.

다. 그런데도 원심은 이 사건 감정평가수수료를 산정할 때 이 사건 보수기준 제11조 제3항뿐만 아니라 이 사건 보수기준 제11조 제1항 단서 제1호도 함께 적용된다고 보아 각 어업권에 대한 이 사건 각 사업별 감정평가액을 기준으로 개별 감정평가수수료를 산정하고 이를 모두 합산한 전체 감정평가수수료를 피고가 지급하여야 한다고 판단하였다. 이러한 원심판단에는 이 사건 보수기준 제11조 제1항 본문, 제1항 단서 제1호, 제3항의 해석 등에 관한 법리를 오해함으로써 판결에 영향을 미친 잘못이 있다.

4. 결론

그러므로 원심판결 중 피고 패소 부분을 파기하고, 이 부분 사건을 다시 심리・판단하도록 원심법원에 환송하기로 하여, 관여 대법관의 일치된 의견으로 주문과 같이 판결한다.

10. 감정평가업자가 아닌 피고인들이 법원 행정재판부로부터 수용 대상 토지상에 재배되고 있는 산양삼의 손실보상액 평가를 의뢰받고 감정서를 작성하여 제출한 사건 : 심마니 산양삼 손실보상 평가(대판 2021.10.14, 2017도10634)

[판시사항]

구 부동산 가격공시 및 감정평가에 관한 법률에서 감정평가사 자격을 갖춘 사람만이 감정평가업을 독점적으로 영위할 수 있도록 한 취지 / 민사소송법 제335조에 따른 법원의 감정인 지정결정 또는 같은 법 제341조 제1항에 따른 법원의 감정촉탁을 받은 경우, 감정평가업자가 아닌 사람이더라도 그 감정사항에 포함된 토지 등의 감정평가를 할 수 있는지 여부(적극) 및 이러한 행위가 형법 제20조의 정당행위에 해당하여 위법성이 조각되는지 여부(적극)

[판결요지]

구 부동산 가격공시 및 감정평가에 관한 법률(2016.1.19. 법률 제13796호 부동산 가격공시에 관한 법률로 전부 개정되기 전의 것, 이하 '구 부동산공시법'이라고 한다) 제2조 제7호 내지 제9호, 제43

조 제2호는 감정평가란 토지 등의 경제적 가치를 판정하여 그 결과를 가액으로 표시하는 것을 말하고, 감정평가업자란 제27조에 따라 신고를 한 감정평가사와 제28조에 따라 인가를 받은 감정평가법인을 말한다고 정의하면서, 감정평가업자가 아닌 자가 타인의 의뢰에 의하여 일정한 보수를 받고 감정평가를 업으로 행하는 것을 처벌하도록 규정하고 있다. 이와 같이 감정평가사 자격을 갖춘 사람만이 감정평가업을 독점적으로 영위할 수 있도록 한 취지는 감정평가업무의 전문성, 공정성, 신뢰성을 확보해서 재산과 권리의 적정한 가격형성을 보장하여 국민의 권익을 보호하기 위한 것이다(구 부동산공시법 제1조 참조).

한편 소송의 증거방법 중 하나인 감정은 법관의 지식과 경험을 보충하기 위하여 특별한 학식과 경험을 가진 제3자에게 그 전문적 지식이나 이를 구체적 사실에 적용하여 얻은 판단을 법원에 보고하게 하는 것으로, 감정신청의 채택 여부를 결정하고 감정인을 지정하거나 단체 등에 감정촉탁을 하는 권한은 법원에 있고(민사소송법 제335조, 제341조 제1항 참조), 행정소송사건의 심리절차에서 공익사업을 위한 토지 등의 취득 및 보상에 관한 법률상 토지 등의 손실보상액에 관하여 감정을 명할 경우 그 감정인으로 반드시 감정평가사나 감정평가법인을 지정하여야 하는 것은 아니다.

법원은 소송에서 쟁점이 된 사항에 관한 전문성과 필요성에 대한 판단에 따라 감정인을 지정하거나 감정촉탁을 하는 것이고, 감정결과에 대하여 당사자에게 의견을 진술할 기회를 준 후 이를 종합하여 그 결과를 받아들일지 여부를 판단하므로, 감정인이나 감정촉탁을 받은 사람의 자격을 감정평가사로 제한하지 않더라도 이러한 절차를 통하여 감정의 전문성, 공정성 및 신뢰성을 확보하고 국민의 재산권을 보호할 수 있기 때문이다.

그렇다면 민사소송법 제335조에 따른 법원의 감정인 지정결정 또는 같은 법 제341조 제1항에 따른 법원의 감정촉탁을 받은 경우에는 감정평가업자가 아닌 사람이더라도 그 감정사항에 포함된 토지 등의 감정평가를 할 수 있고, 이러한 행위는 법령에 근거한 법원의 적법한 결정이나 촉탁에 따른 것으로 형법 제20조의 정당행위에 해당하여 위법성이 조각된다고 보아야 한다.

11. 성실의무의 의미(과징금부과처분취소청구)(대판 2021.10.28, 2020두41689)

[판시사항]

[1] 감정평가업자가 감정평가법인인 경우, 감정평가법인이 감정평가 주체로서 구 부동산 가격공시 및 감정평가에 관한 법률 제37조 제1항에 따라 부담하는 성실의무의 의미

[2] 제재적 행정처분이 재량권의 범위를 일탈·남용하였는지 판단하는 방법

[판결요지]

[1] 구 부동산 가격공시 및 감정평가에 관한 법률(2016.1.19. 법률 제13796호 부동산 가격공시에 관한 법률로 전부 개정되기 전의 것) 제37조 제1항에 따르면, 감정평가업자(감정평가법인 또는 감정평가사사무소의 소속감정평가사를 포함한다)는 감정평가업무를 행함에 있어서 품위를 유지하여야 하고, 신의와 성실로써 공정하게 감정평가를 하여야 하며, 고의 또는 중대한 과실로 잘못된 평가를 하여서는 아니 된다. 한편 감정평가업자가 감정평가법인인 경우에 실질적인 감정평가업무는 소속감정평가사에 의하여 이루어질 수밖에 없으므로, 감정평가법인이 감정평가

의 주체로서 부담하는 성실의무란, 소속감정평가사에 대한 관리・감독의무를 포함하여 감정평가서 심사 등을 통해 감정평가 과정을 면밀히 살펴 공정한 감정평가결과가 도출될 수 있도록 노력할 의무를 의미한다.

[2] 제재적 행정처분이 재량권의 범위를 일탈하였거나 남용하였는지는, 처분사유인 위반행위의 내용과 그 위반의 정도, 그 처분에 의하여 달성하려는 공익상의 필요와 개인이 입게 될 불이익 및 이에 따르는 제반 사정 등을 객관적으로 심리하여 공익침해의 정도와 처분으로 인하여 개인이 입게 될 불이익을 비교・교량하여 판단하여야 한다.

12. 과징금 최고액(대판 2001.3.9, 99두5207)

[판시사항]

[1] 구 청소년보호법 제49조 제1항, 제2항의 위임에 따른 같은법시행령 제40조 [별표 6]의 위반행위의종별에따른과징금처분기준의 법적 성격(=법규명령) 및 그 과징금 수액의 의미(=최고한도액)

[2] 제재적 행정처분이 재량권의 범위를 일탈・남용하였는지 여부의 판단 기준

[판결요지]

[1] 구 청소년보호법(1999.2.5. 법률 제5817호로 개정되기 전의 것) 제49조 제1항, 제2항에 따른 같은법 시행령(1999.6.30. 대통령령 제16461호로 개정되기 전의 것) 제40조 [별표 6]의 위반행위의 종별에 따른 과징금처분기준은 법규명령이기는 하나 모법의 위임규정의 내용과 취지 및 헌법상의 과잉금지의 원칙과 평등의 원칙 등에 비추어 같은 유형의 위반행위라 하더라도 그 규모나 기간・사회적 비난 정도・위반행위로 인하여 다른 법률에 의하여 처벌받은 다른 사정・행위자의 개인적 사정 및 위반행위로 얻은 불법이익의 규모 등 여러 요소를 종합적으로 고려하여 사안에 따라 적정한 과징금의 액수를 정하여야 할 것이므로 그 수액은 정액이 아니라 최고한도액이다.

[2] 제재적 행정처분이 사회통념상 재량권의 범위를 일탈하였거나 남용하였는지 여부는 처분사유로 된 위반행위의 내용과 당해 처분행위에 의하여 달성하려는 공익목적 및 이에 따르는 제반 사정 등을 객관적으로 심리하여 공익침해의 정도와 그 처분으로 인하여 개인이 입게 될 불이익을 비교 교량하여 판단하여야 한다.

제2절 기출분석

기출문제

[감정평가] 감정평가법인등의 법적 지위 [제9회 제3문]

토지소유자 A는 감정평가법인 B에게 소유부동산의 감정평가를 의뢰하고, B는 이를 접수하여 소속 감정평가사인 C로 하여금 감정평가업무에 착수하게 하였다. 이 경우 다음 사항을 설명하시오. 20점

(1) **A와 B의 법률관계의 성질 및 내용은?**

(2) **A가 국토교통부장관이고 C의 업무내용이 표준지공시지가의 조사・평가라면 A와 B의 법률관계와 C의 법적 지위는?**

Ⅰ. A와 B의 법률관계의 성질과 내용
  1. 법률관계의 성질
  2. 법률관계의 내용

Ⅱ. 업무내용이 표준지공시지가의 조사평가인 경우
  1. A와 B의 법률관계
  2. C의 법적 지위
    (1) 공무수탁사인으로서의 지위
    (2) 벌칙적용에 있어 공무원으로서의 지위

쟁점해설

제3문의 설문 (1)에서 토지소유자 (A)와 감정평가법인 (B)와의 관계는 한마디로 감정평가의뢰관계인데, 그 관계의 성질과 내용을 묻는 문제이다. 또 설문 (2)는 국토교통부장관 (A)와 감정평가법인 (B)의 업무내용이 표준지공시지가의 조사・평가인 경우라면 A와 B의 법률관계의 성질과 소속평가사 (C)의 지위를 묻는 문제이다.

1. 법률관계의 성질

원칙적으로 감정평가의뢰관계의 법적 성질에 관하여 감정평가법 등 관련 실정법에 특별한 규정이 있으면 그 규정에 의한다. 그렇지 않은 경우 일반법이론에 따라 논하여야 한다. 일반적으로 법률관계를 공법관계와 사법관계로 나누고, 공법관계는 권력관계와 비권력(관리)관계로 나누고 있다. 이렇게 나누어 볼 때 토지소유자와 감정평가법인 사이의 감정평가의뢰관계는 상호 대등관계로서 사법관계의 성질을 띤다고 할 것이다.

그러나 감정평가업무가 단순한 사인 상호 간의 업무와 다른 공법적 성질을 띤 업무이고, 감정평가사 개인이 아닌 감정평가법인과의 관계인 때에는 단순히 사법관계와는 다른 공법적 성질의 관계라고 볼 수도 있다. 물론 상호 간에는 일방의 감정평가업무 위임과 타방의 그 대가지불을 내용으로 하는 유상의 쌍무적인 계약관계가 성립된다고 볼 것이다.

2. 법률관계의 내용

토지소유자와 감정평가법인과의 법률관계의 내용은 그 법률관계의 성질이 공법관계인가 사법관계인가에 따라 달라진다. 어느 관계이든지 권리와 의무관계임에는 틀림이 없다. 즉, 일방의 감정평가업무의 의뢰와 타방의 그 반대급부인 대가의 지급이 이루어진다.
그러나 그것이 공법관계라고 볼 경우에는 공권과 공의무가 인정되어 공익성이 더욱 강화되고 때로는 보호와 감독이 이루어진다.

설문 (2)의 내용은 국토교통부장관 (A)가 표준지공시지가의 조사・평가업무를 감정평가법인 (B)에게 의뢰한 경우에 A와 B의 법률관계와 감정평가사 (C)의 법적 지위를 묻고 있다. 먼저 A와 B의 법률관계는 제3문의 설문 (1)의 경우와 비교해 볼 때, 사인인 토지소유자가 아닌 행정관청인 국토교통부장관이 그 소관업무인 표준지공시지가의 조사・평가업무를 의뢰한 경우이므로, 감정평가법 등의 실정법 규정을 근거로 제시하지 아니하더라도 공공성이 크게 인정된다. 따라서 이 관계는 공법관계로 보는 데 크게 무리가 없을 것이며, 공법상의 권리・의무관계가 성립된다고 할 것이다.

또 감정평가법인에 소속하고 있는 감정평가사는 국토교통부장관의 업무를 수탁받아 행하는 관계가 성립되므로 관계법령에 따라 자신의 책임 아래 업무를 수행하게 된다. 따라서 공무수탁수인으로서의 지위를 인정할 수 있을 것이다. 특히 감정평가사를 공무원으로 보는 경우도 있는 바, 공시지가의 조사・평가와 관련하여 형법 제129조 내지 제132조의 적용에 있어서 그러하다.

34회 문제 04

감정평가 및 감정평가사에 관한 법률 제21조에 따른 '사무소 개설 등'에 관하여 설명하시오. 10점

예시답안

Ⅰ 개설

실무수습을 마친 감정평가사가 감정평가업을 행하기 위해서는 법인설립 및 사무소개설을 하거나 법인 및 사무소에 소속평가사가 되어야 한다. 이하에서 사무소개설에 대해서 설명한다.

Ⅱ 감정평가사 사무소 개설

1. 사무소개설 목적 및 법적 효력

감정평가업무를 수행하기 위해서 감정평가사사무소를 개설해야 하며, 이로써 감정평가업무를 수행할 수 있는 법적지위가 발생된다.

2. 사무소개설 불가사유

① 감정평가사 결격사유에 해당하는 등 등록거부유에 해당되는 자, ② 설립인가가 취소되거나 업무가 정지된 감정평가법인의 설립인가가 취소된 후 1년이 지나지 아니하였거나 업무정지 기간이 지나지 아니한 경우 그 감정평가법인의 사원 또는 이사였던 사람, ③ 업무가 정지된 감정평가사로서 업무정지 기간이 지나지 아니한 사람은 사무소를 개설할 수 없다.

3. 준수사항 및 법률상 의무

(1) 중복개설 금지 및 업무수행

① 감정평가사는 감정평가업을 하기 위하여 1개의 사무소만을 설치할 수 있다. ② 감정평가사사무소에는 소속 감정평가사를 둘 수 있다. 이 경우 소속 감정평가사는 등록거부사유에 해당되는 사람이 아니어야 하며, 감정평가사사무소를 개설한 감정평가사는 소속 감정평가사가 아닌 사람에게 감정평가업무를 하게 하여서는 아니 된다.

(2) 감정평가사사무소 명칭 사용

사무소를 개설한 감정평가법인등은 그 사무소의 명칭에 "감정평가사사무소"라는 용어를 사용하여야 하며, 감정평가법인등이 아닌 자는 "감정평가사사무소" 또는 이와 비슷한 명칭을 사용할 수 없다.

4. 기타

감정평가사는 그 업무를 효율적으로 수행하고 공신력을 높이기 위하여 합동사무소를 설치할 수 있다. 이 경우 합동사무소는 둘 이상의 감정평가사를 두어야 한다.
종래에는 감정평가사 사무소를 개설하는 경우에는 이를 국토교통부장관에게 등록하도록 규정하고 있었으나 감정평가사 등록제도의 도입으로 사무소개설신고로 그 절차가 변경되었고 이러한 신고규정의 목적이 불필요한 규제행위는 아닌지 고려해 볼 여지가 있었기에 불필요한 규제개선 취지에 비추어 신고규정은 삭제된 것으로 보인다.

31회 문제 03

甲과 乙은 감정평가사 자격이 없는 공인회계사로서, 甲은 A주식회사의 부사장 겸 본부장이고 乙은 A주식회사의 상무의 직에 있는 자이다. 甲과 乙은 A주식회사 대표 B로부터 서울 소재의 A주식회사 소유 빌딩의 부지를 비롯한 지방에 있는 같은 회사 전 사업장 물류센터 등 부지에 대한 자산 재평가를 의뢰받고, 회사의 회계처리를 목적으로 부지에 대한 감정평가 등 자산재평가를 실시하여 그 결과 평가대상 토지(기존의 장부상 가액 3천억원)의 경제적 가치를 7천억원의 가액으로 표시하고, 그 대가로 1억 5,400만원을 받았다. 이러한 甲과 乙의 행위는 「감정평가 및 감정평가사에 관한 법률」상의 감정평가업자의 업무에 해당하는지 여부에 관하여 논하시오. 20점

Ⅰ. 쟁점의 정리
Ⅱ. 감정평가제도와 감정평가업무 범위
  1. 감정평가제도
  2. 감정평가업
  3. 감정평가업무의 범위
Ⅲ. 甲과 乙의 행위가 감정평가 업무인지

예시답안

(설문 3)의 해결

Ⅰ 쟁점의 정리

甲과 乙은 공인회계사로서 회계처리를 목적으로 부지에 대한 감정평가 등 자산재평가를 실시하고 그 대가로 1억 5,400만원을 받았다. 이러한 행위가 감정평가업자의 업무에 해당하는지를 관련 규정을 검토하여 논하고자 한다.

Ⅱ 감정평가제도와 감정평가업무 범위

1. 감정평가제도

감정평가제도는 국가가 토지, 주택 등의 적정가격을 평가하도록 개인에게 감정평가사 자격을 부여하고 이에 필요한 감정평가기준, 방법 및 절차에 관한 사항을 법령으로 규정하고 있다. 이처럼 감정평가는 국가정책 운용 및 개인의 재산권 보호 등에 영향을 미치므로 일정한 자격요건을 갖춘 경우에만 허용하고 있다. 감정평가란 토지 등의 경제적 가치를 판정하여 그 결과를 가액으로 표시하는 것을 말한다(감정평가법 제2조 제2호).

2. 감정평가업

감정평가업이란 타인의 의뢰에 따라 일정한 보수를 받고 토지 등의 감정평가를 업(業)으로 행하는 것을 말한다(감정평가법 제2조 제3호).

3. 감정평가업무의 범위

감정평가법 제10조에서는 감정평가법인등의 업무범위로서 ① 「부동산 가격공시에 관한 법률」에 따라 감정평가법인등이 수행하는 업무, ② 「부동산 가격공시에 관한 법률」 제8조 제2호에 따른 목적을 위한 토지 등의 감정평가, ③ 「자산재평가법」에 따른 토지 등의 감정평가, ④ 법원에 계속 중인 소송 또는 경매를 위한 토지 등의 감정평가, ⑤ 금융기관·보험회사·신탁회사 등 타인의 의뢰에 따른 토지 등의 감정평가, ⑥ 감정평가와 관련된 상담 및 자문, ⑦ 토지 등의 이용 및 개발 등에 대한 조언이나 정보 등의 제공, ⑧ 다른 법령에 따라 감정평가법인등이 할 수 있는 토지 등의 감정평가, ⑨ 상기 업무에 부수되는 업무를 규정하고 있다.

Ⅲ 甲과 乙의 행위가 감정평가 업무인지

甲과 乙은 공인회계사로서, 감정평가법에 의한 자격취득 및 등록을 행한 사실이 없으므로 감정평가법상 감정평가행위를 할 수 있는 감정평가권이 없다고 할 것이다.

또한, 甲과 乙의 자산재평가는 감정평가법 제10조 제3호에 규정되어 있으며, 이에 대한 대가로 1억 5,400만원을 받았으므로 이는 감정평가업을 영위한 것으로 볼 것이다. 따라서 이는 무자격자에 의한 감정평가행위로서 감정평가법 제49조 제2호에 해당하여 3년 이하의 징역 또는 3천만원 이하의 벌금규정이 적용될 것이다.

26회 문제 04

감정평가사 甲은 토지소유자 乙로부터 그 소유의 토지(이하 '이 사건 토지'라고 한다)를 물류단지로 조성한 후에 형성될 이 사건 토지에 대한 추정시가를 평가하여 달라는 감정평가를 의뢰받아 1천억원으로 평가하였다(이하 '이 사건 감정평가'라고 한다). 甲은 그 근거로 단순히 인근 공업단지 시세라고 하며 공업용지 평당 3백만원 이상이라고만 감정평가서에 기재하였다. 그러나 얼마 후 이 사건 토지에 대한 경매절차에서 법원의 의뢰를 받은 감정평가사 丙은 이 사건 토지의 가격을 1백억원으로 평가하였다. 평가금액 간에 10배에 이르는 현저한 차이가 발생하자 사회적으로 문제가 되었다. 이에 국토교통부장관은 적법한 절차를 거쳐 甲에게 "부동산의 적정한 가격을 산정하기 위해서는 정확한 자료를 검토하고 이를 기반으로 가격형성요인을 분석하여야 함에도 그리하지 않은 잘못이 있다."는 이유로 징계를 통보하였다. 이에 대해 甲은 이 사건 감정평가는 미래가격 감정평가로서 비교표준지를 설정할 수 없어 부득이하게 인근 공업단지의 시세를 토대로 평가하였던 것이고, 미래가격 감정평가에는 구체적인 기준이 따로 없으므로 일반적인 평가방법을 따르지 않았다고 해서 자신이 잘못한 것은 아니라고 주장한다. 甲의 주장은 타당한가? 10점

예시답안

(설문 4)의 해결

Ⅰ 쟁점의 정리

甲은 미래가격 감정평가에 대한 구체적인 기준이 따로 없음을 이유로 자신이 잘못한 것은 아니라고 주장한다. 감정평가와 관련하여 합리적인 평가이유를 명시하지 못한 경우에, 어떠한 책임이 부여되는지를 관련 판례의 태도에 비추어 검토한다.

Ⅱ 감정평가사의 감정평가 근거기재의무

1. 감정평가의 의의 및 근거규정의 취지

감정평가란 토지 등의 경제적 가치를 판정하여 그 결과를 가액으로 표시하는 것을 말한다(감정평가법 제2조 제2호). 이러한 감정평가는 공정한 감정평가를 도모하여 국민의 재산권을 보호하고 국가경제 발전에 기여한다.

2. 감정평가사에게 부여되는 의무

(1) 성실의무(감정평가법 제25조)

감정평가법인등은 감정평가업무를 하는 경우 품위를 유지하여야 하고, 신의와 성실로써 공정하게 하여야 하며, 고의 또는 중대한 과실로 업무를 잘못하여서는 아니 된다.

(2) **자료검토 및 가치형성요인의 분석의무**(감정평가에 관한 규칙 제8조 제5호)

감정평가업자는 감정평가에 필요한 자료를 수집, 검토하여야 하고 가치형성요인을 정밀하게 분석하여야 한다.

(3) **평가원인의 특정 및 설명의무**

감정평가서에는 평가원인을 구체적으로 특정하여 명시함과 아울러 각 요인별 참작 내용과 정도가 객관적으로 납득이 갈 수 있을 정도로 설명됨으로써, 그 평가액이 해당 토지의 적정가격을 평가한 것임을 인정할 수 있어야 한다(대판 2009.12.10, 2007두20140).

3. 관련 판례의 태도

판례(대판 2012.4.26, 2011두14715)는 "현재가 아닌 시점의 가격을 기준으로 하는 경우에는 제시된 자료와 대상물건의 구체적인 비교·분석을 통하여 평가액의 산출근거를 논리적으로 밝히는 데 더욱 신중을 기하여야 한다. 만약 위와 같이 하는 것이 곤란한 경우라면 감정평가사로서는 자신의 능력에 의한 업무수행이 불가능하거나 극히 곤란한 경우로 보아 대상물건에 대한 평가를 하지 말아야 하지 구체적이고 논리적인 가격형성요인의 분석이 어렵다고 하여 자의적으로 평가액을 산정해서는 안 된다."라고 판시한 바 있다.

Ⅲ 사안의 해결

이 사건 감정평가에 있어서 그 근거로 단순히 인근 공업단지 시세라고 하며 공업용지 평당 3백만원 이상이라고만 감정평가서에 기재하였다. 이는 위 공장용지와 공업단지의 구체적인 형상 등에 관한 기재도 없고 어떠한 측면에서 이 사건 토지와 가격평가상 비교가 가능한지를 구체적으로 판단할 만한 자료도 제시한 바가 없으며, 이에 대한 적절한 분석도 없다고 볼 수 있다. 따라서 이 사건 토지에 대한 가격자료 검토 및 가격형성요인 분석을 제대로 하지 않은 것으로 보이며, 결국 감정평가규칙 제8조 제5호에서 규정한 자료검토 및 가격형성요인 분석을 함에 있어 감정평가법 제25조에서 규정한 성실의무를 위반하였다고 볼 수 있으므로 甲의 주장은 타당하지 않다.

채점평

문제 4

감정평가업자의 성실의무(부동산 가격공시 및 감정평가에 관한 법률 제37조)와 그와 관련된 조건부 감정평가(감정평가에 관한 규칙 제6조)에 관한 문제이다. 관련 법령과 판례를 충실히 설명한 답안에 높은 점수를 부여하였다.

31회 문제 04

「감정평가 및 감정평가사에 관한 법률」에 따른 감정평가의 기준 및 감정평가 타당성조사에 관하여 각각 설명하시오. 10점

예시답안

(설문 4)의 해결

I 감정평가의 기준

1. 감정평가의 의의

감정평가란 토지 등의 경제적 가치를 판정하여 그 결과를 가액으로 표시하는 것을 말한다(감정평가법 제2조 제2호).

2. 감정평가의 기준

감정평가법 제3조에서는 감정평가법인등이 토지를 감정평가하는 경우에는 공시지가기준법을 기준하되, 거래사례비교법 및 원가법을 적용할 수 있도록 규정하고 있으며, 세부적인 원칙과 기준은 국토교통부령으로 정하도록 하여 감정평가에 관한 규칙에서 세부적인 원칙과 기준을 정하고 있다.

(1) **시장가치기준의 원칙**(감정평가에 관한 규칙 제5조) **및 현황평가기준**(감정평가에 관한 규칙 제6조)

대상물건에 대한 감정평가액은 시장가치를 기준으로 결정한다. 감정평가는 기준시점에서의 대상물건의 이용상황(불법적이거나 일시적인 이용은 제외한다) 및 공법상 제한을 받는 상태를 기준으로 한다.

(2) **개별평가 및 구분평가의 원칙**(감정평가에 관한 규칙 제7조)

감정평가는 대상물건마다 개별로 하여야 하되, 둘 이상의 대상물건이 일체로 거래되거나 대상물건 상호 간에 용도상 불가분의 관계가 있는 경우에는 일괄하여 감정평가할 수 있다. 또한 하나의 대상물건이라도 가치를 달리하는 부분은 이를 구분하여 감정평가할 수 있다.

(3) **실지조사 및 그 외 원칙**

감정평가업자가 감정평가를 할 때에는 실지조사를 하여 대상물건을 확인하여야 하며(감정평가에 관한 규칙 제10조), 의뢰인, 대상물건, 감정평가 목적 등 기본적 사항을 확정(감정평가에 관한 규칙 제9조)하고 기본사항의 확정 및 처리계획 수립 등 감정평가절차(감정평가에 관한 규칙 제8조)를 준수하여야 한다.

Ⅱ 감정평가 타당성조사

1. 타당성조사의 의의(감정평가법 제8조)

타당성조사란 감정평가서가 발급된 후 해당 감정평가가 감정평가법 또는 다른 법률에서 정하는 절차와 방법 등에 따라 타당하게 이루어졌는지를 직권으로 또는 관계기관 등의 요청에 따라 조사하는 것을 말한다.

2. 타당성조사의 절차

(1) 타당성조사 사유(감정평가법 시행령 제8조 제1항)

① 국토교통부장관이 감정평가법 제47조에 따른 지도・감독을 위한 감정평가업자의 사무소 출입・검사 결과나 그 밖의 사유에 따라 조사가 필요하다고 인정하는 경우, ② 관계기관 또는 제3항에 따른 이해관계인(감정평가의뢰인)이 조사를 요청하는 경우에 타당성조사를 할 수 있다.

그러나 ① 법원의 판결에 따라 확정된 경우, ② 재판이 계속 중이거나 수사기관에서 수사 중인 경우, ③ 「공익사업을 위한 토지 등의 취득 및 보상에 관한 법률」 등 관계법령에 감정평가와 관련하여 권리구제절차가 규정되어 있는 경우로서 권리구제절차가 진행 중이거나 권리구제절차를 이행할 수 있는 경우(권리구제절차를 이행하여 완료된 경우를 포함한다), ④ 징계처분, 제재처분, 형사처벌 등을 할 수 없어 타당성조사의 실익이 없는 경우에는 타당성조사를 하지 않거나 중지할 수 있다.

(2) 타당성조사 절차

국토교통부장관은 타당성조사에 착수한 경우에는 착수일부터 10일 이내에 해당 감정평가법인등과 이해관계인에게 ① 타당성조사의 사유, ② 타당성조사에 대하여 의견을 제출할 수 있다는 것과 의견을 제출하지 아니하는 경우의 처리방법, ③ 감정평가법 제46조 제1항 제1호에 따라 업무를 수탁한 기관의 명칭 및 주소, ④ 그 밖에 국토교통부장관이 공정하고 효율적인 타당성조사를 위하여 필요하다고 인정하는 사항을 알려야 한다.

(3) 의견제출

타당성조사 통지를 받은 감정평가법인등 또는 이해관계인은 통지를 받은 날부터 10일 이내에 국토교통부장관에게 의견을 제출할 수 있다.

(4) 타당성조사 결과 통지

국토교통부장관은 감정평가법 시행령 제8조 제1항에 따른 타당성조사를 완료한 경우에는 해당 감정평가법인등, 이해관계인 및 감정평가법 시행령 제8조 제1항에 따라 타당성조사를 요청한 관계기관에 지체 없이 그 결과를 통지하여야 한다.

Chapter

02 감정평가법인등의 의무와 징계처분 등

제1절 판례분석

01 감정평가법인등의 손해배상

I 부동산공시법 제36조와 민법 제750조와의 관계

[판시사항]

[1] 부동산의 입찰절차에서 감정인의 감정평가의 잘못과 이를 신뢰한 낙찰자의 손해 사이에 상당인과관계가 있는지 여부(적극)

[2] 감정평가업자의 부실감정으로 인한 손해배상책임의 법률적 성질

[3] 부동산의 입찰절차에서 감정평가업자가 부실감정을 하여 낙찰자가 손해를 입은 경우, 감정평가업자의 낙찰자에 대한 손해배상의 범위

[판결요지]

[1] 민사소송법 제615조가 법원은 감정인이 한 평가액을 참작하여 최저경매가격을 정하여야 한다고 하고 있지만, 특별한 사정이 없는 한 감정인의 평가액이 최저경매가격이 되는 것이므로, 감정평가의 잘못과 낙찰자의 손해 사이에는 상당인과관계가 있는 것으로 보아야 한다.

[2] 감정평가업자의 부실감정으로 인하여 손해를 입게 된 감정평가의뢰인이나 선의의 제3자는 지가공시 및 토지 등의 평가에 관한 법률상의 손해배상책임과 민법상의 불법행위로 인한 손해배상책임을 함께 물을 수 있다.

[3] 불법행위로 인한 재산상 손해는 위법한 가해행위로 인하여 발생한 재산상 불이익, 즉 위법행위가 없었더라면 존재하였을 재산 상태와 위법행위가 가해진 현재의 재산 상태와의 차이이므로, 낙찰자가 감정평가업자의 불법행위로 인하여 입은 손해도 감정평가업자의 위법한 감정이 없었더라면 존재하였을 재산 상태와 위법한 감정으로 인한 재산 상태와의 차이가 되고, 이는 결국 위법한 감정이 없었다면 낙찰자가 낙찰받을 수 있었던 낙찰대금과 실제 지급한 낙찰대금과의 차액이 된다(다만 위법한 감정에도 불구하고 시가보다 더 낮은 가격으로 낙찰받은 경우, 위법한 감정이 없었다면 실제 지급한 낙찰대금보다 더 낮은 가격으로 낙찰받을 수 있었다는 사정은 이를 주장하는 자가 입증하여야 한다).

Ⅱ 손해배상책임의 요건

1. 타인의 의뢰

임대상황의 조사가 지가공시 및 토지 등의 평가에 관한 법률 제26조 제1항 소정의 '감정평가' 그 자체에 포함되지는 않지만 감정평가업자가 담보물로 제공할 아파트에 대한 감정평가를 함에 있어 부수적으로 감정평가업자들의 소위 '아파트 감정요항표'에 따라 그 기재사항으로 되어 있는 임대상황란에 고의 또는 과실로 사실과 다른 기재를 하고 이를 감정평가서의 일부로 첨부하여 교부함으로써 감정평가의뢰인 등으로 하여금 부동산의 담보가치를 잘못 평가하게 함으로 말미암아 그에게 손해를 가하게 되었다면 임대상황의 조사가 같은 항 소정의 '감정평가'에 포함되는지 여부와 관계없이 감정평가업자는 특별한 사정이 없는 한 같은 항에 따라 이로 인한 상당인과관계에 있는 손해를 배상할 책임이 있다고 보아야 하고, 감정평가의뢰계약 체결 당시 그 임대상황에 관한 조사를 특별히 의뢰받지 않았다고 하여 그 결론이 달라지는 것은 아니다(대판 2000.4.21, 99다66618).

2. 고의, 과실

① 고의 또는 과실에 대하여 감정평가업자의 통상적인 추상적 경과실로 보고 있다.

② 부동산공시법과 감정평가규칙의 기준을 무시하고 자의적인 방법에 의하여 토지를 감정평가한 것은 고의·중과실에 의한 부당한 감정평가로 볼 수 있다(대판 1997.5.7, 96다52427).

[판시사항]

[1] 지가공시 및 토지 등의 평가에 관한 법률 제26조 제1항의 '현저한 차이'를 인정함에 있어서 최고평가액과 최저평가액 사이에 1.3배 이상의 격차율이 유일한 판단 기준인지 여부(소극)

[2] [1]항의 '현저한 차이'를 인정하기 위하여 부당 감정에 대한 감정평가업자의 귀책사유를 고려하여야 하는지 여부(적극)

[3] 감정평가업자가 지가공시 및 토지 등의 평가에 관한 법률과 감정평가규칙의 기준을 무시하고 자의적 방법에 의하여 대상 토지를 감정평가한 경우, 감정평가업자의 고의·중과실에 의한 부당 감정을 근거로 하여 같은 법 제26조 제1항의 '현저한 차이'를 인정한 사례

[판결요지]

[1] 지가공시 및 토지 등의 평가에 관한 법률 제5조 제2항, 같은법 시행령 제7조 제4항, 공공용지의 취득 및 손실보상에 관한 특례법 시행규칙 제5조의4 제1항, 제4항의 각 규정들은 표준지공시지가를 정하거나 공공사업에 필요한 토지의 보상가를 산정함에 있어서 2인 이상의 감정평가업자에 평가를 의뢰하였는데 평가액 중 최고평가액이 최저평가액의 1.3배를 초과하는 경우에는 건설교통부장관이나 사업시행자가 다른 2인의 감정평가업자에게 대상 물건의 평가를 다시 의뢰할 수 있다는 것뿐으로서 여기서 정하고 있는 1.3배의 격차율이 바로 지가공시 및 토지 등의 평가에 관한 법률 제26조 제1항이 정하는 평가액과 적정 가격 사이에 '현저한 차이'가 있는가의 유일한 판단 기준이 될 수 없다.

[2] 지가공시 및 토지 등의 평가에 관한 법률 제26조 제1항은 고의에 의한 부당 감정과 과실에 의한 부당 감정의 경우를 한데 묶어서 그 평가액이 적정 가격과 '현저한 차이'가 날 때에는 감정평가업자는 감정의뢰인이나 선의의 제3자에게 손해배상책임을 지도록 정하고 있는바, 고의에 의한 부당 감정의 경우와 과실에 의한 부당 감정의 경우를 가리지 아니하고 획일적으로 감정평가액과 적정 가격 사이에 일정한 비율 이상의 격차가 날 때에만 '현저한 차이'가 있다고 보아 감정평가업자의 손해배상책임을 인정한다면 오히려 정의의 관념에 반할 수도 있으므로, 결국 감정평가액과 적정 가격 사이에 '현저한 차이'가 있는지 여부는 부당 감정에 이르게 된 감정평가업자의 귀책사유가 무엇인가 하는 점을 고려하여 사회통념에 따라 탄력적으로 판단하여야 한다.

[3] 감정평가업자가 지가공시 및 토지 등의 평가에 관한 법률과 감정평가규칙의 기준을 무시하고 자의적 방법에 의하여 대상 토지를 감정평가한 경우, 감정평가업자의 고의·중과실에 의한 부당 감정을 근거로 하여 같은 법 제26조 제1항의 '현저한 차이'를 인정한 사례

③ 사전자료준비부주의, 평가절차부주의, 윤리규정부주의, 평가방식적용부주의를 과실의 예로 들고 있다.

④ 임대차사항을 상세히 조사할 것을 약정한 경우, 업자로선 협약에 따라 성실하고 공정하게 주택에 대한 임대차관계를 조사하여 금융기관이 부측의 손해를 입지 않도록 협력하여야 할 의무가 있다고 판시한 바 있다. 단순히 다른 조사기관의 전화조사로만으로 확인된 실제와는 다른 임대차관계 내용을 기재한 임대차확인조사서를 제출한 사안에서 협약에 따른 조사의무를 다하지 아니한 과실이 있다고 판시한 바 있다.

⑤ 금융기관의 신속한 감정평가요구에 따라 그의 양해 아래 건물소유자를 통해 임대차관계를 조사한 경우에는 과실이 없다고 판시한 바 있다.

3. 부당한 감정평가(적정가격과의 현저한 차이)

지가공시 및 토지 등의 평가에 관한 법률 제5조 제2항, 같은법 시행령 제7조 제4항, 공공용지의 취득 및 손실보상에 관한 특례법 시행규칙 제5조의4 제1항, 제4항의 각 규정들은 표준지공시지가를 정하거나 공공사업에 필요한 토지의 보상가를 산정함에 있어서 2인 이상의 감정평가업자에 평가를 의뢰하였는데 평가액 중 최고평가액이 최저평가액의 1.3배(현행 기준은 1.1배)를 초과하는 경우에는 건설교통부장관이나 사업시행자가 다른 2인의 감정평가업자에게 대상 물건의 평가를 다시 의뢰할 수 있다는 것뿐으로써 여기서 정하고 있는 1.3배의 격차율이 바로 지가공시 및 토지 등의 평가에 관한 법률 제26조 제1항이 정하는 평가액과 적정 가격 사이에 '현저한 차이'가 있는가의 유일한 판단 기준이 될 수 없다(대판 1997.5.7, 96다52427).

4. 의뢰인 및 선의의 제3자에게 손해가 발생할 것

'선의의 제3자'라 함은 감정내용이 허위 또는 감정평가 당시의 적정가격과 현저한 차이가 있음을 인식하지 못한 것뿐만 아니라 감정평가서 자체에 그 감정평가서를 감정의뢰 목적 이외에 사용하거나 감정의뢰인 이외의 타인이 사용할 수 없음이 명시되어 있는 경우에는 그러한 사용사실까지 인식하지 못한 제3자를 의미한다(대판 1999.9.7, 99다28661).

5. 인과관계

감정평가의 잘못과 낙찰자의 손해 사이에는 상당인과관계가 있는 것으로 보아야 한다고 판시한 바 있다.

Ⅲ 손해배상책임의 내용

1. 손해배상범위

① 부당한 감정가격에 의한 담보가치와 정당한 감정가격에 의한 담보가치의 차액을 한도로 하여 실제로 정당한 담보가치를 초과한 부분이 손해액이 된다고 판시한 바 있다.

② 대출금이 연체되리라는 사정을 알기 어려우므로 대출금이 연체되리라는 사정을 알았거나 알 수 있었다는 특별한 사정이 없는 한 연체에 따른 지연손해금은 부당한 감정으로 인하여 발생한 손해라고 할 수 없다.

2. 임대차조사내용

① 금융기관이 담보물에 관한 감정평가를 감정평가업자에게 의뢰하면서 감정업무협약에 따라 감정 목적물에 관한 대항력 있는 임대차계약의 존부와 그 임차보증금의 액수에 대한 사실조사를 함께 의뢰한 경우에 그 감정평가의 직접적 대상은 그 담보물 자체의 경제적 가치에 있는 것이고, 임대차 관계에 대한 사실조사는 그에 부수되는 업무로서 당연히 담보물에 대한 감정평가의 내용이 되는 것은 아니지만, 감정평가업자는 금융기관의 의뢰에 의한 토지 및 건물의 감정평가도 그 업무로 하고 있으므로 감정평가업자가 그 담보물에 대한 감정평가를 함에 있어서 고의 또는 과실로 감정평가서류에 그 담보물의 임대차관계에 관한 허위의 기재를 하여 결과적으로 감정평가 의뢰인으로 하여금 부동산의 담보가치를 잘못 평가하게 함으로써 그에게 손해를 가하게 되었다면 감정평가업자는 이로 인한 손해를 배상할 책임이 있다. 감정평가업자가 금융기관의 신속한 감정평가 요구에 따라 그의 양해 아래 임차인이 아닌 건물 소유자를 통하여 담보물의 임대차관계를 조사하였으나 그것이 허위로 밝혀진 경우, 감정평가업자에게는 과실이 없으므로 손해배생 책임이 인정되지 않는다(대판 1997.9.12, 97다7400).

② 감정평가업자가 금융기관과 감정평가업무협약을 체결하면서 감정 목적물인 주택에 관한 임대차 사항을 상세히 조사할 것을 약정한 경우, 이는 금융기관이 감정평가업자에게 그 주택에 관한 대항력 있는 임차인의 존부 및 그 임차보증금의 액수에 대한 사실 조사를 의뢰한 취지라 할 것이니, 감정평가업자로서는 협약에 따라 성실하고 공정하게 주택에 대한 위와 같은 임대차관계를 조사하여 금융기관에게 알림으로써 금융기관이 그 주택의 담보가치를 적정하게 평가하여 불측의 손해를 입지 않도록 협력하여야 할 의무가 있고, 1991.6.30.까지는 누구나 타인의 주민등록관계를 확인할 수 있었으나, 주민등록법 및 같은법 시행령이 개정됨에 따라 1991.7.1.부터는 금융기관은 담보물의 취득을 위한 경우에 타인의 주민등록관계를 확인할 수 있되 일개 사설감정인에 불과한 감정평가업자로서는 법령상 이를 확인할 방법이 없게 되었으므로, 감정평가업자로서

는 그 이후로는 주택의 현황 조사와 주택의 소유자, 거주자 및 인근의 주민들에 대한 탐문의 방법에 의해서 임대차의 유무 및 그 내용을 확인하여 그 확인결과를 금융기관에게 알릴 의무가 있다(대판 1997.12.12, 97다41196).

Ⅳ 감정평가사의 책임

1. 부실감정의 책임범위(대판 1998.9.22, 97다36293)

[판시사항]

[1] 부동산의 입찰절차에서 감정인의 감정평가의 잘못과 이를 신뢰한 낙찰자의 손해 사이에 상당인과관계가 있는지 여부(적극)

[2] 감정평가업자의 부실감정으로 인한 손해배상책임의 법률적 성질

[3] 부동산의 입찰절차에서 감정평가업자가 부실감정을 하여 낙찰자가 손해를 입은 경우, 감정평가업자의 낙찰자에 대한 손해배상의 범위

[판결요지]

[1] 민사소송법 제615조가 법원은 감정인이 한 평가액을 참작하여 최저경매가격을 정하여야 한다고 하고 있지만, 특별한 사정이 없는 한 감정인의 평가액이 최저경매가격이 되는 것이므로, 감정평가의 잘못과 낙찰자의 손해사이에는 상당인과관계가 있는 것으로 보아야 한다.

[2] 감정평가업자의 부실감정으로 인하여 손해를 입게 된 감정평가의뢰인이나 선의의 제3자는 지가공시 및 토지 등의 평가에 관한 법률상의 손해배상책임과 민법상의 불법행위로 인한 손해배상책임을 함께 물을 수 있다.

[3] 불법행위로 인한 재산상 손해는 위법한 가해행위로 인하여 발생한 재산상 불이익, 즉 위법행위가 없었더라면 존재하였을 재산상태와 위법행위가 가해진 현재의 재산상태와의 차이이므로, 낙찰자가 감정평가업자의 불법행위로 인하여 입은 손해도 감정평가업자의 위법한 감정이 없었더라면 존재하였을 재산상태와 위법한 감정으로 인한 재산상태와의 차이가 되고, 이는 결국 위법한 감정이 없었다면 낙찰자가 낙찰받을 수 있었던 낙찰대금과 실제 지급한 낙찰대금과의 차액이 된다(다만 위법한 감정에도 불구하고 시가보다 더 낮은 가격으로 낙찰받은 경우, 위법한 감정이 없었다면 실제 지급한 낙찰대금보다 더 낮은 가격으로 낙찰받을 수 있었다는 사정은 이를 주장하는 자가 입증하여야 한다).

2. 감정평가액의 현저한 차이(대판 1997.5.7, 96다52427)

[판시사항]

[1] 지가공시 및 토지 등의 평가에 관한 법률 제26조 제1항의 '현저한 차이'를 인정함에 있어서 최고평가액과 최저평가액 사이에 1.3배 이상의 격차율이 유일한 판단 기준인지 여부(소극)

[2] [1]항의 '현저한 차이'를 인정하기 위하여 부당 감정에 대한 감정평가업자의 귀책사유를 고려하여야 하는지 여부(적극)

[3] 감정평가업자가 지가공시 및 토지 등의 평가에 관한 법률과 감정평가규칙의 기준을 무시하고 자의적 방법에 의하여 대상 토지를 감정평가한 경우, 감정평가업자의 고의・중과실에 의한 부당 감정을 근거로 하여 같은 법 제26조 제1항의 '현저한 차이'를 인정한 사례

[판결요지]

[1] 지가공시 및 토지 등의 평가에 관한 법률 제5조 제2항, 같은법 시행령 제7조 제4항, 공공용지의 취득 및 손실보상에 관한 특례법 시행규칙 제5조의4 제1항, 제4항의 각 규정들은 표준지공시지가를 정하거나 공공사업에 필요한 토지의 보상가를 산정함에 있어서 2인 이상의 감정평가업자에 평가를 의뢰하였는데 평가액 중 최고평가액이 최저평가액의 1.3배를 초과하는 경우에는 건설교통부장관이나 사업시행자가 다른 2인의 감정평가업자에게 대상 물건의 평가를 다시 의뢰할 수 있다는 것뿐으로서 여기서 정하고 있는 1.3배의 격차율이 바로 지가공시 및 토지 등의 평가에 관한 법률 제26조 제1항이 정하는 평가액과 적정가격사이에 '현저한 차이'가 있는가의 유일한 판단 기준이 될 수 없다.

[2] 지가공시 및 토지 등의 평가에 관한 법률 제26조 제1항은 고의에 의한 부당 감정과 과실에 의한 부당 감정의 경우를 한데 묶어서 그 평가액이 적정 가격과 '현저한 차이'가 날 때에는 감정평가업자는 감정의뢰인이나 선의의 제3자에게 손해배상책임을 지도록 정하고 있는바, 고의에 의한 부당 감정의 경우와 과실에 의한 부당 감정의 경우를 가리지 아니하고 획일적으로 감정평가액과 적정 가격 사이에 일정한 비율이상의 격차가 날 때에만 '현저한 차이'가 있다고 보아 감정평가업자의 손해배상책임을 인정한다면 오히려 정의의 관념에 반할 수도 있으므로, 결국 감정평가액과 적정 가격 사이에 '현저한 차이'가 있는지 여부는 부당 감정에 이르게 된 감정평가업자의 귀책사유가 무엇인가 하는 점을 고려하여 사회통념에 따라 탄력적으로 판단하여야 한다.

[3] 감정평가업자가 지가공시 및 토지 등의 평가에 관한 법률과 감정평가에 관한 규칙의 기준을 무시하고 자의적 방법에 의하여 대상 토지를 감정평가한 경우, 감정평가업자의 고의・중과실에 의한 부당 감정을 근거로 하여 같은 법 제26조 제1항의 '현저한 차이'를 인정한 사례

3. 허위감정에 의한 손해액(대판 1998.9.8, 98다17022)

[판시사항]

은행이 정당한 감정평가액보다 높은 감정평가액으로 위조된 감정평가서를 믿고 대출을 실행하였으나 회수불능된 경우 은행이 입은 손해액의 산정방법

[판결요지]

감정인이 감정평가서를 직접 송부해 달라는 감정의뢰인인 은행의 요청을 무시하고 감정평가서를 대출신청인에게 교부한 결과 그 감정평가서가 정당한 감정평가액보다 높은 감정평가액으로 위조되고 은행이 그 위조된 감정평가서를 믿고 대출을 하였으나 경매절차에서 일부만 배당받고 나머지 대출원리금이 회수불능되는 손해를 입게 되었다고 인정되는 사안에서 은행의 손해액은 그와 같은 사정이 없을 경우 예상되는 은행의 재산상태와 현실로 그와 같은 사정이 생긴 후의 은행의 재산상태의

차액이 될 것인바, 은행이 실제로 대출한 금액이 위조된 감정평가서에 의할 경우 대출한도액의 범위 안에 있고, 다른 한편 선순위 근저당권의 존재를 고려하더라도 감정인의 감정평가서 교부행위가 없었을 경우에 담보권실행을 위한 경매절차에서 은행이 배당받을 수 있는 금액은 그와 같은 사정이 생긴 후 은행이 실제로 배당받은 금액과 같다고 할 수 있으므로, 결국 은행의 손해액은 실제 대출액과 정당한 감정평가서에 의할 경우 대출한도액의 차액이 된다.

4. 임대차조사

(1) 대판 2008.2.14, 2007다33224

[판시사항]

[1] 건축 중인 주택의 임차인이 마친 주민등록이 보존등기 후 등기를 마친 저당권자에 대한 관계에서 임대차를 공시하는 효력이 있는지 여부의 판단 기준

[2] 임차인의 주민등록상 주소가 등기부상 표시와 다르다는 이유로 임대차의 대항력을 부정하는 근저당권자의 주장이 신의칙에 위배되는 경우

[3] 건축 중인 주택을 임차하여 주민등록을 마친 임차인의 주민등록상의 주소가 그 후 건축물관리대장 및 등기부상 표시된 실제 호수와 일치하지 않은 경우, 위 임대차의 대항력을 부정하는 근저당권자의 주장이 신의칙에 반한다고 단정한 원심판결을 심리미진을 이유로 파기한 사례

[판결요지]

[1] 건축 중인 주택을 임차하여 주민등록을 마친 임차인의 주민등록이 그 후 소유권 보존등기가 경료되고 이를 바탕으로 저당권을 취득하여 등기부상 이해관계를 가지게 된 제3자에 대한 관계에서 임대차를 공시하는 효력이 있는지 여부는 그 제3자의 입장에서 보아 사회통념상 그 주민등록으로 당해 주택에 임차인이 주소 또는 거소를 가진 자로 등록되어 있다고 인식할 수 있는지 여부에 따라 판단하여야 한다.

[2] 근저당권자가 임차인의 주민등록상 주소가 등기부상 표시와 다르다는 이유로 임대차의 대항력을 부정하는 주장이 신의칙에 비추어 용납될 수 없는 경우에는 예외적으로 그 주장을 배척할 수 있으나, 이는 주택임대차보호법에 의하여 인정되는 법률관계를 신의칙과 같은 일반원칙에 의하여 제한하는 것이어서 법적 안정성을 해할 수 있으므로 그 적용에 신중을 기하여야 한다. 그러므로 근저당권자가 근저당권 설정에 앞서 임차인의 주민등록상 주소가 등기부상 표시와 다르다는 사정을 알았거나 알 수 있었다는 사정만으로는 임대차의 대항력을 부정하는 근저당권자의 주장이 신의칙에 위배된다고 할 수 없고, 임차인의 주민등록이 잘못되었다는 사실을 알면서 그 임차인을 선순위의 권리로 인정하고 그만큼 감액한 상태의 담보가치를 취득하겠다는 전제에서 근저당권을 설정하였으면서도 부당한 이익을 얻으려는 의도로 사후에 임차인의 손해는 전혀 고려함이 없이 그 주민등록의 잘못에 따른 임대차의 대항력 결여를 주장하는 경우와 같이, 근저당권자의 권리행사가 상대방의 신의에 반하고 정의관념에 비추어 용인될 수 없는 정도의 상태에 이른다는 사정이 구체적으로 인정되어야 한다.

[3] 건축 중인 주택을 임차하여 주민등록을 마친 임차인의 주민등록상의 주소가 그 후 건축물관리대장 및 등기부상 표시된 실제 호수와 일치하지 않은 경우, 그러한 임대차의 대항력을 부정하는 근저당권자의 주장에 대하여 근저당권자의 임대차관계 조사여부와 그 내역, 대출의 경위와 담보가치의 평가방법, 근저당권자의 이의를 받아들일 때 임차인에게 발생하게 될 결과 등을 심리하지 아니한 채 위 주장이 신의칙에 반한다고 단정한 원심판결을 심리미진을 이유로 파기한 사례

(2) 대판 2007.4.12, 2006다82625

[판시사항]

[1] 감정평가업자가 금융기관과 감정평가업무협약을 체결하면서 감정 목적물인 주택에 대한 임대차 사항을 상세히 조사할 것을 약정한 경우, 감정평가업자의 임대차관계 조사의무의 내용

[2] 감정평가업자가 금융기관으로부터 조사를 의뢰받은 담보물건과 관련된 임대차관계 등을 조사함에 있어 단순히 다른 조사기관의 전화조사만으로 확인된 실제와는 다른 임대차관계 내용을 기재한 임대차확인조사서를 제출한 사안에서, 감정평가업자에게 감정평가업무협약에 따른 조사의무를 다하지 아니한 과실이 있다고 한 사례

[3] 감정평가업자가 담보목적물에 대하여 부당한 감정을 함으로써 감정의뢰인이 그 감정을 믿고 정당한 감정가격을 초과한 대출을 한 경우, 감정의뢰인의 손해액의 산출 방법 및 위 대출금의 연체로 인한 지연손해금이 감정평가업자의 부당한 감정으로 인하여 발생한 손해인지 여부(원칙적 소극)

[판결요지]

[1] 감정평가업자가 금융기관과 감정평가업무협약을 체결하면서 감정 목적물인 주택에 관한 임대차 사항을 상세히 조사할 것을 약정한 경우, 이는 금융기관이 감정평가업자에게 그 주택에 관한 대항력 있는 임차인의 존부 및 그 임차보증금의 액수에 대한 사실 조사를 의뢰한 취지이므로, 감정평가업자로서는 협약에 따라 성실하고 공정하게 주택에 대한 위와 같은 임대차관계를 조사하여 금융기관에게 알림으로써 금융기관이 그 주택의 담보 가치를 적정하게 평가하여 불측의 손해를 입지 않도록 협력하여야 할 의무가 있다.

[2] 감정평가업자가 금융기관으로부터 조사를 의뢰받은 담보물건과 관련된 임대차관계 등을 조사함에 있어 단순히 다른 조사기관의 전화조사만으로 확인된 실제와는 다른 임대차관계 내용을 기재한 임대차확인조사서를 제출한 사안에서, 감정평가업자에게 감정평가업무협약에 따른 조사의무를 다하지 아니한 과실이 있다고 한 사례

[3] 담보목적물에 대하여 감정평가업자가 부당한 감정을 함으로써 감정의뢰인이 그 감정을 믿고 정당한 감정가격을 초과한 대출을 한 경우에는 부당한 감정가격에 근거하여 산출된 담보가치와 정당한 감정가격에 근거하여 산출된 담보가치의 차액을 한도로 하여 대출금 중 정당한 감정가격에 근거하여 산출된 담보가치를 초과한 부분이 손해액이 되고, 통상 감정평가업자로서는 대출 당시 앞으로 대출금이 연체되리라는 사정을 알기는 어려우므로 대출 당시

감정평가업자가 대출금이 연체되리라는 사정을 알았거나 알 수 있었다는 특별한 사정이 없는 한 연체된 약정 이율에 따른 지연손해금은 감정평가업자의 부당한 감정으로 인하여 발생한 손해라고 할 수 없다.

(3) 대판 2004.5.27, 2003다24840

[판시사항]

[1] 감정평가업자가 금융기관과 감정평가업무협약을 체결하면서 감정 목적물인 주택에 대한 임대차 사항을 상세히 조사하기로 약정한 경우, 감정평가업자의 임대차관계 조사의무의 내용 및 그 이행 방법

[2] 감정평가업자가 현장조사 당시 감정대상 주택 소유자의 처로부터 임대차가 없다는 확인을 받고 감정평가서에 "임대차 없음"이라고 기재하였으나 이후에 임차인의 존재가 밝혀진 경우, 감정평가업자는 감정평가서를 근거로 부실 대출을 한 금융기관의 손해를 배상할 책임이 있다고 한 사례

[3] 감정평가업자가 담보목적물에 대하여 부당한 감정을 함으로써 감정의뢰인이 그 감정을 믿고 정당한 감정가격을 초과한 대출을 한 경우, 그 손해액의 산출 방법

[4] 담보목적물에 주택임대차보호법에서 정한 대항력을 갖춘 임차인이 있는 경우, 정당한 감정가격에 근거한 담보가치는 주택의 감정평가액에서 임차보증금을 공제한 금액에 담보평가요율을 곱하는 방법에 따라 계산한 금액이라고 한 사례

[판결요지]

[1] 감정평가업자가 금융기관과 감정평가업무협약을 체결하면서 감정 목적물인 주택에 관한 임대차 사항을 상세히 조사할 것을 약정한 경우, 이는 금융기관이 감정평가업자에게 그 주택에 관한 대항력 있는 임차인의 존부 및 그 임차보증금의 액수에 대한 사실 조사를 의뢰한 취지라 할 것이니, 감정평가업자로서는 협약에 따라 성실하고 공정하게 주택에 대한 위와 같은 임대차관계를 조사하여 금융기관에게 알림으로써 금융기관이 그 주택의 담보가치를 적정하게 평가하여 불측의 손해를 입지 않도록 협력하여야 할 의무가 있고, 1991.6.30.까지는 누구나 타인의 주민등록관계를 확인할 수 있었으나, 주민등록법 및 같은법 시행령이 개정됨에 따라 1991.7.1.부터는 금융기관은 담보물의 취득을 위한 경우에 타인의 주민등록관계를 확인할 수 있되 일개 사설감정인에 불과한 감정평가업자로서는 법령상 이를 확인할 방법이 없게 되었으므로, 감정평가업자로서는 그 이후로는 주택의 현황 조사와 주택의 소유자, 거주자 및 인근의 주민들에 대한 탐문의 방법에 의해서 임대차의 유무 및 그 내용을 확인하여 그 확인 결과를 금융기관에게 알릴 의무가 있다.

[2] 감정평가업자가 현장조사 당시 감정대상 주택 소유자의 처로부터 임대차가 없다는 확인을 받고 감정평가서에 "임대차 없음"이라고 기재하였으나 이후에 임차인의 존재가 밝혀진 경우, 감정평가업자는 감정평가서를 근거로 부실 대출을 한 금융기관의 손해를 배상할 책임이 있다고 한 사례

[3] 담보목적물에 대하여 감정평가업자가 부당한 감정을 함으로써 감정의뢰인이 그 감정을 믿고 정당한 감정가격을 초과한 대출을 한 경우에는 부당한 감정가격에 근거하여 산출된 담보가치와 정당한 감정가격에 근거하여 산출된 담보가치의 차액을 한도로 하여 대출금 중 정당한 감정가격에 근거하여 산출된 담보가치를 초과한 부분이 손해액이 된다.
[4] 담보목적물에 주택임대차보호법에서 정한 대항력을 갖춘 임차인이 있는 경우, 정당한 감정가격에 근거한 담보가치는 주택의 감정평가액에서 임차보증금을 공제한 금액에 담보평가요율을 곱하는 방법에 따라 계산한 금액이라고 한 사례

(4) 대판 1997.9.12, 97다7400

[판시사항]

[1] 감정평가업자가 감정평가서류에 감정평가를 의뢰받은 담보물의 임대차관계에 관한 허위의 기재를 한 경우, 지가공시 및 토지 등의 평가에 관한 법률 제26조 제1항 소정의 손해배상책임을 지는지 여부(한정 적극)
[2] 감정평가업자가 금융기관의 신속한 감정평가 요구에 따라 그의 양해 아래 임차인이 아닌 건물 소유자를 통하여 담보물의 임대차관계를 조사하였으나 그것이 허위로 밝혀진 경우, 감정평가업자에게는 과실이 없으므로 손해배상책임이 인정되지 않는다고 본 사례

[판결요지]

[1] 지가공시 및 토지 등의 평가에 관한 법률 제26조 제1항은 "감정평가업자가 타인의 의뢰에 의하여 감정평가를 함에 있어서 고의 또는 과실로 감정평가 당시의 적정가격과 현저한 차이가 있게 감정평가하거나 감정평가서류에 허위의 기재를 함으로써 감정평가 의뢰인이나 선의의 제3자에게 손해를 발생하게 한 때에는 감정평가업자는 그 손해를 배상할 책임이 있다."고 규정하고 있고, 여기에서 '감정평가'라 함은 '토지 및 그 정착물 등 재산의 경제적 가치를 판정하여 그 결과를 가액으로 표시하는 것'을 말하는바, 금융기관이 담보물에 관한 감정평가를 감정평가업자에게 의뢰하면서 감정업무협약에 따라 감정목적물에 관한 대항력 있는 임대차계약의 존부와 그 임차보증금의 액수에 대한 사실조사를 함께 의뢰한 경우에 그 감정평가의 직접적 대상은 그 담보물 자체의 경제적 가치에 있는 것이고, 임대차관계에 대한 사실조사는 그에 부수되는 업무로서 당연히 담보물에 대한 감정평가의 내용이 되는 것은 아니지만, 감정평가업자는 금융기관의 의뢰에 의한 토지 및 건물의 감정평가도 그 업무로 하고 있으므로 감정평가업자가 그 담보물에 대한 감정평가를 함에 있어서 고의 또는 과실로 감정평가서류에 그 담보물의 임대차관계에 관한 허위의 기재를 하여 결과적으로 감정평가의뢰인으로 하여금 부동산의 담보가치를 잘못 평가하게 함으로써 그에게 손해를 가하게 되었다면 감정평가업자는 이로 인한 손해를 배상할 책임이 있다.
[2] 감정평가업자가 금융기관의 신속한 감정평가 요구에 따라 그의 양해 아래 임차인이 아닌 건물 소유자를 통하여 담보물의 임대차관계를 조사하였으나 그것이 허위로 밝혀진 경우, 감정평가업자에게는 과실이 없으므로 손해배상책임이 인정되지 않는다고 본 사례

(5) 대판 1997.12.12, 97다41196

[판시사항]

[1] 감정평가업자가 금융기관과 감정평가업무협약을 체결하면서 감정 목적물인 주택에 대한 임대차 사항을 상세히 조사하기로 약정한 경우, 감정평가업자의 임대차 관계 조사의무의 내용 및 그 이행방법

[2] 감정평가업자가 현장 조사 당시 감정 대상 주택이 공실 상태라는 사유만으로 탐문조사를 생략한 채 감정평가서에 '임대차 없음'이라고 기재했으나 그것이 허위로 밝혀진 경우, 감정평가업자는 그로 인해 부실 대출을 한 금융기관의 손해를 배상할 책임이 있다고 한 사례

[판결요지]

[1] 감정평가업자가 금융기관과 감정평가업무협약을 체결하면서 감정 목적물인 주택에 관한 임대차 사항을 상세히 조사할 것을 약정한 경우, 이는 금융기관이 감정평가업자에게 그 주택에 관한 대항력 있는 임차인의 존부 및 그 임차보증금의 액수에 대한 사실 조사를 의뢰한 취지라 할 것이니, 감정평가업자로서는 협약에 따라 성실하고 공정하게 주택에 대한 위와 같은 임대차관계를 조사하여 금융기관에게 알림으로써 금융기관이 그 주택의 담보가치를 적정하게 평가하여 불측의 손해를 입지 않도록 협력하여야 할 의무가 있고, 1991.6.30.까지는 누구나 타인의 주민등록관계를 확인할 수 있었으나 주민등록법 및 같은 법 시행령이 개정됨에 따라 1991.7.1.부터는 금융기관은 담보물의 취득을 위한 경우에 타인의 주민등록관계를 확인할 수 있되 일개 사설 감정인에 불과한 감정평가업자로서는 법령상 이를 확인할 방법이 없게 되었으므로 감정평가업자로서는 그 이후로는 주택의 현황조사와 주택의 소유자, 거주자 및 인근의 주민들에 대한 탐문의 방법에 의해서 임대차의 유무 및 그 내용을 확인하여 그 확인결과를 금융기관에게 알릴 의무가 있다.

[2] 감정평가업자가 금융기관으로부터 감정평가를 의뢰받은 주택에 대한 현장조사를 행할 당시 그 주택에 거주하는 사람이 없어 공실 상태이었다고 하더라도 감정평가업자로서는 일시적으로 임대차 조사 대상 주택에 거주하는 사람이 없었다는 사유만으로 그 주택에 관한 대항력 있는 임차인이 없다고 단정할 수는 없는 사실을 알고 있었다고 할 것이므로, 그 주택의 소유자나 인근의 주민들에게 그 주택이 공실 상태로 있게 된 경위와 임차인이 있는지 여부에 관하여 문의하는 등의 방법으로 임대차 사항을 조사하고 그러한 조사에 의해서도 임차인의 존재 여부를 밝힐 수 없었다거나 그러한 조사자체가 불가능하였다면 금융기관에게 그와 같은 사정을 알림으로써 적어도 금융기관으로 하여금 그 주택에 대항력 있는 임차인이 있을 수 있는 가능성이 있다는 점에 대하여 주의를 환기시키는 정도의 의무는 이행하였어야 함에도 불구하고 실제로는 대항력 있는 임차인이 있는데도 감정평가서에 '임대차 없음'이라고 단정적으로 기재하여 금융기관에 송부한 경우 감정평가업자는 약정상의 임대차 조사 의무를 제대로 이행하지 못한 것이므로 금융기관이 위와 같이 기재한 임대차 조사 사항을 믿고 그 주택의 담보가치를 잘못 평가하여 대출함으로써 입은 손해에 대하여 배상할 책임이 있다고 한 사례

5. 감정평가액의 안분(대판 2000.10.27, 2000다41172)

[판시사항]

[1] 부동산 일괄 경매 시 총대금액을 최저경매가격비율에 의하여 안분한 금액을 각 부동산의 대금액으로 하도록 규정한 민사소송법 제655조의 규정 취지

[2] 부동산 일괄 경매에서 각 부동산의 최초의 감정평가액이 저감한 비율이 달라진 경우, 달리 저감된 각 부동산의 최저입찰가격비율이 아닌 최초 입찰가격비율을 기초로 안분하여 각 부동산의 개별대금을 산정한 원심의 조치를 정당하다고 한 사례

[판결요지]

[1] 부동산 일괄 경매 시 총대금액을 최저경매가격비율에 의하여 안분한 금액을 각 부동산의 대금액으로 하도록 규정한 민사소송법 제655조 규정의 취지는 각 목적물의 개별 경락대금을 알 수 없는 일괄경매절차에서 그 개별 경락대금의 산출기준은 각 목적물의 최저경매가격이 될 감정평가액의 비율 또는 유찰의 경우 동일한 비율로 저감한 각 가액의 비율이 되어야 한다는 취지이므로 어떠한 사유로 최초의 감정평가액이 저감한 비율이 달라졌다면 저감된 그 각 대금의 비율을 기준으로 삼아서는 안 된다.

[2] 부동산 일괄경매에서 각 부동산의 최초의 감정평가액이 저감한 비율이 달라진 경우, 달리 저감된 각 부동산의 최저입찰가격 비율이 아닌 최초 입찰가격비율을 기초로 안분하여 각 부동산의 개별대금을 산정한 원심의 조치를 정당하다고 한 사례

6. 토지소유자의 범위(대판 1997.9.26, 97다10314)

[판시사항]

[1] 토지에 대한 경매절차에서 그 지상 건물을 토지의 종물 내지 부합물로 보고 경매를 진행하여 경락된 경우, 경락인이 건물에 대한 소유권을 취득할 수 있는지 여부(소극)

[2] 건물의 소유를 위한 법정지상권이 성립된 경우, 토지소유자가 건물의 점유자에 대하여 건물로부터의 퇴거를 구할 수 있는지 여부(소극)

[판결요지]

[1] 저당권은 법률에 특별한 규정이 있거나 설정행위에 다른 약정이 있는 경우를 제외하고 그 저당부동산에 부합된 물건과 종물 이외에까지 그 효력이 미치는 것이 아니므로, 토지에 대한 경매절차에서 그 지상 건물을 토지의 부합물 내지 종물로 보아 경매법원에서 저당토지와 함께 경매를 진행하고 경락허가를 하였다고 하여 그 건물의 소유권에 변동이 초래될 수 없다.

[2] 경락에 의하여 건물의 소유자와 그 토지의 소유자가 달라지게 되어 경매 당시의 건물의 소유자가 그 건물의 이용을 위한 법정지상권을 취득한 경우, 토지소유자는 건물을 점유하는 자에 대하여 그 건물로부터의 퇴거를 구할 수 없다.

7. 손해배상책임 인과관계(대판 2020.04.29. 2019다242113)

[판시사항]

[1] 불법행위

또는 채무불이행에 따른 채무자의 손해배상액을 산정하면서 책임제한 사유에 관한 사실인정이나 비율을 정하는 것이 사실심의 전권사항인지 여부(원칙적 적극)

[2] 감정평가업자가 토지를 개별적으로 감정평가할 때 요구되는 주의의무의 내용

[3] 보금자리 주택사업의 시행자인 甲 지방공사가 수용대상 토지에 대한 감정평가를 수행한 한국감정원 등을 상대로 부당 감정 등을 이유로 손해배상을 구한 사안에서, 이용가치가 현저히 다른 비교표준지를 선정하는 등 한국감정원 등의 감정평가에는 부당 감정의 위법성과 평가대상 물건의 이용상황 및 공법상의 제한을 제대로 확인하지 아니한 과실이 있고, 이러한 한국감정원 등의 주의의무 위반과 甲 지방공사의 손해 사이에 상당인과관계가 있다고 보아 한국감정원 등의 손해배상책임을 인정한 원심판단을 수긍한 사례

[주문]

상고를 모두 기각한다. 상고비용 중 원고의 상고로 인한 부분은 원고가, 피고들의 상고로 인한 부분은 피고들이 각 부담한다.

[이유]

상고이유를 판단한다.

1. 원고의 상고이유에 관하여

불법행위 또는 채무불이행에 따른 채무자의 손해배상액을 산정할 때에 손해부담의 공평을 기하기 위하여 채무자의 책임을 제한할 수 있고(대판 2015.3.20, 2012다107662 등 참조), 책임제한의 사유에 관한 사실인정이나 그 비율을 정하는 것은 그것이 형평의 원칙에 비추어 현저히 불합리한 것이 아닌 한 사실심의 전권사항이다(대판 2017.6.8, 2016다249557 등 참조).

원심판결 이유를 위 법리와 기록에 비추어 살펴보면, 원심의 책임제한 사유에 관한 사실인정이나 그 비율 판단이 형평의 원칙에 비추어 현저히 불합리하다고 할 수 없으므로, 원고의 상고이유 주장은 받아들이지 않는다.

2. 피고들의 상고이유에 관하여

가. 피고들에게 주의의무 위반이 없다는 주장에 관하여

타인의 의뢰에 의하여 일정한 보수를 받고 토지 등의 경제적 가치를 판정하여 그 결과를 가액으로 표시하는 감정평가를 업으로 행하는 감정평가업자가 토지를 개별적으로 감정평가하는 경우에는 실지조사에 의하여 대상 물건을 확인하고, 당해 토지와 용도, 지목, 주변환경 등이 동일 또는 유사한 인근지역에 소재하는 하나 또는 둘 이상의 표준지의 공시지가를 기준으로 공시 기준일로부터 가격시점까지의 지가변동률, 도매물가상승률 및 지가변동에 영향을 미치는 관계 법령에 의한 토지의 사용·처분 등의 제한 또는 그 해제, 토지의 형질변경이나

지목의 변경 등의 기타 사항을 종합적으로 참작하고 평가대상 토지와 표준지의 지역요인 및 개별요인에 대한 분석 등 필요한 조정을 하는 방법으로 신의와 성실로써 공정하게 감정평가를 하여야 할 주의의무가 있다(대판 1999.5.25, 98다56416 등 참조).

원심은, ① 이 사건 토지에는 원칙적으로 건축물의 건축이 불가능함에도 피고들은 지상에 건축물(식당)이 적법하게 건축되어 건축물의 건축이 가능한 토지를 비교표준지로 선정함으로써 이용가치가 현저히 다른 비교표준지를 선정한 잘못이 있는 점, ② 이 사건 토지는 현장조사에 의하여 실제 용도가 건축물이 없는 주차장임을 큰 어려움 없이 알 수 있어 건축물의 건축 가능성 등 공법상의 제한을 의심할 수 있는 상태였고, 실제로 이의평가법인들은 이러한 점을 의심하여 추가적인 확인절차에 나아간 점, ③ 피고들이 원고가 작성한 토지조서의 기재내용에 그대로 기속된다고 할 수 없고, 감정평가에 영향을 미칠 공법상의 제한 등에 관한 사항은 감정평가에 관한 전문가인 피고들이 파악하여야 하는 점 등을 들어, 피고들의 감정평가에는 부당 감정의 위법성과 평가대상 물건의 이용상황 및 공법상의 제한을 제대로 확인하지 아니한 과실이 있다고 판단하였다.

원심판결 이유를 앞서 본 법리와 기록에 비추어 살펴보면, 원심의 이러한 판단에 상고이유 주장과 같이 감정평가업자의 주의의무에 관한 법리를 오해하는 등의 잘못이 없다.

나. 피고들의 주의의무 위반과 원고의 손해 사이에 상당인과관계가 없다는 주장에 관하여

원심은, ① 피고들이 감정평가의 전문가로서 한 감정평가 결과는 토지소유자와의 협의 내지 수용재결의 중요기준이 되어 별다른 사정이 없으면 그 금액대로 협의나 수용재결이 이루어지게 되고, 이는 감정평가업자인 피고들이 쉽게 예견할 수 있는 것인 점, ② 원고는 피고들의 감정평가 결과에 따라 토지소유자와 협의를 하였고, 수용재결에 대하여도 이의신청을 하지 아니하였던 점 등을 들어, 피고들의 부당 감정과 원고의 손해 사이에 상당인과관계가 있다고 판단하였다.

원심판결 이유를 기록에 비추어 살펴보면, 원심의 이러한 판단에 상고이유 주장과 같이 상당인과관계에 관한 법리를 오해하는 등의 잘못이 없다.

다. 손해액 산정이 위법하다는 주장에 관하여

원심은, 이 사건 토지의 적정가격은 건축물의 건축이 수반되지 않는 토지형질변경을 거쳤다는 점을 고려하여 평가한 이의평가금액이라고 보아야 하고, 그 결과 원고의 손해액은 316,977,500원(= 원고가 지출한 수용재결금액 552,492,500원 – 이의평가금액 235,515,000원)이 된다고 판단하였다.

원심판결 이유를 기록에 비추어 살펴보면, 원심의 이러한 판단에 상고이유 주장과 같이 손해액 산정을 잘못하여 판단을 그르친 잘못이 없다.

3. 결론

그러므로 상고를 모두 기각하고, 상고비용 중 원고의 상고로 인한 부분은 원고가, 피고들의 상고로 인한 부분은 피고들이 각 부담하기로 하여, 관여 대법관의 일치된 의견으로 주문과 같이 판결한다.

V 의뢰인(대판 2021.9.30, 2019도3595)

[판시사항]

[1] 구 부동산 가격공시 및 감정평가에 관한 법률 제37조 제1항의 성실의무 등이 적용되는 감정평가업자의 업무 중 같은 법 제29조 제1항 제6호의 '금융기관 · 보험회사 · 신탁회사 등 타인의 의뢰에 의한 토지 등의 감정평가'에 금융기관 · 보험회사 · 신탁회사와 이에 준하는 공신력 있는 기관의 의뢰에 의한 감정평가 외에 널리 제3자의 의뢰에 의한 감정평가도 포함되는지 여부(적극)

[2] 구 부동산 가격공시 및 감정평가에 관한 법률 제43조 제4호 위반죄의 성립 범위

[3] 구 부동산 가격공시 및 감정평가에 관한 법률 제46조 양벌규정에 따라 사용자인 법인 또는 개인을 처벌하는 취지 및 이때 사용자인 법인 또는 개인이 상당한 주의 또는 감독 의무를 게을리 하였는지 판단하는 기준

[판결요지]

[1] 구 부동산 가격공시 및 감정평가에 관한 법률(2013.8.6. 법률 제12018호로 개정되기 전의 것, 이하 '구 부동산공시법'이라 한다) 제37조 제1항은 "감정평가업자는 제29조 제1항 각호의 업무를 행함에 있어 품위를 유지하여야 하고, 신의와 성실로써 공정하게 감정평가를 하여야 하며, 고의 또는 중대한 과실로 잘못된 평가를 하여서는 아니 된다."라고 정하고 있고, 제43조 제4호는 "제37조 제1항의 규정을 위반하여 고의로 잘못된 평가를 한 자는 2년 이하의 징역 또는 3천만 원 이하의 벌금에 처한다."라고 정하고 있으며, 제46조는 법인 대표자 등의 위반행위에 대하여 법인을 처벌하는 양벌규정을 정하고 있다.

구 부동산공시법 제2조 제8호는 "감정평가업이라 함은 타인의 의뢰에 의하여 일정한 보수를 받고 토지 등의 감정평가를 업으로 행하는 것을 말한다."라고 정하고 있고, 제22조는 "감정평가사는 타인의 의뢰에 의하여 토지 등을 감정평가함을 그 직무로 한다."라고 정하고 있으며, 제29조 제1항 각호는 감정평가업자가 행하는 업무에 대하여 구체적으로 열거하면서 그중 제6호로 '금융기관 · 보험회사 · 신탁회사 등 타인의 의뢰에 의한 토지 등의 감정평가'를 규정하고 있을 뿐 감정평가 의뢰인을 금융기관 · 보험회사 · 신탁회사와 이에 준하는 공신력을 가진 기관으로 한정하지 않고 있다.

구 부동산공시법은 토지 등의 적정가격 형성을 도모하고 국토의 효율적 이용과 국민경제의 발전에 이바지함을 목적으로 감정평가업무가 가지는 공공적 성질을 감안하여 일정한 자격을 갖춘 감정평가업자(제27조에 따라 신고한 감정평가사와 제28조에 따라 인가를 받은 감정평가법인)만 감정평가업을 영위할 수 있도록 하고, 감정평가업자가 아닌 자가 감정평가업을 영위하는 경우를 형사처벌하고 있다(제43조 제2호). 또한 이 법률은 감정평가의 공정성과 합리성을 보장하기 위하여 감정평가업자가 준수하여야 할 원칙과 기준을 정하고(제31조), 감정평가업자에게 성실의무 등을 부과하면서 이를 위반하여 고의 또는 중대한 과실로 잘못된 평가를 하는 경우 징계 또는 형사처벌하고 있다(제42조의2, 제43조 제4호).

위와 같은 구 부동산공시법의 규정 내용과 체계, 입법 목적을 종합하면, 구 부동산공시법 제37

조 제1항의 성실의무 등이 적용되는 감정평가업자의 업무 중 제29조 제1항 제6호의 '금융기관·보험회사·신탁회사 등 타인의 의뢰에 의한 토지 등의 감정평가'에는 금융기관·보험회사·신탁회사와 이에 준하는 공신력 있는 기관의 의뢰에 의한 감정평가뿐만 아니라 널리 제3자의 의뢰에 의한 감정평가도 모두 포함된다고 보아야 한다.

[2] 구 부동산 가격공시 및 감정평가에 관한 법률(2013.8.6. 법률 제12018호로 개정되기 전의 것) 제43조 제4호 위반죄는 같은 법 제31조에 따라 제정된 '감정평가에 관한 규칙' 등에서 정한 감정평가의 원칙과 기준에 어긋나거나 신의성실의 의무에 위배되는 방법으로 감정평가를 함으로써 그 결과가 공정성과 합리성을 갖추지 못한 모든 경우에 성립한다.

[3] 구 부동산 가격공시 및 감정평가에 관한 법률(2013.8.6. 법률 제12018호로 개정되기 전의 것) 제46조는 "법인의 대표자나 법인 또는 개인의 대리인, 사용인, 그 밖의 종업원이 그 법인 또는 개인의 업무에 관하여 제43조 또는 제44조의 위반행위를 하면 그 행위자를 벌하는 외에 그 법인 또는 개인에게도 해당 조문의 벌금형을 과한다. 다만 법인 또는 개인이 그 위반행위를 방지하기 위하여 해당 업무에 관하여 상당한 주의와 감독을 게을리하지 아니한 경우에는 그러하지 아니하다."라고 정하고 있다. 이러한 양벌규정에 따라 사용자인 법인 또는 개인을 처벌하는 것은 형벌의 자기책임 원칙에 비추어 위반행위가 발생한 그 업무와 관련하여 사용자인 법인 또는 개인이 상당한 주의 또는 감독 의무를 게을리한 과실이 있기 때문이다. 이때 사용자인 법인 또는 개인이 상당한 주의 또는 감독 의무를 게을리하였는지는 해당 위반행위와 관련된 모든 사정, 즉 법률의 입법 취지, 처벌조항 위반으로 예상되는 법익 침해의 정도, 그 위반행위에 관하여 양벌조항을 마련한 취지 등은 물론 위반행위의 구체적인 모습과 그로 인하여 실제 야기된 피해 또는 결과의 정도, 법인 또는 개인의 영업 규모, 행위자에 대한 감독가능성 또는 구체적인 지휘감독 관계, 법인 또는 개인이 위반행위 방지를 위하여 실제 행한 조치 등을 전체적으로 종합하여 판단해야 한다.

VI 협약준수의무(대판 2007.4.12, 2006다82625)

[판시사항]

[1] 감정평가업자가 금융기관과 감정평가업무협약을 체결하면서 감정 목적물인 주택에 대한 임대차 사항을 상세히 조사할 것을 약정한 경우, 감정평가업자의 임대차관계 조사의무의 내용

[2] 감정평가업자가 금융기관으로부터 조사를 의뢰받은 담보물건과 관련된 임대차관계 등을 조사함에 있어 단순히 다른 조사기관의 전화조사만으로 확인된 실제와는 다른 임대차관계 내용을 기재한 임대차확인조사서를 제출한 사안에서, 감정평가업자에게 감정평가업무협약에 따른 조사의무를 다하지 아니한 과실이 있다고 한 사례

[3] 감정평가업자가 담보목적물에 대하여 부당한 감정을 함으로써 감정의뢰인이 그 감정을 믿고 정당한 감정가격을 초과한 대출을 한 경우, 감정의뢰인의 손해액의 산출 방법 및 위 대출금의 연체로 인한 지연손해금이 감정평가업자의 부당한 감정으로 인하여 발생한 손해인지 여부(원칙적 소극)

[판결요지]

[1] 감정평가업자가 금융기관과 감정평가업무협약을 체결하면서 감정 목적물인 주택에 관한 임대차 사항을 상세히 조사할 것을 약정한 경우, 이는 금융기관이 감정평가업자에게 그 주택에 관한 대항력 있는 임차인의 존부 및 그 임차보증금의 액수에 대한 사실 조사를 의뢰한 취지이므로, 감정평가업자로서는 협약에 따라 성실하고 공정하게 주택에 대한 위와 같은 임대차관계를 조사하여 금융기관에게 알림으로써 금융기관이 그 주택의 담보 가치를 적정하게 평가하여 불측의 손해를 입지 않도록 협력하여야 할 의무가 있다.

[2] 감정평가업자가 금융기관으로부터 조사를 의뢰받은 담보물건과 관련된 임대차관계 등을 조사함에 있어 단순히 다른 조사기관의 전화조사만으로 확인된 실제와는 다른 임대차관계 내용을 기재한 임대차확인조사서를 제출한 사안에서, 감정평가업자에게 감정평가업무협약에 따른 조사의무를 다하지 아니한 과실이 있다고 한 사례

[3] 담보목적물에 대하여 감정평가업자가 부당한 감정을 함으로써 감정의뢰인이 그 감정을 믿고 정당한 감정가격을 초과한 대출을 한 경우에는 부당한 감정가격에 근거하여 산출된 담보가치와 정당한 감정가격에 근거하여 산출된 담보가치의 차액을 한도로 하여 대출금 중 정당한 감정가격에 근거하여 산출된 담보가치를 초과한 부분이 손해액이 되고, 통상 감정평가업자로서는 대출 당시 앞으로 대출금이 연체되리라는 사정을 알기는 어려우므로 대출 당시 감정평가업자가 대출금이 연체되리라는 사정을 알았거나 알 수 있었다는 특별한 사정이 없는 한 연체된 약정 이율에 따른 지연손해금은 감정평가업자의 부당한 감정으로 인하여 발생한 손해라고 할 수 없다.

VII 부실조사(대판 2004.5.27, 2003다24840)

[판시사항]

[1] 감정평가업자가 금융기관과 감정평가업무협약을 체결하면서 감정 목적물인 주택에 대한 임대차 사항을 상세히 조사하기로 약정한 경우, 감정평가업자의 임대차관계 조사의무의 내용 및 그 이행 방법

[2] 감정평가업자가 현장조사 당시 감정대상 주택 소유자의 처로부터 임대차가 없다는 확인을 받고 감정평가서에 "임대차 없음"이라고 기재하였으나 이후에 임차인의 존재가 밝혀진 경우, 감정평가업자는 감정평가서를 근거로 부실 대출을 한 금융기관의 손해를 배상할 책임이 있다고 한 사례

[3] 감정평가업자가 담보목적물에 대하여 부당한 감정을 함으로써 감정의뢰인이 그 감정을 믿고 정당한 감정가격을 초과한 대출을 한 경우, 그 손해액의 산출 방법

[4] 담보목적물에 주택임대차보호법에서 정한 대항력을 갖춘 임차인이 있는 경우, 정당한 감정가격에 근거한 담보가치는 주택의 감정평가액에서 임차보증금을 공제한 금액에 담보평가요율을 곱하는 방법에 따라 계산한 금액이라고 한 사례

[판결요지]

[1] 감정평가업자가 금융기관과 감정평가업무협약을 체결하면서 감정 목적물인 주택에 관한 임대차 사항을 상세히 조사할 것을 약정한 경우, 이는 금융기관이 감정평가업자에게 그 주택에 관한 대항력 있는 임차인의 존부 및 그 임차보증금의 액수에 대한 사실 조사를 의뢰한 취지라 할 것이니, 감정평가업자로서는 협약에 따라 성실하고 공정하게 주택에 대한 위와 같은 임대차관계를 조사하여 금융기관에게 알림으로써 금융기관이 그 주택의 담보가치를 적정하게 평가하여 불측의 손해를 입지 않도록 협력하여야 할 의무가 있고, 1991.6.30.까지는 누구나 타인의 주민등록관계를 확인할 수 있었으나, 주민등록법 및 같은법 시행령이 개정됨에 따라 1991.7.1.부터는 금융기관은 담보물의 취득을 위한 경우에 타인의 주민등록관계를 확인할 수 있되 일개 사설감정인에 불과한 감정평가업자로서는 법령상 이를 확인할 방법이 없게 되었으므로, 감정평가업자로서는 그 이후로는 주택의 현황 조사와 주택의 소유자, 거주자 및 인근의 주민들에 대한 탐문의 방법에 의해서 임대차의 유무 및 그 내용을 확인하여 그 확인 결과를 금융기관에게 알릴 의무가 있다.

[2] 감정평가업자가 현장조사 당시 감정대상 주택 소유자의 처로부터 임대차가 없다는 확인을 받고 감정평가서에 "임대차 없음"이라고 기재하였으나 이후에 임차인의 존재가 밝혀진 경우, 감정평가업자는 감정평가서를 근거로 부실 대출을 한 금융기관의 손해를 배상할 책임이 있다고 한 사례

[3] 담보목적물에 대하여 감정평가업자가 부당한 감정을 함으로써 감정의뢰인이 그 감정을 믿고 정당한 감정가격을 초과한 대출을 한 경우에는 부당한 감정가격에 근거하여 산출된 담보가치와 정당한 감정가격에 근거하여 산출된 담보가치의 차액을 한도로 하여 대출금 중 정당한 감정가격에 근거하여 산출된 담보가치를 초과한 부분이 손해액이 된다.

[4] 담보목적물에 주택임대차보호법에서 정한 대항력을 갖춘 임차인이 있는 경우, 정당한 감정가격에 근거한 담보가치는 주택의 감정평가액에서 임차보증금을 공제한 금액에 담보평가요율을 곱하는 방법에 따라 계산한 금액이라고 한 사례

VIII 기타(손해배상)

1. 대판 2009.9.10, 2006다64627

[판시사항]

[1] 토지의 감정평가를 위하여 비교표준지를 선정하는 방법

[2] 형질변경 중에 있는 토지를 담보물로서 감정평가할 때 감정평가업자가 고려하여야 할 사항

[3] 부당감정에 따른 감정평가업자의 손해배상책임에 관하여 정한 구 지가공시 및 토지 등의 평가에 관한 법률 제26조 제1항의 '선의의 제3자'의 의미

[4] 감정평가업자의 부당한 감정과 그 감정을 믿고 초과대출을 한 금융기관의 손해 사이에 인과관계가 있는지 여부(적극) 및 그 손해의 발생에 금융기관의 과실이 있는 경우 위 인과관계가 단절되는지 여부(소극)

[5] 시설대여금지업종에 대한 시설대여 등과 소위 '세일 앤 리스백' 방식의 시설대여 등을 제한한 구 시설대여 회사업무준용준칙 제4조 제1호 및 제2호의 성격(=단속규정)
[6] 감정평가업자가 담보목적물에 대하여 부당한 감정을 함으로써 감정의뢰인이 그 감정을 믿고 정당한 감정가격을 초과한 대출을 한 경우, 감정의뢰인의 손해액
[7] 불법행위로 인한 손해배상청구소송에서 재산적 손해의 발생사실은 인정되나 구체적인 손해액을 증명하기가 곤란한 경우, 법원이 간접사실들을 종합하여 손해의 액수를 판단할 수 있는지 여부(적극) 및 그 구체적 손해액의 산정 방법

[재판요지]

[1] 비교표준지는 특별한 사정이 없는 한 도시계획구역 내에서는 용도지역을 우선으로 하고, 도시계획구역 외에서는 현실적 이용상황에 따른 실제 지목을 우선으로 하여 선정하여야 하나, 이러한 토지가 없다면 지목, 용도, 주위 환경, 위치 등의 제반 특성을 참작하여 그 자연적, 사회적 조건이 감정대상 토지와 동일 또는 가장 유사한 토지를 선정하여야 하고, 표준지와 감정대상 토지의 용도지역이나 주변 환경 등에 다소 상이한 점이 있더라도 이러한 점은 지역요인이나 개별요인의 분석 등 품등비교에서 참작하면 되는 것이지 그러한 표준지의 선정 자체가 잘못된 것으로 단정할 수는 없다.
[2] 감정평가업자는 담보물에 대한 감정평가 시 채권의 안전하고 확실한 회수를 위하여 대출기간 동안의 불확실성, 담보물의 변동가능성 등을 고려하여야 하고, 채무자가 정상적인 채무의 상환을 하지 않는 경우 채권자가 담보물의 처분을 통해 채권의 회수를 하게 되므로 채권자가 일정한 기간 내에 적정한 금액으로 환가처분할 수 있는 가격으로 평가하여야 한다. 그리고 형질변경 중에 있는 토지는 형질변경행위의 불법성 여부, 진행 정도, 완공가능성 등을 검토하여 담보로서의 적합성을 판단하여야 하고, 건축물 등의 건축을 목적으로 농지 또는 산림에 대하여 전용허가를 받거나 토지의 형질변경허가를 받아 택지 등으로 조성 중에 있는 토지는 과대평가를 방지하기 위하여 조성공사에 소요되는 비용 상당액과 공사 진행 정도, 택지조성에 소요되는 예상기간 등을 종합적으로 고려하여 평가하여야 한다.
[3] 구 지가공시 및 토지 등의 평가에 관한 법률(2005.1.14. 법률 제7335호 부동산 가격공시 및 감정평가에 관한 법률로 전부 개정되기 전의 것) 제26조 제1항은 감정평가업자가 타인의 의뢰에 의하여 감정평가를 함에 있어서 고의 또는 과실로 감정평가 당시의 적정가격과 현저한 차이가 있게 감정평가하거나 감정평가서류에 허위의 기재를 함으로써 감정평가 의뢰인이나 선의의 제3자에게 손해를 발생하게 한 때에는 그 손해를 배상할 책임이 있다고 규정하고 있는데, 여기에서 '선의의 제3자'라 함은 감정내용이 허위 또는 감정평가 당시의 적정가격과 현저한 차이가 있음을 인식하지 못한 것뿐만 아니라 감정평가서 자체에 그 감정평가서를 감정의뢰 목적 이외에 사용하거나 감정의뢰인 이외의 타인이 사용할 수 없음이 명시되어 있는 경우에는 그러한 사용 사실까지 인식하지 못한 제3자를 의미한다.
[4] 감정평가업자가 담보목적물에 대하여 부당한 감정을 함으로 인하여 금융기관이 그 감정을 믿고 정당한 감정가격을 초과한 대출을 함으로써 재산상 손해를 입게 되리라는 것은 쉽사리 예견할

수 있으므로, 다른 특별한 사정이 없는 한 감정평가업자의 위법행위와 금융기관의 손해 사이에는 상당인과관계가 있다 할 것이고, 그 손해의 발생에 금융기관의 과실이 있다면 과실상계의 법리에 따라 그 과실의 정도를 비교·교량하여 감정평가업자의 책임을 면하게 하거나 감경하는 것은 별론으로 하고 그로 인하여 감정평가업자의 부당감정과 손해 사이에 존재하는 인과관계가 단절된다고는 할 수 없다.

[5] 구 시설대여업법(1997.8.28. 법률 제5374호 여신전문금융업법 부칙 제2조로 폐지) 제15조 제1항에 의하여 시설대여회사의 업무를 감독하는 지위에 있는 재무부장관이 제정한 구 시설대여회사 업무운용준칙은 제4조 제1호 [별표], 제2호에서 시설대여금지업종에 대한 시설대여 등과 기존의 특정물건 보유자가 이를 매각하고 시설대여회사가 이를 그 매각자에 다시 시설대여하는 방식의 시설대여 등(소위 '세일 앤 리스백')을 제한하고 있으나, 구 시설대여업법이나 위 준칙에서 시설대여금지업종에 대한 시설대여 등과 세일 앤 리스백 방식의 시설대여 등을 제한한 규정에 위배하여 체결된 리스계약의 효력에 대하여 아무런 정함이 없을 뿐만 아니라 구 시설대여업법은 시설대여산업을 건전하게 육성하고 이를 합리적으로 규제함으로써 기업에 대한 설비투자 지원을 원활히 하는데 그 목적이 있으므로, 위 준칙 규정은 이른바 단속규정에 불과할 뿐 그 위반행위의 사법상 효력까지 부인하는 효력규정은 아니다.

[6] 담보목적물에 대하여 감정평가업자가 부당한 감정을 함으로써 감정의뢰인이 그 감정을 믿고 정당한 감정가격을 초과한 대출을 한 경우에는 부당한 감정가격에 근거하여 산출된 담보가치와 정당한 감정가격에 근거하여 산출된 담보가치의 차액을 한도로 하여 대출금 중 정당한 감정가격에 근거하여 산출된 담보가치를 초과한 부분이 손해액이 된다.

[7] 불법행위로 인한 손해배상청구소송에서 재산적 손해의 발생 사실은 인정되나 구체적인 손해의 액수를 증명하는 것이 사안의 성질상 곤란한 경우, 법원은 증거조사의 결과와 변론 전체의 취지에 의하여 밝혀진 당사자들 사이의 관계, 불법행위와 그로 인한 재산적 손해가 발생하게 된 경위, 손해의 성격, 손해가 발생한 이후의 여러 정황 등 관련된 모든 간접사실들을 종합하여 손해의 액수를 판단할 수 있고, 이러한 법리는 자유심증주의하에서 손해의 발생 사실은 입증되었으나 사안의 성질상 손해액에 대한 입증이 곤란한 경우 증명도·심증도를 경감함으로써 손해의 공평·타당한 분담을 지도원리로 하는 손해배상제도의 이상과 기능을 실현하고자 함에 그 취지가 있는 것이지, 법관에게 손해액의 산정에 관한 자유재량을 부여한 것은 아니므로, 법원이 위와 같은 방법으로 구체적 손해액을 판단함에 있어서는, 손해액 산정의 근거가 되는 간접사실들의 탐색에 최선의 노력을 다해야 하고, 그와 같이 탐색해 낸 간접사실들을 합리적으로 평가하여 객관적으로 수긍할 수 있는 손해액을 산정해야 한다.

2. 대판 1999.5.25, 98다56416

[판시사항]

[1] 감정평가업자가 토지를 개별적으로 감정평가하는 경우, 그 주의의무의 내용

[2] 감정평가업자가 과실로 감정평가 당시의 적정가격과 현저한 차이가 있게 감정평가함으로써 감정평가 의뢰인에게 손해가 발생한 경우, 손해배상책임을 지는지 여부(적극)
[3] 감정평가업자가 감정평가 당시의 적정가격과 현저한 차이가 있게 감정평가한 경우에 해당한다고 본 사례
[4] 금융기관이 감정평가업자의 담보목적물에 대한 부당 감정을 이유로 손해배상청구를 한 데 대하여 감정평가업자가 부당 감정과는 관계없이 여신부적격자에게 대출을 하여 손해를 입은 것이라는 주장을 한 경우, 그에 대한 입증책임의 귀속(= 감정평가업자)
[5] 감정평가업자가 담보목적물에 대하여 부당한 감정을 함으로써 감정의뢰인이 그 감정을 믿고 정당한 감정가격을 초과한 대출을 한 경우, 그 손해액의 산출 방법
[6] 과실상계에서의 '과실'의 의미 및 과실상계 사유에 대한 사실인정과 비율확정이 사실심의 전권사항인지 여부(적극)

[재판요지]

[1] 타인의 의뢰에 의하여 일정한 보수를 받고 토지 등의 경제적 가치를 판정하여 그 결과를 가액으로 표시하는 감정평가를 업으로 행하는 감정평가업자가 토지를 개별적으로 감정평가하는 경우에는 실지조사에 의하여 대상 물건을 확인하고, 당해 토지와 용도, 지목, 주변환경 등이 동일 또는 유사한 인근지역에 소재하는 하나 또는 둘 이상의 표준지의 공시지가를 기준으로 공시 기준일로부터 가격시점까지의 지가변동률, 도매물가상승률 및 지가변동에 영향을 미치는 관계 법령에 의한 토지의 사용·처분 등의 제한 또는 그 해제, 토지의 형질변경이나 지목의 변경 등의 기타 사항을 종합적으로 참작하고 평가 대상토지와 표준지의 지역요인 및 개별요인에 대한 분석 등 필요한 조정을 하는 방법으로 신의와 성실로써 공정하게 감정평가를 하여야 할 주의의무가 있다.
[2] 감정평가업자가 과실로 감정평가 당시의 적정가격과 현저한 차이가 있게 감정평가함으로써 감정평가 의뢰인에게 손해를 발생하게 한 때에는 그 손해를 배상할 책임이 있다.
[3] 감정평가업자가 평가 대상토지가 보전임지에서 전용허가를 받았음에도 불구하고 그 경위 및 그로 인한 사용상의 제한 내역을 조사하지 않은 채 건축물신고수리통보서만을 근거로 기준에 적합하지 않은 비교표준지를 선정하여 감정가격을 산출한 경우, 감정평가 당시의 적정가격과 현저한 차이가 있게 감정평가한 경우에 해당한다고 본 사례
[4] 금융기관이 감정평가업자를 상대로 감정평가업자가 실시한 담보목적물에 대한 부당 감정을 믿고 그 감정가격에 근거하여 제3자에게 대출을 하여 손해를 입었음을 원인으로 하여 손해배상청구를 하는 경우에 있어서, 금융기관이 감정평가업자의 부당감정과는 관계없이 제3자가 여신적격자가 아님에도 불구하고 대출을 해 줌으로써 손해를 입은 것이라는 취지의 주장은 면책 주장에 해당하는 것이므로 면책의 효과를 주장하는 자에게 그에 대한 입증책임이 있다.
[5] 담보목적물에 대하여 감정평가업자가 부당한 감정을 함으로써 감정의뢰인이 그 감정을 믿고 정당한 감정가격을 초과한 대출을 한 경우에는 부당한 감정가격에 근거하여 산출된 담보가치와 정당한

감정가격에 근거하여 산출된 담보가치의 차액을 한도로 하여 대출금 중 정당한 감정가격에 근거하여 산출된 담보가치를 초과한 부분이 손해액이 된다.

[6] 민법상 과실상계제도는 채권자가 신의칙상 요구되는 주의를 다하지 아니한 경우 공평의 원칙에 따라 손해배상액을 산정함에 있어서 채권자의 그와 같은 부주의를 참작하게 하려는 것이므로 사회통념상 혹은 신의성실의 원칙상 단순한 부주의라도 그로 말미암아 손해가 발생하거나 확대된 원인을 이루었다면 채권자에게 과실이 있는 것으로 보아 과실상계를 할 수 있고, 채무불이행으로 인한 손해배상책임의 범위를 정함에 있어서의 과실상계 사유의 유무와 정도는 개별 사례에서 문제된 계약의 체결 및 이행 경위와 당사자 쌍방의 잘못을 비교하여 종합적으로 판단하여야 하며, 이때에 과실상계 사유에 관한 사실인정이나 그 비율을 정하는 것은 그것이 형평의 원칙에 비추어 현저히 불합리한 것이 아닌 한 사실심의 전권사항이라고 할 수 있다.

3. 대전고등법원 2011.7.15, 2009나6699

[판시사항]

甲주식회사가 감정평가업자 乙주식회사의 감정평가를 신뢰하여 감정대상 토지를 담보로 丙주식회사에 금융을 제공하였다가 금융자금을 회수하지 못한 손해를 입었음을 이유로 乙회사를 상대로 손해배상을 구한 사안에서, 乙회사의 감정평가에 비교표준지 선택 및 개별요인 평가의 비합리성이 인정되고 감정평가 가격과 적정가격 사이에 현저한 차이가 있으므로, 乙회사는 위 감정평가로 인하여 선의의 제3자인 甲회사가 입은 손해를 배상할 의무가 있고, 부당한 감정가격에 근거하여 산출된 담보가치와 정당한 감정가격에 근거하여 산출된 담보가치의 차액한도 내에서 甲회사가 제공한 금융액 전액이 乙회사의 부당감정으로 인한 손해액이 된다고 한 사례

[재판요지]

甲주식회사가 감정평가업자 乙주식회사의 감정평가를 신뢰하여 감정대상 토지를 담보로 丙주식회사에 금융을 제공하였는데, 그 후 감정대상 토지가 경매에서 감정평가금액의 25분의 1에도 미치지 못하는 금액에 낙찰됨으로써 금융자금을 회수하지 못한 손해를 입었음을 이유로 乙회사를 상대로 손해배상을 구한 사안에서, 乙회사가 감정평가를 하면서 용도지역이 준도시지역인 임야로서 숙박시설예정지로 승인된 감정대상 토지의 비교표준지로 도시계획구역 내 일반상업지역인 전(田)을 선정하여 비교표준지에 비하여 명백히 열위에 있는 감정대상 토지를 비교표준지에 비하여 우세한 것으로 평가함으로써 비교표준지 선택 및 개별요인 평가의 비합리성이 인정되고 감정평가 가격과 적정가격 사이에 현저한 차이가 있으므로, 乙회사는 구 지가공시 및 토지 등의 평가에 관한 법률(1995.12.29. 법률 제5108호로 개정되기 전의 것) 제26조 제1항에 의하여 위 감정평가로 인하여 선의의 제3자인 甲회사가 입은 손해를 배상할 의무가 있고, 감정대상 토지에 이미 적정가격을 초과하는 피담보채무액을 채권최고액으로 하여 선순위 근저당권이 설정되어 있었으므로 당시 감정대상 토지의 담보가치는 없는 것이 되어 부당한 감정가격에 근거하여 산출된 담보가치와 정당한 감정가격에 근거하여 산출된 담보가치의 차액 한도 내에서 甲회사가 제공한 금융액 전액이 乙회사의 부당감정으로 인한 손해액이 된다고 한 사례(단, 甲회사가 감정평가서 및 담보물건의 가치에 대한 검토를 충실히 하지 않은 점 등을 참작하여 乙회사의 책임을 50%로 제한함)

4. 경매평가 관련(대결 1994.5.26, 94마83 全合)

[판시사항]

경매법원이 집달관에게 부동산의 평가를 명하고 그 평가액을 참작하여 최저경매가격을 정한 것이 위법한지 여부

[판결요지]

[다수의견] 민사소송법 제615조는 "법원은 감정인에게 부동산을 평가하게 하고 그 평가액을 참작하여 최저경매가격을 정하여야 한다"고만 규정하고 있어 경매부동산을 평가할 감정인의 자격에 대하여 특별한 제한을 두고 있지 않으므로 금융기관의 연체대출금에 관한 특별조치법 제4조와 같은 특별규정이 적용되지 않는 한 경매법원으로서는 경매부동산을 평가할 능력을 갖추었다고 인정되는 자이면 누구에게나 평가를 명할 수 있다고 해석되고, 지가공시 및 토지 등의 평가에 관한 법률 제21조 제1항의 규정을 위와 같은 경매법원의 권한을 제한하는 취지로 해석할 수는 없으므로 경매법원이 집달관에게 부동산의 평가를 명하고 그 평가액을 참작하여 최저경매가격을 정한 것을 위 법률에 저촉되어 위법한 것이라고는 할 수 없다.

[반대의견] 지가공시 및 토지 등의 평가에 관한 법률(이하 '지가공시법'이라고 한다)의 목적과 지가공시법 제20조 제1항 제4호, 제21조 제1항, 제2조 제3호의 각 규정에 비추어 보면 법원이 민사소송법에 의하여 토지나 건물을 경매하는 것은 지가공시법 제21조 제1항 소정의 국가에 의한 토지 등의 경매에 해당하고 그 경매에 있어 토지 등을 평가할 자격은 감정평가업자에게만 한정된 것으로 해석되므로 지가공시법 시행 후에 법원이 토지나 건물의 경매를 위하여 민사소송법 제615조의 규정에 의한 평가를 함에 있어서는 다른 특별한 사정이 없는 한 지가공시법 소정의 감정평가업자에게 평가를 명하여야 하고 그러한 사정이 없는데도 감정평가업자 아닌 집달관에게 경매부동산의 평가를 명하는 것은 위법하다.

5. 대판 1997.5.7, 96다52427

표준지공시지가를 정하거나 공공사업에 필요한 토지의 보상가를 산정함에 있어서 2인 이상의 감정평가업자에 평가를 의뢰하였는데 평가액 중 최고평가액이 최저평가액의 1.3배를 초과하는 경우에는 건설교통부장관이나 사업시행자가 다른 2인의 감정평가업자에게 대상 물건의 평가를 다시 의뢰할 수 있다는 것뿐으로서 여기서 정하고 있는 1.3배의 격차율이 바로 지가공시 및 토지 등의 평가에 관한 법률 제26조 제1항이 정하는 평가액과 적정 가격 사이에 '현저한 차이'가 있는가의 유일한 판단기준이 될 수 없다.

6. 대판 1997.5.7, 96다52427

부당 감정과 과실에 의한 부당 감정의 경우를 한데 묶어서 그 평가액이 적정 가격과 '현저한 차이'가 날 때에는 감정평가업자는 감정의뢰인이나 선의의 제3자에게 손해배상책임을 지도록 정하고 있는바, 고의에 의한 부당 감정의 경우와 과실에 의한 부당 감정의 경우를 가리지 아니하고 획일적으로

감정평가액과 적정 가격 사이에 일정한 비율 이상의 격차가 날 때에만 '현저한 차이'가 있다고 보아 감정평가업자의 손해배상책임을 인정한다면 오히려 정의의 관념에 반할 수도 있으므로, 결국 감정평가액과 적정 가격 사이에 '현저한 차이'가 있는지 여부는 부당 감정에 이르게 된 감정평가업자의 귀책사유가 무엇인가 하는 점을 고려하여 사회통념에 따라 탄력적으로 판단하여야 한다.

7. 대판 2009.9.10, 2006다64627

감정평가업자가 담보목적물에 대하여 부당한 감정을 함으로 인하여 금융기관이 그 감정을 믿고 정당한 감정가격을 초과한 대출을 함으로써 재산상 손해를 입게 되리라는 것은 쉽사리 예견할 수 있으므로, 다른 특별한 사정이 없는 한 감정평가업자의 위법행위와 금융기관의 손해 사이에는 상당인과관계가 있다 할 것이고, 그 손해의 발생에 금융기관의 과실이 있다면 과실상계의 법리에 따라 그 과실의 정도를 비교・교량하여 감정평가업자의 책임을 면하게 하거나 감경하는 것은 별론으로 하고 그로 인하여 감정평가업자의 부당감정과 손해 사이에 존재하는 인과관계가 단절된다고는 할 수 없다.

8. 대판 1987.7.21, 87도853

감정업에 종사하는 자는 그 직무를 수행함에 있어서 고의로 진실을 숨기거나 허위의 감정을 하였을 때 처벌하도록 규정하고 있으므로 위 법조에 따른 허위감정죄는 고의범에 한한다 할 것이고 여기서 말하는 허위감정이라 함은 신빙성이 있는 감정자료에 의한 합리적인 감정결과에 현저히 반하는 근거가 시인되지 아니하는 자의적 방법에 의한 감정을 일컫는 것이어서 위 범죄는 정당하게 조사수집하지 아니하여 사실에 맞지 아니하는 감정자료임을 알면서 그것을 기초로 감정함으로써 허무한 가격으로 평가하거나 정당한 감정자료에 의하여 평가함에 있어서도 합리적인 평가방법에 의하지 아니하고 고의로 그 평가액을 그르치는 경우에 성립된다.

02 벌칙 등

1. 대법원은 "행정법상의 질서벌인 과태료의 부과처분과 형사처벌은 그 성질이나 목적을 달리하는 별개의 것이므로 행정법상의 질서벌인 과태료를 납부한 후에 형사처벌을 한다고 하여 이를 일사부재리의 원칙에 반하는 것이라고 할 수는 없다"라고 하였고(대판 2000.10.27, 2000도3874), 헌법재판소는 행정질서벌로서의 과태료는 형벌(특히 행정형벌)과 목적・기능이 중복되는 면이 없지 않으므로 동일한 행위를 대상으로 하여 형벌을 부과하면서 아울러 행정질서벌로서의 과태료까지를 부과하는 것은 이중처벌금지의 기본정신에 배치되어 국가 입법권의 남용으로 인정될 여지가 있다고 보았다(헌재 1994.6.30, 92헌바38).

2. 집행정지결정의 효력은 결정 주문에서 정한 기간까지 존속하다가 그 기간이 만료되면 장래에 향하여 소멸한다. 집행정지결정은 처분의 집행으로 회복하기 어려운 손해를 예방하기 위하여 긴급한 필요가 있고 달리 공공복리에 중대한 영향을 미치지 않을 것을 요건으로 하여 본안판결이 있을 때까지 해당 처분의 집행을 잠정적으로 정지함으로써 위와 같은 손해를 예방하는 데 취지가 있으므로, 항고소송을 제기한 원고가 본안소송에서 패소확정판결을 받았더라도 집행정지결정의 효력이 소급하여 소멸하지 않는다. 그러나 제재처분에 대한 행정쟁송절차에서 처분에 대해 집행정지결정이 이루어졌더라도 본안에서 해당 처분이 최종적으로 적법한 것으로 확정되어 집행정지결정이 실효되고 제재처분을 다시 집행할 수 있게 되면, 처분청으로서는 당초 집행정지결정이 없었던 경우와 동등한 수준으로 해당 제재처분이 집행되도록 필요한 조치를 취하여야 한다. 집행정지는 행정쟁송절차에서 실효적 권리구제를 확보하기 위한 잠정적 조치일 뿐이므로, 본안 확정판결로 해당 제재처분이 적법하다는 점이 확인되었다면 제재처분의 상대방이 잠정적 집행정지를 통해 집행정지가 이루어지지 않은 경우와 비교하여 제재를 덜 받게 되는 결과가 초래되도록 해서는 안 된다. 반대로, 처분상대방이 집행정지결정을 받지 못했으나 본안소송에서 해당 제재처분이 위법하다는 것이 확인되어 취소하는 판결이 확정되면, 처분청은 그 제재처분으로 처분상대방에게 초래된 불이익한 결과를 제거하기 위하여 필요한 조치를 취하여야 한다(대판 2020.9.3, 2020두34070).

제2절 기출분석

기출문제

[감정평가] 감정평가법인등의 법적 지위 [제2회 제2문]

감정평가법인등의 의무와 책임을 설명하시오. 30점

Ⅰ. 서설

Ⅱ. 감정평가법인등의 의무와 책임이 강조되는 이유

Ⅲ. 감정평가법인등의 의무

1. 적정가격평가의무
2. 성실의무 등
3. 감정평가준수의무
4. 감정평가서 교부 및 보존의무
5. 국토교통부장관의 지도감독에 따를 의무
6. 공무원에 준하는 청렴의무

Ⅳ. 감정평가법인등의 책임

1. 문제점
2. 민사상 책임
3. 행정상 책임
4. 형사상 책임

Ⅴ. 감정평가법인등의 권익보호를 위한 장치

쟁점해설

감정평가법인등의 의무와 책임의 문제는 거시적으로는 공시지가제도의 도입과 함께 감정평가를 인정하게 된 현실적인 부동산문제와 국가의 토지정책과 관련하여 요구되는 의무와 책임의 문제로 파악하여야 하는 문제라는 점에 유의할 필요가 있다.

기출문제

[감정평가] 감정평가법인등의 법적 지위

[제18회 제2문]

감정평가법인등의 성실의무와 그 의무이행 확보수단을 기술한 후 이들 각 수단의 법적 성질을 비교 · 검토하시오. 30점

Ⅰ. 논점의 정리(개정법령의 취지)

Ⅱ. 감정평가법인등의 성실의무와 그 의무이행 확보수단

1. 감정평가법 제25조 성실의무 등

2. 그 의무이행 확보수단

(1) 행정상 의무이행 확보수단

(2) 형사상 의무이행 확보수단

(3) 민사상 의무이행 확보수단

3. 소결

Ⅲ. 의무이행 확보수단 간 법적 성질 비교

1. 민사상 수단과 형사상 수단 간 비교

2. 형사상 수단과 행정상 수단 간 비교

3. 민사상 수단과 행정상 수단 간 비교

4. 소결

Ⅳ. 결어

1. 감정평가법상 성실의무가 갖는 문제점

2. 의무이행 확보수단의 강화와 남겨진 문제

쟁점해설

먼저 이러한 문제를 출제하게 된 배경을 검토할 필요가 있다. 즉 이는 최근 감정평가법 개정 취지와 관련된 것으로 보인다.

허위 · 부실감정평가에 따른 문제를 해소하고 감정평가에 대한 신뢰를 제고하기 위하여 감정평가사 자격등록제도를 도입하고, 감정평가법인등이 하는 회계처리의 투명성과 객관성을 높이기 위하여 감정평가법인등의 회계처리방식에 대한 기준을 마련하는 한편, 감정평가사에 대한 징계의 공정성을 확보하기 위하여 감정평가사에 대한 징계절차를 신설하고, 그 밖에 현행 제도의 운영상 나타난 일부 미비점을 개선 · 보완하려는 것이다.

즉, 최근에 부실감정 내지 허위감정이 늘어나면서 감정평가법인등 및 감정평가사에 대한 처벌규정을 강화하고 감정평가에 대한 신뢰를 높이기 위해 최근 감정평가법을 개정하였기 때문에 이와 관련된 문제로 생각된다.

이에 대하여 감정평가사의 성실의무를 규정한 취지와 최근에 법 개정 취지를 아울러 설명해 주면 좋을 것이며 구체적으로 그 의무이행 확보수단을 적시하면 될 것이다.

의무이행 확보수단은 민사상, 형사상, 행정상 수단으로 나뉘며 각각의 수단의 법적 성질을 비교 · 검토하면 될 것이다.

예시답안

Ⅰ 논점의 정리(개정법령의 취지)

최근 허위・부실 감정평가에 따른 문제를 해소하고, 감정평가에 대한 신뢰를 제고하기 위하여 감정평가사 자격등록제도가 도입되었다. 또한 감정평가사에 대한 징계절차 등을 신설하여 공정하고 투명한 행정절차를 명시함으로써 감정평가제도의 국민적 신뢰를 쌓아가고 있다. ① 이에 감정평가 및 감정평가사에 관한 법률상 감정평가업자의 성실의무(법 제25조)와 그 의무이행확보수단의 고찰은 매우 의미가 크다. ② 또한 의무이행 확보수단의 법적 성질을 비교, 검토하고 이와 아울러 권리구제상의 상이점 등을 논의함으로써 감정평가제도의 대국민적 중요성과 신뢰성을 제고할 수 있다. ③ 특히 개정법령 등의 현실적 한계는 없는지 여부도 함께 고찰하여 봄으로써 감정평가업계의 향후 남겨진 과제 등도 논의하기로 한다.

Ⅱ 감정평가법인등의 성실의무와 그 의무이행 확보수단

1. 감정평가법 제25조 성실의무 등

감정평가법 제25조에서는 감정평가법인등의 성실의무로써 ① 품위유지의무, ② 신의성실의무, ③ 양도대여금지의무, ④ 불공정평가금지의무, ⑤ 비밀누설금지의무, ⑥ 금품수수금지 및 이중소속금지의무 등을 규정하고 있다. 이외에도 감정평가에 관한 규칙 제3조 등에서는 감정평가법인등의 기본윤리 등을 정하고 있지만 규범성은 미약하다.

2. 그 의무이행 확보수단

(1) 행정상 의무이행 확보수단

감정평가법 제39조에 징계의 종류를 명시하고 있다. ① 자격의 취소, ② 등록의 취소, ③ 2년 이하의 업무정지, ④ 견책 등을 구분하여 규정하고 있다.

(2) 형사상 의무이행 확보수단

감정평가법 제49조 이하에서는 성실의무 위반 시에 징역 또는 벌금형에 처하도록 규정하고 있다. 특히 감정평가법 제39조에 징계조항을 두고, 제40조에 징계위원회 등을 두도록 한 조치는 감정평가제도 질서확립을 위한 강력한 입법조치로 보인다.

(3) 민사상 의무이행 확보수단

감정평가법 제28조에서는 감정평가업자의 손해배상책임 등을 규정하여 성실의무 위반 시에 그 의무이행 확보수단을 두고 있다.

3. 소결

감정평가법상 성실의무(법 제25조) 위반에 대한 행정상, 형사상, 민사상 의무이행 확보수단을 둔 것은 역설적으로 감정평가의 중요성을 대변한다고 볼 수 있다. 또한 징계절차 및 과징금의 조항은 감정평가법인등의 대국민서비스의 투명성과 신뢰성을 제고하기 위함으로 평가된다.

III 의무이행 확보수단 간 법적 성질 비교

1. 민사상 수단과 형사상 수단 간 비교

① 민사상 의무이행 확보수단은 감정평가법인등과 의뢰인 또는 제3자 사이의 손해배상채권에 대한 민사소송 등이 주를 이루게 된다.

② 형사상 의무이행 확보수단과 중요한 관련 쟁점은 민사상 합의가 되더라도 반의사 불벌죄에서 제외되며, 오히려 법 제51조에서는 양벌규정을 두고 있다는 것이다.

2. 형사상 수단과 행정상 수단 간 비교

① 행정상 업무정지, 등록취소, 자격취소처분은 행정소송법 제2조상 처분의 성질을 지니며, 이에 대한 권리구제는 감정평가법 이외에도 행정쟁송법에 의하여 일정한 쟁송절차에 의하게 된다.

② 형사상 처벌이 되는 경우에는 형벌로써 형법과 형사소송법이 정하는 절차에 의하여 권리구제가 가능하다.

3. 민사상 수단과 행정상 수단 간 비교

① 행정상 징계는 행정청이 행하는 처분행위로, 이러한 경우에는 의견청취, 청문절차 등 사전적 권리구제도 마련되어 있다.

② 민사상 의무이행 확보수단인 손해배상책임은 특별법상 손해배상책임에 대한 견해의 대립이 있으나, 대체로 민사소송에 의해 권리구제가 가능하다.

4. 소결

성실의무 위반에 따른 의무이행 확보수단이 최근 강화된 근본적인 이유는 감정평가법인등의 평가행위가 국민에게 미치는 영향이 중대하기 때문이다. 평가전문가의 잘못된 판단은 국민생활에 직접적인 영향을 미치므로, 입법정책적으로 감정평가법령을 강화하여 실효성을 높이기 위한 입법자의 고충이 그대로 반영된 것이라 보인다.

Ⅳ 결어

1. 감정평가법상 성실의무가 갖는 문제점

감정평가법 제25조상에는 감정평가업자의 성실의무를 나름대로 상세히 규정하고 있다. 그러나 법령규정이 추상적이기도 하며, 명확히 행정상, 민사상, 형사상 의무로 구분되어 있지 아니하고 나열식으로 규정된 측면이 있다. 좀 더 입법정책적으로 명확히 규정하여 감정평가법인등의 대국민 신뢰를 향상시키는 것이 중요하리라 생각된다.

2. 의무이행 확보수단의 강화와 남겨진 문제

최근 징계위원회의 신설과 과징금 제도의 도입으로 인하여 평가현장에서 많은 이해관계의 조율사 역할을 하는 감정평가법인등의 행동반경이 매우 축소될 우려가 있다.

토지보상법이나 감정평가법 등 관계법령에 충실하여 평가하더라도 본의 아니게 성실의무 위반을 하는 경우에는 충분히 정상이 참작되고, 징계절차에 있어서도 공정한 징계의 기준과 근거가 마련될 때 감정평가업계의 신뢰적 질서확립이 정립되리라 생각한다.

32회 문제 04

「감정평가 및 감정평가사에 관한 법률」 제25조에 따른 감정평가법인등의 '성실의무 등'의 내용을 서술하시오. 10점

예시답안

(설문 4)의 해결

Ⅰ 개설(감정평가사의 책무와 성실의무)

"감정평가"란 토지 등의 경제적 가치를 판정하여 그 결과를 가액(價額)으로 표시하는 것을 말하며, 감정평가사는 타인의 의뢰를 받아 토지 등을 감정평가하는 것을 그 직무로 한다.

감정평가는 표준지공시지가, 자산재평가법에 따른 토지 등의 감정평가, 법원에 계속 중인 소송 또는 경매를 위한 토지 등의 감정평가, 금융기관・보험회사・신탁회사 등 타인의 의뢰에 따른 토지 등의 감정평가 등 다양한 법률관계에서 기초가 되므로 감정평가사가 지켜야 하는 책무 중 성실의무를 설명한다.

Ⅱ 성실의무(감정평가법 제25조)

1. 품위유지의무

감정평가법인등(감정평가법인 또는 감정평가사사무소의 소속 감정평가사를 포함)은 감정평가업무를 하는 경우 품위를 유지하여야 하고, 신의와 성실로써 공정하게 하여야 하며, 고의 또는 중대한 과실로 업무를 잘못하여서는 아니 된다.

2. 불공정 감정의 금지

감정평가법인등은 자기 또는 친족 소유, 그 밖에 불공정하게 감정평가업무를 수행할 우려가 있다고 인정되는 토지 등에 대해서는 그 업무를 수행하여서는 아니 된다.

3. 겸업제한

감정평가법인등은 토지 등의 매매업을 직접 하여서는 아니 된다.

4. 금품수수 등

감정평가법인등이나 그 사무직원은 감정평가법 제23조에 따른 수수료와 실비 외에는 어떠한 명목으로도 그 업무와 관련된 대가를 받아서는 아니 되며, 감정평가 수주의 대가로 금품 또는 재산상의 이익을 제공하거나 제공하기로 약속하여서는 아니 된다.

5. 중복소속 금지

감정평가사, 감정평가사가 아닌 사원 또는 이사 및 사무직원은 둘 이상의 감정평가법인(같은 법인의 주·분사무소를 포함한다) 또는 감정평가사사무소에 소속될 수 없으며, 소속된 감정평가법인 이외의 다른 감정평가법인의 주식을 소유할 수 없다.

6. 기타

감정평가법인등이나 사무직원은 특정한 가액으로 감정평가를 유도 또는 요구하는 행위에 대해서 따라서는 아니 된다.

Ⅲ 관련 문제(감정평가사의 책임)

감정평가법인등이 성실의무를 위반한 경우, 이에 대한 책임으로서 감정평가법에서는 ① 민사상 손해배상, ② 행정상 법인설립인가취소, 업무정지 및 과징금 등의 징계처분과 ③ 형사상 벌칙(징역 및 벌금) 규정을 두고 있다.

기출문제

[감정평가] 감정평가법인등의 법적 지위 [제11회 제2문]

감정의뢰인 甲은 감정평가사 乙이 고의로 자신의 토지를 잘못 평가하였음을 주장하여 국토교통부장관에게 乙에 대한 제재조치를 요구하였다. 이에 따라 국토교통부장관은 『감정평가 및 감정평가사에 관한 법률』의 권한을 행사하여 일정한 제재조치를 취하고자 한다. 이 경우에 국토교통부장관이 취할 수 있는 절차와 구체적 제재조치 내용을 설명하시오. 30점

Ⅰ. 논점의 정리(성실의무)
Ⅱ. 국토교통부장관이 취할 수 있는 절차
  1. 문제점(감정평가의뢰인의 시정요구권)
  2. 국토교통부장관의 타당성조사
    (1) 감정평가사의 직접 소명
    (2) 협회에 위탁하여 타당성조사
Ⅲ. 국토교통부장관의 제재조치
  1. 문제점
  2. 성실의무 위반의 내용
    (1) 경과실인 경우
    (2) 고의·중과실인 경우
  3. 감정평가사의 청문절차 유무
  4. 제재조치
    (1) 행정상 제재
    (2) 형사상 제재
    (3) 민사상 제재
Ⅳ. 결어

쟁점해설

설문에 의하면 감정평가사가 고의로 토지를 잘못 평가하였다는 주장을 근거로 국토교통부장관이 이에 대한 일정한 제재조치를 취하고자 한다. 감정평가사에 대하여 그 제재조치의 절차와 내용의 설명을 요구하는 것이라고 볼 수 있다.

감정평가의뢰인의 잘못된 평가라는 주장과 국토교통부장관에 대한 제재조치의 요구는 감정평가법 제8조에 근거하는 것이며, 불법행위를 원인으로 한 손해배상의 사법관계와는 무관함을 쉽게 알 수 있다.

1. 제재절차

국토교통부장관은 감정평가법의 규정에 의하여 감정평가법인등에 대한 지도·감독권(제47조), 토지 등의 감정평가에 대한 타당성 조사권(감정평가법 시행령 제8조 제2항)을 가지고 있으며, 이에 근거하여 감정평가의뢰인은 감정평가사의 위법·부당한 평가에 대한 시정의 요구를 하거나 권리구제를 받을 수 있다.

따라서 국토교통부장관은 감정평가의뢰인의 주장에 따라 고의로 자신의 토지를 잘못 평가하였는지 여부를 확인하여야 한다. 감정평가법은 감정평가에 대한 타당성조사를 위한 청문규정을 두고 있지 않으므로 직접 감정평가사에게 해당 감정평가의 타당성을 소명하게 하거나 감정평가협회에 위탁하여 타당성조사를 하게 할 수도 있다. 감정평가사에 대한 제재절차는 이와 같이 감정평가에 대한 타당성조사의 결과에 따라 고의 또는 잘못 평가 여부를 판단하게 된다.

2. 제재내용

감정평가법은 감정평가사에게 성실의무를 규정하고 있으므로 고의로 잘못 평가한 사실이 확인되면 국토교통부장관은 감정평가법인등 또는 감정평가사에게 일정한 제재조치를 할 수 있다.

29회 문제 02

甲은 2014.3.경 감정평가사 자격을 취득한 후, 2015.9.2.부터 2017.8.3.까지 '乙 감정평가법인'의 소속 감정평가사였다. 또한 甲은 2015.7.7.부터 2017.4.30.까지 '수산업협동조합 중앙회(이하 '수협'이라 함)'에서 상근계약직으로 근무하였다. 관할 행정청인 국토교통부장관 A는 甲이 위와 같이 수협에 근무하면서 일정기간 동안 동시에 乙 감정평가법인에 등록하여 소속을 유지하는 방법으로 감정평가사 자격증을 대여하거나 부당하게 행사했다고 봄이 상당하여, 「감정평가 및 감정평가사에 관한 법률」(이하 '감정평가법'이라 함) 제27조가 규정하는 명의대여 등의 금지 또는 자격증 부당행사 금지를 위반하였다는 것을 이유로 징계처분을 내리고자 한다. 다음 물음에 답하시오. 30점

(1) 국토교통부장관 A가 甲에 대하여 위와 같은 사유로 감정평가법령상의 징계를 하고자 하는 경우, 징계절차에 관하여 설명하시오. 20점

(설문 2-1)의 해결

Ⅰ. 쟁점의 정리

Ⅱ. 국토교통부장관의 징계절차

1. 징계의결 요구(감정평가법 제39조) 및 징계처분의 법적 성질

2. 감정평가관리·징계위원회의 의결

(1) 의의 및 법적 성격(감정평가법 제40조 및 시행령 제37조)

(2) 의결절차 및 통보

3. 징계의결의 하자

(1) 의결에 반하는 처분

(2) 의결을 거치지 않은 처분

4. 징계의 종류

Ⅲ. 감정평가사 甲의 의견청취절차

Ⅳ. 사안의 해결

예시답안

(설문 2-1)의 해결

Ⅰ 쟁점의 정리

국토교통부장관이 甲에 대하여 '명의대여 등의 금지 또는 자격증 부당행사 금지' 위반을 이유로 징계를 하고자 하는 경우 징계절차에 관하여 설명한다.

Ⅱ 국토교통부장관의 징계절차

1. 징계의결 요구(감정평가법 제39조) 및 징계처분의 법적 성질

국토교통부장관의 징계는 감정평가업무 수행을 제한하는 하명으로서 처분이며 감정평가법 제39조 제1항에서 '할 수 있다'고 규정하여 재량행위이다. 국토교통부장관은 위반사유가 발생한 경우 감정평가관리·징계위원회에 징계의결을 요구할 수 있다. 위반사유가 발생한 날부터 5년이 지난 때에는 할 수 없다.

2. 감정평가관리·징계위원회의 의결

(1) 의의 및 법적 성격(감정평가법 제40조 및 시행령 제37조)

징계위원회는 감정평가사의 징계에 관한 사항을 의결하는 기관으로서 ① 징계 시 반드시 설치해야 하는 필수기관이다. ② 또한 징계내용에 관한 의결권을 가진 의결기관이다.

(2) 의결절차 및 통보

① 의결이 요구되면 요구일로부터 60일 이내에(부득이 시 30일 연장) ② 당사자에게 구술 또는 서면으로 의견진술 기회를 주어야 한다. ③ 위원 과반수 출석으로 개의하고 과반수 찬성으로 의결한다. 서면으로 당사자와 협회에 통보한다.

3. 징계의결의 하자

(1) 의결에 반하는 처분

징계위원회는 의결기관이므로 징계위원회의 의결은 국토교통부장관을 구속한다. 따라서 징계위원회의 의결에 반하는 처분은 무효이다.

(2) 의결을 거치지 않은 처분

국토교통부장관은 징계위원회의 의결에 구속되므로 징계위원회의 의결을 거치지 않고 처분을 한다면 권한 없는 징계처분이 되므로 무효이다.

4. 징계의 종류

징계위원회는 자격의 취소, 등록취소, 2년 이내의 업무정지, 견책을 징계할 수 있다.

Ⅲ 감정평가사 甲의 의견청취절차

행정절차법 제21조 내지 제22조에서는 권리를 제한하는 처분을 하는 경우에는 사전에 이에 대한 통지와 의견청취를 하도록 규정하고 있으며, 감정평가법 시행령 제41조에서는 징계위원회에 출석하여 의견진술을 할 수 있도록 규정하고 있다.

만약, 감정평가법에 따른 의견진술 기회를 행정절차법상 청문생략사유로 볼 수 있다면 행정절차법상 청문절차는 생략가능할 것이나, 이를 생략사유로 볼 수 없다면 행정절차법상 청문절차를 거쳐야 할 것이다.

Ⅳ 사안의 해결

국토교통부장관이 감정평가사 甲에 대하여 징계를 하고자 하는 경우에는 징계위원회의 의결에 따라 자격의 취소, 등록취소, 2년 이내의 업무정지, 견책에 대한 징계를 내릴 수 있으며, 자격을 취소하는 경우에는 청문절차를 실시하여야 한다.

채점평

문제 2

(물음 1)은 징계권자가 국토교통부장관이고 징계발의는 국토교통부장관의 직권으로 또는 협회의 요청에 의하여 하고, 감정평가관리・징계위원회의 의결에 따라 국토교통부장관이 징계를 하는 절차이다. 그러나 의외로 감정평가관리・징계위원회의 심의・의결의 성격에만 중점을 두고 전반적인 절차를 도외시하거나, 불이익처분에 대한 행정절차에만 집중한 답안도 많았다.

(물음 2)는 처분사유의 추가・변경에 관한 문제로서 최근 여러 시험에서 가장 많은 출제빈도를 나타내는 문제였다. 인정을 할 것인가에 관한 학설, 인정한다면 어떤 요건하에 인정될 수 있을 것인가를 설명하고 문제의 사안이 그 요건을 충족하는지를 설명하는 것이 핵심사항이다.

기출문제

[감정평가] 감정평가법인등 법적 지위 [제21회 제3문]

감정평가업자 P와 건설업자 Q는 토지를 평가함에 있어 친분관계를 고려하여 Q에게 유리하게 평가하였다. 국토교통부장관은 P의 행위가 감정평가법을 위반하였다고 판단하여 과징금, 벌금, 또는 과태료의 부과를 검토하고 있다.

(1) **과징금, 벌금, 과태료의 법적 성질을 비교하여 설명하시오.** 20점

(2) **국토교통부장관은 과징금과 벌금을 중복하여 부과하고자 한다. 중복부과처분의 적법성에 관하여 판단하시오.** 10점

Ⅰ. 개설

Ⅱ. 설문 (1) 각 개념의 법적 성질 비교

1. 과징금의 의의 및 법적 성질

(1) 본래적 의미의 과징금

(2) 감정평가법 제41조의 과징금(변형된 의미의 과징금)

(3) 법적 성질

2. 벌금

(1) 의의

(2) 성질

3. 과태료(행정질서벌)

(1) 의의

(2) 성질

Ⅲ. 설문 (2) 중복부과의 적법성 판단

1. 문제점

2. 적법성 판단

(1) 견해의 대립

(2) 판례

3. 검토

쟁점해설

설문의 쟁점은 행정의 실효성 확보수단 중 행정벌과 새로운 실효성 확보수단인 과징금제도를 묻고 있다. 따라서 이들의 법적 성질을 형법적용 여부 등을 중심으로 검토하고, 각 수단의 목적과 취지에 비추어 중복부과할 수 있는 것인지를 설명하면 무난할 것이다.

예시답안

Ⅰ 개설

감정평가의 업무영역이 확대되고 면적사업이 증대되는 등 공공성이 강화됨에 따라 공적업무수행 역할의 중요성도 증대하였다. 따라서 공적업무수행(표준지, 표준주택 가격조사 등)시에 업무정지처분을 받는 경우 공적업무에 지장을 초래할 수 있으므로 이를 개선하기 위하여 과징금제도를 도입하였다. 이와 관련하여 설문을 해결하고자 한다.

II 설문 (1) 각 개념의 법적 성질 비교

1. 과징금의 의의 및 법적 성질

(1) 본래적 의미의 과징금

과징금은 행정법상 의무위반 행위로 얻은 경제적 이익을 박탈하기 위한 금전상 제재금을 말한다. 과징금은 의무이행 확보수단으로 가해지는 점에서 의무위반에 대한 과태료와 구별된다.

(2) 감정평가법 제41조의 과징금(변형된 의미의 과징금)

감정평가법상 과징금은 계속적인 공적업무수행을 위하여 업무정지처분에 갈음하여 부과되는 것으로 변형된 과징금에 속한다. 이는 인·허가 철회나 정지처분으로 인해 발생하는 국민생활 불편이나 공익을 고려함에 취지가 인정된다.

(3) 법적 성질

과징금 부과는 금전상의 급부를 명하는 급부하명으로서 처분에 해당한다.

2. 벌금

(1) 의의

벌금은 행정상 중한 의무를 위반한 경우에 주어지는 행정형벌을 말한다. 행정형벌은 행정목적을 달성하기 위해 행정법규가 의무를 정해놓고 이를 위반한 경우의 제재수단이다.

(2) 성질

형법총칙이 적용되므로 형사상 책임에 해당한다.

3. 과태료(행정질서벌)

(1) 의의

행정질서벌이란 행정상 경미한 의무를 위반한 경우에 주어지는 벌로서 그 내용은 과태료 처분이다.

(2) 성질

행정질서벌은 형법총칙이 적용되지 않는다는 점에서 행정형벌과는 구별되며 행정상 책임에 해당된다.

Ⅲ 설문 (2) 중복부과의 적법성 판단

1. 문제점

P의 행위가 감정평가법에 위반된 경우 국토교통부장관이 과징금과 벌금을 중복부과할 수 있는지가 과잉금지 및 일사부재리의 원칙과 관련하여 문제된다. 이하에서 학설 및 판례의 태도를 살펴보고 본 사안을 해결한다.

2. 적법성 판단

(1) 견해의 대립

① 동일한 사안에 대해서 과징금과 벌금을 중복부과하는 것은 모두 금전적 제재라는 점에서 동일하며, 동일한 사안에 대하여 2번의 제재를 가하는 것이므로 이는 과잉금지(최소침해) 및 일사부재리에 비추어 정당하지 못하다. ② 과징금과 벌금의 취지가 적정한 행정의무이행과 공익보호에 있으므로 과징금과 벌금의 중복부과는 정당하다는 견해가 있다.

(2) 판례

판례는 벌금과 과태료는 그 성질과 목적을 달리하는 것이므로 양자를 병과할 수 있으며, 일사부재리의 원칙이 적용되지 않는다고 판시한 바 있다.

또한 과징금은 행정상 제재이고 범죄에 대한 국가의 형벌권의 실행으로서의 과벌이 아니므로 행정법규 위반에 대하여 벌금이나 범칙금을 부여하는 것은 이중처벌금지의 원칙에 반하지 않는다고 판시한 바 있다(헌재 1994.6.30, 92헌바38).

3. 검토

과징금과 벌금이 법적으로는 그 목적 및 성격이 구분되지만 위반행위에 대한 금전적 제재라는 점에서 형식 및 기능이 유사하며 중복부과할 경우 국민의 입장에서는 이중의 제재를 받게 돼 과도한 제재로 볼 수 있다고 판단된다. 따라서 과징금과 벌금의 중복부과처분은 정당하지 않다고 사료된다.

기출문제

[감정평가] 감정평가법인등의 법적 지위 [제12회 제4문]

감정평가 및 감정평가사에 관한 법률 제28조 제1항의 규정에 의한 감정평가업자의 손해배상책임에 대하여 설명하시오. 10점

쟁점해설

감정평가법 제28조에서는 감정평가업자에 대한 손해배상을 규정하고 있는데, 이는 부당한 감정으로 인한 의뢰인 등의 손해를 방지하여 올바른 평가질서를 확립함에 제도적 취지가 인정되고 있다. 따라서 동 규정이 민법상 손해배상규정의 특칙인지를 검토한 후, 해당 규정의 요건을 판례의 태도와 함께 체계적으로 기술하면 무난할 것이다.

예시답안

Ⅰ 손해배상책임의 의의 및 취지(감정평가법 제28조)

손해배상이란 감정평가업자가 고의 또는 과실로 감정평가 당시의 적정가격과 현저한 차이가 있게 평가하여 의뢰인 등에게 손해가 발생한 경우 이를 배상하는 것을 말하며 ① 선의의 평가의뢰인이 불측의 피해를 입지 않도록 하기 위함이며, ② 또한 토지 등의 적정가격을 올바르게 평가하여 국토의 효율적인 이용과 국민경제의 발전을 도모하기 위함에 그 취지가 있다.

Ⅱ 감정평가의 법률관계

1. 논의의 실익

공법관계인지 사법관계인지에 따라서 법체계상 소송절차의 선택 및 적용법규 등에 있어서 차이가 있을 수 있다.

2. 공법관계인지 사법관계인지

감정평가의 의뢰는 상호 대등한 관계에서 행해지는 것이므로 사법관계의 성질을 갖는다고 볼 수 있다. 다만 감정평가의 사회성·공공성에 비추어 공법적 성질도 내포하고 있다고 볼 수 있다. 단, 공적업무를 위탁받은 경우는 공법상 관계이다. 사법관계로 보는 경우 어떠한 계약관계인지가 문제된다.

3. 도급계약인지 위임계약인지

① 일(감정평가)의 완성을 목적으로 수수료지급을 약정하는 도급계약이라는 견해와 ② 일정한 사무처리를 위한 통일적 노무의 제공을 목적으로 하는 유상특약의 위임계약이라는 견해가 있다. ③ 생각건대 업무수행 시 독립성이 인정되고, 업무 중단 시 중단 시까지 수행한 부분에 대한 보수청구가 인정되므로 위임계약으로 봄이 타당하다.

Ⅲ 감정평가법 제28조와 민법 제390조 및 제750조와의 관계

1. 논의의 실익

위임계약으로 보면 선관의무에 따라 사무를 처리할 채무를 지게 된다. 따라서 감정평가결과가 부당하고 그 결과 의뢰인이 손해를 본 경우 ① 의뢰인에 대하여는 채무불이행 중 불완전이행의 법리에 따라 손해배상책임을 지고 ② 선의의 제3자에게는 민법 제750조의 불법행위책임을 지게 된다.

따라서 위임계약으로 보면 감정평가법 제28조의 규정이 없어도 손해배상책임이 인정되므로 감정평가법 제28조 규정이 민법상 손해배상 책임을 배제하는 특칙인지가 문제된다.

2. 견해의 대립

(1) 특칙이라는 견해(면책설)

이 견해는 감정평가의 경우 적정가격 산정이 어렵고, 평가수수료에 비해 배상의 범위가 넓으므로 감정평가법 제28조를 감정평가업자를 보호하기 위한 특칙으로 본다.

(2) 특칙이 아니라는 견해(보험관계설)

이 견해는 감정평가법 제28조 제1항은 제2항의 보험이나 공제에 관련하여 처리되는 감정평가법인등의 손해배상책임의 범위를 한정한 것이므로 특칙이 아니라고 한다.

3. 판례

'감정평가법인등의 부실감정으로 인하여 손해를 입게 된 경우 감정평가의뢰인이나 선의의 제3자는 감정평가법상의 손해배상책임과 민법상의 불법행위로 인한 손해배상책임을 함께 물을 수 있다.'고 판시하여 특칙이 아니라고 보았다(대판 1998.9.22, 97다36293).

1. 특칙이라는 견해(면책설)

① 감정평가법 제28조 문언의 반대해석상 감정평가법인등에게 고의과실이 있더라도 감정평가결과가 적정가격과 현저한 차이가 없는 한 손해배상책임을 지지 않도록 하는 것이 이 법의 입법취지라는 점, ② 감정평가법인등의 주관적 견해에 따라 감정평가액에 어느 정도의 차이가 발생하는 것이 불가피(객관적으로 적정가격을 알아내기 어렵다는 점)하므로 현저한 차이가 있을 경우에만 위법성이 있다고 보는 것이 상당한 점, ③ 소액의 감정수수료를 받는 감정평가법인등이 손쉽게 막대한 손해배상책임을 진다거나 빈번한 배상책임을 추궁당하도록 하면 감정평가제도의 존속 자체가 위태로울 수 있다는 점, ④ 감정평가업의 사회성·공공성 측면에서 위법성을 인정하기 곤란

한바, 감정평가법인등을 보호하기 위한 규정으로 감정평가법인등의 책임을 경감하는 취지로 이해한다. 따라서 감정평가법 제28조는 민법 제750조 및 제390조의 특칙으로 감정평가법 제28조가 적용되는 범위 내에서는 민법 제750조가 적용되지 않으나, 감정평가법 제28조 규정 외에는 민법 제750조가 보충 적용된다.

2. 특칙이 아니라는 견해(보험관계설)

감정평가법 제28조는 감정평가법인등의 책임을 제한하거나 경감하여 주기 위한 것이 아니라, 오히려 감정평가법인등의 손해배상책임을 부과하여 이를 위한 보험가입 등의 조치를 취하도록 하기 위한 규정으로 본다(즉, 감정평가법 제28조 제1항은 같은 조 제2항의 보험이나 공제에 관련하여서 규정된 것으로서 보험이나 공제로 처리되는 감정평가법인등의 손해배상책임의 범위를 한정한 것일 뿐, 일반 채무불이행이나 불법행위책임을 배제하는 규정은 아니라고 본다).

4. 검토

① 적정가격의 산정이 어려움에도 손해배상책임을 널리 인정하면 평가제도가 위태로울 수 있고, ② 특칙이 아니라고 보면 감정평가법 제28조 제1항 규정의 의미가 무색해지므로 특칙으로 봄이 타당하다.

Ⅳ 손해배상책임의 요건

1. 타인의 의뢰

감정평가법 제28조에 의한 손해배상책임이 인정되기 위해서는 금융기관 등 타인의 의뢰가 있어야 한다.

2. 고의 또는 과실

① 고의란 부당한 감정평가임을 알고 있는 것을 말하며, ② 과실이란 감정평가를 함에 있어서 통상 주의의무를 위반한 것을 말한다. 입증책임은 주장하는 자에게 있다.

판례는 ① 고의 또는 과실에 대하여 감정평가법인등의 통상적인 추상적 경과실로 보고 있다. ② 감정평가법과 감정평가에 관한 규칙의 기준을 무시하고 자의적인 방법에 의하여 토지를 감정평가한 것은 고의 또는 과실에 의한 부당한 감정평가로 볼 수 있다. ③ 사전자료준비부주의, 평가절차부주의, 윤리규정부주의, 평가방식적용부주의를 과실의 예로 들고 있다.
또한 판례는 ④ 임대차사항을 상세히 조사할 것을 약정한 경우, 업자로선 협약에 따라 성실하고 공정하게 주택에 대한 임대차관계를 조사하여 금융기관이 불측의 손해를 입지 않도록 협력하여야 할 의무가 있다고 판시한 바 있다. 단순히 다른 조사기관의 전화조사만으로 확인된 실제와는 다른 임대차관계 내용을 기재한 임대차확인조사서를 제출한 사안에서 협약에 따른 조사의무를 다하지 아니한 과실이 있다고 판시한 바 있다. ⑤ 금융기관의 신속한 감정평가요구에 따라 그의 양해 아래 건물소유자를 통해 임대차관계를 조사한 경우에는 과실이 없다고 판시한 바 있다.

3. 부당한 감정평가

(1) 적정가격과의 현저한 차이

판례는 공시지가결정(1.3배), 보상액결정(1.3배 : 현행 1.1배)의 1.3배가 유일한 판단기준이 될 수 없고 부당감정에 이르게 된 업자의 귀책사유를 고려하여 사회통념에 따라 탄력적으로 판단하여야 하므로 현저한 차이는 고의와 과실의 경우를 다르게 보아야 한다고 한다.

표준지공시지가를 정하거나 공공사업에 필요한 토지의 보상가를 산정함에 있어서 2인 이상의 감정평가법인등에 평가를 의뢰하였는데 평가액 중 최고평가액이 최저평가액의 1.3배를 초과하는 경우에는 국토교통부장관이나 사업시행자가 다른 2인의 감정평가법인등에게 대상 물건의 평가를 다시 의뢰할 수 있다는 것뿐으로서 여기서 정하고 있는 1.3배의 격차율이 바로 지가공시 및 토지등의 평가에 관한 법률 제26조 제1항이 정하는 평가액과 적정가격 사이에 '현저한 차이'가 있는가의 유일한 판단기준이 될 수 없다(대판 1997.5.7. 96다52427).

부당 감정과 과실에 의한 부당 감정의 경우를 한데 묶어서 그 평가액이 적정가격과 '현저한 차이'가 날 때에는 감정평가법인등은 감정의뢰인이나 선의의 제3자에게 손해배상책임을 지도록 정하고 있는바, 고의에 의한 부당 감정의 경우와 과실에 의한 부당 감정의 경우를 가리지 아니하고 획일적으로 감정평가액과 적정가격 사이에 일정한 비율 이상의 격차가 날 때에만 '현저한 차이'가 있다고 보아 감정평가법인등의 손해배상책임을 인정한다면 오히려 정의의 관념에 반할 수도 있으므로, 결국 감정평가액과 적정가격 사이에 '현저한 차이'가 있는지 여부는 부당 감정에 이르게 된 감정평가법인등의 귀책사유가 무엇인가 하는 점을 고려하여 사회통념에 따라 탄력적으로 판단하여야 한다(대판 1997.5.7. 96다52427).

(2) 거짓의 기재

물건의 내용, 산출근거, 평가액의 거짓기재로써 가격변화를 일으키는 요인을 고의, 과실로 진실과 다르게 기재하는 것을 말한다.

감정업에 종사하는 자는 그 직무를 수행함에 있어서 고의로 진실을 숨기거나 허위의 감정을 하였을 때 처벌하도록 규정하고 있으므로 위 법조에 따른 허위감정죄는 고의범에 한한다 할 것이고 여기서 말하는 허위감정이라 함은 신빙성이 있는 감정자료에 의한 합리적인 감정결과에 현저히 반하는 근거가 시인되지 아니하는 자의적 방법에 의한 감정을 일컫는 것이어서 위 범죄는 정당하게 조사수집하지 아니하여 사실에 맞지 아니하는 감정자료임을 알면서 그것을 기초로 감정함으로써 허무한 가격으로 평가하거나 정당한 감정자료에 의하여 평가함에 있어서도 합리적인 평가방법에 의하지 아니하고 고의로 그 평가액을 그르치는 경우에 성립된다(대판 1987.7.21. 87도853).

4. 의뢰인 및 선의의 제3자에게 손해가 발생할 것

손해라 함은 주로 재산권적 법익에 관하여 받은 불이익을 말한다.

선의의 제3자 범위와 관련하여 판례는 ① '선의의 제3자는 감정내용이 허위 또는 적정가격과 현저한 차이가 있음을 인식하지 못한 것뿐만 아니라 타인이 사용할 수 없음이 명시된 경우에도 그러한 사용사실까지 인식하지 못한 제3자를 의미한다. 다만, 입증책임은 선의의 제3자에게 있으며 입증하지 못한 경우에는 상당한 인과관계에 있다고 할 수 없다.'고 한다. ② 사용주체가 달라도 동일한 목적에 사용된 경우에는 상당한 인과관계를 인정한 바 있다.

5. 인과관계

부당한 감정평가가 없었더라면 손해가 발생하지 않았을 것을 요한다. 판례는 감정평가의 잘못과 낙찰자의 손해 사이에는 상당인과관계가 있는 것으로 보아야 한다고 판시한 바 있다.

6. 위법성이 필요한지 여부

① 긍정설은 민법상 채무불이행의 경우도 별도의 규정은 없으나 위법성을 요구하고 있으므로 감정평가법상 손해배상에서도 위법성이 요구된다고 한다. ② 이에 부정설은 고의 또는 과실에 위법성의 개념이 포함되거나, 부당감정에 포함되어 있다고 본다. ③ 생각건대 감정평가법 제28조는 민법에 대한 특칙으로 보는 것이 타당하므로 위법성 요건은 불필요하다고 보며 이는 부당감정개념에 포함된 것으로 봄이 합당하다.

7. 기타(감정평가법 제28조 제3항)

감정평가법인등은 감정평가 의뢰인이나 선의의 제3자에게 법원의 확정판결을 통한 손해배상이 결정된 경우에는 국토교통부령으로 정하는 바에 따라 그 사실을 국토교통부장관에게 알려야 한다.

Ⅴ 손해배상책임의 내용

1. 손해배상범위

불법행위로 인한 재산상 손해는 위법한 가해행위로 인하여 발생한 재산상 불이익, 즉 위법행위가 없었더라면 존재하였을 재산 상태와 위법행위가 가해진 현재의 재산 상태와의 차이가 되며, 계약의 체결 및 이행경위와 당사자 쌍방의 잘못을 비교하여 종합적으로 판단하여야 한다(과실상계인정).

판례는 ① 부당한 감정가격에 의한 담보가치와 정당한 감정가격에 의한 담보가치의 차액을 한도로 하여 실제로 정당한 담보가치를 초과한 부분이 손해액이 된다고 판시한 바 있다. ② 대출금이 연체되리라는 사정을 알기 어려우므로 대출금이 연체되리라는 사정을 알았거나 알 수 있었다는 특별한 사정이 없는 한 연체에 따른 지연손해금은 부당한 감정으로 인하여 발생한 손해라고 할 수 없다.

2. 임대차조사 내용

판례는 ① 금융기관의 양해 아래 임차인이 아닌 건물소유자를 통해 임대차관계를 조사한 경우는 과실이 없으므로 손해배상책임을 인정하지 않는다. ② 임대차조사 내용은 감정평가범위는 아니지만 고의과실로 임대차관계에 관한 허위의 기재를 하여 손해를 발생케 한 경우에는 손해를 배상할 책임이 있다.

3. 손해배상책임의 보장

감정평가업자의 손해배상책임을 보장하기 위하여 감정평가법에서는 ① 보험 또는 공제사업에의 가입 및 ② 손해배상충당금 적립(한국감정원)을 규정하고 있다.

Ⅵ 관련 문제

1. 민법상 소멸시효규정이 적용된다고 본다. 따라서 손해배상청구권은 손해를 안 날로부터 3년, 있은 날로부터 10년 이내에 행사해야 한다.

2. 법인은 사용자책임을 지며 해당 평가사에게 구상권을 행사할 수 있다.

3. 허위감정죄와의 관계
   감정평가법 제49조에 의하면 고의로 업무를 잘못한 자에 대해서 허위감정죄로 처벌하도록 규정하고 있다. 따라서 부당감정평가와 허위감정죄가 동시에 성립되는 경우에 손해가 없더라도 고의로 잘못된 평가만 했다면 허위감정죄에 대한 처벌이 가능할 것이다.

Ⅶ 결

1. 부당한 감정인 경우에는 감정평가업자는 의뢰인이나 제3자에게 손해배상을 하여야 한다.

2. 부당한 감정은 아니지만 민법 제390조(채무불이행) 및 민법 제750조(불법행위)에 해당하는 경우에, 감정평가법 제28조 규정을 특칙으로 본다면 손해배상을 청구할 수 없지만 특칙으로 보지 않는다면 민법상 손해배상을 청구할 수 있을 것이다.

3. 개선안
   부당한 감정인지를 사전에 검토하여 의뢰인이나 제3자가 피해를 보는 경우를 줄일 수 있을 것이다. 따라서 평가검토를 명문으로 도입하여 사전타당성을 강화하는 방안이 요구된다.

33회 문제 04

「감정평가 및 감정평가사에 관한 법률」상 감정평가법인등의 손해배상책임의 성립요건에 관하여 설명하시오. 10점

예시답안

(설문 4)의 해결

Ⅰ 개설(감정평가법 제28조 손해배상책임의 의의 및 취지)

손해배상이란 고의, 과실로 감정평가 당시의 적정가격과 현저한 차이가 있는 경우 이를 배상하는 것을 말하며 ① 선의의 평가의뢰인이 불측의 피해를 입지 않도록 하기 위함이며, ② 또한 토지 등의 적정가격 형성으로 국토의 효율적 이용과 국민경제의 발전을 도모하기 위함에 그 취지가 있다.

Ⅱ 손해배상책임의 성립요건

판례는 감정평가법상 손해배상책임과 민법상의 손해배상책임을 함께 물을 수 있다고 하나, 감정평가의 존립목적을 고려할 때 감정평가법상 손해배상규정은 민법상 특칙으로 보는 것이 합당하다.

1. 타인의 의뢰

감정평가법 제28조에서는 '타인의 의뢰에 의할 것'이라고 하여 타인의 의뢰를 요건으로 규정하고 있다.

2. 고의 또는 과실

① 고의란 부당한 감정평가임을 알고 있는 것을 말하며, ② 과실이란 감정평가를 함에 있어서 통상 주의의무를 위반한 것을 말한다. 입증책임은 주장하는 자에게 있다.

3. 부당한 감정평가

(1) 적정가격과의 현저한 차이

판례는 부당감정에 이르게 된 업자의 귀책사유를 고려하여 사회통념에 따라 탄력적으로 판단하여야 하므로 현저한 차이는 고의와 과실의 경우를 다르게 보아야 한다고 한다.

(2) 거짓의 기재

물건의 내용, 산출근거, 평가액의 거짓 기재로써 가격변화를 일으키는 요인을 고의, 과실로 진실과 다르게 기재하는 것을 말한다.

4. 의뢰인 및 선의의 제3자에게 손해가 발생할 것

손해라 함은 주로 재산권적 법익에 관하여 받은 불이익을 말한다. 또한 부당한 감정평가가 없었더라면 손해가 발생하지 않았을 인과관계가 요구된다.

5. 위법성이 필요한지 여부

① 긍정설은 민법상 채무불이행의 경우도 별도의 규정은 없으나 위법성을 요구하고 있으므로 감정평가법상 손해배상에서도 위법성이 요구된다고 한다. ② 이에 부정설은 고의과실에 포함되거나 부당감정에 포함되어 있다고 본다. ③ 〈생각건대〉 감정평가법 제28조는 민법에 대한 특칙으로 보는 것이 타당하므로 위법성 요건은 불필요하다고 보며 이는 부당감정개념에 포함된 것으로 봄이 합당하다.

6. 손해배상책임의 범위

불법행위로 인한 재산상 손해는 위법한 가해행위로 인하여 발생한 재산상 불이익, 즉 위법행위가 없었더라면 존재하였을 재산 상태와 위법행위가 가해진 현재의 재산 상태와의 차이가 되며, 계약의 체결 및 이행경위와 당사자 쌍방의 잘못을 비교하여 종합적으로 판단하여야 한다(과실상계인정).

7. 기타(보고의무)

감정평가법인등은 감정평가의뢰인이나 선의의 제3자에게 법원의 확정판결을 통한 손해배상이 결정된 경우에는 국토교통부령으로 정하는 바에 따라 그 사실을 국토교통부장관에게 알려야 한다.

제3부
국가배상 및 도정법

제 1 편

국가배상청구

PART 01

국가배상청구

24회 문제 02

S시에 임야 30,000㎡를 소유하고 있다. S시장은 甲 소유의 토지에 대하여 토지의 이용 상황을 실제 이용되고 있는 '자연림'으로 하여 개별공시지가를 산정한 다음 A감정평가법인에 검증을 의뢰하였는데, A감정평가법인이 그 토지의 이용 상황을 '공업용'으로 잘못 정정하여 검증지가를 산정하고, 시(市) 부동산가격공시위원회가 검증지가를 심의하면서 그 잘못을 발견하지 못하였다. 이에 따라 甲 소유 토지의 개별공시지가가 적정가격보다 훨씬 높은 가격으로 결정·공시되었다. B은행은 S시의 공시지가를 신뢰하고, 甲에게 70억원을 대출하였는데, 甲이 파산함에 따라 채권회수에 실패하였다. 다음 물음에 답하시오. 30점

(1) B은행은 S시를 대상으로 국가배상을 청구하였다. S시의 개별공시지가 결정행위가 국가배상법 제2조상의 위법행위에 해당하는가에 관하여 논하시오. 20점

(2) S시장은 개별공시지가제도의 입법목적을 이유로 S시 담당공무원들의 개별공시지가 산정에 관한 직무상 행위와 B은행의 손해 사이에 상당인과관계가 없다고 항변한다. S시장의 항변의 타당성에 관하여 논하시오. 10점

(설문 2-1)의 해결

Ⅰ. 쟁점의 정리

Ⅱ. 개별공시지가의 산정절차 및 지가산정 담당공무원 등의 직무상 의무

1. 개별공시지가의 의의 및 취지(부동산공시법 제10조)

2. 개별공시지가의 법적 성질

3. 개별공시지가의 산정절차

4. 담당공무원 등의 직무상 의무

Ⅲ. 공무원의 위법행위로 인한 국가배상책임 요건(국가배상법 제2조)

1. 개념

2. 국가배상 청구요건(국가배상법 제2조)

(1) 공무원

(2) 직무행위

(3) 직무를 집행하면서(직무관련성)

(4) 법령위반(위법)

1) 학설

① 결과불법설

② 상대적 위법성설

③ 행위위법설

④ 직무의무위반설

2) 판례

3) 결어

(5) 고의 또는 과실

(6) 위법과 과실의 관계

(7) 손해

(8) 인과관계

Ⅳ. 사안의 해결

예시답안

(설문 2-1)의 해결

Ⅰ 쟁점의 정리

B은행은 甲 토지의 개별공시지가를 신뢰하고 甲에게 70억원을 대출하였으나, 개별공시지가는 이용상황이 잘못 적용되어 적정가격보다 훨씬 높은 가격으로 공시되었다. 이후, 甲이 대출금을 상환하지 못한 것에 대하여 B은행이 S시에 국가배상을 청구하였는데, S시의 개별공시지가 결정행위가 국가배상법 제2조상의 위법행위에 해당하는지가 문제된다. 이의 해결을 위하여 개별공시지가의 산정절차를 살펴보고, 산정절차상 이용상황의 오류를 발견하지 못한 직무의무 위반이 국가배상법 제2조상 위법행위에 해당되는지를 검토한다.

Ⅱ 개별공시지가의 산정절차 및 지가산정 담당공무원 등의 직무상 의무

1. 개별공시지가의 의의 및 취지(부동산공시법 제10조)

개별공시지가란 시・군・구청장이 공시지가를 기준으로 산정한 개별토지의 단위당 가격을 말한다. 이는 조세 및 개발부담금 산정의 기준이 되어 행정의 효율성 제고를 도모함에 제도적 취지가 인정된다.

2. 개별공시지가의 법적 성질

판례는 "개별토지가격결정은 관계법령에 의한 토지초과이득세 또는 개발부담금 산정의 기준이 되어 국민의 권리나 의무 또는 법률상 이익에 직접적으로 관계되는 것으로서 항고소송의 대상이 되는 행정처분에 해당한다(대판 1994.2.8, 93누111)."라고 하여 처분성을 인정하고 있다.

3. 개별공시지가의 산정절차

개별공시지가를 산정하여 결정・공시함에 있어 시장・군수 또는 구청장은 해당 토지와 유사한 이용가치를 지닌다고 인정되는 하나 또는 둘 이상의 표준지의 공시지가를 기준으로 토지가격비준표를 사용하여 지가를 산정하되, 당해 토지의 가격과 표준지공시지가가 균형을 유지하도록 하여야 하고(부동산공시법 제10조 제4항), 산정한 개별토지 가격의 타당성에 대하여 원칙적으로 감정평가법인등의 검증을 받고 토지소유자 그 밖의 이해관계인의 의견을 들어야 하며(부동산공시법 제10조 제5항), 시・군・구부동산가격공시위원회의 심의를 거쳐야 한다(부동산공시법 제10조 제1항, 제25조 제1항).

4. 담당공무원 등의 직무상 의무

개별공시지가 산정업무를 담당하는 공무원으로서는 해당 토지의 실제 이용상황 등 토지특성을 정확하게 조사하고 해당 토지와 토지이용상황이 유사한 비교표준지를 선정하여 그 특성을 비교하는 등 법령 및 '개별공시지가의 조사・산정지침'에서 정한 기준과 방법에 의하여 개별공시지가를 산정하고, 산정지가의 검증을 의뢰받은 감정평가법인등이나 시・군・구부동산가격공시위원회로서는 위 산정지가 또는 검증지가가 위와 같은 기준과 방법에 의하여 제대로 산정된 것인지 여부를 검증, 심의함으로써 적정한 개별공시지가가 결정・공시되도록 조치할 직무상의 의무가 있다.

Ⅲ 공무원의 위법행위로 인한 국가배상책임 요건(국가배상법 제2조)

1. 개념

국가의 과실책임이란 공무원의 과실 있는 위법행위로 인하여 발생한 손해에 대한 배상책임을 말한다. 국가배상법 제2조에 근거규정을 둔다.

2. 국가배상 청구요건(국가배상법 제2조)

국가배상법 제2조에 의한 국가배상책임이 성립하기 위하여는 ① 공무원이 직무를 집행하면서 타인에게 손해를 가하였을 것, ② 공무원의 가해행위는 고의 또는 과실로 법령에 위반하여 행하여졌을 것, ③ 손해가 발생하였고, 공무원의 불법한 가해행위와 손해 사이에 인과관계(상당인과관계)가 있을 것이 요구된다.

(1) 공무원

국가배상법 제2조상의 '공무원'은 국가공무원법 또는 지방공무원법상의 공무원뿐만 아니라 널리 공무를 위탁(광의의 위탁)받아 실질적으로 공무에 종사하는 자(공무수탁사인)를 말한다. 달리 말하면 국가배상법 제2조 소정의 공무원은 실질적으로 공무를 수행하는 자, 즉 기능적 공무원을 말한다. 또한 그것은 최광의의 공무원 개념에 해당한다.

(2) 직무행위

국가배상법 제2조가 적용되는 직무행위에 관하여 판례 및 다수설은 공권력 행사 외에 비권력적 공행정작용을 포함하는 모든 공행정작용을 의미한다고 본다. 또한 '직무행위'에는 입법작용과 사법작용도 포함된다.

(3) 직무를 집행하면서(직무관련성)

공무원의 불법행위에 의한 국가의 배상책임은 공무원의 가해행위가 직무집행행위인 경우뿐만 아니라 그 자체는 직무집행행위가 아니더라도 직무와 일정한 관련이 있는 경우, 즉 '직무를 집행하면서' 행하여진 경우에 인정된다.

(4) 법령위반(위법)

1) 학설

① 결과불법설

손해배상소송이 손해전보를 목적으로 하는 것이라는 전제하에, 국민이 받은 손해가 시민법상 원리로부터 수인될 수 있는지를 기준으로 위법성 여부를 판단하는 견해이다.

② 상대적 위법성설

행위 자체의 위법, 적법뿐만 아니라 피침해 이익의 성격과 침해의 정도, 가해행위의 태양 등을 고려하여 위법성 여부를 판단하자는 견해이다.

③ 행위위법설

법률에 의한 행정의 원리 또는 국가배상소송의 행정통제기능을 고려하여 가해행위가 객관적인 법규범에 합치되는지 여부를 기준으로 위법성 여부를 판단하는 견해이다(다수설).

④ 직무의무위반설

국가배상법상의 위법을 법에 부합하지 않는 해당 행정처분으로 인해 법익을 침해한 공무원의 직무의무의 위반으로 보는 견해로 취소소송의 위법성은 행정작용의 측면에서만 위법 여부를 판단하지만 국가배상책임에서의 위법성은 행정작용과 행정작용을 한 자와의 유기적 관련성 속에서 위법 여부를 판단한다. 즉 전자가 처분의 전체 법질서에 대한 객관적 정합성을 무게중심으로 하는 반면, 후자는 불법한 처분의 주관적 책임귀속을 무게중심으로 한다고 한다(김남진, 김연태).

2) 판례

① 판례는 원칙상 행위위법설을 취하고 있는 것으로 보인다. 즉, 원칙상 가해직무행위의 법에의 위반을 위법으로 보고 있다. 그리고 명문의 규정이 없는 경우에도 일정한 경우 공무원의 손해방지의무를 인정하고 있다(대판 2000.11.10, 2000다26807 · 26814). ② 다만, 최근 판례 중 상대적 위법성설을 지지한 것으로 보이는 판결이 있다.

3) 결어

① 법률에 의한 행정의 원리의 실질적 내용을 이루는 인권보장의 측면에서 볼 때 공무원에게 직무상의 일반적 손해방지의무를 인정하는 것이 타당하므로, ② 국가배상에 있어서는 행위 자체의 관계법령에의 위반뿐만 아니라 행위의 태양의 위법, 즉 피침해 이익과 관련하여 요구되는 공무원의 '직무상 손해방지의무 위반'으로서의 위법도 국가배상법상 위법이 된다고 보는 것이 타당하다.

(5) 고의 또는 과실

주관설은 과실을 '해당 직무를 담당하는 평균적 공무원이 통상 갖추어야 할 주의의무를 해태한 것'으로 본다. 과실이 인정되기 위하여는 위험 및 손해 발생에 대한 예측가능성과 회피가능성(손해방지가능성)이 있어야 한다. 이 견해가 다수설과 판례의 입장이다.

(6) 위법과 과실의 관계

위법과 과실은 개념상 상호 구별되어야 한다. 행위위법설에 의할 때 위법은 '행위'가 판단대상이 되며 가해행위의 법에의 위반을 의미하는 것이며, 과실은 '행위의 태양'이 직접적 판단대상이 되며 판례의 입장인 주관설에 의하면 주의의무 위반(객관설에 의하면 국가작용의 흠)을 의미한다.

(7) 손해

공무원의 불법행위가 있더라도 손해가 발생하지 않으면 국가배상책임이 인정되지 않는다. 국가배상책임으로서의 '손해'는 민법상 불법행위책임에 있어서의 그것과 다르지 않다.

(8) 인과관계

공무원의 불법행위와 손해 사이에 인과관계가 있어야 한다. 국가배상에서의 인과관계는 민법상 불법행위책임에서의 그것과 동일하게 상당인과관계가 요구된다.

Ⅳ 사안의 해결

개별공시지가 산정업무를 담당하는 공무원으로서는 해당 토지의 실제 이용상황 등 토지특성을 정확하게 조사하고 해당 토지와 토지이용상황이 유사한 비교표준지를 선정하여 그 특성을 비교하는 등 법령 및 「개별공시지가의 조사・산정지침」에서 정한 기준과 방법에 의하여 개별공시지가를 산정하고, 산정지가의 검증을 의뢰받은 감정평가법인등이 시・군・구부동산가격공시위원회로서는 위 산정지가 또는 검증지가가 위와 같은 기준과 방법에 의하여 제대로 산정된 것인지 여부를 검증, 심의함으로써 적정한 개별공시지가가 결정・공시되도록 조치할 직무상의 의무가 있고, 이러한 직무상 의무는 단순히 공공 일반의 이익을 위한 것이거나 행정기관 내부의 질서를 규율하기 위한 것이 아니고 전적으로 또는 부수적으로 국민 개개인의 재산권 보장을 목적으로 하여 규정된 것이라고 봄이 상당하다. 따라서 개별공시지가 산정업무 담당공무원 등이 그 직무상 의무에 위반하여 현저하게 불합리한 개별공시지가가 결정되도록 함으로써 국민 개개인의 재산권을 침해한 경우에는 그 손해에 대하여 상당인과관계 있는 범위 내에서 그 담당공무원 등이 소속된 지방자치단체가 배상책임을 지게 된다고 할 수 있다.
인과관계가 인정되는지에 관해서는 설문 (2)에서 구체적으로 논하고자 한다.

[설문 2-2]의 해결

Ⅰ 쟁점의 정리

S시장은 개별공시지가 산정상 직무행위와 B은행의 손해 사이에는 인과관계가 없다고 항변하고 있다. 설문의 해결을 위하여 개별공시지가의 산정목적 범위 및 개별공시지가가 은행업무 등 사적인 부동산거래의 직접적인 평가근거로 활용될 수 있는지를 검토한다.

Ⅱ 개별공시지가의 산정목적 범위 등

1. 개별공시지가의 산정목적 범위

개별공시지가는 그 산정목적인 개발부담금의 부과, 토지 관련 조세부과 등 다른 법령이 정하는 목적을 위해 지가를 산정하는 경우에 그 산정기준이 되는 범위 내에서는 납세자인 국민 등의 재산상 권리·의무에 직접적인 영향을 미칠 수 있다.

2. 개별공시지가가 사적 부동산거래에 있어서 구속력을 갖는지 여부

부동산공시법 제1조에서 이 법의 목적이 부동산의 적정가격(適正價格) 공시에 관한 기본적인 사항과 부동산 시장·동향의 조사·관리에 필요한 사항을 규정함으로써 부동산의 적정한 가격형성과 각종 조세·부담금 등의 형평성을 도모하고 국민경제의 발전에 이바지함을 목적으로 한다고 규정함과 아울러, 법 제9조에서 표준지공시지가가 토지시장의 지가정보를 제공하고 일반적인 토지거래의 지표가 된다고 규정하고 있는 취지는, 일반 국민에 대한 관계에서 토지에 관하여 합리적으로 평가한 적정가치를 제시함으로써 토지를 거래하는 당사자의 합리적인 의사결정의 지표가 될 만한 지가정보를 제공한다는 의미에 불과할 뿐 표준지공시지가 또는 그에 기초한 개별공시지가를 지표로 거래해야 한다는 법적 구속력을 부여하는 의미라고 보기 어렵다. 따라서 개별공시지가는 그 산정목적인 개발부담금의 부과, 토지 관련 조세부과 등 다른 법령이 정하는 목적을 위해 지가를 산정하는 경우에 그 산정기준이 되는 범위 내에서는 납세자인 국민 등의 재산상 권리·의무에 직접적인 영향을 미칠 수 있지만, 이에 더 나아가 개별공시지가가 해당 토지의 거래 또는 담보제공을 받음에 있어 그 실제 거래가액 또는 담보가치를 보장한다거나 어떠한 구속력을 미친다고 할 수는 없다(대판 2010.7.22, 2010다13527).

Ⅲ 사안의 해결

공시지가는 행정기관이 사용하는 지가를 일원화하여 일정한 행정목적을 위한 기준으로 삼음으로써 국토의 효율적인 이용과 국민경제의 발전에 기여하려는 목적과 기능이 있으므로, 개별공시지가가 해당 토지의 거래 또는 담보제공을 받음에 있어 그 실제 거래가액 또는 담보가치를 보장한다거나 어떠한 구속력을 미친다고 할 수는 없다. 따라서 담당공무원 등의 개별공시지가

산정에 관한 직무상 위반행위와 위 손해 사이에 상당인과관계가 있다고 보기 어려울 것으로 보이므로 S시장의 항변의 타당성이 인정된다.

채점평

문제 2

본문은 개별공시지가의 검증의 오류와 관련한 국가배상청구의 가능성에 관한 것으로 물음은 두 가지이다. 첫째, S시의 개별공시지가 결정행위가 국가배상법 제2조상의 위법행위 해당성, 둘째, S시장은 개별공시지가 제도의 입법목적을 이유로 S시의 담당공무원들의 개별 공시지가 산정에 관한 직무상 행위와 B은행의 손해 사이에 상당인과관계가 없다고 항변하는데, 그 타당성을 논하라는 내용이다.

첫 번째 질문은 국가배상법 제2조의 위법행위에 해당하는가를 판단하는 것이다. 국가배상법 제2조의 기본적인 요건으로서 그 행위를 위법성에 대한 판단과 과실에 대한 판단을 논리적으로 연결하여 기술하면 된다.

두 번째 질문에 대하여는 개별공시지가 제도의 입법목적을 논리적으로 서술하고 개별공시지가가 은행의 담보평가 등 사적인 부동산 거래의 직접적인 평가 근거로 활용됨을 목적으로 하는 것인가에 대한 검토 후 판례의 입장을 고려하여 상당인과관계를 논하는 것이 좋다.

이 문제는 감정평가사가 하는 일상에 관련되어 있고, 담보평가의 중요성 및 입법목적과 직접적으로 연결되어 있어 매우 중요하므로 수험생들도 이미 익숙하게 공부하였을 것으로 생각된다. 공시지가의 결정 및 검증 작업에서 발생하는 오류가 국가배상 및 손해배상과 어떤 인과관계에 놓여 있는가를 정확히 파악하는 것은 감정평가사 직업의 수행에 있어 필수적이다. 금번 출제 및 채점은 이런 사전 지식을 충분히 습득하고 있는가를 판단할 수 있는 좋은 기회가 되었다고 생각한다.

25회 문제 03

법원으로부터 근저당권에 근거한 경매를 위한 감정평가를 의뢰받은 감정평가사 乙이 감정평가 대상토지의 착오로 실제 대상토지의 가치보다 지나치게 낮게 감정평가액을 산정하였다. 토지소유자인 甲이 이에 대해 이의를 제기하였음에도 경매담당 법관 K는 乙의 감정평가액을 최저입찰가격으로 정하여 경매절차를 진행하였으며, 대상토지는 원래의 가치보다 결국 낮게 丙에게 낙찰되어 甲은 손해를 입게 되었다. 甲이 법관의 과실을 이유로 국가배상을 청구할 경우 이 청구의 인용가능성을 검토하시오. 20점

(설문 3)의 해결
Ⅰ. 쟁점의 정리
Ⅱ. 국가배상청구(공무원의 과실책임) 요건 검토
1. 국가배상청구의 의의 및 성질
2. 공무원의 위법행위로 인한 국가배상책임 요건
(1) 공무원
(2) 직무행위
(3) 직무를 집행하면서(직무관련성)
(4) 법령위반(위법)
(5) 고의 또는 과실
(6) 위법과 과실의 관계
(7) 손해
(8) 인과관계
Ⅲ. 사안의 해결

예시답안

(설문 3)의 해결

Ⅰ 쟁점의 정리

법관이 착오로 지나치게 낮게 산정된 감정평가액을 기초로 최저입찰가를 결정하여 소유자에게 손해가 발생한 경우, 법관의 과실로 국가배상을 청구할 수 있는지를 국가배상법 제2조의 요건을 중심으로 검토한다.

Ⅱ 국가배상청구(공무원의 과실책임) 요건 검토

1. 국가배상청구의 의의 및 성질

국가배상이란 국가 등 행정기관의 위법한 행정작용으로 인하여 발생한 손해에 대하여 국가 등의 행정기관이 배상하여 주는 제도를 말한다. 판례는 국가배상법을 민법상 특별법으로 보아

민사소송으로 해결하나 행정기관의 행정작용을 원인으로 하는 것이므로 당사자소송을 통하여 해결함이 타당하다.

2. 공무원의 위법행위로 인한 국가배상책임 요건

국가배상법 제2조에 의한 국가배상책임이 성립하기 위하여는 ① 공무원이 직무를 집행하면서 타인에게 손해를 가하였을 것, ② 공무원의 가해행위는 고의 또는 과실로 법령에 위반하여 행하여졌을 것, ③ 손해가 발생하였고, 공무원의 불법한 가해행위와 손해 사이에 인과관계(상당인과관계)가 있을 것이 요구된다.

(1) 공무원

국가배상법 제2조상의 '공무원'은 국가공무원법 또는 지방공무원법상의 공무원뿐만 아니라 널리 공무를 위탁(광의의 위탁)받아 실질적으로 공무에 종사하는 자(공무수탁사인)를 말한다. 달리 말하면 국가배상법 제2조 소정의 공무원은 실질적으로 공무를 수행하는 자, 즉 기능적 공무원을 말한다. 또한 그것은 최광의 공무원 개념에 해당한다.

(2) 직무행위

국가배상법 제2조가 적용되는 직무행위에 관하여 판례 및 다수설은 공권력 행사 외에 비권력적 공행정작용을 포함하는 모든 공행정작용을 의미한다고 본다. 또한 '직무행위'에는 입법작용과 사법작용도 포함된다.

(3) 직무를 집행하면서(직무관련성)

공무원의 불법행위에 의한 국가의 배상책임은 공무원의 가해행위가 직무집행행위인 경우뿐만 아니라 그 자체는 직무집행행위가 아니더라도 직무와 일정한 관련이 있는 경우, 즉 '직무를 집행하면서' 행하여진 경우에 인정된다.

(4) 법령위반(위법)

학설은 일반적으로 국가배상법상의 '법령위반'이 위법 일반을 의미하는 것으로 보고 있고 판례도 그러하다(대판 1973.1.30, 72다2062).

(5) 고의 또는 과실

주관설은 과실을 '해당 직무를 담당하는 평균적 공무원이 통상 갖추어야 할 주의의무를 해태한 것'으로 본다. 과실이 인정되기 위하여는 위험 및 손해발생에 대한 예측가능성과 회피가능성(손해방지가능성)이 있어야 한다. 이 견해가 다수설과 판례의 입장이다.

(6) 위법과 과실의 관계

위법과 과실은 개념상 상호 구별되어야 한다. 행위위법설에 의할 때 위법은 '행위'가 판단대상이 되며 가해행위의 법에의 위반을 의미하는 것이며, 과실은 '행위의 태양'이 직접적 판단대상이 되며 판례의 입장인 주관설에 의하면 주의의무 위반(객관설에 의하면 국가작용의 흠)을 의미한다.

(7) 손해

공무원의 불법행위가 있더라도 손해가 발생하지 않으면 국가배상책임이 인정되지 않는다. 국가배상책임으로서의 '손해'는 민법상 불법행위책임에 있어서의 그것과 다르지 않다.

(8) 인과관계

공무원의 불법행위와 손해 사이에 인과관계가 있어야 한다. 국가배상에서의 인과관계는 민법상 불법행위책임에서의 그것과 동일하게 상당인과관계가 요구된다.

Ⅲ 사안의 해결

경매감정평가란 집행법원이 감정인에게 부동산 시가의 감정평가를 명하는 것으로 경매절차에서 대상 부동산의 시가를 정확히 파악하여 최저매각가격을 결정하기 위한 것이다. 민사집행법이 최저매각가격을 규정하고 있는 것은 부동산의 공정·타당한 가격을 유지하여 부당하게 염가로 매각되는 것을 방지함과 동시에 목적부동산의 적정한 가격을 표시하여 매수신고를 하려는 사람에게 기준을 제시함으로써 경매가 공정하게 이루어지도록 하고자 함에 있다. 따라서 경매담당 법관 K가 토지소유자의 이의제기가 있었음에도 지나치게 낮은 가격으로 경매를 진행하게 하여 손해를 입힌 경우라면 국가배상청구를 통하여 손해를 전보받을 수 있을 것이다.

채점평

문제 3

문제 3은 경매담당 법관의 경매절차 진행과정에 있어서의 과실 여부와 그와 관련된 국가배상청구의 가능성에 관한 것이다. 국가배상청구 문제는 감정평가사 업무와 관련해서 매우 중요할 뿐만 아니라, 이미 다수 출제된 적이 있어서 수험생들에게도 익숙하였을 것으로 생각한다. 그래서인지 예상대로 상당수 답안들이 공무원(법관)의 직무행위로 인한 국가배상청구소송 가능성을 주제로 하여 매우 잘 정리된 목차와 내용들을 기술하였다. 구체적으로는 법관이 공무원인지, 그 행위가 위법한지, 고의 또는 과실은 있는지 등 국가배상법 제2조의 기본적인 요건에 충족되는지를 논리적으로 연결하여 기술하였다. 또한 관련 요건의 서술에 있어서 대법원 판례를 검토하는 형식으로 작성한 답안도 많았다. 이 문제는 수험생 입장에서 국가배상법의 이론에 대해 깊이 있는 고민을 해본 사람이라면 쉽게 답안을 작성할 수 있었을 것이라고 생각한다.

31회 문제 02

A시의 시장 甲은 2018.5.31. 乙 · 丙 공동소유의 토지 5,729㎡(이하 '이 사건 토지'라고 한다)에 대하여 2018.1.1. 기준 개별공시지가를 ㎡당 2,780,000원으로 결정 · 고시하였다. 乙은 2018.6.19. 甲에게 「부동산 가격공시에 관한 법률」 제11조에 따라 이 사건 토지의 개별공시지가를 ㎡당 1,126,850원으로 하향 조정해 줄 것을 내용으로 하는 이의신청을 하였다. 이에 대하여 甲은 이 사건 토지의 개별공시지가결정 시 표준지 선정에 문제가 있음을 발견하고, A시 부동산가격공시위원회의 심리를 거쳐 2018.7.1. 위 개별공시지가를 ㎡당 2,380,000원으로 정정하여 결정 · 고시하였고, 동 결정서는 당일 乙에게 송달되었다. 丙은 2018.6.20. 위 이의신청과는 별개로 이 사건 토지의 개별공시지가를 ㎡당 1,790,316원으로 수정해 달라는 취지의 행정심판을 청구하였고, B행정심판위원회는 2018.8.27. 이 사건 토지의 개별공시지가를 ㎡당 2,000,000원으로 하는 변경재결을 하였고, 동 재결서 정본은 2018.8.30. 丙에게 송달되었다. 다음 물음에 답하시오. [30점]

(3) 한편, 丁은 A시의 개별공시지가 산정업무를 담당하고 있는 공무원이다. 丁은 개별예정지구인 C지역의 개별공시지가를 산정함에 있어 토지의 이용상황을 잘못 파악하여 지가를 적정가격보다 훨씬 높은 가격으로 산정하였다. 이를 신뢰한 乙은 C지역의 담보가치보다 훨씬 높은 가격으로 산정하였다. 이를 신뢰한 乙은 C지역의 담보가치가 충분하다고 믿고, 그 토지에 근저당권설정 등기를 마치고 수백억원의 투자를 하였지만, 결국 수십억원에 해당하는 큰 손해를 보았다. 이에 乙은 丁의 위법한 개별공시지가 산정으로 인하여 위 손해를 입었다고 주장하며, 국가배상소송을 제기하고자 한다. 동 소송에서 乙은 丁의 직무상 행위와 자신의 손해 사이의 인과관계를 주장한다. 乙의 주장의 타당성에 관하여 개별공시지가제도의 입법목적을 중심으로 설명하시오. [15점]

(설문 2-3)의 해결

Ⅰ. 쟁점의 정리

Ⅱ. 국가배상책임의 요건충족 여부

1. 국가배상법 제2조상 요건

2. 공무원의 직무의무 위반

(1) 담당공무원 등의 직무상 의무

(2) 사안의 경우

3. 손해 사이에 상당인과관계

(1) 개별공시지가의 산정목적 범위

(2) 사안의 경우

Ⅲ. 사안의 해결

예시답안

(설문 2-3)의 해결

I 쟁점의 정리

해당 지방자치단체가 乙의 손해를 배상하기 위해서는 국가배상법 제2조의 규정상 요건을 모두 충족하여야 한다. 이하에서 검토한다.

II 국가배상책임의 요건충족 여부

1. 국가배상법 제2조상 요건

국가배상법 제2조에 의한 국가배상책임이 성립하기 위하여는 ① 공무원이 직무를 집행하면서 타인에게 손해를 가하였을 것, ② 공무원의 가해행위는 고의 또는 과실로 법령에 위반하여 행하여졌을 것, ③ 손해가 발생하였고, 공무원의 불법한 가해행위와 손해 사이에 인과관계(상당인과관계)가 있을 것이 요구된다. 설문에서는 직무의무 위반과 손해 사이에 상당인과관계가 특히 문제된다.

2. 공무원의 직무의무 위반

(1) 담당공무원 등의 직무상 의무

개별공시지가 산정업무를 담당하는 공무원으로서는 해당 토지의 실제 이용상황 등 토지특성을 정확하게 조사하고 해당 토지와 토지이용상황이 유사한 비교표준지를 선정하여 그 특성을 비교하는 등 법령 및 '개별공시지가의 조사・산정지침'에서 정한 기준과 방법에 의하여 개별공시지가를 산정하고, 산정지가의 검증을 의뢰받은 감정평가법인등은 산정지가가 관련 규정을 준수하였는지 등을 검토하고, 시・군・구부동산가격공시위원회로서는 위 산정지가 또는 검증지가가 위와 같은 기준과 방법에 의하여 제대로 산정된 것인지 여부를 검증, 심의함으로써 적정한 개별공시지가가 결정・공시되도록 조치할 직무상의 의무가 있다.

(2) 사안의 경우

개별공시지가 산정 담당공무원이 토지의 이용상황을 잘못 판단하여 적정가격보다 훨씬 높은 가격으로 산정하였다면 이는 개별공시지가 산정업무 담당공무원 등이 개별공시지가의 산정 및 검증, 심의에 관한 직무상 의무를 위반한 것으로 불법행위에 해당한다.

3. 손해 사이에 상당인과관계

(1) 개별공시지가의 산정목적 범위

개별공시지가는 그 산정목적인 개발부담금의 부과, 토지 관련 조세부과 등 다른 법령이 정하는 목적을 위해 지가를 산정하는 경우에 그 산정기준이 되는 범위 내에서는 납세자인 국민 등의 재산상 권리·의무에 직접적인 영향을 미칠 수 있다.

(2) 사안의 경우

공시지가는 행정기관이 사용하는 지가를 일원화하여 일정한 행정목적을 위한 기준으로 삼음으로써 국토의 효율적인 이용과 국민경제의 발전에 기여하려는 목적과 기능이 있으므로, 개별공시지가가 해당 토지의 거래 또는 담보제공을 받음에 있어 그 실제 거래가액 또는 담보가치를 보장한다거나 어떠한 구속력을 미친다고 할 수는 없다. 따라서 담당공무원 등의 개별공시지가 산정에 관한 직무상 위반행위와 위 손해 사이에 상당인과관계가 있다고 보기 어려울 것으로 보인다.

Ⅲ 사안의 해결

개별공시지가 산정업무 담당공무원 등이 그 직무상 의무에 위반하여 현저하게 불합리한 개별공시지가가 결정되도록 함으로써 국민 개개인의 재산권을 침해한 경우에는 그 손해에 대하여 상당인과관계가 있는 범위 내에서 그 담당공무원 등이 소속된 지방자치단체가 배상책임을 지게 된다. 다만, 설문에서는 담당공무원 등의 직무상 의무위반행위는 인정되지만 그 손해와의 사이에서 상당인과관계가 있다고 보기 어려우므로 해당 지방자치단체는 손해배상의 책임을 지지 않을 것이다.

제 2 편

도시 및 주거환경정비법

PART

02 도시 및 주거환경정비법

25회 문제 01

S시의 시장 A는 K구의 D지역(주거지역)을 「도시 및 주거환경정비법」(이하 "도정법"이라 함)상 정비구역으로 지정 · 고시하였다. 그러자 이 지역의 주민들은 조합을 설립하여 주택재개발사업을 추진하기 위해 도정법에서 정한 절차에 따라 조합설립추진위원회를 구성하였고, 동 추진위원회는 도정법 제16조의 규정에 의거하여 D지역의 일정한 토지등소유자의 동의, 정관, 공사비 등 정비사업에 드는 비용과 관련된 자료 등을 첨부하여 A로부터 X조합설립인가를 받아 등기하였다. X조합은 조합총회를 개최하고 법 소정의 소유자 동의 등을 얻어 지정개발자로서 Y를 사업시행자로 지정하였다. 다음 물음에 답하시오. 40점

(1) D지역의 토지소유자 중 甲이 "추진위원회가 주민의 동의를 얻어 X조합을 설립하는 과정에서 '건설되는 건축물의 설계의 개요' 등에 관한 항목 내용의 기재가 누락되었음에도 이를 유효한 동의로 처리하여 조합설립행위에 하자가 있다."고 주장하며 행정소송으로 다투려고 한다. 이 경우 조합설립인가의 법적 성질을 검토한 다음, 이에 기초하여 쟁송의 형태에 대해 설명하시오. 20점

(설문 1-1)의 해결

Ⅰ. 쟁점의 정리

Ⅱ. 조합설립인가의 법적 성질

1. 재개발조합의 법적 지위

2. 조합설립인가의 법적 성질

(1) 인가로 보는 견해

1) 인가의 의의

2) 인가의 효력

3) 종전 판례와 학설의 태도

(2) 특허로 보는 견해

1) 특허의 의의 및 효력

2) 최근 판례의 태도

3. 검토

Ⅲ. 사안의 해결(조합설립행위의 하자를 다투는 방법)

예시답안

(설문 1-1)의 해결

I 쟁점의 정리

조합설립행위에 하자가 있는 경우에 조합설립행위(결의)에 대한 효력을 다투는 소송을 제기하여야 하는지, 아니면 설립행위(결의)의 하자를 이유로 조합설립인가처분의 효력을 다투는 소송을 제기하여야 하는지가 문제된다. 이는 조합설립인가의 법적 성질과 직결되는 문제인바, 이에 대한 법적 성질과 쟁송형태를 검토한다.

II 조합설립인가의 법적 성질

1. 재개발조합의 법적 지위

조합은 공공조합으로서 공법인(행정주체)이다. 조합은 재개발사업이라는 공행정목적을 수행함에 있어서 행정주체의 지위에 서며 재개발사업이라는 공행정목적을 직접적으로 달성하기 위하여 행하는 조합의 행위는 원칙상 공법행위라고 보아야 한다.

2. 조합설립인가의 법적 성질

(1) 인가로 보는 견해

1) 인가의 의의

인가는 제3자의 법률행위를 보충해서 그 효력을 완성시켜주는 행정행위로서 인가를 받지 않고 행한 행위는 무효가 된다.

2) 인가의 효력

인가는 기본행위가 효력을 상실하면 당연히 효력을 상실한다. 즉, 인가의 효력이 그 기본이 되는 법률행위의 효력에 의존하는 보충적인 효력을 가지며 이러한 점이 다른 행정행위와 구별되는 개념적인 징표가 될 것이다.

3) 종전 판례와 학설의 태도

종래 학설과 판례는 토지 등의 소유자 중 조합설립에 동의하는 자들의 합의에 의하여 작성된 정관과 동의서 등을 조합설립 인가 시 제출하는 서류 등을 심사하여 조합설립이라는 기본행위의 유효함을 확인함으로써 그 조합설립의 법률상 효력을 완성시키는 보충행위로 판단하였다. 따라서 기본행위인 조합설립에 하자가 있더라도 그 이유로 바로 그에 대한 감독청의 인가처분의 취소 또는 무효확인을 소구할 법률상 이익은 없다고 보았다.

(2) 특허로 보는 견해

1) 특허의 의의 및 효력

특허란 상대방에게 특별한 권리나 능력 등을 창설해 주는 행위를 말한다.

2) 최근 판례의 태도

대법원은 '조합설립인가처분은 단순히 사인들의 조합설립행위에 대한 보충행위로서의 성질을 갖는 것에 그치는 것이 아니라 법령상 요건을 갖출 경우 도시정비법상 주택재개발사업을 시행할 수 있는 권한을 갖는 행정주체(공법인)로서의 지위를 부여하는 일종의 설권적 처분의 성격을 갖는다.'고 판시하였다.

3. 검토

재개발조합설립인가는 공행정주체의 기능을 담당하는 사업시행자를 만들어내는 행위로서의 성격이 있으므로 이러한 인가의 법적 성질은 최근 판례와 같이 특허로 봄이 타당하다고 판단된다.

III 사안의 해결(조합설립행위의 하자를 다투는 방법)

조합설립인가를 특허로 본다면, 조합설립행위(결의)는 조합인가처분이라는 행정처분을 하는 데 필요한 요건 중 하나에 불과한 것이어서, 조합설립행위(결의)에 하자가 있다면 그 하자를 이유로 직접 항고소송의 방법으로 조합설립인가처분의 취소 또는 무효확인을 구하여야 할 것이다. 단, 강학상 인가로 보는 견해에 따르면 기본행위의 하자가 있는 경우에는 민사소송을 통해서 기본행위의 효력을 다툴 수 있을 것이다.

채점평

문제 1

문제 1은 감정평가실무상 감정, 재감정의 업무수행에서 흔하게 접하게 되는 "도시 및 주거환경정비법"(이하 '도정법'이라 함)과 관련하여 조합설립인가의 법적 성질과 그 쟁송형태, 그리고 현행 "공익사업을 위한 토지 등의 취득 및 보상에 관한 법률"(이하 '공익사업법'이라 함)상 수용재결의 단계를 거쳐 이의재결이 인용된 경우 항고소송의 대상이 무엇인지, 두 가지 쟁점을 병렬적으로 묻고 있다.

〈제1문〉은 종래까지 (구)주택건설촉진법・도시개발법 등에 따른 조합설립행위에 대한 인가를 강학상 인가로 보아온 판례의 입장과 학설, 그리고 2009년 대법원 전원합의체에 의해 도정법상 조합설립행위에 대한 인가를 강학상 특허로 본 판례와 학설을 이해하고, 이에 따라 쟁송형태가 어떻게 되는지를 논증하는 것이 질문의 핵심이다. 변경 전의 판례와 학설에 의하면 인가의 기본행위와의 관계에서 보충성과 유효요건이란 점에서 기본행위인 조합설립행위라는 민사관계에 하자가 있으므로 민사소송의 형식을 취하게 되나(다른 견해도 있음), 변경 후의 판례에 따라 조합설립인가를 특허로 보게 되면 조합설립행위는 설립인가(특허)의 성립요건이므로 이에 대한 하자에 관한 쟁송형태는 당연히 항고쟁송(항고소송)이어야 한다. 이 문제에서 쟁송형태에 관해 어떠한 결론을 낼지는 조합설립인가의 법적 성질을 어떻게 파악하는지에 따라 다르므로 평가의 중심은 판례와 학설에 따른 논증의 정도와 논리적 체계성이다. 수험생들의 대다수는 〈제1문〉의 출제의도와 질문을 잘 파악하고 있고 답안지의 양적 안배에서도 충분히 기술하고 있음에도 주어진 질문에 답하는 논증의 수준은 크게 높지 않았다.

〈제2문〉은 행정소송법 제19조의 원처분주의 원칙이 공익사업법상 수용재결과 이의재결에 어떻게 적용되는지 기본적인 쟁점에 관한 질문이다. 이 문제에 대해서는 행정소송법상 원처분주의와 재결주의의 명확한 이해, 제3자효 행정행위의 인용재결이 행정소송법 제19조 단서의 재결 자체의 고유한 위법에 해당되는지 여부, 현행 공익사업법 제85조에 의할 때 이의 인용재결이 있은 경우에 무엇이 항고소송의 대상이 되는지 여부가 질문의 핵심이다. 〈제2문〉도 〈제1문〉과 마찬가지로 대부분의 수험생들이 무엇을 질문하는지 알고 있었다. 그러나 원처분주의와 재결주의에 대한 정확한 개념 정의가 부정확한 경우도 많았다. 특히, 이 문제와 같이 평이한 쟁점의 경우 법률, 판례, 학설에 의한 입체적이고 유기적인 논증을 통해 질문에 알찬 답안을 법리적으로 기술하여야 함에도 불구하고 상당수 수험생들은 이런 점을 소홀히 하여 피상적이거나 중요 판례를 제외하고 기술하는 등 논증의 치밀성과 체계성이 떨어지는 답안도 상당수 있었다. 결국, 이 문제에서도 기본기가 충실하고 이해 위주로 공부한 수험생들이 후한 점수를 받았다고 본다.

28회 문제 03

지목은 대(垈)이지만 그 현황이 인근 주민의 통행에 제공된 사실상 도로인 토지를 대상으로 「도시 및 주거환경 정비법」에 따른 매도청구권을 행사하는 경우와 「공익사업을 위한 토지 등의 취득 및 보상에 관한 법률」에 따른 수용재결이 행하여지는 경우에 관하여 다음 물음에 답하시오. 20점

(1) 매도청구권 행사에 따른 쟁송절차와 수용재결에 따른 보상금을 다투는 쟁송절차의 차이점을 설명하시오. 10점

(2) 토지의 감정평가방법과 그 기준에 있어 매도청구권이 행사되는 경우와 수용재결이 행하여지는 경우의 차이점을 설명하시오. 10점

(설문 3-1)의 해결
Ⅰ. 개설
Ⅱ. 소송절차상 차이점
1. 신청절차상 차이점
2. 소송요건상 차이점
(1) 소송당사자
(2) 제소기간
3. 지연가산금

(설문 3-2)의 해결
감정평가방법과 그 기준에 있어서의 차이점
Ⅰ. 개설(감정평가방법)
Ⅱ. 감정평가방법과 기준에 있어서의 차이점
1. 기준시점
2. 시가보상과 개발이익 배제
Ⅲ. 지목은 대(垈)이지만 도로로 이용 중인 토지의 감정평가

예시답안

(설문 3-1)의 해결

매도청구권 행사에 따른 쟁송절차와 보증소 절차의 차이점

Ⅰ 개설

매도청구란 재건축조합설립 미동의자 및 분양미신청자 등에게 재건축조합이 미동의자의 재산권에 대한 매도를 청구하는 것을 말한다. 보상금증감청구소송이란 사업시행자 및 피수용자 간 보상금액에 대한 증감을 다투는 소송으로서 형식적 당사자소송의 성질을 갖는다.

Ⅱ 소송절차상 차이점

1. 신청절차상 차이점

① 매도청구소송은 도시정비법 제73조에 따라서 사업시행자가 분양신청을 하지 아니한 자 및 분양신청 철회자 등과 협의하고 협의가 성립되지 아니한 경우에 매도청구소송을 제기하게 된

다. ② 보상금증감청구소송은 사업시행자와 피수용자 간 협의불성립 시 토지수용위원회의 재결절차를 거치고 토지보상법 제85조 제2항에 따라 사업시행자 또는 토지소유자 등은 한쪽 당사자를 피고로 보상금증감청구소송을 제기하게 된다.

2. 소송요건상 차이점

(1) 소송당사자

① 매도청구권의 원고는 사업시행자(재건축조합)가 되고 피고는 조합설립 미동의자와 분양미신청 및 철회자 등(이하 '분양신청을 하지 아니한 자 등')이 된다. ② 보상금증감청구소송의 경우에는 그 소송을 제기하는 자가 토지소유자 또는 관계인일 때에는 사업시행자를, 사업시행자일 때에는 토지소유자 또는 관계인을 각각 피고로 한다.

(2) 제소기간

① 매도청구의 경우 조합설립 미동의자의 경우 조합설립 및 사업시행자의 지정에 관한 동의 촉구일부터 2개월 이내에 회답하여야 하며 회답이 없으면 미동의로 본다. 만료일로부터 2개월 이내에 매도할 것을 청구할 수 있다. 분양신청을 하지 아니한 자 등에 대해서는 분양신청기간 종료일의 다음 날부터 90일의 협의기간을 갖고 협의기간 종료일부터 60일 이내에 매도청구소송을 제기하여야 한다. ② 보상금증감청구소송의 경우 사업시행자, 토지소유자 또는 관계인은 재결에 불복할 때에는 재결서를 받은 날부터 90일 이내에, 이의신청을 거쳤을 때에는 이의신청에 대한 재결서를 받은 날부터 60일 이내에 각각 행정소송을 제기할 수 있다.

3. 지연가산금

① 사업시행자는 60일의 기간을 넘겨서 매도청구소송을 제기한 경우에는 해당 토지등소유자에게 지연일수에 따른 이자를 지급하여야 한다. 이 경우 이자는 100분의 15 이하의 범위에서 대통령령으로 정하는 이율을 적용하여 산정한다. ② 사업시행자가 제기한 행정소송이 각하・기각 또는 취하된 경우에는 재결서 정본을 받은 날부터 판결일 또는 취하일까지의 기간에 대하여 「소송촉진 등에 관한 특례법」 제3조에 따른 법정이율을 적용하여 산정한 금액을 보상금에 가산하여 지급하여야 한다.

(설문 3-2)의 해결
감정평가방법과 그 기준에 있어서의 차이점

I 개설

감정평가방법으로는 토지의 경우 공시지가기준법을 적용하되 그 토지의 이용계획, 지가변동률, 위치・형상・환경・이용상황 등을 고려하고 가격시점에서의 현실적인 이용상황과 일반적인 이용방법에 의한 객관적 상황을 고려하여 산정한다. 구분건물의 경우에는 거래사례비교법을 적용하게 된다. 공시지가기준법 및 거래사례비교법을 적용하는 경우 그 기준에 대한 차이점을 중심으로 설명한다.

Ⅱ 감정평가방법과 기준에 있어서의 차이점

1. 기준시점

① 재결평가 시 평가기준시점은 토지보상법 제67조 제1항에 따라 재결 당시를 기준하여 평가한다. ② 매도청구의 경우는 매매계약체결일이 기준일이 될 것인데 도시정비법상 해당 일자에 대한 명문의 규정은 없다. 따라서 실무상 법원의 감정평가명령서에 기재된 날짜를 기준하여 평가하게 된다.

2. 시가보상과 개발이익 배제

① 재결평가의 경우 해당 사업으로 인한 개발이익은 배제하고 재산권에 내재된 객관적 가치를 기준하여 평가하나, ② 매도청구의 경우는 재건축사업으로 인해 발생할 것으로 예상되는 개발이익이 반영된 시가를 기준하여 평가하게 된다. 단, 아직 현실화 또는 구체화되지 않은 개발이익은 반영할 수 없을 것이다.

Ⅲ 지목은 대(垈)이지만 도로로 이용 중인 토지의 감정평가

① 재결평가의 경우는 토지보상법 시행규칙 제26조에 따라 해당 도로의 개설경위, 목적, 소유관계, 이용상태, 주위환경 등을 고려하여 사실상 사도로 판단되는 경우에는 인근 토지평가액의 1/3로 평가하여야 한다. ② 매도청구의 경우에는 사실상 사도로 판단되는 경우에도 해당 재건축사업으로 인해 예상되는 개발이익을 고려하여 감정평가하여야 할 것이다.

채점평

문제 3

이 문제는 「도시 및 주거환경정비법」에 따른 매도청구절차와 수용재결절차의 비교에 관한 설문입니다. 「공익사업을 위한 토지 등의 및 보상에 관한 법률」에 따른 평가방법·기준이 「감정평가 및 감정평가사에 관한 법률」에 따른 평가방법·기준과 어떻게 다른지에 관한 이해를 알고 있는지를 물어보는 문제이고, 실무적으로 매우 중요함에도 불구하고 충분하게 서술한 답안이 많지 않아 아쉬웠습니다.

33회 문제 01

X는 도시 및 주거환경정비법(이하 '도시정비법'이라 함)에 따른 재개발 정비사업조합이고, 甲은 X의 조합원으로서, 해당 정비사업구역 내에 있는 A토지와 B토지의 소유자이다. A토지와 B토지는 연접하고 있고 그 지목이 모두 대(垈)에 해당하지만, A토지는 사도법에 따른 사도가 아닌데도 불특정 다수인의 통행에 장기간 제공되어 왔고, B토지는 甲이 소유한 건축물의 부지로서 그 건축물의 일부에 임차인 乙이 거주하고 있다. X는 도시정비법 제72조 제1항에 따라 분양신청기간을 공고하였으나 甲은 그 기간 내에 분양신청을 하지 않았다. 이에 따라 X는 甲을 분양대상자에서 제외하고 관리처분계획을 수립하여 인가를 받았고, 그에 불복하는 행정심판이나 행정소송은 없었다. X는 도시정비법 제73조 제1항에 따른 甲과의 보상협의가 이루어지지 않자 A토지와 B토지에 관하여 관할 토지수용위원회에 수용재결을 신청하였고, 관할 토지수용위원회는 A토지와 B토지를 수용한다는 내용의 수용재결을 하였다. 다음 물음에 답하시오. 40점

(1) 甲이 수용재결에 대한 취소소송을 제기하면서, 'X가 도시정비법 제72조 제1항에 따라 분양신청기간과 그 기간 내에 분양신청을 할 수 있다는 취지를 명백히 표시하여 통지하여야 하는데도 이러한 절차를 제대로 거치지 않았다.'고 주장할 경우에, 甲의 주장이 사실이라면 법원은 그것을 이유로 수용재결을 취소할 수 있는지 설명하시오(단, 사실심 변론종결 전에 도시정비법에 따른 이전고시가 효력을 발생한 경우와 그렇지 않은 경우를 구분하여 설명할 것). 10점

참조조문

〈도시 및 주거환경정비법〉

제72조(분양공고 및 분양신청)

① 사업시행자는 제50조 제9항에 따른 사업시행계획인가의 고시가 있은 날(사업시행계획인가 이후 시공자를 선정한 경우에는 시공자와 계약을 체결한 날)부터 120일 이내에 다음 각 호의 사항을 토지등소유자에게 통지하고, 분양의 대상이 되는 대지 또는 건축물의 내역 등 대통령령으로 정하는 사항을 해당 지역에서 발간되는 일간신문에 공고하여야 한다. 다만, 토지등소유자 1인이 시행하는 재개발사업의 경우에는 그러하지 아니하다.

1.~2. <생략>

3. 분양신청기간

4. <생략>

③ 대지 또는 건축물에 대한 분양을 받으려는 토지등소유자는 제2항에 따른 분양신청기간에 대통령령으로 정하는 방법 및 절차에 따라 사업시행자에게 대지 또는 건축물에 대한 분양신청을 하여야 한다.

제73조(분양신청을 하지 아니한 자 등에 대한 조치)

① 사업시행자는 관리처분계획이 인가·고시된 다음 날부터 90일 이내에 다음 각 호에서 정하는 자와 토지, 건축물 또는 그 밖의 권리의 손실보상에 관한 협의를 하여야 한다. 다만, 사업시행자는 분양신청기간 종료일의 다음 날부터 협의를 시작할 수 있다.

1. 분양신청을 하지 아니한 자

2.~4. <생략>

② 사업시행자는 제1항에 따른 협의가 성립되지 아니하면 그 기간의 만료일 다음 날부터 60일 이내에 수용재결을 신청하거나 매도청구소송을 제기하여야 한다.

〈공익사업을 위한 토지 등의 취득 및 보상에 관한 법률 시행규칙〉

제54조(주거이전비의 보상)

① 공익사업시행지구에 편입되는 주거용 건축물의 소유자에 대하여는 해당 건축물에 대한 보상을 하는 때에 가구원수에 따라 2개월분의 주거이전비를 보상하여야 한다. <단서 생략>

② 공익사업의 시행으로 인하여 이주하게 되는 주거용 건축물의 세입자(무상으로 사용하는 거주자를 포함하되, 법 제78조 제1항에 따른 이주대책대상자인 세입자는 제외한다)로서 사업인정고시일 등 당시 또는 공익사업을 위한 관계 법령에 따른 고시 등이 있은 당시 해당 공익사업시행지구 안에서 3개월 이상 거주한 자에 대해서는 가구원수에 따라 4개월분의 주거이전비를 보상해야 한다. <단서 생략>

(설문 1-1)의 해결

Ⅰ. 쟁점의 정리

Ⅱ. 관리처분계획과 이전고시

1. **관리처분계획의 의의**
2. **이전고시의 의의**

Ⅲ. 수용재결의 취소를 구할 수 있는지 여부

1. **이전고시 효력 발생 전의 경우**
2. **이전고시 효력 발생 후의 경우**

예시답안

(설문 1-1)의 해결

Ⅰ 쟁점의 정리

분양신청 절차상 하자있는 관리처분계획인가에 따라 이루어진 수용재결의 취소를 구할 법률상 이익이 있는지를 이전고시 효과 전·후로 구분하여 설명한다.

Ⅱ 관리처분계획과 이전고시

1. 관리처분계획의 의의

관리처분계획은 재개발사업 등의 공사가 완료된 후 행하는 분양처분 및 청산 등에 관한 계획을 말하며 관리처분계획의 고시가 있는 때에는 소유권자 등의 종전의 토지에 대한 재산권 행사가 제한되고, 환권처분을 구속하는 효력을 가지므로 관리처분계획은 구속적 행정계획으로서 조합이 행한 처분이 된다(대판 2009.9.17, 2007다2428 全合).

2. 이전고시의 의의

이전고시는 준공인가의 고시로 사업시행이 완료된 이후에 관리처분계획에서 정한 바에 따라 종전의 토지 또는 건축물에 대하여 정비사업으로 조성된 대지 도는 건축물의 위치 및 범위 등을 정하여 소유권을 분양받을 자에게 이전하고 가격의 차액에 상당하는 금액을 청산하거나 대지 또는 건축물을 정하지 않고 금전적으로 청산하는 공법상 처분이다.

Ⅲ 수용재결의 취소를 구할 수 있는지 여부

1. 이전고시 효력 발생 전의 경우

분양신청기간의 통지 등 절차는 재개발구역 내의 토지 등의 소유자에게 분양신청의 기회를 보장해 주기 위한 것으로서 같은 법 제31조 제2항에 의한 토지수용을 하기 위하여 반드시 거쳐야 할 필요적 절차이고, 또한 그 통지를 함에 있어서는 분양신청기간과 그 기간 내에 분양신청을 할 수 있다는 취지를 명백히 표시하여야 하므로, 이러한 통지 등의 절차를 제대로 거치지 않고 이루어진 수용재결은 위법하다(대판 2007.3.29, 2004두6235).

관리처분계획에 대한 인가・고시가 있은 후에 이전고시가 행해지기까지 상당한 기간이 소요되므로 관리처분계획의 하자로 인하여 자신의 권리를 침해당한 조합원 등으로서는 이전고시가 행해지기 전에 얼마든지 그 관리처분계획의 효력을 다툴 수 있는 여지가 있고, 특히 조합원 등이 관리처분계획의 취소 또는 무효확인소송을 제기하여 계속 중인 경우에는 그 관리처분계획에 대하여 행정소송법에 규정된 집행정지결정을 받아 후속절차인 이전고시까지 나아가지 않도록 할 수도 있다(대판 2012.3.22, 2011두6400 全合). 관리처분의 내용 중 분양처분 및 청산 등에 관한 계획은 주용 내용이므로 이에 대한 하자를 이유로 수용재결의 취소를 주장할 수 있는 것으로 보인다.

주택재개발사업조합은 사업시행인가를 받은 후 조합원들로부터 분양신청을 받고 그 분양신청의 현황을 기초로 하여 관리처분계획을 수립하여야 한다. 조합은 조합원들로부터 분양신청을 받지 아니하여 관리처분계획의 기초가 되는 분양신청 현황 자체가 존재하지 아니한 상황에서 관리처분계획을 수립하였으므로 이와 같은 하자는 중대하고 명백한 하자에 해당하므로 위 관리처분계획은 무효이다. 조합의 관리처분계획이 무효인 이상 분양계약을 체결하지 않았다고 하여 현금청산대상자가 된다고 할 수 없고, 조합은 갑 소유의 각 토지를 수용할 수 없다. 따라서 수용재결은 위법하여 취소되어야 한다.

2. 이전고시 효력 발생 후의 경우

정비사업의 공익적 · 단체법적 성격과 이전고시에 따라 이미 형성된 법률관계를 유지하여 법적 안정성을 보호할 필요성이 현저한 점 등을 고려할 때, 이전고시의 효력 발생으로 대다수 조합원 등에 대하여 권리귀속 관계가 획일적 · 일률적으로 처리되는 이상 그 후 일부 내용만을 분리하여 변경할 수 없고, 그렇다고 하여 전체 이전고시를 모두 무효화시켜 처음부터 다시 관리처분계획을 수립하여 이전고시 절차를 거치도록 하는 것도 정비사업의 공익적 · 단체법적 성격에 배치되어 허용될 수 없다. 그리고 이전고시의 효력이 발생한 이후에는 조합원 등이 해당 정비사업을 위하여 이루어진 수용재결이나 이의재결의 취소 또는 무효확인을 구할 법률상 이익이 없다고 해석함이 타당하다(대판 2017.3.16, 2013두11536).

생각해 볼 수 있는 추가 논점

하자있는 관리처분계획인가에 기한 수용재결의 취소를 구하는 것이 하자승계 쟁점도 될 수 있고 관리처분계획인가의 하자가 내용상 하자인지, 절차상 하자인지를 판단하는 것도 쟁점이 될 수 있습니다. 다만, 배점이 10점이고 문제의 취지가 이전고시 효과 발생 전후를 구분하여 설명하라고 하였으므로 간략하게 기본개념과 각 경우의 해결만 간략하게 보여주는 것이 시간과 배점에 비추어 합리적이지 않을까 합니다.

또한 판례는 이전고시 효력 이후의 경우에는 재결취소를 구할 법률상 이익이 없다고 보므로 협의 소익 내용을 일반이론으로서 써주면 좋겠지만 배점상 쓰는 것이 어려울 것입니다.

부록

감정평가 및 보상법규
제35회 기출문제

감정평가 및 보상법규 제35회 기출문제

35회 문제 01

A지방자치단체는 도로사업 부지를 취득하기 위하여 甲의 토지를 협의취득하여 공공용지의 협의취득을 원인으로 하는 소유권이전등기를 하였고, 乙의 토지에 대하여는 수용재결에 의하여 소유권을 취득한 후 소유권이전 등기를 마쳤다. 그러나 甲과 乙의 토지(이하 '이 사건 토지'라 함)가 관내의 택지개발예정지구에 포함되자 A지방자치단체는 이 사건 토지가 도로사업에 더 이상 제공될 수 없는 상황에서 도로사업의 목적 달성이 불가능하다고 판단하여, 당초 협의취득 및 수용의 목적이 된 해당 도로사업을 폐지하였다. 이에 따라 甲과 乙에게 「공익사업을 위한 토지 등의 취득 및 보상에 관한 법률」에 의한 환매권이 발생하였다. 甲은 협의취득 당시에 수령한 보상금 상당 금액을 공탁한 후, A지방자치단체에게 환매의 의사 표시를 하고 소유권이전등기청구소송을 제기하였다. 한편, 乙이 환매권을 행사할 무렵 환매금액에 관한 A지방자치단체와 乙의 협의가 성립되지 아니하여, A지방자치단체는 환매 대상 토지의 현재 가격이 취득일 당시에 비하여 현저히 상승하였음을 들어 환매대금의 증액을 구하는 소송을 제기하였다. 다음 물음에 답하시오. 40점

(1) 乙의 환매권 및 乙에 대한 환매대금증액청구소송의 법적 성질을 각각 설명하시오. 15점

(2) 甲의 소유권이전등기청구소송에서, A지방자치단체는 환매 대상 토지 가격의 상승에 따른 환매대금증액청구권을 내세워 증액된 환매대금과 보상금 상당액의 차액을 지급할 것을 선(先)이행 또는 동시이행의 항변으로 주장할 수 있는지에 관하여 설명하시오. 10점

(3) 만약 乙의 토지에 대한 수용재결에 취소사유에 해당하는 하자가 있어 乙이 환매권 행사 이전에 수용재결의 하자를 이유로 자신의 소유권 회복을 위한 소유권이전등기말소청구소송을 제기한 경우, 그 승소 여부를 검토하시오(단, 수용재결에 불가쟁력이 발생하였음). 15점

참조조문

〈공익사업을 위한 토지 등의 취득 및 보상에 관한 법률〉

제91조(환매권)

① 공익사업의 폐지・변경 또는 그 밖의 사유로 취득한 토지의 전부 또는 일부가 필요 없게 된 경우 토지의 협의취득일 또는 수용의 개시일(이하 이 조에서 '취득일'이라 한다) 당시의 토지소유자 또는 그 포괄승계인(이하 '환매권자'라 한다)은 다음 각 호의 구분에 따른 날부터 10년 이내에 그 토지에 대하여 받은 보상금에 상당하는 금액을 사업시행자에게 지급하고 그 토지를 환매할 수 있다.

1. 사업의 폐지 · 변경으로 취득한 토지의 전부 또는 일부가 필요 없게 된 경우 : 관계 법률에 따라 사업이 폐지 · 변경된 날 또는 제24조에 따른 사업의 폐지 · 변경 고시가 있는 날
2. 그 밖의 사유로 취득한 토지의 전부 또는 일부가 필요 없게 된 경우 : 사업완료일

② ~ ③ <생략>

④ 토지의 가격이 취득일 당시에 비하여 현저히 변동된 경우 사업시행자와 환매권자는 환매금액에 대하여 서로 협의하되, 협의가 성립되지 아니하면 그 금액의 증감을 법원에 청구할 수 있다.

⑤ 제1항부터 제3항까지의 규정에 따른 환매권은 「부동산등기법」에서 정하는 바에 따라 공익사업에 필요한 토지의 협의취득 또는 수용의 등기가 되었을 때에는 제3자에게 대항할 수 있다.

(설문 1)의 해결

Ⅰ. 쟁점의 정리

Ⅱ. 환매권의 법적 성질

1. 환매권의 의의 및 취지

2. 환매권의 근거

3. 환매권의 법적 성질

(1) 학설

1) 공권설

2) 사권설

(2) 판례

(3) 검토

Ⅲ. 환매대금증액청구소송의 법적 성질

1. 판례의 태도

(1) 종전 판례의 태도

(2) 최근 판례의 태도

2. 검토

Ⅳ. 사안의 해결

(설문 2)의 해결

Ⅰ. 쟁점의 정리

Ⅱ. 환매권이 형성권인지 여부 및 행사절차

1. 환매권이 형성권인지 여부

2. 환매절차

(1) 사업시행자의 통지 등(토지보상법 제92조)

(2) 환매권의 행사

(3) 환매금액

Ⅲ. 사안의 해결(A도의 대응수단)

(설문 3)의 해결

Ⅰ. 쟁점의 정리

Ⅱ. 행정작용의 위법성 검토

1. 수재결의 의의 및 취지

2. 재결의 법적 성질

Ⅲ. 민사법원의 심리범위

1. 선결문제 논의

2. 공정력과 구성요건적 효력

3. 민사법원의 심리범위

(1) 문제점

(2) 행정행위의 효력을 부인해야 하는 경우

(3) 행정행위의 위법성 확인이 문제인 경우

1) 학설

2) 판례

3) 검토

Ⅳ. 사안의 해결

예시답안

(설문 1)의 해결

Ⅰ 쟁점의 정리

환매권이 형성권인 점에서 학설 및 판례가 일치하나 공・사권에 대한 견해의 나누어진다. 논의의 실익은 환매권에 대한 다툼이 있는 경우 적용법규와 쟁송형태에 있다. 이하에서 환매권의 법적 성질 및 환매대금증액청구소송의 법적 성질을 검토한다.

Ⅱ 환매권의 법적 성질

1. 환매권의 의의 및 취지

환매권이라 함은 수용의 목적물인 토지가 공익사업의 폐지・변경 또는 그 밖의 사유로 인해 필요 없게 되거나, 수용 후 오랫동안 그 공익사업에 현실적으로 이용되지 아니할 경우에, 수용 당시의 토지소유자 또는 그 포괄승계인이 원칙적으로 보상금에 상당하는 금액을 지급하고 수용의 목적물을 다시 취득할 수 있는 권리를 말한다. 이는 재산권의 존속보장 및 토지소유자의 소유권에 대한 감정존중을 도모한다.

2. 환매권의 근거

오늘날 환매권의 이론적 근거를 재산권 보장, 보다 정확히 말하면 재산권의 존속보장에서 찾는 것이 유력한 견해가 되고 있다. 대법원은 환매권을 공평의 원칙상 인정되는 권리로 보면서도 재산권 보장과의 관련성을 인정하고 있다. 토지보상법 제91조와 제92조에 개별 법률상 근거를 갖는다.

3. 환매권의 법적 성질

(1) 학설

1) 공권설

환매권은 공법적 원인에 의해 상실된 권리를 회복하는 제도이므로 공권력주체에 대해 사인이 가지는 공법상 권리라고 한다.

2) 사권설

환매권은 피수용자가 자기의 이익을 위하여 일방적으로 행사함으로써 환매의 효과가 발생하는 형성권으로서 사업시행자의 동의를 요하지 않고, 이 권리는 공용수용의 효과로 발생하기는 하나 사업시행자에 의해 해제처분을 요하지 않는 직접 매매의 효과를 발생하는 것으로 사법상 권리라고 한다.

(2) **판례**

대법원은 원소유자가 환매권의 행사에 의하여 일방적으로 사법상 매매를 성립시키고 행정청의 공용수용해제처분을 요하지 않으므로 사법상 권리로 보아 환매권에 기한 소유권이전등기청구소송을 민사소송으로 다루고 있다.

(3) **검토**

공법상 수단에 의하여 상실한 권리를 회복하는 제도로서, 공법상의 주체인 사업시행자에 대하여 사인이 가지는 권리이므로 공법상 권리로 볼 수 있다.

Ⅲ 환매대금증액청구소송의 법적 성질

1. 판례의 태도

(1) **종전 판례의 태도**

사업시행자가 환매권자를 상대로 하는 소송은 공법상의 당사자소송으로 사업시행자로서는 환매가격이 환매대상토지의 취득 당시 지급한 보상금 상당액보다 증액 변경될 것을 전제로 하여 환매권자에게 그 환매가격과 위 보상금 상당액의 차액의 지급을 구할 수 있다(대판 2000.11.28, 99두3416).

(2) **최근 판례의 태도**

환매권은 상대방에 대한 의사표시를 요하는 형성권의 일종으로서 재판상이든 재판 외이든 위 규정에 따른 기간 내에 행사하면 매매의 효력이 생기는 바 이러한 환매권의 존부에 관한 확인을 구하는 소송 및 환매금액의 증감을 구하는 소송 역시 민사소송에 해당한다고 판시한 바 있다(대판 2013.2.28, 2010두22368).

2. 검토

구 공공용지의 취득 및 손실보상에 관한 특례법에서는 환매대금에 대한 불복절차로서 재결을 거칠 것을 규정하고 있었으나 해당 규정이 삭제되고, 환매권은 공익사업의 공공성이 소멸되어 소유권 이전이라는 사법상 법률관계만이 남게 되는 것으로 볼 수 있기에 이러한 점을 고려하여 판례는 민사소송으로 환매대금의 증액과 관련된 사항을 다투게 한 것으로 판단된다.

Ⅳ 사안의 해결

환매권은 공법상 수단에 의하여 상실한 권리를 회복하는 공법상의 권리로 볼 수 있으나 판례에 의하면 환매대금에 대한 증액청구소송은 민사소송으로 진행될 것이다.

과거 판례 대법원 2000.11.28, 99두3416 판결[환매대금의 재결처분취소]

[판시사항]

[1] 공공용지의 취득 및 손실보상에 관한 특례법 제9조 소정의 환매권 행사방법

[2] 토지수용법 제75조의2 제2항에 의하여 사업시행자가 환매권자를 상대로 하는 환매가격의 증감에 관한 소송의 종류(=공법상 당사자소송)

[판결요지]

[1] 공공용지의 취득 및 손실보상에 관한 특례법 제9조 제1항에 의하면 환매기간 내에 환매의 요건이 발생하는 경우, 환매대상토지의 가격이 취득 당시에 비하여 현저히 하락하거나 상승하였다고 하더라도, 환매권자는 수령한 보상금 상당액만을 사업시행자에게 미리 지급하고 일방적으로 매수의 의사표시를 함으로써 사업시행자의 의사와 관계없이 환매가 성립된다.

[2] 공공용지의 취득 및 손실보상에 관한 특례법 제9조 제3항, 같은 법 시행령 제7조 제1항, 제3항 및 토지수용법 제73조 내지 제75조의2의 각 규정에 의하면 토지수용법 제75조의2 제2항에 의하여 사업시행자가 환매권자를 상대로 하는 소송은 공법상의 당사자소송으로 사업시행자로서는 환매가격이 환매대상토지의 취득 당시 지급한 보상금 상당액보다 증액 변경될 것을 전제로 하여 환매권자에게 그 환매가격과 위 보상금 상당액의 차액의 지급을 구할 수 있다.

현재 판례 대법원 2013.2.28, 2010두22368 판결[환매대금증감]

[판시사항]

[1] 구 공익사업을 위한 토지 등의 취득 및 보상에 관한 법률 제91조에 규정된 환매권의 존부에 관한 확인을 구하는 소송 및 같은 조 제4항에 따라 환매금액의 증감을 구하는 소송이 민사소송에 해당하는지 여부(적극)

[이유]

상고이유를 판단한다.

1. 상고이유 제1점에 대하여

구 공익사업을 위한 토지 등의 취득 및 보상에 관한 법률(2010.4.5. 법률 제10239호로 일부 개정되기 전의 것, 이하 '구 공익사업법'이라 한다) 제91조에 규정된 환매권은 상대방에 대한 의사표시를 요하는 형성권의 일종으로서 재판상이든 재판 외이든 위 규정에 따른 기간 내에 행사하면 매매의 효력이 생기는 바(대판 2008.6.26, 2007다24893 참조), 이러한 환매권의 존부에 관한 확인을 구하는 소송 및 구 공익사업법 제91조 제4항에 따라 환매금액의 증감을 구하는 소송 역시 민사소송에 해당한다.

[설문 2]의 해결

I 쟁점의 정리

A지방자치단체가 대상 토지가격이 현저하게 상승함을 이유로 증액된 환매대금과 보상금상당액 차액을 선이행 또는 동시이행할 것을 주장할 수 있는지와 관련하여, 환매권이 형성권의 성질을 갖는지 여부 및 환매권 행사의 절차 등을 검토하여 설명한다.

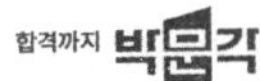

Ⅱ 환매권이 형성권인지 여부 및 행사절차

1. 환매권이 형성권인지 여부

대법원은 환매권은 재판상이든 그 제척기간 내에 이를 일단 행사하면 그 형성적 효력으로 매매의 효력이 생기는 것으로 보고 있다(대판 1992.10.13, 92다4666).

2. 환매절차

(1) 사업시행자의 통지 등(토지보상법 제92조)

사업시행자는 환매할 토지가 생겼을 때 지체 없이 환매권자에게 통지하거나 사업시행자의 과실 없이 환매권자를 알 수 없는 경우 이를 공고해야 한다.

(2) 환매권의 행사

환매권자는 환매의사 표시와 함께 사업시행자와 협의 결정한 보상금을 선지급함으로써 행사한다. 환매권은 형성권이므로 사업시행자의 승낙·동의 없이도 그 환매의 효과가 발생한다. 사업시행자는 소로써 법원에 환매대금의 증액을 청구할 수 있을 뿐 환매권 행사로 인한 소유권이전등기 청구소송에서 환매대금 증액청구권을 내세워 증액된 환매대금과 보상금 상당액의 차액을 지급할 것을 선이행 또는 동시이행의 항변으로 주장할 수 없다(대판 2006.12.21, 2006다49277).

(3) 환매금액

환매금액은 원칙상 환매 대상토지 및 그 토지에 대한 소유권 이외의 권리에 대해 사업시행자가 지급한 보상금에 상당한 금액이며, 정착물에 대한 보상금과 보상금에 대한 법정이자는 불포함된다. 다만, 가격변동이 현저한 경우에 양 당사자는 법원에 그 금액의 증감을 청구할 수 있다(토지보상법 제91조 제4항). 토지의 가격이 취득일 당시에 비하여 현저히 변동된 경우는 환매권 행사 당시의 토지가격이 지급한 보상금에 환매 당시까지의 해당 사업과 관계없는 인근 유사토지의 지가변동률을 곱한 금액보다 높은 경우를 말한다(토지보상법 시행령 제48조).

Ⅲ 사안의 해결(A도의 대응수단)

환매권은 형성권이므로 사업시행자의 승낙·동의 없이도 그 환매의 효과가 발생하므로, A지방자치단체는 토지가격이 상승되었다는 이유로 환매금액과 보상금 상당액 차액을 선이행 또는 동시이행을 청구할 수 없을 것이다.

1. **환매권의 법적 성질이 형성권이지 여부**
   대법원은 환매권은 재판상이든 그 제척기간 내에 이를 일단 행사하면 그 형성적 효력으로 매매의 효력이 생기는 것으로 보고 있다.
2. **환매권 행사절차 및 효력**
   환매권자는 환매의사 표시와 함께 사업시행자와 협의 결정한 보상금을 선지급함으로써 행사한다. 환매권은 형성권이므로 사업시행자의 승낙·동의 없이도 그 환매의 효과가 발생한다.
   판례는 이를 채권적 효과로서 소유권이전등기청구권이 발생하고 따라서 10년의 소멸시효를 갖는다고 한다(환매권 행사만으로 소유권 변동이 일어나는 것이 아님). 환매의 의사표시가 상대방에게 도달한 때에 비로소 환매권 행사의 효력이 발생함이 원칙이다.
3. **동시이행 항변의 주장 가능성**
   보상금상당액을 지급하고 의사표시를 함으로써 환매효력이 발생되는 형성권이므로 보상금 상당액의 차액을 지급할 것을 선이행 또는 동시이행 항변으로 주장할 수 없다.

> 대판 2006.12.21, 2006다49277[소유권이전등기]
>
> [판시사항]
> 공익사업을 위한 토지 등의 취득 및 보상에 관한 법률 제91조에서 정한 환매권의 행사 방법 및 그 환매권 행사로 인한 소유권이전등기 청구소송에서 사업시행자가 환매대금 증액청구권을 내세워 선이행 또는 동시이행의 항변을 할 수 있는지 여부(소극)
>
> [판결요지]
> 공익사업을 위한 토지 등의 취득 및 보상에 관한 법률 제91조에 의한 환매는 환매기간 내에 환매의 요건이 발생하면 환매권자가 지급받은 보상금에 상당한 금액을 사업시행자에게 미리 지급하고 일방적으로 의사표시를 함으로써 사업시행자의 의사와 관계없이 환매가 성립하고, 토지 등의 가격이 취득 당시에 비하여 현저히 변경되었더라도 같은 법 제91조 제4항에 의하여 당사자 간에 금액에 관하여 협의가 성립하거나 사업시행자 또는 환매권자가 그 금액의 증감을 법원에 청구하여 법원에서 그 금액이 확정되지 않는 한, 그 가격이 현저히 등귀한 경우이거나 하락한 경우이거나를 묻지 않고 환매권을 행사하기 위하여는 지급받은 보상금 상당액을 미리 지급하여야 하고 또한 이로써 족한 것이며, 사업시행자는 소로써 법원에 환매대금의 증액을 청구할 수 있을 뿐 환매권 행사로 인한 소유권이전등기 청구소송에서 환매대금 증액청구권을 내세워 증액된 환매대금과 보상금 상당액의 차액을 지급할 것을 선이행 또는 동시이행의 항변으로 주장할 수 없다.

(설문 3)의 해결

Ⅰ 쟁점의 정리

소유권이전의 원인행위인 재결에 하자가 있는 경우, 소유권이전등기말소청구소송에서 재결의 효력을 부인할 수 있는지를 선결문제와 관련하여 검토한다.

Ⅱ 행정작용의 위법성 검토

1. 수재결의 의의 및 취지

재결은 사업시행자로 하여금 토지 또는 토지의 사용권을 취득하도록 하고 사업시행자가 지급하여야 하는 손실보상액을 정하는 결정을 말한다. 이는 공익사업의 원활한 시행을 통한 공공복리 증진과 사인의 재산권 보호에 그 취지가 인정된다.

2. 재결의 법적 성질

① 재결은 일정한 법률효과의 발생을 목적으로 하는 형성처분이고, ② 수용목적의 필요성은 사업인정단계에서 판단하므로 토지수용위원회는 재결신청의 요건을 다 갖춘 경우에는 재결을 하여야 하는 기속성이 인정된다. 다만 보상액에 관하여는 재량성을 갖는다(증액재결이 가능하다). ③ 또한 양 당사자의 이해관계를 독립된 행정기관인 토지수용위원회가 판단·조정하는 행위인 점에서 준사법적 작용이다.

Ⅲ 민사법원의 심리범위

1. 선결문제 논의

선결문제는 소송의 본안사건 판단을 위해 필수적인 전제로 되는 문제를 말하며, 민사법원이나 형사법원이 행정행위의 위법성이나 무효 여부나 부존재 등을 심리할 수 있는가 하는 문제로서 나타나게 된다.

2. 공정력과 구성요건적 효력

구성요건적 효력이란 유효한 행정행위가 존재하는 한, 모든 행정기관과 법원은 그 행정행위와 관련된 자신들의 결정에 해당 행위의 존재와 효과를 인정해야 하고 그 내용에 구속되는데, 이와 같은 구속력을 구성요건적 효력이라고 한다. 공정력은 행정행위의 상대방에 대한 구속력을 말하는데, 제3자에 대한 구속력은 구속요건적 효력과 관련되므로 이하에서는 이를 적용한다.

3. 민사법원의 심리범위

(1) 문제점

행정소송법 제11조에서는 처분 등의 효력 유무 또는 존재 여부는 민사소송의 수소법원이 이를 심리·판단할 수 있다고 규정하나, 단순 위법인 경우는 명문의 규정이 없는바 학설, 판례의 검토가 필요하다.

(2) 행정행위의 효력을 부인해야 하는 경우

이때에 선결문제로서 위법한 행정행위의 효력 자체를 부인할 수 있는가의 여부가 제기될 때에는 해당 민사 또는 형사법원은 이를 선결문제로서 심리할 수 없다고 보는 것이 일반적이다.

(3) 행정행위의 위법성 확인이 문제인 경우

1) 학설

① 행정소송법 제11조 제1항을 제한적으로 해석하고, 구성요건적 효력은 행정행위의 적법성 추정력을 의미하므로 부정하는 견해와 ② 행정소송법 제11조 제1항을 예시적으로 해석하고, 구성요건적 효력은 유효성 통용력을 의미한다고 하여 긍정하는 견해가 있다.

2) 판례

계고처분이 위법임을 이유로 손해배상을 청구한 사안에서 행정처분의 취소판결이 있어야만 손해배상을 청구할 수 있는 것은 아니라고 보아 긍정설의 입장을 취하고 있다.

3) 검토

생각건대 민사법원이 위법성을 확인해도 행정행위의 효력을 부정하는 것이 아니므로 긍정설이 타당하며, 소송경제적인 이유와 개인의 권리보호의 관점에서도 타당하다고 볼 것이다.

Ⅳ 사안의 해결

설문과 관련하여 다수 견해 및 판례는 효력부인을 부정하므로 법원은 재결의 효력을 부인하지 못하여 소유권이전등기말소청구는 기각될 것이다.

35회 문제 02

甲은 2023.8.23. 父로부터 A광역시 B구 소재의 토지(이하 '이 사건 토지'라 함)를 증여받았고, 이 사건 토지에 관하여 증여 당시에는 2023.1.1.을 기준일로 하는 개별공시지가가 ㎡당 2,200,000원으로 결정·고시되어 있었다. 甲은 이를 기초로 하여 산정한 증여세를 납부하고자 하였으나, 개별공시지가에 오류가 있음을 발견하여 「부동산 가격공시에 관한 법률」 제12조에 따른 개별공시지가 정정결정을 신청하였다. 그런데 B구의 구청장 乙은 甲의 정정결정신청에 대하여 정정불가 결정을 통지하였다. 한편 그 이후 乙은 이 사건 토지에 관하여 토지특성조사의 착오 등 지가산정에 잘못이 있다고 하여 B구 부동산가격공시위원회의 심의를 거쳐 위 개별공시지가를 ㎡당 3,900,000원으로 정정하여 결정·고시하였다. 이에 관할 세무서장 丙은 이 사건 토지의 가액이 ㎡당 3,900,000원이라고 보아 이를 기초로 증여재산의 가액을 산정하여 증여세부과처분을 하였다. 다음 물음에 답하시오(단, 각 물음은 상호독립적임). 30점

(1) 甲이 乙의 정정불가 결정 통지를 대상으로 취소소송을 제기할 수 있는지를 설명하시오. 15점

(2) 甲은 乙의 개별공시지가 정정결정과 관련하여 i) 정정 사유가 있다고 하더라도 그 사유가 명백하여야만 비로소 정정할 수 있는데, 정정 사유가 명백하지 않음에도 불구하고 乙이 개별공시지가를 정정한 것은 위법하다고 주장하고 있다. 또한, ii) 설령 乙의 개별공시지가 정정결정이 타당하다고 하여도 이 사건 토지에 관하여 증여 당시 고시되어 있던 종전의 개별공시지가를 기초로 하지 아니한 丙의 증여세부과처분은 위법하다고 주장하고 있다. 甲의 주장이 타당한지에 관하여 각각 설명하시오. 15점

참조조문

〈부동산 가격공시에 관한 법률〉

제12조(개별공시지가의 정정)

시장·군수 또는 구청장은 개별공시지가에 틀린 계산, 오기, 표준지 선정의 착오, 그 밖에 대통령령으로 정하는 명백한 오류가 있음을 발견한 때에는 지체 없이 이를 정정하여야 한다.

〈행정소송법〉

제19조(취소소송의 대상)

취소소송은 처분 등을 대상으로 한다. 다만, 재결취소소송의 경우에는 재결 자체에 고유한 위법이 있음을 이유로 하는 경우에 한한다.

(설문 1)의 해결
Ⅰ. 쟁점의 정리
Ⅱ. 거부가 처분이 되기 위한 요건
1. 판례의 태도
2. 신청권 존부에 대한 견해의 대립
3. 검토
Ⅲ. 관련 규정 및 판례의 검토(정정신청을 요구할 신청권이 인정되는지 여부)
1. 관련 규정의 검토
(1) 부동산공시법 제12조
(2) 행정절차법 제25조
2. 판례의 태도
3. 검토
Ⅳ. 사안의 해결

(설문 2)의 해결
Ⅰ. 쟁점의 정리
Ⅱ. 정정사유와 정정처분의 효력발생시점 등
1. 정정제도의 의의 및 취지
2. 정정사유 및 정정절차
3. 정정처분의 효력발생시점
4. 정정결정행위에 대한 위법성 판단기준
Ⅲ. 사안의 해결
1. 정정행위의 위법성 판단
2. 증여세부과처분의 위법성 판단

예시답안

(설문 1)의 해결

Ⅰ 쟁점의 정리

정정불가 결정통지를 대상으로 취소소송을 제기하기 위해서는 갑에게 정정신청을 요구할 수 있는 권리가 인정되어야 한다. 이하에서 갑에게 신청권이 인정되는지를 중심으로 검토하여 정정불가 결정통지가 취소소송의 대상이 될 수 있는지를 검토한다.

Ⅱ 거부가 처분이 되기 위한 요건

1. 판례의 태도

거부처분이 처분성을 갖기 위해서는 ① 공권력 행사의 거부일 것, ② 국민의 권리와 의무에 영향을 미칠 것, ③ 법규상·조리상 신청권을 갖을 것을 요구한다. 이때의 신청권은 행정청의 응답을 구하는 권리(형식적 권리)이며, 신청된 대로의 처분을 구하는 권리(실체적 권리)가 아니라고 한다. 또한 이는 절차적 권리에 해당한다.

2. 신청권 존부에 대한 견해의 대립

① 신청권의 존재는 본안문제라는 견해, ② 처분성은 소송법상 개념요소만 갖추면 된다고 하여 원고적격으로 보는 견해, ③ 신청권은 신청에 대한 응답의무에 대응하는 절차적 권리이므로 이를 대상적격의 문제로 보는 견해가 있다.

3. 검토

판례와 같이 신청권을 일반·추상적인 응답요구권으로 보게 되면 개별·구체적 권리일 것을 요하는 원고적격과 구별되고, 이러한 신청권이 없다면 바로 각하하여 법원의 심리부담의 가중도 덜어줄 수 있으므로 대상적격의 문제로 보는 것이 타당하다.

Ⅲ 관련 규정 및 판례의 검토(정정신청을 요구할 신청권이 인정되는지 여부)

1. 관련 규정의 검토

(1) 부동산공시법 제12조

부동산공시법에선 시장·군수 또는 구청장은 개별공시지가에 틀린 계산, 오기, 표준지 선정의 착오, 그 밖에 대통령령으로 정하는 명백한 오류가 있음을 발견한 때에는 지체 없이 이를 정정하여야 한다고 규정하고 있다.

(2) 행정절차법 제25조

행정절차법에서는 행정청은 처분에 오기(誤記), 오산(誤算) 또는 그 밖에 이에 준하는 명백한 잘못이 있을 때에는 직권으로 또는 신청에 따라 지체 없이 정정하고 그 사실을 당사자에게 통지하여야 한다고 규정하고 있다.

2. 판례의 태도

개별토지가격합동조사지침(1991.3.29. 국무총리훈령 제248호로 개정된 것) 제12조의3은 행정청이 개별토지가격결정에 위산·오기 등 명백한 오류가 있음을 발견한 경우 직권으로 이를 경정하도록 한 규정으로서 토지소유자 등 이해관계인이 그 경정결정을 신청할 수 있는 권리를 인정하고 있지 아니하므로, 토지소유자 등의 토지에 대한 개별공시지가 조정신청을 재조사청구가 아닌 경정결정신청으로 본다고 할지라도, 이는 행정청에 대하여 직권발동을 촉구하는 의미밖에 없으므로, 행정청이 위 조정신청에 대하여 정정불가 결정 통지를 한 것은 이른바 관념의 통지에 불과할 뿐 항고소송의 대상이 되는 처분이 아니다(대판 2002.2.5, 2000두5043).

3. 검토

부동산공시법에서는 명시적으로 토지소유자 및 이해관계인이 정정을 신청할 수 있다는 규정은 없지만 행정절차법 및 하자 없는 처분을 발급해야 하는 처분청의 의무 등을 고려할 때, 법규상 또는 조리상 신청권이 인정된다고 볼 수 있을 것이다.

Ⅳ 사안의 해결

판례는 토지소유자 등 이해관계인에게는 정정신청권이 없으므로, 국민의 정정신청은 직권발동 촉구에 지나지 않는바, 그 거부는 항고소송의 대상이 되는 처분이 아니라고 한다. 그러나 행정절차법 제25조의 규정상 처분의 정정신청권이 인정된다는 점에 비추어 볼 때, 판례의 태도는 비판의 여지가 있다.

(설문 2)의 해결

Ⅰ 쟁점의 정리

정정사유와 정정절차를 검토하여 정정처분의 위법성을 검토하고, 정정처분의 효력발생시점을 검토하여 정정처분을 기초한 증여세부과처분이 위법한지 검토한다.

Ⅱ 정정사유와 정정처분의 효력발생시점 등

1. 정정제도의 의의 및 취지

개별공시지가에 틀린 계산, 오기, 표준지 선정의 착오 등 명백한 오류가 있는 경우에 이를 직권으로 정정해야 하는 제도를 말하며, 이는 명시적 규정을 두어 책임문제로 인한 정정회피문제를 해소하고 불필요한 쟁송을 방지하여 행정의 능률화를 도모함에 취지가 있다.

2. 정정사유 및 정정절차

틀린 계산, 오기, 표준지의 선정착오, 그 밖에 대통령령으로 정하는 명백한 오류로는 ① 공시절차를 완전하게 이행하지 아니한 경우, ② 용도지역·용도지구 등 토지가격에 영향을 미치는 주요 요인의 조사를 잘못한 경우, ③ 토지가격비준표의 적용에 오류가 있는 경우가 있다(시행령 제23조 제1항).

시장·군수 또는 구청장이 개별공시지가의 오류를 정정하려는 경우에는 시·군·구부동산가격공시위원회의 심의를 거쳐 정정사항을 결정·공시하여야 한다. 다만, 틀린 계산 또는 오기(誤記)의 경우에는 시·군·구부동산가격공시위원회의 심의를 거치지 아니할 수 있다(시행령 제23조 제2항).

3. 정정처분의 효력발생시점

개별공시지가가 토지특성조사의 착오 등 지가산정에 명백한 잘못이 있어 경정결정되어 공고된 이상 당초에 결정·공고된 개별공시지가는 그 효력을 상실하고 경정결정된 새로운 개별공시지가가 그 공시기준일에 소급하여 효력이 발생함(대판 1999.10.26, 98두2669).

4. 정정결정행위에 대한 위법성 판단기준

개별공시지가 결정의 적법 여부는 부동산 가격공시 및 감정평가에 관한 법률 등 관련 법령이 정하는 절차와 방법에 따라 이루어진 것인지에 의하여 결정됨(대판 2013.10.11, 2013두6138).

Ⅲ 사안의 해결

1. 정정행위의 위법성 판단

토지특성은 개별토지가격을 결정하는 주요요인으로서 이러한 특성조사의 착오는 명백한 오류에 해당된다. 따라서 갑의 주장은 타당하지 않다.

2. 증여세부과처분의 위법성 판단

정정결정된 개별공시지가의 효력은 소급해서 적용되므로 정정된 개별공시가를 기준한 과세처분은 적법하다.

35회 문제 03

A감정평가법인(이하 'A법인'이라 함)은 B민간임대아파트 분양전환대책위원회(이하 'B대책위원회'라 함)와의 용역계약에 따라 해당 아파트의 분양전환 가격산정을 위한 감정평가서를 제출하였다. B대책위원회는 임대사업자 X의 의뢰를 받은 Y감정평가법인의 감정평가 결과와 A법인의 감정평가 결과가 크게 차이가 나자 국토교통부장관에게 각 감정평가에 대한 타당성조사 실시를 요청하였고, 국토교통부장관은 한국감정원으로 하여금 타당성조사를 실시하도록 하였다. 한국감정원은 B임대아파트 분양 전환 가격산정을 위한 감정평가가 모두 부적정하다는 타당성조사 결과를 국토교통부장관에게 통지하였다. 다음 물음에 답하시오. [20점]

(1) 국토교통부장관은 타당성조사 결과에 근거하여 고의로 잘못된 평가를 한 A법인 소속 감정평가사 甲에 대하여 업무정지 6개월의 징계처분을 하였다. 이에 불복한 甲이 징계처분취소소송을 제기하였는바, 법원은 해당 징계 처분을 업무정지 3개월의 징계처분으로 감경하는 판결을 할 수 있는지에 관하여 설명하시오. [10점]

(2) 국토교통부장관은 고의로 잘못된 평가를 한 甲이 소속된 A법인에 대하여 성실 의무에 위반하였다는 사유로 과징금부과처분을 하였다. A법인은 자신이 부담하여야 하는 성실의무를 충실히 이행하였다고 주장하며 과징금부과처분에 불복하고자 한다. 이때 A법인이 부담하는 성실의무의 내용을 설명하시오. [10점]

(설문 1)의 해결

Ⅰ. 쟁점의 정리

Ⅱ. 행정소송법 제4조 제1호의 '변경'의 의미

1. 견해의 대립
2. 판례의 태도
3. 검토

Ⅲ. 일부취소판결의 가능성(특정성 및 분리가능성)

1. 일부취소판결의 허용기준
2. 재량행위의 경우

Ⅳ. 사안의 해결

(설문 2)의 해결

Ⅰ. 성실의무의 내용(감정평가법 제25조)

1. 품위유지의무
2. 불공정 감정의 금지
3. 겸업제한
4. 금품수수 등
5. 중복소속 금지
6. 기타

Ⅱ. 감정평가법인등이 부담하는 성실의무의 의미

1. 통상의 성실의무
2. 소속평가사에 대한 관리감독 등

예시답안

(설문 1)의 해결

Ⅰ 쟁점의 정리

취소소송은 위법한 처분 등의 전부 또는 변경하는 소송인데(행정소송법 제4조), '변경'의 의미가 소극적 변경으로서 일부취소만을 의미하는 것인지 아니면 적극적 변경도 포함하는 것인지에 관련하여 문제된다.

설문의 해결을 위하여 '변경'의 의미를 살펴보고 '변경'이 일부취소판결의 근거가 된다면 재량행위인 경우에도 적용될 수 있는지를 검토한다.

Ⅱ 행정소송법 제4조 제1호의 '변경'의 의미

1. 견해의 대립

① 권력분립의 원칙을 형식적으로 이해하는 관점에서 취소소송에서의 '변경'을 소극적 변경으로서의 일부취소로 보는 것이 타당하다는 견해와 ② 권력분립의 원칙을 실질적으로 이해하면 법원이 위법한 처분을 취소하고 새로운 처분을 내용으로 하는 판결을 하는 것도 가능하다고 보는 견해가 있다.

2. 판례의 태도

판례는 현행 행정소송법상 이행형성소송을 인정하지 않으므로 '변경'의 의미를 소극적 변경, 즉 일부취소를 의미하는 것으로 보고 있다.

3. 검토

적극적 변경판결은 법원이 처분권한을 행사하는 것과 같은 결과를 가져오므로 명문의 규정이 없는 한 소극적 변경인 일부취소를 의미한다고 보는 것이 타당하다.

Ⅲ 일부취소판결의 가능성(특정성 및 분리가능성)

1. 일부취소판결의 허용기준

외형상 하나의 행정처분이라 하더라도 가분성이 있거나 그 처분대상의 일부가 특정될 수 있어야만 그 일부만의 취소도 가능하다고 본다.

2. 재량행위의 경우

재량행위인 경우에 행정처분의 일부를 취소하는 것은 행정청의 재량권을 침해하는 것이 될 수 있다. 이러한 경우에는 인정될 수 없다고 할 것이다.

Ⅳ 사안의 해결

감정평가법인에 대한 징계처분은 감정평가법 제32조에서 '할 수 있다'고 규정하고 있으므로 재량행위이며, 업무정지처분은 감정평가업무 수행의 자유를 제한하는 의무부과행위로서 처분에 해당한다. 징계처분은 위반행위의 횟수, 내용 등을 고려하여 그 정당성을 판단해야 하는데 이러한 사항은 행정청의 권한이다. 따라서 처분청의 재량권을 존중하는 차원에서 법원은 일부취소를 할 수 없고, 전부취소를 한 다음 처분청이 재량권을 행사하여 다시 적정한 처분을 하도록 하여야 할 것이다.

(설문 2)의 해결

Ⅰ 성실의무의 내용(감정평가법 제25조)

1. 품위유지의무

감정평가법인등(감정평가법인 또는 감정평가사사무소의 소속 감정평가사를 포함)은 감정평가업무를 하는 경우 품위를 유지하여야 하고, 신의와 성실로써 공정하게 하여야 하며, 고의 또는 중대한 과실로 업무를 잘못하여서는 아니 된다.

2. 불공정 감정의 금지

감정평가법인등은 자기 또는 친족 소유, 그 밖에 불공정하게 감정평가업무를 수행할 우려가 있다고 인정되는 토지 등에 대해서는 그 업무를 수행하여서는 아니 된다.

3. 겸업제한

감정평가법인등은 토지 등의 매매업을 직접 하여서는 아니 된다.

4. 금품수수 등

감정평가법인등이나 그 사무직원은 수수료와 실비 외에는 어떠한 명목으로도 그 업무와 관련된 대가를 받아서는 아니 되며, 감정평가 수주의 대가로 금품 또는 재산상의 이익을 제공하거나 제공하기로 약속하여서는 아니 된다.

5. 중복소속 금지

감정평가사, 감정평가사가 아닌 사원 또는 이사 및 사무직원은 둘 이상의 감정평가법인(같은 법인의 주・분사무소를 포함한다) 또는 감정평가사사무소에 소속될 수 없으며, 소속된 감정평가법인 이외의 다른 감정평가법인의 주식을 소유할 수 없다.

6. 기타

감정평가법인등이나 사무직원은 특정한 가액으로 감정평가를 유도 또는 요구하는 행위에 대해서 따라서는 아니 된다.

Ⅱ 감정평가법인등이 부담하는 성실의무의 의미

1. 통상의 성실의무

감정평가법인등은 감정평가업무를 행함에 있어서 품위를 유지하여야 하고, 신의와 성실로써 공정하게 감정평가를 하여야 하며, 고의 또는 중대한 과실로 잘못된 평가를 하여서는 아니 된다.

2. 소속평가사에 대한 관리감독 등

한편 감정평가법인등이 감정평가법인인 경우에 실질적인 감정평가업무는 소속감정평가사에 의하여 이루어질 수밖에 없으므로, 감정평가법인이 감정평가의 주체로서 부담하는 성실의무란, 소속감정평가사에 대한 관리・감독의무를 포함하여 감정평가서 심사 등을 통해 감정평가 과정을 면밀히 살펴 공정한 감정평가결과가 도출될 수 있도록 노력할 의무를 의미한다고 보아야 한다.

대판 2021.10.28, 2020두41689[과징금부과처분취소청구]

[판시사항]

[1] 감정평가업자가 감정평가법인인 경우, 감정평가법인이 감정평가 주체로서 구 부동산 가격공시 및 감정평가에 관한 법률 제37조 제1항에 따라 부담하는 성실의무의 의미

[판결요지]

[1] 구 부동산 가격공시 및 감정평가에 관한 법률(2016.1.19. 법률 제13796호 부동산 가격공시에 관한 법률로 전부 개정되기 전의 것) 제37조 제1항에 따르면, 감정평가업자(감정평가법인 또는 감정평가사사무소의 소속감정평가사를 포함한다)는 감정평가업무를 행함에 있어서 품위를 유지하여야 하고, 신의와 성실로써 공정하게 감정평가를 하여야 하며, 고의 또는 중대한 과실로 잘못된 평가를 하여서는 아니 된다. 한편 감정평가업자가 감정평가법인인 경우에 실질적인 감정평가업무는 소속감정평가사에 의하여 이루어질 수밖에 없으므로, 감정평가법인이 감정평가의 주체로서 부담하는 성실의무란, 소속감정평가사에 대한 관리 · 감독의무를 포함하여 감정평가서 심사 등을 통해 감정평가 과정을 면밀히 살펴 공정한 감정평가결과가 도출될 수 있도록 노력할 의무를 의미한다.

35회 문제 04

「감정평가 및 감정평가사에 관한 법률」 제28조 제1항에 따른 손해배상책임을 보장하기 위하여 감정평가법인등이 하여야 하는 '필요한 조치'의 내용과 '필요한 조치'를 하지 아니한 경우 「감정평가 및 감정평가사에 관한 법률」에 따른 행정상 제재를 설명하시오. 10점

참조조문

〈감정평가 및 감정평가사에 관한 법률〉

제28조(손해배상책임)

① 감정평가법인등이 감정평가를 하면서 고의 또는 과실로 감정평가 당시의 적정가격과 현저한 차이가 있게 감정평가를 하거나 감정평가 서류에 거짓을 기록함으로써 감정평가 의뢰인이나 선의의 제3자에게 손해를 발생하게 하였을 때에는 감정평가법인등은 그 손해를 배상할 책임이 있다.

1. 손해배상책임의 의의 및 제도적 취지(감정평가법 제28조)
2. 필요한 조치(법 제28조 제2항 및 시행령 제23조)
3. 필요한 조치를 하지 않은 경우 행정상 제재
   (1) 법인설립인가 취소 등(법 제32조)
   (2) 과태료(법 제52조 제2항)
   (3) 업무정지 및 과징금 부과의 가능성

예시답안

1. 손해배상책임의 의의 및 제도적 취지(감정평가법 제28조)

손해배상이란 감정평가법인등이 고의 또는 과실로 감정평가 당시의 적정가격과 현저한 차이가 있게 평가하거나, 감정평가 서류에 거짓을 기록함으로써 감정평가 의뢰인이나 선의의 제3자에게 손해를 발생하게 하였을 때에 이를 배상하는 것을 말하며 ① 선의의 평가의뢰인이 불측의 피해를 입지 않도록 하기 위함이며, ② 또한 토지 등의 적정가격을 올바르게 평가하여 국토의 효율적인 이용과 국민경제의 발전을 도모하기 위함에 그 취지가 있다.

2. 필요한 조치(법 제28조 제2항 및 시행령 제23조)

① 감정평가법인등은 법 제28조 제1항에 따른 손해배상책임을 보장하기 위하여 보증보험에 가입하거나 법 제33조 제4항에 따라 협회가 운영하는 공제사업에 가입해야 한다.

② 감정평가법인등은 보증보험에 가입한 경우에는 국토교통부령으로 정하는 바에 따라 국토교통부장관에게 통보해야 한다.

③ 감정평가법인등이 보증보험에 가입하는 경우 해당 보험의 보험 가입 금액은 감정평가사 1명당 1억원 이상으로 한다.

④ 감정평가법인등은 제1항에 따른 보증보험금으로 손해배상을 하였을 때에는 10일 이내에 보험계약을 다시 체결해야 한다.

3. 필요한 조치를 하지 않은 경우 행정상 제재

(1) 법인설립인가 취소 등(법 제32조)

법 제32조에서는 법인설립인가 취소 및 업무정지의 사유를 규정하고 있다. 보험 또는 한국감정평가사협회가 운영하는 공제사업에 가입하지 않은 경우에는 [별표 3]에서는 인가취소로 규정하고 있다.

(2) 과태료(법 제52조 제2항)

보험 또는 협회가 운영하는 공제사업에의 가입 등 필요한 조치를 하지 아니한 사람에게는 400만원 이하의 과태료를 부과한다.

(3) 업무정지 및 과징금 부과의 가능성

[별표 3]에서는 인가취소 사유로 규정하고 있으나, 업무정지처분이 가능하다면 업무정지처분 및 이에 갈음하는 과징금도 가능할 것이다.

Chapter 02

감정평가 및 보상법규 기출문제분석표(35년간)

회	공익사업 토지 등의 취득	공익사업 토지 등의 보상	부동산 가격공시 및 감정평가	출제위원
1	사업인정 및 권리규제(50점) 환매요건(10점)	실농보상(10점)	공시지가의 작성과 지가고시의 성질, 효력(30점)	김남진 김철용 이동과
2	피수용자의 법적 지위(50점)	보상액의 산정시기(10점) 간접보상의 대상사업과 보상기준(10점)	감정평가법인등의 의무와 책임(30점)	김남진 김철용 이진호
3	재결의 불복(50점)	개발이익 배제(20점) 채권보상(10점) 이주대책(10점)	공시지가의 적용(10점)	서원우 이동과 류해웅
4	–	현행법상 보상기준 및 정당보상의 관계사례(50점) 생활보상적 성격의 보상(20점)	개별공시지가 결정의 법적 성질(30점)	석종현 박윤흔 류해웅
5	공용수용의 효과(50점)	농업보상(20점)	개별공시지가 산정의 절차상 하자에 대한 불복방법(30점)	류지태 강희중
6	보존등기가 되어있지 아니한 토지에 대한 보상절차와 내용(30점)	사업인정실효 시 손실보상청구권 인정 여부(40점)	부동산가격공시위원회의 구성과 권한(30점)	박수혁 홍정선 김해룡
7	무효인 재결과 취소할 수 있는 재결예시와 양자의 구별실익(50점)	수몰민에 대한 보상(20점) 어업에 관련된 영업보상(10점)	개별공시지가의 검증(20점)	김철용 석종현 손성태
8	토지수용법과 공특법의 협의 비교(20점) 토지사용기간 만료 시 법률관계(10점)	헌법 제23조 제3항의 효력논의(50점)	표준지공시지가와 개별공시지가의 비교(20점)	강구철 홍준형 이동과
9	–	개발이익 배제의 정당보상 및 개발이익환수와의 관계사례(40점) 사회적 제약과 특별한 희생(20점)	감정평가법률관계의 성질, 내용, 법적 지위(사례 20점) 감정평가행위와 지가산정행위의 이동(20점)	류해웅 박수혁 이선영
10	사기업자의 사업인정가능성(10점) 보증소의 형태, 성질(사례 30점) / 확장수용(20점) / 토지수용법과 공특법 상호관계, 통합설(20점)	토지수용위원회, 부동산가격공시위원회, 보상심위위원회를 비교논술(20점)	–	박수혁 박균성 이동과

11	원처분 및 재결주의(사례 30점) 집행정지(10점) 지상권 소멸절차(10점)	간접보상의 이론적 근거, 실제유형과 보상의 한계(20점)	감정평가사의 고의에 의한 평가에 건설교통부장관이 취할 수 있는 절차와 내용(사례 30점)	류지태 이선영 김원태
12	토지수용법 제46조(사례 30점) 사업인정의 법적 성질과 권리규제(30점)	손실보상 없이 공유수면매립사업을 시행 시 권리구제(사례 30점)	감정평가법인등의 손해배상책임(10점)	류해웅 홍준형 강구철
13	사업인정과 부관(사례 40점) 환매권의 목적물과 행사요건(20점)	잔여지 및 잔여건물의 보상방법(20점)	개별공시지가의 하자승계 여부(20점)	류지태 강구철 이선영
14	-	경계, 분리이론에서 특별한 희생의 구별기준(20점) 간접침해에 대한 구제수단(20점)	인근 토지소유자가 훈령에 위배된 표준지공시지가를 다툴 수 있는지(사례 40점) 자격이 취소된 감정평가사의 권리구제(사례 20점)	석종현 강구철 이동과
15	협의를 결한 사업인정의 절차상 하자(사례 40점)	생활보상(20점) 손실보상의 원칙(20점)	이유제시 절차하자와 치유(사례 30점)	박수혁 송희성
16	재결의 부작위시 행정쟁송방법(사례 40점) / 토지 물건인도 거부 시 실효성 확보수단(20점)	휴업보상(10점)	가중처벌위험을 규정한 시행령 별표의 법적 성질과 협의의 소익(사례 30점)	류지태 김민호 송시헌
17	사업인정에 대한 사전결정, 사업인정과 재결의 하자승계(사례 40점)	존속보장과 가치보장(15점) 개발이익의 배제(15점)	감정평가법인등의 등록취소처분-무효와 취소의 구별과 청문절차의 하자(사례 30점)	강구철 김연태 박균성
18	-	보상규정 결여(사례 20점) 현금, 채권보상 이외 기타 손실보상, 완화제도(20점) 영업보상(사례 30점)	감정평가법인등의 성실의무와 의무이행 확보수단 비교(30점)	경북대 한남대 로스쿨
19	환매권의 소송수단 및 인용가능성(사례 40점) 사적 공용수용(20점)	-	개별공시지가 결정 시 토지가격비준표(사례 20점) 개별공시지가 결정 시 산정지가검증(사례 20점)	산업 인력 공단
20	-	이주대책의 사례(45점) 임시창고건물철거조건 취소소송과 임시창고건물철거에 따른 손실보상(30점)	감정평가법인등의 인가취소 등 부동산공시법 시행령 제77조 별표의 재판규범성(25점)	산업 인력 공단

21	토지보상법상 사업인정 이후의 피수용자의 권리 및 권리구제수단(사례 20점)	토지보상법상 보상평가액 책정과 피수용자의 수용주장 정당성(사례 20점)	개별공시기가 결정의 이의신청과 하자의 승계(사례 30점) 성실의무 위반에 따른 과징금, 벌금, 과태료의 법적 성질과 중복부과의 적법성(30점)	산업인력공단
22	철도이설사업을 위한 협의취득에 따른 대집행 가능성(사례 20점)	사실상 사도 토지보상액 불복과 정당보상에 위배되는지 여부에 대한 법적 주장 관철수단(사례 50점)	업무정지처분취소소송의 위법성 판단과 국가배상청구소송에서 위법성 판단관계(사례 20점), 갱신등록거부처분의 절차하자 위법성(사례 10점)	산업인력공단
23	환매권 행사 권리구제방법 및 환매대금 증액 대응수단(40점) 사업인정고시의 효과(10점)	잔여지가격 감소에 대한 권리구제방법과 잔여지수용청구의 요건 및 행정소송의 형식(30점)	감정평가법인의 설립인가취소처분 취소소송에서 집행정지 신청 인용 여부(20점)	산업인력공단
24	도시관리계획의 위법성과 신뢰보호의 원칙(20점)	특별한 희생에 대한 판단(20점)	개별공시지가의 위법성과 손해배상책임(30점) 부동산공시법 시행령 별표와 협의의 소익(20점)	산업인력공단
25	조합설립인가의 법적 성질 및 하자의 정도, 쟁송의 형태(20점) 사업인정 전후의 협의의 차이(10점)	수용재결 및 이의재결에 대한 소송대상의 문제(20점)	표준지공시지가의 법률상 이익과 판결의 효력 등(30점) 경매평가에서 국가배상의 요건(20점)	산업인력공단
26	보증소의 의의 및 특수성(20점) 잔여지 감가보상(20점)	무허가건축물의 보상대상 여부(10점) 주거이전비의 지급가능성(20점)	감정평가실무기준의 법적 성질(20점) 감정평가기준(10점)	산업인력공단
27	사업인정과 수용재결의 하자의 승계(20점) 토지보상법 제72조 완전수용에 대한 불복으로 이의신청 및 보증소(30점)	이주대책 거부처분의 사전통지 및 이유제시(20점) 이주대책 거부사유 소송도중 처분사유의 추가·변경(20점)	부동산공시법 시행령 별표 2의 법적 성질 및 협의의 소익(10점)	산업인력공단

28	토지보상법 제21조 개정취지, 절차의 하자 하자의 승계, 사업인정의 의제 및 사업인정의 요건, 수용권 남용	보증소, 공법상 제한받는 토지의 평가, 이주민지원규정의 법적 성질 이주대책의 강행규정 이주대책의 행정쟁송방법 사실상 사도에 대하여 도정법상 매도청구권 행사에 의한 평가와 토지보상법상 수용재결 평가의 차이 해당 사업과 무관한 개발이익의 반영여부	- 한 문제도 출제되지 않음	산업 인력 공단
29	(1-1) 토지보상법 시행규칙 제54조 제2항 주거이전비 규정 강행규정 여부(30점)	(1-2) 공익사업시행지구 밖 영업손실의 간접손실보상(10점)	(2-1) 자격증 명의대여 또는 자격증 부당행사 감정평가법령상 징계절차(20점) (2-2) 징계처분 취소소송 계속 중 처분사유의 추가·변경(10점) (3) 개별공시지가 검증과 토지가격비준표 적용의 위법성(20점) (4) 중앙부동산가격공시위원회 설명(10점)	산업 인력 공단
30	(4) 협의가 수용재결 신청 전 필요적 절차인지 여부와 협의성립확인의 법적 성격 효과 설명(10점)	(2-1) 골프장 잔여시설에 대한 대체시설의 설치비용보상 여부(10점) (2-2) 골프장 잔여시설의 지가 및 건물가격 하락분에 대한 보상청구의 소송방법(20점) (3) 수산업협동조합의 간접손실보상 가능성과 보상규정 결여(20점)	(1-1) 개별공시지가 정정처분의 취소소송의 적법성(15점) (1-2) 이의신청 도과시에도 개별공시지가 정정이 가능한지 여부(10점) (1-3) 개별공시지가에 기초한 부담금부과 시 내용상 하자의 치유가능성(15점)	산업 인력 공단

31 (2020)	(1-3) 광평대군 및 풍납토성 판례 : 공물의 수용가능성(15점)	(1-1) 보상금증감청구소송의 의의와 특수성(15점) (1-2) 공법상 제한받는 토지의 평가(공원구역의 지정)(10점)	(2-1) 개별공시지가의 정정사유(5점) (2-2) 개별공시지가의 이의신청에 대한 소의 대상과 제소기간(10점) (2-3) 개별공시지가 산정업무의 위법에 대한 국가배상과 개별공시지가제도의 입법목적 (3) 공인회계사의 자산재평가 행위가 감정평가법인등의 업무에 해당하는지 여부(20점) (4) 감정평가법상 감정평가의 기준과 감정평가 타당성조사 설명(10점)	산업인력공단
32 (2021)	(1-1) 재결신청청구권 및 부작위의 개념(15점) (1-2) 재결전치주의(10점) (1-3) 잔여지수용청구권(15점)	-	(2-1) 개별공시지가 제소기간(10점) (2-2) 개별공시지가와 재결의 하자승계(20점) (3-1) 과징금 변경처분과 대상적격(10점) (3-2) 과징금부과처분에 대한 일부취소(형성력)(10점) (4) 성실의무(10점)	산업인력공단
33 (2022)	(1-1) 도시정비법(이전고시의 효력과 협의의 소익)(10점)	(1-2) 사실상 사도(10점) (1-3) 주거이전비 권리구제에 불복수단(20점)	(2-1) 표준지조사평가기준(법령보충적 행정규칙)(20점) (2-2) 이의신청의 법적 성질(10점) (3) 자격취소와 청문절차의 하자(20점) (4) 손해배상책임 요건(10점)	산업인력공단
34 (2023)	(1-1) 사업인정과 사업인정고시의 법적 성질(10점) (1-2) 원처분주의(20점) (1-3) 보상금증감청구소송(10점)	(2-1) 이의신청에 대한 법적 성질(15점) (2-2) 하자의 승계(15점)	(3) 집행정지의 효력 및 징계의 공고 등(20점) (4) 감정평가사사무소 개설(10점)	산업인력공단

35 (2024)	(1-1) 환매권 및 환매대금증액청구소송의 법적 성질(15점) (1-2) 환매대금과 보상금 상당 차액 선이행 또는 동시이행항변 주장가능 여부(10점) (1-3) 수용재결취소사유와 선결문제 민사소송(15점)	-	(2-1) 개별공시지가 정정불가통지 취소소송의 대상 여부(15점) (2-2) 개별공시지가 정정의 소급효(15점) (3-1) 징계처분의 일부취소의 법리(10점) (3-2) 감정평가법인이 부담하는 성실의무의 내용(10점) (4) 감정평가법상 손해배상책임에서 필요한 조치와 행정상 제재(10점)	산업 인력 공단

박문각 감정평가사

박문각 감정평가사

도승하 감정평가 및 보상법규

2차 | 단원별 판례 및 기출분석

제1판 인쇄 2024. 11. 15. | **제1판 발행** 2024. 11. 20. | **편저자** 도승하

발행인 박 용 | **발행처** (주)박문각출판 | **등록** 2015년 4월 29일 제2019-000137호

주소 06654 서울시 서초구 효령로 283 서경 B/D 4층 | **팩스** (02)584-2927

전화 교재 문의 (02)6466-7202

저자와의 협의하에 인지생략

정가 50,000원

ISBN 979-11-7262-137-7

MEMO